성문제일서(聖門第一書)

논어를 만나다

[상편]

박완식 역

박문사

차례

제4 이인 里仁 第四 239

제5 공야장 公冶長 第五 289

제6 옹야 雍也 第六 355

제7 술이 述而 第七 423

제8 태백 泰伯 第八 491

제9 자한 子罕 第九 537

제10 향당 鄕黨 第十 601

번역을 마치면서 해제와 아울러

돌이켜보면 『논어』의 번역을 시작한 지 언제인가도 알 수 없는, 너무 오랜 세월을 질척거렸다. 물론 이런저런 숱한 일로 전념하지 못한 데서 빚어진 잘못이다. 그러나 이제는 또 다른 일이 있기에 마냥 붙들고만 있을 수도 없다. 물론 더 이상 손댈 게 없어 그만두려는 것은 아니다. 윤문과 수정이란 마치 가을 낙엽을 쓸고 나면 다시 떨어지는 것처럼 끝이 없다. 이를 계기로 훗날의 보완 내지 수정본이 필요하리라 믿는다.

그러나 하나 분명한 것은 왜 이처럼 『논어』의 번역에 많은 시간을 보내야 했는지 다시 한번 생각해 보지 않을 수 없다. 『논어』 관련 저서는 이미 이루 헤아릴 수 없을 정도이다. 그런데도 굳이 이를 번역한 데에는 몇 가지 이유가 없지 않지만, 무엇보다 나의 공부를 위해서였다. 하지만 미력한 공부인 터라, 남들에게 내보이기 부끄러운 면이 없지 않으나, 『논어』를 다시 한번 보고자 하는 이들과 이를 함께하였으면 하는 생각에 이를 간행하기에 이른 것이다.

이를 위해 우리는 왜 『논어』를 읽어야 하는지, 그 중요성과 『논어』의 편찬 과정 및 그 가치와 연구 방법 등을 살펴보고, 여기에서 한 걸음 더 나아가 주자의 『논어집주』와 본 번역서의 특성에 관해 살펴보고자 한다.

Ⅰ. 『논어』의 중요성

『논어』는 성인의 도에 들어가는, 성문제일서(聖門第一書)이다. 이는 공자 학술사상의 결정체이자, 공자의 언행을 수록한 실록이기 때문이다. 공자의 생애에 대해서는 사마천 『사기(史記)』의 「공자세가(孔子世家)」를 정리한 아래의 서설(序說)에서 자세히 언급하고 있기에 굳이 다시 말할 게 없다. 다만 여기에 언급하지 않은, 공자의 사후에 추존한 부분을 살펴 공자의 위대함과 아울러 『논어』를 읽어야 하는 목적을 말하고자 한다.

먼저 공자의 추존은 일찍이 맹자에 이르러 극존의 위상으로 대두되기에 이르렀다. 맹자는 공자에 대해 집대성[集大成][1]이라 하여 인류가 태어난 이후 가장 위대한 성인[2]이라 하였고, 순자는 그의 책에서 "공자의 덕은 주공과 같고 명성은 삼왕과 함께한다."[3]라고 하였고, 사마천은 「공자세가」 말

---

1 『孟子』「萬章 下」. "孔子之謂集大成."
2 「公孫丑 上」. "自生民以來, 未有盛於孔子也."

미의 찬(贊)에서 다음과 같이 서술했다.

> "천하의 군왕으로부터 현인에 이르기까지 수많은 사람이 있었지만, 그들의 살아있는 당시엔 영화스러웠으나 죽은 후엔 모두 사라져버렸다. 그러나 공자는 평민으로서 10여 세대를 전해 내려오면서 학자들이 그를 종주로 받들어오고 있다. 천자 왕후로부터 천하에서 육예를 말할 적에는 모두 부자를 기준으로 삼는다. 참으로 지극한 성인이라 말할만하다."[4]

이러한 존모의 추앙에는 그에 따른 실상이 담겨있기 때문이다. 따라서 세월이 흐르면 흐를수록 공자에 대한 추앙은 더욱 드높아갔다. 청대에 이르러 강희제는 몸소 곡부(曲阜)의 공묘(孔廟)를 찾아 제향을 올린 뒤, 친필로 '만세사표(萬世師表)' 4자를 써서 대성전(大成殿)에 걸었으며,[5] 그 뒤를 이어 옹정(雍正)은 "지극한 성자이자 선사(先師)이신 공자의 도는 고금에 으뜸이시고 덕은 천지와 함께하며, 모든 제왕의 모범을 세워주셨고 만세의 종사로 우뚝 서셨다."[6]라고 하여, 공자를 인류의 하늘이자 땅으로 추앙하였다.

이처럼 유구한 역사 속에 끊임없이 공자를 추앙한 데에는 공자의 위대한 도덕을 존숭함과 아울러 공자 사상의 결정체인 『논어』가 여기 한몫하고 있다. 공자의 도덕과 사상은 모두 『논어』에 담겨있기 때문이다. 이것이 곧 『논어』를 읽어야 하는 필요성이다. 이처럼 『논어』를 읽어야 하는, 필요의 목적에는 일곱 가지가 있다.

(1) 중국의 위대한 성인을 인식하는 것이다. 공자의 숭고하고도 위대한 인격을 알아야 한다.
(2) 공자 학설의 광대함과 깊은 조예, 즉 학술사상의 원천을 탐색하고자 함이다.
(3) 세간의 도의와 인간의 마음을 바로잡는 효용(明倫, 正名, 正人心, 端風俗 등)을 알아야 한다.
(4) 공자의 학문방법과 호학(好學) 정신을 계승, 학습하고자 함이다.
(5) 공자의 교육방법과 교육정신을 계승, 학습하고자 함이다.
(6) 지극한 진리의 명언에 의한 입신행도(立身行道)의 지침서이다.
(7) 불굴의 의지로 삶의 경지를 승화한 삶을 배워야 한다.

위의 7항은 공자의 위대한 인격과 사상이자, 이를 집약한 『논어』를 읽어야 하는 이유이다. 그렇다면 이러한 『논어』는 어떻게 편찬되었는지 아래에서 살펴보고자 한다.

---

3 「解蔽篇」. "德與周公齊, 名與三王竝."
4 "天下君王, 至于賢人, 衆矣. 當時則榮, 沒則已焉. 孔子布衣, 傳十餘世, 學者宗之. 自天子王侯, 中國言六藝者, 折中於夫子, 可謂至聖矣."
5 淸『聖祖實錄』 권117. "淸 康熙 卽位 二十三年, 東巡泰山, 幸闕里 致祭孔子, 親書萬世師表, 揭於孔廟大成殿."
6 같은 책, 권5. "至聖先師孔子, 道冠古今, 德參天地, 樹百王之模範, 立萬世之宗師."

Ⅱ.『논어』의 편찬자와 그 과정

1.『논어』의 편찬자

『논어』의 편찬에 관하여 기존의 학설은 대체로 2가지로 집약된다. 하나는 공자의 칠십 제자, 즉 직전제자(直傳弟子: 及門弟子)의 편찬설이며, 또 다른 하나는 공자 제자의 제자, 즉 재전제자(再傳弟子) 내지 삼전제자(三傳弟子)에 의한 편찬설이다.

첫째, 공자의 직전제자의 편찬설 또한 두 가지 설이 있다. 칠십 제자의 공동 편찬설과 특정 인물의 편찬설이다.

먼저 칠십 제자의 공동 편찬설은 유향(劉向: B.C. 77~6. 西漢末學者), 반고(班固: 8~92. 東漢史家), 조기(趙岐: 108~201. 東漢儒學者)에 의해 제기된 설이다.

(1) 유향: 노나라의『논어』(魯論) 20편은 모두 공자 제자가 스승의 모든 훌륭한 말을 기록한 것이다.[7]

(2) 반고:『논어』는 공자께서 제자와 당시 사람에게 응답한 것과 제자들이 서로 함께 이야기하면서 전해 들은 부자의 말씀을 기록한 책이다. 당시 제자들이 제각기 기록한 바 있었는데, 부자가 돌아가시자 문인들이 서로 모여 이를 편집, 논찬(論纂)하였기에, 이를『논어』라 하였다.[8]

(3) 조기: 칠십 제자의 무리가 부자께서 말씀하신 바를 모아『논어』를 만들었다.[9]

위의 세 사람은『논어』란 모두 공자 제자에 의해 만들어졌다고 두루뭉술 말했을 뿐, 어느 제자에 의해 편찬되었다고 명확히 제시하지는 못하였다. 이에 위의 말과 비슷하게 말하면서도 공자의 모모(某某) 제자가 편찬하였다고 지적한 설로는 네 사람이 있다.

(1) 정현(鄭玄): 중궁, 자유, 자하 등이 찬정(撰定)하였다.[10]

(2)『논어참(論語讖)』(8권): 자하 등 64인의 공동 편찬이다.[11]

(3) 부현(傅玄): 옛적에 중니께서 돌아가시자, 중궁의 무리가 부자의 말씀을 추론(追論)하여 이를『논어』라 하였다.[12]

(4) 일인(日人) 태재춘태(太宰春台)는「자한(子罕) 태재(大宰)」장에서 '뇌왈(牢曰: 子云吾不試故藝)'

---

7 魏 何晏,『論語集解』序引. "魯論語二十篇, 皆孔子弟子記諸善言也."

8『漢書』「藝文志」. "論語者, 孔子應答弟子時人, 及弟子相與言, 而接聞於夫子之語也. 當時弟子 各有所記, 夫子既卒, 門人相與輯而論纂, 故謂之論語."

9 趙岐,『孟子』「題辭」. "七十子之疇, 會集夫子所言, 以爲論語."

10 위와 같음. "仲弓子游子夏等所撰定."

11 "子夏六十四人共撰."『논어참』은 위진(魏晉) 이전의 작품이나 저자미상이다. 위박사 송균(魏博士宋均)이 이의 주를 썼다.

12『文選』「辯命論註」. "昔仲尼既沒, 仲弓之徒, 追論夫子之言, 謂之論語."

이라 하여 금뇌(琴牢)는 성씨를 쓰지 않고 이름만 썼으며, 「헌문(憲問)」 첫머리에서 '헌문(憲問: 憲問恥 子曰邦有道穀)'이라 하여 원헌(原憲)은 성씨를 쓰지 않고 이름만 쓴 것을 보고서 말하였다.

"뇌왈(牢曰)과 헌문(憲問)은 다른 사람의 말이 아니다. 이는 반드시 두 사람이 스스로 자기를 말한 것인바, 『논어』는 어쩌면 이 두 사람의 편저가 아닐까?"[13]

또 다른 일본인 물무경(物茂卿) 또한 "「학이」로부터 「향당」까지의 『논어』는 금장(琴張: 琴牢)에 의해 이뤄졌고, 「선진」로부터 「요왈」까지의 『논어』는 원사(原思: 原憲)에 의해 이뤄졌다. 이 때문에 두 사람은 여느 제자와는 달리 유독 이름만을 말하였다. 『논어』는 다른 사람의 손에 의해 이뤄지지 않았음이 분명하다."[14]고 동조하였다.

위의 설은 유향, 반고, 조기의 설에 비해 더욱 정밀하다 할 것이다. 하지만 『논어』에는 공자의 문하 가운데 가장 어린 축에 속하는 증자의 죽음[曾子有疾, 召門弟子, 曰啓予足, 啓予手.](「泰伯」)과 맹경자(孟敬子: 魯大夫仲孫氏)(上同)의 시호(諡號)가 기록되어 있다. 증자와 맹경자가 죽었을 당시 중궁, 자유, 자하 등은 진즉 고인이 되어 살아있지 못했을 것이다. 이미 살아있지도 않은데 어떻게 증자의 죽음과 맹경자의 시호를 기록할 수 있겠는가. 이로 보면 중궁, 자유, 자하 등이 『논어』를 편찬했다는 설은 모두 의문이 없지 않다.

그리고 일본인의 주장 또한 성립될 수 없다. 「자한 태재」장과 「헌문」의 첫장에서 뇌(牢: 琴牢)와 헌(憲: 原憲)은 성씨를 쓰지 않고 이름만 썼다는 것은 단 그 2장만은 금뇌와 원헌 두 사람이 기록한 것이라 말할 수는 있지만, 『논어』의 상편과 하편 그 전체가 그들의 손에 의해 이뤄졌다고는 말할 수 없기 때문이다.

이로 보면 위의 2설은 모두 문제점을 안고 있다. 이런 이유에서 또 다른 일설은 공자 문하의 직전제자가 아닌 제자의 제자, 즉 재전제자(再傳弟子) 내지 삼전제자(三傳弟子)의 편찬설이다. 이 또한 두 가지 설로 나뉜다. 그중 하나는 칠십 제자의 문인들이 공동으로 편찬했다는 설이며, 또 다른 하나는 특정 제자의 문인, 즉 증자, 유자, 민자의 문인이 기록하였다는 설이다.

칠십 제자의 문인 공동 편찬설로는 양(梁) 황간(皇侃)이 "『논어』는 공자가 돌아가신 후, 칠십 제자의 문인들이 공동으로 편찬, 기록한 것이다."[15]고 하였다.

그리고 증자, 유자, 민자 문인의 기록이라는 설은 유종원(柳宗元),[16] 정이천(程伊川),[17] 홍매(洪邁)[18]가 주장한 설이다. 그러나 여기에도 약간 다른 점이 있다. 유종원과 정이천은 유자와 증자의

---

13 『論語古訓外傳』. "牢曰 憲問, 非他人言, 必是二子自稱. 論語豈二子所著耶?"

14 『論語徵』 甲. "蓋上論成於琴張, 而下論成於原思, 故二子獨稱名, 其不成於他人之手者 審矣."

15 『論語義疏』「敍」. "論語者, 孔子歿後, 七十弟子之門人共所撰錄也."

16 『柳河東集』 권4, 「論語辨」. "孔子弟子, 曾參最少, 少孔子四十六歲, 曾子老而死; 是書記曾子之死, 則去孔子也 遠矣. 曾子之死, 孔子弟子 略無存者矣. 吾意曾子弟子之爲之也. 何哉? 且是書載弟子必以字, 獨曾子有子不然. 由是言之, 弟子之號之也. 然則有子, 何以稱子? 曰孔子之歿也, 諸弟子以有子爲似夫子, 立而師之, 其後不能對諸子之問, 乃叱避而退, 則固嘗有師之號矣. 今所記獨曾子最後死, 余是以知之. 蓋樂正子春子思之徒與爲之爾."

17 "程子曰 論語之書, 成於有子曾子之門人. 故其書 獨二子以子稱."(『論語集註』「序」에서 인용함.)

문인으로 한정하였고, 홍매는 여기에 민자를 더하여 3인 문하의 편찬이라고 정의하였다. 그 이유로는 공자 제자 가운데 증자는 가장 어린 나이로 공자보다 46세나 적다. 증자의 노년 임종이 기록된 시점은 공자와는 워낙 먼 세월이다. 따라서 증자의 죽음 당시 살아있는 공자의 직전제자란 이 세상에 있을 수 없다. 이 때문에 증자의 문인들이 『논어』를 편찬하면서 그 스승에 대해 '자(子)'라는 존칭사를 붙여 기록한 것이며, 유자는 공자를 닮아 그를 스승으로 세운 적이 있었기 때문이라고 말한다. 그리고 홍매가 여기에 민자를 더한 것은 민자, 자로, 염유, 자공 네 사람이 다 함께 공자를 가까이서 모실 적에 자로, 염유, 자공과는 달리 유독 민자에게만 '자(子)'라는 존칭사를 붙인 데[閔子侍側, 誾誾如也. 子路, 行行如也. 冉有子貢, 侃侃如也. 子樂.](「先進」) 있다.

그러나 위에서 말한 유자, 증자, 민자의 문인 편찬설에는 2가지 문제점이 있다.

첫째, 『논어』에는 유자, 증자, 민자에게만 '자'라는 존칭사를 썼을까? 유자, 증자, 민자에게만 '자'라는 존칭사를 쓴 게 아니다. 공자 제자 가운데 '자'라는 존칭사를 붙인 사람이 또 있다. 제6 「옹야」편(子華 使於齊, 冉子 爲其母請粟.) 그리고 제13 「자로」편(冉子退朝, 子曰何晏也?)에서 염구(冉求)에게도 모두 염자(冉子)라 하여 '자'라는 존칭사를 썼다. 이로 보면 증자와 유자의 문인, 그리고 민자의 문인이 『논어』를 편집했다는 말은 정확하지 못하다.

둘째, 『논어』에는 제자의 지역적인 특색에 따른 차이점이 없지 않다. 이는 관중(管仲)에 대한 평가이다. 『논어』의 전편(前篇: 學而…鄕黨)에서는 첫째 관중의 그릇이 작다[管仲之器, 小哉!] 하였고, 둘째 그는 사치를 부린다[管氏 有三歸, 官事不攝, 焉得儉?] 하였고, 셋째 그는 예를 알지 못한다[管氏而知禮, 孰不知禮?](「八佾」)고 평하였다. 이처럼 관중에 대해 그 어느 것 하나 잘한 점이 없다고 인식하였다. 그러나 정작 『논어』의 후편[先進…堯曰]에서는 찬탄의 일색이다. "그런 인이 또 어디에 있겠는가"[如其仁, 如其仁.](「憲問」)라고 하여 전편에서 말한 바와는 딴판이다. 이밖에 또한 제환공(齊桓公)을 칭찬하여 "진문공은 바르지 못하고 속이기만 하고 제환공은 속이지 않고 올바른 일 만하였다[晉文公 譎而不正, 齊桓公 正而不譎.]"(「憲問」)고 평가하였다. 이러한 찬사는 오패(五伯)에 대해 말하는 것을 부끄럽게[羞稱五霸] 생각하는 노나라 사람들이 편찬한 말이 아니다. 유자, 증자, 민자는 모두 노나라 사람이다. 노나라 사람은 거짓을 싫어하고 인의를 중시하기에 패업에 대해 언급하는 것을 5척 동자도 부끄럽게 여겼다.[董子曰 仲尼之門, 五尺童子, 羞稱五伯, 爲其先詐力而後仁義也.](『孟子集註』「梁惠王 上」) 그렇다면 이는 그 누가 편집, 수록한 것일까? 원매(元枚)의 고증에 의하면, 이는 증자와는 다른 파벌의 제나라 유생이 기록한 것이라 한다.(『小倉山房文集』 권24, 「論語解」에 보임) 이처럼 관중에 대한 평가는 지역에 따라 다르다. 노나라의 문인이 아닌 제나라의 문인들이 기록한 것이라는 점에서 보면, 『논어』란 모두 증자 유자 그리고 민자의 문인이 편찬한 것이라는 설은 또한 문제가 없지 않다.

---

18 『論語類考』 권6. "容齋三筆云 論語所記孔子與人語及門弟子, 幷對其人問答, 皆斥其名, 未有稱字者, 雖顔冉高弟, 亦曰回曰雍; 唯至閔子, 獨云子騫, 終此書無指名. 昔賢謂論語出于曾子有子之門人; 予意亦出于閔氏. 觀所言閔子侍側之辭, 與冉有子貢子路不同, 則可見矣."

이상에서 보는 바와 같이 위의 모든 설들은 모두 문제점이 있다. 그렇다면『논어』는 결국 누가 편찬한 것일까? 이의 문제에 해답을 찾고자 한다면, 우리는 가장 먼저『논어』그 자체 속에서 탐구해야 할 것이다. 탐구의 실마리는 3가지로 집약된다.

⑴『논어』의 전 10편[上論]과 후 10편[下論]의 문체에 현저한 차이가 있다. 대체적으로 말하면, 전 10편은 문장이 간결하고 구절이 적으며 장(章)의 글자 수효가 많지 않다. 그러나 후 10편의 경우 문장이 번잡하고 구절이 많으며 장의 글자 수효는 상편에 견주어 더욱 많다.

그리고 이밖에 또 다른 면이 있다. 상편에서는 계강자(季康子)의 물음에 대해 공자의 대답은 모두 자왈(子曰)로 기록되어 있다.「위정」편[季康子 問使民敬忠以勸, 如之何? 子曰 臨之以莊則敬.]과「옹야」편[季康子 問仲由, 可使從政也與? 子曰 由也, 果, 於從政乎何有?]에 모두 '자왈'로 기록하고 있다. '공자대왈(孔子對曰)'이란 노(魯) 정공(定公)과 애공(哀公) 등 왕후(王侯)의 물음에 존군(尊君)의 의미로 쓰인다.[「八佾」"定公 問君使臣, 臣事君, 如之何? '孔子對曰' 君使臣以禮, 臣事君以忠."「爲政」"哀公問曰 何爲則民服? '孔子對曰' 擧直錯諸枉, 則民服."] 그런데도『논어』의 하편에서는 똑같은 계강자의 물음에 관하여 모두 '공자대왈'로 표기되어 있다.「선진」편[季康子 問弟子孰爲好學? 孔子對曰 有顔回者, 好學.]과「안연」편[季康子 問政於孔子? 孔子對曰 政者, 正也.]에서 이를 볼 수 있다. 이를 보면,『논어』의 상편과 하편은 다른 시기에 다른 인물이 편집했음을 알 수 있다.

⑵ 앞서 살펴본 바와 같이 상편과 하편에 기록된 관중의 일은 전후의 차이가 아주 크다. 이전 학자의 고증에서 이미『논어』의 편찬은 노나라와 제나라라는 다른 관점의 유자(儒者)가 편찬하였다.(제나라의 유자는 관중을 존숭하고 노나라의 유자는 오패에 대해 말하는 것을 부끄럽게 여겼다.)

한대(漢代)에 전래한『논어』가『제론(齊論)』과『노론(魯論)』으로 달랐던 점 또한『논어』를 편찬한 사람에 제나라의 유자와 노나라의 유자가 각기 달리 존재했음을 증명해주는 것이다.

⑶『논어』의 하론(下論) 가운데 또한 전 5편(「先進 · 顔淵 · 子路 · 憲問 · 衛靈公」)과 후 5편(「季氏 · 陽貨 · 微子 · 子張 · 堯曰」)에는 전혀 다른 5가지의 차이가 있다.

① 전 5편에서 공자의 말을 기록할 적에는 모두 '자왈(子曰)'로 쓸 뿐, '공자왈(孔子曰)'이라 쓰지 않았다. 그러나 후 5편의「계씨」와「미자」편에서는 모두 '공자왈'로 말하였고, 심지어는 '중니(仲尼: 叔孫武叔, 毁仲尼. 子貢曰 無以爲也. 仲尼不可毁也.)'로 칭하였다. '자왈'은 공자와의 연대가 비교적 가까운 것으로 공자에 대한 사랑과 존경을 표함이며, '공자왈' 또는 '중니'는 공자와의 연대가 멀어짐에 따라서 호칭 또한 그처럼 변한 것이다.

② 하론의 전 5편은 제자가 공자를 마주할 적의 호칭에 모두 '자(子)'라 말할 뿐, '부자(夫子)'로 호칭하지 않았다. 그러나 후 5편의「양화」편「자지무성(子之武城)」장[子之武城, 聞弦歌之聲. '夫子' 莞爾而笑, 曰割雞, 焉用牛刀?]과「필힐소 자욕왕(佛肸召子欲往)」장[佛肸召, 子欲往. 子路曰 昔者, 由也聞諸'夫子', 曰親於其身爲不善者, 君子不入也.]에서는 모두 공자를 마주하여 '부자'로 호칭하였다. 최술(崔述)의 고증에 의하면, 공자를 마주하여 '부자'로 호칭한 것은 전국시대에 이르러서 생겨난 습성이라고 한다.

③ 하론의 전 5편의 문체는 후 5편과 전혀 다르다. 후 5편의 문장은 배우(排偶: 對偶)가 많고 필법 또한 비교적 다르다. 예컨대 「계씨」편의 「익자삼우(益者三友)」·「익자삼요(益者三樂)」·「시어군자유삼건(侍於君子有三愆)」·「군자유삼계(君子有三戒)」·「군자유삼외(君子有三畏)」·「군자유삼사(君子有三思)」 등과 「양화」편의 「능행오자어천하 위인의(能行五者於天下爲仁矣)」 및 「요왈」편의 「존오미 병사악(尊五美 屛四惡)」장 등에서는 모두 먼저 그 명제를 제시하고 다시 하나하나 그 도리를 설명하고 있다. 이러한 필법은 『일주서(逸周書)』에 많이 나타난 것으로, 『일주서』는 전국시대의 작품이다. 이로 보면 하론의 후 5편 또한 많은 편장이 전국시대의 산물임을 알 수 있다.

④ 하론의 후 5편에는 믿을 수 없는 사안들이 기록되어 있다. 예컨대 「계씨」편의 「계씨장벌전유(季氏將伐顓臾)」장, 「양화」편의 「필힐소 자욕왕(佛肹召子欲往)」장이다. 양계초의 고증에 의하면, "공자 만년, 염구가 계씨의 가신이 되었을 당시, 자로는 바로 위나라에서 벼슬하고 있었다. 아울러 염구와 자로가 함께 공자를 찾아본 적이 없다."고 하였고, 또한 "필힐의 모반은 공자 사후 5년 후의 일이다. 공자가 이미 돌아가셨는데, 어떻게 반도(叛徒)의 부름에 응할 수 있었겠는가."(「古書眞僞及其年代」 제6장에 자세히 보임)

⑤ 하론의 끝부분 「요왈」은 이전의 편과는 달리 겨우 3장이다. 그러나 3장 모두 문제가 있다. 제1장은 전체가 모두 공자의 말씀도 아니고, 또한 공자 그리고 공자 제자와도 아무런 관련이 없다. 이에 대해 원(元) 진천상(陳天祥)은 다음과 같이 말하였다.

> "제1장의 '요왈(堯曰)'로부터 '공즉열(公則說)'까지 그 문장이 잡다하고 두서가 없으며, 그 누구의 말인지 알 수도 없다. 이에 대해 해석한 고금의 그 어느 학설도 명백하게 통할 수 있는 말을 끝까지 찾을 수 없다. 소동파는 이에 대해 '이 장은 「대우모(大禹謨)」, 「탕고(湯誥)」, 「태서(泰誓)」, 「무성(武成)」 등에서 이것저것을 취한 까닭에 차례가 없이 전도되어 고증할 수 없다."[19]

제2장의 경우, 자장(子張)의 문정(問政)에 대해 공자가 '존오미 병사악(尊五美 屛四惡)'을 말하자, 자장은 다시 '무엇을 5가지의 아름다움이라 합니까?(何謂五美)'를 여쭈었다. 공자는 이에 대해 '은혜를 베풀면서도 허비됨이 없다.(惠而不費)…'라고 답하였다. 이에 자장이 다시 '무엇을 은혜를 베풀면서도 허비됨이 없다고 말씀하시는 것입니까?(何謂惠而不費)'를 여쭈자, 공자는 이에 대해 다시 하나하나 대답해주었다. 근대학자 장백잠(蔣伯潛)의 『제자통고(諸子通考)』(하편 제1장)에 의하면, "『논어』에는 제자와의 문답에서 이처럼 3차례나 간곡하게 주고받은 문답은 일찍이 없다."고 하였다.

그뿐만 아니라, 아울러 이 장은 「양화」편 제6 「자장문인어공자(子張問仁於孔子)」장의 장법(章法)과 똑같다.(「子張問仁於孔子.'孔子曰能行五者於天下, 爲仁矣.'請問之.' '曰恭寬信敏惠. 恭則不侮, …') 자장의

19 淸 桂文燦의 『論語集註述要』 권10에서 인용. "此章, 雜取大禹謨·湯誥·泰誓·武成之文, 而顚倒失次, 不可復考."

물음이 똑같을 뿐 아니라, 장법 또한 이처럼 똑같다는 면에서 보면 이를 합리적으로 편집할 경우, 이쪽이든 저쪽이든 한군데로 묶었어야 한다는 점이다.

제3장[子曰不知命無以爲君子也 · 不知禮無以立也 · 不知言無以知人也]의 경우, 정현(鄭玄)은 "『노론(魯論)』에 이 장은 없다."(陸德明의 『經典釋文』에 보임)고 한다. 그리고 '공자왈(孔子曰: 孔子曰不知命…)을 주자의 집주본(集註本)에서는 '자왈(子曰)로 고친 것이다.

이처럼 하론 후 5편(「季氏 · 陽貨 · 微子 · 子張 · 堯曰」)의 의문점을 살펴보면, 이는 『논어』의 편찬에 있어 가장 늦게 나온 작품이라 할 것이다. 이 때문에 최술(崔述)은 다음과 같이 말하였다.

> "삼가 생각건대, 하론의 후 5편은 모두 후대 어느 사람이 끼워놓은[竄入] 것임을 알 수 있다. 마치 『춘추』에 속경(續經)이 있는 것처럼, 『맹자』에 외편(外篇)이 있는 것처럼, 「고공기(考工記)」를 『주관(周官)』에 보완한 것과 같다."(『洙泗考信錄』 권4에 보임)

양계초 또한 말하였다.

> "『논어』는 공자 문하에 전해 내려오는 보전(寶典)임엔 대체로 믿을만하다. 그러나 그중 일부분은 후인이 덧붙여 끼워놓은 것이다. 후 5편(「季氏 · 陽貨 · 微子 · 子張 · 堯曰」)은 모두 의문투성이다. 후 5편은 최소한 어떤 일부분은 전국 말엽의 어느 사람이 끼워놓은 것임을 알 수 있다."(『要籍解題及其讀法 論語之部』에 보임)

위에서 논술한 바와 같이 현행 『논어』의 3가지의 특성(1. 『논어』의 前十篇(上論)과 後十篇(下論)의 문체의 차이점, 2. 上論과 下論에 나타난 관중에 대한 평가의 차이, 3. 下論의 前五篇과 後五篇의 五大差異點)으로 살펴보면, 상론과 하론은 각기 다른 시기의 사람이 편찬했음을 알 수 있다.

상론(上論)은 초편(初編)으로 전기의 제1기에, 하론(下論)은 속편으로 후기에 있었는데, 속편은 다시 노나라와 제나라의 각기 다른 관점의 제자들로 나뉘어 확대, 편찬되었다. 그리고 제2기의 속편으로 나온 하론의 후 5편은 또다시 전국시대의 유자들이 끊임없이 진실하지 못한 숱한 자료를 덧붙여 첨가하였다.

이상의 사실에 근거하여 『논어』의 편찬자에 관한 문제는 다음과 같은 결론을 도출할 수 있다. 그것은 『논어』란 최소한 삼분기(三分期)의 각기 다른 양대(兩大) 파벌의 공문 재전(再傳) 제자들에 의해 편찬되었다.

제1기의 편찬은 대략 공자의 사후에 있었던 것으로, 그 일을 주관했던 직전(直傳) 제자는 대체로 정현(鄭玄), 『논어숭작참(論語崇爵讖)』, 부현(傅玄)이 말한 중궁, 자유, 자하 등이다.

제2기의 속편은 대략 증자의 사후에 있었던 것으로, 그 일을 주관했던 사람은 대체로 유종원, 정이천, 홍매(洪邁)가 말한 증자, 유자, 자하 등의 문인, 그리고 제나라에서 관중과 제환공을 존숭한 유문(儒門) 제자들이다.

제3기의 속편은 대략 맹자 당시나 맹자의 사후에 덧붙인 사람들이다. 그러나 그들에 대해 고증할 수 없으나, 한대(漢代)의 『제론(齊論)』과 『고론(古論)』(曲阜孔壁所出)의 편수(篇數)와 장수(章數)가 모두 『노론(魯論)』에 비해 많은 걸 보면, 이를 첨부한 인물은 노나라와 제나라에 모두 존재했으며, 첨부 자료는 진위(眞僞)가 불분명한, 역사적 사실과 다른 부분이 없지 않아 의문시되는 점이 많다.

2. 『논어』의 편찬 과정

제1기의 초편(初編)

공자가 돌아가시자, 문인들은 태산이 길이 무너지고 대들보가 길이 꺾임에 대해 애통해하였다.[門人痛大山長毁, 哀梁木永摧.](『論語集解義疏』「序」) 이는 『논어』를 처음 편찬할 당시의 심정이었다. 그들은 위로는 성사(聖師)를 높이 추앙하고 아래로는 만대에 길이 법을 전하기 위해[上以尊仰聖師, 下則垂軌萬代.](上同) 제자들은 모두 지난날의 가르침을 말하고 각기 예전에 들었던 바를 기록하여 『논어』를 편찬하여 공자의 실록을 완성한 것이다.[弟子僉陳往訓, 各記舊聞, 撰爲此書, 成而實錄](上同) 이는 『논어』 편찬의 동기와 목적이자, 편찬의 과정을 말해주고 있다.

이 시기의 편찬자는 앞서 언급한 것처럼 중궁, 자유, 자하 등으로, 그들이 편찬한 부분은 오늘날 볼 수 있는 상론(上論)의 전 10편이다. 앞의 9편(「學而」 …「子罕」)은 공자와 초기 제자의 언행(有子, 曾子 등 후기제자의 언행은 上論의 初編에 언급될 수 없었을 것으로 보인다. 이에 관해서는 뒤의 해당부분에서 언급할 것임)이며, 제10 「향당」편은 앞의 9편과 다른 내용으로 모두 공자의 일상생활을 기록한 행장류(行狀類)이자, 제1기의 완결편이다.

제2기의 속편(續編)

속편 『논어』의 편찬 시기는 증자 사후로 추정된다. 증자의 죽음이 「태백」편에 기록되어 있다. 『논어』의 공문 제자 가운데 유독 증자, 유자, 민자, 염자 4인만이 재전(再傳) 제자에 의해 '자(子)'로 존칭했다는 정황으로 보면, 이 시기의 편찬에 참여한 사람은 그 4인의 문인일 가능성이 크다. '자'로 존칭한 횟수는 다음과 같다.

曾子	「學而」 제4, 9장. 「里仁」 제15장. 「泰伯」 제3, 4, 5, 6, 7장. 「顔淵」 제24장. 「憲問」 제26장. 「子張」 제16, 17, 18, 19장.	合 14次
有子	「學而」 제2, 12, 13장.	合 3次
閔子	「先進」 제13장	合 1次
冉子	「雍也」 제4장, 「子路」 제14장.	合 2次

위의 통계로 보면 증자가 가장 많으며 그다음은 유자이다. 이 시기의 속편은 증자와 유자의 문인이 주편(主便)이었고, 민자와 염자의 문인은 보조였을 가능성이 매우 크다.

이 시기의 속편에는 4가지의 특징이 있다.

① 공문의 제자가 공자의 말을 전달(轉述)하여 재전 제자를 가르쳤다는 점이다.(「子張」편 제17장 "曾子曰 吾聞諸夫子, 人未有自致者也, 必也親喪乎!" 「子張」 제18장 "曾子曰 吾聞諸夫子, 孟莊子之孝也.")

② 공자의 후기 제자들은 자신의 견해를 말한 바 특별히 많다.

예를 들면, 안연은 공자보다 30세, 자공은 31세가 적다.(『史記』「仲尼弟子列傳」下同) 그들은 공자와 함께 열국(列國)을 주유(周遊)했고 진채(陳蔡)의 어려움을 함께 겪기도 했다. 그리고 그들은 공문 제자 가운데 가장 총명하고 가장 걸출한 인물이다. 그러나 『논어』에서 자신의 견해를 밝힌 횟수는 안연은 겨우 1차, 그리고 자공은 모두 8차이지만 그중 5차는 모두 공자를 찬양하는 내용(「子罕」 제6장, 「子張」 제22, 23, 24, 25장)이며, 안연의 1차 역시 공자에 대한 칭송(「子罕」편 「仰之彌高, 鑽之彌堅」章)이다.

그러나 유자는 공자에 비해 43세, 자하는 44세, 자유는 45세, 증자는 46세, 자장은 48세 어리다. 그들은 안연과 자공에 비해 적게는 10여 세 어릴 뿐 아니라, 문하에서의 지위와 명망 역시 안연과 자공을 뛰어넘을 수 없다. 그러나 이 시기의 속편에 그 5인의 견해를 밝힌 횟수는 특별히 많다.

有子	「學而」 제2, 12, 13장. 「顔淵」 제9장.	4차
子夏	「學而」 제7장. 「顔淵」 제5, 22장. 「子張」 제3, 4, 5, 6, 7, 8, 9, 10, 11, 13장	13차
子游	「里仁」 제26장. 「子張」 제12, 14, 15장.	4차
曾子	「學而」 제4, 9장. 「泰伯」 제3, 4, 5, 6, 7장. 「顔淵」 제24장. 「憲問」 제26장. 「子張」 제16, 17, 18, 19장	13차
子張	「子張」 제1, 2장	2차

위의 도표에서 가장 주시해야 할 점은 자하와 증자 두 사람이다. 자하는 서하(西河) 지방에서 경전을 전수(傳授)한 대유(大儒)이며, 증자는 도통을 전수 받은 인물이다. 그들의 견해를 발표한 횟수에서 그들은 동원분류(同源分流), 즉 한 스승의 문하에서 각기 다른 문파가 형성되어가는 추세를 찾아볼 수 있을 뿐 아니라, 아울러 당시 그들의 문도가 얼마나 성대했는가를 볼 수 있다.

③ 유자, 자하, 자유, 증자, 자장 5인이 자신의 의견을 표명한 장수(章數)는 모두 36장이다. 36장은 하론(下論)에 25장을 차지하고 있는데, 그중에서도 제19 「자장」편에 19장이 집중적으로 나타나 있다. 그리고 그 뒤에 자공이 공자를 찬탄한 말을 배열하고 있다. 「자장」편의 전체 26장은 모두

공자 제자들의 말이며, 공자를 찬탄하는 말로 끝을 맺고 있다.

위의 「하론의 전 5편과 후 5편의 차이점」에 근거하여보면, 제20 「요왈」편은 후인이 덧붙여 『논어』 20편을 마련하였다. 「요왈」은 공자의 직전 제자와 재전 제자가 편찬한 것이 아니다. 이로 보면 「요왈」 직전의 「자장」편은 제2시기 편찬의 완결편으로, 상론(上論) 「향당」편에서 공자의 모든 생활상을 기록하여 완결편으로 장식한 것과 같다.

④ 증자와 유자의 말이 부분적으로 「학이」편에 삽입되어 있는데, 이러한 정황은 「학이」편에 가장 특이하게 나타나 있다. 「학이」편은 모두 16장인데, 공자의 말은 8장이며, 그 나머지는 자하, 자금, 자공의 말이 3장을 차지하고, 그 나머지의 5장은 유자가 3장, 증자가 2장을 점유하고 있다. 「학이」 전편에 자하, 자금, 자공은 모두 그들의 '자(字)'로 호칭했을 뿐, '자(子)'라는 존칭을 사용하지 않은 데 반하여 유자와 증자는 '자(子)'로 존칭하여 부른 데 그치지 않는다. 그들의 배열의 차례는 바로 공자의 뒤에 나열함으로써 자하, 자금, 자공을 뛰어넘어 그 앞에 점유하고 있다. 이러한 존칭과 배열의 순으로 살펴보면, 『논어』 제2시기의 속편은 증자와 유자의 제자가 주편이었다는 외에 또한 그들은 제1시기의 초편본(初編本)에 대해 약간의 변경과 첨가가 있었다는 점을 어렵지 않게 볼 수 있다.

제3기의 증보(增補)

제3기 『논어』의 증보 연대는 맹자 당시 또는 그 이후에 해당한다. 제1기 초편은 공자의 급문(及門) 제자가 편집한 것이기에 수록된바, 모두 공자와 공자의 초기 제자의 언행을 주로 하고 있다. 그 연대가 가장 공자와 가까운 까닭에 그 내용 또한 가장 정순(精純)하다. 제2기의 속편은 공문의 재전 제자가 뒤이어 편집한 것으로 공자 언행의 보완을 위주로 하여, 적지 않은 증자, 자하, 유자 등의 말을 첨가하였지만, 그래도 공자와의 시대가 그다지 멀지 않았기에 기록된 내용에 참 면모를 잃지 않았다. 그러나 제3기의 증보에 이르러서는 공자와의 시대가 멂으로써 보완된 자료는 호사자(好事者)에 의해 부실한 전문(傳聞)이 게재되기에 이르렀다.

이런 일환에서 하론 후 5편 가운데 제19 「자장」편은 전체가 제자들의 말이며, 제16 「계씨」편의 「장벌전유(將伐顓臾)」장, 제17 「양화」편의 「공산불요(公山弗擾)」장과 「필힐(佛肹)」장은 모두 믿을 수 없는 공자의 일이며, 제18 「미자」편에 보이는 고금 일사(逸事)의 잡기(雜記)는 공문과 전혀 관계가 없으며, 「초광(楚狂)」장[楚狂接輿, 歌而過孔子, 曰 鳳兮鳳兮, 何德之衰! 往者不可諫, 來者猶可追. 已而已而, 今之從政者 殆而.]은 장주(莊周)의 문장과 유사한 것으로 모두 공문의 유서(遺書)와는 다르며, 「요왈」편 전 3장 모두 문제가 있음은 앞에서 이미 논급한 바 있다. 이로 보면 제3기 증보편의 자료는 견강부회의 의문투성이 산물이라 하겠다.

Ⅲ. 한대(漢代)『논어』 전본(傳本)의 차이와 혼합

1. 한대『논어』 전본의 차이

공자 사후,『논어』는 원래 하나의 초편본이 있었을 뿐이다. 그러나 노나라 제나라에 산재한 재전 제자에 의해 각기 속편을 편찬하는 과정에 있어, 그들의 편집 관점이 다른 데에서 그들이 편찬한 책은 자연히 다를 수밖에 없었다. 이처럼 다른 책들이 노나라에서 유행한 것은『노론(魯論)』, 제나라에서 유행한 것은『제론(齊論)』이라 하였는데, 한대에 이르러 곡부의 공자 구택(舊宅) 벽(孔壁) 속에서 또 다른『고론(古論)』을 발견하기에 이르렀다.

이 때문에 서한(西漢)시대의『논어』 전본(傳本)은『노론』,『제론』,『고론』 3종이 있었다. 현재 우리가 사용하는『논어』는 3종의『논어』를 혼합하여 하나로 묶은 종합편이다.

오늘날 우리가 사용하는『논어』가 어떻게 혼합됐는지? 3종의『논어』는 어떻게 다른지? 이 문제에 대해 여섯 가지로 살펴보고자 한다.

①『노론』,『제론』은 전습(傳習)한 지역과 인물이 다르다.

반고(班固)의『전한서』「예문지」에 의하면 다음과 같다.

> "서한(西漢) 시대에『제론』과『노론』의 학설이 전해왔다.
>
> 『제론』을 익힌 자로는 창읍중위 왕길(昌邑中尉 王吉)・소부 송기(少府 宋畸)・어사대부 공우(御史大夫 貢禹)・상서령 오록충종(尙書令 五鹿充宗)・교동 용생(膠東 庸生) 등인데, 오직 왕양(王陽: 王吉 字)의 명가를 중심으로 이뤄졌다.
>
> 『노론』을 익힌 자로는 상산도위 공분(常山都尉龔奮)・장신소부 하후승(長信少府夏侯勝)・승상 위현(丞相韋賢)・노부경 전 장군 소망지(魯扶卿前將軍蕭望之)・안창후 장우(安昌侯張禹)인데 모두 명가였다. 장우는 맨 뒤의 인물로 그의 학술이 가장 세상에 성행하였다."[20]

유향(劉向)의 별록(別錄)에 의하면 다음과 같다.

> "노나라 사람이 배운 바는『노론』이라 하였고, 제나라 사람이 배운 바는『제론』이라 하였다."[21]

위의 두 인용문은『노론』과『제론』을 전습한 지역과 인물이 다른 점을 말해주는 것이다.

---

20 "漢興, 有齊魯之說. 傳齊論者, 昌邑中尉王吉・少府宋畸・御史大夫貢禹・尙書令五鹿充宗・膠東庸生, 唯王陽(王吉 字)名家. 傳魯論語者, 常山都尉龔奮・長信少府夏侯勝・丞相韋賢・魯扶卿前將軍蕭望之・安昌侯張禹, 皆名家, 張氏最後而行於世."

21 "魯人所學, 謂之魯論. 齊人所學, 謂之齊論."

② 『노론』, 『제론』, 『고론』은 서체(書體)에 금문(今文)과 고문(古文)의 차이가 있다.

반고의 『전한서』 「예문지」에 의하면 다음과 같다.

"한 무제 말엽, 노공왕(魯恭王)이 공자의 구택(舊宅)을 헐어 궁실을 확장하려고 하다가 고문(古文)의 『상서』 및 『예기』 『논어』 『효경』 등 수십 편을 발견하였는데, 모두 옛 글자[古字]로 쓰여있었다."[22]

여기에서 말한 '옛 글자[古字]'란 과두문자(蝌蚪文字)를 말한다. 글자 모양이 올챙이와 같은 과두문자는 주나라 때 사용했던 고문[周時古文]이다. 그 글자의 모양이 머리 부분은 굵고 꼬리 부분은 가늘어서 마치 올챙이를 닮았다 하여 이를 속칭 과두문자라 한다.[23] 『고론』은 주대(周代)의 과두문자로 쓰여 있음을 말한다.

장백잠(蔣伯潛)의 『십삼경개론(十三經槪論)』 「논어해제 상(論語解題 上)」에 의하면 다음과 같다.

"『논어』는 한(漢)나라 당시, 금문본(今文本)과 고문본(古文本)이 있었다. 금문본으로는 2종이 있다. 노나라 사람이 전해오는 『노론』과 제나라 사람이 전해오는 『제론』이다."[24]

이는 『노론』과 『제론』이 모두 금문(今文)으로 쓰였으며, 또한 이 책을 배우는 사람들이 당시 통행했던 예서(隸書)로 쓴 것임을 말한다. 당시 예서는 금문이고 과두문자는 고문임을 말해주는 것이다.

③ 『노론』, 『제론』, 『고론』은 출현 시대의 차이가 있다.

앞서 논급한 바와 같이 서한 초기부터 『노론』과 『제론』이 있었고, 『고론』은 한 무제 당시에 나왔다고 하나, 또 다른 일설은 한 무제의 현손, 즉 선제(宣帝: 劉詢) 당시에 『노론』과 『제론』이 나왔고 『고론』은 서한 말엽의 일이라고 한다. 이처럼 『논어』의 전래에 관한 설은 일정하지 않지만, 아무튼 지역에 따른 차이, 전후 시대의 차이가 있는 것만은 사실이다. 이는 최적(崔適)의 「논어족징기서(論語足徵記序)」에 의하면 다음과 같다.

"『논어』의 출현은 늦은 시기였다. 한 선제(漢宣帝) 당시, 제나라 사람 왕길(王吉)이 전한 책은 『제론』이라 하고, 노나라 사람 공분(龔奮)이 전한 책은 『노론』이라 한다. 서경(西京: 西漢) 말엽, 『고론』이 처음 나왔는데, 과두문자로 쓰여있었다. 이를 선진(先秦) 시대의 사람이 쓴 책이라 하여 금문(今文: 隸書)으로 쓰인 『제론』과 『노론』을 능가하고자 함이나, 이는 사실 유흠(劉歆: B.C. 45~23. 劉向의

22 "武帝末, 魯恭王壞孔子宅, 欲以廣其宮, 而得古文尙書及禮記論語孝經, 凡數十篇, 皆古字也."

23 段玉裁, 『說文解字』. "古字, 科斗文. 科斗文者, 周時古文也. 其字頭麤尾細, 似科斗之蟲, 故俗名之焉."

24 "論語在漢時, 有今文本與古文本. 今文本有二種. 魯人所傳曰魯論, 齊人所傳曰齊論."

막내아들)이 지은 것이다. 공안국(孔安國: 前漢 학자, 공자 11대손)이 전한 것으로 가탁하고, 아울러 주(註)를 붙여 이를 증명하였다."[25]

이처럼 『고론』은 그 출현시기 및 작자 그리고 그 의도에 대해 의문점을 가지고 있다.

④ 『노론』, 『제론』, 『고론』은 편수의 차이가 있다.

㉮ 『제론』과 『노론』의 편장(篇章) 차이.

"노나라 『논어』는 20편인데, 제나라 『논어』는 22편으로 「문왕(問王)」·「지도(知道)」편이 있어 『노론』보다 2편이 더 많다."[26]

㉯ 『노론』과 『고론』의 편장 차이.

"『고론』은 21편으로 곡부의 공자 구택(舊宅) 벽에서 나왔는데, 「자장(子張)」편이 둘이었다."[27]

⑤ 『노론』의 장구(章句)는 『제론』, 『고론』과 차이가 있다.

㉮ 『노론』 장구와 『제론』·『고론』의 차이

하안(何晏): "제나라 『논어』는 22편인데, 그 20편의 장구는 『노론』보다 매우 많다."[28]

㉠ 주자의 『논어집주』에서는 송(宋) 홍흥조(洪興祖: 1090~1155)의 『논어설(論語說)』에서 말한 "「계씨」편은 혹자가 제나라 『논어』라 한다.[此篇 或以爲齊論]"는 말을 인용하였다.

㉡ 원매(袁枚)는 "「헌문」편 제16, 17, 18장 등에서 제환공과 관중을 찬양한 것은 『제론』이다."(『小倉山房文集』 권24)고 하였다.

㉢ 유보남(劉寶楠)은 노문초(盧文弨)의 「종산찰기(鍾山札記)」를 근거로, "「헌문」편 제22장 '진성자가 간공(簡公)을 시해하다[陳成子 弑簡公]'에서 '간공'의 위에 '제(齊)'자를 쓰지 않은 것은 『제론』임을 말한다."(『論語正義』 권24, 「論語序」小註)고 하였다.

㉯ 『고론』 장구와 『노론』의 차이

㉠ 정현은 "「요왈」편의 제3 「지명(知命)」장은 『노론』에 없었는데, 이제 『고론』을 따라 넣는다."[29]고 하였다.

㉡ 강유위(康有爲)는 「요왈」편의 제2 「자장문(子張問)」장은 『노론』엔 이런 문체가 없는데, 고문(古文: 古論)을 따라 넣은 것이다."[30]고 하였다.

---

25 "論語之出也晚, 漢宣帝時, 自齊人王吉傳者曰齊論, 魯人龔奮傳者曰魯論. 西京之末, 始出古論, 以科斗古文作之, 謂爲先秦人書, 欲以陵駕齊魯論之爲今文; 實則劉歆所造, 託之孔安國所傳, 竝爲作註以徵之焉爾."

26 何晏, 『論語集解』 「敍」. "魯論語二十篇, 齊論語二十二篇, 有問王·知道; 多於魯論二篇."

27 班固, 『前漢書』 「藝文志」. "古論二十一篇, 出孔壁中, 兩子張."

28 『論語集解』 「敍」. "齊論語二十二篇, 其二十篇中, 章句頗多於魯論."

29 陸德明, 『經傳釋文』. "堯曰篇知命章, 魯論無此章, 今從古."

30 『論語註』 「堯曰篇」. "堯曰篇子張問章, 魯論無此文體. 從古文補進來."

⑥ 『고론』의 편차(篇次)와 문자는 『노론』과 차이가 있다.

㉮ 『고론』의 편차와 문자는 『노론』과 다름

㉠ 『고론』의 편차는 『노론』과 다르다.

황간(皇侃)은 그의 『논어집해의소(論語集解義疏)』에서 "『고론』은 20편인데, 그 편차는 「향당」이 제2편이고 「옹야」는 제3편이며, 그 내면의 전도된 부분, 그리고 잘못된 부분은 구체적으로 말할 수 없다."[31]고 하였다. 현행 『노론』의 편차는 「옹야」 제6편, 「향당」 제10편으로, 『고론』의 편차와는 다르다.

㉡ 『고론』의 문자는 『노론』과 다르다.

『경전석문(經傳釋文)』에 의하면, "『고론』과 『노론』의 다른 글자는 4백여 자이다.[古論 文異者 四百餘字.]"고 한다. 이는 대체로 『노론』에서는 가차자(假借字)를 사용하였고, 『고론』에서는 본자(本字)를 사용함에 따라 달라졌음을 말한다. 예컨대 최적(崔適)의 『논어족징기(論語足徵記)』에 의하면, 다음과 같다.

「공야」편 제5장 千乘之國 可使治其'賦': 『노론』에서는 부(傅)자로, 『노론』에서는 부(賦)자로 썼다.

「술이」편 제7장 自行束脩以上 吾未嘗無'誨'焉: 『노론』에서는 회(悔)자로, 『노론』에서는 회(誨)자로 썼다.

이상에서 살펴본 바와 같이 『노론』, 『제론』, 『고론』의 차이에 의해 한대(漢代)학자들은 똑같은 『논어』 구절을 인용하면서도 각기 다른 글자를 사용함에 그 뜻 또한 달라졌다. 일례를 들면 다음과 같다.

爲政 제3장 道之以德 齊之以禮 有恥且格	
祝睦碑	有恥且恪: 恪, 敬也.(『爾雅釋詁』)
費鳳碑	有恥且徦: 徦, 至也.(丁度 『集韻』)
魯論	有恥且格: 格, 正也.(何晏 『論語集解』)

이처럼 똑같은 구절을 가지고서도 3글자로 달리 씀에 따라 그 뜻 역시 다르게 되었다. 이는 『논어』를 연구, 탐독하는 데에 큰 문제점으로 지적되기에 이르러, 3가지 『논어』의 교정과 종합의 필요성이 대두된 것이다.

31 "古論二十篇, 篇次以鄕黨爲第二篇, 雍也爲第三篇, 內倒錯不可具說."

2. 한대『논어』전본의 혼합

현행『논어』의 출현까지는 2차의 과정을 거쳐서 이뤄진 것이다. 1차로 서한(西漢) 말엽, 장우(張禹)에 의해『노론』과『제론』의 종합이 이뤄져 이를 장우본(張禹本) 또는 장후론(張侯論)이라 하고, 그 뒤를 이어서 2차로 동한(東漢) 말엽, 정현(鄭玄)은 3종의『논어』를 종합하여 오늘날의『논어』가 이뤄진 것이다. 이의 과정은 다음과 같다.

① 서한 말엽,『제론』과『노론』의 종합: 장후 논어[張侯論]

한원제(漢元帝) 당시, 장우(張禹)는 재상으로 안창후(安昌侯)에 봉해진 인물인데, 그는 처음 하후건(夏侯建)에게『노론』을 배웠고, 또 교동(膠東) 용담(庸譚)에게서『제론』을 배웠다.(『經傳釋文』「敍錄」) 당시 한성제(漢成帝)는『논어』를 좋아하였는데, 당시 장우는 성제의 스승으로 먼저『노론』을 가르쳤고, 뒤에『제론』을 강학하였다. 그는 마침내 이를 종합하여 고증하면서 번잡한 부분과 의문시된 부분을 삭제하면서『제론』의「문왕」,「지도」2편을 빼고『노론』20편으로 확정하고, 이를 장후론(張侯論)이라 하였다.(『漢書』本傳 및『隋書』「經籍志」) 이처럼 '장후론'은『노론』과『제론』의 최초 종합본이다.

장우 종합본의 성격은 2가지로 집약된다.

㉮『제론』의「문왕」,「지도」2편을 삭제하고,

㉯『제론』의 상당 부분을『노론』에 탑재했다.

따라서 이 종합본은 장점과 단점을 동시에 지니고 있다.

먼저 단점으로는 2가지가 있다.

첫째,『논어』20편 가운데 중복된 내용이 많다는 점.

예를 들면 다음과 같다.

巧言令色 鮮矣仁	學而	陽貨
博學於文 約之以禮 亦可以弗畔矣夫	雍也	顔淵
不在其位 不謀其政	泰伯	憲問
三年無改於父之道	學而	里仁

이는 삭제 과정에 미진한 부분으로 그중 하나를 삭제했어야 함에도 삭제하지 못한 부분이다.

둘째, 첨부하거나 삽입해서는 안 될 부분을 첨부, 삽입했다는 점.

현행『논어』의 끝부분 5편은 의문시되는 부분이 많다. 그것은 장우가『제론』에서 뽑아 첨부한 것이다. 이처럼 첨부하고서 최초로 장(章)의 이름을 그 장의 아래에 부쳤고, 또는 별도로 "○○장은 본디 『노론』에는 없다. 이는 『제론』의 ○○편에서 옮겨온 것이다.[某某章, 本魯論所無, 系由齊論某篇移入.]"이라는 설명을 붙이고 있다. 그러나 현행 『논어』에 적지 않은 의문투성이의 자료를 첨가하여, 후학에게 위작의 논변에 적지 않은 고뇌를 안겨주었다.

이와는 반대로 그 장점은 『노론』과 『제론』을 하나의 정본(定本)으로 통일함에 따라 『논어』를 배우는 이들에게 적지 않은 편의를 제공해주었다는 점이다.

② 동한 말엽, 『노론』과 『고론』의 종합: 정현 논어[鄭玄論]

장우의 합본이 출현한 이후, 동한의 유학자는 대부분 이를 채택하였고, "후한의 포함(包咸)과 주씨(周氏)는 모두 장구(章句)를 붙여 이를 학관에 배포하였다.[後漢包咸・周氏, 幷爲章句, 列於學官.]" (『經傳釋文』「敍錄」) 그들은 이처럼 모두 장우의 『논어』에 대해 장구를 정리했다고 하지만, 현재 여러 기록에서 이를 찾아볼 수 없고, 동한 말엽에 이르러 정현(鄭玄)은 장우, 포함, 주씨의 편장을 『제론』과 『고론』으로 교정하고, 아울러 주석까지 덧붙였다.(何晏「論語集解敍」 및 『經傳釋文』「敍錄」 참조) 이는 『노론』 『제론』 『고론』의 3종 『논어』를 또다시 한 차례 종합한 것이다.

서한 말엽, 장우가 『노론』과 『제론』을 종합할 적에 비교적 많은 『제론』의 장구를 『노론』의 내용에 확충한 것이라면, 정현은 '금문(예서)과 고문(과두문자)의 『논어』를 종합'한 것인 바, 『고론』의 자구를 들어 『노론』, 즉 장우 『논어』의 가차자(假借字)를 교정한 것이다. 『경전석문(經傳釋文)』(권24)에 근거하면, 정현이 『고론』으로 『노론』을 바로잡은 부분은 모두 24곳이다. 그 가운데 비교적 중요 부분을 예로 들면 다음과 같다.

편명	내용	魯論	鄭玄 改正本
學而	傳不習乎	專	傳
述而	吾未嘗無誨焉	悔	誨
先進	仍舊貫	仁	仍
陽貨	饋孔子豚	歸	饋

정현의 『논어주(論語註)』는 모두 10권으로, 『수서(隋書)』「경적지(經籍志)」와 『당서(唐書)』「예문지(藝文志)」에 수록되어 있으나, 송대 사람의 서목(書目)에는 대부분 수록되어 있지 않다. 정현의 『논어주』는 오대(五代) 시대에 잃어버린 것이다. 그러나 근래 돈황에서 발견된, 당사본(唐寫本) 『논어』 정현 주의 원본 가운데 일부 남아있던 「술이」, 「태백」, 「자한」, 「향당」 4편과 「자로」, 「헌문」 2편, 모두 6편을 영인, 간행하였다. 이는 현행 『논어』의 최초본이다. 오늘날 우리가 사용하는 『논어』는 정현 당시 편찬된 『논어주』를 연역(演繹), 전변(轉變)한 것이다.

Ⅳ.『논어』의 편장과 내용

1.『논어』의 편장

『논어』는 총 20편, 482장(「향당」편을 1장으로 계산함), 15,919자(朱子 集註本에 근거함)이다.

앞서 장학성(章學誠)의 "옛사람의 저서는 간혹 편명을 붙이지 않았다. 후인이 이를 편찬, 교정하는 과정에서 편의 첫머리 글자로 편명을 삼았다."[32]는 말처럼『논어』20편의 편명은 편마다의 첫머리 글자로 각 편의 편명을 붙인 것일 뿐, 특별히 깊은 뜻은 없다. 예를 들면,「학이(學而)」편이라 하여 학문만을 전문적으로 논술한 것도 아니고,「위정(爲政)」편이라 하여 정치만을 전문적으로 논술한 것도 아니다.

편마다의 장수(章數) 또한 일정하지 않다. 가장 적은 것으로 제20「요왈」편의 겨우 3장, 369자이며, 가장 많은 것으로는 제14「헌문」편은 모두 47장, 1,340자이다.

장(章)마다의 글자수 또한 똑같지 않다. 가장 적은 것으로는 제2「위정」편 "자왈군자불기(子曰君子不器)"의 경우 겨우 6자이며, 가장 많은 글자로는 제11「선진」편의「자로증석시좌(子路曾晳侍坐)」장은 무려 315자이다.

대체적으로 상론 전 10편, 각 장의 글자 수는 40자 이내가 대부분이며, 하론 후 10편, 각 장의 글자 수는 40자 이상이 무려 69장에 달한다. 열람의 편의를 위해 아래와 같이 도표를 붙이는 바이다.

	篇	篇名	章數	字數
上論	1	學而	16	493
	2	爲政	24	579
	3	八佾	26	689
	4	里仁	26	501
	5	公冶長	27	869
	6	雍也	28	816
	7	述而	37	873
	8	泰伯	21	614
	9	子罕	30	806
	10	鄕黨	1	642

32 『文史通義』「繁稱篇」. "古人著書, 往往不標篇名, 後人校讐, 卽以篇首字句名篇."

下論	11	先進	25	1,054
	12	顔淵	24	992
	13	子路	30	1,035
	14	憲問	47	1,340
	15	衛靈公	41	905
	16	季氏	14	863
	17	陽貨	26	1,019
	18	微子	11	618
	19	子張	25	842
	20	堯曰	3	369
合計		20篇	482章	15,919字

2. 『논어』의 내용

『논어』는 말한 바를 그대로 기록한 기언(記言)의 형식, 즉 어록류(語錄類)로 단락마다 공자 문하 사제간의 언행을 기록하고 있다. 원(元) 하이손(何異孫)은 「십일경문대(十一經問對)」에서 그 기록의 성격을 다음 6가지로 정리하고 있다.

① 제자가 공자의 말씀을 기록한 것
② 공자가 제자의 물음에 대답한 것
③ 제자들끼리 서로 주고받은 문답
④ 당시 사람들과의 이야기
⑤ 신하로서 임금의 물음에 대답한 것
⑥ 공자의 제자가 대부의 물음에 대답한 것

양계초는 이를 다시 8가지의 내용으로 분류하여 말하였다.

① 개인의 인격 수양에 관한 교훈
② 사회윤리에 관한 교훈
③ 정치에 관련된 교훈
④ 철리(哲理)에 관련된 교훈
⑤ 문인 제자 및 당시 사람에 따른 가르침[隨材施敎]의 문답
⑥ 문인 제자 및 옛 인물과 당시 인물에 대한 비평
⑦ 스스로 말씀한 교훈
⑧ 공자의 일상생활과 공자를 찬탄하는 제자의 말(「映入門弟子眼中之孔子人格」)

양계초가 말한 ①, ②항은『논어』전편의 3분의 2를, 그 나머지 여섯 항이 대략 3분의 1를 차지하고 있다.

제①항의 인격 수양에 관한 교훈은 그 전체가 영원한 불변의 가치를 지닌 데 반하여, 제④항의 철리(哲理)에 관련된 이야기는 공자의 가르침 그 자체가 실천을 중시하다 보니, 형이상학의 본성과 천도(天道) 등에 대해 언급하지 않음[罕言]을 고수했으나, 모두 심오한 경지를 보여주었다.

제③항의 정치에 관련된 교훈은 당시 사회조직을 위한 논설이기에 더러는 오늘날 부합되지 않는 면이 없지 않다. 그러나 그 근본정신은 백세 불변의 진리이다.

제⑤항의 사람에 따른 가르침[隨材施敎]은 배우는 이들의 개인 문제점을 지적하여 그들의 성찰에 대한 귀감이다.

제⑥항의 인물에 대한 비평은 공자가 생각하는 이상적 인격이 그 무엇인가를 일부분이나마 엿볼 수 있다.

제⑦항의 스스로 말씀한 교훈과 제⑧항의 공자에 대한 관찰은 공자의 전 면모를 살펴볼 수 있는 자료들이다.

위의 두 분류 방법은『논어』의 내용을 어렵지 않게 인식할 수 있는 편의를 제공해주고 있다.

Ⅴ.『논어』의 가치와 영향

1.『논어』의 가치

『논어』의 중요성과 그 가치는 간단하게나마 앞에서 이미 논급한 바 있다. 여기에서는 앞에서 말하지 않은 부분만을 보완하고자 한다. 이에 대해서는 크게 5가지이다.

① 사료(史料)로서의 가치
② 경학(經學)으로서의 가치
③ 경세(經世)로서의 가치
④ 경세(警世)로서의 가치
⑤ 문학(文學)으로서의 가치

바꿔 말하면 문학 역사 철학에 두루 통하지 않은 부분이 없음을 말한다.

① 사료로서의 가치: 공자를 전후하여 숱한 인물들의 귀중한 자료가 수록되어 있다.

㉮ 공자의 일상생활: 음식, 기거(起居), 언어, 덕행, 행정, 교육, 기상, 풍모, 감상(感傷), 역경 등이

사실대로 수록되어 있다.

㉯ 공문 제자의 전모(全貌): 안연, 민자건, 염백우, 중궁, 염구, 자로, 재아, 자공, 자유, 자하, 유자, 증자, 원헌, 복자천, 공서자하, 공야장, 남용, 칠조개, 담대멸명, 금뇌, 번지, 사마우, 무자기, 고시, 증석, 안로, 신정 등 28명의 언행과 생활, 그들 사이의 절차탁마와 종유(從遊), 출사 등이 기재되어 있다.

㉰ 옛 성현의 사적(事蹟): 요순우탕문무주공의 치적, 은말(殷末)의 삼인(三仁), 태백, 백이숙제 등의 행적을 포괄하고 있다.

㉱ 공자 당시의 여러 제후의 명대부들의 기록: 노(魯)의 장문중(臧文仲), 장무중(臧武仲), 계문자(季文子) 등, 위(衛)의 영무자(甯武子), 공문자(孔文子), 사어(史魚), 거백옥(蘧伯玉) 등, 제(齊)의 관중, 안영(安嬰) 등이다.

㉲ 적지 않은 은일(隱逸)의 인물: 장저(長沮), 걸닉(桀溺), 초광접여(楚狂接輿), 신문(晨門) 등이 기재되어 있다.

위 다섯 항의 사료적 가치에 의해, 사마천의 「공자세가」와 「중니제자열전(仲尼弟子列傳)」, 그리고 두정상(杜呈祥)의 「공자전(孔子傳)」, 장효봉(張曉峰)의 「공자신전(孔子新傳)」, 이용계(李榕階)의 『논어공문언행록(論語孔文言行錄)』 등은 모두 여기에 취재원(取材源)을 두고 있다.

② 경학으로서의 가치: 일찍이 『논어』는 존숭의 대상이었으나, 한 무제 초기, 태학을 세워 제자백가를 배척하고 육경(六卿)을 밝혀[33] 유학을 독존하는[獨尊儒術] 과정에서 『논어』는 더더욱 지존의 대상이었다.

조기(趙岐)의 「맹자제사(孟子題辭)」. "『논어』야말로 오경(五經)의 관건[錧鎋]이오, 육예(六藝)의 요강(要綱: 喉衿)이다."[34]

오경과 육예의 핵심 요소에 대해서 그도 그럴 것은 공자 이전의 경전은 오경과 육예뿐이었다. 공자의 사상과 철학은 이를 익히고 이를 정리한 데서 나온 것이다. 따라서 오경과 육예를 농축한 사상이 모두 『논어』에 녹아있기 마련이다. 이에 관한 예증은 다음에서 볼 수 있다.

청유(淸儒) 진풍(陳澧)의 「동숙독서기(東塾讀書記)」 권2. "『논어』에서 『주역』을 말한 부분은 드물고, 『춘추』에 대해서는 또한 논급조차 한 바 없다.

그러나 '떳떳함이 있어야 한다.[有恒]'(「述而」)·'너무 지남침이 없어야 한다.[無大過]'(「述而」)·'생각은 제자리를 벗어나서는 안 된다.[思不出其位]'(「憲問」) 등은 『주역』의 정밀한 의의이다.

'효도와 우애는 정사에 베풀어야 한다.[孝友施於有政]'(「爲政」)는 것은 『서경』의 정밀한 의의이며, '위대하고 위대하다. 순임금과 우임금의 천하를 다스림이여.[巍巍乎舜禹之有天下也]'(「泰伯」) 등 및

---

33 『前漢書』 권6, 「武帝紀」. "贊曰 孝武初立, 罷黜百家, 表章六經."

34 "論語者, 五經之錧鎋, 六藝之喉衿也."

「요왈」편의 첫장에서 요순우탕문무에 관한 논술은 『서경』의 그 요체를 제시한 것이다.

'진문공은 속임수로 바르지 못하고 제환공은 올바름으로 속이지 않았다.[晉文公譎而不正, 齊桓公正而不譎.]'(「憲問」) 및 '천하에 도가 있으면 예악정벌이 모두 천자에게서 나온다.[天下有道則禮樂征伐自天子出]'·'노나라 왕실에 정권이 떠난 지 벌써 5세이다.[祿之去公室五世矣]'(「陽貨」) 2장은 『춘추』 242년 간의 역사로 또한 그 요체를 들어 말해주고 있으며, '진항이 제나라 간공(簡公)을 시해하자, 공자께서 그의 토벌을 주청[陳恒弑君, 孔子請討.]'(「憲問」)한 일은 14년 경신(B.C. 481) 공자의 나이 71세, 노나라 서쪽 들녘의 봄 사냥에서 기린을 잡았던 해다. 이는 또한 『춘추』를 짓게 된 계기이다.

이처럼 모든 경학의 요체가 모두 『논어』에 담겨있다."[35]

③ 경세(經世)로서의 가치: 공자는 경국제세(經國濟世)의 큰 뜻을 품고 천하를 주유하였지만, 그 뜻을 이루지 못하였다. 그러나 『논어』에는 정치, 군사, 외교, 경제 등 각 방면에 개혁 의지를 남겨, 후세의 정치인에게 큰 참고가 되었다.

㉮ 서건학(徐乾學)의 『자치통감후편(資治通鑑後編)』 권15. "조보(趙普: 922~ 992)는 젊은 시절, 서리(胥吏)의 일에 익숙할 뿐, 학술이 없었다. 그가 재상이 되었을 적에 태조[趙光胤]는 독서를 하도록 권하였다. 노년에 들어 손에서 책을 놓지 않았다. 언제나 집에 돌아가면 문을 걸어 닫고 책궤에서 『논어』를 찾아 온종일 읽었다. 그리고 그가 정사에 임하여서는 물 흐르듯이 처결하였다."[36]

㉯ 황진(黃震)의 『황씨일초(黃氏日抄)』 권50. "북송의 개국공신으로는 조한왕(趙韓王: 趙普)만 사람이 없고, 수성(守成)의 훌륭한 재상으로는 이문정(李文靖: 李沆 947~1004)만 사람이 없다.

조한왕은 언제나 나라의 큰일을 결정할 적에 오직 『논어』만을 읽었다. 그는 '태조를 도와 천하를 다스릴 적에 겨우 『논어』의 절반을 썼다.'고 말하였다.

이문정 또한 재상이 되어서 일찍이 『논어』을 읽으면서 '비용을 절약하고 사람을 사랑하며 백성을 한가한 농사철에 부린다.[節用愛人, 使民以時.]'(「學而」)는 두 구절의 의미마저 오히려 제대로 행하지 못하였다.'고 하였다.

아! 이처럼 하여야 이것이 바로 대신으로서의 독서법이라 하겠다."[37]

④ 경세(警世)의 가치: 『논어』는 성현의 마음속 깊이 담겨있는 진리의 음성이 넘쳐나는 격언으로 가득 차 있다. 대부분 세상 사람들의 마음을 깨쳐주는 의미가 담긴 것으로 『논어』 구절은 간단

---

35 "論語說易書者 少, 春秋則更未論及. 然有恒·無大過·思不出其位, 易之精義也. 孝友施於有政, 書之精義也; 巍巍乎舜禹之有天下也 數章, 及堯曰咨一章, 論堯舜禹湯文武, 尙書百篇, 此提其要矣. 晉文公譎而不正, 齊桓公正而不譎 及天下有道則禮樂征伐自天子出·祿之去公室五世矣 兩章, 春秋兩百二十四年之事, 又提其要矣. 陳恒弑君, 孔子請討, 卽在西狩獲麟之年, 此又春秋之所以作也. 經學之要, 皆在論語中."

36 "趙普少習吏事, 寡學術, 及爲相, 太祖常勸以讀書. 晩年手不釋卷, 每歸私第, 闔戶啓篋, 取論語, 讀之竟日, 及臨政, 處決如流."

37 "國朝開國元勳 無如趙韓王, 守成賢相 無如李文靖. 韓王每斷大事, 惟讀論語, 曰佐藝祖定天下, 纔用得半部. 文靖作相, 亦嘗讀論語, 曰節用愛人 使民以時 兩句, 尙未能行. 嗚呼! 必若是, 斯可言大臣之讀書矣."

하면서도 깊은 뜻이 있다. 예를 들면 아래와 같다.

서둘면 이뤄지지 않는다.[欲速則不達](「子路」)

조심하고 또 조심하여 깊은 연못에 다가서듯이, 살얼음을 밟듯이 하라.[戰戰兢兢, 如臨深淵, 如履薄氷.](「先進」)

지름길로 가지 말라.[行不由徑](「雍也」)

등용되면 도를 행하고 버려지면 몸을 숨겨라.[用之則行, 舍之則藏.](「述而」)

『논어』의 모든 구절이 정문일침(頂門一針)의 명언 아닌 게 없다. 하나하나 마음을 잠겨 음미하지 않으면 안 된다.

⑤ 문학으로서의 가치: 문학의 기교는 그 내재적 철학에 기반을 두고 있는바, 따라서 먼저 도를 밝혀야 한다.

『논어』는 도를 밝히고 경국제세를 위한 책이지, 문장을 구사하기 위해 마련된 책은 아니다. 그러나 성인의 경전은 곧 모든 문학의 연원이기에 천추만대의 문장은 모두 여기에서 나온 것이다. 문학의 내함과 사상의 기조는 모두 여기에 연원을 두고 있다.

문장을 구사하는 기교면에서 살펴보면 다음과 같다.

㉮ 『논어』의 단구(短句)는 간단하면서도 힘차[簡勁有力] 조금이라도 지리하다거나 군더더기가 없다. 자법(字法)에 뛰어난 면모를 갖추고 있다. 예를 들면, 아래와 같다.

공자께서 조심하였던 바는 재계, 전쟁, 질병이셨다.[子之所愼, 齊戰疾.](「述而」)

공자께서는 괴이함, 용력, 패란, 귀신의 일을 말씀하지 않으셨다.[子不語怪力亂神.](「述而」)

공자께서는 사사로운 생각, 기필함, 집착함, 나를 내세우지 않았다.[子絶四, 毋意 毋必 毋固 毋我.](「子罕」)

㉯ 장편의 문장은 곡절 변화가 있고 묘사가 핍진(逼眞)하다. 예를 들면, 「선진」편의 「자로 증석 염유 공서화 시좌(子路曾皙冉有公西華侍坐)」장의 경우, 문장은 3백여 자이며 등장인물은 5인이다. 각자 자신의 의견을 말하고 공자의 강평을 통해 개인의 개성, 지취(志趣), 동작, 풍모가 그 내면에 차례로 전개되고 전변하면서 매우 생동감 있게 묘사되어 마치 하나의 영상을 보는 것처럼 독자의 목전에 또렷이 나타나 있다.

㉰ 어조사의 사용이 매우 뛰어나 항상 개인의 음성과 그 용모를 잘 묘사하고 있다. 공자는 염백우(冉伯牛)의 몹쓸 병을 슬퍼하면서 "이런 몹쓸 병이 없을 사람인데, 천명이나보다. 이처럼 훌륭한

사람에게 이처럼 몹쓸 병이 있다니…, 이처럼 훌륭한 사람에게 이처럼 몹쓸 병이 있다니…![亡之, 命矣夫! 斯人也, 而有斯疾也! 斯人也, 而有斯疾也!]"(「雍也」)라 하였고, 또 공자는 도를 행하지 못한 채, 몸이 이미 노쇠함을 한탄하면서 "내가 너무도 쇠해졌나 보다. 내, 꿈속에 주공을 만나보지 못한 지 오래이다.[甚矣! 吾衰也! 久矣, 吾不復夢見周公!]"(「述而」)라고 하여, 역대로 가장 운용하기 어렵다는 어조사의 사용을 어느 곳에서 적절하게 안배하고 있다.

이처럼 『논어』는 깊은 철학성을 바탕으로 자법(字法), 구법(句法), 장법(章法)을 자유자재로 구사하면서 이에 원활한 어조사의 운용으로 문장을 보다 돋보이게 하였다. 이런 면에서 『논어』는 문학인의 표본이 되는 문장이라 해도 지나친 말이 아니다.

2. 『논어』의 영향

『논어』가 편성된 이후, 아성(亞聖)으로 불리는 맹자, 전경대유(傳經大儒)의 순자, 백가를 배척하고 공자를 독존(獨尊)했던 동중서, "자연과 인간의 관계를 탐구하고 고금의 변화를 통달하여 일가의 학설을 성립[究天人之際, 通古今之變, 成一家之言.]"한 사마천, 그 어느 사람 하나 『논어』의 영향을 받지 않은 이가 없다.

『논어』는 한문제(漢文帝) 당시 박사(博士)가 설치되어[論語, 自漢文帝時, 立博士.](『四書章句集注』「提要」) 전수하였고, 선제(宣帝) 이후에는 태자의 교육에 중요 서적이 되었다. 한대(漢代)의 경사(經師), 송대의 성리학자, 청대의 한학자(漢學者) 모두 『논어』를 추숭하여 많은 주소(註疏)를 지었다.

한(漢) 정현(鄭玄)의 『논어주(論語註)』 10권,
위(魏) 하안(何晏)의 『논어집해(論語集解)』 10권,
양(梁) 황간(皇侃)의 『논어의소(論語義疏)』 10권,
송(宋) 형병(邢昺)의 『논어정의(論語正義)』 20권,
청(淸) 유보남(劉寶楠)의 『논어정의(論語正義)』 24권.

남송의 주자는 『논어』와 『대학』 『중용』 『맹자』를 종합하여 사서(四書)라 하였고, 아울러 집주(集註)를 저술하였다. 원대(元代)에 이르러서는 칙령으로 주자 집주 사서를 과거필독서(科擧必讀書)로 제정한 이후, 『논어』는 국가의 보전(寶典)이요 선비의 성경(聖經)으로서 중국의 정치, 교육, 사회에 지대한 영향을 끼쳤음은 물론, 조선조 5백 년은 바로 이 영향권에 있었고, 현재의 유림 역시 이에 귀속되어 있다.

현재 공자의 도는 동양에 그치지 않고, 구미에 널리 전파되어 세계적으로 공자의 연구에 심혈을 기울여, 『논어』의 번역, 공자의 전기(傳記) 및 공자의 교의(敎義)를 서술하고 있다. 세계의 입장에서 보면 『논어』의 가치는 이미 신약전서와 우열을 겨루고 있다.

독일 가베렌츠(G. von der Gabelentz)는 '공자와 그의 교리'에서 "2천년 이상 유구한 세월을 지나오면서 오늘날까지 세계 인류의 3분의 1이 도덕적, 사회적, 정치적 생활상은 모두 공자의 정신에 감화되어 존속해왔다. 공자는 인류 가운데 가장 위대한 인물의 한 사람이라고 말하지 않을 수 없다."(陳立夫 主編, 「孔子學說對世界之影響」, 제1집, 「西哲對孔子學說之評價語錄.」)고 하였다.

위의 문장을 통하여 『논어』는 중국과 세계에 얼마나 지대한 영향을 미쳤는가를 가늠할 수 있다.

이상의 논지는, 주하(周何) · 전박원(田博元) 주편(主編), 『국학도독총편(國學導讀總編)』[38] 「논어도독(論語導讀)」을 바탕으로 가감하고 윤색하여 이를 정리한 것이다.

Ⅵ. 주자의 『논어집주』 편찬과 체제

주자의 저서가 수십 종이지만, 세교(世敎)에 보다 간절한 책은 『대학』 『중용』의 장구(章句)와 혹문(或問), 그리고 『논어』 『맹자』의 집주이다.[39] 특히 그중에서도 『논어집주』는 "성인의 마음을 깊이 탐구하고 여러 학자의 설을 종합하여 집주를 지으면서 평생 정력을 다하여 비로소 집대성하였다. 이는 참으로 만세에 다시 찾아볼 수 없는 학술이다."[40] 이처럼 주자의 『논어집주』는 성리학자로서 경전 주해의 특색이 돋보임과 아울러 자의의 훈고 및 사실의 고증에도 마음을 다하여 『논어』 주석사(註釋史)에 하나의 중요한 성과를 이룩하였다.

이러한 주자의 『논어집주』는 어떠한 편찬과정을 거쳐 완성되었으며, 그 구성 체제에는 어떤 특징이 있는지, 이를 알지 못하고서 『논어』를 이해한다는 것은 있을 수 없는 일이다.

1. 『논어집주』의 편찬

『논어집주』의 편찬은 일시에 이뤄진 게 아니다. 그 준비를 위해 오래전부터 평생의 정력을 사서에 다하여 의문점을 분석하면서 털끝 하나까지도 명확하게 분석하였다.[41] 주자는 이러한 과정을 위해 가장 먼저 『논어요의(論語要義)』를 편집하였고 뒤이어서 『논어정의(論語精義)』를 편집하였으며, 마지막으로 『논어집주』를 완성하였다.

먼저 『논어요의』와 『논어정의』의 편집 과정과 아울러 이의 주된 편찬 의도가 어디에 있는 것일까? 이는 "이정(二程)의 학문에 근본을 두고서 『논어』의 종지를 밝히려는" 데에서 비롯된 일이

38 제1책, 康橋出版事業公司, 中華民國79년增訂9판.

39 『經義考』 권252. "陳宓曰 先生所著書數十種, 而尤切於世教者, 曰大學中庸章句或問語孟集註."

40 金履祥, 『論語集註考證』 「原序」. "子朱子, 深求聖心, 貫綜百氏, 作爲集註, 竭生平之力, 始集大成, 誠萬世之絶學也."

41 『欽定四庫全書總目』 권35. "大抵朱子平生精力, 殫於四書, 其剖析疑似, 辨別毫釐."

다. 이러한 의식은 주자의 어린 시절에 일찍이 형성되어 왔다.

> 나의 나이 열서너 살 적에 선친으로부터 이정(二程)선생의 『논어설(論語說)』을 배웠지만, 그 뜻을 이해하지 못했는데, 선친이 돌아가시고 중간에 스승과 벗을 찾아 이를 물었으나 만족할만한 이해를 얻지 못하였다. 이에 고금 유학자의 관련 해설들을 종합, 편집하여 오랫동안 익혔지만, 더욱 의혹만 커나갔다. 훗날 늦게서야 도가 높은 분을 만나 이에 대해 깨달은 바 있었다. 이로써 개연히 분발하여 쓸모없는 설들을 모두 삭제하고 오직 이정선생과 그의 문인 그리고 벗들의 학설만을 취하여 편집 보충하여 한 권의 책으로 엮어내고, 이를 『논어요의』라 하였다.[42]

이는 정자 설을 위주로 한 『논어요의』의 편찬 동기 및 인용할 선유 설을 선정하여 편찬하였음을 말해주고 있다. 그리고 그 후 같은 해에 주자는 『논어훈몽구의(論語訓蒙口義)』를 찬술하였다. 그 서문에서 주자는 다음과 같이 말하고 있다.

> 나는 『논어요의』를 차례로 정리하여 이를 잘 살펴볼 수 있도록 갖춰두었다. 하지만 훈고는 간략하고 의리가 상세하여 어린아이를 가르치는 요체에 적합하지 않았다. 또다시 이에 가감하여 이 책(『논어훈몽구의』)을 완성하였다.
>
> 이는 주소(註疏)에 근본하여 훈고를 통하게 하고, 석문(釋文)을 참고하여 독음을 바로잡았다. 그런 후에 여러 선생의 주설을 모아 그 정미한 뜻을 밝혔다. 한 구절의 뜻은 본 구절 아래에 쓰고, 한 장(章)의 큰 요지는 본장의 뒤에 나열하였고, 또한 평소 스승과 벗들에게 듣고서 나의 마음에 체득한 바는 간혹 한 두어 조목을 덧붙였다. 경문의 본말과 정조(精粗), 대소와 상략 그 어느 한쪽도 빠뜨리지 않도록 하였다. 하지만 이 책을 저술한 본의는 어린아이 학습의 편의를 위함이기에 『훈몽구의』라 하였다.[43]

이를 통해 주희는 『논어요의』를 기초로 『논어훈몽구의』를 저술하였음을 알 수 있다. 『논어요의』는 '의리(義理)'를 중심으로 책을 편찬했지만, 『논어훈몽구의』는 몽학(蒙學)을 위해 '의리'는 생략하고 '훈고'를 강조하여 이 두 서적이 상호보완적인 관계를 형성하였다. 바꿔 말하면 어린이나 성인이 그 근기에 따라 『논어』를 학습하기 위한 주석서를 마련하였다. 다만 이 두 책이 모두 현존하지 않아 그 자세한 내용을 상세히 고찰할 수 없는 점이 애석할 뿐이다.[44]

---

42 王懋竑 撰, 『朱子年譜』, 권1. "熹年十三四時, 受二程先生論語說於先君, 未通大義, 而先君棄諸孤. 中間歷訪師友, 以爲未足. 於是偏求古今諸儒之說, 合而編之. 誦習旣久, 益以迷眩. 晩親有道, 竊有所聞, 乃慨然發憤, 盡刪餘說, 獨取二先生及其門人朋友數家之說, 補緝訂正, 以爲一書, 目之曰論語要義."

43 위와 같음. "論語訓蒙口義序云 予旣敍次論語要義, 以備覽觀. 又以其訓詁畧而義理詳, 殆非啓蒙之要. 因爲刪錄以成此編. 本之注疏, 以通其訓詁; 參之釋文, 以正其音讀; 然後會之於諸老先生之說, 以發其精微. 一句之義, 繫之本句之下; 一章之指, 列之本章之左; 又以平生所聞於師友而得於心思者, 間附見一二條焉. 本末精粗, 大小詳畧, 無或敢偏廢也. 然本其所以作, 取便於童子之習而已, 故名之曰訓蒙口義."

44 朴素鉉, 「朱熹의 『論語集註』 詮釋 상에 나타난 "解經"과 "治學" 관계 고찰」(한국중국어문학회, 『中國文學』 NO. 102, 2020.) 125~6쪽.

그러나 여기에서 이미 『논어집주』의 체제를 시험했음을 알 수 있다. 그것은 먼저 "한 구절의 뜻은 본 구절 아래에 쓰고, 한 장(章)의 큰 요지는 본장의 뒤에 나열하였고, 또한 평소 스승과 벗들에게 듣고서 나의 마음에 체득한 바는 간혹 한 두어 조목을 덧붙였다."고 함은 단순하게 선유의 주설만을 편찬한 『논어정의(論語精義)』의 서술방식이 아니라, 『논어집주』의 형식을 취한 시험단계였다.

첫째, 훈고는 구절의 해설을 기조로 하였다.

둘째, 구절의 해석 부분은 여러 유학자의 설을 인용하여 경문의 정미한 뜻을 밝혔다.

셋째, 주자의 자기 의견을 천명했다는 점이다.

이 3가지 해석방법은 『논어집주』의 체제와 형식을 말해주는 것이다. 이처럼 『논어요의』와 『논어훈몽구의』에 나타난 주자의 초기 『논어』 주석서의 실체를 엿볼 수 없는 아쉬움이 적지 않으나, 『논어요의』는 훗날 『논어정의』를 거쳐 『논어집주』의 완성을 위한 초석이었다. 그리고 『논어훈몽구의』는 훗날 사서에 나타난 성리학의 이해를 위한 진순(陳淳)의 『북계자의(北溪字義)』 등의 남상으로 생각한다.

이로 보면, 2책의 실전(失傳)으로 단정하여 말할 수는 없지만, 주자는 일찍부터 사서의 장구 및 집주에 마음을 두고 34세에 『논어요의』를 완성하였으나, 정녕 이에 만족하지 못하고 다시 이를 뒤이어서 새로운 체제의 시도로써 『논어정의(論語精義)』를 편찬한 것으로 여겨진다. 이의 과정은 아래와 같다.

> "처음 주자는 융흥 원년에 『논어』에 관한 제가의 학설을 편집하여 『논어요의』를 만들었다. 그러나 그 책은 오늘날 전해오지 않는다. 그 후 9년이 지난 건도(乾道: 南宋孝宗年號) 8년, 임진(壬辰: 1172)에 이로 인하여 다시 이정(二程), 장자(張子) 및 범조우(范祖禹)·여희철(呂希哲)·여대림(呂大臨)·사양좌(謝良佐)·유초(游酢)·양시(楊時)·후중량(侯仲良)·윤돈(尹焞)·주부선(周孚先) 등 12가(家)의 학설을 취하여 이를 종합하고 조목별로 정리하여 이를 『논맹정의(論孟精義)』라 명명하고, 정월에 자서(自序)를 썼다. 당시 주자의 나이 43세였다. 『논어정의』 20권·『맹자정의(孟子精義)』 14권이다."[45]

이처럼 주자는 십 년의 세월을 거치면서 43세에 이르러 『논어정의』를 완성하였다. 처음엔 송대 유학자 12인의 주석을 편집하여 『논어정의』를 편찬하였는데, 여기에는 주자 자신의 학설을 삽입하지 않고 12인의 주석만을 발췌, 정리한 것이다. 따라서 그들 주해의 많은 부분을 인용, 편찬하였다. 이는 처음엔 『논어정의』라 하였으나 훗날 이는 『논어집의(論語集義)』로 그 이름을 바꿨다.[46] 이는 분명 『논어훈몽구의』와는 다른 체제이다. 이정 설을 위주로 순정(純正)한 이학을 천명할 뿐,

---

45 『論孟精義』「提要」. "初, 朱子, 於隆興元年, 輯諸家說論語者, 爲要義. 其本不傳. 後九年, 爲乾道壬辰, 因復取二程·張子, 及范祖禹·呂希哲·呂大臨·謝良佐·游酢·楊時·侯仲良·尹焞·周孚先等十二家之說, 薈萃條疏, 名之曰論孟精義, 而自爲之序, 時朱子年四十三. 凡論語二十卷·孟子十四卷"

46 『晦庵集』 권75. "語孟集義序(初曰精義 後改名集義)"

자기의 설을 덧붙이지 않았다. 이로 보면 『논어정의』 20권은 북송 이학의 천명을 위한 『논어』의 자료집이다. 이처럼 『논어정의』를 편집한 의도와 그 목적은 분명하다. 이는 아래에서 말한 바와 같다.

> "주자가 처음 『논맹정의』를 편집한 것은 이정(二程)의 학문에 근본을 두고서 『논어』의 종지를 밝히려 함이었다. 그 훗날 정화(精華) 부분만을 채록, 정리하여 『논맹집주』를 편찬, 완성하였다."[47]

위에서 말한 바와 같이 정자 설을 종지로 삼아 『논어집주』를 편찬하기 위함임을 밝히고 있다. 먼저 정자 설을 종지로 삼은, 구체적 이유는 주자의 「연보(年譜)」에서 다음과 같이 말했다.

> 송나라가 건립된 지 백 년이 되던 해에 두 분의 정자가 나오면서 사도(斯道)가 전승되었다. 두 분의 정자는 공맹과 시대야 다르지만, 그 심법(心法)은 서로 부합하였다. 이 때문에 두 분의 정자는 『논어』와 『맹자』의 설을 밝힌 바 있다. (중략) 근간에 두 분 정자의 여러 주소(註疏)를 모아 경문의 문장 순서대로 배열하였고, 두 분의 정자와 학문의 지취(旨趣)가 같은 유자(儒者), 그리고 두 분의 정자에게 배운 문하생들, 장횡거, 범조우, 여대철, 여대림, 사양좌, 유초, 양시, 후중량, 윤돈 등 9가(家)의 학설을 이에 덧붙였다.[48]

주자는 여기에서 공맹의 학설을 계승하는 자로서 이정(二程)을 분명히 표명하였으며, 위에 언급된 9명은 이정의 학설을 전수 및 계승하는 하나의 학통임을 알 수 있다. 다시 말하면, 주자의 편찬본 『논맹정의』는 공맹과 이정의 도통(道統)을 계승하기 위함이요, 또한 이정 문하의 이학 정신을 인용하여 당시 만연했던 '이설(異說)' 타파의 근거로 삼아 맹자의 '벽이단(辟異端)'의 학통을 멀리 전승한 것이라 말할 수 있다.[49] 그뿐만 아니라, 이는 주자 자신의 학통과 도통의 맥락이 그 어디에 있는가를 그 스스로 말한 부분이기도 하다. 따라서 주자의 『용학장구(庸學章句)』와 『맹자집주』 또한 도통의 전승이라는 사명과 자부에 의해 평생 정력을 사서집주에 쏟은 것이다.

위에서 말한 바와 같이 이는 어디까지나 『논어집주』를 저술하기 위한 기반으로서의 자료집의 성격이자, 궁극적으로 정자의 학술을 밝히려는 데에 그 목적이 있다.

이로 보면, 『논어정의』의 편찬에는 2가지 의의가 있다.

첫째는 정자의 학술로써 『논어』를 정리하고자 함이며,

둘째는 『논어집주』의 준비 작업이었음을 분명히 말해주고 있다.

먼저 『논어정의』에 인용된 12인을 살펴보면, 이정을 중심으로 한 교유이거나 제자이다. 장횡거,

---

47 『欽定四庫全書總目』 권35. "朱子 初集是書, 蓋本程氏之學, 以發揮經旨. 其後, 採擷菁華, 撰成集註."

48 (淸) 王懋竑撰, 앞의 책, 卷一: "宋興百年, 有二程先生者出, 然後斯道之傳有繼, 其於孔氏孟氏之心, 蓋異世而同符也. 故其所以發明二書之說. …… 間曾蒐輯條疏, 以附本章之次, 旣又取夫學之有同於先生者, 與其有得於先生者, 若橫渠張氏、范氏、二呂氏、謝氏、游氏、楊氏、侯氏、尹氏, 凡九家之說, 以附益之."

49 「朱熹의 『論語集註』 詮釋 상에 나타난 "解經"과 "治學" 관계 고찰」, 126쪽.

범조우, 여희철은 이정과 동지로서 교유관계이고 사양좌(謝良佐)・유초(游酢)・양시(楊時)・여대림(呂大臨)・후중량(侯仲良)・윤돈(尹焞)・주부선(周孚先)은 모두 이정의 제자이다. 이처럼 이정을 중심으로 한 학자의 설을 편집한 것이다.

『논맹정의』에서 말한 여씨(呂氏)는 두 사람으로 여희철(呂希哲)과 여대림(呂大臨)이다. 『논어정의』와 『논어집주』에서는 여희철의 설을 인용한 바 없다. 여희철은 단 『맹자집주』에서 여시강(呂侍講)이라는 이름으로 2차례 인용[50]했을 뿐이다. 따라서 『논어집주』에 인용된 여씨는 모두 여대림을 말한다. 이로 보면 『논어정의』에 인용된 유학자는 12인이라 하지만 실제론 11인이다.

둘째, 『논어집주』의 준비 작업으로 이뤄진 『논어정의』는 『논어집주』와 그 성격이 다를 수밖에 없다. 앞서 말한 바와 같이 『논어정의』는 11인의 주설만을 편집하되 여기에는 장(章)과 절(節)을 구분하지 않았다. 예를 들면, 첫 「학이」장의 경우, 『논어집주』에서는 3절로 나누어서 1장을 이루고 있으나, 『논어정의』는 3절의 구분 없이 1장으로 구성되어 있다. 심지어 제16 「계씨(季氏)」편의 「계씨장벌전유(季氏將伐顓臾)」장의 경우 『논어』에서 가장 장편이지만, 이 또한 1장으로 구성되어 있다. 「계씨장벌전유」장의 경문을 전제(前提)하고 그 뒤를 이어서 11인의 해당 주설을 편집하였다. 그러나 『논어집주』에서의 「계씨장벌전유」장은 총 13절로 이를 구분하였고 절(節)에 따라서 해당 주석을 분리, 편찬하고 있다.

그뿐만 아니라, 『논어집주』에는 『논어정의』와 다른 점 또한 2가지가 있다.

① 먼저 11인을 주로 하되 더 많은 학자의 주해를 첨가하였다.

② 주자 자신의 의견을 덧붙여 정리하였다.

① 『논어집주』에 나타난 인용 인물로는 11인 이외에 모두 17인이 있는 바, 이는 아래와 같다.

공씨(孔氏: 名安國, 西漢人.)
마씨(馬氏: 名融, 東漢 扶風人.)
소씨(蘇氏: 名軾, 字子瞻, 號東坡, 眉山人.)
오씨(吳氏: 名棫 字才老 建安人)
왕씨(王氏: 名安石, 字介甫, 臨川人.)
유빙군(劉聘君: 名勉之, 字致中, 號草堂, 建安人, 文公婦翁.)
육씨(陸氏: 名元朗, 字德明, 唐 蘇州人.)
이씨(李氏: 名郁, 字光祖, 昭武人.)
장경부(張敬夫: 號南軒 廣漢人 與朱熹呂祖謙 合稱東南三賢)
조백순(趙伯循: 名匡, 唐 河東人.)
조씨(晁氏: 名說之, 字以道, 淸豊人.)
증씨(曾氏: 名幾, 字吉甫, 河南人.)

50 「盡心 上」의 「有爲者辟若掘井」章, 「盡心 下」의 「萬章問曰孔子在陳」章.

하씨(何氏: 名晏, 字平叔, 魏 南陽人.)
형씨(邢氏: 名昺, 濟陰人.)
호씨(胡氏: 名寅, 字明仲, 號致堂, 建安人. 胡安國 養子, 龜山門人.)
홍씨(洪氏: 名興祖, 字慶善, 丹陽人.)
황씨(黃氏: 名祖舜, 字繼道, 二山人.)

위의 17인 가운데 서한인(西漢人) 공안국(孔安國), 동한인(東漢人) 마융(馬融), 위인(魏人) 하안(何晏), 당인(唐人) 조광(趙匡)과 육원랑(陸元朗) 등 5인을 제외하고 모두 송조(宋朝) 유학자이다. 주자는 송주(宋註)를 중심으로 이학(理學)을 체계화하였다.

이상의 17인과 『논어정의』에 나타난 11인, 즉 28인 가운데 위의 5인을 제외한 23인은 모두 송대 유학자로서 이정의 사숙(私淑)이거나 이정설 내지 주자설에 어긋나지 않은 선에서 수록되었음을 알 수 있다. 『논어집주』는 『논어정의』에 비해 폭넓게 유학자의 설을 수록, 편찬하여 『논어』의 의의를 천명하였다.

『논어집주』에 인용된 선유 설의 인용 횟수는 다음과 같다.

程子 193차,
尹氏 66차,
范氏 55차, 楊氏 50차,
謝氏 47차, 胡氏 42차,
張子 16차, 吳氏 蘇氏 12차,
張敬夫 8차, 洪氏 7차, 李氏 呂大臨 晁氏 6차, 游氏 5차,
馬氏 侯氏 4차, 孔氏 陸氏 3차, 劉聘君 王氏 何氏 2차,
趙伯循 周氏 曾氏 邢氏 黃氏 1차.

위에서 말한 바와 같이 『논어집주』에는 선유의 주설을 556차 인용하였다. 이에 여시강을 제외한 28인의 인용 가운데 정자 설은 193차 인용하여 거의 5분의 2이다. 『논어정의』에서는 명도의 주석을 이천의 주석보다 앞에 제시하여 수많은 관련 주석을 수록했지만, 정작 『논어집주』에서 명도 설은 현저히 줄어들고 이천 설이 보다 큰 비중을 차지하고 있다. 이는 명도의 심학(心學)보다는 이천의 이학(理學)을 계승한 데서 그 이유를 알 수 있다. 따라서 문인 또한 이천 제자를 중심으로 구성되어 있다. 특히 이천의 문인 윤돈(尹焞)의 설은 66차 인용되었고, 그 뒤를 이어 범조우(范祖禹) 55차, 양시(楊時) 50차, 사양좌(謝良佐) 47차로 많은 수효를 차지하고 있다. 여기에 범조우를 제외한 모든 이는 모두 이천의 문하와 관련된 인물이다. 특히 『논어정의』에서 언급되지 않은 귀산 양씨[楊時]의 문인 호인(胡寅)의 설은 무려 42차나 인용된 것 또한 주목할 부분이다.

② 주자 자신의 의견을 덧붙여 정리한 부분을 살펴보면, 다음과 같다.

앞서 말한 바와 같이 『논어정의』에서는 주자 자신의 말은 한마디도 언급하지 않았다. 『논어집주』의 찬술을 위한 1차 자료집의 성격이다. 따라서 주자는 『논어정의』의 주를 모두 그대로 원용하지 않았다. 『논어정의』에서 더욱 중요한 부분을 취하고 여러 사람의 주석을 참고하여 자신의 학설로 단정 지어 『논어집주』를 저술하였다. 그러나 『논어집주』에서 주자 자신의 학설은 그다지 많이 언급하지 않았다. 선유의 설을 중심으로 자신의 의견을 정리하면서 보완하였다.

앞서 말한 바와 같이 『논어정의』에서 더욱 중요한 부분을 취하였기에, 『논어정의』에 인용된 많은 부분을 『논어집주』에서는 축약, 정리하거나 삭제된 부분이 적지 않다. 『논어정의』에 인용된 11인의 주설을 『논어집주』에 인용하는 과정에 있어 장과 절의 구분이 있음에 따라서 해당 주를 장과 절로 나누어 수록하면서 축약, 정리하였다. 일종의 '요지만을 잘라 수록한 절요(節要)'의 형태이다.

그뿐만 아니라, 정자 설의 경우, 『논어정의』에서는 명도(明道)와 이천(伊川) 설을 밝혀 기록하고 있으나 『논어집주』에서는 명도와 이천의 구분이 없이 모두 '정자(程子)'로 통일하였다. 이런 일련의 과정은 몇 차례의 수정을 거쳐 이뤄진 일이다. "처음엔 명도는 대정자(大程子), 이천은 소정자(小程子)로 구별했다가 그다음엔 명도는 백자(伯子), 이천은 숙자(叔子)라 하였고, 최후엔 그의 학술이 똑같다고 하여 정자로 통칭하였다.[先生集註, 初以大程子小程子爲別, 次稱伯子叔子, 最後以其學同, 通稱程子.]"(元 詹道傳 撰, 『大學纂箋』 권1)

주자는 여기에 그치지 않고, 심지어는 한 단락의 문장에 명도 설과 이천 설의 일부분을 절록(節錄), 이를 합성하여 정리하기도 하였다. 예를 들면 아래와 같다.

> 제2 「위정」편 제18 「子張」章: 程子曰 修天爵則人爵至, 君子言行能謹, 得祿之道也. 子張學干祿, 故告之以此, 使定其心而不爲利祿動, 若顔閔則無此問矣.(以上 伊川說, 以下 明道說) 或疑如此, 亦有不得祿者, 孔子蓋曰耕也餒在其中, 惟理可爲者, 爲之而已矣.

> 제6 「옹야」편 제20 「樊遲問知」章: 又曰 先難, 克己也.(以上 明道說, 以下 伊川說) 以所難爲先而不計所獲, 仁也.

> 제11 「선진」편 제18 「回也」章: 程子曰 子貢之貨殖, 非若後人之豊財, 但此心未忘耳.(以上 伊川說, 以下 明道說) 然此亦子貢少時事, 至聞性與天道, 則不爲此矣.

위에서 보는 바와 같이 명도, 이천 설의 구분이 없을 뿐 아니라, 양설을 편집, 수록하면서 축약, 삭제는 물론 심지어는 그 원문의 글자를 바꿔 정리하기도 하였다. 이 때문에 『논어정의』는 11인의 주설을 원형 그대로 수록하였으나, 『논어집주』에서는 이를 수정, 인용하면서 미진한 부분에 자신의 주설을 덧붙여 완성하거나 편집하였다.

그리고 『논어집주』의 서술 전개 방식은 어떤 양상으로 구성되어 있는가. 이는 글자의 의의에 대한 훈고(訓詁), 구절에 대한 해석(解釋), 종합적인 논평 3단계로 구성하여 서술하고 있다. 이는 아래의 '『논어집주』의 체제' 부분에서 구체적으로 논급할 것이기에 여기에서는 생략하기로 한다.

이상에서 살펴본 바와 같이 주자는 34세에 『논어요의』를 편집하였고, 43세에 『논어정의』를 완성하였고, 마침내 48세에 이르러 『논어집주』를 완성하였다.[51] 현존하지는 않지만, 『논어요의』의 준비 기간까지를 합산하면 주자는 적어도 20대 후반, 30대 초반부터 착수하여 무려 30년에 가까운 세월 동안, 평생의 정력을 다하였기에 이처럼 타의 추종을 불허한 『논어집주』가 나왔다[52]고 할 것이다.

『논어정의』는 『논어요의』의 정수(精髓)이고, 『논어집주』는 『논어정의』의 정수[53]이다. 보는 바와 같이 『논어집주』는 정수 중의 정수이지만, 주자는 이에 만족하지 않고 그 후로도 끊임없는 노력을 경주하였다.[54] 면재 황씨(勉齋黃氏)의 말에 의하면, "주자는 만년에 다시 『논어집주』를 개정하다가 제3 「팔일(八佾)」편 「관저」장에 이르러 멈췄다.[先生晩年, 再改削集註, 止於此章.]"[55]고 한다. 그러나 이는 개정 부분만을 말했을 뿐, 그 언제 개정을 멈췄는지 그 시점에 대해서는 언급하지 않았다. 주자는 사서 집주에 평생 정력을 쏟으면서 심지어는 경원(慶元) 6년(1200) 4월 6일, 병든 몸을 억지로 일으켜 『대학』 「성의(誠意)」장의 주해를 개정하였다.[56] 이것이 주자의 생애에 마지막 첨필(添筆)이었으며, 그로부터 3일이 지난 9일에 세상을 떠났다. 이런 일련의 과정에서 『논어집주』 역시 기력이 쇠진하여 더는 붓을 들 수 없었을 그 만년에 『논어집주』의 개정이 멈췄으리라 생각된다.

이상의 논지를 종합하면, 주자의 위대한 학문 자세는 무엇보다 자신의 의견을 내세우기에 앞서 먼저 선유 12인의 주설을 정리하고 이를 토대로 여타의 유학자의 설까지 종합하면서 자신의 의견을 덧붙여 완성해가는 과정에 있다. 이는 한 사람의 지혜에 그치지 않고 많은 사람의 역량을 결집, 모두 수용, 정리한 데에서 주자학은 더욱 빛을 발한 것이다.

그러나 주자는 자신의 의견으로 집대성한 저술임에도 이를 『논어집주』라 하여, 선유의 설을 편집한 것일 뿐, 자신의 의견을 노출한 바 없는 것처럼 책명을 붙인 데에는 선유에 대한 존경의 마음과 후학으로서의 겸허한 주자 마음이 담겨있어서이다.

---

51 王懋竑 撰, 『朱子年譜』 권2. "淳熙四年丁酉, 四十八歲. 夏六月, 論孟集註或問成."
52 『論語集說』 「提要」. "論語集註, 則平生精力, 具在于斯, 其說較他家爲確."
53 『朱子年譜』 권19. "集註, 乃集義之精髓."
54 『論語纂疏』 「讀論孟集註綱領」. "集註, 某自三十歲, 便下工夫, 到而今改猶未了, 不是草草看者."
55 『大全』 「八佾 關雎」 該註.
56 『大學大全』 「誠意」. "按文公年譜, 謂慶元庚申四月辛酉, 公改誠意章句, 甲子, 公易簀."

2.『논어집주』의 체제

주자는 일찍이『논맹집주』에 대한 자평(自評)이 있다.

> "『논맹집주』는 한 글자도 더할 수 없고 한 글자를 뺄 수도 없다. 그리고 한 글자도 많지 않고 한 글자도 적지 않다."[57]

물론 이는 주자의 말이 아닐 것이라는 의문이 없는 것은 아니지만, 객관적인 면에서 살펴보면 완벽한 체제의『논어』주석서임은 기정사실이다. 이처럼『논어집주』를 자부한 데에는 그만 만큼의 노력이 있었고, 그에 따른 체제의 뛰어난 구성이 있었기 때문이다. 여기에서는 먼저 이런 면모를 살펴 어떻게『논어』를 배워나갈 것인가를 제시하고자 한다.

먼저『논어찬소(論語纂疏)』「독논맹집주강령(讀論孟集註綱領)」에 의하면, 다음과 같다.

> "글자의 의의를 밝히기 어려운 것은 각기 풀이[訓釋]를 하였다. 1장의 의의를 나누어 잘라야 할 부분은 절(節)마다 주를 붙였고, 1장(章)의 뒤에는 또다시 모든 절을 종합하여 전체로 말하였다. 이는 배우는 이들이 먼저 글자의 뜻을 밝게 안 뒤에야 절의 의미를 밝히고 그런 뒤에야 1장의 전체 뜻을 통달할 수 있다. 매장마다 해당 장의 뜻을 밝힌 것은 주의 맨 끝에 덧붙이고, 혹 성인의 말 밖의 뜻을 밝힌 것은 별도의 단락으로 그 뒤에 덧붙였다. 이는 배우는 이들이 먼저 본지를 밝게 안 뒤에 이에 미쳐 가기를 원한 때문이다."[58]

여기에서 먼저 "글자의 의의를 밝힌 풀이[訓釋]"란 경문의 자의를 해석한 '훈고(訓詁)'를 말한다. 그리고 "절마다 주를 붙인" 것은 절의 구절에 대한 풀이로 이를 '해석(解釋)'이라 한다. 또 "1장의 뒤에 모든 절을 종합한 전체"와 "성인의 말 밖의 뜻[聖人言外之意]을 밝힌 것"은 ○[圈: 俗稱 章下註] 아래의 통론(通論) 또는 의론(議論)이라 한다.

이처럼『논어집주』의 구성은, ① 글자 풀이의 훈고, ② 구절 풀이의 해석, ③ 전체 의의의 통론 3단계로 구성되어 있다. 따라서 이를 이해하기 위해 '훈고(訓詁)에 사용되는 글자의 용례' '구절의 해석' '장하주(章下註)의 통론(通論)'에 대해 하나하나 살펴보고자 한다.

① 훈고의 용례와 내함(內涵)의 특징

옛 성현의 글을 읽을 적에 그에 따른 의의는 반드시 그 글자에 담겨있다. 따라서 글을 읽으면서

---

57 『朱子語類』권19. 또는 王懋竑 撰,『朱子年譜』권2. 및『朱子抄釋』권1. "先生 語吳仁父曰 熹 語孟集注, 添一字不得, 減一字不得, 公仔細看. 又曰 不多一箇字, 不少一箇字."(釋此恐非朱夫子之言)

58 『論語集註大全』「序說」. "胡氏曰 字義難明者, 各有訓釋. 一章意義, 可以分斷者, 逐節註之. 一章之後, 又合諸節而通言之, 欲學者先明逐字文義, 然後明逐節旨意, 然後通一章之旨意也. 每章, 只發本章之旨者, 附註後; 或因發聖人言外之意者, 別爲一段, 以附其後, 亦欲學者先明本旨而後及之也."

도 그 글자의 본의를 알지 못한다면, 어떻게 성현의 경전을 알 수 있겠는가. 따라서 경전을 읽을 적에 자의(字義)의 논변과 분석을 급선무로 삼으며, 그처럼 자의를 정밀하게 터득한 뒤에 자연스럽게 경전의 의의를 다하도록 하였다. 이로 보면, 훈고는 성현의 심법을 이해하는 주요 부분이라 할 것이다.

㉮ 훈고의 용례

이런 연유로 주자는 "집주에서 심지어 훈고까지 모두 자세히 서술함은, 배우는 이들에게 글자 하나하나의 사색을 요한 것으로, 그저 얼렁뚱땅 보고 넘겨서는 안 되기 때문이다."[59]고 하였다. 이는 경문의 글자 하나하나가 중요한 의의를 담고 있어서이다. 경문에 있어 가장 기본이 되는 글자의 뜻을 이해하지 못한다는 것은 가장 먼저 공고히 다져야 할 첫 주춧돌을 잘못 놓는 일로, 그런 토대 위에 그 어떤 건물도 올릴 수 없음과 같다.

이러한 인식으로 주자는 훈고 또한 허투루 대하지 않았다. 따라서 여기에는 일정한 공식에 의해 서술했고 그 체계 속에서 훈고를 서술한 것인바, 먼저 그 용례의 자법을 살펴보면 아래와 같다.

> "어떤 사람이 물었다.
>
> '집주의 훈고(訓詁)에서 어떤 데는 자(者)자를, 어떤 데는 위(謂)자를, 어떤 데는 유(猶)자를 쓰고, 어떤 데는 직접 말하기도 하니, 그 경중의 의의가 어떤 것입니까?'
>
> 자(者)와 위(謂)는 '이런 것이다[恁地]'의 뜻이다.
>
> 예를 들면, 者의 경우, '仁者, 愛之理 心之德也.' 즉 仁이란 것은 사랑의 이치, 마음의 덕이라는 것임을 말한다. '與者, 疑辭.'란 與란 것은 의문사 그런 것이라는 뜻이다.
>
> 謂의 경우, '傳, 謂受之於師'는 즉 傳이란 스승에게 전해 받은 그런 것을 말한다. 또는 '習, 謂熟之於己.'란 즉 習이란 몸에 익히는 그런 것을 말한다는 뜻이다.
>
> 자(者)와 위(謂)자를 쓰지 않고 바로 말한 것은 이와 같은 뜻임을 직접 들어 말한다.
>
> 예를 들면, '習, 鳥數飛也.' '說, 喜意也.' '朋, 同類也.' '慍, 含怒意.'의 등이다. 이런 용례는 무엇은 바로 이런 것, 즉 '習이란 어린 새가 자주 나래를 익히는 것'이라는 뜻으로 둘러 말하지 않는다.
>
> 유(猶)라는 것은 이와 같은 뜻임을 말한다. 호씨(胡氏)가 말하였다.
>
> '무엇은 무엇이다[某, 某也]는 것은 본디 용법대로 올바르게 읽는 법[正訓]이나, 무엇은 무엇과 같다[某, 猶某也.]는 경우는 용법대로 올바르게 읽을 수 있는 방법이 없기에 또 다른 어떤 것을 빌어서 그 뜻을 밝힌 것이다.'고 하였다.
>
> 예를 들면, '爲, 猶助也.'의 경우, 爲자의 본래 뜻은 '돕는다.'는 뜻으로 쓰이지 않는다. 그러나 여기에서는 이런 뜻으로 쓰임을 말한다.
>
> 또 일례로 '怨, 猶悔也.'의 경우, 怨자에는 본디 후회하다의 뜻이 없으나, '백이숙제가 왕위를 사양하고 떠난 것을 원망했느냐[曰怨乎? 曰求仁而得仁, 又何怨?]'(「述而」)는 원망의 의미는 후회에 가까운 뜻이기에 이처럼 말한 것이다.

59 위와 같음. "集註, 至于訓詁, 皆子細者, 蓋要人字字思索到, 莫要只作等閑看便了."

「술이」편 '吾無行而不與二三子者'의 집주에서 '與, 猶示也.'의 경우도 마찬가지이다.

'○○이라 말하는 것은 ○○이다[某之爲言, 某也.]'는 것은 이전에 이에 대한 훈고나 해석이 없었기에 특별히 이런 의의를 파헤쳐 그 뜻을 밝힌 것이다. '…이라 말하는 것[爲言]'이란 그 말이 이와 같은 뜻임을 말한다.

예를 들면, '學之爲言, 效也.' '政之爲言, 正也.' '德之爲言, 得也.' '齊之爲言, 齊也.' 등의 훈고는 일찍이 정리된 바 없지 않았지만, 깊은 의미의 바른 해석이라기에는 정녕 미흡하였다. 따라서 주자는 성리학의 깊은 의미를 담아 새로운 정의를 정립하고자 이런 용례를 도입하여 집주의 새로운 해석을 가한 것이다.

끝으로 경전의 문장을 인용하여 증명한 것은 이런 자의(字意)란 일상의 훈고로서는 도저히 통하지 않기 때문이다."[60]

이상에서 보는 바와 같이 주자는 기존의 훈고를 원용함에 일정한 용례의 자법을 통하여 서술하였다.

㉯ 성리학의 체계를 위한 훈고의 내함(內涵)

『논어집주』의 훈고는 단순한 자의의 해석에 그치지 않는다. 그 훈고에는 정주 성리학의 기초인 철학사상이 농축되어 있다. 따라서 사서의 집주에 나타난 자의의 훈고에 대해 눈여겨보지 않으면 안 된다. 훈고는 정주 성리학의 체계에 의한 자의의 해석으로써 기존의 훈고와는 또 다른 깊은 의미를 담고 있기 때문이다.

따라서 그 내함의 특징은 기존의 훈고 의의를 따르지 않은 바 없지만, 유학의 주요 개념에 대한 정의는 바로 성리학에 의한 훈고라는 점이다. 예컨대, 명(命), 성(性), 심(心), 정(情), 재(才), 지(志), 의(意), 인의예지신(仁義禮智信), 충신(忠信), 충서(忠恕), 일관(一貫), 성(誠), 경(敬), 공경(恭敬), 도(道), 이(理), 덕(德), 중화(中和), 중용(中庸), 예악(禮樂), 경권(經權), 의리(義利), 귀신(鬼神) 등은 모두 성리학의 체계에 의한 새로운 개념으로 적시(摘示)하고 있는바, 『논어집주』에 나타난 자의의 훈고는 단순한 몽학(蒙學) 수준의 해석이 아니다. 이는 송명이학(宋明理學)의 기조로 경전을 이해하는데 가장 기초가 되는 학문이기에 단순한 글자 풀이로만 이해해서는 안 된다.

② 경문의 해석

위의 훈고는 자의의 풀이라면, 여기에서 말하는 경문의 해석이란 경문 구절의 의의를 밝힌 것이다. 주자의 『논어집주』 체제를 살펴보면, 절(節)과 장(章)으로 양분(兩分)하여 먼저 절에 대한 주해는 경문의 구절에 따라 먼저 글자에 대한 개념을 훈고로 밝혔고, 이어 구절과 그 절의 전체에 대한 뜻을 해석하였다. 경문 구절의 해석은 여기에 상당하는 것으로, 이는 해당 절(節)의

60 『論語纂疏』「讀論孟集註綱領」. 또는 『論語集註大全』「序說」. "問註或用者字, 或用謂字, 或用猶字, 或直言, 其輕重之意, 如何? 曰 者謂, 是恁地. 直言者, 直訓如此. 猶云者, 猶是如此. 胡氏曰 某某也, 正訓也. 某猶某也, 無正訓, 借彼以明此也. 某之爲言某也, 前無訓釋, 特發此以明其義也. 爲言, 謂其說如此也. 引經傳文以證者, 此字義不可以常訓通也."

경문에 관한 주[節註] 내지 해당 절의 아래에 쓴 주[節下註]인 셈이다.

경문 구절의 해석은 저자의 사상과 인식에 따라 제각기 달리 나타나고 있다. 기존『논어』의 주해는 한대(漢代) 이후 주자 당시까지 그 수효를 헤아릴 수 없을 정도이다. 그러나 그들의 사상과 주의 주장에 의해 하나의『논어』를 두고서 각기 다른 해석을 가하였다. 예컨대 이학(理學), 심학(心學), 실학(實學) 등의 이념에 따라서 그 해석은 천차만별이다. 더더욱 오늘날엔 서구학문에 접목하면서 또 다른 양상의 해설 또한 적지 않다.

그러나 여기에서 눈여겨볼 부분은 수많은 학자가 창작에 몰두하지 않고 해석학에 치중하여 수많은 주석서를 남긴 이유는 무엇일까? 그들에겐 창작의 능력이 없어서일까? 이는 중국문화의 특성 중 하나이다. 경전의 해석은 단순한 경전의 해석에 그치지 않는다. 이는 공자가 말한 술이부작(述而不作)이라는 전통에 따라 기존의 경전을 통하여 자신의 사상을 담아 자신의 창작물을 삼은 데서 기인한 것이다.

주자의 사서집주, 왕양명의 『전습록(傳習錄)』에 보이는 경전 해석, 또는 다산 정약용의『대학공의(大學公議)』,『중용강의(中庸講義)』,『논어고금주(論語古今註)』 등은 모두 자신의 사상에 따라 경전을 해석하고 이를 통해 자신의 학술을 정립한 까닭에『논어』의 경문 해석 또한 다르기 마련이다. 각기 다른 경전의 해석을 통해서 자신의 창작물로 가름하여 자신의 사상을 밝힌 것이다.

㉮ 정자 학설을 위주로 한 성리학 체계화

그렇다면 주자의『논어집주』는 그 어디에 주안점을 두고 해석한 것일까?

> 진씨(陳氏)[61]가 말하였다.
>
> "『논어집주』는 정자의 학설을 밝힌 것이다. 혹 미진한 바 있으면 덧붙이고, 혹 원만하지 못한 바 있으면 보완하고, 혹 분명하지 못한 바 있으면 밝히고, 혹 일관되지 못한 바 있으면 관통하게 하였다. 이는 사실 모두가 정자의 학설에서 벗어나지 않는다. 반드시 이처럼 한 후에야 정자의 학설에 공이 있다고 말할 수 있는 것이지, 정자와 주자의 우열을 비교한 게 아니다."[62]

위에서 말한 바와 같이 주자의 성리학은 이정(二程)을 위주로 한 학설의 정립이다. 따라서 주자는 이정의 학술에 반하는 기타 학설은『논어집주』의 해석에서 제외되었다. 이에 정자의 학술을 위주로 혹여라도 이정의 설에 미진한 부분, 원만하지 못한 부분, 분명하지 못한 부분, 일관성이 없는 부분들을 보완하여 정주 성리학을 성립하였다. 주자는 이처럼 이정의 성리학을 바탕으로 훈고를 정립하고 해석 또한 이의 연장선상에 이뤄졌음을 말해주고 있다.

---

61 『사서찬소(四書纂疏)』「인용총목(引用總目)」에 의하면, 주자 문하의 진씨(陳氏)로는 진순(陳淳)과 진식(陳埴) 2인이 있다. 여기에서 말한 진씨는 그 누구를 말하는지 자상하지 않다.

62 『論語纂疏』「讀論孟集註綱領」. "陳氏曰 集註 發明程子之說, 或足其所未盡, 或補其所未圓, 或白其所未瑩, 或貫其所未一, 其實不離乎程說之中, 必如是而後, 謂有功於程子, 未可以優劣較之."

㉯ 정자 설과 부합된 주해만을 취택, 정리

따라서 이정의 학설에 부합한 선유(先儒) 설을 집주에 인용하여 경문의 차례로 편집하였는바, 이는 아래와 같다.

> 『논어집주』에서 정문(正文: 經文)의 아래에 글자의 훈고, 문장의 의의와 경문의 바른 의의를 해석하면서, 타당하고 명백한 제가(諸家)의 설은 바로 인용하여 그들의 성명을 숨기지 않았다. 예를 들면, 「학이」의 첫장 제3 「인불지(人不知)」절에서 윤씨[尹焞: 伊川門人]의 설[尹氏曰 學在己, 知不知在人, 何慍之有?]을 먼저 인용하고, 정자[伊川]의 설[程子曰 雖樂於及人, 不見是而無悶, 乃所謂君子.]을 뒤에 쓴 것 또한 본문의 차례를 따라 해석한 것일 뿐, 그들의 학술 조예의 높낮이 순으로 서술한 게 아니다.[63]

이처럼 『논어집주』의 경문 해석 부분은 이정의 학설에 "타당하고 명백한 제가의 설"을 취택하여, 인물의 선후와 조예의 여하를 논하지 않고 경문의 이해를 위해 경문의 차례를 따라 편집하였음을 알 수 있다.

그렇다면 주자는 선유의 설을 인용하면서 그대로 원용한 것일까? 아니면 가감의 개정이 있었는가? 그 인용의 방법에 대해 주자는 다음과 같이 말하였다.

> "『논어집주』에서 선유의 설을 인용하면서 가감하여 개정하였는데, 본문의 뜻과는 어떻다고 생각하십니까?"
>
> "그의 학설에 하자가 있을 경우는 다시 그 아래 주각(註脚)을 붙이지 않으려고 바꿔쓴 것이다."[64]

이처럼 주자가 선유의 설을 그대로 원용하지 않고 바꿔쓴 것은 오해 소지의 부분을 미리 수정하여 그 본의를 전하려는 데에 그 목적이 있었다. 오류 부분에 대해 재삼 주각을 붙일 경우, 독자에게 본문의 난해한 부분으로써 경문의 해석과는 동떨어진 문제를 일으킬 수 있다는 노파심에 의한 것이다. 주자는 독자의 가독성(可讀性)을 위해 편의상 수정했음을 말해주는 것이다.

㉰ 양자(兩者) 설의 병기(倂記)와 선후의 우열

또 다른 하나는 『논어집주』에 선유 설을 인용하면서 한 부분에 관한 양자(兩者)의 설은 어떻게 발생했으며, 이를 함께 수록함은 무엇 때문일까? 이에 대해 주자는 다음과 같이 말하였다.

> "성인의 말씀이야 하나의 뜻으로 통일되어 있다. 하지만 후인들이 이를 분명하게 보지 못한 부분이 있어 여러 가지 설이 나오게 된 것이다. 양자의 설 가운데 그 의의가 더욱 뛰어난 설은 앞부분에

---

63 위와 같음. "集註, 於正文之下, 正解說字訓文義, 與聖經正意, 如諸家之說, 有切當明白者, 卽引用而不沒其姓名. 如學而首章, 先尹氏而後程子, 亦只是順正文解下來, 非有高下去取也."

64 위와 같음. "問集註引前輩之說, 而增損改易, 本文其意如何? 曰 其說有病, 不欲更就下面安註脚."

기록하고, 마땅히 알아야 할 부분은 있으나 매우 온당하지 못한 설은 뒷부분에 기록하였다."[65]

"『논어집주』 가운데 양자의 설을 모두 함께 수록한 것 중에 어떤 것이 더 장점이 있습니까?"

"내가 그 장점을 보았다면 어떻게 다시 그 단점 부분의 설을 함께 수록했겠는가. 다만 양자의 설이 모두 통하는 바 있으므로 함께 쓴 것이다. 그러나 그중에는 반드시 성인이 말씀하신 본의에 부합되는 설이 있을 것이다. 하지만 이를 알지 못할 뿐이다."

한참 후에 다시 말씀하였다.

"대체로 양자의 설 가운데 앞부분에서 말한 것이 더 훌륭하다."[66]

물론 공자는 다중적 함의로 말씀한 부분이 없지 않음으로 여러 가지의 의미로 유추할 가능성이 없지 않다. 그러나 여기에서 말한 양자의 설이란 이를 말한 게 아니다. 다중적 의미는 다중적으로, 단순한 의미는 단순하게 그 귀착점이 분명하기에 이에 요하는 양자의 설을 말한 게 아니다. 그리고 후학의 밝지 못한 안목 또는 편견으로 말한 이런저런 학설은 여기에 해당하지 않는다. 단 공자의 본의에 접근하면서도 다소 미진한 부분이 있는 것으로 말한다. 따라서 양자의 일부 모순 속에서도 그 해석의 장단점이 없지 않기에 이를 따라 편집했음을 말한다. 해석의 장단점을 상호 보완하려는 데에서 양자의 설을 취했음을 밝혀준 것이다.

그러나 양자의 설을 모두 수록한 부분 또한 배우는 이들에게 그 무슨 도움을 줄 수 있을까?

호씨(胡氏: 南康胡氏. 名泳 字伯量 朱子門人)가 말하였다.

"양자의 설이 서로 비슷하면서도 조금 다른 것은 피차 서로의 도움으로 그 의의를 보완할 수 있고, 서로 어긋나는 양자의 설은 어떤 뜻이 옳은지 결정짓지 못하여 함께 수록한 것이다."[67]

양자의 설이란 서로 도움이 되는 부분이 있을 뿐 아니라, 또 다른 면에서 모르는 부분은 모른다고 인정하면서 이를 참고로 수록하여 그 훗날을 기다리는 자세 또한 배우는 이의 올바른 학문 자세의 하나이다.

㉣ 훈고와 해석의 혼합 서술 방법

『논어집주』의 서술 형태는 훈고, 해석, 의론 순으로 구성되어, 훈고에 해당하는 부분을 모두 서술하고 그 뒤를 이어서 해석함으로써 훈고와 해석을 구분하여 별도로 서술하였다. 이는 「학이」편의 제2 「유자(有子)」장 제1절[有子曰 其爲人也孝弟, 而好犯上者 鮮矣, 不好犯上, 而好作亂者 未之有也.]의

---

65 위와 같음. "又曰 聖人言語, 固是旨意歸一, 後人看得有未端的處. 大率, 意義長者, 錄在前; 有當知而未甚穩者, 錄在後."

66 위와 같음. "問集註中有兩存者, 何者爲長? 曰 使某見得長底時, 豈復存其短底? 只爲是二說皆通, 故幷存之. 然必有一說, 合得聖人之本意, 但不可知耳. 復曰大率兩說, 前一說勝."

67 위와 같음. "胡氏曰 有兩說相似而小異者, 彼此相資而義足也. 有自相牴牾者, 未決而幷存之也."

예이다.

> [훈고] 有子, 孔子弟子, 名若. 善事父母爲孝, 善事兄長爲弟. 犯上, 謂干犯在上之人. 鮮, 少也. 作亂, 則爲悖逆爭鬪之事矣.
> [해석] 此, 言人能孝弟, 則其心和順, 少好犯上, 必不好作亂也.

제2「유자」장에서는 '유자(有子)'로부터 '작란(作亂)'까지의 훈고를 전제하고 그 뒤를 이어서 이를 해석하고 있다. 그러나 또한 이를 뒤섞여 서술한 예도 있다.「학이」편의 첫장「학이」 제1절[子曰 學而時習之, 不亦說乎?]의 집주에서의 "배움이라는 말은 본받음이다.[學之爲言 效也.]"라 함은 학(學)자의 훈고이고, 그 뒤를 이어서 바로 "사람의 본성은 모두 선하지만 깨달음에는 선후가 있다. 후각자는 반드시 선각자들이 했던 바를 본받아야 이에 선을 밝혀 그 본초의 천성으로 회복할 수 있다.[人性皆善, 而覺有先後, 後覺者, 必效先覺之所爲, 乃可以明善而復其初也.]"는 그 의의에 관한 해석이다. 이는 훈고와 해석을 한꺼번에 서술한 형태이다. 그리고 그 뒤에 습(習)자와 열(說)자 또한 훈고와 해석을 함께 서술[習, 鳥數飛也, 學之不已, 如鳥數飛也. 說, 喜意也. 既學而又時時習之, 則所學者熟而中心喜說, 其進自不能已矣.]하였다. 이처럼 집주의 훈고와 해석의 순은 대체로 별개로 정리한 부분과 이를 혼합하여 정리하는, 2가지 방법으로 구성되어 있다.

③ 장하주(章下註)의 통론(通論)

㉮ 장하주의 정의와 서술의 3대 요소

'장하주'란 책의 주석을 달 때, 각 장이 끝난 뒤에 한꺼번에 다는 주석을 말한다. 중국의『사고전서』에서는 찾아보기 어려운 단어이나,『한국고전문집총간』에 수록된 선유(先儒)의 문집에는 '장하주'라는 술어가 적지 않게 보인다. 이의 일례로「학이」편 첫장의 끝부분[제3절]을 살펴보면 다음과 같다.

> [正文]: 人不知而不慍, 不亦君子乎?
> [訓詁]: 慍, 含怒意. 君子, 成德之名.
> [解釋]: 尹氏曰 學 在己, 知不知 在人, 何慍之有?
> 程子曰 雖樂於及人, 不見是而無悶, 乃所謂君子.
> [章下註: 通論]: ○ 程子曰 樂由說而後得, 非樂, 不足以語君子.

위와 같이 정자 주의 앞에 '○[圈]'을 표시한 것은 1장에 대한 전체 의미를 말해주는 주해이기에, 이를 우라나라에서는 '장하주'라고 말한다. 이는 어떤 의미로 구성되어 있는지, 이에 관해『논어찬소(論語纂疏)』「독논맹집주강령(讀論孟集註綱領)」2조에서는 다음과 같이 말하고 있다.

"장의 끝부분[章末]에서 ○[圈]을 사용하여 여러 학자의 설을 나열[章末用圈而列諸家之說者]한 것은, 경문[正文] 밖의 뜻이지만, 경문의 뜻을 밝혀준 바 있기에 이를 생략하지 않았다. 더러는 1장 의의의 전반에 걸쳐 논하면서 그 경문에 관한 설을 반복, 서술하여 절실하고 긴요한 부분이므로 이를 알지 않으면 안 되기 때문이다."[68]

주자가 말씀하였다.

"1장의 끝부분에 ○[圈]을 사용하여 나열한 것[章末用圈而列之者]은, 경문 밖의 뜻을 밝혀주었고, 이 장에서 못다 밝힌 뜻을 반복하여 설명하거나 혹은 1장의 대지(大旨)를 전체적으로 논술하였다."[69]

이처럼 '장하주'에서는 ○[圈]의 부호를 넣어 장과 절에 대한 주해를 구별하였고, 일반적으로 말하는 '장하주'의 서술자는 선유 제가의 설을 대상으로 함[章末用圈而列諸家之說者]과 아울러 주자 자신의 설, 즉 우안(愚按)・우위(愚謂) 또한 여기에 해당[章末用圈而列之者]한다. 이는 '장하주'에 선유의 설과 아울러 자신의 설 또한 포함하였음을 알 수 있다.

그리고 '장하주'의 서술 특징은 3가지이다.

첫째 경문 밖의 뜻을 밝혀[發明文外之意] 외연(外延)을 확장함이며,

둘째 못다 밝힌 뜻을 반복하여 설명[反覆餘意]하여 그 저변의 함의를 모두 구명함에 있으며,

셋째 1장 전체의 종지를 통합하여 논술[通論大旨]하고자 함이다.

이 3가지의 서술 특징은 모두 해석 부분에서 다룰 수 없었던 부분을 보완, 확장하려는 데 그 의의를 두고 있다.

㊏ 장하주에 보이는 우안(愚按)・우위(愚謂)의 의미

그렇다면 '장하주'에 서술한 선유의 설과 주자의 설[愚按・愚謂]은 상호 어떤 관계를 견지하고 있는 것일까?

주자는 우안(愚按), 또는 우위(愚謂), 즉 "나는 살펴보니 이러하다." "나의 생각은 이러하다." 등을 통해 인용된 미진한 선유(先儒)의 설을 보완하거나 수정하기도 하였다. 『논어집주』는 어차피 주자의 설이나, 여기에 굳이 '우안' 또는 '우위'라 하여, '나의 생각'을 들어 말한 것은 무엇 때문일까? 그것은 상대방의 의견과 대비되기 때문이다. 이는 훈고와 장하주(章下註: 通論)에 모두 적용된다. 예컨대, 「옹야」편 제9 「현재회야(賢哉回也)」장, 장하주(章下註), 정자(程子) 주는 다음과 같다.

정자[明道]가 말씀하였다.

"예전에 주무숙(周茂叔: 周敦頤)에게 가르침을 받을 적에 매양 부자와 안자가 즐거워한 곳의

---

68 "章末用圈而列諸家之說者, 或文外之意, 而於正文有所發明, 不容畧去; 或通論一章之意, 反覆其說, 切要而不可不知也."

69 "朱子曰 章末用圈而列之者, 或發明文外之意, 及反覆此章之餘意, 或通論一章之大旨."

즐거워했던 바가 어떤 일인지를 찾도록 하였다.[程子曰 昔受學於周茂叔, 每令尋仲尼顔子樂處 所樂何事.]"

여기에서 명도는 안연의 안빈낙도의 진정한 즐거움이 무엇인가를 알아야 한다는 점만을 제시하였을 뿐, 구체적인 설명은 생략하였다. 이에 관한 주자의 우안(愚按)은 다음과 같다.

> "정자(명도)의 말씀은 활 쏘는 사람이 활시위를 당기기만 했을 뿐, 화살을 쏘지 않은 것[引而不發: 어떻게 배워야 하는가라는 방법만 보여줬을 뿐, 그것을 어떻게 얻느냐에 대해서는 스스로 터득하도록 설명하지 않음](『孟子』「盡心 上」)처럼 배우는 이들이 깊이 생각하여 스스로 깨닫도록 하고자 함이다. 여기에 또한 감히 부질없이 말할 순 없다. 하지만 배우는 이가 '글을 널리 배우고 예로 요약한다.[博文約禮]'는 가르침에 따라 노력하여 '그만두려고 해도 그만두지 못하고 그 재주를 다하는'(「子罕」) 데에 이르게 되면 거의 안자의 즐거움을 알 수 있을 것이다."[70]

여기에서 주자는 안연의 즐거움이 무엇인가를 알려고 한다면, 그것은 안연의 '박문약례(博文約禮)' 공부를 따라 안연처럼 노력하다 보면 안연의 진정한 즐거움이 무엇인지를 알 수 있다고 그 방법을 자세히 말해주고 있다. 이처럼 주자는 '우안(愚按)'을 통해서 선유의 설을 상대로 보완했을 뿐 아니라, 이를 통해 자신의 견지를 극명하게 보여주고 있다.

또 일례를 들면, 「술이」편 제16 「가아수년(加我數年)」장의 유빙군(劉聘君) 주에서 "가(加)는 가(假)자로, 오십(五十)은 졸(卒)자로 쓰여 있다.[加作假, 五十作卒.]"고 하자, 주자는 이에 '우안(愚按)'을 통하여 "『사기』에 '나에게 몇 해의 수명을 빌려주어 이처럼 공부할 수 있다면 나는 『주역』에 있어 빛날 것이다.'(「孔子世家」)라고 쓰여 있다. 가(加)는 바로 가(假)자로 쓰여 있고, 오십(五十)이란 글자는 없다. 당시 공자의 나이 이미 일흔에 가까웠다. 오십(五十)이란 글자가 잘못 쓰였음은 의심할 나위가 없다."[71]라고 하였다.

이 또한 주자는 '우안'으로써 유빙군의 의견에 찬동하면서 그 사실을 보완하여 말하고 있다. 이처럼 '우안'이라 함은 그 위의 선유 설, 또는 전거를 상대로 보완 내지 수정을 위주로 말하고 있다. 우위(愚謂) 또한 '우안'과 같은 의미로 쓰여있을 뿐, 둘의 성격 구분은 어려운 것으로 보인다. 이처럼 '우안' 또는 '우위'는 모두 위의 선유 설 내지 주해의 논지를 전제로 하여 주자의 의견을 제시하고 있다는 게 특징이다.

이러한 용례는 해석 부분의 '우안'·'우위'를 제외하고, 장하주 부분만을 살펴보면, '우안'이라 하여 주자 자신의 견해를 밝힌 부분은 14부분, '우위'라 하여 밝힌 부분 15부분으로 총 29부분이다. 이는 대체로 선유의 설을 전제하고, 그 뒤를 이어서 '우안' 또는 '우위'라 하여 자신의 견해를 밝히

---

70 "愚按 程子之言, 引而不發, 蓋欲學者深思而自得之, 今亦不敢妄爲之說. 學者 但當從事於博文約禮之誨, 以至於欲罷不能而竭其才, 則庶乎有以得之矣."

71 "愚按 此章之言, 史記 作假我數年, 若是, 我於易則彬彬矣. 加正作假, 而無五十字. 蓋是時, 孔子年已幾七十矣, 五十字誤, 無疑也."

고 있다. 그러나 선유의 설을 전제하지 않고 자신의 의견을 밝힌 우안(愚按)은 2부분, 우위(愚謂)는 4부분으로 모두 6부분이다. 이 또한 '장하주'의 서술 특징 3가지[發明文外之意, 反覆餘意, 通論大旨]로 주자의 설을 밝히고 있는바, 이를 기반으로 정리하면 아래 도표와 같다.

愚 按(章下註)					
	篇名	章名	先儒說	朱子說	備考
1	學而	제15 貧而無諂		○ 愚按 (上略) 學者 雖不可安於小成而不求造道之極致, 亦不可騖於虛遠而不察切己之實病也.	文外之意
2	里仁	제7 人之過也	○ 吳氏曰 後漢吳祐謂 掾以親故, 受汚辱之名, 所謂觀過知仁, 是也.	愚按 此亦但言人雖有過, 猶可卽此而知其厚薄, 非謂必俟其有過而後, 賢否可知也.	反覆餘意 (吳說補完)
3	公冶長	제19 季文子三思		○ 愚按季文子 (中略) 豈非程子所謂私意起而反惑之驗歟? 是以, 君子務窮理而貴果斷, 不徒多思之爲尙.	文外之意
4	雍也	제9 賢哉回也	○ 程子曰 (上略) 昔受學於周茂叔, 每令尋仲尼顏子樂處, 所樂何事.	愚按 程子之言, 引而不發, (中略) 學者 但當從事於博文約禮之誨, 以至於欲罷不能而竭其才, 則庶乎有以得之矣.	反覆餘意 (程說補完)
5	泰伯	제3 君子篤於親	○ 吳氏曰 君子以下, 當自爲一章, 乃曾子之言也.	愚按此一節, 與上文不相蒙, 而與首篇謹終追遠之意 相類, 吳說近是.	反覆餘意 (吳說補完)
6	子罕	제16 子在川上	○ 程子曰 此道體也.	愚按 自此至終篇, 皆勉人進學不已之辭.	通論大旨 (前說無關)
7	子罕	제29 可與共學	○ 程子曰 漢儒以反經合道爲權(中略) 權只是經也, 自漢以下, 無人識權字.	愚按 先儒 (中略) 有反經合道之說, 程子非之 是矣. 然以孟子嫂溺援之以手之義推之, 則權與經, 亦當有辨.	反覆餘意 (程說經權 修整補完)
8	顏淵	제1 顏淵問仁	○ 程子曰 顏淵問克己復禮之目	愚按 此章問答, 乃傳授心法切要之言.	通論大旨
9	子路	제10 苟有用我	○ 尹氏曰 孔子歎當時莫能用己也, 故云然.	愚按 史記, 此蓋爲衛靈公不能用而發.	反覆餘意 (尹說當時不用 補完)
10	憲問	제25 古之學者	○ 程子曰 古之學者, 爲己, 其終至於成物.	愚按 聖賢論學者用心得失之際, 其說多矣. 然未有如此言之切而要者.	通論大旨

11	衛靈公	제2 賜也女以予	○ 尹氏曰 (上略) 子貢 終亦不能如曾子之唯也, 二子 所學之淺深, 於此 可見.	愚按 夫子之於子貢, 屢有以發之, 而他人不與焉, 則顔曾以下, 諸子所學之淺深, 又可見矣.	反覆餘意 (尹說淺深 補完)
12	陽貨	제19 予欲無言	○ 程子曰 孔子之道, 譬如日星之明, 猶患門人未能盡曉, 故曰子欲無言. (下略)	愚按 此與前篇無隱之意, 相發, 學者詳之.	反覆餘意 (程說道明 補完)
13	微子	제11 周有八士	○ 張子曰 記善人之多也.	愚按 此篇孔子於三仁逸民師摯八士, 既皆稱贊而品列之. 於接輿沮溺丈人, 又每有惓惓接引之意, 皆衰世之志也.	反覆餘意 (張說補完)
14	子張	제12 子夏之門人	○ 程子曰 君子敎人有序, 先傳以小者近者(下略)	愚按 程子第一條, 說此章文意 最爲詳盡; 其後四條, 皆以明精粗本末, 其分雖殊, 而理則一, 學者 當循序而漸進.	反覆餘意 (程說五條 補完)

위의 도표에서 보는 바와 바로 '○ 우안(愚按)'으로 쓰는 경우, 경문 밖의 뜻으로 보완[文外之意]하고 있으나, 나머지는 모두 반복의 설명[反覆餘意] 내지 전체의 통합[通論大旨]으로 이뤄져 있다. 이는 장하주 선유 설의 미진한 부분, 원만하지 못한 부분, 분명하지 못한 부분 등을 보완, 내지 의미의 확장이라는 성격으로 이 역시 해석의 성격과 같다. 단 다른 점이라면 장(章)의 전체 및 절(節)의 부분에 대한 해석의 한계점이 있을 뿐이다.

'우위(愚謂)' 15조 또한 아래의 도표와 같다.

愚 謂(章下註)					
	篇名	章名	先儒說	朱子說	備考
1	學而	제5 道千乘之國	○ 程子曰 此言至淺 (下略)	愚謂 五者, 反復相因, 各有次第, 讀者 宜細推之.	通論大旨 (前說無關)
2	學而	제6 弟子入則孝	○ 程子曰 爲弟子之職, 力有餘則學文, 不脩其職而先文, 非爲己之學也. (下略)	愚謂力行而不學文, 則無以考聖賢之成法・識事理之當然, 而所行或出於私意, 非但失之於野而已.	文外之意 (吳說補完)
3	爲政	제3 道之以政		○ 愚謂 政者, 爲治之具; 刑者, 輔治之法.	通論大旨
4	爲政	제4 吾十有五	○ 程子曰 孔子生而知者也, 言亦由學而至, 所以勉進後人也.	愚謂 聖人生知安行 固無積累之漸. 然其心未嘗自謂已至此也.	反覆餘意 (程說補完)

5	八佾	제22 管仲之器		○ 愚謂 孔子 譏管仲之器小, 其旨深矣. 或人不知而疑其儉, 故斥其奢, 以明其非儉.(下略)	通論大旨
6	公冶長	제 子貢曰我不欲	○ 程子曰 (上略) 恕則子貢或能勉之, 仁則非所及矣.	愚謂 無者, 自然而然; 勿者, 禁止之謂, 此所以爲仁恕之別	反覆餘意 (程說補完)
7	雍也	제12 子游爲武城宰	○ 楊氏曰 (上略) 如滅明者, 觀其二事之小, 而其正大之情可見矣. (下略)	愚謂 持身以滅明爲法, 則無苟賤之羞; 取人以子游爲法, 則無邪媚之惑.	反覆餘意 (楊說補完)
8	雍也	제22 齊一變	○ 程子曰 夫子之時, 齊强魯弱, 孰不以爲齊勝魯也?(下略)	愚謂 二國之俗, 惟夫子爲能變之而不得試. 然因其言以考之, 則其施爲緩急之序, 亦略可見矣.	文外之意
9	述而	제25 聖人吾不得	○ 張敬夫曰 聖人君子, 以學言; 善人有恒者, 以質言.	愚謂 有恒者之與聖人, 高下固懸絶矣. 然未有不自有恒而能至於聖者也.(下略)	文外之意
10	泰伯	제12 如有周公之才	○ 〈程子〉 又曰 驕, 氣盈; 吝, 氣歉.	愚謂 驕吝, 雖有盈歉之殊, 然其勢, 常相因. 蓋驕者, 吝之枝葉; 吝者, 驕之本根. 故嘗驗之天下之人, 未有驕而不吝吝而不驕者也.	反覆餘意 (程說補完)
11	顔淵	제3 司馬牛問仁	○ 程子曰 雖爲司馬牛多言, 故及此. 然聖人之言, 亦止此爲是.	愚謂 牛之爲人如此, 若不告之以其病之所切, 而泛以爲仁之大槪語之, 則以彼之躁, 必不能深思以去其病, 而終無自以入德矣.(下略)	反覆餘意 (程說補完)
12	顔淵	제7 子貢問政	○ 程子曰 孔門弟子善問, 直窮到底. 如此章者, 非子貢不能問; 非聖人不能答也.	愚謂 以人情而言, 則兵食足而後, 吾之信, 可以孚於民. 以民德而言, 則信本人之所固有, 非兵食所得而先也.(下略)	通論大旨
13	憲問	제18 子貢曰管仲	○ 程子曰 桓公兄也, 子糾弟也.(下略)	愚謂 管仲, 有功而無罪, 故聖人獨稱其功. 王魏, 先有罪而後有功, 則不以相掩 可也.	反覆餘意 (程說補完)
14	衛靈公	제1 衛靈公問陳		○ 愚謂 聖人當行而行, 無所顧慮; 處困而亨, 無所怨悔, 於此可見. 學者, 宜深味之.	通論大旨
15	衛靈公	제32 知及之		○ 愚謂 學至於仁, 則善有諸已而大本立矣. 涖之不莊, 動之不以禮, 乃其氣禀學問之小疵. 然亦非盡善之道也.(下略)	通論大旨

'○ 우위(愚謂)' 부분 또한 '○ 우안'에서 살펴본 바와 크게 다를 바 없다. 그러나 선유 설을 전제하지 않은 주자의 '○ 우위' 부분은 '○ 우안'과는 달리 통론대지(通論大旨)의 의미로 쓰여 있는 게 특징이다. 이는 주자 자신의 의견 피력을 위주로 한 때문이다. 다시 말하면, 후인이 이를 인용한다면 당연히 '주자왈(朱子曰)'로 표기할 부분이다. 이처럼 '우위(愚謂)'는 '주자왈'의 대칭임을 알 수 있다.

장하주의 또 다른 특징의 하나는 '○ 우안'과 '○ 우위'의 장하주, 29조 가운데 7조[吳氏 2조, 尹氏 2조, 張子 1조, 楊氏 1조, 張敬夫 1조]를 제외한 22조는 정자 설에 관한 보완 부분이다. 이처럼 주자 설의 보완은 거의 정자 설을 위주로 구성되어 있다. 물론 『논어집주』는 정자의 학설을 천명한다는 대의 아래 정자 설을 주로 취택한 상황에서 그처럼 말한 것이겠지만, 정자 설의 정립을 위한 주자의 고심과 그 의식을 보여준 부분이라 말하지 않을 수 없다.

이상에서 살펴본 바와 같이, 주자의 일생 정력은 오롯이 『논어집주』에 쏟았다.[黃氏曰 朱子一部論語, 直解至死.] 진정 『논어집주』는 과거에도 현재에도 미래에도 독보적인 책으로 영원할 것이다. 이를 간단한 도표로 정리하면 아래와 같다.

<table>
<tr><th colspan="5">Ⅵ. 주자의 『논어집주』 편찬과 체제</th></tr>
<tr><td>論語要義</td><td>隆興 원년(1163)
33세 완성</td><td colspan="3"></td></tr>
<tr><td>論語精義</td><td>乾道 8년(1172)
43세 완성</td><td colspan="2">12家 學說聚合</td><td>本程氏之學, 以發揮經旨.</td></tr>
<tr><td rowspan="9">論語集註</td><td rowspan="9">淳熙 4년(1177)
48세 완성</td><td rowspan="2">訓詁
(字)</td><td>用例: 字意의 字法</td><td rowspan="9">採摭菁華, 撰成集註.</td></tr>
<tr><td>內涵: 性理學 基調</td></tr>
<tr><td rowspan="4">解釋
(節)</td><td>性理學 體系化</td></tr>
<tr><td>程說 符合註解 取擇</td></tr>
<tr><td>兩說倂記 先後優劣</td></tr>
<tr><td>訓詁解釋 混合敍述</td></tr>
<tr><td rowspan="3">通論
(章)</td><td>文外之意</td></tr>
<tr><td>反覆餘意</td></tr>
<tr><td>通論大旨</td></tr>
</table>

『논어집주』에 보이는 훈고, 해석, 통론의 체계는 유가 경전은 물론, 도가와 불가의 경전의 주해 그 모두가 이와 같은 3단계로 구성되어 있다. 따라서 이러한 체계를 이해하면서 경문에 임해야 한다. 그러나 또한 『논어집주』를 읽는 후학은 그 이면에 주자의 그 얼마나 큰 노력이 있었는지를

느끼면서 어떻게 『논어집주』를 읽어야 할지 생각하지 않으면 안 된다. 이를 위해 아래의 인용문을 살펴보면서 『논어집주』의 편찬과 체제 부분을 마무리하고자 한다.

> "주자는 이를 편찬하면서 한 글자라도 온당하지 못하거나 한 마디라도 매끄럽지 않으면 신중히 생각하고 고요히 사색하면서 고치기를 마다하지 않았다. 때로는 하루 이틀이 지나도록 그만두지 않았고 밤새껏 앉아 몸소 4경(更: 01~03시)까지 살펴보기도 하였다. 이에 선생은 말로는 '마음이 고단하니 이젠 쉬어야겠다.'라고 하고서 물러나 잠자리에 들었지만, 정작 눈을 붙이지 않았다. 다시 어린 심부름 아이를 보내어 살펴보면, 서판(書板: 板牌)을 들고서 몇 글자 고쳐서 보여주었다. 이는 쉬겠다고 말하고서 잠자리에 들지 않은 것이다. 그리고 얼마 후 동이 텄다. 이처럼 주자는 고심 어리게 『논어집주』를 썼는데, 배우는 이들은 도리어 쉽게 생각하며 읽으니 어떻게 성현의 마음을 얻을 수 있겠는가."[72]

Ⅶ. 본 번역서의 구성과 특징

청(淸) 엄령봉(嚴靈峯)의 『무구비재(無求備齋) 논어집성(論語集成)』에는 30함(函) 308책으로 무려 140여 종의 『논어』 주석서가 실려있고, 그 밖의 한, 중, 일 주석서 또한 그 수효를 알 수 없다. 또한 어느 사람 말에 의하면, 우리나라의 현행 『논어』 번역서는 이미 1백여 종이 넘는다고 한다. 이는 무엇을 기준으로 한 통계인지 알 수 없으나, 아무튼 내가 알기로는 직역 위주의 언해식 번역, 고금의 주를 종합한 번역, 그리고 자신의 의견에 따른 독창적 해석의 번역, 또는 서구의 이론과 대비한 비교 논술의 번역, 수상록에 가까운 번역 등등 다양한 접근이 이뤄져 왔다. 그 모두가 『논어』를 존중하고 사랑한 데서 이뤄진 산물이라 생각한다.

이처럼 수많은 관련 서적이 있음에도 굳이 이 번역서에 적지 않은 세월과 노력을 쏟은 데는 나름 그만한 이유가 없지 않다. 이는 청 풍반(馮班)의 말로써 살펴보고자 한다.

> "이천(伊川)이 『논어』 읽는 법을 가르치면서 '『논어』를 읽을 적에, 읽기 전에도 이러한 사람이고 읽은 뒤에도 또한 이러한 사람이라면, 이는 일찍이 읽은 게 아니다.'는 것은 가장 간절한 말씀이다.
>
> 가장 읽기 어려운 책을 꼽는다면 그것은 『논어』다. 공자의 말씀은 간단하면서도 혼융(渾融)하게 말하여 이를 한꺼번에 이해할 수 없다. 이것이 바로 읽기 어려운 부분이다. 그러나 또한 쉽게 읽을 수 있는 책 또한 『논어』다. 한 구절을 읽으면서 한 구절을 이해하면 그 일부분을 얻은 것이다. 이처럼 일부분을 얻을 수 있으니 가장 쉽게 읽을 수 있는 책이다. 다른 책에서 잘못 읽게 되면 사람을

---

72 『論語纂疏』「讀論孟集註綱領」. "黃氏曰 朱子 於一字未安, 一語未順, 覃思靜慮, 更易不置. 或一二日而未已, 夜坐親見至四鼓. 先生曰 此心已孤且休矣. 退而就寢, 目未交睫, 復見遣小吏, 持板牌改數字以見示, 則是退而猶未寐也, 未幾而天明矣. 用心之苦如此, 而學者顧以易心讀之, 安能得聖賢之意哉?"

오도하는 경우가 있는 것과는 다르다.

북송의 명재상 조보(趙普)는 『논어』의 절반으로 천하를 다스렸다고 한다. 이는 아주 『논어』를 잘 읽은 사람이다. 그러나 나의 견해로는 단 한두 구절만으로도 일생 모두 수용하지 못할 것이다."[73]

위 풍반의 논지는 3단계로 구성되어 있다. 첫째, 『논어』을 읽는다는 것은 인격 수양의 변화 필요성. 둘째, 『논어』는 이해하기 어렵고도 쉬운 책. 셋째, 독자에 따라 크고 작은 일생의 지침서로 수용할 수 있는 책이라는 점이다.

우리가 『논어』를 읽어야 하는 이유는 가장 먼저 인격의 수양을 위함이다. 이를 위해서는 먼저 공자의 생각, 말씨, 몸가짐, 그리고 행했던 위업과 풍모 등등을 알아야 한다. 이런 제반의 일들은 모두 『논어』에 실려있다. 『논어』를 읽는다는 것은 공자를 이해하기 위해선 이 책을 놓아두고 달리 방법이 없기 때문이다.

이천(伊川)은 일찍이 "그 문장을 이해하지 못하고서 그 내면의 의미를 아는 사람은 있지 않다.[未有不得於辭而能通其義者也]"(『易傳』「序」)라고 말하였다. 공자를 알고자 한다면 먼저 『논어』의 경문을 이해해야 하고, 경문의 이해를 위해서는 주자의 『논어집주』를 알지 않고서는 공자의 진면목에 다가설 수 없기 때문이다. 이는 마치 본원을 찾아가기 위해 지류로부터 거슬러 올라가는 것과 같다. 바로 이것이 『논어』를 이해하는 길이고 뒤이어 일생 수용할 수 있는 터전이 마련되는 것이다. 본 번역서는 이를 위해 착수한 것이다.

이로써 본서는 『논어집주』의 의의를 밝히기 위하여 『논어비지(論語備旨)』를 보조로 참고하여, 그 번역의 체제는 먼저 1장의 전체 뜻을 밝힌 '○○장지(章旨)', 그리고 매절(每節)마다의 '○○절지(節旨)', 장절의 구분이 없는 장은 전지(全旨)의 명제를 그대로 따른 것이다. 장지와 절지를 마련한 것은 문장의 단락 구조 및 알아야 할 요소들을 심층으로 다루어 경문 이해의 길잡이로 마련하기 위함이다. 만약 장지와 절지의 전모를 이해하지 못하면 경문을 마주하여 그 어디에 주안점이 있는가를 이해하지 못할 것이다.

이를 뒤이어 경문을 번역하고 거듭 '[강설]'을 통하여 경문의 이해를 도왔다. [강설]은 해당 경문의 유래를 밝힘과 아울러 경문의 번역에서 미진한 부분들을 보완하거나 집주의 의미를 가볍게 앞서 보여주고 있다.

장지, 절지, [강설]은 모두 『논어비지』의 번역을 원칙으로 하였으나, 독자의 가독성을 위하여 기타의 보완 자료 또한 임의로 더하거나 삭제한 예도 없지 않다. 처음 『논어』를 읽는 이에게는 장지, 절지의 이해는 쉽지 않다. 이는 아래의 경문을 알지 못하고서는 종합적인 문단의 정리나

73 淸 馮班, 『鈍吟雜錄』 권1. "程子教人讀書, 曰一部論語, 未讀時, 是這般人. 讀了, 只是這般人, 便是不曾讀一般. 此言最懇切. 最難讀者 論語. 聖人 說話簡略, 說得渾融, 一時理會不來, 是難讀也. 亦最易讀, 讀一句, 是一句理會得一分, 是一分, 是易讀也, 不似他書認錯了要誤人. 趙普用半部論語治天下, 大是會讀書. 如吾所見, 只一二句, 便終身受用不盡."

그 의의를 파악하기 쉽지 않은 이유 때문이다. 그러나 해당 경문은 이런 단락의 구조와 주된 뜻으로 쓰였다는 공식이라는 점에서 이해하기 어려울지라도 숙지하는 것이 『논어』 이해의 일환이라 생각한다. [강설] 부분은 한문학의 소양이 없는 이들 또한 쉽게 이해할 수 있다. 따라서 이를 이해하고 역으로 경문과 집주를 이해해 나간다면 이 또한 초입자의 첩경이 될 것이다.

그리고 『논어집주』의 번역은 편찬의 체제에 따라 [훈고]와 [해석] 부분을 구분하여 밝혔다. 그러나 [훈고와 해석]의 통합 부분 또한 표기하여 오해의 소지를 줄였고, 장하주의 경우는 이미 집주에서 '○[圈]'으로 표기하였기에 별도로 '의론' 또는 '통론'이라 밝히지 않았다.

경문에 관한 현토 및 독음 그리고 해석은 "언해는 옛 해석을 따른다.[諺解從舊解]"(『大典會通』「禮典」 講書條)는 원칙에 따라 언해본을 중심으로 한다. 따라서 여타 『사서율곡언해(四書栗谷諺解)』 등의 현토 및 현대 옥편과는 다른 독음 역시 참고로 하는 데 그칠 뿐, 이를 원용하지는 않는다.

앞서 말한 바와 같이 『논어』의 경문은 가장 알기 어렵고 가장 알기 쉬운 글이다. 집주 또한 이를 이해하기 쉽도록 후학의 편의를 위해 저술한 주석서이다. 하지만, 이를 이해하기 쉽지 않은 부분이 적지 않다. 얼핏 보면 어떤 면에선 경문보다 더 어렵게 느껴지는 부분도 없지 않다. 따라서 이에 따른 주각(註脚)의 주각을 필요로 하기에, 본 번역서에서 '[보 補]'를 덧붙였다. 더러는 옥상가옥(屋上架屋)이니 상하안상(床下安床)이니 말하는, 중첩의 부분이 없지 않으나, 주자의 집주에서 말한 부분은 『논어』의 이해에 필요한 부분이다. 그렇다면 집주를 이해하지 못하고서 경문의 그 의미를 알 수 있을까? 이를 위해 중첩의 비난 또한 마다하지 않고 [보 補]를 첨부한 것이다.

[보 補]는 주자의 설을 밝히기 위해 쓴 것이다. 따라서 『논어대전』을 주로 참고하되 기타의 설 또한 보완하였고, 필요에 의해서는 동국의 선유 설 또한 원용한 바 있다. 때에 따라서는 밝혀야 할 개념의 정의에 대해 적지 않은 논술을 한 부분 또한 없지 않다. [강설]은 경문을 위한 보조자료라면 [보 補]는 대체로 집주를 위한 보조자료라 할 것이다.

본 번역의 체제와 특성은 이렇게 이뤄진 것이다. 물론 이런 작업은 나의 학문을 위하여 비롯한 일이었다. 그러나 나 자신을 돌이켜보면, 『논어』를 읽고서 얼마만큼 이해하고 또 얼마만큼 인격의 변화를 가져왔는지는 부끄러운 일이다. 이처럼 그 어느 것 하나 제대로 한 것이 없으면서 『논어』를 읽는 이들에게 이 책을 잘 이해하여 인격의 변화를 통해 일생 『논어』를 수용하라고 권하는 꼴이 농암(農巖: 金昌協)의 「금화 군수로 부임하는 도실(道實) 송광속(宋光涑)을 보내는 서(序)」에서 말한 바와 똑 닮았다.

> "동쪽 이웃집의 며느리가 서쪽 이웃집의 며느리에게 '그대의 남편을 공경으로 섬기고, 시부모에게 죄 되는 일이 없게 하며, 반드시 자물쇠를 잘 살피고, 집안을 잘 청소하고, 길쌈을 잘하며, 음식과 주장(酒漿)을 깨끗하게 다루어야 된다.'라고 말한다. 그 말은 모두 자기 자신도 잘 해내지 못한 일이지만, 그렇게 말하는 부인의 마음이야 진실로 이웃집 며느리를 생각하는 마음이요, 그 내용 모두가

> 부도(婦道)에 합당한 말임은 틀림없다. 그러므로 동쪽 집의 며느리로 말하면 어리석음을 면하기 어려우나, 서쪽 집의 며느리가 이를 실천한다면 그는 틀림없이 현명한 며느리가 될 것이다.[74]

농암의 말처럼 나야 어리석은 동쪽 이웃집 사람일지라도 내가 못다 한 일들을 독자가 실행에 옮긴다면 그들은 반드시 훌륭한 인격의 소유자가 될 것이다. 이런 면에서 부끄러움 없이 번역하였다는 강변을 하는 것이다.

오늘날 이 번역이 마무리되기까지 그 지난 1980년 후반 전주대 호남학연구소에서 함께한 동학의 원문 입력 및 원고정리로부터 그 훗날 끊임없이 이어진 작업에 동원된 여러분의 노고, 그리고 마지막 수정 윤문에 있어 교직의 근무 중에도 수고를 마다하지 않은 박도균 선생의 충심 또한 고맙기 그지없다. 이밖에 출판에 이르기까지 직간접으로 도움을 주신 분의 이름을 하나하나 열거할 수 없으나 그저 말없이 감사의 마음을 전할 뿐이다.

계묘년 늦은 봄, 원봉(元峰) 남쪽 기슭 도담서실(道潭書室)에서 쓰다.

74 『麗韓十家文』, 金昌協「送宋道實光涑宰金化序」. “東家之婦, 語西家之婦曰 必敬事而夫子, 無得罪於尊章. 必謹視而筦籥, 灑掃而室堂, 善而蠶績, 潔而飮食酒漿. 是其言也, 皆己之所未能行也. 然其心則固愛隣婦之心也, 其事則固善爲婦之道也. 是以在東家婦而言之, 則不免於愚, 在西家婦而行之, 則足以爲賢.”

논어 맹자 읽는 법(이는 주자가 명도·이천선생의 말을 채록한 것이다.)

讀論語孟子法(此, 朱子采二程子說.)

程子(伊川)**曰**(新安陳氏曰 程伯子, 諱顥, 字伯淳, 號明道先生. 叔子, 諱頤, 字正叔, 號伊川先生. 朱子先以明道伊川爲別, 次以伯子叔子爲別, 後以其學同其說同, 更不分別, 總稱程子. 河南人.) **學者**는 **當以論語孟子爲本**이니 **論語孟子 旣治**면 **則六經**은 **可不治而明矣**니라(朱子曰 語孟, 工夫少, 得效多; 六經, 工夫多, 得效少. ○ 慶源輔氏曰 今之治二書, 所患不精爾. 果能熟讀精思, 使其言, 皆出於吾之口; 使其意, 皆出於吾之心, 脉絡條理, 始終洞然, 而無纖芥隱昧不明之處, 則六經之言, 固可以類推而無不明也.) **讀書者 當觀聖人所以作經之意**와 **與聖人所以用心**과 **聖人之所以至於聖人**과 **而吾之所以未至者**와 **所以未得者**하야(慶源輔氏曰 聖人作經之意, 不過欲發明此理以曉人. 其所以用心而至爲聖人者, 則二書固無不具也; 至於吾之所以未至聖人之地·未得聖人之心者, 亦惟用心, 與二書背戾而不合耳. ○ 陳氏曰 到經明後, 方知得作經之意; 識聖人之心體, 方知他所以用處.) **句句而求之**하되 **晝誦而味之**하고 **中夜而思之**하야 **平其心**하고 **易其氣**하고 **闕其疑**면 **則聖人之意 可見矣**리라(朱子曰 平其心, 只是放教虛平. 易其氣, 只是放教寬慢. 闕其疑, 只是莫去穿鑿. ○ 陳氏曰 平其心者, 是虛其心, 如衡之平, 不可先立一箇定說. 纔先把一說爲主於中, 便如秤盤, 先加一星了, 到秤物時, 如何得銖兩之正? 易其氣者, 欲見得聖人眞意時, 須是和平其氣, 雍容和緩, 自然而得之, 乃能默契.)

정자(伊川)가 말씀하였다.(신안 진씨가 말하였다. "정백자(程伯子)의 휘는 호(顥), 자는 백순(伯淳), 호는 명도선생이며, 숙자(叔子)의 이름은 이(頤), 자는 정숙(正叔), 호는 이천선생이다. 주자는 맨 처음 명도·이천으로 구별하여 말하였고, 그다음에는 백자(伯子)와 숙자(叔子)로 구별하여 말하였고, 맨 뒤에는 두 분의 학술이 똑같고 그 학설이 똑같다고 여겨 다시는 구별하지 않고 총괄하여 '정자'라 칭하였다. 하남 사람이다.")

"배우는 이들은 『논어』와 『맹자』를 근본으로 삼아야 한다. 『논어』와 『맹자』를 이미 배웠으면 육경(六經: 『詩經』·『書經』·『禮記』·『易經』·『春秋』·『樂經』)은 배우지 않아도 밝게 알 수 있다.(주자가 말씀하였다. "『논어』와 『맹자』는 적은 공부로 많은 공효를 얻으나 육경은 많은 공부를 해도 얻어지는 공효가 적다." ○ 경원 보씨가 말하였다. "지금 『논어』와 『맹자』를 배움에 있어 걱정이라면 정밀하게 읽지 않은 데에 있다. 진정 익히 읽고 정밀하게 생각하여 『논어』와 『맹자』의 말이 모두 나의 입에서 나오는 것처럼, 『논어』와 『맹자』의 뜻이 나의 마음에서 나오는 것처럼 맥락과 조리가 처음부터 끝까지 탁 트이게 잘 알아서 털끝만큼이라도 혼매하여 밝지 못한 곳이 없도록 한다면 육경의 문장은 참으로 이를 유추하여 밝히지 못할 것이 없다.") 글을 읽는 이들은 당연히 성인이 경전을 지은 뜻, 성인의 마음 씀씀이, 성인이 성인의 경지에 이를 수 있는 이유, 내가 성인의 경지에 이르지 못한 이유와 성인의 마음을 얻을 수 없는 이유를 살펴보면서(경원 보씨가 말하였다. "성인이 경전을 지은 뜻은 이 이치를 밝혀 사람을 깨우쳐 주고자 함에 지나지 않는다. 성인의 마음 씀씀이와 성인의 경지에 이를 수 있었던 것은 『논어』와 『맹자』에 모두 갖춰져 있지 않은 게 없다. 그러나 내가 성인의 경지에 이르지 못한 이유, 성인의 마음을 얻지 못한 이유 또한 나의 마음 씀씀이가 『논어』『맹자』와 어긋났기 때문이다." ○ 진씨가 말하였다. "경전의 뜻을 밝게 알아야 만이 비로소 성인이 경전을 지은 뜻을 알 수 있고, 성인 마음의 본체를 알아야 만이 비로소 성인 마음의 작용처를 알 수 있다.") 구절마다 이처럼 그 뜻을 탐구하되 낮에는 글을 읽으면서 음미하고 밤에는 깊이 사색하여 그 마음에 평정을 얻고 그 기운을 화평하게 가지고 그 의문 부분을 놓아두면 성인이 경전을 지은 뜻을 볼 수 있다."(주자가 말씀하였다. "그 마음에 평정을 얻음[平其心]이란 단 모든 것을 내려놓고서 마음을 비우도록 함이며, 그 기운을 화평하게 가짐[易其氣]은 모든 것을 내려놓고서 너그럽고 느슨하도록 함이며, 그 의문 부분을 놓아둠[闕其疑]은 단 천착하지 않도록 함이다." ○ 진씨가 말하였다. "평기심(平其心)이란 저울대가 반듯한 것처럼 그 마음을 비우는 것이다. 먼저 하나의 정설(定說)을 세워서는 안 된다. 먼저 하나의 정설을 가지고서 마음속에 주재를 삼으면 그것은 곧 저울의 위에 먼저 하나의 눈금을 더한 것과 같다. 물건을 저울질할 적에 어떻게 바른 무게를 알 수 있겠는가? 이기기(易其氣)란 성인의 참뜻을 보고자 한다면 반드시 그 기운을 화평하게 지니어 화락하고 자연스럽게 터득하여야만 성현의 참뜻과 하나가 될 수 있다.")

又曰 凡看文字는 **須先曉其文義**라야 **然後**에 **可以求其意**니 **未有不曉文義而見意者也**케라

정자[伊川]가 또 말씀하였다.

"모든 책의 문자를 볼 적에는 반드시 먼저 그 문장의 의의를 알아야 만이 그 속에 담긴 깊은 의미를 탐구할 수 있다. 문장의 의의조차 알지 못하면서 그 의미를 아는 사람은 없다."

又曰 學者는 **須將論語中 諸弟子問處**하야 **便作自已問**하고 **聖人答處**를 **便作今日耳聞**이면 **自然有得**이니(朱子曰 孔門問答, 曾子聞得底話, 顏子未必與聞; 顏子聞得底話, 子貢未必與聞. 今却合在論語一書, 後世學者, 豈不幸事? 但患自家不去用心.) **雖孔孟復生**이라도 **不過以此教人**이오 **若能於語孟中**에 **深求玩味**하야 **將來涵養**이면 **成甚生**[75]**氣質**이리라(朱子曰 有人言理會得論語, 便是孔子; 理會得七篇, 便是孟子. 初不以爲然, 看來亦是如此. 蓋論語中言語, 眞能窮究, 極其纖悉, 無不透徹, 如從孔子肚裏穿過, 孔子肝肺盡知了, 豈不是孔子? 七篇中言語, 眞能窮究, 極其纖悉, 無不透徹, 如從孟子肚裏穿過, 孟子肝肺盡知了, 豈不是孟子? ○ 新安陳氏曰 學之功至, 愚者明, 柔者强, 偏駁者純粹. 不特能變化氣質, 謂無好氣質者, 今生出此好氣質也.)

---

75 甚生: 이는 즘생(怎生)과 같은 뜻인데, 여기에서는 비상(非常), 즉 '대단하다'는 말과 같다. 삼생기질(甚生氣質)이란 대단한 기질, 즉 아주 좋은 기질이라는 뜻이다.

정자[伊川]가 또 말씀하였다.

"배우는 이들은 먼저 『논어』 가운데 여러 제자가 물은 부분을 가지고서 곧 내가 물은 것처럼 생각하고, 성인이 대답한 부분을 곧 오늘날 직접 귀로 들은 것처럼 생각한다면 저절로 얻음이 있을 것이다.(주자가 말씀하였다. "공자 문하의 문답은 증자가 들었던 말씀을 안자가 꼭 함께 들었다 할 수 없고, 안자가 들었던 말씀을 자공이 꼭 함께 들었다고 말할 수 없다. 오늘날에는 도리어 『논어』 한 권 속에 모두 담겨있다. 이런 점은 후세의 학자에게 있어 어찌 다행스러운 일이 아니겠는가. 단 나의 마음을 여기에 쏟지 않음을 걱정할 뿐이다.")

비록 공자 맹자가 다시 태어난다고 할지라도 이처럼 가르치는 데에 지나지 않을 것이다. 만약 『논어』 『맹자』를 깊이 탐구하고 음미하여 이를 가지고서 함양하면 대단한 기질을 이룰 수 있을 것이다."(주자가 말씀하였다. "어느 사람이 '『논어』를 잘 알면 곧 공자이고 『맹자』 7편을 잘 알면 곧 맹자이다.'라고 말하였다. 처음에는 그렇지 않다고 생각했었는데 두 책을 보면서 또한 그의 말이 틀리지 않았다. 『논어』에 실린 말씀을 참으로 궁구하여 그 섬세한 부분까지 다하여 투철하게 알기를 마치 공자의 뱃속에 들어가 공자의 폐간(肺肝)을 모두 아는 것처럼 이해한다면 어찌 공자가 아니겠는가. 『맹자』 7편에 실린 말씀을 참으로 궁구하여 그 섬세한 부분까지 다하여 투철하게 알기를 마치 맹자의 뱃속에 들어가 맹자의 폐간을 모두 아는 것처럼 이해한다면 어찌 맹자가 아니겠는가." ○ 신안 진씨가 말하였다. "학문의 공부가 지극하여 어리석은 이가 명철하고 유약한 자가 강직하고 치우치고 잡된 자가 순수하게 되면 기질변화 정도에 그치지 않고, 애당초 좋은 기질이 없었던 자가 이제 이처럼 좋은 기질로 태어남을 말한다.")

程子曰 凡看語孟에 **且須熟讀玩味**하야 **須將聖人言語切己**오 **不可只作一場話說**이니 **人只看得此二書**라도 **切己終身儘多也**리라(朱子曰 論孟, 不可只道理會文義得了 便了. 須子細玩味, 以身體之, 見前後晦明生熟不同, 方是切實. ○ 二書, 若便恁地讀過, 只一兩日可了. 若要將來做切己事, 玩味體察; 一日, 多看得數段, 或一兩段爾. ○ 學者讀書, 須要將聖賢言語, 體之於身. 如克己復禮與出門如見大賓等事, 須就自家身上體看我實能克己與主敬行恕否? 件件如此, 方有益. ○ 慶源輔氏曰 讀書者, 能將聖人言語, 切己體察, 則定無枉費工夫一日, 當有一日之功. 若欲只做一場話說, 則是口耳之學耳.)

정자[伊川]가 말씀하였다.

"무릇 『논어』와 『맹자』를 볼 적에는 반드시 익히 읽고 깊이 음미하여 반드시 성인의 말씀을 가지고서 나의 몸에 간절하게 살펴야 한다. 단 한바탕의 이야기로 생각해서는 안 된다. 사람들이 『논어』와 『맹자』 두 책만 볼지라도 몸에 간절하여 종신토록 쓰고도 남을 것이다."(주자가 말씀하였다. "『논어』와 『맹자』는 문장을 이해한 것만으로 모두 끝났다고 말해서는 안 된다. 반드시 자세히 음미하면서 몸소 체득하여, 예전에는 몰랐고 낯선 부분이 뒤에는 훤히 알고 익숙한 차이가 있어야만 비로소 나의 몸에 절실한 공부이다." ○ "『논어』와 『맹자』 두 책을 그럭저럭 읽어나간다면 단 하루 이틀이면 모두 독파할 수 있다. 그러나 이 책들을 가지고서 나에게 간절한 일로 삼아 깊이 음미하고 체득하여 살펴본다면 하루에 많게는 몇 단락, 또는 한두 단락만을 볼 수 있을 것이다." ○ "배우는 이들이 경전을 읽을 적에는 반드시 성현의 말씀을 가지고서 나의 몸에 체득하여야 한다. 예컨대 '극기복례'와 '문밖을 나가면 큰 손님 보듯이 한다.'는 등의 일들을 반드시 나의 몸에서 내가 참으로 '극기복례'를 행하였고 '경(敬)을 주로 하여 서(恕)를 행하였는가'를 살펴보아야 한다. 하나하나 이처럼 체득하여야 비로소 도움이 된다." ○ 경원 보씨가 말하였다. "경전을 읽는 이들이 성인의 말씀을 가지고서 자기의 몸에 간절하게 체득하여 성찰한다면 반드시 하루의 공부를 잘못하지 않아 당연히 하루의 공효가 있을 것이다. 하지만 이를 한바탕의 이야깃거리 정도로 생각하면 이는 귀로 듣고서 입으로 말하는 학문이다.")

又曰 論孟을 只剩讀著이면 便自意足이니 學者 須是玩味오 若以語言解著이면 意便不足이니라(朱子曰 讀書之法, 先要熟讀, 須是正看背看左看右看, 看得是了, 未可便說道, 是更須反覆玩味. ○ 慶源輔氏曰 學者, 須是將聖人言語, 熟讀深思, 晝夜玩味, 則可以開發吾之知識, 日就高明; 涵養吾之德性, 日就廣大, 方始見得聖賢言近而指遠, 故其意思, 自然厭飫飽足. 若以語言解著, 則意便死於言下, 自然局促塞淺, 而有枵虛不足之意.)

정자[伊川]가 또 말씀하였다.

"『논어』와 『맹자』를 실컷 읽으면 곧 절로 그 의미가 넉넉할 것이다. 배우는 이들은 반드시 깊이 음미하여야 한다. 만약 단순히 언어만으로 이해하면 그 의미가 넉넉하지 못할 것이다."(주자가 말씀하였다. "경서를 읽는 법은 먼저 익히 읽어야 한다. 반드시 앞으로 보고 뒤로 보고 좌로 보고 우로 보아야 한다. 이처럼 보고서도 곧장 말해서는 안 된다. 반드시 다시 반복하여 깊이 음미해야 한다." ○ 경원 보씨가 말하였다. "배우는 이들은 반드시 성인의 말씀을 가지고서 익히 읽고 깊이 사색하여 밤낮으로 음미하면 나의 앎을 열어주어 날로 고명하여지고 나의 덕성을 함양하여 날로 드넓어질 것이다. 그처럼 해야 비로소 성현의 말씀은 대수롭지 않은 것처럼 보여도 그 속에 담긴 뜻이 원대함을 엿볼 수 있다. 이 때문에 그 생각들이 절로 충만하고 만족스러울 것이다. 만약 언어만으로 이해한다면 그 속에 담긴 깊은 뜻은 곧 그 언어에 따라 죽음으로써 저절로 협소하고 천박하여 텅텅 비어 언제나 허전한 마음을 가지게 될 것이다.")

或問 且將語孟緊要處看이면 如何잇가
程子曰 固是好로되 但終是不浹洽耳니라(朱子曰 聖人言語, 粗底做粗底理會, 細底做細底理會, 不消得揀擇. 語孟恁地揀擇了, 史書及世間粗底書, 如何看得? ○ 慶源輔氏曰 人纔只將二書緊要處看, 便只是要求近功速效, 與天理已不相似. 所謂固是好者, 蓋姑取其向學求道之意耳. 正使其有近功速效, 亦必至於偏枯塞澁, 豈復有優游厭飫貫通浹洽之意?)

어떤 사람 여쭈었다.

"『논어』 『맹자』의 중요한 부분만을 뽑아본다면 어떻겠습니까?"

정자[伊川]가 또 말씀하였다.

"참으로 좋은 생각이지만, 끝내 푹 젖어 들지 못할 것이다."(주자가 말씀하였다. "성인의 말씀은 대충 말씀하신 부분은 대충 이해하고 자세하게 말씀하신 부분은 자세하게 이해해야 하지, 이를 가려 보아서는 안 된다. 『논어』 『맹자』를 이처럼 가려서 읽는다면 역사서나 세간의 조잡한 서적을 어떻게 볼 것인가." ○ 경원 보씨가 말하였다. "공부하는 사람들이 『논어』 『맹자』의 중요한 부분만을 뽑아본다면 그것은 빠른 성과를 기대한 데에서 빚어진 일이니만큼 하늘의 진리와는 이미 다른 것이다. 이천선생의 '참으로 좋은 생각이다.'는 말은 그가 학문을 지향하고 도를 추구하려는 뜻만을 취하여 그처럼 말했을 뿐이다. 만약 그가 빠른 성과를 기대한다면 또한 반드시 그의 학문은 한쪽에 치우치고 순탄치 못할 것이다. 어떻게 다시 유유자적하고 만족스러우며 관통하고 촉촉이 적셔주는 뜻이 있을 수 있겠는가.")

程子曰 孔子言語는 句句是自然이오 孟子言語는 句句是事實이라(朱子曰 孔子言語, 一似沒緊要說出來, 自是包含無限道理, 無些滲漏. 如云道之以政齊之以刑道之以德齊之以禮數句, 孔子初不曾著氣力, 只似沒緊要說出來, 自是委曲詳盡, 說盡道理. 若孟子便用著氣力, 依文按本據事實, 說無限言語, 方說得出, 此所以爲聖賢之別也. ○ 論語之書, 蓋孔子大槩使人優游饜飫·涵泳諷味; 孟子之書, 大槩是要人探索力討·反己自求. 故伊川曰孔子句句是自然孟子句句是事實, 亦此意也.)

정자[伊川]가 또 말씀하였다.

"공자의 말씀은 구절구절이 자연스럽고 맹자의 말씀은 구절구절이 사실이다."(주자가 말씀하였다. "공자의 말씀은 하나같이 중요하지 않은 것처럼 말하였지만, 거기에는 한없는 도리가 담겨있어 조금도 빈틈이 없다. 예를 들면 '백성을 정치의 제도로 이끌고 형벌로 정돈하면…, 백성을 덕으로 이끌고 예로써 정돈하면…'이라는 몇 구절은 공자가 애당초 별다른 힘을 쓰지 않고서 그저 중요하지 않은 것처럼 말했지만, 절로 간곡하고 자세함을 다하여 정사의 도리를 모두 말해주었다. 그러나 맹자의 경우, 여기에 힘을 써서 문장에 따라 사실의 근거를 살피면서 한없는 말을 해야 비로소 모두 말한 것이다. 이것이 성인과 현인의 차이점이다." ○ "『논어』라는 책은 공자가 대체로 사람들에게 유유자적하고 만족스럽고 촉촉이 젖어 들고 음미하도록 함이며, 『맹자』라는 책은 대체로 사람들에게 탐색하여 힘껏 강구하며 자신을 반성하여 스스로 추구하도록 요하였다. 이 때문에 이천이 '공자의 말씀은 구절구절이 자연스럽고 맹자의 말씀은 구절구절이 사실이다.'라고 말한 것 또한 이런 뜻이다.")

又曰 學者는 先讀論語孟子니 如尺度權衡相似라 以此去量度事物이면 自然見得長短輕重이니라(朱子曰 語孟, 只熟讀玩味, 道理自不難見. 且如老蘇輩, 只讀二書, 便翻繹得許多文章出來. 譬如攻城, 四面牢壯, 只消攻得一面, 破時這城便是自家底了. 如今學者, 若先讀得語孟二書, 十分透徹, 其他書都不費力, 觸處便見. ○ 慶源輔氏曰 尺度, 可以量長短; 權衡, 可以稱輕重; 理義, 可以別是非. 能知道, 則何書不可讀? 何理不可究? 何事不可成?)

정자[伊川]가 또 말씀하였다.

"배우는 이들은 먼저 『논어』와 『맹자』를 읽어야 한다. 척도(尺度)와 권형(權衡)과도 같다. 이것으로 사물을 헤아려 나가면 저절로 장단과 경중을 알 수 있다."(주자가 말씀하였다. "『논어』와 『맹자』는 단 익히 읽고 깊이 음미하면 그 속에 담긴 도리는 절로 어렵지 않게 볼 수 있다. 소노천(蘇老泉: 蘇洵. 소동파 부친)과 같은 이는 『논어』와 『맹자』 두 책만 읽고서도 숱한 문장을 써낼 수 있었다. 이를 비유하면 성을 공략할 적에 사면이 굳건할 경우, 단 한 쪽만을 집중적으로 공략하여 성을 격파할 때, 그 성은 곧 나의 소유가 되는 것과 같다. 요즘 배우는 이들이 만일 『논어』와 『맹자』 두 책을 먼저 읽고서 온전히 투철하게 알면 그 밖의 서적은 모두 힘들이지 않고 보는 족족 바로 이해할 수 있다." ○ 경원 보씨가 말하였다. "척도(尺度)는 장단의 길이를 헤아림이며, 권형(權衡)은 경중의 무게를 가늠하는 것이며, 이의(理義)는 사물의 시비를 분별하는 것이다. 도리를 알면 무슨 책인들 읽지 못하며, 무슨 이치인들 탐구하지 못하며, 무슨 일인들 이루지 못할 턱이 있겠는가.")

又曰 讀論語孟子而不知道면 **所謂雖多**나 **亦奚以爲**오(朱子曰 人之爲學, 若不從文字上做工夫, 又茫然不知下手處. 若是字字而求, 句句而論, 不於身心上著切體認, 則又何益? ○ 慶源輔氏曰 讀語孟而不知道, 則是口耳之學, 未嘗著心玩味, 未嘗至誠涵泳, 未嘗切己體察也. 故讀雖多, 何益於事?)

정자[伊川]가 또 말씀하였다.

"『논어』와 『맹자』를 읽으면서 도리를 알지 못한다면 이른바 아무리 많이 배웠다 한들 또한 무엇을 할 수 있겠는가."(주자가 말씀하였다. "사람이 학문할 적에 문자를 독해하는 공부를 하지 않는다면 또한 까마득히 손을 댈 수 없을 것이다. 하지만 한 글자 한 글자 깊이 추구하고 한 구절 한 구절 자세히 논하되 나의 몸과 마음의 측면에서 절실하게 체득하고 인식해나가지 않으면 또한 무슨 도움이 있겠는가." ○ 경원 보씨가 말하였다. "『논어』와 『맹자』를 읽으면서 도리를 알지 못한다면 이는 귀로 듣고 입으로 말하는 학문이다. 일찍이 마음속으로 깊이 음미하지 않았고 지극한 성심으로 촉촉이 젖지 않았고 몸에 절실하게 체득하고 성찰하지 않았기 때문이다. 그러므로 아무리 많이 읽었다 한들 일을 행하는 데에 무슨 도움이 되겠는가.")

논어집주 서설 論語集註序說

[보 補]

이 서설은 『사기』「공자세가」를 인용하여 부자의 출처와 행적의 실상을 보여주었고, 하안(何晏)의 말을 인용하여 3종 『논어』의 차이점을 밝혔고, 뒤이어 정자의 말을 인용하여 『논어』의 저술자와 그 읽는 법을 종합하여 서설이라 하였다.[76]

史記世家曰 孔子는 名丘오 字仲尼니 其先은 宋人이라 父는 叔梁紇이오 母는 顏氏니 以魯襄公二十二年庚戌之歲十一月庚子에 生孔子於魯昌平鄉鄹邑하다

爲兒嬉戲에 常陳俎豆하야 設禮容이러시니 及長爲委吏하야는 料量平하고 爲司職吏하야는 畜蕃息하시니라 適周하사 問禮於老子하시고 旣反而弟子益進이러라

『사기』의 「공자세가」에서 다음과 같이 말하였다.

공자는 이름이 구(丘)이고 자 중니(仲尼)이다. 그 선조는 송나라 사람이다. 아버지는 숙량흘이고 어머니는 안씨이다. 노양공 22년 경술(B.C. 551) 11월 경자(21일)에 노나라 창평향 추읍에서 공자를 낳았다.

어릴 적 소꿉장난할 때 항상 제기(祭器)를 펼쳐놓고서 예법을 따르는 흉내를 내었다. 장성하여 창고를 담당하는 위리(委吏)가 되어서는 셈하는 것이 공평하였고, 가축을 기르는 사직리(司職吏)가 되어서는 가축이 번식하였다.

주나라에 가서 노자에게 예를 묻고 돌아온 뒤에는 제자가 더욱 찾아들었다.

[보 補]

이는 주자가 사마천의 『사기』「공자세가」에 나타난 요점만을 뽑아 정리한 부분이다.[77]

여기에서는 세속에 시비거리로 회자되는 야합의 문제, 그리고 공자가 젊은 가난을 위해 벼슬[爲貧祿仕]했던 관명의 의의와 스승으로서의 공자의 출발점에 대해 말하고자 한다.

먼저 숙양흘과 안씨는 "야합(野合)으로 공자를 낳았다.[野合而生孔子]"고 한다. 여기에서 말한 야

---

76 朴文鎬, 『壺山集』 4책, p.213. "序說, 蓋引史記說以見孔子出處行事之實, 引何氏說以見三論之不同, 引程子說以見作書之人, 與讀書之法, 合而謂之序說."

77 『論語集註大全』「序說」 해당 小註. 아래에서는 『大全』 該註로 약칭한다. "新安陳氏曰 司馬遷史記, 有孔子世家, 朱子纂其要於此."

합이란 요즘 말하는 남녀의 사통(私通)을 말한 게 아니다. 야합에 대해 두 가지 설이 있다.

일설에 의하면, "숙양흘은 노나라의 이씨(施氏) 부인을 맞이하여 슬하에 아홉 딸을 낳았고, 그 첩이 아들 맹피(孟皮)를 낳았다. 맹피는 절름발이였다. 이에 숙양흘이 안씨(顔氏) 집안에 청혼하자, 셋째 딸 징재(徵在)가 부친의 명을 따라 결혼하였다. 이처럼 그에 관한 문헌이 매우 분명함에도 여기에서 '야합'이라 말한 것은 숙양흘은 늙고 징재는 젊어서 젊은이들의 초혼에 해당하지 않기에 '야합'이라 하니 예의에 맞지 않은 혼인임을 말한다. '야(野)'라 함은 예에 걸맞지 않음을 말한다."[78]고 하였다. 이는 늙은이와 젊은 여인과의 혼인이란 예에 걸맞지 않음을 뜻한다.

또 다른 일설에 의하면, "남자는 여덟 살에 치아가 나고 2×8 16세에 양기가 통하고 8×8 64세에 양기가 끊어진다. 여자는 일곱 살에 치아가 나고 2×7 14세에 음기가 통하고 7×7 49세에 음기가 끊어진다. 이 나이를 지나서 혼인하면 모두 야합이라 한다. 이 때문에 숙양흘의 혼인은 여기에 근거하여 64세가 넘었음을 말한다."[79]고 하였다. 이는 숙양흘이 이미 양기가 끊어져 버린 64세 이후의 노년 결혼을 야합이라 말한 것이다.

위의 야합에 대한 두 가지 설의 공통점은 양기가 다한 노년의 숙양흘이 젊은 여인을 맞아 혼인한 일을 '비정상적 혼인'이라는 뜻으로 야합이라 명명했음을 알 수 있다.

숙양흘의 내외가 이구산(尼丘山)에 기도하여 공자를 낳았기에 이름을 구(丘)라 하고 자를 중니(仲尼)라 하였다.[80]

다음으로 공자의 젊은 시절 벼슬에 대해 살펴보면 다음과 같다.

먼저 위리(委吏)는 곡식 창고를 관리하는 낮은 벼슬[委吏, 主委積之吏也.]이다. 『맹자』「만장 하(萬章下)」에 "공자가 일찍이 위리가 된 적이 있었다." 하였는데, 그 주에서 "이는 공자가 가난 때문에 벼슬한 것이다.[此, 孔子之爲貧而仕者也.]"고 하였다.

사직리(司職吏)의 직(職)이란 직(樴)자와 같다. 직(樴)이란 짐승을 묶어두는 말뚝을 말한다. '사직리'란 짐승을 관리하는 이를 뜻한다. 이 벼슬은 『맹자』에서 말한 승전(乘田)이다.[81]

끝으로 스승으로서의 공자는 약관 이전부터 제자를 맞이하여 교육하였다. 공자의 나이 17세에 맹의자(孟懿子)는 부친 맹헌자(孟獻子)의 유언으로 공자에게 예를 배웠는데, 그 당시 남궁 경숙(南宮敬叔: 南宮适)도 함께하였다.[82] 이는 문헌상에 나타난 초기 제자이다.

공자가 어린 시절 그 누구를 스승으로 모셨는지에 대해서는 기록이 없다. 큰 스승을 처음 만난 것은 공자의 나이 30세 이전쯤에 주나라의 노자를 찾아가 예를 배웠다는 것이 바로 그것이다. 주

---

78 唐 司馬貞, 『史記索隱』 권14. "家語云 '梁紇, 娶魯之施氏, 生九女; 其妾, 生孟皮, 孟皮病足. 乃求婚於顔氏, 徵在 從父命爲婚.' 其文甚明, 今此云野合者, 蓋謂梁紇老而徵在少, 非當壯室初笄之禮, 故云野合, 謂不合禮儀. 言野者, 是不合禮爾."

79 唐 張守節, 『史記正義』 권47. "男八月生齒, 八歲毁齒, 二八十六陽道通, 八八六十四陽道絶. 女七月生齒, 七歲毁齒, 二七十四陰道通, 七七四十九陰道絶. 婚姻過此者, 皆爲野合, 故據此婚過六十四矣."

80 『大全』 該註. "新安陳氏曰 孔子父禱於尼丘山而生孔子, 故以爲名若字."

81 『史記索隱』 권14. "職, 見周禮牛人, 讀爲樴, 義與杙同. 盖繫養犧牲之所, 此官, 卽孟子所謂乘田."

82 『史記』「孔子世家」. "今孔丘年少好禮, 其達者歟! 吾卽沒, 若必師之. 懿子與魯人南宮敬叔, 往學禮焉."

나라에서 노나라로 되돌아온 후에 더욱 많은 제자가 찾아들었다. 제자익진(弟子益進)의 '더욱'이라는 익(益)자는 예전에도 일찍이 제자들이 있었지만, 이즈음에 더 많은 제자가 모여들었음을 말한다. 이는 초기 제자를 뒤이은 공문 제자의 제1 전성기를 맞이했음을 뜻한다.

昭公二十五年甲申은 **孔子年三十五**라 **而昭公奔齊魯亂**하니 **於是**에 **適齊**하야 **爲高昭子家臣**하야 **以通乎景公**하시다 **公欲封以尼谿之田**한대 **晏嬰不可**라하니 **公惑之**어늘 **孔子遂行**하야 **反乎魯**하시다

定公元年壬辰은 **孔子年四十三**이라 **而季氏强僭**하고 **其臣陽虎作亂專政**이라 **故**로 **孔子不仕**하시고 **而退修詩書禮樂**하시니 **弟子彌衆**이러라

소공 25년 갑신(B.C. 517)은 공자의 나이 35세였다.

소공이 제나라로 망명하여 노나라가 어지러웠다. 이에 제나라로 가서 대부 고소자(高昭子)의 가신이 되어 경공에게 통하였다. 경공이 이계(尼谿)의 땅을 공자에게 봉해주려 하였는데, 안영(晏嬰)이 안 될 일이라 저지하는 말에 경공이 현혹되었다. 공자는 마침내 제나라를 떠나 노나라로 돌아오셨다.

정공 원년 임진(B.C. 509)은 공자의 나이 43세였다.

계씨가 강성하고 참람하였으며, 그의 가신 양호가 난을 일으켜 국정을 전횡하였다. 그 때문에 공자는 벼슬을 하지 않고 물러나 시·서·예·악을 정리하였다. 제자가 더욱 많이 모여들었다.

[보 補]

제경공이 공자에게 이계의 땅으로 봉하려 할 적에 안영이 반대했던 배경은 다음과 같다.

공자의 나이 35세에 제나라를 방문하였다. 제나라에 머무는 동안, 제경공이 다시 공자에게 "정사를 어떻게 하면 좋겠는가"를 묻자, 공자가 말하였다.

"나라를 다스림은 재물을 절약하는 데 있습니다."

경공이 좋아하여 이계의 땅을 공자에게 주려고 하자, 안영이 앞으로 나서며 말하였다.

"선비는 현란한 말솜씨로 법이 될 수 없고, 거만하여 자기주장만을 내세워 아래 사람으로 둘 수 없으며, 상례를 숭상하여 슬픔을 다하고 파산하도록 장례를 후하게 치르니 풍속으로 삼기 어렵고, 유세를 다니면서 구걸하니 나랏일을 맡길 수 없습니다. 큰 현인이 사라지면서 주나라 왕실은 쇠퇴하여 예악이 끊이게 되었습니다. 지금 공자는 성대한 치장으로써 오르내리는 예와 걸음걸이의 꼼꼼한 절차가 번거로우니, 그가 말한 학문을 익히려면 누대에 걸쳐서도 다할 수 없고 당년에 그가 말한 예를 터득하기 어렵습니다. 임금께서 그를 등용하여 제나라의 풍속을 바꾸려 하시지만, 어리석은 백성에게 먼저 할 바가 아닙니다."

그의 말을 듣고 난 후로 경공이 공자를 경건하게 대했지만, 다시는 예에 관해 묻지 않았다.

훗날 제경공이 공자를 붙잡으려 말하였다.

"그대를 계씨처럼 받드는 것은 내 할 수 없지만, 계씨와 맹씨의 중간 정도로 대우하리라."

이에 제나라 대부들은 공자를 해치려고 하였는데, 공자가 이 말을 들은 데다가 경공이 또 이런 말을 하였다.

"내 늙었다. 등용하지 못하겠구나."

공자는 마침내 제나라를 떠나 노나라로 돌아오셨다.[83]

공자는 이렇게 제나라를 떠나게 된 것이다. 이는 공자께서 노나라에서 펼치지 못한 도를 제나라에서 펼치려 했지만, 그 첫 번째의 노력이 무너지는 순간이었다.

양호의 작란으로 공자는 벼슬을 포기한 채, 43세의 나이에 다시 한번 시서예악(詩書禮樂)을 편수하면서 제1 번성기의 "제자가 더욱 찾아왔다[弟子益進]"에서 "제자가 더욱 많음[弟子彌衆]"으로 바뀌면서 공문 제자의 제2 전성기를 맞이했음을 뜻한다.

九年庚子는 **孔子年五十一**이라 **公山不狃 以費畔季氏**하고 **召孔子**어늘 **欲往而卒不行**하시니라 **定公**이 **以孔子爲中都宰**하니 **一年**에 **四方則之**라 **遂爲司空**하시고 **又爲大司寇**하시다

十年辛丑에 **相定公**하사 **會齊侯于夾谷**하시니 **齊人歸魯侵地**하다

十二年癸卯에 **使仲由爲季氏宰**하야 **墮三都**하고 **收其甲兵**이러니 **孟氏 不肯墮成**이어늘 **圍之不克**하시다

정공 9년 경자(B.C. 501)에 공자의 나이 51세였다.

공산불뉴(公山不狃: 公山弗擾)가 비읍(費邑)을 근거지로 하여 계씨를 배반하고 공자를 불렀는데, 가려고 하다가 결국은 가지 않았다.

정공이 공자를 중도의 읍재로 삼으니, 1년 만에 사방에서 공자를 본받았다. 마침내 사공이 되고, 또 대사구가 되었다.

정공 10년 신축(B.C. 500)에, 협곡에서 제나라 임금과 회맹을 하는 정공을 보좌하니, 제나라가 침략해 빼앗았던 땅을 노나라에 돌려주었다.

정공 12년 계묘(B.C. 498)에 중유(仲由)에게 계씨의 가신이 되어 삼가 도읍의 성을 헐고 그들이 소장한 갑옷과 무기를 거두게 하였다. 맹씨가 성(成: 孟孫氏之邑)땅의 성을 헐려고 하지 않자, 포위

83 위와 같음. "齊景公, 復問政於孔子, 曰 政在節財. 景公說, 將欲以尼谿田封孔子. 晏嬰 進曰 夫儒者, 滑稽而不可軌法, 倨傲自順, 不可以爲下; 崇喪遂哀, 破産厚葬, 不可以爲俗; 游說乞貸, 不可以爲國. 自大賢之息, 周室旣衰, 禮樂缺有間, 今孔子盛容飾繁, 登降之禮, 趨詳之節, 累世不能殫其學, 當年不能究其禮. 君欲用之以移齊俗, 非所以先細民也. 後, 景公 敬見孔子, 不問其禮. 異日, 景公止孔子曰 奉子以季氏, 吾不能, 以季孟之間待之. 齊大夫 欲害孔子, 孔子聞之. 景公曰 吾老矣, 弗能用也. 孔子遂行, 反乎魯."

했지만 이기지 못하였다.

十四年乙巳는 孔子年五十六이라 攝行相事하사 誅少正卯하시고 與聞國政하시니 三月에 魯國大治라 齊人歸女樂以沮之하니 季桓子受之하고 郊又不致膰俎於大夫한대 孔子行하시니라

適衛하사 主於子路妻兄顔濁鄒家하시다

適陳하실새 過匡하시니 匡人以爲陽虎而拘之하다 旣解에 還衛하사 主蘧伯玉家하사 見南子하시다

去適宋하신대 司馬桓魋 欲殺之어늘 又去適陳하사 主司城貞子家하시고 居三歲而反于衛하시니 靈公不能用하다

晉趙氏家臣 佛肸이 以中牟畔하야 召孔子어늘 孔子欲往이라가 亦不果하시다

將西見趙簡子라가 至河而反하사 又主蘧伯玉家러시니 靈公問陳이어늘 不對而行하사 復如陳하시다

정공 14년 을사(B.C. 496)에 공자의 나이 56세였다.

재상의 일을 대행하면서 소정묘(少正卯)를 처형하고 국정에 참여하니, 석 달 만에 노나라가 잘 다스려졌다. 제나라 사람들이 여인과 음악을 보내어 저지하자, 계환자가 이를 받아들였고, 교제(郊祭: 天祭)에 또 제사 지낸 고기[膰俎]를 대부들에게 보내지 않자, 공자는 노나라를 떠났다.

위(衛)나라로 가서 자로의 처형인 안탁추의 집에 머물렀다.

진(陳)나라로 가는 길에 광땅을 지나는데 광땅 사람들이 양호인 줄 알고 포위하여 길을 막았다. 풀려난 뒤, 다시 위나라로 돌아와 거백옥의 집에 거처하면서 남자(南子: 衛靈公夫人)를 만났다.

위나라를 떠나 송나라로 갔는데, 사마 환퇴가 죽이려고 하기에 또 송나라를 떠나 다시 진나라로 가서 사성 정자의 집에서 3년을 머물다가 위나라로 돌아왔는데, 영공이 등용하지 않았다.

진(晉)대부 조간자(趙簡子)의 가신 필힐(佛肸)이 중모 땅을 근거지로 하여 반란을 일으키고 공자를 불렀다. 공자가 가려다가 또한 결국은 가지 않았다.

장차 서쪽으로 향하여 진대부 조간자를 만나려고 황하까지 갔다가 되돌아와 또다시 거백옥의 집에 머물렀는데, 영공이 진법(陳法)에 대해 물으니, 대답하지 않고 제나라를 떠나 다시 진나라로 갔다.

[보 補]

진대부 조간자를 만나고자 황하까지 찾아간 것은 그만큼 그를 믿었고 함께할 인물이라 생각했기 때문이다. 그러나 가까운 거리에서 발길을 되돌아선 데에는 그에 대한 불신을 넘어 절망했기

때문이다. 그것은 그의 은인 두명독(竇鳴犢)과 순화(舜華) 두 사람을 죽인 데서 비롯된 일이다. 「공자세가」의 해당 부분은 다음과 같다.

공자는 두명독과 순화가 죽임을 당했다는 말을 듣고서 황하를 바라보면서 탄식했다.

"아름답다, 넘실대는 황화수여. 내가 이 황하를 건너지 못함은 천명이다."

자공이 그 말을 듣고서 종종걸음으로 나아가 물었다.

"무슨 말씀이십니까?"

"두명독과 순화는 진나라 어진 대부이다. 조간자가 어려운 시절, 이 두 사람의 배려로 벼슬에 나갔는데, 그가 뜻을 이루자 그들을 죽이고 권력을 장악하였다.

나는 이런 말을 들었다. 배를 갈라 태 속의 동물을 죽이면 기린은 그 들녘을 찾아가지 않고, 연못을 메말려서 물고기를 잡으면 용이 비를 일으켜 음양의 조화를 이루지 않고, 둥지를 뒤집어 알을 깨뜨리면 봉황이 그 숲에 날아들지 않는다.

무엇 때문일까? 군자는 자기와 같은 부류의 사람이 다치는 것을 꺼린 까닭이다. 날짐승과 들짐승도 의롭지 않은 일을 피할 줄 아는데, 하물며 사람으로서 내가…!"[84]

季桓子卒에 **遺言謂康子**하되 **必召孔子**라하더니 **其臣止之**한대 **康子乃召冉求**하다 **孔子如蔡及葉**하시니라 **楚昭王**이 **將以書社地**로 **封孔子**러니 **令尹子西不可**라하니 **乃止**하시라

又反乎衛하시니 **時**에 **靈公已卒**하고 **衛君輒**이 **欲得孔子爲政**이어늘 **而冉求爲季氏將**하야 **與齊戰有功**한대 **康子 乃召孔子**어늘 **而孔子歸魯**하시니 **實哀公之十一年丁巳而孔子年六十八矣**라

계환자의 임종시에 아들 강자(康子)에게 "반드시 공자를 불러들이라."는 유언을 남겼는데, 그 신하 공지어(公之魚)가 반대하자, 계강자는 이에 대신 염구(冉求)를 불러들였다. 공자가 채나라를 찾아가 섭이라는 고을에 이르렀다.

초소왕이 서사지(書社地)를 공자에게 주려 했는데, 영윤 자서(子西)가 안 되는 일이라 하여, 그만두었다.

또 위나라로 돌아오시니, 당시 영공은 죽은 뒤였다. 위나라 임금 첩(輒)이 공자를 불러 정치를 하고자 하였는데, 염구가 계씨의 장수가 되어 제나라와 전쟁에서 공을 세우자, 계강자가 이에 공자를 불렀다. 공자가 노나라로 돌아오니 실로 애공 11년 정사(B.C. 484), 공자의 나이 68세였다.

---

84 "聞竇鳴犢舜華之死也, 臨河而嘆, 曰 美哉水洋洋乎! 丘之不濟, 此命也夫! 子貢趨而進, 曰 敢問何謂也? 孔子曰 竇鳴犢舜華, 晉國之賢大夫也. 趙簡子未得志之時, 須此兩人而後從政, 及其已得志, 殺之, 乃從政. 丘聞之也, 刳胎殺夭, 則麒麟不至郊; 竭澤涸漁, 則蛟龍不合; 覆巢毀卵, 則鳳凰不翔. 何則? 君子諱傷其類也. 夫鳥獸之於不義也, 尙知辟之, 而況乎丘哉?"

[보 補]

공자가 다시 고국 노나라로 돌아온 이 시점은 공자의 일생에 있어 일대 전환기이다. 처음 35세에 양호의 난으로 노나라를 떠나 천하를 주류한 이후, 물론 그사이 노나라에 돌아온 적이 없지 않았지만, 68세의 마지막 귀향은 33년간 철환천하(轍環天下)의 종지부를 찍은 날이다. 그렇게 모든 나라를 찾아 경륜을 펼쳐 도를 행하려던, 행도(行道)의 마지막 날인 셈이다.

그러나 노년의 공자는 끝내 노나라에 중용되지 못하였고 유학의 모든 경전을 편수, 이를 천추에 길이 교과서로 정립한 전환점이었다. 이는 당시 공자의 이상적인 도를 실현하지 못했지만, 그 정신과 사상은 후세 도학의 전수를 통하여 그 도가 실현되기를 염원했다. 따라서 옛 성인을 계승하여 후학을 열어주는[繼往聖 開來學] 전도(傳道)의 중요성을 엿볼 수 있다. 성인의 학문만 전수되면 성왕(聖王)의 정치를 언제나 볼 수 있으나 성인의 학문이 사라지면 영원히 성왕의 정치는 이룩될 수 없다. 이러한 점에서 일시의 행도(行道)보다는 천추의 전도(傳道)가 더 빛나는 것으로 "그 공로는 요순보다 훌륭하다."는 주자의 평가가 여기에서 비롯된 것이다.

然이나 魯終不能用孔子하고 孔子亦不求仕하사 乃敍書傳禮記하시며 刪詩正樂하시며 序易彖繫象說卦文言하시니라 弟子蓋三千焉에 身通六藝者七十二人이러라

十四年庚申에 魯西狩獲麟하니 孔子作春秋하시니라 明年辛丑에 子路死於衛하고 十六年壬戌四月己丑(一說 乙丑)에 孔子卒하시니 年七十三이라

葬魯城北泗上하다 弟子皆服心喪三年而去하되 惟子貢廬於塚上이 凡六年이러라

孔子生鯉하시니 字伯魚라 先卒하고 伯魚生伋하니 字子思니 作中庸하시니라

그러나 노나라는 끝내 공자를 등용하지 않았고, 공자 또한 벼슬을 찾지 않았다.

이에 『서전』과 『예기』를 편찬하고 『시경』을 산정(刪定)하고 음악을 바로잡았으며, 『주역』의 「단전(彖傳)」, 「계사전(繫辭傳)」, 「상전(象傳)」, 「설괘전(說卦傳)」, 「문언전(文言傳)」을 서술하였다.

제자가 3천 명쯤 되었는데, 몸소 육예(六藝)에 통달한 제자는 72명이었다.

애공 14년 경신(B.C. 481) 노나라 서쪽 들녘의 봄 사냥[春狩大野]에서 기린을 잡자, 공자는 〈기린을 바라보면서 "나의 도는 다하였다.[見麟曰 吾道窮矣]"는 탄식을 하고서〉 『춘추』를 지었으며,

그 이듬해 신유(B.C. 480)에 자로(子路)가 위나라에서 죽었고,

애공 16년 임술(B.C. 479) 4월 기축(18일)에 공자가 세상을 뜨니 당년 73세였다.

노나라의 성 북쪽, 사수(泗水) 위에 안장하였다. 제자들이 모두 심상(心喪) 3년을 마치고 떠나갔지만, 오직 자공만은 묘소 곁에서 시묘살이하면서 모두 6년을 지냈다.

공자가 이(鯉)를 낳았는데 자(字)는 백어(伯魚)이다. 공자보다 먼저 죽었다. 백어가 급(伋)을 낳았는데 자는 자사(子思)이다. 『중용』을 지었다.

[보 補]

68세에 귀국한 이후, 옛 성인의 도통을 계승하여 후학을 열어주고자[繼往聖 開來學] 함에 있어 가장 시급한 당면과제는 후학을 위한 교재의 정리였다. 도를 시행할 수 없었기에 그에 관한 이론의 정립이 절대적일 수밖에 없었다. 이에 『시경』『서경』『예기』『주역』을 정리하였고, 공자 문하에는 중국 역사상 최초의 3천 제자가 모여드는 최고 융성기를 맞게 되었다. 이는 노자에게 예를 물은 후에, 그리고 43세에 물러나 수학한 후를 뒤이어 제3차의 전성기를 맞은 것이다.

그러나 마지막 교재의 『춘추』만큼은 공자가 세상을 뜨기 2년 전, 애공 14년에 기린이 붙잡히자, 공자 71세에 집필을 시작하기에 이른다. 이는 곧 소왕(素王), 지위 없는 왕으로서의 천하 대의를 위해 어쩔 수 없는 붓을 든 것이다. 공자 아닌 그 어느 제왕이 있었다면 이를 손대지 않았을 것이다. 기린이 잡혔다는 것은 곧 공자 죽음의 예견이자, 왕도정치 실현의 종식을 고해준 하늘의 계시와도 같은 일이었다. 이에 공자로서 더는 미룰 수도, 누구에게 맡길 수도 없는 일을 감내할 밖에 없는 고심을 엿볼 수 있다.

何氏曰 魯論語는 **二十篇**이오 **齊論語**는 **別有文王知道**하야 **凡二十二篇**이오 **其二十篇中章句**도 **頗多於論語**이라 **古論**은 **出孔氏壁中**하니 **分堯曰下章子張問**하야 **以爲一篇**하야 **有兩子張**하니 **凡二十一篇**이오 **篇次不如齊·魯論同**이니라

하씨[何晏: 字平叔, 魏 南陽人.]가 말하였다.

"노나라에서 유행한 『논어[魯論]』는 20편이고, 제나라에서 유행한 『논어[齊論]』는 별도로 「문왕(文王)」·「지도(知道)」편이 있어 모두 22편인데, 그 20편 가운데 편장이나 구절도 노나라 『논어』보다 매우 많다.

옛 『논어[古論]』는 〈한무제(漢武帝) 때 노공왕(魯恭王)이〉 공자의 고택을 확장 수리하기 위해 헐다가 담장의 벽에서 나왔는데, 「요왈(堯曰)」편의 제2장 자장문(子張問)을 분리하여 별도의 1편을 만듦으로써 2편의 「자장」(제19 「자장」과 제21 「자장」)이 있어 모두 21편이며, 편차는 제나라 『논어』, 노나라 『논어』와 똑같지 않다."

[보 補]

"위의 논지는 하안(何晏)의 주편(主編), 현존 『논어』 최초 주석서인 『논어집해(論語集解)』를 완성한 뒤, 위조(魏朝)에 올린 주소(奏疏)의 한 문장이다. 주자가 이를 잘라 여기에 넣은 것이다.

『노론(魯論)』과 『제론(齊論)』은 서한(西漢) 장우(張禹: ?~B.C. 5. 元帝朝 丞相)에 이르러 처음 하나로 합하였고, 후한 정현(鄭玄: 127~200)에 이르러 『노론』을 위주로 『제론』과 『고론』을 고증하여 『논어』 주를 쓰면서 3가지 『논어』는 비로소 하나로 종합되어 오늘날의 정본(定本)이 되었다."[85]

---

85 『論語集註考證』 권1前. "此段, 進論語集解之疏文也, 朱子節入. 然魯論齊論, 張禹始合, 至鄭康成, 則以魯論攷之齊論古論爲之注, 三論始合, 爲今定本."

이에 관한 자세한 부분은 위의 해제에 나타나 있다.

程子曰 論語之書는 成於有子曾子之門人이라 故로 其書獨二子以子稱하니라

정자[明道]가 말씀하였다.

"『논어』는 유자와 증자의 문인에 의해 완성되었다. 『논어』에서 유독 두 사람에 대해서만 '자(子: 有子 曾子)'로 말하였다."

[보 補]

유자와 증자에게 존칭사 '자(子)'자를 붙인 것은 제자들이 그 스승을 존칭한 데서 비롯된 것이라 하지만, 설령 그들의 제자가 아니어도 유자와 증자는 존경받아 마땅한 인물임을 밝혀 명도의 설을 지지하기도 하였다.

"'자(子)'라는 것은 제자가 그 스승을 받드는 존칭이다. 『논어』에서 유자와 증자의 말을 기록할 적에 모두 자(字: 曾參의 子輿, 有若의 子有)로 말하지 않고 '자(子)'라 말하였다. 이 때문에 『논어』는 유자와 증자 문인의 손에 의해 완성되었음을 알 수 있다. 그러나 또 다른 이유가 있다. 부자가 돌아가시자, 한때는 모두 유자의 말이 부자와 같다고 추존하였고, 또 증자는 자사에게 도통을 전수하고 자사는 맹자에게 자사에게 도통을 전수하였다. 어쩌면 유자와 증자 두 사람에게 유독 '자(子)'라 존칭한 것 또한 이 때문인지 모르겠다."[86]

그러나 『논어』의 편찬은 한 시대, 또는 특정 문인에 의해 이뤄진 것도 아니다. 이에 관해서는 앞서 이미 논술한 바 있기에 생략하기로 한다.

程子曰 讀論語에 有讀了全然無事者하며 有讀了後에 其中得一兩句喜者하며 有讀了後에 知好之者하며 有讀了後에 直有不知手之舞之足之蹈之者니라

정자[伊川]가 말씀하였다.

"『논어』를 읽을 적에 읽고서도 전혀 아무런 일이 없는 자도 있고, 읽은 뒤 그 가운데 한두 구절 기뻐하는 자도 있고, 읽은 뒤 『논어』를 알고서 좋아하는 자도 있고, 읽은 뒤 그저 자신도 모르게 손발이 덩실덩실 춤추는 자도 있다."

[보 補]

이로부터 3조(條)는 모두 이천(伊川)의 말이다. 위의 2조(何晏과 明道說)는 『논어』 본말의 전체를 말하였고, 이하 3조는 『논어』를 읽는 법이다.[87]

---

86 『論語纂疏』「論語朱子集註序說」. "胡氏曰 子者, 弟子稱其師之號. 此書, 記有子曾子之言, 皆不曰字而曰子, 故知其成於二子門人之手. 然夫子沒, 一時皆以有子之言似夫子, 又曾子傳之子思, 子思傳之孟子, 豈二子之獨以子稱 亦以是歟?"

87 『論語集註考證』 권1前. "三條 叔子. 已上二條, 言論語本末; 已下三條, 言讀論語之法."

위와 같이 『논어』를 읽는 이는 이처럼 4등급이 있다.

첫째는 전혀 모른 자, 둘째는 약간 아는 자, 셋째는 알고서 좋아하는 자, 넷째는 좋아하면서 즐거워하는 자이다.[88]

程子曰 今人은 **不會讀書**로다 **如讀論語**에 **未讀時**도 **是此等人**이오 **讀了後**에도 **又只是此等人**이면 **便是不曾讀**이니라

정자(伊川)가 말씀하였다.

"요즘 사람들은 제대로 책 읽을 줄을 모른다. 가령 『논어』를 읽을 적에, 읽기 전에도 이러한 사람이고 읽은 뒤에도 또한 이러한 사람이라면, 이는 일찍이 읽은 게 아니다."

程子曰 頤自十七八로 **讀論語**하니 **當時已曉文義**러니 **讀之愈久**에 **但覺意味深長**이로다

정자(伊川)가 말씀하였다.

"나는 열일고여덟 살 적부터 『논어』를 읽었다. 그 당시 진즉 글 뜻을 알았지만, 더욱더 오래 읽을수록 그 의미가 심장함을 깨달았다."

[보 補]

우리는 『논어』를 왜 읽어야 하는가. 그 필요성은 무엇 때문일까? 연평 이씨(延平李氏: 李侗)는 이에 대해 자세히 말해주고 있다.

"사람의 몸가짐은 당연히 공자를 본받아야 한다. 하지만 공자가 떠난 지 1천여 년이라, 이제는 가까이서 볼 수 없다. 공자를 찾아볼 수 있는 것이라면 『논어』뿐이다. 이는 당시 문인 제자들이 기록한 공자의 말씀이요 덕행이다. 언제나 이를 읽으면서 음미하고 탐색하면서 깊이 사려하고 미루어 행하여나간다면, 비록 공자의 깊은 경지와 조예엔 다가서지 못한다고 할지라도 또한 선비와 군자로서의 품격은 잃지 않을 것이다."[89]

이처럼 『논어』는 공자의 정신과 사상, 그리고 덕행을 엿볼 수 있는 공자의 어록이다. 따라서 이는 선비의 표본이오, 지향점이기에 일생의 필독서임을 말해주고 있다.

---

88 『大全』該註. "雲峯胡氏曰 讀論語者, 有此四等人. 初是全無知者, 第二是畧能知者, 第三是知而好之者, 第四是好而樂之者."

89 위와 같음. "延平李氏曰 人之持身, 當以孔子爲法. 孔子相去千餘載, 旣不可得而親之, 所可見者, 獨論語耳. 論語, 盖當時門人弟子所記孔子言行也. 每讀而味之, 玩而繹之, 推而行之, 雖未至升堂入室, 亦不失爲士君子也."

제1 학이 學而 第一

此는 爲書之首篇이라 故로 所記 多務本之意니 乃入道之門이오 積德之基니 學者之先務也라 凡十六章이라

「학이」편은 『논어』의 첫 편이다. 따라서 기록한 내용이 근본에 힘써야 한다는 뜻으로 말한 바 많다. 이는 도에 들어가는 문이요, 덕을 쌓아가는 터전이다. 배우는 이가 먼저 힘써야 할 일이다.

모두 16장이다.

[보 補]

먼저 편명의 의의, 그리고 무본(務本), 도와 덕의 정의를 개술하고자 한다.

「학이」라는 편명은 본편의 첫 구절 2자를 들추어 명명한 것일 뿐, 애당초 별 의미는 없다. 논술의 주제를 내세워 편명을 삼은 것[立題名篇]은 전국시대의 산물이다. 전국시대에 들어서면서 장자, 한비자 등의 책에서 서술할 내용을 명제로 내걸고 문장을 서술하였다. 『장자』의 「소요유(逍遙遊)」, 「제물론(齊物論)」 등과 『한비자』의 「세난(說難)」, 「오두(五蠹)」 등이 바로 그런 것이다.

부자 당시에는 특정 주제의 내용을 편명으로 삼아 논술한 단계가 아니었다. 제자와의 문답, 자신의 단편적 이념과 사상을 개략적으로 논급했을 뿐이다. 따라서 『논어』 20편은 모두 죽간(竹簡)의 알맞은 묶음에 따라 분배하고, 그 첫 장의 구절을 취하여 편명을 삼았을 뿐이다. 이 때문에 전후 2편의 뜻이 연결된 부분이 많다. 예를 들면, 「공야장」의 뒷부분과 「옹야」의 첫부분에 고금 인물의 논평이 이어진 것 또한 죽간의 묶음을 적절히 분배한 데서 비롯된 것이다.

「학이」편의 보편적인 내용으로 제시되는 무본(務本)에 대해 살펴보면, 「학이」편은 『논어』 전 20편 가운데 첫 편이라는 상징적 의미에서 가장 근본적인 기본 덕목을 밝힌 바 많다. 이 때문에 "기록한 내용이 근본에 힘쓰는[務本] 의의가 많다."라고 말하였다.

무본(務本) 2자는 「학이」 제2장의 "군자는 근본에 힘쓴다. 근본이 세워지면 나갈 길이 생겨난다.[君子'務本' 本立而道生]"는 구절에서 뽑은 것으로 「학이」편의 핵심이다. 예를 들면, "제1 「학이」장은 시습(時習)을 학문의 근본으로 삼고, 제2 「유자(有子)」장은 효제를 인(仁)을 행하는 근본으로 삼고, 제3 「교언(巧言)」장은 충신(忠信)을 학습의 근본으로 삼고, 제5 「도천(道

千)」장은 경(敬) 신(信) 절용(節用) 애인(愛人) 등을 치국의 근본으로 삼았다. 그 나머지 또한 이를 미뤄보면 어렵지 않게 알 수 있다."[90] 이처럼 가장 기본적인 문제들을 언급한 까닭에 「학이」편은 곧 도에 들어갈 수 있는 관문이요, 덕을 쌓아가는 터전이다. 이 때문에 「학이」는 배우는 이들이 가장 먼저 힘써야 할 부분이다.

끝으로 도와 덕은 어떤 차이가 있을까? 도는 모든 사람이 가야 할 길이며, 덕은 그 길을 따라 행한 뒤에 얻어지는, 마음과 몸에 체득한 것을 말한다.[德之爲言, 得也, 行道而有得於心也.] 예를 들면, 효도는 자식으로서 마땅히 걸어가야 할 도리이다. 이것이 자식으로서의 갈 길이라는, 즉 도(道)이다. 효도를 실천하여 극진히 다했을 때 비로소 자식으로서의 효도를 구현한 덕(德)이라 한다. 도덕에 관한 정의는 뒤의 해당 부분에서 다시 자세히 서술키로 한다.

1. 학이장지 學而章旨

이 장은 부자께서 사람들에게 학문을 좋아하도록 고무시키는 뜻으로 말하고 있다. 따라서 하나의 배울 학(學)자로 일관되어 있다.

제1절의 "무시로 익힌 데서 얻어지는 마음의 기쁨"은 그 학문을 자신에 얻음이며,

제2절의 "벗이 찾아온 즐거움"은 그 학문을 많은 사람과 함께함이며,

제3절의 "성내지 않은 군자"란 학문의 성취를 말한다.

이의 공부는 모두 시습(時習)에 중점을 두고 있는바, 3절의 위 구절[學而, 有朋, 人不知]은 뭉뚱그려 한 말[汎說]이고, 바야흐로 아래 구절[時習, 自遠方來, 不慍]에 깊은 뜻이 담겨있으며, 3곳의 '불역…호(不亦…乎: 不亦說乎, 不亦樂乎, 不亦君子乎.)' 구절은 그 스스로 증득한 경지이다.

(1) 학이절지 學而節旨

첫 구절[學而時習之]은 학문의 노력을 멈추지 않음이며, 끝 구절[不亦說乎]은 자기 마음의 느낌을 말한다.

배움[學]이란 지행(知行)을 겸하여 말한다. 집주에서 말한 '명선(明善)'이란 본성의 선을 밝히는 것으로 개념의 인식[知]을, '복기초(復其初)'는 본성의 선을 회복한다는 것으로 실천[行]을 말한다.

이의 중점은 시습(時習)에 있으며, 열(悅)자는 시습에 의한 증험을 표현한 것이다. 이는 반드시 자신만이 알 수 있을 뿐, 남들에게 말해줄 수 없다는 뜻이 담겨있다. 불역(不亦…) 2자는 고의로 그처럼 하려고 마음먹지 않아도 절로 그렇게 된다는 뜻이다.

---

90 『大全』該註. "新安陳氏曰 首章以時習爲本, 次章以孝弟爲爲仁之本, 三章以忠信爲傳習之本, 道千乘章以五者爲治國之本, 皆是. 餘可以類推."

子曰 學而時習之면 不亦說(悅)乎아

부자께서 말씀하셨다.
"배우고 때로 익히면 또한 기쁘지 않겠는가."

강설

부자께서 많은 사람에게 심학(心學)에 관한 전반적인 공부를 포괄적으로 가르쳐주셨다.

사람의 본성은 모두 선하지만, 그 선을 밝혀 본초의 천성으로 회복하려면 반드시 배워야 한다. 그러나 으레 배움을 어렵게 생각하고 괴롭게 여겨 기뻐하지 않음은 학문이 미숙한 때문이다.

만일 앞서 배우고 또 때때로 그 아는 바의 이치와 능한 바의 일들을 다시 익혀 나간다면 마음과 이치는 서로 하나가 되어 아는 바는 더욱 정밀하고, 일신의 행동과 세간의 일은 모두 거스른 바 없어 능한 바는 더욱 견고하여 저절로 무젖어 들게 된다. 이 또한 기쁘고 만족스러워 학문의 진취가 절로 멈추지 않을 것이다.

集註

學之爲言은 效也라 人性皆善이나 而覺有先後하니 後覺者 必效先覺之所爲라야 乃可以明善而復其初也라

習은 鳥數飛也니 學之不已를 如鳥數飛也라

說은 喜意也니 旣學而又時時習之면 則所學者熟而中心喜說하야 其進이 自不能已矣리라

程子曰 習은 重習也니 時復思繹하야 浹洽於中이면 則說也니라

又曰 學者는 將以行之也니 時習之면 則所學者在我라 故로 悅이니니라

謝氏曰 時習者는 無時而不習이니 坐如尸는 坐時習也오 立如齊는 立時習也니라

[훈고와 해석] 배움이라는 말은 본받음이다. 사람의 본성은 모두 선하지만 깨달음에는 선후가 있다. 후각자는 반드시 선각자들이 행하였던 바를 본받아야 이에 선을 밝혀 그 본초의 천성으로 회복할 수 있다.

습(習)은 새가 자주 날갯짓함이니, 배우고서 멈추지 않기를 새가 자주 날갯짓하는 것처럼 함이다.

열(說: 悅)은 기쁨이다. 이미 배우고 또다시 때때로 익힌다면 배운 바가 익숙하여 마음이 기뻐서 그 앞으로 나아감이 스스로 멈추지 않을 것이다.

정자[伊川]가 말씀하였다.

"습(習)이란 거듭[重習: 習 또한 거듭의 뜻]함이다. 무시로 다시 생각하여 마음에 젖어 들면 기쁨을 얻게 된다."

정자[未詳]가 또 말씀하였다.

"배움이란 장차 이를 행하려 함이다. 무시로 익히면 배운 것이 나에게 있는 까닭에 기쁘다."

사씨[謝良佐: 字顯道 上蔡人 伊川門人]가 말하였다.

"시습(時習)이란 익히지 않은 때가 없다. '앉음을 신위(神位)의 시동처럼 반듯하게 앉는다.'(『禮記』「曲禮」)는 것은 앉아있을 때 익힘이며, '서 있음을 제사 지내기에 앞서 줄지어 가지런히 서 있는 듯하다.'(위와 같음)라는 것은 서 있을 때 익힘이다."

[보 補]

여기에서 말한 배움[學]이라는 한 글자는, 『논어』의 첫 장을 펼치면 처음으로 맞이하는 주요한 의의[開卷第一義]이다. 따라서 이는 『논어』 전체의 뜻을 총괄한 핵심 요소이다.

먼저 학(學)의 자의(字意)로 말하면, 자신이 알지 못한 것, 자신이 능하지 못한 것을 그 누구에게 본받아 이를 알고 잘하게 하는 것이다. 그러나 사리상(事理上)으로 말하면, 모든 일에 있어 이르지 못한 것을 다다르고자 노력하는 것을 모두 '배움'이라고 말한다. 이 때문에 모종의 특정 부분인 농업, 의술, 기예 따위 또한 그 일에 따라 학(學)이라는 이름을 붙여 농학(農學), 의학(醫學), 공학(工學) 등으로 불린다.

그러나 『논어』에서 말한 배움이란 무엇을 대상으로 말한 것일까? 이는 배우는 이들이 처음 학문을 통해 성인의 경지에 이르고자 하는 데 있다. 바꿔 말하면, 인격체의 완성에 있다. 이천(伊川)은 이를 '유자(儒者)의 학문'이라고 말하였다.

이천의 말을 살펴보면, "요즘 학문에는 3가지가 있다. 사장학(詞章學), 훈고학(訓詁學), 유자학(儒者學)이다." 선비의 학문이란 인간의 본성에 관해 배우는 것으로, 사람으로 해야 할 도리를 다하는 데에 있다.[91]

위의 집주에서 말한 바와 같이 학(學), 즉 '배움'에는 지행(知行) 2가지 뜻을 겸하고 있는바, 앎이란 본체의 개념을 깨닫는 인식론이자, 행함은 본체의 개념을 실천하는 수행론이다. 이처럼 배움이라는 한 글자에는 본체론에 대한 인식과 실천을 겸비한 인격의 완성체를 말해주는 것이다.

따라서 『논어』에서의 학(學)자는 3가지 의미로 쓰이고 있다. 하나는 앎[致知]에 대해서, 또 다른 하나는 실천의 행동[力行]에 대해서, 그 밖의 또 다른 하나는 치지(致知)와 역행(力行)을 겸하여 말하고 있다. 이 장에서 쓴 학(學)자는 지행(知行)을 겸한 것으로 그 어느 하나만을 들어 말할 수 없다.

『중용』(제20장)에서 말한 박학(博學)은 이치[義理]를 널리 강구하여 밝히는 것으로 택선(擇

---

91 『御撰朱子全書』(권10. 論語一) 또는 『晦庵集』(권32). "學而, 說此篇名也. 取篇首兩字爲別, 初無意義. 但學之爲義, 則讀此書者, 不可以不先講也. 夫學也者, 以字義言之, 則己之未知未能而曉夫知之能之之謂也. 以事理言之, 則凡未至而求至者, 皆謂之學. 雖稼圃射御之微, 亦曰學, 配其事而名之也. 而此獨專之, 則所謂學者, 果何學也? 蓋始乎爲士者, 所以學而至乎聖人之事. 伊川先生所謂儒者之學, 是也. 蓋伊川先生之意, 曰今之學者 有三. 詞章之學也, 訓詁之學也, 儒者之學也. 欲通道則舍儒者之學, 不可. 尹侍講所謂學者, 所以學爲人也. 學而至於聖人, 亦不過盡爲人之道而已, 此皆切要之言也."

善)에 관한 일인바, 앎에 관한 일[知之事也]이다. 이는 앎을 학(學)의 의미로 설명한 것이다. 아래 「위정」편 제15 「사이불학(思而不學)」장[子曰 學而不思則罔 思而不學則殆]에서는 "학(學)을 사(思)자와 대비, 구분하여 사(思)는 사색(思索)의 의미로 지(知)에, 학(學)은 실천의 의미로 행(行)에 귀속시켜 보았다.[分學與思, 則思字屬知, 學字屬行.]" 이는 곧 실천을 '학'의 의미로 파악한 것이다.

여기에서는 지행(知行)을 겸하여 말한 까닭에 정이천은 사역(思繹), 또는 "학자 장이행지야(學者 將以行之也)"라 하여 '지 · 행' 2조로 나누어 말하였고, 상채 사씨(上蔡謝氏)는 역행(力行)에 관한 부분으로만 말하였다.[92]

시습(時習)의 시(時)에 대해 황간(皇侃: 梁人)은 그의 『논어집해의소(論語集解義疏)』(권1)에서 학문의 시기를 3단계로 나누어 말하였다.

"학문하는 데에 세 차례의 시기가 있다.

첫째는 일생을 두고 나이에 맞춰 공부하는 것이다. 『예기』 「학기(學記)」에서 말한 것처럼 '배워야 할 시기를 놓친 후에 배우면 아무리 부지런히 고생하여도 성공하기 어렵다.'고 하였다.

둘째는 1년을 두고 계절에 맞춰 공부하는 것이다. 이는 「왕제(王制)」에서 말한 것처럼 '봄과 가을에는 예와 음악을, 겨울과 여름에는 『시경』와 『서경』를 가르친다.'고 하였다.

셋째는 하루를 두고 시간에 맞춰 공부하는 것이다. 이 또한 「학기」에서 말한 것처럼 '학당에 머물면서 학문을 닦아가고 쉬고 배운다.'는 것은 날마다 익히는 바를 말한다고 하였다.[93]

이는 일생, 또는 한 해, 하루에 관한 교과과정의 공부이다. 이처럼 합리적인 과정의 지표가 중요하지만, 이를 어떻게 공부해나가는가는 더욱 중요하다. 예컨대 초증 중등 대학의 교육과정을 어떤 자세로 공부하느냐가 중요한 것이다. 오롯한 정신으로 어느 곳에서나 어느 때나 무시로 익혀야 한다. 이에 대해 퇴계 이황의 부친 이식(李埴: 1463~1502. 退溪先考)이 자식들에게 다음과 같이 훈계하였다.

"나는 책에 대하여 밥을 먹을 적에도 책과 함께 먹고 잠을 잘 적에도 책과 함께 잤으며, 앉아 있을 적에도 책과 함께 앉고 다닐 적에도 책과 함께 다니면서 잠시라도 마음에 잊어 본 적이 없다. 그런데 너희들은 도리어 이처럼 하릴없이 세월을 보내니 어떻게 성취를 바랄 수 있겠

---

92 『大全』 該註. "新安陳氏曰 程子二條說學習, 兼知行言; 謝氏此條, 惟以時習於行言."

93 이는 『論語集解義疏』(권1)에서 인용한 구절이다. 이의 원문은 다음과 같다. "凡學有三時. 一是就人身中爲時, 二就年中爲時, 三就日中爲時也. 一就身中者, 凡受學之道, 擇時爲先, 長則捍格, 幼則迷昏. 故學記云發然後禁, 則捍格而不勝; 時過然後學, 則勤苦而難成, 是也. 既必須時, 故內則云六年教之數與方名, 七年男女不同席, 八年始教之讓, 九年教之數日, 十年學書計, 十三年學樂誦詩舞勺, 十五年成童舞象, 竝是就身中爲時也. 二就年中爲時者, 夫學隨時氣, 則受業易入. 故王制云春夏學詩樂, 秋冬學書禮, 是也. 春夏是陽, 陽體輕淸; 詩樂是聲, 聲亦輕淸. 輕淸時, 學輕淸之業, 則爲易入也. 秋冬是陰, 陰體重濁; 書禮是事, 事亦重濁. 重濁時, 學重濁之業, 亦易入也. 三就日中爲時者, 前身中年中二時而所學竝日, 日修習不暫廢也. 故學記云藏焉修焉息焉游焉, 是也. 今云學而時習之者, 而猶因仍也. 時, 是日中之時也."

느냐."[94]

책만 그처럼 알아가는 게 아니라, 실천 또한 그와 같다.

"시습(時習)이란 이처럼 무시로 함께하는 것이다. 부모를 위한 혼정신성(昏定晨省)을 배웠으면 바로 그때부터 날마다 혼정신성을 익히고, 제례를 배웠으면 제례를, 향사(鄕射)의 예를 배웠으면 향사의 예를, 음악을 배웠으면 음악을, 글 외우는 것을 배웠으면 외우는 것을, 활쏘기와 말타기를 배웠으면 활쏘기와 말타기를, 글쓰기와 셈하기를 배웠으면 글쓰기와 셈하기를 익히는 것, 그 모두 배운 것을 익히는 것이다."[95]

(2) 유붕절지 有朋節旨

유붕자원방래(有朋自遠方來)는 나의 학문과 뜻을 함께하는 이들을 불러들이는 것이며, 불역락호(不亦樂乎)는 나의 도가 널리 전해짐을 기뻐해 마지않은 것이다. 이의 중점은 먼 곳의 벗까지 찾아오는, 즉 원방(遠方) 2자에 있다. 하지만 벗이 찾아옴을 말할 뿐, 가까이 있는 벗만 찾아오면 나의 명성이 적느니, 의기투합하는 이 없느니 이를 말함은 아니다.

열(悅)은 자신의 마음으로 느끼는 감정이고, 낙(樂)은 나와 남의 즐거움을 겸하여 말한다. 이는 일개인 또는 모두 함께한다는 광협(廣狹)의 차이가 있지만, 기쁨에 천심(淺深)이 있는 것은 아니다.

有朋이 自遠方來면 不亦樂乎아

"벗이 먼 곳에서 찾아오면 또한 즐겁지 않겠는가."

강설

의리(義理)는 모든 이의 마음에 똑같이 소유하고 있다. 배우고 이미 얻은 바 있음에도 남들이 믿어주고 따라주지 않는다면 나의 마음이 아무리 기쁘다고 할지라도 밖으로 넘쳐나는 즐거움은 있을 수 없다.

오늘날 도를 함께하여 뜻이 같고 의기투합한 벗들이 먼 곳에서 찾아온다면 이는 나의 학문이 남들에게 전해져 나를 믿고 따르는 자 많은 것이다. 머지않아 나의 아는 바를 그들 또한 알게 되고, 나의 능한 바를 그들 또한 능하게 되어, 나의 얻은 바는 일개인의 사유물에 그치지 않을 것이다.

이 또한 마음속으로 혼자 느끼는 희열보다 더욱 바깥으로 넘쳐나는 큰 기쁨이 있지 않겠는가.

---

94 『退溪集』 권49, 「先府君行狀草記」. "先君 嘗訓子曰 吾於書, 食與俱噍, 寢與俱夢, 坐與俱坐, 行與俱行, 未嘗頃刻而忘于懷, 汝輩乃如此, 悠悠度日, 何能有望於成就哉!"

95 丁若鏞, 『與猶堂全書』 「論語古今註」 권1. "時習者, 時時習之也. 學晨省昏定, 便自是日習晨省昏定; 學祭禮 習祭禮, 學鄕禮 習鄕禮, 學樂 習樂, 學誦 習誦, 學射御 習射御, 學書數 習書數, 皆所以肄業也."

集註

朋은 **同類也**니 **自遠方來**면 **則近者可知**니라

程子曰 以善及人하야 **而信從者 衆**이라 **故**로 **可樂**이니라

又曰 說은 **在心**하고 **樂**은 **主發散在外**니라

[훈고] 붕(朋)은 뜻을 같이하는 무리이다.

[해석] 그들이 먼 곳에서 찾아온다면 가까이 있는 사람은 말하지 않아도 알 수 있다.
정자[伊川]가 말씀하였다.
"나의 선이 남들에게 전해져 믿고 따르는 자 많기에 즐거운 것이다."
정자[伊川]가 또 말씀하였다.
"열(說: 悅)은 마음속으로 느끼는 기쁨이고, 낙(樂)은 발산되어 바깥으로 나타남을 주로 말한다."

[보 補]

여기 찾아오는 벗들이란 나의 학문이 더욱 깊어가고 익힘이 더욱 무르익어간 데서 찾아오는 사람[學益深 習益熟, 則朋來.]이다. 즉 학문을 공유할 대상이다. 따라서 단편적으로 물을 게 있어 찾아온 사람, 아니면 수업받고자 찾아오는 제자, 또는 존경의 마음으로 찾아오는 경우이다. "담소를 나눌 선비를 말한 것이지, 시정잡배의 왕래로 말한 게 아니다.[談笑有鴻儒, 往來無白丁.]"(劉禹錫 「陋室銘」) 이처럼 벗의 의미는 학문을 대상으로 말한다.

낙(樂)의 발산재외(發散在外)에 대해 주자는 다음과 같이 밝히고 있다.

"정자는 '낙이란 밖에 있다.'고 말한 게 아니다. 내면의 마음에 쌓여서 밖으로 넘쳐남[積滿於中而發越乎外]을 말한다. 열(悅)은 바야흐로 내면의 마음에 얻은 것일 뿐, 밖으로까지는 나타나지 못한 상태이다."[96]

주자는 이천(伊川)의 발산재외(發散在外) 구절을 발월호외(發越乎外)로 해석하였다. 낙(樂)이란 내면에서 외부로의 발산, 즉 이를 발월(發越)로 표현한 것이다. 내면에 존재하지도 않은, 단순한 외재 현상으로 오해할까를 염려하여 이처럼 바꿔 말하였다.

(3) 인불절지 人不節旨

인불지이불온(人不知而不慍)은 그 학문의 경지가 하늘을 원망하거나 남을 탓하지 않은 데에 이르렀음을 말하고, 불역군자호(不亦君子乎)는 성덕(成德)의 선비임을 확신하는 말이다.

이 절의 요지는 불온(不慍) 2자에 있다. 이에 대해 주자의 집주를 자세히 음미해야 한다. 온(慍)

---

96 『大全』該註. "朱子曰 程子非以樂爲在外也, 以爲積滿於中而發越乎外耳. 悅則方得於內而未能達於外也."

과 우(憂)는 차이가 있다. 우(憂)는 천하 사람을 위하여 걱정하는 마음으로 공적임에 반하여, 온(慍)은 일개인의 사사로운 감정이다. 군자는 높은 경지의 인물임을 말한다.

人不知而不慍이면 不亦君子乎아

"남들이 알아주지 않을지라도 노여운 마음이 없다면, 또한 군자가 아니겠는가."

강설

나의 학문이 이미 남들에게 전해지는 것은 참으로 즐거운 일이다. 하지만 어쩌다 남들이 알아주지 않는다고 하여 조금이라도 불평하거나 섭섭해하는 마음이 있다면 이는 아직도 명예를 탐하는 잘못을 범한 것이다. 그를 군자라 말할 수 없다.

오늘날 사람들이 알아주지 않아도 이에 태연자약하게 대처하여 조금도 섭섭하거나 언짢게 생각하는 마음이 없다면, 나의 앎이 지극하여 비위 거스른 일을 당하여도 마음에 흔들리는 바 없고, 나의 행실에 힘써 뜻하지 않은 변고를 겪을지라도 나의 지조를 변하지 않을 것이다. 이는 기품과 조예가 순수한 사람이다. 그 또한 탁월하게 우뚝 선[特立] 성덕(成德) 군자가 아니겠는가.

나의 학문이 내심의 희열로 말미암아 나아가 밖으로 환희의 기쁨을 얻고, 이를 토대로 인격 완성의 군자 경지에 이른다면 학문으로서 할 수 있는 일은 모두 끝마친 것이다.

集註

慍은 含怒意라 君子는 成德之名이니라

尹氏曰 學은 在己하고 知不知는 在人하니 何慍之有리오

程子曰 雖樂於及人이나 不見是而無悶이라야 乃所謂君子니라

愚謂 及人而樂者는 順而易로되 不知而不慍者는 逆而難이라 故로 惟成德者能之라 然이나 德之所以成은 亦由學之正 習之熟 說之深而不已焉耳니라

○ 程子曰 樂은 由說而後得이니 非樂이면 不足以語君子니라

[훈고] 온(慍)은 마음속에 노여운 생각을 품은 것이다. 군자는 덕을 이룬 자의 명칭이다.

[해석] 윤씨[尹焞: 字 彦明 河南人 伊川門人]가 말하였다.

"배움은 나에게 있고, 알아주고 알아주지 않음은 남들에게 있으니, 무슨 노여운 마음이 있겠는가."

정자[伊川]가 말씀하였다.

"비록 남들에게 전해지는 것이 즐거운 일이지만, '나를 옳다고 인정해주지 않아도 근심하지 않아야 만이'(『周易』「乾卦☰ 文言」) 이를 이른바 군자라고 한다."

나[愚: 朱子]의 생각은 다음과 같다.

"남들에게 전해짐을 즐거워하는 것은 순경(順境)으로 쉬운 일이지만, 남들이 알아주지 않아도 노여운 마음이 없다는 것은 역경(逆境)으로 어려운 일이다. 이 때문에 오직 덕을 완성한 자만이 이처럼 할 수 있다. 그러나 덕을 완성한다는 것 또한 올바른 학문, 숙련된 학습, 깊은 희열로서 멈추지 않고 끊임없이 하는 데에서 연유한 것이다."

○ 정자[伊川]가 말씀하였다.

"즐거움[樂]은 〈배우고서 때로 익히는〉 기쁨[悅]으로 말미암은 뒤에 〈벗들이 먼 곳에서 찾아와〉 얻어지는 것이다. 이러한 즐거움이 아니면 군자라고 말할 수 없다."

[보 補]

이 장의 3절은 모두 범설(汎說), 진보(進步), 자험(自驗) 3단계로 문장이 구성되어 있으며, 『대학』에서 말한 명덕(明德), 신민(新民)의 본말(本末: 體用), 시종(始終) 등과 맥을 함께할 뿐 아니라, 또한 학문의 시작이자 끝이기도 하다.

제1절의 '시습지열(時習之說)'은 부자가 일찍이 말한 '배움을 싫어하지 않음[學不厭]'이다. 이는 자기완성의 명명덕에 상당하는 것으로 학문의 첫단계이다.

제2절의 '원래지락(遠來之樂)'은 '가르침을 게을리하지 않음[敎不倦]'이다. 이는 나의 학문을 통하여 남에게 전수하는 것으로 신민에 상당하는, 이타(利他)의 학문 공유이다. 이는 학문의 중간단계에 있어 순경(順境)으로 복록의 향유이다.

제3절의 '불지불온(不知不慍)'은 성덕군자의 극처(極處)이다. 남들이 나를 알아주지 않는다고 하여, 마음속에 한 점의 서운한 속내가 있다면 그것은 순수하지 못한 학문이다. 학문은 자신이 걸어가야 할 당연한 책무이다. 이는 음식을 먹는 것과 같다. 나의 몸을 위해 음식물을 섭취하면서 배부르면 그만이지, 남들이 나의 배부름을 알아주지 않는다고 하여 부화를 낸다면 그것은 제정신이 아닌 사람이라고 말할 것이다. 죽는 그 날까지 밥을 먹듯이 숨을 쉬듯이 학문 또한 그렇다. 나의 생이 다할 적까지 나의 갈 길을 걸으면서 남을 탓하는 마음이 없었을 때, 나의 학문은 남들이 알아주고 알아주지 않음에 의해 흔들리지 않는다. 이것이 자아의 학문세계 완성이다.

이를 종합하여 도표로 정리하면 다음과 같다.

汎說	進步	自驗	物有	事有			
學而	時習之	不亦說乎	本	始	內	明明德 : 成己 學之始 : 修此學	學不厭
有朋	自遠方來	不亦樂乎	末	終	外	新民 : 成物 學之中 : 公此學	敎不倦 (順境)
人不知而	不慍	不亦君子乎				止於至善 學之成 : 成此學	(逆境)

2. 유자장지 有子章旨

이 장의 요지는 유자가 사람들에게 효도와 공경에 힘써 인을 행하도록 하는 데 있다.

상절(上節)에서는 사람이 효도와 공경을 하면 스스로 불인(不仁)한 일이 없게 된다는 뜻을 이미 하절(下節)에 담았으며, 하절에서는 효제의 극대화에 대한 점을 지극히 말하여 거듭 상절의 뜻을 밝히고 있다. 이는 모두 효제에 중점을 두어 가장 먼저 힘쓰지 않을 수 없다는 점을 밝혀준 것이다.

(1) 유자절지 有子節旨

첫 구절에서 범상(犯上)과 작란(作亂)을 좋아하지 않음을 말하고 이어 곧바로 아랫사람이 효제를 행하면 그 마음이 화순하니, 어떻게 불인한 일이 범하겠느냐는 점을 나타내고 있다. 이는 현재 이뤄진 상황으로 말한다.

위인(爲人)의 위(爲)자는 별뜻이 없지만, 아래 위인(爲仁)의 '위'자는 행(行)자의 뜻으로 쓰였다. 이처럼 똑같은 위(爲)자에 허사(虛辭)와 실사(實辭)의 차이가 있다.

有子曰 其爲人也 孝弟오 而好犯上者 鮮矣니 不好犯上이오 而好作亂者 未之有也니라

유자가 말하였다.

"그 사람됨이 효도하고 공경하면서 윗사람에게 범하기를 좋아할 자 적다. 윗사람에게 범하는 것도 좋아하지 않는데, 난을 일으키기 좋아할 자 있지 않다."

강설

유자는 사람들이 효도, 공경에 힘쓰기를 바라는 마음에서 다음과 같이 말하였다.

"천하의 숱한 일 가운데 효도와 공경은 지극히 중대한 일이다. 만일 사람 됨됨이 효도로 부모를 잘 섬기고, 공경으로 형과 어른을 잘 섬긴다면 그의 마음이 화순할 것이므로, 윗사람에게 어깃장을 부리거나 대들기를 좋아할 사람이 적다.

이처럼 윗사람에게 범하기를 좋아하지 않는다면 하찮은 불손한 일도 범하지 않은 것이다. 따라서 난을 일으키는, 아주 불손 불충한 일은 분명 저지를 리 없다."

集註

有子는 孔子弟子니 名若이라

善事父母爲孝오 善事兄長爲弟라 犯上은 謂干犯在上之人이라 鮮은 少也라 作亂은 則爲悖逆爭鬪之事矣라

此는 **言人能孝弟**면 **則其心和順**하야 **少好犯上**이니 **必不好作亂也**라

[훈고] 유자는 공자의 제자이니, 이름은 약(若)이다.

부모를 잘 섬김을 효도라 하고, 형과 어른을 잘 섬김을 공경이라고 한다. 범상(犯上)이란 윗사람에게 대듦을 말한다. 선(鮮)은 적음이다. 작란(作亂)은 패역과 다투는 일이다.

[해석] 이는 사람이 효도하고 공경하면 그 마음이 화순하여 윗사람에게 범하는 것을 좋아할 리 적을 것이니, 반드시 난을 일으키기를 좋아하지 않을 것임을 말한다.

(2) 군자절지 君子節旨

이 절은 효제의 중요성에 대해 지극히 말하고 있다.

첫 2구[君子務本 本立而道生]는 범칭으로 군자가 근본에 힘쓰면 유익하다는 점을 말하였고, 아래 구절[孝弟也者 其爲仁之本與]에서는 그 근본이 되는 바를 미루어 나감이다.

무본(務本)의 무(務)는 모든 정신을 다 쏟음이며, 본립(本立)의 입(立)은 북돋음과 견고히 함이며, 도생(道生)의 생(生)은 활기차게 넘쳐난다는 뜻이다. 본립(本立)은 결과로 말한 것이지, 애써서 공부하는 현행단계가 아니다. 그 공부는 모두 무(務)자에 있다.

심성론으로 말하면 인(仁)이 효제를 낳아주는 근본이지만, 수행론으로 말하면 효제는 실로 인을 행함에 있어 가장 첫 단계의 일이기에, 이 또한 근본[本: 시작]이라고 말한다.

君子는 **務本**이니 **本立而道生**하나니 **孝弟也者**는 **其爲仁之本與**ㄴ저

군자는 근본에 힘쓰니, 근본이 서면 나아갈 길이 생겨나는 것이다. 효도와 공경은 그 인을 행하는[爲仁] 근본(첫단계)이다."

강설

"이런 까닭에 군자는 모든 일에 있어 오로지 근본에 힘쓰는 것이다.

근본이 세워지면 그에 따른 길이 저절로 생겨난다. 모든 일이 다 그와 같다. 하물며 효제에 있어서야 어떠하겠는가.

내가 말한 효제는 하나하나의 생각들이 화순한 마음에 뿌리를 두고 있기에, 이를 미루어 백성을 사랑하고 만물을 아끼는, 그 모든 사랑이 효제의 마음으로부터 우러나온 것이다. 이처럼 효제는 곧 인을 행하는 근본이다. 배우는 이가 효도와 공경에 힘쓴다면 인을 행하는 길은 여기로부터 나올 것이다. 어찌 난을 일으키는 일을 하지 않는 데에 그치겠는가."

集註

務는 **專力也**오 **本**은 **猶根也**라 **仁者**는 **愛之理, 心之德也**니 **爲仁**은 **猶曰行仁**이라 **與者**는 **疑辭**니

謙退不敢質言也라

言君子凡事를 專用力於根本이니 根本旣立이면 則其道自生이라 若上文所謂孝弟는 乃是爲仁之本이니 學者務此면 則仁道自此而生也라

○ 程子曰 孝弟는 順德也라 故로 不好犯上이니 豈復有逆理亂常之事리오 德有本이니 本立則其道充大라 孝弟行於家而後에 仁愛及於物이니 所謂親親而仁民也라 故로 爲仁은 以孝弟爲本이오 論性則以仁爲孝弟之本이니라

或問孝弟爲仁之本이라하니 此是由孝弟可以至仁否아 曰 非也라 謂行仁自孝弟始라 孝弟는 是仁之一事니 謂之行仁之本則可커니와 謂是仁之本則不可라 蓋仁은 是性也오 孝弟는 是用也라 性中에 只有箇仁義禮智四者而已니 曷嘗有孝弟來리오 然이나 仁主於愛하고 愛莫大於愛親이라 故로 曰 孝弟也者는 其爲仁之本與인저하니라

[훈고] 무(務)란 힘을 오롯하게 힘씀이며, 본(本)은 뿌리(밑자리 또는 밑바탕)와 같다. 인(仁)이란 사랑의 이치, 마음의 덕이다. 위인(爲仁)이란 인을 행한다는 말과 같다. 여(與)는 의문사이니, 겸손하게 물러나 감히 확정지어 말하지 않은 것이다.

[해석] 군자는 모든 일을 오로지 근본에 힘을 쓰니, 근본이 서면 그 도는 저절로 생겨나는 것이다. 윗글에서 말한 효도와 공경은 곧 인을 행하는 근본이다. 배우는 이가 효제에 힘쓰면 인을 행할 수 있는 도가 이로부터 생겨날 것이다.

○ 정자[伊川]가 말씀하였다.

"효도와 공경은 순한 덕이기에 윗사람에게 범하기를 좋아하지 않는다. 어떻게 또한 도리를 거스르고 인륜을 어지럽히는 일이 있겠는가. 덕에는 근본이 있다. 근본이 세워지면 그 도가 충만하고 커나가게 된다. 효도와 공경을 집에서 행한 뒤에야 사랑이 만물에 미치게 된다. 이른바 '친한 이를 친히 하고 백성을 사랑하는 것이다.' 그러므로 인을 행함은 효제를 근본으로 삼고, 성품으로 논하면 인이 효제의 근본이 된다.

어떤 사람이 물었다.

'효제위인지본[孝弟爲仁之本]이라 하니, 이는 효제로 말미암아야 인에 이른다는 것입니까?'

그런 말이 아니다. 인을 행함은 효제로부터 비롯됨을 말한다. 효제는 인 가운데 하나의 일일 뿐이다. 인을 행하는 근본이라고 말하면 옳지만, 인의 근본이라고 말하면 그것은 옳지 않다. 인은 성품이요, 효제는 인의 작용이다. 성품 가운데 인의예지 4가지가 있을 뿐이다. 어떻게 효제가 있을 수 있겠는가. 그러나 인은 사랑을 주로 하고, 사랑은 어버이를 사랑하는 것보다 더 큰 것은 없다. 이 때문에 '효제는 그 인을 행하는 근본'이라고 말한 것이다."

[보 補]

주자의 집주에서 말한 바와 같이 인(仁)이란 사랑의 감정을 낳아주는 본성의 이치이다. 그리고 사랑의 감정은 가장 먼저 부모를 사랑하는 마음으로부터 비롯되어, 친척으로 백성으로 만물로 뻗어 나가는 것이다. 이는 심(心)·성(性)·정(情)이 내면에서 외면으로 유출되는 순으로 말한 심성론(心性論)이다. 이처럼 인(仁)이란 성품은 사랑의 감정을 거쳐 효제라는 행위를 낳아주는 근본이다. 이 때문에 '인은 효제의 근본'이라 말한다.

그러나 후천적 수행론은 이와 다르다. 가까이 부모의 사랑과 가정의 사랑으로부터 한 걸음 한 걸음 더 멀리 사람은 물론, 삼라만상의 그 모든 존재까지 사랑하는 것이다. 이는 가까운 데서 멀리 뻗어가는 사랑의 확산이다. 이것이 수행 공부의 순서이자, 지대한 인도(仁道)의 박시제중(博施濟衆)를 지향하는 노정(路程)이다. 이런 수행의 측면에서 효제는 가장 근저를 이루는 첫 단계라는 의미로 '인을 행하는 근본'이라고 말하였다.

3. 교언전지 巧言全旨

이 장의 요지는 외식(外飾)에 대한 경계의 말이다.

윗구절[巧言令色]은 바깥으로 꾸미기를 다한 데 대해 말하였고, 아래 구절[鮮矣仁]에서는 마음의 본성을 상실하게 된 데 대해 말하고 있다. 교언(巧言)은 반드시 인(仁)자와 대조하여 살펴보아야 한다. '적다[鮮矣]'는 것은 부자의 후덕한 말씀으로 이처럼 완만하게 말하였지만, 완만한 말씀 가운데 경계의 뜻이 매우 간절하다.

子曰 巧言令色이 鮮矣仁이니라

부자께서 말씀하셨다.

"기교를 부려 말하고 얼굴빛을 잘 꾸미는 사람치고 인(仁)이 적을 것이다."

강설

부자께서 겉치레하지 말도록 경계한 바 있다.

"내면에 덕이 있는 사람은 반드시 말을 잘하고, 마음에 근본이 있는 자는 반드시 용모에 나타나기 마련이다. 말과 얼굴빛이 애당초 심덕(心德)의 인(仁) 아닌 게 없지만, 만일 남들에게 듣기 좋도록 말을 잘 꾸미거나 사람들에게 잘 보이고자 얼굴빛을 꾸민다면 이는 언어와 용모의 외식(外飾)에 힘쓸 뿐, 안으로 마음에 힘쓰지 않은 자이다.

겉치레에 힘쓰는 이들의 마음에는 인(仁)이 적을 것이다. 배운 이들은 이를 경계할 줄 몰라서야 하겠는가."

集註

巧는 好오 令은 善也라

好其言하고 善其色하야 致飾於外하야 務以悅人이면 則人欲肆而本心之德 亡矣라 聖人이 辭不迫切하야 專言鮮이면 則絶無可知니 學者所當深戒也니라

○ 程子曰 知巧言令色之非仁이면 則知仁矣리라

[훈고] 교(巧)는 예쁘게 꾸밈이며, 영(令)은 잘 꾸미려는 것이다.

[해석] 그 말을 예쁘게 하고 그 얼굴빛을 잘 꾸며서 겉으로 꾸밈을 다하여 남들을 기쁘게 하려는 데 힘쓰면, 이는 인욕이 방자하여 본심의 덕이 사라지게 된다.

성인이 말씀을 박절하게 하지 않기에 오로지 '인(仁)이 적다'라고 말한 것인바, 절대 '인이 없다'라는 뜻임을 알 수 있다. 배우는 이는 깊이 경계해야 할 바이다.

○ 정자[伊川]가 말씀하였다.

"말에 기교를 부리고 얼굴빛을 잘 꾸미는 것이 인이 아님을 알면 인을 아는 것이다."

[보 補]

아름다운 바른말[善言之巧]과 기교의 나쁜 말[惡言之巧]은 백지 한 장의 차이이며, 바른 안색[正顔色]과 꾸미는 안색[令色] 또한 그것이 그것처럼 보여 이를 구분하기 어렵다. 이는 한 생각의 차이[一念之差], 털끝만 한 공(公)과 사(私)의 사이가 하늘과 땅처럼 멀어지지만, 이를 알기 어렵기 때문이다. 이처럼 말을 잘하는 데에는 선과 악이 있는바, 아름다운 얼굴빛 또한 선악이 없을 수 없다. 이는 사람을 관찰하는 법[觀人之法]이자, 자아 수행의 지표를 보여주는 것이다.

따라서 '아름다운 바른말'과 '바른 안색'에 대해 상채 사씨(上蔡謝氏)는 다음과 같이 말하고 있다.

"교언영색에 대해 안다는 것 또한 어려운 일이다. 『예기』(「表記」)에서는 '내면의 감정은 진실하게, 밖으로 나타내는 말은 아름답게 하라.[情欲信 辭欲巧]' 하였고, 『시경』(「大雅 蕩之什 烝民」)에서 중산보(仲山甫)의 덕을 칭찬하면서 '아름다운 거동, 아름다운 안색[令儀令色]'이라 하였다. 『예기』와 『시경』에서 말한 바 또한 불인(不仁)한 처사를 말한 것일까? 심지어 부자는 '손순하게 말을 한다.'는 말 또한 아름다움[巧]이며, '얼굴빛이 풀어져 기쁜 듯하였다.'는 얼굴빛 또한 아름다움[令色]이다. 어떻게 그 아름다운 언어와 선량한 그 안색을 곧장 불인(不仁)한 것이라 말할 수 있겠는가."[97]

---

97 『論孟精義』 권1上. "上蔡謝氏曰 巧言令色, 知之亦難. 禮曰情欲信, 辭欲巧; 詩稱仲山甫之德曰 令儀令色. 然禮所謂辭欲巧, 亦鮮仁乎? 仲山甫之德, 亦鮮仁乎? 至於聖人所謂孫以出之, 辭亦巧矣; 逞顔色 怡怡如也, 色亦令矣, 豈以好其言語 善其顔色, 直以爲鮮仁也哉?"

이처럼 진실한 마음을 바탕으로 구사한 아름다운 말씨, 그리고 화사하고 온하한 용모는 군자의 바른 안색[正顏色]이자, 저속하거나 어긋남이 없는 말씨[出辭氣 斯遠鄙倍矣]이다. 이는 당연히 학자가 지향할 언행의 지표이다.

경문에서 말한 기교 넘치는 말, 꾸며대는 얼굴빛은 남들의 환심을 얻기 위해 양심을 속이고 거짓을 꾸미는 소인배이기에 이를 경계한 것이다. 이러한 소인배의 위선에는 애당초 인(仁)이란 찾아볼 수 없다. 이 때문에 부자는 간사하고 아첨의 말을 잘하는 영인(佞人)을 미워한 나머지, "그 어디에 말 잘하는 사람을 쓰겠는가.[焉用佞]"(「公冶長」)라고 질책하면서 '질박하고 어눌함이 인(仁)에 가깝다.[剛毅木訥 近仁]'(「子路」)고 말하여, 이를 '인'의 수행 과정으로 제시하였다. 어눌함은 분명 학자의 극처가 아닌, 과정 중의 공부[做工]이다. 질박하고 어눌한 성실한 마음으로 수행의 과정을 거쳐 '인'을 성취하는 날에는 반드시 '유덕자 필유언(有德者必有言)'으로 먼 훗날까지 전해지는 아름다운 말을 남기게 될 것이다.

이처럼 교언영색은 거짓으로 남들의 환심을 사고자 함이다. 이는 나와 남을 모두 속이는 일이니만큼 부자의 경계는 당연하다. 하지만, 다듬어지지 않은 언어는 멀리 전해질 수 없다[言之無文 行而不遠]는 점에서 배우는 이들은 경계할 점을 기조로 하여, 진정 앞으로 나아갈 방향의 설정 또한 잊어서는 안 된다. 위의 논지를 종합한 도표는 아래와 같다.

언어	용모	저변의 마음[心]	표면의 행위[行]	對人 관계
巧言	令色	矯情	飾僞	悅人
修辭	貌思恭	思誠	立誠	敬人

4. 삼성전지 三省全旨

이 장은 자기 마음을 속이지 않는[毋自欺] 증자의 학문을 논하고 있다. 일삼성오신(日三省吾身) 구절은 전체의 뜻을 포괄하고, 아래의 3구[爲人謀…不習乎]는 이에 대해 자세히 논술하고 있다.

전체의 문장은 성(省)자의 뜻으로 일관되어 있다.

성(省)자의 의미는 집주에서 "잘못이 있으면 고친다.[有則改之]" "잘못이 없으면 더욱 힘쓴다[無則加勉]"는 2가지의 뜻으로 말하였다. 그러나 이는 확연히 둘로 구분하여 그 밖의 하나를 전혀 살피지 않는다는 말이 아니다. 다시 말하면 잘못을 고치는 경우 더욱 힘쓰는 일에 관심이 없고, 잘못이 없어 더욱 힘쓸 때는 잘못을 고치는 일에 대해 전혀 성찰하지 않는다는 말이 아니다. 다만 이 3가지의 일에 털끝만큼이라도 미진한 부분이 있으면 이를 반성하고 살피는 것이다.

남을 위해 도모하는 일[爲人謀]이란 특정 하나의 일을 주로 말하였고, 벗과의 약속[與朋友交]은 두루뭉술 말함[汎說]이다. 충(忠)이란 나에게 존재하니, 심리상(心理上)에서 말하며, 신(信)은 처사접물(處事接物)에 나타나니, 사물상(事物上)에서 말한다.

스스로 자신을 속이지 않으려 경계함은 증자가 일생 득력(得力)한 학문의 길이다. 남을 위해 도모할 적에 나의 마음을 다하지 못하고, 벗을 사귐에 미더움이 없으며, 스승으로부터 배운 바를 익히지 못하였는가를 살펴봄은 모두 나의 몸에 간절한 일이다.

따라서 남을 속이고 벗을 속이고 스승을 속임은 그 모두가 자신을 속이는 일이다. 굳이 3개의 불(不: 不忠, 不信, 不習)자를 자세히 말함은 증자의 신분에 걸맞은 일이기 때문이다. 호(乎)자에 바로 성찰[省]의 정신이 담겨있는 것으로, 자신의 병폐가 어디에 있는가를 찾는 것이다.

曾子曰 吾 日三省吾身하노니 爲人謀而不忠乎아 與朋友交而不信乎아 傳 不習乎애니라

증자가 말씀하였다.
"나는 날마다 3가지로 나의 몸을 살핀다.
남을 위하여 도모하는 일에 나의 마음을 다하지 못하였는가.
벗과 사귐에 믿음이 없었는가.
배운 것을 익히지 못하였는가."

강설

증자는 자신을 성찰하는 요체를 다음과 같이 말하였다.
"나는 날마다 으레 3가지의 일로 나의 몸을 살핀다.
3가지로 살핀다는 것은 무엇인가.

일을 도모하는 데에는 나의 마음을 다하는 충(忠)이 고귀하다. 남을 위해 도모할 일이 있을 적에 나의 마음을 다하지 못하여 행여 불충이라도 있지 않았을까?

벗과 사귀는 데에는 믿음이 고귀하다. 벗과의 사귐에 있어 나의 마음이 진실하지 못하여 행여 불신이라도 있지 않았을까?

스승으로부터 전수 받은 학문은 다시 익히는 것이 귀중하다. 스승으로부터 전수 받아 배운 바를 나의 게으른 마음으로 행여 익히지 못한 바 있지나 않았을까?

이런 점들을 살피는 것이다. 행여라도 잘못이 있으면 곧바로 고치고, 이런 잘못이 없으면 더욱 힘쓰는 것이다. 이 3가지는 모두 나의 몸을 날마다 조심하고 반성하는 것들이다."

증자의 학문은 모든 일에 따라 살피고 이를 힘써 행하였기에 그 공부의 정밀함이 이와 같은 데에 이른 것이다.

集註

曾子는 孔子弟子니 名參이오 字子輿라

盡己之謂忠이오 以實之謂信이라 傳은 謂受之於師오 習은 謂熟之於己라

曾子以此三者로 日省其身하야 有則改之하고 無則加勉하야 其自治誠切이 如此하니 可謂得爲學之本矣오 而三者之序는 則又以忠信爲傳習之本也니라

○ 尹氏曰 曾子守約이라 故로 動必求諸身하시니라

謝氏曰 諸子之學이 皆出於聖人이나 其後愈遠而愈失其眞이어늘 獨曾子之學은 專用心於內라 故로 傳之無弊하니 觀於子思孟子면 可見矣라 惜乎라 其嘉言善行이 不盡傳於世也여 其幸存而未泯者를 學者 其可不盡心乎아

[훈고] 증자는 공자 제자니 이름은 삼(參)이며, 자는 자여(子輿)이다.

자기의 마음을 다함을 충이라 말하고, 진실하게 하는 것을 믿음이라고 말한다.

전(傳)은 스승에게 전해 받음이며, 습(習)은 몸에 익힘이다.

[해석] 증자는 이 3가지로 날마다 그의 몸을 성찰하면서 잘못이 있으면 고치고 없으면 더욱 힘써, 그 스스로 다스림이 진실하고 간절함이 이와 같으니, 학문하는 근본을 얻었다고 말하겠다. 3가지의 차례는 또한 충과 믿음으로써 전습(傳習)의 근본을 삼는다.

○ 윤씨[尹焞]가 말하였다.

"증자의 지킴은 요약되었으므로 움직이는 일마다 반드시 자기의 몸에서 추구하였다."

사씨[謝良佐]가 말하였다.

"모든 제자의 학문이 모두 성인에게서 나왔으나, 그 후〈여러 제자의 제자[再傳弟子] 또는 그들의 제자[三傳弟子]로〉 더욱 멀어질수록 더욱 성인의 참된 도를 잃게 되었으나, 유독 증자의 학문은 오로지 내면에 마음을 쓴 까닭에 전수하는데 폐단이 없었다. 증자의 제자, 자사와 맹자를 살펴보면 이를 알 수 있다. 애석하게도 그의 아름다운 말과 착한 행실이 모두 세상에 전해오지 못하였다. 그 다행히 사라지지 않고 남아있는 것에 배우는 이들이 마음을 다하지 않을 수 있겠는가."

[보 補]

충(忠)·신(信) 2자의 의의는 이정(二程)을 거치면서 정립되었다. 이에 대해『사서혹문(四書或問)』(권6)을 살펴보면 다음과 같다.

"어떤 사람이 물었다.

'이천(伊川)이 말한 진기지위충(盡己之謂忠) 이실지위신(以實之謂信)은 무슨 뜻입니까?'

나의 마음을 다하여 숨김이 없는 것을 '충'이라 말하니 그 내면에서 나오는 것으로써 말한다. 사물의 실상에 어김이 없는 것을 '신'이라 말하니 그 외면에서 증험할 수 있는 것으로써 말한다. 그러나 내면의 충으로서 외면의 믿음이 없는 자 있지 않고 외면의 믿음이 내면의 충에서 나오지 않은 자 있지 않다. 〈이처럼 충과 신은 내외 일체의 관계로 상호 분리될 수 없다.〉 이 때문에 명도(明道)는 이를 '나의 마음에서 일어나 스스로 다함을 충이라 말하고,

사물의 실상을 따라 어김이 없는 것을 신이라 말한다.'고 하였다. 이는 안팎[內外: 表裏]의 관계로 말한 것이다. 이 또한 이천이 말한 뜻인데 더욱더 정밀한 말이다."[98]

여기에서 정주(程朱)는 모두 충과 신을 표리일체(表裏一體)로 설정, 상호불가분의 관계로 말하여 충은 신에 의해 나타나고 신은 충에 근저를 두고 있음을 밝히고 있다. 따라서 이는 충에는 신이, 신에는 충이 존재한다는 호문설(互文說)이다. 만약 남을 위해서는 마음의 '충'만 있고, 벗에겐 마음 없이 '신'만 있다고 간주한다면 이는 어불성설이다. 남을 위해서나 벗에게 있어서나 안팎의 충신을 모두 겸해야 하기 때문이다.

5. 도천전지 道千全旨

이 장에서는 나라를 다스리는 요체는 임금의 마음에 근본하고 있음을 말하고 있다. 이 5가지는 모두 정사하는 데 중대한 대체로서 위정자가 갖춰야 할 마음의 덕목일 뿐, 행정체제의 자세한 제도와 조목은 말하지 않았다. 예컨대 예악(禮樂), 형정(刑政), 기강(紀綱), 문장(文章) 등 여러 제도와 조목에 관해서는 언급하지 않았다. 다만 임금의 마음을 이러한 일에서 찾아볼 수 있다.

경(敬)이란 일을 처리하는 데 경솔한 마음이 없음이며,

신(信)이란 백성에게 임하여 속이는 마음이 없음이며,

절(節)이란 재물을 사용하는 데 사치스러운 마음이 없음이며,

애(愛)란 백성을 상대로 잔인한 마음이 없음이며,

시(時)는 한가한 농사철을 말한다. 한가한 시절에 백성을 부림은 일신의 편익을 위해 백성을 괴롭히는 마음이 없음을 말한다.

집주를 살펴보면, 이 5가지는 모두 수평으로 나란히 배열되어 그 어느 하나라도 빠뜨리면 옳지 않다는 뜻을 보여주고 있다. 5가지 가운데 "경을 주로 한다."는 말과 '5가지는 서로 반복하여 서로 연결되어 있다.[反復相因]'는 설은 모두 근본을 추구[追源]하는 것이다.

그리고 경사이신(敬事'而'信), 절용이애인(節用'而'愛人) 2구의 중간 부분에 2개의 이(而)자를 사용하여, 천승 제후의 나라를 다스리는 임금은 앞서 반드시 이처럼 하고, 또다시 뒤이어 그처럼 해야 한다는 점을 말해주고 있다.

한가한 농사철에 백성을 부림[使民以時]은 백성을 사랑[愛人]하는, 그 가운데 하나의 일이다. 왕성(王城)에서는 농사를 중시하므로 또다시 별도로 이를 말한 것이다.

子曰 道千乘之國호되 敬事而信하며 節用而愛人하며 使民以時니라

---

98 "或問程子所謂盡己之謂忠, 以實之謂信, 何也? 曰 盡己之心而無隱, 所謂忠也, 以其出乎內者而言也. 以事之實而無違, 所謂信也, 以其驗乎外者而言也. 然未有忠而不信, 未有信而不出乎忠者也. 故又曰發己自盡謂忠, 循物無違謂信, 此表裏之謂也, 亦此之謂而加密焉爾."

부자께서 말씀하셨다.

"천승 제후의 나라를 다스리려면 일하는데 조심하고 미더움으로 하며, 비용을 절약하고 사람을 사랑하며, 한가한 농사철에 백성을 부려야 한다."

강설

부자께서 나라를 다스리는 요체에 대해 다음과 같이 논하였다.

"제후로서 천승이라는 큰 나라를 다스리는 데에는 그 5가지의 요체가 있다.

나랏일이란 지극히 다스리기 어렵다. 반드시 오롯한 마음으로 흐트러짐이 없이 나랏일에 조심하면서도 오히려 두 마음으로 흐트러질까 염려되므로 그 명령을 진실하게 내리면 백성이 믿음을 가지게 된다.

국가의 경제가 넉넉하기는 지극히 어려운 일이다. 그러므로 반드시 수입을 헤아려 지출하고, 그 비용을 절약하면서도 오히려 생각이 부족하여 낭비하는 조짐이 일어날까 염려한다면 두루 걱정하고 보살피고 길러주게 되어 백성을 사랑하게 될 것이다.

나라의 부역으로 백성을 동원할 적에는 한가한 농사철에 부려야 한다. 밭갈이할 때, 김맬 때, 수확할 때 등 농사일을 방해해서는 안 된다.

나라를 다스림에 있어 이 5가지를 행한다면 위정자의 마음가짐인 큰 근본이 성립됨으로써 예악(禮樂) 형정(刑政) 등의 제도는 뒤이어서 차례로 거행될 수 있다."

集註

道는 治也라 千乘은 諸侯之國이니 其地에 可出兵車千乘者也라

敬者는 主一無適之謂니 敬事而信者는 敬其事而信於民也라

時는 謂農隙之時라

言治國之要 在此五者하니 亦務本之意也라

○ 程子曰 此言至淺이나 然 當時諸侯果能此면 亦足以治其國矣리라 聖人은 言雖至近이나 上下皆通하니 此三言者를 若推其極이면 堯舜之治도 亦不過此리라 若常人之言은 近則淺近而已矣니라

楊氏曰 上不敬則下慢이오 不信則下疑니 下慢而疑면 事不立矣니 敬事而信은 以身先之也니라 易曰 節以制度하야 不傷財하고 不害民이라하니 蓋侈用則傷財오 傷財면 必至於害民이라 故로 愛民은 必先於節用이니라 然이나 使之不以其時면 則力本者 不獲自盡일세 雖有愛人之心이나 而人不被其澤矣리라 然 此特論其所存而已오 未及爲政也라 苟無是心이면 則雖有政이나 不行焉이니라

胡氏曰 凡此數者는 又皆以敬爲主니라

愚謂五者는 反復相因하야 各有次第하니 讀者 宜細推之니라

[훈고와 해석] 도(道)는 다스림이다. 천승(千乘)은 제후의 나라이니, 그 땅에서 병거(兵車) 1천 승이 나온다.

경(敬)은 하나를 주로 하여 다른 데로 마음이 가지 않음을 말한다. 경사이신(敬事而信)은 그 나랏일을 조심하여 백성에게 믿음을 주는 것이다.

시(時)는 농사의 한가한 틈을 말한다.

[해석] 나라를 다스리는 요체는 이 5가지에 있다. 이 또한 〈나라를 다스림에 있어서 그〉 "근본에 힘쓴다."는 뜻이다.

○ 정자[伊川]가 말씀하였다.

"이 말은 지극히 하찮은 것이지만, 당시의 제후들이 과연 이처럼 행하였더라면 또한 그 나라를 넉넉히 다스릴 수 있었을 것이다. 성인의 말씀은 지극히 평범하지만, 위아래에 모두 통한다. 이 3구에서 말한 바의 극처(極處)를 미뤄나가면 요순의 다스림 또한 여기에서 벗어나지 않을 것이다. 보통 사람의 말이란 평범하면 그저 평범한데 그칠 뿐이다."

양씨[楊時: 字中立 號龜山 延平人 程門高弟]가 말하였다.

"윗사람이 조심하지 않으면 아랫사람이 거만하고, 미덥지 않으면 아랫사람이 의심하게 된다. 아래에서 거만하고 의심하면 일이 성립되지 않는다. 나랏일을 조심하고 미더움으로 이끄는 것은 위정자가 몸소 먼저 행해야 할 일이다. 『주역』에 '제도로 절제하여 재물을 손상하지 않고 백성을 해치지 않는다.'(「節卦☵☱」 彖傳)고 한다. 쓰는 데에 사치하면 재물을 잃게 되고, 재물을 잃으면 반드시 백성에게 피해를 주게 된다. 그러므로 백성을 사랑하려면 반드시 먼저 쓰기를 절약해야 한다. 그러나 백성을 부리되 한가한 농사철로 하지 않으면, 농사일하는 사람들이 스스로 힘을 다할 수 없다. 아무리 백성을 사랑하는 마음이 있을지라도 사람들은 그 은택을 입지 못할 것이다. 그러나 이는 특별히 위정자의 마음가짐으로 논할 것일 뿐, 〈예악(禮樂) 형정(刑政) 따위의 제도에 관한〉 정사에 대해서는 언급하지 않았다. 만일 이러한 마음이 없다면 비록 제도(制度)의 정사가 있을지라도 행할 수 없다."

호씨[胡寅: 字明仲 號致堂 建安人 胡安國 養子 龜山門人]가 말하였다.

"이 몇 가지는 또한 모두 경(敬)을 주로 삼는다."

나의 생각은 다음과 같다.

"이 5가지는 반복하여 서로 간에 인과 관계를 이루면서 각각 순차적으로 이뤄져 있다. 이를 읽는 이들은 자세히 미뤄보아야 한다."

[보 補]

여기에서는 "도는 다스림이다.[道 治也]"는 부분과 "서로 간의 인과 관계[反復相因]"에 대해 보완하고자 한다.

어떤 사람이 "도천승지국(道千乘之國)의 '도'를 다스림이라 말한 것은 무엇인가."를 묻자, 주자는 다음과 같이 말하였다.

"여기에서 말한 도란 정치하는 도리이다. 위정자의 마음가짐으로 말한 것이다."

"어째서 치천승지국(治千乘之國)이라 말하지 않는가."

"치(治)란 정교 법령 등의 행위, 즉 나라를 다스리는 사안(事案)이다. 부자가 이를 말한 것은 위정자의 마음가짐, 즉 내면의 덕목으로 말한 것이지, 현실정치 제도 등의 사안을 말한 게 아니다."[99]

이는 현실정치의 실현에 앞서 위정자의 정신자세 및 덕성을 '도'라고 말하였다. 치(治)란 앞서 말한 예악, 형정, 기강, 문장 등 정치제도의 입법 및 행정기구 통치 등의 실행을 말한다.

"서로 간의 인과 관계"란 무엇인가. 주자는 이에 대해 말하였다.

"처음엔 반드시 모든 일에 조심해야 한다. 정사하는 데 조심해야 비로소 백성의 신임을 얻을 수 있고, 여기에서 한 걸음 나아가 조심하고 믿음을 얻어야 비로소 비용을 절약할 수 있고, 또 한 걸음 나아가 비용을 절약해야 비로소 사람을 사랑할 수 있고, 또 한 걸음 나아가 사람을 사랑해야 비로소 한가한 농사철에 백성을 부릴 수 있다.[敬事→信→節用→愛人→使民以時] 이는 아래 구절의 일이란 위의 일로 인연하여 얻어지는 결과의 순으로 말한다.

그러나 자기의 한 몸을 조심했을지라도 백성에게 신임을 얻지 못한 자가 있다. 그러므로 조심했으면 또 반드시 신임을 얻어야 한다.

또한 백성에게 신임을 얻었을지라도 사치스러운 생활을 누린 자가 있다. 그러므로 신임을 얻었으면 또 반드시 비용을 절약해야 한다.

또한 검소한 생활을 할지라도 사람을 사랑하지 않은 자가 있다. 그러므로 비용을 절약했으면 또 반드시 사람을 사랑해야 한다.

또한 사람을 사랑할지라도 농사철을 방해하는 자가 있다. 그러므로 사람을 사랑했으면 또 반드시 한가한 농사철에 백성을 부려야 한다. 한가한 농사철에 백성을 부리지 않으면 이는 한낱 부질없는 백성의 사랑일 뿐이다.

이는 위 구절의 일이란 아래 구절의 일로 이어서 지속하여가는 부단한 노력을 말해주는 것이다. 따라서 반드시 위 구절처럼 했을 적에 비로소 아래 구절로 연결되는 결과를 볼 수 있고, 또 위 구절처럼 하였을지라도 또다시 아래 구절의 미진한 부분을 향하여 한층 더 노력하지 않을 수 없음을 볼 수 있다. 이처럼 거듭해서 되풀이하면서 미뤄보아야 비로소 곡절함을 알 수 있다."[100]

---

99 위와 같음. "或問 道之爲治 何也? 朱子曰 道者, 治之理也, 以爲政之心言也. 曷爲不言治? 曰 治者, 政敎法令之爲, 治之事也. 夫子此言者, 心也, 非事也."

100 위와 같음. "問反復相因? 朱子曰 始須是敬, 能敬 方能信, 能敬信 方能節用, 能節用 方能愛人, 能愛人 方能使民時, 是下因乎上. 然有敬於己而不信於人者, 故敬了又須信; 亦有信於人而自奢侈者, 故信了又須節用; 亦有

6. 제자전지 弟子全旨

이 장에서는 어린이를 단정하게 가르쳐야 함을 말하고 있다. 글을 배움[學文]과 실천의 행동은 대등한 가치를 가지고 있다고 볼 수 없다. 이는 실행을 중시하고 학문으로 보조를 삼기 때문이다.

제자(弟子) 2자는 이 문장의 전체의 뜻을 포괄한다. 제자로서의 직분을 다한다는 것은 부형에 대한 효제의 가르침을 우선하지 않을 수 없다. 모든 구절이 제자에게 있어 간절한 말이다.

집에 들어가면 효도하고 밖에 나가면 공경한다는 것은 제자로서의 근본을 정립함이며, 행실을 근신하고 말을 조심하는 것은 제자로서의 몸가짐을 지님이며, 많은 사람을 사랑하면서도 어진 이를 가까이한다는 것은 제자로서 남들과의 접촉을 말한다.

여력(餘力) 2자는 잘 살려서 보아야 한다. 이는 수시로 한가한 틈을 말한다. 즉이(則以) 2자는 매우 중요한 뜻을 담고 있다. 한순간을 하릴없이 허송하면 그것은 한순간의 방심이다.

신안 예씨(新安倪氏: 元儒 倪士毅『四書輯釋』著者)가 말하였다.

“글을 배움과 실천의 행동 2가지의 본말과 경중의 가치로 말하면 실행이 귀중하다. 이 장에서 실행을 우선하고 학문을 뒤로함은 이 때문이다. 그러나 지행(知行)의 선후, 즉 공부의 순서로 말하면 학문이 우선이다. 사교(四教: 子以四教 文行忠信)(「述而」)에서 학문을 먼저 말하고 실행을 뒤에 말한 것은 이 때문이다.”

子曰 弟子 入則孝하고 **出則弟**하며 **謹而信**하며 **汎愛衆**호되 **而親仁**이니 **行有餘力**이어든 **則以學文**이니라

부자께서 말씀하셨다.

“아우와 아들 된 이들은 집에 들어오면 효도하고 밖에 나가면 공경하며, 행실을 삼가하고 말을 미덥게 하며, 많은 사람을 널리 사랑하되 어진 이를 가까이해야 한다. 이를 행하고도 남은 힘이 있으면 곧 글을 배워야 한다.”

강설

부자께서 어린 학자들의 표준을 다음과 같이 말씀하셨다.

“사람의 덕업은 반드시 아우와 아들의 본분에서 비롯된다. 아우와 아들은 집에 들어와서는 부모의 아침 문안과 저녁 이부자리를 보살피면서 효도를 극진히 다하고, 집에 나와서는 어른의 뒤에 서서히 뒤따라 걷는 것은 공경을 극진히 함이다. 이는 효제를 겸비해야 함을 말한다.

이런 효제로 말미암아 행할 적에는 반드시 그 삼감을 다하여 떳떳함을 지니고, 말할 적에는 반드시 그 믿음을 주로 하여 믿음이 있어야 한다. 이는 언행이 일치되어야 함을 말한다.

儉嗇而不能愛人者, 故節用了, 又須愛人; 又有能愛人而妨農時者, 故愛人, 又須使民時. 使不以時, 却是徒愛也, 是上因乎下. 須看能如此, 方能如此; 又看能如此, 又不可不如此之意, 反覆推之, 方見曲折.”

또한 반드시 많은 사람을 널리 사랑하여 그 아량을 드넓게 지니되 어진 이를 가까이하여 스승과 벗으로서의 도움을 구해야 한다. 이는 사람들과 접촉하면서도 어진 스승과 벗을 가려야 함을 말한다.

이 몇 가지 일을 행하고서도 만에 하나 남은 힘이 있다면 이어 시서(詩書) 육예(六藝)의 글을 배워야 한다. 이는 행하여야 할 바의 실제 일을 증험하였을 뿐 아니라, 또한 타고난 총명을 밝히려는 것이다."

集註

謹者는 **行之有常也**오 **信者**는 **言之有實也**라 **汎**은 **廣也**오 **衆**은 **謂衆人**이라 **親**은 **近也**오 **仁**은 **謂仁者**라 **餘力**은 **猶言暇日**이라 **以**는 **用也**라 **文**은 **謂詩書六藝之文**이라

○ 程子曰 爲弟子之職하고 **力有餘則學文**이니 **不修其職而先文**은 **非爲己之學也**니라

尹氏曰 德行은 **本也**오 **文藝**는 **末也**니 **窮其本末**하야 **知所先後**면 **可以入德矣**리라

洪氏曰 未有餘力而學文이면 **則文滅其質**이오 **有餘力而不學文**이면 **則質勝而野**니라

愚謂 力行而不學文이면 **則無以考聖人之成法**하고 **識事理之當然**하야 **而所行**이 **或出於私意**니 **非但失之於野而已**니라

[훈고] 근(謹)은 행함에 떳떳함이 있음이며, 신(信)은 말함에 실상이 있는 것이다. 범(汎)은 드넓음이며, 중(衆)은 많은 사람이며, 친(親)은 가까이함이며, 인(仁)은 어진 사람을 말한다. 여력(餘力)은 여가 날이라는 말과 같다. 이(以)는 쓴다는 것이다. 문(文)은 시서와 육예의 문장이다.

○ 정자[伊川]가 말씀하였다.

"제자로서의 직분을 행하고 남은 힘이 있으면 글을 배워야 한다. 제자로서의 직분을 닦지 않고 먼저 글을 배우면 자신을 위한 학문이 아니다."

윤씨[尹焞]가 말하였다.

"덕행은 근본이요, 문예는 지엽이다. 그 근본과 지엽을 궁구하여 먼저하고 뒤에 할 바를 알면 덕에 들어갈 수 있다."

홍씨[洪興祖: 字慶善 號練塘 丹陽人]가 말하였다.

"남은 힘이 없음에도 글을 배우면 공허한 겉치레[虛文]가 그 진실한 덕[實德: 質]을 잃게 할 것이며, 남은 힘이 있음에도 글을 배우지 않으면 진실한 덕에 치우쳐 촌스럽게 된다."

나의 생각은 다음과 같다.

"실행에 힘쓰고 글을 배우지 않으면 성현의 법을 고찰한다거나 사리의 당연한 바를 알 길이 없어, 행하는 바 간혹 사사로운 뜻에서 나올 것이다. 촌스러운 잘못에 그칠 정도가 아니다."

[보 補]

여기에서 주목할 점은 글을 배운다[學文]는 문(文)자의 의미를 어떻게 보느냐에 따라 그 가치가 달라진다. 위에서 인용한 윤씨, 홍씨, 주자설이 바로 그것이다.

"윤씨는 문(文: 文藝)을 덕행과 상대로 간주하여 본말 선후의 구분에 의의를 두어 '문'을 가볍게 말하였고, 홍씨는 문질(文質)의 '문'으로 인식하여 질(質)과 상대되는 의의로 간주, 그 어느 한쪽에 치우쳐서는 안 된다는 견지에서 '문'이 조금 더 중하다고 여겼으며, 주자는 글을 배운다[學文]는 것을 치지(致知)로 인식하여 역행(力行)과 상대로 간주하여 '아는 바 명철하지 못하면 행하는 바 이치에 타당하지 못하다'고 인식한 결과, 문자의 의의가 매우 중대함을 밝히고 있다.

세 사람의 설은 서로 그 의의를 밝혀주고 있는바, '문'이 가벼운 줄만 알고서 그 중대한 면을 알지 못한다면 머지않아 학문을 버리는 폐단에 직면하게 될 것이다. 이 때문에 그들의 말한 억양이 그 어디에 있는가를 깊이 생각하지 않으면 안 된다."[101]

윤씨는 문예(文藝)의 문으로, 홍씨는 문질(文質)의 문으로 인식함에 따라 그 가치를 달리했다. 그러나 주자는 여기에서 한 걸음 더 나아가 '문'을 경전의 성인 말씀으로 인식하여 '시서육예(詩書六藝)의 경문(經文)'이라고 말했다. 따라서 '시서육예'의 글을 배우는 것으로 학문(學文)을 해석하고 나아가 이를 치지(致知)의 의의로 밝힌 것이다.

여기에서 중요한 것은 '문'의 의의에 대해 전반적으로 이해하여, 그 어느 한쪽에 치우친 해석을 삼가야 한다는 점이다. 이처럼 '문'의 의의를 어떻게 인식하여 그 가치평가를 상향, 또는 하향 조정하느냐에 따라 그 폐해가 수반되기 때문이다.

7. 현현전지 賢賢全旨

이 장에서는 학문이란 인륜에 독실함을 귀중히 여기는 뜻을 보여주고 있다.

위의 4구[賢賢易色…言而有信]는 성심으로 인륜에 극진함을 나타냄이며, 아래 2구[雖曰…謂之學矣]는 단연코 학문에 의해 얻어졌음을 말하고 있다.

위의 4구는 모두 성(誠)자로 일관된 바, 그것은 현재 이뤄진 상황을 가리켜 말하며, 역(易: 易色), 갈(竭: 竭力), 치(致: 致身), 유(有: 有信) 4자는 모두 중대한 뜻이 있으나, 이는 다만 성심(誠心)을 실현한 부분을 나타냄이며, 아래에서는 그러한 실행들이 이미 학문에 의한 것임을 말해주고 있다. 이 또한 바로 이러한 성심 위에 존재하는 것이다. 비록 이 2구[雖曰未學 吾必謂之學矣]에 지나친 억양이 없지 않지만, 그 학문의 깊이를 나타내주는 데에 지나지 않는다.

집주에서 말한 폐학(廢學) 구절은 그렇게 심각한 뜻으로 말한 게 아니다. 자하는 학자들에 대해

---

101 『論語通』 권1. "雙峯饒氏曰 尹氏, 以文對德行, 有本末先後之分, 說得文字輕. 洪氏, 以文對質, 言不可偏勝, 說得文字差重. 朱子, 以學文爲致知, 與力行爲對, 謂所知不明, 則所行不當理, 發明文字甚重, 三者互相發明. 蓋但知文之爲輕, 而不知其爲重, 則將有廢學之弊, 故不得不交致抑揚之意."

깊이 경계한 말이지, 사람들에게 학문을 그만두도록 격려한 말이 아니기 때문이다.

대체로 성인의 문하에 학문을 논할 적에는 원래 인륜을 대상으로 공부하고 있다. 이로 보아 그가 만일 인륜을 극진히 다하였다면 그것은 이미 학문을 성취한 것이다. 여기에 또 다른 그 어떤 학문이 있을 수 있겠는가.

쌍봉 요씨(雙峰饒氏)의 말에 의하면, "선을 좋아하되 반드시 성심이 있어야 한다. 그래야 만이 비로소 아래 3가지의 일을 행함에 있어 가장 중요한 부분이 됨을 알 수 있다."고 한다.

子夏曰 賢賢호되 **易色**하며 **事父母**호되 **能竭其力**하며 **事君**호되 **能致其身**하며 **與朋友交**호되 **言而有信**이면 **雖曰未學**이라도 **吾必謂之學矣**라호리라

자하가 말하였다.

"어진 이를 어질게 여기되 여인을 사랑하듯이 하며, 부모를 섬기되 그 힘을 다하며, 임금을 섬기되 그 몸을 바치며, 벗과 사귀되 말에 믿음이 있다면 비록 배우지 않은 사람이라고 말할지라도 나는 반드시 그를 배웠다고 말할 것이다."

강설

자하는 몸소 행동하는 실학(實學)을 중히 여겨 다음과 같이 말하였다.

"학문은 인륜을 지극히 행하는 것보다 더 고귀한 것은 없다.

여기에 어느 한 사람이 있다.

어진 사람을 어질게 여겨 존경하되 아름다운 여인을 사랑하는 마음처럼 그를 좋아한다면 어떻게 그처럼 진실한 마음으로 어진 이를 좋아할 수 있을까?

부모를 섬길 적에 그의 힘으로 할 수 있는 일을 다 했다면 어떻게 그처럼 진실한 마음으로 어버이를 섬길 수 있을까?

임금을 섬김에 있어 임금이 있는 줄만을 알고 자신이 있는 줄을 모르고서 그 몸을 다 바쳐 뒤돌아보지 않는다면 어떻게 그처럼 진실한 마음으로 임금을 섬길 수 있을까?

벗과 사귈 적에는 말과 같이 마음 또한 똑같이 하여 진실하지 않은 말이 없다면 어떻게 그처럼 진실한 마음으로 벗을 사귈 수 있을까?

그처럼 독실하게 실행한 사람이 있다면 그가 일찍이 학문을 익히지 않았다고 할지라도 그는 이미 인륜을 극진히 다하였다. 그러므로 나는 반드시 그를 학문한 사람이라고 말할 것이다. 어찌 굳이 자질구레한 문예를 닦아야 만이 학문을 하였다고 말할 수 있겠는가."

集註

子夏는 **孔子弟子**이니 **姓卜**이오 **名商**이라 **賢人之賢而易其好色之心**이면 **好善有誠也**라 **致**는 **猶委也**니 **委致其身**은 **謂不有其身也**라 **四者**는 **皆人倫之大者**라 **而行之必盡其誠**이니 **學求如是**

而已라 故로 子夏言有能如是之人이면 苟非生質之美ㄴ댄 必其務學之至니 雖或以爲未嘗爲學이라도 我必謂之已學也라하니라

○ 游氏曰 三代之學이 皆所以明人倫也니 能是四者면 則於人倫厚矣니 學之爲道 何以加此리오 子夏以文學名而其言如此하니 則古人之所謂學者를 可知矣라 故로 學而一篇은 大抵皆在於務本이니라

吳氏曰 子夏之言이 其意善矣라 然 詞氣之間에 抑揚大(太)過하야 其流之弊 將或至於廢學이니 必若上章夫子之言然後에 爲無弊也니라

[훈고와 해석] 자하는 공자 제자니, 성은 복(卜)이요, 이름은 상(商)이다.

사람의 어진 점을 어질게 여기되 그 여인을 사랑하는 마음처럼 한다면 선을 좋아하는 데에 성심이 있다.

치(致)는 버림과 같다. 그 몸을 버린다는 것은 그 몸을 챙기지 않음을 말한다.

4가지는 모두 인륜의 큰 부분이다. 이를 행하는 데에 반드시 그 성심을 다해야 한다. 학문은 이처럼 하는 것을 추구할 뿐이다. 이 때문에 자하는 "이처럼 실행한 사람이 있다면 만일 타고난 바탕이 아름다운 이가 아닐 경우, 반드시 그는 학문에 힘씀이 지극한 것이다. 비록 혹자가 그를 일찍이 배우지 않았다고 할지라도 나는 반드시 그가 이미 배웠다고 말할 것이다."고 하였다.

○ 유씨[游酢: 字定夫 建安人 學者稱廣平先生 또는 鷹山先生 程門四先生의 하나.]가 말하였다.

"삼대의 학문은 모두 인륜을 밝혔던 바이다. 이 4가지를 잘하면 인륜에 독실함이니, 학문의 길이 어찌 이에 더할 수 있겠는가. 자하는 문학으로 명성을 얻은 사람임에도 그의 말이 이와 같으니, 옛사람이 말하는 학문을 알만하다. 이 때문에 「학이」 1편은 대체로 모두 그 근본에 힘쓰는 데 있다고 하였다."

오씨[吳棫: 字才老 建安人]가 말하였다.

"자하가 말한 그 뜻이야 훌륭하다. 하지만 그 말씨의 사이에 억양이 너무 지나쳐 그 유폐(流弊)가 장차 어쩌면 학문을 폐지하는 데에 이를 수도 있다. 반드시 위의 부자 말씀처럼 〈실천하고 남은 여가로 글을 배워야〉 만이 폐단이 없을 것이다."

8. 불중장지 不重章旨

이 장에서는 군자가 스스로 몸을 닦아나가야 할 도에 대해 말하고 있다.

제1절에서는 학문의 터전을, 제2절은 학문의 근본을 말하고, 제3절은 타인이 나의 학문에 잘못할까를, 제4절은 나 스스로 학문에 잘못할까를 두려워한 것이다.

앞의 2절은 몸가짐과 마음가짐이라는 각기 다른 뜻으로, 뒤의 2절은 나와 남에 대한, 대칭의 관계로 보아야 한다.

(1) 불중절지 不重節旨

여기에서는 스스로 몸을 닦아가는 도는 중후한 몸가짐의 중요성을 말하고 있다. 첫 구절에서는 중후하지 않음[君子不重]에 대해 말하고, 아래 2구[不威, 學則不固]에서는 그 폐단을 말함으로써 중후하지 않을 수 없음을 보여주고 있다. 따라서 이의 중점은 의관을 바르게 갖추고, 바라보는 눈을 조심히 하는[正衣冠 尊瞻視] 데에 있다.

子曰 君子 不重則不威니 學則不固니라

부자께서 말씀하셨다.

"군자가 몸가짐이 중후하지 않으면 위엄이 없다. 이런 몸가짐으로 배워나가면 학문이 굳건하지 못하다."

강설

부자는 사람들에게 스스로 몸을 닦아가는 공부에 대해 말해주었다.

"몸가짐을 중후하게 지니는 것은 덕을 쌓아갈 수 있는 터전이기 때문이다. 군자로서 행동하는 즈음에 스스로 몸가짐을 잘 지니지 못하면 남들로부터 경멸과 모욕을 사게 되는, 경거망동의 모습을 보여주게 되어 위엄이 갖춰지지 않는다. 나의 몸가짐이 가벼우면 그의 마음 또한 견고하지 못하리라는 점을 알고 있다.

이와 같은 몸가짐으로 설령 학문을 한다고 할지라도 얻는 족족 잃게 되므로 배움이 견고하지 못할 것이다. 이 때문에 군자는 몸가짐의 중후함을 귀중히 여기는 것이다."

集註

重은 厚重이오 威는 威嚴이오 固는 堅固也라

輕乎外者는 必不能堅乎內라 故로 不厚重이면 則無威嚴하야 而所學이 亦不堅固也라

[훈고] 중(重)은 중후함이며, 위(威)는 위엄이며, 고(固)는 견고함이다.

[해석] 바깥의 몸가짐이 가벼운 자는 반드시 내면의 마음이 굳건할 수 없다. 이 때문에 몸가짐이 중후하지 못하면 위엄이 없어, 배운 바 또한 견고하지 못하다.

(2) 주충절지 主忠節旨

이는 스스로 몸을 닦아가는 도는 진실한 마음을 보존함에 있음을 말한다.

충신(忠信)이란 마음에 간직한 바와 마음에서 발산한 바를 겸하여 보아야 한다. 충(忠)이란 마음을 진실케 함이며, 신(信)이란 일을 진실하게 함이다.

主忠信하며

충성과 믿음을 주로 하며,

강설

"충성과 믿음이란 덕으로 나아갈 수 있다. 따라서 학문을 잘 닦아가는 사람은 반드시 충성과 믿음을 주로 삼는다. 말하지 않을 바엔 그만두겠지만 말을 한다면 반드시 충성과 믿음으로 하며, 행하지 않을 바엔 그만두겠지만 행한다면 반드시 충성과 믿음으로 하며, 움직이지 않을 바엔 그만두겠지만 사색하고 움직일 땐 하는 일마다 한 생각 한 생각에 거짓이 없도록 한다면 학문의 근본은 세워질 것이다."

集註

人不忠信이면 則事皆無實하야 爲惡則易하고 爲善則難이라 故로 學者 必以是爲主焉이니라

○ 程子曰 人道는 惟在忠信이니 不誠則無物이오 且出入無時하야 莫知其鄕者는 人心也니 若無忠信이면 豈復有物乎아

[해석] 사람이 충성스럽고 미덥지 못하면 하는 일마다 모두 진실이 없어 악을 범하기는 쉽고 선을 행하기는 어렵다. 이 때문에 배우는 자는 반드시 이 충신을 주로 삼는다.

○ 정자[明道]가 말씀하였다.

"사람의 도리는 오직 충성과 믿음에 있다. 진실하지 못하면 그 어떤 것도 있을 수 없고, 또한 '일정한 때가 없이 들락거리고 그 어느 곳에 있는지 알 수 없는 것이 사람의 마음이다.'(『맹자』「告子 上」) 만일 〈이처럼 덧없는 마음에〉 충성과 믿음이 없다면 어떻게 다시 그 어떤 것이 있을 수 있겠는가."

[보 補]

마음의 무상함은 시간과 공간의 차원에서 말한다.

'출입무시(出入無時)'란 "갑자기 나갔다가 갑자기 들어옴으로써 일정한 때가 없음을 말한다.[忽然出, 忽然入, 無有定時]" 이는 덧없는 마음을 시간으로 말한 것이다.

'막지기향(莫知其鄕)'이란 "문득 여기 있다가 문득 저곳에 있어 또한 일정한 곳이 없음을 말한다.[忽在此, 忽在彼, 亦無定處.]"[102] 이는 덧없는 마음을 공간으로 말한 것이다. '향(鄕)'은 일정한 곳[定處]을 말한다. 향(鄕)은 마을[里]과 같은 것으로 거처, 즉 머문 곳을 비유한 때문이

102 『大全』 該註. "北溪陳氏曰 忽然出, 忽然入, 無有定時. 忽在此, 忽在彼, 亦無定處."

다.[鄕, 猶里, 以喩居也.][103]

이처럼 나의 마음이 그 어디에 있는지, 언제 있었는지 알 수 없는 무상함을 말한다. 이 때문에 마음을 존양하는 공부를 잠시도 잊어서는 안 됨을 깊이 밝혀 주는 경구(警句)이다. 이처럼 변덕스러운 마음을 존양하는 데에 곧 충신이 주된 공부임을 말한다.

(3) 무우절지 無友節旨

이는 자기 몸을 닦아가는 도는 벗 사귐을 삼가는 데에 있음을 말한 것이지, 벗이란 이런 사람도 저런 사람도 사귈 수 있다. 따라서 이는 고정된 글자가 아니다. 나만 같지 못하다는 기준은 위에서 말한 중후한 몸가짐과 충신의 마음가짐이 나만 같지 못한 자를 말한다.

無友不如己者오

나만 같지 못한 이를 벗 삼지 말 것이며,

강설

"벗을 찾고 가리는 것은 나의 인(仁)을 행하는 데에 도움을 받고자 함이다. 이 때문에 반드시 나보다 나은 벗을 가려 사귀는 것이다. 나만 같지 못한 자를 벗으로 사귀지 않으면 학문의 바탕이 넉넉하게 될 것이다."

集註

無는 **毋通**이니 **禁止辭**야라 **友**는 **所以輔仁**이니 **不如己**면 **則無益而有損**이니라

[훈고] 무(無)는 무(毋)자와 통용하니, "…하지 말라"는 금지의 말이다. 벗이란 나의 인(仁)을 돕는 존재이다. 나만 같지 못하면 도움 되는 바 없고 손해만 있을 뿐이다.

(4) 과즉절지 過則節旨

이는 스스로 몸을 닦아가는 도란 허물을 서둘러 고침에 있음을 말하고 있다. 허물이란 무엇을 말하는가. 이 또한 어쩌다 몸가짐이 중후하지 못하고, 마음가짐을 충신으로 지니지 못하고, 벗을 잘못 사귀는 것을 말한다.

過則勿憚改니라

허물이 있으면 고치기를 꺼리지 말라."

---

103 『孟子注疏』 권11下. "鄕, 猶里, 以喩居也."

강설

"허물을 고친다는 것은 나 자신을 새롭게 하려는 것이다. 그러므로 허물이 있으면 서둘러 고쳐야 하며, 두려워하거나 어렵게 생각하거나 구차스럽게 안주하지 않는다면 학문의 누를 버리게 될 것이다. 이것이 안팎[內外: 心身]과 피아(彼我: 自他)의 사이에 모두 빠뜨림 없는 공부이다. 몸을 닦아가는 군자의 도는 이와 같다."

集註

勿은 亦禁止之辭라 憚은 畏難也라

自治不勇이면 則惡日長이라 故로 有過則當速改오 不可畏難而苟安也니라

程子曰 學問之道는 無他也라 知其不善이면 則速改以從善而已니라

○ 程子曰 君子自修之道 當如是也니라

游氏曰 君子之道는 以威重爲質하야 而學以成之오 學之道는 必以忠信爲主하고 而以勝己者輔之라 然이나 或吝於改過면 則終無以入德이오 而賢者未必樂告以善道라 故로 以過勿憚改로 終焉이니라

[훈고] 물(勿) 또한 금지하는 말이다. 탄(憚)은 두려워하고 어려워함이다.

[해석] 스스로 다스림이 용맹스럽지 못하면 악은 나날이 커나가게 된다. 그러므로 허물이 있으면 속히 고쳐야지, 두려워하거나 어려워하며 구차스럽게 편히 여겨서는 안 된다.

정자[伊川]가 말씀하였다.

"학문의 길은 다름이 없다. 그 불선(不善)임을 알았으면 속히 고쳐 선을 따를 뿐이다."

○ 정자[伊川]가 말씀하였다.

"군자가 스스로 몸을 닦아가는 도는 마땅히 이처럼 해야 한다."

유씨[游酢]가 말하였다.

"군자의 도는 위엄과 중후함을 바탕으로 삼아 학문을 이루고, 학문의 길은 반드시 충신을 주로 하고, 자기보다 나은 자로 보필을 삼아야 한다. 그러나 혹시라도 허물을 고치는 데 인색하면 끝내 덕에 들어갈 수 없고, 어진 자도 반드시 선한 도로써 기꺼이 말해주지 않을 것이다. 이 때문에 '허물이 있으면 고치기를 꺼리지 말라.'는 구절로 끝맺었다."

9. 신종전지 愼終全旨

이 장에서는 당시 위정자들이 상례와 제례를 가볍게 여김으로써 풍속을 바로잡을 근본이 없음을 개탄하여 말한 것이다. 따라서 이의 요점은 재상자들에게 있다. 신종(愼終)은 부모의 초상만을

가리키며, 추원(追遠)은 부모로부터 먼 선조에 이르기까지 모두 포괄한다. 이는 재상자 자신의 후한 부분이다.

백성의 덕이 두터워진다[歸厚]는 것은 백성 또한 각기 죽은 이의 장례를 삼가고 옛 선조를 추모하여 정성껏 제사 지내면서 낳아주신 부모를 생각함이다. 귀(歸)자에 민덕(民德) 성취의 오묘한 부분을 볼 수 있으며, 후(厚)는 민덕(民德)의 고유함이다.

曾子曰 愼終追遠이면 民德이 歸厚矣리라

증자가 말씀하였다.

"죽은 이의 장례를 삼가하고 옛 선조를 추모하여 정성껏 제사 지내면, 백성의 덕이 두터워질 것이다."

강설

증자는 지극한 효성의 감화에 대해 말하였다.

"백성들의 인성에 대한 후박(厚薄)은 오직 윗사람에게 달려있다. 백성의 윗자리에서 통치하는 사람이 부모의 임종을 삼가하여 상례를 극진히 다하고, 예전에 돌아가신 분을 추모하여 정성껏 제사를 받든다면 이는 윗사람의 덕이 후한 것이다.

이로 말미암아 아래 백성도 감화되어 모두가 임종을 삼가하고 옛 선인을 추모하게 되어 본연의 덕을 회복하고 풍속이 후하게 될 것이다. 위정자가 그 근본을 먼저 바로 세우지 않을 수 있겠는가."

集註

愼終者는 喪盡其禮오 追遠者는 祭盡其誠이라 民德歸厚는 謂下民化之하야 其德亦歸於厚라 蓋終者는 人之所易忽也어늘 而能謹之하고 遠者는 人之所易忘也어늘 而能追之면 厚之道也라 故로 以此自爲면 則己之德厚하고 下民化之면 則其德 亦歸於厚也니라

[해석] 신종(愼終)이란 초상에 그 예를 다함이며, 추원(追遠)이란 제사에 그 정성을 다함이다. 민덕귀후(民德歸厚)는 아래 백성이 감화되어 그들의 덕 또한 두터워질 것이다.

죽음은 사람들이 소홀히 여기기 쉬움에도 이를 삼가고, 돌아가신 옛 선조는 사람들이 잊기 쉬움에도 그를 추모하면 이는 후한 도이다. 그러므로 재상자가 이를 스스로 행하면 자신의 덕이 두텁고, 아래 백성이 감화하면 그들의 덕 또한 두터워진다.

10. 자금장지 子禽章旨

이 장은 부자의 성대한 덕이 사람에게 감동을 주는 오묘함을 나타낸 것으로, 주된 뜻은 "온양공검양이득지(溫良恭儉讓以得之)" 구절에 있다.

상절(上節)의 자금(子禽)의 물음은 부자께서 찾아가는 나라마다 그 나라의 정사를 자문받은 것은 부자 자신이 찾아가 구한 일인가 의심한 것이다.

하절(下節)의 자공의 대답은 그 나라의 정사를 자문받게 된 그 이유에 대해 말하고 있다. 자금이 자공에게 물은 뜻은 원래 부자께서 스스로 구한 데 있느냐에 중점을 두었기에, 자공은 이에 성대한 덕에서 풍겨 나오는 용모에 의해 얻어진 것이라는, 하나의 득(得: 溫良恭儉讓以'得'之)자를 제시하여 모두 절로 그 나라의 정사를 듣게 되었음을 밝혀주었다. 이는 꼭 정사를 들으려는 의도에 의한 것과는 차이가 있다.

자금이 물었던 스스로 구한 것[求之]인가, 임금이 맡겨준 것[與之]인가는 모두 의도된 마음에 의함이며, 자공이 대답한 이런 덕용(德容)에 의해 얻었다[得之: 溫良恭儉讓以'得'之]는 것은 절로 이뤄진 일임을 말한다.

(1) 자금절지 子禽節旨

부자께서 그 나라에 가시면 본래부터 그 풍속을 관찰하고 정사를 살펴보았던 것은 차마 천하를 잊지 못하는 애틋한 마음에서였다. 이런 부자의 행적을 보고서 자금은 원래 부자 스스로 구한 일인가[求: 求之與]에 중점을 두고 물음이다. 이러한 점은 '그게 아니라면…'이라는 뜻의 억(抑: 抑與之與)자를 살펴보면 알 수 있다.

子禽이 **問於子貢曰 夫子至於是邦也**에 **必聞其政**하시나니 **求之與**아 **抑與之與**아

자금이 자공에게 물었다.

"부자께서 나라를 찾아가시면 반드시 그 나라의 정사를 들으시는데, 스스로 이를 구하신 것입니까? 아니면 저들의 가져다준 것입니까?"

강설

자금은 부자께서 가는 나라마다 제후의 정사에 참여하게 되는 이유를 알지 못하여 자공에게 물었다.

"부자가 천하를 두루 돌아다니면서 그 어떤 나라이든 가시면 반드시 그 나라의 개혁하고 개선할 정사를 들으셨습니다.

이는 과연 부자께서 그 나라 제후에게 스스로 구하여 정사를 듣게 된 것입니까? 아니면 그 제후들이 부자에게 마음을 두어 스스로 말해줌으로써 정사를 듣게 된 것입니까?"

이는 자금이 범인(凡人)의 마음으로 부자를 엿본 것이다.

集註

子禽은 **姓陳**이오 **名亢**이라 **子貢**은 **姓端木**이오 **名賜**니 **皆孔子弟子**라 **或曰 亢**은 **子貢弟子**라하니 **未**

知孰是라 **抑**은 **反語辭**라

[훈고] 자금의 성은 진(陳)이며, 이름은 강(亢)이다. 자공의 성은 단목(端木)이오, 이름은 사(賜)이다. 모두 공자의 제자들이다. 어떤 사람의 말에 의하면, 자금은 자공의 제자라고 하나, 누구의 말이 옳은지 알 수 없다. 억(抑)은 반어사(反語辭)이다.

(2) 자공절지 子貢節旨

온양공검양(溫良恭儉讓) 5가지는 모두 사람을 만남에 있어 나타나는 덕망과 용모를 말한다. 그처럼 성대한 덕이 내면에 쌓여있기에 이와 같은 덕망과 용모가 바깥으로 나타난 것이다. 그러나 이 또한 여러 제자는 부자에게 애당초 이러한 덕을 가지고 있는 것조차 알지 못했는데, 자공의 말을 통하여 밝혀진 것이다.

'온양공검양' 5가지의 덕이 일시에 모두 나타나는 것이지만, 또한 이는 한 글자, 한 글자의 의미를 밝혀야 한다. "온양공검양이득지(溫良恭儉讓以得之)"의 득(得)자는 바로 5가지의 덕에 근거를 두고 있다. 결국 그 나라의 임금이 부자를 찾아 자문하였기에 부자께서 그 나라의 정사를 듣게 된 것이다.

그러나 자금이 물었던 '여지(與之)'에 대해 언급하지 않은 것은 '맡겨주다'의 여(與)란 그 제후에게서 나온 것이며, '얻었다'의 득(得)이란 부자의 덕망에 의한 감동임을 말한다. 이처럼 그 주제가 다르기에 여(與)자를 말하지 않은 것이다.

끝부분의 2구(夫子之求…之求之與)는 구(求)자를 빌어 반어법(反語法)으로, 부자께서 일찍이 구하지 않았음을 밝혀두고 있다. 자공의 함축적인 말을 살펴보면 부자가 스스로 구하지 않았다는 뜻이 말 밖에 넘쳐나고 있음을 알 수 있다.

子貢曰 夫子는 **溫良恭儉讓以得之**시니 **夫子之求之也**는 **其諸異乎人之求之與**인저

자공이 대답하였다.

"부자께서는 온순하고 선량하며 공손하고 검소하며 겸양으로 이를 얻으셨다. 부자께서 구하심은 세상 사람들이 구하는 것과는 다르다."

강설

자공이 자금을 깨우쳐 주었다.

"부자께서 그 나라의 정사를 들으신 것은 스스로 구함도 아니요, 또한 제후가 준 것도 아니다. 부자의 성대한 덕이 마음에 쌓여 밖으로 빛나셨다. 이는 중후하면서도 온화하고, 곧으면서도 까다롭지 않고 진실하며, 씩씩하고 공경스러우면서도 공손하며, 절제로서 검소하고, 겸손으로 사양하심을 볼 수 있다. 그 덕망과 용모가 이와 같음으로 당시의 제후들이 존경하고 신임하여 그들 스스로 나라의 정치를 물음으로써 부자께서 그 나라의 정사를 듣게 된 것이다.

그와 같은 덕망으로 얻었다는 말을 누가 주는 것처럼 생각한 것 또한 옳지 않은데, 하물며 스스로 구하였다고 말할 수 있겠는가. 이는 부자께서 진정 스스로 구했다는 것으로 말할 수 없다. 그러나 또한 어찌 그 훌륭한 덕망에 의해 스스로 얻어진 것이라 말하지 않을 수 있겠는가.

그대가 말한 '스스로 구한 것인가.'라는 말로 논하면 부자의 훌륭한 덕망에 의한 자연스러운 감응으로 구한 셈이다. 그것은 남들이 아유구용(阿諛苟容)으로 추구한 행위와는 전혀 다른 것이다. 스스로 구했다고 해서 어찌 하찮게 볼 수 있겠는가."

아, 자공과 같은 이는 참으로 성인을 잘 알아본 사람이라고 말할 수 있겠다.

集註

溫은 和厚也오 良은 易直也오 恭은 莊敬也오 儉은 節制也오 讓은 謙遜也라 五者는 夫子之盛德光輝 接於人者也라 其諸는 語辭也라 人은 他人也라

言夫子未嘗求之나 但其德容如是라 故로 時君敬信하야 自以其政으로 就而問之耳오 非若他人必求之而後得也라 聖人過化存神之妙를 未易窺測이나 然이나 卽此而觀이면 則其德盛禮恭而不願乎外를 亦可見矣니 學者所當潛心而勉學也니라

○ 謝氏曰 學者 觀於聖人威儀之間에 亦可以進德矣니 若子貢은 亦可謂善觀聖人矣오 亦可謂善言德行矣라 今去聖人이 千五百年이로되 以此五者로 想見其形容이면 尙能使人興起온 而況於親炙之者乎아

張敬夫曰 夫子至是邦하야 必聞其政이로되 而未有能委國而授之以政者는 蓋見聖人之儀刑而樂告之者는 秉彝好德之良心也나 而私欲害之라 是以終不能用耳니라

[훈고] 온(溫)은 화기롭고 후함이며,[溫 和厚: 和는 참혹하거나 포악하지 않음이며, 厚는 각박하지 않음이다.]

양(良)은 까다롭지 않고 곧음이며,[良 易直: 易는 平易 또는 坦易, 直은 험하거나 치우친 마음이 없음.]

공(恭)은 장중하고 공경함이며,[恭 莊敬: 장중함은 일신의 전체 용모를, 敬은 마음으로 위주로 말한다. 내면의 마음에서 바깥으로 나타난 까닭에 恭이라 말한다.]

검(儉)은 절제이며,[儉 節制: 儉은 검소한 생활만을 말한 게 아니다. 모든 일에 방자하지 않고 언제나 수렴한다는 뜻이다. 節은 자연스러운 한계이며, 制는 노력으로 제재하는 것이다.]

겸(謙)은 겸손이다.[讓 謙遜: 겸손이란 남을 앞세우고 나는 뒤로 물러남이다. 謙이란 나의 선을 자랑하지 않음이며, 遜이란 잘한 일을 미루어 남들에게 돌려주는 것이다.]

이 5가지는 부자의 빛나는 성대한 덕으로 사람들과 접촉하는 것이다. 기저(其諸)는 어조사이다. 인(人)은 남들을 말한다.

[해석] 부자는 일찍이 정사를 듣고자 스스로 구하지 않았으나, 다만 그 덕망과 용모가 이와 같은 까닭에 당시의 제후들이 존경하고 믿어 스스로 그 정사를 부자에게 여쭌 것이다. 다른 사람들이 반드시 스스로 추구한 후에 얻은 것과는 같지 않다. "스쳐만 가도 감화되고 마음을 두면 신비롭게 변하는[過化存神]"(『孟子』「盡心 上」) 성인의 오묘함을 쉽게 엿볼 수 없다. 그러나 여기(5가지 덕)에 나아가 살펴보면 그 덕성(德性)이 성대하고 예모(禮貌)가 공손하여 "바깥의 일을 원하지 않음[不願乎其外]"(『中庸』 제14장)을 또한 알 수 있다. 배우는 이는 차분한 마음으로 깊이 사색하면서 학문에 힘써야 할 것이다.

○ 사씨[謝良佐]가 말하였다.

"배우는 이들은 성인의 위의를 살펴보는 사이에 또한 덕을 길러나갈 수 있다. 자공과 같은 이는 성인을 잘 살펴보았다 말할 것이며, 또한 성인의 덕행을 잘 말하였다고 하겠다. 오늘날[北宋] 부자와의 사이는 1천5백 년이지만 이 5가지로 그 용모를 상상해 보는 것만으로도 오히려 사람들의 마음을 흥기 시키는데, 하물며 성인의 문하에서 친히 배운 이들이야 오죽하였겠는가."

장경부(張敬夫: 號南軒 廣漢人 與朱熹呂祖謙 合稱東南三賢)가 말하였다.

"부자께서 그 나라에 이르시면 반드시 그 정사를 들었음에도 나라를 위임하여 국정을 맡겨 준 군주가 없었음은, 성인의 훌륭한 위의를 보고서 기꺼이 말씀드린 것은 사람마다 지닌 떳떳한 성품으로 덕을 좋아하는 양심이 있기 때문이다. 그러나 사사로운 욕심이 그 양심을 해친 까닭에 끝내 등용되지 못한 것이다."

11. 부재전지 父在全旨

이 장에서는 자식의 효행을 살펴보는 법을 말하고 있다. 이는 아버지와 자식 사이에 내면의 생각과 의지, 그리고 외적인 행동이 다른 점을 들어 말하고 있다.

위 2구[父在觀其'志', 父沒觀其'行'.]는 지행(志行)의 큰 부분만을 살펴서 그의 선악을 아는 것이며, 아래 2구[三年無改於父之道, 可謂孝矣.]는 자식의 행실 가운데 그 마음 씀씀이의 후박(厚薄)을 자세히 살펴보는 것이다.

이 장의 뜻은 모두 서로 연결되어 있지만, 이의 중점은 어버이를 차마 잊지 못하는 그 효심에 근본하고 있다.

子曰 父在에 觀其志오 父沒에 觀其行이나 三年을 無改於父之道라야 可謂孝矣니라

부자께서 말씀하셨다.

"아버지 살아계실 땐 그 뜻을 살펴보고, 아버지 돌아가신 뒤에는 그 행실을 살펴보는 것이나, 돌아가신 후 3년 동안은 아버지의 일[道]을 바꾸지 않아야 효도라 말할 것이다."

강설

부자께서 사람 살펴보는 법을 말씀하셨다.

"자식의 효도를 살펴보고자 한다면 그 행위의 자취에서 찾아볼 게 아니라, 그 마음에 있다. 부친이 살아있을 때는 자식으로서 제 마음대로 할 수 없기에 그 마음가짐의 잘잘못을 살펴보는 것이다. 하지만 부친이 돌아가신 뒤엔 비로소 제 마음대로 할 수 있으므로 마음만 가지고서는 그의 효도를 찾아볼 수 없다. 그 행위의 선악까지 살펴보지 않으면 안 된다.

그러나 반드시 그 부친의 사후 3년 후까지 그의 부친이 행한 일들을 바꾸거나 변하지 않아야 한다. 비록 부친의 사후에 제 마음대로 할 수 있는 때임에도 오히려 그 어버이의 일에 대해 차마 못 하는, 지극히 애틋한 마음이 있어야 이를 효도라 말할 수 있다."

集註

父在엔 子不得自專이니 而志則可知오 父沒然後其行可見이라 故로 觀此면 足以知其人之善惡이라 然이나 又必能三年無改於父之道라야 乃見其孝니 不然則所行雖善이나 亦不得爲孝矣니라

○ 尹氏曰 如其道면 雖終身無改라도 可也어니와 如其非道면 何待三年이리오 然則三年無改者는 孝子之心에 有所不忍故也니라

游氏曰 三年無改는 亦謂在所當改而可以未改者耳니라

[해석] 아버지 살아계실 적엔 아들은 제 마음대로 할 수 없기에 그 뜻을 보면 알 수 있고, 아버지 돌아가신 뒤엔 그의 행실에서 살펴볼 수 있다. 그러므로 이렇게 살펴보면 그 사람의 선악을 알 수 있다. 그러나 또한 반드시 3년 동안 부친의 일을 바꾸지 않아야 이에 그 효도를 찾아볼 수 있다. 그렇지 않으면 행하는 바 아무리 착하더라도 또한 효도라 할 수 없다.

○ 윤씨[尹焞]가 말하였다.

"만일 그 일이 도에 맞는다면 종신토록 바꾸지 않아도 옳은 일이지만, 만약 그 일이 도가 아니라면 어떻게 3년을 기다릴 수 있겠는가. 그렇다면 3년 동안 바꾸지 않는다는 것은 효자의 마음에 차마 못 한 바 있기 때문이다."

유씨[游酢]가 말하였다.

"3년 동안 바꾸지 않는다는 것은 또한 마땅히 고쳐야 할 일임에도 고치지 않음을 말한다."

[보 補]

위에서 인용한 윤씨와 유씨 설은 각기 주안점이 다르다. 주자는 이를 보완하여 다음과 같이 말하였다.

"아버지 살아계실 땐 그 뜻을 살펴본다는 구절에 벌써 어떤 좋지 못한 일을 겪고 있는 처지에서 말한 뜻이니만큼 반드시 그 어떤 일이 있어 이런 말을 했을 것으로 보인다.

경문의 뜻을 살펴보면 그 아들의 마음과 행실은 이미 그 부친과 달리한 것이다. 부친 생존 때에 자식의 행동이 없는 것은 아니지만, 그 주된 바는 뜻에 있고, 부친 사후에 자식의 뜻이 없는 것은 아니지만, 그 주된 바는 행동에 있다.

도[道: 父之道]는 일[事]이라는 뜻과 같다. 도라고 말한 것은 부친의 일에 대한 존칭이다.

3년 동안 바꾸지 않는다는 것은 좋지도 않고 나쁘지도 않은 어정쩡한 일[半上落下之事]을 당연히 고치고 바꿔야 할 터이지만, 이를 서둘러 바꾸면 2가지 잘못을 범하게 된다. 하나는 돌아가신 부모를 살아계신 부모처럼 생각하는 효심[事死如事生]이 없는 것이고, 또 다른 하나는 그 부친의 잘못을 들춰내는 것이다. 모름지기 3년 이후에 서서히 바꿔나가면 사람들은 이런 사실을 깨닫지 못할 것이다.

만약 아주 좋지 못한 일이라면 3년이라는 기한에 얽매여서는 안 된다. 그 고쳐서는 안 될 일이라면 종신토록 고쳐서는 안 됨은 말할 필요가 없다. 그 3년을 기다릴 수 없는 것 또한 예사롭지 않은 일이니만큼 또한 그에 대해 무어라 예단할 수 없다.

이를 잘 읽는 이는 유추하여 추구하여 보면, 혹 종신토록 고쳐서는 안 될 일, 3년 후에 고쳐야 할 일, 마지못해 3년을 기다리지 못하고 고쳐야 할 일들을 그 처지의 상황이 어떠냐에 따르되 차마 못 하는 마음이 없어서는 안 된다. 차마 못 하는 마음이 있으면 설령 마지못해 고칠지라도 또한 그의 효도에는 아무런 방해가 되지 않는다.

윤씨는 효자의 마음만을 말했을 뿐, 그 일에 관해서는 언급하지 않았고, 유씨는 사리의 측면에서 성인이 말한 뜻을 밝힌 것이다."[104]

위의 논지는 부친의 일을 고치느냐 않으냐는 사안의 상황 여부에 따르되 차마 못 하는 효심에 방점을 두고 있다. 효심만 있다면 개변(改變) 여부는 문제 되지 않는다. 만약 남들이 다 아는 악행의 경우, 이를 서둘러 바꾸지 않는다면 그것은 부친의 악명을 비호하고 가중하는 것으로 효도하려다가 오히려 효도를 망치는 일[以孝傷孝]이다.

12. 예지장지 禮之章旨

이 장에서는 유자가 화(和)를 논변하여 예(禮)를 유지코자 한 것이다.

상절에서는 예 가운데 화(和)를 말하여 사람에게 보여줌으로써 예라는 것은 번거롭고 괴로운 도구가 아님을 나타냈으며,

---

104 『大全』該註. "朱子曰 父在觀其志此一句, 已自有處變意思, 必有爲而言. 觀其文意, 便是父在時, 其子 志行, 已自有與父不同者. 父在時, 子非無行, 而其所主 在志. 父沒時, 子非無志, 而其所主 在行. 道, 猶事也; 言道者, 尊父之辭. 三年無改, 是半上落下之事, 雖在所當改, 但遽改之, 則有死其親之心, 有揚親之過之意. 須三年後, 徐改之, 便不覺. 若大故不好底事, 則不在此限矣. 其不可改者, 則終身不改, 固不待言. 其不可以待三年者, 則又非常之變, 亦不可以預言. 善讀者, 推類而求之, 或終身不改, 或三年而改, 或甚不得已則不待三年而改, 顧其所遇之如何, 但不忍之心, 則不可無耳. 存得不忍之心, 則雖或不得已而改, 亦不害其爲孝. 尹氏, 說得孝子之心, 未說得事; 游氏, 則於事理上, 說得聖人語意出."

하절에서는 예를 벗어난 화(和)를 말하여 예가 아닌 잘못을 해서는 안 된다는 점을 나타내주고 있다. 이는 당시에 한낱 '화'만을 지향한 데에서 생겨나는 폐단이기에 특별히 예의 본질을 추구하여 그 폐단을 구제한 것이다.

(1) 예지절지 禮之節旨

위귀(爲貴) 2자는 예를 자연스럽게 행한다는 것이며, 아래 구절은 예의 근본이란 자연스러움으로 이뤄졌음을 말하고 있다.

위의 2구[禮之用 和爲貴]는 이미 아래의 3구[先王之…小大由之]의 뜻을 포괄하고 있다. 아래 3구는 위의 2구의 뜻을 밝힌 데에 지나지 않는다.

선왕지도(先王之道)는 곧 예(禮)를, 사(斯: 斯爲美)는 화(和)를, 위(爲: 爲美)는 귀(歸)를, 소대유지(小大由之)는 예지용(禮之用)을 말하고 있다.

주자가 말하기를, "마음이 편안한 곳이 곧 화(和)요, 지극히 엄격한 곳이 곧 지극히 화(和)한 곳이다."라고 하여, 이를 두 가지로 나누어 보지 않았다.

有子曰 禮之用이 和爲貴하니 先王之道 斯爲美라 小大由之니라

유자가 말하였다.

"예를 행하는 데에는 자연스러움[和]이 귀중하다. 선왕의 도[禮]는 자연스러운 이런 점이 아름답다. 〈천하 후세의〉 크고 작은 일들이 이런 〈선왕의 도〉를 따른 것이다."

강설

유자는 예를 유지하고자 다음과 같이 말하였다.

"예라는 것은 모든 일에 있어 본래 고준하고 엄격하다. 그러나 모두 자연스러움에서 나온 터라, 억지로 하는 것이 아니다. 그러므로 예의 작용이란 반드시 화기로워서 절박하지 않고 천리(天理)에 편안하고 인정에 거슬림이 없다. 이것이 예의 본의로 고귀한 것이다.

예라는 것은 곧 선왕의 도이다. 선왕이 제정한 예는 그 자연스러움을 얻은 데 있다. 이것이 아름다운 예로써 천하에 법이 되고 후세에 길이 전해진 것이다.

그러므로 천하 후세까지 작은 일로는 곡례(曲禮) 3천 가지, 큰일로는 예의(禮儀) 3백 가지가 아름다운 선왕의 도를 따라 제정되지 않은 게 없다."

集註

禮者는 天理之節文이오 人事之儀則也라 和者는 從容不迫之意라

蓋禮之爲體雖嚴이나 然이나 皆出於自然之理라 故로 其爲用이 必從容而不迫이라야 乃爲可貴니 先王之道 此其所以爲美而小事大事 無不由之也니라

[훈고] 예(禮)는 천리(天理)의 절문(節文: 節, 等級; 文, 回互.)이며, 인사(人事)의 의칙(儀則: 儀, 可象; 則, 準則.)이다. 화(和)는 자연스럽고 급박하지 않다는 뜻이다.

[해석] 예의 본체는 비록 엄격하지만, 이는 모두 자연의 이치에서 나온 것이다. 이 때문에 그 작용은 반드시 자연스럽고 급박하지 않아야 만이 고귀한 것이다. 선왕의 도는 이런 점이 아름다운 것이며, 작은 일이든 큰일이든 이로 말미암지 않은 게 없다.

[보 補]

예에 관한 천리(天理)와 인사(人事), 그리고 절문(節文)과 의칙(儀則)에 대해 진씨는 다음과 같이 해석하였다.

"천리는 사람이 행하는 일 가운데 담겨있는 이치로서 마음속에 갖춰있다. 천리는 내면의 마음속에 있으면서 몸으로 행하는 일에 나타나고, 사람이 행하는 일은 밖으로 몸에 나타나지만 내면의 마음에 뿌리를 두고 있다.

절문, 의칙 4자는 상대적으로 말한다. 절(節)이란 너무 지나침이 없도록 자르는 것이며, 문(文)이란 미치지 못하는 부족함이 없고자 보완하는 것이다. 그리고 의(儀)는 밖에 있는 것으로 우러러볼 만한 것이며, 칙(則)이란 내면에 있는 것으로 굳건히 지키는 것이다.

다시 말하면 의(儀)는 몸가짐의 거동[容儀]을 말한 것으로 찬란하게 본받은 바 있다는 뜻이며, 칙(則)은 준칙(準則)을 말한 것으로 확연하게 변하지 않는다는 뜻이니 절(節)자와 상응한다. 반드시 천리의 절문이 있는 뒤에 인사의 의칙이 있을 수 있다."[105]

(2) 유소절지 有所節旨

이렇게 행하여서는 안 된다[不行]는 것은 지나치게 일변도로 자연스러움만을 추구하는 화(和)란 더 이상 행할 수 없음을 말하며, 아래[不以禮節之 亦不可行也]에서는 그런 일을 행할 수 없다는 이유에 대해 말하고 있다.

역(亦: '亦'不可行也)자 또한 앞의 문장에 상응하여 말하였다. 자연스러움의 화(和)가 없는 예는 진정 고귀하지 못하지만, 절제가 없는 자연스러움[和] 또한 행할 수 없는 일이다.

지화(知和)의 지(知)자에 굳이 크게 나무랄 것은 없지만, 자연스러움만을 알고서 절제 없는 자연스러움으로 일관했을 적에 비로소 폐단이 생겨나는 것이다. 당시 귀(貴: 和爲貴)자가 잘못된 것이라는 비판에 대한 해명의 말이다.

허동양(許東陽)이 말하였다.

105 위와 같음. "陳氏曰 天理, 只是人事中之理而具於心者也. 天理, 在中而著於事; 人事, 在外而根於中. 天理其體, 而人事其用也. 節文儀則四字, 相對說. 節則無太過, 文則無不及; 儀, 在外有可觀; 則, 在內有可守. 儀, 謂容儀, 有粲然可象底意, 與文字相應. 則, 謂準則, 有確然不易底意, 與節字相應. 必有天理之節文, 而後有人事之儀則."

"이는 예를 사용하는 관점에서 말한 것이다. 앞의 문장[禮之節]은 본원을 추구함[推原]이며, 뒤의 문장[有所節]은 폐단을 막기 위함[防弊]이다."

有所不行하니 **知和而和**오 **不以禮節之**면 **亦不可行也**니라

"행하지 못할 게 있으니, 자연스러움만 알고서 자연스럽게 행하고, 예로써 절제하지 않는다면 이 또한 행할 수 없다."

강설

"예라는 것은 앞서 자연스러움이 고귀하다고 말한 바 있다. 그렇다면 자연스러움이란 당연히 행하지 못할 바 없을 것이다. 하지만 그런 중에서도 행하여서는 안 될 것이 있다.

무엇을 말하는가. 그것은 오로지 자연스러움이 고귀한 줄만을 알고서 한결같이 자연스러움으로 행하여 지나친 정을 예의로 절제하지 않는다면 이 또한 예의 본연이랄 수 없다.

이 때문에 되돌아올 줄 모른 채, 마냥 흘러가는 것은 크고 작은 일을 행함에 있어 또한 행할 수 없다. 지나치게 엄격하면 구차스럽다. 구차스러움은 예가 아니다. 하지만 지나치게 자연스러움은 방자함이다. 방자함 또한 예가 아니다. 예를 행함에 있어서 이런 점을 살펴야 한다."

集註

承上文而言 如此而復有所不行者하니 以其徒知和之爲貴하야 而一於和오 不復以禮節之면 則亦非復禮之本然矣니 所以流蕩忘反하야 而亦不可行也니라

○ 程子曰 禮勝則離라 故로 禮之用이 和爲貴하니 先王之道 以斯爲美하야 而小大由之니라 樂勝則流라 故로 有所不行者하니 知和而和오 不以禮節之면 亦不可行이니라

范氏曰 凡禮之體는 主於敬이나 而其用則以和爲貴하니 敬者는 禮之所以立也오 和者는 樂之所由生也라 若有子는 可謂達禮樂之本矣로다

愚謂 嚴而泰 和而節은 此理之自然이오 禮之全體也니 毫釐有差면 則失其中正而各倚於一偏이니 其不可行이 均矣니라

[해석] 윗글을 이어서 말하였다. 이와 같으나 또한 행하지 못할 바가 있다. 한갓 자연스러움이 귀중한 줄만 알고서 한결같이 자연스러움만을 행한 채, 다시는 예로 이를 절제하지 않으면 또한 예의 본연에 회복함이 아니다. 질탕하게 흘러가 되돌아설 줄 모름으로써 또한 행할 수 없다.

○ 정자[伊川]가 말씀하였다.

"예(禮: 敬)가 지나치면 서로의 마음이 떠나게 된다.(『禮記』「樂記」) 그러므로 예의 작용은 자

연스러움이 고귀하다. 선왕의 도는 이를 아름다움으로 삼아 작은 일이든 큰일이든 이를 따르는 것이다.

음악[樂: 和]이 치우치면 방탕하게 된다.(上同) 그러므로 행하지 못할 바가 있다. 자연스러움만을 알고서 자연스럽게 할 뿐, 예로써 절제하지 않으면 또한 행할 수 없다."

범씨[范祖禹: 字淳夫 成都人『唐鑑』著者]가 말하였다.

"예의 본체는 공경을 주로 하나 그 작용은 자연스러움을 고귀함으로 삼는다. 경(敬)이란 예가 성립되는 바이며, 화(和)란 음악이 발생되는 바이다. 유자와 같은 이는 예악의 근본을 깨달았다고 말할 만하다."

나의 생각은 다음과 같다.

"〈예의 본체는〉 엄격하면서도 〈그 작용은〉 자연스러우며[泰: 從容不迫], 자연스러우면서도 〈엄격한〉 절제가 있음은 이치의 자연이요, 예의 전체이다. 털끝만큼이라도 어긋남이 있으면 그 중정을 잃고서 각기 한 곳에 치우치게 되니, 그 행할 수 없는 일임은 한 가지이다."

[보 補]

예악의 상반된 체용은 음양의 체용이 상반되는 것과 같다. 예의 본체는 엄격하다. 일정한 기준을 넘어설 수 없다. 예컨대 부모 생전의 혼정신성(昏定晨省)과 사후의 상제례(喪祭禮)는 일정한 제도에 의해 엄격하게 설정되어 있다. 이것이 예의 본체이다. 그러나 기쁜 마음으로 문안과 이부자리를 봐 드리고 상제례 역시 억지로 하는 게 아니다. 이것이 자연스러운 화(和)를 말하는 예의 작용이다. 바꿔 말하면 엄격한 제도를 편안한 마음으로 행하는 것이다. 음악 또한 마찬가지이다. 음악의 본체는 자연스러운 조화이자 평화이다. 그러나 음악의 연주는 한 음절 한 박자를 놓쳐서는 안 된다. 이것이 음악의 엄격한 작용이다.

음양 또한 마찬가지다. 양의 본체는 강하고 음은 유하다. 그러나 겨울의 날씨는 매섭고 여름은 따뜻하다. 이처럼 체용은 상반된 양상을 보여주는 것이다. 이는 음 가운데 양이 있고 양 가운데 음이 있는 것처럼 엄격한 절제 속에 조화를, 조화 속에 절제가 동시에 양면으로 존재하기 때문이다.

따라서 "예는 하나같이 엄격하면 구속된 병폐로 행할 수 없고 하나같이 자연스러우면 방자한 병폐로 또한 행할 수 없다. 오직 엄격하면서도 자연스럽고 자연스러우면서도 절제가 있어 예의 전체를 잃지 않아야 한다. 이렇게 행하여야 폐단이 없다."[106]

13. 신근전지 信近全旨

이 장에서는 훗날 후회를 멀리하는 요체에 대해 말하고 있다.

106 『論語集說』 권1. "蓋禮一於嚴, 則病於拘而不可行; 一於和, 則病於肆而亦不可行. 唯嚴而和, 和而節, 不失禮之全體, 斯可行而無弊矣."

위의 3구[信近於義 恭近於禮 因不失其親]는 그 처음 시작을 삼가는 것이며, 아래의 3구[言可復也 遠恥辱也 亦可宗也]는 훗날 후회가 없음을 말한다. 요컨대 처음을 삼갈 줄 안다는 것은 곧 끝마무리를 앞서 염려하는 것이다. 이에 말을 실천할 수 있고, 부끄러운 일을 멀리할 수 있고, 또한 주인으로 삼을 수 있는 것이지, 실천하고 멀리하고 주인으로 삼은 후에 약속 따위를 지켜나간다는 것은 아니다. 이는 약속하고 공손하고 친히 할 적부터 의리에 가깝게 한다는 등을 말한다.

단 이 3가지는 가벼운 뜻으로 보아야 한다. 신(信)은 약속과 서약(誓約) 따위를 말할 뿐, 성신(誠信)을 말함이 아니며, 공(恭)이란 몸가짐이 겸손하고 공손함이며, 인(因)이란 우연스럽게 인연을 맺고 의지한다는 것일 뿐이다. 주자는 집주에서 의(義)와 예(禮) 가깝다는 근(近: 近於義, 近於禮)자의 뜻을 적절하게 부합한다는 합(合: 合其宜)으로 말했을 뿐이다.

근(近: 近於義, 近於禮)이니, 불실(不失: 不失其親)이니 하는 말들은 반드시 평소에 의리에 정통하고[近於義] 예의에 밝으며[近於禮] 사람을 알아볼 줄 아는 공부[因不失其親]가 있어야 만이 비로소 이처럼 할 수 있다.

有子曰 信近於義면 **言可復也**오
恭近於禮면 **遠恥辱也**오
因不失其親이면 **亦可宗也**니라

유자가 말하였다.
"약속이 의에 가까우면 그 말을 실천할 수 있고,
공손함이 예에 가까우면 부끄러움과 욕됨을 멀리할 수 있고,
의지함에 그 친할 만한 이를 잃지 않으면 또한 그를 주인으로 삼을 수 있다."

강설

유자는 그 처음을 조심해야 한다는 점을 사람들에게 보여주었다.

"말과 행실과 교제는 사람이 살아가는 데에 큰일들이다. 사람들이 훗날 뒤에 후회하는 것 또한 그 처음을 삼가지 않았기 때문이다.

처음 약속할 당시, 그 약속을 끝까지 실천할 수 있을까 없을까를 생각하여 적합한 의리에 가깝게 추구하면 반드시 그 말을 실천할 수 있다.

공손한 몸가짐을 다할 그 처음, 그 당시에 행여 지나친 공손으로 부끄러움과 욕이 될까를 염려하여 중도와 절제에 맞는 예절에 가깝게 추구한다면 마음의 수치와 바깥의 모욕을 멀리할 수 있다.

남에게 의지하려는 그 처음에 그 사람을 끝까지 주인으로 삼을 수 있을까 없을까를 염려하여 가까이 할 사람을 잃지 않는다면 또한 그를 받들어 종주로 삼을 수 있을 것이다.

말과 행실과 교제에 있어 그 처음을 삼가면 마침내 후회가 없을 것이다. 이처럼 하는 것이 진정 군자가 그 처음을 삼가는 것이다."

集註

信은 約信也라 義者는 事之宜也라 復은 踐言也라 恭은 致敬也오 禮는 節文也오 因은 猶依也오 宗은 猶主也라

言約信而合其宜면 則言必可踐矣오 致恭而中其節이면 則能遠恥辱矣오 所依者不失其可親之人이면 則亦可以宗而主之矣라 此는 言人之言行交際를 皆當謹之於始而慮其所終이니 不然이면 則因仍苟且之間에 將有不勝其自失之悔者矣라

[훈고] 신(信)은 약속이며, 의(義)는 일의 적절함이며, 복(復)은 말을 실천함이며, 공(恭)은 공경을 다함이며, 예는 절문(節文)이며, 인(因)은 의지함과 같으며, 종(宗)은 주(主)와 같다.

[해석] 약속을 하되 그 적절함에 맞으면 그 말을 반드시 실천할 수 있고, 공손함을 다하되 그 절도에 맞으면 부끄러움과 욕됨을 멀리할 수 있으며, 의지할 자로서 그 친할 만한 사람을 잃지 않으면 그를 높여 주인으로 삼을 수 있다.

이는 사람의 말과 행실과 교제하는데 모두 그 처음을 삼가하고 그 끝을 염려한 바이다. 그렇지 않으면 인습(因習: 因仍)과 구차스러운 사이에 장차 그 스스로의 잘못을 후회하는 마음을 이기지 못할 것이다.

14. 군자전지 君子全旨

이 장에서는 군자가 학문을 좋아하는 모습을 묘사하여 배우는 이들을 격려하고 있다. 이 문장의 맥락은 3절로 나뉘어 있으나 그 뜻은 하나로 연결되어 있다.

배부름과 안일을 추구하지 않는다는 것은 일에 민첩하게 하려는 것과 말을 삼가는 데에 한결같은 마음을 두고 있기 때문이다.

설령 일에 민첩하고 말을 삼갔을지라도 오히려 스스로 옳다는, 자만의 마음을 가지지 않고, 또 다시 도가 높은 사람을 찾아가 바로잡음을 추구하는 것이 바로 끝없이 학문을 좋아하는 마음이다.

그러나 호학(好學) 2자의 의미는 무구(無求: 食無求飽, 居無求安), 민신(敏愼: 敏於事而愼於言), 취정(就正: 就有道而正焉) 몇 글자 속에 담겨있는바, 그치지 않고 끊임없이 부지런히 힘쓰는 뜻을 찾아볼 수 있다. 여기에서 어느 한 가지라도 빠진다면 그것은 온전하지 못하다.

도가 높은 사람이란 그의 몸과 도가 하나가 된 인물을 말한다. 취정(就正: 就有道而正焉)이란 모든 일과 모든 말들을 모두 바로잡는다는 것이지, 이미 일을 끝마치고 말을 다 한 후에 그 잘잘못을 바로잡는다는 말은 아니다.

가위(可謂: 可謂好學也已) 구절은 학문을 좋아한다는 것이 이처럼 어렵다는 말이지, 호학(好學)에 대한 찬사가 아니다.

子曰 君子는 **食無求飽**하며 **居無求安**하며 **敏於事而愼於言**이오 **就有道而正焉**이면 **可謂好學也已**니라

부자께서 말씀하셨다.
"군자는 음식을 먹을 적에 배부름을 구하지 않고, 거처하는 데에 편안함을 구하지 않으며, 일에 민첩하고 말을 삼가며, 도가 높은 사람을 찾아가 잘잘못을 바로잡으면 배움을 좋아한다고 말할 수 있다."

강설

부자께서 순수한 마음가짐의 학문을 말씀하셨다.
"도에 나아갈 수 있는 것은 학문에 있다. 그러나 학문이 어려운 게 아니라, 이를 좋아하기가 어려운 것이다. 군자는 밥을 먹음에 일찍이 배불리 먹지 않은 바 없지만, 마음만큼은 배부름을 추구할 겨를이 없으며, 거처하는 데 일찍이 편안하지 않은 바 없지만, 마음만큼은 안일을 추구할 겨를이 없다.

한결같이 오직 행하여야 할 바의 일을 민첩히 하여 부족한 것에 힘쓰고, 해야 할 말들을 조심하여서 할 말을 다하지 않아야 한다.

그렇지만 감히 스스로 자신이 옳다고 할 수는 없다. 그러므로 반드시 도덕을 높은 이를 찾아가 그 일과 말의 잘잘못을 바로잡아야 한다.

이는 참으로 도는 끝이 없어 어느 곳, 어느 때나 학문이 있지 않은 바 없음을 찾아볼 수 있다. 이렇게 하는 것을 호학(好學)이라고 말한다."

集註

不求安飽者는 **志有在而不暇及也**라 **敏於事者**는 **勉其所不足**이오 **謹於言者**는 **不敢盡其所有餘也**라 **然**이나 **猶不敢自是**하고 **而必就有道之人**하야 **以正其是非**면 **則可謂好學矣**라 **凡言道者**는 **皆謂事物當然之理 人之所共由者也**라

○ **尹氏曰 君子之學**이 **能是四者**면 **可謂篤志力行者矣**라 **然**이나 **不取正於有道**면 **未免有差**하니 **如楊墨學仁義而差者也**라 **其流 至於無父無君**하니 **謂之好學**이 **可乎**아

[해석] 편안함과 배부름을 추구하지 않음은 마음이 오롯이 도에 있어 다른 데에 미칠 겨를이 없는 것이다. 일에 민첩함이란 그 부족한 바를 힘씀이며, 말을 삼감은 감히 그 남아있는 바를 다하지 않음이다. 그런데도 오히려 스스로 옳다 여기지 않고 반드시 도가 높은 이를 찾아가 그 잘잘못을 바로잡으면 이를 호학이라고 말할 것이다.

대체로 도(道)라 말하는 것은 모두 사물의 당연한 이치, 사람이 모두 말미암아 나아갈 바를 말한다.

○ 윤씨[尹焞]가 말하였다.

“군자의 학문이 이 4가지를 잘하면 뜻이 독실하고 행실에 힘쓰는 자라고 말할 만하다. 그러나 도가 높은 사람에게 시비를 바로잡지 않으면 잘못을 면치 못할 것이다. 양주(楊朱)와 묵적(墨翟)이 인의를 배웠음에도 잘못된 것과 같다. 그들의 유폐(流弊)가 아버지도 없고 임금도 없는 데까지 이르렀다. 이를 호학이라고 말할 수 있겠는가.”

[보 補]

위의 경문을 살펴보면, 호학은 3단계로 구성되어 있다.

호학의 첫째 조건[食無求飽 居無求安]은 입지(立志)의 문제이다. 배부름과 편안한 거처는 부귀의 세속적 영화이다. “부귀를 원하는 마음과 학문을 닦으려는 마음이 가슴속에 갈등을 일으키면 어떻게 현재의 위치에서 그 도리를 밟아나갈 수 있겠는가.”[107] 이처럼 학문을 하면서도 세속의 영화를 부러워하는 마음을 가슴속에서 벗어던지지 못하면 그 어떤 일도 이룰 수 없는데, 어떻게 현재의 처지에 안주하여 학문을 닦을 수 있겠는가. 이로 보면 배부름과 편안한 거처를 구하지 않음은 몸을 고결히 지킴은 물론, 학문을 지향하는 오롯한 마음이 전제되어야 한다는 마음가짐[存心]으로 말하였다.

호학의 중간단계[敏於事而愼於言]는 언행일치(言行一致)이다. 행실의 부족한 부분에 힘쓰고 끝없이 남아있는 말을 절제하는 것이다. 바꿔 말하면 “말은 행실을, 행실은 말을 돌아보는[言顧行 行顧言]” 것은 중간단계의 수행 공부이다.

그리고 호학의 끝부분[就有道而正焉]은 자신의 학문을 스승과 벗으로부터 객관적인 증명을 받는 것이다. 아무리 수많은 공부를 했을지라도 도가 있는 이를 찾아가 그 시비를 바로잡지 않으면 안 되며, 또한 많은 공부가 없으면 아무리 도가 있는 이를 찾아가 그 시비를 바로잡는다고 할지라도 부질없는 일이다.[108]

이로 보면 첫째 부귀영화를 갈구하는 마음이 없어야 만이 호학의 의지를 볼 수 있고, 둘째 언행에 힘쓰고 조심하여야 만이 호학의 실상을 볼 수 있고, 마지막으로 반드시 도가 있는 이에게 나아가 그 시비를 바로잡아야 만이 호학의 바른길에 어긋남이 없는 것이다. 위의 3가지 점에서 진정으로 학문을 좋아하는 이를 찾아보기 매우 어렵다는 점을 볼 수 있다.[109]

증명의 중요성에 관해서는 양주, 묵적에게서 찾아볼 수 있다. 주자는 이에 대해 다음과 같이 말하였다.

“양주는 세상 사람들이 먹는 것과 이록(利祿)만을 생각하여 그 몸을 매몰하면서 스스로 모

107 『周易』「履卦䷉」 初九, 程傳. “若欲貴之心, 與行道之心, 交戰于中, 豈能安履其素也?”

108 『大全』 該註. “朱子曰 不求安飽, 是其存心處; 敏事謹言, 是其用工處. 須就正方得. 有許多工夫,不能就有道以正其是非, 也不得. 無許多工夫, 雖然就正有道, 亦徒然.”

109 위와 같음. “雲峯胡氏曰 必無求, 然後見其有好之之志; 必敏愼, 然後見其有好之之實; 必取正有道, 然後不差夫好之之路. 此足以見好學者之甚難得也.”

른다고 생각한 나머지 홀로 그 몸을 조촐이 하여 스스로 드높였다. 하지만 그는 의(義)란 모든 일을 시의적절하게 처리하여 인륜과 사물에 각기 그 제자리를 얻어야 곧 의에 맞는 줄을 모르고 다만 자기의 몸이 있는 줄만을 알 뿐이었다. 만약 모든 사람이 이처럼 자신의 결백만을 위한다면 천하의 일은 그 누가 다스린다는 것일까? 이것이 곧 임금이 없다는 것이다.

묵적은 세상 사람들이 사리사욕으로 남에게 베풀 줄 모른다고 생각한 나머지 천하의 그 모든 사람을 사랑하고자 하였다. 하지만 그는 인(仁)이란 사랑의 마음이 널리 두루 하면서도 이를 베푸는 데에 차등이 있음을 몰랐다. 사랑의 마음을 널리 두루 함은 '인'이니 그 사랑이라는 도리는 똑같이 하나이지만, 베푸는 데에 차등이 있음은 '인' 가운데 의(義)이다. 그 분수는 각기 다르다. 그는 어버이의 사랑과 백성의 사랑을 똑같이 하였다. 이는 어버이를 남들처럼 대한 것이다. 이것이 곧 아비가 없다는 것이다. 이 때문에 배우는 이는 반드시 도 있는 이에게 바로잡아야 한다."[110]

이처럼 도가 높은 이에게 바로잡음이란 주관적 인식의 잘못, 행동의 편파성을 제삼자의 객관적인 공정한 평가를 거쳐 증명되어야 함을 말한다.

15. 빈이장지 貧而章旨

이 장에서는 진리의 길은 끝이 없으며, 닦아나가야 할 학문 또한 끝이 없음을 말해주고 있다.

제1절에서는 가난한 삶 속에서 아첨하지 않고 부유한 생활에도 교만하지 않으면서 한 몸을 지켜나간다는 것은 부귀를 초탈하는 것만 같지 못함을 말하였고, 아래 2절에서는 자공의 깨달음으로 인하여 부자께서 그를 인정한 말씀이다.

『시경』을 인용한 부분은 모두 학문의 측면에서 말하고 있다.

본장의 전체 뜻은 미약(未若: 未若貧而樂 富而好禮者也) 2자를 주로 삼았고, 지래(知來: 告諸往而知來者)의 지(知)자를 골격으로 삼았다.

(1) 빈이절지 貧而節旨

아첨함이 없고 교만함이 없다는 것은 모두 천리로 인욕을 이겨낸 것이다. 이로 보면 자공은 스스로 몸가짐을 지켰다고 말할 수 있다. 부자께서 '괜찮은 일'이라고 인정한, 가야(可也) 2자는 "스스로 몸가짐을 지켰다."는 측면에서 그를 인정한 말씀이다. 부자께서 겨우 '괜찮은 일'이라고 말하였지만,

---

110 위와 같음. "朱子曰 楊氏以世人營營於口利, 埋沒其身而不自知, 故獨潔其身以自高. 然不知義者制事之宜, 處人倫事物, 各當其所, 乃合於義, 今但知有己而已. 使人皆如此潔身自爲, 則天下事, 敎誰理會? 此便是無君. 墨氏見世人自私自利, 不能及人, 故欲兼天下而盡愛之. 然不知仁者心無不溥遍, 而施則有差等. 心皆溥遍者, 仁也, 其理一; 施有差等者, 仁中之義也, 其分殊. 今親親與仁民同, 是待親, 猶他人也, 此便是無父. 此學者所以必求正於有道也."

이 또한 자공의 몸가짐을 부족하다고 폄하한 말은 아니다. 아래의 미약(未若: 未若貧而樂 富而好禮者也) 2자를 쓰면서 문장은 전환하여 힘이 실리게 된 것이다.

사람들이 대체로 가난한 생활 속에서 그 어려움에 대한 걱정을 이기지 못한 까닭에 낙도(樂道)를 가난에 붙여 말하였고, 부유한 삶을 누리는 사람이란 예를 따르는 사람이 많지 않기에 호례(好禮)를 부(富)에 붙여 말한 것이다.

요컨대 가난한 삶 속에서 즐긴다는 것은 가난 그 자체를 즐기는 게 아니다. 가난한 삶 속에서도 스스로 도를 즐기는 낙이 있음을 말한다. 부를 누리면서 예를 좋아한다는 것은 그 부를 지키기 위함이 아니다. 그 스스로 예를 좋아함으로 말한 것이다.

子貢曰 貧而無諂하며 富而無驕호대 何如하니잇고
子曰 可也나 未若貧而樂하며 富而好禮者也니라

자공이 여쭈었다.

"가난하여서도 아첨함이 없으며, 부유하되 교만함이 없음은 어떠합니까?"

부자께서 답하셨다.

"괜찮은 일이지만, 가난하면서도 도를 즐기고 부유하면서도 예를 좋아하느니만 못하다."

강설

자공은 처음 젊은 시절에 가난했으나 후일 부를 누렸는데, 일찍이 스스로 몸가짐을 지키는 데 힘을 쓴 사람이었다. 이 때문에 부자에게 여쭈었다.

"가난하면 아첨하기에 십상이고 부를 누리면 교만하기에 십상인 것이 인지상정(人之常情)입니다. 오늘날 여기에 어느 사람이 있는데, 가난한 생활을 살면서도 가난을 어렵게 생각지 않아 비굴한 바 없고, 부를 누리면서도 부에 흔들린 바 없어 교만하거나 과시한 바 없습니다. 그의 경지가 이런 정도에 이르렀다면 과연 어떠합니까?"

부자께서 답하셨다.

"가난하여서도 아첨함이 없고 부를 누리면서도 교만함이 없다는 것은 부귀에 빠지지 않고 스스로 몸을 지킬 줄 안 사람이다. 교만하거나 아첨하는, 세속 사람과 견주어보면 그는 분명 남다른 인물이다. 그런 정도의 인품 또한 괜찮다 할 것이다.

그러나 아첨하지 않음은 아직도 가난을 의식한 것이니만큼, 한 걸음 더 나아가 가난하면서도 도를 즐기어 마음이 드넓고 몸이 편안하여 그 가난마저도 잊은 것만 못하다. 교만하지 않음은 아직도 그 부를 의식한 것이니만큼, 한 걸음 더 나아가 부를 누리면서도 예를 좋아하여 선행으로 살아가고 천리를 따르면서 그 부마저 잊은 것만은 못하다."

부자께서 자공에게 이처럼 대답한 것은 그가 이미 잘한 일은 인정하고, 그가 이르지 못한 바를 격려한 것이다.

集註

諂은 卑屈也오 驕는 矜肆也라

常人은 溺於貧富之中하야 而不知所以自守라 故로 必有二者之病이라 無諂無驕면 則知自守矣나 而未能超乎貧富之外也라

凡曰可者는 僅可而有所未盡之辭也라 樂則心廣體胖하야 而忘其貧이오 好禮則安處善 樂循理하야 亦不自知其富矣라 子貢貨殖하니 蓋先貧後富하야 而嘗用力於自守者라 故로 以此爲問이어늘 而夫子答之如此하시니 蓋許其所已能하고 而勉其所未至也시니라

[훈고] 첨(諂)은 비굴함이며, 교(驕)는 자긍과 방자함이다.

[해석] 여느 사람들은 가난과 부에 빠져 스스로 지킬 바를 알지 못하기에 반드시 두 가지의 병폐가 있다. 아첨함이 없고 교만함이 없으면 스스로 지킬 바를 안 것이지만 가난과 부의 밖으로 초탈하지는 못한 것이다.

무릇 가(可)라고 말한 것은 겨우 괜찮을 뿐, 미진한 바 있다는 말이다.

도를 즐기면 마음이 드넓고 몸이 넉넉하여 그 가난을 잊게 되고, 예를 좋아하면 선으로 대처함을 편히 여기고 도리대로 따르는 것을 즐거워하여 또한 그 부를 스스로 알지 못하게 된다.

자공은 재물을 키워나갔다. 예전에는 가난했고 훗날 부를 누렸기에 일찍이 스스로 몸을 지키는 데에 힘을 썼던 사람이다. 이 때문에 이를 물었던 것인데, 부자께서 이처럼 답하시니, 이는 그의 이미 능한 바를 허락하고 그가 이르지 못한 바를 힘쓰도록 함이다.

(2) 시운절지 詩云節旨

이 절은 자공이 느낀 바 있어 스스로 감탄한 모습을 묘사한 것이지, 또다시 부자에게 여쭙는 말이 아니다.

여절(如切)과 여탁(如琢)은 무첨(無諂)과 무교(無驕)를, 여차(如磋)와 여차(如磨)는 낙도(樂道)와 호례(好禮)를 비유함이며, 사(斯: 其斯之謂與)자는 가야(可也)와 미약(未若)의 뜻을 가리킨다. 『시경』을 인용한 뜻을 넓은 의미로 보아야 하는 것이지, 오직 빈부의 측면에서 말한 것은 아니다.

子貢曰 詩云如切如磋하며 如琢如磨라하니 其斯之謂與인저

자공이 다시 말씀을 드렸다.

"『시경』에 이르기를, '끊은 듯, 가는 듯하며, 쪼는 듯 가는 듯이 한다.'고 하였는데, 그것은 이를 두고 한 말입니다."

강설

자공은 부자의 말씀을 듣고 깨친 바 있어 말을 이었다.

"저는 아첨과 교만이 없는 것만으로 지극하다고 생각했었는데, 부자께서 오히려 가난하면서도 도를 즐기고 부를 누리면서도 예를 좋아하라고 말씀하시니, 이는 천하의 이치는 끝이 없으며, 배움의 길은 멈출 수 없다는 뜻입니다.

『시경』에 이르기를, '군자의 학문이란 상아와 뿔을 다듬을 때 먼저 톱으로 자른 뒤에 또다시 정성껏 줄로 가는 듯이 거듭하고, 옥을 다듬을 때 먼저 끌로 쪼아낸 뒤에 또다시 정성껏 모래로 갈아 윤을 내듯 거듭한다.'고 하였습니다.

이는 앞서 대충 거칠게 다듬고 뒤이어서 자세히 그리고 정밀하게 다듬어서 이미 이뤄진 것에 더욱더 정밀함을 추구하였기 때문입니다. 그 구절의 뜻은 의리의 무궁함을 말한 것입니다."

集註

詩는 衛風淇奧之篇이라 言治骨角者는 旣切之而復磋之하고 治玉石者는 旣琢之而復磨之하니 治之已精而益求其精也라

子貢이 自以無諂無驕爲至矣러니 聞夫子之言하고 又知義理之無窮하야 雖有得焉이나 而未可遽自足也라 故로 引是詩以明之니라

[훈고] 시(詩)는 「위풍 기옥」편이다.

[해석] 뼈와 뿔을 다스리는 자는 앞서 끊어두고 다시 이를 갈며, 옥석을 다스리는 자는 앞서 쪼아내고 다시 이를 가는 것이다. 이미 정밀하게 다듬었음에도 더욱 그 정밀함을 추구하는 것이다.

자공은 스스로 아첨하지 않고 교만하지 않음을 지극하다고 생각하였다가 부자의 말씀을 듣고서 또다시 의리란 무궁하여 비록 얻은 바 있을지라도 문득 스스로 만족해할 수 없음을 깨달았다. 이 때문에 이 시를 인용하여 그 뜻을 밝힌 것이다.

(3) 사야절지 賜也節旨

위 구절에서 비로소 자공과 시를 이야기할 수 있다[賜也 始可與言詩已矣]는 것은 그를 고무시키는 말이며, 아래 구절[告諸往而知來者]에서는 자공과 함께 시를 이야기할 수 있는 이유를 말하고 있다. "비로소 그와 함께 이야기할 수 있다."는 것은 반드시 이와 같은 사람이어야만 비로소 그와 이야기를 나눌 수 있다는 것이지, 오늘로부터 비롯한다는 말은 아니다.

이의 전체 뜻은 지래(知來)의 측면에 중점을 두고 있다. 왕래(往來) 2자는 어느 하나에 집착하지 말고 살려보아야[活看] 한다. 이는 자공이 어떤 것이든 막힘없이 사방으로 통한다는 뜻으로 말

한 것이다.

子曰 賜也는 始可與言詩已矣로다 告諸往而知來者온여

부자께서 말씀하셨다.
"사여, 비로소 너와 함께 시를 말할 만하다. 가는 것을 말해주면 오는 것을 아는구나."

강설

부자께서 자공을 칭찬해마지않았다.

"나는 빈부를 말한 계기로 아첨과 교만하지 않은 것은 도를 즐기고 예를 좋아하는 것만 같지 못하다고 말했었는데, 사(賜)는 곧 '…하는 것만 같지 못하다.'는 말로 말미암아 시를 들어 말하였는데, 시에 대해 너무나도 말을 잘한 것이다. 반드시 자공처럼 안목이 뛰어나야 만이 비로소 그와 함께 시를 이야기할 수 있다.

시의 가르침은 문장이 완순(婉順) 하면서도 깊은 뜻이 담겨있다. 자공은 어떤 것이든 막힘없이 사방으로 통달하니, 이는 가는 길을 말해주면 오는 길마저 아는 자이다. 자공은 오늘로부터 학문의 길이 멀리멀리 뻗어나갈 것이다."

集註

往者는 其所已言者오 來者는 其所未言者라

○ 愚按 此章問答은 其淺深高下 固不待辯說而明矣라 然이나 不切則磋無所施오 不琢則磨無所措라 故로 學者 雖不可安於小成而不求造道之極致나 亦不可騖於虛遠而不察切己之實病也니라

[훈고] 왕(往)이란 그 이미 말해준[謂處貧富之道] 부분이며, 내(來)란 그 말하지 않은[謂學問之功] 부분이다.

○ 나의 생각은 다음과 같다.

"이 장에서의 문답은 그 얕고 깊고 높고 낮음이란 굳이 말하지 않아도 분명하다. 그러나 앞서 톱으로 잘라내지[切: 無諂無驕] 않으면 뒤이어 줄로 갈아갈[磋: 樂道好禮] 수 없고, 앞서 끌로 쪼아내지[琢] 않으면 뒤이어 모래로 갈[磨] 수 없다. 그러므로 배우는 이는 비록 작은 성취에 안주하여 도의 극치에 나아감을 구하지 않으면 안 되겠지만, 또한 헛되고 먼 곳으로 치달려 자기에게 절실한 병폐를 살피지 못하는 것도 안 된다."

[보 補]

집주에서 보통 사람이 가난과 부유함에서 범하기 쉬운 아첨과 교만이라는 2가지 병폐[二者之病]와 말미에서 말한 '나의 몸에 절실한 병폐[切己之實病]'라는 2개의 병(病)자를 잘 살펴보아야 한다.

만약 가난과 부유함의 측면에서 말하면 가난한 자는 아첨의 병폐가 있고 부유한 자는 교만의 병폐가 있다. 반드시 아첨과 교만의 병폐를 없앤 뒤에야 도를 즐기고 예를 좋아하는 경지에 이를 수 있다. 이는 곧 "비록 작은 성취에 안주하여 도의 극치에 나아감을 구하지 않으면 안 된다."라는 뜻이다.

그러나 만약 의리와 학문의 측면에서 말하면 배우는 이의 병폐는 참으로 많다. 그중에서도 반드시 먼저 나의 몸에 절실한 병폐를 없앤 뒤에야 도의 극치에 나아감을 추구할 수 있다. 이는 곧 "또한 헛되고 먼 곳으로 치달려 자기에게 절실한 병폐를 살피지 못하는 것도 안 된다."라는 뜻이다.[111]

16. 불환전지 不患全旨

이 장에서는 자신이 힘써야 할 학문이 그 무엇인가를 보여준 것이다.

부자는 남들이 나를 알아주지 않음을 근심한다는 데에서, 하나의 전어(轉語)를 사용하여 내가 남을 알지 못할까를 걱정해야 한다고 말하였다. 이는 자기 내면에로의 추구를 지향하였다. 자신이 먼저 격물치지(格物致知)로서 이치에 밝게 알아야만 남들이 그 어떤 사람인지 알 수 있다. 나 자신이 먼저 사리를 밝게 알지 못하면 어떻게 사람을 알아볼 수 있겠는가. 이 문장에서 사람을 안다는 것은 바로 자기 자신을 위해 남을 알아야 한다는 점이다. 그렇지 않으면 괜스레 이 사람, 저 사람을 서로 비교하여 헛소리를 지껄이는 것과 그 무엇이 다르겠는가.

子曰 不患人之不己知오 患不知人也니라

부자께서 말씀하셨다.

"남들이 나를 알아주지 않는다고 걱정하지 말고, 내가 남들을 알지 못할까를 걱정하라."

강설

부자께서 자신을 위한 학문으로 사람들에게 가르침을 주셨다.

"군자의 학문이란 나 자신에게 있는 바를 추구할 뿐이다. 나 자신이 참으로 올바르다면 남들이 나를 알아주겠지만, 그것은 나에게 아무런 도움이 되지 않는다. 남들이 설령 알아주지 않는다고 할지라도 그것은 나에게 아무런 손해가 없다. 그러므로 남들이 나를 알아주지 못한다고 걱정할 게 없다.

111 위와 같음. "雲峯胡氏曰 常人二者之病, 與學者切己之實病, 當看兩病字. 若只就貧富上說, 貧者病諂, 富者病驕, 必除諂驕之病, 然後可到樂與好禮地步. 若就義理學問上說, 則學者之病, 固多. 必先除切己之實病, 然後可求造道之極致也."

오직 저 사람의 잘잘못과 삿됨 그리고 올바름을 알지 못할까를 걱정해야 한다. 저 사람이 어떤 인물인지 알지 못하면 그의 옳음을 취할 수 없고 그의 그릇됨을 버릴 수 없으며, 올바른 일을 따르고 삿된 일을 멀리할 수 없다. 이런 점을 깊이 걱정해야 할 것이다."

集註

尹氏曰 君子는 **求在我者**라 **故**로 **不患人之不己知**오 **不知人**이면 **則是非邪正**을 **或不能辨**이라 **故**로 **以爲患也**니라

[해석] 윤씨[尹焞]가 말하였다.

"군자는 나에게 있는 바를 구하기에 남들이 나를 알아주지 않음을 걱정하지 않으며, 사람을 알지 못하면 옳고 그름과 삿되고 올바른 바를 간혹 분별하지 못하기에 이를 걱정해야 하는 것이다."

[보 補]

그 사람이 어떤 사람인지 알아야 한다는 지인(知人)이란 부자와 맹자께서 사람 살펴보았던 그 방법을 알아야만 그 사람이 어떤 사람인 줄을 알 수 있다. 부자는 아래 「시기(視其)」(「爲政」)장에서, 맹자는 「막양호모자(莫良於眸子)」(「離婁 上」)장에서 사람을 살펴보는 법[觀人法]을 제시하고 있다.

명도선생은 「시기」장에서 다음과 같이 말하였다.

"나 자신에게 있어 남의 말을 알고 이치를 궁구하면 이로써 성인처럼 사람을 살펴볼 수 있다."[112]

이는 자신이 자기를 위해 먼저 그 무슨 공부를 해야 할지를 말해준 것이다. 남을 비춰보기에 앞서 나의 마음 거울을 먼저 닦아야 함을 말한다. 때가 묻은 거울은 아무리 아름다운 사람이라도 추하게 비춰줄 뿐이다.

만일 일국의 재상으로서 사람을 알아볼 줄 모른다면 인재를 천거하는 즈음에 어진 이를 등용하고 불초한 이를 물리치지 못할 것이며, 배우는 이로서 사람을 알아보지 못하면 벗을 사귀는 즈음에 도움 되는 익우(益友)와 해가 되는 손우(損友)을 분별할 수 없을 것이다.[113]

이처럼 재상이 사람을 모르면 위로는 임금을 속이고 아래로는 백성에게 폐해를 끼치게 될 것이다. 사람을 알아본다는 것은 위정자와 학자는 물론 모든 사람과의 접촉에서도 매 마찬가지이다.

---

112 위와 같음. "程子曰 在己者, 能知言窮理, 則能以此察人如聖人也."

113 위와 같음. "朱子曰 若宰相不能知人, 則用舍之際, 不能進賢退不肖. 若學者不能知人, 則處朋友之際, 不能辨益友損友."

제2 위정 爲政 第二

凡二十四章이라

모두 24장이다.

1. 위정전지 爲政全旨

이 장의 뜻은 덕화의 성대함을 말하여 위정자에게 지향해야 할 바를 알도록 하는 데에 있다.

전문(全文)의 중점은 위정(爲政) 2자에 있으며, 정사를 덕으로 한다는 것은 그 덕이 정사의 밖에 있다는 것이 아니다. 이른바 법조문의 제정을 모두 몸소 실행하여 마음에 얻은 덕으로 운용하는 데에 있다. 단 위정자가 덕으로 정사하면 아래 백성들이 절로 감화를 입기에, 유위(有爲)에 자취를 찾아볼 수 없다는 것이지, 전혀 하는 일이 없다는 말은 아니다.

"정사를 덕으로 한다."는 구절에 이미 무위(無爲)를 통하여 백성이 돌아온다는 뜻이 담겨있는바, 아래 문장은 이의 비유를 거듭 자세히 말하고 있다. 북신(北辰)이란 하늘의 극(極: 中樞)을 말하는 것으로, "정사를 덕으로 하는" 임금은 천하의 극(極)이 됨을 비유한 것이다. "제자리에 있다."는 거기소(居其所)는 임금의 무위(無爲)를, 중성공지(衆星共之)는 천하의 모든 사람이 그에게 돌아옴을 비유한 것이다.

子曰 爲政以德이 **譬如北辰**이 **居其所**어든 **而衆星共**(拱)**之**니라

부자께서 말씀하셨다.

"정사를 덕으로 함은 비유컨대 북극성이 제자리에 있으면 수많은 별이 그에게로 향하여 오는 것과 같다."

강설

부자께서 위정자가 덕을 숭상하면 백성의 감화가 일어나는 바를 사람들에게 보여주었다.

"임금이 정사를 한다는 것은 백성을 바르게 다스리려는 것이다. 기강과 법도를 베풂에 있어 하나같이 몸소 행하여 마음에 얻은 덕으로 미루어나간다면 하는 일이 없어도 천하 사람들이 모두 그에게로 돌아올 것이다.

이를 비유하면, 북극성이 제자리에 높이 떠서 움직이지 않고 고요히 있어도 많은 별이 사면에

서 에워싸고서 모두 향해오는 것과 같다. 여기에서 북극성은 하는 일이 없음에도 많은 별이 결속하고, 임금은 하는 일이 없음에도 만백성이 덕을 따르게 됨을 볼 수 있다. 이는 임금의 하는 일이 없는, 무위(無爲)의 감화란 천체(天體)의 운행과도 같다. 하늘을 살펴보면 이와 같은 덕화를 알 수 있다."

集註

政之爲言은 **正也**니 **所以正人之不正也**오 **德之爲言**은 **得也**니 **行道而有得於心也**라 **北辰**은 **北極**이니 **天之樞也**라 **居其所**는 **不動也**오 **共**은 **向也**니 **言衆星四面旋繞而歸向之也**라 **爲政以德**이면 **則無爲而天下歸之 其象如此**라

○ **程子曰 爲政以德然後**에 **無爲**니라

范氏曰 爲政以德이면 **則不動而化**하고 **不言而信**하고 **無爲而成**하야 **所守者 至簡而能御煩**이오 **所處者 至靜而能制動**이오 **所務者 至寡而能服衆**이니라

[훈고] 정(政)이라는 말은 바로잡음이니, 사람의 바르지 못한 것을 바로잡음이다. 덕이라는 말은 얻음이니, 도를 행하여 마음에 얻음이 있는 것이다. 북신(北辰)은 북극성이니, 하늘의 추성(樞星)이다. 제자리에 있다[居其所]는 것은 움직이지 않음이며, 공(共)은 향함이니, 많은 별이 사면에서 둘러싸고 북극성으로 향하는 것이다.

[해석] 정사를 덕으로 하면 하는 일이 없어도 천하가 돌아오는 그 형상이 이와 같다.

○ 정자[伊川]가 말씀하였다.

"정사를 덕으로 한 후에야 하는 일이 없게 된다."

범씨[范祖禹]가 말하였다.

"정사를 덕으로 하면 움직이지 않아도 감화되고 말하지 않아도 믿으며 하는 일이 없어도 이뤄져서, 지키는 바 지극히 간략하되 번거로움을 다스리며, 처한 바 지극히 고요하되 움직임을 제어하며, 힘쓴 바 지극히 적어도 많은 사람을 굴복시킬 수 있다."

[보 補]

부자께서 정사[政]를 말한 데에는 크게 2가지가 있다. 정(正)으로 말한 것과 직접 정(政)이라 말한 것이다. 이의 차이는 다음과 같다.

"맨 처음 정(正)으로 해석하였다. 이는 부자가 말한 '정사[政]란 것은 올바름[正]이다. 그대[季康子]가 바르게 거느리면 그 누가 감히 바르지 못하겠는가.'(「顔淵」)라는 뜻이다. 이는 정치의 원리로 말한 것이다. 「위정」 제3장의 집주에서 말한 '정(政)이란 법제와 금령을 말한다.'는 행정의 실제 사안으로 말한다."[114]

이처럼 정(正)이란 통치자의 인성 및 덕목이 행정의 내면 원리이고, 정(政)이란 행정의 제

도 및 법령이다.

주자는 덕(德) 자의 주석에서 "덕이라는 말은 얻음이니, 도를 행하여 마음에 얻음이 있는 것이다.[德之爲言, 得也, 行道而有得於心也.]"이라 말하였으나, 다른 책에서는 "마음에 얻어 잃지 않는 것이다.[得於心而不失也]"고 하였다. 잃지 않는다는 데에는 2가지의 의미가 담겨있다. 첫째는 처음 태어날 적에 받아온 것을 태어난 이후, 즉 세상을 살아가면서 잃어서는 안 되며, 둘째는 어제 얻었던 것을 오늘 잃어서는 안 된다는 것이다. 주자가 일찍이 이런 말을 했을지라도 마지막 정설[末後定說]인 본장의 주해에서 말한, '도를 행하여 마음에 얻음이 있다.[行道而有得於心]'는 말은 정밀하고 타당하므로 더 이상 바뀔 수 없다.[115] 그러나 위의 전설(前說)에 이어 주자의 정설을 이해하면 덕에 대한 의식의 발전양상을 엿볼 수 있는바, 이의 이해에 큰 도움이 되리라 믿는다.

유가에서 말한 무위정치란 자연의 순리에 따라 인위(人爲)로 덕을 훼손하지 않고 자연스러움을 추구하는, 도가의 무위자연(無爲自然)과는 다르다. 이는 자연을 따르는 데 중점이 있다. "무위정치란 아무런 하는 일 없는 흙덩이와 같은 게 아니다. 다만 일을 만들어내어 백성을 뒤흔들지 않는 것이다. 나의 몸에 덕을 닦으면 백성들이 절로 감화를 입어, 하는 일이 없어도 천하가 절로 돌아오나, 그 어떤 일을 한 흔적을 찾아볼 수 없을 뿐이다."[116]

따지고 보면, "정사를 하되 덕으로 한다는 것은 하는 일이 없는 게 아니다. 천하의 이치를 따라 그 쓸모없는 일을 저지른 바 없이 행할 뿐이다. 덕으로 다스리지 못하면서 서둘러 무위의 정치를 원한다면 이는 게으름과 폐기[廢弛]일 뿐이다."[117]

이처럼 무위정치란 덕치주의를 바탕으로 함이며, 그것은 도리에 따라 통치하는 정치를 말한다. 이의 전제는 통치자가 몸소 실천한 덕목으로 백성을 통솔하여 절로 감화를 주고 이에 민심이 복종함이다. 따라서 도가에서 말한 것처럼 자연 그 자체를 따르는 도사의 정치도 아니요, 또한 할 일을 버려두고 일시의 고식(姑息)을 지향하는 태만과 무능한 군주를 말한 것도 아니다.

2. 시삼전지 詩三全旨

이 장에서는 부자께서 『시경』을 읽는 요체를 밝혀 가르침을 전하고 있다.

---

114 『大全』 該註. "新安陳氏曰 首訓正字, 本夫子政者正也子帥以正孰敢不正之意, 盖以政之理言. 若第三章集註, 云政謂法制禁令, 則指政之實事言也."

115 위와 같음. "新安倪氏曰 祝氏附錄本 如此, 他本 作得於心而不失也. ○ 此句 含兩意. 一謂得於有生之初者, 不可失之於有生之後; 一謂得於昨日者, 不可失之於今日. 先師謂此說縱使有之, 亦必非末後定本. 深思細玩, 終不如行道而有得於心之精當, 不可易也."

116 위와 같음. "朱子曰 不是塊然全無作爲, 只是不生事擾民, 德脩於己而人自感化, 不待作爲而天下自歸之, 不見其有爲之迹耳."

117 위와 같음. "慶源輔氏曰 爲政以德, 非不爲也, 循天下之理而行其所無事也. 不能以德爲政而遽欲無爲, 則是怠惰廢弛而已."

첫 구절[詩三百]은 시의 전체를 들어 말함이며, 아래[一言以蔽之 曰思無邪]에서는 『시경』의 요지를 들어 말하고 있는바, 이의 중점을 사무사(思無邪)에 있을 뿐, 일언(一言)이라는 말은 중요하지 않다. 그중에서도 특히 사(邪)자를 가장 깊이 음미해야 한다. 우리의 생각에 삿됨이 사라지면 말과 행실에 모두 삿됨이 없게 된다. 이 문장은 선왕이 『시경』을 교육한 뜻을 밝혀 모든 사람의 사악한 생각을 없애고자 함이다.

어떤 사람이 물었다.

"시를 지은 사람의 올바른 성정(性情)에 의해 시가 나온 것입니까?"

주자가 그에 대해 말하였다.

"정풍(鄭風), 위풍(衛風)의 많은 시는 그들 자신이 스스로 지은 것이다. 부자께서 이를 『시경』에 남겨 경계의 교훈을 삼으려는 것이지, 어떻게 모두 바른 성정을 얻은 사람에 의해 지어졌다고 말할 수 있겠는가. 다만 『시경』을 읽는 이로 하여금 사악한 생각이 없게 하는 데에 있다."

子曰 詩三百에 一言以蔽之하니 曰 思無邪니라

부자께서 말씀하셨다.

"『시경』 3백 편의 뜻을 한마디의 말로 모두 가릴 수 있으니, 그것은 '생각에 삿됨이 없다.'는 구절이다."

강설

부자께서 『시경』에서 배워야 할 요점을 가르쳐 주었다.

"『시경』은 첫 「관저(關雎)」편으로부터 마지막 「은무(殷武)」편에 이르기까지 모두 3백여 편이다.

그러나 많은 시 가운데 한마디의 말로써 3백여 편의 전체를 덮을 수 있는 것은 「노송 경(魯頌駉)」편에서 말한 사무사(思無邪) 한 구절이다. 『시경』에서 선한 뜻으로 쓰인 시는 선한 마음을 일으키고, 좋지 못한 뜻으로 쓰인 시는 사람의 방일한 뜻을 경계한 바 있다. 그 쓰임은 모든 사람에게 삿된 생각이 없도록 하는 데에 있다. 삿된 생각이 없도록 한다는 구절이 『시경』 3백여 편, 전체의 뜻을 대변하지 않겠는가."

集註

詩는 三百十一篇이나 言三百者는 擧大數也라 蔽는 猶蓋也라 思無邪는 魯頌駉篇之辭라 凡詩之言이 善者는 可以感發人之善心이오 惡者는 可以懲創人之逸志라 其用이 歸於使人得情性之正而已라 然其言微婉하고 且或各因一事而發하야 求其直指全體면 則未有若此之明且盡者라 故로 夫子言詩三百篇이나 而惟此一言이 足以盡蓋其義라하시니 其示人之意 亦深切矣로다

○ 程子曰 思無邪者는 誠也니라

范氏曰 學者는 必務知要니 知要則能守約이요 守約則足以盡博矣라 經禮三百과 曲禮三千을 亦可以一言以蔽之하니 曰 毋不敬이니라

[훈고와 해석] 『시경』은 모두 311편이다. 그런데도 이를 3백이라 말한 것은 큰 숫자만을 들어 말한 것이다.

폐(蔽)는 덮음과 같다. 사무사(思無邪)는 「노송 경(魯頌 駉)」편의 구절이다.

무릇 『시경』의 말이 선한 것은 사람의 선한 마음을 일으켜주고, 좋지 않은 것은 사람의 방탕한 생각을 징계시켜 준다. 시의 용도는 사람에게 올바른 성정을 얻게 하는 데에 귀결될 뿐이다. 그러나 시어(詩語)는 은미하고 완순(婉順)하며, 또한 간혹 각각 하나의 일로 인하여 말하였기에 그 전체의 뜻을 곧장 가리켜 말할 수 있는 구절을 찾는다면 이처럼 명백하고 극진한 것이 없다. 그러므로 부자께서 『시경』이 3백 편이나 되지만, 오직 이 한마디가 그 뜻을 모두 덮을 수 있다고 말씀하시니, 사람에게 보여주는 뜻 또한 깊고 간절하다.

○ 정자[伊川]가 말씀하였다.

"생각에 삿됨이 없다는 것은 진실이다."

범씨[范祖禹]가 말하였다.

"배우는 이는 반드시 요체를 아는 데 힘써야 한다. 요점을 알면 지키는바 요약되고, 지키는 바 요약되면 그 드넓은 바를 다할 수 있다. 경례(經禮) 3백 가지와 곡례(曲禮) 3천 가지 또한 한마디 말로 가릴 수 있으니, 그것은 '불경(不敬)한 짓을 하지 말라.[毋不敬]'(『禮記』「曲禮」)는 한마디이다."

[보 補]

'사무사' 구절은 본디 노 희공(魯僖公)이 말을 잘 기른 것은 그의 바른 마음에서 비롯되었음을 찬미한 시이다.[118] 이는 장자(莊子)가 말한 "백리해는 벼슬이나 녹을 챙기려는 생각을 마음에 두지 않았기에 소를 먹임에 소가 살쪘다.[百里奚 爵祿不入於心, 故飯牛而牛肥.]"(「田子方」제21)는 무사심(無私心)의 의미와 맥을 함께하는 것이다.

사무사 구절을 뽑은 계기는 "부자는 『시경』을 읽다가 이 구절 부분에 이르러 마음에 와닿은 바 있었기에, 이를 들어 말하면서 문장 일부분을 잘라 특정 의의를 취한 것이다."[119]

『시경』으로 사람들의 방탕한 뜻을 징계하고 선한 마음을 일으키는 궁극적 교육론은 바른 성정[性情之正]을 얻는 데에 있다. 따라서 사무사와 '성정지정(性情之正)'의 연관성은 "성정이란 생각[思]에, 바름[正]이란 무사(無邪)에 붙여 말한 것이다.[朱子曰 情性 是貼思, 正 是貼無邪.]" 이는 생각[思]이 곧 성정임을 말한 것으로, 일찍이 부자가 말한 낙이불음(樂而不淫)과 애이불상(哀而不傷)의 즐거움[樂]과 슬픔[哀]을 말한다.

---

118 위와 같음. "新安倪氏曰 此詩, 本美魯僖公牧馬之盛, 由其心思之正."
119 위와 같음. "新安倪氏曰 夫子讀詩至此, 而有合於心焉, 是以取之, 蓋斷章摘句云耳."

여기에서 말한 슬픔과 즐거움은 감정의 주요 부분을 대표하는 것이지, 감정이란 이 2가지에 그친다는 것은 아니다. 흔히 말하는 희로애락애오욕(喜怒哀樂愛惡欲)을 대변했을 뿐이다. 이처럼 사(思)는 성정(性情)이고 그것은 곧 애락(哀樂) 등 감정임을 알 수 있다.

무사(無邪)는 정(正)자의 뜻으로 음란하지 않고[不淫] 지나친 슬픔으로 손상하지 않음[不傷]을 말한다. 이는 모든 감정을 절제하여 도에 넘지 않는 감정의 순화를 말한다.

이로 보면 '바른 성정'이란 '절제된 감정의 순화'에 있다. 위와 같이 사무사는 바른 성정으로 감정의 절제를 말하고 있다. 그러나 사무사는 단순한 감정의 절제가 끝이 아니다. 그렇다면 그 구경(究竟)의 극처(極處)는 그 어디에 있는 것일까? 주자는 이에 대해 다음과 같이 말하였다.

"겉으로 행동하는 데 삿됨이 없는 것만으론 아직 진실하다[誠]고 말할 수 없다. 내면의 생각에 삿됨이 없어야 비로소 진실하다고 할 수 있다. 이는 생각과 행동, 즉 안팎에 모두 삿됨이 없는, 철저하게 털끝만큼이라도 바르지 못함이 없어야 한다. 세상 사람들은 겉으로 그럴싸하게 꾸미는 경우가 있으나 그 마음속은 꼭 바른 게 아니다. 오직 생각에 삿됨이 없어야 비로소 진실하다고 말할 수 있다."[120]

이는 사무사의 궁극적 목표란 진실[誠]을 얻는 데 있다. 사무사는 내적 일면에 그치지 않는다. 외적 행동의 진실, 그리고 내면의 진실까지 모두 일체가 되어야 함을 말한다. 이는 몸으로 범하는 잘못[身過]을 없애기는 쉽지만, 마음의 잘못[心過]을 없애기 어려운 부분까지 한점의 거짓이 없는, 천리(天理)의 본체에 이르러야 함을 말한다. 이처럼 진실은 곧 천리의 본체이자, 성정(性情)의 본원이다. 이로 보면 생각에 삿됨이 없다는 것은 바른 성정을 말하고 그것은 곧 절제된 감정이 진실한 본성의 발현이고 회복이라는 논리(思無邪→ 性情之正→ 誠으로 귀결)를 전개하고 있다. 사무사는 이런 경지까지 이르러야 함을 말한다.

끝으로 학문의 요체에 대해 범씨[范祖禹]는 『시경』을 유추하여 『예기』의 '무불경(毋不敬)'을 언급하였다. 이처럼 나머지 경전 또한 유추하여 살펴보아야 한다. 일례로 "집중(執中) 2자는 『서경』 58편의 요체이고, 시(時) 1자는 『주역』 384효의 요체이다."[121] 모든 경전에는 그에 따른 요체가 있는바, 이를 유추하여 사유하지 않으면 안 된다.

3. 도지장지 道之章旨

이 장의 뜻은 정치의 천심(淺深)을 말하여 군주에게 지향할 바를 잘 선택하도록 하는 데 있다.

정(政), 형(刑), 덕(德), 예(禮) 4가지는 정치를 할 적에 그 어느 것 하나 없어서는 안 될 덕목이자 제도이다. 그러나 정 · 형(政刑)으로 다스리면 백성으로 하여금 죄에서 멀리하는데 지나지 않을

120 위와 같음. "朱子曰 行無邪, 未是誠; 思無邪, 乃可爲誠. 是表裏皆無邪, 徹底無毫髮之不正. 世人 有脩飾於外, 而其中 未必能正. 惟至於思無邪, 乃可謂誠."

121 위와 같음. "雲峯胡氏曰 執中二字, 是書五十八篇之要. 時之一字, 是易三百八十四爻之要, 亦不可不知."

뿐이며, 덕 · 예(德禮)로 다스리면 백성은 날마다 선으로 옮겨가면서도 그 자신조차 모르게 된다. 2절을 나란히 서술하고 있으나, 이의 중점은 하절(下節)에 귀결되어 있다.

(1) 이정절지 以政節旨

위의 2구(道之以政 齊之以刑)는 임금이 법만을 가지고 정치를 하는 데 대해서, 아래에서는 백성의 마음에 법을 두려워하여 정사를 따르게 된 데 대해서 말하고 있다. 이는 정형(政刑)에 의한 효과가 얕은 점을 밝히고 있다. "죄를 면하다(民免)"는 것은 형벌에 의한 것이며, 백성에게 부끄러워하는 양심이 없게 하는 것은 제도 법령 등의 정법(政法)에 의한 결과이다. 형(刑)이란 법제 금령의 정사에 속한 것이니만큼, 형(刑)과 정(政)은 수평의 관계로 볼 수 없다.

子曰 道之以政이오 齊之以刑이면 民免而無恥니라

부자께서 말씀하셨다.

"백성을 앞서 이끌기를 정법(政法)으로 하고, 하나로 가다듬기를 형벌로 하면 백성이 법망에서 벗어날지라도 부끄러워하는 마음이 없다."

강설

부자께서 위정자는 그 무엇을 숭상해야 할 바를 살펴야 한다는 점을 보여주었다.

"형 · 정(刑政)과 덕 · 예(德禮)는 모두 나라를 다스림에 있어 없어서는 안 될 것이지만, 그 사이에 본말을 논변해야 한다. 임금이 백성을 다스림에 있어 법령에 따른 정사로 앞서 이끌고, 따르지 않는 백성이 있으면 또한 악을 징계하는 형벌로 가다듬는다면 백성은 법령에 어긋날까를 두려워하고 또한 형법을 범하게 될까 두려워하여 전전긍긍 구차히 형벌만을 모면코자 추구하기에 부끄러워하는 마음이 없을 뿐, 악할 수 있는 마음만은 변함없이 존재하는 것이다."

이는 위정자가 법으로 백성을 다스리면 백성 또한 법으로 상응함이 이와 같다.

集註

道는 猶引導니 謂先之也라 政은 謂法制禁令也라 齊는 所以一之也니 道之而不從者를 有刑以一之也라 免而無恥는 謂苟免刑罰而無所羞愧니 蓋雖不敢爲惡이나 而爲惡之心은 未嘗亡也라

[훈고] 도(道)는 인도와 같으니, 솔선(率先)함을 말한다. 정(政)은 법제와 금령(禁令)을 말한다. 제(齊)는 하나로 가다듬음이다. 백성을 인도해도 따르지 않는 자를 형벌로써 하나로 가다듬는 것이다.

[해석] "면하되 부끄러움이 없다."는 것은 구차히 형벌만을 면할 뿐, 부끄러워하는 마음이 없다. 비록 감히 악한 일을 하지는 않지만, 악을 행할 수 있는 마음만큼은 일찍이 사라진 것이 아니다.

(2) 이덕절지 以德節旨

위의 2구[道之以德 齊之以禮]는 임금이 근본을 바르게 하는 정치를 말하였고, 아래 구절[有恥且格]은 백성에게 그릇된 마음이 없는 덕화가 있음을 말하고 있다. 이는 덕(德)과 예(禮)에 의해 얻어지는 깊은 결과에 대해 밝힌 것이다.

'예'로 이끈다는 것은 비록 정법(政法)과 형벌을 사용하지 않은 것은 아니지만, 결국 덕과 예에 의한 정사요 형벌이다. "부끄러워하는 마음이 있다.[有恥]"는 것은 덕치에 의한 결과이며, 격(格)이란 예(禮)의 정치에 의한 효험이다. '예'는 덕에 속한 것이니만큼, 덕과 예를 수평의 관계로 볼 수 없다.

道之以德하고 **齊之以禮**면 **有恥且格**이니라

"앞서 이끌기를 덕으로 하고, 하나로 가다듬기를 예로 하면 부끄러워하는 마음이 있고, 또한 선에 이르게 된다."

강설

"만일 앞서 백성을 이끌어감에 있어서 한낱 법으로만 하지 않고, 모두 몸소 행한 마음의 덕을 근본으로 한다면 백성은 참으로 보고 느낀 바 있어 진작의 기풍이 일어나게 된다.

그러나 사람마다의 기품(氣稟)에 후박(厚薄)의 차이가 있기에 느낀 바가 각기 다르다. 따라서 얕게 또는 깊게 느끼는 차이가 있다. 이들을 또한 중도(中道)와 정도(正道)에 의한 예로 가다듬어 지나친 자는 억눌러 제지하고, 미치지 못한 자는 부추겨 이끌어야 한다.

그렇게 하면 백성은 착하지 않음을 수치로 여길 뿐 아니라, 또한 착하지 않은 행위를 버리고 선에 이르게 될 것이다. 이는 위정자가 마음의 덕으로 백성에게 감동을 줌에 따라 백성 또한 마음으로 응한바 이와 같다."

이로 보면 어떻게 하는 정치가 천박(淺薄)하고 어떻게 하는 정치가 심후(深厚)하며, 어떻게 하면 백성의 마음이 떠나가고 어떻게 하면 백성의 마음이 따르는가를 반드시 여기에서 알 수 있다.

集註

禮는 **謂制度品節也**라 **格**은 **至也**라

言躬行以率之면 **則民固有所觀感而興起矣**오 **而其淺深厚薄之不一者**를 **又有禮以一之**면 **則民恥於不善而又有以至於善也**라 **一說**에 **格**은 **正也**니 **書曰格其非心**이라하니라

○ 愚謂 政者는 爲治之具오 刑者는 輔治之法이오 德禮는 則所以出治之本이로되 而德은 又禮之本也라 此其相爲終始하야 雖不可以偏廢나 然政刑은 能使民遠罪而已오 德禮之效는 則有以使民日遷善而不自知라 故로 治民者는 不可徒恃其末이오 又當深探其本也니라

[훈고] 예는 제도와 품절을 말한다. 격(格)은 다다름이다.

[해석] 몸소 실천한 행동으로 거느리면 백성은 참으로 보고 느낀 바 있어 그 기풍이 일어나게 된다. 그러나 그들의 얕고 깊고 두텁고 얇음의 똑같지 않은 것을 또다시 예로 가다듬어 하나로 만들면 백성은 착하지 않음을 부끄러워하고, 또한 선에 다다름이 있을 것이다. 일설에는 격(格)은 바로잡음이니, 『서경』에서 "그 그릇된 마음을 바로잡는다."(「冏命」 제28) 고 하였다.

○ 나의 생각은 다음과 같다.

"정사란 정치하는 도구요, 형벌은 정치를 보조하는 법이며, 덕과 예는 정치가 나오는 근본이지만, 덕은 또한 예의 근본이다. 이 4가지는 서로 처음과 끝이 되므로 비록 그 가운데 어느 것 하나 버릴 수 없다. 그러나 정사와 형벌이란 백성에게 죄에서 멀리하게 할 뿐이며, 덕과 예의 효과는 백성에게 날마다 선으로 옮겨가게 만듦에도 그들 스스로가 알지 못한다. 그러므로 백성을 다스리는 자는 한낱 그 지엽적인 정법(政法)과 형벌만을 믿지 말고, 또한 그 근본이 되는 덕과 예를 깊이 탐구해야 한다."

4. 오십장지 吾十章旨

이 글의 뜻은 부자께서 스스로 학문의 과정을 서술하여 배우는 이들의 법이 되고자 하였다. 구절마다 모두 몸소 체험에 의한 것이며, 구절 중간에 쓰인 여러 개의 이(而: 十有五而…, 三十而… 등)자는 부자 홀로 느꼈던 학문의 진척 과정을 말해주는 것이다. 반드시 알아야 할 부분은 일흔에 관한 말이다. 이는 15세의 지학(志學)으로부터 60의 이순(耳順)에 이르기까지, 지나온 세월을 모두 반조(返照), 회상하면서 써 내려간 글이다.

부자는 10년 단위로 한 단계씩 진전[十年一進]하였는 바, 전체의 뜻은 배우는 이 또한 "단계를 건너뛰어서는 안 된다."는 것과 "중도에 그만두어서는 안 된다."라는 뜻으로 핵심을 삼는다.

(1) 오십절지 吾十節旨

'나[吾]'라는 한 글자는 이 장의 전체 뜻을 거느리고 있다. "학문에 뜻을 두었다.[志學]"는 것은 학문의 시작부터 끝까지 일관되는 것으로, 그 이면에 70의 마지막 경지인 불유구(不踰矩)까지 모두 포괄하고 있다. 이로 보면 지(志)자는 가장 의미 깊고 힘차게 쓰인 글자이다.

子曰 吾十有五而志于學하고

부자께서 말씀하셨다.
"내 나이 열다섯이 되어 학문에 뜻을 두었고,

강설

부자께서 몸소 학문을 닦아나간 경지를 서술하여 배우는 이들을 격려하였다.

"이치는 날로 탐구하여도 끝이 없으며, 공부는 부지런히 쌓아가야 만이 얻을 수 있다. 나는 몸소 겪어온 바로써 그러한 점을 깨달은 바 있다.

내 나이 열다섯이 되던 시절을 돌이켜 보면, 바로 그때 대학(大學)의 도에 뜻을 두었다. 이 때문에 사리를 깨달아가는 치지(致知)와 이를 힘써 노력하는 역행(力行)이 모두 여기에서 비롯되어 그 나가는 길이 바르고 서둘러 나갈 수 있었다."

集註

古者에 **十五而入大**(太)**學**이라 **心之所之**를 **謂之志**라

此所謂學은 **卽大學之道也**니 **志乎此**는 **則念念在此而爲之不厭矣**리라

[해설과 훈고] 옛적에 열다섯이 되면 태학에 들어갔다. 마음이 일정하게 나아가는 바를 지(志))라고 말한다.

여기에서 말하는 학문이란 대학의 도이다. 이에 뜻을 두었다는 것은 한 생각 한 생각이 모두 여기에 있어 학문을 닦아감에 싫어함이 없는 것이다.

[보 補]

사마천의 『사기』「공자세가」에 의하면, "공자의 나이 17세. 노나라 대부 맹이자(孟釐子: 孟僖子)가 임종에 그의 뒤를 이을 맹의자(孟懿子)에게 유언을 남겼다. '부자는 성인의 후예이다. 지금 공자의 나이 어리지만, 예를 좋아하니, 그는 달관한 자이다. 내가 죽거든 너는 반드시 그를 스승으로 모시도록 하라.' 맹이자가 죽자, 맹의자와 노나라 남궁 경숙(南宮敬叔)이 공자를 찾아가 예를 배웠다."[122]고 한다.

이로 보면, 15세에 성인의 학문에 뜻을 두자마자 2년 후 제자를 맞이한 셈이다. 얼핏 어불성설처럼 보인다. 맹이자가 부자를 달관자로 인정, 그 아들의 스승으로 추천한 것은 객관자가 바라보는, 이미 성자(聖者)로서의 부자의 위상이다. 그러나 부자 자신이 느끼는 주관적 생각은 그때쯤부터 학문을 오롯한 마음으로 학문에 전념했던 시절로 기억한 것이다.

부자의 학문을 대변하는 학불염(學不厭)의 정진(精進) 시기가 이때부터 비롯된 것이라고

---

122 "孔子年十七. 魯大夫孟釐子, 病且死, 誡其嗣懿子, 曰 孔丘, 聖人之後. 今孔丘年少好禮, 其達者歟! 吾卽沒, 若必師之. 及釐子卒, 懿子與魯人南宮敬叔, 往學禮焉."

스스로 인정한 말이다. 이처럼 주관자와 객관자의 인식차에 의해 그 차이가 있음을 알아야 한다.

(2) 삼십절지 三十節旨

지(志)란 도를 추구하는 것으로, 이는 오히려 2가지가 있다. 아는 것과 행한다는 것이다. 그러나 여기에서 말한 입(立)이란 발을 굳건히 디뎌 조금도 동요가 없음을 말한다. 이는 "그 덕에 의지하여 따르는[據於德]" 경지에 이른, 굳건한 행동실천의 학문 단계라 말할 수 있다.

三十而立하고

서른에 도에 서고,

강설

"그러나 15세에 뜻을 두었다는 것은 도를 위해 지향했을 뿐이지, 도를 얻었다고는 볼 수 없다. 15년 동안 닦아온 공부가 쌓여 서른에 이르러서야 나의 몸에 도를 얻게 되어 스스로 설 수 있었다.

그것은 사사로운 생각에 흔들림이 없고 외물(外物)에 마음이 어지럽지 아니하여 몸을 지킨 바 지극히 견고하므로, 15세에 학문에 뜻을 두었던 공부는 이제 더 이상 힘쓸 게 없어졌다."

集註

有以自立이면 則守之固而無所事志矣리라

[해석] 스스로 확립됨이 있으면 지킴이 굳건하여 학문에 뜻을 둔 바는 더 이상 일삼을 게 없다.

[보 補]

"서른에 도에 섰다."는 것은 최상의 경지, 즉 일흔의 '법도를 넘어서지 않는 불유구(不逾矩)' 기반이 여기에서 출발하고 있다. 따라서 '섰다'는 정의는 무엇인가. 주자는 이에 대해 다음과 같이 서술하였다.

"'섰다'는 것은 도를 꼭 붙들어 확립됨을 말한다. 이는 세간의 그 어떤 것도 모두 나를 뒤흔들지 못함이다. 예컨대 부귀에 빠지지 않고 빈천에 변하지 않고 위무(威武)에 굽히지 않음이 바로 이런 것이다.

앞서 말한 지(志)는 바야흐로 그 목표를 향하여 달려 나가는 것일 뿐, 아직 추구한 바를 얻지 못한 상태이다. '서른에 도에 섰다'는 경지에 이르면 추구한 바를 얻어 지키는 단계이므로 뜻한 바는 더 이상 쓸모가 없다. 뜻을 두었다는 것은 도를 추구하려는 것이므로, 이는 아직은 도를 얻어 하나가 된 경지가 아닌, 도와 내가 둘로 나뉜 상태이다. '도에 선' 경지에 이르렀을 때, 곧 나의 발로 밟아나가는 것이다. 그러나 아직도 애써 이를 지키는 단계이다."[123]

(3) 사십절지 四十節旨

입(立)의 경지는 아직도 애써 지키는 것으로, 반드시 이렇게 할까 저렇게 할까 가늠하는 저울질(權衡)이 있어야 한다. 그러나 불혹(不惑)이란 도리를 초연(超然)히 깨친 바 있어 사물을 응하는 즈음에 힘을 들이지 않고서도 모든 일이 풀려가는 것이다. 서른의 나이에 몸가짐을 지킨다는 '입도(立道)'의 경지는 더 이상 말할 필요가 없다. 이는 "진실한 본체가 세워지고 밝음의 슬기로 통하는[誠立而明通]" 지위에 이른 학문의 시기라 말할 수 있다.

四十而不惑하고

마흔에는 의혹이 없고

강설

"그러나 서른의 나이에는 아직 원만한 앎으로 두루 통하지 못하고, 몸을 지켜나가는 데에 오히려 힘을 써야 했다. 여기에서 또다시 십년 동안 깊이 탐색하고 무젖은 함양 공부를 한층 더 하여 마흔에 이르러서야 도의 당연한 도리에 대해 은미한 기미(幾微)까지 반드시 분석하고, 털끝만큼의 미세한 부분까지 반드시 살피게 되어, 그 앎은 더 이상의 밝음이 있을 수 없었다. 이 때문에 서른 살에 몸을 지켜왔던 공부는 이제 더 이상 힘쓸 필요가 없어졌다."

集註

於事物之所當然에 皆無所疑는 則知之明而無所事守矣리라

[해석] 사물의 당연한 바에 모두 의심한 바 없음은 앎이 밝아서, 몸을 지키는 공부는 더 이상 일삼을 게 없다.

(4) 오십절지 五十節旨

불혹(不惑)은 사물의 소당연(所當然), 즉 현상계의 도리를 깨달음이다. 이는 사물상(事物上)의 지식이다. 지천명(知天命)이란 도(道)의 소이연(所以然), 즉 진공(眞空)의 이치를 깨달음이다. 이는 천리상(天理上)의 지식이다.

『집어(輯語)』에 의하면, "중요한 공부는 앞의 3절(吾十, 三十, 四十節)에 있다. 성인은 태어나면서

---

123 『大全』 該註. "朱子曰 立, 謂把捉得定, 世間事物, 皆動搖我不得, 如富貴貧賤威武, 不能淫移屈, 是也. 志, 方是趨向恁去, 求討未得. 到此則得而守之, 無所用志矣. 志, 是要求箇道, 猶是兩件物事; 到立時, 便是脚下已踏著了, 然猶是守住."

부터 알고 자연스럽게 행한다[生知安行]고 말하지만, 생각하여 보면 성인 또한 노력의 결과로 그런 경지에 이른 것이다. 지천명(知天命) 이하의 경지는 다만 이를 토대로 함양하고 충만하게 할 뿐이다."고 한다.

五十而知天命하고

쉰에는 천명을 알고,

강설

"그러나 마흔에는 아직도 그 소당연(所當然)의 현상의 도리를 알았을 뿐, 그 소이연(所以然)을 알았다고 말할 수 없었다. 또다시 십년 동안 쌓아가면서 쉰에 이르러서야 하늘이 만물에 부여한, 사물의 소이연(所以然)을 모두 알고서, 현상 작용[發用]의 큰 근본[大本]과 삼라만상[萬殊]의 하나의 근본[一本]을 깨닫게 되었다. 이 어찌 불혹의 경지에 그치겠는가."

集註

天命은 則天道之流行而賦於物者니 乃事物所以當然之故也라 知此則知極其精而不惑을 又不足言矣리라

[해석] 천명은 천도가 유행하면서 만물에 부여한 것이니, 곧 사물 소당연(所當然)을 만들어 주는 소이연(所以然)의 이치이다. 이를 알면 앎이 그 정밀함을 다하여, 불혹의 지위 또한 말할 필요가 없다.

(5) 육십절지 六十節旨

지천명(知天命)은 그래도 아직은 사색을 요하는 것이다. 조금이라도 사색이 있다면 그것은 곧 거스름이 있는 것으로 자연스러운 경지[順]라고 말할 수 없다. 이순(耳順)이란 내면의 도리가 난숙(爛熟)하여 바깥 사물의 이치가 모두 나의 마음에 갖춰져 있기에 어떤 사물이든 어느 곳에서든 곧바로 통하게 된다. 예컨대 부자께서 어린아이의 창랑가(滄浪歌)를 듣고서 곧바로 모든 것이 자업자득임을 깨달음과 같다.

六十而耳順하고

예순에는 귀에 거슬림이 없고,

강설

"그러나 지천명의 지위는 비록 정밀한 경지지만 아직도 사색을 빌어 깨달음이다. 쉰으로부터 예순에 이르러서야 마음과 이치가 하나가 되고 이치와 마음에 거슬림이 없다. 이는 지천명 이후, 힘을 쓰는 듯 않는 듯 스스로 이 경지에 이른 것이다."

集註

聲入心通하야 無所違逆이니 知之之至하야 不思而得也라

[해석] 소리를 들으면 마음으로 통하여 거슬림이 없다. 이는 앎이 지극하여 생각지 않고서도 아는 것이다.

[보 補]

예순의 이순은 앎의 극치이다. 15세에 학문에 뜻을 둔 이후, 마흔의 불혹과 쉰의 지천명을 거쳐 이에 이르러 생이지지(生而知之)의 성인으로 생각지 않아도 들으면 바로 깨달음을 얻은 것이다.[不思而得] 이러한 인식[知]의 극처(極處)는 힘쓰지 않고서도 도에 맞는[不勉而中] 실천[行]의 극처로 향상되어 종용중도(從容中道)의 성인으로 이어지는 직전의 단계이다.

(6) 칠십절지 七十節旨

예순의 이순은 난숙한 깨달음으로 바깥 모든 일을 접촉함에 통달하지 않은 바 없다. 하지만 여기에서는 내면에서 외면으로 발현하는, 헤아릴 수 없는 묘용(妙用)으로 자연스럽게 중도에 맞지 않는[從容中道] 일이 없다.

성인의 심체(心體)는 곧 법도[矩]이며, 심체의 유통처(流通處)가 곧 원하는 마음[欲]이다. 마음의 하고 싶은 바를 따를지라도 법도에 어긋남이 없음은, 모든 하고자 하는 일들이 곧 준칙에 벗어나지 않는 법도[矩]임을 말한다.

七十而從心所欲호대 不踰矩호라

일흔에 마음에 하고자 하는 바를 따라 행하되 법도에 벗어나는 일이 없었다."

강설

"그러나 행실의 극치는 앎의 극치에 비해 더욱더 어려운 일이다. 비록 아는 것이 자연스러움에서 나왔다고 할지라도 행하는 일까지 자연스럽게 나왔다고 말하기에는 오히려 미진한 바 있다. 예순의 나이에서 일흔에 다가서니 함양한바 순수하여 사특함을 모두 잊기에 이르렀다.

이에 마음 하고 싶은 바를 따라 행하되 스스로 법도에 넘어서는 일이 없고 종횡으로 그 모든 것이 천리이다. 이 어찌 일부러 중도에 맞추려고 힘씀이 있겠는가. 이는 이순으로부터 그 후 십여 년간에 노력한 바 없이 자연스럽게 이르러, 왜 그렇게 되었는지, 그 이유마저 알지 못한 경지이다.

나는 어린 시절부터 늙은 날까지 어느 때나 어느 생각이나 학문에 마음을 두지 않은 적이 없었다. 이 경지를 벗어나 앞으로 한 단계 더 나아간다면 또한 어찌 다가오는 늙음마저 알 수 있겠는가."

集註

從은 隨也라 矩는 法度之器니 所以爲方者也라

隨其心之所欲而自不過於法度니 安而行之오 不勉而中也니라

○ 程子曰 孔子는 生而知者也로되 言亦由學而至는 所以勉進後人也라 立은 能自立於斯道也오 不惑은 則無所疑矣오 知天命은 窮理盡性也오 耳順은 所聞皆通也오 從心所欲不踰矩는 則不勉而中矣니라

又曰 孔子自言其進德之序 如此者는 聖人未必然이로대 但爲學者立法하야 使之盈科而後進하고 成章而後達耳니라

胡氏曰 聖人之教 亦多術이나 然其要 使人不失其本心而已라 欲得此心者 惟志乎聖人所示之學하야 循其序而進焉하야 至於一疵不存하고 萬理明盡之後면 則其日用之間에 本心瑩然하야 隨所意欲이로대 莫非至理니 蓋心卽體오 欲卽用이니 體卽道오 用卽義라 聲爲律而身爲度矣라

又曰 聖人言此는 一以示學者當優游涵泳이오 不可躐等而進이며 二以示學者當日就月將이오 不可半途而廢也니라

愚謂 聖人은 生知安行이라 固無積累之漸이나 然其心은 未嘗自謂已至此也라 是其日用之間에 必有獨覺其進而人不及知者라 故因其近似以自名하야 欲學者以是爲則而自勉이오 非心實自聖而姑爲是退託也라 後凡言謙辭之屬은 意皆放此하다

[훈고] 종(從)은 따름이다. 구(矩)는 법도의 기구이니, 모나게 만드는 것이다.

[해석] 그 마음에 하고자 하는 바를 따를지라도 절로 법도에 벗어나지 않음이니, 편안하게 행하고 힘쓰지 않아도 중도에 맞는 것이다.

○ 정자[伊川]가 말씀하였다.

"공자는 태어나면서부터 아신 분이나 또한 학문으로 말미암아 이르렀다고 말한 것은 후학을 격려하여 나아가게끔 하려는 것이다. 입(立)은 스스로 이 도에 섬이요, 불혹(不惑)은 의심된 바 없음이요, 지천명(知天命)은 이치를 궁구하여 성품을 다함이요, 이순(耳順)은 들은 바를 모두 통함이요, 마음에 하고자 하는 바를 따르되 법도에 벗어나지 않음은 힘쓰지 않아도 중도에 맞는 것이다."

정자[伊川]가 또 말씀하였다.

"공자 스스로 그 덕에 나아간 차례가 이와 같았다고 말한 것은 성인이 꼭 그런 것은 아니지만, 단 배우는 이를 위해 법을 세워, 한 과정이 가득 찬 뒤에 또 다른 단계로 나아가고, 하나의 문장이 이뤄진 뒤에 또 다른 곳으로 나아가도록 한 것이다."

호씨[胡寅]가 말하였다.

"성인의 가르침에는 여러 가지의 방법이 많으나 그 요체는 사람들에게 그 근본 마음을 잃지 않도록 하는 데 있을 뿐이다. 이 마음을 얻고자 하는 자는 오직 성인이 말한 학문에 뜻을 두고서 그 순서를 따라 나아가, 하나의 하자가 있지 않아 모든 이치를 밝게 다함에 이른 뒤에는 그 일상생활의 사이에 본심이 밝게 빛나 뜻하고 바라는 바를 따르되 지극한 이치 아닌 게 없다. 이는 마음이 곧 본체요, 하고자 함은 곧 작용이니, 본체는 도(道)요, 작용은 의(義)이기에 소리는 음률이 되고 몸은 법도가 된다."

호씨가 또 말하였다.

"성인이 이를 말한 것은 첫째는 배우는 이란 마땅히 충분히 무젖어 함양해야 할 것이요, 차례를 건너뛰어서는 안 됨을 보여주었고, 둘째는 배우는 이란 날로 나아가고 달로 나아가야 할 것이요, 중도에서 그만두어서는 안 됨을 보여주었다."

나의 생각은 다음과 같다.

"성인이 태어나면서부터 알고 편안히 행하기에 참으로 차츰차츰 쌓아가는 단계가 없다. 하지만 그 마음만은 스스로 이미 이런 경지에 이르렀다고 생각지 않았을 것이다. 이는 그 일상생활의 사이에 반드시 홀로 그 나아가는 경지를 깨달은 것인데, 남들은 미처 이를 알지 못한 것이다. 이 때문에 이에 엇비슷한 것으로 인하여 스스로 이름(志, 立, 不惑 등)을 붙여, 배우는 이들이 이를 준칙으로 삼아 스스로 힘써주기를 바라는 것이지, 마음은 실로 스스로 성인이라고 여기면서 잠시 이렇게 겸양하신 것이 아니다. 뒤에 나오는 모든 겸양의 말들은 그 뜻이 모두 이와 같다."

[보 補]

부자의 이러한 단계별 명제는 단순히 후학을 위한 격려의 차원에서 겸손한 말씀이 아니라는 점을 주자는 이미 집주에서 밝힌 바 있다. 이를 다시 부연한 면재 황씨의 말은 다음과 같다.

"십 년을 닦은 뒤에 한 단계씩 나아가는 것은 성인의 마음 또한 이런 정도에 이르렀을 적에 스스로 확신한 것이다. 학문이 이미 이르렀을지라도 반드시 반복하여 참구하고 증험하면서 반드시 그런 경지에 이르렀음을 발견한 뒤에야 스스로 확신한 것이다. 이런 점에서 더욱 성인이 성인다운 바를 찾아볼 수 있다.

만약 단순하게 성인이 겸손한 말씀으로 후학을 격려한 것이라 말한다면 그것은 모두 가공(架空)의 빈말이다. 이 때문에 집주에서 주자는 비록 '후학을 권면하기 위한 말'이라 하면서도 끝내는 '성인 스스로 느끼는 학문의 진취'라 말한 것이다."[124]

여기에서 성인 학문의 요체란 그 무엇인가에 대해 살펴보지 않으면 안 된다. 이에 대해 운봉 호씨는 성인의 심법(心法)을 제시하여 그 모든 계위(階位)에 적용하여 말하고 있다.

"요순으로부터 부자에 이르기까지 성인과 성인이 서로 전수한 도통은 바로 심법을 전한 데에 있다. 부자는 당년 15세로부터 그의 마음은 이미 스스로 성인이 되기를 다짐하였고, 일흔의 나이에도 그의 마음은 오히려 스스로 성인이라고 생각지 않았다. 만약 마음속으로 자신이 성인이라 여기면서도 고의로 물러섰다면 어떻게 성인의 마음이라 하겠는가.

요컨대 학문에 뜻을 두었다는 것은 마음으로 지향하는 노력이며, 30에 섰다는 것은 마음의 지킨 바가 정립됨이며, 불혹이란 마음의 견해가 밝음이며, 지천명은 주관 자아의 마음이 객관 사물의 이치와 원융하여 그 소이연을 훤히 통달함이며, 이순은 객관 사물의 이치와 주관 자아의 마음이 만나 거슬림 없이 자연스럽게 앎이며, 불유구는 주관 자아의 마음과 객관 사물의 이치가 혼연히 하나가 되어 그렇게 되는 줄조차 알지 못함이다.

십년을 주기로 한 단계씩 나아감은 성인의 마음을 성인만이 스스로 느끼고 아는 것이다. 이 때문에 그 엇비슷한 경지를 들어 배우는 이들에게 일러주었다. 이는 배우는 이들이 모두 성인의 이런 마음으로 그들의 마음을 지녀줬으면 하는 바람 때문이다. 아예 공부가 뭔지를 모른 채, 잊은 자는 그 마음 자체를 쓰지 않으니 어떻게 성인의 경지에 이를 수 있겠는가. 단계를 건너뛰어 조장(助長)하는 자는 그 마음을 너무 서두른 것이니 이 또한 어떻게 성인의 경지에 이를 수 있겠는가."[125]

이는 성인의 학문이란 성인의 마음[心法]을 대상으로 하여, 망각의 나태함으로 애당초 공부 자체를 하지 않거나 중도에 그만두는 일이 있어서도 안 되고, 너무 조급하게 서둘러 단계를 건너뛰는 엽등이 있어서도 안 된다는 공부의 방법을 제시해주고 있다.

5. 맹의장지 孟懿章旨

이 장에서는 부자께서 예로써 효도에 대해 논한 것이다. 그것은 삼가(三家)의 참람(僭濫)을 저지하려는데 의도가 있다. 다만 하나의 예(禮)자에 중점을 두고 있다.

첫절에서 말한 "어김이 없어야 한다.[無違]" 구절은 끝절[何謂節旨]에서 말한 "… 예로써 한다.[以禮]"

---

124 『大全』 該註. "勉齋黃氏曰十年而後一進者, 亦聖人之心, 至此而自信耳. 學雖已至而未敢自信, 必反覆叅驗, 見其必然而無疑, 然後有以自信, 此尤足以見聖人之所以爲聖人也. 苟惟謂聖人謙辭以勉人, 則皆架空之虛辭耳. 故集註雖以勉人爲辭, 而終以獨覺其進爲說."

125 위와 같음. "雲峯胡氏曰 自堯舜以至夫子, 聖聖相傳, 只傳此心. 夫子年十五時, 其心已自期於聖人, 到七十時, 其心猶不敢自謂是聖人. 若心實自聖而姑爲是退託, 豈聖人之心哉? 要之, 志學者, 此心所向之力. 立者, 此心所守之定. 不惑者, 此心所見之明. 知天命者, 心與理融而洞其所以然. 耳順者, 理與心會, 其順也 自然而然. 不踰矩者, 此心此理, 渾乎爲一, 而有莫測其然者矣. 十年一進, 聖人之心, 聖人自知之, 故卽其近似以語學者, 欲學者 皆心夫聖人之心也. 忘者不用其心, 如何到聖處? 助者亟用其心, 亦如何便到聖處?"

의 뜻을 포괄하며, 그 뒤를 이어 번지의 물음을 일으켜 그 뜻을 자세히 밝힌 것은 곧 그 말을 맹의자에게 전하여 들려주고자 하는 데 있다.

(1) 맹의절지 孟懿節旨

맹의자가 임금의 충성에 대해 묻지 않고 부모의 효도에 대한 물음에 대해, 자식으로서 해서는 안 될 일을 가지고 어버이를 모신다는 것은, 예로 행하지 않으려는 생각을 지닌 사람이라는 뜻을 밝힌 것이다.

무위(無違) 2자는 어버이의 명을 어김이 없어야 한다는 말도, 자식의 행동으로서의 외적인 도리를 어김이 없어야 한다는 말도 아니다. 단 효도는 거슬림이 없는 '마음의 순덕(順德)'이다. 곧 내 마음의 덕을 따르는 것이다. 하나의 생각, 하나의 일까지 모두 부모를 모시는 데에 이러한 마음의 덕을 어김이 없어야 한다. 이처럼 효성의 순한 마음의 덕을 처음부터 끝까지 어긋남이 없음을 말한다.

孟懿子 問孝한대
子曰 無違니라

맹의자가 효도를 물으니, 부자께서 말씀하셨다.
"어김이 없어야 한다."

강설

맹의자가 어버이를 효성으로 받드는 도리를 묻자,
부자께서 다음과 같이 말씀하셨다.
"효도란 부모에게 순종하는 덕[順德]이다. 자식이 어버이를 섬김에 처음에서 끝까지 모두 어김이 없어야 한다. 어김이 없으면 그것이 효도이다."

集註

孟懿子는 **魯大夫 仲孫氏**니 **名何忌**라 **無違**는 **謂不背於理**라

[훈고] 맹의자는 노나라의 대부 중손씨이니, 이름은 하기(何忌)이다.
무위(無違)는 도리에 어긋남이 없음을 말한다.

[보 補]

『논어』에서 효에 관해 언급한 부분은 모두 7곳이다. 그 가운데 아래의 문장에 네 사람의 효도에 관한 물음이 집중되어 있다. 『논어』에서 부자가 말한 효도에는 기적(奇蹟)과 기행(奇行)의 효도는 단 하나도 없다. 손가락을 자르고[斷指], 살점을 도려내는[割膚] 등의 극단적인 일

들을 언급하지 않았다.

이러한 효행은 인륜이 무너진 말세에 사표가 되어 풍교(風敎)에 도움이 되는바 적지 않으나, 그런 기행을 만고불변의 법으로 삼기에는 문제가 없지 않다. 성인이 말한 효도는 모두 일상의 도리에서 지극한 마음을 다한 것이다. 순임금의 천하 대효(大孝) 역시 기적과도 같은, 기행에 가까운 효행은 없다. 기행에 가까운 효행은 효도로써 효도를 상실[以孝傷孝]하는 우를 범할 수 있기 때문이다.

(2) 번지절지 樊遲節旨

맹의자는 그 부친 맹희자(孟僖子)의 유언에 따라 부자에게 예를 배운 자이므로, 반드시 여러 제자와 알고 지낸 사람이다. 이 때문에 부자는 번지에게 말하여 자신의 말이 맹의자에게 전달되기를 원하였다.

樊遲 御러니

子 告之曰 孟孫이 問孝於我어늘 我 對曰 無違라호라

번지가 부자의 수레를 몰았는데, 부자께서 번지에게 말씀하셨다.
"맹의자가 나에게 효도를 묻기에, 내가 '어김이 없어야 한다.'고 대답하였다."

강설

맹의자는 부자의 말씀을 듣고서도 다시 묻지 않자, 부자는 그가 어버이의 명을 따라 거스름이 없는 것을 "어김이 없어야 한다."는 뜻으로 착각할까 두려웠다. 이 때문에 부자는 당신의 수레를 몰고 가는 번지에게 말씀하셨다.

"지난날, 맹의자가 효도를 묻기에, 내가 '어김이 없어야 한다.'고 대답하였는데, 맹의자가 과연 나의 뜻을 알았는지 몰랐는지 알 길이 없다."

集註

樊遲는 孔子弟子니 名須라 御는 爲孔子御車也라 孟孫은 卽仲孫也라

夫子以懿子未達而不能問하니 恐其失指而以從親之令爲孝실새 故로 語樊遲以發之니라

[훈고] 번지는 공자 제자니 이름은 수(須)이다. 어(御)는 공자를 위해 수레를 모는 것이다. 맹손은 곧 중손씨이다.

[해석] 부자는 맹의자가 알지 못했을 터인데도 다시 묻지 않으니, 그가 혹 내가 말한 본뜻을 잃고서 어버이의 명령을 따르는 것으로 효도라고 생각할까 두려웠다. 이 때문에 번지에게

말하여 그 뜻을 밝히고자 함이다.

(3) 하위절지 何謂節旨

예(禮)는 곧 천리(天理)이다. 그러나 천리라 말하지 않고 예라고 말함은 지나치거나 미치지 못함이 없어 털끝만큼도 더하거나 뺄 수 없음을 나타낸 것이다. 이의 요지는 은연중 명분에 중점을 두고, 너무 지나친 행위를 범해서는 안 됨을 말하고 있다. 이는 바야흐로 삼가(三家)의 참람에 대해 경계하려는 뜻이 있다.

樊遲曰 何謂也니잇고
曰 生事之以禮하며 **死葬之以禮**하며 **祭之以禮**니라

번지가 부자에게 여쭈었다.
"무슨 말씀이십니까?"
부자께서 말씀하셨다.
"살아계실 제 섬기기를 예로 하고, 돌아가셔 장례를 치를 적에 예로 하며, 제사를 예로 받드는 것이다."

강설

번지는 부자의 말씀을 듣고서 여쭈었다.
"'어김이 없어야 한다.'는 말씀은 무엇을 뜻하는 것입니까?"
"이른바 '어김이 없어야 한다.'는 것은 오직 예에 어긋남이 없도록 함이다. 어버이가 살아계실 때 사랑과 공경을 극진히 하되, 할 수 있는 제 본분에 따라 하나같이 예로써 섬기는 것이다.
어버이의 죽음에 당해서는 널이며 이불이며 묘소 따위를 마련하되, 할 수 있는 제 본분에 따라 하나같이 예로써 장례를 치르는 것이다.
어버이의 제사에 제수(祭需)와 의식 범절 또한 할 수 있는 제 본분에 따라 하나같이 예로써 제사 지내는 것이다.
아무리 깊은 효성으로 모든 것으로 모두 해드리고 싶은 마음이 있을지라도 또한 제 본분에 따라 당연히 해야 할 도리를 생각할 뿐, 감히 방종해서는 안 되며, 능히 행할 힘이 있을지라도 또한 제 본분에 따라 당연히 해야 할 본분을 생각할 뿐, 감히 참람해서는 안 된다. 반드시 이처럼 하여야 만이 어버이를 높이 받듦이 비로소 지극한 것이다. 내가 말했던 '어김이 없어야 한다.'는 것은 이와 같은 뜻으로 말한 것이다. 맹의자가 나의 이런 뜻을 알았는지 몰랐는지 알 길이 없다."

集註

生事葬祭는 **事親之始終 具矣**라 **禮**는 **卽理之節文也**라 **人之事親**을 **自始至終**히 **一於禮而不**

苟면 其尊親也至矣라 是時三家僭禮라 故夫子以是警之라 然語意渾然하야 又若不專爲三家發者라 所以爲聖人之言也라

○ 胡氏曰 人之欲孝其親은 心雖無窮이나 而分則有限이라 得爲而不爲와 與不得爲而爲之는 均於不孝라 所謂以禮者는 爲其所得爲者而已矣니라

[해석] 살아계실 적 섬기고, 죽어서 장례 치르고 제사 받듦은 어버이를 섬기는 처음과 끝이 모두 갖춰진 것이다. 예(禮)란 곧 도리의 절문(節文)이다. 사람이 어버이를 섬김에 처음부터 끝까지 하나같이 예를 따라 구차스러움이 없으면 그것은 어버이를 높임이 지극한 것이다. 그 당시 삼가에서 분수 넘는 예를 사용한 까닭에 부자께서 이런 말로써 그들을 경계한 것이다. 그러나 말씀의 뜻이 두루뭉술하여 또한 오로지 삼가만을 위해 말한 것처럼 보이지 않는다. 이것이 성인다우신 말씀이다.

○ 호씨[胡寅]가 말하였다.

"자식으로서 어버이에게 효도하고자 하는 마음이야 끝이 없지만, 분수에는 한계가 있다. 할 수 있는 데에도 하지 않는다거나, 할 수 없는 일을 하는 것은 모두가 불효이다. 이른바 '예로써 한다.'는 것은 그 분수에 할 수 있는 것을 할 뿐이다."

[보 補]

효도의 기간은 부모의 생전 사후로 설정하는 것이 아니다. 자식으로서의 생명이 다하는 날, 자식으로서의 효도는 끝나는 것이다. 이 때문에 살아계실 제 사친(事親)으로부터 사후의 상제(喪祭)에 이르기까지 모두 포괄하여 이를 어버이를 섬기는 시작이자 끝이라고 말한다.

6. 맹무전지 孟武全旨

이 장에서는 자식이라면 반드시 부모의 깊은 사랑을 아는 것이 효도임을 말하고 있다. 맹무백은 문벌[世家]의 자제로서 아마 지나친 안일에 빠진 자였나 보다. 이 때문에 부자께서 곧장 자식 사랑에 대한 부모의 깊은 마음을 들추어 그를 감동시키려 한 것이다. 이는 자식을 사랑하는 부모의 마음이 그 어떤 것인가를 깨닫게 하고, 나아가 자식이 부모를 섬기는 마음 또한 어떻게 지녀야 할 것인가를 알려주려는 데 그 의도가 있다. 따라서 이의 중점은 근신하는 몸가짐으로 부모의 마음을 아는 데에 있다.

孟武伯이 問孝한대

子曰 父母는 惟其疾之憂시니라

맹무백이 효도를 물으니, 부자께서 대답하셨다.

"부모는 오직 자식이 아플까를 근심하느니라."

강설

맹의자의 아들, 맹무백이 부자에게 효도에 관하여 묻자, 부자는 그 부친, 맹의자가 그의 아들인 맹무백에 대해 걱정이 많음을 알고 있었다. 이 때문에 그에게 다음과 같이 말하였다.

"그대가 효도를 물은 뜻은 부모를 잘 섬기고자 함이다. 내가 시험 삼아 자식을 사랑하는 부모의 마음을 그대에게 일러줄 것이다. 자식을 사랑하는 부모의 마음은 자애롭고 자상하시어 그 갸륵한 마음씨가 지극하지 않은 데가 없다. 하지만, 그중에서도 행여 자식이 아프지나 않을까 항상 걱정하고 두려워한다. 부모의 마음은 이런 것이다. 자식으로서 이 같은 부모의 마음을 안다면 자신이 보호해야 할 몸가짐을 알게 되어 부모에게 걱정을 끼치지 않을 것이다. 이 어찌 효도가 아니겠는가."

集註

武伯은 懿子之子니 名彘라

言父母愛子之心 無所不至나 唯恐其有疾病하야 常以爲憂也라 人子體此而以父母之心爲心이면 則凡所以守其身者 自不容於不謹矣리니 豈不可以爲孝乎아

舊說에 人子能使父母로 不以其陷於不義爲憂오 而獨以其疾爲憂라야 乃可爲孝라하니 亦通하다

[훈고] 맹무백은 맹의자의 아들이니, 이름은 체(彘)이다.

[해석] 부모가 자식을 사랑하는 마음이 지극하지 않은 바 없지만, 오직 자식에게 질병이 있을까 두려워하여 항상 걱정하는 것이다. 자식으로서 이런 마음을 체득하여 부모의 마음으로 마음을 삼으면 무릇 그 몸을 지키는바 스스로 삼가지 않을 수 없을 것이니, 어찌 효도라 하지 않을 수 있겠는가.

옛 주석에, "자식은 부모께서 자식이 불의에 빠지는 일로 걱정하는 일이 없도록 하고, 오직 자식의 질병만을 걱정하게 하는 것이 이에 효도라 할 수 있다."고 하니, 이 또한 통하는 말이다.

[보 補]

부모의 자식 사랑은 아플 적에만 걱정하는 게 아니다. 아프지 않을 적에도 언제나 몸조심하지 않아 혹시 아프지나 않을까 걱정하는 게, 부모 마음이다. 여기에서는 부모의 간절한 자식 사랑의 마음이 질병을 걱정하는 데 그치지 않음을 볼 수 있다.[126]

126 위와 같음. "雙峯饒氏曰 非特有疾時憂, 無疾時, 亦常憂其愛護之不謹而有以致疾, 此見父母愛子之切處, 不獨謹疾而已."

7. 자유전지 子游全旨

이 장에서는 자식이란 어버이를 공경하는 마음이 효도임을 말하고 있다. 옛사람이 말한 효자란 부모의 몸을 받드는 봉양과 어버이를 존엄하게 받드는 공경의 마음, 이 2가지를 모두 갖춰 잘 받들었다. 이런 점을 제시하여, 오늘날의 효자가 부모를 잘 받드는 봉양 또한 그만둘 수 없으나, 공경하는 마음으로 부모를 받들어야 한다는 점을 나타내고 있다.

따라서 하나의 경(敬)자에 중점을 두고 있으며, 여기에서 말한 경이란 조심조심 부모를 높이 받들어 감히 게으르거나 가벼이 하지 않음을 말한다. 그렇지 않으면 그것은 지나친 위엄과 의젓함[嚴恪]이다. 부모 앞에서의 지나친 위엄과 의젓하게 내세우는 행위는 어버이를 섬기는 도리가 아니다.

"요즘의 효도라 하는 것은 부모를 잘 봉양하는 것만을 말한다.[今之孝者 是謂能養]"는 2구는 오늘날에는 한낱 잘 받드는 봉양만으로 이를 효도라고 생각함을 말한다. 이 때문에 아래 문장의 "부모를 공경하는 마음이 없으면 무엇으로 동물의 사랑과 부모의 사랑을 구별하겠는가.[不敬 何以別乎]"라는 구절에서 그저 봉양만 잘한다는 것은 효도가 아님을 바로 말하고 있다. 이 문장에서 "개나 말도 모두 잘 받들어 키우는" 것과 그 무엇이 다르겠느냐는 것은 준엄한 경계이며, 또한 부모에게 불경한 잘못을 심각하게 밝히고 있다.

子游 問孝한대

子曰 今之孝者는 **是謂能養**이니 **至於犬馬**하야도 **皆能有養**이니 **不敬**이면 **何以別乎**리오

자유가 효도를 물으니, 부자께서 말씀하셨다.

"요즘의 효도는 부모를 잘 봉양하는 것만을 말한다. 개나 말도 모두 잘 받들어 키우고 있다. 부모를 공경하는 마음이 있지 않으면 무엇으로 구별하겠는가."

강설

자유가 어버이에 대한 효도를 묻자, 부자께서 그에게 말씀하셨다.

"예로부터 부모를 공경하는 마음이 곧 효도임을 일찍이 말해왔다. 부모의 공경은 물질만으로 부모를 봉양하는 것보다도 융숭한 도리이다. 그러나 오늘날 세속에서 말하는 효도란 어버이를 잘 봉양하는 것만으로 만족해하고 있다.

그러나 음식과 의복 따위의 봉양을 어떻게 귀중하다고 말할 수 있겠는가. 개와 말 따위의 비천한 동물까지도 행여 잘 자라지 못할까 봐 모든 마음을 다해 기르고 있다.

만일 어버이를 봉양하면서 공경하는 마음이 지극하지 못하면 개와 말 따위를 기르는 것과 그 무엇이 다르다고 하겠는가. 극진한 효도를 하고자 한다면 마땅히 부모를 공경해야 한다는 점을 알아야 할 것이다."

集註

子游는 孔子弟子니 姓言이오 名偃이라

養은 謂飮食供奉也라 犬馬는 待人而食하니 亦若養然이라

言人畜犬馬에도 皆能有以養之니 若能養其親而敬不至면 則與養犬馬者로 何異리오 甚言不敬之罪니 所以深警之也라

○ 胡氏曰 世俗事親에 能養足矣라하야 狎恩恃愛하야 而不知其漸流於不敬하니 則非小失也라 子游는 聖門高弟라 未必至此로되 聖人 直恐其愛踰於敬일세 故以是深警發之也라

[훈고] 자유는 공자 제자니, 성은 언(言)이요, 이름은 언(偃)이다.

양(養)은 음식으로 잘 받듦을 말한다. 개와 말은 사람의 손에 의해 길러진다. 이 또한 받들어 기르는 것과 같다.

[해석] 사람이 개나 말을 기르는 데에도 모두 음식으로 받들고 있다. 만일 어버이를 잘 봉양하면서도 공경하는 마음이 지극하지 못하면 개와 말을 기르는 것과 무엇이 다르겠는가. 이는 심히 불경(不敬)의 죄를 말함이니, 그를 깊이 경계한 것이다.

○ 호씨[胡寅]가 말하였다.

"세속에서 어버이를 섬김에 있어 봉양을 잘하는 것만으로 만족하다고 여겨, 부모의 은혜와 사랑을 믿고서 버릇없이 구는 잘못으로 차츰차츰 불경스러움으로 흘러감을 알지 못하니, 이는 작은 잘못이 아니다.

자유는 성인 문하의 훌륭한 제자이다. 반드시 이 지경까지는 이르지 않겠지만, 부자는 다만 사랑의 마음이 공경의 마음보다 더할까를 두려워한 까닭에 이로써 깊이 경계하여 그를 깨우쳐준 것이다."

8. 자하전지 子夏全旨

이 장에서는 부모에 대한 깊은 사랑을 가져야 만이 효도임을 말하고 있다. 따라서 "온화하고 기뻐하는 얼굴빛을 가지기 어렵다."는 색란(色難) 2자에 중점을 두었을 뿐, 아래의 문장은 모두 가벼운 뜻으로 썼다. 이는 거듭 "온화하고 기뻐하는 얼굴빛을 가지기 어렵다."는 뜻을 밝힌 데 지나지 않는다. 반드시 색(色)자를 깊이 살펴보아야 한다.

"온화하고 기뻐하는 얼굴빛을 가지기 어렵다."는 것은 온화하고 기뻐하는 얼굴빛이란 마음에 근본한 것이지, 거짓으로 꾸미는 게 아니다. 그러나 온화하고 기뻐하는 얼굴빛 또한 부모의 힘든 일을 대신하고 부모를 잘 받드는 데에서 나타난 것이다. 단순히 부모의 힘든 일을 대신한다는 것은 힘 있는 사람이라면 능할 수 있고, 그저 부모를 잘 받드는 것은 경제력이 넉넉한 자라면 잘할

수 있다. 이런 점을 모두 불효가 아니라고 말할 수 있지만, 이는 누구이든 조금만 힘쓰면 가능한 일이다. 효도의 지엽적인 부분에 지나지 않는다.

끝 구절에서 부모를 대신하는 일과 음식으로 받듦은 어렵지 않다는 점을 말하여, 상대적으로 기뻐하는 얼굴빛을 가지기 어렵다는 점을 밝혀주고 있다. 그것은 반드시 타고난 효성을 지닌 사람으로서 학문의 힘이 아울러 지극하여야 만이 이러한 모습을 지닐 수 있기 때문이다.

子夏 問孝한대

子曰 色難하니 **有事**어든 **弟子 服其勞**하고 **有酒食**(사)어든 **先生饌**을 **曾是以爲孝乎**아

자하가 효도를 물으니, 부자께서 말씀하셨다.

"온화하고 기뻐하는 얼굴빛을 지니기 어렵다. 부형에게 할 일이 있으면 아우와 아들이 그 힘든 일을 대신하고, 술과 밥이 있으면 부형에게 드리는 것을 효도라 하겠는가."

강설

자하가 어버이에 대한 효도를 묻자, 부자는 그에게 다음과 같이 말하였다.

"자식이 어버이를 섬길 적에는 반드시 가슴속에 깊은 사랑의 마음이 있어야 만이 온화하고 기쁜 얼굴빛이 바깥으로 나타나게 된다. 이는 억지로 힘써 되는 일이 아니다. 오직 온화하고 기뻐하는 얼굴빛을 가지기 어렵다.

부형의 힘든 일을 아우와 아들이 대신하고, 아우와 아들에게 맛있는 술과 밥이 있을 적에 부형과 함께 먹는 일은 능력이 있고 재물이 있는 자라면 모두 잘할 수 있다. 힘든 일을 대신하고 음식으로 봉양하는 것을 효도라고 말할 수 있겠는가. 참으로 온화하고 기뻐하는 얼굴빛을 지니기 어려운 것이다. 어버이를 섬기고자 하는 사람은 마땅히 그 어려운 일에 힘쓸 줄을 알아야 한다."

集註

色難은 謂事親之際에 惟色爲難也라 食는 飯也라 先生은 父兄也라 饌은 飮食之也라 曾은 猶嘗也라

蓋孝子之有深愛者는 必有和氣하고 有和氣者는 必有愉色하고 有愉色者는 必有婉容이라 故로 事親之際에 惟色爲難耳니 服勞奉養은 未足爲孝也라

舊說에 承順父母之色爲難이라하니 亦通이니라

○ 程子曰 告懿子는 告衆人者也오 告武伯者는 以其人多可憂之事오 子游는 能養而或失於敬이오 子夏는 能直義而或少溫潤之色이니 各因其材之高下와 與其所失而告之라 故로 不同也니라

[훈고] 색난(色難)은 어버이를 섬길 적에 온화하고 기뻐하는 얼굴빛을 가지기 어려움을 말한다. 사(食)는 밥이다. 선생(先生)은 아버지와 형이다. 찬(饌)은 마시고 드시게 하는 것이다. 증(曾)은 '일찍이'라는 말과 같다.

[해석] "부모에게 깊은 사랑이 있는 효자는 반드시 화기(和氣)가 있고, 화기가 있으면 반드시 기뻐하는 얼굴빛이 있고, 기뻐하는 얼굴빛이 있으면 반드시 부드러운 용모가 있다."(『禮記』「祭義」) 이 때문에 어버이를 섬길 적에는 오직 온화하고 기뻐하는 얼굴빛을 지니기 어렵다. 힘든 일을 대신하고 음식으로 봉양하는 것만으로는 효도라고 말할 수 없다.

옛말에, "부모의 기뻐하는 얼굴빛을 가지도록 받들고 순종하기 어렵다."고 하니, 이 또한 통하는 말이다.

○ 정자[伊川]가 말씀하였다.

"맹의자에게 일러준 말은 뭇사람에게 고함이며, 맹무백에게 일러준 말은 사람들이 흔히 걱정하는 일로 말함이며, 자유는 봉양은 잘하지만 간혹 공경을 잘못하고, 자하는 강직하고 의로우나 간혹 온화한 얼굴빛이 적다. 각기 그 재목의 높낮이와 그들의 잘못에 따라 말해준 까닭에 대답이 똑같지 않다."

[보 補]

위의 4장에서 똑같이 하나의 효에 관하여 물었으나 그들에 대한 답변이 각기 다른 것은 증상에 따라 약을 쓰는[對症下藥] 화타(華陀)와 같다. 그 증상에 따라 처방하는 것처럼 부자 역시 사람에 따라 가르침을 베푸는, 수재시교(隨材施敎) 때문이다.

위의 4장은 이처럼 사람에 따라 각기 다르지만, 이를 종합하여 살펴보아야 한다.

신안 진씨는 다음과 같이 말하였다.

"효도를 묻는 4장은 『논어』의 편찬자가 같은 유를 차례로 서술한 것이다. 첫째는 예를 따라 어버이를 섬김이며, 둘째는 몸가짐을 조심하여 부모에게 근심을 끼치지 않음이며, 셋째는 그 어버이를 공경하고자 함이며, 넷째는 그 어버이를 사랑하고자 함이다.

배우는 이가 4장을 종합하여 깊이 체득하면 어버이 섬기는 효도를 알 수 있다. 성인의 말씀은 물체에 따라서 형체를 부여하는 천지의 조화와도 같다. 『논어』 전편 가운데 사람을 가르치는 바가 각기 다름과 똑같은 물음에도 대답이 다른 것은 모두 이 때문이다. 이 4장만 그런 게 아니다."[127]

9. 오여전지 吾與全旨

이 장에서는 부자의 말씀에 억양을 더하여 안연의 오도(悟道)를 가상히 여기고 있다. 처음엔

127 위와 같음. "新安陳氏曰 問孝四章, 乃記者以類序次之. 一則欲不違禮以事親, 二則欲謹守身以不憂其親, 三則欲其敬親, 四則欲其愛親. 學者 合四章而深體之, 事親之孝 可得矣. 聖人之言, 如化工隨物賦形. 凡一部論語中, 其敎人不同及問同答異者, 皆如此, 不但此四章也."

그를 어리석은 줄 알았는데 끝에 가서 그가 어리석지 않음을 알게 되었다는 말이 아니다. 부자는 오래전부터 안연이 어리석지 않음을 알고 있었다.

여기에서 굳이 "막상 물러간 후에 그의 사생활을 살펴보았다.[退而省其私]"는 것은 근거가 없는 공언(空言)이 아님을 말해주고 있다. "어리석은 것처럼 보였다."는 여우(如愚) 2자는 다만 "부자와 아무런 견해차가 없었다."는 불위(不違)의 뜻을 표현한 것이며, "안연은 진정 어리석지 않았다."는 불우(不愚) 구절은 부자의 도를 밝힌 그 부분을 말하고 있다. 밝혔다는 뜻으로 쓰인 발(發)자는 가장 힘 있게 쓰인 글자이다. 발(發)이란 단순한 언어를 통하여 그 뜻을 밝힌 게 아니라, 일상생활의 몸소 실행하는 사이에 밝히고 있음을 말한다.

이 때문에 주자의 집주에서는 동정(動靜) 어묵(語默)을 겸하여[見其日用動靜語默之間 皆足以發明夫子之道] 말한 것이다. "또한 말해주었던 도리를 잘 밝혔다.[亦足以發]"라는 것은 도를 체득하여 실천한 부분을 말하지만, 결국은 안연의 어리석지 않음을 증명하고자 함이다. 이로 보면 이의 총체적인 뜻은 결국 오도(悟道)에 귀결되는 것이다.

子曰 吾與回로 言終日에 不違如愚러니 退而省其私혼대 亦足以發하나니 回也 不愚로다

부자께서 말씀하셨다.

"내, 안회와 온종일 이야기를 나눔에 아무런 견해차가 없어 어리석은 것 같더니만, 막상 물러간 후에 그의 사생활을 살펴보니, 또한 말해주었던 도리를 잘 밝힌 것으로 보아 안회는 어리석지 않다."

강설

부자는 도를 깨달은 안연에 대해 칭찬한 바 있다.

"사람들이 도를 들으면 지혜로운 자는 이를 듣고서 의심하고, 어리석은 사람은 듣고서도 아는 바 없다. 그들은 모두 도를 깨달음에 있어서 잘한 일이라고 말할 수 없다. 내, 일찍이 안회와 진종일 오랫동안 이야기했지만, 안회는 그저 받아드릴 뿐, 묻거나 논란한 바 없었다. 서로 어긋나는 의견이 없었다. 그는 참으로 어리석은 사람처럼 보였다.

그러나 안회가 물러난 뒤, 나는 그의 일상생활을 살펴보았다. 그는 정작 동정(動靜) 어묵(語默)에 있어 내가 말했던 이치를 밝히고 있었다.

이런 모습을 보고 난 후에야 안회가 지난번 나의 말에 어김이 없었던 것은 그가 말없이 깨달아 마음과 하나 되어 의문을 가질 것조차 없다는 사실을 알았다. 그는 참으로 어리석은 이가 아니었다. 만일 그가 어리석었다면 어떻게 이처럼 몸소 실천하여 도를 밝힐 수 있겠는가."

集註

回는 **孔子弟子**니 **姓顏**이오 **字子淵**이라 **不違者**는 **意不相背**하야 **有聽受而無問難也**라 **私**는 **謂燕**

居獨處오 **非進見請問之時**라 **發**은 **謂發明所言之理**라

愚 聞之師호니 **曰 顔子深潛純粹**하야 **其於聖人**에 **體段已具**라 **其聞夫子之言**에 **默識心融**하야 **觸處洞然**하야 **自有條理**라 **故**로 **終日言**에 **但見其不違如愚人而已**러니 **及退省其私**하니 **則見其日用動靜語默之間**에 **皆足以發明夫子之道**하야 **坦然由之而無疑**라 **然後 知其不愚也**라

[훈고와 해석] 회(回)는 공자 제자니, 성은 안씨요, 자는 자연(子淵)이다.

불위(不違)는 의견이 서로 어긋나지 않아 그저 듣고 받아드릴 뿐, 묻거나 논란함이 없었다. 사(私)는 한가롭게 홀로 거처한 것으로, 선생에게 나아가 뵙고 묻는 때가 아님을 말한다. 발(發)은 말했던 바의 이치를 밝힌 것이다.

[의론] 나(주자)는 스승[朱子之師, 李侗, 字愿中, 號延平先生.]에게 들으니, 다음과 같이 말씀하였다.

"안자는 깊고 깊은 덕성[深潛: 謂不淺露而德性淵宏]과 밝고 해맑은 기질[純粹: 謂無瑕疵而氣質明淨]로 그는 성인의 모양새[體段][128]를 이미 갖췄다. 부자의 말씀을 듣는 족족 말없이 이해하고 마음에 융화되어 어느 곳이든 막힘없이 통달하여 스스로 조리(條理: 맥락)가 있었다. 이 때문에 종일토록 이야기를 나눌 적에 그저 그가 아무런 견해차가 없어 어리석은 사람처럼 보였을 뿐이었다. 그가 물러간 뒤에 그의 사생활을 살펴보니, 그는 일상생활의 동정(動靜)과 어묵(語默) 사이에 모두 부자의 도를 밝혀, 평탄하게 이를 따라 행하며 의심이 없었다. 그런 후에야 그가 어리석지 않음을 알게 되었다고 한다."

[보 補]

주자는 이천(伊川)의 4전(四傳: 程頤→楊時→羅從彦→李侗→朱熹) 제자이다. 그 스승의 논지—"성인의 모양새[體段]를 이미 갖췄다."—에 따라 다음과 같이 말하고 있다.

"안자는 생이지지(生而知之)의 버금가는 사람이다. 공자에 견주어보면 이미 99%를 갖춰 단 1%의 차이가 있을 뿐이다. 공자는 그의 이러한 점을 지적하여 안자의 근접한 경지를 인정하였다. 안자가 공자의 말씀을 깊이 이해하고 다시는 묻지 않은 이유이다. '묵식심융(默識心融)'의 융(融)자는 녹아내리다[消融]의 뜻과 같다. 들끓는 물속의 눈과 같다."[129]

주자는 안자의 오도 경지를 '심융(心融)'의 융(融)자에 맞춰 의심덩이가 녹아내리는 경지를 '들끓는 물속의 눈[雪在湯中]'으로 간주하였다. 이는 '불길이 이글거리는 화로 위에 한 점의 눈[紅爐一點雪]'이라는 뜻과 같은 비유이다. 이는 단번에 혼미의 의혹이 사라진 돈오의 경지를 말

128 모양새[體段]: 어떤 사람이 주자에게 "연평 이선생이 말한 '안자는 성인의 체단을 이미 갖췄다.'라는 체단 2자는 하나의 모양을 말한 것이 아닙니까?"라고 묻자, 주자는 "그렇다."고 말했다.[問李先生謂顔子聖人體段已具, 體段二字, 莫只是言箇模樣否? 曰然.](『朱子語類』 권24)

129 『大全』 該註. "朱子曰 顔子 乃生知之次, 比之聖人, 已具九分九釐, 所爭只一釐. 孔子只點他這些, 便與他相湊, 他所以深領其言而不再問也. 融字, 如消融相似, 如雪在湯中."

한다. 이러한 오도 경지에 관한 주자의 인식은 〈중용장구서〉에서 말한 '일조황연(一旦恍然)'과 『대학』 격물치지 보궐(補闕) 부분에서 말한 활연관통(豁然貫通)에 잘 나타나 있다. '들끓는 물속의 눈'이란 이처럼 안자의 활연관통한 경지를 말해주는 것이다.

이러한 인식은 주자의 문인 경원 보씨 또한 마찬가지이다.

"묵식(默識)은 말하지 않아도 절로 그 뜻을 깨달음이며, 심융(心融)은 사유하지 않아도 절로 객관 사물과 하나가 됨이며, 촉처통연 자유조리(觸處洞然 自有條理)는 마치 자기 집 뜰을 걷노라면 길의 굴곡과 기물의 배치에 관한 조리와 차례가 훤하게 나의 마음과 눈앞에 펼쳐져 있는 것과 같다."[130]

10. 시기장지 視其章旨

이 장에서는 사람을 살펴보는 법을 말하고 있다. 가장 잘 보이는 선악의 행위로부터 그 내면의 미세한 심리 부분에까지 이르고 있다.

위의 3구[視其所以, 觀其所由, 察其所安]는 사람을 살펴봄에 있어 빠트림 없이 꼼꼼하게 보는 것이며, 끝부분의 2구[人焉廋哉 人焉廋哉]는 그 사람의 정상(情狀)을 조금도 숨길 수 없음을 말하고 있다.

(1) 시기절지 視其節旨

'시기소이(視其所以)'의 이(以)는 행위의 일[事]에 속하며, 시(視)는 관찰의 첫 단계로 착수 부분이다. 그에 선악의 행위를 살펴 군자와 소인을 분별하는 것이다.

子曰 視其所以하며

부자께서 말씀하셨다.
"그의 행하는 바를 보며,

강설

부자는 사람을 살펴보는 법에 대해 말하였다.

"그 사람의 선악을 살펴볼 수 있는 것은 곧 그가 하는 일이다. 그러나 볼 수 없는 것은 그의 생각과 마음이다. 사람을 살펴보려면 처음엔 그가 하는 일을 살펴보아야 한다. 선을 행하는 사람은 반드시 군자이며, 악을 행하는 사람은 반드시 소인이다. 이로써 그 인품의 대체를 알 수 있다."

---

130 위와 같음. "慶源輔氏曰 默識, 是不待言說而自喻其意. 心融, 是不待思維而自與之爲一. 觸處洞然 自有條理者, 謂如行自己家庭中, 蹊徑曲折, 器用安頓, 條理次序, 曉然在吾心目之間也."

集註

以는 **爲也**라 **爲善者 爲君子**오 **爲惡者 爲小人**이라

[훈고] 이(以)는 행위이다.

[해석] 착한 일을 하는 자는 군자라 하고, 악한 일을 하는 자는 소인이라 한다.

(2) 관기절지 觀其節旨

'관기소유(觀其所由)'의 유(由)는 '그 어떤 생각에 의한 동기인가'를 말하는, 의(意)에 속한다. 그 유래[動機]를 관찰한다는 것은 제2 단계로 더욱 자세히 관찰하는 것이다. 그 유래에는 마음의 진실과 거짓이 있다. 그것은 곧 자신이 해야 할 도리를 위한 생각인지, 남들에게 그 무언가를 추구할 목적이 있는 생각에서인지를 분별하는 것이다.

觀其所由하며

그의 유래를 살피며,

강설

"행하는 일이 악한 자야 다시 살펴볼 게 없지만, 행하는 일이 선한 사람 또한 그 마음의 진실과 거짓을 알 수 없다. 따라서 반드시 그 마음의 유래, 즉 동기가 어디에서 출발했는가를 살펴보아야 한다. 진실한 마음에서 나온 것이라면 더 이상 말할 나위 없지만, 그렇지 않으면 어떻게 그를 군자라 말할 수 있겠는가."

集註

觀은 **比視爲詳矣**라 **由**는 **從也**라 **事雖爲善**이나 **而意之所從來者有未善焉**이면 **則亦不得爲君子矣**라

或曰 由는 **行也**니 **謂所以行其所爲者也**라

[해석과 훈고] 관(觀)은 시(視)에 비해 자세히 살펴보는 것이다. 유(由)는 …으로부터[所從來]이다. 행하는 일이 아무리 선하다 할지라도 그 생각의 유래한 바 선하지 못한 바 있으면 또한 군자라 할 수 없다.

어떤 사람이 말하였다.

"유(由)는 행함이다. 그 행해야 할 바를 행하는 것을 말한다."

(3) 찰기절지 察其節旨

'찰기소안(察其所安)'의 안(安)은 마음에 편안하고 즐거워하는 인(仁)에 속한다. 그가 마음에 편안히 여기고 있는가를 살핀다는 것 또한 제3 단계로 더욱더 자세히 관찰하는 법이다. 마음에 편안히 여기는 것은 그가 평소에 마음가짐의 익숙한 부분을 말한다. 자연스러움의 안(安)은 애써 노력하는 면강(勉强)과 상대로 말한다.

察其所安이면

그 편안해한 바를 살펴보면,

강설

"동기가 선하지 못한 자는 굳이 다시 살펴볼 게 없다. 하지만 그 동기가 선한 사람일지라도 그의 마음에 자연스럽게 편안히 행하는 것인지, 아니면 억지로 애써 하는 것인지 알 수 없다. 따라서 또한 반드시 그 마음에 즐거워하는 바가 어떤 것인가를 알 수 없다. 과연 선을 즐거운 마음으로 편안히 받아들이면 더 이상 말할 나위 없지만, 그렇지 않으면 그것 또한 잠시일 뿐, 어찌 오랜 시간이 흐른 후엔 변하지 않을 수 있겠는가."

集註

察은 **則又加詳矣**라 **安**은 **所樂也**라 **所由雖善**이나 **而心之所樂者 不在於是**면 **則亦僞耳**니 **豈能久而不變哉**리오

[해석] 찰(察)은 관(觀)에 비해 또 더욱 자세히 살펴보는 것이다. 안(安)은 즐거워하는 바이다. 그 유래가 아무리 선할지라도 마음에 즐거워하는바 여기에 있지 않으면 이 또한 거짓이다. 어찌 오래되면 변하지 않을 수 있겠는가.

(4) 인언절지 人焉節旨

위 3항목을 총괄하여, 사람을 깊이 알 수 있는 도가 이와 같음을 거듭거듭 밝히고 있는바, 사람을 경계하는 뜻은 말 밖에 있다.

시(視)는 외적 행위를, 관(觀)은 내면 심리를 살펴보는 것이며, 관(觀)은 일시적이며 찰(察)은 종신토록 일평생을 살펴보는 것이다. 정자가 주에서 말한, 지언궁리(知言窮理)는 사람을 살펴보는 근본인데, 궁리는 또한 지언(知言)의 근본이다.

人焉廋哉리오 **人焉廋哉**리오

사람들이 어떻게 숨길 수 있겠는가. 사람들이 어떻게 숨길 수 있겠는가."

강설

"행위의 선악[以]에서 비롯하여 그 동기의 진실 여부에 관한 유래[由]를 거쳐 편안하고 즐거워하는 바[安]에 이르기까지는 그 사람에게 있는 바를 바깥으로부터 그 내면을 탐구해 보는 것이며, 시(視)의 첫 단계로부터 제2의 관(觀), 제3의 찰(察)은 나의 안목과 지혜에 관련된 것으로 이 또한 간략함으로부터 그 자세함을 다한 것이다.

사람들의 감춰진 속내는 바닷물보다 깊어 헤아릴 수 없는 노릇이다. 비록 행위의 소이(所以), 즉 선악의 소위(所爲)를 거짓으로 꾸며 나의 눈[視]을 피할 수 있겠지만, 결코 동기의 유래, 즉 소유(所由)를 꾸며 자세히 살펴보는 나의 눈[觀]을 피할 수 없고, 편안히 여기는바, 소안(所安)를 꾸며 보다 더 꼼꼼하게 살펴보는 나의 눈[察]을 피할 수 없을 것이다. 이로 보면 어떻게 감출 수 있으며, 어떻게 숨길 수 있겠는가."

그러나 남을 살펴보고자 하는 사람 또한 그 자신이 먼저 천하의 이치를 모두 탐구하여 마음이 거울처럼 밝아야 만이 비로소 사람을 살펴볼 수 있음을 알아야 한다.

集註

焉은 **何也**오 **廋**는 **匿也**니 **重言以深明之**라

○ **程子曰 在己者 能知言窮理**면 **則能以此察人**을 **如聖人也**니라

[훈고와 해석] 언(焉)은 '어찌'이다. 수(廋)는 숨김이니, 이를 거듭 말하여 깊이 밝힌 것이다.

○ 정자[明道]가 말씀하였다.

"나 자신에게 있어 말을 잘 알고 이치를 잘 궁구하였으면 이로써 사람을 살펴봄이 성인과 같을 수 있다."

[보 補]

부자와 맹자의 사람을 살펴보는 법[觀人法]이 똑같지 않다.

"이는 부자의 사람을 살펴보는 법이다. '그의 말을 듣고 그의 눈동자를 살펴보면 사람들이 어떻게 숨길 수 있겠는가.'라는 것은 맹자의 사람을 살펴보는 법이다. 맹자의 방법은 남보다 뛰어난 총명을 지닌 자가 아니면 불가능한 일이지만, 부자의 방법은 모든 사람이 다할 수 있고 또한 자신을 스스로 살펴볼 수도 있다."[131]

위에서 부자와 맹자의 관인법(觀人法)은 살펴보는 주체의 능력과 조예로 구분 지어 말하고 있다. 그러나 맹자의 방법은 짧은 시간에 그 사람을 살펴보는 직관에 의하지만, 부자의 방법은 오랜 세월을 두고 외면으로부터 내면을 살펴보는 경험과 축적에 의한 평가이다.

131 위와 같음. "洪氏曰 此夫子觀人之法. 聽其言 觀眸子 人焉廋哉, 此孟子觀人之法. 孟子之法, 非有過人之聰明者, 不能; 夫子之法, 人皆可用, 亦可以自考."

11. 온고전지 溫故全旨

이 장에서는 스승이 된 자에 대해 말하고 있다.

위의 온고지신(溫故知新) 구절에서는 학문을 닦아 마음에 얻은 바 있어야 함을 말하고, 아래 가이위사의(可以爲師矣) 구절은 남들의 요구에 응대한 것으로 말하고 있다. 옛적에 배웠던 것을 다시 익혀 새로운 이치를 깨달아나간다면 견문(見聞)의 한계에 얽매이지 않고 무궁한 의리를 넉넉히 다할 수 있기에, 물음에 따라 응대하고 의문에 따라 이해하게 된다. 이 때문에 배우는 이들은 반드시 스승이 되고자 함이 아니라, 스승다울 수 있음은 스스로 마음에 깨달은 바 있어야 함을 말하고 있다.

온고지신은 『중용』과는 다르다. 『중용』에서는 온고(溫古)란 존덕성(尊德性)으로, 지신(知新)이란 도문학(道問學)으로 2가지 측면에서 말했지만, 여기에서는 하나의 일로 보고 있다. 『중용』에서는 온고(溫故)에 중점을 두고 있으나, 여기에서는 지신(知新)에 중점을 두고 있다. 『중용』에서의 온고(溫故)의 고(故)는 자신에 존재하는 내면의 덕성으로 말했지만, 여기에서의 고(故)는 남들에게서 보고들은 예전의 학문을 말한다. "가히 스승이 될 수 있다.[可以爲師矣]"는 것은 모두 지신(知新)에 있다. 가이(可以)라 말한 것은 이 경지에 이르지 못하면 스승이 될 수 없음을 말한다.

子曰 溫故而知新이면 **可以爲師矣**니라

부자께서 말씀하셨다.

"옛적에 보고들은 바를 다시 익혀 새로운 이치를 알아가면 스승이 될 수 있다."

강설

부자는 스스로 마음에 깨달은 바 있는, 심득(心得)의 학문을 중히 여겨 말하였다.

"천하의 이치에 대해 예전에 이미 보고 들은 것들을 옛것[故]이라 하고, 오늘날 마음에 얻은 바를 새로운 것[新]이라고 말한다. 오랫동안 함양하여 예전에 보고 들었던 것을 다시 익혀서 일찍이 보고 듣지 못한 이치를 스스로 유추하여 사방팔면으로 모두 통하여 언제나 새롭게 알아가는 바 있다면, 천하의 이치는 더욱더 미루어 나갈 수 있고 더욱더 솟아 나와 그 응용이 무궁할 것이다.

따라서 그는 스승으로서 많은 사람의 끝없는 요구를 대할 수 있다. 그렇지 않으면 한낱 성설(成說)만을 고집하여 대응하게 될 것이다. 그가 천하의 수많은 이치에 그 응용하는바 얼마나 되겠는가."

集註

溫은 **尋繹也**라 **故者**는 **舊所聞**이오 **新者**는 **今所得**이라

言學能時習舊聞而每有新得이면 **則所學在我而其應不窮**이라 **故**로 **可以爲人師**라 **若夫記問**

之學은 **則無得於心而所知有限**이라 **故**로 **學記**에 **譏其不足以爲人師**라하니 **正與此意**로 **互相發也**니라

[훈고] 온(溫)은 실마리를 찾아 생각함이며, 고(故)는 예전에 들은 바이며, 신(新)은 오늘날 새로 얻은 바이다.

[해석] 배우면서 때로 예전에 들었던 것을 익혀 언제나 새로 얻음이 있으면 배운바 나에게 있어 그 응함이 끝이 없을 것이다. 이 때문에 스승이 될 수 있다. 예컨대 "옛글을 기억하여 물음에 답하는 학문[記問之學]"이란 마음에 얻은 바 없기에 아는 바 한계가 있다. 이 때문에 「학기」에서 "기문지학(記問之學)으로는 스승이 될 수 없다."고 꾸짖으니, 바로 이 뜻과 서로 밝혀주는 바 있다.

12. 불기전지 不器全旨

이 장에서는 군자에게는 온전한 재목의 작용이 있음을 말한다. 군자란 격물치지와 성의정심으로 마음과 몸을 극진히 닦고, 이를 미루어 제가, 치국, 평천하를 할 수 있는 자를 말한다. 이는 집주에서 말한 "본체가 갖춰지지 않는 바 없음[體無不具]"을 말한다. 이 때문에 크게 쓰면 큰 효험이 있고 작게 쓰면 작은 효험이 있다. 사용하는 바에 따라 모두 통할 수 있다. 집주에서 말한 체무불구(體無不具)는 군자 2자 속에 있으며, 이는 학문에 의해 얻어지는 것이다.

子曰 君子는 **不器**니라

부자께서 말씀하셨다.
"군자는 한 가지에만 사용되는 그릇이 아니다."

강설

부자는 성덕(成德)의 학문에 대해 말하였다.
"하나의 재예(才藝)로 이름을 얻은 이는 마치 하나의 용도에 알맞은 그릇과 같은 것이지, 온전한 재주라고 말할 수 없다. 오직 덕을 이룬 군자만이 의리에 정밀하게 알고 함양한바 덕성이 깊어, 그 본체를 모두 갖추지 않은 바 없으므로 그 응용 또한 두루두루 응하여, 변하지 않는 떳떳한 정도를 지키면서도 시의(時宜)에 알맞은 권도(權道)로 그 어떤 일에도 막힘이 없다. 이 어찌 하나의 용도에만 알맞은 그릇처럼 하나의 재예로 말할 수 있겠는가."

集註

器者는 **各適其用而不能相通**이라 **成德之士**는 **體無不具**라 **故用無不周**니 **非特爲一才一藝而已**니라

[해석] 그릇[器]이란 각기 그 용도에만 적합할 뿐, 어디에나 모두 통용될 수 없다. 덕을 성취한 선비는 본체를 갖추지 않은 바 없기에 그 작용이 두루두루 하지 않음이 없다. 하나의 재예(才藝)에만 그치지 않는다.

[보 補]

그릇이란 기구를 말한다. 배는 강물을 건너고 수레는 육지를 달릴 수 있으나, 이를 반대로 사용하는 것은 불가능하다. 이 때문에 성인의 도는 하나의 필요에 사용되는 그릇이 아님을 말한다.

그러나 여기에서 말한 군자불기(君子不器)는 문장, 서예, 시화, 바둑 등 온갖 기예의 달인을 말한 게 아니다. '군자불기'는 심학(心學)의 체용(體用)을 말한다. 이에 대해 운봉 호씨는 다음과 같이 말하였다.

"선비와 군자의 마음은 비어있어 많은 이치를 갖추고 있다. 이는 그 본체에 본래 갖추지 않음이 없는 것이다. 그 마음의 신령함은 모든 일에 응할 수 있다. 이는 그 작용이 두루 응하지 않음이 없는 것이다. 격물치지 성의정심 수신제가 치국평천하로 마음의 본체를 함양하고 마음의 작용을 확충한 까닭에 '한 가지에만 사용되는 그릇이 아니다.' 이 때문에 하나의 그릇에 국한된 자는 기질의 분수와 도량이 작고, 군자의 한 가지에만 사용되는 그릇이 아니라는 것은 학문의 공효가 큰 것이다."[132]

13. 선행전지 先行全旨

이 장에서는 군자란 말보다 행실을 중시해야 한다는 뜻을 보여주고 있다. 이는 오직 군자에 대해 논한 것이지, 언행에 대한 범론(汎論)으로 말한 게 아니다.

"먼저 그 말할 것을 행하고, 그 뒤에 따라서 말해야 한다.[先行其言而後從之]"는 문장은 하나의 구두(句讀)로 보아야 한다. 자공은 평소 말이 많음으로 그 행동이 말을 따라가지 못하는 폐단이 있었다. 이 때문에 부자는 그가 군자에 관해 물었을 적에 곧 그에게 모두 이미 행한 후에 말하도록 이끌어주었다. 여기에서는 말을 주로 말했지만, 말하려는 것을 먼저 실행에 옮기는 것을 실학(實學)이라고 한다.

子貢이 **問君子**한대
子曰 先行其言이요 **而後從之**니라

---

132 위와 같음. "雲峯胡氏曰 士君子之心, 虛有以具衆理, 是其體 本無不具也. 其心之靈, 足以應萬事, 是其用 可以無不周也. 格致誠正脩齊治平, 有以充此心之體而擴此心之用, 所以不器, 故凡局於器者, 氣質之分量 小; 士君子之不器者, 學問之功效 大也."

자공이 군자에 관해 물으니, 부자께서 말씀하셨다.
"먼저 그 말할 것을 행하고, 그 뒤에 따라서 말해야 한다."

강설

자공이 군자가 군자다울 수 있는, 그 도의 원인이 무엇인가를 묻자, 부자께서 그에게 말씀하셨다.
"이른바 군자라 하는 것은 언행의 차례를 살피는 데에 있을 뿐이다. 하고 싶은 말이 있으면 반드시 먼저 몸소 행하여 부족한 바 없음을 보고서, 뒤이어 이미 행한 일을 말한다면 언행에 서로 어긋남이 없을 것이다. 이 어찌 독실한 군자가 아니겠는가. 너 또한 행실을 앞세우는, 군자의 법을 본받음이 좋을 것이다."

集註

周氏曰 先行其言者는 **行之於未言之前**이오 **而後從之者**는 **言之於旣行之後**라

○ **范氏曰 子貢之患**은 **非言之艱 而行之艱**이라 **故**로 **告之以此**니라

[해석] 주씨[周孚先: 字伯忱 毗陵人 伊川門人]가 말하였다.
"선행기언(先行其言)은 말하기 이전에 이를 행하는 것이요, 이후종지(而後從之)는 이미 행한 뒤에 말하는 것이다."
○ 범씨[范祖禹]가 말하였다.
"자공의 걱정은 말하는 게 어려움이 아니라, 행하는 것이 어렵기 때문에 이처럼 말하였다."

14. 주이전지 周而全旨

이 장에서는 군자와 소인의 대인(對人) 관계에 관한 차이점을 말하고 있다.
이 2구[周而不比 比而不周]는 대등한 관계로 보아야 한다. 위 구절에서의 군자는 보편(普遍)으로 대하는 주(周)에, 아래 구절에서의 소인은 편당(偏黨)의 비(比)에 중점을 두고 있다. 군자와 소인의 대인 관계는 널리 또는 편당이라는 광협(廣狹) 측면에서 나눠지는 것이 아니라, 그 마음이 어디에 있느냐는 공사(公私)의 측면에서 나눠지는 것이다. 군자는 사람들과 함께하기를 잘하지만, 때로 사람과의 어울림이 적을지라도 군자의 보편성[周]에 방해되지 않는다. 소인은 자기와 함께한 사람만을 좋아한다. 따라서 많은 사람과 교유한다고 할지라도 그것은 편당성[比]을 면할 수 없다.

子曰 君子는 **周而不比**하고 **小人**은 **比而不周**니라

부자께서 말씀하셨다.
"군자는 널리 사랑하여 편당을 짓지 않으며, 소인은 편당으로 널리 사랑하지 못한다."

강설

부자는 군자와 소인의 마음 씀씀이 차이에 대해 말씀하셨다.

"군자와 소인은 마음이 같지 않기에 사람과의 친히 함 또한 다를 밖에 없다. 군자는 공정한 마음으로 대하기에 도리상 사랑해야 할 사람을 친히 하고 두터이 한다. 이는 널리 많은 사람을 사랑하되 편당에 치우쳐 친근히 하지 않는다.

소인은 사사로운 마음으로 대하기에 사사로운 인정에 따라 모두 가까이하고 두터이 하고자 한다. 이는 편당에 의해 잘못을 범한 편벽으로써 두루 사랑할 줄 모른다.

요컨대 군자가 많은 사람을 널리 사랑한다는 것은 군자만을 사랑하는 데에 그치지 않고 소인 또한 두루 사랑하며, 소인이 편당을 지어 사랑한다는 것은 소인들과 편당을 지을 뿐 아니라, 군자에 대해서도 편당을 짓고자 한다.

군자가 편당을 짓지 않음은 소인과의 편당을 짓지 않을 뿐 아니라, 군자와도 편당을 짓지 않으며, 소인이 널리 두루 사랑하지 못함은 군자에게 두루 대하지 못할 뿐 아니라, 아울러 소인에게도 두루 널리 사랑하지 못한다. 이는 공사(公私)의 마음이 상반되는 것으로 군자와 소인이 나뉘게 되는 이유이다."

集註

周는 普徧也오 比는 偏黨也니 皆與人親厚之矣로되 但周公而比私爾라

○ 君子小人所爲不同은 如陰陽晝夜하야 每每相反이라 然究其所以分이면 則在公私之際毫釐之差耳라 故로 聖人이 於周比和同驕泰之屬에 常對擧而互言之는 欲學者 察乎兩間而審其取舍之幾也라

[훈고] 주(周)는 보편(普徧)이며, 비(比)는 편당이다.

[해석] 이는 모두 사람과 더불어 친히 하고 두터이 하는 것이지만, 다만 보편의 주(周)는 공(公)이요, 편당의 비(比)는 사(私)이다.

○ 군자와 소인의 행위가 같지 않음은 음양과 주야처럼 매양 상반되는 것이다. 그러나 그 나눠진 바를 살펴보면 공사(公私)의 사이, 털끝 하나 차이가 있을 뿐이다. 이 때문에 성인은 주비(周比)와 화동(和同: 君子 和而不同, 小人同而不和.)(「子路」 제13)과 교태(驕泰: 君子 泰而不驕, 小人驕而不泰.)(上同) 등을 항상 대칭으로 들어 서로 말함은, 배우는 이들이 그 두 사이를 살펴 취하고 버려야 할 기미를 살피도록 하고자 함이다.

[보 補]

군자와 소인의 상반된 양상은 공사(公私)의 한 생각에서 비롯되지만, 그 결과는 하늘과 땅 차이[天壤之差]이다. 그러나 상반된 양상의 대상은 각기 다르다. 주비(周比)는 사람과의 접촉

[對人]에, 화동(和同)은 사물의 대처[處事]에, 교태(驕泰)는 일신의 몸가짐[處己]에 나타나는 것이다.

15. 학이전지 學而全旨

이 장에서는 본받아 실천하는 배움[學: 實踐]과 그 이치를 탐구하는 사색[思: 概念], 그 어느 것 하나를 버린다면 모두 폐단을 안게 된다는 점을 말해주고 있다.

위 구절은 사색의 인식이 없음[不思]에 대해, 아래 구절은 실천의 행동이 없음[不學]에 대해 중점을 두고 있다. "얻은 바 없다[罔: 공허함]"는 것과 "위태롭다[殆: 불안함]"는 것은 각각 위 구절에 이어서 보아야 한다.

"얻은 바 없다"는 것은 개념의 인식 결여로 그 마음이 혼미함이다. 비록 편안하게 행하여야 할 일을 편안히 잘 행하여 실천한다고 할지라도 자득의 견해가 없다. 바꿔 말하면 개념이 없는 실천은 공허하기 때문이다.

'위태롭다'는 것은 실천의 미숙으로 그 마음이 위태로움이다. 비록 그 터득해야 할 이치를 얻었다고 할지라도 그 도리에 따라 편안하게 행함이 없는 것이다. 바꿔 말하면 실천이 없는 개념은 불안하기 때문이다.

子曰 學而不思則罔하고 思而不學則殆니라

부자께서 말씀하셨다.

"행하기만 하고 그 이치를 생각하지 않으면 얻은 바 없고, 생각만 하고 행하지 않으면 위태롭다."

강설

부자는 실천의 행동과 사색의 탐구, 그 어느 것 하나 버릴 수 없다는 점을 논하였다.

"이치란 일에 갖춰있다. 따라서 그 일을 몸소 실천하여 익히는 것이 배움이다. 일에는 이치가 실려 있다. 따라서 그 이치를 추구하여 탐색하는 것이 생각이다.

그저 본받아 배우기만 할 뿐, 마음에 그 이치를 사색하여 탐구하지 않는다면 혼매하여 얻은바 없을 것이다. 이 또한 까마득히 얻은 바 없다는 잘못을 범하지 않겠는가.

한갓 사색하여 탐구만 할 뿐, 일을 통하여 그 이치를 익히고 배워나가지 않는다면 위태롭고 불안하게 된다. 이 또한 위태롭다는 잘못을 범하지 않겠는가. 한갓 본받기만 하고 사색하기만 하는, 그 병폐는 바로 이와 같다. 실천과 사색은 참으로 그 어느 것 하나 버릴 수 없다."

集註

不求諸心이라 故로 昏而無得이오 不習其事라 故로 危而不安이라

○ 程子曰 博學審問愼思明辨篤行 五者에 廢其一이면 非學也니라

[해석] 마음에 추구하지 않은 까닭에 혼미하여 얻은 바 없고, 그 일을 익히지 않은 까닭에 위태로워 편안치 못하다.

○ 정자[伊川]가 말씀하였다.

"'널리 배우고, 살펴 묻고, 삼가 생각하고, 밝게 분별하고, 독실하게 행한다.'(『중용』 제20장)는 다섯 가지 가운데 그 어느 것 하나를 버리면 학문이 아니다."

[보 補]

사색하는 개념과 행동하는 실천은 수레의 두 바퀴, 새의 두 날개와도 같다. 그 어느 것 하나 없어서는 안 된다. 주자의 집주에서 "학(學)을 그 일을 익힘으로 말한 것은 실천의 행에 관한 일이며, 사(思)를 마음에서 추구함으로 말한 것은 인식의 앎에 관한 일이다. 요컨대 배움을 전체로 말하면 학(學)이란 앎과 행함을 겸하는 것이지만, '배움'과 '생각'을 구분지어 말하면 생각은 앎에 속하고 배움은 행에 속한다."[133] 이처럼 생각하고 실천하며 실천하고 생각하는, 개념과 실천을 모두 갖출 적에 공허하지 않고 불안하지 않기 때문이다.

16. 공호전지 攻乎全旨

이 장에서는 바른 학술을 닦아야 하며, 이단에 마음을 써서는 안 된다는 점을 말하고 있다. 위의 공호이단(攻乎異端) 구절은 사악한 학술에 현혹된 바 깊음에 대해, 아래 사해야이(斯害也已) 구절은 폐해가 큼에 대해 말하고 있다. 공(攻)자에 중점을 두고 보아야 한다. 당시의 이단은 천하에 화를 끼칠 기미가 없지 않았지만, 그 세력은 아직 그다지 크지 않았다. 오직 이를 전공으로 할 경우, 이단의 취지를 궁구하게 됨으로써 그 폐해가 더욱 심할 것이다.

子曰 攻乎異端이면 斯害也已니라

부자께서 말씀하셨다.

"이단을 전공하면 이에 해가 될 뿐이다."

강설

부자는 바른 학술에 대해 가르쳐 주셨다.

"우리의 도는 지극히 올바르다. 그러나 이단은 옳은 것처럼 보이지만 실제로는 그릇된 것이다. 배우는 이가 만일 이단의 도를 전공하여 정밀하게 배우면 그들의 말은 더욱 이치에 가깝지만, 더

133 위와 같음. "雲峯胡氏曰 以學爲習其事, 是行之事; 以思爲求諸心, 是知之事. 要之, 專言學則學兼知與行, 分學與思, 則思字屬知, 學字屬行."

욱 그릇된 삶으로 현혹하게 된다.

이는 한 사람에게 해가 될 뿐 아니라, 또한 모든 사람을 거느리고서 나날이 사악하고 부질없는 길로 치달리면서도 이를 깨닫지 못할 것이다. 그 폐해가 어찌 크다고 하지 않겠는가."

集註

范氏曰 攻은 專治也라 故로 治木石金玉之工曰攻이라

異端은 非聖人之道而別爲一端이니 如楊墨이 是也라 其率天下에 至於無父無君하니 專治而欲精之면 爲害 甚矣라

○ 程子曰 佛氏之言은 比之楊墨컨대 尤爲近理하니 所以其害爲尤甚이라 學者 當如淫聲美色以遠之니 不爾면 則駸駸然入於其中矣리라

[해석] 범씨[范祖禹]가 말하기를, "공(攻)은 전공으로 다룸이다. 그러므로 나무와 돌과 금과 옥의 일을 전문으로 다루는 것을 공(攻)이라고 한다."(『周禮』「考工記」)고 하였다.

이단(異端)은 성인의 도가 아닌, 별개의 한 실마리이다. 양주 묵적과 같은 이들이 바로 그것이다. 그들이 천하를 거느림에 아비도 없고 임금도 없는 데에 이르게 하니, 이를 전공하여 정밀하게 다루고자 하면 폐해가 심하다.

○ 정자[明道]가 말씀하였다.

"불가의 말은 양주 묵적에 비하면 더욱 이치에 근사하여 그 폐해가 더욱 심하다. 배우는 이는 음탕한 소리와 아름다운 여색처럼 멀리해야 한다. 그렇지 않으면 거침없이 내달려 그 속으로 휘말려 들어갈 것이다."

[보 補]

이단이라는 이름은 처음 여기에서 보인다. 그러나 공자가 말하는 이단은 그 누구를 말하는지 알 수 없다. 노자 양주 묵적은 모두 공자와 동시대이지만, 당시 공자의 가르침이 밝았던 까닭에 그들의 설은 펼쳐지지 못하였다.[134]

그렇다면 부자 당시의 이단이란 그 누구를 말하는가. 공자는 "향원은 덕을 해치는 자"라 말하였고, 맹자는 "그들 스스로 옳다고 여기지만, 요순의 도에 들어갈 수 없다."라고 말하였다. 이로 보면 향원 또한 이단이다.

노자[老聃]는 공자와 동시 인물이지만, 공자는 예에 관해서 "나는 노자에게 들었다."라고 말한 것으로 보아 노자는 그 당시 이단으로 지목하지는 않았다. 오늘날의 노자라는 책은 선유(先儒)의 말에 의하면, "이는 후인의 가탁으로 만들어진 책"이라 하였고, 그 후 장자(莊子)가 나와 노자를 드높이기에 이르렀고, 그 후로부터 비로소 도교의 종조(宗祖)를 삼음으로써 이

134 위와 같음. "西山眞氏曰 異端之名, 始見於此. 孔子所指, 未知爲誰. 老聃楊朱墨翟, 皆與孔子同時, 特以洙泗之敎方明, 其說未得肆耳."

단의 지목을 피할 수 없었다.[135]

전국시대 맹자에 이르러 양주 묵적의 이단 설은 창궐했고, 뒤이어 위진(魏晉)의 현학(玄學), 수당(隋唐)의 불학(佛學)을 거치면서 유학은 거의 자취를 감추게 되었다.

17. 유회전지 由誨全旨

이 장에서는 자로에게 참다운 앎에 대하여 가르쳐주고 있다.

앎의 본체는 마음에 갖추어져 있다. 마음에 가린 바 없어야 비로소 알았다고 말할 수 있다. 이러한 앎은 모두 그 밝은 마음을 속이지 않는 데에 있다. 여섯 개의 지(知: 誨女'知'之乎 '知'之爲'知'之 不'知'爲不'知' 是'知'也) 자는 똑같은 뜻이 아니다. 크게 2가지로 나뉜다. 수미(首尾)에 쓴 2곳의 지(知: 誨女'知'之乎 · 是'知'也) 자는 모두 심체(心體)의 앎[知: 인식의 주체]을 말하며, 중간에 쓰인 4곳의 '지(知: '知'之爲'知'之 不'知'爲不'知')'는 현상 사물의 측면에서 말한 '아는 것(인식의 작용)'에 대해 말한 것이다.

지지[知之爲知之 不知爲不知] 2구는 하나의 맥락으로 말했지만, 불지(不知)의 측면에 중점을 두고 있다.

시지야(是知也) 구절은 첫 구절에 상응하는 문장이다. 현재 스스로 자신을 속이지 않는다면 사물을 알아가는 데에 나쁘지 않으며, 더욱이 이처럼 진솔한 마음으로 앎을 추구하면 또한 앎을 얻을 수 있는 이치가 여기에 있다고 하여, 한 층 더 보완하여 말하였다.

子曰 由아 誨女知之乎ㄴ저 知之爲知之오 不知爲不知 是知也니라

부자께서 말씀하셨다.

"유야! 너에게 '앎'을 가르쳐 주겠노라. 아는 것을 안다고 하고, 모르는 것을 모른다고 하는 것이 곧 '앎'인 것이다."

강설

자로는 지는 것을 싫어하여 모르는 것을 아는 것처럼 꾸미는 적이 있다. 이 때문에 부자는 그를 불러 말하였다.

"유여! 내가 너에게 진정한 앎이 뭔가를 가르쳐 주겠다. 이른바 앎이란 어떻게 반드시 모든 것을 안 이후에 앎이라고 말할 수 있겠는가.

오직 자신의 앎으로 미칠 수 있는 이치를 알았을 때, 참으로 안다고 말해야 하겠지만, 나의 앎

---

135 위와 같음. "新安陳氏曰 孔子之時, 楊朱未肆, 故集註下一如字. 然則異端何所指乎? 孔子謂鄕原德之賊, 孟子謂其自以爲是而不可與入堯舜之道, 則鄕原亦異端也. 老聃正同時, 而孔子於禮曰吾聞諸老聃, 則老聃在當時, 未可以異端目之. 今之老子書, 先儒謂後人託爲之, 蒙莊出而祖老氏, 自此以後, 始爲虛無之祖而爲異端不可辭矣."

으로 미칠 수 없는 한계에 대해서도 또한 정직하게 모른다고 말해야 한다. 이처럼 아는 것에 대해 정직하면 설령 모든 것을 알지 못한다고 할지라도, 아는 것과 모르는 것 그 모든 게 나의 마음에 명백하여 가려진 바 없을 것이다.

이를 이른바 진정한 앎이라고 말한다. 더욱이 진솔한 마음으로 이치를 밝혀가는 데 어려움이 없을 것이다. 어찌 굳이 모른 것을 억지로 아는 것처럼 꾸며댈 수 있겠는가."

集註

由는 孔子弟子니 姓仲이오 字子路라

子路好勇하니 蓋有强其所不知以爲知者라 故로 夫子告之曰 我敎女以知之道乎ㄴ저 但所知者則以爲知오 所不知者則以爲不知니 如此則雖或不能盡知라도 而無自欺之蔽오 亦不害其爲知矣라 況由此而求之면 又有可知之理乎아

[훈고] 유(由)는 부자 제자니, 성은 중(仲)이요, 자는 자로이다.

[해석] 자로는 용맹을 좋아하니, 모르는 것을 억지로 안다고 우긴 일이 있었던 까닭에 부자는 자로에게 일러주었다.

"내가 너에게 앎의 도를 가르쳐 줄 것이다. 다만 아는 것을 안다고 말하고 모르는 것을 모른다고 말해야 한다. 이처럼 하면 설령 모든 것을 알지 못할지라도 자신을 속이는 폐단은 없을 것이며, 또한 그 알아가는 데에 해가 되지 않을 것이다. 더욱이 이로 말미암아 앎을 추구하면 알아갈 수 있는 이치가 있는 것이야."

[보 補]

용맹을 좋아하면 자칫 남들 앞에서 자랑한다거나 남들을 이기려는 마음이 앞서게 된다. 자로가 모르는 것을 아는 것처럼 말하는 것 또한 남을 이기려는 마음에서 비롯된 것이다.

무엇 때문에 남을 이기려는 것일까? 그것도 사욕(私欲)의 하나이다. "남을 이기려거나 자랑하려 들지 않으면 그것은 인(仁)은 아니지만 행하기 어려운 일이라고 말한 바 있다."[136]

18. 자장장지 子張章旨

이 장에서는 자장에게 자신의 도리를 위한 학문을 가르쳐 주고 있다. 이의 중점은 다문(多聞) 이하 6구에 있다. 이는 바로 말과 행실을 닦아가는 것이 바로 자신의 도리를 위한 실학(實學)임을 말해주고 있다. 끝 구절[祿在其中矣]에서 녹이 곧 여기에 있음을 말하고 있다.

136 「子路」 제13, "克伐怨欲不行焉, 可以爲仁矣."

(1) 자장절지 子張節旨

이는 『논어』를 기록한 자의 말이다. 자장이 녹을 추구했다는 것 또한 자장의 마음속에 지닌 생각을 밝혀 사실처럼 말한 것이다. 따라서 추구한다는 간(干)자에 대해 너무 지나치게 나쁜 점으로 말해서는 안 된다.

子張이 學干祿한대

자장이 녹을 구하는 것을 배우려고 하자,

강설

자장은 학문에 종사하면서도 녹을 구하려는 마음이 있었다. 그의 학문이 꼭 순수한 것만은 아니었다.

集註

子張은 孔子弟子니 姓顓孫이오 名師라 干은 求也오 祿은 仕者之奉(俸)也라

[훈고] 자장은 부자 제자니, 성은 전손(顓孫)이며 이름은 사(師)이다.
간(干)은 구함이며, 녹(祿)은 벼슬아치의 봉급이다.

(2) 다문절지 多聞節旨

허물과 후회가 적다[寡尤寡悔]는 것은 모두 위의 3층[多聞, 闕疑, 愼言其餘. 多見, 闕殆, 愼行其餘.]에 뒤이어 말하고 있다. … 적다[寡]는 것은 허물과 후회를 적게 하고자 '노력하는 과정의 공부'를 말하기에, 이미 공부가 완성된, 허물과 후회가 없다[無]는 단계로 말할 수 없다.

단 이처럼 허물과 후회를 적게[寡] 하려는 공부를 말함에 있어 2개의 즉(則寡尤, 則寡悔)자를 붙여 말한 것은 허물과 후회를 없애기 어려운 점을 묘사하고 있다.

또한 허물과 후회가 적다[尤悔寡]고 말하지 않고, 허물과 후회를 적게 할 수 있다[寡尤悔]고 말한 것은, 많은 것을 듣고 보았음에도[多聞多見] 그 가운데 의심난 부분을 버리고, 또 그 나머지의 확신하는 부분까지도 삼간다[愼: 愼言 愼行]는 점이 곧 그 허물과 후회를 적게 하는 방법이자 공부이다. 이는 모두가 나의 몸을 수렴하는 독실한 공부에 중점을 두고 있다.

"녹은 그 가운데에 있다.[祿在其中]"는 것은 단 그 이치가 이와 같다는 것이요, 사사로운 뜻으로 기필할 수 없음을 말하고 있다.

子曰 多聞闕疑오 愼言其餘則寡尤하고 多見闕殆오 愼行其餘則寡悔니 言寡尤하며

行寡悔면 祿在其中矣니라

부자께서 말씀하셨다.

"많이 듣고서 그 가운데 의심나는 것은 버리고 그 나머지를 삼가 말하면 허물이 적고, 많이 보고서 그 가운데 위태로움을 버리고 그 나머지를 삼가 행하면 후회하는 일이 적을 것이다. 말에 허물이 적고 행실에 후회가 적으면 녹은 그 가운데에 있다."

강설

부자는 자장에게 가르침을 주셨다.

"군자의 학문이란 언행보다도 더 앞서는 것은 없다. 듣고 보는 것은 언행의 바탕이 된다.

천하의 이치는 하나하나 들은 것으로부터 쌓여간다. 많은 것을 들으면 말할 수 있는 바탕이 넓혀지게 된다. 그러나 귀담아들은 가운데도 의심이 없지 않은 것인바, 그 의심난 부분은 제쳐놓은 채, 말하지 않고 그 나머지 의심이 없는 부분마저도 오히려 말을 삼가야 한다. 이처럼 하면 하는 말마다 모두 이치에 타당할 것이다. 이에 감히 전혀 허물이 없다고 장담할 수야 없겠지만, 아마 그 허물은 거의 없을 것이다.

천하의 일이란 하나하나 보는 것으로부터 쌓여간다. 많은 것을 보면 행할 수 있는 바탕이 넓혀지게 된다. 그러나 눈여겨보는 가운데도 불안한 점이 없지 않은 것인바, 그 위태로운 부분은 제쳐놓은 채, 행하지 않고 그 나머지 편안한 것마저도 반드시 삼가 행하여야 한다. 이처럼 하면 행하는 일마다 모두 이치에 타당할 것이다. 이에 감히 전혀 후회가 없다고 장담할 수야 없겠지만, 아마 그 후회는 거의 없을 것이다.

말함에 허물이 적고 행함에 후회가 적으면, 말은 세상에 드날리고 행실은 세상에 베풀어질 것이다. 녹이란 곧 허물이 적고 후회가 적은 그 가운데에 있는 것이지, 어떻게 구차스레 녹을 구할 게 있겠는가. 사(師) 또한 자신의 언행을 닦는 것이 옳은 일이다."

集註

呂氏曰 疑者는 所未信이오 殆者는 所未安이라

程子曰 尤는 罪自外至者也오 悔는 理自內出者也니라

愚謂 多聞見者는 學之博이오 闕疑殆者는 擇之精이며 謹言行者는 守之約이라 凡言在其中者는 皆不求而自至之辭니 言此以救子張之失而進之也시니라

○ 程子曰 修天爵則人爵至하니 君子言行能謹은 得祿之道也니라 子張學干祿이라 故로 告之以此하야 使定其心而不爲利祿動하시니 若顏閔則無此問矣리라 或疑如此라도 亦有不得祿者하니 孔子蓋曰 耕也에 餒在其中이라하시니 惟理可爲者를 爲之而已矣니라

[해석] 여씨[呂大臨: 字與叔 藍田人 程門四大弟子之一]가 말하였다.

"의심이란 믿을 수 없는 것이며, 위태로움이란 편안하지 못한 것이다."

정자[伊川]가 말씀하였다.

"허물[尤]은 바깥으로부터 이르러 온 잘못이며, 후회[悔]는 마음으로부터 나오는 이치이다."

나의 생각은 다음과 같다.

"듣고 봄이 많음은 학문이 드넓음이요, 의심과 위태로움을 놓아둠은 선택이 정밀함이며, 말과 행실을 삼가는 것은 지키기를 요약함이다.

대체로 '그 가운데에 있다.'고 말한 것은 모두 구하지 않아도 저절로 이르러온다는 말이다. 이를 말하여 자장의 잘못을 구제하여, 앞으로 나아가도록 한 것이다."

○ 정자[明道 伊川]가 말씀하였다.

"천작(天爵: 仁義 德性 등)을 닦으면 인작(人爵: 卿 大夫 등)이 이르러 온다.(『孟子』「告子 上」) 군자가 말과 행실을 삼가는 것은 녹을 얻는 도이다. 자장이 녹을 구하는 것을 배우려 한 까닭에 그에게 이를 말하여 그의 마음을 안정시켜 이록(利祿)에 흔들리지 않도록 한 것이다. 안자와 민자건 같은 이는 이러한 물음 자체가 없었다.(이상은 伊川의 말)

어떤 이는 '이처럼 해도 또한 녹을 얻지 못하는 자가 있다.'고 의심하는데, 부자의 말에 의하면 '밭갈이하여도 굶주림은 그 가운데 있다.'(「衛靈公」)고 하니, 오직 도리상 할 수 있는 것만을 할 뿐이다."(이상은 明道의 말)

19. 애공전지 哀公全旨

이 장에서는 임금이 공정하게 신하를 등용하고 버려야 백성이 굴복한다는 점을 말해주고 있다. 따라서 이의 주안점은 내세움과 버려둠 거조(擧錯) 2자에 있다.

애공의 물음에 대한 주된 뜻은 백성을 굴복시키고자 함에 있으며, 부자의 대답은 그 자신에게 달려있음을 말하고 있다.

정직한 사람은 백성들의 마음에 천거하고자 하는 인물이며, 부정한 자는 백성들의 마음에 버려두고자 하는 인물이다. 백성들이 원하는 바에 부합되므로 굴복하고, 그 원하는 바에 상반되므로 굴복하지 않는다. 반드시 백성들이 실제로 받아드릴 수 있음을 알아야 만이 복(服)자의 참다운 뜻을 알 수 있다.

군자와 소인으로 말하지 않고 정직한 자와 부정한 자[直枉]로 말한 것은 지극히 오묘한 부분이다. 정직한 사람은 시비를 잘 일으키므로 가장 쉽게 버림을 받고, 부정한 자는 임금에게 영합을 잘하므로 가장 쉽게 등용되는 것이다.

즉(則)자는 꼭 형벌로써 몰아가고 다그친다는 뜻으로 말한 게 아니다. 위에서 어떻게 하느냐에 따라 나타나는, 백성의 결과로써 인과 관계를 말해주는 접속사이다.

哀公이 **問曰 何爲則民服**이리잇고
孔子 對曰 擧直錯諸枉하면 **則民服**하고 **擧枉錯諸直**하면 **則民不服**이니이다

애공이 물었다.
"어떻게 하면 백성이 복종하겠습니까?"
이에 공자께서 대답하셨다.
"곧은 사람을 들어 쓰고 부정한 무리를 버려두면 백성이 복종하게 되고, 부정한 자를 들어 쓰고 곧은 무리를 버려두면 백성이 복종하지 않을 것입니다."

강설

애공이 부자에게 "임금이 어떻게 하여야만 백성의 마음을 얻고 굴복시킬 수 있을까?"를 물으니, 공자께서 다음과 같이 대답하였다.

"백성의 마음을 굴복시킬 수 있는 것은 의(義)이다. 임금이 천리를 따르는 정직한 인물을 천거하여 그를 벼슬에 오르게 하고, 정직하지 못한 수많은 무리를 함부로 천거하지 않는다면, 인재의 등용 여부가 대의(大義)에 맞음으로 만백성의 마음에 부합될 터인바, 어느 누가 굴복하지 않겠는가.

만일 정직하지 못한 자를 도리어 천거하여 벼슬에 오르게 하고, 수많은 정직한 무리를 버려둔다면 인재 등용의 대의에 맞지 않는다. 이는 만백성의 마음을 어기는 일이다. 그 누가 그에게 굴복할 수 있겠는가. 임금이 백성을 굴복시키고자 한다면 또한 인재를 등용하고 버리는 데에 적합하도록 마음을 쏟아야 한다."

集註

哀公은 **魯君**이니 **名蔣**이라 **凡君問**에 **皆稱孔子對曰者**는 **尊君也**라 **錯**는 **捨置也**라 **諸**는 **衆也**라
程子曰 擧錯得義면 **則人心服**이니라
○ **謝氏曰 好直而惡枉**은 **天下之至情也**니 **順之則服**이오 **逆之則去**는 **必然之理也**라 **然**이나 **或無道以照之**면 **則以直爲枉**하고 **以枉爲直者 多矣**라 **是以**로 **君子**는 **大居敬而貴窮理也**니라

[훈고와 해석] 애공은 노나라 임금으로 이름은 장(蔣)이다.
대체로 임금의 물음에 모두 "공자께서 대답하여 말씀하기를,[孔子對曰]"이라고 한 것은 임금에 대한 높임말이다.
조(錯)는 버려둠이며, 저(諸)는 많은 무리이다.
정자[伊川]가 말씀하였다.
"등용하고 버림이 대의를 얻으면 백성의 마음이 굴복한다."
○ 사씨[謝良佐]가 말하였다.

"정직한 자를 좋아하고 부정한 자를 미워함은 천하 사람의 지극한 인정이다. 이를 따르면 순종하고, 거슬리면 떠나감은 필연의 이치이다. 그러나 간혹 무도한 마음으로 비춰보면 정직한 자를 부정하다 하고, 부정한 자를 정직하다고 여기는 자 많다. 이 때문에 군자는 공경에 거하는 것을 크게 여기고, 이치의 궁구를 귀하게 여기는 것이다."

[보 補]

곧은 이와 부정한 이를 알아보는 것은 격물치지에 의한 밝은 마음으로 이뤄진다. 그러나 좋아하고 싫어함을 공정히 하는 것은 사심이 없는 어진 이의 마음이다. 따라서 곧은 이를 등용하고 부정한 이를 멀리 추방한다는 것은 위에서 말한 바와 같이 밝은 지혜와 사심 없는 인(仁)에 의한 종합체이다.

20. 계강전지 季康全旨

이 장에서는 백성을 다스리기에 앞서 먼저 자신을 바르게 해야 한다는 점을 말하고 있다.

계강자의 뜻은 '백성을 그렇게 만들겠다'는 사(使: 使民敬忠以勸)자에 있는바, 백성에게 그 도리를 다하라는 강요이다. 그러나 부자의 뜻은 '윗사람이 이렇게 하면 이런 인과 관계가 나온다'는 즉(則: 以莊則敬, 孝慈則忠, 教不能則勸)자에 있는바, 윗사람이 먼저 자신의 도리를 다하는 데에 있음을 말한다.

임지 이하[臨之以莊 孝慈 擧善而教不能] 3구는 모두 계강자가 말한 사(使)자를 타파함이다. 임(臨), 장(莊), 효자(孝慈), 거(擧), 교(教)는 곧 '그처럼 강요하지 않아도 절로 그처럼 되게 만드는[不使之使]' 위정자의 덕목이다.

장중[莊]은 비록 용모로 말하나 이 또한 마음에 근본하고 있다.

효(孝), 자(慈) 2가지는 하나같이 백성이 있어야 비로소 자신에게 충성할 수 있기 때문이다. 효성으로 마음을 다하여 부모를 모시고 사랑으로 마음을 다하여 백성을 다스리면 어떻게 위정자가 마음을 다하는데, 아래 백성이 마음을 다해 충성하지 않을 수 있겠는가.

선한 사람을 등용하고 무능한 자를 버리면 백성에게 굳이 선을 권면할 필요조차 없다. 오직 선한 사람을 천거하여 능하지 못한 자를 가르치는 것이다. 이 때문에 잘한 사람이든 잘못한 사람이든 그 모든 이에게 권면하는 셈이다. 단 3구절 또한 각각 위의 장중[莊]과 효자(孝慈)에 중점을 두고 있다. 3개의 즉(則: 以莊則敬, 孝慈則忠, 教不能則勸)자에는 신묘한 감화[神化]로 이뤄진다는 뜻과 자연스럽게 된다는 뜻이 있다.

季康子問 使民敬忠以勸인댄 **如之何**리잇고

子曰 臨之以莊則敬하고 **孝慈則忠**하고 **擧善而教不能則勸**이니라

계강자가 물었다.

"백성이 나에게 공경하고 충성하며 선으로 권하려면 어떻게 해야 합니까?"

부자께서 말씀하셨다.

"백성에게 장중하게 임하면 공경하게 되고, 효도하고 사랑하면 충성하게 되고, 착한 이를 들어 쓰고 무능한 이를 가르치면 서로가 선으로 권하게 될 것이다."

강설

계강자가 부자에게 여쭈었다.

"백성들이 나에게 공경하고 나에게 충성하며, 또한 모두가 선을 행하도록 권하고 싶은데, 반드시 어떻게 하여야 가능한 일입니까?"

부자께서 다음과 같이 말씀하셨다.

"윗사람이 백성에게 그와 같은 일을 추구하고자 한다면 자신이 먼저 그 도리를 다하여야 하는 법이다. 백성들의 앞에 단정하고 장엄함으로 임하여 스스로 몸가짐을 삼가면 위엄과 두려움이 있고 규범과 본받은 바 있으므로 백성이 스스로 나에게 공경하게 된다.

어버이에게 효도하고 백성을 사랑하여 스스로 마음을 다하면 그 덕은 백성의 모범이 되고 그 은혜는 백성의 마음을 결속시켜 백성이 스스로 나에게 충성하게 된다.

백성 가운데 선한 사람을 천거하여 능하지 못한 백성을 가르치면 선한 사람은 더욱 게으름 없이 나아갈 것이며, 능하지 못한 자 또한 그와 같이하려고 힘씀으로써 모두가 선을 하도록 권유할 것이다. 어찌 굳이 그렇게 하도록 스스로 권할 게 있겠는가."

集註

季康子는 魯大夫季孫氏니 名肥라 莊은 謂容貌端嚴也라

臨民以莊이면 則民敬於己하고 孝於親, 慈於衆이면 則民忠於己하고 善者擧之而不能者敎之면 則民有所勸而樂於爲善이라

○ 張敬夫曰 此皆在我所當爲오 非爲欲使民敬忠以勸而爲之也라 然이나 能如是면 則其應이 蓋有不期然而然者矣니라

[훈고] 계강자는 노나라 대부 계손씨니, 이름은 비(肥)이다.

장(莊)은 용모가 단정하고 장엄함을 말한다.

[해석] 백성에게 장중하게 임하면 백성이 나에게 공경하고, 어버이에게 효도하고 백성을 사랑하면 백성이 나에게 충성하고, 선한 이를 등용하여 능하지 못한 이를 가르치면 백성에게 권면한 바 있어 착한 일 하기를 즐거워할 것이다.

○ 장경부(張栻)가 말하였다.

"이는 모두 위정자 자신에게 있어 마땅히 해야 할 일들이지, 백성에게 나를 공경하고 충성

하며 권면하기 위해 그처럼 행한 것은 아니다. 그러나 이처럼 하면 그 감응이 그렇게 하려고 기약하지 않아도 그렇게 될 것이다."

[보 補]

윗사람이 좋아하는 것이 있으면 아랫사람은 더욱 더 심한 것이다. 군자의 덕은 바람이요, 백성의 덕은 풀이여서 풀 위에 바람이 불면 반드시 휩쓸리는 법이다.[137] 이처럼 바람은 위에서 아래로 부는 것이지, 아래에서 위로 불 수 없다. 따라서 백성에 앞서 위정자 자신이 자기 도리를 다해야 한다.

부자가 계강자에게 이런 말씀을 한 데에는 그만한 이유가 없지 않다. 계강자는 어떤 인물인가.

"계강자는 노나라 권력을 도둑질하여 국권을 휘둘렀고, 부친의 명을 저버리고 그 맏이를 죽였다. 이는 임금과 어버이에게 불충과 불효를 범한 것이다. 그리고 무도한 이를 죽여 도로 이끌려던 그의 통치는 백성을 사랑하지 않은 것이다. 그 자신은 위로 임금과 어버이를 섬기고 아래로 백성을 마주함에 있어 모두 도리를 벗어났음에도 남들이 나에게 도리를 다하도록 원한다는 것은 참으로 이뤄지기 어려운 일이다."[138]

계강자가 부자에게 정사를 물은 부분은 여섯 곳이다. 그중에서 특히 「안연」 제17, 18, 19장에서 정사에 관하여[問政於孔子], 또는 도둑 걱정[季康子患盜]으로, 또는 무도한 자를 처단하면 어떻겠냐[如殺無道以就有道]는 물음에 대해 부자께서 모두 자신이 먼저 올바른 사람이 되어야[子帥以正], 자신이 먼저 욕심을 버려야[苟子之不欲], 자신이 먼저 선을 하려고 해야 한다[子欲善而民善矣]는 점을 강조하였다. 이와 모두 일맥상통한 부분들이다.

21. 혹위장지 或謂章旨

이 장은 한 가정을 바르게 하는 것 또한 나라의 정사임을 말하고 있다.

노나라 소공은 계씨에게 쫓겨나, "소공 32년에 건후(乾侯: 魏郡 斥邱縣 晉境內邑)에서 죽자, 노나라 사람들이 소공의 아우 송(宋)을 노나라 임금으로 세웠다. 그가 정공(定公)이다."[139] 이처럼 소공이 건후(乾侯)에서 죽음을 맞은 것은 소공의 정치에 있어서 바르게 끝을 맺지 못함이며, 정공의 즉위는 그 처음을 바르게 시작하지 못한 출발이었다. 그 무슨 인륜기강이 있다고 말할 수 있겠는가. 그런 당시의 상황 속에서 혹자는 부자에게 나라의 정사를 했으면 하는 마음에서 말하였고, 부자는 그에게 정사하는 도리를 말씀해주셨다.

137 『孟子』「滕文公 上」. "上有好者, 下必有甚焉者矣. 君子之德, 風也; 小人之德, 草也. 草尙之風, 必偃."

138 『大全』該註. "吳氏曰 康子 竊君之柄而專其國, 廢父之命而殺其嫡, 可謂不忠孝於君親矣. 欲殺無道以就有道, 可謂不慈於衆矣. 在己事上接下, 皆非其道, 而欲人盡道於己, 難矣哉!"

139 『史記』 권33, 「魯周公世家」 "三十二年, 昭公 卒於乾侯. 魯人 共立昭公弟宋爲君, 是爲定公."

(1) 혹위절지 或謂節旨

혹자는 부자께서 벼슬에 나아가 정사하지 않은 것을 의심하였다. 그가 말한 요지는 새로운 임금, 정공이 왕위를 계승하였음에도 어찌하여 벼슬하지 않느냐는 데에 의문이 있다.

或謂孔子曰 子는 **奚不爲政**이시니잇고

어떤 사람이 공자에게 말씀드렸다.
"선생께서는 어찌하여 정사를 하지 않으십니까?"

강설

어떤 사람이 의아심을 감추지 못하고 부자에게 말하였다.
"새 임금, 정공의 즉위는 군자가 정사할 수 있는 좋은 기회입니다. 선생께서는 어찌하여 벼슬에 나아가 정사를 하지 않으십니까?"

集註

定公初年에 **孔子不仕**라 **故**로 **或人疑其不爲政也**라

[해석] 정공 초년(B.C. 509경)에 부자께서 벼슬하지 않았다. 이 때문에 어떤 사람이 정사를 하지 않음을 의심한 것이다.

[보 補]
부자께서 벼슬을 생각지 않은 데에는 몇 가지 심증이 있었을 것이다. 이에 대해 "부자께서 노나라에 계시면서 벼슬하지 않은 이유를 3가지로 꼽고 있다. 예의를 갖춰 맞이해주기를 바라는 것이 첫째요, 계씨가 소공을 내쫓은 것이 둘째요, 양화가 난을 일으킨 것이 셋째이다."[140]

(2) 서운절지 書云節旨

부자는『서경』을 인용, "정사를 한다는 것은 꼭 조정에 나아가 벼슬을 맡은 데에 있지 않다."라고 하여, 자신이 벼슬하지 않은 이유를 밝히고 있다.

유효(惟孝) 2자는 깊은 뜻을 담고 있는 구절이다. 형제간의 우애 또한 효도에서 비롯된 것이며, 정사에 베푸는 것 또한 효도에서 비롯된 것이다. 위정(爲政)의 정(政)자는「군진(君陳)」편에서는 원래 나라의 정사[國政]로 말하였는데, 이 문장에서는 부자께서 한 집안의 정사로 해석하였다. 끝 구절에서의 해(奚: 奚其爲爲政)자는 위의 서운효호(書云孝乎) 구절에 상응하는 뜻을 지니고 있다.

---

140 위와 같음. "新安陳氏曰 夫子 在魯不仕, 其故有三. 待賈而沽, 一也; 季氏逐君, 二也; 陽貨作亂, 三也."

子曰 書云孝乎ㄴ저 **惟孝**하며 **友于兄弟**하야 **施於有政**이라하니 **是亦爲政**이니 **奚其爲爲政**이리오

부자께서 말씀하셨다.

"『서경』에서 효도를 말하였다. '오직 효도하며 형제에 우애하여 한 집안의 정사에 베푼다.'고 하니, 이 또한 정사를 하는 것이다. 어찌 그 나라의 정사를 하여야 만이 정사라고 말할 수 있겠는가."

강설

부자가 벼슬하지 않은 까닭은 정작 노나라의 전권을 휘두르는 계씨의 참람과 당시의 혼란을 야기시킨 양화(陽貨)의 작란(作亂)에 있었다. 그러나 그와 같은 까닭을 혹자에게 사실대로 말하기에는 난처하다. 이에 다른 말에 가탁하여 그에게 답하였다.

"그대는 나에게 정사하지 않는다고 말하는데, 어찌하여 『서경』「주서(周書)」에서 말한 효도를 보지 못하였는가.

「주서」에 의하면, '군진(君陳: 周의 老大臣)이 어버이에게 효도하고 형제에게 우애하며 또한 이러한 마음을 미루어 넓혀가면서 한 집안에 베풀어 일가(一家)의 정사를 하였다.'고 한다. 『서경』에서 말한바 이와 같다. 이는 자신이 먼저 올바르고 이로써 한집안의 사람을 바르게 하는 것 또한 정사하는 것이다.

어떻게 꼭 벼슬에 나아가 백성을 다스려야 만이 이에 정사한다고 말할 수 있겠는가. 그러므로 한집안 식구를 바르게 하여 집안의 정사를 행하는 것이 곧 나라의 정치이다. 한식구를 바르게 하지 못하면 아무리 벼슬에 나아가 정사한다고 할지라도 그 또한 정사라고 말할 수 없다. 그대는 이러한 점을 알고 있는지 모르는지."

集註

書는 **周書君陳篇**이라 **書云孝乎者**는 **言書之言孝如此也**라 **善兄弟曰友**라

書言 君陳이 **能孝於親**하고 **友於兄弟**하며 **又能推廣此心**하야 **以爲一家之政**이라하니 **孔子引之**하야 **言如此**면 **則是亦爲政矣**니 **何必居位**라야 **乃爲爲政乎**아 **蓋孔子之不仕**를 **有難以語或人者**라 **故**로 **託此以告之**로되 **要之至理**도 **亦不外是**니라

[훈고와 해석] 서(書)는 「주서 군진」편이다. '서운효호(書云孝乎)'란 『서경』에서 효도에 대해 이처럼 말했음을 말한다.

형제에게 잘하는 것이 우애이다.

『서경』에서 말하기를, "군진이 어버이에게 효도하고 형제에게 우애하였으며, 또한 이 마음을 미루어 한 집안의 정사를 하였다."고 하였다.

부자는 이를 인용하여, "이처럼 하면, 이 또한 집안의 정사를 하는 것이다. 어찌 굳이 벼슬 자리에 있어야 만이 정사를 한다고 말할 수 있겠는가."라고 하였다.

부자께서 벼슬하지 않은 까닭을 그 사람에게 말해주기에는 어려움이 있었다. 이 때문에 이 말에 붙여 일러주었지만, 생각해보면 정사의 지극한 이치 또한 여기에서 벗어나지 않는다.

22. 인이전지 人而全旨

이 장에서는 부자께서 믿음이 없는 자를 경계함과 아울러 풍자의 뜻이 있다. 맨 처음 인(人: 人而無信)자를 제시한 것은 사람이 사람다울 수 있는 것은 모두 믿음에 있음을 말한다. 믿음이 없다면 사람다운 바를 잃은 것이다. 그러므로 역접(逆接)의 이(而)자를 사용하여 아래 문장으로 전환하면서 "그가 잘하고 있는지를 알 수 없다.[不知其可也]"고 말하였다. 이는 더 이상 행할 수 없음을 말해주는 것이다. 단 이 구절은 모든 것을 포괄하며, 아래의 3구[大車無輗, 小車無軏, 其何以行之哉]는 특별한 의미 없이 쓰인 허사(虛辭)이다. 수레가 달릴 수 없다는 뜻으로 믿음이 없으면 행할 수 없음을 밝히고 있다. "그 무엇으로써 행할 수 있겠느냐."는 이행(以行)의 이(以)자에 깊은 뜻이 담겨있어 결단의 의지가 필요하다.

子曰 人而無信이면 **不知其可也**케라 **大車 無輗**하며 **小車 無軏**이면 **其何以行之哉**리오

부자께서 말씀하셨다.

"사람으로서 믿음이 없으면 그가 잘하고 있는 일인지 알 수 없다. 큰 수레에 끌채가 없고, 작은 수레에 끌채 쐐기가 없으면 그 무엇으로써 달릴 수 있겠는가."

강설

부자께서 진실한 믿음이 없는 자는 세상을 살아갈 수 없다는 점을 개탄하여 말씀하셨다.

"믿음이란 사람의 근본이다. 만일 사람의 말이 충심에서 나오지 않고, 행실이 말을 실천하지 못하여 미더움의 실상이 없다면 그들은 이를 스스로 옳다고 말할지 모르겠지만, 나는 그런 발상 자체가 어떻게 해서 옳은 일인지 알 수 없다. 사람은 반드시 믿음이 있어야 만이 행할 수 있다.

이는 마치 수레에 반드시 끌채가 있어야 만이 길을 달릴 수 있는 것과 같다. 만일 큰 수레에 끌채가 없어 소에게 멍에를 걸 곳을 잃었다거나, 작은 수레에 끌채 쐐기가 없어 말에게 멍에를 걸 곳이 없다면 아무리 바퀴와 멍에가 있을지라도 이는 빈 수레일 뿐, 그 무엇으로 수레를 달릴 수 있겠는가. 사람으로서 믿음이 없는 것 또한 이와 같다. 어떻게 그러한 것을 옳다고 말할 수 있겠는가!"

集註

大車는 **謂平地任載之車**라 **輗**는 **轅端橫木**이니 **縛軛以駕牛者**라 **小車**는 **謂田車, 兵車, 乘車**라

軏은 轅端上曲이니 鉤衡以駕馬者라 車無此二者면 則不可以行이니 人而無信이면 亦猶是也라

[훈고] 큰 수레는 평지에서 짐을 싣는 소 수레이다. 예(輗)는 끌채 끝에 가로 댄 나무로 멍에를 묶어서 소의 목에 메우는 것이다.

작은 수레는 사냥에 쓰이는 수레[田車: 木路], 전쟁에 쓰이는 수레[兵車: 革路], 편안히 타는 수레[乘車: 一稱安車. 金路]를 말한다. 월(軏)은 끌채 끝에 위로 고부라진 멍에에 걸어 말의 목덜미에 채우는 것이다.

[해석] 수레에 이 두 가지가 없으면 움직일 수 없다. 사람으로서 믿음이 없으면 또한 이와 같다.

[보 補]

다산 정약용은 믿음이란 두 사람을 연결 지어주는 도구라고 말하였다.

"수레와 소는 원래 두 개의 물체이다. 그 물체는 각기 구별되어 서로 하나가 될 수 없는데, 수레의 끌채로 야무지게 소와 말에 묶어 연결해야 만이 수레는 소와 말과 하나가 되어, 소가 걸으면 수레 또한 굴러가게 된다. 이는 믿음을 비유한 말이다. 나와 남은 원래 두 사람인데, 믿음으로 야무지게 결속을 다지지 않으면 또한 행할 수 없다."[141]

23. 자장장지 子張章旨

이 장에서는 미래에 대해 알고자 한다면 그것은 오직 이치에 있는 것이지, 술수에 있지 않음을 말하고 있다. 자장은 술수로 미래를 알고자 하였는데, 부자는 뚜렷이 나타난 과거의 일을 통하여 그 이치를 말해주었다. 이 전체의 문장은 예(禮)자를 주로 삼는다. 아무리 세상이 변할지라도 예는 변하지 않는다는 말이다.

(1) 자장절지 子張節旨

자장의 물음은 미래의 세계를 알고자 하는데 무게를 두었다. 이 또한 지나치게 고명한 그의 기질에 의한 병폐라 하겠다.

子張이 問十世를 可知也잇가

자장이 여쭈었다.

141 『論語古今註』本章의 補. "曰車與牛, 本是二物. 其體各別, 不相聯接, 惟以輗軏, 固結而聯接之, 然後車與牛馬爲一體, 牛行而車亦行, 所以喩信也. 我與人, 本是二人, 不以信固結之, 則亦無以行."

"십세(十世)의 뒷일을 알 수 있습니까?"

강설

자장은 미래를 알고자 하는 마음에 부자에게 물었다.

"한 세대가 일어나면 반드시 한 세대의 사적이 남아있어 지난 일은 쉽게 볼 수 있지만, 미래의 일은 알기 어렵습니다. 이후로부터 먼 훗날 십세의 일을 앞서 알 수 있겠습니까?"

集註

陸氏曰 也는 一作乎라

王者易姓受命이 爲一世라

子張問 自此以後 十世之事를 可前知乎잇가

육씨[陸元朗: 字德明 唐 蘇州人]가 말하였다.

[해석] "야(也: 可知也)는 다른 책에서는 호(乎: 可知乎)로 쓰여 있다."
왕업을 이룬 자의 성씨가 바뀌고 천명을 받아 왕조가 바뀌는 것을 일세(一世)라고 한다.
자장의 물음은 지금 이후로부터 십세 뒤의 일을 미리 알 수 있느냐는 것이다.

[보 補]

여기에서 말한 1세는 30년을 말하는 세(世)와는 다르다.[142] 예컨대 신라의 왕조에서 고려의 왕실로 바뀐 게 1세이고 고려조에서 조선조로 넘어서는 게 1세이다. 조선조가 망하고 현대사회에 이른 것이 1세인 바, 이로 보면 신라로부터 조선조까지 겨우 3세이다.

(2) 은인절지 殷因節旨

위의 6구[殷因於夏禮, 所損益, 可知也; 周因於殷禮, 所損益, 可知也.]는 하은주 삼대의 일을 통하여 알 수 있음을 말하였고, 끝의 2구[其或繼周者, 雖百世可知也.]는 후세의 일을 알지 못할 것도 없다는 점을 말하고 있다.

대체로 일정한 것은 알 수 있지만, 일정치 않은 것은 알기 어렵다. 오늘날의 예는 삼대에 이어져 온 것인바, 이는 일정한 것이다. 비록 여기에 더하거나 덜한[損益: 加減] 차이는 있지만, 그 이어져 온 것을 잘 사용해온 것에 지나지 않는다. 손익(損益)이란 물론 일정하지 않다. 하지만 그 예는 애당초 일정하지 않은 바 없다. 이 때문에 "가히 알 수 있다.[可知]"고 말한 것이다.

단 가지(可知) 2자는 손익의 측면에서만 말하여, 조금은 한 쪽에 치우친 감이 없지 않다. 이는 결국 "이어져 옴"을 말한 '인(因)'과 손익한 바[所損益]를 겸해서 보아야 만이 비로소 가지(可知) 2자

142 『大全』 該註. "新安陳氏曰 此與三十年爲一世之世, 不同."

의 뜻이 원만하게 된다.

'기혹(其或)' 2자는 그 어떤 누구라고 감히 기필하지 못할 때 쓰는 말이지만, 부자는 평소 주나라를 존숭해온[尊周] 뜻을 담고 있다.

子曰 殷因於夏禮하니 **所損益**을 **可知也**며 **周因於殷禮**하니 **所損益**을 **可知也**니 **其或繼周者**면 **雖百世**라도 **可知也**니라

부자께서 말씀하셨다.

"은나라는 하나라의 예를 따랐으니, 더하거나 덜한 바를 알 수 있으며, 주나라는 은나라의 예를 따랐으니, 더하거나 덜한 바를 알 수 있다. 그 혹시 주나라를 뒤이을 왕자(王者)가 있다면 비록 백세의 이후의 일이라도 알 수 있다."

강설

부자는 다음과 같이 말씀하셨다.

"그대가 미래의 세계를 알고자 한다면, 과거의 일을 살펴보아야 할 것이다. 저 은나라는 하나라의 왕업을 계승하여 제위(帝位)에 올랐다. 그들이 하나라를 뒤이어 따른 것이라면 강상(綱常)의 큰 예(禮)일 뿐, 제도와 문장 따위에 대해서는 지나친 것은 줄이고 미치지 못한 것은 더하였다. 이를테면 하나라 시대는 충후한 것을 숭상했는데[夏尙忠] 은나라는 질박한 것을 숭상했고[殷尙質], 하나라는 인월(寅月)로 세수(歲首: 정월)를 삼았으나 은나라는 축월(丑月)로 바꾸었던 유이다. 그들이 뒤따라 이어온 것과 그들이 개혁한 바의 자취를 살펴 가늠할 수 있다.

주나라는 은나라의 왕업을 계승하여 제위에 올랐다. 그들이 은나라를 뒤이어 따른 것이라면 오직 강상의 큰 예일 뿐, 제도와 문장 따위에 대해서는 지나친 것은 줄이고 미치지 못한 것은 더하였다. 이를테면 은나라 시대는 질박한 것을 숭상했는데[殷尙質] 주나라는 문장을 숭상했고[周尙文], 은나라는 축월(丑月)로 세수를 삼았으나 주나라는 자월(子月)로 세수를 바꿨던 유이다. 그들이 뒤따라 이어온 것과 그들이 개혁한 바의 자취를 살펴 가늠할 수 있다.

지난 일로 말미암아 미래를 미루어 본다면 주나라는 후세에 길이 만세에 무궁할 것이다. 혹시 주나라를 뒤이어 제위에 오를 사람이 있다면 그가 따를 바 또한 하은주가 따랐던 데에 지나지 않으며, 개혁할 바 또한 하은주의 손익(損益)에 지나지 않을 뿐이다. 십세가 아니라, 백세 이후의 먼 훗날까지도 이를 미루어 알 수 있다. 어찌 십세에 그치겠는가."

集註

馬氏曰 所因은 **謂三綱五常**이오 **所損益**은 **謂文質三統**이라

愚按 三綱은 **謂君爲臣綱**이오 **父爲子綱**이오 **夫爲妻綱**이며 **五常**은 **謂仁義禮智信**이라 **文質**은 **謂夏尙忠, 商尙質, 周尙文**이오 **三統**은 **謂夏正建寅**하니 **爲人統**이오 **商正建丑**하니 **爲地統**이오 **周**

正建子하니 爲天統이라 三綱五常은 禮之大體니 三代相繼하야 皆因之而不能變이오 其所損益은 不過文章制度小過不及之間이어늘 而其已然之迹을 今皆可見이니 則自今以往으로 或有繼周而王者면 雖百世之遠이라도 所因所革이 亦不過此라 豈但十世而已乎아 聖人所以知來者 蓋如此시니 非若後世讖緯術數之學也니라

○ 胡氏曰 子張之問은 蓋欲知來어늘 而聖人이 言其旣往者以明之也라 夫自修身으로 以至於爲天下히 不可一日而無禮니 天敍天秩은 人所共由니 禮之本也라 商不能改乎夏하고 周不能改乎商이니 所謂天地之常經也오 若乃制度文爲는 或太過則當損하고 或不足則當益하야 益之損之를 與時宜之오 而所因者不壞하니 是古今之通義也라 因往推來면 雖百世之遠이라도 不過如此而已矣니라

[해석] 마융(馬融: 東漢 扶風人)이 말하였다.

"그대로 따른 바[所因]는 삼강(三綱)과 오상(五常)이요, 덜하거나 더한 것[損益]은 문질(文質)과 삼통(三統)을 말한다."

나는 살펴보니 다음과 같다.

"삼강이란 임금은 신하의 벼리가 되고, 아버지는 아들의 벼리가 되고, 지아비는 지어미의 벼리가 됨이다.

오상은 인의예지신(仁義禮智信)이다.

문질은 하나라는 충(忠)을, 상나라는 질(質)을, 주나라는 문(文)을 숭상함이다.

삼통은 하나라의 정월은 인월(寅月)로 하여 인통(人統)을 삼고, 상나라의 정월은 축월(丑月)로 하여 지통(地統)을 삼고, 주나라의 정월은 자월(子月)로 하여 천통(天統)을 삼았다.

삼강과 오상은 예의 대체(大體)로서 삼대에 서로 계승하여 모두 그대로 따랐을 뿐, 변경하지 않았으며, 그 더하거나 덜한 바는 문장과 제도상에 조그마한 과함과 불급함의 사이에 지나지 않을 뿐이다. 이미 그러한 자취를 오늘날 모두 볼 수 있으니, 오늘 이후로 혹 주나라를 계승하여 왕업을 이을 사람이 있다면 비록 백세의 먼 훗날이라도 따라야 할 바와 바꾸어야 할 바 또한 여기에서 벗어나지 않을 것이다. 어찌 십세뿐이겠는가. 성인이 미래를 안다는 것은 대개 이와 같으니, 후세의 참위(讖緯)와 술수와는 다르다."

○ 호씨[胡寅]가 말하였다.

"자장의 물음은 미래를 알고자 함이었으나, 부자는 이미 지난 과거로써 이를 밝혀 주었다. 몸을 닦는 것으로부터 천하를 다스림에 이르기까지 어느 하루도 예가 없어서는 안 된다. 천서(天敍) 천질(天秩)은 모든 사람이 다 함께 따라야 할 바이니, 예의 근본이다. 상나라는 하나라의 예를 바꾸지 않았고, 주나라는 상나라의 예를 바꾸지 않았다. 이른바 '천지의 떳떳한 벼리'이다. 이에 제도와 문장은 너무 지나치면 줄이고, 부족하면 더 보태야 한다. 더하고 줄이

는 것은 때에 맞추어 적합하게 하되 뒤따라 이어온 예의 대체는 파괴하지 않았다. 이는'고금에 통하는 의(義)'이다. 지난 일로 인하여 미래를 미뤄보면 비록 백대의 뒤 먼 훗날이라도 이와 같음에 지나지 않을 것이다."

[보 補]

이 장에서 말한 하례(夏禮) 은례(殷禮) 등에 관한 '예'의 범주는 어디까지일까? 이를 어떻게 보느냐에 따라 문질(文質) 삼통(三統)에 관한 의견 또한 달리하고 있다. 일부 학자는 문질 삼통이란 '예'의 소인(所因)과 소손익(所損益)에 아무런 관련성이 없음을 말하고 있다.

"경문을 살펴보고 생각해봐도 따른 바[所因]와 손익한 바의 사이에 실로 또한 삼강오상과 문질삼통에 해당하는 부분이 없다. 마융이 이를 인용하여 말한 이후로 잘못 전래한 지 이미 오래인데 오늘날 또다시 이를 따르고 있다."[143]

위와 같이 주자설을 비판하고 있으나, 이는 '예'라는 범주를 어디까지 보느냐에 따라 달라지는 것이다. '예'를 영원히 바뀌지 않는 법[百世不易之經]이라는 전제에 따라 모든 제도를 포괄하여 널리 말하면 문질 삼통 또한 그 범주 속에 존재하는 것이다. 단순한 '인사(人事)의 의칙(儀則)' 정도의 협의(狹義)로 해석하면 그것은 예의 범주를 벗어났다고 볼 수 있다.

삼통이란 곧 삼정(三正)이다. 하은주 삼대의 정월에 하늘과 땅과 사람이 처음 창조된 그 시점[天開於子, 地闢於丑, 人生於寅.]에 의미를 부여하여 정월을 삼고 이를 삼통이라 말한다.

이는 소강절[邵雍]의 『황극경세서(皇極經世書)』「관물편(觀物篇)」에 기인하고 있다. 소강절이 주장한 일원(一元)이란 우주의 세계가 처음 창조되었다가 종말을 맞아 소멸하는 1주기(周期)를 말한다. 그의 학설에 따르면 30년이 1세(世), 12세가 1운(運), 30운이 1회(會), 12회가 1원(元)이다. 일원은 모두 12만9천6백 년이 되는 셈이다. 이는 아래와 같다.

1世=30年: 129,600辰
1運=12世: 360年
1會=30運: 7,800年
1元=12會: 129,600年(1元=12會, 1會=30運, 1運=12世, 1世=30年. 1年=12月, 1月=30日, 1日=12辰)

하늘이 자회(子會)에 열린다[天開於子]는 것은 처음 7천8백 년이라는 자회(子會)의 세월을 거치면서 하늘이 창조됨을 말한다. 그리고 또다시 뒤이어 7천8백 년이라는 축회(丑會)의 세월을 거치면서 땅이 창조됨을 지벽어축[地闢於丑]이라 말한다. 또 이를 뒤이어 7천8백 년이라는 인회(寅會)의 세월을 거치면서 인간이 창조됨을 인생어인(人生於寅)이라 말한다. 하은주 삼대는 이런 창조의 의미에 따라 정월의 설정한 것이다.

143 元 陳天祥 撰, 『四書辨疑』 권2. "尋繹經文, 因與損益之間, 實亦無該三綱五常文質三統之處. 自馬融引此爲說, 襲傳旣久, 今又因之."

24. 비기장지 非其章旨

이 장에서는 신에게 아첨하여 인간으로서 해야 할 의리에 힘쓰지 않는 자를 위해 말한 것이다. 이는 모든 사람이 모두 분수에 따라 행하여야 한다. 신에게 아첨하는 것과 정의의 실천이 없음을 용맹이 없다고 말함은 모두 인간이 해야 할 일들을 찾아 바르게 살아야 함을 말한다.

(1) 비기절지 非其節旨

이 절은 분수에 지나침을 말한다. 위의 "받들어야 할 신이 아님에도 그 신에게 제사를 올린다. [非其鬼而祭之]"는 구절은 분수에 맞지 않은 제사를 받드는 데에 대한 말이며, 아래의 '아첨[諂也]'이라는 구절은 복을 구하려는 마음이 있음을 말한다.

子曰 非其鬼而祭之는 諂也오

부자께서 말씀하셨다.
"받들어야 할 신이 아님에도 그 신에게 제사를 올리는 것은 아첨하는 것이오.

강설

부자는 사람들에게 신을 멀리하고 사람으로서 힘써야 할 의리에 대해 가르쳐 주셨다.
"제사에는 제각기 일정한 분수가 있다. 제사 지내야 할 신이 아님에도 분수 넘게 제사를 받든다면 이는 복을 맞이하고자, 신에게 잘 보이려는 것이다. 아첨과 불경(不敬)으로 그의 마음을 잃게 될 것인바, 아무리 제사를 받든다고 할지라도 또한 무슨 도움이 되겠는가."

集註

非其鬼는 謂非其所當祭之鬼라 諂은 求媚也라

[해석과 훈고] 비기귀(非其鬼)는 마땅히 제사 지내야 할 신이 아님을 말한다. 첨(諂)은 잘 보이기를 구함이다.

[보 補]

부자는 무신론자가 아니다. 신을 경외의 대상으로 생각하지만, 사람이 사람의 할 일을 우선시하기에 신을 멀리하는 것[敬而遠之]이다. 신을 경외하기에 자연신과 선조신 모두 받드는 것이다. 그러나 신분에 따라 제한적인 제사를 허용하는 것은 본분을 따르는 위계(位階)이자, 기복(祈福) 행위 등으로 신의 모독[瀆神]을 금기하여 "사람으로서 해야 할 일에 힘쓰도록 함이다.[務民之義: 務民之義 敬鬼神而遠之 可謂知矣]"(「雍也」)

따라서 "천자는 천지의 신에게, 제후는 봉역 내 산천의 신에게, 대부는 집안 오사(五祀)의 신에게, 서민은 그 선조의 신에게 제사를 올리는 것이다. 윗사람은 아래의 제사를 겸할 수 있으나, 아랫사람은 위의 신을 모실 수 없다. 서민으로서 오사에 제사를 받들거나, 대부로서 산천에 제사를 받들거나, 제후로서 천지에 제사를 받드는 것은 마땅히 제사 지내야 할 신이 아님을 말한다."[144]

(2) 견의절지 見義節旨

위의 "의리를 보고서도 행하지 않는다.[見義不爲]"는 구절은 본분상에 있어 사람으로서의 의리에 힘쓰지 않음을 말하였고, 아래의 "용기가 없다.[無勇也]"는 구절은 정기(正氣)가 충만하지 못함을 말하고 있다. 이는 곧 자신이 해야 할 도리를 위하는 것과 타에 의지하려는 자의 구별을 밝힌 것이다.

見義不爲는 無勇也니라

의리를 보고서도 하지 않음은 용기가 없는 것이다."

강설

의리란 용감스럽게 행하는 것을 중히 여긴다. 마땅히 행하여야 할 의리를 보고서 이에 물러서거나 겁을 내어 행하지 않는다면 이는 그 의지가 태만하고 기운이 충만치 못하여 자강(自强)의 용기가 없는 자이다. 이는 사람이란 사람의 도리로서 마땅히 힘써야 할 바에 힘써야 하고, 미지(未知)의 신에게 현혹되어서는 안 됨을 볼 수 있다.

集註

知而不爲는 是無勇也니라

알면서도 행하지 않음은 용기가 없는 것이다.

144 『大全』 該註. "朱子曰 如天子祭天地, 諸侯祭山川, 大夫祭五祀, 庶人祭其先, 上得以兼乎下, 下不得以兼乎上也. 庶人而祭五祀, 大夫而祭山川, 諸侯而祭天地, 此所謂非其鬼也."

제3 팔일 八佾 第三

凡二十六章이라

通前篇末二章하야 皆論禮樂之事라

모두 26장이다.

앞의 「위정」편 끝부분 2장을 이어서 모두 예악에 관한 일을 논술한 것이다.

1. 팔일전지 八佾全旨

이 장에서는 부자께서 명분을 바로잡아 혼란의 실마리를 미리 막으려는 데 있다. 이 문장에서의 인(忍)자는 깊은 의의를 담고 있다. 대체로 난신적자(亂臣賊子)는 모두 차마 해서는 안 될 일을 감행한 데에서 비롯된다. 이 때문에 부자께서 은미(隱微)한 말로 그들의 마음을 위주로 경계하였다.

이의 문장은 직설적으로 계씨의 죄를 바로 잡지 않고, "차마 그런 일을 한다면[可忍]"이라고 말하였는바, 이는 계씨에게 남아있는, 한 점의 양심을 일으켜 줌이며, 명분을 어지럽히고 본분에 지나친 행위가 있었음을 밝힌 것이다. 이는 용납될 수 없고, 의리상 그처럼 할 수 없는 일이다.

그뿐만 아니라, 그의 마음엔 반드시 뭔가 계면쩍고 불안한 바 있었을 것이다. "그 무슨 일인들 차마 못 할 일이 있겠는가.[孰不可忍]"라는 구절은 어느 곳에서든, 어느 일이든 무엇을 차마 하지 못 할 일이 있겠느냐는 뜻이다. 이 구절에 함축적 의미를 담겨있는 것으로 보아, 굳이 아비와 임금을 시해한 일로 볼 것은 없다.

孔子 謂季氏하사되 八佾로 舞於庭하니 是可忍也온 孰不可忍也리오

공자께서 계씨에 대해 말씀하셨다.

"천자의 팔일무로 제 사당의 뜰에서 춤을 추니, 이런 일을 차마 한다면 그 무엇인들 차마 못 할 일이 있겠는가."

강설

계손씨가 대부로서 제 사당의 뜰에서 천자의 팔일무를 추자, 부자께서 몸소 이를 보고서 그를 꾸짖었다.

"대부로서 분수 넘는 천자의 예악을 쓴다는 것은 예삿일이 아님에도 이런 일을 거리낌 없이 편

안한 마음으로 차마 행한다면, 도리에 어긋나는 어떤 일인들 편안한 마음으로 차마 하지 못 할 일이 있겠는가. 이처럼 천자를 업신여기는 일까지도 차마 서슴없이 한다면 하지 못 할 일이 없을 것이다."

集註

季氏는 魯大夫 季孫氏也라

佾은 舞列也니 天子 八이오 諸侯 六이오 大夫 四오 士 二며 每佾 人數는 如其佾數라 或曰 每佾 八人이라하니 未詳孰是라

季氏 以大夫而僭用天子之禮樂하니 孔子曰 其此事를 尙忍爲之면 則何事를 不可忍爲리오하시니라

或曰 忍은 容忍也니 蓋深疾之之辭라

○ 范氏曰 樂舞之數는 自上而下하야 降殺(쇄)以兩而已라 故로 兩之間은 不可以毫髮僭差也라 孔子 爲政에 先正禮樂하시니 則季氏之罪는 不容誅矣니라

謝氏曰 君子 於其所不當爲에 不敢須臾處는 不忍故也어늘 而季氏忍此矣면 則雖弑父與君이라도 亦何所憚而不爲乎리오

[훈고] 계씨(季氏)는 노나라 대부 계손씨이다.

일(佾)은 춤추는 줄이니, 천자는 여덟 줄, 제후는 여섯 줄, 대부는 네 줄, 선비는 두 줄이다. 모든 춤추는 줄[每佾]의 사람 수효는 그 줄의 수효와 같다. 어떤 사람은 "모든 춤추는 줄마다 여덟 사람이다."고 하니, 어느 말이 옳은지 자세하지 않다.

[해석] 계씨는 대부로서 천자의 예악을 분수 넘게 썼다. 공자께서 "그가 이런 일조차 차마 하니, 그 무슨 일인들 차마 못 할 일이 있겠느냐."고 말하였다.

어떤 사람은 "인(忍)은 용납하고 참음이니, 이는 몹시 그를 미워하는 말이다."고 한다.

○ 범씨[范祖禹]가 말하였다.

"춤추는 줄의 수효는 위의 천자로부터 아래로 내려오면서 두 줄씩 줄여갈 뿐이다. 두 줄의 수효는 털끝만큼도 분수 넘게 어겨서는 안 된다. 공자가 정사를 하면 먼저 예약을 바로잡는다. 이로 보면 계씨의 죄는 죽음으로도 용서받지 못할 것이다."

사씨[謝良佐]가 말하였다.

"군자는 마땅히 해서는 안 될 일에 잠시도 처하지 않음은, 차마 못 하는 마음 때문이다. 계씨는 이런 일들을 차마 하였는바, 비록 아버지와 임금을 시해하는 일이라도 무엇을 꺼리며 하지 못할 턱이 있겠는가."

[보 補]

인(忍)은 두 가지의 뜻이 있다. 계씨의 입장에서 말하면, "이런 일을 아무런 거리낌 없이 차마 한다면 그 무슨 일인들…."이라는 뜻으로, '차마'라는 뜻이며, 또 다른 하나는 부자의 입장에서 "그런 그를 용인(容忍)한다면 이 세상에 그 누구인들 용인하지 못할 자가 또 있겠느냐."라는 응징자의 측면에서 말한다.

2. 삼가전지 三家全旨

이 장 또한 부자께서 명분을 바로잡으려는 뜻을 밝히고 있다.

첫 구절[三家者 以雍徹]에서는 삼가(三家)에서 분에 넘치는 음악을 사용하고 있음을 말하며, 그 아래의 구절에서는 부자께서 『시경』 구절을 인용하여 그들의 부질없는 행위를 비난하고 있다.

이의 중점은 해취(奚取) 2자에 있다. 참절(僭竊)에 대한 죄는 말할 나위 없음은 물론, 곧 『시경』 「옹(雍)」시의 의미를 취함 또한 그 당시 삼가의 일과는 아무런 관련이 없다. 이로 보면 그 제사를 주관한 축관(祝官)은 그 어디에 근거하여 이 「옹」시를 쓰게 되었는지 알 수 없다. 그 일은 담당한 자는 아마 부끄러운 얼굴빛을 감추지 못했을 것이다. 어떻든 부자께서 싸늘한 어조로 그를 풍자하고 있다. 만일 이를 배신(陪臣: 제후의 대부)으로 말하면 도리어 의미가 없다.

위의 첫 장에서는 인(忍)자를 제시하여 그들의 양심상 불안한 바를 들어 그들을 두렵게 만들었고, 이 장에서는 해취(奚取) 2자를 제시하여 그들이 해서는 안 될 일을 자행했다는 점으로 그들을 경계시키고 있다.

三家者 以雍徹이러니

子曰 相維辟公이어늘 **天子穆穆**을 **奚取於三家之堂**고

세 대부의 집안에서 천자의 제례악인 『시경』의 「옹(雍)」시를 노래하며 제사상을 거두니,

부자께서 "'제전(祭典)을 돕는 제후와 엄숙하고 온화한 천자의 모습'을 어떻게 세 집안의 사당에서 찾아보겠느냐?"고 하셨다.

강설

「옹」이란 무왕이 문왕에게 제사 지낼 적에 부르던 노래이다. 주나라의 천자가 종묘에서 제사를 끝마치고 이 시를 노래하여 제례가 끝남을 고한 것이다. 삼가(三家)는 대부의 신분이다. 대부의 사당에서 『시경』의 「채빈(采蘋)」시를 노래하는 것이 마땅한 일이다. 그럼에도 삼가는 천자의 제례악(祭禮樂)인 「옹」을 노래하면서 제사상을 거두니, 이는 대부로서 천자의 예악을 분수 넘게 사용한 것이다.

이에 부자께서 그들을 꾸짖었다.

"「옹」시의 내용에 의하면, '제사를 도운 이는 나를 사랑하는 우리 제후들인데, 제사를 주관하는 이는 거룩하신 천자이다.'고 한다. 이는 반드시 그와 같은 의미가 있으므로 이처럼 노래한 것이다.

오늘날 삼가의 사당에서 제사를 도운 이들이 과연 제후였을까? 그리고 제사를 주관하는 이는 과연 천자였을까? 어떻게 이러한 의의를 취하여 그들의 사당에서 이와 같은 제례악을 노래 부를 수 있었을까! 이는 무지망작(無知妄作)한 일로 참절(僭竊)의 죄만을 얻었을 뿐이다."

集註

三家는 魯大夫 孟孫叔孫季孫之家也라

雍은 周頌篇名이라 徹은 祭畢而收其俎也라 天子宗廟之祭는 則歌雍以徹이어늘 是時에 三家僭而用之라

相은 助也오 辟公은 諸侯也라 穆穆은 深遠之意니 天子之容也라 此는 雍詩之辭니 孔子引之하야 言三家之堂에 非有此事어늘 亦何取於此義而歌之乎아하시니 譏其無知妄作하야 以取僭竊之罪시니라

○ 程子曰 周公之功이 固大矣나 皆臣子之分所當爲니 魯安得獨用天子禮樂哉리오 成王之賜와 伯禽之受 皆非也라 其因襲之弊 遂使季氏僭八佾하고 三家僭雍徹이라 故로 仲尼譏之시니라

[훈고] 삼가(三家)는 노나라 대부인 맹손, 숙손, 계손의 집안이다.

「옹」은 「주송」의 편명이다. 철(徹)은 제사를 마치고 그 제사 그릇을 거두는 것이다. 천자의 종묘에 제사가 끝나면 「옹」시를 노래하며 제사상을 거두는데, 이때 삼가에서 이를 분수 넘게 사용하였다.

상(相)은 도움이며, 벽공(辟公)은 제후이다. 목목(穆穆)은 깊이 있고 원대한 뜻이니, 천자의 용모이다. 이는 「옹」시의 구절이다.

[해석] 부자께서 이 구절을 인용하여, "삼가의 사당에는 이런 일이 없는 데에도 어찌하여 이런 뜻을 취하여 노래하는 것이지."라고 하니, 그들의 무지하고 허튼일로 참절(僭竊)의 죄만 얻게 되었음을 꾸짖은 것이다.

○ 정자(伊川)가 말씀하였다.

"주공의 공은 참으로 큰 것이다. 하지만 그 모두가 신하의 본분에 있어 마땅히 해야 할 일들이었다. 노나라에만 어떻게 천자의 예악을 쓸 수 있겠는가. 성왕이 천자의 예악을 내려준 것이나 백금(주공의 아들)이 이를 받아드린 것은 모두 잘못된 일이다. 그 인습의 폐단이 마침내 계씨에게 분수 넘게 팔일무로 춤추게 했고 삼가에서 분수 넘게 「옹」시로 철상(撤床)하도록 만들었다. 이 때문에 중니께서 그들을 꾸짖은 것이다."

3. 인이전지 人而全旨

이 장에서는 어질지 못한 사람으로서 예악을 행한 데 대해 말하고 있다. 예악은 외적인 사물상에 나타나지만, 이를 모두 총괄하는 것은 그 내면의 마음에 달려있다. 따라서 마음을 잃지 않으면 그 내면의 공경하는 마음으로부터 밖으로 유출되는 것이 곧 예이며, 그 화락한 마음으로부터 밖으로 유출되는 것이 곧 음악이다. 그러나 반면에 그와 같은 마음을 잃었을 땐, 곧 내면에 불경(不敬)과 불화(不和)를 가지게 되므로, 설령 외적으로 예악을 행한다고 할지라도 그것은 외적 형식일 뿐, 내면의 마음에서 유출되었다고 볼 수 없다.

子曰 人而不仁이면 如禮에 何며 人而不仁이면 如樂에 何오

부자께서 말씀하셨다.

"사람으로서 어질지 못하면 예를 어떻게 행하며, 사람으로서 어질지 못하면 음악을 어떻게 쓸 수 있겠는가?"

강설

부자께서 예악의 근본을 규명하여 말씀하셨다.

"인(仁)이란 마음의 덕이며, 예악은 이로 말미암아 나오는 것이다. 마음의 덕을 상실하여 어질지 못하면 마음이 불경스러워 예의 근본을 잃게 된다. 아무리 빠뜨림 없이 의식과 절차를 주선하여 예를 행하고자 하나 예의 본지는 이미 사라진 것이다. 그렇다면 예를 어떻게 쓸 수 있겠는가.

마음의 덕을 상실하여 어질지 못하면 마음이 평화롭지 못하여 음악의 근본을 잃게 된다. 아무리 자연스러운 리듬에 따라 음악을 쓰려고 해도 음악의 본지는 이미 사라진 것이다. 그렇다면 음악을 어떻게 쓸 수 있겠는가.

예악을 쓰고자 하는 사람은 그 근본을 돌이켜 다시 한번 살펴볼 줄을 알아야 할 것이다."

集註

游氏曰 人而不仁이면 則人心亡矣니 其如禮樂에 何哉리오 言雖欲用之나 而禮樂不爲之用也라

○ 程子曰 仁者는 天下之正理니 失正理則無序而不和니라

李氏曰 禮樂은 待人而後行이니 苟非其人이면 則雖玉帛交錯하고 鍾鼓鏗鏘이라도 亦將如之何哉리오 然이나 記者序此於八佾雍徹之後는 疑其爲僭禮樂者發也니라

[해석] 유씨[游酢]가 말하였다.

"사람으로서 어질지 못하면 마음을 잃어버린 것이다. 그 예악을 어떻게 할 수 있겠는가. 예악을 쓰려고 해도 예악이 그런 사람에 의해 쓰일 수 없음을 말한다."

○ 정자[伊川]가 말씀하였다.

"인(仁)이란 천하의 바른 이치이다. 바른 이치를 잃으면 질서가 없고 평화롭지 못하다."

이씨[李郁]가 말하였다.

"예악은 그런 사람이 있어야 만이 행하여지는 것이다. 만일 그런 사람이 아니면 비록 주옥과 비단을 주고받으며, 종과 북을 올린다 한들 또한 장차 예악을 어떻게 할 수 있겠는가. 그러나 이 책을 기록한 자가 이를 '팔일'과 '옹철'의 경문에 뒤이어 쓴 것은, 예악을 분수 넘게 쓰는 사람들 때문에 이처럼 말한 게 아닌가 의심된다."

[보 補]

경문의 인(仁)자에 대해 유씨는 마음으로, 정자는 이치로, 이씨는 사람으로 말하였다. 이는 그처럼 어진 사람이 아니면 도는 헛되이 행하여지는 것이 아니라는 뜻이다. 마음에는 이 이치가 갖춰져 있는바, 이런 마음을 보존하면 곧 어진 사람이라 한다.[145]

바꿔 말하면, 유씨는 질서의 상실을, 정자는 주체의 상실을, 이씨는 인격의 상실을 말한 것이다. 이를 종합하면 마음의 주체를 상실하여 질서의식이 없으면 인격의 파탄자인바, 어떻게 예악을 행할 수 있는가를 말해주는 것이다.

4. 임방장지 林放章旨

이 장에서는 부자께서 예를 보존하여 세상을 유지하고자 하는 뜻을 보여주고 있다.

제1절은 임방이 예의 근본을 탐구코자 하는 뜻이며, 그 아래는 그의 물음을 가상히 여겨 예의 근본을 가르쳐 주고 있다.

(1) 임방절지 林放節旨

본(本)자는 본질(本質)을 의미하는 질(質)자의 뜻으로 보아서는 안 된다. 다만 그 예를 제정케 된 본초(本初)의 관점에서 말한 것이다. 그처럼 예를 제정하게 된 '애초의 뜻'과 예를 시행한 '첫 단계의 시기'를 말한 것이다.

林放이 **問禮之本**한대

임방이 예의 근본을 물으니,

강설

당시의 사람들은 예를 시행함에 있어 화려한 겉치레에 익숙하였으나, 오직 임방은 예의 근본에

145 『大全』該註. "朱子曰 游氏言心, 程子言理, 李氏言人. 此苟非其人, 道不虛行之意, 盖心具是理, 所以存是心, 則在人也."

마음이 있었으므로, 부자에게 예의 근본을 물은 것이다.

集註

林放은 魯人이니 見世之爲禮者 專事繁文하고 而疑其本之不在是也라 故로 以爲問이라

[훈고] 임방은 노나라 사람이다.

[해석] 세상에 예를 행하는 자들이 오로지 번거롭게 꾸미는데 일삼는 것을 보고서 그 근본이 여기에 있지 않으리라고 의심하였기에, 이를 묻게 된 것이다.

(2) 대재절지 大哉節旨

예는 근본을 중시해야 함에도 오로지 번거롭게 꾸밈만을 일삼는다면 근본 또한 따라서 잃어버리게 된다. 그러나 오로지 그 근본에 힘쓰면 마치 단맛은 모든 맛을 받아드려 조리할 수 있고, 흰색은 모든 색깔을 받아드릴 수 있는 것처럼 모든 예절을 수용할 수 있다. 이 때문에 주자는 이의 집주에서 "예의 전체가 그 가운데에 있지 않은 게 없다."라고 말하였다.

子曰 大哉라 問이여

부자께서 말씀하셨다.
"훌륭하다 물음이여!"

강설

부자께서 임방이 시대의 추세처럼 지엽적인 번문(繁文)을 따르지 않은 데 대해 칭찬하였다.
"훌륭하다. 그대의 물음이여!"

集註

孔子 以時方逐末이어늘 而放獨有志於本이라 故로 大其問이라 蓋得其本이면 則禮之全體 無不在其中矣라

[해석] 공자께서 당시 사람들이 바야흐로 예의 지엽적인 것만을 따르는 데에도 임방이 홀로 그 근본에 뜻을 둔 까닭에 그 물음을 훌륭히 여긴 것이다. 이는 그 근본을 얻으면 예의 전체가 그 가운데에 있지 않은 게 없기 때문이다.

(3) 예여절지 禮與節旨

이 절에서는 예의 근본이 무엇인가를 말해주고 있다. 앞 절에서 말한 문예지본(問禮之本)의 예

(禮)는 길흉을 모두 겸하여 말했지만, 이 절에서는 상례에 중점을 두고 나머지 길례(吉禮)는 범칭으로 말하였다. 관례, 혼례, 제례는 모두 사치와 검박[奢儉]의 측면에서 말하였으나, 유독 상례만은 여기에 붙여 말할 수 없었기에 별도로 슬픔과 잘 다스림[易戚]으로 말하고 있다. 이 때문에 2구[禮與, 喪與]의 주에서도 이를 대칭으로 말한 것이다.

'…보다는'의 여(與)자와 '차라리'라는 영(寧)자를 깊이 음미해 보아야 한다. 영검(寧儉), 영척(寧戚)은 사치와 화려함을 수렴하여 실질적인 근본으로 되돌아오려는 뜻이 있는 것이지, 부득이 이것과 저것을 헤아려서 선택한다는 말은 아니다. 예(禮)란 애당초 또한 검소라는 명제가 있었던 것은 아니다. 검소란 후일 사치롭다[奢]의 대칭으로 말한 데에서 비롯된 것이다.

禮 與其奢也론 寧儉이오 喪 與其易也론 寧戚이니라

예란 그 사치하는 것보다는 차라리 검소해야 하며, 초상은 그 잘 치르는 것보다는 차라리 슬퍼해야 한다.

강설

"예의 근본을 말한다면, 예란 중도를 얻음이 귀중하다. 사치와 검소함 모두 중도가 아니다. 그러나 예는 화려하게 꾸며 지나친 겉치레로 사치하기 것보다는 차라리 간략한 바탕으로 검소함만 같겠는가. 검소함은 예의 근본이다.

상례 또한 중도를 얻음이 귀중하다. 잘 치르는 것이나 지나친 슬픔, 그 모두가 중도는 아니다. 그러나 초상에 있어서 상례 절차[節文]에 익숙하여 잘 꾸미는 것보다는 차라리 지나친 애도로 슬퍼함만 같겠는가. 슬픔은 예의 근본이다.

검소함과 슬픔으로 인하여 그 근본을 추구하고, 근본으로 말미암아 중도를 체득한다면 예의 전체가 여기에 있을 것이다."

集註

易는 治也니 孟子曰 易其田疇라하니 在喪禮則節文習熟而無哀痛慘怛之實者也라 戚은 則一於哀而文不足耳라 禮貴得中이니 奢易則過於文이요 儉戚則不及而質이니 二者皆未合禮라 然 凡物之理는 必先有質而後有文이니 則質은 乃禮之本也라

○ 范氏曰 夫祭는 與其敬不足而禮有餘也론 不若禮不足而敬有餘也며 喪은 與其哀不足而禮有餘也론 不若禮不足而哀有餘也니 禮失之奢와 喪失之易는 皆不能反本而隨其末故也라 禮奢而備 不若儉而不備之愈也오 喪易而文이 不若戚而不文之愈也니 儉者는 物之質이오 戚者는 心之誠이라 故로 爲禮之本이니라

楊氏曰 禮는 始諸飮食이라 故로 汙尊(와준: 窪樽)而抔飮이러니 爲之簠簋籩豆罍爵之飾은 所以

文之也니 則其本 儉而已오 喪不可以徑情而直行일세 爲之衰麻哭踊之數는 所以節之也니 則其本 戚而已라 周衰에 世方以文滅質이어늘 而林放 獨能問禮之本이라 故로 夫子 大之而告之以此시니라

[훈고와 해석] 이(易)는 다스림이니, 『맹자』에서는 "그 밭두둑을 다스린다."(「盡心 上」)고 하니, 상례에 있어서는 절문(節文: 예절에 관한 규정)만 익숙할 뿐, 애통과 참달(慘怛)의 실상이 없는 것이다. 척(戚)은 한결같은 슬픔으로 상례의 절차가 부족함이다. 예는 중도를 얻음이 귀중하다. 사치와 다스림이란 문식(文飾)이 지나침이오, 검소함과 슬픔은 미치지 못하여 질박함이니, 이 두 가지는 모두 예에 맞지 않는다. 그러나 모든 사물의 이치란 반드시 먼저 바탕이 있은 다음에 문식(文飾)이 있다. 바탕은 곧 예의 근본이다.

○ 범씨[范祖禹]가 말하였다.

"제사에 공경하는 마음이 부족하고 예절이 넉넉한 것보다는 예절이 부족하고 공경하는 마음이 넉넉한 것만 같지 못하며, 상례에 슬픈 마음이 부족하고 예절이 넉넉한 것보다는 예절이 부족하고 슬픈 마음이 넉넉한 것만 같지 못하다. 예에 사치함의 잘못과 상례에 잘 치루는 잘못은 모두 근본에 돌아가지 못하고 그 지엽적인 것을 따른 때문이다. 예란 호사롭게 잘 갖추는 것보다는 검소하게 덜 갖추는 것이 좋은 것만 같지 못하고, 상례에 잘 다스리고 꾸미는 것보다는 슬퍼하는 마음으로 꾸미지 않는 것이 좋은 것만 같지 못하다. 검소함은 사물의 바탕이요, 슬픔은 마음의 진실이다. 이 때문에 예의 근본이 된다."

양씨[楊時]가 말하였다.

"'예는 음식에서 비롯되었다. 이 때문에 상고시대엔 웅덩이를 파서 동이로 삼고 양손의 움큼으로 마셨다.'(『禮記』「禮運」) 이 때문에 보궤(簠簋)와 변두(籩豆)와 뇌작(罍爵)으로 꾸밈은 이를 아름답게 다듬은 것이다. 그 근본은 검소했을 뿐이다. '초상엔 임의대로, 마음 내키는 대로 곧바로 행[徑情直行]할 수 없다.'(『禮記』「檀弓」) 이 때문에 상복과 통곡과 발을 구르는 수효를 마련함은 이를 절제한 것이다. 그 근본은 슬픔일 뿐이다. 주나라가 쇠퇴하자 세상은 바야흐로 겉치레가 지나쳐 본질이 사라져 갔다. 그러나 임방이 홀로 예의 근본을 물은 까닭에 부자께서 그를 훌륭히 여겨 이를 말해준 것이다."

5. 이적전지 夷狄全旨

이 장은 부자께서 어지러운 세상을 개탄한 말이다. 춘추시대엔 천자의 고유 권한인 예악 정벌이 모두 제후에게서 나왔고, 또다시 한 단계 내려가 대부로부터 나왔고, 여기에서 또다시 한 단계 내려가 대부의 신하인 배신(陪臣)이 마음대로 국권을 휘두르기에 이르렀다. 부자께서 이를 깊이 슬퍼하여 이처럼 탄식한 것이다.

子曰 夷狄之有君이 不如諸夏之亡也니라

부자께서 말씀하셨다.
"오랑캐에게도 군왕이 있음이 중국에 군왕이 없는 것과는 다르구나!"

강설

부자께서 시대의 혼란과 분수 넘는 세태를 슬피 여겨 탄식하였다.
"중국이 오랑캐보다도 훌륭하다는 이유는 본래 명분이 정해 있기 때문이었다. 그러나 오늘날 오랑캐의 나라를 살펴보니, 그들 또한 임금이 있는 줄을 알고 있는데, 도리어 중국 사람들은 임금이 있는 줄조차 모른 채, 전혀 상하의 구분이 없는 것과는 다르다. 이 점을 개탄할 뿐이다."

集註

吳氏曰 亡는 古無字通用이라

程子曰 夷狄도 且有君長하니 不如諸夏之僭亂하야 反無上下之分也니라

○ 尹氏曰 孔子傷時之亂而歎之也시니 無는 非實無也오 雖有之나 不能盡其道爾니라

[훈고] 오씨[吳棫]가 말하였다.
"무(亡)는 예전에 무(無)자와 통용하였다."

[해석] 정자[伊川]가 말씀하였다.
"오랑캐 또한 군왕이 있다. 중국이 참란(僭亂)하여 도리어 상하의 구분이 없는 것과는 다르다."
○ 윤씨[尹焞]가 말하였다.
"공자께서 시대의 혼란을 슬퍼하여 탄식하였다. 군왕이 없다는 것은 실재 군왕이 없다는 것이 아니라, 군왕이 있기야 하지만 군왕의 도를 다하지 못한 것이다."

6. 계씨전지 季氏全旨

이 장은 부자께서 분에 넘친 제사를 저지하고자 함이다. 계씨가 태산에 산신제[旅祭]를 지내고자 함은 아직 제사 지내기 이전의 일이기에 부자께서 염유를 통해 이를 만류코자 하였다.

"여불능구여(女弗能救與)"의 불능(弗能)이란 염유 자신이 그 일을 감당할 수 있느냐는 것이지, 계씨가 염유의 말을 따르지 않을지는 불문에 부친 것이며, 여(與)자는 괴이쩍게 묻는 말로 대단한 결의가 담긴 말이지, 완순(婉順)한 말이 아니다.

오호(嗚呼) 이하의 구절은 바로 염유가 이를 저지하지 못함으로써 부자께서 그를 대신하여 태산의 여제(旅祭)를 저지코자 함이다. 끝 구절[曾謂泰山 不如林放乎]은 태산의 산신이란 예가 아닌 제사를 흠향하지 않는다는 뜻을 투시한 것인데, "임방만 못하다고 생각하느냐.[不如林放乎]"는 말로 가볍게 이런 점을 밝힌 것이기에 지나치게 임방과 산신을 비교하여 보아서는 안 된다.

집주에서는 "계씨에게 제사의 무익함을 알게 하고자 함[欲季氏知其無益而自止]"이라는 구절에 중점을 두어 말하고, "임방을 내세워 염유를 격려한다.[又進林放以厲冉有也]"는 구절은 보다 가벼운 뜻으로 쓰인 것이다.

季氏 旅於泰山이러니
子謂冉有曰 女弗能救與아
對曰 不能이로이다
子曰 嗚呼라 **曾謂泰山**이 **不如林放乎**아

계씨가 태산에 여(旅)라는 산신 제사를 지내려고 하자, 부자께서 염유에게 타일렀다.
"네가 이를 구제할 수 없겠느냐?"
"못하겠습니다."
이에 부자께서 다시 말씀하셨다.
"아! 일찍이 태산의 신령이 임방만 못하다고 생각하느냐?"

강설

예에 의하면, 제후는 봉내(封內) 산천에 제사 지내는 법이다. 그러나 오늘날 계씨는 대부로서 태산에 산신 제사[旅]를 지내고자 하였다. 그의 분에 넘는 일은 매우 심각한 것이다.

부자께서 이를 저지하고자 염유에게 말씀하셨다.

"태산이란 계씨가 제사 지낼 곳이 아니다. 너는 그의 가신으로서 이를 구제하지 못한다는 말인가!"

"계씨는 복을 받고자 하는 마음이 너무 지나쳐 저로서는 이를 저지할 수 없습니다."

이에 부자께서 개탄해 말씀하셨다.

"네가 이를 구제하지 못한다면 계씨는 장차 태산에 제사를 지내게 될 것이다. 아! 슬프다. 태산의 신령이 예의가 아닌 제사를 기꺼이 흠향하여, 예의 근본을 물은 임방이라는 노나라 사람만 같지 못하리라고 생각하는가! 나는 참으로 그 제사는 결코 흠향하지 않을 것임을 알고 있다."

集註

旅는 祭名이라 泰山은 山名이니 在魯地라 禮에 諸侯 祭封內山川어늘 季氏 祭之는 僭也라

冉有는 孔子弟子니 名求니 時爲季氏宰라 救는 謂救其陷於僭竊之罪라

嗚呼는 歎辭라 言神不享非禮은 欲季氏知其無益而自止오 又進林放以厲冉有也시니라

○ 范氏曰 冉有從季氏하니 夫子豈不知其不可告也리오 然而聖人不輕絶人하야 盡己之心하시니

安知冉有之不能救와 **季氏之不可諫也**리오 **旣不能正**이면 **則美林放以明泰山之不可誣**하시니 **是亦敎誨之道也**니라

[훈고] 여(旅)는 제사 이름이다. 태산은 산 이름이니, 노나라 땅에 있다. 예에 의하면, 제후는 봉해준 영토 내의 산천에 제사 지내는 법인데, 계씨가 여기에 제사를 지내려는 것은 분에 넘는 일이다.

염유는 공자 제자니, 이름은 구(求)인데, 당시 계씨의 가신으로 있었다. 구(救)는 그가 참람한 죄에 빠지는 것을 구제함을 말한다. 오호(嗚呼)는 감탄사이다.

[해석] 산신이 예가 아닌 제사를 흠향하지 않음을 말한 것은 계씨에게 아무런 도움이 없음을 알고서 스스로 그만두게 하려는 것이며, 또한 임방을 들어 염유를 격려한 것이다.

○ 범씨[范祖禹]가 말하였다.

"염유는 계씨만을 추종하니, 부자께서 어찌 그는 계씨에게 말하지 못하리라는 점을 몰랐겠는가. 그러나 성인은 가벼이 사람을 버리지 않고 자신의 마음을 다하니, 설마 염유가 구제하지 못하리라는 것과 계씨는 간할 수 없는 사람임을 어떻게 알 수 있었겠는가. 이미 바로잡을 수 없다면 임방을 찬미하여 태산의 산신을 속일 수 없음을 밝혀주니, 이 또한 가르침의 도이다."

7. 군자전지 君子全旨

이 장에서는 천하를 예양(禮讓)으로 다스려야 한다는 점을 말하고 있다. 전체의 뜻은 "군자는 다툰 바 없다.[君子無所爭]"는 구절을 주로 하며, 아래 문장에서 "그런 다툼이 군자답다.[其爭也君子]"는 구절을 빌어 반대로 "다툰 바 없다."는 뜻을 밝히고 있다. "다툰 바 없다."는 것은 모두 평소 함양하고 어느 때나 성찰한 데서 유래한 것이다. 무소쟁(無所爭)의 소(所)자를 깊이 음미해 보아야 한다. 이는 나와 남이 접촉하는 즈음에 군자는 어느 곳에서나 다투는 바 없음을 말한다.

필야(必也) 2자는 강한 어감으로 문장을 일으킨 기어(起語)로, 그 다퉈야 할 일을 찾아본다면 바로 이 활쏘기뿐이라는 뜻이다. 호(乎)자는 상상의 의미를 함축한 어미(語尾) 허사(虛辭: 語助辭)이다.

읍양(揖讓) 2자에는 '올라갔다[升]'가 '내려와서[下]' '술을 마신다[飮]'는 3단계를 모두 포괄하고 있다. 그러나 읍양 2자 가운데 양(讓)자에 중점을 두고 있다. 이는 읍(揖)하면서 그 사양을 행하는 것이다.

"그런 다툼이 군자답다.[其爭也君子]"는 구절은 "군자는 다툰 바 없다.[君子無所爭]"는 첫 구절과 상응한 것으로, 그처럼 다투는 때에도 여전히 군자답다는 점을 말하고 있다.

子曰 君子 無所爭이나 **必也射乎**ㄴ저 **揖讓而升**하야 **下而飮**하나니 **其爭也 君子**니라

부자께서 말씀하셨다.

"군자는 다투는 바 없으나 반드시 활을 쏠 적에는 승부를 겨룬다. 읍하고 사양하면서 당(堂)에 올라가 활을 쏜 뒤에 다시 내려와 모두 끝나기를 기다렸다가 서서 벌주(罰酒)를 마시니, 그런 다툼이 군자다운 것이다."

강설

부자께서 많은 사람에게 예양(禮讓)을 깨우쳐 주셨다.

"군자는 공손함으로 몸가짐을 가지고 겸손으로 사람을 대하여 원만한 사이에 다툼이 없지만, 다툼이 없는 가운데에서도 다투는 것은 반드시 활 쏘는 데에서 찾아볼 수 있다.

장차 활을 쏘려는 처음에 두 명씩 짝이 되어 나란히 앞으로 나갈 적에 서로 마주 보고서 세 차례 읍(揖)하여 세 차례 사양한 뒤에 활을 쏘는 당(堂)에 올라가 활을 쏘게 된다. 어쩌면 그렇게 일을 시작할 때, 그처럼 예의가 있을 수 있을까!

네 개의 화살을 모두 쏜 뒤에 한 차례 읍하고 내려와 제자리에 돌아와서 여러 짝이 모두 활쏘기를 마친 뒤에 이긴 사람은 앞으로 나아가 세 차례 읍을 하면, 이기지 못한 사람은 다시 당에 올라가 스스로 벌주(罰酒) 술잔을 들고 서서 술을 마시게 된다. 어쩌면 일을 끝마침에서도 그처럼 예의가 있을 수 있을까!

이는 승부를 겨루는 즈음에도 자연스럽게 사양하고 겸손함이 이와 같다. 그런 다툼이야말로 의젓한 군자이다. 참으로 군자는 다투는 바가 없는 것이다."

集註

揖讓而升者는 **大射之禮**에 **耦進三揖而後升堂也**라 **下而飮**은 **謂射畢揖降**하야 **以俟衆耦皆降**하야 **勝者乃揖**하면 **不勝者升**하야 **取觶立飮也**라

言君子恭遜하야 **不與人爭**이로되 **惟於射而後有爭**이라 **然**이나 **其爭也雍容揖遜**이 **乃如此**하니 **則其爭也 君子**오 **而非若小人之爭也**니라

[훈고] "읍(揖)하여 사양하고 오른다."는 것은 대사례(大射禮)에 두 사람씩 짝을 지어 나가되 세 차례 읍한 후에 당 위에 오르는 것이다.

"내려와 마신다."는 것은 활쏘기를 마치면 읍하고 내려와, 모든 짝이 모두 내려오기를 기다렸다가 이긴 자가 읍을 하면 이기지 못한 자는 다시 당에 올라가 벌주 술잔을 들고 서서 마시는 것이다.

[해석] 군자는 공손하여 남들과 다투지 않지만, 오직 활쏘기에서만 다툼이 있는 것이다. 그러나 그 다툼은 온화하고 겸손함이 이와 같으니, 그 다툼은 군자다운 것이며, 소인처럼 싸우

는 것은 아니다.

8. 교소장지 巧笑章旨

이 장은 『시경』에 대한 의논이다. 교소절(巧笑節)과 회사절(繪事節)은 자하의 의문에 따라 그 의문을 풀어줌이며, 세 번째 예후절(禮後節)에서는 자하의 깨달음으로 인하여 부자께서 그를 가상히 여겨 칭찬하였다.

(1) 교소절지 巧笑節旨

자하의 의문은 소지(素地: 흰 바탕)란 본디 문채가 없고, 현(絢: 채색)이란 색깔이 있는데 어떻게 소지를 현(絢)이라고 말할 수 있겠느냐는 데에 있다. 그러나 그 같은 오해는 위(爲)자를 잘못 해석한 데에서 비롯된 것이다. 자하는 "흰 바탕에다가 채색을 더한[爲]다."의 뜻으로 보지 않고, "흰 바탕이 채색이 된[爲]다."고 잘못 보았기 때문이다.

子夏 問曰 巧笑倩兮며 **美目盼兮**여 **素以爲絢兮**라하니 **何謂也**잇고

자하가 물었다.

"'어여삐 웃음 지은 보조개여, 아리따운 눈망울 또렷하여라. 흰 바탕에 채색을 한다.'고 하니, 무엇을 이르는 말입니까?"

강설

자하는 『시경』을 읽다가 의문이 있어 여쭈었다.

"일시(逸詩)에 의하면, '어여삐 웃음 지은 아름다운 보조개여, 아름다운 눈매에 흑백이 뚜렷함이여.' 하니, 이는 그 여인에게 아름다운 바탕이 있었음을 알 수 있다.

그러나 또한 '흰 바탕에 채색한다.'고 하니, 흰 바탕이란 본래 문채가 없는 것이며, 여기에 채색을 더하여 단청하는 것이다. 어떻게 해서 과연 흰 바탕을 채색이라고 말할 수 있겠습니까?"

集註

此는 **逸詩也**라 **倩**은 **好口輔也**오 **盼**은 **目黑白分也**라 **素**는 **粉地**니 **畫之質也**오 **絢**은 **采色**이니 **畫之飾也**라 **言人有此倩盼之美質**하고 **而又加以華采之飾**은 **如有素地而加采色也**라 **子夏疑其反謂以素爲飾**이라 **故**로 **問之**라

[훈고] 이는 『시경』에 수록되어 있지 않은 시[逸詩]이다. 천(倩)은 어여쁜 보조개이며, 변(盼)은 흑백이 또렷한 눈동자이다. 소(素)는 분지(粉地)니, 그림을 그리는 바탕이다. 현(絢)은 채

색이니, 그림을 그리는 문식(文飾)이다.

[해석] 사람에게 아름다운 보조개와 또렷한 눈동자의 아름다운 바탕이 있고, 또다시 화려한 채색을 더한 것은 마치 흰 바탕 위에다 채색을 가하는 것과 같다. 그러나 자하는 그 반대로 흰 바탕이 채색의 꾸밈이라고 의심한 까닭에 이를 물은 것이다.

(2) 회사절지 繪事節旨

이는 부자께서 그림 그리는 일로 시의 구절을 해석하였다. 후(後)자는 곧 그 위(爲)자에 관한 의문을 타파해주었다. 이 시는 소지(素地)가 곧 채색임을 말한 게 아니라, 선후의 차서를 말하고 있다. 이는 앞서 소지가 있고 난 뒤에 채색을 더할 수 있다는 것이지, 소지가 곧 채색이라는 말은 아니다. 채색으로 그림을 그리는 일은 소지보다 뒤에 있다는 데에서 이 같은 뜻을 살펴볼 수 있다.

子曰 繪事 後素니라

부자께서 말씀하셨다.
"그림 그리는 일은 흰 바탕이 있고 난 뒤에 있다."

강설

부자께서 자하에게 말씀하셨다.
"『시경』에서 말한 '소이위현(素以爲絢)'이란 흰 바탕이 곧 색채임을 말한 게 아니라, 흰 바탕에다가 색채를 한다는 것이다. 이는 색채로 그림을 그리는 일은 소지를 마련한 뒤에 있다는 말과 같다. 이처럼 흰 바탕은 반드시 앞에 있고, 그림을 그리는 것은 뒤에 있음을 알 수 있다. 이는 흰 바탕에다가 색채를 더한 것이다."

集註

繪事는 繪畫之事也라 後素는 後於素也라 考工記曰 繪畫之事後素功이라하니 謂先以粉地爲質而後施五采하니 猶人有美質然後可加文飾이라

[훈고와 해석] 회사(繪事)는 그림을 그리는 일이다. 후소(後素)는 흰 바탕을 마련한 뒤에 있다. 「고공기」(『周禮』「冬官」)에서 "그림을 그리는 일은 소지(素地)를 마련한 뒤에 있다."고 하니, 이는 먼저 분지(粉地)를 바탕으로 삼은 뒤에 오색을 더하게 된다. 이는 마치 여인에게 아름다운 바탕이 지닌 후에 문식을 더하는 것과 같다.

(3) 예후절지 禮後節旨

첫 구절[禮後乎]은 자하가 시의 구절로 인하여 학문의 선후에 대한 깨달음을 말하며, 아래 구절은 부자께서 그와 시를 함께 이야기할 수 있음을 인정한 말이다. 자하는 마음 깊이 깨달은 바를 하나의 후(後)자로 돌려 말하였다. 이와 같이 "예란 뒤에 있다.[禮後]"는 깨달음은 그 근본을 알았다고 말할 만하다. 기여(起予) 2자는 가장 오묘한 부분이다. 성인의 마음속에 모든 진리를 포괄하고 있지만, 만일 어떤 사람이 두들겨주지 않으면 이를 바깥으로 쏟아낼 동기가 없다. 이에 자하의 말을 통하여 부자의 정신을 산뜻하게 일깨워 주었다. 이는 시를 강론하다가 이를 유추하여 두루 사물의 이치를 깨쳐가는, 인류촉물(因類觸物)의 오묘함을 인정한 말이다.

曰 禮後乎ㄴ저

子曰 起予者는 **商也**로다 **始可與言詩已矣**로다

"예란 뒤이겠군요!"

부자께서 말씀하셨다.

"나를 일깨워 준 이는 상(商)이로구나, 비로소 너와 시를 이야기할 만하다."

강설

자하는 마침내 그 말에 깨달은 바 있어 다음과 같이 말하였다.

"그림을 그리는 일은 소지가 있고 난 뒤에 있다면 세간에서 말하는 의식[儀文]의 예란 바로 그 뒤에 있다. 먼저 그것을 할 수 있는 근본이 있는 뒤에 절문(節文)을 더할 수 있음은, 모두 그림을 그리는 일과 같다."

자하는 『시경』을 강론함으로 인하여 학문 또한 이와 같음을 알았다. 이 때문에 부자께서 자하를 인정하였다.

"나의 마음을 일깨워 준 이는 바로 너 상이로구나. 나는 그림으로 시의 뜻을 밝혀주었는데, 상은 그림을 통하여 예를 깨달은 것이다.[吾以繪明詩, 而商卽繪以通禮.] 이처럼 시를 이해하여야 비로소 문장 밖의 그 뜻을 깨달을 수 있다. 이젠 너와 함께 시를 이야기할 만하다. 배우는 이들이 어떻게 모두 상과 같을 수 있겠는가!"

集註

禮는 **必以忠信爲質**이니 **猶繪事必以粉素爲先**이라 **起**는 **猶發也**니 **起予**는 **言能起發我之志意**라 **謝氏曰 子貢**은 **因論學而知詩**하고 **子夏**는 **因論詩而知學**이라 **故**로 **皆可與言詩**라

○ **楊氏曰 甘受和**하고 **白受采**하며 **忠信之人**이라야 **可以學禮**라 **苟無其質**이면 **禮不虛行**이라하니 **此繪事後素之說也**라 **孔子曰 繪事後素**라 하신대 **而子夏曰 禮後乎**ㄴ저하니 **可謂能繼其志**이로다 **非得之言意之表者**면 **能之乎**아 **商賜可與言詩者**는 **以此**라 **若夫玩心於章句之末**이면 **則其爲詩也 固而已矣**니라 **所謂起予**는 **則亦相長之義也**니라

[훈고와 해석] 예는 반드시 충신(忠信)을 바탕으로 삼는다. 이는 그림을 그릴 적에 반드시 흰 바탕을 먼저 마련하는 것과 같다. 기(起)는 발(發)자의 뜻과 같다. 기여(起予)는 나의 뜻을 일으켜 일깨워 줌을 말한다.

사씨[謝良佐]가 말하였다.

"자공은 학문을 논하다가 시를 알았고, 자하는 시를 논하다가 학문을 알았으므로, 모두 '함께 시를 이야기할 만하다.'고 말한 것이다"

○ 양씨[楊時]가 말하였다.

"'단맛은 모든 맛을 받아드리고 흰색은 모든 채색을 받아들인다. 그렇듯 충신(忠信)의 바탕을 지닌 사람만이 예를 배울 수 있다. 만일 그런 바탕이 없으면 예란 헛되이 행할 수 없다.'(『禮記』「禮器」)고 하니, 그림을 그리는 일은 흰 바탕이 마련된 뒤에 있다는 말이다.

공자께서 '그림을 그리는 일은 흰 바탕이 있는 뒤에 있다.'라고 말하자, 자하는 '예가 뒤이다.'라고 하니, 이는 '그 스승의 뜻을 잘 이어받았다.'(『禮記』「學記」)라고 말할 만하다. 말 밖의 뜻을 깨달은 이가 아니라면 이처럼 말할 수 있겠는가. 상(商)과 사(賜)와 함께 시를 이야기할 만하다고 인정한 것은 이 때문이다. 만일 하찮은 문장에만 마음을 둔다면 시를 배워나감이 고루할 뿐이다. 이른바 '나를 일으켰다.'는 것 또한 '가르치는 스승이나 배우는 제자 모두 학문이 서로 커나간다.'(「學記」)라는 뜻이다.

9. 하례전지 夏禮全旨

이 장은 부자께서 하은(夏殷) 2대(代)에 대한 깊은 탄식이다. 굳이 주나라를 유지코자 하는 뜻으로 보아서는 안 된다. 부자 자신이 곧 문헌(文獻)이다. 사람들이 가까이 부자에게 증명해 주었으면 하는 뜻으로 말한 것이다. "나는 할 수 있다.[吾能言之]"는 오능(吾能) 2자를 살펴보면, 부자께서 문헌으로 자임(自任)했던 뜻을 알 수 있다. 따라서 위의 4구[夏禮吾能言之 …文獻不足故也]는 하은(夏殷) 2대의 예를 증명할 수 없음을 깊이 애석해하고, 아래에서는 증명할 수 없는 그 이유를 밝혀 깊이 애석해하고 있다.

그러나 능언(能言: 吾能言之) 2자는 선왕의 전장(典章)과 제도가 이미 사라진 뒤에 태어나 선왕의 정밀한 뜻을 밝힐 수 있음을 말하며, 능징(能徵: 吾能徵之) 2자는 성인이 태어나지 않은 암흑기에 백성의 이목을 혼란 없이 정해줄 수 있음을 말한 것이다. 따라서 이 구절은 『중용』(제28장)에서 인용한 뜻과는 다르다. 『중용』에서는 '주나라의 제도를 따르겠다[從周]'는 것으로, 종주(宗周)의 뜻을 밝힌 데 지나지 않지만, 이는 부자께서 말할 수 있는 고례(古禮)를 증명해 보이고자 하는 데에 귀결된다.

子曰 夏禮를 吾能言之나 杞不足徵也며 殷禮를 吾能言之나 宋不足徵也는 文獻이

不足故也니 **足則吾能徵之矣**로리라

부자께서 말씀하셨다.

"하나라 예를 나는 말할 수 있으나 기(杞)나라에서 충분히 이를 증명할 수 없으며, 은나라의 예를 나는 말할 수 있으나 송나라에서 이를 증명할 수 없는 것은 문헌이 부족하기 때문이다. 문헌이 충분했다면 나는 이를 증명했을 것이다."

강설

부자께서 하・은나라의 예가 전해오지 못함을 개탄하였다.

"예란 반드시 근거가 있어야 전해지는 것이며, 말이란 반드시 증거가 있어야 믿음이 있다. 하나라 우임금이 처음 만든 예를, 나는 그 뜻을 충분히 말하여 이를 강명(講明)할 수 있다. 그러나 기나라는 하나라의 후예이지만, 하나라의 예를 간직해오지 못한 까닭에 나의 말을 증명할 수 없다.

은나라 탕임금이 처음 만든 예를, 나는 그 뜻을 충분히 말하여 이를 강명할 수 있다. 그러나 송나라는 은나라의 후예이지만, 은나라의 예를 간직해오지 못한 까닭에 나의 말을 증명할 수 없다.

기나라・송나라에서 이를 증명할 수 없는 까닭은 무엇 때문일까? 이는 전적(典籍: 文), 즉 예를 기재한 문장, 그리고 현인(賢人: 獻), 즉 예를 아는 어진 사람, 문헌(文獻)이 부족했기 때문이다.

만일 문헌이 넉넉했다면 나는 이를 취하여 나의 말을 충분히 증명했을 것이다. 그러나 오늘날에도 주나라의 후예인 노나라에 문헌이 부족하니, 이를 깊이 애석해하지 않을 수 없다.

集註

杞는 **夏之後**오 **宋**은 **殷之後**며 **徵**은 **證也**오 **文**은 **典籍也**오 **獻**은 **賢也**라

言二代之禮를 **我能言之**나 **而二國不足取以爲證**하니 **以其文獻不足故也**라 **文獻若足**이면 **則我能取之**하야 **以證吾言矣**리라

[훈고] 기는 하나라의 후예이며, 송은 은나라의 후예이다. 징(徵)은 증명이며, 문(文)은 전적이며, 헌(獻)은 현인이다.

[해석] 하・은(夏殷) 2대의 예를, 내가 말할 수 있지만, 기・송 두 나라에서 증명할 수 있는 바를 얻을 수 없었던 것은 그 문헌이 부족한 때문이다. 만일 문헌이 넉넉했더라면 나는 그것을 들어 나의 말을 증명했을 것이다.

10. 체자전지 禘自全旨

이 장에서는 노나라의 잘못된 체제(禘祭)가 또다시 예를 잃었다는 측면에 중점을 두고 있다.

노나라에서 체제를 행할 수 없다는 뜻을 말 밖에서 찾아볼 수 있다. 이 때문에 체(禘)자는 가볍게 지나가면서 전체의 뜻은 정작 "강신(降神) 이후[旣灌而往]" 구절에 중점을 두고 있다. 당시의 태만에 대한 잘못을 경계하지 않을 수 없다는 점으로 표현하고 있다.

체제에는 여느 제사의 삼헌(三獻)과는 달리, 아홉 차례 술잔을 올리는 것[九獻]이다. 강신은 그중 첫째, 둘째 술잔을 올리는 것으로 제례 초기의 의식이다. 그러나 "보잘 게 없다.[不足觀]" 말하지 않고, "나는 보고 싶지 않다.[不欲觀]"고 말한 것은 깊은 뜻이 담긴 풍자를 아주 부드러운 말로 표현한 것이다.

子曰 禘 自旣灌而往者는 吾不欲觀之矣로라

부자께서 말씀하셨다.
"체제에 강신 이후의 제례는 내 보고 싶지 않다."

강설

부자께서 노나라의 제사가 잘못된 것을 개탄하였다.

"제사란 정성을 근본으로 하기에 제사에 그 정성이 어떤가를 볼 뿐이다. 노나라 태묘(太廟)에서 체제를 지낼 때, 강신하기 이전에는 성의가 흩어지지 않았기에 그래도 볼만한 게 있었지만, 강신한 이후론 점차 성의가 없어 예기(禮器)의 진설과 의례(儀禮)의 절차가 모두 겉치레이다. 노나라의 체제란 원래 잘못된 예인데, 강신 이후의 나태함은 또 한번 잘못된 예이다. 이처럼 실례한 가운데 또다시 실례를 범하였다. 나는 더는 이를 보고 싶지 않다."

集註

趙伯循曰 禘는 王者之大祭也라 王者旣立始祖之廟하고 又推始祖所自出之帝하야 祀之於始祖之廟하고 而以始祖配之也라 成王以周公有大勳勞라하야 賜魯重祭라 故로 得禘於周公之廟하고 以文王爲所出之帝而周公配之라 然이나 非禮矣라 灌者는 方祭之始에 用鬱鬯之酒하야 灌地以降神也라 魯之君臣이 當此之時하야는 誠意未散하야 猶有可觀이오 自此以後엔 則浸以懈怠而無足觀矣라 蓋魯祭非禮니 孔子本不欲觀이어늘 至此而失禮之中에 又失禮焉이라 故로 發此歎也시니라

○ 謝氏曰 夫子嘗曰 我欲觀夏道라 是故로 之杞而不足證也오 我欲觀商道라 是故로 之宋而不足證也라하시고 又曰 我觀周道하니 幽厲傷之라 吾舍魯 何適矣리오 魯之郊禘는 非禮也니 周公其衰矣라하시니 考之杞宋에 已如彼하고 考之當今에 又如此하니 孔子所以深歎也시니라

[해석] 조백순(趙伯循: 趙匡 唐 河東人)이 말하였다.

"체제(禘祭)란 천자의 큰 제사이다. 천자는 앞서 시조(태조)의 사당을 세우고, 또한 태조를 낳아주신 임금을 추대하여, 태조의 사당에다가 제사를 받들면서 태조와 함께 배향(配享)하는 것이다. 성왕이 주공에게 큰 공로가 있다고 하여 노나라에 체제라는 큰 제사를 내려주었다. 이 때문에 주공(노나라의 시조)의 사당에 체제를 얻게 되었다. 이에 문왕을 '낳아주신 임금'으로 삼아, 주공과 함께 배향하였으나 예가 아니다.

관(灌)이란 처음 제사를 시작할 때 울창으로 빚은 술을 땅에 부어 신명을 강림하게 하는 것이다. 노나라의 군신이 강신할 때에는 성의가 흩어지지 않아 그래도 볼만하였으나, 그 후로 점차 게을러져서 볼만한 것이 없었다. 노나라에서 지내는 체제는 예가 아니기에, 공자께서 본디 보고 싶지 않았는데, 이에 이르러 예를 잃은 가운데 또다시 예를 잃었으므로, 이런 탄식을 하게 된 것이다."

○ 사씨[謝良佐]가 말하였다.

"부자께서 일찍이 '나는 하나라의 도를 보고 싶었다. 이 때문에 기나라에 갔으나 증명할 수 없었다. 나는 상나라의 도를 보고 싶었다. 이 때문에 송나라에 갔으나 증명할 수 없었다.' 하고, '내, 주나라의 도를 살펴보니, 유왕과 여왕이 이를 손상하였다. 내, 노나라를 버리고 어디로 갈까! 노나라의 교제(郊祭)와 체제(禘祭)는 예가 아니다. 주공의 도는 쇠퇴하였다.'(모두 「禮運」이다.)고 하니, 기나라와 송나라를 살펴보았으나 이미 저렇고, 당시를 살펴보아도 또한 이와 같다. 공자께서 이 때문에 깊이 탄식한 것이다."

11. 혹문전지 或問全旨

이 장의 뜻은 '체제(禘祭)'의 의의가 심오, 원대함을 보여주고 있다.

첫 구절[或問禘之說]에서는 혹자가 체제의 의의를 탐구코자 함이다. 문체지설(問禘之'說')의 설(說)자를 깊이 있게 보아야 한다. 그 아래로 사호[斯乎: 之於天下也 其如示諸斯乎] 구절까지는 부자께서 말로 형언키 어려운 부분을 말한다. 이 때문에 맨 끝 구절[指其掌]에서 이를 기록한 문인이 부자께서 내보인 손바닥을 사실대로 기록한 것은 모두 불지야(不知也) 3자에 중점을 두고 있다.

"천자가 아니면 '체제'를 거행할 수 없다."는 원칙을 부자의 입장에서 숨길 수밖에 없는 실정이다. 그러나 보본추원(報本追遠)의 뜻은 '체제'보다 더 깊은 게 없고, 그에 대한 학설 또한 실로 알기 어렵기에 모른다고 답한 것이다. "지기설자 지어천하(知其說者 之於天下也)" 2구의 뜻은 이치에 밝지 않음이 없고, 성의가 감격하게 하지 못할 것이 없다. 이것이 곧 알기 어려운 부분이며, 또한 은연중 '체제'란 천하를 소유한 천자의 일임을 보여주고 있다.

或이 **問禘之說**한대

子曰 不知也로라 **知其說者 之於天下也**에 **其如示諸斯乎**ㄴ저하시고 **指其掌**하시다

어떤 사람이 '체제'의 뜻을 물으니, 부자께서 "모르겠다. 그 뜻을 아는 자는 천하 다스림을 이를 보는 것처럼 훤하다."고 말씀하시고, 그 손바닥을 가리키셨다.

강설

어떤 사람이 노나라의 종묘에서 '체제'를 거행하는 것을 보고서 이를 의심하여 '체제'의 의의가 무엇이냐고 물었다.

이에 부자께서 '체제'의 의의는 그가 알 바가 아니며, "천자가 아니고서는 '체제'를 지낼 수 없다."라는 것 또한 노나라에 있어서 숨겨야 할 일이다. 단 제사의 의의는 일찍이 '체제'보다 더 심오한 것은 없다. 따라서 선조의 근본에 보답하는 가운데 더욱 근본에 보답하고, 선조를 추모[追遠]하는 가운데 더욱 비중이 큰 추모의 일이니만큼 오직 성인만이 이를 제정할 수 있고, 또한 성인만이 이를 알 수 있다. 이 때문에 다음과 같이 말하였다.

"나는 그 내용을 알 수 없다. '체제'에 관한 뜻을 아는 사람이 있다면 그는 이치에 밝아 성인의 경지에 이른 자이다. 그는 이를 미루어 천하를 다스림에 어려울 일이 없을 것이며, 교화하는 데 어려움이 없을 것이다. 그것은 이를 보는 것과 같다."

문인들은 부자의 "이를 보는 것과 같다."라는 말을 기록하면서, 이에 부자께서 스스로 그의 손바닥을 가리켰다고 덧붙여 서술하였다. 그것은 명백하고 또한 쉽다는 점을 말해주고 있다. '체제'의 뜻을 아는 사람은 천하의 정사를 충분히 할 수 있다. 참으로 그처럼 그 뜻을 알기 어려운 것이다.

集註

先王報本追遠之意는 **莫深於禘**하니 **非仁孝誠敬之至**면 **不足以與此**니 **非或人之所及也**오 **而不王不禘之法**은 **又魯之所當諱者**라 **故**로 **以不知答之**라 **示**는 **與視同**이라 **指其掌**은 **弟子記夫子言此而自指其掌**이니 **言其明且易也**라 **蓋知禘之說**이면 **則理無不明**하고 **誠無不格**하야 **而治天下不難矣**라 **聖人於此**에 **豈眞有所不知也哉**리오

[훈고와 해석] 선왕이 근본에 보답하고 먼 선조를 추모하는 뜻은 '체제'보다도 더 심오한 것은 없다. 어질고 효성스럽고 성실하고 공경함이 지극하지 않으면 이에 함께할 수 없다. 이는 혹자가 미칠 바 아니다. "천자가 아니면 체제를 지내지 못한다."라는 법은 또한 노나라에서 숨겨야 할 일이다. 이 때문에 그에게 "모른다."고 대답한 것이다.

시(示)는 시(視)자와 같다. 그 손바닥을 가리켰다는 것은 제자들이 부자께서 이 말을 하면서 스스로 그 손바닥을 가리켰음을 기록한 것이다. 이는 밝고 또 쉬움을 말한다. '체제'의 뜻을 알면 이치가 밝지 않음이 없고 정성이 지극하지 않음이 없으므로 천하를 다스림에 어려움이 없을 것이다. 그러나 부자께서 어찌 이 '체제'를 참으로 모를 턱이 있겠는가.

12. 제여장지 祭如章旨

이 장의 뜻은 제사 지낼 때의 성의에 대해 기록하고 있다. 상절(上節)은 그 사실을, 하절(下節)은 부자께서 항상 말씀하신 바를 기록하여, 앞의 말을 반영한 것으로 보아 이 장의 중점은 상절에 있다.

(1) 제여절지 祭如節旨

이의 중점은 두 군데의 여재(如在, 如神在) 글자에 있다. 이는 모두 심리상으로 보아야 한다. 효도는 측달(惻怛)과 자애(慈愛)의 마음을, 경(敬)은 근엄과 엄격의 뜻으로 말한다. 이 모두가 하나의 성(誠)으로 귀결된다. 집주에서 정이천(程伊川)은 제사의 대상을 선조라고 말하였는바, 부모는 그 가운데 포함된다.

祭如在하시며 **祭神如神在**러시다

선조의 제사에는 선조가 계신 듯이 하며, 외신(外神: 自然神)의 제사에는 신명이 계신 듯이 하셨다.

강설

문인이 부자께서 제사의 정성에 대해 다음과 같이 기록하였다.

제사는 정성을 위주로 한다. 부자께서 선조의 제사 받들 적에는 효성의 마음이 순수하고 독실하여, 그 신위(神位)에 선조가 계시는 듯하셨다. 선조를 받드는 제사를 어떻게 그처럼 정성스러울 수 있었을까!

천지 산천 등 외신(外神)의 제사에는 공경하는 마음이 오롯하여 의젓하게 신명이 계신 듯이 받들었다. 신명을 받드는 제사를 어떻게 그처럼 정성스러울 수 있었을까!

集註

程子曰 祭는 **祭先祖也**오 **祭神**은 **祭外神也**라 **祭先**은 **主於孝**하고 **祭神**은 **主於敬**이니라

愚謂此는 **門人記孔子祭祀之誠意**라

[훈고와 해석] 정자(伊川)가 말씀하였다.

"제사는 선조에게 지내는 제사이며, 제신(祭神)은 외신(外神)에게 지내는 제사이다. 선조의 제사는 효성을 위주로 하고, 외신의 제사는 경건함을 위주로 한다."

나의 생각은 다음과 같다.

"이는 문인이 공자께서 제사 지낼 적의 성의를 기록한 것이다."

(2) 오불절지 吾不節旨

이는 부자의 말을 인용하여 상절(上節)의 뜻을 거듭 밝혀주고 있다. 이는 자신이 모셔야 할 제사를 혹 타인이 대신할 수 있을지 모르지만, 나의 정성을 대신할 수는 없다. 따라서 제례의 거행에 부족함이 있는 게 아니라, 그 마음에 허전한 바 있음을 말한다.

子曰 吾不與祭면 如不祭니라

부자께서 말씀하셨다.

"내가 제사에 참여하지 않으면 제사를 지내지 않는 것과 같다."

강설

일찍이 부자께서 스스로 말한 바를 살펴보면 다음과 같다.

"내, 어쩌다 제사 지낼 적에 연고가 있어 몸소 제사에 참여하지 못하고 남으로 나를 대신하여 거행하였지만, 나의 효성과 존경의 마음을 전할 수 없었다. 제사를 거행했다 할지라도 마음만은 허전하여 제사를 지내지 않은 것과 같다."

제사에 참여하지 않으면 그 마음이 이와 같으니, 반드시 제사에 참여하여 선조가 신위에 계신 듯한 정성을 다하여야 함을 알 수 있다.

集註

又記孔子之言以明之라 言己當祭之時하야 或有故不得與하야 而使他人攝之면 則不得致其如在之誠이라 故로 雖已祭나 而此心缺然하야 如未嘗祭也니라

○ 范氏曰 君子之祭에 七日戒하고 三日齊하야 必見所祭者는 誠之至也라 是故로 郊則天神格하고 廟則人鬼享하니 皆由己以致之也라 有其誠則有其神이오 無其誠則無其神이니 可不謹乎아 吾不與祭如不祭는 誠爲實이오 禮爲虛也니라

[해석] 또한 공자의 말을 기록하여 윗글의 뜻을 밝힌 것이다. 몸소 제사를 지내야 할 때 혹 연고가 있어 참여하지 못하고 다른 사람으로 대신 받들면, 선조가 계신 듯한 정성을 다할 수 없기에, 비록 제사를 지냈다 할지라도 마음이 허전하여 일찍이 제사를 받들지 않는 것과 같다.

○ 범씨[范祖禹]가 말하였다.

"군자가 제사를 받들 적에는 이레 동안 바깥으로 몸을 재계하고 사흘을 마음으로 재계하여 반드시 제사에 받들 그 신명을 만나볼 수 있는 것은 정성이 지극했기 때문이다. 이런 까닭에 교제(郊祭)에서는 천신(天神)이 강림하고, 사당의 제사에는 선조의 신이 흠향하니, 이는 모두가 나의 정성으로 불러들인 것이다. 그 정성이 있으면 그 신명이 있고, 정성이 없으면 그 신

명이 없으니, 삼가지 않을 수 있겠는가. 내가 제사에 참여하지 않으면 제사하지 않은 것과 같다는 것은, 정성이 실상이요, 의례는 허식인 때문이다."

13. 왕손장지 王孫章旨

이 장에서의 부자 말씀은 은연중 기세 높은 권신(權臣)의 마음을 꺾은 데 있다. 왕손가(王孫賈)와의 문답은 모두 은어로 구성되어 있다. 왕손가는 아랫목과 부엌의 신으로 오사(五祀)를, 부자께서 하늘을 들어 말하였다. 이에 왕손가는 당시 용사(用事)하는 신에게 잘 보여야 한다는 '미(媚)'를 말한 데 반해, 부자는 하늘에 잘못을 범하면 빌 곳조차 없음을 말하였다. 이는 그 어디에도 비교할 데 없는, 엄정한 대의를 말해준 것이다.

(1) 왕손절지 王孫節旨

왕손가는 부자께서 위나라에 머물면서 벼슬을 구하려는 마음이 있을 것으로 착각한 까닭에 아랫목의 오(奧)를 임금에 비유하고, 부엌의 조신(竈神)을 자신에 비유하여 자기에게 잘 보여 벼슬길을 주선해 보도록 권유한 말이다.

王孫賈 問曰 與其媚於奧론 **寧媚於竈**라하니 **何謂也**잇고

왕손가가 물었다.

"그 아랫목 신[奧神]에 잘 보이는 것보다는 차라리 부엌 신[竈神]에게 잘 보여야 한다고 하니, 이는 무슨 말입니까?"

강설

왕손가는 가설의 물음을 통하여 부자를 풍자하였다.

"세간의 속담에 의하면, 아랫목 신에게 잘 보이는 것보다는 차라리 부엌 신에게 잘 보여야 한다고 합니다. 아랫목 신의 지위는 높고 부엌의 신은 낮지만, 아랫목 신에게 잘 보이는 것보다는 차라리 부엌의 신에게 잘 보이느니만 못하다고 합니다. 이 말은 과연 무엇을 말하는 것입니까?"

왕손가의 말뜻은 임금을 아랫목의 신에, 자신을 부엌의 신에 비유하여, 부자께서 임금에게 잘 보이는 것보다는 차라리 자기에게 잘 보이는 것만 못함을 풍자한 말이다.

集註

王孫賈는 衛大夫라 媚는 親順也라 室西南隅 爲奧라 竈者는 五祀之一이니 夏所祭也라 凡祭五祀에 皆先設主而祭於其所하고 然後迎尸而祭於奧하니 略如祭宗廟之儀라 如祀竈則設主於竈陘하고 祭畢而更設饌於奧하야 以迎尸也라 故로 時俗之語에 因以奧有常尊이나 而非

祭之主오 竈雖卑賤전이나 而當時用事하니 喩自結於君이 不如阿附權臣也라 賈는 衛之權臣이라 故로 以此諷孔子라

[훈고] 왕손가는 위나라 대부이다. 미(媚)는 가까이하고 따르는 것이다. 방의 서남 모퉁이를 오(奧)라고 한다. 조(竈)는 다섯 제사[五祀: 孟春祀戶, 孟夏祀竈, 中央祀中霤, 孟秋祀門, 孟冬祀行.] 중의 하나이니, 초여름에 제사 지내는 곳이다.

[해석] 다섯 제사를 지낼 적에 모두 먼저 제사 지낼 곳에 신주를 모셔 그곳에서 제사를 지내고, 그런 후에 시동을 맞이하여 다시 아랫목 신[奧]에게 제사를 지내는데, 이는 대략 종묘의 제사 의식과 같다. 예를 들면, 부엌 신의 제사에는 부뚜막에 신주를 진설하여 그곳에서 제사를 끝마치고 다시 아랫목 신에게 제사 음식을 진설하고 시동을 맞이하여 다시 제사 지내는 것이다.

이런 연유로 시쳇말에 아랫목 신은 항상 존귀하기는 하나 제사의 주체가 아니고, 부엌 신은 비천하나 당시에 용사(用事)한다는 것으로 인하여, 스스로 임금에게 결탁하는 것보다는 권력 있는 신하에게 아부하는 것만 못하다고 비유하였다. 왕손가는 위나라의 권력 있는 신하이기에, 이로써 공자를 풍자한 것이다.

(2) 불연절지 不然節旨

불연(不然) 2자는 분명하게 거부하여 단호히 배척한 말이다. 아랫목의 신(임금)에게 아첨하는 것이나 부엌의 신(왕손가)에게 아첨한다는 것 그 모두가 잘못이다.

아래 구절[獲罪於天 無所禱也]은 아랫목과 부엌의 신에게 아첨한다는 것은 아무런 도움이 없음을 단호히 말하고 있다. "하늘에 죄를 얻는다.[獲罪於天]"는 구절은 이치에 당연한 바로 말한다. 아첨한다는 것은 곧 천리(天理)를 거슬리는 일이다. 천리를 어기면서까지 벼슬을 구하다가 지존의 하늘에 죄를 얻으면 어떻게 당시의 임금과 권력 대신에게 아첨한다고 하여 그 죄를 면할 수 있겠는가.

子曰 不然하다 獲罪於天이면 無所禱也니라

부자께서 말씀하셨다.
"그렇지 않다. 하늘에 죄를 얻으면 빌 곳조차 없다."

강설

부자께서 이치에 근거하여 그의 뜻을 꺾어 말씀하셨다.

"아랫목 신에게 아첨하거나 부엌 신에게 아첨해야 한다는 따위의 말들은 모두 도리를 모르는 말이다. 이는 전혀 그렇지 않다.

오로지 하늘만이 지극히 높은 터라, 모든 것을 주재하는 이치이다. 부정한 도리로 잘 보이기를 추구하면 하늘에 죄를 얻게 된다. 하늘이 노하여 재앙을 내리면 어느 신이 감히 복을 내려줄 것이며, 하늘이 노하여 빼앗는다면 어느 신이 감히 그에게 상서를 줄 수 있겠는가. 어느 신에게 빌어도 그 죄를 면할 수 없을 것이다. 아랫목과 부엌의 신이란 모두 믿을 수 없는 것들이다. 어떻게 잘 보이려 아첨할 수 있겠는가."

集註

天은 卽理也니 其尊無對하야 非奧竈之可比也라 逆理則獲罪於天矣니 豈媚於奧竈하야 所能禱而免乎아 言但當順理니 非特不當媚竈라 亦不可媚於奧也니라

○ 謝氏曰 聖人之言이 遜而不迫하시니 使王孫賈而知此意면 不爲無益이오 使其不知라도 亦非所以取禍니라

[훈고와 해석] 하늘은 곧 이치이다. 그 높음은 어디에도 상대할 수 없어, 아랫목과 부엌 따위 신들과는 비할 바 아니다. 이치를 거스르면 하늘에 죄를 얻게 된다. 어떻게 아랫목 신과 부엌 신에게 잘 보여 빈다고 한들 이를 면할 수 있겠는가. 오직 이치를 따를 뿐이다. 부엌 신에게 아첨해서 안 될 뿐 아니라, 또한 아랫목 신에게도 아첨할 수 없음을 말하였다.

○ 사씨[謝良佐]가 말하였다.

"성인의 말은 겸손하여 절박하지 않으니, 가령 왕손가가 이런 뜻을 안다면 도움이 없지 않을 것이오, 설령 모르더라도 또한 부자께서 화를 취하지 않을 것이다."

14. 주감전지 周監全旨

이 장에서는 부자께서 스스로 주나라 문왕 무왕의 문물을 본받고자[憲章文武] 하는 마음을 나타내고 있다.

욱욱(郁郁)은 하나라와 상나라의 예에 대한 손익(損益)을 가장 잘한 데에서 얻어진 것이다. "주나라를 따르겠다[從周]"라는 구절은 그다지 깊은 뜻이 없다. 이는 아랫사람으로서 당시의 제도를 어기지 않으려는 것이며, 이의 중점은 문재(文哉) 2자에 있다.

전문(全文) 3구는 원래 직설적인 말로써, 하나라와 상나라의 예를 살펴보았다는 것은 조금이라도 하나라와 상나라 2대의 문물을 깎아내리려는 것이 아니다. 주나라는 하나라와 상나라의 예와 제도에 대해 손익을 가한 바 있지만, 대강령 또한 하나라와 상나라로부터 나온 것이다. "나는 주나라를 따르겠다."라는 것은 곧 문질이 가장 조화를 잘 이룬, 문질빈빈(文質彬彬)의 문(文)을 따른다는 것이지, 주대 말엽에 이르러 외식(外飾)에 치우친 '문'을 말함은 아니다.

子曰 周監於二代하니 郁郁乎文哉라 吾從周호리라

부자께서 말씀하셨다.

"주나라는 하나라와 상나라를 살펴보고 본받았다. 찬란하다. 문장이여! 나는 주나라를 따를 것이다."

강설

부자께서 주나라의 문장이 훌륭함을 찬탄하셨다.

"우리 주나라가 창업할 적에 문왕과 무왕은 밝은 슬기와 깊은 덕을 갖추셨고, 주공은 예악의 제정을 전담하여, 이에 하나라와 상나라 2대의 예를 살펴보고 주나라의 예를 제정하였다.

이 때문에 주나라의 예와 제도는 찬란하게 갖추어져 빛나고 빛난 문장이 훌륭하기 그지없었다.

당시 제왕의 제도는 본디 내 마땅히 따라야 할 바일뿐더러, 찬란한 문장은 내 더욱 따르기를 원한 바이다. 내가 이 세상에 태어나 천하 백성들과 함께 당시의 제도를 지켜야 하기에, 나는 또한 주나라를 따를 뿐이다."

集註

監은 **視也**라 **二代**는 **夏商也**니 **言其視二代之禮而損益之**라 **郁郁**은 **文盛貌**라

○ **尹氏曰 三代之禮 至周大備**하니 **夫子美其文而從之**시니라

[훈고와 해석] 감(監)은 살펴봄이다. 이대(二代)는 하나라와 상나라이다. 주나라는 두 시대의 예를 살펴보고서 이를 더하거나 줄인 것이다.

욱욱(郁郁)은 문채가 성대한 모양이다.

○ 윤씨[尹焞]가 말하였다.

"삼대의 예는 주나라에 이르러 크게 갖추어졌다. 부자가 그 문장을 아름답게 여기어 이를 따르려는 것이다."

[보 補]

앞서 말한 바와 같이 부자가 주나라의 제도를 따르려는 것은 2가지 이유에서이다. 이는 『중용』(제28장)에서 말한 "아랫사람으로서 당시의 제도를 어기지 않고자 주나라를 따른다[吾學周禮, 今用之, 吾從周.]"는 본분의 도리와 여기에서 말하는 "더할 수 없는, 찬란한 문물제도이기에 주나라를 따른다[郁郁乎文哉 吾從周]"는 절대적 가치에 중점을 두고 있다. 이처럼 사서에서 '오종주(吾從周)' 3자를 직접 언급한 부분은 『중용』과 『논어』 2곳뿐이다.

이에 대해 주자는 다음과 같이 말하고 있다.

"성인은 참으로 당시 왕조의 예를 따라야 하고, 융성한 주나라의 예를 또한 따르지 않을 수 없다. 가령 부자가 지위를 얻어 정사에 참여했다면 그 하·상 2대의 예를 따른 부분이 주나라

를 따르는 것보다 많을 수 없었으리라고 생각한다. 주나라의 법령은 완벽하다. 어떻게 이런 법령을 생략할 수 있겠는가. 이를 생략한다면 간악한 이들이 더욱 기승을 부릴 것이다."[146]

하・상 2대의 예를 참작, 손익(損益)한 주나라의 융성한 문물제도에 대해 신안 진씨는 말하였다.

"주나라의 문장 또한 하나라의 충후함과 상나라의 질박함을 뒤이어서 풍기(風氣)가 차츰차츰 열리고 인문이 차츰차츰 나타나면서 그처럼 아름답지 않을 수 없었다. 더욱이 무왕과 주공이 처음 예악과 문물을 제정할 당시 하・상 2대의 예를 참작하였기에 참으로 구차스럽지 않다. 부자가 이를 따르지 않을 수 있겠는가. 따라서 부자는 주나라 융성기의 문질이 적절한 균형을 유지한 문물을 따르려는 것이지, 주대 말엽의 겉치레가 본질보다 편승한 문물을 따르려는 것이 아니다."[147]

15. 자입전지 子入全旨

이 장은 예에 대한 논변이다.

위의 2구(子入大廟 每事問)는 태묘의 제사에 참여하여 자세히 예를 물음이며, 그 아래의 구절들은 비난하는 자의 말로 인하여, 스스로 자세히 묻는 것이 예임을 밝히고 있다.

예란 경(敬)을 주로 하며, 종묘의 제사는 엄격한 것이다. 그러나 대체적인 제례를 부자께서 전혀 모른 것이 아니지만, 유사(有司)의 일에 관해서는 성인 또한 알지 못한 바 있을 수 있다. 부자가 알지 못해 묻는다는 것은 공경의 마음을 나타냄이며, 이처럼 자세히 묻는 것이 곧 예라고 말함은 자신을 변호하기 위함이 아니라, 예를 위한 변론이다. 이는 사람들이 공경과 삼감이 곧 예임을 알지 못할까 두려워하여 이처럼 말한 것이다.

子 入大(太)廟하사 **每事**를 **問**하신대
或이 **曰 孰謂鄹人之子**를 **知禮乎**오 **入大(太)廟**하야 **每事**를 **問**이온여
子 聞之하시고 **曰 是 禮也**니라

부자께서 태묘에 들어가 모든 일을 물으시니,
어떤 사람이 말하였다.
"누가 추땅 사람의 아들이 예를 안다고 말하는가? 태묘에 들어와 매사를 묻는구나!"
부자께서 이 말을 들으시고 "이것이 바로 예이다."고 하셨다.

---

146 위와 같음. "朱子曰 聖人 固當從時王之禮, 周禮之盛, 又非有不可從. 設使夫子得位有作, 意其從二代者, 不能多於從周也. 盖法令旣詳, 豈可更略? 略則姦宄愈滋矣."

147 위와 같음. "新安陳氏曰 周之文, 亦承夏忠商質之後, 風氣漸開, 人文漸著, 不得不然者, 況武王周公制作之初, 參酌損益, 良不苟矣. 夫子得不從之? 盖從周盛時文質得宜之文, 非從周末文勝質之文也."

강설

부자께서 처음 노나라에 벼슬하여 주공(周公)의 태묘에서 제사를 돕게 되었다. 대체로 예기(禮器), 예문(禮文)에 관한 일을 평소에 알고 있는 터이지만, 감히 스스로 잘 안다고 생각지 않고 반드시 매사를 물어 거행하였다. 이러한 그의 마음이 참으로 예를 행하려는 마음이다.

그러나 어떤 사람은 이를 알지 못하고서 공자를 꾸짖어 말하였다.

"어느 누가 추인(鄹人)의 아들을 예를 안다고 말하였는가. 그가 태묘에 들어와 매사를 묻고 있다. 나는 그의 물음이 반드시 알지 못했기 때문이라고 생각한다."

부자께서 이 말을 전해 듣고 말씀하셨다.

"내, 매사를 반드시 묻는 것은 한 생각 한 생각을 공경하고 삼감이다. 이것이 바로 예이다. 물론 나에게 예를 안다고 말한다면 나로서는 감히 감당할 수 없는 일이지만, 묻는 그 자체로 예를 알지 못한 일이라고 말함은 나로서는 이해할 수 없는 일이다."

集註

大廟는 魯周公廟라 此는 蓋孔子始仕之時에 入而助祭也라 鄹는 魯邑名이니 孔子父叔梁紇이 嘗爲其邑大夫라 孔子自少로 以知禮聞이라 故로 或人因此而譏之라 孔子言是禮者는 敬謹之至 乃所以爲禮也라

○ 尹氏曰 禮者는 敬而已矣니 雖知나 亦問은 謹之至也라 其爲敬이 莫大於此어늘 謂之不知禮者는 豈足以知孔子哉리오

[훈고와 해석] 태묘는 노나라 주공의 사당이다. 이는 부자께서 처음 벼슬할 때, 태묘에 들어가 제사를 도운 것이다.

추(鄹)는 노나라 고을의 이름이다. 공자의 부친 숙양흘이 일찍이 그 고을 대부를 역임하였다. 부자께서 젊어서부터 예를 아는 사람으로 소문이 있었기에, 어떤 사람이 이로 인해 비아냥거린 것이다.

부자께서 "이것이 예"라고 말한 것은 지극히 공경하고 근신함이 바로 예이기 때문이다.

○ 윤씨[尹焞]가 말하였다.

"예는 공경일 뿐이다. 비록 알더라도 또 묻는 것은 삼감이 지극하다. 그 공경이 이보다도 더 클 수 없는데, 그런 그를 보고서 예를 알지 못한다고 말한 자는 어떻게 공자를 알 수 있겠는가."

[보 補]

부자의 나이 17세에 이미 예에 밝다는 평판이 있었다.[148] 혹자는 이러한 평판에 근거하여

148 『史記』「孔子世家」. "孔子年十七. 魯大夫孟釐子, 病且死, 誡其嗣懿子, 曰 孔丘, 聖人之後. 今孔丘年少好禮,

비아냥거린 것으로 보인다. 그러나 또 다른 면에서 살펴보면 천자와 제후의 예는 일반인의 예와는 다르다. 이 때문에 맹자 역시 "제후의 예는 내, 배운 적이 없다.[諸侯之禮, 吾未之學也.]"(「滕文公 上」)고 말하였다. 일반인의 통례와 왕후의 예는 분명 다른 것이다. 이런 면에서 보면 부자 역시 왕후의 태묘 제례가 일반 사당의 제례와 다르다는 면에서 얼마든지 묻고 또 참작했을 개연성이 없지 않다.

그뿐만 아니라. "총명예지의 성인이 모를 턱이 없겠지만, 배우지 않고서도 깨달아 앎[生而知之]은 또한 그 이치일 뿐이다. 제도와 기수(器數)의 지엽적인 일은 이를 담당한 관리가 별도로 있기에 간혹 모를 수도 있다. 제례의 기물(器物)과 절문(節文)을 이미 강론하여 안다고 할지라도 오늘날 이를 처음 접하면 또한 물은 뒤에 살펴서 행하여야 할 것이다."[149]

위와 같이 부자가 태묘에서의 물음은 첫째 왕후의 제례가 일반인의 제례와 다르다는 점에서, 둘째 제례 진설 및 절차는 특정 담당 관리의 소관이기에 묻지 않을 수 없음을 말해주고 있다.

16. 사불전지 射不全旨

이 장에서는 예를 부지하고자 하는, 부자의 마음이 담겨있다.

첫 구절 사불주피(射不主皮)는 예서(禮書)의 한 문장을 인용한 것이며, 그 아래는 인용한 첫 구절의 뜻을 해석하여 이를 밝히고 있다. 그러나 "옛날의 도였다.[古之道也]"고 말한 것은 활쏘기 그 하나의 일에 국한된 게 아니다. 따라서 오늘날의 모든 일이 옛날의 도와 같지 않음 또한 어찌 활쏘기라는 그 하나의 일에 그치겠는가. 부자께서 그중에서도 가장 쉽게 찾아볼 수 있는, 그 일을 들추어 덕화(德化)의 쇠진함을 슬퍼한 것이다.

사불주피(射不'主'皮)의 주(主)자를 깊이 음미해 보아야 한다. 이는 관혁(貫革)은 무력을 중시하는 군영의 무사(武射: 軍營之武射)이므로 이를 절대 금지한 것은 아니다. 다만 무력 중시의 살상 관혁을 귀중시하지 않았을 뿐이다. 굳이 관혁을 주로 한다면 예로부터 익혀 왔던 선왕의 덕성 함양을 위주로 한 향사례(鄕射禮: 鄕射禮之養德), 즉 활쏘기를 통하여 덕성을 살펴보는 '사이관덕(射以觀德)'의 본질을 잃게 된다. 여기에서 오늘날엔 없다고 직접 말하지 않고, "옛적에 있었던 일이었다."라는 개탄 속에는 끝없는 감개가 담겨있다.

子曰 射不主皮는 爲力不同科니 古之道也니라

부자께서 말씀하셨다.

其達者歟! 吾卽沒, 若必師之. 及釐子卒, 懿子與魯人南宮敬叔, 往學禮焉."

149 『大全』 該註. "覺軒蔡氏曰 聖人聰明睿知, 固無不知, 然亦但知其理而已, 若夫制度器數之末, 掌之有司, 容亦有所不知者; 至若器物節文, 已經講論, 及今方見之, 亦須問然後審也."

"'활을 쏘는데 과녁의 가죽을 꿰뚫는 것으로 주로 하지 않는다'고 함은 사람의 힘이 똑같지 않기 때문이다. 이는 예전에 활 쏘는 도였다."

강설

부자께서 오늘날의 제도가 쇠진함을 슬퍼하면서 옛 생각에 젖어 말씀하셨다.

"『향사례』에 의하면, '활을 쏘는 것은 덕행을 살펴보기 위함이다. 정곡(正鵠)의 적중을 위주로 할 뿐, 정곡의 가죽을 꿰뚫는, 관혁(貫革)의 무력을 주로 하지 않는다.'라고 하였다.

이와 같은 이유는 사람의 힘이란 강약의 차이로 똑같지 않기 때문이다. 만일 관혁을 주로 한다면 덕행이 없고 힘 있는 사람만이 나타나게 되고, 덕행은 있으나 힘이 없는 자는 나타날 수 없기 때문이다.

이러한 도는 우리 주나라에 도의가 융성할 때 무예를 숭상하지 않고 문덕을 닦아, 덕행을 드높이고 무력을 숭상하지 않은 도였다. 그러나 오늘날엔 그 어디에서 이런 도를 찾아볼 수 있을까!"

集註

射不主皮는 鄕射禮文이라 爲力不同科는 孔子解禮之意 如此也라 皮는 革也니 布侯而棲革於其中하야 以爲的이니 所謂鵠也라 科는 等也라 古者에 射以觀德하야 但主於中하고 而不主於貫革하니 蓋以人之力有强弱不同等也라 記曰 武王克商하고 散軍郊射하야 而貫革之射息이라하니 正謂此也라 周衰에 禮廢하고 列國兵爭하야 復尙貫革일새 故로 孔子歎之시니라

○ 楊氏曰 中은 可以學而能이어니와 力은 不可以强而至니 聖人言古之道는 所以正今之失이라

[훈고와 해석] 사불주피(射不主皮)는 『의례(儀禮)』 「향사례 제5(鄕射禮 第五)」의 문장이다. 위력불동과(爲力不同科)는 부자께서 「향사례」의 뜻을 이와 같이 해석한 것이다.

피(皮)는 가죽이다. 무명베로 만든 과녁판의 한 가운데 가죽을 붙여 표적을 삼으니, 이른바 정곡(正鵠)이다.

과(科)는 등급이다.

옛적엔 활 쏘는 것으로 덕행을 살펴보았으므로 다만 적중만을 주로 하고 정곡의 가죽을 꿰뚫는 것을 주로 하지 않았다. 이는 사람의 힘에 강약의 차이가 있기 때문이다. 『예기』에 이르기를, "무왕이 상나라를 정벌한 뒤, 교외(郊外)의 활터에서 군사를 해산하고서 정곡의 가죽을 꿰뚫는 활쏘기가 사라졌다."(「樂記」)라고 하니, 바로 이를 말한다. 주나라가 쇠퇴하면서 예가 폐지되고 열국이 전쟁을 일으켜 다시 정곡의 가죽을 꿰뚫는 활쏘기를 숭상하기에, 공자께서 이를 개탄한 것이다.

○ 양씨[楊時]가 말하였다.

"정곡을 적중시키는 것은 배워서 능할 수 있지만, 힘은 억지로 강하게 만들 수 있는 게 아니다. 부자께서 '예전에 활 쏘는 도였다.'라고 말한 것은 오늘날의 잘못을 바로잡기 위함이다."

17. 자공장지 子貢章旨

이 장에서는 성인이 사라져가는 예를 유지코자 하는 간절한 뜻을 찾아볼 수 있다. 곡삭(告朔)의 희생으로 쓰는 양을 없애려고 했던 자공에게 그 어떤 깊은 의미도 없다. 그것은 곡삭의 제례를 거행하지 않는 상황에서 쓸모없는 낭비한다는 생각에 불과할 뿐이다. 아울러 그는 일찍이 옛 곡삭의 제례를 회복해야 한다는 측면을 생각하지 않은 것이다. 이에 부자께서 "예를 사랑한다."라는 말로 그를 지적한 데에서 더욱 자공의 마음 씀씀이 협소함을 엿볼 수 있다.

(1) 자공절지 子貢節旨

『논어』를 기록한 이의 필치는 기발하다. 단 하나의 "곡삭지희양(告朔之餼羊)"의 지(之)자를 가운데에 써넣어 곧 희생양과 곡삭을 연결해줌으로써, "어떻게 이처럼 중요한 예를 버리자고 그처럼 가볍게 말할 수 있느냐?"의 뜻을 강력하게 묘사하고 있다.

子貢이 **欲去告朔之餼羊**한대

자공이 초하루마다 사당에 고유(告由)하면서 올리는 희생양을 없애려고 하자,

강설

종묘에서 매달 초하루마다 새로운 한 달이 시작함을 고유하는 곡삭례(告朔禮)는 매우 큰 제례이다.

노나라는 문공(文公)으로부터 곡삭의 예를 거행하지 않았음에도 종묘의 관리는 마냥 매월 초하루가 되면 초하루임을 고유하면서 끊임없이 양을 받들어 올렸다. 이 때문에 자공은 아무런 의미없이 올리는, 곡삭의 희생양을 없애고자 말한 것이다.

이는 아무런 실상이 없는, 부질없는 낭비이다. 나라를 다스리는 사람이라면 의당 경비를 절감해야 할 바를 알고 남음이 있지만, 폐지된 예를 다시 일으켜 예전대로 회복할 수 있는 길이 바로 여기에 있음을 깊이 인식하지 못한 것이다.

集註

告朔之禮는 **古者**에 **天子 常以季冬**으로 **頒來歲十二月之朔于諸侯**어든 **諸侯 受而藏之祖廟**라가 **月朔則以特羊告廟**하야 **請而行之**니라

餼는 **生牲也**라 **魯自文公**으로 **始不視朔**이나 **而有司猶供此羊**일세 **故**로 **子貢 欲去之**라

[훈고와 해석] 곡삭의 제례는 옛적에 천자가 으레 섣달이 되면 내년 열두 달의 달력을 제후에게 나누어 준다. 제후는 이 달력을 받아 선조의 사당에 소장했다가 매월 초하루가 되면

한 마리 양을 사당에 올리면서 그달의 초하루임을 고유하여 달력의 사용을 청하였다.

희(餼)는 날고기이다. 노나라는 문공으로부터 곡삭례를 거행치 않았음에도 관리는 이 양을 여태껏 바쳐 온 까닭에 자공이 이를 없애려고 한 것이다.

(2) 사야절지 賜也節旨

위 구절[賜也爾愛其羊]은 자공이 자그마한 것에 아까워하는 것을 꾸짖고, 그 아래의 문장[我愛其禮]은 나는 보다 큰 것을 사랑하노라고 말하고 있다. 자공은 그저 사실을 규명할 줄만 알았다. 이에 반해 부자께서 도리어 명분만이라도 보존코자 하였다. 곡삭에 사용하는 양이라도 남아있으면 노나라의 임금과 신하들은 감히 들어내 놓고 곡삭의 예를 멸시하지는 못할 것이기 때문이다.

子曰 賜也아 **爾愛其羊**가 **我愛其禮**하노라

부자께서 말씀하셨다.

"사야! 너는 그 곡삭의 양을 아까워하느냐? 나는 그 곡삭의 예를 사랑하노라."

강설

부자께서 그를 깨우쳐 말씀해주셨다.

"사(賜)야! 네가 양을 버리고자 한 것은 아무런 실상이 없는, 부질없는 낭비라고 생각한 데서 비롯된 것이다. 네가 아까워하는 것은 한 마리의 양에 있다.

그러나 내가 아끼는 것은 예이다. 곡삭의 예가 사라졌다고 하지만 양이라도 남아있으면 후인이 이 양으로 인하여 곡삭의 예를 구할 자가 있을 것이다. 따라서 내가 사랑하는 것은 바로 그 예 때문이다. 예를 사랑하면서 양을 버릴 수 있겠는가."

集註

愛는 **猶惜也**라 **子貢**이 **蓋惜其無實而妄費**나 **然禮雖廢**라도 **羊存**이면 **猶得以識之而可復焉**이어니와 **若併去其羊**이면 **則此禮遂亡矣**니 **孔子 所以惜之**니라

○ **楊氏曰 告朔**은 **諸侯所以稟命於君親**이니 **禮之大者**라 **魯不視朔矣**나 **然羊存則告朔之名未泯**하야 **而其實 因可擧**니 **此夫子所以惜之也**니라

[훈고] 애(愛)는 아까워하는 것과 같다.

[해석] 자공은 그 실상이 없으면서 부질없이 낭비하는 것을 아까워한 것이다. 그러나 곡삭의 예는 폐지되었을지라도 양이 남아있으면 오히려 이로써 옛일을 기억하여 회복할 수 있겠

지만, 그 양마저 없앤다면 마침내 그 예까지 사라져버릴 것이다. 공자께서 이 때문에 애석히 여긴 것이다.

○ 양씨[楊時]가 말하였다.

"초하루를 고유한다는 것은 제후가 천자와 부친에게 명을 받는 것이니, 큰 예이다. 노나라에서 초하루를 보지 않더라도 양이 남아있으면 곡삭의 이름이 사라지지 않아 이로 인하여 그 실상을 거행할 수 있다. 부자께서 이 점을 애석히 여긴 것이다."

18. 사군전지 事君全旨

이 장에서는 임금을 섬기는 데에 마땅히 갖춰야 할 예를 말하고 있다. 임금을 섬기는 예란 아첨하는 것이 아니다. 만일 예법대로 섬기는 것을 아첨이라고 말한다면, 임금을 섬기는 그들 또한 어떤 사람인 줄 미뤄 알 만하다. 이는 부자 자신을 위해 논변한 것이 아니라, 곧 예법대로 대처해야 한다는, 그 마음가짐을 말해주고 있다. 예컨대 임금을 뵐 적에 당하(堂下)에서 절하거나 임금이 머무는 빈자리를 지나가면서도 몸을 굽히는 등등은 신하가 임금을 섬기는 예절이다. 당시 임금은 나약하고 신하가 강성한, 특수한 상황에서 그들의 몸가짐은 윗사람을 하찮게 여기고 거만하게 대한 까닭에, 그들은 도리어 예법대로 행한 신하를 아첨이라고 여기게 된 것이다.

子曰 事君盡禮를 人이 以爲諂也라하니다

부자께서 말씀하셨다.

"임금을 섬김에 예를 다한 것을 사람들은 아첨한다고 하는구나!"

강설

부자께서 느낀 바 있어 다음과 같이 말씀하셨다.

"임금을 섬김에 마땅히 다해야 할 예를 극진히 하는 것은 본분에 지나친 행위가 아니다. 반드시 이처럼 한 후에야 신하로서 직분을 다한 것이다.

그런데 어찌하여 사람들은 이를 신하의 예라고 생각지 않고 도리어 임금에게 아첨한다고 말한 것은 또한 무슨 까닭일까? 예가 밝지 못함을 깊이 개탄할 뿐이다."

集註

黃氏曰 孔子於事君之禮에 非有所加也오 如是而後 盡爾어늘 時人不能하고 反以爲諂이라 故로 孔子言之하야 以明禮之當然也시니라

○ 程子曰 聖人事君盡禮를 當時以爲諂이라하니 若他人言之면 必曰 我事君盡禮어늘 小人以爲諂이로되 而孔子之言이 止於如此하시니 聖人道大德宏을 此亦可見이니라

[해석] 황씨[黃祖舜: 字繼道 二山人]가 말하였다.

"부자께서 임금을 섬기는 예에 있어 하지 않아야 할 것을 더한 것은 없다. 이처럼 하여야만이 신하의 도리를 다할 수 있다. 그럼에도 당시 사람들은 이처럼 하지 않고 도리어 아첨한다고 말하였다. 이 때문에 부자께서 이를 말하여, 예의 당연한 바임을 밝힌 것이다."

○ 정자[伊川]가 말씀하였다.

"성인이 임금을 섬김에 예를 다한 것임에도 당시의 사람들은 이를 아첨이라 말하였다. 만일 다른 사람이 말했다면, 반드시 '나는 임금을 섬김에 예를 다했는데 소인들이 아첨한다고 말하더구나.'라고 말했을 것이다. 그러나 공자의 말씀은 이와 같은데 그치니, 성인의 지대한 도와 드넓은 덕을 여기에서 또한 볼 수 있다."

19. 정공전지 定公全旨

이 장에서는 임금과 신하 모두가 제각기 그 도리를 다해야 한다는 점을 말해주고 있다. 당시 정공은 소공(昭公)이 달아난 것을 계기로 왕위에 올랐고, 계손은 임금의 폐위하거나 옹립하는 권한을 마음대로 행사함으로써 상하 모두가 각자의 도리를 상실하였다. 이 때문에 부자께서 이처럼 말한 것이다.

이 문장의 주요 대지(大旨)는 제각기 그 도리를 다함에 있는바, 군신 모두 똑같은 것이다. 이례(以禮) 이충(以忠)이라는 두 개의 이(以)자에 깊은 뜻이 담겨있다. 이를 버려서는 안 된다는 뜻을 담고 있다.

定公이 **問 君使臣**하며 **臣事君**호대 **如之何**잇고
孔子 對曰 君使臣以禮하며 **臣事君以忠**이니이다

정공이 물었다.
"임금이 신하를 부리고 신하가 임금을 섬김에 어떻게 해야 합니까?"
공자가 대답하셨다.
"임금은 신하를 예로써 부리고, 신하는 임금을 충성으로써 섬겨야 합니다."

강설

정공이 부자에게 물었다.
"임금이 신하를 부리고 신하가 임금을 섬김에 있어 그 도리는 과연 어떻게 해야 합니까?"
부자께서 대답하셨다.
"임금이 신하를 부림에 있어 예사로 대하기에 십상입니다. 반드시 예의를 갖추어 신하를 존경하여 예문(禮文)과 예의(禮儀)의 실상을 다하여야 합니다.

신하는 임금을 섬김에 있어 속이기에 십상입니다. 반드시 충성으로 몸을 다하고 극진한 사랑과 극진한 공경의 마음을 다하여야 합니다.

그렇게 한다면 임금과 신하가 제각기 그 도리를 다함으로써 서로 교류를 이루어 덕업이 이뤄질 것입니다."

集註

定公은 **魯君**이니 **名宋**이라

二者는 **皆理之當然**이니 **各欲自盡而已**니라

○ **呂氏曰 使臣**에 **不患其不忠**이오 **患禮之不至**며 **事君**에 **不患其無禮**오 **患忠之不足**이니라

尹氏曰 君臣은 **以義合者也**라 **故**로 **君使臣以禮**면 **則臣事君以忠**이니라

[훈고] 정공은 노나라 임금이니, 이름은 송(宋)이다.

[해석] 이 두 가지는 군신 모두 도리의 당연한 바이다. 각기 스스로 다하고자 하는 데 있을 뿐이다.

○ 여씨[呂大臨]가 말하였다.

"신하를 부림에 신하들이 충성하지 않을까를 걱정하지 말고 자신이 예우를 지극히 하지 못할까를 걱정해야 하며, 임금을 섬김에 임금의 무례함을 걱정하지 말고 자신의 충성이 부족할까를 걱정해야 한다."

윤씨[尹焞]가 말하였다.

"임금과 신하는 의(義)로 맺은 자이다. 그러므로 임금이 신하를 예의를 갖춰 부리면 신하는 임금을 충성으로 섬기게 된다."

20. 관저전지 關雎全旨

이 장에서는 시를 배우는 이들은 시인의 올바른 성정(性情)을 알아야 함을 말하고 있다. 즐거움과 슬픔은 성정(性情)이며, 음탕하지 않고 상하지 않음은 올바른 성정을 얻은 것이다.

이 문장에서의 주요점은 후비(后妃)의 덕이 문왕과의 배필이 되기에 마땅하다는 점이다. 음탕하지 않음은 바로 즐거움에 있고, 상하지 않음은 곧 슬픔에 있다. 따라서 두 개의 이(而)자로 일관하고 있다. 슬픔과 즐거움은 궁인(宮人)들의 슬픔과 즐거움이지, 문왕의 슬픔과 즐거움이 아니다. 그러나 문장상 궁인을 말하지 않고, 시인으로 말하게 된 것이다.

子曰 關雎는 **樂而不淫**하고 **哀而不傷**이니라

부자께서 말씀하셨다.

"「관저」는 즐거우면서도 음란하지 않고, 슬프면서도 상하지 않는다."

강설

부자께서 시인의 올바른 성정을 말씀하셨다.

"「관저」의 시의 내용은 다음과 같다.

후비의 덕이 문왕에 짝할만하였다. 후비를 구하여 이미 얻었을 때는 금슬(琴瑟)과 종고(鐘鼓)의 즐거움이 있었다. 그러나 그 즐거움은 덕성에 의한 것이지, 정욕의 즐거움이 아니다. 어찌 그 올바른 성정을 잃고서 음탕함에 이르렀겠는가.

바야흐로 후비를 구하려고 하였지만 정작 얻지 못하였을 적에는 자나 깨나 생각하며 잠을 이루지 못한 슬픔이 있었다. 그러나 그 슬픔은 덕성에 의한 것이지, 정욕에 의한 슬픔이 아니다. 어찌 그 화기(和氣)를 해쳐 상함에 이르렀는가.

시인의 올바른 성정이 이와 같은 까닭에 이를 『시경』의 첫머리에 써놓은 것인바, 그 처음을 올바르게 하려는 「국풍」의 의도이며, 이를 음악의 맨 끝에 연주하는 것은 화기로운 음악으로 사람의 성정을 다하려 함이다. 이처럼 모두 「관저」와 같이한다면 또한 걱정이 없을 것이다. 「관저」를 읽는 사람이면 이 점을 알아야 한다."

集註

關雎는 **周南國風**이니 **詩之首篇也**라 **淫者**는 **樂之過而失其正者也**오 **傷者**는 **哀之過而害於和者也**라

關雎之詩는 **言后妃之德**이 **宜配君子**니 **求之未得**이면 **則不能無寤寐反側之憂**하고 **求而得之**면 **則宜其有琴瑟鍾鼓之樂**이니 **蓋其憂雖深**이나 **而不害於和**하고 **其樂雖盛**이나 **而不失其正**이라 **故**로 **夫子稱之如此**하시니 **欲學者玩其辭**하고 **審其音**하야 **而有以識其性情之正也**시니라

[훈고] 「관저」는 「주남 국풍」이니, 『시경』의 첫 편이다. 음(淫)이란 즐거움이 지나쳐 그 정도를 잃음이요, 상(傷)이란 슬픔이 지나쳐 그 화기(和氣)를 해침이다.

[해석] 「관저」 시는 후비(后妃: 문왕의 부인)의 덕이 군자(문왕)에 짝할만하다. 그를 구하려 해도 얻지 못하였을 때, 자나 깨나 생각하며 뒤척이는 근심이 없지 않았고, 그를 구하여 얻었을 때는 마땅히 금슬과 종고의 즐거움이 있을 수밖에 없었다. 그 근심이 비록 깊으나 화기를 상하지 않았고, 그 즐거움이 컸지만, 그 정도를 잃지 않았다. 이 때문에 부자께서 이처럼 말하니, 배우는 이로 하여금 그 말(「관저」의 가사)을 음미하고, 그 음조(가사의 곡조)를 살펴, 그 올바른 성정을 알도록 한 것이다.

21. 애공장지 哀公章旨

이 장은 부자께서 재아의 실언(失言)을 꾸짖고 있다. 재아가 주나라 사직의 밤나무를 전율(戰栗)로 대답한 것은 사직을 빌어 나라의 위엄을 세우고자 함에 있다. 그러나 부자께서 그의 말에 의해 백성에게 해가 끼칠까를 두려워한 까닭에 그를 직접 꾸짖지 않고 간접으로 꾸짖고 있다.

(1) 애공절지 哀公節旨

첫 구절[哀公問社於宰我]은 당시 임금이 사직을 세운 의의를 알고자 함이며, 그 이하의 문장은 재아의 망언이다. 사직을 세운 본의는 백성을 위해 복을 빌고, 또한 그 은혜에 보답하고자 함이지, 그곳에 세운 나무의 의의를 취함은 아니다.

애공 4년, 박사(亳社)에 벼락이 치자, 하늘의 재앙에 느낀 바 있어 이를 물은 것인 만큼, 의당 백성을 사랑하여 종묘사직의 근본을 굳건히 해야 한다는 말로 대답했어야 할 터인데, 왜 재아는 이처럼 위엄으로 말했는지!

哀公이 **問社於宰我**하신대
宰我 對曰 夏后氏는 **以松**이오 **殷人**은 **以柏**이오 **周人**은 **以栗**이니 **曰 使民戰栗**이니이다

애공이 재아에게 사직에 관해 물으니,
재아가 대답하였다.
"하후씨는 소나무를, 은나라 사람은 잣나무를, 주나라 사람은 밤나무를 심었습니다. 밤나무를 심은 뜻은 백성을 전율케 하고자 함입니다."

강설

애공이 사직단의 나무에 대해 재아에게 묻자, 재아는 이를 알지 못하고서 부질없는 대답을 하였다.

"옛적에 사직을 세우고 각각 그 토질에 알맞은 나무를 심어 신주로 삼은 것입니다. 하후씨는 안읍(安邑)에 도읍을 정하고 사직에 소나무를 심었으며, 은나라는 박(亳)에 도읍을 정하고 사직에 잣나무를 심었으며, 주나라 사람은 풍호(豊鎬)에 도읍을 정하고 사직에 밤나무를 심었습니다.

사직에 밤나무를 심은 뜻은 무엇 때문일까? 그것은 또한 옛사람이 사직에서 사람을 죽였기 때문에 백성에게 전율과 공포를 알게 하려고 한 것이라고 하였습니다."

재아의 대답은 사직을 세운 본의가 아니며, 또한 당시의 임금들에게 백성을 살벌하게 죽일 수 있는 마음을 열어주었다. 그 견해 또한 잘못된 것이다.

集註

宰我는 孔子弟子니 名予라 三代之社 不同者는 古者 立社에 各樹其土之所宜木하야 以爲主也라 戰栗은 恐懼貌라 宰我 又言周所以用栗之意 如此하니 豈以古者戮人於社일세 故로 附會其說與ㄴ저

[훈고와 해석] 재아는 공자 제자니, 이름은 여(予)이다.

삼대의 사직이 각기 다른 것은 예전에 사직을 세울 적에 각각 그 토질에 알맞은 나무를 심어 신주로 삼았기 때문이다.

전율(戰栗)은 두려워하는 모양이다. 재아는 또한 "주나라에서 밤나무를 심은 뜻이 이와 같다."고 말한 것은 어쩌면 옛적에 사직에서 사람을 죽였던 까닭에 그 말을 견강부회한 것이다.

(2) 자문절지 子聞節旨

이에 재아의 실언을 꾸짖음은 후일 말을 삼가도록 하는데 그 뜻이 있다.

3구(成事…不咎)는 범설(汎說)로 재아를 꾸짖고 있다. 이는 후일 다시 이런 잘못이 있어서는 안 됨을 말한다. 이는 곧 말이 없는 말이며 간함이 없는 간함이며 꾸지람이 없는 꾸지람이라 하겠다.

집주에 의하면, 전율이라는 말은 사직을 세우는 본의가 아니며, 또한 당시 임금에게 살육(殺戮)의 마음을 유도해준 일이라고 한다. 이 모두가 부자의 입에 담을 수 없는 성질의 말들을 집주에서 대신 밝혀준 것이다.

子 聞之하시고
曰 成事라 不說하며 遂事라 不諫하며 旣往이라 不咎로다

부자께서 이 말을 전해 듣고 말씀하셨다.

"이뤄진 일이라 말할 수 없으며, 어쩔 수 없는 일이라 간할 수 없으며, 이미 지난 일이라 허물하지 않겠다!"

강설

부자께서 이 말을 전해 듣고 꾸짖었다.

"이미 이뤄진 일은 한번 정해져 다시 바꿀 수 없다. 비록 잘못이 있다 할지라도 말하지 않는 것은 말하더라도 아무런 도움이 되지 않기 때문이다.

어쩔 수 없이 이루어질 일은 다시는 그만둘 수 없다. 비록 잘못이 있다손 치더라도 또한 간하지 않는 것은 간해봐야 도움이 없기 때문이다.

이미 지나간 일이란 뒤따라 잡을 수 없다. 비록 잘못이 있더라도 허물하지 않는 것은 허물해

보아야 또한 아무런 도움이 없기 때문이다."

재아의 사직에 대한 대답은 참으로 잘못된 말이다. 그러나 그의 말을 다시는 구제할 수 없다. 이는 곧 성사(成事)이며 수사(遂事)이며 기왕(旣往)이기 때문이다. 비록 말하고 간하고 허물해 보아야 결국 무슨 도움이 되겠는가.

集註

遂事는 **謂事雖未成**이나 **而勢不能已者**라 **孔子以宰我所對 非立社之本意**오 **又啓時君殺伐之心**이나 **而其言已出**하야 **不可復救**라 **故**로 **歷言此以深責之**하시니 **欲使謹其後也**시니라

○ **尹氏曰 古者**에 **各以所宜木名其社**하니 **非取義於木也**어늘 **宰我不知而妄對**라 **故**로 **夫子責之**시니라

[해석] 수사(遂事)는 일이 아직은 이뤄지진 않았으나 그만둘 수 없는 사세를 말한다.

공자께서 재아의 대답이 사직을 세운 본의가 아니며, 또한 당시의 임금에게 살벌한 마음을 열어주었으나, 그 말은 이미 나가버렸으므로 다시 구제할 수 없다. 이 때문에 하나하나 이로써 깊이 꾸짖으시니, 그 뒷일을 삼가도록 함이다.

○ 윤씨[尹焞]가 말하였다.

"옛적에 각각 그 토질에 알맞은 나무로 그 사직을 명명한 것일 뿐, 나무 이름에서 그 뜻을 취한 것은 아니다. 재아가 이를 알지 못하고 허튼 대답을 하였기에, 부자께서 그를 꾸짖은 것이다."

[보 補]

여기에서 재아의 망언에 관해 부자의 꾸지람에는 특히 2가지 의미가 있다.

첫째는 통치권자 앞에서의 말조심이다. 그것은 통치권자의 잘못된 한 생각은 그 폐해를 가늠하기 어렵기 때문이다. 이것이 또 다른 둘째 이유이다.

물론 행여라도 백성을 죽이는 전율의 공포정치를 자행하게 될까 염려하는 것이지만, 전율의 위엄을 내세워 나라의 기강을 바로잡을 대상을 삼가로 설정하여 말할 수도 있다.

"애공이 잘 전해 내려온 사직에 관한 물음 그 자체가 폐단을 일으킬 수 있는 생각이다. 그런데도 재아의 '백성을 전율케 함이다.'는 말은 그처럼 하기를 권함이다. 물론 애공이 삼가에게 위엄을 세워야 한다는 점을 백성에게 가탁하여 말한 것이라 할 수 있다. 그러나 설령 그렇더라도 그것은 잘못된 말이다. 분에 넘는 삼가의 참람은 오직 예로 저지해야 할 일이다. 삼가를 위엄으로 겁박한다면 그것은 도리어 화를 부를 뿐이다. 이 때문에 부자가 재아를 심히 꾸짖은 것이다."[150]

150 『論語備旨』 해당 補. "哀公問社, 有起弊之思. 予曰使民戰栗, 勸其斷也. 蓋欲公樹威於三家, 而託之於民耳. 不知三家之僭, 惟禮可以已之, 懼之以威, 是速其禍而已. 夫子所以深責之也."

22. 관중장지 管仲章旨

이 장에서는 왕도를 높이고 패도를 천시하는, 성인의 존왕천패(尊王賤霸)를 말하고 있다.

첫절에서는 "그릇이 작다."는 것으로 관중을 꾸짖고, 그 아래 2절에서는 혹자의 의문으로 인하여 그의 의혹을 풀어주고 있다.

기소(器小) 2자는 관중의 일생에 사치와 참람(僭濫)을 포괄하여 말한 것으로, 이는 그릇이 작은 가운데 특별히 2가지 일만을 예로 들어 꾸짖었을 뿐이다. 사치란 그릇이 작아서 쉽사리 가득 찬 데에서 빚어지는 것이며, 참람을 범한 것은 그릇이 가득 차 밖으로 넘친 데서 생겨난 허물이다. 만일 관중이 검소하고 예를 알았더라면, 우리는 그의 그릇이 작다는 말은 이해할 수 없었을 것이다.

(1) 관중절지 管仲節旨

그릇이 작다[器小]는 것은 개괄적인 말이지, 미리 아래의 2항을 전제로 말한 것은 아니다. 그릇이란 받아들이는 것, 베풀어 쓰는 것을 겸해서 말한 것이다. 그의 베푼 바를 탐구하고 또 이어서 받아들인 바를 미뤄보면, 관중의 가슴속엔 자그마한 패도(霸道)의 그릇만을 지니고 있었기에 그처럼 하찮은 패업밖에 베풀 수 없었으리라는 점을 알 수 있다.

子曰 管仲之器 小哉라

부자께서 말씀하셨다.

"관중의 그릇이 작구나!"

강설

부자께서 관중에 대해 꾸짖었다.

"내, 관중의 사람됨을 살펴보니, 내면의 받아들인 마음으로 말하면 국량이 편협(偏狹)하고, 밖의 베푼 일로 말하면 규모가 협소하다. 그의 기국(器局)과 도량 또한 작음을 알 수 있다."

集註

管仲은 齊大夫니 名夷吾니 相桓公하야 霸諸侯라

器小는 言其不知聖賢大學之道라 故로 局量褊淺하고 規模卑狹하니 不能正身修德하야 以致主於王道라

[훈고와 해석] 관중은 제나라 대부니, 이름은 이오(夷吾)이다. 환공을 도와 제후의 패자가 되게 하였다.

그릇이 작다는 것은 성현의 대학의 도를 알지 못한 까닭에 국량이 좁고 얕으며 규모가 낮고 협소하니, 자신을 바르게 하고 덕을 닦아 임금을 왕도에 이르게 하지 못한 점을 말한다.

(2) 혹왈절지 或曰節旨

첫 구절[或曰管仲儉乎]은 혹자가 "그릇이 작다."는 것을 검소함으로 착각한 것이며, 아래 문장은 부자께서 곧 그의 사치를 들어 검소함이 아님을 밝혀 주었다. 누대를 지으려면 엄청난 경비를 필요로 하고, 관리가 많으면 그에 따른 녹봉을 지출해야 한다. 그런 그를 어떻게 생각해서 그릇이 작다는 데에 검소함을 붙여보게 되었는지.

或이 **曰 管仲**은 **儉乎**잇가

曰 管氏 有三歸하며 **官事**를 **不攝**하니 **焉得儉**이리오

이에 어떤 사람이 "관중은 검소합니까?"라고 물으니 부자께서 말씀하셨다.

"관씨가 삼귀라는 누대를 소유하였고, 가신의 일[官事]을 한 사람이 겸하지 않았으니, 어떻게 검소하다고 하겠는가."

강설

어떤 사람이 이를 알지 못하고 의심하여 말하였다.

"검박하고 인색한 자는 협소함을 편안하게 여김이 많습니다. 그렇다면 관중은 검소하단 말입니까?"

"검소하다면 반드시 집을 나지막하게 짓고 잡된 경비를 절약해야 한다. 오늘날 관중에게는 삼귀라는 화려한 누대를 소유하고서 그곳에서 유희를 즐겼으며, 가신의 일을 한 사람이 관리하지 않고 많은 가신을 두었다. 그의 호화스러운 사치가 이와 같은데, 어떻게 검소하다고 말할 수 있겠는가."

集註

或人은 **蓋疑器小之爲儉**이라 **三歸**는 **臺名**이니 **事見說苑**이라 **攝**은 **兼也**라 **家臣不能具官**하고 **一人常兼數事**어늘 **管仲不然**하니 **皆言其侈**라

[훈고와 해석] 어떤 사람은 그릇이 작다는 것을 검소한 것일 줄로 의심하였다.

삼귀(三歸)는 누대 이름이니, 이에 관한 일은 『설원』에 보인다.

섭(攝)은 겸함이다. 가신은 관속을 낱낱이 갖추지 않고 한 사람이 항상 여러 가지의 일을 겸하는 것인데, 관중은 그렇지 않았다. 이 모두가 그의 사치를 말해주는 것이다.

(3) 연즉절지 然則節旨

첫 구절[然則管仲知禮乎]은 혹자가 그처럼 사치함이 곧 예를 알아서 그런 것일까?라는 의심의 말이며, 그 아래의 문장은 부자께서 그런 행위는 곧 참람한 행위로 예를 알지 못한 일임을 밝히고 있다.

임금의 문 가리는 제도를 본받아 제후처럼 자신을 드높여, 제후의 예를 분에 넘치게 사용하였고, 제후의 반점(反坫) 의식을 본받아 제후처럼 손님을 높여 제후의 예를 분에 넘치게 사용하였다. 그런 그를 어떻게 검소하지 않은 것을 예를 아는 사람으로 생각게 되었는지.

然則管仲은 **知禮乎**잇가

曰 邦君이아 **樹塞門**이어늘 **管氏 亦樹塞門**하며 **邦君**이아 **爲兩君之好**에 **有反坫**이어늘 **管氏 亦有反坫**하니 **管氏而知禮**면 **孰不知禮**리오

"그러면 관중은 예를 압니까?"

"한 나라의 제후여야 가리개로 문을 가릴 수 있는데, 관씨 또한 가리개로 문을 가렸다.

한 나라의 제후여야 두 제후의 좋은 모임에 술잔을 다시 갖다 놓는 반점(反坫)이 있는데, 관씨 또한 반점을 두었다.

이와 같은 관씨에게 예를 안다고 한다면 그 누가 예를 알지 못하겠는가!"

강설

어떤 사람은 또다시 그를 의심하였다.

"예를 아는 사람은 의식을 호화롭게 함이 많다. 그렇다면 관중은 예를 아는 사람이라고 말할 수 있습니까?"

"예를 아는 사람은 반드시 등급과 지위를 지키고 명분의 기물[名器]를 삼가는 것이다. 오늘날 제후의 제도에 의하면, 문에 가리개를 세워 내외를 가리는 것이 예의인데, 관씨는 한낱 대부로서 제후의 가리개를 세워 그의 문을 가렸다.

제후의 제도에서만이 두 제후가 좋은 모임을 했을 때 잔을 되가져다 놓는 반점을 두는 것이 예의인데, 관씨는 한낱 대부로서 그 또한 제후의 반점을 소유하였다. 그의 참람이 이와 같은데, 어떻게 그런 그를 예를 안다고 말할 수 있겠는가.

만일 관중을 예를 아는 사람이라고 말한다면 천하에 예를 알지 못할 사람이 또 어디에 있겠는가. 또한 어떻게 검소하지 않은 것으로 예를 안다고 할 수 있겠는가."

集註

或人은 **又疑不儉爲知禮**라

屛을 謂之樹라 塞는 猶蔽也니 設屛於門하야 以蔽內外也라

好는 謂好會라 坫은 在兩楹之間이니 獻酬飮畢이면 則反爵於其上이라 此皆諸侯之禮어늘 而管仲僭之하니 不知禮也라

○ 愚謂 孔子譏管仲之器小하시니 其旨深矣어늘 或人不知而疑其儉일세 故로 又斥其奢하야 以明其非儉하시고 或又疑其知禮일세 故로 又斥其僭하야 以明其不知禮하시니 蓋雖不復明言小器之所以然이나 而其所以小者를 於此에 亦可見矣라 故로 程子曰 奢而犯禮하니 其器之小를 可知라 蓋器大면 則自知禮而無此失矣라하시니 此言을 當深味也니라

蘇氏曰 自修身正家로 以及於國이면 則其本 深하고 其及者 遠이니 是謂大器라 揚雄所謂大器는 猶規矩準繩이니 先自治而後治人者 是也라 管仲은 三歸反坫하고 桓公은 內嬖六人而霸天下하니 其本이 固已淺矣라 管仲 死하고 桓公 薨에 天下 不復宗齊니라

楊氏曰 夫子 大管仲之功而小其器는 蓋非王佐之才면 雖能合諸侯正天下라도 其器不足稱也라 道學不明하야 而王霸之略을 混爲一途일세 故로 聞管仲之器小면 則疑其爲儉하고 以不儉告之면 則又疑其知禮하니 蓋世方以詭遇爲功하야 而不知爲之範하니 則不悟其小 宜矣로다

[훈고와 해석] 어떤 사람이 또다시 검소하지 않음을 예를 안 것인 줄로 의심하였다.

병(屛: 가리개)을 수(樹)라고 말한다. 색(塞)은 가림과 같다. 문에 가리개(병풍)를 둘러쳐 안팎을 가림이다.

호(好)는 좋은 모임을 말한다. 점(坫)은 두 기둥 사이에 있는 대(臺)이다. 주고받은 술잔을 모두 마시면 다시 그 대(臺) 위에다가 술잔을 갖다 놓는다. 이는 모두 제후의 예인데, 관중이 이를 분수 넘게 사용하니, 예를 알지 못함이다.

○ 나의 생각은 다음과 같다.

"공자가 관중의 그릇이 작다고 꾸짖으시니, 그 말에는 깊은 뜻이 담겨있다. 그런데도 어떤 사람이 이를 알지 못한 채, 그가 검소한가를 의심하므로, 또다시 그의 사치를 들어 배척하여 검소하지 않음을 밝혔고, 어떤 사람이 또다시 그가 예를 안 것인가를 의심하므로, 또다시 그의 분수 넘음을 들어 배척하여 예를 알지 못함을 밝혔다.

여기에서 비록 다시는 작은 그릇에 대한 그 이유가 무엇인가를 명백히 말하지는 않았지만, 그 작다는 이유를 여기에서 찾아볼 수 있다. 이 때문에 정자[伊川]는 '사치하고 예를 범하니, 그의 그릇이 작음을 알 수 있다. 그릇이 컸다면 스스로 예를 알아 그런 잘못이 없었을 것이다.'라고 하니, 이 말을 깊이 음미해보아야 할 것이다."

소씨[蘇軾: 字子瞻 號東坡 眉山人]가 말하였다.

"몸을 닦고 집안을 가다듬음으로부터 나라에 미쳐 가면, 그 근본이 깊고 그 미쳐감이 원대

하니, 이를 큰 그릇이라고 말한다. 양웅이 말한 '큰 그릇이란 그림쇠[規], 곱자[矩], 수평[水準器:準], 먹줄[繩]과 같다. 먼저 자신을 다스린 뒤에 남을 다스리는 것이다.'(『揚子法言』권6 「先知篇」)는 것이 바로 이를 말한다. 관중은 삼귀와 반점을 두었고, 환공은 안으로 여섯 후궁을 총애하면서 천하에 패업을 이루었다. 그 근본은 참으로 얕은 것이다. 관중이 죽고 환공이 죽자, 천하는 다시 제나라를 높이지 않았다."

양씨[楊時]가 말하였다.

"부자께서 관중의 공을 크다고 여기면서도 그릇은 작다고 하셨다. 이는 왕자(王者)를 보좌할 재목이 아니면 제후를 규합하여 천하를 한 차례 바로잡을지라도 그 그릇만은 일컬을 게 없기 때문이다. 도학이 밝지 못하여 왕도와 패도의 일이 뒤섞여 하나가 되었다. 이 때문에 관중의 그릇이 작다는 말을 들으면 그가 검소한 것인가 의심하였고, 검소하지 않다고 말해주면 또다시 그 예를 안 것인가 의심하기에 이르렀다. 이는 세상이 바야흐로 부정한 속임수를 공으로 삼아 바른 모범으로 할 줄을 모르니, 그 그릇이 작다고 함을 깨닫지 못함은 마땅한 일이다."

[보 補]

부자의 관중에 대한 평가는 크게 2가지로 나뉜다.

하나는 도덕적 가치의 명분론이다. 이는 성현의 도에 따라 왕도를 지향하느냐 패업을 꾀하느냐에 관한 문제이다. 따라서 그릇의 크고 작음은 왕도와 패업으로 구분을 짓는다. 패업을 지향한 관중에 대해 작은 그릇으로 지적한 부분이다.

또 다른 하나는 현실적 공리론(功利論)이다. 관중이 환공을 도와 유혈의 전투를 치르지 않고 한 차례 천하를 바로잡고[一匡天下] 제후를 규합하여 피발좌임(被髮左衽)의 화를 모면케 한 공적이다.

이처럼 도덕론은 성인을 기준으로 관중을 평가한 것이며, 공리론은 백성의 구제를 기준으로 관중을 평가한 차이이다. 이러한 평가의 양분(兩分)은 지역의 특색에서 비롯되었다고 본다.

노나라는 주공의 유풍(遺風)으로 예교(禮教)와 신의를 중시하였고, 제나라는 패업의 여습(餘習)으로 공리(功利)와 속임[夸詐]을 중시하였다. 부자의 제자 또한 거주지의 특징에 따라 그 영향을 받지 않을 수 없다. 맹자의 제자 공손추는 제나라 사람으로 관중의 공을 극찬[子誠齊人也]한 것처럼 부자의 제자 또한 그 영향이 없지 않았으리라고 본다. 모든 제자가 다 그렇다고 볼 수는 없지만, 일부 노나라의 제자는 도덕 중시의 명분론을 주장하고, 제나라의 제자는 공로를 중시하여 공리론을 주장한 결과, 제자의 지역적 특성에 따라 관중의 양면을 평가하는 부분 또한 그 견해를 달리하지 않을 수 없었을 것이다. 따라서 『논어』를 편집하는 과정에 있어 제자 또한 그들이 들은 바를 서술할 적에 그들이 지향한 견해에 따라서 이처럼 관중 한 사람에 대한 평가가 둘로 나뉜 것이다.

23. 자어전지 子語全旨

이 장은 부자께서 음악을 바로잡고자, 태사에게 일러준 말들을 적고 있다. 첫 구절[樂其可知也]은 음악의 음조(音調)를 알아야 한다는 점을 말하며, 그 아래 문장은 음악 전체의 시종 맥락을 빠짐없이 들어 바르게 알아야 할 그 실상을 말해주고 있다. 따라서 구절마다 알아야 할 점을 분명하게 지적하고 있다. 음악을 바로잡는다는 것은 참으로 큰일이다. 그러나 본문에서 음조(音調)에 대해서만 말한 것은 음조는 악기에서 떠날 수 없으나 그 실상은 이치에 근본한 때문이다.

처음 시작할 적[始作], 뒤따라 연주할 적[從之], 하나의 악장 완성[以成]은 음악 연주의 과정에 삼대절(三大節)이며, 음률의 빠뜨림 없는 종합[翕], 조화를 이룸[純], 개체 음률의 분명[皦], 끊임없이 이어짐[繹]은 바로 '삼대절' 가운데에 나타나는 연주의 과정이며, 여러 개의 여(如: 翕如 純如 皦如 繹如)자는 마음으로 그 광경이 이와 같음을 상상하여 형용한 말이다.

태사(太師)는 악관(樂官)이다. 그가 애당초 음악을 알지 못하여 부자의 말을 들은 것이라고 말할 수 있겠는가. 이는 다만 부자의 정신세계가 음악과 하나가 되어 그 자연스러운 리듬을 상상하면서 음악 소리가 없는, 무성(無聲)의 음악을 이해하여, 그 음악의 전체 본질을 깨달아 위의 모든 것을 통해 하나의 음악이 이뤄진다는 것을 말하였다.

子 語魯大師樂曰 樂은 **其可知也**니 **始作**에 **翕如也**하야 **從之**에 **純如也**하며 **皦如也**하며 **繹如也**하야 **以成**이니라

부자께서 노나라 태사에게 음악을 말씀하셨다.

"음악은 그것을 알아야 할 것이다. 처음 시작할 적엔 모든 음률을 빠뜨림 없이 잘 종합하고, 뒤따라 연주함에 있어서는 잘 조화를 이룬 가운데 각 개체의 음률이 분명하고, 끊임없이 이어져 가면서 하나의 악장이 완성되는 것이다."

강설

부자께서 일찍이 음악을 바로잡기에 앞서, 노나라 태사에게 음악에 관하여 이야기하였다.

"그대는 음악을 맡은 관리이니, 음악에 대해 모를 턱이 없다. 음악의 원리야 은미하여 쉽게 헤아릴 수 없지만, 그 음절만은 알 수 있다. 바야흐로 처음 음악을 시작할 적엔 반드시 오음(五音)과 육률(六律)을 모두 종합, 연주하여 여러 음률이 다 갖추어지도록 하였다.

이처럼 여러 음률이 합하여 서로 어우러지면 뒤이어 이를 크게 울릴 적에는 반드시 청탁 고하의 음률에 맞추고 절도에 알맞게 하여 순수하고 조화를 이뤄야 한다.

그리고 또한 반드시 하나의 음률에는 스스로 하나의 음률로써 서로의 차례를 빼앗음이 없도록 명백하게 구분이 있어야 한다.

그리고 반드시 오음육률이 서로 이어 연주하되 마치 구슬을 꿰어 줄줄이 꿰놓은 듯, 줄이어 끊

어지지 않게끔 해야 한다.

이처럼 모두 빠뜨림이 없는 나머지에 조화가 이뤄지고, 조화가 있는 가운데에도 명백함이 있고, 명백한 가운데에도 끊임없이 처음부터 끝까지 지극하지 않은 바 없다. 음악이란 이런 경로를 통해서 훌륭한 한 악장을 이뤄지는 것이다.

이로 말미암아 대악장(大樂章)의 종장(終章)인 구성(九成)에 이르는 도리가 이와 같은데, 태사는 이 점을 알고 있는가."

集註

語는 告也라 大師는 樂官名이라 時 音樂廢缺이라 故로 孔子教之라 翕은 合也오 從은 放也오 純은 和也오 皦는 明也오 繹은 相續不絶也오 成은 樂之一終也라

○ 謝氏曰 五音六律 不具면 不足以言樂이니 翕如는 言其合也라 五音合矣면 淸濁高下 如五味之相濟而後和라 故로 曰純如오 合而和矣면 欲其無相奪倫이라 故로 曰皦如라 然이나 豈宮自宮而商自商乎아 不相反而相連을 如貫珠라야 可也니라 故로 曰繹如也以成이라하니라

[훈고와 해석] 어(語)는 고함이다. 태사는 음악을 관장하는 벼슬 이름이다. 당시에 음악이 폐지되고 사라진 까닭에 부자께서 그를 가르친 것이다.

흡(翕)은 합함이며, 종(從)은 놓음이며, 순(純)은 조화이며, 교(皦)는 밝음이며, 역(繹)은 끊이지 않고 서로 이어짐이며, 성(成)은 음악의 한 악장을 끝내는 것이다.

○ 사씨[謝良佐]가 말하였다.

"오음육률이 갖춰지지 않으면 음악이라 말할 수 없다. 흡여(翕如)는 그 음률의 종합이다. 오음이 모두 합하여지면 청탁 고하의 음색을 마치 오미(五味: 酸·苦·甘·辛·鹹)가 서로 어우러진 뒤에 조화를 이루는 것과 같다. 이 때문에 순여(純如)라고 말한다. 종합하여 조화가 이뤄지면 '음률의 차례를 서로 빼앗음이 없도록 해야 한다.'(『書經』「堯典」) 이 때문에 교여(皦如)라고 말한다. 그러나 어찌 궁(宮)은 궁대로, 상(商)은 상대로 각기 나뉘어서야 하겠는가. 상반됨이 없이 서로 연결됨을 마치 구슬을 꿰놓은 것처럼 줄이어 가야 한다. 이 때문에 끊임없이 이어져 가면서 하나의 악장이 완성된다고 말하였다."

[보 補]

이는 부자께서 음악을 바로잡기에 앞서 반드시 먼저 곡의 연주를 살펴보는 것이다. 따라서 음악의 원리를 말한 게 아니라, 연주의 기법을 설파한 것이다. 아무리 아름다운 음악이라 할지라도 이를 연주하는 데 부족함이 있다면 그것은 들어줄 수 없다. 음악인의 뛰어난 연주가 아니면 아무리 훌륭한 교향곡이라 할지라도 들을 수 없는 것과 같다. 예컨대 순임금의 음악인 소(韶)를 잘못 연주한다면 순임금의 덕성과 공업을 담은 그 정신을 전해줄 수 없기 때문이다. 이러한 관점에서 음악 전달자로서의 연주의 중요성을 설파한 것이다.

"음악에서의 음률은 나라를 다스리는 정사와 서로 통하는 것이다. 앞서 사람의 성정을 함양하고 또한 나라의 풍속을 변화시킬 수 있다. 천자가 내면의 덕성을 밝히고 성취한 공업을 상징하여, 한 시대의 음악을 만들어 위아래 모든 이들을 화합하고 신명과 사람을 감격하게 하기에 관계된 바 가장 중대하다. 이 때문에 성인이 거듭거듭 이처럼 일러준 것이다."[151]

24. 의봉전지 儀封全旨

이 장에서는 의봉인(儀封人)이 하늘의 마음을 통해 성인을 알아보고 있음을 말하고 있다.

첫머리 3구[儀封人…不得見也]는 의봉인이 부자를 뵙기 이전부터 사모하는 마음이 있었는데, 부자께서 이곳을 찾은 계기로 인하여 성인을 찾아뵙고자 하는 그의 정성을 스스로 서술하였다.

아래의 문장[從者見之…爲木鐸]은 의봉인이 부자를 찾아뵙고 느낀 바 있었다. 이 때문에 부자의 도가 행하여지리라는 조짐을 미리 점친 것이다.

의봉인이 부자를 찾아보고자 함은 자신을 고상히 여기는 장저, 걸닉, 하궤, 장인 등과는 다른 행위였다. 그와 부자의 만남은 비록 짧은 시간이며, 서로 주고받은 이야기들이 오늘날 전해오지 않으나, 천하를 잊지 못하고 걱정한 그의 마음에 반드시 부자와 서로 깊이 느낀 바 있었을 것이다. 이 때문에 그는 천운(天運)과 천심(天心), 그리고 성인의 사업을 문인들에게 말해준 것이다.

"하늘이 머지않은 날, 부자를 목탁으로 삼을 것이다.[天將以夫子爲木鐸]"는 구절은 "당시 혼란이 극심하여 다시 태평성대가 온다."는 것과 "세상을 구제할 성덕자(聖德者) 또한 부자에게 있다."는 2가지의 뜻을 함축하고 있다. 집주(集註)에서 "지위를 얻어 도를 행한다.[得位行道]"고 말하지 않고, "지위를 얻어 가르침을 베풀 것이다.[得位設教]"라고 말함은 목탁이라는 글자의 의미를 더욱더 간절히 표현하기 위한 것으로, 이는 후지자(後知者)와 후각자(後覺者)를 깨우친다는 뜻을 담고 있다.

儀封人이 **請見**(현)**曰 君子之至於斯也**에 **吾未嘗不得見也**로라
從者 見(현)**之**한대
出曰 二三子는 **何患於喪乎**리오 **天下之無道也 久矣**라 **天將以夫子爲木鐸**이시니라

의봉인이 부자를 뵙고자 청하여 말하였다.
"군자가 이곳에 이르면, 내 일찍이 찾아뵙지 않은 적이 없었다."
부자를 따르는 제자가 그에게 부자를 뵙도록 주선해 주었더니, 나오면서 말하였다.
"그대들은 어찌 부자께서 벼슬 잃음을 근심할 게 있겠는가. 천하에 도가 없는지 오랜 터라, 하

151 『日講四書解義 論語』"蓋聲音之道, 與政相通. 既可養性情, 又可移風俗. 王者昭德象功, 成一代之樂, 和上下而格神人, 關係最重, 故聖人諄諄告戒之."

늘이 장차 부자를 목탁으로 삼으실 것이다."

강설

부자께서 여러 곳을 떠돌아다닐 즈음에 위나라 의읍(儀邑)에 이르자, 봉강(封疆: 경계)을 맡은 관리가 부자를 따르는 제자들에게 부자의 알현을 청하면서 말하였다.

"어진 사람을 존경함은 내 평소부터 지녀온 마음이다. 군자가 이곳에 이르면 나는 그들의 훌륭한 덕으로 일찍이 거절을 당한 바 없었다. 오늘날 부자께서 이곳에 오셨는데, 내 어찌 찾아뵙지 않을 수 있겠는가."

이에 부자를 따르는 제자들이 그의 뜻을 부자에게 전하여, 부자께서 그를 만나보게 되었다.

의봉인이 부자를 뵌 뒤에 밖으로 나와 제자들에게 다음과 같이 말하였다.

"그대들이여! 어찌 부자께서 벼슬을 잃으신 것을 염려할 게 있겠는가. 천하가 혼란하여 무도한 지, 이미 오랜 터라, 혼란이 극도에 이르면 다시 다스려지는 법이며, 이를 다스릴 수 있는 인물 또한 부자에게 달려있다. 하늘은 반드시 장차 부자에게 지위를 얻어 가르침을 베풀도록 하여 이 세상의 목탁으로서 백성의 귀와 눈이 되어 천하 사람의 어리석음을 깨우쳐 줄 것이다. 어떻게 오랫동안 지위를 잃을 수 있겠는가."

의봉인이 이처럼 하늘의 마음(天心)으로 성인의 내면을 간파한 것으로 보아 그 또한 평범한 사람이 아닌 것 같다.

集註

儀는 衛邑이라 封人은 掌封彊之官이니 蓋賢而隱於下位者也라

君子는 謂當時賢者라 至此에 皆得見之는 自言其乎日不見絶於賢者하야 而求以自通也라

見之는 謂通使得見이라 喪은 謂失位去國이니 禮曰 喪欲速貧이 是也라 木鐸은 金口木舌이니 施政教時에 所振以警衆者也라

言亂極當治니 天必將使夫子得位設教하야 不久失位也라 封人이 一見夫子而遽以是稱之하니 其得於觀感之間者深矣라

或曰 木鐸은 所以徇于道路니 言天使夫子失位하고 周流四方하야 以行其教를 如木鐸之徇于道路也라

[훈고와 해석] 의(儀)는 위나라 고을이다. 봉인(封人)은 고을의 경계를 맡은 관리이니, 현인으로서 낮은 지위에 은둔한 자이다.

군자(君子)는 당시의 어진 이를 말한다. 이곳에 이르면 모두 찾아보았다는 것은 평소 어진 이들에게 거절당하지 않았다는 점을 스스로 말하여, 서로 통하기를 구한 것이다.

현지(見之)는 통하여 뵙도록 주선해 줌을 말한다. 상(喪)은 지위를 잃고 고국을 떠남을 말

하니, 『예기』에서 말한, “벼슬을 잃으면 속히 가난하기를 원한다.”(「檀弓 上」)고 하니, 이를 말한다.

목탁(木鐸)은 풍경처럼 생긴 반원형의 쇠통 속에 나무로 추를 만든 기구이다. 정교(政敎)를 베풀 적에 이를 흔들어 많은 사람을 경계시키는 것이다.

혼란이 극도에 이르면 마땅히 다스려지는 법이다. 하늘이 장차 반드시 부자에게 지위를 얻어 가르침을 베풀게 하여 오랫동안 지위를 잃지 않도록 할 것임을 말한다. 의봉인이 단 한번 부자를 뵙고서 문득 이처럼 말하니, 그가 부자를 뵌 사이에 보고 느낀 바 깊었기 때문이다.

어떤 사람이 말하였다.

“목탁은 길을 따라가며 치는 기구이다. 하늘이 부자에게 지위를 잃고 사방으로 두루 돌아다니면서 가르침을 행하도록 함이 마치 길을 따라가면서 치는 목탁과 같다.”

[보 補]

부자의 대명사로 쓰이는 ‘주류사방(周流四方)’·‘철환천하(轍環天下)’는 하늘의 뜻에 의한 목탁 역할을 말해주는 것이다.

“부자는 요·순·우·탕·문·무의 도통을 이어받았으나 당시에 등용되지 못하고, 도리어 여러 제자와 선성(先聖)의 경전을 강구하여 이를 산정(刪定)하고 가감하여 후세에 남겨, 모든 사람이 요·순·우·탕·문·무의 도를 알도록 마련해 주었다. 그리고 만세 멀리 전해졌는바, 소왕(素王: 왕위에 오르지 못했지만 왕의 덕을 갖춘 사람)으로서의 책임이 위대한 바이다. 이것이 하늘의 뜻이다. 하늘이 이 세상에 부자를 내지 않았더라면 만세 길이 귀머거리와 봉사가 되었을 것이다. 하늘이 장차 부자를 목탁으로 삼음은 분명 부자의 교화 시행의 일부분으로 간주하였다. 의봉인은 그 얼마나 뛰어난 안목인가. 부자와의 해후에서 남긴 한 마디는 비록 문하의 제자로서 자유(子游)·자하(子夏)와 같은 이들도 이처럼 찬탄하지 못하였다. 의봉인은 참으로 훌륭한 사람이다.”[152]

25. 자위전지 子謂全旨

이 장에서는 순임금과 무왕의 음악에 대해 논평하고 있다. 순임금의 음악인 소(韶)와 무왕의 음악인 무(武)는 대등한 관계로 보아야 한다. 두 곳의 위(謂: 謂韶, 謂武)자는 이를 기록한 자의 말임을 알아야 한다. 미(美)와 선(善)은 모두 음악에서 찾아볼 수 있기에, 순임금이니 무왕이니 그

152 『論語學案』 권2. “夫子 統堯舜禹湯文武之道, 不用於當時, 顧與諸弟子, 講求遺經, 以刪定筆削, 詔來世, 使堯舜禹湯文武之道, 家喩而戶曉之. 且行於萬世之遠, 則素王之任 所以爲大也, 此天意也. 天不生仲尼, 萬世如聾瞶. 天將以夫子爲木鐸, 分明是仲尼一行敎小影看, 封人是何等眼孔? 邂逅一語, 雖及門游夏之徒, 亦贊歎不及, 賢矣哉!”

이름을 직접 말하지 않고, '소'니 '무'니 그 음악의 이름을 들어 말한 것이다.

단 '지극히 아름답다[盡美]'는 것은 노랫가락과 춤사위라는, 음악의 외적 요소에 나타나는 그들의 사업으로 말하였고, '지극히 선하다[盡善]'와 '지극히 선하지 못하다[未盡善]'는 것은 성지자(性之者: 舜)와 반지자(反之者: 武王)의 덕성이 노랫가락과 춤사위에 나타난 것과 아울러 순임금의 읍양(揖讓)에 의한 선위(禪位)와 무왕의 정벌에 의한 득천하(得天下)를 겸하여 말한 것이다. 순임금의 음악은 화기롭고 광대함이 마치 천지와 같은 기상이 느껴지는가 하면, 무왕의 음악은 보이지 않게 기개가 넘쳐나고 준엄하고 당당하여 사람의 마음을 두렵게 한 면이 없지 않다.

子 謂韶하사되 **盡美矣**오 **又盡善也**라하시고
謂武하사되 **盡美矣**오 **未盡善也**라하시다

부자께서 순임금의 음악 소(韶)에 대해 말씀하시되, "지극히 아름답고 또한 지극히 선하다." 하시고,

무왕의 음악 무(武)에 대해 말씀하시되, "지극히 아름다울 뿐, 지극히 선하지는 못하다."고 하셨다.

강설

『논어』를 기록한 자들이 부자께서 옛 제왕을 고찰하고 그들이 지은 음악에 대해 말씀하신 바를 다음과 같이 기록하였다.

"순임금의 음악을 '소'라 하는데, 그 음악에는 음률과 춤사위가 훌륭히 갖추어져 있다. 순임금은 그 당시 지극한 정치를 이뤄놓은 요임금의 공훈을 모두 뒤이어 전해왔기에 참으로 지극한 아름다움이라고 말할 수 있다. 그러나 생각지 않고서도 알며, 힘쓰지 않고서도 중도에 맞는 생이지지(生而知之)와 안이행지(安而行之)의 성인이다. 따라서 순임금은 본성 그대로 실천하는 성지자(性之者)의 덕이 있고, 아울러 사양으로 천하를 소유했던 일 또한 음률의 가락과 춤사위의 거동에 은연중 나타나니, 이 또한 보다 지극한 선이다.

무왕의 음악을 '무'라고 하는데, 그 음률과 춤사위가 훌륭히 갖추어져 있다. 무왕은 그 당시 주(紂)를 정벌하고 백성을 구제한 공이 모두 여기에 나타나 있다. 이 또한 지극한 아름다움이라고 말할 수 있다. 그러나 그는 몸을 돌이켜 닦아가는 반지자(反之者)의 덕이며, 아울러 정벌과 주륙(誅戮)으로 천하를 소유한 일 또한 음률의 가락과 춤사위에 은연중 나타나니, 이는 지극한 선이라고까지는 말할 수 없다.

부자께서 그들의 공훈과 덕성에 의해 이와 같은 음악의 차이가 있다고 느꼈다."

集註

韶는 **舜樂**이오 **武**는 **武王樂**이라 **美者**는 **聲容之盛**이오 **善者**는 **美之實也**라

舜은 **紹堯致治**하고 **武王**은 **伐紂救民**하니 **其功 一也**라 **故**로 **其樂**이 **皆盡美**라 **然**이나 **舜之德**은 **性**

之也오 **又以揖遜而有天下**하고 **武王之德**은 **反之也**오 **又以征誅而得天下**라 **故**로 **其實**이 **有不同者**니라

○ **程子曰 成湯**이 **放桀**하고 **惟有慙德**하시니 **武王 亦然**이라 **故**로 **未盡善**이니 **堯舜湯武**는 **其揆一也**니 **征伐**은 **非其所欲**이오 **所遇之時 然爾**니라

[훈고] 소(韶)는 순임금의 음악이며, 무(武)는 무왕의 음악이다. 미(美)는 음악의 소리와 무용의 모습이 성대함이며, 선(善)은 아름다움[美]의 실상이다.

[해석] 순임금은 요임금을 뒤이어 훌륭한 정치를 이룩하였고, 무왕은 주(紂)를 정벌하여 백성을 구제하였으니, 그 공은 한 가지이다. 이 때문에 그들의 음악이 모두 지극히 아름다운 것이다. 그러나 순임금의 덕은 천성 그대로이고, 또한 읍손(揖遜)으로 천하를 얻었으며, 무왕의 덕은 몸을 돌이켜 닦아가고, 또한 정벌로써 천하를 얻었다. 이 때문에 그 실상[美之實]은 같지 않은 점이 있다.

○ 정자[明道]가 말씀하였다.

"탕임금이 걸(桀)을 추방하고 부끄러운 마음을 지녔는데,(『書經』「仲虺之誥」) 무왕 또한 그러했다. 이 때문에 음악이 지극히 선하지는 못한 것이다. 요순과 탕무는 헤아려보면 한 가지이다. 정벌은 탕무가 원했던바 아니며, 만난 시대가 그랬기 때문이다."

[보 補]

먼저 순임금의 음악 '소(韶)'와 무왕의 '무(武)'는 육예(六藝: 禮 樂 射 御 書 數) 가운데 음악[樂]을 지칭하는, 육악(六樂: 雲門 · 咸池 · 大韶 · 大夏 · 大濩 · 大武)의 하나이다.

순임금의 음악을 '소'라 말한 것은 "소(韶)는 소(紹)이다[韶, 紹也.]"고 하여, 해성(諧聲)으로 해석하였다. '소(韶)'는 대소(大韶) · 대초(大招) · 대소(大磬)로 쓰기도 한다. "요임금을 뒤이어서 태평성대를 이뤘다는 뜻을 취하여 붙여진 이름이다.['韶, 謂舜樂名. 韶, 取繼堯致治之義.' 또는 '樂記云 紹, 繼也. 注云 韶, 紹也. 言舜之道德, 繼紹於堯也.']"

무왕의 음악을 '무'라 말함은 "무(武)는 무공(武功)의 성취를 상징함이다.[武, 樂名. 武, 以象武功之成.]"

주자의 집주에서 진미(盡美)와 진선(盡善)에 대해, "아름다움[美]은 공훈으로, 선(善)은 덕성으로[美以功言 善以德言]" 분명히 밝힌 바 있다. 이처럼 '아름다움'이란 내면의 '선'이 밖으로 나타남이며, '선'이란 아름다움의 내면 실상[美者, 善之著. 善者, 美之實.]으로, 아름다움과 선이란 내외(內外) 표리(表裏)의 불가분 관계이다.

그러나 주자 설을 살펴보면, 순임금과 무왕이 태어난 시대에 따라 처지가 바꿨다면 그와 똑같은 일을 했겠지만, 타고난 덕성이야 개인의 자질에 관한 문제이기에 처지에 따라 변할 수 없음을 밝히고 있다.

"순임금의 덕은 천성 그대로이고[堯舜 性之也], 무왕의 덕은 몸을 돌이켜 닦아감[湯武 反之也](『孟子』「盡心 上」)이란 그들 자신의 바탕을 살펴보면, 생이지지(生而知之)와 학이지지(學而知之)로 원래 똑같지 않았다. 따라서 설령 순임금이 무왕 당시에 태어났다면 결국 그 또한 대무(大武)의 음악에 나타난 바와 같은 정벌을 했겠지만, 무왕이 순임금 당시에 태어났을지라도 반드시 '소'의 진선(盡善)을 이룰 수 있는, 생이지지에 미치지 못했을 것이다."[153]

순임금은 이처럼 덕성이 아름다운데다가 또한 좋은 시절을 만났으나, 무왕은 순임금의 덕성에 미치지 못하고 또한 좋지 못한 시절을 만남에[154] 따라서 진선(盡善)과 미진선(未盡善)의 차를 극복하지 못한 것이다.

26. 거상전지 居上全旨

이 장은 근본을 존숭하는 부자의 논지이다. 너그러움, 공경, 슬픔이란 모두 마음에 지녀야 할 아름다운 덕목을 가리킨다. 그러나 바깥으로 행동에 나타나면서 너무 지나침과 미치지 못함이 있기에 잘잘못이 나눠지게 된다. 이 때문에 주자는 그의 집주에서 "그 행한 바의 잘잘못을 관찰한다.[觀其所行之得失]"고 말하였다.

"오하이관지재(吾何以觀之哉)"의 이(以)자에 깊은 뜻을 담고 있다. 이는 족히 볼만한 게 없다는 말이 아니며, 또한 그들에게 나아가 보잘것없다는 말도 아니다. 그것은 다만 그 마음의 본원이 모두 옳지 못하기에 다시는 그 어떤 것을 가지고서도 그들을 찾아볼 것이 없다는 단호한 말이다.

子曰 居上不寬하며 爲禮不敬하며 臨喪不哀면 吾何以觀之哉리오

부자께서 말씀하셨다.

"윗자리에 있으면서 너그럽지 않으며, 예를 행함에 공경하지 않으며, 초상에 임하여 슬퍼하지 아니하면, 나는 그 밖의 무얼 가지고 그들을 보겠는가."

강설

부자께서 근본을 중시하는 뜻으로 말씀하셨다.

"윗자리에서는 너그러움이 근본임에도 너그럽고 사랑하는 마음을 지니지 못하고,

예를 행함에서는 공경이 근본임에도 공경하고 삼가는 마음을 갖지 못하고,

초상에 임하여서는 슬픔이 근본임에도 슬퍼하고 마음 아파하는 마음을 갖지 못하면 이는 벌써 그 근본을 잃어버린 것이다.

---

153 『大全』 該註. "語錄曰 性之反之也, 要尋他本身上來, 自是不同. 使舜當武王時, 畢竟更强似大武; 使武王當舜時, 必不及韶樂好."

154 위와 같음. "又曰 舜之德如此, 又撞着好時節. 武王 德不及舜, 又撞着不好時節."

비록 윗자리에 머물면서 가르치고 호령하며, 예를 행함에 위의 진퇴의 절차가 있고, 초상에 임하여 의식에 따라 발 구르며 통곡한다고 할지라도 그것은 지엽적이다. 내 다시 그 밖의 무얼 가지고 그들 행위의 잘잘못을 논할 수 있겠는가. 이 때문에 배우는 이는 그 근본에 힘써야 한다."

集註

居上에 **主於愛人**이라 **故**로 **以寬爲本**이오 **爲禮**엔 **以敬爲本**이오 **臨喪**엔 **以哀爲本**이니 **旣無其本**이면 **則以何者而觀其所行之得失哉**아

[훈고와 해석] 윗자리에 있을 적엔 사람을 사랑하는 것을 주로 한다. 그러므로 너그러움을 근본으로 삼으며, 예를 행할 적에는 공경을 근본으로 삼으며, 초상에 임하여서는 슬픔을 근본으로 삼는다. 이미 그 근본이 없으면 그 무엇으로 그 행한 바의 잘잘못을 살펴볼 수 있겠는가.

제4 이인 里仁 第四

凡二十六章이라

모두 26장이다.

1. 이인전지 里仁全旨

이 장은 부자께서 거주지를 가려서 살아야 함을 논하고 있다.

첫 구절[里仁爲美]은 인후한 마을 풍속의 아름다움에 대해 말하였고, 그 이하의 문장[擇不處仁 焉得知]은 사람이란 이러한 마을을 가려서 살아야 한다는 점을 강조하였다.

지혜롭지 못하다는 것은 '택불처인(擇不處仁)'의 '택(擇)'자에 근본하여 쓴 것이지, '인(仁)'자에 깊은 의미를 두어서는 안 된다. 이 때문에 집주에서는 이를 '인후한 풍속'으로 해석하고 있다. 그것은 한 마을의 모든 사람을 살펴보았을 때, 어떻게 마을 전체의 사람이 '인자(仁者)'일 수 있겠는가. 단 마을에 인후한 풍속이 있는 것만으로도 아름답게 생각한 것이다.

子曰 里仁이 爲美하니 擇不處仁이면 焉得知리오

부자께서 말씀하셨다.

"마을의 인후한 풍속이 아름답다. 인후한 풍속이 있는 곳을 가려서 살지 않는다면 어떻게 지혜롭다고 하겠는가."

강설

부자께서 사람들에게 인후한 풍속이 있는 마을에 사는 지혜를 가르쳐 주었다.

"거주할 때 반드시 이웃을 가려[擇] 사는 것이 거주하는 도이다. 이처럼 풍속이 아름답고 후덕한 지방이 곧 지극히 아름다운 마을이다. 그러한 마을에 살면 자연히 이에 무젖어 덕을 이룰 수 있다. 이 어찌 작은 일이라 하겠는가?

이러한 마을을 가려 살지 않음은 그 아름다움을 알지 못함이며, 시비를 분별하는 본심을 잃은 것이다. 어떻게 이를 지혜롭다고 말할 수 있겠는가. 이처럼 풍속이 인후한 마을을 가려 살지 않을 수 없다."

集註

里有仁厚之俗이 爲美하니 擇里而不居於是焉이면 則失其是非之本心하야 而不得爲知矣라

[해석] 마을에 어질고 후한 풍속이 있는 게 아름다움이다. 마을을 가리되 이런 곳에 거처하지 않는다면 이는 옳고 그름을 분별하는 본심을 잃어 지혜롭다고 할 수 없다.

2. 불인전지 不仁全旨

이 장은 본심을 잃지 않고 일에 대처해야 한다는 점을 말하고 있다.

위 구절[不仁者…不可以長處樂]에서는 불인(不仁)한 사람은 어떠한 일이고 할 수 없다는 점을, 아래 구절[仁者安仁 知者利仁]에서는 어진 자와 지혜로운 사람은 모든 일에 안될 것이 없다는 점을 밝히고 있다.

어려운 생활에서도 제 분수를 지켜 넘치지 않고, 부유한 생활에서도 음탕하지 않음이 곧 인(仁)이다. 이 글의 뜻은 인자(仁者)와 이인(利仁) 2구에 깊은 의미가 담겨있다. 인자(仁者)와 지자(知者)는 불인자(不仁者)와의 대칭 관계이다.

그리고 인자와 지자는 인품으로, 안인(安仁)과 이인(利仁)는 어진 자에 덕의 실천으로 말한다. 안(安)이란 인(仁)에 안주하여 다시는 다른 곳으로 옮겨가지 않고 그침 없이 꾸준히 행하여 나아감을 말한다. 인자와 지자는 자신의 본심을 얻었으니, 어찌 곤궁하거나 부유한 생활 그 어디든 대처하지 못할 턱이 있겠는가.

이 때문에 집주에서 "인자는 그 인(仁)에 안주하여 어느 곳에서나 그처럼 인으로 하지 않은 바 없고, 지자는 인을 이롭게 여겨 지키는 바를 변하지 않는다.[仁者則安其仁而無適不然, 知者則利於仁而不易所守.]"고 하니, 이 모두가 위 단락의 약(約: 久處約)과 낙(樂: 長處樂)에 초점을 두고 있다.

子曰 不仁者는 不可以久處約이며 不可以長處樂이니 仁者는 安仁하고 知者는 利仁이니라

부자께서 말씀하셨다.

"어질지 못한 자는 곤궁한 데에 오래 살지 못하고, 즐거움도 오래 누리지 못한다. 어진 자는 인을 편안히 여기고 지혜로운 자는 인을 이롭게 여긴다."

강설

부자께서 사람에게 인을 간직하여 어느 환경에서든 잘 거처하도록 격려하였다.

"천하에 오직 어진 사람만이 변함없이 도로 대처할 수 있으며, 어질지 못한 이는 그 본심을 잃어 오랫동안 어려우면 반드시 넘치게 되므로 곤궁한 삶을 오래 지키지 못하고, 오랫동안 즐거우면 반드시 음탕한 곳에 이르게 되어 부귀의 즐거운 생활에도 길이 누리지 못한다.

오직 어진 자만이 천리가 순수하여 힘쓰지 않아도 어느 곳에서든지 인을 편안히 여기니, 어찌 넘치거나 음탕함이 있겠는가. 지혜로운 이는 마음에 일정한 견해가 있으므로 천리를 독실하게 좋아하니, 이는 지키는 바 있어 인을 이롭게 생각하는 자이다. 그 어찌 넘치거나 음탕함에 이르겠는가. 비록 인자와 지자는 덕에 깊고 얕음의 차이야 없지 않지만, 그들은 모두 바깥 사물에 의해 뜻을 빼앗기지 않는다. 어떻게 불인한 자와 함께 말할 수 있겠는가."

集註

約은 窮困也라 利는 猶貪也니 蓋深知篤好而必欲得之也라

不仁之人은 失其本心하야 久約必濫하고 久樂必淫이로되 惟仁者則安其仁而無適不然이오 知者則利於仁而不易所守니 蓋雖深淺之不同이나 然이나 皆非外物所能奪矣라

○ 謝氏曰 仁者는 心無內外遠近精粗之間하야 非有所存而自不亡이오 非有所理而自不亂이니 如目視而耳聽하고 手持而足行也라 知者는 謂之有所見則可커니와 謂之有所得則未可하니 有所存이라야 斯不亡이오 有所理라야 斯不亂하니 未能無意也라 安仁則一이오 利仁則二라 安仁者는 非顔閔以上 去聖人爲不遠이면 不知此味也니 諸子雖有卓越之才나 謂之見道不惑則可커니와 然이나 未免於利之也니라

[훈고] 약(約)은 곤궁함이요, 이(利)는 탐냄과 같으니, 이는 깊이 알고 독실하게 좋아하여 반드시 얻고자 함이다.

[해석] 어질지 못한 사람은 그 본심을 잃어 오랫동안 곤궁하면 반드시 넘치게 되고, 오랫동안 즐거우면 반드시 빠지게 되지만, 오직 어진 자는 그 인을 편안히 여겨 어느 곳에서나 그처럼 행하지 않음이 없고, 지혜로운 자는 인을 탐내어 지키는 바를 변치 않았다. 비록 〈어진 자와 지혜로운 자〉의 깊고 얕은 경지가 다르지만, 그 모두가 바깥 사물에 뜻을 빼앗기지는 않는다.

○ 사씨[謝良佐]가 말하였다.

"어진 자의 마음은 안과 밖, 멀고 가까움, 정밀하고 거침의 사이가 없으므로 마음을 보존하려고 힘쓰지 않아도 스스로 마음을 잃지 않고, 마음을 다스리려고 하지 않아도 스스로 마음이 어지럽지 않다. 마치 눈으로 보고 귀로 듣고 손으로 잡고 발로 걷는 것처럼 자연스럽다.

지혜로운 자는 인에 대한 소견이 있다고 말하는 것은 옳지만, 인을 얻은 바 있다고 말함은 옳지 않다. 그는 애써 보존하려고 힘써야 만이 이를 잃지 않고, 다스려야 만이 이에 어지럽지 않으니, 고의의 노력이 없지 않다.

인을 편안히 여기면 〈인과 내가〉 하나이지만, 인을 얻고자 탐내는 것은 〈인과 내가〉 둘이다. 인을 편안히 여긴 자는 안연, 민자건 이상의 인물로서 성인과의 거리가 멀지 않은 사람이 아니면 이러한 의미를 알지 못할 것이다. 그 밖의 여러 제자는 비록 탁월한 재질이 있다고 할지라도 그들은 도를 보고서 미혹되지 않는다고 말하는 것은 옳지만, 그들은 인을 이롭게 여기는 〈지자 이인(知者利仁)〉의 경지를 벗어나지 못하였다."

3. 유인전지 惟仁全旨

이 장은 인자(仁者)의 바른 감정의 표현을 말하고 있다.

'좋아하고 미워함[好惡]'은 상하 모든 사람을 대상으로 통틀어 말하고 있다. 유인자(惟仁者)의 유(惟)자는 두 곳[能好人 能惡人]의 능(能)자와 밀접한 관련이 있다. 그것은 오직 그런 사람만이 이처럼 능히 할 수 있기 때문이다. 해당 집주에서 말한 "사심이 없다"는 것은 본체[體]요, "도리에 알맞게 대처한다"는 것은 작용[用]임을 말하고 있다. 이는 어진 이가 체용(體用)을 모두 갖추고서 좋아해야 할 때와 미워해야 할 때, 사심 없이 도리에 알맞게 대처하여 모두 그 작용에 이른 것이다. 집주에서 "사사로운 마음이 없어야 좋아하고 미워하는 바를 이 맞게 할 수 있다[無私心'然後'好惡當於理]"의 연후(然後) 2자는 본체[無私心]에서 작용[當於理]에 이르는 전환점이며, 또한 본체와 작용은 분리될 수 없음을 볼 수 있다. 사심이 없다[無私心]는 것은 인자에게 덧붙여 인자는 좋아하고 미워하는데 사심이 없음을 말하고, 도리에 알맞게 대한다[當於理]는 것은 두 곳의 능(能)자에 덧붙여 해석한 것이다.

子曰 惟仁者아 **能好人**하며 **能惡人**이니라

부자께서 말씀하셨다.

"오직 어진 자만이 제대로 사람을 좋아하고, 제대로 사람을 미워할 수 있다."

강설

부자께서 "어진 자는 올바른 마음을 가진 사람이다."라고 인식하여 어진 자에 대해 논하였다.

"좋아하고 미워함에 있어서 올바른 정을 간직한 사람이 적다. 오직 어진 사람의 마음만이 순수한 천리로 지극히 공정하여 사사로움이 없으므로, 사람을 좋아함에 있어 도리상 마땅히 좋아해야 할 사람을 좋아하되 일찍이 좋아하는데 치우침이 없다. 이는 사람 좋아하기를 잘함이 아니겠는가. 그는 사람을 미워하는 데도 사사로운 마음이 없다. 이는 사람 미워함에 마땅한 일이 아니겠는가. 좋아하고 미워하는 마음이야 모든 사람이 똑같지만, 제대로 좋아하고 미워할 줄 아는 것은 오직 어진 자만이 할 수 있다."

集註

惟之爲言은 獨也라

蓋無私心然後에 好惡當於理니 程子所謂得其公正이 是也라

○ 游氏曰 好善而惡惡은 天下之同情이라 然이나 人每失其正者는 心有所繫而不能自克也라 惟仁者는 無私心하니 所以能好惡也니라

[훈고] 유(惟)라는 말은 유독이라는 뜻이다.

[해석] 사심이 없어야만 좋아하고 미워함을 도리에 알맞게 할 수 있다. 정자가 말한 "그 공정함을 얻었다."고 함이 바로 이를 말한다.

○ 유씨[游酢]가 말하였다.

"선을 좋아하고 악을 미워함은 천하 모든 사람의 똑같은 마음이다. 그러나 사람이 언제나 그 바른 도리를 잃게 된 것은 마음이 사욕에 얽매인 바 있어 스스로 극복하지 못해서이다. 오직 어진 자만이 사심이 없다. 이 때문에 제대로 좋아하고 미워할 수 있는 것이다."

[보 補]

좋아하고 미워함은 감정이다. 이러한 감정의 전제는 마음의 본체에 있다. 위에서 말한 바와 같이 "사심이 없음이 본체"라 함은 그 마음의 공평함[其心公]이며, "도리에 알맞게 대처함이 작용"이라 함은 그 감정의 올바름[其情正]을 말한다. 정자가 말한 '그 공정(公正)함'은 이렇듯 마음의 공평[心公]함, 감정의 올바름[情正]을 합하여 말하였다. 사심이 없다는 것은 곧 무심(無心)이다.

"어진 이란 마치 허공처럼 가슴 속에 한 점의 사사로운 마음이 없다. 아름다운 모습과 추한 얼굴을 각기 그 대상에 따라 비춰주는 거울처럼 나의 마음에 얽매인 바 없다. 좋아함은 곧 좋아하는 사심으로 대함이 없고, 미워함은 곧 미워하는 사심으로 대함이 없다. 사심으로 좋아하고 미워한 바 없기에 제대로 사람을 좋아하고, 사람을 미워할 수 있다."[155]

이처럼 무심이란 나의 마음이 확연대공(廓然大公)한 것으로 전혀 사사로이 얽매인 바 없다. 따라서 선악을 분명하게 봄으로써 사물을 상대로 좋아하고 싫어함이 도리에 타당하지 않음이 없다. 이의 극대화로 왕도정치의 성취도 여기에서 비롯하고 있다.

"사람을 좋아하고 사람을 미워하는 감정의 작용은 매우 큰 것이다. 어진 이를 가까이하고 간악한 이를 멀리함과 신상필벌은 모두 좋아하고 미워하는 한 생각에서 비롯된다. 이를 조처하여 시행하는 데 오직 그 마음이 인(仁)으로 순수하면 기쁨과 성냄에 치우침이 없어 좋아하고 미워함이 절로 타당케 된다. 사심으로 좋아함이 없고 사심으로 미워함이 없는 것이 대중

155 『四書講義困勉錄』 권7. "袁了凡曰 仁者, 胸中無一點私意, 如太虛一般. 姸媸好醜, 各以物付之, 而我無容心焉. 是好卽無好, 惡卽無惡也. 無好無惡, 故能好能惡."

지정(大中至正)의 왕도이다."[156]

위의 논지와 같이 어진 자의 호오(好惡)는 왕도정치와도 밀접한 관련이 있는 중요성을 강조하고 있다.

4. 구지전지 苟志全旨

이 장은 모든 사람이 인(仁)에 뜻을 두도록 격려한 글이다.

인(仁)은 곧 선의 뿌리이다. 원래 악한 일과는 현격한 거리가 있다. 이의 중점은 구지어인(苟志於仁)의 '굳건한 의지'라는 지(志)자에 있지만, 새로운 계기의 '참으로'라는 뜻의 구(苟)자에 더욱 힘써야 한다. 곧 인에 뜻을 두면 악을 범한 일은 없다. 여기에서 인심은 위태롭고 도심은 은미하다는 기미(幾微)가 이와 같음을 찾아볼 수 있다.

子曰 苟志於仁矣면 無惡也니라

부자께서 말씀하셨다.

"참으로 인에 뜻을 두면 악한 일은 없을 것이다."

강설

부자께서 사람들에게 인에 뜻을 두되 진실한 마음을 지녀야 한다는 데 대해 말하고 있다.

"인을 행함에 있어 잘잘못은 그 마음의 뜻에 의한 것이다. 진정으로 어지러운 마음이 없이 오롯한 마음으로 인에 뜻을 두면 이에 행하는바 또한 여기에 있어 반드시 악한 일을 하지 않을 것이다. 이로 보면 배우는 이가 인에 참다운 뜻을 두지 않을 수 있겠는가."

集註

苟는 誠也라 志者는 心之所之也라

其心誠在於仁이면 則必無爲惡之事矣리라

○ 楊氏曰 苟志於仁이라도 未必無過擧也로되 然而爲惡則無矣리라

[훈고] 구(苟)는 '진실로'이다. 지(志)는 마음의 지향하는 바이다.

[해석] 그 마음이 진실로 인에 있으면 결코 악을 행하는 일은 없을 것이다.

○ 양씨[楊時]가 말하였다.

"진실로 인에 뜻을 둘지라도 반드시 허물[過擧: 무심결에 잘못을 범하는 과오]이 없다고 할 수는

156 『日講四書解義 論語』"夫好惡之爲用 甚大, 親賢遠奸, 信賞必罰, 皆由好惡一念, 措之施爲, 惟純其心於仁, 則喜怒無偏, 而好惡自當, 無私好, 無私惡, 王道之所以大中至正也."

없지만, 그러나 악(고의적으로 천리에 어긋난 잘못)을 범하는 일은 없을 것이다."

5. 부여장지 富與章旨

이 장은 군자 인(仁)의 공부를 나타낸 것으로, 표면의 거친 부분으로부터 정미(精微)한 부분에 이르고 있다.

첫 절에서는 취사선택을 분명히 함이며,

다음 절에서는 윗글을 끝맺으면서 아래 문장을 일으키고 있으며,

끝 절에서는 존양의 공부를 정밀하게 말하고 있다.

(1) 부여절지 富與節旨

이는 취사선택을 명백히 밝힘이다. 이는 배우는 이의 첫 공부로 2단락의 뜻은 대등하게 보아야 한다. "부귀에 거처하지 않는다."는 '불처(不處)'와 "빈천을 버리지 않는다."는 '불거(不去)' 구절은 자세히 음미해야 한다.

따라서 집주에서 "부귀를 살펴서 취하고 빈천을 편히 여긴다.['審'富貴而'安'貧賤]"는 심(審)자와 안(安)자를 잘 살펴보아야 한다. 심(審)이란 부귀를 얻기 이전에 어떻게 할 것인가를 살펴보는 것이며, 안(安)은 이미 빈천을 얻은 뒤에 편안히 받아들인 것이다.

'살펴본다'의 심(審)이란 이럴까 저럴까 두 가지의 일을 저울질해 보는 것이지만, 안(安)이란 그저 가난이라는 외길만을 따른 것이다. 이는 모두 도리로 욕심을 제재하는 것으로 은연중 인자(仁者)의 뜻을 포괄하고 있다.

子曰 富與貴 是人之所欲也나 不以其道로 得之어든 不處也하며 貧與賤이 是人之所惡也나 不以其道로 得之라도 不去也니라

부자께서 말씀하셨다.

"부와 귀는 사람마다 원하는 바이지만 바른 도로써 얻은 것이 아니면 받아들이지 않으며, 가난과 비천함은 사람마다 싫어하는 바이지만 비록 이를 얻을 일이 아닌 처지에서 얻었다 할지라도 이를 버리지 않는다."

강설

부자께서 사람에게 인(仁)을 온전히 행하는 공부를 가르쳐 주었다.

우리가 살아가는데 좋은 환경이 있는가 하면 역경도 있다. 이에 취사를 분명히 하는 것이 고귀한 일이다.

녹봉을 누리는 부유함과 벼슬이 있는 고귀함이란 모든 사람이 똑같이 원하는 것이다. 설령 군자일지라도 여느 사람의 마음과 다를 바 없다. 하지만 마땅히 얻어서는 안 되는 도로써 이를 얻었다면 반드시 이를 살펴 이러한 부귀를 누리지 않는다.

녹봉이 없는 가난과 지위가 없는 비천함이란 모든 사람이 똑같이 싫어하는 것이다. 설령 군자일지라도 여느 사람의 마음과 다를 바 없다. 하지만 이를 얻을 일이 아닌 처지에서 얻었다 할지라도 반드시 이를 편히 여겨 이와 같은 빈천을 버리지 않는다.

이처럼 천하 사람들이 모두 원하고 싫어하는 일은 군자라 할지라도 여느 사람과 다를 바 없다. 원하고 싫어하는 것은 남들과 매 한 가지이지만, 버리고 취하는 대의(大義)가 여느 사람과 다른 것이다. 이것이 군자다운 고귀한 면모이다.

集註

不以其道得之는 **謂不當得而得之**라 **然**이나 **於富貴則不處**하고 **於貧賤則不去**하니 **君子之審富貴而安貧賤也 如此**니라

[해석] 그 도로써 얻지 않음은 마땅히 얻어서는 안 될 것을 얻은 것으로 말한다. 그러나 부귀엔 거처하지 않고, 빈천함은 버리지 않는다. 군자가 부귀를 살피고 빈천을 편히 여김이 이와 같다.

[보 補]

주자의 집주에서 위의 2절은 '취사선택의 구분이 명확함[取舍之分 明]'을 말하였고, 아래 1절은 '존양의 공부가 정밀함[存養之功 密]'이라고 하였다. 이는 인(仁)을 체득하기 위해 의리를 편히 받아들임을 말한다.

"부귀를 받아들이지 않음은 의리를 편히 받아들임이며, 빈천을 버리지 않음은 천명을 편히 받아들임이다. 나는 무엇을 추구함인가. 의리를 편히 받아들임을 추구할 뿐이다. 부귀를 누릴 만한 일이 아닌 데도 부귀를 얻으면 의리에 해가 되므로 받아들이지 않으며, 빈천할 만한 일이 없음에도 빈천하게 되면 나의 의리에는 이미 부끄러운 바 없으니 빈천하다 한들 의리에 무슨 해가 되겠는가.

부귀는 사람마다 똑같이 바라는 바이다. 만약 이를 자세히 살피지 않으면 곧 잘못을 범하게 된다. 빈천은 사람마다 똑같이 싫어하는 바이지만, 나는 의리에 부끄러운 바 없다. 그런데도 만약 다시 빈천을 버린다면 그의 맘속에 '나의 부당한 빈천은 옳지 않은 일'이라는 생각이 분명하기 때문이다. 장자소(張子韶)의 '부귀는 살펴보고 빈천은 편안히 받아들인다.[審富貴安貧賤]'라는 말은 지극히 좋은 논지이다. 부귀를 살펴보는 것은 의리이며, 빈천을 편안히 받아들임은 천명이다."[157]

157 『御纂朱子全書』 권12. "朱子曰 富貴不處, 是安於義; 貧賤不去, 是安於命. 蓋吾何求哉? 求安於義理而已. 不

(2) 군자절지 君子節旨

이는 위 문장과 상반된 입장에서 어진 자를 지적한 것으로 인(仁)이란 결코 버릴 수 없음을 말한다. 따라서 오호성명(惡乎成名)의 명(名)자에 깊은 뜻이 담겨있지 않다.

君子 去仁이면 惡乎成名이리오

"군자가 인을 버리면 어떻게 군자라는 그 이름을 이룰 수 있겠는가."

강설

불의에 의한 부귀를 누리지 않고 빈천을 버리지 않음은 나의 본심 인(仁)을 간직함이며, 곧 군자가 군자다울 수 있는 이유이다. 만약 부귀를 탐닉하고 빈천을 싫어한다면 이는 스스로 그 인을 버림이니, 이는 군자다운 실상이 없다. 어떻게 군자라는 이름을 이룰 수 있겠는가.

集註

言君子所以爲君子는 以其仁也니 若貪富貴而厭貧賤이면 則是自離其仁하야 而無君子之實矣니 何所成其名乎아

[해석] 군자가 군자다울 수 있는 바는 그 인이 있기 때문이다. 만일 부귀를 탐닉하고 빈천을 싫어하면 이는 스스로 그 인을 떠나서 군자의 실상이 없으니, 어떻게 군자라는 그 이름을 이룰 수 있겠는가.

(3) 무종절지 無終節旨

이는 존양(存養)에 대해 말하고 있다. 이는 세밀한 공부이다.

한 끼니 밥을 먹는 순간에도 어김이 없다[無終食違仁]는 것은 특별히 짧은 시간을 빌려 말함이며, 이를 의탁하여 그 전체에 빈틈이 없어야 함을 나타낸 것이지, 오로지 이것만을 힘쓴다는 것은 아니다.

무종식위인(無終食違仁)의 위(違)자는 바로 그 마음을 가리킨 것으로, 마음이 들락날락함을 말한다. 이는 거(去: 君子去仁)자에 비해 더욱 치밀한 뜻이 담겨있다.

이 구절[無終食違仁]은 전체적으로 말하고, 아래 2구[造次必於是 顚沛必於是]는 또한 가장 쉽게 어길 수 있는 측면을 들어 말하고 있다. 조차(造次)는 종용(從容)의 대칭으로, 전패(顚沛)는 안상(安常)의 대칭으로 보아야 한다.

當富貴而得富貴, 則害義理, 故不處. 不當貧賤而得貧賤, 則自家義理, 已無愧, 居之何害? 富貴 人所同欲, 若不仔細, 便錯了. 貧賤 人所同惡, 自家旣無愧義理, 若更去, 其中分疏我不當貧賤便不是. 張子韶審富貴安貧賤之說, 極好. 審富貴 是義, 安貧賤 是命."

君子 無終食之間을 違仁이니 造次에 必於是하며 顚沛에 必於是니라

“군자는 밥 한 그릇 먹는 사이에 인을 어김이 없다. 아무리 급박한 때에도 반드시 이 인에 있어야 하고, 아무리 위급한 순간에도 반드시 인에 있어야 한다.”

강설

그러나 군자가 인을 버리지 않는다는 것은 어찌 부귀 빈천을 취사 선택하는 데 그치겠는가. 존심양성(存心養性)의 정밀함이란 한 끼니의 밥을 먹는 사이에도 내 마음의 인을 어겨서는 안 된다. 그러나 이는 한가한 때에 지키다가 급박할 때를 만났을 적에 망각함을 말함이 아니다. 급박한 경황 속에서도 인을 잊어서는 안 된다.

또한 이는 안일한 평상시에 인을 간직해 오다가 위급한 처지에서 소홀하게 여긴다는 말도 아니다. 위급한 곳에서도 또한 인에 기필하여 위급한 순간 속에서도 소홀하게 여기지 않는다.

군자의 오롯한 존양 공부가 이와 같으면, 이로써 부귀와 빈천을 취사 선택하는 데에도 더욱 명백하지 않겠는가.

集註

終食者는 一飯之頃이라 造次는 急遽苟且之時오 顚沛는 傾覆流離之際라

蓋君子之不去乎仁이 如此하니 不但富貴貧賤取舍之間而已也라

○ 言君子爲仁이 自富貴貧賤取舍之間으로 以至於終食造次顚沛之頃히 無時無處而不用其力也라 然이나 取舍之分明然後에 存養之功密하고 存養之功密이면 則其取舍之分이 益明矣리라

[훈고] 종식은 한 그릇 밥을 먹는 사이이다. 조차는 급박하고 구차한 때이며, 전패는 엎어지고 넘어지며 떠돌아다니는 경우이다.

[해석] 군자가 인을 버리지 않음이 이와 같다. 부귀와 빈천을 취하고 버리는 데에 그치는 것이 아니다.

○ 군자가 인을 행함은 부귀와 빈천의 취사 사이로부터 밥 한 그릇 먹는 사이, 급박한 때, 위급한 순간까지 어느 때이든 어느 곳이든 그 힘을 쓰지 않음이 없음을 말하고 있다. 그러나 취사의 분별이 명백한 뒤에 존양의 공부가 정밀하고, 존양의 공부가 정밀하면 취사의 분별이 더욱더 명백하게 됨을 말한다.

[보 補]

앞서 말한 바와 같이 제1, 2절은 취사의 명백한 구분이라는 ‘택선(擇善)’ 또는 지(知)의 측면이고, 이 절에서는 존양의 공부로 ‘고집(固執)’ 또는 행(行)의 측면이다. 지 · 행(知行)을 구분하여 말한 것이다. 그러나 집주에서 "취사의 분별이 명백한 뒤에 존양의 공부가 정밀하고, 존양의 공부가 정밀하면 취사의 분별이 더욱더 명백하게 된다."는 것은 '지(知)'와 '행(行)'이 서로 교차하면서 닦아가는, 지행교수(知行交修)를 말한다.

제3절의 존양 공부에 대해 위의 1구[無終食違仁]는 전체적으로 말하고, 아래 2구[造次必於是顚沛必於是]는 쉽게 어길 수 있는 측면을 들어 말한다고 하지만, 이는 다시 상변(常變), 즉 평상시와 사변처(事變處)의 선후 순으로 나누어 볼 수 있다.

"나의 학문이 뛰어나 응당 빈천할 사람이 아니라 하지만, 나의 학문이 과연 주렴계 정자 장자 주자와 같다 할 수 있을까? 주렴계 정자 장자 주자와 같지 않다면 빈천은 오히려 나의 당연한 본분이다. 이 때문에 남들의 처지에서 보면 그럴만한 도가 아니라고 말하지만, 나의 분수로 보면 모두가 그럴만한 도이다. 반드시 이처럼 하나하나 간파하여야 비로소 편안히 받아들여 종일 인을 어김이 없는 데에 이를 수 있다.

이는 사람들에게 아득하고 어둡침침[杳冥昏默]한 곳에서 추구하라는 게 아니다. 다만 동정과 어묵(語默)의 사이에 있다. 한 생각을 일으킬 적에도 반드시 천리(天理)에 있고 하나의 일을 행할 적에도 반드시 천리에 있는 것이 곧 인을 어기지 않음이다.

평상시에도 이처럼 하고 급박하고 위급한 때에도 반드시 이처럼 해야 한다. 때[時]에는 상변(常變)의 차이가 있으나 마음에는 상변의 차이가 없다. 이는 별난 법으로 다스려 나가는 게 아니라, 다만 평상시에 익숙하여야 갑자기 그 어떤 변고에 당할지라도 마음이 절로 흔들리지 않아 의혹이 되는 바 없고 두려운 바 없다. 이 때문에 이처럼 위급하거나 급박한 때에도 그처럼 인을 어기지 않을 수 있다."[158]

이처럼 인을 체득하는 존양 공부는 평소 일상생활의 숙련된 공부를 토대로 급작스러운 변고에 대체하면서 흔들리지 않은 마음을 지닐 수 있다고 인식한 것이다.

6. 아미장지 我未章旨

이 장에서는 부자께서 사람들에게 인(仁)에 힘써 줄 것을 반복하여 말하고 있다.

장내(章內)에 3곳의 미견(未見: 我未見好仁者, 未見力不足者, 我未之見也)은 모두 다른 뜻이 있다. 전후(前後) 2곳의 미견(未見: 我未見好仁者, 我未之見也)은 모두 이와 같은 사람이 없음을 말하고, 가운데의 미견(未見: 未見力不足者)은 그럴 리가 없음을 말하고 있다.

---

158 『松陽講義』 권5. "吾之學問, 好不應貧賤, 然學問能如周程張朱乎? 未能如周程張朱, 則貧賤猶是吾分也. 故自人視之, 謂不以其道; 自吾視之, 皆是以其道. 必一一看破, 方纔能安, 至於終日無違仁, 不是教人在杳冥昏默處求, 只在動靜語默間. 擧一念, 必在天理上; 行一事, 必在天理上, 便是不違仁了. 平常之時 如此, 造次顚沛之時亦如此. 時有常變, 心無常變, 此不是另有一法可以駕馭得, 只是平常時做得熟了, 卒然處變, 此心自然不動, 無所疑惑, 無所恐懼, 所以能必於是."

(1) 아미절지 我未節旨

위의 2구[我未…惡不仁者]는 성덕(成德)의 사람을 찾아보기 어려움을 말하고, 아래의 문장[好仁者…加乎其身]은 성덕에 관한 일을 들어 이를 실증하고 있다. 인(仁)과 불인(不仁)은 그 자신의 천리와 인욕을 가리킨다.

인을 좋아하는 자는 그 바탕과 성품이 혼후하고, 불인을 미워하는 자는 그 바탕과 성품이 강직하다. 이 두 부류의 각기 다른 성질을 가진 사람들이 각각 자신의 힘을 지극히 다하여 이와 같은 경지에 이른 자들이다.

子曰 我未見好仁者와 惡不仁者케라 好仁者는 無以尚之오 惡不仁者는 其爲仁矣 不使不仁者로 加乎其身이니라

부자께서 말씀하셨다.

"나는 인을 좋아하는 자와 불인을 미워하는 자를 보지 못하였다. 인을 좋아하는 자는 이에 더할 것이 없으며, 불인을 미워하는 자는 그 인을 함에 있어 불인한 일을 그의 몸에 더하지 않는다."

강설

부자께서 거듭 인에 힘쓰라는 뜻으로 말씀하셨다.

"인이란 좋아해야 할 바이며, 불인이란 미워해야 할 바이다. 그러나 오늘날 나는 인을 좋아하는 자와 불인을 미워하는 자를 보지 못하였다.

내가 말한 '인을 좋아한다.'는 것은 참으로 인을 좋아할 줄 알고서 독실하게 좋아함이다. 이 세상에 그 어떤 것을 가져다 놓아도 이에 더할 수 없으므로 그가 좋아하는 마음을 그 어떤 것으로도 빼앗지 못할 것이다.

내가 말한 '불인을 미워한다.'는 것은 참으로 불인을 미워할 줄 알고서 엄격히 불인을 끊어버리고 조그만큼도 그의 몸에 더하지 않는다. 이 모두가 성덕(成德)의 일이다. 나는 여태껏 그런 사람을 보지 못했다."

集註

夫子自言 未見好仁者와 惡不仁者로라 蓋好仁者는 眞知仁之可好라 故로 天下之物이 無以加之오 惡不仁者는 眞知不仁之可惡이라 故로 其所以爲仁者 必能絶去不仁之事하야 而不使少有及於其身이니 此皆成德之事라 故로 難得而見之也라

[해석] 부자께서 스스로 말씀하셨다.

인을 좋아하는 자와 불인을 미워하는 자를 보지 못하였다. 인을 좋아하는 자는 참으로 인을 좋아할 줄 알기에 천하의 그 어느 것으로도 이에 더할 수 없고, 불인을 미워하는 자는 참으로 불인을 미워할 줄 앎으로써 그가 인을 함에 있어 반드시 불인한 일을 끊어 조금이라도 그의 몸에 미치지 않도록 하니, 이는 모두 성덕의 일이다. 이 때문에 그런 사람을 찾아보기 어렵다.

(2) 유능절지 有能節旨

2구[有能…足者]는 하나의 뜻으로 보아야 한다. 이는 인에 힘쓰도록 격려한 말인데 인에 힘쓰기가 쉽다는 점에 대해서 말하고 있다.

상절(上節)의 호인(好仁)과 오불인(惡不仁)이란, 곧 인에 힘을 쓰는 것으로서 인을 좋아하는 자란 이에 더할 나위 없고, 불인을 미워하는 사람은 불인한 일을 자신에 더하지 않는다. 이는 힘이 넉넉한 자를 말한다.

그러나 이 절에서는 또한 처음 착수해야 할 부분으로 말하였다. 이 절에서는 힘써야 함을 주로 말하였지만, 기미를 밝게 살피고 굳은 의지로 결단해야 한다는 뜻까지 겸하여 말하고 있다.

有能一日에 **用其力於仁矣乎**아 **我未見力不足者**케라

"하루만이라도 인에 그 힘을 쓴 적이 있는가. 나는 힘이 부족한 자를 보지 못하였다."

강설

인을 좋아하고 불인을 미워하는 사람은 찾아보기 어렵다. 과연 단 하루만이라도 분발, 각성하여 힘껏 인을 좋아하고 불인을 미워하는 사람이 혹 있을까? 이처럼 한다면 굳건한 뜻으로 몸의 기운을 지배하여 거느리는 것이다. 인을 좋아하여 천리를 확충하려는데 힘이 부족한 사람과 불인을 미워하여 인욕을 막으려는데 힘이 부족한 사람을 나는 보지 못했다.

集註

言好仁惡不仁者를 **雖不可見**이나 **然**이나 **或有人果能一旦奮然用力於仁**이면 **則我又未見其力有不足者**케라 **蓋爲仁在己**라 **欲之則是**니 **而志之所至**에 **氣必至焉**이라 **故**로 **仁雖難能**이나 **而至之亦易也**니라

[해석] 인을 좋아하고 불인을 미워하는 자를 비록 찾아볼 수 없으나, 혹 어떤 사람이 과연 하루아침에 분연히 인에 힘쓴다면, 나는 또한 그 힘이 부족한 자를 보지 못하였다. 인을 행하는 것은 나의 몸에 달려있다. 인을 행하고자 원하면 여기에 인이 있다. 뜻이 있는 곳에 기운은 반드시 따라 이르게 된다. 이 때문에 인이란 비록 잘하기는 어렵지만, 인에 이르기는 또한 쉽다.

(3) 개유절지 蓋有節旨

위 구절[蓋有之矣]은 가설의 말로 "힘을 쓰려고 해도 힘이 부족한 자가 있겠지만"이라는 점을 말

하며, 아래 구절[我未之見也]에서는 결코 힘쓰는 사람을 보지 못했다는 점에 대해 말하였다.

이는 아마 힘이 부족한 사람도 있기야 하겠지만, 반드시 힘을 써본 후에야 힘이 부족한 사람을 찾아볼 수 있는 법인데, 오늘날 사람들은 인에 기꺼이 힘조차 쓰지 않는다. 이는 아예 행하지 않은 것이다. 어떻게 힘이 부족한 사람을 찾아볼 수 있겠는가.

蓋有之矣어늘 我未之見也로다

"아니 어쩌다 〈그처럼 힘이 부족한 사람도〉 있겠지만, 나는 그런 사람을 보지 못했다."

강설

그러나 사람의 기질에는 혼미함과 명철함, 강함과 약함의 차이가 있기에, 어쩌면 또한 매우 혼미하고 나약하여 아무리 힘을 쓰려고 해도 타고난 바탕의 한계에 부딪혀 인을 행할 수 없는 자도 있을 것이다. 그러나 나는 아직껏 그런 사람을 보지 못하였다. 내가 보아왔던 부류는 모두가 인에 기꺼이 힘쓰지 않는 사람들뿐이었다. 애당초 인에 힘을 쓰지 않은 것이지, 어떻게 힘이 부족하다는 점을 찾아볼 수 있겠는가.

集註

蓋는 **疑辭**라 **有之**는 **謂有用力而力不足者**라

蓋人之氣質不同이라 **故**로 **疑亦容或有此昏弱之甚**하야 **欲進而不能者**어늘 **但我偶未之見耳**라

蓋不敢終以爲易하고 **而又歎人之莫肯用力於仁也**시니라

○ **此章**은 **言仁之成德**이 **雖難其人**이나 **然**이나 **學者 苟能實用其力**이면 **則亦無不可至之理**로되 **但用力而不至者**를 **今亦未見其人焉**이니 **此夫子所以反覆而歎息之也**니라

[훈고] 개(蓋)는 '아마'라는 의문사이다. 유지(有之)는 "힘을 써도 힘이 부족한 자가 있겠지만"이라는 말이다.

[해석] 사람의 기질은 각기 다르다. 이 때문에 의심컨대 또한 혹시 이처럼 혼미하고 나약하여 나아가고자 해도 나가지 못한 자가 있겠지만, 나는 아직껏 우연히 그런 사람을 보지 못하였을 뿐이다. 이는 감히 끝내 인을 쉽게 여기지도 않고, 또한 사람들이 기꺼이 인에 힘쓰지 않음을 탄식한 것이다.

○ 이 장에서는, 인의 성덕이란 비록 사람에게 어려운 일이긴 하나, 배우는 자가 진실로 실제 힘을 쓰면 또한 이르지 못할 리도 없겠지만, 힘을 써도 이르지 못한 자를 지금까지 또한 그런 사람을 찾아볼 수 없었다. 이 때문에 부자께서 거듭거듭 탄식하였다.

[보 補]

집주에서 말한 혼약(昏弱: 或有此昏弱之甚)의 혼(昏)이란 기미를 밝게 살피지 못함이며, 약

(弱)이란 굳건한 뜻을 가지고 결단을 내리지 못함을 나타낸 말이다.

경원 보씨는 위의 3절에 대해 또 다른 해석으로 이를 밝히고 있다. 위에서 언급한 바와 같이 "이 장에서 미견(未見)을 3차례 다른 뜻으로 말하고 있으나, 그 뜻을 실로 서로 이어지고 있다.

처음은 성덕한 사람을 찾아볼 수 없다는 것이고,

다음은 인에 힘쓰는 사람을 찾아볼 수 없다는 것이며,

끝에서는 또한 힘을 쓰는 데 힘이 부족한 사람을 찾아볼 수 없음을 말한다. 이는 배우는 이들이 이를 계기로 스스로 경계하여 인에 힘쓰기를 원하지 않음이 없는 말씀이다."

이는 또 다른 하나의 해석이다. 만약 그의 설을 따른다면, 끝부분(末節)에 대해서 다음과 같이 말해야 할 것이다.

"이 세상에는 또한 실제 힘을 쓰면 힘이 부족한 사람이 없다. 이런 사람이 혹 거의 성취된 단계에서 멈춘다거나 아니면 중도에서 쓰러진다고 할지라도 오히려 스스로 선을 긋고 애당초 앞으로 나가려 하지 않은 자보다 훨씬 나은 것이다. 비록 똑같은 자포자기라 할지라도 거의 성취된 단계 및 중도에서 자포자기한 자는 애초부터 자포자기한 자에 견주어 분명 차이가 있다. 그러나 이런 사람조차 찾아보기 어렵다는 것은 참으로 한탄스러운 일이다. 대체로 일반 사람들은 인을 불요불급(不要不急)한 존재로 간주한 나머지 그 길로 달려나가지 않는다. 기꺼이 그 길로 올라서는 그 자체만으로도 좋은 일이다. 이 때문에 부자는 아울러 '힘을 쓰다가 힘이 부족하여 중도에서 그만두는 사람'까지도 생각한 것이다.

이처럼 강론하는 것 또한 여기에서 말한 이치에 어긋나지 않음에 따라 일설로 갖춰놓은 것이다."[159]

7. 인지전지 人之全旨

이 장에서는, 흔히 사람들은 잘못이 있다는 이유로 그 사람을 멀리한 채, 다시는 그 잘못을 범한 자의 마음을 살펴보지 않는다. 이런 까닭에 부자께서 이를 말한 것이지, 허물을 짓고서도 스스로 편안한 마음을 가지라는 뜻에서 말한 것은 아니다. 이는 미세한 부분, 즉 그 어진 마음의 내면을 통해서 그의 어짊을 알아야 한다는 데에 중점을 두고 있다.

위의 2구(人之…其黨)는 군자의 측면에 중점을 두어 말하면서 소인과 함께 말하고 있다. 여기에 쓰인 과(過)자는 우연한 잘못으로, 미처 살피지 못한 데에서 무심결에 저지른 허물이다. 허물을

159 『松陽講義』 권5. "慶源輔氏曰 此章三言未見, 而意實相承. 初言成德之未見, 次言用力之未見, 末又言用力而力不足者之未見, 無非欲學者因是自警而用力於仁耳. 此又是一樣講, 若欲依此, 則講末節當云天下亦實有用力而力不足之人. 此項人, 雖或垂成而止, 或半塗而廢, 然猶愈於自畫而不進者也. 雖同一自暴自棄, 而自暴棄於垂成半塗之時, 與初頭便自暴棄者, 有間矣. 然此等人, 今亦難得, 眞可歎息. 大抵世上人, 看得仁是箇迂遠不急之物, 莫肯走到這一條路上去, 肯上這條路, 就是好的了, 故夫子幷用力而力不足者, 亦思之也. 如此講, 亦於理無礙, 存之以備一說 可也."

살펴본다[觀過]는 것은 곧 그 허물이 후한 데서 비롯된 것인가, 각박한 데서 비롯된 것인가를 살펴보는 것이다.

그러나 본문에서 다만 사지인(斯知仁)이라고 말했는데, 아래 집주의 윤씨[尹焞]의 설에서는 불인(不仁: 人之仁不仁) 2자를 첨가하여 말하였다. 이를 원만하게 잘 살펴보아야 한다.

子曰 人之過也 各於其黨이니 觀過에 斯知仁矣니라

부자께서 말씀하셨다.

"사람의 허물이란 각각 그 유에 따라 다르다. 그의 허물을 보면 이에 인(仁)을 알 수 있다."

강설

부자께서 사람에게 허물이 있다고 하여 냉정히 버릴 수 없다는 점을 논하였다.

"사람의 허물을 논함에 있어 마땅히 그 마음의 근원적인 면을 살펴보아야 한다. 사람의 마음이란 각기 다르므로 사람의 허물 또한 각기 유에 따라 모두 똑같을 수 없다. 이를테면 어진 사람이란 후한 데에 지나쳐서, 어질지 못한 자는 잔인한데 지나쳐서 무심결에 잘못을 범하는 경우가 있다. 이처럼 두텁고, 각박하고, 사랑하고, 잔인함에 따라 무심결에 저지른 그 허물을 살펴보면, 그 허물이야 피할 수 없겠지만, 가엾게 여기는 마음에서 천리를 따라 행하다가 어쩔 수 없이 허물을 범한 자가 있음을 볼 수 있다. 이로 보면 그는 어진 마음을 간직한 자임을 알 수 있다. 사람을 살펴볼 적에 어찌 허물이 있다고 하여 그를 버릴 수 있겠는가."

集註

黨은 類也라

程子曰 人之過也는 各於其類니 君子는 常失於厚하고 小人은 常失於薄하며 君子는 過於愛하고 小人은 過於忍이니라

尹氏曰 於此觀之면 則人之仁不仁을 可知矣리라

○ 吳氏曰 後漢吳祐 謂掾以親故로 受汚辱之名이라 所謂觀過知仁이라하니 是也니라

愚按 此亦但言人雖有過나 猶可卽此而知其厚薄이오 非謂必俟其有過而後에 賢否可知也니라

[훈고] 당(黨)은 무리이다.

[해석] 정자[伊川]가 말씀하였다.

"사람의 허물은 각각 그 유에 따라 다르다. 군자는 항상 후한 데에서 잘못을 범하고 소인은 항상 각박한 데에서 잘못을 범하며, 군자는 사랑에 지나치고 소인은 잔인함에 지나친다."

윤씨[尹焞]가 말하였다.

"이로 살펴보면 사람의 인과 불인을 알 수 있다."

○ 오씨[吳棫]가 말하였다.

"후한(後漢)의 오우(吳祐)가 말하기를, '아전[嗇夫 孫性]이 어버이를 위하려는 마음 때문에 백성의 돈을 갈취했다는 오욕스러운 이름을 받았다. 이른바 허물을 보면 인을 알 수 있다.'고 하니 이런 것이다."

나는 살펴보니 다음과 같다.

이 또한 다만 사람에게 허물이 있더라도 오히려 이런 허물을 두고서 그들의 두텁고 얇음을 알 수 있다는 말이지, 반드시 그 허물이 있고 난 뒤에야 그가 어진지 어질지 않은지를 알 수 있음을 말한 게 아니다.

[보 補]

오우의 고사는 『후한서(後漢書)』「오우전(吳祐傳)」에 의하면, 다음과 같다.

오우는 순제(順帝) 당시 교동후상(膠東侯相)이었다. 오우의 정사는 인자함과 간명함으로 몸소 백성을 거느리니 관리들이 사모하여 속이지 않았다. 색부(嗇夫: 小吏) 손성(孫性)이 사사로이 백성의 돈을 거두어 옷을 사서 자기 아버지에게 드리자, 그의 아버지가 이를 받고서 성내어 말하였다.

"이와 같은 사또가 계시는데 어찌 차마 속일 수 있겠느냐? 속히 돌아가 너의 죄를 자백하라."

손성은 부끄럽고 두려운 마음으로 옷을 들고 관아를 찾아가 자수하였다. 오우가 좌우 아전들을 물리치고 그 이유를 묻자, 손성이 아버지가 한 말을 이야기하니 오우가 말하였다.

"아전이 어버이를 위하려는 마음 때문에 백성의 돈을 갈취했다는 오욕스러운 이름을 받았다. 이른바 허물을 보면 인을 알 수 있다는 것이 이를 말한다."

오우는 돌아가서 그의 아버지에게 사죄하게 하고 또한 옷도 다시 보내주었다.[160]

8. 조문전지 朝聞全旨

이 장은 부자께서 도를 깨쳐야 한다는 절대 필요성을 강조한 글이다. 문(聞) 자를 깊이 있게 보아야 한다. 여기에는 많은 격물치지(格物致知)의 공부가 필요하다. 평소에 부지런히 쌓아놓은 학문이 없으면 어떻게 하루아침에 활연관통(豁然貫通)의 깨달음을 얻을 수 있겠는가. 석사(夕死) 또한 원활하게 보아야 한다. 이는 반드시 죽어야 한다는 말은 아니다.

160 "吳祐, 順帝時, 遷膠東侯相. 祐 政唯仁簡, 以身率物, 吏人懷而不欺. 嗇夫(小吏)孫性, 私賦民錢, 市衣以進其父, 父得而怒曰 有君如是, 何忍欺? 促歸伏罪, 性慙懼詣閣, 持衣自首. 祐 屛左右, 問其故, 性具談父言. 祐曰 掾以親故, 受污辱之名, 所謂觀過斯知仁矣. 使歸謝父, 還以衣遺之."

子曰 朝聞道면 夕死라도 可矣니라

부자께서 말씀하셨다.
"아침에 도를 깨달으면 저녁에 죽어도 괜찮다."

강설

부자께서 도를 깨달음에 힘써야 한다는 데 대해 말하였다.

"도는 사람이 살아가는 바른 이치이다. 사람으로 사는 삶에 욕됨이 없도록 할 수 있는 것은 도를 얻는 데 있다. 평소 공부가 쌓여가다가 어느 하루 아침에 도를 깨달아 탁 트이면 모든 일을 통달할 수 있다. 그렇게 되면 그의 삶은 헛되지 않을 것이다. 설령 그날 저녁에 죽는다고 하여도 마음에 유감이 없을 것이다. 그러나 도를 깨닫지 못한다면 아무리 장생을 누린다고 할지라도 또한 그 무엇 하겠는가. 아, 도란 깨닫지 않을 수 없다."

集註

道者는 事物當然之理니 苟得聞之면 則生順死安하야 無復遺恨矣리라 朝夕은 所以甚言其時之近이라

○ 程子曰 言人不可以不知道니 苟得聞道면 雖死라도 可也니라

又曰 皆實理也니 人知而信者爲難이라 死生亦大矣니 非誠有所得이면 豈以夕死爲可乎아

[훈고와 해석] 도는 사물의 당연한 이치이다. 참으로 이를 깨달으면, 곧 살아서 도를 따르고 죽어서도 편안하여 다시는 여한이 없을 것이다. 조석이란 매우 가까운 시간으로 말한다.

○ 정자[伊川]가 말씀하였다.

"사람은 도를 알지 않을 수 없다. 참으로 도를 깨달으면 비록 죽는다고 할지라도 괜찮다."

정자[明道]가 또 말하였다.

"모두가 진실한 이치이다. 사람이 이를 알고 믿는다는 것은 어려운 일이다. 죽음과 삶 또한 큰 것이다. 참으로 얻은 바 있지 않으면 어떻게 저녁에 죽는 것으로 괜찮다고 하겠는가."

[보 補]

문도(聞道)의 문(聞)자에 대해 잠실 진씨(潛室陳氏)는 다음과 같이 말하였다.

"여기에서 말한 도를 듣는다[聞]는 것은 귀로 듣는 것을 말함이 아니다. 마음으로 깨달음을 말한다. 이는 정자가 말한 '어느 날 융회관통(투철한 개념인식)한 곳[一日融會貫通處]'이다. 학문하면서 이런 경계를 보지 못한다면 백발이 되도록 경전을 궁구한다 한들, 이 또한 일생을 잘못 보낸 것이다. 이미 이런 경계에 이르렀다면 비록 죽는다 한들 한이 없을 것이며, 또한 일생을 헛되이 보내지 않은 것이다."[161]

정자의 '일일융회관통(一日融會貫通)'과 주자의 『대학』 「보궐장(補闕章)」에서 말한 '일조

활연관통(一旦豁然貫通)'은 오도(悟道)의 경계를 말한다. 여기에서 '어느 날[一日]', 또는 '하루아침[一旦]'이란 단번에 깨달음을 얻는, 불가 설의 돈오(頓悟)와 같다. 그러나 이는 평소 부지런히 쌓아놓은 공부[漸修]가 없었다면 하루아침 단번에 깨달음을 얻는 오묘함은 있을 수 없다. 정주(程朱)의 인식론은 이처럼 점수(漸修)를 바탕으로 이뤄지는 돈오를 지향한 것이다.

저녁에 죽어도 괜찮다는 도란 진정 무엇을 말하는가. 주자는 집주에서 이를 "사물의 당연한 이치"로 규정하였다. 예컨대 자식의 효도, 신하의 충성이 당연한 도리이다. 효도와 충성을 알지 못한 자는 자식과 신하가 아니다. 이렇듯이 사람으로서 당연한 도리를 모른다는 것은 곧 사람이지만 사람이 아니라 할 것이다. 따라서 저녁에 죽어도 괜찮다는 것은 이런 도리를 깨달아 단 하루라도 사람답게 살아야 함을 강조하는 말이다. 그렇지 못하면 백발의 공부 또한 허사이기 때문이다.

그러나 도를 깨닫는다는 것은, 이를 좋아하고 학습하는 정진에서 비롯한다. 그 무엇을 좋아하느냐에 따라서 그 길 속의 도가 트이기 마련이다.

"나는 알고 있다. 너희들도 모두 도를 깨달을 수 있음을…. 단 혈육의 육신에 둘러싸여 있는 연유로 오직 진종일 서글퍼하는 것이다. 어떤 이는 거실이 편안하지 못하다는 이유로, 어떤 이는 의복이 아름답지 못하다는 이유로, 어떤 이는 음식이 풍족하지 못하다는 이유로, 이런저런 잡념 망상이 가슴속에 가득하니 어떻게 도를 깨달을 수 있겠는가.

이 때문에 진실로 이런 도를 깨달으면 이 세상 그 어떤 일이든 그 어떤 존재이든 이에 더할 수 없다. 이는 마치 술과 재물을 좋아하는 것처럼, 술을 좋아하는 자는 오직 술이 가장 좋은 줄만 알고, 재물을 좋아하는 자는 오직 재물이 가장 좋은 줄만 알고 있다. 이 때문에 술과 재물을 위해서는 그의 몸을 바쳐서라도 또한 후회하지 않는다. 이는 술과 재물에 관한 도를 깨달은 것이다. 이들을 살펴보면 도를 깨달은 자의 기상이 어떠할까를 엿볼 수 있다."[162]

위는 공부의 과정을 말해주는 것으로, 아래 제16「군자장(君子章)」의 "군자는 의리에 밝고, 소인은 잇속에 밝다.[君子喩於義 小人喩於利]"의 '유(喩)'자와 같은 맥락이다. 좋아하여 그 길 속에 익숙하다 보면 어느 날 그쪽 방면으로 도가 트이기 마련이다. 이런 연유로 군자와 소인에 따라 깨달음의 길이 달라지는 것이다.

하지만 이처럼 당연의 도리를 깨달을 수 있는 전제는 일이관지(一以貫之)에서 근저를 두고 있다. 하나의 마음[一]을 깨달은 데서 외적으로 사물의 당연한 도리를 관통[貫之]하기 때문이다. 위에서 언급한 바와 같이 조문도(朝聞道)는 의리에 밝은 군자[君子喩於義]와 일이관지를 참

---

161 『大全』 該註. "潛室陳氏曰 此聞, 非謂耳聞, 謂心悟也. 卽程門所謂一日融會貫通處. 爲學若不見此境界, 雖皓首窮經, 亦枉過一生; 若已到此境界, 雖死無憾, 亦不虛了一生也."

162 明 呂柟 撰, 『四書因問』 권3. "先生曰 我知汝輩 於這道, 都是可得聞的, 只緣血肉之軀包裹著, 惟終日戚戚, 或是居室不安, 或是衣服不美, 或是飮食不豊, 這等念慮, 橫于胸中, 怎麽得聞道? 故須實見得這道, 擧天下萬事萬物, 無以尙之. 如好酒者, 惟知酒之美; 好貨者, 惟知利之美. 故雖爲酒貨, 殺其身, 亦不悔焉, 是聞酒聞貨者矣. 觀此, 可求所以聞道之氣象也."

고하여 살펴보면 그 전후 맥락을 가늠할 수 있다.

9. 사지전지 士志全旨

이 장에서는 선비가 되고자 하는 자는 오로지 입도(入道)에 마음을 다해야 한다는 점을 말하고 있다.

치(恥)자는 전일(專一)한 마음을 나타내주는 글자이다. 몸이 외물(衣食住等)에 부림을 당하면 도를 행하는데 해가 되므로 그와 함께 도를 논할 수 없다는 뜻까지 살펴보아야 한다. 다시 말하면 도에 뜻을 두려면 반드시 허름한 옷과 거친 음식을 부끄럽게 여기는 저속한 견해를 버렸을 때 비로소 도에 뜻을 둘 수 있기 때문이다.

子曰 士志於道而恥惡衣惡食者는 未足與議也니라

부자께서 말씀하셨다.

"선비로서 도에 뜻을 두고 허름한 옷과 거친 음식을 부끄러워하는 자와는 도를 의논할 수 없다."

강설

부자께서 도에 독실한 뜻이 없는 자를 경계하여 말하였다.

"선비가 되어 참으로 도를 구하는 데 뜻을 둔다면 의당 바깥 사물의 누를 받아들이지 않아야 함에도, 오히려 허름한 옷과 거친 음식을 부끄럽게 여긴다면 그의 식견과 취향은 비루한 것이다. 이러한 사람과는 도를 의논하여도 반드시 도에 들어갈 수 없으니, 그와 함께 도를 논할 수 없다. 도에 뜻을 둔 사람이라면 힘써야 할 바를 몰라서야 하겠는가."

集註

心欲求道로되 而以口體之奉이 不若人으로 爲恥면 其識趣之卑陋 甚矣니 何足與議於道哉아

○ 程子曰 志於道而心役乎外면 何足與議也리오

[해석] 마음에 도를 구하고자 하면서 먹고 입는 의식(衣食)의 봉양이 남만 같지 못함을 부끄러워한다면 그의 식견과 취향은 몹시 비루한 것이다. 어떻게 그와 도를 논할 수 있겠는가.

○ 정자[伊川]가 말씀하였다.

"도에 뜻을 두고서 마음이 바깥 사물에 부림을 당하면 어떻게 그와 도를 의논할 수 있겠는가."

[보 補]

옷과 음식이란 작은 몸[小體: 肉身]을 받드는 것이며, 도는 큰 몸[大體: 心性]을 기르는 것이다.

작은 것에 탐착한 자와는 큰 것을 이야기할 수 없다. 양호의 말처럼 "인을 하려면 부를 누릴 수 없고 부를 누리자니 인을 할 수 없다.[陽虎曰 爲仁不富, 爲富不仁.]"(『孟子』「滕文公 上」) 외적 물질을 지향하는 자, 내면의 도덕성과는 상반되는 것이기에 이를 겸할 수 없기 때문이다.

도에 큰 뜻을 지니고서 "그 마음이 괴롭고 그 몸이 힘들고 배고픔과 어려운 생활[苦其心志, 勞其筋骨, 餓其體膚, 空乏其身.]"(上同 「告子 下」)을 감내하면서 배부름과 따뜻한 옷[飽食暖衣]을 찾는다면 이는 부귀를 원하는 마음과 도를 행하려는 마음이 가슴 속에 서로 충돌[欲貴之心, 與行道之心, 交戰于中.]하기 마련이다. 빈천을 부끄럽게 여기는 마음은 안빈낙도와 상반된다. 부귀에 탐착하는 도척에게 안연의 단표누항(簞瓢陋巷)을 말할 수 있을까? 이 때문에 허름한 옷과 거친 음식을 부끄러워하는 자와는 도를 의논할 수 없다.

10. 군자전지 君子全旨

이 장에서는 군자가 세상의 일을 처리하는 데 아무런 사심 없이 천리에 따라 마땅케 해야 함을 말하고 있다.

이 문장의 주된 정신은 모두 '지어천하(之於天下)' 4자에 담겨있다. 적(適)과 막(莫)이란 개인의 의견이며, 의(義)란 사물의 권형(權衡)이다. '무적야' 이하[無適也 無莫也 義之與比] 3구는 집주에서 하나의 문맥으로 해석하였다. 이는 마치 그렇게 하지 말고 이렇게 행하여야 한다는 말과 같다.

'의를 따를 뿐이다[義之與比]'는 구절을 거꾸로 '따르기를 의로 한다[比之與義]'라고 말할 수 없다. '의를 따른다'고 함은 군자가 앞서 의를 정밀하게 아는 인식의 선행(先行), 그리고 의를 실행하여 쌓아놓은 실천의 선행 노력이 있어 어떤 일이든 허심으로 사물의 이치를 관조하기에 이처럼 할 수 있다. 이는 의를 따르려는 의지만으론 불가능하다. 반드시 전제의 선행 공부를 기초로 하기 때문이다.

子曰 君子之於天下也에 無適也하며 無莫也하야 義之與比니라

부자께서 말씀하셨다.

"군자는 천하의 일에 꼭 그렇게 해야 한다는 것도 없고 절대 안 된다고 함도 없이 의를 따를 뿐이다."

강설

부자께서 사람에게 일에 대응하는 법을 말씀하셨다.

"천하의 일에는 비록 정형이 없다고 하지만 일정한 이치는 있다. 군자는 모든 일을 대처하면서 마음에 먼저 '반드시 이거야'라는 절대 긍정의 주관으로 오로지 옳다고 고집해서도 안 되고, 마음에 먼저 '절대 이건 아니야'라는 부정적 생각으로 절대 안 된다고 집착해서도 안 된다. 해야 할 일이든 할 수 없는 일이든 모두 의리에 따라 어긋나지 않도록 할 뿐이지, 또한 어찌 그사이에 절대 긍정과 부정이라는 편견의 주관을 앞서 지닐 수 있겠는가. 이것이 일에 대처하는 군자의 준칙이다."

集註

適은 **專主也**니 **春秋傳曰 吾誰適從**이 **是也**라 **莫**은 **不肯也**라 **比**는 **從也**라

○ **謝氏曰 適**은 **可也**오 **莫**은 **不可也**니 **無可, 無不可**하야 **苟無道以主之**면 **不幾於猖狂自恣乎**아 **此佛老之學**이 **所以自謂心無所住而能應變**이라하나 **而卒得罪於聖人也**라 **聖人之學**은 **不然**하야 **於無可無不可之間**에 **有義存焉**이니 **然則君子之心**이 **果有所倚乎**아

[훈고] 적(適)은 오로지 주장함이니, 『춘추좌전』(僖公 5년)에 "내가 누구를 주인으로 삼아 따라야 할까?"라는 뜻이 이것이다. 막(莫)은 긍정하지 않음이다. 비(比)는 따름이다.

○ 사씨[謝良佐]가 말하였다.

"적(適)은 옳다고 함이요, 막(莫)은 옳지 않다고 함이다. 옳다는 것도 없고 옳지 않다는 것도 없으나 참으로 도로 주장함마저 없다면 미치광이처럼 스스로 방자함에 가깝지 않겠는가. 이는 불노의 학술이 이 때문에 스스로 '마음에 집착한 바 없이 능히 변화에 응한다.'라고 말하면서도 마침내 성인에게 죄를 얻게 된 것이다. 성인의 학문은 그렇지 않다. 옳다는 것도 옳지 않다는 것도 없는 그사이에 의가 있을 뿐이다. 그렇다면 군자의 마음이 과연 어느 한쪽에 치우친[偏倚] 바 있겠는가."

[보 補]

"마음에는 그 어떤 하나의 사물도 두어서는 안 된다.[心不可有一事]"(『二程遺書』 권3) 이는 해맑은 거울과 고요한 물[明鏡止水]과 같은 허심(虛心)을 말한다. 따라서 '반드시 이거야'라는 긍정과 '절대 이건 아니야'라는 부정의 편견에 의한 주관을 배제해야 한다. 편견의 주관은 색안경과 같다. 사물을 바르게 보려면 먼저 색안경을 벗어야 한다.

"나의 마음에 먼저 주장하는 바의 편견이 없어야 다가오는 사물에 따라 허심으로 관조하면서 오직 바른 대의를 따를 수 있다."[163]

이처럼 "의를 따른다"는 것은 허심에 의한 사물상의 감응 작용이다. 작용의 전제는 본체이다. 따라서 '반드시 이거야' '절대 이건 아니야'라는 편견이 없어야 함은, 사물 접촉 이전 즉 희로애락 감정이 일어나지 않을 적[喜怒哀樂未發時]의 확연대공(廓然大公) 본체이자, 마음에 집착한 바 없는[心無所住] 허심의 근본자리이며, "의를 따른다"는 것은 사물이 이르러 옴에 순응하는[物來順應], 즉 변화에 응하는[應變] 작용이다. 여기에서 말한 절대 긍정과 부정은 편견의

---

163 『大全』 該註. "雙峯饒氏曰 心不可先有所主, 當於事至物來, 虛心觀理, 惟義之從."

주관으로 확연대공의 본체와 상반되기에 이를 경계한 것이다. 그러므로 '무적야 무막야(無適也 無莫也)' 6자는 확연대공의 허심 본체를, '의지여비(義之與比)' 4자는 물래순응(物來順應)의 작용을 말한다.

11. 회덕전지 懷德全志

이는 군자와 소인의 마음 씀씀이 차이점을 말하여 생각하는 바를 삼갔으면 하는 당부의 말이다. 4개의 회(懷: 懷德 懷土 懷刑 懷惠)자는 실로 깊이 인식해야 할 문제이다.

회덕(懷德)이란 그 어떤 목적을 위한 바 없이 선을 행함이며,

회형(懷刑)은 두려운 바 있어 감히 악을 행하지 않음이며,

회토(懷土)는 자신의 소유물에 연연해 함이며,

회혜(懷惠)는 남의 소유물을 탐내는 것이다.

이는 군자와 소인의 천심(淺深) 경지가 분명하다. 그러나 회토(懷土)는 회덕(懷德)과, 회혜(懷惠)는 회형(懷刑)과 상반되는데, 이의 분기점은 천리와 인욕 상에서 나눠진다.

子曰 君子는 懷德하고 小人은 懷土하며 君子는 懷刑하고 小人은 懷惠니라

부자께서 말씀하셨다.

"군자는 덕을 생각하고 소인은 편한 곳을 생각하며, 군자는 법을 생각하고 소인은 이익을 생각하게 된다."

강설

부자께서 군자와 소인의 취향이 다른 점을 구별하여 말씀하셨다.

"군자와 소인이란 등급이 같지 않고, 생각 또한 다르다.

덕이란 마음에 고유한 이치이다. 군자는 모든 일에 관한 생각들이 이치를 따라 덕을 생각하며, 소인이란 그 거처한 바의 안일에 빠져 오직 편한 곳만을 생각하여, 덕을 잃는다고 하여도 뒤돌아보지 않는다.

법이란 나라에서 악을 경계하는 데 쓰이는 국헌(國憲)이다. 군자는 항상 안으로 마음을 조심하면서 밖으로 법을 두려워하고 형벌을 생각하는 데 반해서 소인은 이욕(利欲)의 사사로움을 탐내어 오직 이로움만을 생각한 나머지 비록 형법을 범한다 해도 이를 걱정하지 않는다. 군자와 소인의 생각이 이처럼 다르다."

集註

懷는 思念也라 懷德은 謂存其固有之善이오 懷土는 謂溺其所處之安이오 懷刑은 謂畏法이오 懷惠는 謂貪利라

君子小人趣向不同은 公私之間而已矣니라

○ 尹氏曰 樂善, 惡不善은 所以爲君子오 苟安, 務得은 所以爲小人이니라

[훈고] 회(懷)는 생각하는 것이다. 회덕(懷德)은 그 고유한 선을 보존함이며, 회토(懷土)는 그 거처한 곳의 안일에 빠짐이며, 회형(懷刑)은 법을 두려워함이며, 회혜(懷惠)는 이익을 탐함이다.

[해석] 군자와 소인의 취향이 같지 않음은 공사(公私)의 사이에 있을 뿐이다.

○ 윤씨[尹焞]가 말하였다.

"선을 좋아하고[懷德] 불선을 미워함[懷刑]은 군자다운 바이며, 구차히 편안하고[懷土] 얻기를 힘씀[懷惠]은 소인다운 바이다."

12. 방어전지 放於全旨

이 장은 부자께서 사리사욕만을 따르는 자를 경계하고 있다. 따라서 '의지하다'의 뜻으로 쓴 방(放)자를 주의 깊게 살펴보아야 한다. 이는 스스로 제멋대로 자행하는 마음을 가지고 오로지 그것만을 추구한다는 뜻이다.

원망[怨]은 사리사욕[利]을 따른 데에서 야기된 결과이며, 원망을 얻은 바 많음은 방(放)자에서 비롯한 것이다.

子曰 放於利而行이면 多怨이니라

부자께서 말씀하셨다.

"이익만을 따라 행하면 원망이 많다."

강설

부자께서 오로지 사리사욕만을 위하는 자를 경계하였다.

"이익이란 모든 사람이 다 원하는 바이다. 따라서 공정하게 해야 하며 사사로이 할 수 없다. 만일 마음가짐과 행실에 대해 오로지 자신만을 알고 남들을 아랑곳하지 않은 채, 하나같이 자신의 이익만을 따라 행한다면 자신은 이롭다고 하지만 남들에게 피해를 주게 된다.

나에 의해 직접 피해를 본 자는 참으로 견디기 어려울 것이며, 피해를 받지 않는 자에게도 또한 불평을 사게 되어 반드시 남들에게 많은 원한을 얻게 된다. 어떻게 남들을 생각지 않고 자신의 사리사욕만을 따를 수 있겠는가."

集註

孔氏曰 放은 依也오 多怨은 謂多取怨이라

○ 程子曰 欲利於己면 必害於人이라 故로 多怨이니라

[훈고] 공씨[孔安國: 西漢人]가 말하였다.
"방(放)은 의지함이요, 다원(多怨)은 원망을 얻음이 많음을 말한다."
○ 정자[伊川]가 말씀하였다.
"자신만을 이롭게 하고자 하면 반드시 남에게 해를 끼치므로 원망이 많다."

13. 능이전지 能以全旨

이는 나라를 다스리는 위정자는 참된 마음으로 예를 행하여야 한다는 점을 가르쳐주고 있다. 능이예양(能以禮讓)의 능(能)자에는 지극히 중대한 뜻이 있으며, 이(以)자는 작용의 의미로 보아야 한다. 그리고 전체 2단락은 하나의 뜻으로 연결 지어 보아야 한다. 예의 사양[禮讓]으로써 행하면 넉넉히 나라를 다스릴 수 있으며, 아래에서는 반언(反言)으로 이를 증명하고 있다. 이는 군신, 부자, 친소(親疎)와 귀천의 사이에 예를 행하는 것을 말한다. '예'의 밖에 별개의 양(讓)이 없다. '양'은 곧 예의 실천이다. 여기서는 다만 '양'자에 중점을 두고 있을 뿐이다. 그것은 '양'은 마음을 주로 말하였기 때문이다. 다시 말하면 참으로 중화(中和)의 마음을 가지고서 남보다 위에 서려는 마음을 가지지 않고, 예의 의식규범[儀文度數]에 마음을 붙여두는 것이다.

子曰 能以禮讓이면 爲國乎에 何有며 不能以禮讓爲國이면 如禮에 何리오

부자께서 말씀하셨다.
"능히 예의 사양으로써 하면 나라를 다스리는 데 무슨 어려움이 있으며, 예의 사양으로써 나라를 다스리지 않으면 예마저도 어찌할 수 있겠는가."

강설

부자께서 위정자가 '예'의 실상인 진실한 사양의 마음을 존중해야 한다는 점에 대해 말씀하셨다.
"예란 의식 규범[儀文度數]이 있지만, 거짓 없는 진실한 겸양의 마음은 예의 근본이다. 임금으로서 참으로 의식 규범의 예가 공경과 사양의 진실한 겸양의 마음에 근본 한다면 백성은 그 진실한 마음에 감격하여 겸양의 풍속이 이뤄질 것이다. 나라를 다스리고 백성을 교화하는 데에 무슨 어려움이 있겠는가.
만일 겸양의 예로써 나라를 다스리지 않는다면 아무리 의식 규범을 갖췄다 할지라도 진실한 마음이 부족하다. 이는 그 자신이 행하는 예의 규범마저도 또한 어찌할 수 없다. 하물며 한 걸음 더 나아가 나라를 다스릴 수 있겠는가. 나라를 다스리는 위정자는 겸양의 마음이 없어서는 안 된다."

集註

讓者는 **禮之實也**라 **何有**는 **言不難也**라

言有禮之實以爲國이면 **則何難之有**리오 **不然**이면 **則其禮文雖具**나 **亦且無如之何矣**온 **而況於爲國乎**아

[훈고] 양(讓)은 예의 실상이다. 하유(何有)는 어렵지 않음을 말한다.

[해석] 예의 실상[讓]으로 나라를 다스리면 무슨 어려움이 있겠는가. 그렇지 않으면 예의 겉치레[禮文]를 아무리 갖췄다 할지라도 또한 어찌할 수 없는데, 하물며 나라를 다스릴 수 있겠는가.

[보 補]

"양(讓)을 예의 실상이라 함은 사양의 실마리가 진실한 본심에서 나온 것이기에 '양은 예의 실상'이라고 말한 것입니까?"

주자는 이에 대해 다음과 같이 답하였다.

"그렇다. 주옥과 폐백의 예물을 주고받음은 예의 겉치레며, 두 손을 다소곳이 받들고 무릎을 꿇으며 오르내림과 굽어보고 우러러봄 또한 예의 겉치레이다. 이는 모두 거짓으로 할 수 있으나, 오직 사양만이 바야흐로 예의 실상이다. 이는 거짓으로 할 수 없다. 이미 이런 실상이 있으면 자연스럽게 사람의 마음을 감동케 하는 것이다. 만약 다툼을 좋아하는 마음으로 한낱 예의 겉치레인 지말(枝末)을 행하여 사람을 감동케 하려 한다면 어떻게 그들을 감화할 수 있겠는가."[164]

위의 논지를 정리하면, 여기에서 말한 '예양'이란 예의 실마리[禮之端]인 사양의 마음[辭讓之心]이다. 내면의 진실한 사양의 마음이 백성의 마음을 감화시켜 어려움 없이 나라를 다스릴 수 있음을 말한다.

14. 불환전지 不患全旨

이 장에서는 사람들에게 명예와 지위를 구하지 말고 나의 몸에 그 실상을 다해야 한다는 점을 가르쳐주고 있다. 이는 천하의 일에 있어 남들에게 관계되는 바는 굳이 꾀하지 말고, 자신에게 관계되는 것만을 걱정해야 함을 말한다.

위 단락[不患無位 患所以立]과 아래 단락[不患莫己知 求爲可知也]은 대등한 관계로 보면서도 각각 아

164 위와 같음. "問 讓者禮之實也, 莫是辭讓之端, 發於本心之誠然, 故曰讓是禮之實? 朱子曰 是. 若玉帛交錯, 固是禮之文, 而擎拳曲跽, 升降俯仰, 也只是禮之文, 皆可以僞爲; 惟是辭讓, 方是禮之實, 這却僞不得. 旣有是實, 自然是感動得人心; 若以好爭之心, 而徒欲行禮文之末以動人, 如何感化得他?"

래 구절[患所以立, 求爲可知也]에 중점을 두고 있다. 이는 모두 배우는 이의 측면에서 말한 것이다.

구위가지(求爲可知)의 가지(可知)란 남들이 알아줄 수 있는 자기의 내면 실상을 말한다. 따라서 남들에게 알아주기만을 구하는 것은 바로 거짓된 마음이다.

子曰 不患無位오 患所以立하며 不患莫己知오 求爲可知也니라

부자께서 말씀하셨다.

"벼슬의 지위가 없음을 걱정하지 말고 벼슬의 지위에 설 수 있는 바를 걱정하며, 나를 알아주지 않는다 걱정하지 말고 알아줄 만한 것을 구해야 한다."

강설

부자께서 사람들에게 자신의 도리를 위한[爲己] 학문을 들어 말씀하였다.

"군자의 학문이란 나 자신에게 있는 바를 추구할 뿐이다. 임금을 태평성대에 이르게 하고 백성에게 혜택을 입힐 벼슬자리가 없음을 걱정하지 말고, 특별히 자신에게 임금을 태평성대에 이르게 하고 백성에게 혜택을 입힐 수 있는 그릇이 없음을 걱정하여야 한다. 이런 그릇이 갖춰질 때, 그 지위에 설 수 있다.

도덕이 나에게 갖춰있는데도 남들이 나를 알아주지 않는다고 걱정하지 말고, 오로지 도를 밝히고 덕을 닦는 학문을 추구하여 나를 알아줄 수 있는 실상을 넉넉하게 가져야 한다.

자신의 도리를 위한 군자의 학문은 이와 같다. 도가 이뤄짐으로써 자연스럽게 지위가 뒤따르게 되고, 실력이 충만함으로써 저절로 명성이 커나가는 것이다."

集註

所以立은 謂所以立乎其位者오 可知는 謂可以見知之實이라

○ 程子曰 君子는 求其在己者而已矣니라

[훈고] 소이립(所以立)은 그 지위에 설 수 있는 바를 말하며, 가지(可知)는 남들이 알아줄 수 있는 실상을 말한다.

○ 정자[伊川]가 말씀하였다.

"군자는 그 자신에게 있는 것을 추구할 뿐이다."

15. 삼호장지 參乎章旨

이 장에서는 성문심학(聖門心學)의 전수에 관해 말하고 있다.

첫 절에서는 성인의 가르침을 듣자마자 곧바로 막힘없이 깨달음을 말하며, 그 아래의 문장은 문인의 의심으로 인하여 그들에게 대답한 것이다.

본장 전체의 뜻은 심(心)자로 일관되어 있다. 도 밖에 마음이 없으므로[道外無心] 부자께서 증자에게 일관(一貫)을 말하였고, 마음 밖에 도가 없으므로[心外無道] 증자는 문인에게 충서(忠恕)를 말하였다. 요컨대 성인의 자연스러운 마음은 곧 일관이며, 학자의 애써 그처럼 노력하는 마음은 충서(忠恕)이다.

(1) 삼호절지 參乎節旨

일관이란 사물에 대응하는 성인의 측면에서 말하였다. 이는 모든 일[萬事]이 하나의 이치[一理]이다. 그러나 모든 이치는 하나의 근원[萬理一原], 곧 천지의 조화를 말한다. 일(一)은 관(貫)자와 대칭이 아니라, 지(之)자와 대칭으로 쓰였다. 그것은 지(之)가 만(萬: 萬事, 萬理)자를 가리키기 때문이다.

일(一)이란 도(道)의 종회처(綜會處)요, 만(萬)이란 도의 산수처(散殊處)이다. 그리고 일이(一以)의 이(以)자는 전혀 힘을 들이지 않은 자연스러운 상태이다. 이는 일(一)의 본체 상에서 자연스럽게 수많은 묘용(妙用)이 흘러나오는 것이다.

유(唯)는 바로 대답함이다. 그러나 이처럼 속히 대답할 수 있는 근거는 모두 평소 쌓아놓은 공부에 의함이다.

子曰 參乎아 **吾道**는 **一以貫之**니라
曾子曰 唯라

부자께서 말씀하셨다.
"삼아, 우리의 도는 하나로써 관통하느니라"
증자가 바로 "네!"하고 대답하였다.

강설

증자의 학문은 머지않아 깨달음을 얻을 수 있을 것이기에, 부자께서 그의 이름을 불러 말씀하셨다.

"삼아, 우리의 도를 아는가? 천하의 온갖 사물이 비록 만 가지로 다르다고 하지만, 그 이치인즉 하나이다. 나는 오직 나의 마음 하나의 이치[一理]에 근본하여 천하의 모든 사물을 관통함으로써, 만 가지로 가지런하지 못한 모든 사물을 제각기 그 도리에 맞게 할 수 있다."

증자는 부자의 생각대로 과연 말없이 그 뜻을 깨닫고 곧바로 대답하였다.

"네! 그렇습니다."

이는 질문이나 논변할 필요가 없었을 뿐 아니라, 또한 칭찬한다는 것조차 용납할 수 없는 일이다.

集註

參乎者는 **呼曾子之名而告之**라 **貫**은 **通也**라 **唯者**는 **應之速而無疑者也**라

聖人之心은 渾然一理而泛應曲當하야 用各不同이라 曾子於其用處에 蓋已隨事精察而力行之로되 但未知其體之一爾라 夫子知其眞積力久하야 將有所得이라 是以로 呼而告之러시니 曾子果能默契其指하야 卽應之速而無疑也시니라

[훈고] 삼호(參乎)는 증자의 이름을 부르면서 그에게 말한 것이다. 관(貫)은 통함이다. 유(唯)는 의심 없이 재빨리 대답한 것이다.

[해석] 성인의 마음은 혼연한 하나의 이치[一理]로서 두루 모든 일에 응하면서 굽이굽이 그 이치에 알맞게 대하는 그 작용이 각각 다르다. 증자는 그 작용처에서 이미 일에 따라 정밀히 살피고 힘써 행하였지만, 단 그 본체가 하나임을 알지 못하였다.

부자께서 그의 진실한 성의가 쌓여가고 오랜 힘을 씀으로써 머지않아 이를 깨치리라는 점을 알았다. 이 때문에 그의 이름을 불러 이를 말했던 것인데, 증자는 부자의 생각대로 그 뜻을 말없이 깨달아 곧바로 대답하여 의심이 없었다.

(2) 자출절지 子出節旨

자출(子出) 2자를 음미해 보면 가르침엔 단계를 건너뛰어서는 안 된다는 점을 상상할 수 있다.

충서는 반드시 '일관(一貫)'의 뜻으로 보아야 한다. 충(忠)이란 본디 학자의 공부에 해당하는 명제인데, 이를 부자의 몸으로 말하였다. 따라서 이는 성인의 자연스러움을 위주로 한다. 노력해야 하는 학자의 충과는 다른 것이다.

이를 종합해 보면, 천지는 무심(無心)의 충서이며, 성인은 무위(無爲)의 충서이며, 학자는 노력[著力]의 충서이다. 증자는 학자의 분수상에서 성인의 전체를 일러주었다. 이처럼 극처(極處)에 나아감이 부자의 일관이다. 이이의(而已矣) 3자는 깊이 음미해 보아야 한다.

子出커시늘 門人이 問曰 何謂也잇고
曾子曰 夫子之道는 忠恕而已矣니라

부자께서 나가자, 문인들이 물었다.
"무슨 말이요?"
이에 증자가 대답하였다.
"부자의 도는 충서일 뿐이다."

강설

그러나 문인들은 모두 증자의 경지가 아니었다. 이 때문에 부자가 나간 후에 증자에게 다시 물었다.

"부자께서 말씀하신 '일이관지'란 과연 무엇을 말하는가?"

증자는 그들이 쉽게 이해할 수 있는 바를 빌려 그 뜻을 밝혀 주었다.

"부자께서 말씀하신 '일(一)'이란 곧 학자의 충(忠)이 바로 그것이며, 이른바 '관(貫)'이란 곧 학자의 서(恕)가 바로 그것이다. 공자의 도는 충서일 뿐이다. 너희가 참으로 이를 충서에서 추구하여 본다면 부자께서 말씀하신 가르침과 내가 재빨리 '네!'라고 대답한 이유를 다른 곳에서 찾지 않고서도 알 수 있을 것이다."

集註

盡己之謂忠이오 推己之謂恕라 而已矣者는 竭盡而無餘之辭也라

夫子之一理渾然而泛應曲當은 譬則天地之至誠無息而萬物各得其所也라 自此之外엔 固無餘法이오 而亦無待於推矣라 曾子有見於此而難言之라 故로 借學者盡己推己之目하야 以著明之하시니 欲人之易曉也라 蓋至誠無息者는 道之體也니 萬殊之所以一本也오 萬物各得其所者는 道之用也니 一本之所以萬殊也라 以此觀之면 一以貫之之實을 可見矣리라

或曰 中心爲忠이오 如心爲恕라하니 於義에 亦通이니라

○ 程子曰 以己及物은 仁也오 推己及物은 恕也니 違道不遠이 是也라 忠恕는 一以貫之니 忠者는 天道오 恕者는 人道며 忠者는 無妄이오 恕者는 所以行乎忠也라 忠者는 體오 恕者는 用이니 大本達道也라 此與違道不遠異者는 動以天爾니라

又曰 維天之命이 於穆不已는 忠也오 乾道變化하야 各正性命은 恕也니라

又曰 聖人教人에 各因其才하시니 吾道一以貫之는 惟曾子爲能達此니 孔子所以告之也시니라 曾子告門人曰 夫子之道는 忠恕而已矣라하시니 亦猶夫子之告曾子也라 中庸所謂忠恕違道不遠은 斯乃下學上達之義니라

[훈고] 자기의 마음을 다함을 충이라 하고, 자신을 미루어 남에게 미쳐가는 것을 서(恕)라 한다. 이이의(而已矣)란 모두 다하여 더는 남음이 없음을 말한다.

[해석] 부자께서 하나의 이치가 혼연하여 두루 모든 일에 응하면서 굽이굽이 그 이치에 알맞게 대처함은 비유하면 천지의 '지극한 진실이 쉼이 없음'으로써 '만물이 각각 제자리를 얻음'과 같다. 이밖엔 참으로 또 다른 법이 없으며, 또한 이는 〈성인이기에 학자처럼〉 미루어 나가는 노력이 필요하지 않다. 증자는 이를 알았지만, 말로 표현하기는 어려웠다. 이 때문에 학자의 '자기의 마음을 다한 충'과 '자신을 미루어 남에게 미쳐가는 서'의 명제를 빌려 이를 밝혀 주었다. 이는 사람들이 쉽게 깨달을 수 있도록 함이다.

'지극한 진실이 쉼이 없다'는 것은 도의 본체이니, 각기 다른 만물[萬殊]의 하나의 근본[一本]

이며, '만물이 각각 제자리를 얻음'은 도의 작용이니, 하나의 근본에서 나누어진 각기 다른 만물이다. 이로 살펴보면 일이관지의 실상을 볼 수 있다.

어떤 사람은 "중심을 충이라 하고, 나의 마음과 똑같이 함을 서라 한다."고 하니, 그 뜻 또한 통한다.

○ 정자[明道]가 말씀하였다.

"나의 몸으로 자연스럽게 남에게 미쳐감은 〈성인의〉 인(仁)이고, 나의 몸을 미루어 남에게 미쳐가는 것은 〈현인 이하의〉 서(恕)이니, '도와의 거리가 멀지 않다.'(『중용』 제12장)는 충서(忠恕)란 바로 이를 말한다. 〈여기에서 말한〉 충서(忠恕)는 일이관지(一以貫之)이다. 충은 천도요, 서란 인도이며, 충이란 거짓이 없음[無妄]이며, 서란 충을 행하는 바이다. 충은 본체요, 서는 작용이니, 대본(大本)과 달도(達道)(『중용』 제1장)이다. 〈성인의 일이관지로서의 충서가 『중용』에서 말한〉 '도와의 거리가 멀지 않다.'는 학자의 충서와 다른 점이라면 자연스러움[天]으로 움직이기 때문이다."

정자[伊川]가 또 말씀하였다.

"'하늘의 명이 아, 심오하여 멈춤이 없다'(『詩經』「周頌 維天之命」)는 것은 충이며, '하늘의 도가 변화함에 각기 성명(性命)을 바르게 얻는다.'(『周易』「乾卦☰ 彖傳」)는 것은 서이다."

정자[伊川]가 또 말씀하였다.[165]

"성인이 사람을 가르칠 적에 각각 그 재주에 따라 말씀하시니, '우리의 도는 하나로써 관통한다.'고 함은 증자만이 이를 알 수 있기에, 공자께서 이를 증자에게 일러준 것이다. 증자가 문인에게 '부자의 도는 충서일 뿐이다.'고 말함은 또한 부자께서 증자에게 말해준 바와 같다. 『중용』에서 말한 '충서는 도와의 거리가 멀지 않다.'는 것은 아래로 〈학자의 충서를〉 배워 위로 〈성인의 일이관지 도에〉 이르게 하려는[下學上達: 下學乎忠恕而上達乎道也] 의의이다."

[보 補]

'일이관지'란 성인의 수많은 모든 일이 아름다움은 그 모두가 하나의 마음에서 나온 것[聖人千條萬緒都好, 都是從這一心做來.]임을 말한다. 다시 이를 살펴보면, "일관 2자는 둘로 나뉠 수 없다. 이 때문에 일이관지라 말한다. 일(一)이란 참으로 본체의 한 근본[一本]이다. 그러나 관(貫)이란 또한 작용 그 자체가 1만 가지라는 명사로 말한 게 아니다. 단 그 관통의 대상 작용이 1만 가지라는 것이며, 이를 관통할 수 있게 하여 주는 것이 하나의 근본 자리[一]이다."[166]

이는 위에서 말한 바와 같이 '일'이란 모든 이치를 총괄하여 결집한 총뇌처(總腦處)이며, 일이관지(一以貫之)의 지(之)는 '만사' 또는 '만물'의 지시대명사로 '일'자와 대칭이며, 관(貫)

---

165 여기에서 말한 정자 설은 일설에 그 누구의 말인지 알 수 없다고 하나, 『대학연의(大學衍義)』 권11에 의하면 이천설이라 한다.

166 明 蔡淸 撰, 『四書蒙引』 권5. "一貫二字不可分, 故曰一以貫之. 一固是體之一, 然貫亦非是用之萬, 但其所貫者則是萬, 所以貫之者則是一也."

이란 범응곡당(泛應曲當)의 묘용처(妙用處)이다. 이처럼 "하나의 '충'이 수많은 '서'를 만들어 냄은 하나의 이치로 수많은 일을 관통하는 것과 같다.[一箇忠, 做出許多恕, 便是一理, 貫通乎萬事.]"는 점에서 일관과 충서의 구조와 그 규모가 모두 똑같다.

일이관지와 충서를 대비하여 말하면, "일은 충이요, 관은 서이다. 본체는 하나이지만 분수는 각기 다르다.[一是忠, 貫是恕, 體一而分殊.]" 그러나 일관과 충서는 체용의 관계로 이를 나누어 말할 수도 있고[分界說] 또한 이를 하나로 종합하여 말할 수도 있다.[會通說]

"성인의 마음[一心]에 모든 이치[萬理]가 다 모여있다. 마음에 있어서는 단 하나의 이치이지만, 사물에 감응함에 있어서는 갖가지 다른 일들이 있기에 하나의 이치는 만 가지의 이치로 산재하는 것이다.

내면에 있을 적에는 하나의 이치이지만, 외면에 있어서는 바야흐로 만 가지의 이치가 있다. 내면의 하나의 이치는 이른바 만물의 통체(統體)인 하나의 태극이니 본체이다. 외면의 만 가지 이치는 만물이 각기 하나의 태극을 갖추고 있으니 작용이다.

반드시 본체란 작용의 본체요, 작용은 본체의 작용임을 보아야 비로소 내외의 도를 모두 합할 수 있다."[167]

충서 또한 이처럼 체용의 관계로 나눠어 그 한계를 구분하고 또다시 이를 종합하여 살펴보아야 한다. 본체와 작용은 둘이면서도 하나이고 하나이면서도 둘이기[二而一 一而二] 때문이다.

따라서 본체의 충이 없으면, 작용의 서는 나올 수 없을 뿐 아니라, 충이 일호라도 원만하지 못한 부분이 있으면 서를 만들어냄에 있어 모두 한쪽에 치우치게 될 것인바, 어떻게 서를 원만하게 이뤄낼 수 있겠는가. 이는 본체가 없는 작용이란 있을 수 없음을 말해줄 뿐 아니라, 미진한 충은 미진한 서를 낳게 됨을 말한다.

충서의 정의를 살펴보면, 이는 본디 『중용』에서 "도와의 거리가 멀지 않다.[違道不遠]"는 학자의 충서이다. 그러나 『논어』에서 부자의 일이관지를 학자의 충서로 밝힘에 따라 성인의 충서와 학자의 충서로 그 양상이 다른 점을 논변하지 않을 수 없다.

따라서 명도는 먼저 "나의 몸으로 자연스럽게 남에게 미쳐 가는 성인의 인(仁), 나의 몸을 미루어 남에게 미쳐 가는 것은 현인 이하의 서(恕)[以己及物, 仁也. 推己及物, 恕也.]"라 하여, 성현과 학자의 충서를 구분하였다. 여기에서 충을 말하지 않은 것은 성인과 학자의 본체라는 점에서 똑같은 마음의 이치이기에 이를 나누어 구분 짓지 않는다. 그러나 작용상에 나타나는 '서'의 현상이란, 성인이 자연스럽게 남에게 베푸는 인(仁: 以己及物)과 학자가 애써 노력하여 남에게 베푸는 서(恕: 推己及物)로 후천적인 행동의 실천에는 뚜렷한 차이가 있기 때문이다. 명도가 말한 '이기(以己)'와 '추기(推己)'는 자연스러움[從容中道]과 인위적 노력의 차이를 말한

167 위와 같음. "聖人一心, 萬理之會也. 在心只一理, 及應事來, 事有萬殊, 則一理散爲萬理矣. 在內面只一理, 在外面方有萬理. 在內面, 所謂萬物統體一太極, 體也. 在外面, 所謂萬物各具一太極, 用也. 須見得體是用之體, 用是體之用, 方爲合內外之道."

다. 이에 대해 주자는 다음과 같이 말하였다.

"'몸으로써[以己]'라는 것은 자연스럽게 유출되어 안배와 배치가 필요하지 않고, '몸을 미루어[推己]'라는 것은 힘을 써야 만이 비로소 바뀌는 것이다. 이는 하나의 자연스러움과 부자연스러움에서 나뉘는 것이다."[168]

예를 들면, "나의 몸으로 자연스럽게 남에게 미쳐 가는 것[以己及物]은 대현(大賢) 이상의 성인 일이다. 성인은 나에게 이런 생각이 있으면 바로 남에게 미쳐 가는 것이다. 예컨대 나의 굶주림과 추위로 인하여 곧 천하 모든 사람의 굶주림과 추위를 살펴보면서 자연스럽게 그들에게 미쳐 가는 것이 바로 '이기급물(以己及物)'이다.

현인 이하의 경우는 나에게 이런 것이 필요하면 남들 또한 이런 게 필요하겠다고 생각하면서도 정작 그들에게 이렇게 하지 않을 수 없다는 생각을 수없이 반복하는 것이 '추기급물(推己及物)'이다. 이는 하나의 자연스러움과 부자연스러움에서 나뉘는 것이다."[169]

명도가 뒤이어 말한 "충은 천도, 서는 인도[忠者天道 恕者人道]"라 함은 체용, 즉 '천도는 본체, 인도는 작용[天道是體 人道是用]'을 말한 것이지, 여기에 우열의 구분은 없다. 그 혼연한 한 근본[一本]으로 말하면 이를 천도라 하고, 사물과 접촉한 부분으로 말하면 이를 인도라 한다."[170]

주자는 위의 논지에 이어, 충서의 천도와 인도를 다음과 같이 정리하였다.

"충이란 사물과의 감촉 이전, 희로애락 미발(未發)의 마음에 간직한 도리이기에 이를 천도라 말한다. 서란 사물과의 감촉으로 모든 사물에 나타난 것이기에 이를 인도라 말한다. 충은 자연스러운 상태이고 서는 사물에 따라 감응 접촉하면서 약간의 인위를 빌리기에 이로써 천도와 인도의 차이가 있다."[171]

천도는 선천적 무위(無爲)로, 인도는 후천적 행위로 이를 나눈 것이다. 그러나 성인과 학자를 상대로 천도와 인도를 구분할 적에는 이와 다르다. 성인의 충서는 모두가 자연스러운 '천도'이고, 학자의 충서는 모두가 노력이 필요한 '인도'이다. 이 때문에 성인과 학자의 충서에 관한 천도와 인도를 대비하면 다음과 같다.

"성인의 충이란 천도의 천도[天之天], 즉 자연의 자연이고 성인의 서는 천도의 인도[天之人], 즉 자연의 인위이며, 학자의 충은 인도의 천도[人之天], 즉 인위의 자연이고 학자의 서는 인도의 인도[人之人], 즉 인위의 인위이다. 결론은 충이란 본체이기에 비록 학자라 할지라도 하나의 천도가 있기 마련이고, 서란 작용이기에 이는 밖으로 미뤄나가는 것이다. 따라서 아무리 성인이라 할지라도 또한 하나의 인도가 있기 마련이다."[172]

---

168 『大全』 該註. "朱子曰 以己, 是自然流出, 不待安排布置. 推己, 是著力便有轉折. 只是爭箇自然與不自然."

169 위와 같음. "以己及物, 是大賢以上聖人之事. 聖人, 是因我這裏有那意思, 便去及人, 如因我之饑寒, 便見得天下之饑寒, 自然恁地去及他, 便是以己及物. 如賢人以下, 知得我既是要如此, 想人亦要如此, 而今不可不教他如此, 三反五折, 便是推己及物, 只是爭箇自然不自然."

170 위와 같음. "天道人道, 初非以優劣言. 自其渾然一本言之, 則謂之天道. 自其與物接者言之, 則謂之人道耳."

171 위와 같음. "忠 是未感而存諸中者, 所以謂之天道. 恕 是已感而見諸事物者, 所以謂之人道. 忠是自然, 恕是隨事應接, 畧假人爲, 所以有天人之辨."

위의 논지를 간단하게 정리하면 아래 도표와 같다.

一(內)	貫(外)	
本體(總腦處)	妙用	聖人千條萬緒都好, 都是從這一心做來.
一理渾然	泛應曲當	하늘 위 하나의 달이 수많은 강하에 비치는 관계[月印千江]
萬物統體一太極	萬物各具一太極	萬物統體一太極은 天上之月 萬物各具一太極은 千江之月
天道(渾然一本)	人道(處事接物)	天道: 寂然不動의 形而上 人道: 感而遂通의 形而下
忠(體一: 一本)	恕(分殊: 萬殊)	體一: 未發之中 大本 分殊: 中節之和 達道
聖人之忠 是天之天 學者之忠 是人之天	聖人之恕 是天之人 學者之恕 是人之人	聖人忠恕: 自然之天 自然之行 學者忠恕: 勉强之天 勉强之行

16. 군자전지 君子全旨

이 장에서는 군자와 소인의 뜻한 바와 습관을 통해 잘 알고 있는 바가 각기 다름에 대해 말하고 있다. 따라서 이는 이미 일상 습득으로 형성된 생활지식을 말한다.

유(喩)자는 앞서 익히 익혀온 그 일들을 통해 깊이 아는 것이며, 의(義)와 이(利)는 모두 개인의 행한 바의 일을 따라 말한다. 천하에는 수많은 일이 있지만, 단 두 갈래의 길이 있을 뿐이다. 의리에 대하여 잘 알지 못하면 그것은 잇속에 대해 잘 아는 것이다. 따라서 그 중간의 사이가 있을 수 없다. 바꿔 말하면 의리에 대해 잘 안다는 것은 곧 잇속을 멀리함이며, 잇속에 대해 잘 알면 반드시 의에 해가 된다. 의리와 잇속 2가지는 함께할 수 없으며, 또한 둘 다 옳다고 말할 수 없다.

子曰 君子는 喩於義하고 小人은 喩於利니라

부자께서 말씀하셨다.
"군자는 의리에 밝고, 소인은 잇속에 밝다."

강설

부자께서 의리(義利)의 분별을 엄격히 말씀하셨다.
"의(義)란 천리(天理)의 마땅함이다. 군자는 천리를 따르므로 마음에 잘 아는 것이라곤 오직 천

172 위와 같음. "黃氏曰以聖人比學者, 聖人之忠, 是天之天; 聖人之恕, 是天之人. 學者之忠, 是人之天; 學者之恕, 是人之人. 必竟忠是體, 近那未發, 故雖學者, 亦有箇天. 恕是用, 便是推出外去底, 故雖聖人, 亦有箇人."

리의 의뿐이다. 이(利)란 인욕의 사사로움이다. 소인은 욕심을 따르므로 마음에 잘 알고 있는 바라곤 오로지 인욕의 잇속뿐이다. 의(義)와 이(利)의 사이에서 군자와 소인이 나누어진다. 배우는 자는 이를 분별하지 않을 수 있겠는가."

集註

喩는 猶曉也라 義者는 天理之所宜오 利者는 人情之所欲이라

○ 程子曰 君子之於義는 猶小人之於利也니 惟其深喩라 是以篤好니라

楊氏曰 君子有舍生而取義者하니 以利言之면 則人之所欲 無甚於生이오 所惡 無甚於死하니 孰肯舍生而取義哉리오 其所喩者 義而已요 不知利之爲利故也라 小人은 反是니라

[훈고] 유(喩)는 깨달아 훤히 아는 것과 같다. 의(義)란 천리의 마땅한 바이며, 이(利)란 인정의 원하는 바이다.

○ 정자[伊川]가 말씀하였다.

"군자에게 있어서의 의리란 소인에게 있어서의 잇속과 같다. 오직 이를 깊이 알고 있기에 이를 독실하게 좋아하는 것이다."

양씨[楊時]가 말하였다.

"군자는 삶을 버리고 의리를 취한 자 있다. 이익으로 말하면 사람의 원하는 바는 목숨보다 더 큰 것은 없고, 싫어하는 것이라면 죽음보다도 더한 것은 없다. 어느 누가 목숨을 버리고 의리를 취하겠는가. 그가 잘 알고 있는 바가 의리일 뿐이요, 이익을 이익으로 생각할 줄 모르기 때문이다. 소인은 이와는 반대이다."

[보 補]

"유(喩)는 깨달음과 같다.[喩 猶曉也]"는 것은 마음의 앎으로 말한다. 앎이 정미하고 곡절한 경지에 이른 것[喩以心言, 是知到精微曲折處.]이다.

"군자는 의리에 밝고, 소인은 잇속에 밝음"은 선천적인 기품에 의해 이처럼 된 것이 아니다. 이는 후천적인 습득에 의함이다. 군자는 본래 마음을 보존함으로써 절로 의리에 밝고, 소인은 탐욕의 마음에 깊이 빠진 까닭에 그가 아는 것이라곤 오직 잇속뿐이다. 만약 선천적 기품에 정해진 것이라고 말한다면 군자와 소인은 태어나면서 정해진 것이기에 학문의 힘으로 변화할 수 없다.[173]

학습 여하에 따라 그 경계가 달라지기에 잇속에 밝은 소인 또한 여느 사람이 생각하는 것보다 훨씬 뛰어난 자가 있다. 이 어찌 하늘이 그처럼 내려준 것이라고 말할 수 있겠는가. 그것은 그의 타고난 재능을 잘못 사용한 실책이지, 이른바 하늘에서 내려준 재능의 죄가 아니

173 위와 같음. "朱子曰 喩義喩利, 不是氣稟如此. 君子存得此心, 自然喩義; 小人陷溺此心, 故所知者只是利. 若說氣禀定了, 則君子小人, 皆由生定, 學力不可變."

다. 그러나 천리에 대해 조금도 아는 바 없으면 곧 지극히 혼탁함과 물욕에 가려진 잘못을 범하게 된다.[174]

이에 관한 저명한 강설로는 육상산의 「백록동서원강의(白鹿洞書院講義)」를 손꼽는다.

강서 여산 오로봉(江西廬山五老峰) 남쪽 기슭에 있는 백록동서원은 호남 장사(湖南長沙)의 악록서원(岳麓書院), 하남 상구의 응천서원(應天書院), 하남 등봉의 숭양서원(崇陽書院)과 아울러 '중국의 4대 서원(四大書院)'으로 불린다.

주자는 남강군(南康軍)의 원님으로 부임하여 황폐한 백록동서원을 복원하고, 순희(淳熙) 신축(1181: 주자 당년 51세) 2월, 상산과 주자의 제자들이 그 서원에 모여 강론할 적에 주자가 육상산에게 이 대목에 대해 강론해주기를 청하여, 그의 말을 서술, 정리한 것이 바로 「백록동서원강의」이다. 이의 논지가 적지 않으나 중요성에 비춰 이를 전재(轉載)하고자 한다.

"여기에서 의리와 잇속으로 군자와 소인을 판가름하는 뜻은 명백하다. 그러나 이를 읽는 이들이 참으로 몸에 간절하게 살피고 성찰하지 않는다면 또한 아무런 도움이 되지 않으리라고 생각한다. 나는 평소 이 부분을 읽으면서 감회가 없지 않았다.

나는 배우는 이들이란 이 부분에 그 마음에 지닌 뜻을 알아야 한다고 생각한다. 사람들이 밝게 아는 바는 그가 익히는 데서 연유하고, 그의 익히는 바는 그의 뜻한 바에서 비롯한다. 의리에 뜻을 두면 익히는바 반드시 의리에 있기에 의리에 밝고, 잇속에 뜻을 두면 익히는바 반드시 잇속에 있기에 잇속에 밝기 마련이다. 이 때문에 배우는 이들의 지닌 생각을 논변하지 않으면 안 된다.

과거로 선비를 뽑은 지 오래다. 저명한 유학자와 큰 인물들이 모두 과거에 의해 배출되었다. 오늘날의 선비로서 과거를 버릴 수는 없다. 하지만 과거에 급제하느냐 못하느냐는 그의 기량이 고시관의 기호에 따라 결정지어지는 것이지, 군자와 소인을 논변하는 것이 아니다. 오늘날 이런 과거를 모두 숭상한 터라, 만약 여기에 빠져 스스로 떨치고 일어서지 못하면 종일토록 힘쓰는바 비록 성현의 경서라 할지라도 그가 지향하는 생각은 성현과 배치되는 것이다.

여기에서 한 걸음 더 올라가면 오직 품계의 높낮이와 녹봉의 많고 적음만을 생각할 것이다. 그런 그가 어떻게 나랏일과 백성의 아픈 구석에 마음과 힘을 다하여 벼슬을 맡겨준 이의 뜻을 저버리지 않을 수 있겠는가. 그런 생각으로 살면서 오랜 세월을 거치며 익히 강습하다 보면 어찌 그런 잇속으로 밝게 아는 바 있지 않겠는가. 돌이켜 보면 의리에 있지 않음이 안타까울 뿐이다.

진실로 나의 몸이 소인으로 귀결되지 않기를 깊이 생각하여, 그 사리사욕의 습관들을 서글픈 생각으로 마음 아파하고 골머리 앓듯이 멀리한 채, 오로지 의리에 뜻을 두고서 날로 힘쓰

174 『此木軒四書說』 권3. "小人喩利其智識, 亦有出於常人意慮之外者, 此豈天爲之耶? 乃是不善用其才之過, 所謂非才之罪也. 然於天理上, 無一毫覺悟, 乃所以爲昏濁之至・錮蔽之尤也."

면서 널리 배우고 살펴 묻고 삼가 생각하고 밝게 분별하면서 독실하게 행동하고, 이런 공부로 말미암아 과거장에 나간다면 그의 문장은 반드시 평소의 학문과 가슴속에 쌓은 바를 말하여 성인을 속이지 않을 것이다. 이와 같은 학문으로 벼슬한다면 반드시 모두 그 맡겨진 바의 직책을 다하고 그 맡은 바의 일에 근면하여 나랏일에 마음을 다하고 백성의 아픔에 마음을 다하여 나의 몸을 위하는 계책을 일삼지 않을 것이다. 그런 그를 군자라 말하지 않을 수 있겠는가."[175]

위에서 육상산은 사람들이 밝게 알게 되는, 지(志)→습(習)→유(喩)의 과정을 설명해주고 있다. 그들의 지향하는 생각으로 그들의 몸에 익히게 되고 그 익히는 바에 따라서 밝게 아는 바가 생겨나는 것이다. 이는 학자의 병폐에 적중한 가르침으로, 군자와 소인의 분기점은 의리냐 잇속이냐는 한 생각의 차이에서 비롯된 것임을 밝혀 주는 정문일침이라 할 것이다.

17. 견현전지 見賢全旨

이 장에서는 자신을 반성하는 학문에 힘쓰도록 격려해 주고 있다.

그 어진 사람과 똑같이 하려는, 그 가운데 정진(精進)의 뜻이 담겨있으며, 남의 잘못을 보고서 내면의 자아 성찰이라는, 그 가운데에 곧 자신을 극복하고 다스리는[克治] 뜻이 담겨있다.

집주에서 말한 "그 어진 사람과 똑같이 되기를 바란다.[冀己亦有是善]"는 기(冀)자와 "나에게도 그 같은 잘못이 있을까를 두려워한다.[恐己亦有是惡]"는 공(恐)자는 모두 깊이 음미해 볼 만한 글자들이다. 이는 모두가 평소 현인이 되고자 원하고, 어질지 못한 사람이 되지 않기를 바라는 마음이 잠재되어 있었던 까닭에 그와 똑같이 되기를 생각하거나 내면의 자아 성찰을 할 수 있는 것이다.

子曰 見賢思齊焉하며 見不賢而內自省也니라

부자께서 말씀하셨다.

"어진 이를 보면 그와 똑같이 되기를 생각하고, 어질지 못한 이를 보면 내면으로 스스로 성찰해야 한다."

---

175 『象山集』 권23, 「白鹿洞書院講義」. "此章以義利判君子小人, 辭旨曉白. 然讀之者, 苟不切己觀省, 亦恐未能有益也. 某平日讀此, 不無所感. 竊謂學者 於此當辨其志. 人之所喩 由其所習, 所習 由其所志. 志乎義, 則所習者 必在於義, 所習在義, 斯喩於義矣. 志乎利, 則所習者 必在於利, 所習在利, 斯喩於利矣. 故學者之志 不可不辨也. 科擧取士, 久矣. 名儒鉅公, 皆由此出, 今爲士者, 固不能免此. 然場屋之得失, 顧其技與有司好惡如何耳, 非所以爲君子小人之辨也. 而今世以此相尙, 使汨沒於此而不能自拔, 則終日從事者, 雖曰聖賢之書, 而要其志之所鄕, 則有與聖賢背而馳者矣. 推而上之, 則又惟官資崇卑・祿廩厚薄是計, 豈能悉心力於國事民隱以無負於任使之者哉? 從事其間, 更歷之多, 講習之熟, 安得不有所喩? 顧恐不在於義耳. 誠能深思是身不可使之爲小人之歸, 其於利欲之習, 怛焉爲之痛心疾首, 專志乎義而日勉焉, 博學審問謹思明辨而篤行之, 由是而進於場屋, 其文 必皆道其平日之學・胸中之蘊, 而不詭於聖人. 由是而仕, 必皆共其職, 勤其事, 心乎國, 心乎民, 而不爲身計, 其得不謂之君子乎?"

강설

부자께서 사람들에게 자아 반성의 학문에 대해 말씀하셨다.

"잘잘못은 타인에게 있지만, 그를 보면서 권면하고 징계함은 나의 몸에 있다. 어질고 덕이 있는 사람을 보면 반드시 그와 함께하기를 생각하여 분연히 자신도 그와 같은 선을 두고자 원하며, 어질지 못하여 덕이 없는 사람을 보았을 때는 반드시 마음속으로 그와 같은 불선(不善)이 있는가를 스스로 성찰하여 자신 또한 두려워해야 한다.

그렇지 않으면 어진 이를 부러워하면서도 스스로 자포자기를 달게 여기며, 어질지 못한 이를 꾸짖으면서도 자신을 꾸짖을 줄 모르게 된다. 이로 보면, 단순히 어진 사람과 어질지 못한 사람을 알아보는 안목만을 고귀하다고 말할 수 있겠는가."

集註

思齊者는 **冀己亦有是善**이오 **內自省者**는 **恐己亦有是惡**이라

○ **胡氏曰 見人之善惡不同而無不反諸身者**는 **則不徒羨人而甘自棄**오 **不徒責人而忘自責矣**니라

[훈고] 사제(思齊)란 자신 또한 이러한 선이 있기를 바라는 것이며, 내자성(內自省)이란 자신 또한 그러한 악이 있을까를 두려워함이다.

○ 호씨[胡寅]가 말하였다.

"사람들의 각기 다른 선과 악을 보면서 자신을 돌이켜보지 않음이 없는 자는, 한낱 남을 부러워하기만 하고 스스로 포기하기를 달갑게 여기지 않을 것이며, 한낱 남을 꾸짖기만 하고 스스로 꾸짖음을 잊지 않을 것이다."

18. 기간전지 幾諫全旨

이 장에서는 자식이 부모에게 어떻게 효도해야 하는가를 말해주고 있다.

첫 구절[事父母幾諫]에서는 하나의 서두를 마련하였고, 아래 2단락[見志不從, 又敬不違勞而不怨]은 2가지 의미의 대칭으로 보아야 하지만, 모두가 "부드러운 말씨로 간하다."는 기간(幾諫)을 위주로 한다.

견지(見志)의 견(見)자는 보이지 않는 가운데 부모의 마음을 상상해 보는 것이며, 우경(又敬)은 공경과 효성을 더욱 더하여 자기의 불안한 마음을 다하는 것이다.

'어긋나지 않음[不違]'은 오직 앞서 말한 기간(幾諫)에 비춰볼 뿐이다. 이는 처음 간하였다가 그 후 다시 간하지 않음은 곧 '부드러운 말씨로 간함'에 어긋난[違] 일이며, 처음엔 부드러운 말씨로 간하다가 그 뒤에 언성을 높여 직간(直諫)하는 것 또한 '부드러운 말씨로 간함'에 어긋난 일이다.

'원망하지 않음[不怨]'은 부모를 탓하지 않고 나의 죄라 생각하여 나의 잘못으로 받아들임이다.

이 모두가 결국 '부드러운 말씨로 간함[幾諫]'임을 볼 수 있다.

子曰 事父母호되 幾諫이니 見志不從하고 又敬不違하며 勞而不怨이니라

부자께서 말씀하셨다.

"부모를 섬기되 부드러운 말씨로 간해야 한다. 이에 따르지 않으려는 어버이 뜻을 보고서도 또한 더욱 공경하여 〈부드러운 말씨로 간하는데〉 어긋나지 않아야 하며, 〈나의 몸이〉 힘들지라도 〈감히 부모를〉 원망하지 않아야 한다."

강설

부자께서 어버이에게 간하는 도리에 대해 말씀하셨다.

"자식이 부모를 섬김에 있어 불행스럽게도 부모에게 허물이 있으면 반드시 화기로운 얼굴과 부드러운 말소리로 은근히 간하여 부모가 스스로 느끼고 스스로 깨우침이 있기를 바라야 한다.

만일 부모의 마음에 이를 따르지 않으려는 기색이 있음을 알았을 땐 또한 반드시 더욱 공경하고 더욱 효도하여 다시 은근히 간하여 그 처음 부드럽게 간했던 것처럼 이에 어긋나는 일이 있어서는 안 된다.

혹시 부모가 불쾌한 마음에 회초리를 때려 나의 몸이 괴롭더라도 감히 부모를 원망하거나 미워하지 말고 변함없이 더욱 공경하고 더욱 효도하여 끝까지 은근히 부드럽게 말씀드려야 한다. 이처럼 말씀드리면 부모의 마음도 아마 되돌아설 것이며, 또한 마침내 잘못을 범하는 데 빠져들지도 않을 것이다."

集註

此章은 與內則之言相表裏라

幾는 微也라 微諫은 所謂父母有過어든 下氣怡色하야 柔聲以諫也오 見志不從하고 又敬不違는 所謂諫若不入이면 起敬起孝하야 悅則復諫也오 勞而不怨은 所謂與其得罪於鄉黨州閭론 寧孰諫이니 父母怒不悅而撻之流血이라도 不敢疾怨이오 起敬起孝也라

[훈고와 해석] 이 장은 『예기』「내칙」의 뜻과 서로 안팎을 이루고 있다.

기(幾)란 은미함이다. 미간(微諫)이란 「내칙」에서 말한 "부모에게 허물이 있으면 기운을 낮추고 화기로운 얼굴에 부드러운 말씨로 간함이다."

'견지불종 우경불위(見志不從 又敬不違)'란 「내칙」에서 말한 "간하여도 이를 받아들이지 않으면 더욱 공경하고 더욱 효도하면서 부모의 마음이 풀리면 다시 간함이다."

노이불원(勞而不怨)이란 「내칙」에서 말한 "부모가 향당과 고을에 죄를 얻게 만드는 것보다는 차라리 자주 말씀드려 이를 막아야 한다. 부모가 노여워 기뻐하지 않아서 종아리를 쳐서 피가 흐를지라도 감히 부모를 미워하거나 원망하지 않고 더욱 공경하고 더욱 효도함이다."

19. 불원전지 不遠全旨

이 장에서는 자식은 부모의 마음을 알아야 함을 말하고 있다.

이는 재(在)자를 눈여겨보아야 한다. 부모 살아계실 적을 말하는 재(在)자에는 부모가 살아계실 적, 그에 대한 걱정을 잊지 못하는 자식의 불안한 마음을 나타낸 글자이다. 이처럼 생존해 계신다는 재(在)자에는 곧 부모란 영원히 계시지 않으므로 살아계실 적에 잘 받들고 모셔야 한다는 뜻이다.

이 때문에 "멀리 놀러 가서는 안 된다.[不遠遊]"는 구절에 가장 중점을 두고 있으며, "일정한 장소를 둔다.[有方]"는 구절 또한 멀리 있는 자식을 두고 이른 말이다. 그것은 오직 자식이 되돌아오기만을 바라보면서 문에 기대어 기다리거나 동구 밖에서 기다리는 부모의 마음을 안다면 자식으로서 차마 멀리 떠날 수 없기 때문이다.

이에 집주에서는 지극히 완벽한 문장을 구사하여, 더욱더 부모에게 걱정을 끼치는 일이 없어야 한다는 점을 요지로 삼고 있다.

子曰 父母 在어시든 **不遠遊**하며 **遊必有方**이니라

부자께서 말씀하셨다.

"부모가 살아계시면 멀리 떠나가지 아니하며, 놀러 가더라도 반드시 있는 곳을 밝혀야 한다."

강설

부자께서 자식이란 마땅히 부모의 마음을 알아야 한다는 점을 말씀하셨다.

"자식을 사랑하는 부모의 마음은 한순간도 자식을 잊은 적이 없다. 그러므로 자식은 부모가 살아계실 적에 멀리 떠나서 부모의 마음에 걱정을 끼쳐서는 안 된다.

혹 부득이 떠날 적에도 또한 반드시 일정한 곳에 머물러 부모에게 걱정을 끼쳐서는 안 되며, 또한 어버이가 찾을 때 찾아올 수 있도록 마련해둬야 한다. 자식으로서 어버이의 마음을 이처럼 체득하여야 한다."

集註

遠遊면 **則去親遠而爲日久**하고 **定省曠而音問疎**하니 **不惟己之思親不置**라 **亦恐親之念我不忘也**니라

遊必有方은 **如己告云之東**이면 **則不敢更適西**이니 **欲親必知己之所在而無憂**하고 **召己則必至而無失也**니라

范氏曰 子能以父母之心爲心이면 **則孝矣**니라

[해석] 먼 곳으로 떠나가면 어버이와의 거리가 멀어져 날짜가 오래되고, 혼정신성(昏定晨

省)을 거르게 되어 문안이 소원하게 된다. 어버이를 그리는 나의 마음을 접어두지 못할 뿐 아니라, 또한 어버이가 나에 관한 생각을 잊지 못하고 애태울까 두렵다.

유필유방(遊必有方)은 이를테면 동쪽으로 간다고 말했으면 감히 다시 서쪽으로 가지 않아야 한다. 어버이에게 반드시 내가 있는 곳을 알려 걱정이 없도록 하고, 나를 부를 일이 있으면 반드시 그곳으로 찾아와 잃음이 없도록 하고자 함이다.

범씨[范祖禹]가 말하였다.

"자식이 부모의 마음을 나의 마음으로 삼으면 효도이다."

20. 삼년전지 三年全旨

子曰 三年을 無改於父之道라야 可謂孝矣니라

부자께서 말씀하셨다.

"돌아가신 후 3년 동안 아버지의 일을 바꾸지 않아야 효도라 말할 것이다."

集註

胡氏曰 已見首篇하니 此蓋複出而逸其半也라

[해석] 호씨[胡寅]가 말하였다.

"앞서 「학이」편에 보인다. 이는 중복하여 나온 부분인데, 그 절반 부분은 빠져있다."

21. 지년전지 之年全旨

이 장에서는 자식은 부모가 살아계실 때 효성을 다해야 한다는 뜻을 말하고 있다.

위의 2구[父母…知也]는 부모의 나이를 알아야 함이며, 그 아래 문장[一則以喜 一則以懼]은 부모의 나이를 알아야 하는 이유를 밝히고 있다. 기쁨과 두려움이란 동시에 이르러 찾아오는 감정이다.

그러나 이의 중점은 부모의 노령에 대한 두려움에 대해 더욱더 큰 비중을 두고 있다. 이는 급급한 마음으로 효도를 극진히 하였을지라도 그 마음이 느슨히 풀어질까를 두려워함이다.

子曰 父母之年은 不可不知也니 一則以喜오 一則以懼니라

부자께서 말씀하셨다.

"부모의 나이는 기억하지 않을 수 없다. 한편으로 기쁘고 한편으론 두렵다."

강설

부자께서 자식이란 마땅히 부모가 살아계실 때 효도해야 한다는 뜻을 말씀하셨다.

"자식은 부모의 나이를 항상 마음에 기억하지 않을 수 없다. 항상 마음에 기억하고 있음으로써, 한편으로는 이미 장수했음을 기뻐하여 스스로 경하(慶賀)하고, 한편으론 머지않아 노쇠함이 이르게 됨을 두려워하여 스스로 두려운 마음을 가지게 된다. 이를 안다면 부모가 살아계실 때 효도를 극진히 다 해야 하는, 그 마음을 스스로 그만두지 못할 것이다."

集註

知는 **猶記憶也**라

常知父母之年이면 **則旣喜其壽**하고 **又懼其衰**하야 **而於愛日之誠**에 **自有不能已者**리라

[훈고] 지(知)는 기억과 같다.

[해석] 언제나 부모의 나이를 알고 있으면, 이미 장수하심을 기뻐하고, 또 한편으론 그 노쇠함을 두려워하므로 하루하루를 안타까워하는 효성이 스스로 마지못할 것이다.

[보 補]

부모의 나이가 더할수록 노쇠함 또한 날로 심하다. 조석으로 노쇠한 부모의 얼굴을 마주할 수 있다는 것만으로도 하늘이 내려준 행운이다. 이런 마음으로 왕안석은 "옛 효자는 부모 하루 봉양을 삼정승과도 바꾸지 않았다.[古人一日養 不以三公換]"(『臨川文集』 권9, 「送喬秀才歸高郵」)고 말하였다. 이것이 "하루하루를 안타까워하는 효성" 즉 애일지성(愛日之誠)이라 말한다.

22. 고자전지 古者全旨

이 장은 부자께서 옛사람들이 부끄럽게 여긴 바를 원용(援用)하여 오늘날의 사람을 경계하였다. 위 구절[古者言之不出]은 옛사람이 말을 삼가고 조심하였음을 말하고, 아래 구절[恥躬之不逮也]은 옛사람이 말을 삼가는 그 마음을 유추하여 살핀 것이다.

고자(古者) 2자에 보이지 않은 대상을 말하면서, 궁(躬)자와 치(恥)자를 들추어, 우리의 몸[躬]이란 천고(千古)에 길이 느슨하게 지낼 수 없는 몸이며, 부끄러움[恥]이란 일생을 두고 버릴 수 없는 수치임을 밝히고 있다.

子曰 古者에 **言之不出**은 **恥躬之不逮也**니라

부자께서 말씀하셨다.
"옛사람이 말을 함부로 하지 않음은 몸소 실행함이 뒤따르지 못할까를 부끄러워서였다."

강설

부자께서 함부로 말하는 자를 경계하여 말씀하셨다.

"옛사람들은 말하기에 앞서 바야흐로 말할 즈음에 스스로 절제하여 감히 함부로 말을 하지 않은 것은 무엇 때문일까? 그것은 말이란 앞으로 행할 바를 이야기하는 것인데, 말한 뒤에 몸소 실천하지 못할까를 부끄러워한 까닭에 가볍게 말하지 않은 것이다. 어째서 요즘 사람들은 옛사람처럼 말을 삼가지 않는 것인지!"

集註

言古者는 以見今之不然이라 逮는 及也라 行不及言은 可恥之甚이니 古者에 所以不出其言은 爲此故也니라

○ 范氏曰 君子之於言也에 不得已而後出之는 非言之難이오 而行之難也라 人惟其不行也라 是以輕言之하니 言之를 如其所行하고 行之를 如其所言이면 則出諸其口에 必不易矣리라

[훈고와 해석] "옛사람이…"라고 말한 것은 요즘 사람이란 그렇지 못함을 나타낸 말이다.

체(逮)는 미쳐감이다. 행실이 말에 미치지 못함은 매우 부끄러운 일이다. 옛사람이 말을 함부로 하지 않음은 이 때문이었다.

○ 범씨[范祖禹]가 말하였다.

"군자가 말함에 있어 마지못한 뒤에 말함은 말하기가 어려운 게 아니라, 실행하기 어렵기 때문이다. 사람들은 행하지 않는 까닭에 경솔히 말한다. 말을 그 행할 바와 같이하고, 행함을 그 말한 바와 같이한다면 그 입으로 말하는 것을 반드시 쉽게 하지 않을 것이다."

23. 이약전지 以約全旨

이 장은 오로지 재주를 피우고 지혜를 부리는 자를 위한 말이다.

약(約)이란 비록 사물로 말했지만, 실제로는 심리상으로 말한 것이다. 이약(以約)의 이(以)자는 "마음을 붙잡는다."는 조(操)자의 뜻이 있으며, "잘못을 범할 자 적다.[失之者 鮮矣]"는 것은 행한 일을 위주로 말하였다. 이 때문에 남헌 장씨[張南軒]는 "검약(儉約)으로 행하면 꼭 모든 게 절도에 맞는다고 말할 수는 없지만, 잘못된 일이 적다."고 말하였다.

子曰 以約失之者 鮮矣니라

부자께서 말씀하셨다.

"마음을 수렴(收斂)하고서 잘못을 범할 자 적다."

강설

부자께서 스스로 자신을 살펴야 한다는 점을 말해주었다.

"사람이 그 일을 잘못함은 그 마음을 거둬들일 줄 모르기 때문이다. 그러므로 스스로 마음을 수렴하여 방자하지 않으면 규구(規矩)와 법도에 맞게 나아갈 수 있다. 물론 일을 하는데 잘못을 범할 경우가 없지는 않겠지만, 또한 많지는 않을 것이다. 배우는 자는 그처럼 삼가야 할 바를 알아야 하지 않겠는가."

集註

謝氏曰 不侈然以自放之謂約이라

尹氏曰 凡事約則鮮失이니 **非止謂儉約也**니라

[훈고] 사씨[謝良佐]가 말하였다.
"거들먹거리며 제멋대로 하지 않음을 약(約)이라고 한다."
윤씨[尹焞]가 말하였다.
"모든 일을 수렴[約]하면 잘못이 적다. 검소[儉約]함을 말한 데 그치지 않는다."

[보 補]

'이약실지(以約失之)'의 약(約)자와 맹자가 말한 '증자지수약(曾子之守約)'의 약(約)자는 같은 뜻일까? 그리고 집주에서 윤씨는 또한 약(約)자에는 검약(儉約)의 뜻이 있음을 보여주고 있다.

'약'자에는 이렇듯 여러 가지의 뜻으로 해석되고 있다. 이를 살펴보면 대략 3가지 뜻으로 집약할 수 있다. 검약(儉約), 요약(要約), 수렴(收斂)이다.

첫째, 검약이란 검소함 그리고 곤궁함을 말한다. 사(奢)자와 반대가 되는 검약의 약(約)이다. 윤씨가 말한 "검약을 말한 데 그치지 않는다.[非止謂儉約也]"는 것은 사치스럽지 않은 검소한 생활만을 말한 게 아니라는 뜻이다. 앞서 말한 "어질지 못한 자는 곤궁한 데에 오래 살지 못한다.[不仁者 不可以久處約]"는 '약'자는 가난한 삶의 뜻으로 곤궁함[儉約]을 말한다.

둘째, 요약의 뜻이다. 많은 것 가운데 가장 중요한 핵심을 말한다. 즉 요체(要諦)의 의미이다. 『맹자』「공손추 상」의 "맹시사 수약(孟施舍守約)"에 대해 주자의 집주에서 "그 지키는 바로 논하면 맹시사는 북궁유에 비하여 그 요약을 얻었다.[論其所守, 則舍比於黝, 爲得其要也.]"고 하여, 수약(守約)을 '득기요(得其要)'로 해석하였다. 이는 분명 요약의 뜻이다. 그뿐만 아니라, "맹시사의 지킴은 혈기였다. 또한 증자의 지킴이 요약된 것만 같지 못하다.[孟施舍之守氣, 又不如曾子之守約也.]"는 집주에서 "맹시사의 지킨 바는 북궁유에 견주어 요약되었다고 하나, 그의 지킴은 겨우 혈기에 있다. 또한 증자가 몸을 돌이켜 성찰하고 이치를 따라 그 지키는바 더욱 그 요약을 얻은 것만 같지 못하다.[孟施舍之所守, 雖視北宮黝爲約, 然僅在於氣耳. 又不如曾子之反身循理, 所守 尤得其要也.]"고 하여, 이 또한 수약(守約)을 '소수 우득기요(所守 尤得其要)'로 해석하였다. 요약은 요체 또는 집약된 부분을 말한다. 이러한 요약의 해석은 『논어』「위정」'시삼백

(詩三百)'의 집주[范氏曰 學者 必務知要, 知要則能守約, 守約則足以盡博矣.] 또한 매한가지이다.

셋째, 수렴이다. 약(約)은 방(放: 방종, 방자)자의 반대 뜻으로 조심조심 절제하고 수렴함을 말한다. 사씨의 "거들먹거리며 제멋대로 하지 않음을 약(約)이라고 한다."는 설은 이를 말한다. 주자는 이를 부연하여 "약(約)에는 수렴하여 내면으로 가까이 착실하게 하려는 뜻이 있다. 이 '약'자는 다만 모든 일에 스스로 수렴하는 것이다."[176]고 한다. 이는 먼저 나의 마음을 밖으로 방종하지 않고 내면으로 수렴하면 말과 행실이 모두 방종하지 않는다는 뜻으로 경문[以約失之者 鮮矣]을 해석하였다.

그러나 사씨가 말한 '불치연이자방(不侈然以自放)'이라는 구절을 살펴보면, 기존의 검약과 요약의 뜻과는 달리 이 부분에 걸맞은 해석을 하기 위해 고심했음을 알 수 있다. 그것은 '약'자에 관한 새로운 인식 때문이다.

"불치연(不侈然)"이란 거들먹거리는 교만과 방종[驕縱]의 모양이다. 그러나 글자대로 보면 '사치하지 않다[不侈]'는 것은 검소하다의 뜻으로 쓰인 검약이며, 방(放)이란 풀리다 또는 놓는다의 방종과 방자함을 말한다. '스스로 방종하지 않는다[不自放]'는 것은 묶는다는, 또는 집약의 뜻이 있다. 이로 보면 사씨의 해석과 주자의 부연은 기존의 검약과 요약의 뜻을 종합하여 새로운 뜻으로 해석한 합성어이다.

"다만 모든 일에 스스로 수렴할 뿐이다.[只是凡事自收斂]"는 주자의 말은 "처사접물(處事接物)의 사물상에서 말하고 있으나 이의 근본은 마음을 수렴하는 데에 있다. 마음을 수렴한다는 것은 마음을 붙잡아 보존한다는 뜻에서 유래한 것이다. 마음을 붙잡아 보존하면 천리의 부분이 많고 인욕의 부분이 적기에 잘못을 범할 일이 적다."[177]

24. 욕눌전지 欲訥全旨

이 장은 사람들의 경망한 행동을 바로잡고 게으름을 경계하고 있다.

이러한 점은 욕(欲)자에 착안하여 살펴보아야 한다. 이는 말을 조심하고 행실을 민첩하게 하는 데 그치지 않고, 말과 행실을 하기에 앞서 스스로가 이 단락에서 제시한 깊은 마음과 예리한 의지를 지녀야 한다. 이(而)자 또한 음미해 보아야 할 글자이다.

子曰 君子는 欲訥於言而敏於行이니라

부자께서 말씀하셨다.

"군자는 말은 떠듬적거리고 행실은 민첩하여지고자 한다."

---

176 『大全』 該註. "朱子曰 約有收斂近裏著實之意. 這約字, 只是凡事自收斂."

177 『論語學案』 권2. "約 就事上說, 而本之在心. 約之心, 從操存得來. 操存之心, 天理分上多, 人欲分上少, 故鮮失."

강설

부자께서 스스로 닦아가는 군자의 마음에 대해 말씀하셨다.

"말이란 많이 지껄이는 데서 잘못을 범하기 쉽고, 행동이란 부족한 데서 잘못을 범하기 쉽다. 군자는 말이란 쉬운 줄 알기에 반드시 말을 떠듬적거리면서 진실한 마음으로 말을 잘하지 못한 듯하고, 힘써 행하기 어려움을 알기에 반드시 그 행실을 민첩히 하고자 하여 방황하며 미치지 못한 바 있는 것처럼 급급히 힘쓰는 것이다. 이처럼 말과 행실이 하나가 되어 독실한 군자가 될 수 있는 길이 바로 여기에 있다."

集註

謝氏曰 放言易라 **故**로 **欲訥**이오 **力行難**이라 **故**로 **欲敏**이니라

○ **胡氏曰 自吾道一貫**으로 **至此十章**은 **疑皆曾子門人所記也**라

[해석] 사씨[謝良佐]가 말하였다.

"함부로 말하기는 쉬우므로 떠듬적거리려 하고, 힘써 행하기란 어려우므로 민첩하여지고자 한다."

○ 호씨[胡寅]가 말하였다.

"오도일이관지(吾道一以貫之)로부터 여기까지의 10장은 모두 증자 문인의 기록으로 의심된다."

25. 덕불전지 德不全旨

이 장은 덕을 닦는 뜻을 지니도록 권면, 고무하는 말이다.

위 구절[德不孤]은 도리로 말하고, 아래 구절[必有隣]은 현상으로 말하였다. 그리고 위 구절은 반언(反言)이며, 아래는 정언(正言)이다. 따라서 이는 두 가지의 뜻이 있지 않으므로 지나치게 깊이 보아서는 안 된다. 이는 덕을 닦음에 관한 의구심으로 싸여있는 세상 사람들의 마음 때문에 이처럼 말하고 있다.

그리고 이웃[隣]이란 한 시대, 한 지역만을 가리키는 게 아니다. 멀리는 남해, 북해 그리고 백세 이전과 그 이후까지도 이 마음과 이 이치는 똑같지 않은 바 없다.

子曰 德不孤라 **必有隣**이니라

부자께서 말씀하셨다.

"덕이 있는 자는 외롭지 않다. 반드시 이웃이 있다."

강설

부자께서 사람들에게 덕을 닦아야 한다는 뜻으로 격려하여 말씀하셨다.

"덕이란 인심의 공리(公理)이다. 덕을 좋아한다는 것은 모든 사람의 똑같은 마음이다. 따라서 나에게 덕이 있으면 스스로 고립되지 않을 것이다. 그것은 덕을 소유한 그들이 같은 유로서 따르는 데 그치지 않고, 거처하는 곳에 이웃이 있듯이 많은 사람이 모여들게 된다. 덕이란 사람에게 친근함을 얻을 수 있는바 이와 같음에도 사람들은 또한 어찌하여 덕을 닦지 않는 것일까?"

集註

隣은 猶親也라

德不孤立하야 必以類應이라 故로 有德者는 必有其類從之니 如居之有隣也라

[훈고] 인(隣)이란 친함과 같다.

[해석] 덕이 있는 자는 고립되지 않고 반드시 함께하는 사람들이 감응하게 된다. 그러므로 덕이 있는 자는 반드시 그 함께하는 사람이 따름으로 마치 거주하는 곳에 이웃이 있는 것과 같다.

[보 補]

여기에서 말한 덕불고(德不孤) 3자는 "덕을 지닌 자는 반드시 함께하는 사람들이 서로 감응하고 추구하여 반드시 '고립(孤立)'되지 않음을 말한다. 이는 『주역』(「坤卦䷁ 文言」)에서 말한 '덕불고'의 뜻과는 다르다. 『주역』에서는 내면의 경(敬)과 외면의 의(義)를 성립하면 안팎의 덕이 모두 갖춰져 덕이 성대하여 '한쪽에 치우치지[偏孤] 않는다'는 뜻으로 말하였다. 「곤괘(坤卦)」 육이효(六二爻)에서 말한 직방대(直方大)의 '대(大)'자에 관한 훈고이다."[178]

『논어』에서 말한 "덕이 있는 자는 외롭지 않다."는 것은 마치 순임금의 덕에 감화되어 3년 만에 도읍이 이뤄지는 것처럼 사람이 모여드는 것이며, 또한 어느 날 극기복례(克己復禮)로 인(仁)을 이루면 천하 모든 사람이 돌아온다는 것과 같은 기상이다. '덕불고'의 덕은 나의 소유로, '외롭지 않다'는 이웃 사람을 지칭하여 한 구절 내에서 나와 남으로[自他]로 구분하였다.

그러나 『주역』은 「곤괘」 육이효[六二 直方大 不習 无不利]에서 말한 직방대(直方大) 3자를 해석하면서 직(直)은 경이직내(敬以直內), 방(方)은 의이방외(義以方外)라 하고, 안팎[直內 方外]으로 두루 갖춘 성대한 덕을 해석하면서 '덕불고'를 말했다. 어느 한쪽에 치우치지[偏孤] 않은 자아의 성대한 덕이다. 따라서 여기에서는 고(孤)를 편고(偏孤)로 해석하였다. 이 때문에 주자는 『주역』에서의 '덕불고' 3자는 '어떤 한쪽에 치우치지 않은 성대한 덕[大]'이라는 의미이기에, 이를 '대(大)'자에 관한 해석이라고 말하였다.

178 『大全』該註. "此言有德者, 聲應氣求, 必不孤立. 與易中德不孤不同. 彼言敬義立則內外兼備, 德盛而不偏孤. 不孤, 訓爻中大字."

26. 사군전지 事君全旨

이 장은 임금을 섬기고 벗을 사귐에 있어 그들에게 말할 때는 반드시 말하기에 앞서 평소 쌓아놓은 성의로 그를 감동하게 하거나 아니면 좋은 기회에 편승하여 그를 잘 인도해야 하지, 한낱 말만을 숭상한 나머지, 오히려 소원함과 모욕된 일을 스스로 취해서는 안 된다는 점을 말하고 있다.

사욕(斯辱)과 사소(斯疏) 2곳의 사(斯)자를 깊이 음미해 보아야 한다. 이는 임금을 섬기고 벗을 사귈 때 자주 말하지 않도록 하고자 함일 뿐, 사람들에게 소원함과 모욕됨을 피하도록 권하는 말이 아니다.

子游曰 事君數이면 **斯辱矣**오 **朋友數**이면 **斯疏矣**니라

자유가 말하였다.

"임금을 섬기면서 자주 간하면 이에 욕을 겪게 되고, 벗에게 자주 충고하면 멀어지게 된다."

강설

자유는 임금을 섬기고 벗을 사귀는 도를 논하였다.

"군신과 붕우는 의리로 맺은 자이다. 임금에게 허물이 있으면 마땅히 간해야 하며, 간하여도 듣지 않는다면 마땅히 떠나가야 한다. 자주자주 간하면서 떠나가지 않으면 임금은 반드시 듣기 싫어하게 되어 도리어 내쫓기거나 욕을 겪게 될 것이다.

벗에게 잘못이 있다면 마땅히 그 잘못을 바로잡아야 한다. 그러나 바로잡아 주는 데에도 받아들이지 않으면 그만둬야 한다. 그만두지 않고 번거롭게 자주 충고하면 벗은 반드시 듣기 싫어하여 날마다 멀어지게 될 것이다. 임금을 섬기고 벗을 사귀는 자가 이 점을 경계해야 한다."

集註

程子曰 數은 **煩數也**라

胡氏曰 事君에 **諫不行則當去**오 **導友**에 **善不納則當止**니 **至於煩瀆**이면 **則言者輕**하고 **聽者厭矣**라 **是以**로 **求榮而反辱**하고 **求親而反疏也**니라

范氏曰 君臣朋友는 **皆以義合**이라 **故**로 **其事同也**니라

[훈고] 정자[明道]가 말씀하였다.

"삭(數)은 번거롭게 자주 함이다."

[해석] 호씨[胡寅]가 말하였다.

"임금을 섬길 적에 간하여도 따라주지 않으면 벼슬을 버려야 하고, 벗을 인도함에 선을 받아들이지 않으면 마땅히 그만두어야 한다. 번거롭게 자주 간하면 말한 자는 가벼워지고 듣는

자는 싫어하게 된다. 이 때문에 영화를 추구하려다 도리어 욕을 겪게 되고, 친함을 구하려다 도리어 멀어지게 된다."

범씨[范祖禹]가 말하였다.

"군신과 벗이란 모두 의리로 모인 자이다. 이 때문에 그 일이 똑같다."

[보 補]

오륜 가운데 부자유친(父子有親)만이 유일한 살붙이[血屬]의 천친(天親)일 뿐, 나머지 모두 의리의 관계로 만난 후천적 의친(義親)이다. 살붙이의 사랑은 그 어떤 상황이든 서로 떠날 수 없지만, 의리로 만난 관계는 의리의 가부에 따라 따를 수도 떠날 수도 있다.

그러나 군신과 붕우의 사이는 떠나가고 그만두는 것이 능사가 아니다. 이에 앞서 상호 신뢰의 바탕이 우선이다.

혹자의 말에 의하면, "사군삭(事君數)·붕우삭(朋友數)의 삭(數)자에는 그 말이 많을 뿐, 정성이 부족한 점을 안타까워한 함이다.[或曰 二數字, 病其口舌有餘, 精誠不足耳.]"(『四書近指』 권5)고 한다. 이는 간하기 이전에 성의가 부족하여 신뢰를 얻지 못함에 따라 상호 파국으로 치닫는 불행을 말해주는 것이다. 이 때문에 먼저 상호 신뢰를 기반으로 하여 치국과 수신에 밑거름이 되어야 한다.

"자유는 임금을 섬기고 벗을 사귀는 도리가 이와 같음을 논하고 있으나, 중요한 점은 간쟁의 근본이 성의의 정립에 있다는 점이다. 참으로 선을 밝히고 몸을 진실하게 행하여 스스로가 먼저 임금과 벗에게 신임을 얻어야 한다.

하지만 신하의 간언을 받아들여 조정에 과감하게 간쟁하는 기풍을 진작시키는 것은 임금의 몫이고, 충고의 선을 받아들여 곧고 진실한 이의 도움을 얻는 것은 벗의 몫이다. 만약 임금에게 간쟁하는 신하가 있고 선비에게 간쟁하는 벗이 있다면, 나라를 다스리는 복록과 도덕으로 몸을 닦아가는 도움이 어찌 적다고 하겠는가."[179]

179 『日講四書解義』 권5 「論語 上」 2. "子游 論事君交友之道如此, 要之諫諍之本, 在於立誠. 苟能明善誠身, 自能獲上信友, 至於納諫以作敢言之氣則在乎君, 納善以取直諒之益則在乎友. 使君有諍臣而士有諍友, 其爲社稷之福·道德之助者, 豈淺鮮哉?"

제5 공야장 公冶長 第五

此篇은 皆論古今人物賢否得失하니 蓋格物窮理之一端也라

凡二十七章이라

胡氏 以爲疑多子貢之徒所記云이라

이편은 모두 고금 인물의 어질고 어질지 못함과 잘잘못을 논하고 있다. 이는 사물을 탐구하고 이치를 궁구하는 하나의 실마리이다.

모두 27장이다.

호씨[胡寅]는 "대부분 자공 문도의 기록으로 의심된다."고 하였다.

1. 공야장지 公冶章旨

이 장은 성인이 선택하여 배필로 삼은 이들이 모두 어진 자임을 말하고 있다.

위 절[公冶長…以其子]에서는 '그에게 딸을 줄 만하다[可妻也]' 구절에 중점을 두고, 아래 2구[雖在縲絏之中 非其罪也]는 그를 사위로 삼는데 나쁠 게 없다는 전제를 말한 데 지나지 않는다.

아래 절[南容…以其兄之子]의 '방무도(邦無道)' 2구 또한 그의 어짊을 나타낼 뿐이지, 남용의 행운을 말함이 아니다.

(1) 공야절지 公冶節旨

첫 구절[可妻也]에서는 그의 평소 행실이 사위로 삼을 만함을 말하고,

다음 2구[雖在縲絏之中 非其罪也]에서는 또 그를 대신하여 그가 겪었던 억울한 일을 들어 그의 잘못이 아님을 밝혀주고 있다.

끝 구절[以其子妻之]에서는 어진 이를 배필로 삼았다는 뜻을 거듭 나타내고 있다.

子 謂公冶長하사대 可妻也로다 雖在縲絏之中이나 非其罪也라하시고 以其子로 妻之하시다

부자께서 공야장에 대하여 이르시기를, "그에게 딸을 줄 만하다. 비록 오랏줄에 묶여 옥중에

있으나 그의 죄가 아니다." 하시고, 자기의 딸을 그의 아내로 삼아주었다.

강설

부자께서 공야장의 평소 행실이 어질어 그에게 딸을 맡길만한 도가 있음을 말씀하셨다.

"공야장은 일찍이 오랏줄에 묶여 영어(囹圄)에 갇힌 잘못이 있었다. 하지만 이는 그 스스로 지은 죄가 아니다. 그의 어짊은 애당초 그 일로 인하여 잘못된 바 없으니, 진정 사위로 삼기에 나쁠 게 없다."

이에 부자의 딸을 공야장의 아내로 삼아주었다.

集註

公冶長은 **孔子弟子**라 **妻**는 **爲之妻也**라 **縲**는 **黑索也**오 **絏**은 **攣也**니 **古者獄中**에 **以黑索拘攣罪人**이라

長之爲人은 **無所考**나 **而夫子稱其可妻**하니 **其必有以取之矣**라 **又言其人**이 **雖嘗陷於縲絏之中**이나 **而非其罪**라하니 **則固無害於可妻也**라 **夫有罪無罪**는 **在我而已**니 **豈以自外至者**로 **爲榮辱哉**리오

[훈고] 공야장은 공자의 제자이다.(魯人, 일설에는 齊人). 처(妻)는 그의 아내로 삼아줌이다. 누(縲)는 검은 오랏줄이며, 설(絏)는 묶음이다. 예전에는 옥중에서 검은 오랏줄로 죄인을 묶었다.

[해석] 공야장의 사람됨은 살펴볼 수 없으나, 부자께서 "그에게 딸을 맡길 만하다."고 하니, 그에겐 반드시 취할 만한 게 있었을 것이다.

또 "그가 비록 오랏줄에 묶여 옥중에 있었으나 그의 죄가 아니다."고 하니, 참으로 딸을 맡기는 데에 나쁠 게 없다. 죄가 있고 없는 것은 나에게 있을 뿐, 어찌 밖으로부터 이르는 것을 영화와 오욕으로 삼겠는가.

[보 補]

『논어』 전편에서 공야장에 관한 기록은 더 이상 찾아볼 수 없다. 공야장이 어떤 이유로 영어의 몸이 되었는지는 더더욱 알 수 없는 일이다. 『역사(繹史)』(淸 馬驌 撰)에 실린 『유청일찰(留靑日札)』(明 田藝衡 撰)의 전고(典故)는 참으로 믿을 수 없는 황당한 말이지만, 전래하는 말이기에 일설(一說)의 참고로 이에 전재(轉載)하는 바이다.

공야장은 빈한함에도 한가롭게 살았다. 먹을거리가 없었는데, 참새가 그의 집에 날아와 지저귀었다.

"공야장! 공야장! 남산의 범이 양을 물어다 놓았다. 그대는 살코기를 먹고 나는 내장을 먹자. 빨리 가지러 가자. 망설이지 말라."

공야장의 참새의 말처럼 양을 가져다 먹었다. 양을 잃은 주인이 발자취를 따라 찾아와 양의 뿔을 발견하고서 도둑이라 하여 노나라 임금에게 고발하였다. 노나라 임금은 참새의 말에 따랐다는 말을 믿지 않고 옥에 가뒀다.

공자는 공야장이 평소 새들의 말소리를 이해한다는 사실을 알고 있었다. 공야장을 위해 노나라 임금에게 그 사실을 말했지만, 또한 오해가 풀리지 않았다. 이에 공자는 탄식하셨다.

"비록 비록 오랏줄에 묶여 옥중에 있으나 그의 죄가 아니다."

공야장이 옥중에 있는데, 참새가 다시 옥사 위에 날아와 공야장을 불렀다.

"공야장! 공야장! 제나라 군사가 출정하여 우리 국경 기수(沂水) 위 역산(嶧山) 곁까지 침범하였다. 빨리 그들을 막아야 한다. 망설이지 말라."

공야장이 옥리의 소개로 노나라 임금에게 이 사실을 알렸다. 노나라 임금은 또다시 믿지 않았지만, 잠시 공야장의 말처럼 그곳을 찾아가 염탐하자, 제나라 군사는 당도하는 참이었다. 서둘러 군사를 출동, 적에 대응하여 마침내 대승을 거뒀다. 이를 계기로 공야장을 석방하고 예물을 후히 하사하였다. 그리고 대부의 벼슬을 내리려 하였지만, 사양하고 받지 않았다. 이는 새소리로 인연하여 얻은 벼슬이기 때문이다. 후세에 마침내 새소리를 알아듣는 학문이 사라졌다.[180]

(2) 남용절지 南容節旨

위의 2구[邦有道…於刑戮]에서는 남용이 치란(治亂)에 잘 대처할 인물임에 대해 말하고, 아래 구절[以其兄之子妻之]에서는 성인이 이에 따라 조카사위를 삼은 데 대해 말하였다.

위의 공양장에 대해서는 먼저 사위로 삼을 만한 인품[可妻也]을 말하고 뒤이어 그의 죄가 아님을 덧붙여 말했는데, 이의 남용에 대해서는 먼저 그가 버림받지 않을 인물임을 말하고 뒤이어 죽음[刑戮]을 면할 수 있음에 대해 말하였다. 그처럼 말함으로써 그의 사람됨은 모든 일에 있어 몸가짐을 지키는데 조심한 사람이기에, 그는 부부 사이에도 반드시 도가 있으리라는 점을 상상할 수 있다. 만약 그렇지 않다면 그의 어진 인품을 가상히 여기는 것은 옳지만, 그를 조카사위로 삼은 이유를 그 무엇으로 말할 수 있겠는가.

子 謂南容하사대 邦有道에 不廢하며 邦無道에 免於刑戮이라하시고 以其兄之子로 妻

---

180 『繹史』 권95-4. 「孔門諸子言行」 4. "留靑日札云 公冶長 貧而閒居, 無以給食, 其雀 飛鳴其舍, 呼之曰公冶長! 公冶長! 南山有箇虎馱羊, 爾食肉, 我食腸, 當亟取之, 勿彷徨! 子長 如其言, 往取食之. 及亡羊者 跡之 得其角, 乃以爲偸, 訟之魯君. 魯君不信鳥語, 逮繫之獄, 孔子素知之, 爲之白於魯君, 亦不解也. 於是 歎曰 雖在縲紲之中, 非其罪也. 未幾, 子長 在獄舍, 雀復飛鳴其上, 呼之曰 公冶長! 公冶長! 齊人出師, 侵我疆沂水上嶧山旁, 當亟禦之, 勿彷徨. 子長 介獄吏, 白之魯君, 魯君 亦弗信也, 姑如其言, 往跡之, 則齊師 果將及矣. 急發兵應敵, 遂獲大勝, 因釋公冶長而厚賜之, 欲爵爲大夫, 辭不受, 盖恥因禽語以得祿也. 後世 遂廢其學."

之하시다

부자께서 남용에 대해 이르시기를, "나라에 도가 있으면 그를 버리지 않을 것이고, 나라에 도가 없더라도 형벌을 면할 것이다."라고 하시고, 형의 딸로서 그의 아내를 삼아주었다.

강설

부자께서 일찍이 "남용이 평소 언행을 조심하여 나라에 도가 있을 때는 반드시 말과 행실이 드러나고 나타남으로 인해서 다스려진 조정에 버림받지 않을 것이며, 나라에 도가 없을 때를 당하여서도 반드시 행실은 고준하고 말은 겸손하게 하여 형벌을 면할 수 있고 나아가 처자식을 보존할 것이다. 그와 같은 그 어짊으로 보아 그에게 조카딸을 맡길만하다." 하고, 이에 서형(庶兄) 맹피(孟皮)의 딸을 남용의 아내로 삼아주었다.

두 딸을 공야장과 남용의 아내로 삼아준 것은 두 딸의 어진 덕으로 모두 그들의 집안을 다스려 주기를 바라는 마음을 저버리지 않을 것이라 여겼기 때문이다. 성인이 어찌 사사로운 마음으로 이를 처리하였겠는가.

集註

南容은 孔子弟子니 居南宮하고 名縚오 又名适이오 字子容이며 諡敬叔이니 孟懿子之兄也라 不廢는 言必見用也라 以其謹於言行이라 故로 能見用於治朝하고 免禍於亂世也니 事又見第十一篇이라

○ 或曰 公冶長之賢이 不及南容이라 故로 聖人이 以其子妻長하고 而以兄子妻容하니 蓋厚於兄而薄於己也라한대 程子曰 此는 以己之私心으로 窺聖人也라 凡人避嫌者는 皆內不足也라 聖人은 自至公하시니 何避嫌之有리오 況嫁女는 必量其才而求配니 尤不當有所避也라 若孔子之事는 則其年之長幼와 時之先後를 皆不可知어니와 惟以爲避嫌은 則大不可라 避嫌之事는 賢者도 且不爲온 況聖人乎아

[훈고] 남용은 공자 제자이다. 남궁 땅에 살았으며, 이름은 도(縚)이고 또 다른 이름은 괄(适)이며, 자는 자용(子容)이며, 시호는 경숙(敬叔)이니, 맹의자(孟懿子)의 형이다.

불폐(不廢)란 반드시 등용됨을 말한다.

[해석] 그가 말과 행실을 삼가므로 능히 다스려진 조정에 등용되고, 어지러운 세상에 화를 면할 것이다. 이 일은 또한 제11「선진」편에 보인다.

○ 어떤 사람이 말하였다.

"공야장의 어짊이 남용에 미치지 못하므로 성인이 그의 딸은 공야장의 아내로 삼고, 형의 딸은 남용의 아내로 삼았다. 이는 형에게는 후하고 자신에게는 박하게 한 것이다."

정자[伊川]가 그에 대해 답하였다.

"혹자의 이런 말은 자기의 사사로운 마음으로 성인의 의중을 엿본 것이다. 대체로 혐의를 피하는 사람은 모두가 내면이 부족하기 때문이다. 성인은 본래 지극히 공정하신 분이다. 어찌 혐의를 피할 일이 있겠는가. 더욱이 딸을 시집보내는 데에는 반드시 그 재주를 헤아려 배필을 구하는 것이니, 더더욱 혐의를 피한 바 없다. 공자의 일의 경우, 그 딸들의 나이가 많은지 적은지, 혼인 시기의 선후를 모두 알 수 없는데, 오직 혐의를 피하기 위함이라는 말은 절대 옳지 않다. 혐의를 피하는 일이란 현자도 하지 않는 일인데, 하물며 성인이야."

2. 자천전지 子賤全旨

이 장에서는 사람은 마땅히 어진 이를 높이고 도움이 되는 벗을 얻어야 한다는 뜻을 밝혀주었다.

하나의 취(取: 斯焉取斯)자를 중시하면서 위의 구절[君子哉 若人]에서는 자천의 성덕(成德)에 대해 가상하게 여기고, 아래 구절[魯無…取斯]는 반언(反言)으로 그의 덕을 성취하게 된 유래를 나타내고 있다.

子 謂子賤하사대 **君子哉**라 **若人**이여 **魯無君子者**면 **斯焉取斯**리오

부자께서 자천에 대하여 말씀하셨다.

"군자답다. 이 같은 사람이여. 노나라에 군자가 없었다면, 이런 사람이 어디에서 이런 덕을 얻을 수 있었겠는가."

강설

부자께서 일찍 자천에 대하여 말씀하셨다.

"덕을 이룬 군자여, 자천이여. 그러나 그가 이러한 덕을 이룰 수 있었던 것 또한 노나라 군자들의 공이 크다. 만일 노나라에 어진 이를 높이고자 하여도 높일 만한 어진 이가 없고, 벗을 취하고자 하여도 취할 만한 벗이 없었다면 이 사람이 또한 어느 곳에서 군자의 덕을 취하여 군자다운 덕을 이룰 수 있었겠는가. 이처럼 성덕군자가 되기까지는 참으로 자천의 어진 덕행이라 하지만, 노나라에 군자가 많았던 것은 자천에게 있어 더욱 다행한 일이었다."

일례로 자천이 단보(單父) 읍재(邑宰)로 있을 적에 아버지처럼 섬기는 두 사람, 형처럼 섬기는 다섯 사람, 벗처럼 함께하는 열한 사람이 모두 자천에게 정치하는 법을 가르쳐주었다고 한다.[181]

集註

子賤은 **孔子弟子**니 **姓宓**이오 **名不齊**라

上斯斯는 **此人**이오 **下斯斯**는 **此德**이라

---

181 『西山讀書記』 권29. "子賤爲單父宰, 所父事者二人, 所兄事者五人, 所友者十一人, 皆敎子賤以治人之術."

子賤은 蓋能尊賢取友하야 以成其德者라 故로 夫子旣歎其賢하시고 而又言若魯無君子면 則此人何所取以成此德乎아하시니 因以見魯之多賢也시니라

○ 蘇氏曰 稱人之善에 必本其父兄師友는 厚之至也니라

[훈고] 자천(子賤)은 공자의 제자이니, 성은 복(宓)이요, 이름은 부제(不齊)이다.(魯人)

위 사언(斯焉)의 사(斯)는 이런 사람[子賤]을 말하고 아래 취사(取斯)의 사(斯)는 이런 군자의 덕을 말한다.

[해석] 자천은 어진 이를 높이고 벗을 취하여 그의 덕을 이룬 자이다. 그러므로 부자께서 앞서 그의 어짊을 찬탄하고, 또 "만일 노나라에 군자가 없었다면 이런 사람이 그 어디에서 이런 군자의 덕을 이룰 수 있었겠는가."라고 말씀하시니, 이를 인하여 노나라에 어진 이가 많았음을 볼 수 있다.

○ 소씨[蘇軾]가 말하였다.

"사람의 선을 칭찬할 적에 반드시 그 부형과 사우(師友)에 근본하여 말함은 지극히 후함이다."

3. 자공전지 子貢全旨

이 장에서는 부자께서 자공 스스로 자신에 대해 살펴봄으로 인하여 그의 재능이 아름답다는 점을 허여(許與)하였다.

'저는 어떻습니까[何如]'라는 물음에는 자신에 대한 자부의 뜻이 담겨있으며, '어떤 그릇입니까[何器]'라는 물음에는 자신에 대한 의심의 뜻이 담겨있다.

그릇[器]과 호련(瑚璉)은 모두 자공의 재능을 묘사한 것으로, 정사를 다스릴 조정의 대부임을 말한다. 이는 귀중한 지위이고, 또한 그의 언어와 문장이 화려하고 아름다움을 알 수 있다. 집주에서 하나라의 종묘 그릇은 호(瑚), 상나라는 연(璉)이라 말함은 『예기』에서 말한 바와는 다르다. 혹 다른 근거가 있을 것이다.

子貢이 問曰 賜也는 何如하니잇고

子曰 女(汝)는 器也니라

曰 何器也잇고

曰 瑚璉也니라

자공이 물었다.

"저는 어떻습니까?"

부자께서 말씀하셨다.

"너는 그릇이다."

"어떤 그릇입니까?"

"호련(瑚璉)이다."

강설

자공은 사람을 비교하기를 좋아하였다. 부자께서 자천에게 군자라고 허락하자, 마침내 그 자신을 스스로 여쭈었다.

"제가 나아간 바는 과연 어떻습니까?"

부자께서 답하셨다.

"너의 재주는 쓸 만하다. 그릇이라고 말할 수 있겠다."

자공이 이어 또다시 물었다.

"모르겠습니다. 제 그릇은 과연 어떤 것입니까?"

"너의 그릇은 하나라와 상나라의 제기, 호련(瑚璉)이라 할 수 있다. 이는 종묘에서 사용하니 귀중한 그릇이며, 옥으로 장식한 그릇이니 화려하고 아름답다. 이뤄놓은 너의 재능이 어찌 귀중하지 않겠는가. 어떻게 여느 그릇과 같다고 말할 수 있겠는가."

集註

器者는 有用之成材라 夏曰瑚오 商曰璉이오 周曰簠簋니 皆宗廟盛黍稷之器而飾以玉하니 器之貴重而華美者也라

子貢見孔子以君子許子賤이라 故로 以己爲問에 而孔子告之以此하시니 然則子貢이 雖未至於不器나 其亦器之貴者歟ㄴ저

[훈고] 그릇이란 쓸모 있게 만들어진 재목이다. 하나라는 호(瑚), 상나라는 연(璉), 주나라는 보궤(簠簋)라고 한다. 모두 종묘에서 기장과 피를 담는 제기(祭器)로, 옥으로 꾸민 귀중하고 아름다운 그릇이다.

[해석] 자공이 자천을 군자로 허락한 것을 보았다. 이 때문에 자신에 관해 묻자, 공자께서 이처럼 말한 것이다. 이로 보면 자공이 비록 "두루 원만하여 한 곳에만 사용하는 그릇이 아니다.[君子不器]"(「爲政」)는 군자의 경지에 이르지는 못했으나, 그는 또한 귀중한 그릇이다.

[보 補]

위의 문장에서 자천을 군자로 허여함은 곧 군자는 한 가지에만 사용되는 그릇이 아닌, 두루 원만한 성덕군자(成德君子: 君子不器)일까? 자공이 자천의 군자에 미치지 못한 것일까?

이에 대해 운봉 호씨는 다음과 같이 말하였다.

"자천 또한 두루 원만한 성덕군자[不器]의 경지는 아니다. 이는 오직 자천이 노나라의 현인에게 취한 바로 덕을 성취하여 확충해 나가면 '두루 원만한 성덕군자'에 이를 수 있음을 말한다. 자공은 비록 귀중한 용도의 재목을 이뤘으나 오히려 한계의 국한으로 '두루 원만한 성덕군자'에 이르지 못하였다."[182]

여기에서 자천과 자공은 어떤 차이가 있기에 이처럼 말한 것일까? 『논어』 전편을 통하여 자천의 관련 부분은 더 이상 보이지 않는다. 그 자세함을 알 길이 없다. 그러나 자공의 관련 부분은 적지 않다. 먼저 자공의 한계에 대해 3가지 측면에서 살펴보면, 군자불기(君子不器)가 아닌 호련(瑚璉)이 될 수밖에 없는 이유에 관해 다소 도움이 될 것이다.

그것은 첫째 품성, 둘째 재예, 셋째 조예이다.

첫째 자공의 품성 자질(資質)은 안연[顔子 明睿所照]에 버금 가는[子貢 推測而知] 총명으로 지식이 고명한 까닭에 사리를 통달[子貢 知識高明, 故通達事理.]하였다. 이처럼 명철하고 영오(穎悟)함으로는 공문 제자 가운데 자공이 안연의 다음[孔門 自顔子以下 穎悟莫若子貢]이다. 그러나 자공의 자질에 한계가 있다. "안연의 총명과 지혜는 앎이 투철하고 행실 또한 지극하였다. 하지만 자공은 총명한 앎은 지녔으나 행실에 부족한 면이 있었다."[183] 이런 점이 두루 원만한 성덕군자라 하기에 미진한 면이다.

둘째 재예의 장점이자 문제점이다. 공문(孔門)의 사과십철(四科十哲) 가운데 자공은 언어에 해당[言語 宰我子貢]한다. 이는 자공의 총명이 사리를 통달함에 따라 언어로 발전한 것이다. 이 때문에 사방의 제후에 사신을 가서 임금의 명에 욕을 남기지 않을[使於四方 不辱君命] 종정대부(從政大夫)로서의 재목을 이룬 것이다. 그러나 이의 반면으로 덕행의 부족함을 초래하였다.

셋째 조예의 극치는 만년에 접어들면서 부자가 말씀하신 일이관지(一以貫之) 및 성품과 천도[夫子之言性與天道]를 들음으로써 증자의 경지에 상당하는 조예를 갖췄다. 이 때문에 세인으로부터 자공이 부자보다 훌륭하다[子貢賢於仲尼]는 평을 듣기도 하였다.

위에서 보는 바와 같이 품성의 자질과 재예는 원만한 성덕군자라 말하기에는 미흡할지언정 뛰어난 총명과 언어 그리고 문장은 그 누구보다 훨씬 뛰어나 사문(斯文)의 아름다운 그릇이자, 조정과 나라에 하나의 귀중한 보기(寶器)임에는 부인 못할 사실이다. 이런 면에서 자공의 그릇을 호련(瑚璉)이라 말하였다.

따라서 자공의 장점을 통하여 미진한 덕행 부분을 보완하면 자공 또한 원만한 성덕군자라 할 것이다. 이 때문에 자공은 노년의 진덕수업(進德修業)으로 젊은 시절의 그와는 전혀 다른 면모를 갖췄다.

---

182 『大全』 該註. "或問子貢未至於子賤之君子歟? 雲峯胡氏曰 子賤 亦未便不是器之君子, 特子賤能有所取以成德, 可充之以至於不器. 子貢雖有用之成材, 尙有所局而未至於不器也."

183 위와 같음. "慶源輔氏曰 顔之穎悟, 知之固徹, 行之又至. 子貢則穎悟於知而不足於行."

자천 또한 그 당시 군자로 허여했지만, 성덕군자의 불기(不器)라 말하기에 미진한 부분이 있다. 이 때문에 확충의 공부를 통하여 그 가능성으로 인정한 것이다.

4. 혹왈장지 或曰章旨

이 장은 드높일 만한 것이 못 되는 말재간을 배척하는 데 중점을 두었으므로, 인(仁)을 논변하는 데 중점을 두지 않았다.

2차례에 언급한 '언용(焉用)'은 '하등(何等)'이라는 뜻으로, 엄중하게 단절하는 말이며, '그가 어진지는 알 수 없다[不知其仁]'는 것은 부차적인 말이다.

(1) 혹왈절지 或曰節旨

이절에서는 혹자가 말재간을 좋아하고, 인에 대해 알지 못함을 보여주고 있다. 인(仁)자에 중점을 두지 말고, 말재간이 없음을 애석하게 여기는 뜻에 중점을 두어야 한다.

或이 曰 雍也는 仁而不佞이로다

어떤 사람이 말하였다.
"옹은 어질기는 하나 말재간이 없다."

강설

어떤 사람이 중궁에 대하여 부자에게 말하였다.
"옹(중궁의 이름)의 인품 됨됨이 후중하니 어질다고 말할 수 있습니다. 그러나 그가 말을 잘하지 못한 게 안타깝습니다."

만일 그들의 말과 같다면, 그가 생각하는 어진 사람이 되기 위해서는 말재간을 숭상하여야 함을 쉽게 알 수 있다.

集註

雍은 孔子弟子니 姓冉이오 字仲弓이라

佞은 口才也라

仲弓 爲人이 重厚簡默이나 而時人이 以佞爲賢이라 故로 美其優於德而病其短於才也니라

[훈고] 옹은 공자 제자이니, 성은 염, 자는 중궁이다.(魯人)
영(佞)은 말재간이다.

[해석] 중궁의 사람됨이 중후하고 간결하고 과묵하였다. 당시 사람은 말재간을 어질다고 생각한 까닭에 그의 덕이 넉넉함을 아름답게 여기면서도 그의 말재간이 부족한 것을 안타깝게 여겼다.

[보 補]

영(佞)이란 말솜씨가 재빠르고 날렵함을 말한다.[佞是口才捷利之名] 주자는 이에 대해 다음과 같이 말하였다.

"이는 아첨을 말한 게 아니다. 그것은 입 빠른 사람이 옳고 그름을 묻지 않고 임시변통으로 막아내는 것이다. 예를 들면, 자로가 자고(子羔)에게 비(費)의 읍재(邑宰)를 맡기자, 부자께서 '남의 자식을 버리는 것이다.'고 말씀하셨다. 자로는 '어찌 굳이 글을 읽어야 만이 학문이라 하겠습니까?'라고 대꾸하자, '이래서 말재간 있는 자를 미워하는 것[惡夫佞者]이다.'(「先進」)고 하셨다. 이처럼 자로는 옳고 그름을 따지지 않고 임시변통으로 말을 지어낸 것이다. 이를 통해 말재간이 그 어떤 것인지 잘 볼 수 있다."[184]

이로 미뤄보면, '축타의 말재간[祝鮀之佞]'(「雍也」)이 무엇인지 알 수 있으며, "말재간[利口]으로 나라와 집안을 뒤엎는 자는 미워한다.[惡利口之覆邦家]"(「陽貨」)는 것 또한 그 말재간[佞]을 미워함이다. 이구(利口)는 영(佞)과 같은 뜻으로 말하였다.

그러나 정작 부자 당시엔 말재간이라는 말이 그다지 나쁜 뜻으로 쓰이지 않았던 것으로 보인다.

"당시엔 영(佞)을 말재간이라 하여 그 나름 좋은 글자로 쓰였다. 이 때문에 '말재간이 없다[不佞]'는 말을 겸손한 말로 생각하여 혹자가 그처럼 말한 것이다. 성인이 이를 미워하여 배척함으로부터 모든 사람이 영(佞)이란 좋지 못한 뜻으로 쓰이는 글자임을 알게 된 것이다."[185]

그러나 오늘날에 여전히 되지도 않는 말장난을 대단한 능력자로 착각하거나 어눌한 사람을 무능한 이로 치부하는 것 또한 옛 잘못이 바뀌지 않고 그대로 답습하여 내려오고 있다.

(2) 언용절지 焉用節旨

위 3구[焉用佞…憎於人]는 말재간을 배척하는 것으로, 범론(泛論)이며, 아래 2구[不知其仁…焉用佞]는 중궁을 확정 지어 말하고 있다.

언용(焉用)은 단호한 결단의 어감으로 쓴 글자이다. 구(口)자는 심(心)과 상대되는 말이다. "말재간으로 사람을 막는다[以口給]"는 것은 마음에 근본을 두지 않고 단 입으로만 꾸며낸 말재

---

184 『朱子語類』 권28. "佞不是諂佞, 是箇口快底人, 却未問是不是, 一時言語便抵當得去. 子路使子羔爲費宰, 子曰賊夫人之子! 子路曰何必讀書然後爲學? 子曰是故惡夫佞者. 子路未問是與不是, 臨時撰得話來也. 好可見是佞."

185 『此木軒四書說』 권3. "當時 以佞爲有口才, 自是好字, 故不佞爲謙詞, 而或人云然. 自聖人惡而斥之, 於是人人知道佞是不好字."

간을 말한다. 남의 미움을 자주 사는 것은 말로써 사람을 꺾으면 그의 입이야 막을 수 있겠지만, 그의 마음까지는 굴복시키지 못하기 때문이다.

여기에서 말한 사람[人: 屢憎於人]은 바른 사람[正人]을 가리킨다. 그러나 또한 바른 사람이 미워할 뿐 아니라, 비록 보통 사람이라도 그를 미워할 것이다.

주자는 "말재간[佞]은 아첨하는 말[諂佞]이 아니라, 하나의 민첩한 혀를 둔 사람이다."고 하였다.

子曰 焉用佞이리오 **禦人以口給**하야 **屢憎於人**하나니 **不知其仁**이어니와 **焉用佞**이리오

부자께서 말씀하셨다.

"어디에다 말재간을 쓰겠는가. 마음에도 없는 헛소리로 사람을 막아 사람들에게 자주 미움을 받는다. 그가 어진지는 알 수 없지만, 어디에다 말재간을 쓰겠는가."

강설

그러므로 부자께서 그의 말을 배척하여 말씀하셨다.

"어디에다 말재간을 쓰겠는가. 저 말 잘하는 사람들이 남에게 응대하는 것은 그저 입과 혓바닥으로 말대답할 뿐, 전혀 진실한 마음이 없어 사람들에게 미움을 사는 바 많으니, 무슨 도움이 있겠는가. 오늘날 네가 옹을 어질다고 한 것에 대해서는, 내 비록 그가 인(仁)을 얻었는지 그렇지 않았는지는 알 수 없지만, 그에게 말재간 없는 그것이 바로 그의 장점이다. 어디에 말재간을 쓰겠는가."

集註

禦는 **當也**니 **猶應答也**라 **給**은 **辨也**오 **憎**은 **惡也**라

言何用佞乎리오 **佞人所以應答人者**는 **但以口取辨而無情實**하야 **徒多爲人所憎惡爾**라 **我雖未知仲弓之仁**이나 **然**이나 **其不佞**은 **乃所以爲賢**이오 **不足以爲病也**라 **再言焉用佞**은 **所以深曉之**시니라

○ **或疑仲弓之賢**으로 **而夫子不許其仁**은 **何也**오 **曰 仁道至大**하야 **非全體而不息者**면 **不足以當之**라 **如顔子亞聖**으로도 **猶不能無違於三月之後**온 **況仲弓雖賢**이나 **未及顔子**하니 **聖人固不得而輕許之也**시니라

[훈고] 어(禦)는 당적함이니, 응답(말대꾸)과 같다. 급(給)은 갖춤이며, 증(憎)은 미워함이다.

[해석] "어디에 말재간을 쓰랴. 말 잘하는 이가 사람과 응답하는 것은 입으로만 갖춰 말할 뿐 정실(情實)이 없어 한낱 사람들에게 미움을 사는 일이 많을 뿐이다. 내 비록 중궁이 어진지는 알 수 없으나, 그에게 말재간 없는 것은 훌륭한 것이지 병이 될 것은 없다."고 말하였다.

두 차례나 "어디에 말재간을 쓰랴."라고 말한 것은 그를 깊이 깨우치려는 바이다.

○ 어떤 사람이 "중궁의 어짊에도 부자께서 그의 인(仁)을 허여하지 않는 것은 무엇 때문인가?"하고 의심하였다.

"인(仁)의 도는 지극히 크므로 이를 모두 체득[全體]하여 간단(間斷)이 없는 자가 아니면 이에 해당할 수 없다. 안자와 같은 아성(亞聖)으로서도 오히려 3개월 뒤엔 인을 어김이 없지 않았는데, 하물며 중궁이 비록 어질다고 하나 안자에겐 미치지 못한다. 성인이 참으로 가볍게 허락할 수 없는 것이다."

[보 補]

구급(口給)의 급(給)은 '갖추다' '주관하다'[辦]의 뜻이지, 말을 잘한다는 변(辨)자의 뜻이 아니다.[186] 입 구(口)자는 마음 심(心)자와 상반된다. 구급(口給)이란 말재간이라는 뜻이 아니다. 마음에 없이 입으로만 지껄이는 헛소리이다. 이 때문에 주자는 "입으로만 챙겨 말할 뿐 정실이 없다[以口取辦而無情實]"고 하여 마음과 말이 상응하지 못하다[心口不副]는 뜻으로 해석하였다.

따라서 "구급(口給) 2자는 지극히 중대한 의미를 가지고 있다. 말재간과 인(仁)이 상반되는 부분은 모두 여기에 있다. '인'이란 사람의 마음으로 하는 것이며, 말재간이란 내면으로 마음에 근본을 두지 않고 한낱 외면의 입만으로 챙기는 것인바, 본심의 덕을 모두 잊은 것이다."[187]

이처럼 '구급' 2자는 마음에도 없이 입으로만 지껄인다는 뜻이다. 이런 상태로 그 말재간을 부리는 자를 영인(佞人)이라 말한다.

"말재간이 있는 영인(佞人)은 그 입심만을 믿고서 남의 말을 막아내는 것이다. 물론 그가 지껄이는 말이 경망하고 천박하기는 하나 하는 말이 그럴싸한 문장을 이루기에 들어줄 만하다. 하지만 그 정실은 꼭 그렇지 않다. 마음은 마음대로 입은 입대로 서로 부응하지 못하기에 나의 허물을 부르고 남으로부터 미움을 사는 것이다."[188]

집주에서 말한 아성(亞聖)은 성인에 버금간다는 뜻으로, 대성인 부자를 상대로 안연 또는 맹자를 말한다. 사서집주에서 주자는 유일하게 이 부분에서 안연을 아성이라 말하였고, 정자는 『맹자』「서설(序說)」에서 "안자는 성인과 머리털 하나 사이이고, 맹자는 대현으로 아성인 안연에 버금가는 사람이다.[顔子, 去聖人 只毫髮間. 孟子, 大賢亞聖之次也.]"고 하여, 안자를 아성으로 지칭하였다. 그러나 정작 아성공(亞聖公)은 맹자의 봉호(封號)이다.

그 유래는 다음과 같다. '아성'이라는 용어는 당 현종 이전까지는 일반명사로 쓰여왔다.

『삼국지(三國志) 오지(吳志)』(권19) "자장 · 자로 · 자공 등 70제자는 아성의 덕이다.[子張子

---

186 『四書蒙引』 권5. "口給之給, 辦也, 非辨也."

187 『四書講義困勉錄』 권8. "口給二字, 極重. 佞與仁相反, 全在此處. 仁爲人心, 佞者 不內根於心而徒外給於口, 則本心之德, 盡忘之矣."

188 『論語纂疏』 권3. "輔氏曰 佞人, 恃口以禦人, 浮淺躁妄, 發言成文, 雖若可聽, . 然其情實, 則未必如此. 心口旣不相副, 自然招尤而取憎也."

路子貢等七十之徒, 亞聖之德.]"

『남제서(南齊書)』(권45) "성왕은 아성의 훌륭함이 있다. 이 때문에 주공이 보필하여 도운 것이다.[成王, 有亞聖之賢, 故周公得輔而相之.]"

『수서(隋書)』(권58) "살펴보면 좌구명은 아성의 인재로서 성인의 종지를 밝혔다.[案丘明, 亞聖之才, 發揚聖旨.]"

위와 같이 부자의 제자는 물론 성왕과 좌구명에게 아성이라는 용어를 널리 사용하였다. 안연에게 아성이라는 특정 용어로 처음 말한 것은 당 현종이다.

당 현종은 개원(開元) 8년(720), 국자사업(國子司業) 이원관(李元瓘)의 주청에 의한 칙령으로 70제자와 22현의 영정을 그린 뒤에 "안자를 아성이라 하여 현종이 친히 찬을 지어 비석에 새겼다."고 한다.[189]

그러나 "원(元) 문종(文宗) 지순(至順) 원년(1330) 2월 무신(戊申)에 공자 부친 제국공(齊國公) 숙량흘을 계성왕(啓聖王)으로, 모친 노국태부인(魯國太夫人) 안씨를 계성왕부인(啓聖王夫人)으로, 안자를 연국복성공(兗國復聖公), 증자를 성국종성공(郕國宗聖公)으로, 자사를 기국술성공(沂國述聖公)으로, 맹자를 추국아성공(鄒國亞聖公)으로 가봉(加封)"[190]하면서 아성공의 봉호는 맹자에게 내려졌다. 현종은 맹자를 보다 추존한 의미를 담고 있으나, 정자와 주자는 봉호와 무관하게 여전히 경서에서 안연을 아성으로 지칭하고 있다.

5. 자사전지 子使全旨

이 장에서는 성현이 조금도 의심이 없는, 참다운 믿음이 있는 학문을 귀중하게 여김을 보여줌이다.

"제가 몸을 닦고 사람을 다스리는, 이런 도리를 참으로 알고 확실한 견해의 믿음이 없습니다.[吾斯之未能信]"라는 구절에 중점을 두고 있다. 칠조개는 참으로 하나의 벼슬을 맡아 하나의 직분을 수행하면서 반드시 무위도식(無爲徒食)의 부끄러움이 없을 사람이다. 이 때문에 부자께서 그에게 한 번쯤 벼슬에 마음을 두도록 권한 것인데, 칠조개는 믿음이 없다는 말로 대답하였다. 이는 그가 드높은 입지(立志)와 간절한 구도의 마음으로 이윤과 부열의 지위에 나아가고자 함이다. 이 때문에 부자께서 그의 마음가짐에 대해 기뻐한 것이다.

주석에서 열(說: 夫子說其篤志 · 夫子說之 · 夫子所以說之)자를 3차례 언급하였으나, 실제로는 모두 일관되어 있다. 그것은 오직 그가 큰 뜻을 보았기에 조그만 성취에 안주하지 않을 것이며, 작은 성취에 안주하지 않는 까닭에 그의 뜻은 도탑다고 말할 수 있기 때문이다.

189 『舊唐書』 권24, 「志 제4, 禮儀 4」. "勅改顔子等十哲爲坐像, 悉預從祀. 曾參大孝, 德冠同列, 特爲塑像, 坐於十哲之次. 圖畫七十子及二十二賢於廟壁上. 以顔子亞聖, 上親爲之贊, 以書于石."

190 『元史』 권34 「文宗 三」 "至順 戊申, 加封孔子父齊國公叔梁紇, 爲啓聖王. 母魯國太夫人顔氏, 爲啓聖王夫人. 顔子 兗國復聖公, 曾子 郕國宗聖公, 子思 沂國述聖公, 孟子 鄒國亞聖公."

子 使漆雕開로 仕하신대
對曰 吾斯之未能信이로이다
子 說(悅)하시다

부자께서 칠조개에게 벼슬을 하라고 하시자, 대답하였다.
"저는 벼슬을 감당할 자신이 없습니다."
부자께서 기뻐하셨다.

강설

부자께서 칠조개에게 벼슬에 나아가 정사하도록 권하심은 반드시 그의 재목이 벼슬하기에 넉넉한 인물이었기 때문이다. 그러나 칠조개의 대답은 달랐다.

"벼슬이란 나의 몸을 닦고 사람을 다스릴 수 있는 이치를 참으로 밝게 알고 확실한 견해가 있어야 정사를 할 수 있는데, 저는 이런 도리를 의심 없이 자신하는 데에 이르지 못했습니다. 제가 어떻게 가벼이 벼슬에 나아가 정사를 감당할 수 있겠습니까?"

이는 그의 견해가 작지 않고, 기약한 바 원대하다. 이는 의심이 전혀 없는 믿음을 추구하여, 그런 도리를 모두 투철하게 알지 않고서는 그만두지 않겠다는 각오이다. 이 때문에 부자께서 그가 독실한 뜻으로 장래에 성취할 바, 이루 말할 수 없을 것이라고 여겨 기뻐한 것이다.

集註

漆雕開는 孔子弟子니 字子若이라
斯는 指此理而言이오 信은 謂眞知其如此而無毫髮之疑也라
開自言未能如此하야 未可以治人이라 故로 夫子說其篤志시니라
○ 程子曰 漆雕開已見大意라 故로 夫子說之시니라
又曰 古人은 見道分明이라 故로 其言如此니라
謝氏曰 開之學을 無可考나 然이나 聖人使之仕하시니 必其材可以仕矣어니와 至於心術之微하야는 則一毫不自得이면 不害其爲未信이라 此는 聖人所不能知오 而開自知之라 其材可以仕로되 而其器不安於小成하니 他日所就를 其可量乎아 夫子所以說之也시니라

[훈고] 칠조개는 공자 제자이니, 자는 자약(子若)이다.(蔡人)
사(斯)는 이 이치를 가리켜 말하며, 신(信)은 참으로 '그것이 이런 것이구나'라고 잘 알고 있기에 털끝만큼의 의심이 없음을 말한다.

[해석] 칠조개가 스스로 "이처럼 감당할 자신이 없어 사람을 다스릴 수 없다."고 말한 까닭

에 부자께서 그의 도타운 뜻을 기뻐한 것이다.

○ 정자[明道]가 말씀하였다.

"칠조개가 이미 큰 뜻을 보았으므로 부자께서 그를 기뻐한 것이다."

정자[明道]가 또 말하였다.

"옛사람들은 도를 분명히 본 까닭에 이처럼 말한 것이다."

사씨[謝良佐]가 말하였다.

"칠조개의 학문을 고찰할 수 없으나, 성인이 그에게 벼슬하라 권하니, 반드시 그의 재목이 벼슬할만하겠지만, 칠조개의 은미한 마음에 있어서는 비록 한 털끝만큼이라도 스스로 만족하지 못하면 자신하지 않는 게 나쁘지 않다. 이는 성인으로서도 알 수 없고, 칠조개 자신만이 알 수 있는 부분이다. 그의 재목이 벼슬할만함에도 그 그릇이 작은 성취에 안주하지 않으니, 훗날 성취할 바를 가늠할 수 있겠는가. 부자께서 이 때문에 기뻐한 것이다."

6. 도불전지 道不全旨

이 장은 성인이 세상을 걱정하여 어찌할 수 없는 즈음에도 변함없이 천하를 차마 잊지 못하는, 애틋한 마음을 가지고 있음을 보여주고 있다.

도불행 이하[道不行…其由與] 3구는 세상에 대한 걱정으로 탄식한 것이며, 아래는 자로가 이를 알지 못하기에 이를 계기로 그를 가르쳐주고 있다. 호용(好勇) 구절은 가벼운 뜻으로 쓰였고, 취재(取材) 구절에 무게를 두고 있다. 이는 모두 자로가 어처구니없이 좋아한 까닭에 이런 말을 한 것이다.

자로가 "너와 함께 하겠다."는 부자의 말을 듣고서 기뻐한 데에서 그의 지나친 호용(好勇)을 찾아볼 수 있으며, 이것이 가설의 말임을 모른 데에서 사리를 헤아려 의(義)에 맞도록 할 줄 모름을 볼 수 있다.

마지못해 뗏목을 타고서 저 먼바다로 떠나고자 탄식함은 부자의 도를 걱정하는 마음이다. 그러나 정작 떠나가지 못함은 천하를 위하는 깊은 생각 때문이다.

子曰 道不行이라 **乘桴**하야 **浮于海**호리니 **從我者**는 **其由與**ᆫ저

子路 聞之하고 **喜**한대

子曰 由也는 **好勇**이 **過我**나 **無所取材**(裁)로다

부자께서 말씀하셨다.

"도를 펼칠 수 없다. 뗏목을 타고 먼바다로 떠나갈 것이다. 나를 따를 자는 자로이다."

자로가 그 말을 듣고서 기뻐하자, 이에 부자께서 말씀하셨다.

"유(由)가 용맹을 좋아함이야 나보다 낫지만, 사리를 헤아리지 못하구나."

강설

부자께서 여러 나라를 두루 돌아다녔지만, 성군(聖君)을 만나지 못하여 끝내 탄식하였다.

"오늘날 세상에서 나를 버리니, 나의 도를 행할 수 없다. 굳이 여기에 머뭇거릴 게 있겠는가. 나는 장차 뗏목을 타고 저 먼바다로 떠나가, 천하야 다스려지든 어지럽든 아랑곳하지 않을 것이다. 이에 의연히 나를 따라 먼바다로 갈 사람은 오직 자로이다."

자로가 그 말을 전해 듣고서 참으로 그럴 줄 알고서 그 말을 사실로 여겨 부자께서 자기와 함께 함에 대해 기뻐하였다. 이 때문에 부자께서 그를 깨우쳐 주었다.

"자로는 험난한 바다를 항해하는 어려움에 주저하지 않고 용감하게 떠나고자 하니, 용맹을 좋아함은 참으로 나보다 낫구나. 하지만 사리를 헤아려 의리에 맞도록 행하는 바가 없다. 내 어찌 세상에 비분을 느껴 영원히 떠나려는 마음으로써 미련 없이 천하 사람을 버리고 세상을 피하는 것으로 일삼을 수 있겠는가."

集註

桴는 筏也라

程子曰 浮海之歎은 傷天下之無賢君也라 子路勇於義라 故로 謂其能從己하시니 皆假設之言耳어늘 子路以爲實然하야 而喜夫子之與己라 故로 夫子美其勇하나 而譏其不能裁度事理以適於義也시니라

[훈고] 부(桴)는 뗏목이다.

[해석] 정자[伊川]가 말씀하였다.

"먼바다로 떠나겠다는 탄식은 천하에 어진 임금이 없어 〈도를 행할 수 없음을〉 슬퍼한 것이다. 자로는 의리에 용맹스러운 까닭에 '그는 나를 따를 것이다.'고 말하니, 이 모두가 가설의 말일 뿐이다. 그러나 자로는 이를 실제 그런 줄 알고서 부자께서 자기와 함께함을 기뻐하였다. 이 때문에 부자께서 그의 용맹을 아름답게 여기면서도 사리를 헤아려 의리에 알맞게 하지 못함을 꾸짖은 것이다."

7. 맹무장지 孟武章旨

이 장에서는 성인의 문하에서 인(仁)을 가볍게 말하지 않은 점을 찾아볼 수 있다.

인이란 반드시 온전한 덕을 지니고서 간단이 없어야 비로소 이에 해당하는 것이다. 세 사람은 모두 하루에 한 번, 한 달에 한번 정도 그런 경지에 이른 사람들이기에, 그들을 '인'이라 허락하기 어려운 것이다. 이 장에서 세 차례 말한 부지(不知: 子路, 冉求, 公西赤之仁 不知)는 정답이고, 세 차례

말한 가사(可使: 可使治其賦, 爲之宰, 與賓客言)는 들러리로 하는 말[帶言]이다.

(1) 맹무절지 孟武節旨

모르겠다[不知] 함은 인이 있는지 없는지 알 수 없다는 말이다. 이는 두루뭉술한 말이며, 또 다른 물음의 터전으로 삼고 있다.

孟武伯이 **問子路**는 **仁乎**잇가
子曰 不知也로라

맹무백이 물었다.
"자로는 어진 사람입니까?"
부자께서 말씀하셨다.
"모르겠노라."

강설

맹무백이 부자에게 여쭈었다.
"자로를 어질다고 허락할 수 있습니까?"
"인의 도란 지극히 큰 것이다. 자로로 말하면 간혹 있다가도 또 간혹 없으니, 나는 알 수 없다."
이는 감히 자로를 지나치게 칭찬함으로써, 인을 대수롭지 않은 것으로 인식하게 할 수 없기 때문이다.

集註

子路之於仁에 **蓋日月至焉者**니 **或在或亡**하야 **不能必其有無**라 **故**로 **以不知告之**시니라

[해석] 자로는 인에 있어서 하루에 한 번, 한 달에 한번 이르는 자이다. 혹 있기도 하고 혹 없기도 하여, 반드시 그에게 '있다'라고도 '없다'라고도 단정하여 말할 수 없다. 이런 까닭에 "모르겠다."고 말한 것이다.

(2) 우문절지 又問節旨

'또다시 물음[又問]'과 아래 두 곳의 '어떻습니까[何如: 求也何如 赤也何如]'는 모두 인에 관하여 물은 것이다. 그러나 부자께서 곧바로 인이 있다는 것인지 없다는 것인지 말하지 않고, 각기 그들의 재목을 들어 말해줌으로써 맹무백으로 하여금 이런 점을 생각하면서 스스로 알도록 하였다.

'병부를 다스림[治賦]'은 자로가 "백성에게 용맹이 있도록 하고, 또 의리로 지향하게 할 줄 알도록

한다.[可使有勇 且知方也]"(「先進」 끝장)는 뜻을 겸하여 말하고 있다.

又問한대

子曰 由也는 **千乘之國**에 **可使治其賦也**어니와 **不知其仁也**케라

또다시 물으니, 부자께서 말씀하셨다.
"자로는 천승의 나라에서 그 병사[兵賦]를 다스릴 수 있으나, 그의 인은 알 수 없다."

강설

맹무백은 '부자께서 알고서도 말씀하지 않는 것인가.' 생각하여 또다시 자로의 인에 대해 여쭈자, 부자께서 대답하였다.

"자로는 용맹을 좋아하니, 천승의 큰 나라에서 그에게 병사 다스릴 일을 맡기면 반드시 백성을 가르쳐 용맹이 있도록 하고 의리를 지향하게 할 것이다. 그의 재주로 찾아볼 수 있는 일은 이와 같다. 그러나 인이란 용맹을 좋아하는 재주로서는 다할 수 없다. 내 어찌 그의 인을 알 수 있겠는가."

集註

賦는 **兵也**니 **古者**에 **以田賦出兵**이라 **故**로 **謂兵爲賦**하니 **春秋傳所謂悉索敝賦 是也**라

言子路之才는 **可見者如此**오 **仁則不能知也**라

[훈고] 부(賦)는 병사이다. 옛적에 전부(田賦: 田稅)에 따라 병사를 차출하였다. 이 때문에 병사를 부(賦)라고 말하니, 『춘추좌전』에서 말한 "모조리 나의 병사를 징집하여……"(襄公 8년)라는 말이 이것이다.

[해석] 자로의 재능을 볼 수 있는 것은 이와 같을 뿐, 인은 알 수 없음을 말한다.

(3) 구야절지 求也節旨

천실(千室)이란 많은 사람이 사는 고을이며, 백승(百乘)이란 번잡한 일이 많은 집안이다. 고을을 다스린다는 것은 사람을 다스림이며, 집안을 다스린다는 것은 일을 다스림이다.

따라서 오로지 "백성을 풍족하게 만든다.[可使足民]"(「先進」 끝장)는 경제적 측면만을 강조한 부분은, 폭넓게 번잡한 집안의 일을 다스린다는 데에 걸맞지 않음을 뜻한다. 수많은 사람과 번잡한 일의 처리는 단순한 경제문제에 그치지 않는다. 폭넓은 정치적 역량을 갖춰야 하기 때문이다. 이는 염구가 지닌 뛰어난 재예의 측면에서 말한 것이다.

求也는 何如하니잇고
子曰 求也는 千室之邑과 百乘之家에 可使爲之宰也어니와 不知其仁也케라

"염구는 어떻습니까?"
"염구는 천실(千室)의 고을과 백승(百乘)의 집안에 원님이나 가신이 될 수 있지만, 그의 인은 모르겠다."

강설

자로가 어진지를 모른다면 염구를 예로 들어 볼 수 있다. 맹무백이 "염구는 인에 대하여 어떠습니까?"라고 묻자, 부자께서 대답하셨다.
"염구는 재예가 뛰어난 사람이다. 1천 가호의 큰 고을 원님과 백승의 경대부 집안에 가신이 된다면 그는 반드시 번거로운 일을 다스리고 어려운 일을 잘 다스려 백성이 편안하고 일 처리가 원만하게 이뤄질 것이다. 그의 재예로 찾아볼 수 있는 일은 이와 같다. 인에 대해서는 많은 재예로 다할 수 있는 바가 아니다. 내 어찌 이를 알 수 있겠는가."

集註

千室은 大邑이오 百乘은 卿大夫之家오 宰는 邑長家臣之通號라

[훈고] 천실은 큰 고을이며, 백승은 경대부 집안이며, 재(宰)는 고을 원님과 가신의 통칭이다.

(4) 적야절지 赤也節旨

속대입조(束帶立朝) 구절은 중요한 뜻이 있지 않으며, 가여언(可與言) 구절에 중요한 뜻이 있다. 외국 사신[賓客]과 말할 수 있는 사람은 강직하되 화(禍)를 취하지 않아야 하고, 부드럽되 욕을 취하지 않아야 한다. 여기서는 오직 예악의 견지에서 훌륭한 점이 있음을 말하고 있다. 공서적은 원래 4과 10철(四科十哲)의 언어 부분에 나열되지 않은 사람이다.

赤也는 何如하니잇고
子曰 赤也는 束帶立於朝하야 可使與賓客言也어니와 不知其仁也케라

"공서적은 어떻습니까?"
"공서적은 큰 띠를 두르고 조정에 서서 사신들과 말할 수 있으나, 그의 인은 모르겠다."

강설

염구의 인을 알 수 없다면, 공서적으로 대략 미루어 볼 수 있을 것인바, 그는 어떠할까? 맹무백이 또다시 "공서적은 인에 대하여 어떻습니까?"를 묻자, 부자께서 대답하셨다.

"공서적은 예를 아는 사람이다. 큰 허리띠를 묶고 조정에 서서 사방 제후의 사신들과 함께 말하면 반드시 응대함에 있어 자연스러우므로 임금에게 욕을 끼치지 않을 것이다. 그의 재예로 찾아볼 수 있는 일은 이와 같다. 인이란 사신의 응대로 다할 수 있는 바가 아니다. 내 어떻게 인을 알 수 있겠는가."

여기에서 부자께서 제자의 능력을 감추지 않고, 또한 제자의 이르지 못한 바에 대해서도 가볍게 허락하지 않은 점을 아울러 찾아볼 수 있다.

集註

赤은 **孔子弟子**니 **姓公西**오 **字子華**라

[훈고] 적은 공자 제자이니, 성은 공서이고, 자는 자화(子華)이다.(魯人)

8. 여여장지 女與章旨

이 장은 부자께서 안연을 빌려 자공을 권하고 있다. 이는 모두 자공을 가르쳐 안연처럼 이루려는 데에 뜻을 두고 있다.

'누가 더 낫느냐[孰愈]'는 부자의 물음과 '제가 안연만 못합니다[弗如之]'라는 자공의 대답은 전후 모두 이런 뜻으로 일관되어 있다.

(1) 여여절지 女與節旨

자공은 원래 박식[多識]을 위주로 공부하였다. 부자께서 어리석은 것처럼 보이는 안연을 들어 그와 비교함은 그에게 감동을 주고자 하는 데 뜻을 두고 있다.

子 謂子貢曰 女與回也로 **孰愈**오

부자께서 자공에게 물으셨다.
"너는 안회와 누가 낫다고 생각하느냐?"

강설

부자께서 자공을 안연처럼 이루고자, 이에 자공에게 다음과 같이 말씀하셨다.
"너 자신이 안연과 그 조예를 살펴보면 과연 어느 누가 낫다고 생각하느냐?"
이는 자공이 그 자신에 대해 어떻게 알고 있는가를 찾아보도록 함이다.

集註

愈는 **勝也**라

[훈고] 유(愈)는 나음이다.

(2) 사야절지 賜也節旨

하감망(何敢望) 구절 또한 허구(虛句)이며, 아래 2구[回也聞一以知十 賜也聞一以知二]에서 말한 '열을 압니다.[知十]'와 '둘을 압니다.[知二]'는 선천적 자질과 후천적 학문을 겸하여 말한 것이다. 성인의 문하는 같은 시대의 사제 사이이기에 직접 부자의 말씀을 듣고 깨달음을 얻는 것으로 힘을 쓴다. 이 때문에 앎[知]의 측면에서 두 제자를 비교하였다. 열[十]과 둘[二]은 수효를 말한 게 아니라, 이를 빌려, 처음부터 끝까지[始終: 十], 이것과 저것[彼此: 二]이라는 뜻을 가름하여 밝힌 것이다.

對曰 賜也는 何敢望回리잇고 回也는 聞一以知十하고 賜也는 聞一以知二하노이다

자공이 대답하였다.
"제가 어떻게 감히 안회를 바라보겠습니까? 안회는 하나를 들으면 열을 알지만, 저는 하나를 들으면 둘을 알 뿐입니다."

강설

자공은 이에 대답하였다.
"도량이란 억지로 똑같이 만들 수 없고 마음이란 스스로 혼미함을 용납할 수 없습니다. 저 자신을 돌이켜보면, 어떻게 감히 안연을 바라볼 수 있겠습니까? 안연은 하나를 들으면 '밝은 슬기로 관조'하여 마침내 그 열을 알 수 있으나, 저는 하나를 들으면 이를 '추측하여 미쳐감'으로써 그저 둘을 알 뿐입니다. 저는 감히 안연을 바라볼 수 없는데, 감히 낫다고 말할 수 있겠습니까?"

集註

一은 數之始오 十은 數之終이라 二者는 一之對也라

顏子는 明睿所照라 卽始而見終하고 子貢은 推測而知하야 因此而識彼하니 無所不說과 告往知來 是其驗矣니라

[훈고] 하나는 수효의 시작이요, 열은 수효의 끝이다. 둘이란 하나의 대칭이다.

[해석] 안연은 밝고 슬기로움으로 비춰보기에 처음부터 끝까지 보고, 자공은 미루어 추측하여 알아감으로써 이것으로 인해서 저것을 아는 것이다. "안연이 부자의 말에 기뻐하지 않은 바 없음"(「先進」)과 "자공은 지난 일을 일러주면 오는 일을 안다는 것"(「學而」)이 그 증험이다.

(3) 불여절지 弗如節旨

그만 못하다[弗如也]는 것은 서둘러 자공의 말을 인정한 것으로, 이 구절에 지극한 뜻이 있다.

아래 구절[吾與女弗如也]은 단 자공 자신이 그 사실을 알았으면 그렇게 바꿔나가야 한다는 점을 말했을 뿐이다. "나는 네가 그만 못함을 허여하노라.[吾與女弗如也] 구절은 바로 그를 인정한 것으로, 자공이 부족하다고 느껴 아쉬운 생각을 표현한 것이다.

경원 보씨[輔廣: 字 漢卿, 慶源. 朱子門人]의 말에 의하면, "자공이 스스로 안연만 못하다고 굽힌 것은 자기 자신을 안 데서 나온 것이다. 자신의 처지를 밝게 알면 스스로 몸을 굽히지 않을 수 없다. 자신을 분명히 알면 반드시 이미 아는 것에 대해 만족해하지 않을 것이며, 스스로 굽히기 어려워하지 않으면 이미 이른 경지에 멈추지 않을 것이다.[自屈 生於自知, 自知之明則不容於不自屈也. 且自知之明則不安於己知, 不難於自屈則不畫於已至.]" 따라서 자공은 여기에 이르러서 한 걸음 더 앞으로 펼쳐나갈 수 있었다.

子曰 弗如也니라 吾與女의 弗如也하노라

부자께서 말씀하셨다.
"네가 못하지. 나는 네가 그만 못함을 허여하노라."

강설

부자는 그의 말을 인정하였다.
"너 스스로 안연만 같지 못하다고 말한 것처럼 참으로 너는 그만 못하다. 이는 자신을 분명하게 앎이며, 또한 스스로 굽히기 어려워하지 않으니, 안연과 같은 경지를 추구하는데 이런 마음이 그 기반이 될 것이다. 나는 네가 안연만 같지 못하다는 말을 인정하는 바이다."

부자께서 처음 자공에게 물은 것은 그를 시험하기 위함이며, 뒤이어 그를 인정한 것은 자공을 앞으로 나아가도록 함이다. 부자께서 자공에게 한 걸음 더 앞으로 나아가도록 격려한 뜻 또한 크다고 하지 않을 수 있겠는가.

集註

與는 許也라

○ 胡氏曰 子貢方人에 夫子旣語以不暇하시고 又問其與回孰愈하야 以觀其自知之如何시니라 聞一知十은 上知之資니 生知之亞也오 聞一知二는 中人以上之資니 學而知之之才也라 子貢平日에 以己方回하야 見其不可企及이라 故로 喩之如此라 夫子以其自知之明而又不難於自屈이라 故로 旣然之하시고 又重許之하시니 此其所以終聞性與天道오 不特聞一知二而已也니라

[훈고] 여(與)는 허여(許與)함이다.

○ 호씨[胡寅]가 말하였다.

"자공이 사람들을 비교하자, 부자께서 앞서 '나는 그럴 겨를이 없다.'(「憲問」) 말하였고, 또

다시 '너는 안연과 누가 낫다고 생각하는가?'를 물어 그 자신에 대해 어떻게 알고 있는가를 살펴보았다.

하나를 듣고서 열을 아는 것은 으뜸가는 지혜의 바탕으로서 태어나면서부터 아는 성인에 버금가는 것이며, 하나를 듣고서 둘을 아는 것은 보통 사람 이상의 바탕으로 배워서 알아가는 재주이다.

자공은 평소 자신을 안연과 비교하면서 그에게 따라갈 수 없음을 보았다. 이 때문에 이처럼 비유한 것이다. 부자께서 자공이 자신을 분명히 알고, 또 스스로 굽히기 어려워하지 않음으로써 이미 그렇다고 말하고, 또 거듭 허락하였다. 이는 자공이 마침내 천성(天性)과 천도(天道)를 들을 수 있게 된 것인바, 특별히 하나를 듣고서 둘을 아는 데 그치지 않는다."

9. 재여장지 宰予章旨

이 장은 게을리 행하는 자를 경각시키고 있다.

첫절[宰予…何誅]에서는 '무엇을 꾸짖겠는가[何誅]' 구절에 중점을 두어, 간절한 말로써 재여를 경계시켰으며, 끝 절[始吾於人…改是]에서는 '말을 듣고 행실을 믿었던 지난 잘못을 바꿨다[改是]' 구절에 중점을 두었다. 그 말은 완곡하면서도 그를 부끄럽게 만들었다.

두 차례 말한 '어여여(於予與)'의 여(與)자는 모두 호(乎: 於予乎)자로 보아야 한다.

(1) 재여절지 宰予節旨

주침(晝寢) 구절은 간명하게 표제를 붙여 글 쓰는 법[書法]이다. 사람의 정신은 분발하고 경각하면 날로 새로워질 수 있고, 게으르면 썩고 버리게 된다. 사람의 정신과 기운이 맑으면 신령스럽게 통할 수 있으나, 썩고 혼탁하면 혼매하고 막히게 된다. 이런 이유에서 재여를 '썩은 나무[朽木]'와 '썩은 흙[糞土]'으로 비유하였다.

宰予 晝寢이어늘

子曰 朽木은 **不可雕也**며 **糞土之墻**은 **不可杇也**니 **於予與**에 **何誅**리오

재여가 낮잠을 자자, 부자께서 말씀하셨다.

"썩은 나무는 조각할 수 없으며, 썩은 흙으로 쌓은 담장은 흙손질할 수 없다. 재여에게 무엇을 꾸짖겠는가."

강설

재여가 어느 날 낮잠을 자고 있었다. 그의 정신과 몸이 혼매하고 게으르기 그지없는 일이기에

부자께서 그를 꾸짖었다.

"사람에겐 반드시 가르침을 받아들일 수 있는 터전이 있어야 가르칠 수 있다. 이를테면 견고한 나무에 조각할 수 있으나 썩은 나무는 조각할 수 없으며, 견고한 담장에 흙손질을 할 수 있지만 썩은 흙으로 쌓은 담장엔 흙손질할 수 없다. 오늘날 너는 혼매하고 게을러서 가르칠 수 없음이 마치 썩은 나무, 썩은 흙으로 쌓은 담장과 같다. 내, 너에게 무엇을 꾸짖을 게 있겠는가."

集註

晝寢은 **謂當晝而寐**라 **朽**는 **腐也**오 **雕**는 **刻畫也**오 **杇**는 **鏝也**니 **言其志氣昏惰**하야 **敎無所施也**라 **與**는 **語辭**라 **誅**는 **責也**니 **言不足責**은 **乃所以深責之**시니라

[훈고와 해석] 주침(晝寢)은 대낮에 잠자는 것을 말한다. 후(朽)는 썩음이며, 조(雕)는 새김이며, 오(杇)는 흙손질이다. 그의 의지와 혈기가 혼매하고 게을러서 가르침을 베풀 곳이 없음을 말한다.

여(與)는 어조사이며, 주(誅)는 꾸짖음이다. 꾸짖을 게 없다는 것은 그를 깊이 꾸짖은 것이다.

(2) 시오절지 始吾節旨

자왈(子曰) 2자는 잠시 멈췄다가 다시 말을 시작하는 말이다.

시오 이하[始吾於人也 …聽其言而觀其行] 4구는 반드시 일괄적으로 보아야 한다. 말과 행동은 학문을 닦아감에 긴요하고 간절하다는 점으로 재여에게 경각시키고 있다.

부자께서 예전엔 참으로 믿었다가 오늘날 재여의 행위를 보고서 갑자기 이런 믿음을 바꾼 게 아니다. 그러나 "재여의 낮잠으로 인하여 이처럼 말을 듣고 행실을 믿었던 잘못을 바꿨다."고 말함은 재여로 하여금 두려운 마음으로 뉘우치고 깨닫게 하려는데 그 목적이 있다.

위의 절에서는 본래 재여를 꾸짖은 것임에도 "이런 재여에게 그 무엇을 꾸짖겠는가.[於予與 何誅]"라고 말하고, 여기에서는 본디 그 사람의 말을 듣고 그 사람의 행실까지 믿었던 실수가 없었음에도 "재여의 낮잠으로 인하여 이를 바꿨다.[於予與 改是]"라고 말한 것은 재여를 꾸짖고 경계한 바크다.

子曰 始吾於人也에 **聽其言而信其行**이러니 **今吾於人也**에 **聽其言而觀其行**하노니 **於予與**에 **改是**와라

부자께서 말씀하셨다.

"처음에는 내가 사람들에 대해 그의 말을 듣고 그의 행실까지 믿었었는데, 이젠 내가 사람들에

대해 그의 말을 듣고서 그의 행실을 살펴보게 되었다. 이는 재여의 낮잠으로 인하여 이처럼 〈말을 듣고 행실을 믿었던 잘못〉을 바꾸게 된 것이다."

강설

재여는 본디 학문에 부지런하고 뜻이 두터운 것처럼 말해왔는데 오늘날 낮잠 자는 걸 보니, 이는 말은 능란하나 행실이 따라주지 못한 것이다. 이 때문에 부자께서 다시 행실이 말에 미치지 못함을 들어 그를 경계하였다.

"지난날 나는 모든 사람에 대하여 그래도 곧은 도리[直道]의 기풍이 남아있었기에, 그의 말을 들었을 적에 그의 행동 또한 이와 같으리라고 믿어 왔었다. 감히 거짓 마음으로 모든 사람을 대한 적이 없었다.

그러나 오늘날 나는 모든 사람을 대하면서 말이란 다 믿을 수 없음을 깨닫게 되었다. 이 때문에 그의 말을 들으면 또한 반드시 그의 행실이 어떤가를 살펴보았다. 이는 말과 행실이 일치되어 서로 어긋남이 없음을 천하 사람에게 기필할 수 없었기 때문이다. 나는 과연 무슨 마음에 이처럼 바뀌게 되었을까? 이 또한 재여가 낮잠을 잤던 일로써 그의 말을 듣고 행실까지 믿어왔던 잘못을 고치게 된 것이다."

부자께서 이를 말함은 그가 말을 삼가고 행실에 조심하기를 원한 것이다. 부자의 말씀을 전체적으로 살펴보면, 이처럼 심하게 꾸짖음에는 재여에 대한 바람이 크기 때문이 아니겠는가.

集註

宰予能言而行不逮라 故로 孔子自言於予之事而改此失이라하시니 亦以重警之也시니라

胡氏曰 子曰 은 疑衍文이라 不然이면 則非一日之言也니라

○ 范氏曰 君子之於學에 惟日孜孜하야 斃而後已는 惟恐其不及也어늘 宰予晝寢하니 自棄 孰甚焉고 故로 夫子責之시니라

胡氏曰 宰予不能以志帥氣하야 居然而倦하니 是는 宴安之氣 勝하고 儆戒之志 惰也라 古之聖賢이 未嘗不以懈惰荒寧爲懼하야 勤勵不息自强하니 此孔子所以深責宰予也시니라 聽言觀行은 聖人이 不待是而後能이오 亦非緣此而盡疑學者오 特因此立敎하야 以警群弟子하야 使謹於言而敏於行耳니라

[해석] 재여는 말은 뛰어나나 행실이 따라주지 않는다. 이 때문에 공자께서 스스로 "재여의 일로써 이런 잘못을 고치게 되었다."고 말하니, 또한 이로써 거듭 그를 경계한 것이다.

호씨[胡寅]가 말하였다.

"자왈(子曰)은 연문(衍文)인 듯싶다. 그렇지 않다면 같은 날에 말한 것이 아니다."

○ 범씨[范祖禹]가 말하였다.

"군자는 학문에 있어 오직 날마다 부지런히 하여 죽은 후에야 그만두는 것은 오로지 그 미치지 못할까를 두려워함인데, 재여가 낮잠을 자니, 자포자기로서 그 어느 것이 이보다 더 심하겠는가. 이 때문에 부자께서 그를 꾸짖은 것이다."

호씨[胡寅]가 말하였다.

"재여는 의지가 혈기를 거느리지 못하여 편안하게 그저 게으르니, 이는 안일한 기운이 편승하고, 경계하는 뜻이 게으르기 때문이다. 옛 성현이 일찍이 게으르고, 거칠고, 안일을 두려워하여 근면과 격려로 쉼 없이 스스로 강하지 않음이 없었다. 이는 공자가 재여를 깊이 꾸짖은 까닭이다.

말을 듣고 행실을 본다는 것은 성인이 이렇게 해야 그처럼 할 수 있다는 게 아니며, 또한 재여의 일로 연유하여 배우는 사람을 모두 의심한다는 것도 아니다. 특별히 이를 계기로 가르침을 세워 많은 제자를 경계시켜 말을 삼가고 행실을 민첩하게 하도록 함이다."

10. 오미전지 吾未全旨

이 장에서는 굳센 덕을 지닌 자를 찾아보기 어렵다는 점을 보여주고 있다.

'미견(未見)' 구절에 중점을 두고 살펴보면 성인이 천하 사람들을 격동시켜 분발시키고자 한 뜻을 알 수 있다. 강직한 자는 도통(道統)에 도움이 되고 풍속을 유지하기에 넉넉한 사람이다. 부자께서 "이러한 사람을 보지 못했다."고 말한 것은 한결같은 생각으로 이런 사람을 보고자 하는 염원이 매우 큼을 말한 것이지, 본래 강(剛)이라는 그 본질을 논변하기 위해 이를 말한 것은 아니다. "욕심이 있으면 강한 자가 아니다."고 말한 것 또한 신정(申棖)에 대해 말한 것이다.

부자께서 말한 굳셈이란 마음의 본체[心體]를 주로 하여 말한 것인데, 혹자는 단 기질(氣質)만으로 이를 논하였다. 이는 외모야 굳센 것처럼 보이지만 실재는 굳세다고 말할 수 없다. "어떻게 굳세다고 하겠느냐."는 '언득(焉得: 焉得剛)' 2자는 "이는 굳셈이 아니다."는 '불시(不是: 不是剛)'의 뜻으로 보아야 하며, '불능(不能)'의 뜻으로 보아서는 안 된다.

子曰 吾未見剛者케라
或이 **對曰 申棖**이니이다
子曰 棖也는 **慾**이어니 **焉得剛**이리오

부자께서 말씀하셨다.

"나는 굳센 자를 보지 못하였다."

어떤 사람이 대답하였다.

"신정(申棖)이 있습니다."

부자께서 말씀하셨다.

"신정은 욕심이 있으니, 어떻게 군세다고 하겠는가."

강설

부자께서 굳센 덕을 지닌 사람을 찾아보기 어렵다는 데 대해 느낀 바 있었다. 이 때문에 탄식하여 말씀하셨다.

"사람은 굳센 덕이 있어야 도를 짊어질 수 있다. 오늘날 그런 사람을 찾아보았으나, 나는 아직 보지 못하였다."

이에 혹자는 굳셈이 무슨 의미인지 모른 채, "신정과 같은 사람을 굳세다고 말해야 하지 않겠습니까?"라고 하니, 부자께서 답하셨다.

"견고하고 강직하여 굽히지 않는 자를 굳세다고 말한다. 신정은 욕심이 많은 사람이다. 욕심이 많으면 쉽사리 굽히기 마련이다. 어떻게 굳세다고 말할 수 있겠는가. 만일 신정을 굳세다고 말한다면 굳센 사람들이란 천하에 적지 않다. 내 어찌 그런 사람을 보지 못했다는 서글픈 마음을 가질 수 있겠는가."

集註

剛은 堅强不屈之意니 最人所難能者라 故로 夫子歎其未見이라

申棖은 弟子姓名이라 慾은 多嗜慾이니 多嗜慾이면 則不得爲剛矣라

○ 程子曰 人有慾則無剛하고 剛則不屈於慾이니라

謝氏曰 剛與慾은 正相反이니 能勝物之謂剛이라 故로 常伸於萬物之上하고 爲物揜之謂慾이라 故로 常屈於萬物之下라 自古로 有志者少하고 無志者多하니 宜夫子之未見也라 棖之慾은 不可知나 其爲人이 得非悻悻自好者乎아 故로 或者疑以爲剛이라 然이나 不知此其所以爲慾耳니라

[훈고와 해석] 강(剛)은 굳건하고 강직하여 굽히지 않는다는 뜻이니, 사람에게 가장 어려운 일이다. 이 때문에 부자께서 그런 사람을 보지 못했다고 탄식한 것이다.

신정(申棖)은 제자의 성명이다.(魯人)

욕(慾)은 기호와 욕심이 많은 자이니, 기호와 욕심이 많으면 굳셀 수 없다.

○ 정자[伊川]가 말씀하였다.

"욕심이 있는 사람은 굳셈이 없고, 굳세면 욕심에 굽히지 않는다."

사씨[謝良佐]가 말하였다.

"강(剛)과 욕(慾)은 정반대이다. 사물을 이김을 굳셈이라고 한다. 그러므로 항상 만물의 위에 펼치게 되고, 사물에 가림을 욕심이라고 한다. 그러므로 항상 만물의 아래에 굽실거리게 된다. 예로부터 의지가 있는 자 적고, 의지가 없는 자 많으니, 부자가 그런 사람을 보지 못함

은 당연하다.

신정의 욕심에 대해 알 수 없으나, 그 사람됨이 겉으론 강직한 듯 성을 잘 내고 으스대는 자가 아니었을까? 그러기에 혹자가 강한 자로 의심한 것이다. 그러나 이것이 그 욕심인 바임을 모른 것이다."

[보 補]

강함과 욕심은 양립될 수 없다. 이는 그 어느 것이 크고 작느냐에 따라 지배하는 정반대의 개념이기 때문이다.

"강하면 나의 주체가 크고 사물의 객체는 작아진다. 이 세상의 그 어떤 욕심도 모두 나를 뒤흔들 수 없다. 이른바 '만물의 위에 펼친다'는 것은 이를 말한다. 욕심이 있으면 나의 주체는 작아지고 사물의 객체는 커진다. 그 탐닉한 마음에 따라서 머리를 숙이고 몸을 낮추면서 추구하게 된다. 이른바 '만물의 아래에 굽실거린다.'는 것은 이를 말한다. 이처럼 강함과 욕심은 정반대이다. 이것이 있으면 저것이 없고, 저것이 있으면 이것이 없다."[191]

위의 논지는 「출사표」에서 말한 '유비와 조조는 양립할 수 없다[漢賊不兩立]'는 것처럼 적이 강하면 나를 이기고 내가 강하면 적을 이기는 것이다. 나에 하나의 가슴 속에 지대지강(至大至剛)의 본성 주체와 객체 사물의 탐욕이 서로 싸우는 가운데 어느 힘이 더 강하냐에 따라 그 지배의 주체가 정해지기 때문이다.

행행자호(悻悻自好)에 관한 쌍봉 요씨의 말은 다음과 같다.

"행행(悻悻)이란 겉으로만 위엄 있어 보이는 사람이다. 맹자가 말한 '임금에게 간하여 받아들여지지 않으면 성내어 그 얼굴에 붉으락푸르락 나타난다.'(「公孫丑 下」)는 것이 바로 이를 말한다. 이런 사람은 겉보기에는 강한 것처럼 보이지만, 그 속내를 살펴보면 자신의 명예를 위해 자존심을 내세운 것이다. 이를 자중(自重) 자애(自愛), 즉 잘난 척한 것으로 바로 명예욕에 의한 것이다. 이는 이른바 '겉은 위엄있어 보이나 속마음은 나약하기 그지없다.'(「陽貨」)"[192]

이로 보면 '행행자호'란 자신의 의견을 내세워 뜻대로 되지 않으면 불끈불끈 성깔을 내어 자존심을 돋보이려는 부류의 사람을 말한다.

11. 아불전지 我不全旨

이 장에서는 무아(無我)의 경지란 쉽게 미치지 못함을 보여주고 있다.

위 자공의 말[我不欲…無加諸人]은 자공이 무아로 자임(自任)함이며, 아래 부자의 말[賜也 非爾所及

---

191 『大全』 該註. "胡氏曰剛則己大物小, 凡天下之可欲者, 皆不足以動之, 所謂伸於萬物之上 是也. 慾則己小物大, 隨其意之所貪, 俯首下氣以求之, 所謂屈於萬物之下 是也. 所以相對而相反, 有此則無彼也."

192 위와 같음. "雙峯饒氏曰 悻悻, 只是色厲底人. 孟子所謂諫於其君而不受, 則怒悻悻然, 見於其面, 是也. 此等人, 外面雖似剛, 其中心不過爲名, 這便是自好, 便是慾, 卽所謂色厲而內荏也."

也]은 그를 억제함이다. 자공을 억제한 것은 자공이 한 걸음 더 앞으로 나아가게 하려는 것이다.

집주에서 비록 인(仁)과 서(恕)의 분별이 있다고 말하였으나, 물(勿: 亦勿施於人)자를 넣음으로써 그 논지가 훨씬 더 극명해진 것이다. 자공의 말은 전체가 인(仁)의 자연스러운 경지에서 말한 나머지, 서(恕)와 유사한 점을 찾아볼 수 없다. 그러나 부자의 말씀 속에는 자공이 자임한 어진 이의 자연스러운 경지를 인정하지 않음을 찾아볼 수 있다.

'내가 원치 않은 일[不欲: 我不欲人之加諸我也]'과 '또한 그렇게 하는 일이 없기를 원한다[亦欲: 吾亦欲無加諸人]'는 것은 상응하는 말로써 이는 '필요로 하지 않은 일[不要]' '또한 그렇게 …하기를 요한다[亦要]'라는 뜻과 같다.

子貢曰 我不欲人之加諸我也를 **吾亦欲無加諸人**하노이다
子曰 賜也아 **非爾所及也**니라

자공이 말하였다.

"저는 남들이 나에게 무례하게 하는 것을 원하지 않는 일로써 저 또한 남들에게 하는 일이 없고자 합니다."

부자께서 말씀하셨다.

"사(賜: 子貢)야, 이는 네가 미칠 바 아니다."

강설

자공은 부자에게 자신의 뜻을 밝혔다.

"저는 남들과 똑같은 마음을 지니고 있으며, 또한 똑같은 욕구를 지니고 있습니다. 제가 원하지 않은, 무례한 일들을 남들이 나에게 부질없이 대하는 것을 원치 않기에, 저 또한 부질없이 남에게 이처럼 대하는 일이 없고자[無加] 합니다."

여기에서 "이처럼 대하지 않았으면 합니다.[勿加]"라고 말하지 않고, "이처럼 더함이 없었으면 합니다.[無加]"라고 말하였다. 없다[無]는 것은 완성자의 지위에서 근본적으로 잘못을 범할 자체가 없기에 노력하지 않아도 자연스럽게 이뤄지는 경지이고, 않았으면[勿]이라는 것은 미완성의 지위에서 언제든지 그럴 수 있는 문제를 범할 수 있기에 하지 않으려고 노력하는 것이다. 따라서 '없다'는 것은 성인의 일이고, '않으려는' 것은 학자의 일이다.

자공의 '없고자'라는 말은 애써 힘쓰지 않아도 자연스럽게 행하는, 안인자(安仁者)로 자처함이다. 이 때문에 부자께서 그를 억제하면서 앞으로 한 걸음 더 나아가게 하고자 다음과 같이 말씀하셨다.

"네가 말한 '이처럼 대하는 일이 없고자[無加]'라는 것은 자연스럽게 남에게 미쳐가는 것으로, 애써 노력하는 공부가 필요하지 않은 경지이다. 이는 오직 일호의 사욕이 없는, 천리의 순수한 마음을 지닌 자만이 가능한 것이다. 요컨대, 네가 오늘날 미칠 바가 아니다. 너는 마땅히 무엇에 힘써

야 할 것인가를 알아야 할 것이다."

集註

子貢言我所不欲人加於我之事를 我亦不欲以此加之於人이라하니 此仁者之事니 不待勉强이라 故로 夫子以爲非子貢所及이시니라

○ 程子曰 我不欲人之加諸我를 吾亦欲無加諸人은 仁也오 施諸己而不願을 亦勿施於人은 恕也니 恕則子貢或能勉之어니와 仁則非所及矣니라

愚謂無者는 自然而然이오 勿者는 禁止之謂니 此所以爲仁恕之別이니라

[해석] 자공이 말한 "나는 남들이 나에게 무례하게 대하는 것을 원하지 않는 일로써 저 또한 남들에게 하는 일이 없고자 한다."는 것은 인자(仁者)의 일이다. 굳이 힘쓸 필요가 없다. 이 때문에 부자께서 자공이 미칠 바가 아니라고 말한 것이다.

○ 정자[伊川]가 말씀하였다.

"'나는 남들이 나에게 무례하게 하는 것을 원하지 않는 일로써 저 또한 남들에게 하는 일이 없고자 한다.'는 것은 인(仁)이며, '나의 몸에 베풀어 원하지 않는 일을 또한 남에게 베풀지 않는다.'는 것은 서(恕)이다. '서'란 자공이 혹 힘쓸 수 있는 일이지만, '인'이란 자공이 미칠 바 아니다."

나의 생각은 다음과 같다.

"무(無)란 자연스럽게 그렇게 된 것이고, 물(勿)이란 금지함을 말한다. 이것이 '인'과 '서'의 구별이다."

12. 부자전지 夫子全旨

이 장에서는 성인 문하에서의 가르침에 차례가 있음을 보여주고 있다. 이는 전체적으로 자공이 깨달음을 얻은 이후의 정신과 실상을 묘사하고 있다.

이의 문장은 부자에게 속한 것들로, 이는 곧 성품과 도에서 유출된 것이다. 자공이 성품과 도에 대해 들을 수 있었던 것 또한 부자의 문장에 의해 힘을 얻었기 때문이다. 다만 배우는 이에 따라 이를 듣거나 듣지 못하는 차이가 있을 뿐이다.

위의 문(聞: 文章可得而聞)자는 '볼 수 있다'는 견(見)자의 뜻을 겸하여 말하며, 아래의 문(聞: 天道不可得而聞)자는 마음과 정신으로 깨달음을 말한다.

성품과 도는 하나의 이치일 뿐이다. 이 이치가 하늘에 있으면서 아직 사물에 부여되지 않은 상태를 '천도(天道)'라 하고, 이 이치가 사람의 마음에 갖추어 있되 아직 사물에 감응하지 않은, 고요한 미발(未發)의 상태를 '성품'이라고 한다. 성품은 인의예지(仁義禮智)를, 천도는 원형이정(元亨利貞)

을 말한다.

집주에서 말한, "부자께서 거의 말하지 않았다."는 한언(罕言)에는 2가지 뜻이 있다. 하나는 그럴만한 대상의 인물이 아니면 말하지 않고, 또 다른 하나는 적절히 말할 기회의 시절이 아니면 말하지 않았다.

子貢曰 夫子之文章은 可得而聞也어니와 夫子之言性與天道는 不可得而聞也니라

자공이 말하였다.
"부자의 문장은 보고 들을 수 있으나 부자께서 성품과 천도를 말씀하신 바는 듣지 못하였다."

강설

자공은 성품과 천도를 깨닫고 그 아름다움을 찬탄하여 말하였다.
"부자는 평소 몸으로 사람을 가르치셨다. 바깥으로 풍기는 위엄과 거동, 문장과 언어의 자연스러운 아름다운 덕이야 배우는 이들이 모두 보고 들을 수 있었다. 하지만 부자께서 말씀하신 인의예지의 성품과 원형이정의 천도는 심오하고 정미하여 단순하게 배우는 이들과 이야기할 수 없다. 자질이 민첩하고 학문이 높은 경지에 이른 자가 아니면 이를 함께 들을 수 없다. 성인의 문하에서 차례를 건너뛰지 않는 가르침이 이와 같다."

集註

文章은 德之見乎外者니 威儀文辭 皆是也라 性者는 人所受之天理오 天道者는 天理自然之本體니 其實은 一理也라

言夫子之文章은 日見乎外하야 固學者所共聞이어니와 至於性與天道하야는 則夫子罕言之하사 而學者有不得聞者라 蓋聖門敎不躐等하야 子貢至是에 始得聞之하고 而歎其美也니라

○ 程子曰 此는 子貢聞夫子之至論而歎美之言也니라

[훈고] 문장은 덕성이 밖으로 나타남이니, 위엄과 거동, 문장과 언사(言辭) 그 모두가 이를 말한다.

성품은 사람이 받아온 바의 천리이며, 천도는 천리 자연의 본체이니, 그 실상은 한 이치이다.

[해석] 부자의 문장은 날마다 밖으로 나타나기에 배우는 이가 함께 보고 들을 수 있는 바이지만, 성품과 천도에 대해서는 부자께서 거의 말하지 않았기에 배우는 이가 들을 수 없었다. 성인 문하의 가르침은 차례를 건너뛰지 않아서, 자공은 이에 이르러서야 처음으로 듣고서 그 아름다움을 찬탄하였다.

○ 정자[伊川]가 말씀하였다.

"이는 자공이 부자의 성품과 천도에 관한 지극한 말씀을 듣고서 감탄하고 찬미한 말이다."

[보 補]

문장을 상대로 말한 성품과 천도는 불가에서 말한 색(色)의 현상과 공(空)의 진제(眞諦)와 같은 의미이다. 문장은 형이하의 색이고 성품과 천도는 형이상의 공이다.

여기에서 내면의 덕성이 밖으로 나타나는 모든 현상을 문장이라 한다. 나타나는 현상, 즉 문장은 사람의 지위와 덕성에 따라 다르기 마련이다.

예컨대 요임금은 제왕이기에 그의 문장에 관하여 주자는 예악과 법도로 해석하였다. 그러나 부자에 대해서는 '위엄과 거동, 문장과 언사' 등으로 말하였다. 이는 요임금과는 달리 말한 것이다. 요임금은 제위(帝位)에 오른 통치자이기에 그의 문장은 천하를 다스리는 데 나타났다. 그러나 부자는 곤궁한 삶으로 아래 지위에 있었기에 그의 문장은 그 몸에 나타났을 뿐이다. 요임금의 문장은 천하를 대상으로 하기에 예악과 법도로 말하였고, 부자의 문장은 나의 일신을 위주로 하기에 위엄과 거동, 문장과 언사로 말한 것이다.[193]

이처럼 "나는 너희에게 숨기는 게 없다. 나는 행하는 일마다 너희들과 함께하지 않는 게 없다.[吾無隱乎爾 吾無行而不與二三子者 是丘也]"(「述而」)라는 부자의 용모와 언어, 그리고 처사접물(處事接物) 등이 모두 이 문장을 말해주는 것이다.

13. 자로전지 子路全旨

이 장에서는 서둘러 실행하고자 하는 자로의 마음을 나타내고 있다.

3구[子路有聞 未之能行 唯恐有聞]는 하나의 뜻이다. 자로는 좋은 말 듣는 데 힘쓰지 않고, 실행에 힘씀을 말한다. 이는 자신을 위한 실질적인 학문이다. 미지능행(未之'能'行)은 바야흐로 좋은 말을 듣고서 미처 실행하기 이전으로 보았기에 집주에서는 능(能)자를 급(及: 旣未'及'行)자로 대체하였다.

子路는 **有聞**이오 **未之能行**하야셔 **唯恐有聞**하더라

자로는 좋은 말을 듣고서 능히 행하지 못하여서는 오직 다시 좋은 말을 듣게 될까 두려워하였다.

강설

자로는 선으로 나아가기를 용감히 하였다. 좋은 말을 전해 듣고 미처 이를 행하지 못했을 적에는 또다시 다른 말을 들어 자신의 실행에 넉넉하지 못할까 두려워하였다. 이처럼 부지런히 힘쓰

193 위와 같음. "新安陳氏曰 堯之文章, 朱子釋以禮樂法度, 與此不同者, 堯達而在上, 其文章 見於治天下. 夫子窮而在下, 其文章 惟見於吾身. 在天下, 故以禮樂法度言; 在吾身, 故以威儀文辭言也."

면서 반드시 그 들었던 바를 힘껏 행한 뒤에야 그만두었다.

자로는 실행에 이처럼 용감하였다. 이런 마음으로 미뤄나간다면 어찌 다시 좋은 말을 듣고서 실행하지 못하는 일이 있을 수 있겠는가.

集註

前所聞者를 旣未及行이라 故로 恐復有所聞而行之不給也라

○ 范氏曰 子路聞善이면 勇於必行하니 門人自以爲弗及也라 故로 著之라 若子路 可謂能用其勇矣로다

[해석] 예전에 들은 바를 미처 행하지 못한 터라, 이 때문에 다시 들은 바 있어 행함이 넉넉하지 못할까 두려워하였다.

○ 범씨[范祖禹]가 말하였다.

"자로는 착한 말을 들으면 반드시 행하는데 용감하였다. 문인들이 스스로 그를 따라갈 수 없다고 생각한 까닭에 이를 나타낸 것이다. 자로와 같은 이는 그 용맹을 잘 썼다고 말할 만하다."

[보 補]

혹자가 물었다.

"이는 '자로가 들으면 바로 실행하는[子路聞斯行之]'(「憲問」) 용맹인데, 문인들은 그를 따라갈 수 없다고 생각하여 자로의 일을 나타내고, 부자는 남보다 앞선다고 생각하여 뒤로 물러나게 함은 무엇 때문인가."

운봉 호씨가 말하였다.

"이를 나타낸 것은 문인이 실행에 힘쓰는 자로의 용맹을 따라갈 수 없어서이다. 이는 자로를 추대, 존경함이다. 뒤로 물러나게 함은 부자가 앎을 버리고 한낱 실행만을 일삼을까 두려워함이다. 이는 훈도하여 성취시켜주려는 가르침이다."[194]

14. 공문전지 孔文全旨

이 장은 시호에 관한 논지이다. 사후에 생전의 행적을 살펴 붙이는 시호는 하나의 일로써 그 시호를 명명하는 예가 있다. 따라서 잘못이 있을지라도 그의 훌륭한 점을 묻어두지 않아야 한다는 의의를 보여주고 있다.

자공은 "공문자의 사람 됨됨이 문(文)이라는 시호에 해당할 수 없다."고 의심하였고, 부자는 시

194 위와 같음. "或曰 此卽子路聞斯行之之勇, 門人以爲弗及而著之, 夫子以爲兼人而退之, 何也? 雲峯胡氏曰 著之者, 門人弗及其行之勇, 推敬之辭也. 退之者, 夫子恐其徒事乎行之勇, 陶成之術也."

법(謚法)에 근거하여 그에게 한 부분[勤學好問]의 훌륭한 점이 있음을 밝혀주면서 또한 그의 훌륭한 점이 묻히지 않아야 한다고 생각했다.

문(文)이란 아름다움과 고상함[文雅]을 뜻한다. 여기에서 말한 공문자의 호학(好學)에 관한 학문은 공문자 그 자신에게 절실한 학문으로 말한 것이지, 성인의 학문을 좋아한다는, 깊은 뜻으로 보아서는 안 된다. 다만 그는 선대의 도서[圖籍] 및 열방(列邦)의 기록에 마음을 두어 이를 연구하고 탐색하였으며, 시골 글방과 초야의 촌로에게까지도 몸을 굽혀 물었다. 그의 시호에 문(文)자를 붙인 것은 이 때문이다. 그리고 "공문자가 빈객을 접대하는 데 뛰어날 수 있었던[仲叔圉(孔文子)治賓客]"(「憲問」) 것 또한 이런 연유로 이뤄진 것이다.

子貢이 **問曰 孔文子**를 **何以謂之文也**잇고
子曰 敏而好學하며 **不恥下問**이라 **是以謂之文也**니라

자공이 물었다.

"공문자를 어떻게 해서 문(文)이라고 말한 것입니까?"

부자께서 말씀하셨다.

"명민하면서도 배움을 좋아하며, 아랫사람에게 묻기를 부끄러워하지 않았다. 이 때문에 문(文)이라 이르게 된 것이다."

강설

자공은 공문자가 '문'이라는 시호를 얻게 된 데에 대해 의문을 가지고 여쭈었다.

"시호란 공론에 의한 것이며, '문'이란 아름다운 칭호이다. 공문자의 인품으로서는 도저히 그런 시호를 붙일 수 없을 듯한데, 어찌하여 '문'이라는 시호를 받게 되었습니까?"

부자께서 말씀하셨다.

"성품이 명민한 사람치고 학문을 좋아하지 않는 자 많다. 그의 성품은 명민하면서도 이를 자부하지 않고 전고(典故)에 마음을 다했기에 그를 학문을 좋아하는 사람이라 말한 것이다.

지위가 높은 이는 아랫사람에게 묻기를 부끄럽게 여기는 자가 많다. 그는 지위가 높은 데에도 이를 자부하지 않고 아랫사람에게 묻기를 부끄럽게 여기지 않았다. 이는 학문을 부지런함이며 묻기를 좋아한 것이다.

이는 시호의 법에 부합된 바 있기에, '문'이라는 시호를 얻게 된 것이다. 공문자의 '문'이라는 시호를 어찌 지나친 찬미라 말할 수 있겠는가."

集註

孔文子는 **衛大夫**니 **名圉**라

凡人性敏者는 **多不好學**하고 **位高者**는 **多恥下問**이라 **故**로 **謚法**에 **有以勤學好問爲文者**하니 **蓋**

亦人所難也라 孔圉得謚爲文은 以此而已니라

○ 蘇氏曰 孔文子 使太叔疾 出其妻而妻之러니 疾 通於初妻之娣어늘 文子怒하야 將攻之할세 訪於仲尼한대 仲尼不對하시고 命駕而行하시다 疾 奔宋한대 文子 使疾弟遺로 室孔姞하다 其爲人如此로되 而謚曰文이라하니 此子貢之所以疑而問也라 孔子不沒其善하야 言能如此라도 亦足以爲文矣니 非經天緯地之文也니라

[훈고] 공문자는 위나라 대부, 이름은 어(圉)이다.

[해석] 대체로 성품이 명민한 사람은 배움을 좋아하지 않은 이 많고, 지위가 높은 사람은 아랫사람에게 묻기를 부끄러워하는 자 많다. 이 때문에 시호 짓는 법에 "학문에 근면하고 묻기를 좋아한 사람을 문(文)이라 한다."는 것이 있다. 이 또한 여느 사람으로서 행하기 어려운 일이기 때문이다. 공어(孔圉)가 '문'이라는 시호를 얻음은 이 때문일 뿐이다.

○ 소씨[蘇軾]가 말하였다.

"공문자는 태숙질(太叔疾)에게 그의 본부인을 내쫓고 자기의 딸[孔姞]을 아내로 맞이하도록 하였는데, 태숙질이 전처의 처제(본부인의 여동생)와 정을 통하였다. 공문자가 화를 내어 장차 태숙질을 공격하려고 하면서 공자를 방문하자, 공자는 아무런 대답도 하지 않고 수레의 멍에를 채우도록 명하여 떠나버렸다. 태숙질이 송나라로 달아나자, 공문자는 태숙질의 아우 유(遺)에게 일찍이 태숙질의 아내로 주었던 자기의 딸, 공길(孔姞)을 다시 아내로 맞이하도록 하였다.

그 사람됨이 이와 같음에도 그의 시호를 '문'이라 하였다. 자공이 이 점을 의심하여 물은 것이다. 공자께서 그의 훌륭한 점을 묻어두지 않고, 이와 같은 것만으로도 '문'이라고 할 수 있다고 하니, 이는 〈문왕(文王) 또는 문선왕(文宣王)와 같은〉 하늘과 땅의 도를 다스리는[經天緯地] 자에게 붙이는 '문'이 아니다."

15. 자산전지 子産全旨

이 장에서는 군자의 도로써 자산을 찬탄하였다. 여기에서 말한 군자의 도는 그 일부분이 아닌 전체인지, 그리고 그가 자연스럽게 힘들이지 않고 행한 것[安而行之]인지, 아니면 애써 억지로 행한 것[勉强而行之]인지, 그의 조예와 인품에 대해 알 수 없다. 그러나 이 4가지의 덕목만으로도 춘추시대의 어진 대부라고 말하기에 넉넉하다. 이 때문에 부자께서 그를 들추어 당시 벼슬아치들을 풍자하고 있다.

첫 구절[子產 有君子之道 四焉]은 그에게 군자의 도가 갖춰있음을 말하였고, 아래 문장[其行己…民也義]에서는 군자의 도에 관한 4가지[恭 敬 惠 義]의 실상을 말하였다. 이의 4구는 각기 독자적인 뜻이

있는 것으로 보아 상호종속의 관계가 아니다. 자산의 몸가짐[其行己也恭]을 떠나, 정나라의 음란한 풍속과 고된 노동력 착취[↔其養民也惠 其使民也義], 공족(公族)의 횡포[↔其事上也敬]와 상대적으로 군자다운 자산의 도를 말한 것이지, 자산의 공손한 몸가짐에 중점을 두고 말함은 아니다.

군자의 도 4가지, 공(恭) 경(敬) 혜(惠) 의(義)는 모두 진실한 마음에 근본하여 정사로 나타난 점을 말하고 있다.

야(也: 行己也, 事上也 等)자에는 자산을 회상하는 뜻을 담고 있다.

『설원(說苑)』에서는 "자산이 죽자, 정나라 사람으로 남자들은 패옥을 풀어놓고 부인들은 귀걸이를 떼어놓고서 부부가 골목길에 주저앉아 목 놓아 곡하였고, 3개월 동안 풍악을 울리지 않았다."[195]고 하며, 『사기』에서는 "부자께서 일찍이 정나라를 찾았을 적에 자산과 형제처럼 지냈는데, 자산의 죽음을 전해 듣고서 그를 위해 곡을 하면서 '옛날 사랑을 남긴 분이다'고 애통하였다."[196]고 한다.

子 謂子產하시되 有君子之道 四焉이니 其行己也 恭하며 其事上也 敬하며 其養民也 惠하며 其使民也 義니라

부자께서 자산에 대하여 말씀하셨다.

"군자의 도 4가지가 있다. 그 몸가짐을 공손히 하며, 윗사람 섬기기를 공경히 하며, 백성 보살피기를 은혜로 하며, 백성 부리기를 의롭게 하였다."

강설

부자께서 일찍이 자산에게 군자의 도에 부합되는, 4가지의 덕이 있다고 말한 바 있다.

이 4가지는 무엇을 말하는가.

그는 몸가짐에 있어 겸양과 공손으로 남에게 대하는 예를 다하였다. 이는 자피(子皮)와 자우(子羽)에게 사양한 일로 미루어 알 수 있다.

그는 윗사람을 섬길 적에 공경의 마음을 다하여 신하로서의 직분을 지켜왔다. 이는 간공(簡公)과 정공(定公)에게 신하로서의 직분을 다한 것으로 이러한 점을 알 수 있다.

그는 백성을 보살핌에 있어 사랑과 이로운 혜택을 입혀주었다. 이는 전토를 넓히고 자제를 가르쳐왔다. 이 어찌 드넓은 은혜가 아니겠는가.

백성을 부림에 있어 법제의 대의에 따라 임하였다. 백성들의 집과 정전(井田)을 분별하고 문장과 복식[章服] 따위를 구별하였다. 이 어찌 대의로 정한 바 아니겠는가.

이 4가지 일은 모두 군자의 도이다. 자산이 이런 덕을 베풀었다. 이로 보면 정나라의 어진 신하라고 말할 수 있다.

---

195 『說苑』 권5. "鄭子產 死, 鄭人 丈夫舍玦珮, 婦人舍珠珥, 夫婦巷哭, 三月不聞竽瑟之聲."

196 『史記』 권42, 「鄭世家 第十二」. "孔子嘗過鄭, 與子產如兄弟云. 及聞子產死, 孔子爲泣, 曰古之遺愛也."

集註

子産은 鄭大夫公孫僑라

恭은 謙遜也오 敬은 謹恪也오 惠는 愛利也라 使民義는 如都鄙有章하고 上下有服하며 田有封洫하고 廬井有伍之類라

○ 吳氏曰 數其事而責之者도 其所善者多也니 臧文仲不仁者三 不知者三이 是也오 數其事而稱之者도 猶有所未至也니 子産有君子之道四焉이 是也라 今或以一言蓋一人하고 一事蓋一時는 皆非也니라

[훈고와 해석] 자산은 정나라 대부, 공손교(公孫僑)이다.

공(恭)은 겸손함이며, 경(敬)은 삼가고 조심함이며, 혜(惠)는 사랑과 이익을 베풂이다.

백성 부리기를 의로 하였다는 것은 예컨대 도읍과 지방[邊鄙]에 따른 법령[章程條法]을 마련하고(큰 도읍은 나라의 3분의 1, 중간 도읍은 나라의 5분의 1, 작은 도읍은 나라의 9분의 1을 넘지 못하도록 제한하고, 도읍에는 기(旗)를 세우고 지방에는 조(旐)를 세우도록 법령을 마련하여 세도의 문벌을 제한한 유를 말한다.)[197] 상하 귀천의 의관에 차등을 두어 사치하지 못하도록 하였으며,[貴賤衣冠 各有等差 不得踰侈] 전토에는 경계[封疆]와 도랑[溝洫]을 마련하였고, 농막[廬: 田間民舍]과 정전(井田)은 다섯 집을 한 통으로 묶어[五家爲伍] 서로 도우며 살도록 마련한 제도[198]의 유를 말한다.

○ 오씨[吳棫]가 말하였다.

"그 일을 손꼽아 꾸짖은 자에게도 그 잘한 일은 많다. '장문중(臧文仲)에게 '어질지 못한 일 3가지[下展禽(黜柳下惠) 廢六關(凡六關 禁絶來遊) 妾織蒲(是與民爭利)], 지혜롭지 못한 일 3가지[作虛器(居蔡之室) 縱逆祀(躋僖公 居閔上) 祀爰居(祭海鳥)]'[199] 〈의 잘못이 있었지만, 장문중은 지혜롭고 어진 대부라는 평판[當時以文仲爲知]도 없지 않았다.〉는 것이 이것이다.

그 일을 손꼽아 칭찬한 자에게도 오히려 잘하지 못한 바 있다. '자산에게 군자의 도가 4가지가 있다.'는 〈잘한 점도 있었지만, 자산은 '작은 은혜만 알 뿐, 큰 정치를 할 줄 모른다.[惠而不知爲政]'(「離婁 下」)는 잘못도 없지 않았다〉는 것이 이것이다.

따라서 요즘 간혹 한마디의 말로써 그 사람을 모두 덮어씌우고, 하나의 일로써 한 때의 일을 모두 덮어씌우는 것 모두 잘못된 일이다."

---

197 『大全』 該註. "按都鄙 如大都三國之一, 中五之一, 小九之一. 又師都建旗, 縣鄙建旐. 當時鄭國, 多是强族, 其分食都鄙, 必有侈僭, 故子産限之, 使城郭車旗章服, 各有尊卑也."

198 위와 같음. "廬井有伍者, 廬 田間民舍, 井 九夫爲井. 伍, 盖五家爲伍, 使之相親相愛, 鄕田同井, 使之相友相助, 而其中間, 有罪則相及, 慶賞相共."

199 위와 같음. "左文三年 秋八月丁卯, 大事于太廟, 躋僖公, 逆祀也. 仲尼曰 臧文仲…."

16. 안평전지 晏平全旨

이 장에서는 안평중이 벗과 잘 사귄 점을 일컬어 벗의 도의를 유지하고자 하였다. 이 또한 그가 지닌 하나의 훌륭한 점을 말하였다.

첫 구절[善與人交]은 별다른 의미가 없고, 아래의 "오래도록 공경한다.[久而敬之]"는 구절이 바로 벗과 잘 사귐 장점을 말하고 있다. 단 선여인교(善與人交)의 선(善)자에 평상시와 사변시[常變], 그리고 순경(順境)과 역경 그 모든 곳에 알맞게 잘한다는 뜻을 담겨있으나, 구이경지(久而敬之)의 구(久)자에 중점을 두고 봐야 한다.

子曰 晏平仲은 善與人交로다 久而敬之온여

부자께서 말씀하셨다.
"안평중은 사람과 잘 사귀는구나. 오래도록 공경하는구나."

강설

부자께서 안평중을 칭찬하여 말씀하셨다.
"어느 사람이든 사람들과의 친교가 없겠는가. 하지만 반드시 그들이 잘 사귀었다고 말할 수 없는데, 안평중과 같은 이는 사람들과의 사귐을 잘했다고 말하겠다.
사람들과 사귐에 있어 처음에는 서로 공경하지만, 시간이 흐를수록 그렇지 못함이 상례이다. 그러나 안평중은 사귐이 오래되어도 더욱 공경하는 마음이 지극하였다. 이 점이 곧 사귐을 잘한다고 말한 이유이다. 안평중과 같은 이는 풍교(風教)에 도움이 될직한 인물이다."

集註

晏平仲은 齊大夫니 名嬰이라

程子曰 人交久則敬衰어늘 久而能敬하니 所以爲善이니라

[훈고] 안평중은 제나라의 대부니, 이름은 영(嬰)이다.

[해석] 정자[伊川]가 말씀하였다.
"사람들은 사귄 지 오래되면 공경하는 마음이 쇠퇴하는데 오래되어도 공경하니, 이것이 훌륭한 바이다."

17. 장문전지 臧文全旨

이 장에서는 장문중의 지혜롭지 못함을 완만하게 풍자하고 있다.

위의 2구[臧文仲居蔡 山節藻梲]는 그가 신에게 아첨한 데 대하여 말하였고, 그 아래 문장[何如其知也]은 그러한 행위는 지혜로운 일이라고 말할 수 없다는 점으로 단정 짓고 있다.

이의 중점은 '큰 거북의 집[居蔡]' 구절에 있다. 지혜롭지 못한 점이 바로 이 '큰 거북의 집을 마련하여 소장'한데에 있음을 알 수 있다. "어떻게…"라는 하여(何如) 2자는 완만하게 풍자하는 말이다.

주자의 말에 의하면, 산절(山節)과 조절(藻梲)은 다만 화려하게 꾸몄다는 점만을 알 뿐, 그 제도가 어떤 것인지는 알 수 없다. 부자께서 그가 지혜롭지 못한 점만을 꾸짖은 것이지, 그의 참람함을 말한 게 아니다. 훗날 예의를 지키는 집안에서 이를 계기로 "대부의 집안에 거북이를 소장하지 않는다."는 것을 정설로 받아들이게 되었다.

子曰 臧文仲이 居蔡하되 山節藻梲하니 何如其知也리오

부자께서 말씀하셨다.

"장문중이 큰 거북을 간직하는 집을 지을 적에 기둥 끝에 산 모양을 새기고 대들보에는 수초 무늬를 그렸다. 어떻게 그를 지혜롭다고 하겠는가."

강설

부자께서 장문중을 꾸짖으셨다.

"지혜로운 이의 고귀한 바는, 사람으로서 해야 할 의(義)에 힘쓰고 신을 멀리하는 데 있다. 오늘날 장문중은 거북이 간직하는 집을 마련할 적에 기둥 끝에 산 모양을 조각하여 거북이의 안정성을 상징한 바 있고, 대들보에는 수초 마름의 무늬를 그림으로 그려 거북이의 결백성을 나타낸 바 있다.

신에게 아첨하는 그의 행위가 이와 같음은 반드시 그가 알 수 없는 신에게 현혹되어 마땅히 힘써야 할 바의 도리를 몰랐기 때문이다. 나는 장문중에 대해 지혜롭다고 하는, 사람들의 말이 무슨 소리인지 알 수 없다."

集註

臧文仲은 魯大夫臧孫氏니 名辰이라

居는 猶藏也오 蔡는 大龜也라 節은 柱頭斗栱也라 藻는 水草名이오 梲은 梁上短柱也니 蓋爲藏龜之室而刻山於節하고 畫藻於梲也라

當時에 以文仲爲知라하니 孔子言其不務民義而諂瀆鬼神如此하니 安得爲知리오하시니 春秋傳所謂作虛器 卽此事也라

○ 張子曰 山節藻梲하야 爲藏龜之室은 祀爰居之義로 同歸於不知 宜矣라

[훈고] 장문중은 노나라 대부 장손씨이니, 이름은 신(辰)이다.

거(居)는 소장처와 같다. 채(蔡)는 큰 거북(1尺 2寸의 크기)이다.

절(節)은 기둥머리의 두공(斗栱)이다. 조(藻)는 물풀(마름)의 이름이다. 절(梲)은 대들보 위의 단주(短柱: 동자기둥)이다. 이는 큰 거북을 소장하기 위한 집을 지을 적에 기둥 끝에 산 모양을 새기고 대들보에 마름을 그린 것이다.

[해석] 당시 장문중을 지혜롭다고 말들 하였다. 공자께서 "그가 사람으로서 할 일에 힘쓰지 않고 귀신에게 아첨함이 이와 같으니, 어찌 지혜롭다고 하겠느냐."고 말하였다. 『춘추좌전』에 이른바 "헛된 물건[虛器]을 지었다."(文公 2년 秋八月條)고 함은 곧 이 일이다.

○ 장자(張子: 名載 字子厚 號橫渠先生 長安人)가 말씀하였다.

"기둥 끝에 산 모양을 새기고 대들보에 마름을 그려 거북이를 소장하는 집을 지은 것은 '원거(爰居: 海鳥, 일명 雜縣)에 제사 지낸'(文公 2년 秋八月條) 의의와 똑같이 지혜롭지 못한 일에 귀결됨은 마땅하다."

18. 영윤장지 令尹章旨

이 장에서는 인(仁)이란 쉽게 말할 수 없다는 점을 밝혀주었다.

자장은 일찍이 구차스럽고 어려운 일을 좋아했다. 그가 말한 두 사람[令尹子文 陳文子]의 일은 모두 보통 사람의 마음으로 행하기 어려운 일들이다. 이는 특별히 그들의 일과 그 발자취로 논한 것이다. 이 때문에 부자께서 그들이 행한 바를 인정하면서도 그들의 마음은 인정하지 않았다.

충성과 청백이란 모두 아름다운 한 덕목에 지나지 않으며, 인(仁)이란 심덕(心德)의 전체이다. 어진 이는 반드시 충성하고 청백할 수 있지만, 충성과 청백한 자를 반드시 어질다고는 말할 수 없다. 이처럼 전체와 부분이라는 관점에서 충성과 청백의 일부분을 인의 전체로 잘못 인식해서는 안 된다.

(1) 영윤절지 令尹節旨

충의(忠矣) 이상의 문장[子張…忠矣]은 초나라 신하로서의 행동을 논하면서 그의 충성을 인정하였고, 아래 문장[曰仁矣乎…焉得仁]에서는 초나라 신하로서의 인(仁)을 실행했는가를 추구하여 그의 마음을 의심하고 있다. 충성의 순수함 또한 인이지만, 애써 억지로 충성한다는 것은 어진 이의 충성이라고 말할 수 없다.

영윤 자문의 행실은 고상하지만, 그것이 모두 사심이 없는 진실한 마음에서 우러나온 것인지도 알 수 없는 일이다. 따라서 "어떻게 인이라고 허락할 수 있겠는가."라고 말하였다.

집주에서 "기쁨과 성냄을 얼굴에 나타내지 않고 단 신하의 지위는 임금만을 위한 지위라는 사실을 알고서 벼슬을 욕심내거나 연연해한 바 없었으며, 나와 남[物我]에 대해 사이를 두지 않았다. 오로지 정사는 임금을 위한 정사라는 것만을 알고서 질투하거나 시기한 바 없었다. 이는 분명 하나의 충성이라고 말할 만하다."고 하였다.

子張이 **問曰 令尹子文**이 **三仕爲令尹**호대 **無喜色**하며 **三已之**호대 **無慍色**하야 **舊令尹之政**을 **必以告新令尹**하니 **何如**하니잇고

子曰 忠矣니라

曰 仁矣乎잇가

曰 未知케라 **焉得仁**이리오

자장이 물었다.

"영윤 자문이 세 차례나 벼슬에 나가 영윤이 되었으나 기쁜 빛이 없었고, 세 차례나 그만두었지만 성내는 빛이 없이 예전에 맡은 영윤의 정사를 반드시 새로 부임한 영윤에게 일러주니, 어떻습니까?"

부자께서 말씀하셨다.

"충성이다."

"인(仁)입니까?"

"모르겠다. 어떻게 인이라 하겠는가."

강설

자장은 부자에게 물었다.

"초나라 사람으로 국정을 도맡아 집행하는 영윤 자문이라는 이가 세 차례나 출사하여 영윤이 되었지만, 얼굴에 기쁜 빛이 나타나지 않았고, 세 차례나 영윤을 그만두었지만 성내는 빛을 찾아볼 수 없었으며, 또한 그만둘 적에도 반드시 옛 영윤이 행하였던 정책을 새로 부임하여 영윤의 직무를 대신할 사람에게 모두 말해주었습니다. 그의 법도와 행실이 이와 같은데, 그런 사람을 과연 어떻다고 말할 수 있겠습니까?"

부자께서 말씀하셨다.

"이 사람은 기쁨과 성냄을 나타내지 않고, 나와 남의 사이가 없으며, 나라가 있는 줄만 알 뿐, 자신이 있는 줄 모르니, 충성이라고 말할 수 있겠다."

자장이 또다시 의심하여 말하였다.

"그를 인이라고 말할 수 있겠습니까?"

"사리에 알맞게 처리하면서도 사사로운 마음이 없는 게 인이다. 영윤 자문의 변함없는 오롯한 행실을 비록 충성이라고는 하나, 그 모두가 천리에서 나온 것으로 사심이 없는지는 알 길이 없다.

어떻게 인이라 허락할 수 있겠는가."

集註

令尹은 **官名**이니 **楚上卿執政者也**라 **子文**은 **姓鬪**오 **名穀於菟**(누오도)라 **其爲人也 喜怒不形**하고 **物我無間**하야 **知有其國而不知有其身**하니 **其忠**이 **盛矣**라 **故**로 **子張疑其仁**이라 **然**이나 **其所以三仕三已而告新令尹者 未知其皆出於天理而無人欲之私也**라 **是以**로 **夫子但許其忠**이오 **而未許其仁也**시니라

[훈고] 영윤은 벼슬 이름이니, 초나라의 상경(上卿)으로 정권을 잡은 자리이다. 자문의 성은 투이고, 이름은 누오도(穀於菟: 楚人은 方言으로 젖[乳]을 누(穀), 범[虎]을 오도(於菟)라 한다. 범의 젖을 먹고 자란 아이라는 뜻이다.)[200]이다.

[해석] 그 사람됨이 기쁨과 성냄을 얼굴에 나타내지 않고 나와 남의 사이가 없어 나라가 있는 줄만 알 뿐, 그 자신이 있는 줄 모르니, 그 충성은 성대한 것이다. 이 때문에 자장은 그를 어진 사람인가? 의심한 것이다.

그러나 그가 세 차례 출사하고 세 차례 그만두면서 새 영윤에게 〈옛 영윤의 정사를〉 말해준 것들이 모두 천리에서 나온 것으로, 인욕의 사심이 없는 것인지는 알 수 없다. 이 때문에 부자께서 그의 충성만을 인정할 뿐, 그의 인만큼은 인정하지 않았다.

(2) 최자절지 崔子節旨

청의(淸矣) 이상[崔子…淸矣]은 진문자의 행실을 논한 것으로, 그의 청백을 인정하였고, 그 아래[曰仁矣乎…焉得仁]는 그가 진정 어진 사람[仁]일까를 추구하여, 그의 마음을 의심한 것이다. 순수한 청백 또한 인이다. 그러나 애써 억지로 청백하고자 힘쓴다면 그것은 어진 이의 청백이라 말할 수 없다.

진문자의 행동은 고매하나 그러한 일들이 모두 사심이 없는 순수한 마음에서 나왔다고는 단정할 수 없다. 이러한 청백을 어떻게 바로 인이라고 말할 수 있겠는가.

앞서 첫 번째 제나라를 떠나감은 그의 부귀에 미련 없이 이를 버림이며, 뒤이어서 2차례 떠나감

---

200 누오도(穀於菟): 이의 유래는 『좌전』(宣公 3년 秋七月條)에서 다음과 같이 말하였다. "처음 투약오(鬪若敖)가 운(邙)나라 여인을 부인으로 맞이하여 투백비(鬪伯比)를 낳았다. 약오가 죽자, 투백비는 그 모친을 따라 운나라에서 컸는데, 운자(邙子)의 딸과의 사통(私通)으로 사생아 자문(子文)을 낳았다. 운자의 부인이 몽택(夢澤: 雲夢)에 내다 버리도록 하였다. 운자가 사냥을 나갔다가 범이 젖을 물려주는 모습을 보고서 두려운 마음에 돌아와 부인에게 이 사실을 말하고 마침내 데려오도록 하였다. 초나라 사람의 방언에 젖을 누(穀)라 하고 범을 오도(於菟)라 한다. 이 때문에 그의 이름을 '투누오도'라 명명하였다.[初若敖娶於邙, 生鬪伯比. 若敖卒, 從其母, 畜於邙, 淫於邙子之女, 生子文焉. 邙夫人使棄諸夢中, 虎乳之, 邙子田見之, 懼而歸夫人以告, 遂使收之. 楚人謂乳穀, 謂虎於菟, 故命之曰鬪穀於菟.]"

은 자주 떠나면서도 후회가 없음을 말한다. 그러나 그에 대해 알 수 없는 일은 2가지이다. 하나는 진문자의 마음이 과연 순수했는지를 알 수 없고, 또 다른 하나는 진문자의 마음이 편안했는지를 알 수 없다. 대체로 아름다운 행동과 일 처리는 어느 한 부분의 일을 들어 말할지라도 나쁠 게 없으나, 마음 씀씀이의 은미한 부분은 의당 깊이 살펴보아야 한다.

김인산(金仁山: 1232~1303. 金履祥. 字吉父, 世稱仁山先生. 朱熹→黃幹→何基→王柏→金履祥→許謙, 金華朱子學의 嫡傳.)이 십승(十乘)에 관해 말하였다.

"하나의 수레는 4마리 말에 멍에를 얹어 끌기에, 말 4필을 1승(一乘)이라고 말한다. 예전의 수레와 말은 모두 전부(田賦)에 따라 나오는데, 1전(甸)에서 수레 한 체와 말 1승이 나온다. 이로 추산하면, 10승은 곧 10전(十甸)의 땅인바, 그의 채읍(采邑: 食邑)이 컸음을 알 수 있다."

崔子 弑齊君이어늘 **陳文子 有馬十乘**이러니 **棄而違之**하고 **至於他邦**하야 **則曰 猶吾大夫崔子也**라하고 **違之**하며 **之一邦**하야 **則又曰 猶吾大夫崔子**라하고 **違之**하니 **何如**하니잇고

子曰 淸矣니라

曰 仁矣乎잇가

曰 未知케라 **焉得仁**이리오

〈자장이 또 물었다.〉

"최자(崔子)가 제나라 임금을 시해하자, 진문자가 말 10승(乘: 40필)을 소유하였으나 이를 버리고 제나라를 떠나 다른 나라에 이르러, 곧 말하기를 '우리 대부 최자와 같다.' 하고서 그 나라를 떠나갔으며, 또 다른 나라에 가서도 곧 또다시 '우리 대부 최자와 같다.' 하고서 그 나라를 떠나가니, 어떻습니까?"

"청백한 사람이다."

"인입니까?"

"모르겠다. 어떻게 인이라 하겠는가."

강설

자장은 또다시 물었다.

"대부 최자가 제나라 임금을 시해했을 때, 당시 대부 진문자는 자그마치 말 40필이나 되는 부를 소유하고서도 이를 버리고 떠나갔습니다. 시해와 역적, 그리고 난신의 조정에 구차스럽게 함께하지 않았습니다.

제나라에서뿐만 아니라, 다른 나라에 가서도 불충한 신하가 있으면 이를 용납하지 못하고 '우리 나라의 대부 최자와 같다.' 하고서 또다시 그 나라를 떠나갔습니다. 또 다른 나라에 가서도 그와

같은 사람이 있으면 '우리나라의 대부 최자와 같다.' 하고서 또다시 그 나라를 떠나갔습니다. 그의 행동이 이와 같은데, 그 사람은 과연 어떠합니까?"

부자께서 대답하셨다.

"이 사람은 몸을 깨끗이 지키면서 난을 피하여, 시역(弑逆)이라는 악으로써 그 몸을 더럽히지 않았다. 그를 청백이라 말할 수 있겠다."

자장이 또다시 의심하여 물었다.

"그를 인이라고 말할 수 있겠습니까?"

"사리에 알맞게 처리하면서도 사사로운 마음이 없는 게 인이다. 진문자의 행실이 청백하다고는 하지만, 과연 의리의 당연함을 보고서 누(累)가 없는 행실을 하였는지, 아니면 이해의 사심에 절박하여 훗날 혹시 후회하지 않았는지, 이를 알 수 없는데 어떻게 문득 그를 어진 이라고 허락할 수 있겠는가."

요컨대 인자(仁者)로서 충성과 청백하지 않을 사람이 없지만, 충성과 청백한 자로서는 반드시 인(仁)을 한다고 장담할 수 없다. 이 때문에 부자께서 모두 그들에게 인을 허락하지 않았다.

集註

崔子는 齊大夫니 名杼라 齊君은 莊公이니 名光이라 陳文子는 亦齊大夫니 名須無라

十乘은 四十匹也라 違는 去也라

文子潔身去亂하니 可謂清矣라 然이나 未知其心에 果見義理之當然하야 而能脫然無所累乎아 抑不得已於利害之私하야 而猶未免於怨悔라 故로 夫子特許其清而不許其仁이라

愚 聞之師호니 曰 當理而無私心이면 則仁矣라하시니 今以是而觀二子之事하면 雖其制行之高若不可及이나 然이나 皆未有以見其必當於理而眞無私心也라 子張 未識仁體하고 而悅於苟難하야 遂以小者로 信其大者하니 夫子之不許也 宜哉ㄴ저 讀者 於此에 更以上章不知其仁과 後篇仁則吾不知之語와 幷與三仁夷齊之事觀之면 則彼此交盡하야 而仁之爲義를 可識矣리라 今以他書考之면 子文之相楚에 所謀者 無非僭王猾夏之事오 文子之仕齊에 旣失正君討賊之義하고 又不數歲而復反於齊焉하니 則其不仁을 亦可見矣니라

[훈고] 최자는 제나라 대부, 이름은 저(杼)이다. 제나라 임금은 장공(莊公)이니, 이름은 광(光)이다. 진문자 또한 제나라 대부, 이름은 수무(須無)이다.

십승(十乘)은 40필의 말이다. 위(違)는 떠나감이다.

[해석] 진문자가 몸을 깨끗이 하고자 어지러운 나라를 떠나가니 청백하다고 말하겠다. 그러나 그의 마음이 과연 의리의 당연한 바를 보고서 초연하여 얽매이는 바가 없었을까? 아니면

이해의 사사로움으로 마지못해 그렇게 하고서 오히려 원망과 후회를 면치 못한 것인지 알 수 없다. 이 때문에 부자께서 특별히 그의 청백만을 허락할 뿐, 그의 인을 허락하지 않았다.

나(주자)는 스승 연평선생(延平先生: 李侗)에게 듣자니, "사리에 합당하고 사심이 없으면 이를 인이라 한다."고 하였다. 이제 이 기준으로 두 사람의 일을 살펴보면, 그들의 법도와 행실이 고상하여 남들이 미치지 못할 듯하지만, 모두 그런 일들이 반드시 사리에 합당하고 참으로 사심이 없었는지는 찾아볼 수 없다.

자장은 인의 본체를 알지 못하고 구차하고 어려운 것을 좋아한 나머지, 마침내 하찮은 일을 큰 것처럼 믿으니, 부자께서 허락하지 않음은 마땅하다. 이를 읽는 자는 이에 다시 윗글의 '그의 인을 알 수 없다[不知其仁](「雍也, 仁而不佞章·孟武伯問子路仁乎章」)'와 뒤편의 '인은 내 알 수 없다[仁則吾不知]'(「憲問, 克伐怨欲章」)라는 말과 아울러 삼인(三仁: 微子, 箕子, 比干)(「微子」), 백이숙제(「述而, 求仁得仁章」)의 일들을 종합하여 살펴보면 이곳저곳의 문장이 서로 다하여 인이라는 의의를 알 수 있을 것이다.

그리고 이제 다른 문헌을 살펴보면, 영윤 자문은 초나라의 재상으로서 도모한 일들이 왕호(王號)를 참람히 쓰거나[楚自武王 僭稱王] 〈수많은 제후 나라를 정벌하여〉 중국을 어지럽히는 일 아닌 게 없었으며, 진문자는 제나라에 벼슬하면서 앞서 임금을 바로잡고 역적을 토벌하는 대의를 잃었고, 또 몇 해가 안 되어 다시 제나라로 되돌아왔다. 이로 보면 그들의 어질지 못한 바를 또한 찾아볼 수 있다."

[보 補]

위의 논지를 통하여, '인'이라 말할 수 있는 성취 조건과 그 완성도에 대해 살펴보고자 한다.

첫째, '인'의 성취 조건은 내면의 사심 없는 순수한 마음[無私心]으로 사물을 대처하는데 사리(事理), 즉 천리(天理)에 부합하는 일 처리를 말한다. 이것이 바로 주자가 말한 '당어리이무사심(當於理而無私心)'이다. 아무리 천리에 부합한 일 처리를 잘했을지라도 사심이 있어서는 안 되고, 또한 사심이 없을지라도 사리에 부합하지 못한 미숙한 일 처리는 인이라고 말할 수 없다.

이 때문에 "사물을 응접하는데 하나의 사심이 없이 사리에 부합함이 바로 인이다. 어진 자는 사심이 없이 천리에 부합함을 말하니, 모두 마음으로 말한다. 이는 사물상에서 마음을 논한 것이다."[201]

이처럼 '인'의 성취 조건은 한낱 순수한 마음만으로 말할 수 없고, 또한 한낱 사리에 부합한 일 처리만으로 말할 수 없다. 천리에 부합한 일 처리에 순수한 마음이 겸비됨을 말한다.

둘째, '인'의 완성도는 어떤 기준으로 적용하는가. 이는 2가지의 기준이 있다. 하나는 자연스러움의 완숙도이며, 또 다른 하나는 전체의 일관성이다.

201 『四書蒙引』 권8. "應事接物, 一無私心而當於理, 便是仁. 仁者, 無私心而合天理之謂, 皆以心言, 就事上論心也."

인자(仁者)는 이미 성취한 자로 말한다. 따라서 억지의 면강(勉強)이 아닌 자연스럽게 힘쓰지 않아도 도에 맞는 종용중도(從容中道)이다. 이것이 자연스러움의 완숙도이다. 면강의 노력은 인을 추구하는 자[求仁者]이지, 인이 이미 성취된 자가 아니다. 따라서 구차스러움의 억지란 무사심(無私心)의 순수성을 자연스럽게 받아들일 수 없는, 그 어떤 욕구에 의한 거부감에 의해 순수성과 인욕의 교전에서 야기된 것이다. 이 때문에 순일(純一)한 인이라고 할 수 없다.

또 다른 하나의 전체 일관성이란 무엇인가. 처음엔 순수하다가 끝에 가서 원망하거나 후회한다면 앞은 인이요 뒤는 불인[前仁後不仁]이다. 이 또한 진리의 확신이 없는 의구심(疑懼心)이다. 백이숙제의 경우, "인을 추구하여 인을 얻었는데 또한 무슨 원망이 있겠는가.[求仁而得仁又何怨]"(「述而」)라는 뜻은 시종일관 전체의 순수성을 말해주는 것이다. 만약 처음엔 양위(讓位)했다가 훗날 다시 회한이 있었다면 백이숙제의 양위는 즉흥적인 감정 내지 판단 미숙에 의한 일회성 선심에 지나지 않았을 것이다. 이처럼 전체의 일관성이란 나의 일에 대해 편안한 마음으로 변함이 없는, 오롯한 순수성의 전체를 말한다.

'인'이라 인정하는가 못하는가는 이처럼 성취 조건과 그 완성도에 의해 결정된다. 집주에서 말한 중궁의 '인이불영(仁而不佞)'에 관한 '불지기인(不知其仁)' 그리고 자로・염구・공서적의 '불지기인(不知其仁)', 원헌(原憲)의 극벌원욕(克伐怨慾)에 관한 '인즉오불지(仁則吾不知)'는 모두가 인을 추구하는 학자이지, 인을 성취한 성인이 아니기 때문이다. 안연의 '삼월불위인[其心三月不違仁]' 경지를 제외한 그 나머지 제자는 하루에 한 번, 한 달에 한번 인에 이를 뿐이다.[其餘則日月至焉而已](「雍也」) 이는 시종일관의 전체성이 부족함이자, 자연스러운 경지가 아닌 면강(勉強)의 학자로서 완성도와 성취도의 기준에 미치지 못한 까닭에 부자는 그들의 인을 허락하지 않은 것이다.

이와는 반대로 미자, 기자, 비간 삼인(三仁)과 백이숙제는 다르다. 사리에 합당하고 사심이 없는 인으로 시종일관 순수한 천리라는 측면에서 그들의 성취도와 완성도는 성자로 평가받기에 의심의 여지가 없다. 따라서 부자는 그들을 삼인(三仁) 내지 '구인이득인(求仁而得仁)'이라 인정한 것이다.

주자는 위와 같이 그 인인 줄 알 수 없는 자의 경지와 인의 경지를 대비, 조명하여 인의 실체가 그 무엇이고 어떤 것인지를 탐색하도록 시사해준 바 크다 할 것이다.

19. 계문전지 季文全旨

이 장에서는 계문자로 인하여 잘 생각해야 한다는 표준을 설정하고 있다.

사(思)자는 단 일에 대응하는 생각을 말한다. 계문자는 이해타산에 밝은 자이다. 이 때문에 이해 위주의 생각들을 깊이 헤아려 그만두지 않은 것이다. 이에 대해 부자께서 단 사물의 옳고 그름

[是非]을 헤아려야 하는 것이지, 이익과 손해를 헤아려서는 안 된다는 점을 강조하였기에 "두 번 생각한 것만으로도 옳다."고 여긴 것이다.

주자는 이에 대해 말하였다.

"생각하여 얻지 못한 바 있으면 반드시 자세히 생각함이 곧 한 차례의 생각이다. 이미 옳은 일을 생각했을지라도 반드시 다시 한번 허심탄회하게 한 차례 다시 생각해야 한다. 이처럼 한다면 사리에 타당하지 않을 일이 없을 것이다."

집주에서 말한 "이치를 궁구함[窮理]"은 어떤 일을 생각하기 이전에 미리 갖춰야 할 공부이며, "과감하게 결단함[果斷]"은 그 어떤 일을 생각한 결과가 있으면 곧장 실행으로 옮겨가려는 조처이다.

季文子 三思而後에 行하더니
子 聞之하시고 曰 再斯可矣니라

계문자가 세 차례 생각한 뒤에 행하였는데, 부자께서 이 말을 들으시고 말씀하셨다.

"두 번 정도 생각하는 것이 옳다."

강설

노나라 대부 계문자는 매사에 반드시 세 차례 반복하여 생각한 후에 일을 처리하였다.

부자께서 이러한 말을 듣고서 그를 꾸짖었다.

"사람이 일에 대응하는 처음엔 시비와 가부의 이치를 밝게 알지 못할 수 있다. 그러므로 이를 곰곰 생각하여 그 일을 잘 알려고 추구하고, 그래도 마음에 미심쩍은 일이 있을 적에는 뒤이어 다시 생각하여 지극히 살펴야 한다. 시비와 가부의 이치는 두 번 생각하면 이미 결정할 수 있는 일인데, 어찌하여 세 차례나 생각하는가. 모종의 일에 대해 생각하는 사람은 의당 계문자의 일을 경계로 삼아야 할 것이다."

集註

季文子는 魯大夫니 名行父라

每事必三思而後行하니 若使晉而求遭喪之禮以行이 亦其一事也라 斯는 語辭라

程子曰 爲惡之人은 未嘗知有思하니 有思則爲善矣라 然이나 至於再則已審이오 三則私意起而反惑矣라 故로 夫子譏之시니라

○ 愚按 季文子 慮事如此하니 可謂詳審而宜無過擧矣로되 而宣公이 簒立에 文子 乃不能討하고 反爲之使齊而納賂焉하니 豈非程子所謂私意起而反惑之驗歟아 是以로 君子 務窮理而貴果斷이오 不徒多思之爲尚이니라

[훈고와 해석] 계문자는 노나라 대부, 이름은 행보(行父)이다. 그는 모든 일을 반드시 세 차례 생각한 뒤에 행하였다. 이를테면 진(晉)나라에 사신 가려는 즈음에 〈진나라 임금이 병으로 위중하다는 말을 듣고서〉 국상을 당할 예를 미리 채비하여 떠나갔다. 이 또한 그중 하나의 일이다.

사(斯)는 어조사이다.

정자[伊川]가 말씀하였다.

"악을 행하는 사람은 일찍이 생각할 줄을 모른다. 생각이 있다면 선을 행하였을 것이다. 그러나 두 번 정도 생각하면 이미 자세히 살핀 일이다. 세 차례 생각하면 사사로운 생각이 일어나 도리어 현혹된다. 이 때문에 부자께서 그를 꾸짖은 것이다."

○ 나는 살펴보니 다음과 같다.

"계문자가 일 처리를 이처럼 생각하니, 자세히 살폈다고 말할 만하기에 의당 잘못된 일이 없어야 했다. 그러나 선공(宣公)이 왕위를 찬탈하여 즉위하였을 적에 계문자는 그를 토벌하기는커녕 도리어 그를 위하여 제나라에 사신을 가서 뇌물을 바치기까지 하였다. 이는 어쩌면 정자가 말한 '사사로운 생각이 일어나 도리어 현혹된다.'는 징험이 아니겠는가. 이 때문에 군자는 이치를 궁구하는 데 힘쓰고 과단함을 귀중히 여기는 것이지, 부질없는 많은 생각을 숭상하지 않는다."

[보 補]

맹자는 "주공이 우러러 생각하면서 밤을 지새웠다.[周公仰而思之, 夜以繼日]"(『孟子』「離婁 下」)고 한다. 이로 보면 주공의 생각은 두 차례는커녕 어찌 세 차례에 그치겠는가. 공자께서 이를 모를 턱이 있을까? 그것은 생각의 차이이다. 생각의 차이는 먼저 마음의 결정으로 목표가 설정되어 이에 방법을 강구하는 생각인가. 아니면 마음의 결정이 이뤄지기 이전, 이럴까 저럴까 망설이는 번잡한 생각인가. 이에 따라 그 성질이 달라진다.

주공이 밤을 지새우며 생각했던 대상은 분명하다. 좋은 생각은 밤새껏 생각할수록 좋다. 주공은 하은주 삼대의 우・탕・문무의 선정을 모두 겸하고자 함에도 딱히 부합되는 정책을 찾지 못했을 적[思兼三王, 以施四事, 其有不合者.]에 이의 방안을 마련하고자 깊은 고뇌로 앉아서 아침을 기다린 것이다. 이처럼 결정된 마음을 실행하려는 방법의 강구 차원이기에, 이는 사물 탐구의 궁리에 해당한다. 궁리는 정밀할수록 좋다.[已知立心, 惡講治之不精. 講治之思, 雖勤而何厭?]

그러나 계문자의 생각은 다르다. 목표를 설정하지 못한 상태에서는 오히려 많은 생각이 의혹만을 증폭[未知立心, 惡多思之致疑.]시키기 때문이다. 이것이 생각의 차이, 첫 번째다.

둘째 생각의 차이는 무지와 사욕의 혼미, 그리고 궁리와 과단의 명철함이다.

계문자는 많은 생각이 수많은 의혹을 낳아 스스로 결단을 내리지 못하여 이런저런 생각을 많이 한 것이다. 그 의혹의 뿌리는 무지에 있다. 무지는 의혹을 낳고 의혹은 오히려 사사로운 생각을 일으키고 사사로운 생각은 다시 수많은 번뇌의 생각에 휩싸이게 하는 악순환의 연속이다.

"이치에 밝은 사람은 세 번 네 번 생각할지라도 또한 사사로운 생각이 일어나는 데에 이르지 않는다. 그러나 노둔한 사람은 한두 번 생각해서 안 되고 서너 차례 생각해야 비로소 얻을 수 있을지도 모를 일이다. 그러나 생각이 많은 사람은 대체로 사사로운 생각으로 흘러 들어가는 자 많다."[202]

이렇게 해서 "마음속에 사사로운 생각이 가득하면 당면한 모든 일에 아득하여 생각할수록 더욱 혼란한 나머지, 결국 이런저런 계교는 끝내 자기의 사사로운 한 생각을 이뤄낼 것이다. 이것이 계문자의 세 차례 생각이다."[203]

이처럼 무지는 의혹으로 사사로운 생각에 빠지기 일쑤이다. 이 때문에 주자는 집주에서 무지의 치유는 궁리로, 사욕의 치유는 과단으로 제시한 것이다. 그러나 궁리의 공부는 일찍이 평상시에 쌓아야 하고, 일에 당면하여서는 대의에 의한 과감한 결단이 있어야 함을 시사하였다.

"이 세상의 모든 일은 대의로 결단하여 두 차례의 생각으로 결정해야 한다. 사사로운 생각으로 헤아리면 생각할수록 더욱 의혹을 낳게 된다. 이 때문에 대의로 일을 결정함을 귀중히 여기는 것이다. 그러나 사물을 탐구하고 이치를 궁구하는 공부는 평소에 쌓아야 하는 것이지, 일에 당면하여 생각하는 즈음에 공부하는 것이 아니다. 사물을 탐구함은 학문의 길이다. 이는 생각할수록 더욱 정밀하기에 생각이 많음을 싫어하지 않는다. 여기에서 '두 번 생각하는 것이 옳다'는 것은 일에 당면한 생각으로 말하였다."[204]

위와 같이 당면한 사안의 생각에 앞서 평소의 격물치지를 바탕으로 대의에 입각한 결단을 내리고 이에 관한 끊임없는 방안의 사색을 거듭하는 것이지, 암흑의 동굴 속에서 더듬거리며 갈팡질팡 혼미에 의한 방황을 바람직한 생각이라 말하지 않는다. 이것이 주공과 계문자의 둘째 차이점이다.

이상에서 보는 바와 같이 일에 당면하여 과단(果斷)에 의한 두 차례의 생각이 옳다(再斯可矣)는 것은 평소 격물치지의 궁리를 전제로 이뤄지고 이미 결정된 사안에 대해서는 다시 수없는 생각을 통하여 그 방안을 탐색해야 한다. 이로 보면 무한한 탐구의 사색을 바탕으로 당면한 일들을 명쾌하게 판단하고, 이렇게 결정된 사안은 빈틈없는 계책으로 완성해야 함을 말해주고 있다.

---

202 『四書蒙引』 권5. "若理明底人, 便思三四番, 亦不到得私意起. 若魯鈍人, 思一二番未得, 到三四番始得, 亦不可知, 然而多思的人, 大率流入私意者多."

203 『論語學案』 권3 "人心先橫著私意, 則遇事茫然, 愈思愈亂, 勢必輾轉計較, 終以遂其自私一念而已. 此文子之三思也."

204 『日講四書解義』 권5(論語 上之二). "蓋天下之事, 斷以大義, 再思可決, 揣以私意, 愈思愈疑, 故貴乎以義制事也. 然格物窮理之功, 在乎平日, 而不在臨事致思之際. 格物窮理, 學問之道, 愈思愈精, 思之不厭其多. 此云再斯可者, 但爲應事言之耳."

20. 영무전지 甯武全旨

이 장에서는 영무자의 일을 들어 유독 그 우직함을 가상히 여기고 있다. 이는 신하 도리로서의 준칙을 세우려는 것이다.

도가 있는 시대[有道]와 도가 없는 시대[無道]는 모두 영무자가 위나라에 벼슬한 시대를 말한다. 도가 있는 시대란 꼭 임금이 명철하고 신하가 현명하여야 도가 있는 세상이 아니다. 단 나라가 무사하고 평안한 때를 말한다. 도가 없는 시대란 나라 또는 임금을 잃었거나, 밖에는 강적이 있고 안으론 내홍(內訌)이 있는 때를 말한다.

이른바 '지혜롭다와 어리석음[智愚]'이란 본디 세속의 평가[俗論]로 말한 것이기에 지혜를 빌어 어리석음을 묘사하고 있으며, 남들이 따라갈 수 있음[可及]을 빌어 남들이 따라갈 수 없음[不可及]을 표현하고 있다. 어리석음[愚]이란 얄팍한 지혜로 이익을 따르고 해를 피하는[智巧趨避] 자의 대칭으로 말한 것이지, 참으로 어리석은 사람을 말함이 아니다.

주자는 이에 대해, "우(愚)자는 우둔[愚魯]하다는 우(愚)가 아니라, 그저 재주를 지니고서도 드러내지 않는 우직함"이라고 말하였다. 위나라 임금이 진문공(晉文公)에게 사로잡힌 변을 겪을 당시, 그는 온갖 정성을 다하여 그 일을 주선하였다. 이는 어찌 어리석은 사람으로서 가능한 일이겠는가. 이 때문에 주자는 "그의 충성으로 그 일을 모면할 수 있었다."고 말하였다.

子曰 甯武子 邦有道則知하고 **邦無道則愚**하니 **其知**는 **可及也**어니와 **其愚**는 **不可及也**니라

부자께서 말씀하셨다.

"영무자는 나라에 도가 있으면 지혜롭고, 나라에 도가 없으면 어리석으니, 그의 지혜는 따라갈 수 있지만 그의 어리석음은 따를 수 없다."

강설

부자께서 영무자를 일컬어 말씀하셨다.

"위나라 대부 영무자는 문공(文公)의 시대를 맞이하여 백성들은 열복(悅服)하고 제후들은 순종하니, 당시는 위나라에 도가 있었던 시기였다. 이를 보고 벼슬에 나아가니, 그는 지혜롭다고 말할 만하다.

성공(成公)의 시대를 맞이하여 나라 밖에선 진문공(晉文公)이 위나라 정벌을 획책하고 안으로는 원훤(元咺)이 송사를 다투었다. 당시는 위나라의 혼란이 극에 이르렀던 시기였다. 그러나 그는 마음과 힘을 다하여 어려움을 회피하지 않았다. 이는 그의 어리석음이다.

그러나 그의 지혜로움은 평상시의 안정과 순경(順境)에 처하여 뚜렷이 그가 행했던 위업이 돋보이지 않았다. 이는 오히려 남들이 따를 수 있는 부분이다. 그의 어리석음으로 말하면 국가의 변

고와 어려움이 많았던 시기에 위로는 임금을 구제하고 아래로는 자신도 보존하면서 공고히 국운을 다지는 위업을 이룩하였다. 이처럼 어려운 일들은 지혜롭다는 이들은 회피하여 감히 하려 들지 않은, 힘든 일들이다. 그런데도 멍청한 것처럼 이런 일을 무릅쓰고 한다는 것은 진짜 어리석음[眞愚]이 아니다. 지혜로우면서도 어리석은 일을 한 자이다. 이런 그의 어리석음은 참으로 따라갈 수 없는 일이다. 이로 보면 영무자의 어리석음이란, 어떻게 참으로 어리석다고 말할 수 있겠는가."

集註

甯武子는 衛大夫니 名兪라

按春秋傳컨대 武子仕衛는 當文公成公之時하야 文公이 有道어늘 而武子無事可見하니 此其知之可及也오 成公이 無道하야 至於失國이어늘 而武子 周旋其間하야 盡心竭力하고 不避艱險하니 凡其所處 皆智巧之士 所深避而不肯爲者어늘 而能卒保其身하고 以濟其君하니 此其愚之不可及也라

○ 程子曰 邦無道에 能沈晦以免患이라 故로 曰不可及也어니와 亦有不當愚者하니 比干이 是也니라

[훈고] 영무자는 위나라 대부, 이름은 유(兪)이다.

[해석] 『춘추좌전』을 살펴보면, 영무자가 위나라에 벼슬한 것은 문공과 성공의 조정이다. 문공은 도가 있었는데, 정작 영무자에겐 돋보이는 위업이 없었다. 이는 그 지혜를 따를 수 있는 부분이다. 성공이 무도하여 나라를 잃음에 이르자, 영무자는 그 사이에서 주선하여 마음과 힘을 다하면서 어렵거나 험한 일을 피하지 않았다. 대체로 그가 처한 일들은 모두 지혜롭고 기교를 부리는 벼슬아치들이 몹시 회피하여 기꺼이 하지 않는 일들이다. 그런데도 그는 마침내 그의 몸을 보존하면서 그 임금을 구제하였다. 이는 그의 어리석음을 따라갈 수 없는 것이다.

○ 정자[伊川]가 말씀하였다.

"나라에 도가 없으면 〈어리석은 사람처럼〉 몸을 감추고 환란을 피해야 하므로, '〈그 어리석음을〉 따를 수 없다.'고 말하지만, 또한 어리석은 〈사람처럼 몸을 숨겨서는〉 안 되는 자가 있으니, 비간이 이런 사람이다."

[보 補]

주자가 말한 어리석음[不避艱險]과 정자가 말한 어리석음[沈晦以免患]의 정의는 다르다. 어렵고 험난한 일을 피하지 않은 어리석음은 쉽거나 어려움을 모른 채, 무작정 나아가는 우직함을 말하고, 몸을 숨겨 화를 면한다는 것은 무도한 시대에 어리석은 사람처럼 몸을 숨기는[無道則隱] 은둔으로 말한다. 이처럼 우(愚)자에 관해 주자는 우직함으로, 정자는 은둔으로 인식

하였다.

정자의 논지는 은둔을 바탕으로 똑같이 무도한 시대를 맞이할지라도 몸을 숨겨 화를 피해야 할 사람[甯武子]도 있는가 하면, 또한 화를 당할지언정 침묵으로 은둔하지 못할 사람[比干]도 있음을 말하였다.

정자는 영무자의 어리석음을 우직함이 아닌, 무도한 시대에 은둔으로 몸을 숨겨 조용히 화를 피하였다[沈晦以免患: 愚是韜晦而無爲, 今證以武子.]는 것으로 평가하였다. 여기에서 정자가 영무자와 비간을 예로 들어 말하려는 주된 뜻은 '때 따라서 중도에 맞춰야 한다[隨時處中]'는 시중(時中)을 밝히는 데 있다.

운봉 호씨는 정자의 논지를 다음과 같이 부연, 해석하였다.

"영무자는 위나라의 공족이고, 비간은 주(紂)에게 있어 숙부이다. 그들은 모두 나라와 존망을 함께할 사람들이다. 그러나 위 성공(衛成公)의 환난은 외침에 있었다. 이를 면하려면 은둔[沈晦] 아니고서 안 된다. 하지만 주의 악은 그의 몸에 있었다. 이를 간하지 않고 은둔을 핑계로 이를 피한다는 것 또한 옳지 않은 일이다. 정자의 '또한 어리석어서는 안 될 사람도 있다.'는 말은 가장 시중(時中)의 의의를 보여주는 것이다."[205]

정자는 이처럼 무도한 시대의 은둔 또한 그의 지위와 당면한 사안에 따라 임기응변하는 탄력성으로 시중을 말해주려는 것이지, 우직을 말하는 어리석음인가, 은둔의 어리석음인가는 정자의 논지에 본령이 아니다.

21. 자재전전 子在全旨

이 장은 부자께서 도를 전하고자 하는 마음을 나타내고 있다.

귀여(歸與) 구절은 특별한 뜻이 없는 허구(虛句)이고, 아래 구절에서 바로 노나라로 돌아가고자 하는 뜻을 묘사하고 있다.

광간비연성장(狂簡斐然成章)은 뜻이 큰 제자들에게 하나같이 도를 전하고자 함을 말한다. 이는 부자에 해당하는 일이지만, 끝 구절[不知所以裁之]에서는 실제로 제자들을 분발시킨 뜻으로 말하고 있다.

도를 전한다는 것 또한 작은 일은 아니다. "찬란한 문장을 성취하였다."는 문장[章]은 비열 또는 용렬한 자의 대칭으로 말하였다. 뜻이 큰 사람[狂者]은 그 의지에 나름대로 고명함과 드높은 기개를 가지고 있기에 "찬란한 문장을 성취하였다.[斐然成章]"고 말하였다. 이는 뜻이 큰 사람의 훌륭한 점이다. 그러나 "중도로 바르게 재단할 바를 모른다.[不知所裁]"는 것은 바로 뜻이 큰 사람의 미진한 부분이다. 그들의 훌륭한 부분은 각기 도를 짊어질 수 있는 그릇이고, 그들의 미진한 부분은 대도

205 『大全』該註. "雲峯胡氏曰 武子 於衛爲公族, 比干 於紂爲父族, 皆與國存亡者也. 特衛成公之患 在外, 欲免之, 非沈晦不可. 紂之惡 在己, 不諫之而諉於沈晦, 亦不可. 程子所謂亦有不當愚者, 最見時中之義."

의 귀취(歸趣)를 모른다는 점이다.

子 在陳하사 曰 歸與歸與ㄴ저 **吾黨之小子 狂簡**하야 **斐然成章**이오 **不知所以裁之**로다

부자께서 진나라에 계시면서 말씀하셨다.

"돌아가야지, 돌아가야지. 우리의 젊은이들이 뜻은 크나 일에는 소략하여 찬란하게 문장은 이뤘지만, 중도로 바르게 재단할 줄을 모른다."

강설

부자께서 천하를 주류하다가 진나라에 머물면서 도가 행하여지지 못하리라는 점을 깨달았다. 이에 후학을 성취해 후세에 도를 전하고자 다음과 같이 탄식하였다.

"나는 노나라로 돌아가야겠다. 나는 노나라로 돌아가야지. 노나라에 있는 나의 문인 제자들이 뜻은 크나 일에는 소략하여 엉성하다.

그들의 체모(體貌)는 이미 성취되어 찬란한 문장을 볼 만한 게 있다. 이 또한 그들과 함께 도에 나갈 수 있는 부분이다. 다만 그 바탕의 위에 학문과 기질 변화의 공부를 더 하여 중도로 재단할 줄을 모른다. 이 때문에 나는 노나라로 돌아가서 그들을 중도에 따라 재단하고자 하는 바이다."

集註

此는 **孔子 周流四方**이라가 **道不行而思歸之歎也**라

吾黨小子는 **指門人之在魯者**라 **狂簡**은 **志大而略於事也**라 **斐**는 **文貌**오 **成章**은 **言其文理成就**하야 **有可觀者**라 **裁**는 **割正也**라

夫子初心엔 **欲行其道於天下**러니 **至是而知其終不用也**라 **於是**에 **始欲成就後學**하야 **以傳道於來世**라 **又不得中行之士**하야 **而思其次**하시니 **以爲狂士志意高遠**하야 **猶或可與進於道也**라 **但恐其過中失正而或陷於異端耳**라 **故**로 **欲歸而裁之也**시니라

[해석] 이는 부자께서 사방을 두루 돌아다니다가 도를 행할 수 없어 고국으로 돌아갈 것을 생각하며 탄식한 것이다.

[훈고] 오당소자는 노나라에 있는 문인을 가리킨다. 광간(狂簡)은 뜻은 크지만 일에 소략함이다. 비(斐)는 문채 나는 모양이며, 성장(成章)은 그 문리(文理)가 이뤄져 볼 만한 게 있음을 말한다. 재(裁)는 반듯하게 자름이다.

[해석] 부자의 초심은 그 도를 천하에 펼치고자 하였으나, 이에 이르러 마침내 등용되지 못할 줄을 알았다. 이에 비로소 후학을 성취하여 후세에 도를 전하고자 하였다. 또 중행(中行: 中道)의 선비를 얻지 못할 바에야 그 버금가는 이를 생각하였다.(『孟子』「盡心 下」) 이는 뜻이

큰 선비는 뜻이 드높아 오히려 그와 도에 나아갈 수 있으리라고 여긴 것이다. 다만 중도에 지나치거나 바른 도를 잃고서 혹시라도 이단에 빠질까를 두려워하였다. 이 때문에 노나라에 돌아가 그들을 중도로 바르게 재단하려고 하였다.

[보 補]

「공자세가(孔子世家)」에 의하면, 공자가 벼슬[攝行相事]을 버리고 노나라를 떠난 것은 정공 14년 을사, 공자의 나이 56세의 일이며, 고국 노나라로 돌아가겠다는 탄식은 애공 3년, 공자의 나이 60세의 일이며, 정작 노나라에 돌아온 해는 애공 11년, 공자의 나이 68세의 일이다. 고국으로의 귀향이 늦춰지기는 했으나 이 탄식은 부자의 노년에 큰 전환점을 마련해주었다. 한 시대에 도를 행하기보다는 만세에 길이 도통을 전승하겠다는 전환점이기 때문이다.

"성인이 뜻을 얻으면 천하에 도를 펼치고 뜻을 얻지 못하면 만세에 도를 전하는 것이다. 옛 성인을 계승하고 후학을 열어 주어 한 줄기 실낱같은 사문(斯文)이 고금에 길이 멈춤이 없도록 한 것은 노나라로 돌아가겠다는 이 탄식에 담겨있다."[206]

고국의 귀향은 후학의 양성으로 만세 길이 도를 전승하는 계기의 마련이다. 도를 전함은 곧 선성(先聖)의 경전을 다시 정리하고 이를 통해 교육하여 도통의 전수를 열어가는 것이다.

부자 이전에는 성인의 덕으로 성인의 지위[帝位]에 올라 한 시대에 도를 행함으로써 도통을 전승했던 정교일체(政教一體)에 의한 도통재상(道統在上) 시대였다. 이것이 상고 성신(聖神)의 계천입극(繼天立極)으로부터 요순과 우탕을 거쳐 문무주공(文武周公)에 이르는 성성상승(聖聖相承) 도통이었다.

그러나 부자를 기점으로 통치자의 정치와 철학자의 교육이 분리[政教分離]되면서 도통은 재야학자의 몸으로 전해지는 법통이 정립되어, 부자를 주벽(主壁)으로 안증사맹(顏曾思孟)을 배향한 후, 급기야는 조선조 18현(賢)까지 모두 유학자로 전승되었다. 부자 이후로 도통을 전승한 제왕은 단 한 명도 없다. 이처럼 부자의 귀국은 도통의 전승에 새로운 전환점을 맞이한 계기였다. 만약 부자가 그 당시 도를 행하지 못하고 또 경전을 정리하여 후학을 양성하지 못했더라면, 즉 옛 성인을 계승하여 후학을 열어 준[繼往聖開來學] 공이 없었더라면 부자의 위상은 오늘날 어떤 모습일지는 말하지 않아도 알 수 있다.

이처럼 돌아가겠다는 탄식을 계기로 훗날 노나라에 돌아와 옛 성인을 계승하고 후학을 열어 주어 만세 길이 남긴 훈업(勳業)은 한 시대의 훈업을 남긴 요순보다 훨씬 훌륭하다.[207] 따라서 부자의 만세 도덕으로 요순의 일시 사업에 바라보면 이는 허공을 지나는 한 점의 뜬구름과 같다.

---

206 『日講四書解義』 권5, 「論語 上之二」. "聖人得志則道行於天下, 不得志則道傳於萬世. 繼往聖開來學, 斯文一線, 亘古今而不息者, 其在於歸與之一嘆乎!"

207 『日講四書解義』 권15, 「孟子 上之三」. "自古聖人, 首稱堯舜. 然堯舜以道治天下, 勳業在一時. 夫子 推堯舜之道, 以敎萬世之天下, 勳業在萬世. 以予觀之, 賢於堯舜 遠矣."

22. 백이전지 伯夷全旨

이 장에서는 백이숙제에게 남들을 포용할 수 있는 아량이 있음을 나타내고 있다. 사람들은 그저 백이숙제의 청백(淸白)만을 알 뿐, 그들에게 넓은 아량이 있음을 모른 까닭에 부자께서 이 점을 밝혀 나타낸 것이다. 그러나 이 또한 상상과 추측으로 한 말이며, 사실을 들어 이를 질정할 수는 없다.

'마음에 담아두지 않고 잊는다'는 뜻의 불념(不念) 2자는 그 사람의 악한 생각이 선한 생각으로 바뀌면 백이숙제는 그들을 미워했던 생각 역시 그들과 함께 변화하여 예전의 악한 일을 생각하지 않는다. 이는 곧 백이숙제에게 사심이 없음을 나타낸 것이다.

子曰 伯夷叔齊는 不念舊惡이라 怨是用希니라

부자께서 말씀하셨다.

"백이숙제는 지난날의 잘못을 마음에 담아두지 않았다. 이 때문에 원망하는 사람이 드물었다."

강설

부자께서 청백한 자의 넓은 아량을 밝혀주셨다.

"사람들은 백이숙제의 천하에 드높은 절개만 있는 줄 알 뿐, 천하를 용납할 수 있는 아량이 있음을 모르고 있다. 그는 엄격하게 악을 미워하여 지나치게 각박한 듯 보이지만, 이는 그 사람을 미워한 게 아니라, 그의 악을 미워하는 것이다. 만일 그 사람이 잘못을 고친다면 바로 오늘날의 잘한 점만을 인정하여 지난날의 잘못을 마음에 담아두지 않을 것이다.

이 때문에 백이숙제에게 미움을 산 자 또한 훗날의 관용을 기뻐한 나머지, 스스로 그 예전에 엄격했던 일들을 이해하고서 백이숙제를 원망하지 않았다. 이 때문에 백이숙제에 대해 원망한 자 드물었다. 여기에서 청백한 자의 아량을 살펴볼 수 있다."

集註

伯夷叔齊는 孤竹君之二子라 孟子稱其不立於惡人之朝하고 不與惡人言하며 與鄕人立에 其冠不正이어든 望望然去之하야 若將浼焉이라하시니 其介如此하니 宜若無所容矣라 然이나 其所惡之人이 能改卽止라 故로 人亦不甚怨之也니라

○ 程子曰 不念舊惡은 此淸者之量이니라

又曰 二子之心을 非夫子면 孰能知之리오

[훈고] 백이숙제는 고죽군의 두 아들이다.(고죽군은 탕임금이 봉한 나라로 백이숙제의 부친까지 전해 내려왔다. 伯夷 名允, 字公信. 叔齊名智, 字公達. 夷·齊, 其謚也.)

[해석] 맹자는 "그들[백이숙제]은 악한 사람의 조정에 서지 않고, 악한 사람과 말하지 않으며, 고을 사람과 함께 설 적에 그 관이 바르지 않으면 뒤돌아보지 않고 떠나가면서 장차 자기의 몸이 더럽혀질 듯이 여겼다."(『孟子』「公孫丑 上」)고 말하였다. 그들의 절개가 이와 같으니, 남을 용납한 바 없을 듯하다. 그러나 그 미워했던 사람이 잘못을 고치면 바로 미워하지 않았다. 이 때문에 사람 또한 그를 심히 원망하지 않았다.

○ 정자[伊川]가 말씀하였다.

"지난날의 잘못을 마음에 담아두지 않음은 청백한 자의 도량이다."

정자[伊川]가 또 말씀하였다.

"두 사람의 마음을 부자가 아니었다면 그 누가 알 수 있겠는가."

23. 숙위전지 孰謂全旨

이 장에서는 '정직'이라는 개념이 밝혀지지 못함을 개탄하였다. 하나의 조그마한 일을 살펴본다는 것이 이른바 "사람 됨됨은 작은 일로 살펴보아야 한다."는 점이다. 작은 일을 이처럼 처리한다면 큰일도 미루어 알 수 있다. 따라서 부자께서 정직이라는 도리를 위해 논변함에 있어 미생고(微生高)의 작은 일을 들어 논변하지 않을 수 없었다.

子曰 孰謂微生高直고 **或**이 **乞醯焉**이어늘 **乞諸其隣而與之**온여

부자께서 말씀하셨다.

"누가 미생고를 곧은 사람이라고 말하는가. 어떤 사람이 초[醯]를 빌리러 오자, 그 이웃에서 빌어다가 주더구나."

강설

미생고는 평소 곧은 사람으로 일컬어 왔던 사람이었다. 부자께서 그에 관한 한 가지 일을 들어 그를 곧지 못하다고 단정하여 말씀하셨다.

"사람들은 모두 미생고를 곧은 사람이라고 말하지만, 오늘날 그의 일을 살펴보면 어떻게 그를 곧은 사람이라고 말할 수 있겠는가. 이른바 '곧다'는 것은 허심탄회하게 사물에 응할 뿐이다.

얼마 전, 미생고는 어느 사람이 식초를 빌리러 왔을 적에 내 집에 없다는 사실을 숨긴 채, 이웃집에서 빌려다가 그에게 건네주었다. 이는 자기의 뜻을 굽혀 타인의 요구에 따르면서 남에게 환심과 은혜를 사려는 것이다. 곧은 사람이라면 진정 이처럼 할 수 있겠는가. 미생고를 곧은 사람이라고 한다면 그것은 곧은 도리에 해된 바 크다."

集註

微生은 **姓**이오 **高**는 **名**이니 **魯人**이니 **素有直名者**라

醯는 醋也라

人來乞時에 其家無有라 故로 乞諸隣家以與之하니 夫子言此하야 譏其曲意徇物하고 掠美市恩하니 不得爲直也라

○ 程子曰 微生高 所枉雖小나 害直爲大니라

范氏曰 是曰是하고 非曰非하며 有謂有하고 無謂無를 曰直이라 聖人觀人於其一介之取予하야 而千駟萬鍾을 從可知焉이라 故로 以微事斷之하시니 所以敎人不可不謹也시니라

[훈고] 미생은 성이고, 고(高)는 이름이니, 노나라 사람이다. 그는 본래 곧다는 명성이 있는 사람이다.

혜(醯)는 식초이다.

[해석] 어느 사람이 초를 빌리러 왔을 적에 그의 집에 없었다. 이 때문에 이웃집에서 빌려다가 그에게 건네주었다. 부자께서 이를 말하여 그가 자기의 뜻을 굽혀 남의 비위를 맞추고 남들로부터 아름다움을 차지하고 은혜를 사려는 것이기에 곧다고 할 수 없다고 꾸짖은 것이다.

○ 정자[伊川]가 말씀하였다.

"미생고의 굽힌 바 비록 작으나, 곧음에 해가 됨이 크다."

범씨[范祖禹]가 말하였다.

"옳은 것은 옳다 하고 그른 것은 그르다 하며, 있으면 있다 하고 없으면 없다고 함을 곧음이라 말한다. 성인은 하찮은 물건 하나를 주고받는 것으로 사람을 관찰하여, 4천 필의 말과 만종(萬鐘)의 녹까지도 〈어떻게 주고받을 것인가를〉 이로써 알 수 있다. 그러므로 하찮은 일을 들어 단정하니, 사람들에게 삼가지 않으면 안 됨을 가르쳐준 것이다."

24. 교언전지 巧言全旨

이 장에서는, 배우는 자가 마음가짐을 정직하게 세워야 한다는 뜻을 가르쳐 주고 있다.

위 단락[巧言…恥之]은 남들에게 내보이기를 잘한 자로 말하였고, 아래 구절의 단락[匿怨…恥之]은 거짓으로 남들에게 후히 대함을 말하고 있다. 이 모두가 양심의 곧은 도리라고 말할 수 없다. 이 때문에 4개의 치(恥: 恥之 丘亦恥之 반복)자로 그들은 격동, 분발시킨 것이다.

교언영색(巧言令色)과 지나친 공손함[足恭]은 "없는 것을 이웃집에서 빌려다 주는 것"까지 굳이 논할 게 없고, 그들의 한마디의 말과 하나의 용모가 모두 본래의 모습이 아닌 것들을 말한다.

"원한을 숨긴 채, 그 사람과 벗한다."는 것은 굳이 이를 확대해석하여 "보복하기 위함"이라는 데까지 말할 게 없고, 하나의 사귐과 하나의 접촉들이 모두 진심 어린 정이 아닌 것들을 말한다.

좌구명이 이를 부끄럽게 여기는 데서 삼대(三代)의 곧은 도리[直道]의 유풍이 전래하여 옴을 찾

아볼 수 있으며, 부자 또한 부끄럽게 여긴다는 것 또한 사람의 양심이 죽지 않고 살아있다는 뜻을 간직하고 있다. 다만 온 세상 사람은 부끄러워할 줄조차 모르는데, 유독 두 사람만이 이를 부끄럽게 여기고 있는바, 이는 세간 사람에 대한 개탄의 뜻이 깊다.

子曰 巧言令色足(주)恭을 左丘明이 恥之러니 丘亦恥之하노라
匿怨而友其人을 左丘明이 恥之러니 丘亦恥之하노라

부자께서 말씀하셨다.
"기교를 부려 말하고 얼굴빛을 잘 꾸미며 지나치게 공손함을 좌구명이 부끄러워했는데, 나 또한 이를 부끄러워하노라.
원한을 숨기고 그 사람과 사귐을 좌구명이 부끄러워했는데, 나 또한 부끄러워하노라."

강설

부자께서 곧지 못함에 대해 엄중히 경계하셨다.
"사람이란 정직한 마음가짐이 고귀하다. 기교를 부려 말하고 얼굴빛을 잘 꾸미며, 또 지나치게 공손한 사람들이 있다. 그들이 간혹 스스로 일 처리를 잘한다고 생각도 하겠지만, 좌구명처럼 어진 사람은 일찍이 이를 부끄럽게 여겨 행하지 않았다. 나는 좌구명의 마음을 나의 마음으로 삼아 또한 이를 부끄럽게 여김은, 그 마음가짐의 삿되고 아첨함을 부끄럽게 여긴 때문이다.
또 간혹 마음에 원한을 숨기고 겉으로 그 사람과 가까이 지내는 사람이 있다. 그는 바야흐로 자기가 은덕으로 잘 보답하여 베푼다고 생각도 하겠지만, 좌구명처럼 어진 사람은 일찍 이를 부끄럽게 여겨 행하지 않았다. 나도 좌구명의 뜻을 나의 뜻으로 삼아 또한 이를 부끄럽게 여김은, 그 마음가짐의 잔인함과 험악함을 부끄럽게 여긴 때문이다."
부자께서 이처럼 말한 것은 자신을 현인으로 자부하고자 함이 아니다. 배운 이들의 마음가짐 또한 정직해야 한다는 점을 경계하고자 함이다.

集註

足는 過也라

程子曰 左丘明은 古之聞人也라

謝氏曰 二者之可恥는 有甚於穿窬也어늘 左丘明恥之하니 其所養可知矣라 夫子自言丘亦恥之라하시니 蓋竊比老彭之意요 又以深戒學者하야 使察乎此而立心以直也시니라

[훈고] 주(足)는 지나침이다.

[해석] 정자[伊川]가 말씀하였다.
"좌구명은 예전에 명망 있던 인물이다."

사씨[謝良佐]가 말하였다.

"두 가지의 부끄러운 일은 담장을 뚫거나 뛰어넘는 도둑질보다도 더 심한 것이다. 좌구명이 이를 부끄러워하니, 평소 그의 함양한 바를 알 만하다. 부자 또한 스스로 '나 또한 이를 부끄럽게 여긴다.'고 말하니, 이는 '그윽이 노팽에게 견준다.'(「述而」 첫장)는 겸손의 뜻이며, 또 깊이 배우는 이들을 경계하여 이 점을 살펴 곧음으로 마음을 세우도록 하려는 것이다."

[보 補]

주자는 좌구명에 대해 다음과 같이 말하였다.

"여기에서 말한 좌구명에 대해서는 자세히 알 수 없다. 고인이 된 벗, 등저(鄧著)가 『명세(名世)』라는 책을 저술하여, 옛사람의 성씨를 고찰하였는데, 그 책에 의하면, 좌구(左丘)는 복성(複姓)이고 명(明)은 이름이라 한다. 『좌전』의 저자 좌구명은 좌(左)씨라 한다."[208]

이로 보면 여기에서 말한 좌구명과는 이름은 같으나 다른 사람이다.

교언영색과 지나친 공손은 아첨한 사람이다. 그 부끄러움은 비천한 데 있을 뿐이지만, 원한을 숨기고 겉으로 사귐은 간악한 사람이다. 그 음험과 간휼(奸譎)은 더더욱 부끄러운 일이다."[209]

25. 안연장지 顏淵章旨

이 장에서는 모두 성현의 뜻이란 공정하여 사사로움이 없으며, 작고 큰일은 각기 그 사람의 아량에 따라 지향하는 뜻이 다름을 밝히고 있다.

자로의 뜻은 "모든 물건을 다 함께 나눠야 한다."는 공물(公物)에 있고,

안연의 뜻은 "모든 선은 다 함께 잘할 수 있다."는 공선(公善)에 있으며,

부자의 뜻은 그 대상에 따라 그 대상에 알맞게 대하여 각기 그 제자리를 얻는 데 있다.

(1) 안연절지 顏淵節旨

"너희 뜻을 말해보라."는 지(志)자는 미연(未然)의 일에 대해 말한 것이다. 따라서 아래 문장에서 자로와 안연은 하나의 원(願: 願車馬, 願無伐善)자를 필두로 자신이 지향하는 바의 마음을 표현한 것이다.

顏淵季路 侍러니

子曰 盍各言爾志리오

208 『大全』 該註. "或問左丘明, 非傳春秋者邪? 朱子曰 未可知也. 先友鄧著 作名世, 考之氏姓, 書曰 此人, 蓋左丘姓而明名. 傳春秋者, 乃左氏耳."

209 위와 같음. "勉齋黃氏曰 巧令足恭, 諂人也; 其可恥者, 卑賤而已. 藏怨外交, 姦人也, 其爲險譎, 尤可恥."

안연과 계로(季路: 子路)가 부자를 모시고 있었는데, 부자께서 말씀하셨다.
"각기 너희의 뜻을 말해보지 않겠느냐?"

강설

안연과 자로가 부자의 곁에서 함께 모시고 앉아 있었는데, 부자께서 그들에게 대뜸 물었다.
"사람마다 제각기 뜻이 있고 으레 이를 자기의 입으로 나타내고자 한다. 너희는 제각기 너희의 뜻을 말해보지 않겠느냐?"

集註

盍은 何不也라

[훈고] 합(盍)는 "어찌 …하지 않겠는가."의 뜻이다.

(2) 원거절지 願車節旨

위의 3구[願車馬 衣輕裘 與朋友共]는 자신의 소유물을 독점하지 않고 모든 이들과 공유함이며, 아래 구절[敝之而無憾]은 자신의 소유를 아까워하지 않음이다. 이는 그의 마음이 인색하지 않은 데 있다. 하나의 수레와 갖옷을 예로 들어 말하였을 뿐, 여기에 담긴 의미는 크다. 자로는 이를 의리(義理)의 측면에서 말한 것이기에, 일시적인 감동과 기분에 의해 호기를 부리는, 호협(豪俠)의 무리와는 다른 면모를 지니고 있다.

子路曰 願車馬와 衣輕裘를 與朋友共하야 敝之而無憾하노이다

자로가 말하였다.
"수레와 말과 가벼운 갖옷을 벗과 함께하여 쓰되, 낡아 떨어지더라도 유감이 없습니다."

강설

자로가 대답하였다.
"이 세상의 모든 물건은 의당 이 세상 모든 사람과 함께 해야 하는 것입니다. 저의 뜻은 오로지 저의 수레와 말, 저의 가벼운 갖옷을 벗들과 함께 타고 벗들과 함께 입되, 아무리 낡아 부서지거나 떨어진다고 할지라도 조금도 원망하거나 한스러운 마음이 없습니다."
자로는 자신의 소유물을 독점하지 않고 모든 이들과 공유하고자 하는 공물(公物)에 뜻을 두고 있다.

集註

衣는 服之也오 裘는 皮服이오 敝는 壞也오 憾은 恨也라

[훈고] 의(衣)는 입음이며, 구(裘)는 가죽옷이며, 폐(敝)는 낡고 닳음이며, 감(憾)은 한으로 여김이다.

(2) 원무절지 願無節旨

위 구절[願無伐善]은 나의 선을 자랑하지 않음이며, 아래 구절[無施勞]은 나의 공로를 자랑하지 않음이다. 이는 그의 뜻이 교만하지 않은 데 있다. 두 곳의 무(無: 無伐善, 無施勞) 자는 곧 안연의 극기(克己) 공부이다. 하지만 이는 자연스럽게 이런 일이 없는 것[無]이 아니라, 하지 않도록 힘써야 함[勿]을 의미한다. 자로와 안연은 뜻을 말함에 있어 모두 현재 능한 것으로 말하였다.

顔淵曰 願無伐善하며 **無施勞**하노이다

안연이 말하였다.
"선을 자랑하지 않으며 공로를 과장하지 않으려고 합니다."

강설

안연이 대답하였다.
"천하의 이치란 천하 사람이 모두 함께하는 것입니다. 제 마음은 오직 제가 소유한 선을 자랑하지 않고, 제가 이룬 공로를 과장하지 않기를 원합니다. 선이란 제가 지닌 성품이며, 공로란 제가 해야 할 분수일 뿐이니, 제가 감히 이를 가지고 스스로 교만하지 않을 것입니다."
안연은 자기의 선과 공로를 다 함께하려는 공선(公善)에 뜻을 두고 있다.

集註

伐은 **誇也**며 **善**은 **謂有能**이며 **施**는 **亦張大之意**며 **勞**는 **謂有功**이니 **易曰 勞而不伐**이 **是也**라 **或曰 勞**는 **勞事也**니 **勞事**는 **非己所欲**이라 **故**로 **亦不欲施之於人**이라하니 **亦通**이니라

[훈고] 벌(伐)은 자랑이며, 선(善)은 유능함을 말하며, 시(施) 또한 과장의 뜻이며, 노(勞)는 공로를 말하니, 『주역』에서 말한 "공로가 있으면서도 자랑하지 않는다."(「繫辭 上」)는 것이 이것이다. 어떤 사람은 "노(勞)는 힘든 일이니, 힘든 일이란 내가 원하는 바 아니기에 또한 이를 남에게 베풀고자 하지 않는다."고 하니, 이 또한 통하는 말이다.

(3) 원문절지 願聞節旨

첫 구절[願聞子之志]은 어진 제자들이 부자의 뜻을 듣고자 원함이며, 아래 구절[老者安之 朋友信之 少者懷之]은 부자께서 그들에게 자신이 지향하는 바의 실상을 말해주었다.
위로는 늙은이[老者], 수평 관계로는 벗[朋友], 아래로는 어린이[少者], 이는 위, 아래, 중간의 모든

계층의 사람을 다 포괄함이며, 안(安), 신(信), 회(懷)는 편안하게 해줘야 할 대상을 마주해서는 부자가 편안함으로 대해주고, 믿음과 감싸줘야 할 대상을 마주해서는 부자가 믿음과 감싸줌으로 대하였다.

이는 반드시 권력의 지위가 있어야 비로소 그 뜻을 행할 수 있는 게 아니다. 이는 한 집안과 나라에서도 가능한 일이요, 또한 천하에서도 가능한 일이요, 또한 일시에도 가능한 일이요, 또한 만세에도 가능한 일이다.

子路曰 願聞子之志하노이다

子曰 老者를 **安之**하며 **朋友**를 **信之**하며 **少者**를 **懷之**니라

자로가 말하였다.
"부자의 뜻을 들었으면 합니다."
부자께서 말씀하셨다.
"늙은이를 편안하게 해주며, 벗을 미덥게 하고, 어린이를 품어주고자 한다."

강설

자로는 앞으로 나아가 청하였다.
"부자의 뜻은 어떠하신지 듣고자 원합니다."

"나의 뜻 또한 천하 사람이 제각기 그 제자리를 얻게 하는 데 있을 뿐이다. 저 늙은이들은 나에게 편안함을 얻기를 원하지 않는 이가 없으니, 그들을 편안함으로 보살펴 그들에게 편안함을 누리도록 해주며, 벗이란 나에게 믿음을 주기를 원하지 않는 이가 없으니, 그들과 함께 믿음으로 교의(交誼)를 다하고자 하며, 어린이는 나에게 품어주기를 원하지 않는 이가 없으니, 그들을 은혜로 품어주어 그들이 그 천진함을 보존하도록 하기를 원할 뿐이다. 이것이 바로 내가 마음속에 뜻을 두고 있는 바이다."

여기에서 부자께서 자로와 같은 "자신의 소유물을 독점하지 않고 모든 이들과 공유하고자 하는 공물(公物)"의 마음을 지니고서도 그것이 제 물건이라는 것조차 초월하여 잊었으며, 안연과 같은 "자신의 선과 공로를 다 함께하려는 공선(公善)"의 마음을 지니고서도 그것이 나의 선이라는 것조차 초월하여 잊었음을 알 수 있다. 성인과 현인의 분수와 아량의 차이점을 여기에서 찾아볼 수 있다.

集註

老者를 **養之以安**하고 **朋友**를 **與之以信**하고 **少者**를 **懷之以恩**이라 **一說**에 **安之**는 **安我也**오 **信之**는 **信我也**오 **懷之**는 **懷我也**라하니 **亦通**이니라

○ **程子曰 夫子**는 **安仁**이오 **顔淵**은 **不違仁**이오 **子路**는 **求仁**이니라

又曰 子路顔淵孔子之志는 皆與物共者也로되 但有小大之差爾니라

又曰 子路는 勇於義者라 觀其志컨대 豈可以勢利拘之哉아 亞於浴沂者也니저 顔子는 不自私己라 故로 無伐善하고 知同於人이라 故로 無施勞하니 其志 可謂大矣로다 然이나 未免於有意也어니와 至於夫子하야는 則如天地之化工이 付與萬物而己不勞焉하니 此聖人之所爲也라 今夫羈靮以御馬而不以制牛하나니 人皆知羈靮之作이 在乎人이오 而不知羈靮之生이 由於馬하니 聖人之化 亦猶是也라 先觀二子之言하고 後觀聖人之言하면 分明天地氣象이라 凡看論語에 非但欲理會文字오 須要識得聖賢氣象이니라

[훈고] 늙은이를 편안하게 받들고, 벗을 미더움으로 함께하며, 어린이를 은혜로 품어주는 것이다. 일설에 "안지(安之)란 나에게 편안함[安於我]을 얻고, 신지(信之)는 나에게 미더움[信於我]을 얻고, 회지(懷之)는 나에게 안기는[懷於我] 것"이라고 하니, 이 또한 통하는 말이다.(보(補): 늙은이를 편안하게 받듦은 부자가 그렇게 해주는 행위의 작용이고, 늙은이가 부자를 통해 편안함을 얻었다는 것은 그 결과의 효험으로 말한다. 벗과 어린이 또한 이와 같다. 그러나 자로와 안연이 모두 그렇게 하기를 원하는[願車馬願・無伐善] 작용으로 미뤄보아 부자 또한 전설(前說)의 작용으로 보는 것이 좋다.)[210]

○ 정자[伊川]가 말씀하였다.

"부자께서 인(仁)에 편안하고, 안연은 인을 어기지 않고, 자로는 인을 구하였다."

또 말씀하였다.[어느 程子의 말인지 자세하지 않다.]

"자로와 안연, 그리고 공자의 뜻은 모두 사람[物]들과 함께하는 것이지만, 크고 작은 차이가 있을 뿐이다."

정자[伊川]가 또 말씀하였다.

"자로는 의(義)에 용감한 자이다. 그의 뜻을 살펴보면 어찌 권력과 잇속에 얽매이겠는가. 기수(沂水)에서 목욕하고 〈바람 쐬고자 했던 증점(曾點)〉에 버금가는 자이다. 안자는 선이란 사사로이 자기만 소유했다고 생각하지 않는다. 이 때문에 자기의 선을 자랑함이 없고, 남들과 똑같음을 알았기에 힘든 일[勞][211]을 남들에게 베풀지 않으니, 그 뜻이 크다고 하겠다. 그러나 아직은 힘써 행하고 극복하려는 생각[尙有勉行克治之意]이 없지 않지만, 부자의 경지에 이르러서는 마치 천지의 조화[化工]가 만물에 부여하되 자기는 수고롭지 않는 것과 같으니, 이것이 성인다운 바이다.

오늘날 굴레와 고삐로 말을 부릴 수는 있지만, 소는 부릴 수 없다. 사람들은 모두 말의 굴레와 고삐는 사람이 만든 줄만 알 뿐, 굴레와 고삐의 발생이 태어날 적부터 타고난 말의 형체를 따라 만든 것임을 모르고 있다. 성인의 교화 또한 이와 같다.

---

210 위와 같음. "黃氏曰 集註, 前說是作用, 後說是效驗. 顔子子路, 皆是就作用上說, 故前說爲勝."

211 여기에서 이천은 노(勞)자를 수고로움, 즉 '힘든 일'의 뜻으로 해석하였다.

먼저 두 사람의 말을 살펴보고 뒤이어 성인의 말을 살펴보면 분명 천지와 같은 기상이다. 모든 『논어』를 볼 적에는 문장을 이해[理會: 講明]할 뿐 아니라, 반드시 성현의 기상까지도 알아야 한다.”

[보 補]

천지의 조화와 같은 부자의 덕화를 굴레와 고삐에 비유한 이천 설을 부연한 주자의 논지[212]를 토대로 다음과 같이 정리하는 바이다.

첫째, “굴레와 고삐로 말을 부릴 수는 있지만, 소는 부릴 수 없다.”는 비유는 늙은이에게 대하는 도리를 벗이나 어린이에게 베풀 수 없고, 벗과 어린이에게 대하는 도리를 늙은이에게 베풀 수 없음을 말한다. 그 대상에 따라 그에 걸맞은 도리가 각기 다르기 때문이다. 이는 곧 그 존재에 따라 그 존재가치를 이뤄주는, ‘사물의 대상에 따라 감응함(隨物隨應)’을 말한다.

둘째, “사람들은 모두 말의 굴레와 고삐는 사람이 만든 줄만 알 뿐, 굴레와 고삐의 발생이 태어날 적부터 타고난 말의 형체를 따라 만든 것임을 모르고 있다.”는 비유는 편안하게 미덥게 품어주는 것은 분명 부자가 그들에게 베푼 덕화이다. 이는 누구나 아는 사실이다. 그러나 그러한 덕화는 부자에 의해 만들어진 게 아니다. 그들에게 그래야 하는 도리를 원래 지니고 있기 때문이다.

이는 소에 코뚜레를 뚫고 말에 재갈을 물리는 것은 소란 태어날 적부터 코뚜레를 뚫을 수 있도록 그런 코를 가지고 태어났고, 말이란 재갈을 물릴 수 있도록 그런 입을 가지고 태어났다. 코뚜레와 재갈은 사람의 손에 의해 만들어졌지만, 소 코와 말 입의 특성은 사람이 만든 게 아니다. 태어날 적부터 타고난 신체의 특성을 이용하여 소와 말을 다루고자 사람은 코뚜레와 재갈을 만든 것이다. 성인의 덕화 또한 이처럼 그들의 고유한 본연의 이치에 따라 응한 것임을 비유한 말이다. 만약 하늘이 내려준 도리를 따라 순응하지 않고 소에게 재갈을 물리고 말에게 코뚜레를 꿴다면 소와 말을 제어하지 못할 뿐 아니라, 그 생명까지도 위협하는 일이다. 늙은이, 벗, 어린이에게 대하는 일 또한 그와 같다.

26. 이의전지 已矣全旨

이 장은 부자께서 사람들에게 허물을 고치도록 경계한 뜻으로 일관되어 있다. 능(能: 吾未見能見其過)자의 의미는 문장의 끝까지 이어지고 있다. 내자송(內自訟) 3자는 허물을 놓아두어서는 안 됨을 말한다. 송사란 남을 이기려고 하는 일이다. 내심 스스로 송사를 한다는 것은 자신을 상대로 이기고자 함이다. 이는 곧 나만이 알 수 있는, 한 생각 속에서 말없이 묵묵하게 자신을 꾸짖음이

212 『大全』該註. “問夫子如化工及羈靮之喩? 朱子曰 這只是理, 自合如此. 老者安之, 是他自帶得安之理來; 友信少懷, 是他自帶得信之理・懷之理來. 聖人爲之, 初無形迹, 如穿牛鼻・絡馬首, 都是天理如此, 恰似他生下, 便是帶得此理來.”

다. 앞서 "그만두어야겠다.[已矣乎]" 말하고, 또다시 "보지 못했다.[未見]"고 말한 것은 끝까지 절망하지 않으려는 염원의 표현이다.

子曰 已矣乎라 吾未見能見其過而內自訟者也케라

부자께서 말씀하셨다.
"그만두어야겠다. 나는 그 허물을 보고서 마음속으로 자책[自訟]한 자를 보지 못하였다."

강설

부자께서 허물을 고치기 어려운 점을 탄식하면서 사람들을 격려하여 말하였다.
"사람들은 성인이 아니기에 허물이 없을 수 없다. 허물이 있을지라도 고치면 다시 허물이 없기에, 허물을 고치는 것이 고귀하며, 후회할 줄 안다는 것은 허물을 고칠 수 있는 계기이다.
나는 일찍이 모든 사람이 이렇게 해주기를 바랐었고, 여태껏 그러한 사람을 찾아보려고 했지만, 이제는 그만두어야 할 것 같다. 나는 끝내 자기의 허물을 보고서 마음속으로 스스로 꾸짖는 자를 보지 못하였다. 그 스스로가 마음속으로 자기의 잘못에 대해 꾸짖는다면 그 후회와 깨우침이 깊고 간절하여 바야흐로 허물을 고칠 수 있을 것이다. 그런데도 어찌하여 나는 끝까지 그런 사람을 보지 못한 것일까?"

集註

已矣乎者는 恐其終不得見而歎之也라 內自訟者는 口不言而心自咎也라 人有過而能自知者 鮮矣오 知過而能內自訟者 爲尤鮮이라 能內自訟이면 則其悔悟 深切而能改 必矣라 夫子自恐終不得見而歎之하시니 其警學者 深矣로다

[훈고] 이의호(已矣乎)는 마침내 그런 이를 만나보지 못할까 두려워하여 탄식한 것이다. 내자송(內自訟)은 입으로 말하지 않고 마음속으로 자책[自咎]함이다.

[해석] 허물을 가지고서 스스로 아는 사람이 적으며, 허물을 알고서 마음속으로 자책한 자는 더욱 적다. 마음속으로 자책하면 그 뉘우침이 깊고 간절하여 반드시 허물을 고칠 것이다. 부자께서 마침내 이런 사람을 보지 못할까 두려워하여 탄식함이니, 그 배우는 이를 경책한 바 깊다.

27. 십실전지 十室全旨

이 장은 부자께서 자신을 빌어 남들을 격려한 말로써, 타고난 아름다운 바탕이란 믿을 게 못 되며, 후천적 학문에 스스로 힘써야 함을 보여주고 있다.

이 문장의 핵심은 모두 '여, 불여(如, 不如: 如丘者, 不如丘.)' 3자에 있다. 사람의 타고난 바탕은 본디 같지 않은 바 없지만, 다른 것이라면 그것은 학문의 힘에 의한 차이일 뿐이다.

십실지읍(十室之邑)은 꼭 열 집이 사는 고을로 말한 게 아니다. 그저 작은 마을을 말하기에, 이를 원만하게 보아야 한다. 충신(忠信)은 단 안팎이 한결같이 성실한 좋은 바탕으로 말할 뿐이다. 이는 다른 곳에서 말한 충신의 뜻과는 다르다. 학문을 닦을 수 있는 근기(根器)로 말한다. 학문을 좋아하는 마음이 바로 그와 같은 도량으로 확충해 나가는 것이다.

子曰 十室之邑에 必有忠信이 如丘者焉이어니와 不如丘之好學也니라

부자께서 말씀하셨다.

"열 집 사는 작은 마을에 반드시 나와 같이 충후하고 신실한 바탕을 지닌 자 있지만, 나처럼 학문을 좋아하지는 못하였다."

강설

부자께서 사람에게 학문을 좋아하라는 뜻으로 격려의 말씀을 하였다.

"천하의 도는 타고난 바탕으로 닦아나가고, 학문으로 이뤄지는 것이다. 만일 그 바탕만을 논한다면 열 채의 집이 모여 사는 작은 마을에도 반드시 충후하고 신실한, 타고난 아름다운 바탕의 소유자가 있다. 그는 나와 똑같은 바탕을 지닌 사람이다. 하지만 사람들은 타고난 바탕만을 믿을 뿐, 나처럼 학문을 좋아하여 그 바탕을 확충하려 하질 않는다."

이는 아름다운 바탕을 지닌 이란 쉽게 얻을 수 있기에 나와 같은 바탕을 지닌 이는 귀하다 할 것이 없지만, 지극한 도란 듣기 어려우므로 나처럼 학문을 좋아하지 않음은 매우 개탄스러운 일임을 알 수 있다.

集註

十室은 小邑也라 忠信은 如聖人 生質之美者也라

夫子生知而未嘗不好學이라 故로 言此以勉人이라 言美質은 易得이오 至道는 難聞이니 學之至則可以爲聖人이오 不學則不免爲鄕人而已니 可不勉哉아

[훈고] 십실은 작은 마을이다. 충신은 성인처럼 타고난 기질이 아름다운 자이다.

[해석] 부자는 태어나면서부터 저절로 아는 성인이지만, 일찍이 학문을 좋아하지 않음이 없었다. 이 때문에 호학을 말하여 사람들을 격려하였다. 이는 아름다운 바탕은 쉽게 얻을 수 있지만, 지극한 도는 깨닫기 어려움을 말한다. 학문이 지극하면 성인이 될 수 있고, 배우지 않으면 한낱 시골뜨기를 면하지 못할 뿐이니, 학문에 힘쓰지 않을 수 있겠는가.

제6 옹야 雍也 第六

凡二十八章이라

篇內 第十四章以前은 **大意與前篇同**이라

모두 28장이다.
본편 제14장 이전의 대의는 앞의 「공야장」과 같다.

[보 補]

전체 28장 가운데 전반부 14장 또한 「공야장」처럼 고금 인물의 현부(賢否)와 득실을 논하고 있다. 「팔일」 제3에서 예악을 논한 부분 또한 「위정」 제2의 말미 부분과 연이어 있다. 이는 성인의 말씀을 기록하면서 대부분 그 유를 따라 정리한 것인데, 편장의 구분은 오직 죽간의 한 묶음이 다하면 여기에서 멈추고 또 다른 죽간 묶음을 들어 기록함에 따라 권질(卷帙)이 나뉘는 것이다. 편의 제목은 그저 첫머리 2자를 들어서 구별하였다.[213]

1. 옹야장지 雍也章旨

이 장에서는 간(簡)자를 강령으로 삼고, 경(敬)은 곧 간(簡: 不煩之謂)의 주재이다.
첫 절[雍也 可使南面]은 부자가 은연중 중궁의 '번거롭지 않음[簡]'에 대해 인정함이며,
다음 절[仲弓問…可也簡]은 중궁이 논한 자상백자(子桑伯子)의 '번거롭지 않음'을 겨우 인정함이며,
마지막 2절[仲弓曰居敬…雍之言然]은 '번거롭지 않음'에 대한 중궁의 논변을 부자가 깊이 수긍한 것이다.

요컨대 첫 부분에서 중궁을 제후로 삼을 만하다고 인정함은 그가 경(敬)에 근본하여 번거롭지 않았기 때문이며, 끝부분에서 중궁이 '번거롭지 않음'에 대한 논변을 허여한 것 또한 '번거롭지 않음'이 경(敬)에 근본함을 알았기 때문이다.

(1) 옹야절지 雍也節旨

집주에서는 간(簡)자의 의의에 집착하지 않았다. 남면은 제후뿐 아니라, 대체로 백성을 다스리

213 『大全』 該註. "胡氏曰 此篇 前一半, 與上篇大意同. 而八佾篇論禮樂, 亦與爲政末相接. 大抵 記聖人之言, 多以其類而卷帙之分, 特以竹簡之編, 旣盡而止, 其篇目則聊擧其首二字, 以爲之別爾."

는 벼슬아치가 모두 여기에 해당한다. 예컨대 오늘날의 방백, 수령 등 또한 모두 남쪽으로 향하여 백성을 다스린다. 집주에서 말한 '인군지도(人君之度)'의 도(度)자는 중궁의 외모[體貌]와 도량으로 말한다.

子曰 雍也는 可使南面이로다

부자께서 말씀하셨다.
"옹은 임금 노릇을 할 만하다."

강설

부자께서 중궁에 대하여 말씀하셨다.
"옹의 인품은 너그럽고 도량은 크며, 간략하고 후중하여 임금의 체모와 도량이 있으므로 남면의 지위에 올라 나라를 다스리기에 넉넉하다."

集註

南面者는 人君聽治之位니
言仲弓寬洪簡重하야 有人君之度也라

[훈고] 남면이란 임금이 나랏일을 다스리는 자리이다.

[해석] 중궁은 너그럽고 크며, 간략하고 후중하여 임금의 도량이 있음을 말한다.

(2) 중궁절지 仲弓節旨

중궁이 자상백자에 관하여 물음은 자신을 은연중 상대방을 통하여 증험해 보고자, 그의 '번거롭지 않음'을 물은 것이다.
가야간(可也簡)이란 자상백자의 훌륭한 점도 번거롭지 않음에 있고, 또한 그의 번거롭지 않음은 겨우 허락할 만하다는 2가지 뜻으로 말하였다.

仲弓이 問子桑伯子한대
子曰 可也簡이니라

중궁이 자상백자를 여쭈자, 부자께서 말씀하셨다.
"겨우 괜찮다고 할 수 있는 번거롭지 않음이다."

강설

중궁은 부자께서 자신을 허락함이 괜스레 일을 벌이지 않는, 즉 번거롭지 않은 간(簡)에 있음을 알았으며, 또한 자상백자의 번거롭지 않음은 자신과 닮으면서도 다르다고 의심하였기에, 자상백자의 사람됨이 어떠한가에 관해 물었다.

이에 부자께서 대답하였다.

"세상을 살면서 하나의 일을 더 만드는 것보다는 하나의 일을 줄여가는 것만 못하다. 자상백자는 매사에 번거롭지 않은 자이다. 이런 이유로 그의 번거롭지 않음이란 나쁘다고 말할 수 없지만, 그렇다고 좋다고도 말할 수 없다. 이 때문에 겨우 괜찮다고 말할 뿐, 임금 노릇을 할 수 있는 도량이 있다고 말하기는 어렵다."

集註

子桑伯子는 **魯人**이니 **胡氏 以爲疑卽莊周所稱子桑戶者 是也**라

仲弓以夫子許己南面이라 **故**로 **問伯子如何**라 **可者**는 **僅可而有所未盡之辭**오 **簡者**는 **不煩之謂**라

[훈고] 자상백자는 노나라 사람이다. 호씨[胡寅]는 "장주(莊周)가 일컫는 '자상호(子桑戶)'(『莊子』「大宗師」)라는 이가 이 사람인 듯싶다."라고 하였다.

[해석] 중궁이 부자께서 자기를 임금으로 허락한 까닭에 자상백자가 어떤가를 물은 것이다.

[훈고] 가(可)란 겨우 괜찮을 뿐, 미진한 바 있을 적에 쓰는 말이며, 간(簡)이란 번거롭지 않음을 말한다.

(3) 거경절지 居敬節旨

중궁은 자상백자에 대한 '가야간(可也簡)'의 가(可)자를 첫 절에서 말한 '가사남면(可使南面)'의 가(可)자와 같은 뜻으로 착각한 나머지, 간(簡)의 잘잘못에 대해 논변하였다.

경(敬)은 내외의 체용을 겸하여 말한다. 집주에서 말한 '중유주(中有主: 마음에 주재가 있다.)'는 경(敬)의 내면의 본체이고, '자치엄(自治嚴: 스스로 다스림을 엄히 하다.)'은 외면의 작용을 말한다.

따라서 주자가 말한 '거경(居敬)'과 '행간(行簡)'은 안팎의 2가지 공부이다. '거경(居敬)'의 거(居)는 내면의 마음가짐이고, '행간(行簡)'의 행(行)은 바깥의 처사접물(處事接物)이다. 따라서 어느 한 쪽에 치우치거나 버리는 일이 없어야 한다. 따라서 "조심조심 공경하는 마음[居敬]"을 지닌 사람은 때로 지나치게 조심하여 도리어 자질구레한 잘못을 범하게 된다. 이 때문에 마음을 조심조심 삼가면서도 밖으로 번거롭지 않게 행함[行簡]을 필요로 한다.

그러나 애당초 조심하려는 마음 없이 그저 구차스럽게 번거롭지 않은 일만을 행하려고 하면 그것은 애당초 모든 일을 싫어하는 마음으로써 모든 제도를 무너뜨릴 것이다. 자상백자의 학술은 노자를 종주로 삼아 인의를 팽개치고 예악을 저버린 자이다. 이런 사람이 이런 마음으로 천하를

다스린다면 정사에 해로움은 이보다 더 심할 수 없다. 중궁이 말한 "또한 이렇게 하는 게 옳은 일이 아닙니까?[不亦可乎]"와 "그렇게 하는 것은 너무 지나친 간(簡)이 아닙니까?[無乃大簡]"라는 말은 모두 이를 실증한 것이다.

仲弓이 **曰 居敬而行簡**하야 **以臨其民**이면 **不亦可乎**잇가 **居簡而行簡**이면 **無乃大**(太) **簡乎**잇가

중궁이 말하였다.

"공경으로 자처하면서 번거롭지 않게 행하여 그 백성에 임하면 또한 옳은 일이 아닙니까? 번거롭지 않으려는 마음으로 자처하면서 번거롭지 않게 행하면 너무 지나친 간(簡)이 아닙니까?"

강설

중궁이 부자가 말한 뜻을 알지 못하고, 의심하여 논변하였다.

"번거롭지 않음은 한 가지이지만, 그 마음가짐의 내면이 어떠한가에 따라서 다르다고 생각합니다.

사람이 스스로 조심조심 공경하는 마음을 지닌다면 마음에 주재가 있어 자신의 몸가짐을 엄격하게 다스릴 것입니다. 이런 마음에 따라 번거롭지 않게 행하여 백성에 임한다면 나랏일은 번거롭지 않고 백성은 흔들리지 않을 것이니, 그런 번거롭지 않음을 또한 옳다고 말하지 않겠습니까?

만일 스스로 먼저 번거롭게 하지 않으려는 마음으로 다시는 수렴하고 삼가는 생각이 없이 자처한다면 안으로는 마음에 주재가 없어 자신을 다스림이 엉성하고, 밖으로는 행하는바 또한 구차스럽게 번거롭지 않음을 따라 일을 싫어하기에 이를 것입니다. 이는 어쩌면 지나치게 번거롭지 않으려는 데에 잘못을 범하고, 모든 법도를 지키지 않는 일이 아닙니까? 저는 이에 대해 의심이 없지 않습니다."

集註

言自處以敬이면 **則中有主而自治嚴**하니 **如是而行簡以臨民**이면 **則事不煩而民不擾**하리니 **所以爲可**어니와 **若先自處以簡**이면 **則中無主而自治疎矣**오 **而所行又簡**이면 **其不失之太簡而無法度之可守乎**아 **家語**에 **記伯子不衣冠而處**어늘 **夫子譏其欲同人道於牛馬**라하니 **然則伯子蓋太簡者**어늘 **而仲弓**이 **疑夫子之過許與**ㄴ저

[해석] 스스로 조심조심 공경하는 마음을 지니면 마음에 주재가 있어 스스로 다스림이 엄격하니, 이런 마음으로 번거롭지 않음을 행하여 백성에 임하면 나랏일이 번거롭지 않고 백성이 흔들리지 않을 것이니, 옳다고 할 수 있으나, 만일 먼저 스스로가 번거롭지 않으려는 마음을 지니면 마음에 주재가 없으므로 스스로 다스림이 엉성하고, 행하는 바 또한 번거롭지 않게

한다면 지나치게 번거롭지 않으려는 잘못을 범하여 법도를 지키지 못함이 있지 않겠는가.

『공자가어』의 기록에 의하면, "자상백자가 의관을 갖추지 않고 거처하자, 부자께서 그에게 '사람의 도리를 소와 말처럼 똑같이 하고자 한다.'고 꾸짖었다."고 한다. 이로 보면, 자상백자는 지나치게 번거롭지 않으려는 자이므로, 중궁은 부자께서 그를 지나치게 허락하지 않았나를 의심한 것이다.

(4) 옹지절지 雍之節旨

여기에서는 중궁의 간(簡)에 대한 논변이 훌륭함을 인정한 것이다. 거경(居敬)과 거간(居簡) 2 단락의 말을 모두 겸하여 보아야 한다.

子曰 雍之言이 然하다

부자께서 말씀하셨다.
"옹의 말이 옳다."

강설

중궁은 공자의 "겨우 괜찮다"는 말뜻을 이해하지는 못했지만, 그의 번거롭지 않음에 대한 논지는 말없이 계합(契合)한 바 있다. 이 때문에 부자께서 그의 말을 허락하여 말씀하였다.

"천하의 다스림은 항상 조심한 데에서 이뤄지고, 경솔한 데에서 잃은 법이다. 옹이 '공경의 마음으로 번거롭지 않으려는 일을 옳고, 애초부터 번거롭지 않으려는 마음으로 번거롭지 않게 행하려는 것은 지나치다.'고 하니, 참으로 그의 말이 옳다."

이를 살펴보면, 부자께서 중궁을 제후 바탕으로 허락하면서도 자상백자에 대해서는 허락하지 않은 뜻을 상상해 볼 수 있다. 그뿐만 아니라, 자상백자의 이런 마음이 한 차례 전변하면 죽림칠현의 완적(阮籍)과 같은 부류가 될 것인바, 이는 위험천만한 일이다. 부자께서 그를 허락하지 않음은 너무나 당연한 일이라 하겠다.

集註

仲弓이 蓋未喩夫子可字之意나 而其所言之理 有默契焉者라 故로 夫子然之시니라

○ 程子曰 子桑伯子之簡은 雖可取而未盡善이라 故로 夫子 云可也라하시니라 仲弓因言內主於敬而簡이면 則爲要直이오 內存乎簡而簡이면 則爲疏略이라하니 可謂得其旨矣로다

又曰 居敬則心中無物이라 故로 所行自簡이오 居簡則先有心於簡하야 而多一簡字矣라 故로 曰太簡이라하니라

[해석] 중궁은 부자의 '겨우 괜찮을 정도'라는 말뜻을 깨닫지 못했지만, 부자께서 말한 바의 이치에 말없이 하나가 된 바 있다. 이 때문에 부자께서 '그의 말이 옳다'고 인정한 것이다.

○ 정자[伊川]가 말씀하였다.

"자상백자의 번거롭지 않음은 비록 취할만한 부분이 있지만 지극한 선은 아니다. 이 때문에 부자께서 '겨우 괜찮을 정도'라고 말하였다. 중궁이 그 말씀으로 인하여 '안으로 공경의 마음을 주로 하여 번거롭지 않으면 요약되면서 곧으나, 안으로 번거롭지 않으려는 마음을 가지고서 번거롭지 않게 행하면 엉성하게 된다.'고 말하니, 일러준 그 뜻을 잘 알았다고 말할 수 있다."

정자[伊川]가 또 말씀하였다.

"공경하는 마음을 지니면 마음속에 사사로운 생각이 없다.[無物: 無私意] 이 때문에 행한 바 저절로 번거롭지 않지만, 번거롭지 않으려는 마음을 지니면 먼저 번거롭게 하지 않으려는 마음이 있으므로 번거롭게 하지 않으려는, 하나의 간(簡)자가 보다 많이 생겨난 것이다. 이 때문에 너무 지나친 간(簡)이라고 말하였다."

2. 애공전지 哀公全旨

이 장은 안자의 심학(心學)에 대해 밝힌 글이다. 안자의 공부는 모두 예가 아니면 보거나 듣거나 말하거나 행하지 않는 데에 있으며[非禮勿視, 聽, 言, 動], 노여움을 남에게 옮기지 않고[不遷怒] 허물을 거듭 범하지 않음[不貳過]은 호학에 의한 결과이다.

여기에서 노(怒)자와 과(過)자를 자세히 살펴보아야 할 필요가 있다. 성냄[怒]은 천리로 보나 인정으로 보나 반드시 있어야 할 감정이며, 잘못[過]이라는 것은 안자의 경지에서 큰 죄악을 말한 게 아니다. 마음속 한 생각이 일어나는 기미(幾微)에 일호의 순수하지 못한 부분을 가리킨다.

노여운 감정을 일으키기 이전의 마음은 반듯한 저울, 티 없는 거울과 같고, 노여운 감정을 일으킨 후에는 또다시 얼음이 녹은 듯, 안개가 사라지는 것처럼 집착한 바 없다.

바야흐로 허물을 범할 때는 곧바로 그 잘못을 깨닫고, 이미 허물을 안 후에는 그 뿌리까지 모조리 뽑아버렸다.

이로 보면, 불천노(不遷怒), 불이과(不貳過)의 두 곳의 불(不)자는 매우 힘 있게 쓰인 글자이다. 집주에서 말한 '갑을(甲乙)'은 두 사람을 지칭한 것으로 이 사람에게 화냈던 마음을 저 사람에게 옮겨가지 않음이며, '전후(前後)'란 두 시기를 말한 것으로 앞에서 잘못된 일을 뒤에 다시 범하지 않음을 말한다.

이는 안자의 요절을 애석히 여긴 것이지만, 또한 여러 제자에게 학문을 좋아하도록 격려하는 뜻을 은연중 담고 있다.

구씨(仇氏)가 말하였다.

"요즘 사람들은 노여운 일이 있으면 마음속에 담아두어 다른 사람을 만날 적에 화기로운 얼굴빛이 부족하다. 이것이 바로 '노여움을 남에게 옮김[遷]'이다.

요즘 사람들은 지난날의 허물을 후회하다가도 정작 그 일에 임하여 또다시 지난날의 허물이 싹틈을 면치 못한다. 이것이 바로 두 번 다시 범하는 '이(貳)'라고 한다. 안자는 극기의 공부가 이미 깊은 까닭에 곧바로 이를 없애고 단절할 수 있었다."

哀公이 **問弟子 孰爲好學**이니잇고

孔子 對曰 有顔回者 好學하야 **不遷怒**하며 **不貳過**하더니 **不幸短命死矣**라 **今也則亡**하니 **未聞好學者也**케이다

애공이 물었다.

"제자 가운데 누가 학문을 좋아합니까?"

공자께서 대답하셨다.

"안회라는 제자가 학문을 좋아하여 노여움을 남에게 옮기지 않고 허물을 두 번 다시 범하지 않았는데, 불행히 단명하여 죽었습니다. 이제는 없으니, 학문 좋아하는 사람이 있다는 말을 듣지 못하였습니다."

강설

애공이 물었다.

"많은 제자 가운데 과연 어느 사람을 학문 좋아하는 사람이라고 말할 수 있겠습니까?"

공자께서 대답하셨다.

"문하에 안회라는 사람이 있었는데, 그가 학문을 좋아한다고 일컬을 만합니다. 학문이란 노여움을 징계하는 것보다 더 어려움은 없으며, 또한 허물을 고치는 것보다 더 중요한 것은 없습니다.

오직 안회만은 어쩌다 노여워하기는 하나 이곳에서 노여운 일을 가지고 저곳에다 화풀이하지 않으며, 어쩌다 허물이 있기야 하지만 앞서 잘못한 일을 뒤에 다시 범하지 아니하므로 그 허물을 두 번 다시 범하지 않았습니다. 극기의 공부가 이런 경지에 이르렀으니, 그는 참으로 학문을 좋아한다고 말할 수 있습니다.

그러나 애석하고 불행스럽게도 하늘이 그를 일찍 불러 요절한 까닭에 오늘날에는 학문을 좋아하는 사람이 없습니다. 저 또한 그처럼 학문을 좋아한 사람이 있다는 말을 듣지 못하였습니다."

集註

遷은 **移也**오 **貳**는 **復也**니 **怒於甲者**를 **不移於乙**하고 **過於前者**를 **不復於後**라 **顔子克己之功**이 **至於如此**하니 **可謂眞好學矣**라 **短命者**는 **顔子 三十二而卒也**라 **旣云今也則亡**하고 **又言未聞**

好學者는 蓋深惜之하시고 又以見眞好學者之難得也라

○ 程子曰 顔子之怒는 在物不在己라 故로 不遷이오 有不善이면 未嘗不知하고 知之면 未嘗復行하니 不貳過也라

又曰 喜怒在事면 則理之當喜怒者也오 不在血氣면 則不遷이라 若舜之誅四凶也에 可怒在彼하니 己何與焉이리오 如鑑之照物에 姸媸在彼하야 隨物應之而已니 何遷之有리오

又曰 如顔子地位에 豈有不善이리오 所謂不善은 只是微有差失이니 纔差失이면 便能知之오 纔知之면 便更不萌作이니라

張子曰 慊於己者를 不使萌於再니라

或曰 詩書六藝를 七十子非不習而通也로되 而夫子獨稱顔子爲好學하시니 顔子之所好는 果何學歟아

程子曰 學以至乎聖人之道也니라 學之道 奈何오 曰 天地儲精에 得五行之秀者爲人이니 其本也 眞而靜하야 其未發也에 五性具焉하니 曰仁義禮智信이오 形旣生矣에 外物觸其形而動於中矣라 其中動而七情出焉하나니 曰喜怒哀懼愛惡欲이니 情旣熾而益蕩이면 其性鑿矣라 故로 覺者는 約其情하야 使合於中하고 正其心하야 養其性而已라 然이나 必先明諸心하야 知所往이오 然後에 力行以求至焉이라 若顔子之非禮勿視聽言動과 不遷怒貳過者는 則其好之篤而學之得其道也라 然이나 其未至於聖人者는 守之也오 非化之也니 假之以年이면 則不日而化矣리라 今人은 乃謂聖本生知오 非學可至라하야 而所以爲學者不過記誦文辭之間하니 其亦異乎顔子之學矣로다

[훈고와 해석] 천(遷)은 옮겨감이며, 이(貳)는 거듭함이다. 이 사람에게 성낸 일을 저 사람에게 옮겨가지 않으며, 앞서 잘못한 허물을 뒤에 다시 범하지 않음이다. 안자의 극기 공부가 이와 같음에 이르렀으니, 참으로 학문을 좋아한다고 말할 만하다.

단명은 안자의 나이 서른둘에 죽음을 말한다. 앞서 "이제는 없다." 말하고, 또다시 "학문을 좋아하는 사람이 있다는 말을 듣지 못했다."고 말한 것은 매우 그의 죽음을 애석해하고, 또한 이로써 진정 학문 좋아하는 이를 얻기 어려움을 볼 수 있다.

○ 정자[伊川]가 말씀하였다.

"안자의 노여움은 남에게 있는 것이지, 자신에게 있지 않다. 이 때문에 옮기지 않는다. 착하지 못한 일이 있으면 일찍이 알지 않음이 없고, 알면 다시는 이를 행하지 아니하니, 허물을 두 번 다시 범하지 않은 것이다."

정자[伊川]가 또 말씀하였다.

"기쁘고 노여움이 그 일에 있으면 이는 도리에 마땅히 기뻐하고 노여워할 일이며, 혈기에 있지 않으면 노여움을 다른 사람에게 옮기지 않는다. 이를테면, 순임금이 사흉(四凶: 共工, 鯀, 驩兜, 三苗)을 벨 적에 노여워할 만한 일이 그들에게 있었던 것이지, 순임금 자신과 그 무슨 상관이 있었겠는가.[위는 이천의 말, 아래는 명도의 말] 이는 마치 거울로 물건을 비춰보면 예쁘고 미운 모습이 그 사람에게 있어 거울은 그에 따라 응할 뿐이니, 어찌 노여움을 남에게 옮겨감이 있겠는가."

정자[伊川]가 또 말씀하였다.

"안자와 같은 지위에 어찌 착하지 못한 잘못이 있겠는가. 이른바 '착하지 못함'이란 단 조그마한 오차나 실수일 뿐이다. 오차나 실수가 있자마자 곧바로 이를 알고, 이를 알자마자 다시는 싹트지 않았다."

장횡거(張橫渠)가 말하였다.

"나의 마음에 흡족하지 못한 일은 두 번 다시 싹트지 않도록 하였다."

어떤 사람[胡安定: 胡瑗]이 물었다.(이 아래의 문장은 이천이 18세에 태학에 머물 적에 "안자가 좋아했던 학문은 무엇인가?"라는 논제(論題)에 대해 지은 것이다. 호안정이 국자감 직강으로 있으면서 이를 출제하여 여러 유생을 시험하였는데, 이천의 논을 보고서 매우 놀라 그를 불러 태학의 직책을 맡겼다.)[214]

"『시경』과 『서경』, 육예(六藝)를 칠십 제자가 학습하여 통달하지 않은 것은 아닌데, 부자께서 유독 안자만을 들어 학문을 좋아한다고 일컬으시니, 안자가 좋아한 바는 과연 어떤 학문인가?"

정자[伊川]가 이에 대해 답하였다.

"학문이란 성인에 이르는 길이다. 학문의 길이란 어떤 것일까?

천지에 가득 쌓인 정기 가운데 오행의 빼어난 기운을 받아 태어난 것이 사람이다. 그 본체가 진실하고 고요하여 희로애락이 일어나기 이전에는 다섯 가지의 성품[五性]이 갖춰져 있으니, 인, 의, 예, 지, 신이다.

형체가 이미 생겨남에 바깥 사물이 그 형체에 감촉하면서 마음이 움직이게 된다. 그 마음이 움직이면서 일곱 가지의 감정[七情]이 나오니, 기쁨, 노여움, 슬픔, 두려움, 사랑, 미움, 욕구이다.

일곱 가지의 감정이 너무 치성하여 더욱 방탕하면 그 본성이 손상되는 것이다. 그러므로 깨달은 이는 그 감정을 수렴[約其情: 約=纏束收斂↔侈然自放]하여 중도에 맞도록 하고, 그 마음을 바르게 하여 그 본성을 함양할 따름이다.

그러나 반드시 먼저 마음을 밝혀서 가야 할 바를 알아야 하고, 그런 뒤에야 힘써 행하여 성인의 도에 이르기를 추구해야 한다. 예컨대 안자가 '예가 아니면 보거나 듣거나 말하거나

---

214 『論語纂箋』 권3, 「雍也 第2 哀公章」 小注. "此下, 乃伊川十八歲時, 在太學, 作顔子所好何學論也. 胡安定(名瑗 字翼之) 爲國子監直講, 出題試諸生, 得伊川此論, 大驚異, 召處以學職."

행하지 않음'과 '노여움을 남에게 옮기지 않고 허물을 두 번 다시 범하지 않음'은, 학문을 좋아함이 독실하여 성인에 이르는, 학문의 길을 얻은 것이다.

하지만 안자가 성인의 경지에 이르지 못함은 힘을 써서 지켜야 하고, 절로 이뤄지지 못했기 때문이다. 안자에게 몇 해만 더 살도록 빌려주었다면 머지않아서 '절로 이뤄지는 성인의 경지'에 이르렀을 것이다.

오늘날 사람들은 '성인이란 본래 태어나면서부터 아는 터라, 배워서 이룰 수 없다.'고 하여, 그들이 배운 바는 기억하고 외우고 문장을 꾸미는 데에 지나지 않으니, 그 또한 안자의 학문과 다른 것이다."

3. 자화장지 子華章旨

이 장은 성인이 재물을 쓰는 의의에 대해 말하고 있다. 재물을 건네주거나 사양하는 데에는 모두 바른 대의가 있다. 염구가 자화(子華)에게 많은 곡식을 보내줌은 은혜를 손상함[可以無與 與傷惠]이며, 원사(原思)가 녹을 사양함은 지나친 청렴이다. 이 때문에 부자께서 각기 대의로써 이들을 제재하였다.

(1) 자화절지 子華節旨

만일 자화의 살림이 넉넉지 못했다면 부자가 반드시 앞서 그에게 곡식을 보내주었을 것이다. 염구가 곡식 보내주기를 청하였을 때, 단 6두 4승[釜]과 16두[庾]에 그쳤던 것은 이미 주어서는 안 된다는 뜻을 보여주었다. 그러나 염구는 부자의 뜻을 알지 못하고 80섬[五秉: 秉當 16섬]이라는 많은 곡식을 보내주었다. 부자가 6두 4승, 또는 16두를 주려고 생각했던 것과는 크게 어긋난 처사이다.

子華 使(시)於齊러니
冉子 爲其母請粟한대 **子曰 與之釜**하라
請益한대 **曰與之庾**하라하야시늘
冉子 與之粟五秉한대

자화가 부자의 일로 제나라에 심부름가게 되었는데, 염자가 자화의 모친을 위해 곡식을 보내주자고 청하자, 부자께서 말씀하셨다.

"6두 4승[釜]을 보내주어라."

다시 청하자,

"16두[庾]를 보내주어라."라고 하셨는데, 염자가 곡식 80섬[五秉]을 보내주었다.

강설

자화는 스승 부자를 위해 제나라로 심부름을 떠나게 되었다. 이는 제자의 도리로서 사양할 수 없는 일이다. 그런데도 그의 벗 염자가 자화의 모친을 위하여 부자에게 곡식을 보내주기를 청하자, 부자께서 "나는 그에게 6두 4승의 부(釜)를 주었으면 한다."고 하였다. 이는 보내주어서는 안 됨을 보여준 것이다.

그러나 염자는 또다시 그를 위하여 더 보내주자고 청하자, 부자께서 말씀하셨다.

"나는 그에게 16두의 유(庾)를 주었으면 한다."

이는 더 보내줌이 부당함을 보여준 말임에도, 염자는 이를 알지 못하고 제 마음대로 곡식 80섬을 보내주었다. 이는 너무 지나친 일이 아니겠는가. 지나치게 많이 보내줌은 주어서는 안 된 곳에 주는 것이어서 도리어 은혜를 손상한[可以無與 與 傷惠] 것인바, 의(義)가 아니다.

集註

子華는 公西赤也라

使는 爲孔子使也라 釜는 六斗四升이오 庾는 十六斗오 秉은 十六斛이라

[훈고] 자화는 공서적이다.

시(使)는 공자를 위해 사신을 간 것이다. 부(釜)는 여섯 말 넉 되이며, 유(庾)는 열여섯 말이며, 병(秉)은 열여섯 섬이다.

(2) 적지절지 赤之節旨

승비마(乘肥馬), 의경구(衣輕裘) 2구는 자화의 몸에 호화롭게 갖춘 부를 보여주는 것이기에, 그의 부모 또한 부족함이 없음을 미뤄 알 수 있다. 따라서 곡식을 보내줄 필요가 없다는 뜻을 절로 알 수 있다.

문지(聞之)는 옛사람의 대의(大義)를 들었다는 말이다. "어려운 사람을 돕는다.[周急]"는 것은 가벼운 뜻으로 쓰였고, 단 "부유한 이를 더 도와주지 않는다.[不繼富]"는 데에 중점을 두고 있다. 주(周)와 계(繼)자에 의미가 담겨있다. 이 구절[君子周急不繼富]은 염구의 지나치게 보내준 잘못을 바로잡고 있다.

子曰 赤之適齊也에 乘肥馬하며 衣輕裘하니 吾는 聞之也호니 君子는 周急이오 不繼富라호라

부자께서 말씀하셨다.

"공서적이 제나라에 갈 적에 살진 말을 타고 가벼운 갖옷을 입었다. 나는 듣자니, '군자는 어려

운 이를 도와주고 부유한 이를 더 도와주지 않는다.'고 하였다."

강설

부자께서 이 말을 듣고 그의 잘못을 꾸짖었다.

"공서적이 나를 위하여 제나라로 떠나갈 적에 그가 탄 말은 살지고 훤칠하였으며, 그가 입은 옷은 가볍고 따뜻한 갖옷이었다. 그 집안의 풍요로움이 이와 같으니, 그의 모친에게 무슨 부족함이 있어 남의 도움이 필요하겠는가.

내 듣자니, '군자는 재물을 쓸 적에 어려운 사람을 도와주는 것이지, 부유한 자의 부를 더 이상 보태주지 않는다.'고 하였다. 오늘날 염구가 공서적을 위해 곡식을 주자 청하고, 또 그에게 80섬의 많은 양을 준 것은, 그의 부유함을 더 도와준 것이지, 어려운 살림을 도와준 일이 아니다. 이 또한 군자가 대의에 따라 재물을 쓰는 것과는 다른 것이다."

集註

乘肥馬 衣輕裘는 **言其富也**라 **急**은 **窮迫也**라 **周者**는 **補不足**이며 **繼者**는 **續有餘**라

[훈고] 살진 말을 타고 가벼운 갖옷을 입었다는 것은 그의 부를 말한다.

급(急)은 궁핍함이다. 주(周)는 부족한 것을 보태줌이며, 계(繼)는 넉넉한 살림을 이어주는 것이다.

(3) 원사절지 原思節旨

위의 2구[原思…九百]는 일정한 녹[常祿]이란 마땅히 주어야 할 것임을 말하고, 아래 구절[辭]에서는 원사(原思)가 지나치게 사양한 점을 적고 있다.

위재(爲宰) 2자를 제시함은 의리상 마땅히 받아야 한다는 점을 나타내고 있다.

原思 爲之宰러니 **與之粟九百**이어시늘 **辭**한대

원사가 부자의 읍재(邑宰)가 되었는데, 그에게 곡식 9백을 주자, 그가 사양하였다.

강설

부자께서 노나라 사구(司寇)로 있을 적 자연히 식읍을 받았기에, 부자께서 원사를 불러 그 고을을 다스릴 원님으로 삼았다. 부자께서 그에게 일정한 녹봉으로 곡식 9백을 주었다. 이는 의리상 마땅히 받아야 할 것임에도 원사는 스승의 일을 돕는 것인데 너무 많다고 여겨 이를 사양하였다. 이는 지나친 사양으로 사양해선 안 될 일을 사양하여 염치를 손상한 것인바, 의(義)가 아니다.

集註

原思는 **孔子弟子**니 **名憲**이라 **孔子爲魯司寇時**에 **以思爲宰**라

粟은 **宰之祿也**라 **九百**은 **不言其量**하니 **不可考**라

[훈고] 원사는 공자 제자니, 이름은 헌(憲)이다. 부자께서 노나라 사구(司寇)가 되었을 때, 원사를 읍재(邑宰)로 삼았다.

속(粟)은 읍재의 녹봉이다. 9백은 그 도량(度量)을 말하지 않아 고찰할 수 없다.

(4) 무이절지 毋以節旨

무(毋)자를 깊이 있게 강구하여야 한다. '사양하지 말라'는 무(毋)자는 주된 뜻[正意]이고, "이웃에 나눠주라.[以與]"는 구절은 부수적인 뜻[餘意]에 해당한다. 이웃[隣里]과 고을[鄕黨]에 나눠주라는 것은 원사가 굳이 녹을 사양한 까닭에 이를 통하여 결코 사양해서는 안 된다는 뜻을 보여준 것이지, 임금이 내린 국록이기에 그 은혜를 많은 사람과 함께 나눠야 한다는 데 중점을 둠이 아니다.

子曰 毋하라 **以與爾隣里鄕黨乎**ㄴ저

부자께서 말씀하셨다.
"사양하지 말라. 이를 너희 이웃과 마을, 크고 작은 고을에 나누어 주도록 하라."

강설

부자께서 그의 사양을 만류하였다.

"녹이란 청렴을 기르는 것이니, 너는 사양하지 마라. 만일 남은 것이 있다면 이를 너희 이웃과 마을, 그리고 크고 작은 고을의 어려운 사람을 도와야 한다. 남은 것을 미루어 곤궁한 이를 구휼하는 것 또한 옳은 일이 아니겠는가."

이는 부자께서 공서적에게 인색하고 원사에게 후한 것이 아니다. 사양하거나 받는 것, 취하거나 주는 것은 오로지 의리에 맞느냐 않느냐를 살펴보는 것이다. 염구는 많이 주는 것을 은혜로 생각하였고, 원사는 녹마저 사양하는 것을 청렴으로 생각하였다. 그 모두가 의리를 정밀하게 살피지 못한 일이기에 그들을 제재한 것이다.

集註

毋는 **禁止辭**라 **五家爲隣**이오 **二十五家爲里**오 **萬二千五百家爲鄕**이오 **五百家爲黨**이라
言常祿不當辭니 **有餘**어든 **自可推之**하야 **以周貧乏**이니 **蓋隣里鄕黨**에 **有相周之義**라
○ **程子曰 夫子之使子華**와 **子華之爲夫子使**는 **義也**어늘 **而冉有乃爲之請**하니 **聖人寬容**하야 **不欲直拒人**이라 **故**로 **與之少**하시니 **所以示不當與也**오 **請益而與之亦少**하시니 **所以示不當益也**어늘 **求未達而自與之多**하니 **則已(太也)過矣**라 **故**로 **夫子非之**시니라 **蓋赤苟至乏**이면 **則夫子**

必自周之오 **不待請矣**리라 **原思爲宰**하니 **則有常祿**이어늘 **思辭其多**라 **故**로 **又敎以分諸隣里之貧者**하시니 **蓋亦莫非義也**니라

張子曰 於斯二者에 **可見聖人之用財矣**니라

[훈고] 무(毋)는 금지하는 말이다. 5가(家)를 인(隣), 25가를 리(里), 1만2천5백가를 향(鄕), 5백가를 당(黨)이라고 한다.

[해석] 일정한 녹은 사양해서는 안 된다. 남은 것이 있으면 이를 미루어 가난하고 궁핍한 이를 도와야 한다. 이웃과 마을, 그리고 향당에는 서로 돕는 의리가 있기 때문이다.

○ 정자[伊川]가 말씀하였다.

"부자께서 자화를 사신으로 보냄과 자화가 부자를 위해 사신을 떠남은 사제 간의 의임에도 염유는 그를 위하여 곡식을 청하였다. 성인이 너그럽게 용납하여 곧장 사람을 거절하려고 하지 않았다. 이 때문에 조금 주어라고 말하니, 이는 주어서는 안 됨을 보여준 것이다. 그런데도 더 주기를 청하자, 또다시 적은 양을 주라고 말하니, 더 주어서는 안 됨을 보여줌인데, 염구는 이를 알지 못하고 자기 마음대로 많은 양을 보내주었다. 이는 너무 지나친 일이다. 이 때문에 부자가 그의 잘못을 꾸짖은 것이다. 공서적이 참으로 아주 궁핍하였다면 부자께서 반드시 스스로 그를 도와주었을 것이며, 염구의 청을 기다리지 않았을 것이다.

원사가 읍재가 되었으니, 일정한 녹이 있음에도 원사는 그 녹이 많다고 사양한 까닭에 또한 이웃의 가난한 자에게 나눠주도록 가르쳐주었다. 이 또한 대의 아닌 게 없다."

장횡거(張橫渠)가 말하였다.

"이 두 사람에게서 성인의 재물을 씀씀일 볼 수 있다."

4. 자위전지 子謂全旨

이 장에서는 현자가 세류(世類: 世系)에 얽매이지 않음을 나타내고 있다. 이는 중궁을 대상으로 말한 것이지만, 어느 한 글자도 직접 중궁을 나타낸 말은 없다. 단 소[牛]라는 동물을 빌려 말했을 뿐이다. 여기에서 부자의 혼연(渾然)한 말씨를 찾아볼 수 있다. 이것이 주된 뜻이다. 그러나 반어법으로 중궁의 인품을 보완하여 말하고 있다.

이는 사랑하고 미워하는 인정을 벗어나 본래 특별한 감식(鑑識)의 안목이 있어 그가 없는 사석에서 이처럼 말한 것일 뿐, 사사로운 마음으로 그를 귀히 여기고 그 부친을 천하게 여김이 아니다. 만일 중궁을 마주하여 그의 앞에서 직접 말했다면 그것은 아들의 어진 점을 밝히기 위해 그 부친의 잘못을 들추어내는 결과이다. 이는 충후한 도리가 아니다.

子 謂仲弓曰 犁牛之子 騂且角이면 **雖欲勿用**이나 **山川**은 **其舍諸**아

부자께서 중궁에 대해 말씀하셨다.

"얼룩소의 송아지가 털빛이 붉고 또 뿔이 반듯하게 잘 났으면 사람들이 비록 쓰지 않으려고 해도 산천의 신이 그를 버리겠는가."

강설

부자께서 중궁이 없는 사석에서 그의 인품에 대해 논하였다.

"얼룩무늬의 소는 주나라의 종묘에 희생으로 사용할 수 없다. 하지만 그가 낳은 송아지의 털빛이 붉어 당시 희생의 조건에 알맞은 색깔을 지녔고, 또한 뿔은 반듯하게 두리둥실 잘 생겨서 희생의 조건에 걸맞으면, 사람들은 그 송아지가 얼룩소의 새끼라 하여 종묘의 희생으로 쓰지 않으려 할지라도 산천의 신명이 흠향한 바는 털빛이 붉고 또 알맞은 뿔을 지닌 희생에 있다. 산천의 신명이 이를 버릴 수 있겠는가."

부자는 이를 말하여 중궁의 어짊이 세상에 등용될 수 있음을 비유한 것이다. 어찌 그 부친의 천박한 행실 때문에 그를 미워하여 버릴 수 있겠는가.

集註

犁는 雜文이라 騂은 赤色이니 周人尙赤하야 牲用騂이라 角은 角周正하야 中犧牲也라 用은 用以祭也오 山川은 山川之神也라

言人雖不用이나 神必不舍也라 仲弓父賤而行惡이라 故로 夫子以此譬之하야 言父之惡으로 不能廢其子之善이니 如仲弓之賢은 自當見用於世也라 然이나 此論仲弓云爾오 非與仲弓言也니라

○ 范氏曰 以瞽叟爲父而有舜하고 以鯀爲父而有禹하니 古之聖賢이 不係於世類 尙矣라 子能改父之過하야 變惡以爲美면 則可謂孝矣니라

[훈고] 이(犁)는 얼룩무늬이다. 성(騂)은 붉은빛이니, 주나라 사람은 붉은색을 숭상하여 희생에 붉은 소를 사용하였다. 각(角)은 뿔이 두루 반듯하여 희생의 기준에 알맞음이다. 용(用)은 이를 사용하여 제사를 올림이다. 산천은 산천의 신이다.

[해석] 사람들은 비록 쓰지 않으려고 하겠지만, 신명은 반드시 버리지 않으리라는 점을 말한다.

중궁의 부친이 비천하고 행실이 패악하였기에 부자가 이로 비유하여, 부친의 잘못으로 그 아들의 착한 점을 버릴 수 없으니, 중궁처럼 어진 이는 스스로 세상에 쓰이게 될 것임을 말하였다. 그러나 이는 중궁에 대한 사론(私論)이지, 중궁과 직접 말함은 아니다.

○ 범씨[范祖禹]가 말하였다.

"고수(瞽瞍)를 아버지로 삼고서도 순임금이 있었고, 곤(鯀)을 아버지로 삼고서도 우임금이 있었다. 옛 성현이 세류(世類: 祖父 등의 世系)에 얽매이지 않은 지 오래다. 자식으로서 부친의

잘못을 고쳐 악을 변하여 아름답게 하면 이를 효도라 말할 것이다."

5. 회야전지 回也全旨

이 장은 본래 안자를 찬탄함이나, 여타의 제자를 지나치게 깎아내려서도 안 된다. 이는 모두 그들의 조예를 말한다.

삼월(三月)이란 이를 빌려 인을 어기지 않음이 장구함을 말하였고, 하루에 한 번, 한 달에 한 번[日月]이라는 것 또한 이를 빌려 인에 잠시 머묾을 말하니, 이는 모두 마음으로 말하였다.

3개월 인을 어기지 않음과 하루에 한 번, 한 달에 한 번이라는 구절 또한 대등하게 보아서도 안 된다. 마음이 인과 둘이 아니면 그 마음은 곧 인이다. 이는 안연의 경지인바, 어찌 인에 어긋남이 있겠는가. 그 밖의 제자들은 마음으로 인을 추구하고자 하면 곧바로 인이 얻어지는 게 아니다. 이 때문에 "하루에 한 번, 한 달에 한번 인에 나아간다[日月至焉]"는 지(至)자를 쓰게 된 것이다.

3개월 인을 어기지 않음[三月不違]은 3개월 뒤엔 반드시 어긴다는 말이 아니다. 단 이 마음을 항상 보존하여 털끝만큼이라도 사이가 있거나 끊임이 있으면 곧 이를 깨닫고 다시 이어갈 수 있음을 말한다.

그 나머지[其餘] 제자란 염구, 민자건 등이 모두 여기에 포함된다. "하루에 한 번, 한 달에 한번 인에 나아간다"는 지(至)자는 그들 또한 인의 경지에 이른 것으로 말한다. 단 안자와의 차이점은 오래 지탱하느냐 못하느냐에서 나뉘는 것이다.

이이의(而已矣) 3자는 끝없는 경책과 격려의 뜻이 담겨있다.

子曰 回也는 其心이 三月不違仁이요 其餘則日月至焉而已矣니라

부자께서 말씀하셨다.

"안회는 그 마음이 석 달 동안 '인'을 어기지 않았고, 그 나머지 사람은 하루에 한 번, 한 달에 한번 '인'에 나아갈 뿐이다."

강설

부자께서 안자를 칭찬하면서 많은 제자를 격려하였다.

"인이란 사람의 마음이다. 오직 사욕이 마음에 끼어들어 순수한 천리를 잃음으로써 인을 어기게 된다. 안회는 극기복례의 공부가 지극하여 항상 천리를 지니고 있기에, 그 마음은 3개월이라는 오랜 세월을 사욕에 얽매어 인을 어긴 적이 없었다.

그 나머지 제자들은 인에 힘쓰지 않은 것은 아니지만, 천리와 인욕의 사이를 오가면서 간혹 하루 사이에 한번 인에 나아가니, 이는 간단이 없지 않은 것이다. 간혹 1개월 사이에 한 차례 인에 나아가기도 하니, 이는 중간 멈췄거나 종식된 바 없지 않은 것이다. 그들이 어떻게 오랫동안 인에 머무는 안회와 같을 수 있겠는가."

集註

三月은 言其久라 仁者는 心之德이니 心不違仁者는 無私欲而有其德也라 日月至焉者는 或日一至焉하고 或月一至焉하야 能造其域而不能久也라

○ 程子曰 三月은 天道小變之節이니 言其久也니 過此則聖人矣리라 不違仁은 只是無纖毫私欲이니 少有私欲이면 便是不仁이니라

尹氏曰 此는 顔子於聖人에 未達一間者也니 若聖人則渾然無間斷矣니라

張子曰 始學之要는 當知三月不違와 與日月至焉의 內外賓主之辨하야 使心意勉勉循循而不能已니 過此면 幾非在我者니라

[훈고] 삼월(三月)은 오랜 기간을 말한다. 인이란 마음의 덕이다.

[해석] 마음이 인을 어기지 아니한다는 것은 사욕이 없고 마음의 덕을 지님을 말한다. 일월지언(日月至焉)이란 혹 하루에 한번 나아가거나 혹 한 달에 한번 나아가, 그 경지에 나아가기는 하나 오래 머물지 못함이다.

○ 정자[伊川]가 말씀하였다.

"석 달이란 하늘의 춘하추동에 작은 변화가 있는 한 계절이니, 오랜 기간을 말한다. 이 석 달이라는 한계를 벗어나면 〈혼연하여 간단이 없는〉 성인이다. 인을 어기지 않는다는 것은 단 털끝만큼의 사욕도 없음이니, 조금이라도 사욕이 있으면 이는 인이 아니다."

윤씨[尹焞]가 말하였다.

"이는 안자가 성인에 한 칸을 다가서지 못한 것이다. 성인은 혼연하여 간단이 없다."

장횡거(張橫渠)가 말하였다.

"처음 배우는 이의 요체는 마땅히 '석 달 동안 인을 어기지 않는 자'와 '하루에 한 번, 한 달에 한번 인에 나아간 자'의 내외(內外)와 빈주(賓主)의 분별을 알고서, 마음과 뜻을 힘쓰고 힘쓰며 차례를 따라서 그치지 않도록 하여야 한다. 이 관문을 벗어나면 거의 나의 노력에 있지 않다."

[보 補]

여기에서는 먼저 인을 기반으로 "석 달 동안 인을 어기지 않음"과 "나머지 사람의 하루에 한 번, 한 달에 한번 인에 나아감"의 내외(內外) 빈주(賓主)에 대해 살펴보고, 뒤이어 장횡거의 "이 관문을 벗어나면 거의 나의 노력에 있지 않다."는 의의를 밝히고자 한다.

먼저 안자와 나머지 제자의 인에 관한 내외 빈주의 평가를 살펴보면 다음과 같다.

"내외 빈주(內外賓主) 4자는 본문을 살펴보면, '불위인(不違仁)'의 위(違)와 '일월지언(日月至焉)'의 지(至)자에 아주 분명히 밝혀주고 있다.

위(違)란 떠남을 말한다. 안에서 밖으로 나감이다. 지(至)란 찾아옴을 말한다. 밖에서 안으로 찾아들어 옴이다. '불위인(不違仁)'은 마치 주인이 언제나 집 안에 머물면서 잠시도 집 밖으로 나가지 않음이며, '일월지언(日月至焉)'은 이 또한 본래는 주인이었지만 출타한 지 너무 오래되어 타향에서 때로 어쩌다 고향을 찾아온 것과 같다. 이 때문에 그를 객이라 말한다."[215]

위의 논지처럼 어진 자나 어질지 못한 자나 그들의 본마음은 모두 어질었다. 어찌하여 이처럼 내외 빈주로 갈리게 되었을까? 주자의 설은 아래와 같다.

"인과 마음은 본래 하나였다. 사욕에 가로막힘으로써 마음이 인에서 떠나가면서 마음과 인은 둘이 되었다. 만약 사욕이 없었더라면 마음과 인은 서로 떠나지 않고 하나가 되었을 것이다. 마음은 거울과 같고 인은 맑은 거울과 같다. 거울은 본래 깨끗하고 밝다. 티끌과 때가 묻으면서 마침내 흐려지게 된 것이다. 티끌과 때를 닦아내면 거울은 다시 깨끗해진다.

안자는 3개월의 장기간에 한 점의 티끌이 없음이며, 나머지 제자는 혹 하루 한 차례 티끌이 없다가 조금 뒤 또다시 흐려지고 혹은 한 달에 한 차례 티끌이 없다가 29일은 뿌옇게 흐려진 것조차 또한 알지 못한다."[216]

이처럼 어진 자나 어질지 못한 자 모두 한 점 티 없는 거울과 같은 마음을 지녔으나 인욕의 때가 끼고 이를 닦아내느냐 않느냐에 따라 인자와 불인자로 나뉘게 된다. 깨끗한 거울은 본심이고 때는 선천적 기품의 구애[氣稟所拘] 내지 후천적 물욕에 가린 바[物欲所蔽]로 본심을 잃은 상태이며, 이를 닦아내는 것은 수행의 방법이자 공부이다. 인자나 불인한 자나 모두가 육신의 형체를 지니고 태어났기에 기질과 물욕의 구속을 당하지 않을 수 없다. 문제는 수행의 여하에 달려 있다.

따라서 인에 다가선다는 것은 마치 때 묻은 거울을 닦아내는 것과 같다. 하루에 한 차례, 한 달에 한 차례 닦아내는 것이 나머지 제자의 일월지언(日月至焉)이다. 이를 집으로 비유하면 누가 그 집에 오래 머무냐에 따라 주인과 길손이 나뉘고 안과 밖으로 갈린다.

"집으로 비유하면 석 달 동안 인을 어기지 않는 자는 마음이 항상 집 안에 있다가 어쩌다 간혹 밖으로 나올 때가 있으나 결국 집 밖이 편치 못하여 나오자마자 바로 집을 찾아 들어간다. 그의 마음은 집안이 평안한 까닭에 주인이 된 것이다.

나머지 제자는 하루에 한 번, 한 달에 한번 인에 나아간 자는 마음이 항상 집 밖에 있어 어쩌다 간혹 집에 들어갈 때가 있으나 결국 집 안에 있는 게 편치 못하여 들어가자마자 바로 나온다. 그의 마음은 집 밖이 평안한 까닭에 객이 된 것이다. 하루에 한 번, 한 달에 한번

---

215 『論語通』 권3. 該當 小注. "內外賓主四字, 觀本文, 違字至字極分明. 違, 去也, 自內而去之外也. 至, 來也, 自外而來之內也. 不違仁, 如主人常在此屋之內, 而不暫去乎屋之外. 日月至焉者, 本亦自是主人, 但出外甚久, 自外時或來此, 故謂之客耳."

216 『大全』 該註. "朱子曰 仁與心, 本是一物, 被私欲一隔, 心便違仁去, 却爲二物. 若私欲旣無, 則心與仁, 便不相違, 合成一物. 心猶鏡, 仁猶鏡之明. 鏡本來明, 被塵垢一蔽, 遂不明. 若塵垢一去, 則鏡明矣. 顏子三箇月之久, 無塵垢; 其餘人, 或日一次無塵垢, 少間又暗, 或月一次無塵垢, 二十九日暗, 亦不可知."

인에 나아간 자는 밖에서 안으로 들어간 자이다.

석 달 동안 인을 어기지 않는 자는 항상 마음이 보존되어 있으나 주인도 때로는 밖에 나오고, 하루에 한 번, 한 달에 한번 인에 나아간 자는 마음이 어쩌다 한 때 보존되어 있으나 길손도 때로는 안으로 들어가는 법이다."[217]

이처럼 내외와 빈주의 관계는 얼마나 많은 시간을 그 어디에서 지내느냐에 따라 결정지어지는 것이다. 집에 오래 머물면 집주인이고 집 밖에 오래 살면 길손이다. 인이라는 드넓은 집[廣宅]의 주인과 길손은 이처럼 누가 들어가 얼마나 오래 사느냐가 관건이다.

안자의 마음은 이처럼 인이라는 드넓은 집의 주인으로 한 점 티 없는 거울처럼 밝지만 3개월 이후에 때론 한 터럭만 한 티끌에 가림을 면치 못하고, 비록 굳건한 힘으로 극기복례의 조예가 깊지만, 한순간의 간단이 없지 않다. 이러한 점이 지극하지 못한 부분이자, 성인과의 한 칸을 이르지 못한 곳이다.[218]

바로 안자의 이런 부분이 '면면순순(勉勉循循)'의 끊임없는 노력을 벗어나 탄력을 받은 수레처럼 봄물 불어난 강호의 배처럼 거의 무위이화(無爲而化)의 경지에 이르려는 찰나, 불행스러운 단명으로 성인과의 미달일간(未達一間)을 면치 못한 것이다. 이것이 장횡거가 말한 "이 관문을 벗어나면 거의 나의 노력에 있지 않다."는 관문의 꼭짓점에서 멈춰버린 것이다.

뒤이어 현자의 유위(有爲) 노력 끝에 무위이화(無爲而化)의 성인 경지로 넘어서는 단계를 말해주는, 장횡거의 "이 관문을 벗어나면 거의 나의 노력에 있지 않다."는 의의를 살펴보고자 한다.

먼저 결과로서의 "거의 나의 노력에 있지 않다.[幾非在我者]"고 함은 지극하고 절실한 말이다. 안자의 '그 마음이 인을 어기지 않는다'는 경지는 힘을 쓰면서 노력하는 단계이다. 학자의 노력은 여기까지이다. 그 이상의 경지는 기다리는 것이다. "덕과 인이 성숙하여 절로 이르러 오는 무위이화(無爲而化)를 기다림이다. 이는 나의 노력으로 상관할 바 아니기 때문이다."[219] 노력의 단계를 벗어나면 더 이상 나의 힘을 쓸 수 없고 그 스스로 성인의 지위에 이르기를 기다리는 것이다.[220]

그러나 이런 기다림을 얻기 위한 초학자의 첫걸음은 장횡거의 논지에서 말한 바와 같이 다른 게 아니다. 알고 행하는 데 있다. 앎이 지극하느냐 못하느냐, 성의가 있느냐 없느냐에 달려 있다. 앎이 지극하면 아무리 불선을 하도록 내몰아도 하지 않으나, 앎이 지극하지 못하

217 위와 같음. "朱子曰 以屋喩之, 三月不違者, 心常在內, 雖間或有出時, 然終是在外不穩, 纔出便入, 蓋心安於內, 所以爲主. 日月至焉者, 心常在外, 雖間或有入時, 然終是在內不安, 纔入便出, 蓋心安於外, 所以爲賓. 日至者, 一日一至此; 月至者, 一月一至此, 自外而至也. 不違者, 心常存; 日月至焉者, 有時而存. 又曰三月不違, 主有時而出; 日月至焉, 賓有時而入."

218 『此木軒四書說』 권3. "顔子之心, 雖明而不免有一毫之蔽, 雖健而不免有一息之間, 是猶未得爲至也, 此正一間未達處."

219 『四書或問』 권11. 「論語 雍也」 "過此以往, 則必德盛仁熟而自至, 而非吾力之所能與也."

220 『大全』 該註. "朱子曰 言過此則自家著力不得, 待他自長進去."

면 아무리 하지 못하도록 붙잡아도 결국은 그런 생각으로 나가는 것이다. 이것이 실행에 앞서 앎의 중요성이다. 따라서 이처럼 견해가 투철하면 반드시 뒤이어 이를 실행으로 옮기는 성의가 요한다. 성의를 다해 '면면순순(勉勉循循)'의 노력을 기울이어 멈추지 않는 것이다. 이것이 인식의 개념에 필요한 실천의 행동이다.

이처럼 학자의 공부는 인식하고 실천함에 있으나, 실천의 공부 또한 3단계로 구분된다. 횡거의 주에서 말한 '힘쓰고 힘씀[勉勉]'은 끊임없는 노력을 기울임이며, '차례를 따름[循循]'은 엽등의 폐해를 배제함이며, '멈추지 않음[而不能已]'은 끝맺지 못한 문제를 끝까지 관철코자 함이다. 학자의 실천 공부는 이처럼 3단계로 이뤄져 있다. 이에 중요한 실천 방법의 '면면순순(勉勉循循)'은 인을 행하고자 힘쓰는 곳[用處]으로, 주자의 독서법에서 말한 "급급히 하면서도 서둘지 않고 차례를 따르되 게으리지 않음"을 말한다.[221]

이처럼 앎과 실행의 경지에서 한 걸음 더 나아가 자연의 경지에 이름이 곧 "이 관문을 지나면 거의 나의 노력에 있지 않음[過此 幾非在我者]이다." 이로 보면 '나의 노력에 있다'는 재아(在我)는 앞에서 말한 '심의면면순순(心意勉勉循循)' 등의 공부를 말하고, '기비재아(幾非在我)'는 나의 노력을 벗어나 절로 이뤄지는, 내가 할 수 있는 노력을 다한 데에서 얻어지는 공효[力致之效]이다.

이런 공효는 주자의 「책을 보다 느낀 감회[觀書有感]」라는 시에 잘 묘사하고 있다.

昨夜江邊春水生　　어젯밤 강변에 봄물 불어나
蒙衝巨艦一毛輕　　짐 싣는 큰 배 털끝처럼 가벼워라
向來枉費推移力　　지난날 그토록 밀치고자 헛심도 썼건만
此日中流自在行　　오늘은 강물 위 두둥실 떠가누나

봄물이 불어나 크나큰 배가 두둥실 떠가는 경지는, 위에서 말한 노력의 관문을 벗어난 지위로 통쾌한 자리이다. 그러나 지난날의 헛심은 배우는 이들을 힘들게 하는, 시행착오이기는 하지만, 면면순순의 과정에서 불가피한 일이다. 배우는 이들이 가장 삼가야 할 점은 이런 시행착오에 의한 좌절과 포기에 있다. 이 세상 그 어떤 일이든 일시의 실수와 잘못 없이 이뤄지는 성공이란 없기 때문이다.

6. 계강전지 季康全旨

이 장은 세 사람[중유, 자공, 염구]이 각기 정사에 종사할 만한 재주를 갖추고 있음을 말하고 있다. 과감[果], 통달[達], 재예[藝]는 재능과 인품으로 말하며, 어종정(於從政) 구절은 바야흐로 응용면에서 말하고 있다.

계강자는 정사에 임하는 대부의 지위에 대한 가치를 그들의 재능보다 더 큰 비중으로 인식하였

221 宋 張洪 齊熙 共編, 『朱子讀書法』 권3. "汲汲焉而毋欲速也, 循循焉而毋欲惰也."

다. 이 때문에 야여(也與) 2자로써 "오히려 그들이 정사를 잘 처리하지 못할까?"를 염려한 것이다. 그러나 부자께서 그들의 재능이 정사의 무게보다 더 위대하다고 보았기에, "무슨 어려움이 있겠느냐."는 하유(何有) 2자를 통하여 "그들은 정사를 넉넉히 잘할 수 있다."고 말하였다. 이 또한 계강자에게 그 그릇에 따라 사람을 부리는 도를 깨우쳐 준 것이다. 여기에서 말한 과감, 통달, 재예는 모두 타고난 자품(資品)으로 말한 게 아니라, 학문을 통해 얻은 소양을 말한다.

季康子 問仲由는 **可使從政也與**잇가
子曰 由也는 **果**하니 **於從政乎**에 **何有**리오
曰 賜也는 **可使從政也與**잇가
曰 賜也는 **達**하니 **於從政乎**에 **何有**리오
曰 求也는 **可使從政也與**잇가
曰 求也는 **藝**하니 **於從政乎**에 **何有**리오

계강자가 물었다.
"중유는 임금을 따라 정사하는 대부에 임용할 만합니까?"
부자께서 말씀하셨다.
"중유는 과감한 결단이 있으니, 정사하는 데 무슨 어려움이 있겠는가."
"사(賜: 자공)는 정사하는 대부에 임용할 만합니까?"
"사는 사리에 밝으니, 정사하는 데 무슨 어려움이 있겠는가."
"구(求)는 정사하는 대부에 임용할 만합니까?"
"구는 재예가 많으니, 정사하는 데 무슨 어려움이 있겠는가."

강설

노나라 대부 계강자가 부자에게 여쭈었다.
"중유의 능력은 임금을 따라 정사하는 대부에 임용할 만한 인물입니까?"
"국정을 맡은 자는 그 과감한 결단을 높이 평가하는 것이다. 중유처럼 남을 이길 수 있는 용맹을 지닌 자는 과감한 사람이라 하겠다. 과감하면 큰 의심을 결단하고 나라의 큰일을 결정하기에도 넉넉하다. 그깟 대부쯤이야 무슨 어려움이 있겠는가."
"자공의 능력은 정사하는 대부에 임용할 만한 인물입니까?"
"국사를 도모하는 데에는 사리의 통달을 높이 평가하는 것이다. 자공처럼 영특한 이는 명달(明達)한 사람이라 하겠다. 사리를 통달하면 일의 기미를 살피고 나라의 체제를 통달할 수 있다. 그깟 대부쯤이야 무슨 어려움이 있겠는가."
"염구의 능력은 정사하는 대부에 임용할 만한 인물입니까?"

"나라의 일에 대응하는 데에는 그 재예를 높이 평가하는 것이다. 염구처럼 재능이 많은 이는 재예를 갖춘 사람이라 하겠다. 재예가 있으면 번거로운 일을 다스릴 수 있고 많은 일을 두루두루 처리할 수 있다. 그깟 대부쯤이야 무슨 어려움이 있겠는가."

이 세 사람은 모두 쓸모 있는 재목이며, 부자에게 도를 얻어 그릇을 이룬 인물들이다. 그러나 아쉽게도 계강자는 그들을 제대로 쓸 줄 몰랐다.

集註

從政은 謂爲大夫라 果는 有決斷이오 達은 通事理오 藝는 多才能이라

○ 程子曰 季康子問三子之才可以從政乎아한대 夫子答以各有所長하시니 非惟三子라 人各有所長하니 能取其長이면 皆可用也니라

[훈고] 종정(從政)은 대부 삼음을 말한다. 과(果)는 결단이며, 달(達)은 사리에 통함이며, 예(藝)는 재능이 많음이다.

○ 정자[伊川]가 말씀하였다.

"계강자가 '세 사람의 재능은 정사하는 대부에 임용할 만합니까?'라고 묻자, 부자께서 각기 지닌 장점으로 대답하였다. 이는 세 사람뿐만 아니라, 사람마다 각기 장점이 있다. 그 장점을 취하면 모든 사람을 쓸 수 있다."

7. 계씨전지 季氏全旨

이 장에서는 민자건이 권문세가에 벼슬하지 않으려는 뜻을 보여주고 있다.

계씨의 비(費) 땅이 강성하면 노나라가 쇠약해지기에, 부자께서 그들의 성을 무너뜨리려고 한 바 있다. 따라서 민자건은 공실(公室)을 쇠약하게 만들고 사가(私家)를 강성하게 하는 일을 원치 않았다. 이 때문에 이 말을 가탁하여 쓴 것이다. 전체의 뜻은 확고한 결의에 찬 말로 쓰여 있다, 단 덕망이 있는 자의 말이기에 저절로 온화하고 완곡할 뿐이다.

선위아사언(善爲我辭焉) 구절은 계씨의 부름을 사양한 말이며, 여유(如有) 2구[如有復…汶上矣]는 훗날 다시 부르러 올 것을 미리 저지한 것이다. '잘 말해달라'는 선(善)자는 계씨의 노여움을 살까 두려워하는 말이 아니다. 단 나의 뜻을 전하여 그의 부름을 저지하려는 데 있을 뿐이다.

"문수 위에 있겠다.[在汶上]"는 것은 멀리 은둔하겠다[高蹈遠引]는 뜻이다. 설령 부모의 나라를 떠난다고 할지라도 아쉬워할 바가 아님을 말한다. 하지만 사양좌(謝良佐)의 말처럼 "민자건은 이런 의중을 직접 드러낼 수 없었을 뿐이다."

季氏 使閔子騫으로 爲費宰한대

閔子騫이 曰 善爲我辭焉하라 如有復我者댄 則吾必在汶上矣로리라

계씨가 민자건을 불러 비읍의 원님으로 삼으려고 하자, 민자건이 말하였다.
"나를 위하여 잘 말하여다오. 만일 나를 다시 부르러 온다면, 나는 반드시 문수(汶水) 위에 있을 것이다."

강설

계씨는 민자건에게 사신을 보내어 그를 불러들여 비읍의 원님을 삼고자 하였다. 이는 그의 어짊을 사모하여 신하로 삼고자 하는 마음에서다.
민자건이 사신에게 말하였다.
"지금 나의 마음은 벼슬하고 싶지 않다. 그대는 나를 위해 대부(계씨)에게 잘 말해주오. 만일 잘 말씀드리지 못하여 다시 나를 찾아온다면 나는 결코 노나라를 버리고 제나라의 문수 위에 머물 것이다. 그렇게 되면 나에게 다시 벼슬하라고 말할 수 있겠는가."
옛적의 예법에 대부는 국경을 넘어 어진 이를 부르지 못한다. 이 때문에 국경 너머 제나라 접경으로 피신하고자 하였다. 민자건이 이처럼 결연한 의지로 사양함은 권문세가에 몸을 잃지 않고자 함이나 또한 완곡한 말로 그의 비위를 거스르지 않음은 난세에 화를 면하고자 함이다.

集註

閔子騫은 孔子弟子니 名損이라

費는 季氏邑이라 汶은 水名이니 在齊南魯北竟(境)上하다

閔子不欲臣季氏하야 令使者善爲己辭라 言若再來召我면 則當去之齊라하니라

○ 程子曰 仲尼之門에 能不仕大夫之家者는 閔子曾子數人而已니라

謝氏曰 學者能少知內外之分이면 皆可以樂道而忘人之勢온 況閔子는 得聖人하야 爲之依歸하니 彼其視季氏不義之富貴를 不啻犬彘어늘 又從而臣之 豈其心哉리오 在聖人則有不然者하니 蓋居亂邦, 見惡人은 在聖人則可커니와 自聖人以下는 剛則必取禍하고 柔則必取辱하나니 閔子豈不能早見而豫待之乎아 如由也不得其死하고 求也爲季氏附益하니 夫豈其本心哉리오 蓋旣無先見之知하고 又無克亂之才故也니라 然則閔子는 其賢乎ㄴ저

[훈고] 민자건은 공자 제자이니, 이름은 손(損)이다.(魯人)
비(費)는 계씨의 식읍이다. 문(汶)은 물 이름이니, 제나라의 남쪽, 노나라의 북쪽 국경 위에 있다.

[해석] 민자는 계씨의 신하가 되기를 원하지 않아, 사신에게 "나를 위하여 잘 말해 달라."고 부탁하였다. "만일 다시 찾아와 나를 부른다면 이곳을 떠나 제나라로 갈 것이라."고 말

하였다.

○ 정자[伊川]가 말씀하였다.

"부자의 문인으로 대부의 집안에서 벼슬하지 않은 이는 민자건과 증자 등 몇 사람뿐이었다."

사씨[謝良佐]가 말하였다.

"배우는 이로서 조금이라도 안팎의 분수를 안다면 모두가 자신의 도를 즐기면서 타인의 권세를 잊을 것이다. 더욱이 민자건은 성인을 만나 그에게 귀의한 사람이다. 그는 계씨의 의롭지 못한 부귀 보기를 개나 돼지처럼 보는 정도에 그치지 않는데, 또 그를 따라 신하가 된다는 것이 어찌 그의 마음이겠는가.

그러나 성인의 경지에 있어서는 그렇지 않다. 어지러운 나라에 살면서 악한 사람을 보는 것은 성인에게 있어서는 가능하지만, 성인 이하의 사람은 강직하면 반드시 화를 얻게 되고 유약하면 반드시 욕을 겪게 된다. 민자는 어찌 앞서 이를 보고서 미리 대처하지 못하겠는가.

예컨대 강직한 자로는 제 죽음을 얻지 못하였고, 유약한 염구는 계씨를 위하여 더 부유하게 만들어주었다. 어찌 그들의 본심이었겠는가. 이는 〈그들이 벼슬하기에〉 앞서 선견지명의 지혜가 없었고, 또한 〈벼슬한 이후에〉 혼란을 극복할 재능이 없었기 때문이다. 이로 보면 민자는 어진 사람이다."

8. 백우전지 伯牛全旨

이 장에서는 사제간의 도타운 정을 보여주었고, 또한 자연과 인간 사이에 주어진 천명을 달관한 것이다.

부자가 그의 병실로 들어가지 않음은 염백우의 집안에서 사제의 예가 아닌, 군신의 예로 지나치게 받들었기 때문이다. 이를 피함은 의(義)이며, 들창문으로 그의 손을 잡으며 영결의 마음을 다함은 인(仁)이다. 이는 성인이 자연스럽게 중도에 맞은 부분이다.

'무지(亡之)' 이하 문장은 애통해하고 아쉬워하는 말이지, 영원한 결별이 아님을 집주에서 살펴볼 수 있다. 염백우는 덕행으로 일컫는 인물이다. 부자가 노나라 사구(司寇)일 적에 그를 중도(中都)의 읍재로 삼은 데에서 그의 인품을 가늠해 볼 수 있다.

伯牛 有疾이어늘 子 問之하실세 自牖로 執其手曰亡(무)之러니 命矣夫라 斯人也 而有斯疾也할셔 斯人也 而有斯疾也할셔

염백우에게 몹쓸 병이 있어 부자께서 문병할 적에 남쪽 들창문에서 그의 손을 잡으시고 말씀하셨다.

"이 몹쓸 병이 없을 터인데,(율곡은 死亡의 亡자로 간주하여 '반드시 죽게 생겼구나.'의 뜻으로 보았음.)

이는 천명이다. 이런 사람에게 이런 몹쓸 병이 있다니, 이런 사람에게 이런 몹쓸 병이 있다니."

강설

염백우가 불행스럽게도 회생할 수 없는 질병으로 앓아눕자, 부자께서 지극한 사제의 정으로 그를 찾아가 문병하였다. 당시 그의 집안에서 염백우를 남쪽 창문 아래로 옮겨 누여 부자가 남면으로 그를 바라보게 하였다. 이는 임금의 예로 스승을 높이고자 함이다. 부자께서 이를 감당할 수 없었기에 그의 방에 들어가지 않고 남쪽 들창문을 통하여 그의 손을 잡고 탄식하였다.

"병세가 여기에 이르렀으니, 반드시 죽게 생겼구나. 이는 진정 하늘의 명이다. 나는 이와 같은 덕행을 지닌 사람에게 이처럼 몹쓸 병이 있으리라고는 생각지도 못하였다. 나는 이와 같은 덕행을 지닌 사람에게 이처럼 몹쓸 병이 있으리라고는 생각지도 못하였다.

군자는 이에 또한 주어진 운명에 대해 편안히 여기고, 헤아릴 수 없는 하늘의 뜻에 돌릴 뿐이니, 장차 이를 어찌할까?"

集註

伯牛는 孔子弟子니 姓冉이오 名耕이라

有疾은 先儒以爲癩也라 牖는 南牖也라

禮에 病者 居北牖下라가 君이 視之면 則遷於南牖下하야 使君得以南面視己이어늘 時에 伯牛家以此禮로 尊孔子하니 孔子不敢當이라 故로 不入其室하고 而自牖執其手하시니 蓋與之永訣也라

命은 謂天命이라 言此人不應有此疾이어늘 而今乃有之하니 是乃天之所命也라 然則非其不能謹疾而有以致之를 亦可見矣라

○ 侯氏曰 伯牛以德行稱하야 亞於顔閔이라 故로 其將死也에 孔子尤痛惜之하시니라

[훈고] 백우는 공자 제자니, 성은 염(冉)이요, 이름은 경(耕)이다.(魯人)
질병에 대해 선유(先儒)는 나병이라고 말한다. 유(牖)는 남쪽 창문이다.

[해석] 『예기』에 의하면, "환자는 평소 북쪽 창문 아래에 눕히는데, 임금이 환자를 보려고 하면 남쪽 창문 아래로 옮겨 눕혀 임금이 남쪽을 향하여 환자를 보도록 하였다."(「喪大記」) 당시 염백우의 집안에서 이런 예로써 공자를 높이기에 공자는 감히 이를 받아드릴 수 없었다. 이 때문에 그의 방에 들어가지 않고 남쪽 들창문으로 그의 손을 잡았다. 이는 그와 영결을 고함이다.

명(命)은 천명이다. 이런 사람에겐 응당 이런 병이 없었을 법한데, 오늘날 이런 병이 있으니, 이는 곧 하늘이 그렇게 명한 바이다. 이로 보면 그가 병을 삼가지 않음으로써 이러한 병에 걸리게 된 것이 아님을 또한 찾아볼 수 있다.

○ 후씨[侯仲良: 字 師聖. 河東人]가 말하였다.

"염백우는 덕행으로 '안자와 민자건에 버금가는 사람'이라고 일컫는다. 이 때문에 그가 장차 죽으려고 함에 공자가 더욱 애통하고 아쉬워하였다."

[보 補]

'무지(亡之)'에 대해 언해(諺解)와 퇴계는 유무(有無)의 무(無)자 뜻으로 보아, 주자 집주의 "응당 이런 병이 없었을 법한데[不應有此疾]"라는 구절을 근거로 제시했으나, 율곡과 사계(沙溪), 그리고 『논어비지』에서는 사망(死亡)의 망(亡)자로 보아 "반드시 죽게 생겼다.[必死]"는 뜻으로 말하였다.[222]

율곡이 말한 "죽게 생겼다.[亡(망)之]"는 구절은 '천명이다[命矣夫]'라는 문장의 해석으로 보았다. 이런 사람이 이렇게 죽는다는 것은 어쩔 수 없는 천명임을 말한다. 주자의 집주에서 말한 "평소 이처럼 덕행이 높은 사람은 당연히 이런 몹쓸 병이 있지 않을 것[此人不應有此疾]"이라는 단락은 "어쩔 수 없는 천명[命矣夫]"임을 말한 것이지, '망지(亡之)' 2자에 대한 해석이 아니라고 하였다.[223]

이는 '불응유차질(不應有此疾)' 구절 또한 퇴계의 말처럼 유무(有無)의 유(有: 有此疾)에 중점을 두어 말한 게 아니라, 이런 병이 없을 사람이 있다는 것, 바로 그것이 천명임을 말한다고 보았다.

9. 현재전지 賢哉全旨

이 장에서는 부자께서 안자의 어짊에 대하여 찬미하고 있다.

첫 구절[賢哉回也]은 허설(虛說)의 찬미이고, 그 이하의 문장은 그가 가난하면서도 도를 즐긴다는 점을 들어 그의 어짊을 거듭 말하고 있다. 이의 중점은 "그 즐거움을 변하지 않는다.[不改其樂]"는 구절에 있다.

끝부분의 "어질다, 안회여.[賢哉回也]" 구절은 첫 구절과 상응하고 있다. 안자의 즐거움은 원래부터 있었다. 다만 가난으로 인하여 그 즐거움을 변하지 않았을 뿐이다. 기(其)자를 음미해 보면 그 즐거움은 가난하기 이전에 존재해왔던 것이지, 가난으로 인하여 생긴 게 아님을 알 수 있다. '변하지 않는다[不改]'는 것 또한 부자가 안자의 마음을 은연중 간파한 말일 뿐, 안자는 정작 그 자신이 변함이 있었는지, 없었는지조차 몰랐다.

도시락과 표주박 그리고 누항은 그의 가난한 생활을 극단적으로 말하여, 가난한 생활에서도 편안하고 자득했었음을 나타낸 말에 지나지 않는다. 여기에서 자세히 살펴보아야 할 부분이 있다. 안자

222 『俛宇集』 권102, 「答李致三」. "亡之命矣夫, 栗谷沙溪 皆以亡作死亡之亡, 諺解作有亡之亡 何如? 曰 諺解與退溪說同, 集註不應有此疾, 正是有亡之亡."

223 『栗谷全書』 권32, 「語錄 下, 牛溪集」. "論語 亡之, 命矣夫, 亡乃死亡之亡. 蓋此人不應有此疾一段, 是解命矣夫之文, 非解亡之兩字也. 栗谷先生 亦以存亡之亡看."

는 박문약례(博文約禮) 이후에 마음과 천리(天理)가 하나로 계합하였다. 이것이 안자의 참다운 즐거움이다.

子曰 賢哉라 回也여 一簞食와 一瓢飮으로 在陋巷을 人不堪其憂어늘 回也 不改其樂하니 賢哉라 回也여

부자께서 말씀하셨다.

"어질다, 안회여. 하나의 도시락 밥, 하나의 표주박 물로 외진 시골에 사는 것을 사람들은 그런 고생을 감당하지 못하는데, 안회는 그 즐거움을 변하지 않으니, 어질다, 안회여."

강설

부자께서 안자의 어짊에 대해 칭찬하셨다.

"어질다, 안회여. 맛있는 음식, 안락한 거처는 모든 사람이 다 원하는 것들이다. 안자의 끼닛거리라면 하나의 도시락이며, 마시는 것이라곤 하나의 표주박에 담긴 물뿐이다. 그리고 거처하는 곳은 외진 시골이었다.

누항 표주박 도시락 빈한한 그의 생활을, 여느 사람이 그런 상황에 맞닥뜨리면 참으로 그 괴로움을 견디지 못했을 것이다. 그런데도 안회는 여기에 태연히 거처하고 자족하면서 그 즐거움을 변하지 않았다. 이는 도를 얻어 바깥 모든 사물을 잊었기 때문이다. 식견이 고매하고 순수하게 함양된 사람이 아니었다면 이처럼 즐길 수 없었을 것이다. 어질다, 안회여. 어떻게 남들이 따라갈 수 있겠는가."

集註

簞은 竹器오 食는 飯也오 瓢는 瓠也라

顔子之貧如此로되 而處之泰然하야 不以害其樂이라 故로 夫子再言賢哉回也하야 以深嘆美之니라

○ 程子曰 顔子之樂은 非樂簞瓢陋巷也오 不以貧窶累其心而改其所樂也라 故로 夫子稱其賢이니라

又曰 簞瓢陋巷은 非可樂이오 蓋自有其樂爾니 其字를 當玩味면 自有深意니라

又曰 昔受學於周茂叔할세 每令尋仲尼顔子樂處 所樂何事러니라

愚按程子之言 引而不發은 蓋欲學者深思而自得之니 今亦不敢妄爲之說하노라 學者 但當從事於博文約禮之誨하야 以至於欲罷不能而竭其才면 則庶乎有以得之矣리라

[훈고] 단(簞)은 대그릇이며, 사(食)는 밥이며, 표(瓢)는 표주박이다.

[해석] 안자의 가난이 이와 같으나, 태연하게 살면서 그 즐거움을 해치지 않았다. 이 때문에 부자께서 두 차례나 "어질다, 안회여."라고 말하여 그를 깊이 찬탄하였다.

○ 정자[伊川]가 말씀하였다.

"안자의 즐거움은 도시락과 표주박으로 외진 시골에 사는 그 자체를 즐기는 게 아니다. 가난에 그의 마음에 얽매인 바 없어 그 즐거움을 변하지 않는 것이다. 이 때문에 부자께서 그의 어짊을 칭찬하였다."

정자[明道]가 또 말씀하였다.

"도시락과 표주박, 외진 시골 그 자체를 즐긴 게 아니다. 스스로의 그 즐거움이 있는 것이다. 기(其) 자를 깊이 음미해 보면 그 나름 깊은 뜻이 담겨있다."

정자[明道]가 또 말씀하였다.

"예전에 주무숙(周茂叔: 周敦頤)에게 가르침을 받을 적에 매양 부자와 안자가 즐거워한 곳의 즐거워했던 바가 어떤 일인지를 찾도록 하였다."

나는 살펴보니 다음과 같다.

"정자(명도)의 말씀은 활 쏘는 사람이 활시위를 당기기만 했을 뿐, 화살을 쏘지 않은 것[引而不發: 어떻게 배워야 하는가라는 방법만 보여줬을 뿐, 그것을 어떻게 얻느냐에 대해서는 스스로 터득하도록 설명하지 않음](『孟子』「盡心 上」)처럼 배우는 이들이 깊이 생각하여 스스로 깨닫도록 하고자 함이다. 여기에 또한 감히 부질없이 말할 순 없다. 하지만 배우는 이가 '글을 널리 배우고 예로 요약한다.'는 가르침에 따라 노력하여 '그만두려고 해도 그만두지 못하고 그 재주를 다하는'(「子罕」) 데에 이르게 되면 거의 안자의 즐거움을 알 수 있을 것이다."

[보 補]

서산 진씨는 위의 집주를 자세히 분석하여 서술하고 있는바, 다음과 같다.

첫째는 안자의 즐거움이 무엇인지 아는 방법을 총체적으로 정리하였고,

둘째는 안자가 어떤 경지에서 이처럼 즐기느냐는 점을 밝혀주었으며,

셋째는 안자의 공부에 따라 그 즐거움을 얻어가는 방법, 궁극적으로 이르러야 할 경지를 구체적으로 제시해 주고 있다.

"집주에 인용한 정자의 말씀은 세 조목이다.

그중 첫째는 가난으로 그 즐거움을 변치 않음을 말하였고,

둘째는 스스로 그 즐거움을 지녔다는 것이며,

셋째는 즐거워한바 그 무엇인가를 묻고 있다.

그 모두가 안자의 즐거움이 그 무슨 즐거움인지 모두 말하지 않고, 그 말미 부분에서 배우는 이들에게 널리 글을 배우고 예로 수렴하는 공부를 하도록 알려주었지만, 널리 글을 배우고 예로 수렴하는데 또한 무슨 즐거움이 있는 것일까? 그 부분은 정작 끝까지 말씀하지 않았다. 명도와 주자 두 분은 배우는 이들에게 그 무언가를 숨기고서 일러주지 않은 것처럼 보이

지만, 사실 숨김없이 일러준 바 심오하다.(위는 안자의 즐거움이 무엇인지 아는 방법을 총체적으로 정리한 부분이다.)

어떤 사람[鮮于侁]이 '안자가 즐긴 바는 도이다.'라고 말하자, 이천선생은 잘못된 말이라고 하였다.[侁曰 不過是說顔子所樂者道. 伊川曰 若有道可樂, 便不是顔子. 以此知伊川見處極高.](『二程子抄釋』 권7) 위의 말로 살펴보면, '즐긴 바 도'라는 말은 어찌 타당한 말이 아니겠는가? 그런데도 이천선생은 이를 잘못되었다고 말함은 무엇 때문일까? 도란 일상의 사물에 당연한 이치일 뿐이다. 어떤 한 물건으로 가지고 놀면서 즐기는 그런 존재가 아니다. 만일 '즐긴 바 도'라고 말하면 그것은 나의 몸과 도는 각기 다른 하나의 존재로 양립되어 '혼융한 한 덩어리로 빈틈이 없는 경지'에 이르지 못한 것이다. 어떻게 성현의 즐거움이라 말할 수 있겠는가.(위는 안자의 경지를 밝혀준 부분이다.)

안자의 공부는 박문약례(博文約禮)에 힘을 썼다.

박문(博文)이란 이 세상 모든 이치를 궁구하지 않음이 없는 것으로 공부를 드넓게 함을 말한다. 문(文)은 모든 사물에 다 있는 자연의 조리이며, 박(博)은 드넓음이다. 이천이 논한 격물과 같다. 일신의 심오한 성정 이치로부터 하나의 풀과 나무의 이치까지 강구하지 않음이 없다는 것이 이를 말한다.

약례(約禮)란 극기복례의 일이다. 내외와 정추(精麤)의 2가지를 아울러 극복해 나아가면 마음과 몸이 모두 이치와 하나가 되어 천리의 속에서 자연스럽게 유유자적함으로써 아무리 도시락과 표주박으로 외진 곳에 살지라도 가난한 줄을 모르고 만종의 녹에 구정(九鼎)의 성찬을 마주할지라도 부유한 줄 모를 것이다. 이것이 바로 안자의 즐거움이다.(위는 안자의 공부에 따라 그 즐거움을 얻어가는 방법과 극처의 경지를 구체적으로 제시해 주고 있다.)

명도와 주자 양 선생은 사람들이 안자의 즐거움을 상상하면서 그 공부에 실제 힘쓸 줄을 모르면 아무리 날마다 안자의 즐거움을 말한다 한들 나에게 그 무슨 도움이 될까? 이를 두려워했다. 이 때문에 명도선생은 전혀 밝히지 않고 사람들이 스스로 생각하여 체득하도록 하였다.

그러나 주자는 또한 사람들이 착수할 곳을 찾지 못할까 두려운 마음에 특별히 '박문약례' 4자를 제시하여 오늘날의 배우는 이들이 이로부터 노력하여 진심으로 쌓아가고 오랜 세월 힘을 쓰면 자연스럽게 얻은 바 있어, 기쁜 마음에 그만두려 해도 그만두지 못하는 경지에 이르노라면 안자의 즐거움이 무엇인지 거의 알게 될 것이라고 말하였다.(위는 명도와 주자의 교육 방법을 통해 후학을 권면한 부분이다.)"[224]

---

224 『大全』該註. "西山眞氏曰 集註所引程子三說, 其一曰不以貧窶改其樂, 二曰蓋自有其樂, 三曰所樂何事, 皆不說出顔子之樂是如何樂, 其末却令學者於博文約禮上用功, 博文約禮, 亦有何樂? 程朱二先生, 若有所隱而不以告人者, 其實無所隱而告人之深也. 有人謂顔子所樂者道, 程先生以爲非. 由今觀之, 所樂者道之言, 豈不有理? 而程先生乃非之, 何也? 蓋道只是當然之理而已, 非有一物可以玩弄而娛悅也. 若云所樂者道, 則吾身與道, 各爲一物, 未到渾融無間之地, 豈足以語聖賢之樂哉? 顔子工夫, 乃是博文約禮上用力, 博文者, 言於天下之理,

여기에서 '즐긴 바 도'라는 것과 안자의 진정한 즐거움에 대해 다시 한번 살펴보면, 다음과 같다. '즐긴 바 도'라는 것은 도를 대상으로 설정하여, 주관적 자아와 객관적 도라는, 저것과 이것이라는 피아의 분별로 인식한 것이다. 예컨대 내가 좋아하는 건 쇠고기라 하자, 이는 쇠고기를 바라보면서 회상하거나 먹으면서 느끼는 말이다. 아직은 든든한 나의 뱃속이 포만감을 즐기는 게 아니다.

따라서 "즐기는 대상이 도에 있어 도로 즐거움을 삼음은 참으로 도를 배우는 사람으로 말한 것이다. 애당초 도를 배우지 않은 사람이야 이런 즐거움 자체를 모르지만, 이미 도를 얻은 사람은 이런 즐거움과 자아마저 모두 잊었기에 즐거워하는 곳이 바로 도 그 자체이다. 따라서 저 도라는 것을 대상으로 삼아 나의 마음을 즐기는 단계가 아니다.

공자와 안자의 마음은 화창한 바람이나 비 갠 뒤의 밝은 달과 같다. 인욕의 찌꺼기가 모두 사라져 태어나서부터 죽을 때까지 모두가 도리이다. 도리에 따라 자연스럽게 행하므로 어느 곳에서나 즐거움을 누리는 것이다. 부귀의 처지에서는 즐거움이 부귀에 있고 빈천한 처지에서는 즐거움이 빈천에 있고, 이적과 환난의 처지 그 어느 곳이든 모두 그와 같다. 현재의 처지 그 자리가 바로 도이고, 도의 자리가 바로 즐거움이다. 애당초 도를 즐거움의 대상으로 삼아 이를 즐기는 게 아니다."[225]

10. 염구전지 冉求全旨

이 장에서는 학문이란 스스로 굳셈[自强]이 귀중함을 말하여, 염구를 경책하는 뜻을 담고 있다.

염구는 겉으로 힘이 부족하다는 명분을 빌려 그가 부자의 도를 좋아하지 않은 실상을 은연중 숨기고자, 첫머리에서 "제가 좋아하지 않은 것은 아니지만…"이라는 비불열(非不說) 3자를 말하였다. 이는 부자 앞에서 "자신은 좋아하지 않는다."는 점을 말한 것으로, 이미 "스스로 한계의 선을 그은 것이다.[自畫]"

따라서 부자는 힘이 부족하여 중도에서 쓰러지는 사람을 예로 들어 힘이 부족할 때의 모습을 표현함으로써 염구가 "스스로 선을 그은 것"을 타파하여, 염구로 하여금 몸을 숨길 곳을 없게 함과

無不窮究, 而用功之廣也. 文者, 言凡物皆有自然之條理也. 博者, 廣也. 如伊川之論格物, 自一身性情之理與一草一木之理, 無不講究 是也. 約禮者, 言以理檢束其身, 而用功之要也, 如視聽言動, 必由乎禮, 常置此身於準繩規矩之中, 而無一毫放逸恣縱之意 是也. 博文者, 格物致知之事也. 約禮者, 克己復禮之事也. 內外精粗二者并進, 則此心此身, 皆與理爲一, 從容游泳於天理之中, 雖簞瓢陋巷, 不知其爲貧; 萬鍾九鼎, 不知其爲富, 此乃顔子之樂也. 程朱二先生, 恐人只想像顔子之樂, 而不知實用其功, 雖日談顔子之樂, 何益於我? 故程子全然不露, 只使人自思而得之. 朱先生, 又恐人無下手處, 特說出博文約禮四字, 今學者從此用力, 眞積力久, 自然有得, 至於欲罷不能之地, 則顔子之樂, 可以庶幾矣."

225 위와 같음. "潛室陳氏曰 所樂在道, 以道爲樂, 此固學道者之言. 不學道之人, 固不識此滋味. 但已得道人, 則此味與我兩忘, 樂處卽是道, 固不待以彼之道樂我之心也. 孔顔之心, 如光風霽月, 查滓渾化, 從生至死, 都是道理, 順理而行, 觸處是樂, 行乎富貴則樂在富貴, 行乎貧賤則樂在貧賤, 夷狄患難, 觸處而然. 盖行處卽是道, 道處卽是樂, 初非以道爲可樂而樂之也."

동시에 그의 말을 인정하지 않은 것이다.

열(悅)과 획(畫)은 상반된 글자로, 염구가 "스스로 선을 긋고" 더 이상 앞으로 나가지 않은 것은 매우 좋아하지 않은 데에서 연유한 것이다.

冉求 曰非不說(悅)子之道언마는 **力不足也**로이다
子曰 力不足者는 **中道而廢**하나니 **今女**는 **畫**이로다

염구가 말하였다.

"부자의 도를 좋아하지 않은 것은 아니나, 힘이 부족합니다."

부자께서 말씀하셨다.

"힘이 부족한 사람은 힘이 다하여 중도에서 멈추는데, 지금 너는 스스로 한계의 선을 그은 것이다."

강설

염구는 부자께서 안회를 칭찬하는 말을 듣고서 말하였다.

"제 마음은 부자의 도를 좋아하여, 이에 이르고자 생각하지 않은 것은 아니지만, 타고난 기품이 혼매하고 나약하므로 나아가려고 해도 힘이 부족합니다."

부자께서 그를 꾸짖어 말씀하셨다.

"이른바 '힘이 부족하다'라는 것은 단 한 번도 힘쓰지 않음을 말한 게 아니다. 힘껏 노력하여 앞으로 나아가려다가 중도에 이르러 그 힘이 부족함으로 인하여 멈춤을 말한다. 힘이 더 있다면 절대 멈추지 않았을 것이다. 오늘날 너는 앞으로 나아갈 힘이 있음에도 불구하고 앞으로 나아가고자 하는 마음이 없다. 이는 스스로 선을 그어놓고 한계를 설정한 것과 같다. 네가 이르고자 하는 바에 어떻게 힘이 부족하다는 핑계를 댈 수 있겠는가."

集註

力不足者는 **欲進而不能**이오 **畫者**는 **能進而不欲**이니 **謂之畫者**는 **如畫地以自限也**라

○ **胡氏曰 夫子稱顏回不改其樂**하시니 **冉求聞之**라 **故**로 **有是言**이라 **然**이나 **使求說夫子之道**을 **誠如口之說芻豢**이면 **則必將盡力以求之**러니 **何患力之不足哉**리오 **畫而不進**이면 **則日退而已矣**니 **此冉求之所以局於藝也**니라

[훈고] 힘이 부족하다는 것은 앞으로 나아가고자 해도 나가지 못함이며, 획은 나아갈 힘이 있음에도 하려고 하지 않음이니, 이를 획이라 말함은 땅에 선을 그어 스스로 한계를 짓는 것과 같다.

○ 호씨[胡寅]가 말하였다.

"부자가 '안회는 그 즐거움을 변하지 않는다.'고 칭찬하자, 염구가 그 말을 들었다. 이 때문에 이 말을 하게 된 것이다. 그러나 만일 염구가 부자의 도를 진정 입으로 살코기를 먹는 것처럼 좋아하였다면 반드시 힘을 다하여 추구했을 것이다. 어찌 힘이 부족함을 걱정하겠는가. 스스로 선을 그어 앞으로 나아가지 않으면 나날이 뒤로 물러날 뿐이다. 이는 염구가 재예에 국한되어 〈앞으로 나가지 못한〉 바이다."

11. 여위전지 女爲全旨

이 장에서는 자하에게 참 선비[眞儒]의 학문으로 나아가도록 격려한 것이다. 유(儒)자를 군자와 소인으로 구별함은 모두 그 마음 씀씀이에 있다. "너는 이런 사람이 되어야지[女爲…]"와 "이런 사람은 되지 말라[無爲…]"는 상하 구절은 매우 밀접하게 상응하므로 하나의 직접적인 말[直說]이지, 두 뜻으로 보아서는 안 된다.

똑같은 선비로서도 마음 씀씀이에 진실과 거짓의 차이가 있다. 하나는 저런 사람이고 하나는 이런 사람이라는 것은 군자와 소인의 경계를 구분함이며, 여기에서 벗어나면 저기로 들어간다는 것은 한 생각의 기미(幾微: 선악의 구분)를 엄격히 구분함이며, 사이비(似而非)와 같은 소인 선비와 그 반대의 군자 선비를 구별함은 두 부류의 유사한 점을 밝힘이다.

子 謂子夏曰 女爲君子儒오 無爲小人儒하라

부자께서 자하에게 말씀하셨다.
"너는 군자의 선비가 되고, 소인의 선비가 되지 말라."

강설

부자께서 자하에게 말씀하셨다.
"선비는 하나이지만, 군자와 소인의 구분이 있다. 너는 반드시 자신의 도리를 위한 데에 힘쓰는 군자의 선비가 되어야 할 것이며, 남에게서 얻고자 하는 것을 스스로 경계하여 소인의 선비가 되어서는 안 된다. 어찌 모두 선비라 하여 선택할 바가 없을 수 있겠느냐."

集註

儒는 學者之稱이라

程子曰 君子儒는 爲己오 小人儒는 爲人이니라

○ 謝氏曰 君子小人之分은 義與利之間而已라 然이나 所謂利者는 豈必殖貨財之謂리오 以私滅公하고 適己自便하야 凡可以害天理者는 皆利也라 子夏 文學雖有餘나 然이나 意其遠者大者에 或昧焉이라 故로 夫子語之以此하시니라

[훈고] 유(儒)는 학자를 일컫는 말이다.

[해석] 정자[伊川]가 말씀하였다.

"군자의 선비는 자신이 해야 할 도리를 위하고, 소인의 선비는 남에게서 얻을 수 있는[부귀 공명 따위] 것을 위한다."

○ 사씨[謝良佐]가 말하였다.

"군자와 소인의 구분은 의로움과 이로움의 사이일 뿐이다. 그러나 이른바 이로움이란 어찌 꼭 재물 불림만을 말하겠는가. 사사로움으로 공정한 마음을 버리고, 나에게 맞추어 자기만을 위한 편의로 천리에 해가 되는 모든 것이 이로움이다. 자하는 문학엔 넉넉함이 있으나, 생각해 보면 그 원대한 의리에는 혹 혼매한 까닭에 부자가 그에게 이를 말한 것이다."

[보 補]

유(儒)란 유자(儒者), 유생(儒生), 요즘 말하는 학자이다. 같은 학문을 닦으면서도 다른 길을 걸음에 따라 그 평가는 엇갈린다. 군자와 소인은 하늘과 땅 사이지만, 그것은 '공'과 '사'라는 한 생각에서 나뉜다.

그렇다면 학자에 있어 어떤 것이 '공'이고 '사'일까? 이는 먼저 군자다운 학자는 위기(爲己), 소인배의 학자는 위인(爲人)으로 정의하였다. 여기에서 말한 위기(爲己)는 이기주의(利己主義)를 말하지 않고, 위인(爲人)은 남을 위한 헌신과 봉사를 말한 게 아니다. 소인배의 학자, 즉 소인유(小人儒)의 위인(爲人)이란 자기의 본분을 위해 공부하지 않고 다만 말만으로 남을 속이는 사람이라 한다.[226] 자신의 도리를 다하는 것 '위기'의 '공'이고 남을 속여 목적을 이루는 것 '위인'의 '사'로 규정하였다.

이를 부연하면 다음과 같다.

"학문을 닦는 그들이 인을 배우고 의를 배우면서 나의 본성에 고유한 바와 나의 직분에 따라 마땅히 행하여야 할 것을 알고서 나의 일을 다 함은 '위기'이다."

위와 같이 군자 선비의 '나의 일을 위하는' 위기(爲己)는 첫째 인의를 대상으로 하는 것, 둘째 인의의 고유성과 인의의 소당연(所當然)을 아는 것, 셋째 이를 실천하는 것이다. 공(公)이란 곧 인의의 천리를 말한다. 인의의 도리를 대상으로 이를 인식하고 실천하는 공부를 '나의 일을 위함'이라 한다. 소인의 선비는 이와 반대이다.

"인의를 배우고서도 명예를 추구하고 이록(利祿)을 추구하는 것이 바로 위인(爲人)이다."[227]

이처럼 '위인'이란 남에게 얻을 수 있는 명예와 이록, 바꿔 말하면 인의와 배치된 사욕이라 한다. 사(私)란 이러한 사리사욕을 말한다. 즉 사리사욕을 위해 노력하는 자를 '남에게서 얻

---

226 『大全』該註. "朱子曰 君子儒・小人儒, 同爲此學者也. 若不就己分上做工夫, 只要說得去, 以此欺人, 便是小人儒."

227 『四書蒙引』 권6. "女學爲仁, 學爲義, 但知其爲吾性分所固有・職分所當爲, 盡吾事焉而已者, 爲己也."

음을 위하는' 위인(爲人)의 소인 선비라 한다.

"이처럼 '나의 일을 위함'과 '남에게서 얻음을 위하는' 위기와 위인의 구분은 현상의 행위로 말하지 않는다. 그 마음을 살펴보는 것이다. 행위로 보면 똑같지만, 그 마음은 다르다. 이 때문에 군자와 소인의 선비가 달라지는 것이다. 천리와 인욕은 겉으로 보면 똑같은 행위일지라도 그 속내는 다르다.[同行異情] 이 때문에 어느 선유(先儒)는 학자에 대해 '옛적엔 그래도 '썩어빠진 선비[腐儒]'라 말했는데, 지금은 온통 도유(盜儒), 즉 상말로 도둑놈 선비들이다.'고 개탄하니 참으로 슬픈 일이다."[228]

이처럼 군자와 소인 선비의 구분은 그 속내가 어떤 것인가를 살펴보는 것이다. 즉, 그 행위의 유래를 살펴보는 것[觀其所由]이다. 유래의 기점은 한 생각에서 나뉘지만, 그 결과는 참담하다. 소인배 선비의 사리사욕 극치는 결국 시대 따라 점차 내려가면서 '썩어빠진 선비'도 부족하여 이젠 '도둑놈 선비'까지 이른 것은 예전의 일이 아니다. 오늘날의 학자는 어떨까? '도둑놈 선비'마저 넘어서서 간유(奸儒)와 추유(鯫儒)라는 비속어가 새삼 만연하지 않을까 싶다. 이 모두가 자신의 본분을 떠나 '남에게서 얻을 수 있는 것을 위하는' 사리사욕이 끝을 모른 데에서 빚어진 일들이다.

12. 위무전지 爲武全旨

이 장에서는 한 고을을 다스리는 관리는 인재 얻음을 우선으로 함을 말한다.

"너는 인재를 얻었느냐?[女得人焉爾乎]"는 물음 속에 은연중 한차례 풍속을 격양하려는 뜻이 담겨 있다. "여득인언이호(女'得''人'焉爾乎)"의 사람[人]이란 세속에서 말한 보통 사람이 아니며, 득(得)이란 귀로 눈으로 보고 들음이 아니다. 이는 반드시 특별한 만남을 말한다.

자유의 대답 속에 저명한 현인들을 초빙하고 방문하는 하나의 광경을 볼 수 있다. "지름길을 가지 않는다."는 것은 풍진에 허둥대는 저속한 모습[俗態]을 초월하여 그의 단아함과 방정(方正)함을 얻음이며, "공사(公事)가 아니면 찾아오지 않는다."는 것은 세리(勢利)에 대한 아부의 세태를 벗어나 멀리 물러 나와 편안함을 얻은 것이다. 이는 숙계(叔季: 末世)의 시대에 찾아보기 어려운 인물이 아니겠는가.

이 2가지로 살펴보면, 담대멸명이 정도를 실천하고 절개를 지킨 그 대개(大槪)를 미루어 알 수 있다. 공사(公事)는 예사(禮事: 飮射讀法之類)이다. 어진 선비가 모두 고을의 관아에 찾아온 것은 바로 이러한 예를 거행하기 위하여 찾아온 것이다. "공사에 찾아왔다."는 것 또한 "제 한 몸을 깨끗이 하고자 군신의 인륜을 어지럽히는[潔身亂倫]" 장저(長沮) 걸닉(桀溺) 등과 달리 임금과 백성을 잊지 않는 마음을 찾아볼 수 있다.

---

228 위와 같음. "若學爲仁爲義, 而欲以求聲譽・干利祿者, 便是爲人也. 爲己爲人之分, 不于其迹, 而于其心, 迹則同, 心則異, 所謂不同也. 盖天理人欲, 同行而異情. 前輩有云 古者腐儒, 今則皆盜儒矣, 嗚呼!"

子游 爲武城宰러니
子曰 女得人焉爾乎아
曰有澹臺滅明者하니 行不由徑하며 非公事어든 未嘗至於偃之室也하나니이다

자유가 무성 원님이 되었는데, 부자께서 말씀하셨다.

"너는 사람을 얻었느냐?"

"담대멸명이라는 사람이 있는데, 길을 갈 적에 지름길로 가지 않으며, 공사(公事)가 아니면 일찍이 저의 관아에 찾아온 적이 없습니다."

강설

자유가 무성 고을의 원님이 되었는데, 부자께서 그 고을에 이르러 그에게 물었다.

"네가 무성의 원님이 되었으니, 또한 어진 사람을 찾아 그들과 교제하고 있느냐?"

자유가 대답하였다.

"제가 얻은 사람으로는 담대멸명이란 이가 있습니다. 그의 인품은 길을 갈 적에 반드시 큰길로 행하여 지름길을 가지 않으며, 저를 찾아올 적에는 반드시 공사(公事)로 찾아왔을 뿐, 공사가 아니면 한 번도 제 관아에 찾아온 적이 없습니다. 이로 미뤄보면 모든 일에 반드시 정도로 대하고, 자기의 몸가짐이 바름을 찾아볼 수 있습니다. 제가 얻은 사람은 이 사람뿐입니다."

集註

武城은 魯下邑이라 澹臺는 姓이오 滅明은 名이며 字는 子羽라 徑은 路之小而捷者며 公事는 如飮射讀法之類라

不由徑이면 則動必以正하야 而無見小欲速之意를 可知오 非公事어든 不見邑宰면 則其有以自守하야 而無枉己徇人之私를 可見矣라

○ 楊氏曰 爲政은 以人才爲先이라 故로 孔子以得人爲問하시니 如滅明者는 觀其二事之小에 而其正大之情을 可見矣라 後世에 有不由徑者면 人必以爲迂하고 不至其室이면 人必以爲簡하리니 非孔氏之徒면 其孰能知而取之리오

愚謂 持身을 以滅明爲法이면 則無苟賤之羞오 取人을 以子游爲法이면 則無邪媚之惑이니라

[훈고] 무성은 노나라 임금이 직접 관할하는 고을[魯下邑 非大夫之采邑也 魯君管下之邑]이다. 담대(澹臺)는 성이요, 멸명(滅明)은 이름이며, 자는 자우(子羽)이다. 경(徑)은 빨리 갈 수 있는 소로(小路)이다. 공사(公事)는 향음례(鄕飮禮), 향사례(鄕射禮), 독법례(讀法禮)의 유이다.

[해석] 지름길로 가지 않음은 움직이는 일마다 반드시 바른 도로 행하여 작은 이익을 보거나 빨리하려는 뜻이 없음을 알 수 있고, 공사가 아니면 고을의 원님을 찾아보지 않음은 몸을

굽혀 남을 따르는 사사로움이 없음을 알 수 있다.

○ 양씨[楊時]가 말하였다.

"정사를 하는 데에는 인재를 우선으로 삼는다. 이 때문에 부자께서 '인재를 얻었느냐?'고 물은 것이다. 담대멸명과 같은 이는 그 2가지의 작은 일을 살펴봄에 그의 공명정대한 마음을 찾아볼 수 있다. 후세에 지름길로 가지 않는 자가 있으면 사람들은 반드시 '현실에 동떨어진다.'라고 하며, 원님의 관아에 찾아오지 않으면 사람들은 으레 '예의를 차리지 않는다.'라고 말들 한다. 공자의 문도가 아니었다면 그 누가 이를 알아보고서 취할 수 있었겠는가."

나의 생각은 다음과 같다.

"몸가짐을 담대멸명으로 법을 삼으면 구차하거나 비천한 부끄러움이 없을 것이며, 인재를 취하기를 자유로 법을 삼으면 삿되거나 아첨하는 의혹이 없을 것이다."

13. 맹지전지 孟之全旨

이 장에서도 맹지반(孟之反)을 가상히 여겨, 공로를 독차지하려는 자에 대한 가르침을 삼고 있다.

첫 구절[孟之反 不伐]은 공을 자랑하지 않은, 아래의 일까지 포함하고 있다. 맹지반이 맨 끝에 뒤처져 돌아옴은 퇴각하는 군사의 맨 뒤에 서서 후방을 막아주는 것으로 그지없이 용감한 일이다. 그런데도 말이 늦게 달렸기 때문이라 하여, 말에게 허물을 돌려 자신의 공을 삼지 않았을뿐더러, 그 공을 감추기까지 하였다. 장입문(將入門) 3자는 더욱 깊은 의미가 있다. 이처럼 자랑하지 않은 모습은 진심으로 자랑하려는 마음이 없었기 때문이다.

요컨대 맹지반에게서 분명히 알 수 있음은 군사가 패배하여 임금에게 걱정 끼치는 일을 욕으로 생각했던 것이지, 감히 퇴각하는 군대의 뒤처져오는 것을 공으로 생각하지 않았다. 따라서 그의 자랑하지 않은 일을 논함에 있어서는 그의 진심에 근거를 두고 말해야 한다.

子曰 孟之反은 **不伐**이로다 **奔而殿**하야 **將入門**할세 **策其馬曰 非敢後也**라 **馬不進也**라하니라

부자께서 말씀하셨다.

"맹지반은 자랑하지 않는다. 패주하여 돌아올 적에 뒤처져오면서 장차 성문을 들어오려는 즈음에 그의 말을 채찍으로 치면서 '감히 뒤처지려는 게 아니라, 말이 달려주지 않았다.'고 하였다."

강설

부자께서 맹지반의 인품을 칭찬하셨다.

"공을 세우는 게 어려움이 아니라, 그 공을 자랑하지 않음이 어려운 일이다. 맹지반은 공이 있

으면서도 자랑하지 않는 사람이다.

제나라에서 노나라 북쪽 변경을 쳐들어왔을 때, 앞서 오른편 군사[右師]가 무너져 급기야 제나라 병사가 사수(泗水)를 건너서자, 많은 사람은 모두 겁에 질려 허둥지둥 도망치기에 바빴다. 그중에 오직 맹지반만은 맨 끝에 뒤처져 들어오니, 그의 공은 그 얼마나 위대한가.

그러나 그가 나라 성문을 들어설 때, 많은 사람이 눈여겨볼 수 있는 곳에서 그는 그가 타고 온 말에 채찍을 들어 치면서 말하였다.

'우리 군사가 패배하여 모두 앞으로 달려가는데, 나는 감히 뒤처지려는 것이 아니라, 오직 말이 달려주지 않아 부득이 뒤처지게 되었다.'

이는 공을 지니고서도 스스로 그의 공을 이처럼 숨기고자 하였다. 이것이 바로 공을 자랑하지 않음이 아니고 그 무엇이겠는가."

集註

孟之反은 魯大夫니 名은 側이라 胡氏曰 反은 卽莊周所稱孟子反者 是也라

伐은 誇功也오 奔은 敗走也라 軍後曰殿이라 策은 鞭也라

戰敗而還(선)에 以後爲功이어늘 反奔而殿이라 故로 以此言으로 自掩其功也니 事在哀公十一年하다

○ 謝氏曰 人能操無欲上人之心이면 則人欲日消하고 天理日明하야 而凡可以矜己誇人者 皆無足道矣리라 然이나 不知學者는 欲上人之心을 無時而忘也니 若孟之反은 可以爲法矣로다

[훈고] 맹지반은 노나라의 대부로 이름은 칙(側)이다. 호씨[胡寅]는 "맹지반은 장주(莊周)가 일컬은 맹자반(孟子反)(『莊子』「大宗師」)이 바로 이 사람이다."고 하였다.

벌(伐)은 공을 자랑함이며, 분(奔)은 패하여 달아남이다. 군사의 맨 끝에 뒤처져오는 것을 전(殿)이라 한다. 책(策)은 채찍질이다.

[해석] 전투에 패하여 돌아올 적엔 뒤처져옴을 공으로 삼는데, 패주하여 달아날 적에 맹지반이 맨 뒤에 돌아왔다. 이 때문에 이 말로써 스스로 공을 감춘 것이다. 이 일은 애공 11년(B.C. 484)에 있었다.

○ 사씨[謝良佐]가 말하였다.

"사람이 남들보다 올라서려는 마음을 가지지 않으면 인욕은 날로 사라지고 천리는 날로 밝아지게 되어, 자기를 자랑하거나 남들에게 과장하는 일은 모두 말할 게 없다. 그러나 학문을 알지 못하는 자는 남들에 올라서려는 마음을 잊은 때가 없다. 맹지반과 같은 이는 본받을 만한 인물이다."

14. 불유전지 不有全旨

이 장에서는 잘못된 시대 풍조에 대해 거듭 개탄한 말이다. 이는 세속의 조류에 따라 휩쓸리는 자에 대한 개탄이지, 결코 세속을 따르지 못한 자를 애석히 여긴 말은 아니다.

두 곳의 유(有: 有祝鮀, 有宋朝)자는 모두 맨 위의 불(不)자의 뜻에 걸려 있다. 말재간[佞]은 정직의 반대이고, 미모[美]는 덕행의 반대이다. 요즘 사람이 취한 바는 옛사람이 버렸던 일인데, 오늘날엔 그와 같아야 모욕을 면할 수 있다. 이로 보면, 세간 도의의 쇠퇴함을 미루어 알 수 있다.

子曰 不有祝鮀之佞이며 **而有宋朝之美**면 **難乎免於今之世矣**니라

부자께서 말씀하셨다.

"축타의 말재간과 송조의 미모를 지니지 못하면 요즘 세상의 미움을 면하기 어렵다."

강설

부자께서 인심이 변한 시대 풍조를 개탄하셨다.

"요즘 세상은 아첨하는 말을 좋아하고 아름다운 얼굴을 좋아하는 시대이다. 만일 축관(祝官) 타(鮀)의 뛰어난 말재간과 송나라 공자 조(朝)의 잘생긴 미모를 지니지 못하면 사람의 눈과 귀에 감동을 줄 수 없어, 오늘날 그들의 미움을 벗어나기 어려울 것이다. 정직함을 좋아하지 않고 아첨하는 것을 좋아하며, 덕행을 좋아하지 않고 아름다운 용모만을 좋아하니, 세상 도의의 쇠퇴함이 이 지경에 이를 줄이야."

集註

祝은 **宗廟之官**이라 **鮀**는 **衛大夫**니 **字 子魚**니 **有口才**라 **朝**는 **宋公子**니 **有美色**이라

言衰世好諛悅色하야 **非此難免**하니 **蓋傷之也**시니라

[훈고] 축(祝)은 종묘의 벼슬이다. 타(鮀)는 위나라 대부니, 자는 자어(子魚)인데, 말재간이 있었다. 조(朝)는 송나라 공자인데, 아름다운 얼굴을 지녔다.

[해석] 쇠퇴한 세상에 아첨을 좋아하고 미모만을 사랑하여, 이것이 아니면 미움을 면하기 어렵다. 이는 서글퍼한 말이다.

15. 수능전지 誰能全旨

이 장에서는 사람들이 도에서 멀리 떠난 것에 대해 개탄하고 있다.

위 구절의 수능(誰能)과 아래 구절의 하막(何莫) 2자는 밀접하게 서로 호응하여, 하나의 뜻으로 보아야 비로소 괴이쩍게 여겨 탄식[怪歎]한 뜻임을 알 수 있다.

도(道)자는 성명(性命)의 정미(精微)한 경지를 말한 게 아니다. 일상생활로 말하였다. 문으로 도를 비유한 주된 뜻은 행하는 바가 도리에 맞지 않으면 그것은 도를 따르지 않았음을 뜻한다.

子曰 誰能出不由戶리오마는 **何莫由斯道也**오

부자께서 말씀하셨다.

"누가 밖을 나갈 적에 문으로 통하지 않는 이가 있을까마는, 어찌하여 이 도를 따르지 않는가?"

강설

부자께서 사람들이 도를 따르지 않음을 경계하여 말씀하셨다.

"도란 잠시도 떠날 수 없기에, 출입하는 문보다 더 중요하다. 오늘날 살펴보면, 천하 사람으로서 누구인들 문으로 출입하지 않는 이가 있겠는가. 문으로 출입할 줄을 안다면 당연히 도를 따라야 할 줄도 알아야 할 것이다. 그런데도 무슨 까닭에 도를 따르지 않은 것인지? 문의 출입은 잘 알면서도 도를 따름은 어두우니, 이는 몹시 괴이쩍은 일이 아니겠는가."

集註

言人不能出不由戶언마는 **何故**로 **乃不由此道耶**아 **怪而歎之之辭**라

○ **洪氏曰 人知出必由戶**로되 **而不知行必由道**하니 **非道遠人**이오 **人自遠爾**니라

[해석] 사람이 밖을 나갈 적에 문으로 통하지 않을 수 없는데, 무슨 까닭에 이 도를 따르지 않는 것일까? 괴이쩍게 여겨 탄식하는 말이다.

○ 홍씨[洪興祖]가 말하였다.

"사람들이 밖을 나갈 적엔 반드시 문으로 통할 줄을 알면서도, 행할 땐 반드시 도를 따라야 할 줄을 모르니, 도가 사람을 멀리하는 게 아니라, 사람이 스스로 도를 멀리하였다."

16. 질승전지 質勝全旨

이 장에서는 문질(文質)의 폐단을 논하여 그 중도를 가늠하고자 하였다.

첫째 빈빈(彬彬)은 2곳의 승(勝: 質勝, 文勝)자와 대조를,

둘째 군자(君子)는 촌사람과 서리[野史]와 대조를,

셋째 연후(然後: 文質彬彬 然後君子)는 2곳의 즉(則: 勝文則野, 勝質則史)자와 대조를 이루고 있다.

이처럼 3항목으로 나누어 보되, '빈빈(彬彬)' 2구[文質彬彬 然後君子]에 중점을 두어야 한다.

'빈빈'은 중도를 얻었다는 뜻일 뿐이다. 따라서 때로는 질(質)에 큰 비중을 두기도 하고, 때로는 문(文)에 큰 비중을 두는 예도 있지만, 이 또한 '빈빈'의 뜻을 상실한 것은 아니다. '문질빈빈(文質

彬彬)' 4자는 곧 많은 것을 줄이고 부족한 것을 보완하는[損益] 공부이다.

집주에서 학자 이하[學者 當損有餘補不足] 2구는 경문의 '문질빈빈' 구절을, 성덕 이하[至於成德 則不期然而然矣] 2구는 경문의 '연후 군자(然後君子)' 구절에 대한 해석이다.

子曰 質勝文則野오 文勝質則史니 文質이 彬彬然後에 君子니라

부자께서 말씀하셨다.

"바탕이 문채보다 과(過: 勝)하면 촌스러운 사람이요, 문채가 바탕보다 과하면 문서를 관장하는 사람[書吏]이니, 문채와 바탕이 서로 균형을 이룬 뒤에야 군자이다."

강설

부자께서 겉으로 드러난 모습과 내면의 본바탕인 문질의 형평성에 대해 말씀하셨다.

"문채와 바탕은 두 가지가 서로 잘 어우러져야 하며, 그 중 어느 것 하나도 지나쳐서는 안 된다.

말과 행실이 질박하여 문채보다 과하면 비루하고 엉성하므로, 그것은 시골 촌스러운 사람[野人]의 일이다. 말과 행동을 잘 꾸미어 질박함보다 과하면 겉치레가 심하여 실상이 없으므로, 그것은 관아의 문서를 맡은 서리(書吏)의 무리이다.

시골뜨기와 서리 등은 모두 성덕군자(成德君子)가 아니다. 반드시 겉으로 드러난 문채란 질박한 본바탕을 위주로 하고, 질박한 본바탕은 겉으로 드러난 문채를 보조로 삼아 아름답고 아름답게 서로 균형을 이뤄야 만이 덕을 성취한 군자가 되어, 시골뜨기와 서리의 비루함을 면할 수 있다. 성덕군자에 뜻을 둔 이라면 이를 분별하여야 한다."

集註

野는 野人이니 言鄙略也오 史는 掌文書니 多聞習事而誠或不足也라 彬彬은 猶斑斑이니 物相雜而適均之貌라

言學者는 當損有餘 補不足이오 至於成德이면 則不期然而然矣리라

○ 楊氏曰 文質은 不可以相勝이라 然이나 質之勝文은 猶之甘可以受和오 白可以受采也어니와 文勝而至於滅質이면 則其本 亡矣니 雖有文이나 將安施乎아 然則與其史也론 寧野니라

[훈고] 야(野)는 시골뜨기이니, 비루하고 다듬어지지 않음을 말한다. 사(史)는 문서를 맡은 사람이니, 견문이 많고 일에 능숙하나 성의가 혹 부족하다. 빈빈(彬彬)은 반반(斑斑)과 같으니, 물건이 서로 뒤섞이어 잘 어울리는 모양이다.

[해석] 배우는 이는 남은 것을 덜어내고 부족한 것을 보완해야 하며, 덕을 성취함에 이르면 그렇게 하려고 다짐하지 않아도 저절로 그처럼 될 것이다.

○ 양씨[楊時]가 말하였다.

"문채와 질박함이란 그 어느 것 하나 과해서는 안 된다. 그러나 질박함이 문채보다 과한 것은 오히려 단맛이란 모든 맛을 받아드릴 수 있고, 흰색이란 모든 색깔을 받아드릴 수 있지만, 문채가 과하여 질박함을 잃은 데에 이르면 그 근본이 사라지니, 아무리 문채가 있을지라도 장차 그 어디에 베풀겠는가. 이로 보면, 서리가 되기보다는 차라리 시골뜨기가 되어야 한다."

[보 補]

문질이란 사물의 형질에서 말하면 겉으로 드러난 모습은 문(文)이라 하고, 내면의 본바탕은 질(質)이라 한다. 그러나 학자의 신상으로 말하면 언어와 위의의 내외로 저변에 질박함, 즉 성실하고 순수한 마음을 '질'이라 하고, 겉치레의 화려함, 즉 번듯한 일 처리 및 찬란한 모양새를 '문'이라 한다. 그러나 위의 번역은 사물 형질과 학자 신상의 문질에 관한 정의를 혼합하여 사용한 까닭에 바탕과 질박함을 모두 사용하였다.

어느 한쪽에 치우친 시골뜨기와 서리의 양상을 부연하면 아래와 같다.

"질박함이 문채보다 과한 자는 한마디 말을 할 적에 마음 내킨 대로 불쑥불쑥 말하여 말해야 할 때인지 침묵해야 할 때인지 가늠할 줄 모르고, 하나의 행동거지에 있어 마음 내키는 대로 곧바로 행하여 진퇴와 주선의 절도를 모른 것이다. 이런 사람을 시골뜨기라 말한다.

문채가 질박함보다 과한 자는 일 처리의 품절(品節)에 자상하고 밝지만, 충심과 성실한 마음이 부족하고, 문물이 찬란하지만, 진실한 생각은 도리어 엉성하다. 이런 사람을 문서를 맡은 서리라 말한다."[229]

이처럼 문질의 관계는 성심과 모양새라는 점에서 정리하고 있다. 그러나 질박함이 과하거나 겉치레가 과함은 타고난 기질의 병폐에 의하지 않음이 없고, 문질의 적절한 균형을 이룸은 학문에 의한 공효로써 성덕군자를 지향함이다.

17. 인지전지 人之全旨

이 장에서는 나를 낳아줌에 대하여 욕된 삶이 없어야 한다는 뜻으로 경계하였다.

위 구절[人之生也直]은 사람이 태어날 적 본디 정직하였음을 말하며, 아래 구절[罔之生也 幸而免]은 정직하지 못한 삶으로 연명함이란 죽어야 할 사람이 요행으로 죽음을 모면한 것임을 개탄한 말이다.

집주에서 "사람이 태어난 이치는 본디 곧다.[生理本直]"는 것은 사단(四端)이 발현하는 곳에서 이를 증험할 수 있다. 인간은 이처럼 올곧은 진리를 받아 태어났는바, 의당 올곧은 진리를 보존하여, 정직한 삶으로 부정직[罔]한 생활의 잘못을 바로잡는 데 도움이 되어야 한다.

---

229 위와 같음. "質勝文者, 凡一言也, 任意率然而不知有語默之則; 凡一動也, 徑情直行而不知有進退周旋之節, 此則謂之野人. 文勝質者, 品節詳明而忠誠之不足, 文物燦然而實意之反踈, 此則謂之史也."

子曰 人之生也 直하니 罔之生也는 幸而免이니라

부자께서 말씀하셨다.

"사람이 처음 태어날 적 곧았다. 바르지 못함에도 살아있음은 요행으로 죽음을 면한 것이다."

강설

부자께서 정직하지 못한 사람을 경계하여 말씀하셨다.

"사람이 태어날 적에 반드시 천지가 만물을 낳으면서 내려준 진리가 있다. 그 진리는 본래 사사롭거나 왜곡됨이 없는 것으로 자연스럽게 나오는 올곧음이다. 사람은 반드시 이 올곧은 진리를 따라 살아가야 한다. 태어날 적 하늘에서 내려준 진리를 저버려서는 안 된다.

만일 진리를 저버리고 정직하지 못한 삶을 영위한다면 그것은 하늘이 나를 낳아준 진리를 이미 상실한 것이다. 그런데도 그가 이 세상에 살아 존재한다는 것은 요행으로 구차스럽게 죽음을 모면한 것이다. 사람으로서 요행히 죽음을 모면했다면, 이 또한 어떻게 사람이라고 말할 수 있겠는가. 사람이란 이처럼 정직한 삶을 살지 않으면 안 되는 것이다."

集註

程子曰 生理本直하니 罔은 不直也로되 而亦生者는 幸而免耳니라

[해석] 정자[明道]가 말씀하였다.

"태어날 적 이치[生理: 天地 '生生之實理']는 본래 곧았다. 망(罔)이란 정직하지 못함인데, 이렇게 하고서도 또한 살아있다[亦生者: 生存의 生]는 것은 요행으로 죽음을 면했을 뿐이다."

[보 補]

경문에서 말한 '인지생야(人之生也)'의 생(生)과 '망지생야(罔之生也)'의 생(生)자의 뜻은 조금 다르다. 위의 '생'자는 처음 태어남[上生字 爲始生之生]을 말하고, 아래의 '생'자는 살아간다는 생존의 삶[下生字 爲生存之生]을 말한다. 그러나 이의 뜻은 연결되어 있다. 태어날 적 받아온 올곧은 진리대로 그렇게 살아가야 함을 말한다.

태어날 적 올곧은 진리를 받아 태어났다는 것은 본성과 형체로 말한다. 귀로 듣고 눈으로 보고 코로 냄새 맡고 입으로 말하고 마음으로 생각하는 것, 그 모든 나의 육신의 감각은 본래 타고날 적은 좋은 것을 듣고 보고 말하고 생각하는 몸을 받아 태어났다. 그리고 사람의 본성은 측은한 마음, 부끄러워하는 마음, 사양하는 마음, 시비의 마음 그 모든 것이 올곧은 진리이다. 이런 본성과 이런 몸을 받아 태어났음을 "사람이 처음 태어날 적 곧았다.[人之生也直]"고 말한다.

그러나 후천적으로 이러한 진리대로 삶을 영위하지 못하고 좋지 못한 것만을 가려서 듣고 보고 말하고 생각하는 일신의 행위, 그리고 잔인함 몰염치 경쟁심 몰지각의 심성으로 바르지 못한 삶을 영위하는 것이 '바르지 못한 삶[罔之生也]'이다. 이처럼 타고난 진리를 거스르면 부정직한 삶[逆理爲罔]이고 진리를 따르면 곧은 삶[順理爲直]이다. 이는 일상에 보이는 삶으로 평가한 것이다.

부정직한 삶의 망(罔)이 어떤 것이며, 어디까지 흘러가는 것일까? 먼저 부정직의 정의는 주자의 말과 같다.

"부정직함[罔]이란 속은 빼 버리고 껍데기만 남은 거짓으로 불성실한 사람을 말한다. 그른 것을 옳다 하고 검은 것을 희다고 하는 것이다. 예컨대 자신은 정작 부모에게 불효하면서도 남들에게 나의 효를 말하는 자, 형에게 불공스러우면서도 남들에게 나의 공손을 말하는 자, 이러한 거짓이 바로 부정직함이다."[230]

이처럼 부정직한 삶이란 진리의 알맹이를 버리고 그 껍데기로 살아가는 불성실의 인간상을 말한다. 그러한 거짓 삶의 양상은 그 어디까지일까?

"그 조악한 부분으로 말하면 심지어 사슴을 말이라고 하는 것 또한 정직하지 못함이며, 그 미세한 부분으로 말하면 한 생각이 진실하지 못하여 악취 싫어하듯이 악을 미워하지 못하고 아름다운 여인 사랑하듯이 선을 좋아하지 못하는 것 또한 정직하지 못한 일이다."[231]

이처럼 부정직, 불성실의 극치는 만조백관이 모인 자리에서 자행되는 조고(趙高)의 거짓 지록위마(指鹿爲馬)로부터 남들이 알 수 없는 나의 마음속 한 생각의 미세한 부분까지 진실을 외면한 크고 작은 일들이 모두 이 범주에 속한다. 우리가 작금에 일상으로 접하는, 그저 입으로 공정과 자유 그리고 사랑과 자비 등의 아름다운 단어를 왜장치는 자 또한 어떤 부류에 속하는지 알고 싶지 않다.

18. 지지전지 知之全旨

이 장은 도의 천심(淺深)에 대해 말하여 배우는 이들은 의당 그 극처에 나가야 함을 보여주고 있다.

이는 3단계로 구성되어 있다.

첫째, 안다는 것은 아직은 얕은 단계이다. 의리의 큰 실마리를 알아야 함을 말한다.

둘째, 좋아함은 인식과 실천을 함께 아우르는 지행병진(知行幷進)의 공부이다.

셋째, 즐거워함은 지행을 모두 수용한 단계이다.

이처럼 아는 것[知], 좋아함[好], 즐거워함[樂]은 세 부류의 사람으로 말하면서 "전자는 후자만 못하다.[不如: 知之不如好之, 好之不如樂之]"는 뜻을 밝히고 있다.

---

230 『大全』該註. "朱子曰 罔, 只是脫空作僞, 做人不誠實, 以非爲是, 以黑爲白. 如不孝於父, 却與人說我孝; 不弟於兄, 却與人說我弟, 此便是罔."

231 위와 같음. "又云其粗 至於以鹿爲馬, 也是不直; 其細 推至一念之不實, 惡惡不如惡惡臭, 好善不如好好色, 也是不直."

“아는 것은 좋아함만 같지 못하다.”는 것은 아는 바 깊으면 스스로 좋아하게 되기 때문이며, “좋아함이 즐거워함만 못하다.”는 것은 좋아하는 바 깊으면 저절로 즐거워하기 때문이다.

‘좋아함[好]’은 전자의 그 아는 바의 실천을 추구하되 지향(志向)이 오롯함이며, ‘즐거워함[樂]’은 그 좋아하는 바를 체득하여 그 지취(旨趣)가 넘쳐흐르는 것이다. 이는 본디 일관된 하나의 일이나, 그 가운데 깊고 얕은 조예의 차이가 있다.

子曰 知之者 不如好之者오 好之者 不如樂之者니라

부자께서 말씀하셨다.

“도를 아는 자는 도를 좋아하는 이만 못하고, 도를 좋아하는 자는 도를 즐기는 이만 못하다.”

강설

부자께서 도의 극치에 나아가도록 격려의 말씀을 하셨다.

“사람이 도에 나아간 데에는 깊고 얕음의 차이가 있다. 그러나 반드시 그 극치에 이르러야 만이 도를 얻었다 할 것이다.

저 무지한 자에 대해서는 나 더 이상 말할 게 없지만, 도를 밝게 아는, 지혜로운 이를 무지한 자와 견주어 보면 분명 큰 차이가 있다. 그러나 도를 밝히고자 추구함은 어찌 도를 즐기며 애틋하게 생각하는 것만 같겠는가. 그래서 아는 사람은 좋아하는 이만 같지 못하다.

또 즐거워하거나 좋아하지 않는 사람에 대해서는 나 더 이상 바랄 게 없지만, 도를 즐기며 좋아하는 사람을 좋아하지 않는 자와 비교해 보면 분명 큰 차이가 있다. 그러나 도를 즐기며 애틋하게 생각하는 것은 도에 환희심을 느끼며 그것마저 망각하는 것만 못하다. 그래서 좋아하는 사람은 즐기는 이만 같지 못하다.

이로 보면, 배우는 이들은 전자의 단계는 후자의 조예만 같지 못한 줄을 스스로 알아야 하고, 또한 전자는 후자만 같지 못한 점에 힘쓰면서 다시 한 걸음 앞으로 나아가야 한다.”

集註

尹氏曰 知之者는 知有此道也오 好之者는 好而未得也오 樂之者는 有所得而樂之也니라

○ 張敬夫曰 譬之五穀컨대 知者는 知其可食者也오 好者는 食而嗜之者也오 樂者는 嗜之而飽者也라 知而不能好면 則是知之未至也오 好之而未及於樂이면 則是好之未至也니 此古之學者 所以自强而不息者與인저

[해석] 윤씨[尹焞]가 말하였다.

“아는 자는 이 도가 있음을 앎이며, 좋아하는 자는 좋아하기는 하나 아직 얻지 못함이며, 즐기는 자는 얻은 바 있어 이를 즐기는 것이다.”

○ 장경부[張栻]가 말하였다.

“이를 오곡의 음식에 비유하면, 아는 자란 먹을 수 있는 곡식임을 앎이며, 좋아하는 자는 이를 먹으며 즐김이며, 즐거워하는 자는 즐기면서 배부른 자이다. 알고서도 좋아하지 않으면 이는 앎이 지극하지 못함이며, 좋아하되 즐거워함에 이르지 못하면 이는 좋아함이 지극하지 못함이다. 이는 옛 학자들이 이 때문에 스스로 강하여 멈추지 않은 것이다.”

19. 중인전지 中人全旨

이 장에서는 가르침에 차등이 있음을 보여주고 있다. 단 이는 교육자가 마음으로 헤아려 짐작한 것이며, 피교육자를 권면, 격려하는 뜻은 말 밖에 있다.

중등 인물을 기점으로 그 이상, 이하는 모두 피교육자의 타고난 바탕과 학문의 조예를 겸하여 말하지만, 중등 이상의 인물을 주로 삼으며, ‘말해줄 수 있음[可以語]’과 ‘말해줄 수 없음[不可以語]’은 곧 피교육자의 수용 가능성 여부를 말해주는 것이다. 군자는 그 재능과 자질에 따른 가르침의 차이가 이와 같다.

子曰 中人以上은 **可以語上也**어니와 **中人以下**는 **不可以語上也**니라

부자께서 말씀하셨다.

“보통 사람 이상은 높은 단계[上等精微道理 卽形而上學]를 말해줄 수 있지만, 보통 사람 이하는 이를 말해줄 수 없다.”

강설

부자께서 배우는 이의 재목에 따라 가르침을 베푸는[隨材施教] 차등을 말씀하셨다.

“교육은 대충대충 가르칠 수 없다. 바탕이 고매하고 학문이 순수한 사람으로, 보통 이상의 사람은 형이상의 도(道), 즉 정미한 이치를 말해줄 수 있다. 비록 성신(聖神)의 신비한 교화[神化], 성명(性命)의 심오한 이치를 들어 전할 수 있다.

그러나 바탕이 순수하지 못하고 학문이 심오하지 못한, 보통 이하의 사람은 설령 심오한 신화(神化)와 성명의 이치를 말해주어도 그들은 또한 까마득히 전혀 얻은 바 없을 것이다. 이 때문에 형이상의 정미한 부분을 말해줄 수 없다.

이에 가르치는 사람은 재목에 따라 어떻게 가르쳐야 할까 먼저 고민해야 하고, 배우는 이 또한 가르침을 받아드릴 수 있는 터전의 마련에 자신이 먼저 힘써야 할 것이다.”

集註

語는 **告也**라

言敎人者當隨其高下而告語之면 則其言易入하야 而無躐等之弊也라

○ 張敬夫曰 聖人之道는 精粗에 雖無二致나 但其施敎는 則必因其材而篤焉하니 蓋中人以下之質은 驟而語之太高면 非惟不能以入이라 且將妄意躐等하야 而有不切於身之弊하야 亦終於下而已矣라 故로 就其所及而語之니 是乃所以使之切問近思하야 而漸進於高遠也니라

[훈고] 어(語)는 일러줌이다.

[해석] 사람을 가르치는 자가 배우는 이의 높낮이에 따라 말해주면, 그의 말이 쉽게 받아들이고 엽등의 폐단이 없음을 말한다.

○ 장경부[張栻]가 말하였다.

"성인의 도는 정미[道德性命等 形而上]하고 거친[事親事長等 形而下] 부분에 비록 둘로 나뉨이 없지만, 다만 그 가르치는 데에는 반드시 그 재목으로 인하여 도탑게 하는 것이다. 보통 이하 바탕의 사람에게 갑자기 지나치게 높은 차원을 말해주면 받아들이지 못할 뿐 아니라, 또한 장차 부질없이 엽등을 생각하여 몸에 간절하지 못한 폐단이 있어 또한 끝내 하등(下等)에 그칠 뿐이다. 이 때문에 그가 미칠 수 있는 바에 나아가 말해주니, 이는 그가 간절하게 묻고 가까운 것으로부터 생각하여 차츰차츰 높고 먼 데로 나아가도록 하려는 것이다."

[보 補]

남명(南冥: 曺植)은 "손으론 쇄소응대의 예절도 행할 줄 모르면서 입으로 심오한 성명(性命)과 천리를 말한다고 질책한 바 있다."[232] 이는 물론 공리공담으로 헛된 명예를 좇아 실상을 버린 유학자의 잘못[取名蔑實之罪]을 말하지만, 이에 시사하는 바, 적지 않다.

"도덕, 그리고 성품과 천명은 정미(精微)한 형이상의 이치이며, 어버이와 어른을 섬기는 일, 쇄소응대의 유는 일상에 행하는 형이하의 일이다. 그러나 그 어버이와 어른을 섬기는 도리를 극진히 다하면 도덕과 성명은 여기에서 벗어나지 않을 것이다. 만약 보통 이하의 사람에게 갑자기 도덕과 성명을 일러준다면 그가 장차 어떻게 받아들일 수 있겠는가. 상상과 억측으로 도리어 도에 해가 될 것이다."[233]

"이 때문에 성인이 보통 이하의 사람에게 고차원의 형이상학을 일러주지 않음은 훗날 힘을 쓸 곳이 없을까 두려운 마음에서다. 그의 지위에 걸맞게 일러주어 어느 때 하나를 이해하면 그 하나의 이해가 차츰차츰 나아가면서 날이면 날마다 하루가 다르게 좋아지고 해가 지나면 해마다 한 해가 다르게 좋아짐으로써 나도 모르는 사이에 곧 고차원의 세계를 이해하기에 이를 것이다."[234]

---

232 『順菴集』 권8, 「答南宗伯書」. "南冥有手不知灑掃應對之節, 而口談天理之譏."

233 『大全』 該註. "西山眞氏曰 道德性命者, 理之精也; 事親事長灑掃應對之屬, 事之粗也. 能盡其事親事長之道, 則道德性命, 不外乎此矣. 中人以下, 若驟然告以道德性命, 彼將何所從入? 想像億度, 反所以害道."

234 위와 같음. "朱子曰 聖人說中人以下, 不可將那高遠底說與他, 怕他時下無討頭處. 若是就他地位說, 時理會得

20. 번지전지 樊遲全旨

이 장에서는 지(知)와 인(仁)에 각기 지극한 공부를 다 해야 함을 나타내고 있다. 지혜의 공부는 공허한 신의 세계에서 헛돌까 두려워한 까닭에 사람이 당연히 지켜야 할 도리를 다하여 신에게 아첨하여서는 안 됨을 알도록 하였고, 인(仁)의 공부는 지나치게 얻으려는 데에 집착할까 두려워한 나머지 허심으로 함양하도록 하였다.

무(務: 務民之義)와 선(先: 先難)자에 가장 중요한 뜻이 담겨있다. 무(務)는 마땅히 해야 할 일에 힘씀을 말하고, 선(先)은 마음에 급히 여겨야 할 급선무임을 말한다. 사람이 지켜야 할 도리에 힘써야 한다는 것과 신을 경외한다는 것은 모두 일상의 행위로 말하고, 어려운 일을 먼저하고 얻음을 뒤로함은 마음가짐의 측면에서 말한 것이다.

번지는 거칠고 비루하며 이익을 가까이하므로, 사람이 해야 할 자기 일보다는 신을 가까이하고 덕을 닦지 않으면서 공효만을 추구한 면이 없지 않았다. 이 때문에 부자가 이런 말을 한 것이다. 2차례의 가위(可謂: 可謂知矣, 可謂仁矣)는 굳이 다른 데서 구할 게 없다는 뜻을 보여주고 있다.

여대림(呂大臨)의 말에 의하면, "어려움(難: 先難)이란 인을 행하는 측면에서 말하였다."고 하니, 이는 사욕을 버리고 천리를 보존하는 공부가 가장 어려움을 말한다.

樊遲 問知한대

子曰 務民之義오 敬鬼神而遠之면 可謂知矣니라

問仁한대

曰 仁者 先難而後獲이면 可謂仁矣니라

번지가 지혜를 묻자, 부자께서 말씀하셨다.

"사람이 지켜야 할 도리에 힘쓰고, 신을 경외하면서도 멀리하면 지혜롭다고 말할 것이다."

번지가 다시 인을 묻자, 말씀하셨다.

"어진 자는 어려운 일을 먼저하고 얻는 것을 뒤로 미루면 어질다고 말할 것이다."

강설

번지가 물었다.

"어떻게 하면 지혜롭다고 말할 수 있습니까?"

부자께서 대답하였다.

"지혜는 나의 성품에 총명한 덕이다. 지혜로운 자의 일은 이치에 밝을 따름이다. 사람이 해야 할 일에 오로지 노력하여 사람의 도리에 마땅한 바를 다하고, 알 수 없는 신에 대해서는 경외하면

一件, 便是一件庶幾漸漸長進, 一日强似一日, 一年强似一年, 不知不覺, 便也解到高遠處."

서도 멀리하여 아첨한 바 있어서는 안 된다. 이는 의당 알아야 할 바를 알고, 알 수 없는 일에 대해 현혹됨이 없어야 한다. 이를 지혜롭다고 말한다."

번지가 또다시 물었다.

"어떻게 하면 인이라고 말할 수 있습니까?"

"인이란 나의 마음에 사욕이 없는 덕이다. 어진 자의 마음은 천리가 순전(純全)할 뿐이다. 오직 행하기 어려운 일을 오롯하게 일삼아 서둘러 도모해야 하고, 기약할 수 없는 결과에 대해서는 또한 이를 뒤로 미뤄놓아야 한다. 이처럼 마음에 이것저것을 계산하고 비교하는 바 없어야 한다. 천리에 순수한 마음으로 사사로운 인욕이 뒤섞이지 않아야 한다. 이를 인이라고 말한다."

번지가 지혜로 관조하여 그 일을 실천하고, 인으로 관조하여 그 마음을 보존한다면 인과 지혜를 얻을 수 있을 것이다.

集註

民은 亦人也오 獲은 謂得也라

專用力於人道之所宜하고 而不惑於鬼神之不可知는 知者之事也오 先其事之所難하고 而後其效之所得은 仁者之心也라 此는 必因樊遲之失而告之시니라

○ 程子曰 人多信鬼神은 惑也오 而不信者는 又不能敬하니 能敬能遠이면 可謂知矣니라

又曰 先難은 克己也니 以所難爲先而不計所獲은 仁也니라

呂氏曰 當務爲急이오 不求所難知며 力行所知오 不憚所難爲니라

[훈고] 백성은 또한 사람이며, 획(獲)은 얻음을 말한다.

[해석] 오로지 사람의 도리에 마땅한 바를 힘쓰고, 알 수 없는 귀신에 현혹당하지 않음은 지혜로운 자의 일이며, 하기 어려운 그 일을 먼저하고, 얻어지는 그 공효를 뒤로함은 어진 자의 마음이다. 이는 반드시 번지의 잘못으로 인하여 말한 것이다.

○ 정자[伊川]가 말씀하였다.

"사람들이 신을 많이 믿음은 현혹이오, 신을 믿지 않는 자는 또한 경외하지 않는다. 경외하면서도 멀리할 줄 알면 지혜롭다고 말할 것이다."

정자가 또 말씀하였다.

"어려운 일을 먼저 함은 극기(克己)이다.(이상은 明道說, 이하는 伊川說) 어려운 일을 급선무로 삼아 얻어지는 바를 계산하지 않음은 인이다."

여씨[呂大臨]가 말하였다.

"마땅히 힘써야 할 사람의 일을 급선무로 삼고, 알기 어려운 신의 세계를 추구하지 않으며, 아는 바를 힘껏 행하고, 행하기 어려운 일을 꺼리지 않아야 한다."

21. 지자전지 知者全旨

이 장에서는 지혜로운 자와 어진 이의 심오한 바를 밝혀 똑같지 않은 부분을 보여주고 있다. 지혜로운 자와 어진 이는 두 부류의 사람으로, 마음이 허하고 담박[虛澹]함은 지혜이며, 마음이 순수하고 한결같음은 인이다.

요산요수(樂山樂水)는 산과 물을 찾아 즐기는 게 아니다. 단 그 성품의 근사한 면으로 그들의 심정을 상상함이다.

지혜로운 이의 움직임[動]은 교착되지 않음이며, 어진 이의 고요함[靜]은 흔들리지 않음이다. 지혜로운 이 또한 고요한 때가 있지만, 그 체단(體段: 사물의 형상)은 본디 동한 것이며, 어진 이 또한 동한 때가 있지만, 그의 체단은 본디 고요할 뿐이다. 이 때문에 집주에서 말한 "동정 이체언(動靜以'體'言)"의 '체(體)'자는 체단(體段: 模樣과 意思)의 체(體)자로 쓴 것이지, 체용(體用)의 체(體)자로 보아서는 안 된다.

지혜로워서 사물에 막힘없이 움직인 자[知者動]는 스스로 즐겁다. 그러나 이는 반드시 모든 일에 다 즐겁다는 말은 아니다. 지혜로운 이도 역경에 처하여 곤욕을 치르는 일이 한둘이 아니다. 이로 보면 지혜로운 사람이라 하여 모든 일에 즐거운 것만은 아니다. 사리를 통달하여 그의 마음에 막힌 일이 없으므로 반드시 스스로 즐거움을 얻는 것이다.

편안하고 후중하여 고요한 자[仁者靜]는 스스로 장수를 누릴 수 있는 이치가 있다. 그러나 반드시 고령의 장수를 누리는 명수(命數)로 말한 것은 아니다. 안자처럼 어진 이도 고작 서른을 넘기고 요절하였다. 이로 보면 어질다고 하여 모두 장수를 누린 것은 아니다. 어진 이는 잘못을 범하여 비명횡사한다거나 요절할 일이 없다. 이 때문에 반드시 장수를 누릴 수 있는 이치가 있음을 말한 것이다.

子曰 知者는 **樂**(요)**水**하고 **仁者**는 **樂山**이니 **知者**는 **動**하고 **仁者**는 **靜**하며 **知者**는 **樂**(락)하고 **仁者**는 **壽**니라

부자께서 말씀하셨다.

"지혜로운 이는 물을 좋아하고 어진 이는 산을 좋아하니, 지혜로운 이는 활발하게 움직이고 어진 이는 편안히 고요하며, 지혜로운 이는 자득의 즐거움이 있고 어진 이는 수를 누린다."

강설

부자께서 지혜로운 이와 어진 이의 심오한 바를 밝혀주었다.

"천하의 수많은 사람 중에는 지혜로운 이도 있고 어진 이도 있다.

그들의 성정(性情)으로 말하면 지혜로운 이의 본성은 총명하므로 좋아하는바 물에 있어, 막힘없이 흘러가는 그 풍취(風趣)에 희열을 느끼며, 어진 이의 본성은 후중하므로 좋아하는바 산에

있어, 돈후하게 안정된 그 터전에 희열을 느낀다.

그들의 체단(體段)으로 말하면, 지혜로운 이는 사물에 막힌 바 없기에, 사통오달(四通五達)의 총명에 맡겨 그 움직임을 다하고, 어진 이는 인욕에 의해 어지러운 바 없기에, 하늘의 뜻의 자연에 편안하여 그 고요함을 다한다.

그 효험으로 말하면, 지혜로운 이는 지기(志氣)가 청명하므로 일하는데 괴로움이 없고 경계에 얽매임이 없어서 어느 곳에서나 즐거움의 아름다움이 있고, 어진 이는 정신이 순수하고 견고하므로 어떤 사물도 그를 침범하지 못하고 어떤 운수(運數)도 그를 요절케 하지 못하므로 반드시 장수를 누릴 수 있는 이치가 있다. 이러한 점은 뚜렷이 상상해 볼 수 있는 것들이다."

集註

樂는 喜好也라

知者는 達於事理而周流無滯하야 有似於水라 故로 樂水하고 仁者는 安於義理而厚重不遷하야 有似於山이라 故로 樂山이라 動靜은 以體言이오 樂壽는 以效言也라 動而不括일세 故로 樂이오 靜而有常일세 故로 壽니라

○ 程子曰 非體仁知之深者면 不能如此形容之니라

[훈고] 요(樂)는 기뻐하고 좋아함이다.

[해석] 지혜로운 이는 사리를 깨달아 두루 막힘없이 통하여 마치 흐르는 물과 같으므로 물을 좋아하고, 어진 이는 의리에 편안하여 후중하게 옮기지 않아 마치 산과 같으므로 산을 좋아하는 것이다.

움직임과 고요함은 체단(體段)[235]으로 말하고, 즐거움과 장수는 공효로 말한다. 움직이되 막힘이 없는 까닭에 즐겁고, 고요하여 떳떳함이 있는 까닭에 수를 누리는 것이다.

○ 정자[伊川]가 말씀하였다.

"인과 지혜를 깊이 체득한 이가 아니면 이처럼 형용하지 못했을 것이다."

22. 제일전지 齊一全旨

이 장에서는 제나라와 노나라가 다시 한번 변화하기를 바라는 뜻으로, 도(道: 선왕의 도)자를 주제로 삼는다. 부자께서 선왕의 도에 뜻을 두었던 까닭에 제나라와 노나라에 하루빨리 변화가 일

235 체단(體段): 이는 여러 가지의 뜻이 있다. 몸의 모양새, 즉 체태(體態)를 말하고, 또 다른 뜻으로는 사물의 형상을 말하며, 또는 본체를 가리키는 경우도 있고, 또는 체통(體統) 및 거지(擧止)로 말하기도 한다. 여기에서는 몸가짐과 의사의 형태, 즉 행동 및 의식양상을 말한다. 따라서 여기에서는 체용(體用)의 체(體)를 말하지 않는다.

어나기를 간절히 바라고 있다. 제나라와 노나라는 당시 상황으로 말한다. 이 때문에 집주에서 "공자 당시[孔子之時]"라 말하니, 이 구절을 깊이 음미해 보아야 할 것이다.

두 곳의 변(變: 齊一變, 魯一變)자는 각기 다른 뜻이 있다. 제나라에서의 변화는 환골탈태해야 하고, 노나라는 다만 패도정치를 구제하고 쇠퇴함을 일으키는 데에 있다. 따라서 노나라에서 선왕의 도에 이르기까지는 단 한 번의 변화만을 필요로 하며, 제나라에서 선왕의 도에 이르기까지는 오히려 두 차례의 변화가 필요하다. 이는 두 나라의 시대 상황에 따라 시행의 완급을 헤아린 것이지, 제나라를 억제하고 노나라를 존숭하려는 뜻은 아니다.

子曰 齊一變이면 至於魯하고 魯一變이면 至於道니라

부자께서 말씀하셨다.

"제나라가 한 차례 변하면 노나라에 이르고, 노나라가 한 차례 변하면 선왕의 도에 이를 것이다."

강설

부자께서 선왕의 지극히 선하고 아름다운[盡善盡美] 도로써 두 나라의 풍속과 교화를 바꾸고자, 다음과 같이 말씀하셨다.

"태공은 제나라를, 주공은 노나라를 다스릴 적에 모두 선왕의 도에 따라 다스렸다. 그러나 오늘날엔 지난날의 제나라와 노나라가 아니다.

제나라가 한 차례 공리(功利)의 습속을 탈바꿈하여 예의의 가르침을 지향하고, 거짓과 과장의 풍속을 변화하여 믿음과 의리로 행한다면 겨우 오늘날 노나라의 정도에 이를 수 있을 것이다,

노나라가 한 차례 변화하여 폐지되었던 법도를 닦고 추락한 제도를 다시 들어 행한다면 지극히 아름답고 지극히 선한 선왕의 도에 이를 수 있을 것이다. 그 책임을 짊어진 위정자들은 어찌하여 이를 탈바꿈시키지 않는 것인지."

集註

孔子之時에 齊俗은 急功利하고 喜夸詐하니 乃霸政之餘習이오 魯則重禮教하고 崇信義하야 猶有先王之遺風焉이로되 但人亡政息하야 不能無廢墜耳라 道는 則先王之道也라 言二國之政은 俗有美惡이라 故로 其變而之道에 有難易니라

○ 程子曰 夫子之時에 齊强魯弱하니 孰不以爲齊勝魯也리오 然이나 魯猶存周公之法制하고 齊由桓公之霸하야 爲從簡尚功之治하야 太公之遺法이 變易盡矣라 故로 一變乃能至魯오 魯則修擧廢墜而已니 一變則至於先王之道也라

愚謂二國之俗 惟夫子爲能變之而不得試라 然이나 因其言以考之면 則其施爲緩急之序를

亦略可見矣리라

[해석] 공자 당시, 제나라 풍속은 공리(功利)를 앞세우고, 과장과 거짓을 좋아하니, 이는 곧 패도 정치가 남긴 습속(習俗)이다. 노나라는 예의의 가르침을 중히 여기고 믿음과 의리를 존중하여 아직도 선왕의 유풍이 남아있으나, 다만 성현이 사라지고 훌륭한 정치가 종식되어 폐지되거나 추락함이 없지 않았다.

도는 선왕의 도이다. 두 나라의 정치에는 풍속의 아름다움과 나쁜 차이가 있다. 이 때문에 그것을 변화하여 선왕의 도에 가기까지는 어렵고 쉬움이 있음을 말한다.

○ 정자[伊川]가 말씀하였다.

"부자의 시대에 제나라는 강성하고 노나라는 쇠약하였다. 그 누군들 제나라가 노나라보다 낫다고 생각지 않을 수 있겠는가. 그러나 노나라에는 아직도 주공의 법도와 제도가 남아있었고, 제나라는 환공(桓公)의 패업으로 연유하여 '간략함을 따르고 공을 숭상[從簡尙功]'[236]하는 정치를 하여 태공의 남긴 법이 모조리 변해 버렸다. 이 때문에 한 차례 변화를 거쳐야 노나라에 이를 수 있고, 노나라는 폐지된 제도를 수습하고 떨어뜨린 예법을 들어 올리면 될 뿐이다. 한 차례 변화를 거치면 선왕의 도에 이를 수 있다."

나의 생각은 다음과 같다.

"두 나라의 풍속은 오직 부자만이 변화시킬 수 있으나 이를 시험해 보지 못하였다. 그러나 그 말씀으로 인하여 살펴보면 그 시행에 있어 무엇을 빨리하고 무엇을 늦춰야 하는지의 차례 또한 대략이나마 볼 수 있다."

23. 불고전지 不觚全旨

이 장에서는 이름은 남아있으나 실상이 없는데 대한 부자의 슬픈 마음을 나타낸 것이다. 하나의 술잔[觚]으로 말하면, 네모난 형태를 버리고 둥글게 만들었다는 데에서 인심 또한 옛날과 같지 않음을 상상해 볼 수 있다. 하나의 고(觚)를 미루어 보면, 춘추시대에 이름만 남아있고 실상이 없는 것들로, 고(觚)보다 더 큰 것이 많았으리라는 점을 알 수 있다.

하나의 불(不: 觚不觚)자와 두 곳의 재(哉: 觚哉觚哉)자에는 끝없는 비탄(悲歎)의 마음이 담겨있다. 실상을 잃은 데는 그 이름을 붙일 수 없다.

---

236 '간략함을 … [從簡尙功]': 이는 주공과 태공의 주고받은 말의 한 대목이다. 주공이 태공에게 물었다. "어떻게 제나라를 다스리려 하는가?" "현인을 높이고 공 있는 이를 받들 것이다." "그러면 후세에 반드시 찬탈과 시해하는 신하가 있을 것이다." 태공이 주공에게 물었다. "어떻게 노나라를 다스리려 하는가?" "어른을 높이고 친한 이를 친히 할 것이다." "그러면 후세에 차츰차츰 쇠약해질 것이다."(宋 劉恕 編, 『資治通鑑外紀』 권3, 「周紀一 武王」. "周公 問太公, 何以治齊? 曰 尊賢而尙功. 周公曰 後世必有簒弑之臣. 太公 問周公, 何以治魯? 周公曰 尊尊而親親. 太公曰 後世寖弱矣.")

子曰 觚 不觚면 **觚哉觚哉**아

부자께서 말씀하셨다.

"네모난 술그릇[觚]이 네모나지 않으면, 네모난 술그릇이라고 할 수 있겠는가. 네모난 술그릇이라고 할 수 있겠는가."

강설

부자께서 시대를 슬퍼하는 뜻을 담아 말씀하셨다.

"술그릇을 고(觚)라 명명한 데에는 그 제도가 네모나기 때문이다. 오늘날 그 그릇을 살펴보면 진즉 네모난 술그릇의 제도를 잃었으므로 네모난 술그릇이라고 말할 수 없는데, 오히려 이를 술그릇이라고 부를 수 있겠는가. 오히려 이를 술그릇이라고 부를 수 있겠는가.

네모난 술그릇의 유로 살펴보면, 이 세상에 실상을 잃고 그 이름만 전해오는 것들이 한낱 이 술그릇에만 그치겠는가. 참으로 개탄스러운 일이다."

集註

觚는 **棱也**니 **或曰 酒器**오 **或曰 木簡**이라하니 **皆器之有棱者也**라 **不觚者**는 **蓋當時失其制而不爲棱也**라 **觚哉觚哉**는 **言不得爲觚也**라

○ **程子曰 觚而失其形制**면 **則非觚也**라 **擧一器而天下之物**이 **莫不皆然**이라 **故**로 **君而失其君之道**면 **則爲不君**이오 **臣而失其臣之職**이면 **則爲虛位**니라

范氏曰 人而不仁이면 **則非人**이오 **國而不治**면 **則不(非)國矣**니라

[훈고] 고(觚)는 네모난 그릇이니, 어떤 이는 술그릇이라 하고, 어떤 이는 목간(木簡)이라 하니, 모두 네모난 형태의 그릇이다.

[해석] 불고(不觚)는 당시에 그 제도를 상실하여 네모나게 만들지 않았다. 고재고재(觚哉觚哉)는 네모난 술그릇이라고 말할 수 없음을 말한다.

○ 정자[伊川]가 말씀하였다.

"네모난 술그릇으로서 그 형태와 제도를 잃으면 네모난 술그릇이 아니다. 하나의 그릇을 들어 말했으나 천하의 물건이 모두 그렇지 않은 게 없다. 그러므로 임금으로서 그 임금의 도를 잃으면 임금답지 못하고, 신하로서 그 신하의 직책을 잃으면 빈자리[虛位]만 차지함이다."

범씨[范祖禹]가 말하였다.

"사람으로서 어질지 못하면 사람이 아니며, 나라로써 다스려지지 않으면 나라가 아니다."

24. 재아전지 宰我全旨

이 장에서는 세상사에 응하는 권도(權道)를 말한 것으로 세상을 구제하는데 부쳐 말하고 있다.

재아는 어진 이의 난처한 처지를 가설로 설정하여 묻자, 부자 또한 그의 물음을 통해 군자의 임기응변을 제시하여 그 어떤 어려운 일도 사람을 구제하는 어진 이의 사랑을 어렵게 만들 수 없음을 보여주고 있다.

하위기연(何爲其然) 구절은 허구(虛句)이며, "군자는 우물에 가서 구제하게 할 수는 있을지언정 우물 속으로 빠지도록 할 수는 없다.[君子 可逝也 不可陷也]"는 2구는 곧 이러한 점을 명백히 말해주고 있다.

마지막 2구[可欺也 不可罔也]는 위 2구[君子…陷也]의 단안(斷案)으로서, "터무니없는 거짓말로 속일 수 없다.[不可罔]"는 측면에 더욱 큰 비중을 두고 있다. 이는 모두 하나의 종(從: 其從之也)자의 잘못된 점을 밝혀주는 데에 지나지 않을 뿐이다. 이는 그 우물가에 갔을 때, 그 나름대로 구제할 수 있는 권변(權變)이 있다는 것이지, 끝까지 이를 좌시하여 그를 우물 속에 내버려 둔다는 것은 아니다.

宰我 問曰 仁者는 **雖告之曰 井有仁**(人)**焉**이라도 **其從之也**로소이다
子曰 何爲其然也리오 **君子**는 **可逝也**언정 **不可陷也**며 **可欺也**언정 **不可罔也**니라

재아가 물었다.

"어진 이는 비록 '우물에 사람이 빠졌다.'고 말할지라도 〈그를 구제하기 위해 우물로〉 따라 들어가야겠습니다."

부자께서 말씀하셨다.

"어떻게 그처럼 우물 속으로 따라 들어가 사람을 구제할 수 있겠는가. 군자는 우물에 가서 구제하게 할 수는 있을지언정 〈사람을 구제하고자 우물 속으로〉 빠질 수는 없으며, 그럴싸한 말로 속일[欺] 수는 있을지언정 터무니없는 거짓말로 속일[罔] 수는 없다."

강설

재아가 물었다.

"인이란 사람을 사랑하는 것으로 마음을 삼으니, 어떤 사람이 '우물 속에 사람이 빠졌다.'고 말할지라도, 그를 따라 우물 속으로 들어가 구제해야 하겠습니다."

부자께서 말씀하셨다.

"어진 이가 사람을 구제하고자 한다면 어떻게 우물 속으로 뒤따라 들어가 그를 구제할 수 있겠는가. 어진 이는 곧 군자로서 어리석은 사람이 아니다. '우물 속에 사람이 빠졌다.'는 말을 듣고서 군자는 그 우물에 찾아가 그를 구제할 수는 있을지언정 우물 속으로 들어가 함께 빠지는, 그런 어리석은 일은 통하지 않을 것이다.

무엇 때문인가? 모든 일에 대하여 그럴싸한 이치로 속일 수는 있지만, 터무니없는 거짓말로 속일 수는 없다. 그럴싸한 말로 군자를 속일 수 있기에 그 우물의 위까지 구하려고 가도록 할 수는

있겠지만, 터무니없는 거짓말로 군자를 속일 수 없기에 우물 속에 빠지도록 만드는 일은 없을 것이다. 이는 인을 함에 있어 무슨 피해를 보겠는가. 그런데도 그대는 어찌하여 그처럼 깊이 걱정하는가."

集註

劉聘君曰 有仁之仁은 當作人이라하니 今從之라

從은 謂隨之於井而救之也라 宰我信道不篤하야 而憂爲仁之陷害라 故로 有此問이라 逝는 謂使之往救오 陷은 謂陷之於井이라 欺는 謂誑之以理之所有오 罔은 謂昧之以理之所無라

蓋身在井上이라야 乃可以救井中之人이니 若從之於井이면 則不復能救之矣라 此理甚明하야 人所易曉니 仁者 雖切於救人而不私其身이나 然이나 不應如此之愚也니라

유빙군(劉聘君)[237]이 "유인(有仁)의 인(仁)은 의당 인(人)자로 써야 한다."고 하니, 여기에서는 그의 말을 따른다.

[훈고와 해석] 종(從)이란 우물 속으로 따라 들어가 그를 구제함이다.

재아는 도에 대한 믿음이 독실하지 못하여, 인을 행하다가 자기의 몸에 해를 당할까 걱정한 까닭에 이런 물음을 한 것이다.

서(逝)는 그에게 그곳으로 가서 구제하도록 함이며, 함(陷)은 그를 우물 속으로 빠지게 만듦을 말한다.

기(欺)는 그럴싸한 이치로 속임을 말하며, 망(罔)은 전혀 터무니없는 말로 덮어씌우려는 것을 말한다.

이는 나의 몸이 우물 위에 있어야 우물 속에 빠진 사람을 구제할 수 있다. 만일 우물 속으로 따라 들어간다면 다시는 그를 구제할 수 없다. 이 이치는 매우 명백하므로 사람들이 쉽게 깨달을 수 있는 것이다. 어진 자는 비록 사람을 구제하는 마음이 간절하여 그의 몸을 돌보지 않지만, 이처럼 어리석은 일은 하진 않는다.

[보 補]

"인을 좋아하면서도 학문을 좋아하지 않으면 그 폐단은 고루하고 어리석다[好仁不好學, 其蔽也愚]"(『論語』「陽貨」)고 한다. 재아 설문의 '정유인언 기종지야(井有人焉 其從之也)' 8자는 그 어리석음에서 출발한다. 결론은 어진 자란 사리에 밝은 군자이다. 재아는 그 어리석음으로써 인을 행하는 도를 모르기에 남을 구제하려다 자기의 몸을 잃을까 걱정한 나머지, 얼토당토않

237 유빙군(劉聘君): 이름은 면지(勉之), 자는 치중(致中), 호는 초당(草堂)이니, 건안(建安) 사람이며, 주자의 장인이다. 빙군(聘君)은 조정의 부름을 받고도 벼슬에 나가지 않은 은자를 말한다. '빙군'이란 빙사(聘士)의 존칭으로 징사(徵士)라 말하기도 한다. 단 주자의 장인이라는 이유에서 혹자는 장인, 즉 빙장(聘丈)으로 착각할 수 있는 여지가 없지 않다.

은 거짓말로 사람을 속이려 들기에 이른 것이다. 이는 제 마음을 속이고 자신을 속이고 남을 속이는 결과를 낳았다. 그러나 사리에 밝은 군자를 속일 수 없다는 점이 부자의 대답 속에 담긴 임기응변이다.

따라서 "자기의 몸을 잃지 않고서 천하를 위하는 자는 있으나, 자기의 몸을 잃으면서 남을 위한다는 말은 들은 적이 없다. 자기의 몸을 잃으면서 남을 위한다는 것이 우물 속으로 따라 들어가 남을 구제한다는 재아의 말이다."[238]

이를 다시 경문과 주자 설을 통하여 하나하나 살펴보고자 한다.

'우물 속에 사람이 빠졌다.' 함은 목숨을 잃을 수 있는 위험한 곳의 사람이며, '우물에 따라 들어간다'는 것은 어진 이란 사람을 사랑하므로 어려운 처지의 사람을 구제하고자 자기 목숨을 잃을 수 있는 우물 속으로 몸을 던져 그를 구출하는 희생을 감내함을 말한다. 재아는 남을 구제하자니 나의 몸이 해를 입고, 그렇다고 위험에 처한 사람을 물끄러미 바라볼 수도 없는 어진 이의 고뇌를 물은 것이다.

주자는 이에 대해 사람을 속이는 2가지 양상의 속임수와 위험에 처한 자의 구제에 관한 완급(緩急)을 자세히 말해주고 있다.

먼저 속임수의 양상과 관련지어 경문을 살펴보면 다음과 같다.

"기(欺)란 사람이 도저히 알 수 없는 바에 편승하여 그를 속이는 것이다. 망(罔)이란 남들이 뻔히 알 수 있는 일로 눈을 가려 그를 멍청이로 만드는 것이다. 이는 아무리 지혜로운 이도 속을 만한 일로 속이는 것과 사람을 멍청이 취급하여 도저히 말이 되지 않은 말로 속이는 것이다. 이것이 기(欺)와 망(罔)의 차이이다.

사람이 우물에 빠졌다고 말하면 그것은 세상에 있을 수 있는 일이다. 그래서 그런 일이 있는지 없는지는 군자라 해서 반드시 알 수 있는 일이 아니다. 설령 참으로 우물에 빠진 사실이 없을지라도 얼마든지 그를 속여 우물에 찾아가 보도록 만들 수 있다.

그러나 우물 속으로 들어가 함께 죽어가는 처지에서 사람을 구제한다는 말은 결코 있을 수 없는 일이다. 이런 거짓말은 지혜로운 이가 아닐지라도 뻔히 알 수 있는데, 또한 어떻게 이처럼 얼토당토않은 거짓말로 사람을 속여 우물 속으로 빠지도록 만들 수 있겠는가."[239]

이처럼 재아의 '우물 속에 사람이 빠졌다[井有人焉]'는 구절은 그럴싸한 거짓말이고, '그 우물 속으로 함께 따라 들어간다[其從之也]'은 얼토당토않은 거짓말이다. 이 때문에 정유인언(井有人焉)은 가기야(可欺也)→가서야(可逝也) 구절로 그 뜻이 이어지고, 불가망야(不可罔也)→불가함야(不可陷也) 구절로 이어지는 것이다.

뒤이어 "우물을 찾아갔을 적에 참으로 빠진 사람이 있다면 이를 어떻게 대처할 것인가."

---

238 『論語學案』 권3. "不失其身而爲天下者 有之矣, 未聞失身以爲人者也. 失身以爲人, 是從井救人之說也."

239 『大全』 該註. "問欺罔之別, 其詳 復有可得而言者乎? 曰 欺者, 乘人之所不知而詐之也. 罔者, 掩人之所能知而愚之也. 夫人之墜井, 世有此理, 而其有無, 則非君子所能必知, 故雖或未必眞有而可欺, 使往視之也. 自入井中而可以救人, 則其無是理也. 盖不待智者而知之矣, 又安得以此罔之而使陷於井中哉?"

이는 여러 상황을 종합하여 그 경중의 가치와 완급의 차례를 결정지어야 할 것이다. 이에 관해서는 소동파의 설이 정밀하기에 그의 말을 들어 말하고자 한다.

"위험에 빠진 이를 구원하는 것은 어진 이로서 반드시 해야 할 일이지만, 그의 목숨을 희생하면서도 그에게 아무런 도움이 되지 않는다면 어진 이는 반드시 하지 않을 것이다. 그러나 임금과 부친이 위험한 처지에 빠졌다면 신하와 자식은 당연히 그를 따라 함께해야 할 도리가 있다. 하지만 그래도 구제할 수 있는 도구를 지녀야 하는 것이지, 맨몸으로 뛰어들어서는 안 된다. 만일 사안이 급박하여 도구를 챙길 겨를이 없을 때는 비록 맨몸으로 뛰어들지라도 그것은 옳은 일이다. 그 나머지 사람의 경우는 사람을 보내어 그를 구제하도록 해야 한다. 중요한 것은 자기의 힘이 닿는 데까지 다하는 것이다."[240]

소동파의 말처럼 "사람을 구제하고 이로움을 주는 것은 어진 이의 마음이지만, 사리를 헤아려 일에 대처함은 지혜로운 이의 일이다. 이 세상에는 어질지 않은 군자가 없고, 또한 지혜롭지 못한 어진 이는 없다. 이 때문에 인을 좋아하면 반드시 학문을 좋아하여야 어리석음의 잘못을 범하지 않을 것이다."[241]

25. 군자전지 君子全旨

이 장에서는 사람들에게 도에 들어갈 수 있는 절실한 공부를 말해주고 있다. 박문(博文)은 앎의 인식이고, 약례(約禮)는 행의 실천이다. 글을 널리 배우지 않으면 예로 요약[約禮] 할 수 없으며, 예로 요약하지 않으면 널리 배운 글은 쓸모가 없다. 요약[約]은 널리 배움[博]에 있고, 예(禮)는 시서육예의 경전[文]에 있으며, 도에 어긋나지 않음[弗畔]은 박학과 요약을 하나로 합한 속에 있다.

주자가 말씀하였다.

"약(約)자는 다만 수렴하여 묶다[約束]의 의미로만 보아야 하고, 지(之: 約'之'以禮)자는 그 사람의 몸을 가리키는 것이지, 널리 배웠던 글[文]을 가리킴이 아니다."

子曰 君子 博學於文이오 約之以禮면 亦可以弗畔矣夫ㄴ져

부자께서 말씀하셨다.

"군자는 널리 글을 배우고 예로써 요약하면, 또한 도에 어긋나지 않을 것이다."

강설

부자께서 사람에게 도를 구하는 공부를 보여주었다.

---

240 위와 같음. "曰往視而井實有人, 則如之何? 曰 蘇氏之說, 所以處於輕重緩急之間者, 密矣. 蘇氏云 拯溺, 仁者之所必爲也, 殺其身 無益於人, 仁者之所必不爲也. 惟君父在險, 則臣子有從之之道. 然猶挾其具, 不徒從也. 事迫而無具, 雖徒從 可也, 其餘則使人拯之, 要以窮力所至."

241 『日講四書解義』 권5, 「論語 上之二」 "夫濟人利物者, 仁之心; 揆事度理者, 智之事. 天下無不仁之君子, 亦無不智之仁人. 是以好仁必好學而後, 不失之愚也."

“도는 시서(詩書) 육예(六藝)의 글에 널리 흩어져 있고, 대중(大中) 지정(至正)의 예(禮)에 집약되어 있다. 군자는 시서 육예의 글을 널리 배워 오롯한 마음으로 모든 이치를 궁구하여 고금의 일들을 살펴보고, 또한 배운 것을 들어 대중 지정의 예로 요약하니, 보거나 듣거나 말하거나 움직임에 예 아닌 것이 없다.

널리 배우면 견해가 드넓어 공허함에 흐르지 않고, 예로 요약하면 행하는 일마다 반드시 바른 도로 하여 넘쳐난 데 빠지지 않는다. 이처럼 하면 비록 도와 하나가 되지 못할지라도 도에 어긋나지는 않을 것이다. 도에 뜻을 둔 이는 박약(博約)의 공부를 모두 겸하여 그 어느 것 하나 버려서는 안 된다.”

集註

約은 **要也**오 **畔**은 **背**(패)**也**라 **君子**는 **學欲其博**이라 **故**로 **於文無不考**오 **守欲其要故**로 **其動必以禮**하니 **如此則可以不背於道矣**리라

○ **程子曰 博學於文而不約之以禮**면 **必至於汗漫**이니 **博學矣**요 **又能守禮而由於規矩**면 **則亦可以不畔道矣**리라

[훈고] 약(約)은 요약이며, 반(畔)은 어긋남이다.

[해석] 군자는 널리 배우고자 원하기에 고찰하지 않는 글이 없고, 몸가짐의 지킴은 요약하고자 원하기에 그 움직임에 반드시 예를 따르니, 이처럼 하면 도에 어긋나지 않을 것이다.

○ 정자[明道]가 말씀하였다.

“널리 글을 배우고 예로 요약하지 않으면 반드시 허황[汗漫]한 데 이르게 된다. 널리 배우고 또 예를 지키면서 법도를 따르면 또한 도에 어긋나지 않을 것이다.”

26. 자견전지 子見全旨

이 장에서는 성인이 상도[經道: 불변의 도리]를 지키거나 방편[權道]를 행함에 모두 정도(正道)를 잃지 않는다는 뜻을 보여주고 있다.

음란하고 부정하기 짝이 없는 남자(南子: 衛靈公夫人)이지만, 부자를 뵙고자 청함은 어진 이를 좋아하는 마음이며, 그 또한 예를 갖춰 부자를 대하였으므로, 부자는 소군(小君)의 예로 그를 찾아본 것이다.

시지(矢之) 3구[夫子矢之…天厭之]는 예의상 그를 볼 수밖에 없다는 데에 중점을 두고 있다. 그러나 부자가 아니면 감히 남자를 만나지 못할 것이며, 자로가 아니면 감히 부자에 대해 불쾌한 빛을 나타내지 못했을 것이다. 이는 성인의 도는 크고, 현인의 의(義)는 바르기 때문이다.

子 見南子하신대 **子路 不說**(悅)이어늘
夫子 矢之曰 予所否者ㄴ댄 **天厭之 天厭之**시리라

부자께서 남자를 찾아보니, 자로가 기뻐하지 않았다.
이에 부자께서 맹세하여 말씀하셨다.
"내가 예와 도에 맞지 않는 일을 했다면 하늘이 싫어하실 것이다. 하늘이 싫어하실 것이다."

강설

부자가 위나라에 이르렀을 때, 위령공의 부인 남자가 뵙기를 청하였다. 부자께서 부득이 그를 찾아보게 되었다. 그것은 그 나라에 가면 그 왕후를 친견하는 전례를 따른 것이다. 그러나 자로는 음란한 여인을 찾아본다는 것을 모욕으로 여겨 못마땅하게 생각하였다.

이에 부자께서 맹세하여 말씀하셨다.

"내가 하는 일이 예의에 맞지 않고 도의를 따르지 않은 것이라면 하늘에 죄를 얻은 것이다. 하늘이 날 싫어하여 버릴 것이며, 하늘이 날 싫어하여 버릴 것이다."

부자께서 악한 사람을 보는 데 있어서 자신한 바 있었다. 그러나 굳이 거듭 말하여 맹세함은 자로가 깊이 생각하여 스스로 이를 깨달았으면 원하는 바람에서 그런 것이다.

集註

南子는 **衛靈公之夫人**이니 **有淫行**이라 **孔子至衛**에 **南子請見**한대 **孔子辭謝**라가 **不得已而見**이라 **蓋古者**에 **仕於其國**이면 **有見其小君之禮**어늘 **而子路以夫子見此淫亂之人爲辱**이라 **故**로 **不悅**이라

矢는 **誓也**오 **所**는 **誓辭也**니 **如云所不與崔慶者之類**라 **否**는 **謂不合於禮**니 **不由其道也**라 **厭**은 **棄絶也**라

聖人道大德全하야 **無可不可**하니 **其見惡人**에 **固謂在我有可見之禮**면 **則彼之不善**이 **我何與焉**이리오 **然**이나 **此豈子路所能測哉**리오 **故**로 **重言以誓之**하시니 **欲其姑信此而深思以得之也**시니라

[훈고] 남자는 위령공의 부인인데, 음란한 행실이 있었다.

[해석] 공자가 위나라에 이르자, 남자가 만남을 청하니, 공자가 사양하다가 마지못하여 그를 보았다. 옛적에 그 나라에 벼슬하면 그 나라의 소군(小君: 왕후)을 보는 예가 있다. 그런데도 자로는 부자가 이런 음란한 여인과의 만남을 욕되게 생각한 까닭에 기뻐하지 않은 것이다.

[훈고] 시(矢)는 맹세이다. 소(所)는 격분한 맹세의 말이니, 이는 "맹세코 최저(崔杼), 경봉(慶封)과는 함께하지 않겠다."(『春秋左傳』襄公 25년)는 유와 같다.

부(否)는 예에 맞지 않음이니 그 도를 따르지 않음이다. 염(厭)은 버리고 끊음이다.

[해석] 성인은 도가 크고 덕이 온전함으로 절대 옳다는 것도, 절대 안 된다는 것도 없다. 그 악한 사람을 만날 적에 참으로 "나에게 찾아봐야 할 예의가 있다."고 여겨지면 그의 불선이 나와 무슨 관계가 있겠는가. 그러나 이런 점을 어떻게 자로가 헤아릴 수 있겠는가. 이 때문에 거듭 말하여 맹세하니, 그가 잠시 이 말을 믿고 깊이 생각하여 그 의중을 알도록 하고자 함이다.

27. 중용전지 中庸全旨

이 장에서는 부자께서 중용을 규범으로 삼아야 함을 말하고 있다.

중용의 이치는 항상 일상생활에 나타나지만, 실제로는 나의 마음에 고유한 덕이기에 위덕(爲德)이라 말한다. 지극함(至: 其至矣乎)이란 지나침도 없고 부족함도 없음을 말한다. 그런 사람이 적다[民鮮]는 것은 일상의 일들이 중용에 부합되지 않은 것으로 사람들의 마음에 그 덕을 소유한 이가 적음을 보여주고 있다.

子曰 中庸之爲德也 其至矣乎신저 **民鮮**이 **久矣**니라

부자께서 말씀하셨다.
"중용의 덕 됨됨이 그 지극하다. 덕을 지닌 사람이 적은 지 오래다."

강설

부자께서 사람들이 중용의 덕을 잃은 데 대해 개탄하였다.
"천하의 덕은 지나치면 중도를 잃고, 미치지 못하면 중도에 이르지 못한다. 중용의 덕이란 지나침도, 미치지 못함도 없으니, 그 덕은 지극하여 다시는 이에 더할 수 없다. 다만 세상의 가르침이 쇠퇴하여 백성들이 흥기하여 이를 행하지 않기에, 아는 것과 행하는 것이 너무 지나친 데에 잘못을 범하지 않으면, 오히려 미치지 못하는 잘못을 범하므로 중용의 덕을 지닌 사람이 적은 지 오래다. 이 또한 매우 개탄스러운 일이 아니겠는가."

集註

中者는 無過不及之名也오 庸은 平常也라 至는 極也오 鮮은 少也니
言民少此德이 今已久矣라
○ 程子曰 不偏之謂中이오 不易之謂庸이니 中者는 天下之正道오 庸者는 天下之定理라 自世教衰로 民不興於行하야 少有此德이 久矣니라

[훈고] 중이란 지나치거나 미치지 못함이 없음을 말하며, 용(庸)은 평범하고 떳떳함이다. 지(至)는 지극함이며, 선(鮮)은 적음이다.

[해석] 백성이 이런 덕을 지닌 이가 적은 지, 오늘날 이미 오래되었음을 말한다.

○ 정자[伊川]가 말씀하였다.

"치우치지 않음을 중(中)이라 말하고, 바뀌지 않음을 용(庸)이라 말한다. 중이란 천하의 바른 도이며, 용이란 천하의 정한 이치이다.(전 4구는 미상.[242] 自世敎衰 이하는 伊川說) 세상의 가르침이 쇠퇴함으로부터 백성들이 이를 행하는 기풍이 진작되지 않아서 이 덕을 소유한 사람이 적은 지 오래다."

[보 補]

위의 경문은 『중용』 제3장에서 말한 부분과 대동소이하다. 여기에서는 『중용』에 비하여 '지위덕야(之爲德也: 中庸之爲德也 其至矣乎)' 4자가 더 있고 능(能: 民鮮久矣)자는 생략되었으며, 『중용』은 『논어』에 비하여 '지위덕야(之爲德也: 中庸 其至矣乎)' 4자가 없고, 능(能: 民鮮能久矣)자가 첨가되었다.

『논어』에서 말한 '위덕(爲德: 中庸之爲德也)' 2자는 이미 중용을 실천한 몸으로 말하기에 능(能)자를 생략하였지만, 『중용』에서는 중용의 도리, 그 자체를 찬탄한 말이기에, 정작 실천한 몸을 나타내고자 아래에 능(能)자를 첨가하여 덕(德)자의 의미를 밝힌 것이다.

28. 자공장지 子貢章旨

이 장에서는 인(仁)이란 반드시 먼 곳에서 구할 게 없음을 밝히고 있는바, 하사어인(何事於仁) 구절이 이 장의 주된 뜻이다.

첫 절[如有…病諸]에서는 먼 곳에서 인을 찾음을 억제하였고,

다음 절[夫仁者…達人]에서는 어진 이의 마음을 보여줌이며,

마지막 절[能近…方也已]에서는 인을 구하는 방법을 가르쳐주고 있다.

(1) 여유절지 如有節旨

박시(博施)는 나의 은택을 베풂으로 말하고, 제중(濟衆)은 남들이 은택을 입은 관점에서 말하니, '제중'은 한 걸음 더 앞으로 나아간 것이다.

'인(仁: 何事於仁)'이란 상하 모든 대상을 통틀어 말하는 범칭이다. 따라서 성인의 인, 범부의 인이 있는가 하면 또한 전체의 인, 일부분[一事]의 인이 있기도 하다.

242 『魯齋遺書』(권5)에 의하면, 이는 이천의 설이라 한다.[程子, 是宋時大儒, 名頤, 字正叔, 號伊川. 下一子字, 是男子之通稱. 上一子字, 是後學之尊稱.]

성인(聖人: 必也聖乎)이란 조예의 경지, 즉 인격체의 완성으로 말한다. '인'을 떠나서 별도의 성인이 있다는 것은 아니다. 단 인을 행하여 극처(極處)에 이른 최상의 인물을 말한다.

"요순도 오히려 안타깝게 여겼다."는 것은 요순의 마음도 그랬을 것이라는, 심리상에서 말한다.

子貢 曰如有博施於民而能濟衆혼댄 何如하니잇고 可謂仁乎잇가
子曰 何事於仁이리오 必也聖乎ㄴ져 堯舜도 其猶病諸시니라

자공이 여쭈었다.

"만일 백성에게 널리 베풀어 많은 사람을 구제한다면 어떻습니까? 인이라고 하겠습니까?"

부자께서 말씀하셨다.

"어찌 인이라는 데만 그치겠는가. 반드시 성인일 것이다. 요순도 그 일만큼은 오히려 안타깝게 여기셨다."

강설

자공은 인에 마음을 두었지만, 행하는 방법을 알지 못하여 부자에게 물었다.

"만일 백성에게 널리 은택을 베풀어 많은 백성을 구제한다면, 이와 같은 이를 혹시 인이라 말할 수 있겠습니까?"

부자께서 말씀하셨다.

"백성에게 널리 은택을 베풀어 많은 백성을 구제한다는 것은 어찌 인이라는 데에 그칠 정도이겠는가. 이는 반드시 성인의 덕을 지니고, 또한 천자의 지위를 얻고서 인을 행하여 지극한 곳에 이른 뒤에야 이에 해당하는 것이다. 요순처럼 슬기로운 성군(聖君) 또한 이를 마음에 부족하게 여겼는데, 하물며 요순보다 못한 이들이야 오죽하겠는가. 그대가 이처럼 인을 추구한다면, 어찌 어렵고 또한 동떨어진 일이 아니겠는가."

集註

博은 廣也라 仁은 以理言이니 通乎上下오 聖은 以地言이니 則造其極之名也라 乎者는 疑而未定之辭라 病은 心有所不足也라

言此何止於仁이리오 必也聖人能之乎ㄴ져 則雖堯舜之聖이라도 其心猶有所不足於此也라 以是求仁이면 愈難而愈遠矣리라

[훈고] 박(博)은 드넓음이다. 인(仁)은 도리로 말하니, 상하[聖・凡, 大・小, 精・粗 等]의 통칭이며, 성인은 지위로 말하니, 인의 극처에 나아간 자의 명칭이다. 호(乎: 必也聖乎)자는 의문으로써 확정을 짓지 못할 때 쓰는 말이다. 병(病)은 마음에 부족한 바 있는 것이다.

[해석] 이[博施濟衆]는 어찌 인에 그치겠는가. 반드시 성인이어야 이를 능할 수 있다. 비록

요순 같은 성인으로서도 그 마음에 오히려 이를 부족하게 생각한 바 있었다. 이런 것으로 인을 구하면 더욱 어렵고 더욱 멀어지게 됨을 말한다.

(2) 부인절지 夫仁節旨

이 절은 어진 이의 마음을 표현한 것으로, 이의 중점은 2곳의 욕(欲: 欲立, 欲達)자에 있다. 입(立)자는 길러줌[養]에, 달(達)자는 가르침[敎]에 붙여 볼 수 있으나, 이는 보다 폭넓은 뜻으로 쓰이는 말이다. 모든 일에 따라 모두 붙잡아 세워줌[立]과 이끌어주고 가르쳐주는 통함[達]이 있기 때문이다.

2곳의 이(而: 立而立人, 達而達人)자는 마음속에서 자연스럽게 흘러나온 것으로 말한다.

夫仁者는 **己欲立而立人**하며 **己欲達而達人**이니라

"어진 이는 내가 서고자 원하면 남을 세워주고, 내가 막히지 않고 통하고자 원하면 남을 통하게 해주는 것이다."

강설

시험 삼아 어진 이의 마음을 추구하여 보면, 인의 본체를 알 수 있다.

어진 이의 마음은 내가 서고자 하는 곳에 먼저 남을 세워주고자 생각하니, 이는 그와 더불어 존재하려는 것이다. 내가 막히지 않고 통하고자 하는 곳에 먼저 남을 통하게 해줄 것을 생각하니, 이는 곧 그와 함께 일어서려는 것이다.

비록 모든 사람을 세워주고 통달하게 해줄 수 없을지라도, 내 마음의 천리는 이미 두루 유행하여 피아의 사이가 없다. 이것이 어진 이의 마음이 만물과 하나가 되는 것이다.

集註

以己及人은 **仁者之心也**니 **於此觀之**면 **可以見天理之周流而無間矣**라 **狀仁之體 莫切於此**니라

[해석] 나의 마음으로 자연스럽게 남에게 미쳐가는 것은 어진 이의 마음이다. 이에 살펴보면 천리가 두루 유행하여 물아(物我)의 사이가 없음을 볼 수 있다. 인(仁)의 체단(體段)을 형용함이 이보다 더 절실한 것은 없다.

(3) 능근절지 能近節旨

부자께서 분명하게 위의 절에서 '부인자(夫仁者)'라 함은 인(仁)의 도가 이와 같음을 말함이며,

여기에서 분명하게 "인을 행할 방법이라고 말할 수 있다.[可謂仁之方]"고 말함은 인을 구하는 방법이란 이와 같음을 이른다.

따라서 여기에서 말한 가위(可謂) 구절은 곧 위의 '인자[夫仁者]' 구절과 상응하고,

여기에서 말한 '가까이 나의 몸'이라는 근(近: 能近取譬)자는 위 2곳의 기(己: 己欲立, 己欲達)자에서 유래하고,

여기에서 말한 "다른 사람을 비유하여 본다."는 비(譬)자는 위 2곳의 욕(欲: 欲立, 欲達)자에서 유래하며,

여기에서 "가까이 나의 몸에서 취하여 다른 사람을 비유하여 본다."는 근취(近取) 2자는 위에서 말한 "내가 하고 싶은 바를 미루어 남에게 미쳐가는 것이다."

이는 곧 위에서 말한 세워주고[立] 막히지 않고 통하여 주고자[達] 이런 방법의 노력이 필요하다. 능(能: 能近取譬)자는 힘을 쓴다는 뜻이 있으며, 방(方: 仁之方)자에는 이러한 준칙을 유지해야 만이 박시제중의 근거가 될 수 있음을 보여준 것이다.

能近取譬면 可謂仁之方也已니라

"능히 가까운 나의 몸에서 취하여 다른 사람을 비유하면 인을 행하는 방법이라고 말할 수 있다."

강설

인을 추구하는 이는 내가 서고자 하고 통달하고자 하는 마음을 나의 몸 가까운 곳에서 취하여 그것으로 남들에게 견주어 보면서 저 사람이 서고자 하고 통하고자 함이 나와 같음을 깨달아야 한다. 그런 뒤에 이 마음을 미루어 그들을 세워주고 그들을 통하게 해준다면 인욕의 사사로움은 이로써 이겨나갈 수 있고, 천리의 공정함은 이로써 온전히 할 수 있다.

이처럼 가까운 나의 몸으로 다른 사람을 비유해 나가는 일을 인이라 말할 수는 없겠지만, 또한 인을 행하는 방법이라고는 말할 수 있다. 어찌 굳이 어렵고 동떨어진 박시제중을 하려고 하는가."

集註

譬는 喩也오 方은 術也라 近取諸身하야 以己所欲으로 譬之他人이면 知其所欲이 亦猶是也니 然後推其所欲하야 以及於人이면 則恕之事而仁之術也라 於此勉焉이면 則有以勝其人欲之私而全其天理之公矣리라

○ 程子曰 醫書에 以手足痿痺로 爲不仁이라하니 此言이 最善名狀이라 仁者는 以天地萬物爲一體하니 莫非己也라 認得爲己면 何所不至리오 若不屬己면 自與己不相干이니 如手足之不仁에 氣已不貫하야 皆不屬己라(이상은 仁者之心, 이하는 求仁之術.) 故로 博施濟衆은 乃聖人之功

用이라 仁至難言일세 故로 止曰 己欲立而立人하고 己欲達而達人이니 能近取譬면 可謂仁之方也已라하니 欲令如是觀仁하야 可以得仁之體니라(仁之體, 指上皆不屬己以上[仁者之心]而言.『后山集』권14,「雜著 讀書箚錄 論語」)

又曰 論語에 言堯舜其猶病諸者 二니 夫博施者는 豈非聖人之所欲이리오 然이나 必五十乃衣帛하고 七十乃食肉하니 聖人之心이 非不欲少者亦衣帛食肉也언마는 顧其養有所不贍爾니 此病其施之不博也라 濟衆者는 豈非聖人之所欲이리오 然이나 治不過九州하니 聖人이 非不欲四海之外 亦兼濟也언마는 顧其治有所不及爾이니 此는 病其濟之不衆也라 推此以求면 修己以安百姓은 則爲病可知니라 苟以吾治已足이면 則便不是聖人이니라

呂氏曰 子貢有志於仁이나 徒事高遠하야 未知其方일세 孔子敎以於己取之하시니 庶近而可入이라 是乃爲仁之方이니 雖博施濟衆이라도 亦由此進이니라

[훈고] 비(譬)는 비유이며, 방(方)은 정교한 방법[術: 術謂法之巧者]이다. 가까이 나의 몸에서 취하여 내가 원하는 바로써 다른 사람을 비유하여 보면 그들의 원하는 바 또한 나와 같음을 알 수 있다. 그런 후에 나의 원한 바를 미루어 남들에게 미쳐주면, 이는 서(恕)의 일이요, 인을 행하는 방법이다. 여기에 힘을 쓰면 인욕의 사사로움을 이기고 그 천리의 공정함을 온전히 할 수 있다.

○ 정자[明道]가 말씀하였다.

"『의서(醫書)』에 손발이 저리거나 마비되는 증상을 불인(不仁)하다고 말한다. 이 말은 가장 인을 잘 표현한 말이라 하겠다. 인이란 천지 만물을 하나의 몸으로 생각하니, 나의 몸 아닌 것이 없다. 모든 것을 나의 몸처럼 인식하면, 어느 곳인들 이르지 않음이 있겠는가.[此心之仁, 周流貫通, 何所往而不至乎?] 만일 〈천지 만물이〉 나의 몸과 하나로 이어지지 않으면 자연히 나의 몸과는 상관이 없다. 마치 손발의 마비로 불인하면 그 기운이 이미 두루 나의 몸에 관통하지 못하여 손발이 모두 나의 몸과 하나로 이어지지 않은 것[其氣 旣不周流貫通, 則手足 亦自不屬己矣.]과 같다.(이상은 仁者의 마음으로 仁의 본체를 말하고, 이하는 仁을 추구하는 실천 방법이다.)

이 때문에 널리 베풀고 많은 사람을 구제함은 성인의 일[功用]이다. 인이란 지극히 말하기 어렵다. 이런 연유로 '내가 서고자 원하면 남을 세워주고, 내가 통하고자 원하면 남을 통하게 해주는 것이다. 능히 가까운 나의 몸에서 취하여 다른 사람을 비유하면 인을 행하는 방법이라고 말할 수 있다.'고 말한 데 그쳤다. 이는 이처럼 인을 살펴서 인의 본체[243]를 터득하도록

---

243 인의 본체: 위의 상인지체(狀仁之體)에서 말한 체(體)는 체단(體段)의 뜻으로 쓰였으나, 여기에서는 어진 이의 마음을 말한 것으로 인의 본체를 말하고 있다. 가까이 사람을 세워주고 사람을 통하게 해주는, 현실의 행사 관범에서 그 의의를 알면 위에서 논한 천지만물과 하나가 된, 형이상의 인의 본체를 알 수 있다는 점으로 말하였다.[仁之體, 指上皆不屬己以上(仁者之心)而言. 程子 以氣之流通貫注, 喩仁之體, 以爲此體至

하고자 함이다."

정자[伊川]가 또 말씀하였다.

"『논어』에서 '요순도 오히려 이를 안타깝게 여겼다.'는 구절을 두 차례 언급[本章 및 「憲問」 脩己以安百姓, 堯舜其猶病諸.]하였다.

널리 베풂을 어찌 성인이 원하는 바가 아니겠는가. 그러나 반드시 쉰 살이 되어야 비단옷을 입고 일흔이 되어야 살코기를 먹도록 하였다. 성인의 마음이야 젊은이들에게도 비단옷을 입히고 살코기를 먹이고 싶지 않은 것은 아니지만, 돌이켜 보면 그 부모 봉양하는 데도 넉넉하지 못한 바 있다. 이것이 널리 베풀지 못함을 안타깝게 여김이다.

많은 사람을 구제함은 어찌 성인이 원하는 바가 아니겠는가. 그러나 요순의 다스림은 중국천지[九州]에 지나지 않았다. 성인이 사해의 밖까지도 모두 구제하고자 원하지 않은 것은 아니지만, 돌이켜보면 그 정치에 미치지 못한 바 있다. 이것이 많은 사람을 구제하지 못함을 안타깝게 여김이다.

이[博施濟衆]로 미루어 추구해 보면, '몸을 닦아 백성을 편안케 한다.'(「憲問」)는 것 안타깝게 여길 수밖에 없음을 알 수 있다. 만일 나의 다스림이 이미 만족하다고 여기면 그것은 곧 성인이 아니다."

여씨[呂大臨]가 말하였다.

"자공은 인에 뜻을 두었으나 높고 먼 것[博施濟衆]을 일삼아 그 방법을 알지 못하기에 공자께서 자기의 몸에서 취하도록 가르쳐 주었다. 이는 거의 가까운 것으로부터 들어갈 수 있기 때문이다. 이것이 바로 인을 행하는 방법이다. 비록 박시제중이라 할지라도 또한 이로 말미암아 나아가는 것이다."

[보 補]

집주에서 인지방(仁之方)의 방(方)자의 훈고(訓詁)를 술(術)이라 함은 『맹자』(「梁惠王 上」)에서 말한 인술(仁術)의 술(術)을 말한다. 주자는 『맹자』의 해당 집주에서 "술(術)은 정교한 방법을 말한다.[術謂法之巧者]"고 하였고, 그의 『어록』에서는 "술(術)자는 본래 좋지 않은 글자가 아니었다. 단 후인들이 이를 변사(變詐)의 뜻으로 간주한 연유로 곧 좋지 않은 뜻으로 말하게 된 것이다. 그들은 천하의 일에 있어 난처한 일을 처리할 적에는 반드시 이러한 정교한 방법을 써야 비로소 이뤄짐을 모른 것이다."[244] 여기에서는 난처한 부분까지 이른 것은 아니지만, 인을 행하는 데 더없이 좋은 방책이라는 뜻으로 쓰인 것이다.

본 장의 3절은 인의 극처인 성(聖)에서 이기급인(以己及人)의 인으로, 그리고 추기급인(推己及人)의 서(恕)로 상위에서 하위의 순으로 말하고 있으나, 공부의 차례는 서(恕)→ 인(仁)

難言, 故只以立人達人喩其意, 卽此可以得上所論之體.『后山集』 권14, 「雜著 讀書箚錄 論語」]

244 『大全』該註. "語錄曰 術字, 本非不好底字. 只緣後人把做變詐看了, 便道是不好. 却不知天下事有難處處, 須着有箇巧底道理, 始得."

→ 성(聖)으로 하위에서 상위로 나아가는 향상일로(向上一路)이다.

자공의 공부는 향상에 있다. 이 때문에 "인을 행하는 방법[仁之方]이라는 글자에서 아직은 '인'의 지위가 아님을 볼 수 있다. 나의 마음으로 자연스럽게 남에게 미쳐가는 '인'의 지위는 자공이 미칠 바 아니다. 이 때문에 나의 마음을 미루어 남에게 미쳐가는 서(恕)의 공부로 일러준 것이다.

『논어』에서 인을 말한 부분이 한둘이 아니다. 그러나 인의 대체를 직접 가리킨 곳은 2부분이다. '내가 서고자 원하면 남을 세워주고, 내가 막히지 않고 통하고자 원하면 남을 통하게 해준다.'라는 것은 사랑을 실천하는 도리의 측면에서 인을 말하였고, '극기복례를 인이라 한다.'는 것은 마음의 덕성으로 인을 말하였다."[245]

245 『四書蒙引』 권6. "只看仁之方字, 便見此未是仁. 以己及人地位, 非子貢所及也, 故又以恕之事告之. 論語說仁處 不一, 然其直指大體者 有二. 夫仁者己欲立而立人, 己欲達而達人, 此就愛之理上說仁也. 克己復禮爲仁, 此就心之德而言仁也."

제7 술이 述而 第七

此篇은 **多記聖人謙己誨人之辭**와 **及其容貌行事之實**이라
凡三十七章이라

이 편은 성인이 몸을 낮추면서 사람을 가르친 말씀, 그리고 그 용모와 행사의 실상들을 기록함이 많다.

모두 37장이다.

1. 술이전지 述而全旨

이 장에서는 부자의 저술에 근거가 있음을 스스로 서술하고 있다.

"창작하지 않았다.[不作]"는 구절은 겸손의 말이다. 그러나 하늘과 땅 사이에는 오직 이치만 있을 뿐이다. 예전에 일찍이 창작한 자가 대략 갖춰놓았기에 또다시 창작할 필요가 없기 때문이다.

"믿고서 옛 경전을 좋아하는 것[信而好古]"은 "옛 경전을 전술(傳述)하기만 했을 뿐, 창작하지 않은[述而不作]" 근본이다. 전술(傳述)이란 육경을 산삭(刪削)하고 서술, 정리한 입언(立言)의 일을 말한다. 예컨대, 시서(詩書)의 산삭, 예악의 편정, 『주역』의 찬익(贊翼), 『춘추』의 편수 등을 통하여 옛 경전을 다시 재정리하는 것이다. "믿고 좋아한다.[信好]"는 것은 부자의 마음을 말한다. 진실하게 믿는 마음이 있기에 좋아할 수 있고, 심히 좋아한 까닭에 더욱 믿을 수 있었다. 이는 호문(互文)으로 보는 것이 좋다.

"그윽이 노팽에게 비한다.[竊比老彭]"는 것은 이러한 전술(傳述)과 믿고 좋아하는[信好] 마음이 그와 같음을 말한 것으로, "그가 먼저 나의 마음을 알았다."는 말과 같다.

子曰 述而不作하며 **信而好古**를 **竊比於我老彭**하노라

부자께서 말씀하셨다.

"〈옛 경전을〉 전술(傳述)하기만 했을 뿐, 창작하지 않았으며, 믿고서 옛 경전을 좋아함을 삼가 우리 노팽에게 견주노라."

강설

부자께서 스스로 육경을 정리, 서술한 실상에 대해 말씀하셨다.

"창작한 자를 성인이라 한다. 이는 쉽게 할 수 없는 일이다. 나는 오로지 선왕의 옛 경전을 전술(傳述)할 뿐, 내 임의대로 감히 창작하지 않았다.

또한 옛사람이 창작한 경전에는 그 이치가 갖춰져 있으므로, 나는 그 경전의 말들이 거짓 없음을 깊이 믿고 옛 경전을 독실하게 좋아하였다. 따라서 스스로 전술해야 할 일들을 보고서, 예컨대 『시경』과 『서경』, 그리고 『주역』에 삭제할 부분은 삭제하고 보완할 부분은 보완하여 서술, 정리했을 뿐, 창작할 필요가 없었다.

그러나 이러한 경전의 정리는 어찌 나에게서 비롯된 일이라 하겠는가. 상나라의 어진 대부 노팽은 옛 경전을 믿고 전술한 사람이다. 나는 앞서 닦아놓은 것을 사모하고, 또한 삼가 우리 노팽에게 견주어 볼 뿐이다."

集註

述은 傳舊而已오 作은 則創始也라 故로 作은 非聖人이면 不能이로되 而述則賢者可及이라 竊比는 尊之之辭오 我는 親之之辭라 老彭은 商賢大夫니 見大戴禮하니 蓋信古而傳述者也라

孔子刪詩書하고 定禮樂하며 贊周易하고 修春秋하사 皆傳先王之舊오 而未嘗有所作也라 故로 其自言如此하시니 蓋不惟不敢當作者之聖이라 而亦不敢顯然自附於古之賢人이니 蓋其德愈盛而心愈下하야 不自知其辭之謙也라 然이나 當是時하야 作者略備어늘 夫子蓋集群聖之大成而折衷之하시니 其事雖述이나 而功則倍於作矣니 此又不可不知也니라

[훈고] 술(述)이란 옛 경전을 전술할 뿐이며, 작(作)은 처음 시작한 것이다. 그러므로 창작이란 성인이 아니면 할 수 없으나, 전술은 현인으로서도 미칠 수 있다.

'삼가 견준다[竊比]' 함은 그를 높이는 말이며, '우리[我]'란 그를 친근히 여기는 말이다. 노팽(老彭)은 상나라의 어진 대부니, 『대대례(大戴禮)』(권9, 제69 「虞戴德」)에 보인다. 아마 옛 경전을 믿고서 전술한 자로 생각된다.

[해석] 부자께서 『시경』과 『서경』을 산정(刪定)하고, 예악을 제정하고, 『주역』을 찬익(贊翼: 十翼 등)하고, 『춘추』를 편수하여 이 모두 선왕의 옛 경전을 전술한 것일 뿐, 일찍이 창작한 바 없었다. 이 때문에 그 스스로 이처럼 말한 것이다.

이는 감히 창작한 성인으로 자처하지 않았을 뿐 아니라, 또한 감히 드러내놓고 옛 현인에게 덧붙여 말하는 것마저도 하지 않았다. 이는 그 덕이 더욱 성할수록 마음은 더욱 겸손하게 낮추어 스스로 그 말이 겸손한 것인 줄조차 알지 못하였다.

그러나 당시에 창작한 성인이 대략 갖춰놓았기에, 부자께서 여러 성인이 크게 이뤄놓은 바를 모두 모아 절충하였다. 그 일은 비록 옛 경전을 전술한 것이라 하지만, 공로는 창작보다 곱절이나 된다. 이런 점 또한 몰라서는 안 된다.

[보 補]

먼저 전술과 창작이 어떻게 다른가. 예전 사람이 이미 말하고 이미 행한 것이지만, 나에 의해 전해지는 것을 술(述: 前人所已言已行而於我傳之謂之述)이라 말하고, 예전 사람이 말하지 않고 행하지 않은 것을 나로부터 처음 만들어진 것을 작(作: 前人所未言未行而自我創之謂之作)이라 한다.[246] 이것이 전술과 창작의 차이이다.

그렇다면 나에 의해 어떤 과정을 거쳐 전해지는 것일까? 집주에서 주자는 이를 산(刪)·정(定)·찬(贊)·수(修) 4자로 정리하여 전술의 방법과 그 실체를 밝히고 있다. 공자는 『시경』·『서경』·『예서』·『악서』·『주역』·『춘추』 6경(六經)을 일찍이 창작한 바 없다. 모두 선왕의 옛 경전을 산·정·찬·수의 정리를 통하여 전술했을 뿐이다. 이것이 전술될 수 있는 생명을 불어넣어 주는 방법이다.

부자의 전술 의미는 무엇인가. 산·정·찬·수는 분명 전술의 방법이지만, 그 의미와 가치는 참으로 컸다. 전술의 의미는 옛 선왕의 창작보다 더 큰 가치와 의의가 있다. 만약 6경이 부자의 손을 거치지 않았더라면 아무리 선왕의 경전이라 할지라도 진정 오늘날처럼 성인의 경전으로 추앙받을 수 있었을까? 예컨대 『주역』에 부자가 찬술한 십익(十翼)이 없었다면 『주역』은 한낱 점술서로 전락했을지도 모를 일이며, 『춘추』 또한 그러하다. 부자의 필삭(筆削)을 거치지 않았더라면 한낱 역사서로서 작금에 어떤 위상이었을지 그 누구도 성인의 경이라 장담할 수 없을 것이다. 이런 점에서 공자의 전술은 창작을 능가하는 가치가 있다 할 것이다.

이처럼 창작을 대신하여 '전술로 창작을 삼는[以述爲作]' 풍토는 후대에 이를수록 더욱 성행하였다. '이술위작'의 근본정신은 그 경전의 진리와 역사적 사실에 충실하여 진정한 진실을 전달하면서 동시에 전술자 자신의 수행으로 고차원의 경지를 증명하는 것이다. 훗날의 『십삼경주소(十三經注疏)』 또한 이러한 정신을 바탕으로 경전의 원문에 주석을 진행하면서 이뤄진 산물이다. 그러나 후대에 이르러 이런 본질과는 달리 기존의 경전에 자신의 주해를 통하여 자신의 사상을 밝히는 창작물로 삼기에 이르렀다. 일례로 『대학』의 경우, 주자는 장구주(章句注)를 통하여, 왕양명은 「전습록(傳習錄)」을 통하여, 다산 정약용은 「대학공의(大學公議)」를 통하여 자신의 이학(理學), 심학(心學), 실학(實學)을 밝히고 있다. 『대학』의 경문은 똑같으나 그들의 주해는 각기 자신의 철학사상을 밝히는 과정에서 과연 『대학』의 본의는 그들의 철학과 사상에 의해 그들의 창작물이 되어 그들의 사상을 대표하는 경전으로 탈바꿈되었다. 이처럼 후세에 이르면서 이술위작(以述爲作)의 풍조를 더욱 기승을 부리면서 동양의 또 다른 창작세계를 열어 주었는바, 이 모두가 부자의 전술에서 비롯된 것이다.

246 『日講四書解義』 권6, 「論語 上之三 述而」.

2. 묵이전지 默而全旨

이 장에서는 성인이 아직 도를 얻지 못했을 때와 같은 마음을 나타내고 있다.

묵지 이하[默而識之, 學而不厭, 誨人不倦] 3구는 대등하게 3부분으로 나눠보아야 한다. "그 무엇이 나에게 있겠는가[何有於我哉]"의 구절은 위의 3건을 종합하여 그 가운데 하나도 능한 게 없다는 말이다.

이는 부자가 자신을 독려하면서 남들을 격려하는 말이다. 주자의 말에 의하면, "묵지(默識)는 말하지 않을 적에도 그러한 이치가 항상 존재하는 것이다. 그러나 요즘 사람들은 말할 적에는 그 이치가 있다가도 말하지 않을 적에는 있지 않다." 주자는 또 "이 3가지는 반드시 마음에 간단(間斷)이 없어야 이처럼 할 수 있다."고 하였다.

子曰 默而識(지)之하며 學而不厭하며 誨人不倦이 何有於我哉오

부자께서 말씀하셨다.

"말없이 마음속에 간직하며, 배우고서 싫어하지 않으며, 가르침을 게을리하지 않는 것, 그 중 어느 것 하나 나에게 있겠는가."

강설

부자께서 자신을 겸손해하는 뜻으로 말씀하셨다.

"사람이 도를 체득함은 아는 데에 있다. 그러나 말을 통해 아는 것은 마음으로 얻은 게 아니다. 오직 묵묵히 말이 없으면서도 이러한 이치에 무젖어 마음으로 깨달음을 얻은 것이기에 저절로 잊지 않게 될 것이다.

도에 나아갈 수 있음은 배움의 실천에 있다. 그러나 배우면서도 뒤이어 싫증을 낸다면 그것은 학문을 잘하는 게 아니다. 이에 진리의 끝없음을 깊이 믿고, 처음부터 끝까지 털끝만큼이라도 싫어하는 마음이 없어야 한다.

도를 전수함은 가르침에 있다. 그러나 가르치면서 뒤이어 게으르다면 그것은 교육을 잘하는 일이라고 할 수 없다. 이에 참으로 나와 남[物我: 彼我]의 사이가 없음을 알고, 그를 깨우쳐주고 이끌어주되 털끝만큼이라도 게으른 마음이 없어야 한다.

이 3가지는 모두 군자의 도를 체득하는 일이다. 마음으로 깨달음을 얻고 몸으로 이를 실천하여 자아를 완성하고 교육의 전수를 통하여 진리를 공유하는 것이다. 그러나 돌이켜 보면, 이러한 일들이 어떻게 나에게 있다고 말할 수 있겠는가. 나 또한 오로지 힘써 이에 이르기를 추구할 뿐이다."

集註

識는 記也니 默識는 謂不言而存諸心也라 一說에 識은 知也니 不言而心解也라하니 前說이 近是

라 何有於我는 言何者能有於我也라

三者는 已非聖人之極至로되 而猶不敢當하시니 則謙而又謙之辭也라

[훈고] 지(識)는 기억이니, 묵지(默識)는 말없이 마음에 간직함을 말한다. 일설에는 식(識)이란 앎이니, 말없이 마음으로 이해함이라고 하니, 앞의 말이 옳은 것 같다. 하유어아(何有於我)란 "어느 것 하나 내가 가졌는가."를 말한다.

[해석] 3가지는 이미 성인의 지극함이 아님에도 오히려 이에 감히 자처하지 않으니, 겸손하고 또 겸손한 말이다.

3. 덕지전지 德之全旨

이 장에서는 날로 새로워지는 학문에 대해 말하고 있다.

경문의 4구[德之不修 學之不講 聞義不能徙 不善不能改]는 대등한 관계로 보아야 한다. 덕(德)은 치심(治心)을, 학(學)은 궁리(窮理)를 상대로, 의(義)는 천선(遷善)을, 불선(不善)은 개과(改過)를 상대로 말하였다.

4개의 불(不: 不修, 不講, 不能徙, 不能改)자는 그다지 별 뜻이 없지만 이의 모든 핵심은 "이것이 나의 걱정이다.[是吾憂也]"는 마지막 구절로 몰아가고 있다.

집주에서 일신(日新) 2자를 쓰고 있는바, 이를 깊이 음미해 보아야 한다. 그것은 전혀 닦아가지 않고, 강론하지 않고, 선으로 옮겨가지 않고, 허물을 고치지 않는다는 말이 아니라, 나날이 닦아가고, 강론하고, 옮겨가고, 고쳐감을 말한다. 만약 하루라도 간단이 있다면 어떠하겠는가. 우(憂)는 걱정하고 부지런히 함이니, 바로 닦아가고, 강론하고, 옮겨가고, 고쳐가는 마음이다.

子曰 德之不修와 學之不講과 聞義不能徙와 不善不能改 是吾憂也니라

부자께서 말씀하셨다.

"덕을 닦지 못함과 배움을 강론하지 못함과 의를 듣고서 옮겨가지 못함과 착하지 않은 것을 고치지 못함이 나의 걱정이다."

강설

부자께서 일신(日新)의 요체에 대해 논하여 말씀하셨다.

"덕이란 반드시 닦아야 이루어지는 것임에도 나의 덕을 다스려 닦지 못하였고,

학문이란 반드시 강학한 후에야 밝혀지는 것임에도 나의 학문을 토론하여 강학하지 못하였고,

선이란 내 마땅히 옮겨가야 할 일임에도 의리를 듣고서도 나의 사욕을 버리고 옮겨가지 못하였고,

허물이란 내 마땅히 고쳐야 할 것임에도 불선한 일을 빨리 고치지 못하였다.

이는 장차 나날이 높고 밝은 경지로 나아갈 수 없을 것이다. 이것이 나에게 큰 걱정거리이다. 날로 새로워지는 공부에 참으로 크게 힘쓰지 않을 수 없다."

集註

尹氏曰 德必修而後成하고 **學必講而後明**하며 **見善能徙**하고 **改過不吝**이니 **此四者**는 **日新之要也**라 **苟未能之**면 **聖人猶憂**온 **況學者乎**아

윤씨[尹焞]가 말하였다.

"덕은 반드시 닦은 후에 이뤄지고, 배움은 반드시 강론한 뒤에 밝아지며, 선을 보고 잘 옮겨가며, 허물을 고침에 인색하지 않아야 한다. 이 4가지는 날로 새롭게 하는 요체이다. 참으로 이처럼 하지 못하면 성인도 오히려 걱정하였는데, 하물며 배우는 자야 오죽하겠는가."

4. 자지전지 子之全旨

이 장은 부자가 한가로이 거처할 적의 용모와 안색을 기록한 것이다. 이는 내면의 성대한 덕이 자연히 용모로 나타나는 증험을 말한다.

연거(燕居)는 혼자서 거처함이 아니다. 만일 혼자 거처하는 곳이라면 어떻게 신신(申申), 요요(夭夭)한 용모와 안색을 찾아볼 수 있겠는가. 신신과 요요는 엄숙, 공경, 두려움과 대칭되는 말이지, 태타(怠惰), 방사(放肆)의 대칭으로 쓴 말은 아니다.

따라서 중요한 점은 연거(燕居) 2자에 있다. 만일 조정에 있거나 종묘에 머물면서 남들과 접촉하고 일을 다스릴 경우라면 자연히 또 다른 중화(中和)의 기상이 있을 것이다.

子之燕居에 **申申如也**하시며 **夭夭如也**러시다

부자께서 한가로이 거처하실 적에 그 용모는 활짝 펴시고 얼굴빛은 기쁨이 가득 차 보였다.

강설

부자께서는 성대한 덕이 내면에 쌓여 그 빛이 밖으로 발산되었다. 어른을 모시거나 아랫사람과 접촉하거나 제사를 받들거나 손님을 맞이할 적이 아닌, 한가롭게 거처하실 때는 몸에 나타나는 용모는 편안하고 화순하여 구차스럽거나 절박한 모습이 없었다. 이에 사뭇 구김살 없이 여유로워 보였다. 그 얼굴에 나타난 안색으로 말하면 기쁜 얼굴로 엄하거나 사나운 뜻이 없었다. 사뭇 고운 듯 요요(夭夭)하셨다. 비록 성인에게 용모와 얼굴빛에 나타나는 중화(中和)의 기상을 함부로 말할 수는 없지만, 이 또한 그와 비슷한 모습일 것으로 생각된다.

集註

燕居는 閒暇無事之時라

楊氏曰 申申은 其容舒也오 夭夭는 其色愉也라

○ 程子曰 此弟子善形容聖人處也라 爲申申字說不盡이라 故로 更著夭夭字라 今人은 燕居之時에 不怠惰放肆면 必太嚴厲하니 嚴厲時에 著此四字不得이오 怠惰放肆時에 亦著此四字不得이니 惟聖人이야 便自有中和之氣니라

[훈고] 연거(燕居)는 한가롭게 하릴없는 때이다.

양씨[楊時]가 말하였다.

"신신(申申)은 그 용모가 활짝 펴짐이며, 요요(夭夭)는 그 얼굴빛에 기쁨이 넘침이다."

○ 정자[伊川]가 말씀하였다.

"이는 제자가 성인의 모습을 잘 표현한 곳이다. '신신' 글자만으로 말하기엔 미진하다고 생각하였다. 이 때문에 다시 '요요'라는 글자를 덧붙여 쓴 것이다. 요즘 사람은 한가히 일이 없는 때에 태만하거나 방자하지 않으면 반드시 지나치게 엄하고 사납다. 엄하고 사나울 적에 이 네 글자를 쓸 수 없으며, 태만하거나 방자할 적에도 또한 이 네 글자를 쓸 수 없다. 오직 성인만이 곧 스스로 중화의 기상이 있다."

5. 심의전지 甚矣全旨

이 장에서는 주공의 도를 행하지 못함에 대해 아쉬워한 말이다.

첫 구절[甚矣 吾衰也]은 몸이 심히 노쇠함을 탄식하였고, 아래 문장[久矣 吾不復夢見周公]은 꿈을 증거로 노쇠함을 밝히고 있다. 쇠(衰)하였다는 것은 혈기의 노쇠를 말한 것이지, 의지와 생각의 쇠퇴함을 말한 게 아니다.

문왕과 무왕을 꿈꾸지 않고 주공을 꿈꾼다는 것은 부자의 의지가 주공의 일을 행하고자 하는 데 있기 때문이다. 만일 문왕과 무왕처럼 득천하(得天下)를 꿈꾸었다면 이는 잘못된 일이다. 주자의 집주에서 "다시는 이런 마음이 없었다.[無復是心]"는 구절을 원만하게 보아야 한다.

子曰 甚矣라 吾衰也여 久矣라 吾不復夢見周公이로다

부자께서 말씀하셨다.

"심하다, 나의 노쇠함이여. 오래여라, 나의 꿈속에 다시는 주공을 뵙지 못하였다."

강설

부자께서 탄식하셨다.

"나의 도를 행하거나 못하느냐는 세상의 막힌 운수와 통한 운수[否泰]에 관계된다고 하겠지만, 내 한 몸의 장성함과 노쇠함에 관련되기도 한다.

심하다, 나의 노쇠함이여. 이를 무엇으로 증명할 수 있을까? 나의 젊은 시절엔 주공의 도를 행하려는데 뜻을 두었기에 항상 꿈속에서 주공을 뵐 수 있었다. 하지만 오늘날엔 다시는 꿈속에서 주공을 뵙지 못한 지 오래다. 이로써 나의 몸이 몹시 노쇠하였음을 볼 수 있다. 내가 이를 어떻게 할 수 있겠는가."

集註

孔子盛時에 **志欲行周公之道**라 **故**로 **夢寐之間**에 **如或見之**러니 **至其老而不能行也**하야는 **則無復是心而亦無復是夢矣**라 **故**로 **因此而自歎其衰之甚也**시니라

○ **程子曰 孔子盛時**에 **寤寐常存行周公之道**러니 **及其老也**하사는 **則志慮衰而不可以有爲矣**라 **蓋存道者心**이니 **無老少之異**어니와 **而行道者身**이니 **老則衰也**니라

[해석] 공자의 젊은 시절, 주공의 도를 행하고자 하는 데 뜻이 있었다. 이 때문에 잠자는 사이에도 간혹 주공을 뵐 수 있었는데, 막상 늙어 도를 행할 수 없는 시절에 이르러서는 다시는 이런 마음도 없었고, 또한 이런 꿈도 없었다. 이 때문에 이런 연유로 그 노쇠함이 심함을 스스로 탄식한 것이다.

○ 정자[伊川]가 말씀하였다.

"부자께서 젊은 시절에 자나 깨나 항상 주공의 도를 행하려는 뜻이 있었는데, 늙어서는 의지와 생각이 쇠퇴하여 행할 수 없게 되었다. 도를 간직한 것은 마음이라, 늙고 젊음의 차이가 없지만, 도를 행하는 것은 몸이라, 늙으면 쇠퇴하기 때문이다."

[보 補]

주자는 부자의 노쇠함을 하늘의 뜻에 붙여 다음과 말하고 있다.

"이는 공자의 몸이 노쇠한 게 아니라, 당시 세상 운수가 쇠퇴하였기 때문이다. 성인은 천지의 운수와 상응하는 법이다. 만약 어느 군주가 공자를 등용하려고 했다면 반드시 노쇠하도록 버려두지 않았을 것이다. 무왕과 태공의 경우 모두 여든 아흔의 나이에 천하를 얻어 다스렸다.

대소망(戴少望: 戴溪. 1141~1215)이 이런 말을 했다.

'안연의 죽음은 성인이 등용되지 못할 조짐임을 사람의 일[人事]에서 살펴볼 수 있고, 봉황이 찾아오지 않고 하도(河圖)가 나오지 않는다는 탄식은 성인이 등용되지 못할 조짐임을 천리로 살펴봄이며, 주공이 꿈에 보이지 않음은 성인이 등용되지 못할 조짐임을 나의 몸에서 증험한 일이다. 이러한 여러 조짐을 통하여 성인의 도가 진정 행할 수 없고 하늘은 진정 이 세상에 마음이 없음을 알게 되었다.'

대소망의 논지는 아주 좋은 생각이다."[247]

6. 지도전지 志道全旨

이 장에서는 학문의 완성에 관한 전체의 공부를 서술하여, 사람들에게 차례대로 닦아나가야 함을 가르쳐주고 있다.

지(志), 거(據), 의(依), 유(游) 4자는 대등한 관계로 보아야 한다. 그러나 위의 3구[志於道, 據於德, 依於仁]는 근본으로 내면에 성립해야 할 부분이기에 순수(純粹)하고자 하고, 맨 끝 구절[游於藝]은 지엽으로 바깥에 갖춰져 있다. 하지만 이 또한 그만둘 수 없는 부분이다.

도(道: 志於道)란 이치의 총칭이며, 덕(德: 據於德)이란 도를 행한 데서 얻어지며, 인(仁: 依於仁)이란 모든 이치를 마음에 지님이며, 예(藝: 游於藝)란 이치가 사물에서 벗어나지 않음을 말한다.

이는 위의 4자[志, 據, 依, 游]에 중점을 두고 있다. 이는 바로 학자의 공부하는 곳이며, 4개의 어(於: 志於道, 據於德, 依於仁, 游於藝)자는 호(乎)자의 뜻으로 보아야 한다.

유어예(游於藝)는 덕을 성취한 후, 나머지 공부이다. 제자의 학문(學文)과는 다른 부분이다. 제자의 학문은 그 일을 익히는 것이지만, 여기에서는 그 이치를 탐구하는 것이다. 요컨대 지리소우(至理所寓: 지극한 이치가 담겨있는 부분) 4자의 뜻으로 보아야 한다.

요노(饒魯: 字 仲元, 雙峯)가 말하였다.

"도에 뜻을 둠은 사람이 길을 가는 것과 같고,
덕을 굳건히 지킴은 길을 가다가 숙박할 곳을 마련함이며,
인을 어기지 않음은 숙박하는 곳에서 차츰차츰 집을 세울 대책을 세움이며,
예(藝)에 노닒은 집에 거처하다가 때로 밖에 나가 노닒과 같다.

그러나 반드시 육예(六藝: 禮樂射御書數)에서 놀아야지, 만일 다른 데서 노닐면 이는 도, 덕, 인에서 벗어나 마음을 잃게 된다."

子曰 志於道하며

부자께서 말씀하셨다.

"도에 뜻을 두며,

강설

부자께서 사람들에게 심학(心學)의 전체 공부를 가르쳐주었다.

학문이란 뜻을 세우는 것[立志]보다 더 급선무는 없다. 따라서 처음 배우는 이는 반드시 사물의 당연한 도리에 큰 뜻을 세워야 한다. 이처럼 뜻을 세우면 비로소 학문의 기초와 실마리가 마련된다.

---

247 『大全』 該註. "朱子曰 不是孔子衰, 是時世衰, 聖人與天地相應. 若人要用孔子, 必不教他衰, 如武王太公 皆八九十歲. ○ 戴少望謂顔淵死, 聖人觀之人事; 鳳不至・圖不出, 聖人察之天理; 不夢周公, 聖人驗之吾身. 然後知斯道之果不可行, 而天之果無意於斯世也. 這意思也好."

集註

志者는 **心之所之之謂**오 **道**는 **則人倫日用之間 所當行者 是也**라

知此而心必之焉이면 **則所適者正**하야 **而無他岐之惑矣**리라

[훈고] 지(志)란 마음의 지향하는 바를 말하고, 도는 인륜과 일상생활의 사이에 마땅히 행할 바가 바로 그것이다.

[해석] 도를 알고서 마음으로 반드시 지향하여 나가면 가는 길이 올바름으로 다른 갈림길의 의혹이 없을 것이다.

據於德하며

덕을 굳건히 지키며,

강설

도에 뜻을 둠으로 말미암아 도를 행하여 마음에 얻은 바 있음을 덕이라고 한다. 반드시 내 마음에 얻은 바의 덕을 굳건히 지켜나가면 실천하는 데에 떳떳함이 있어 옛것은 쌓여가고 새로운 것은 돋아나게 될 것이다.

集註

據者는 **執守之意**오 **德**은 **則行道而有得於心者也**라

得之於心而守之不失이면 **則終始惟一**하야 **而有日新之功矣**리라

[훈고] 거(據)란 굳건히 지킨다는 뜻이며, 덕은 도를 행하여 마음에 얻음이 있는 것이다.

[해석] 마음에 도를 얻고서 굳건히 지켜 잃지 않으면 처음과 끝이 오직 한결같아 날로 새로워지는 공효가 있을 것이다.

依於仁하며

인에 의지하며,

강설

덕을 굳건히 지킴으로 말미암아 사욕을 모조리 버리고 마음의 덕을 순수하고 온전히 할 수 있다. 이것이 인이다. 반드시 나의 마음에 온전한 덕이 인에 의지하면 잠시라도 어김이 없을 것이며, 천리가 두루 유행하게 될 것이다.

集註

依者는 不違之謂오 仁은 則私欲盡去而心德之全也라

工夫至此而無終食之違면 則存養之熟하야 無適而非天理之流行矣리라

[훈고] 의(依)는 어기지 않음을 말하며, 인(仁)은 사욕을 모조리 버리고 마음의 덕이 온전한 것이다.

[해석] 공부가 여기에 이르러 밥 먹는 사이에도 어김이 없으면 존양함이 익숙하여 어느 곳을 가더라도 천리가 유행하지 않는 바 없을 것이다.

游於藝니라

예(藝)에 노닐어야 한다."

강설

예는 육예(六藝: 禮樂射御書數)를 말하는데, 여기에는 지극한 수리(數理)와 신비함, 그리고 문장과 이치가 담겨있으며, 일상생활에 반드시 의뢰하는 일들이다. 또한 반드시 이런 것들을 깊이 음미하고 탐색하여 그 뜻을 넓혀 가면 외적인 수리(數理)를 살펴서 내면의 신비함을 궁구하고 보이는 문장을 살펴서 보이지 않는 이치를 깨달을 수 있다. 이는 일상생활에 두루 쓰는 것일 뿐 아니라, 방탕한 마음 또한 없을 것이다.

도에 뜻을 두고, 덕을 굳건히 지키고, 인을 어기지 않음은 근본으로서 나에게 존재하는 바를 극진히 다함이며, 육예에 노닒은 지엽으로 외재(外在) 사물 또한 두루 다하지 않음이 없다. 학문의 전체 공부는 이와 같다.

集註

游者는 玩物適情之謂라

藝는 則禮樂之文과 射御書數之法이니 皆至理所寓而日用之不可闕者也라 朝夕游焉하야 以博其義理之趣면 則應務有餘하고 而心亦無所放矣리라

○ 此章은 言人之爲學이 當如是也라 蓋學莫先於立志하니 志道則心存於正而不他오 據德則道得於心而不失이오 依仁則德性常用而物欲不行이오 游藝則小物不遺而動息有養이라 學者於此에 有以不失其先後(謂道·德·仁·藝)之序와 輕重(謂志·據·依·游)之倫焉이면 則本末兼該하고 內外交養하야 日用之間에 無少間隙而涵泳從容하야 忽不自知其入於聖賢之域矣리라

[훈고와 해석] 유(游)는 사물을 음미[玩物]하면서 성정(性情)의 자적함을 말한다.

예(藝)는 예 · 악의 문장과 활쏘기, 말타기, 글쓰기, 셈하기의 법이니, 모두 지극한 이치가 담겨있는 것으로 일상생활에 없어서는 안 될 것이다. 아침저녁으로 육예에 노닐면서 그 의리의 지취(旨趣)를 넓혀 가면 사무를 응함에 넉넉함이 있고, 마음 또한 방탕한 바 없을 것이다.

○ 이 장에서는 사람이 학문을 마땅히 이처럼 해야 함을 말해주고 있다.

학문은 뜻을 세우는 것보다 더 먼저 할 일은 없다. 도에 뜻을 두면 마음이 정도(正道)에 있어 다른 곳으로 떠나가지 않고,

덕을 굳건히 지키면 도를 마음에 얻어 잃지 않을 것이며,

인에 의지하면 덕성이 항상 작용하여 물욕이 일어나지 않을 것이며,

육예에 노닐면 작은 사물도 빠뜨리지 않고 추구하면서 일상의 동정에 함양함이 있다.(사물을 벗어나지 않고 이치를 추구하면서 언제나 사물의 이치를 음미하며 성품을 함양함이다.)[248]

배우는 이가 이에 그 선후(道 · 德 · 仁 · 藝)의 차례와 경중(志 · 據 · 依 · 游)의 등급을 잃지 않는다면, 근본과 지엽이 모두 갖춰지고 안[근본: 道, 德, 仁]과 밖[지엽: 藝]이 서로 함양되어 일상생활의 사이에 조그마한 틈조차도 없어 서서히 젖어 들고 자연스러워서 어느덧 성현의 경지에 들어간 것조차 스스로 알지 못할 것이다.

[보 補]

여기에서 말한 지(志) → 거(據) → 의(依) → 유(游) 4단계는 목표의 지향, 몸으로의 실천, 마음의 안정, 일상생활에서의 유유자적이라는 차례로 학문의 시작이자 마무리가 지어지는 것이다.

집주에서 말한 '완물적정(玩物適情)'과 '완물상지(玩物喪志)'는 눈여겨볼 대목이다. 물건을 가지고 논다는 완물(玩物) 2자는 똑같다. 그러나 뒤에 덧붙여 쓴 적정(適情)과 상지(喪志) 2자의 차이는 하늘과 땅 사이이다. 이는 첫째, 어떤 물건을 대상으로 가지고 노느냐에 따라 그 결과가 달라짐을 말한다. 둘째, 유유자적하느냐 탐닉의 집착이냐는 행위의 양상에 따라 달라진다. 이처럼 음미의 대상과 행위의 방법에 따른 차이라 할 것이다.

먼저 음미의 대상을 살펴보면, '완물상지'는『서경』「여오(旅獒)」편의 "서쪽 오랑캐가 큰 개를 공물로 바치자 소공(召公)은 이를 받아서는 안 될 물건이라 생각하여 이 글을 지어 무왕을 훈계한[西旅貢獒, 召公以爲非所當受, 作書以戒武王.]" 데서 전래한 고사이다. 이처럼 애완동물, 즉 기호의 대상을 경계한 것이다. 물론 "물건을 가지고 논다[玩物]는 말은 본래 이처럼 아름다운 말이 아니다. 그러나 육예를 물건으로 삼아 이를 가지고 놀면 이는 결코 뜻을 잃게 하는 물건이 아니다."[249] 이 때문에 집주에서 예(藝)의 대상을 육예로 제시한 것이지, 요즘 말하는 예술이 아니다. 예술을 감상하는 심미주의 또한 잘못되었다고 말할 순 없지만, 여기에서 말한

---

248 위와 같음. "慶源輔氏曰 不外物以求理, 而常玩物理以養性."

249 위와 같음. "胡氏曰 玩物, 本非美辭. 然以六藝爲物而玩之, 非喪志之物也."

예술은 일상생활의 삶 속에서 시를 읊고 글씨를 쓰고 셈하고 활쏘기 등등의 평범한 일상을 지향하는 것이다. 일상의 삶 속에 유유자적하는 미학을 지향하는 것이다. 동양미학에 있어 단골로 등장하는 용어가 많지만, 그중에서도 공자의 일흔 이후에 마음먹은 대로 생각하는 대로 걸림없는 삶 속에서의 자연스러운 규범을 말하는 '불유구(不踰矩)' 또는 여기에서 말하는 '유어예(游於藝)' 구절이 대표성을 갖는다. 이 2구는 일맥상통하는 최상의 조예이자 궁극적 지향점이기 때문이다. 시 글씨 예절 음악 활쏘기 말타기 등의 일상을 통하여 자유로운 그 규범 속에서 유유자적함을 말한다. 바로 이를 대상으로 삼는 것이다.

둘째는 행위 양상에 의한 방법론의 차이다. "유유자적하면 예술이나 탐닉의 매몰은 기능이자 비루한 일이다."[250] 유유자적과 매몰의 집착 차이가 뜻을 잃게 하느냐 성정의 자적(自適)인가로 나뉜다. 그러나 유유자적의 전제는 내면의 성숙으로 이뤄진 것이지, 예술에 의한 예술의 행위를 위함이 아니다. 내면의 성숙이란 앞서 말한 도(道), 인(仁), 덕(德)을 바탕으로 이뤄진 것이다. 바꿔 말하면 인격체의 형성에 의한 산물로, 내면의 정립된 정신세계가 현상세계의 생활에 반영되어 유유자적함을 말한다.

일례를 들면, 서예는 붓으로 쓰는 게 아니라, 마음으로 쓰는 것이라 하여, 이를 심획(心劃)이라 말한다. 서예란 손의 기교로 쓰는 것이 아니라, 마음 수양의 결과임을 말한다. 이처럼 심획과 덕성을 결부 지어 내면의 정신을 강조하였다. 마음이 안정되어 흔들림이 없는 도의 경지에서 글씨를 쓰면 이를 도인의 글씨라 할 것이나, 단순히 손으로 익히는 건 기능이자 목구멍 하나 건사를 위한 필경(筆耕)이라는 점에서 비루한 일[鄙事]이라 말한다.

이러한 행위의 양상에 관한 잘잘못은 명도선생이 잘 말해주고 있다.

"자제들이 좋아하여서 가지고 노는 온갖 것은 모두 그들의 마음을 빼앗는다. 심지어 글씨 쓰는 것은 선비의 일에 가장 가까운 것이지만, 그렇다고 한결같이 집착하여 좋아하면 이 또한 스스로 도를 구하려는 뜻을 잃게 된다. 왕희지, 우세남, 안진경, 유공권 등은 참으로 좋은 사람이 있기는 하나 일찍이 글씨 잘 쓰는 사람치고 도를 아는 자 있었는가. 평생 정력을 하나같이 글씨에 쏟다 보니 공연히 헛된 세월을 보낼 뿐 아니라, 도에 방해되는 부분이 있는 것으로 보아 족히 뜻을 잃게 한 것임[玩物喪志]을 알 수 있다."[251]

이처럼 그 무엇에 집착한 매몰은 뜻을 잃게 만든다. 이는 내면의 세계가 결여된 상태에서 그 무엇이 급선무인지 모르는 데 따른 어리석음이다.

7. 자행전지 自行全旨

이 장은 부자가 사람을 가르치는데 게을리하지 않는 마음을 스스로 밝혀, 사람들에게 성심을

250 『論語學案』 권4. "游之則曰藝, 溺之則曰能曰鄙事."

251 『二程遺書』 권1. "子弟凡百玩好, 皆奪志, 至於書札, 於儒者事最近, 然一向好著, 亦自喪志. 如王虞顔柳輩, 誠爲好人則有之, 曾見有善書者 知道否? 平生精力, 一用於此, 非惟徒廢時日, 於道便有妨處, 足知喪志也."

다해 찾아와 배우도록 격려하는 뜻을 담고 있다.

참으로 학문을 지향하는 마음만 있다면 반드시 그를 가르쳐준다는 것은 이 문장의 바른 뜻[正意]이며, 그들에게 학문을 지향하는 성의가 없으면 나는 그를 가르칠 수 없다는 것은 말 밖의 뜻이다.

속수(束脩) 2자에 굳이 얽매일 것이 없다. 다만 서로 만날 적에 갖춰야 하는 예의로 말했다는 점에 눈여겨보면서 자(自)자를 간과해서는 안 된다. 이는 배우는 이가 몸을 조촐이 하여 스스로 찾아감을 말한다. 여기에 진심으로 가르침을 구하는 성심이 담겨있다.

子曰 自行束脩以上은 吾未嘗無誨焉이로라

부자께서 말씀하셨다.

"스스로가 마른고기 한 묶음 이상의 예물을 갖춰 집지(執贄)의 예를 행한 자는 내 일찍이 가르치지 않은 적이 없었다."

강설

부자께서 사람을 가르치는 뜻을 스스로 말씀하셨다.

"배우려는 이가 스스로 찾아와 가르침을 청할 줄 모르면 스승이 몸소 그를 찾아가 가르칠 수는 없다. 하지만 그가 스스로 속수(束脩)의 예를 갖추어 나를 찾아온다면 가르침을 구하는 성의가 그의 거동에 나타난 것이니만큼, 나는 학문을 지향하는 그의 뜻을 알 수 있으므로 그의 재주에 따라 인재를 만들어내고자, 그를 가르치지 않을 수 없다. 이 또한 배우는 이가 스스로 힘쓰는 데에 있을 따름이다."

集註

脩는 脯也니 十脡爲束이라 古者相見에 必執贄以爲禮하니 束脩는 其至薄者라

蓋人之有生이 同具此理라 故로 聖人之於人에 無不欲其入於善이로되 但不知來學이면 則無往敎之禮라 故로 苟以禮來면 則無不有以敎之也라

[훈고] 수(脩)는 육포이며, 열 마리를 한 속(束)이라 한다. 옛적에 서로 만날 때는 반드시 폐백을 받들어 예물을 삼았다. 한 속의 육포는 지극히 박한 예물이다.

[해석] 사람이 태어날 때 똑같이 성선(性善)의 이치를 갖추고 있기에, 성인은 모든 사람에게 선으로 들어가기를 원하지 않은 것은 아니지만, 다만 스스로 찾아와 배울 줄을 알지 못하면 스승이 찾아가 가르치는 예는 없다. 이 때문에 만일 집지(執贄)의 예를 갖추어 찾아오면 그를 가르치지 않음이 없었다.

[보 補]

자행속수이상(自行束脩以上)의 자행(自行) 2자에 대해 언해본과 비지(備旨)의 해석이 다르

다. 언해본에서는 "속수를 행한 이로부터…"라고 하여, "한 속의 육포를 예물로 받들어 집지한 자로부터 그 이상의 예물, 옥백 따위를 갖춘 자"의 뜻으로 보아, 자(自)자는 "… 으로부터 … 까지[自…至]"의 뜻으로 보았다. 그러나 비지에서 말한 자행(自行)은 "스스로 몸소 받들다.[親奉]"의 뜻으로 "스스로가 속수 이상의 예물을 받들어 집지의 예를 행한 자"로 보았다. 이 때문에 본 번역은 비지의 뜻에 따라, 자(自)자를 스승에게 찾아오는 제자의 향학 성의로 해석하였다.

8. 불분전지 不憤全旨

이 장에서는 배우는 이들이 가르침을 받아들이는 터전을 마련하도록 격려하였다.

불계(不啓), 불발(不發), 불부(不復)는 대등한 관계로 보아야 한다. 정자[伊川]의 주에서는 하나의 뜻으로 보았다. 성인은 일찍이 가볍게 사람을 끊어버리지 않는다. 이는 곧 배우는 이들에게 바라는 말이다. 그것은 배우는 이가 마음에 분(憤)을 낼 줄 알게 하고, 또 애를 태우며 표현해야 함을 알게 하고, 돌이켜 미뤄볼 줄을 알게 하려는 것이다.

몰라서 마음에 답답하게 여기고, 표현하지 못해서 애태움은 의심할 줄을 아는 것이며, 세 모퉁이를 돌이켜 볼 수 있는 것은 깨달을 수 있는 것이다. 열어주지 않음[不啓]은 그를 열어주고 깨쳐주고 싶지 않은 게 아니다. 설령 그를 열어준다 해도 아무런 도움이 없으며, 도리어 또 다른 의혹을 발생하기 때문이다. 그 나머지의 뜻도 이와 같다.

子曰 不憤이어든 **不啓**하며 **不悱**어든 **不發**호되 **擧一隅**에 **不以三隅反**이어든 **則不復也**니라

부자께서 말씀하셨다.

"몰라서 마음에 답답해 여기지 않으면 알려주지 않고, 표현하지 못해서 애태우지 않으면 깨우쳐주지 않되, 한 모퉁이를 들어 가르쳐줌에 세 모퉁이를 미뤄 알지 못하면 다시는 가르쳐주지 않는다."

강설

부자께서 사람들에게 격려하는 뜻으로 말하였다.

"군자가 가르침을 세움에 배우는 이들에게 이르지 못할 것을 강요하는 것은 좋은 교육의 방법이라고 말할 수 없다.

마음으로 막힘없이 앎을 구하려다가 통달하지 못함을 답답한 마음[憤]이라 한다. 만일 그가 답답한 마음을 가지지 않으면 그 뜻을 알려주지 않아야 한다. 입으로 말하려고 해도 표현하지 못하는 것을 애태우는 마음[悱]이라고 한다. 만일 그가 애태우는 마음을 가지지 않으면 그 말을 표현하도록 일러주어서는 안 된다.

이치란 서로 연결되어 나타나 있다. 흡사 네 모퉁이가 있는 물건과 같다. 그중 하나를 가지고서 그 나머지 세 개를 알 수 있다. 그러나 그 하나의 모퉁이를 보여주었지만, 나머지 세 모퉁이의 이치를 돌이켜 나머지를 증명해 보이지 못하면 이는 사물을 유추하는 밝음이 없는 것이다. 비록 그에게 다시 말해주어도 또한 무슨 도움이 있겠는가. 이는 그를 다시 가르쳐줄 수 없다. 배우는 이가 이를 안다면 스승의 가르침을 받아들일 수 있는 터전에 먼저 힘써야 한다."

集註

憤者는 **心求通而未得之意**오 **悱者**는 **口欲言而未能之貌**라 **啓**는 **謂開其意**오 **發**은 **謂達其辭**라

物之有四隅者는 **擧一**이면 **可知其三**이라 **反者**는 **還以相證之矣**라 **復**는 **再告也**라

上章에 **已言聖人誨人不倦之意**하고 **因幷記此**하야 **欲學者勉於用力以爲受敎之地也**니라

○ 程子曰 憤悱는 **誠意之見於色辭者也**니 **待其誠至而後告之**오 **旣告之**면 **又必待其自得**하야 **乃復告爾**니라

又曰 不待憤悱而發이면 **則知之不能堅固**오 **待其憤悱而後發**이면 **則沛然矣**리라

[훈고] 분(憤)이란 마음으로 통하려고 해도 통하지 못한 뜻이며, 비(悱)란 입으로 말하고자 해도 말하지 못한 모양이다. 계(啓)는 그 뜻을 열어줌이며, 발(發)은 그 말을 일러줌이다. 네 모퉁이가 있는 물건은 하나를 들어 말하면 그 나머지 셋을 알 수 있다. 반(反)이란 돌이켜 가면서 서로 증명하는 뜻이다. 부(復)는 다시 말해줌이다.

[해석] 위 장에서 이미 성인이 사람을 가르침에 게을리하지 않는다는 뜻을 말하였고, 이어서 아울러 이를 기록하여, 배우는 이들이 힘을 써서 가르침을 받아드릴 터전을 마련하고자 하였다.

○ 정자[伊川]가 말씀하였다.

"답답하고 애태우는 마음은 성의가 얼굴빛과 말에 나타난 것이다. 그의 성의가 지극한 뒤에야 일러주고, 이미 일러주었으면 또한 반드시 그 스스로 깨친 뒤에야 다시 일러주는 것이다."

정자[伊川]가 또 말씀하였다.

"답답하고 애태우는 마음을 기다리지 않고서 일러주면 아는 바가 견고하지 못하고, 그가 답답하고 애태우는 마음을 낸 뒤에 일러주면 세찬 빗줄기가 쏟아지는 것과 같다."

9. 자식전지 子食全旨

이 장에서는 성인의 슬픔이 절도에 맞음을 말하고 있다.

2절은 대등한 입장으로 보아야 한다. 위[子食於…未嘗飽也]에서는 상주의 곁에서 음식을 달게 먹

지 않음이며, 아래[子於…則不歌]에서는 조문하면서 곡한 후에는 즐거움이 얼굴에 나타나지 않음을 말하고 있다. 이는 모두 타인의 초상을 위주로 말하였다. 저 사람의 처지에서 말하면 상을 당하였다[有喪]고 하고, 나의 처지에서 말하면 초상에 임하였다[臨喪]고 말한다.

집주에서 말한 2곳의 불능(不能: 不能甘, 不能歌)이라는 뜻을 살펴보면 부자의 지극한 마음이 절로 보인다.

子 食於有喪者之側에 未嘗飽也러시다

부자께서 상주의 곁에서 음식을 드실 적에는 일찍이 배부르게 드시지 않으셨다.

강설

부자께서 일찍이 초상을 당한 사람 곁에서 음식 드실 적에 죽은 이에 대한 슬픈 마음으로 음식을 달게 먹을 수 있는 마음이 없었다. 따라서 음식을 먹을지라도 배불리 드시지 않으셨다.

集註

臨喪哀하야 不能甘也라

[해석] 초상에 임하여 슬픈 마음으로 맛있게 드시지 못한 것이다.

子 於是日에 哭則不歌러시다

부자께서 조문하던 날, 곡을 하시면 노래를 부르지 않으셨다.

강설

부자께서 일찍이 그날 조문하면서 곡을 하시면 그 하루 내에 남은 슬픔이 잊히지 않았기에 다시는 노래를 부르지 않았다.

성인이 슬퍼해야 할 때 슬퍼하니, 바른 성정이 이와 같다.

集註

哭은 謂弔哭이라

一日之內에 餘哀未忘하야 自不能歌也라

○ 謝氏曰 學者於此二者에 可見聖人情性之正也니 能識聖人之情性然後에 可以學道니라

[훈고] 곡(哭)은 조문하면서 곡함을 말한다.

[해석] 하루 동안 남아있는 슬픔이 잊히지 않아서 절로 노래 부르지 못한 것이다.

○ 사씨[謝良佐]가 말하였다.

"배우는 이는 이 2가지 일에서 성인의 올바른 성정을 찾아볼 수 있다. 성인의 올바른 성정을 알아야 만이 도를 배울 수 있다."

10. 용지장지 用之章旨

이 장은 평소의 함양이 있어야 함을 중시하여 총괄적으로 말하고 있다.

앞 절에서는 안연이 때에 맞춰 나가고 물러남을 허여하였고, 뒤에서는 자로에게 의리의 용맹으로 나아가도록 권하고 있다. 이는 2단락으로 나누어 보아야 한다. 그러나 행군(行軍) 또한 등용되었을 적에 도를 행하는, 하나의 항목일 뿐이다.

(1) 용지절지 用之節旨

2곳의 즉(則: 用之則行, 舍之則藏)자 의미를 잘 알아야 한다. 이는 성인의 경지에서 자연스럽게 그처럼 한다는 뜻이다. 따라서 등용하거나 버리는 일에 앞서 미리 행할 것과 은둔할 것을 생각하지 않고, 정작 등용하거나 버리는 일에 임하여 어떻게 도를 행하고 어떻게 은둔할 것인가를 헤아리지 않고, 등용하거나 버리는 일이 끝난 뒤에는 어떻게 도를 행하고 어떻게 은둔할 것인가를 안배하는 것이 아니다. 2구를 종합하여 살펴보면 그 뜻이 원활하여 막힘이 없다. 도를 행함[行]과 은둔[藏]이란 오직 일신의 출처가 절로 도와 함께 한다는 것이지, 억측과 안배가 필요하지 않음을 말한다.

유시부(有是夫)는 "능히 그처럼 할 수 있다."는 말과 같다. "오직 나와 너만이[惟我與爾]' 구절에서 아(我: 공자)자를 먼저 쓰고, 이(爾: 안연)자를 뒤에 쓴 것은 안연이 부자와 함께할 수 있음을 기뻐한 것이니만큼, 거꾸로 말해서는 안 된다. 안연은 일생 벼슬한 적이 없고, 부자는 종신토록 은둔한 바 없다. 그런데도 도를 행하거나 은둔하는 데에 일치하는 것이라면 그것은 그런 처지에 있으면 그처럼 할 것이라는 도리의 측면에서 말한 것이지, 그 행적에 관련지어 말함은 아니다.

子 謂顔淵 曰用之則行하고 **舍之則藏**을 **惟我與爾 有是夫**ㄴ저

부자께서 안연에게 말씀하셨다.

"등용하면 도를 행하고 버려두면 감춤을 오직 나와 너만이 지녔다."

강설

부자께서 출처(出處)에 관하여 안연에게 말씀하셨다.

"군자의 출처는 오직 때에 맞춰 행하는 것이다.

당시 나를 등용한다면 그 시대와 더불어 도를 행하는 것이지, 기필코 행하려는 마음이 있어 행하는 것은 아니다.

당시 나를 버리면 그 시대와 더불어 몸을 감추지만, 이는 고의로 감추려는데 마음이 있는 것도 아니다.

이처럼 할 수 있는 이는 오직 나와 너만이 그처럼 할 수 있다. 등용하거나 버려두는 권한은 나와 너로서 기필할 수 없으나, 도를 행하고 몸을 감추는 것이야 나와 너만이 편히 할 수 있다."

集註

尹氏曰 用舍는 無與於己오 行藏은 安於所遇니 命不足道也라 顔子幾於聖人이라 故로 亦能之니라

윤씨[尹焞]가 말하였다.

"등용하거나 버려둠은 나와는 관계가 없고, 도를 행하거나 몸을 감춤은 만나는 처지에 따라 편히 받아들일 뿐이니, 천명은 말할 게 못 된다. 안자는 성인에 가까운 사람이다. 이 때문에 그 또한 이를 능히 할 수 있다."

[보 補]

안배의 노력을 벗어난 성인의 출처에 대해 보완하고자 한다.

"시대가 나를 등용하면 도를 행하고 나를 버리면 몸을 숨김은 성인의 덕[龍德]이 바른 중도로 때에 따라 몸을 숨기기도 하고 나타내기도 한 것이다. 군자의 받아온 성품은 도를 크게 행한다고 하여 더한 바 없고, 곤궁한 삶이라 하여 줄어든 것도 아니다. 본성은 변함은 없다. 따라서 그 도를 행함에 있어 어찌 굳이 행하려는 의도가 있겠는가. 그 버린다고 하여 또한 어찌 굳이 숨으려는 의도가 있겠는가. 시대의 등용과 버림에 따라 행하거나 은둔하는 도가 있을 뿐이다. 안자는 성인의 무위이화(無爲而化)에 가까운 사람이다. 이 때문에 공자와 함께 할 수 있는 것이다."[252]

성인과 그 이하의 출처 차이를 자연스러움과 안배에 초점을 맞춰 말하고 있다. 그 이하의 사람들은 출처의 이전, 그리고 당시와 그 이후에 대해 어떻게 할 것인가를 안배하고 억측한다는 것이 성인과의 차이점이다.

(2) 자행절지 子行節旨

"누구와 함께할 것인가.[誰與]"는 의당 "서로 함께한다.[相與]"는 여(與)자의 뜻으로 보아야지, 허여(許與)의 여(與)자로 보아서는 안 된다.

252 『癸巳論語解』 권4. "用之則行, 舍之則藏, 龍德正中, 隨時隱見者也. 君子所性, 大行不加, 窮居不損. 其行也, 豈有意行之? 而其舍也, 亦豈有意於藏之? 因時用舍而道有行藏, 惟顔子幾於化, 故足以與此."

子路 曰 子行三軍이면 則誰與시리잇고

자로가 말하였다.
"부자께서 3군을 거느리신다면 누구와 함께하시겠습니까?"

강설

자로는 부자께서 안연만을 허여하는 것을 보고서, 이에 자기의 용맹을 자부하여 물었다.
"부자께서 만일 삼군의 많은 병사를 거느린다면 누구와 함께하실 것입니까?"
자로는 부자께서 반드시 자기와 함께 하리라는 생각에서 이를 물은 것이다.

集註

萬二千五百人爲軍이니 **大國三軍**이라

子路見孔子獨美顔淵하고 **自負其勇**하야 **意夫子若行三軍**이면 **必與己同**이라

[훈고] 1만2천5백 인을 1군(軍)이라 하니, 제후의 큰 나라는 3군(三軍)이 있다.

[해석] 자로는 부자께서 유독 안연만 칭찬하는 것을 보고서, 스스로 자신의 용맹을 자부하여, 부자께서 만일 3군을 거느리신다면 반드시 자기와 함께할 것으로 생각한 것이다.

(3) 포호절지 暴虎節旨

포호(暴虎) 2구는 자로의 부질없는 용맹을 묘사한 것일 뿐, 실제 일을 말한 게 아니다. "일에 임하여 두려워한다.[臨事而懼]"는 것은 신중하고 조심하고 두려워하는 마음을 지님이며, "계책 세우기를 좋아하여 일을 잘 마무리한다.[好謀而成]"는 것은 3군을 통솔하는 데 법도와 기강이 거칠거나 엉성하거나, 또는 궤멸의 우환이 없음을 말한다.

필야(必也) 2자를 음미하여 보면 이는 모두 평상시의 인품을 증명하고서 그와 함께 행군한다는 뜻이다. 그 내면을 살펴보면 자로는 평소 군사를 잘 다스리는 재능이 있으므로, 부자께서 만일 3군을 거느린다면 반드시 자로와 함께 할 것이라는 점을 알아야 한다. 그러나 이 절에서는 자로의 지나친 용맹을 절제하여 큰 그릇을 만들려는 것이다.

子曰 暴虎馮河하야 死而無悔者를 吾不與也니 必也臨事而懼하야 好謀而成者也니라

부자께서 말씀하셨다.
"맨손으로 범을 때려잡고 맨몸으로 황하를 건너다가 죽어도 후회가 없는 자를 나는 함께 하지 않을 것이다. 반드시 일에 임하여 두려워할 줄 알고 계책 세우기를 좋아하여 일을 잘 마무리하는 사람과 함께할 것이다."

강설

부자께서 자로를 억누르며 가르치셨다.

"용맹을 지님이 어려운 게 아니라, 그 용맹을 잘 쓰기가 어렵다. 만일 맨손으로 범을 때려잡고 맨몸으로 드넓은 황하를 건너려는 사람은 반드시 죽을 줄 알면서도 후회가 없는 자이다. 나는 그런 사람과는 3군을 함께 거느릴 수 없다.

내가 함께할 수 있는 사람은 반드시 그가 평소 남을 위해 일할 적에는 두려운 마음으로 조심스럽게 대처하고, 또한 계책 세우기를 좋아하면서 결단을 내려 일을 잘 마무리하는 자이다. 그는 용맹을 잘 사용하여 하는 일마다 만전의 계책을 낼 것인바, 내가 함께할 수 있는 이는 바로 이런 사람이다. 한낱 부질없는 용맹만을 가진 자를 어떻게 취할 수 있겠는가."

集註

暴虎는 徒搏이오 馮河는 徒涉이라 懼는 謂敬其事오 成은 謂成其謀라

言此는 皆以抑其勇而教之라 然이나 行師之要 實不外此어늘 子路 蓋不知也라

○ 謝氏曰 聖人於行藏之間에 無意無必하야 其行은 非貪位오 其藏은 非獨善也라 若有欲心이면 則不用而求行하고 舍之而不藏矣리라 是以로 惟顔子爲可以與於此라 子路는 雖非有欲心者나 然이나 未能無固必也오 至以行三軍問하야는 則其論이 益卑矣라 夫子之言은 蓋因其失而救之시니라 夫不謀無成이오 不懼必敗는 小事尙然이어든 而況於行三軍乎아

[훈고] 포호는 맨손으로 때려잡음이며, 빙하는 맨몸으로 건넘이다. 구(懼)는 그 일을 조심함이며, 성(成)은 그 계획한 일을 마무리함을 말한다.

[해석] 이는 모두 자로의 용맹을 억제하여 그를 가르침이다. 그러나 군사를 거느리는 요체는 실로 여기에서 벗어나지 않는데, 자로가 이를 알지 못한 것이다.

○ 사씨[謝良佐]가 말하였다.

"성인은 도를 행하거나 몸을 감추는 사이에 있어 사사로운 뜻이 없고 기필함이 없어, 그 도를 행함은 벼슬을 탐냄이 아니며, 그 몸을 감춤은 독선이 아니다. 만일 욕심이 있으면 등용하지 않음에도 도를 행하려 원하고, 버려둠에도 몸을 감추지 않을 것이다. 이 때문에 오직 안자만이 이를 함께 할 수 있다.

자로는 비록 욕심이 있는 자는 아니지만, 고집과 기필함이 없지 않고, 3군을 거느림으로 물은 대목은 그 논지가 더욱 비루하다. 부자의 말씀은 그의 잘못으로 인하여 그를 구제한 것이다. 계획하지 않으면 성취할 수 없고, 두려워하지 않으면 반드시 패한다는 것은 하찮은 다른 일도 오히려 그러한데, 하물며 3군의 큰일을 행함이야 어떠하겠는가."

11. 부이전지 富而全旨

이 장에서는 부를 추구하는 자를 위해 말한 것이다.

위의 3구[富而…爲之]는 가설의 말로, 허심탄회하면서도 생동감 있는 말씨를 느낄 수 있으며, 아래 2구[如不可求, 從吾所好]는 바로 말하고자 하는 본지이다.

"내가 좋아하는 바를 따르겠다.[從吾所好]"는 대목에서 말채찍을 잡는 마부의 일은 곧 부자가 좋아하지 않은 일임을 알 수 있다. '종오소호(從吾所好)'의 종(從)자는 '부이가구(富而可求)'의 구(求)자와 대칭으로 보아야 한다. 구(求)는 어떤 일이든 가리지 않고 경영하여 따른 것임에 반하여, 종(從)은 어떤 일이든 편안하고 여유가 있는 것이다.

'구할 수 있다면야[可求]'와 '구할 수 없다면[不可求]'이라는 구절은 용렬한 사람을 환기하기 위한 말이다.

子曰 富而可求也ㄴ댄 **雖執鞭之士**라도 **吾亦爲之**어니와 **如不可求**ㄴ댄 **從吾所好**하리라

부자께서 말씀하셨다.

"부를 구할 수 있다면야 비록 말채찍을 잡는 이의 일이라도 내 또한 하겠지만, 만일 구할 수 없다면 내가 좋아하는 바를 따를 것이다."

강설

부자께서 가설로써 부를 추구하는 자에 대해 경계의 말씀을 하셨다.

"사람들이 부를 위해 치달림은 이를 구할 수 있다는 생각 때문이다. 만일 사람의 노력으로 부를 구할 수만 있다면 비록 말채찍을 잡는, 지극히 비천한 이의 일일지라도 부를 얻을 수 있을 터, 나 또한 이를 사양치 않겠다. 그러나 부귀는 천명에 달려있어 구하려 해도 얻을 수 없는 것이라면 내가 좋아하는 바를 따르며 이에 안주할 것이다. 굳이 치욕스러운 일을 취할 게 있겠는가."

集註

執鞭은 賤者之事라

設言富若可求인댄 則雖身爲賤役以求之라도 亦所不辭라 然이나 有命焉하야 非求之可得也인댄 則安於義理而已矣니 何必徒取辱哉리오

○ 蘇氏曰 聖人이 未嘗有意於求富也시니 豈問其可不可哉리오 爲此語者는 特以明其決不可求爾시니라

楊氏曰 君子非惡富貴而不求라 以其在天하야 無可求之道也니라

[훈고] 말채찍을 잡는 것은 비천한 자의 일이다.

[해석] 가설로 말하기를, "부를 만약 구할 수 있다면 비록 몸소 천한 일을 하면서 구하는 것이라 할지라도 또한 사양치 않을 것이다. 그러나 천명에 달려있어 구하려 해도 얻어지는 것이 아니라면, 의리로 편안히 받아들일 뿐이다. 어찌 굳이 치욕만을 취하겠는가."

○ 소씨[蘇軾]가 말하였다.

"성인은 일찍이 부를 추구할 생각 자체가 없다. 어찌 부를 구할 수 있느냐 없느냐를 묻겠는가. 이 말을 하게 된 것은 특별히 결코 구할 수 없다는 점을 밝히기 위함이다."

양씨[楊時]가 말하였다.

"군자는 부귀가 싫어서 구하지 않는 게 아니다. 부귀는 천명에 달려있어 구할 도리가 없기 때문이다."

[보 補]

호산(壺山: 朴文鎬)의 말에 의하면, "부이가구(富而可求)의 이(而)자는 옛 체의 글자[古字]에 '만일'이라는 뜻으로도 쓰이는 여(如)자와 통용됨으로 여기서는 '만일'이라는 뜻으로 읽어야 한다. 이는 집주에서 말한 부약가구(富若可求)의 약(若: 만일)자와 같은 뜻이기 때문이다. 언해본에서 이(而)자의 의미를 생략한 채, '부를 가히 구할 것인댄'으로 번역한 것은 무엇 때문인지 알 수 없다."고 한다.

12. 자지전지 子之全旨

이 장에서는 성인이 삼가는 바를 기록하고 있다.

이 3가지[齊 · 戰 · 疾]는 모두 이처럼 해야 할 당연히 도리이지, 이해와 화복으로 말해선 안 된다.

재계를 삼간다는 것은 안으로 공경하고 공순한 마음을 가지고, 바깥으로 엄숙하고 조심하는 행동을 돈독하게 행하는 것이다.

전쟁을 삼간다는 것은 일에 임하여 조심하고, 계획을 세워 잘 마무리하고자 함이다.

질병을 삼가는 것은 질병이 없어도 미리 조심함이며, 질병이 있을 때는 더욱 몸조리와 요양에 마음 씀을 말한다.

子之所愼은 齊戰疾이러시다

부자께서 삼가는 바는 재계, 전쟁, 질병이셨다.

강설

부자의 마음에 삼가지 않은 바 없었지만, 크게 삼가며 조심한 일은 3가지이다.

하나는 재계하는 데 있다. 재계는 신명과의 소통 때문이다.
또 다른 하나는 전쟁에 있다. 전쟁은 많은 사람의 생명과 국가의 존망이 달려있기 때문이다.
또 다른 하나는 질병에 있다. 질병은 내 몸의 생사에 관련되기 때문이다.
위의 3가지에서 성인의 마음 씀씀이의 지극한 바를 엿볼 수 있다.

集註

齊之爲言은 齊也니 將祭而齊其思慮之不齊者하야 以交於神明也니 誠之至與不至와 神之享與不享이 皆決於此라

戰은 則衆之死生과 國之存亡 繫焉이오

疾은 又吾身之所以死生存亡者니 皆不可以不謹也라

○ 尹氏曰 夫子無所不謹이어늘 弟子記其大者耳니라

[훈고와 해석] 재계라는 말은 가다듬음이다. 장차 제사를 올릴 적에 가지런하지 못한 생각을 가다듬어 신명과 사귀는 것이다. 정성이 지극하고 지극하지 못함과 신이 흠향하고 흠향하지 않음이 모두 재계에서 결정지어지는 것이다.

전쟁이란 많은 사람의 생사와 국가의 존망이 달려있다.

질병은 또한 내 몸의 생사와 존망이 달려있으니, 모두 삼가지 않을 수 없다.

○ 윤씨[尹焞]가 말하였다.

"부자께서 삼가지 않은 바 없지만, 제자들이 그중에 큰 것만을 기록하였다."

13. 자재전지 子在全旨

이 장은 부자가 순임금의 음악을 듣고서 마음에 계합(契合)한 바 있어, 입으로는 도저히 말할 수 없고, 말로서는 도저히 그 뜻을 다할 수 없음을 기록하였다. 이는 부자 중화(中和)의 덕이 본디 순임금과 하나였기 때문이다. 더욱이 순임금의 음악을 배운 지, 3개월 동안 마음에 계합하여 정신이 일치하였다. 이는 한갓 춤사위와 연주의 아름다움에 그친 게 아니다.

아울러 당시 하늘처럼 덮어주고 땅처럼 실어줬던 순임금의 심오한 덕과 만물을 모두 이뤄주고 왕위를 사양했던 순임금의 아름다운 행적을 부자께서 몸소 보고 들은 것처럼 느꼈기 때문에 이처럼 그 아름다움을 탄식한 것이다.

『논어』에 순임금의 음악에 대해 말한 부분은 3부분이다. 순임금의 음악을 배웠다는 이 부분이 첫 번째고, 순임금과 무왕의 음악을 함께 말하면서 진선진미(盡善盡美)를 언급한 부분(「八佾」)이 두 번째며, 안자가 나라를 다스리는 도를 물었을 적[顔淵問爲邦]에 "음악은 소무이다.[樂則韶舞]"(「衛靈公」)는 말이 맨 끝부분이다.

子 在齊聞韶하시고 **〈學之〉三月**을 **不知肉味**하사 **曰不圖爲樂之至於斯也**호라

부자께서 제나라에 머물면서 순임금 음악을 들으시고, 이를 배운 지, 석 달 동안 고기 맛을 잊으시고 말씀하셨다.

"순임금의 음악이 이런 경지에 이르렀을 줄이야 생각지도 못하였다."

강설

부자께서 젊은 시절, 천하를 두루 돌아다니다가 제나라에 머문 바 있었다.

지난 무왕 당시 순임금의 후예를 진(陳)나라에 봉한 바 있었는데, 그 후예 진경중(陳敬仲)이 제나라로 망명하면서 순임금의 음악이 제나라에 전해지게 되었다. 부자께서 당시 이런 연유로 제나라에서 순임금의 음악을 듣게 되었고, 마음에 깊이 계합한 바 있어 3개월이라는 오랫동안, 순임금의 음악에 마음이 오롯하여 고기 맛조차 잊기에 이르렀다. 이를 계기로 찬탄하여 말씀하셨다.

"지난날 순임금의 음악이 아름답다는 말을 들어오긴 했지만, 그 음악이 안팎으로 모두 갖춰져 이처럼 진선진미(盡善盡美)의 아름다움이 있을 줄이야 생각지도 못하였다. 이는 매우 의외의 일이며, 이를 말로 표현할 수 없다."

集註

史記에 **三月上**에 **有學之二字**라 **不知肉味**는 **蓋心一於是而不及乎他也**라 **曰不意舜之作樂至於如此之美**니 **則有以極其情文之備**하야 **而不覺其歎息之深也**라 **蓋非聖人**이면 **不足以及此**니라

○ **范氏曰 韶**는 **盡美又盡善**하니 **樂之無以加此也**라 **故**로 **學之三月**을 **不知肉味**하야 **而歎美之如此**하시니 **誠之至**요 **感之深也**시니라

[해석] 『사기』에서는 '삼월(三月)' 위에 '학지(學之)' 2자가 있다. 고기 맛을 몰랐다는 것은 마음이 여기에 오롯하여 다른 데 미치지 못함이다. 순임금이 만드신 음악이 이처럼 아름다울 줄이야 생각지도 못했다고 말하니, 이는 그 음악의 내실[情]과 성음(聲音: 文)에 완벽함을 다하여 자기도 모르게 깊이 감탄하였다. 성인이 아니었다면 이런 경지에 미칠 수 없을 것이다.

○ 범씨[范祖禹]가 말하였다.

"순임금의 음악은 지극히 아름답고 또한 지극히 선하여 음악으로서 이보다 더할 순 없다. 이 때문에 순임금의 음악을 배운 지, 석 달 동안 고기 맛을 잊고서 이처럼 찬탄하니, 성의의 지극함이요, 감동의 심오함이다."

[보 補]

부자가 그처럼 순임금의 음악에 심취한 것은 단순히 그 음악의 예술성에 있지 않다. 순임금과 부자의 마음에서 마음으로 전해지는, 이심전심(以心傳心)에 그 요체가 있다 할 것이다.

"부자의 마음은 본래부터 스스로 순임금의 마음과 깊이 계합한 바 있었다. 이 때문에 순임금의 음악을 듣고서 또한 오롯한 마음으로 다른 생각이 없었다. 순임금의 음악은 순임금의 마음이 담겨있다. '성의가 지극함이요, 감동의 심오함이다.'는 성지지 감지심(誠之至感之深) 6자는 가장 깊은 의미가 있다. 부자가 순임금의 음악을 듣고서 성의가 지극함을 볼 수 있을 뿐 아니라, 또한 순임금의 음악에서 순임금의 지극한 성의를 볼 수 있고, 부자가 순임금의 음악에 깊이 감동하였을 뿐 아니라, 또한 순임금의 음악이 부자를 감동하게 한 바 깊음을 볼 수 있다."[253]

14. 염유장지 冉有章旨

이 장에서는 이 세상에 아버지를 아버지로 대접하지 않는 나라란 있을 수 없다는 점을 보여주고 있는바, 하나의 인(仁)자에 중점을 두고 있다. 부자가 백이숙제를 허여함은 인(仁)에 있으며, 위나라 임금을 허여하지 않음은 오직 그의 불인(不仁)함 때문이다.

(1) 염유절지 冉有節旨

위나라 첩(輒: 出公)이 입국하려는 그의 아버지 괴외(蒯聵)를 가로막고 스스로 왕위에 오른 것에 대하여 염유는 그 잘못을 모르는 게 아니다. 단 적손(嫡孫)은 조부를 계승하여 왕위에 설 수 있다는 말에 현혹한 나머지, 부자가 그를 허여할지를 절충코자 이를 물은 것이다. 자공 또한 이를 스스로 결정하지 못하고, 염유와 같은 생각에 "글쎄, 여쭤봐야겠다."라고 말하였다. 이는 첩을 폐위하면 임금이 없고, 괴외를 가로막는 것 또한 부친을 부친으로 대접한 일이 아니다. 이에 관한 명쾌한 해답을 찾지 못하여 이와 같은 물음을 던진 것이다.

冉有曰 夫子 爲衛君乎아 子貢이 曰 諾다 吾將問之호리라

염유가 말하였다.
"부자께서 위나라 임금[出公輒]을 인정하고 도우실까?"
자공이 말하였다.
"글쎄, 내 장차 부자를 뵙고서 여쭤봐야겠다."

강설

위나라 임금이 그 부친을 막아서던 날, 부자께서 때마침 위나라에 계셨다. 염유는 많은 사람의

253 『論語通』 권4. "夫子之心, 本自深契乎舜之心. 故其聞韶也, 亦一乎是而不他. 舜之韶, 舜之心所寄也. 誠之至感之深六字, 最有意. 蓋非特見夫子聞韶樂而誠之至, 亦自於樂見聖之誠之至; 非特見夫子有感於韶之深, 亦見韶之所以感動夫子者深."

말에 의문을 가지고 자공에게 물었다.

"위나라 임금이 서자, 사람들은 모두 그를 위하는데, 부자께서도 또한 위나라 임금을 마땅히 임금 자리에 서야 할 사람이라고 그를 인정하고 도우실지 알 수 없다."

자공이 대답하였다.

"글쎄, 내가 부자를 찾아뵙고 이를 여쭈어 부자의 뜻이 어떠신지 살펴보아야겠다."

集註

爲는 猶助也라 衛君은 出公輒也라 靈公逐其世子蒯聵러니 公薨에 而國人立蒯聵之子輒하다 於是에 晉納蒯聵而輒拒之하니라 時孔子居衛하시니 衛人以蒯聵得罪於父오 而輒嫡孫當立이라 故로 冉有疑而問之라 諾은 應辭也라

[훈고와 해석] 위(爲)는 도움과 같다. 위나라 임금은 출공(出公) 첩(輒)이다. 영공이 그의 세자 괴외를 추방했었는데, 영공이 죽자, 나라 사람들이 괴외의 아들 첩을 왕위에 올려세웠다. 이에 진(晉)나라에서 괴외를 위나라로 들여보내려 하자, 출공 첩이 그 부친을 막아섰다. 당시 부자께서 위나라에 머물고 계셨다. 위나라 사람들은 괴외는 부친 영공에게 죄를 얻었고, 출공 첩은 적손(嫡孫)이므로 그가 왕위에 서야 한다고 생각하였다. 이 때문에 염유가 이를 의심하여 물은 것이다. 낙(諾)은 대답하는 말이다.

(2) 입왈절지 入曰節旨

백이숙제를 '옛 현인[古之賢人]'이라 평한 것은 형제가 서로 나라를 사양한 것으로 말한 것이지, 무왕이 주(紂)를 정벌할 적에 무왕의 말고삐를 붙잡고 간한 일을 겸하여 말한 게 아니다.

원(怨: 怨乎·又何怨)은 원망과 후회를 말한 것이지, 원한을 말함이 아니다.

구인득인(求仁得仁)은 다만 천리의 바른 도[天理之正]를 잃지 않고 마음에 편안한 바[人心之安]를 잃지 않았다는 뜻이다.

생각하여 보면, 부자의 사이는 방편의 권도(權道)가 통할 수 없는 곳이다. 어떻게 나라를 보존한다는 말을 가탁하여, 하늘 끝까지 닿은 첩의 큰 죄를 피할 수 있겠는가. 이 때문에 "부자께서 인정하여 돕지 않을 것이다.[夫子不爲也]"고 말하면서 위군(衛君) 2자를 삭제한 것은 부자의 의중을 잘 간파한 말이다. 부자께서 그를 위나라 임금으로 생각지 않음을 알았기에 "부자께서 '위나라 임금을' 위하지 않을 것이다.[夫子'衛君'不爲也]"라고 말하지 않았다. 또한 『춘추』 필법에 있어 납(納: 晉納蒯聵. 이는 위나라 백성이 괴외를 임금으로 받들려는 것이 아니라, 진나라의 정략으로 추대한 것임을 보여주는 글자이다.)자를 쓰면서 괴외의 이름만을 썼을 뿐, '세자(世子)' 2자를 쓰지 않았다는 점에서도 모두 임금이 될 수 없다는 점을 밝혀, 부자가 위나라 임금을 인정하지 않으리라는 점을 보여주고 있다.

入曰 伯夷叔齊는 何人也잇고
曰 古之賢人也니라
曰 怨乎잇가
曰 求仁而得仁이어니 又何怨이리오
出曰 夫子 不爲也시리라

자공이 부자 계신 곳으로 들어가 여쭈었다.
"백이와 숙제는 어떤 사람입니까?"
"옛적 어진 사람이다."
"후회하였습니까?"
"인을 구하여 인을 얻었으니, 또한 무슨 후회가 있었겠는가?"
자공이 물러 나와 염유에게 말하였다.
"부자께서 그를 돕지 않으실 것이다."

강설

자공이 위나라에 머물면서 위나라의 일을 논함에 사실대로 드러내놓고 말하기 어려운 점이 있었다. 이에 부자를 찾아가 여쭈었다.

"백이와 숙제는 그들의 행적으로 보아 어떤 사람이라 말할 수 있습니까?"

자공은 백이와 숙제를 통하여 상반된 입장에서 위나라의 임금을 살펴보고자 하였다.

이에 부자께서 대답하셨다.

"백이숙제의 청풍고절은 오늘날의 표상이 되고 후세에 전하기에 넉넉한 인물이니, 참으로 옛 현인이라 하겠다."

"그들이 나라를 사양한 것은 과연 자연스러운 마음에서 나온 것인지, 아니면 또한 원망과 후회가 있었습니까?"

"이 두 사람이 나라를 사양한 것은 한편으론 부친의 유명(遺命)을 받들고, 한편으론 인륜을 중히 여긴 것이다. 천리와 인심에 적절하게 인을 구하였고, 이윽고 제각기 그 뜻을 이루었다. 이는 천리를 따르고 마음이 편안하여 인을 얻은 것이다. 이런 사람들에게 또한 무슨 원망과 후회가 있었겠는가."

자공이 물러 나와 염유에게 말하였다.

"부자께서 백이숙제가 형제 사이에 서로 나라를 사양한 일을 옳다고 여기시니, 부자께서 위나라 임금을 돕지 않으리라는 점이 명백한데, 그대는 또한 무엇을 의심하는가."

集註

伯夷叔齊는 孤竹君之二子라 其父將死에 遺命立叔齊러니 父卒에 叔齊遜伯夷한대 伯夷曰 父命也라하고 遂逃去하니 叔齊亦不立而逃之한대 國人이 立其中子하다 其後 武王伐紂에 夷齊扣

馬而諫이러니 武王滅商한대 夷齊恥食周粟하야 去隱于首陽山이라가 遂餓而死하니라

怨은 猶悔也라 君子居是邦에 不非其大夫어든 況其君乎아 故로 子貢不斥衛君하고 而以夷齊爲問이어늘 夫子 告之如此하시니 則其不爲衛君을 可知矣라

蓋伯夷以父命爲尊하고 叔齊以天倫爲重하니 其遜國也 皆求所以合乎天理之正而卽乎人心之安이오 旣而오 各得其志焉하야는 則視棄其國을 猶敝蹝爾니 何怨之有리오 若衛輒之據國拒父而唯恐失之는 其不可同年而語 明矣니라

○ 程子曰 伯夷叔齊遜國而逃하고 諫伐而餓호되 終無怨悔하니 夫子以爲賢이라 故로 知其不與輒也니라

[훈고와 해석] 백이숙제(伯夷 名允 字公信, 叔齊 名智 字公達. 夷齊, 謚也.)는 고죽군(殷湯所封之國 相傳 至夷齊之父. 姓墨胎氏 名初 字子朝.)의 두 아들이다. 그 부친이 임종에 유언으로 숙제를 왕위에 세우도록 명하였다. 그 부친이 죽자, 숙제가 형 백이에게 왕위를 사양하니, 백이는 "아버님의 유명이다." 하고서 마침내 도망쳐버렸다. 숙제 또한 왕위에 서지 않고 도망하자, 나라 사람이 그 가운데 아들을 세웠다.

그 뒤에 무왕이 주(紂)를 정벌하자, 백이숙제는 무왕의 말고삐를 당기면서 간하였는데, 무왕이 상나라를 멸망시키니, 백이숙제는 주나라의 곡식을 먹는 것을 부끄러워하고 주나라를 떠나 수양산에 숨어 살다가 마침내 굶어 죽었다.

원(怨)은 후회와 같다. 군자가 그 나라에 머물면서 그 고을의 대부도 비난하지 않는데 하물며 그 임금이야 오죽하겠는가. 이 때문에 자공이 위나라의 임금을 직접 가리키지 않고, 백이숙제를 들어 물은 것이다. 부자가 이처럼 일러주니, 부자가 위나라 임금을 돕지 않으리라는 점을 알 수 있다.

백이는 부친의 명을 존중하였고, 숙제는 천륜의 차례를 중히 여겼다. 그들이 나라를 사양함은 모두 천리의 바른 도에 부합하고 마음의 편안한 데에 나아가기를 구함이다. 이윽고 제각기 그들이 원하던 뜻을 얻고서는 그 나라를 낡은 헌신짝처럼 버렸다. 그 무슨 원망이 있겠는가. 위나라 임금 첩은 나라를 점거하여 부친 괴외를 막으면서 오직 나라를 잃을까 두려워하였다. 그런 첩은 백이숙제와 함께 말할 수 없음이 명백하다.(하나는 부자간에 나라를 다퉜고 하나는 형제간에 나라를 사양했다. 이 사람이 옳다면 저 사람은 잘못되었음을 알 수 있다.[朱子語錄, 一箇是父子爭國, 一箇是兄弟遜國, 此是則彼非, 可知.])

○ 정자[伊川]가 말씀하였다.

"백이와 숙제는 서로 나라를 사양하여 도망하였고, 무왕의 정벌을 간하였다가 굶주려 죽었으나 끝내 원망과 후회가 없었다. 부자가 이를 어질다고 여긴 까닭에 부자께서 첩을 돕지 않을 것을 알 수 있다."

15. 반소전지 飯疏全旨

이 장에서는 성인의 마음에 스스로 참다운 즐거움이 있음을 보여주고 있다.

이의 문장은 2절로 나뉘어 있으나 하나의 뜻으로 일관되어 있다. 이는 빈천을 편히 여기고 부귀를 가볍게 여긴다는 말이 아니다. 낙역재기중(樂亦在其中) 구절에 중점을 두고 있다.

따라서 역(亦)자를 깊이 음미해 보아야 한다. "즐거움이 있다.[樂在]"고 말하면 본래 있지 않았던 것이 지금에 있는 것이지만, "또한 …에 있다.[亦在]"고 말하면 언제나 있지 않은 바가 없다. 이는 이른바 "원기(元氣)가 하늘과 땅 사이에 유행하여 어느 곳이든지 이르지 않은 데가 없고, 어느 때이든지 잠시도 쉼이 없다."라는 말과 같다.

끝 2구[不義而富且貴 於我如浮雲]는 가난하고 곤궁할 적에 부귀를 이처럼 보는 것은 반드시 불의(不義) 2자를 잘 살펴보아야 한다. 만일 부귀 또한 대의에 부합한 일이라면 성인 또한 만나는 상황에 따라 예전부터 소유한 것처럼 받아드렸을 것이다.

子曰 飯疏食飲水하고 **曲肱而枕之**라도 **樂亦在其中矣**니 **不義而富且貴**는 **於我**에 **如浮雲**이니라

부자께서 말씀하셨다.

"거친 밥을 먹고 물을 마시고 팔을 굽혀 베더라도 즐거움 또한 그 가운데 있다. 의롭지 못한 부귀는 나에게 뜬구름과 같은 것이다."

강설

부자께서 자신의 즐거운 바를 말씀하셨다.

"지극한 즐거움이란 일상의 평범한 생활에서 벗어나지 않는다. 내가 오늘날 먹는 음식이 거친 밥이며 마시는 것이라곤 물뿐이며, 베고 눕는 것은 나의 팔을 굽혀 베개로 삼았을 뿐이다. 비록 이러한 어려움에 부닥쳐서도 나의 마음에 참된 즐거움은 애당초 언제나 있지 않은 적이 없다. 즐거움은 또한 거친 밥과 한 잔의 물, 팔을 굽혀 누운 그 생활 속에 있다.

저 의롭지 못한 부귀는 나와 무슨 상관이 있겠는가. 그것은 뜬구름이 있다가 사라져버리는 것과 같은 것, 어떻게 즐거움을 뒤바꿔놓을 수 있겠는가."

이는 성인의 마음은 전체가 천리이므로, 곤궁하다 하여 바깥 사물에 의해 꺾인 바 없으며, 그런 부귀에 나의 마음은 흔들리지 않는다.

集註

飯은 **食之也**오 **疏食**는 **麤飯也**라 **聖人之心**은 **渾然天理**라 **雖處困極**이나 **而樂亦無不在焉**이라 **其視不義之富貴**를 **如浮雲之無有**하야 **漠然無所動於其中也**시니라

○ 程子曰 非樂疏食飮水也라 雖疏食飮水라도 不能改其樂也니 不義之富貴를 視之輕如浮雲然이니라

又曰 須知所樂者何事니라

[훈고] 반(飯)은 먹음이며, 소사(疏食)는 거친 밥이다.

[해석] 성인의 마음은 온통 한 덩어리의 천리이다. 비록 곤궁함에 처하여도 즐거움 또한 있지 않은 바 없다. 그 의롭지 못한 부귀를 허공의 뜬구름처럼 보기에 까마득히 나의 마음을 뒤흔든 바 없다.

○ 정자[伊川]가 말씀하였다.

"거친 밥을 먹고 물을 마시는 것을 즐기는 게 아니다. 비록 거친 밥에 맹물을 마실지라도 그 즐거움을 변하지 않기에, 의롭지 못한 부귀 보기를 뜬구름처럼 가볍게 여기는 것이다."

정자[明道]가 또 말씀하였다.

"반드시 즐기는 바가 그 어떤 것인지 알아야 한다."

[보 補]

성인의 마음을 말할 적에 혼연천리(渾然天理)라 함은 안팎이나 정조(精粗)에 밝게 통하지 않음이 없어 그 몸은 비록 사람이라 하지만, 실제는 한 덩어리 천리이다. 이른바 마음에 하고자 하는 바를 따라 행하되 법도에 벗어나는 일이 없음은 어느 곳이든 모두가 천리이니 어찌 쾌활하지 않을 수 있겠는가.[254]

부자의 즐거움에 대해 다시 한번 경문의 이해를 통하여 음미하면 부자의 마음은 다음과 같다.

"사람의 다 같은 마음은 빈천을 싫어하고 부귀를 사모하지 않음이 없지만, 나는 그렇지 않다. 거친 밥이라도 먹어야 하면 먹고 물이라도 마셔야 하면 마시고 팔이라도 굽혀야 하면 베개로 삼는다. 어찌 보면 이처럼 담박한 생활은 너무 심한 일이 아닐까? 그러나 나의 진정한 즐거움은 애당초 이런 일로 인하여 사라지지 않는다. 즐거움 또한 그런 담박한 생활 속에 있다. 그 어떤 사람들은 불의의 부귀를 거친 밥, 표주박 물, 팔베개보다 나은 것처럼 생각한다. 그러나 내가 보기에는 마치 허공의 뜬구름이 마음대로 오갈지라도 그 허공을 흔들 수 없는 것처럼 나의 마음을 흔들 수 없다. 그 즐거움은 어떤 것일까? 성인의 마음에 원래 진실한 즐거움이 있다. 이 때문에 그 어떤 일을 만날지라도 그를 얽매일 수 없다."[255]

---

254 『大全』 該註. "朱子曰 聖人 表裏精粗, 無不昭徹, 其形骸雖是人, 其實只是一團天理. 所謂從心所欲不踰矩, 左來右去, 盡是天理, 如何不快活?"

255 『日講四書解義』 권6, 「論語 上之三」 "人之常情, 莫不厭貧賤而慕富貴, 至於我則不然. 卽如疏食可飯也則飯之, 水可飮也則飮之, 肱可曲也則枕之, 其爲淡泊, 不亦甚乎? 然我之眞樂, 初不因此而減, 蓋亦在其中矣. 其或不義而富且貴, 似亦勝於疏水曲肱, 然自我視之, 殆如浮雲之於太空, 任其往來而不足以動其淸虛也. 其樂何如

16. 가아전지 加我全旨

이는 부자께서 가죽으로 묶은 끈이 세 차례나 끊어지도록『주역』을 읽고서 터득한바 있는 뒤에 말씀하신 것이다.『주역』의 무궁한 도를 밝힐 적에 참으로 부지런히 공부하여 쉼이 없었다는 뜻이 있고, 사람들에게 이를 가르치려는 뜻은 오히려 말 밖에 있다.

이 세상을 살아가면서 밝은 안목으로 미세한 조짐을 보지 못하고, 행하는 일이 절도에 맞지 않음은 곧 잘못이다. 그런데도 큰 잘못이 없다고 말함은 부자의 겸손한 말이다. 그러나 여기에서 또한 잘못을 모두 다 없애기 어렵다는 점을 찾아볼 수 있다.

부자께서 일생 벼슬할만하면 벼슬하고, 그쳐야 하면 그치고, 오래 머물러야 하면 오래 머물고, 빨리 떠나야 하면 빨리 떠나는 것, 등용되거나 버려지는 것, 도를 행하거나 몸을 감추는 것, 그 전체가 모두『주역』의 때 따라서 변하는[隨時變易] 도리이다. 집주에서 말한 '길흉소장(吉凶消長)'은 천시(天時)로, '진퇴존망(進退存亡)'은 인사(人事)로 말하였다.

子曰 加(假)我數年하야 **五十[卒]以學易**이면 **可以無大過矣**리라

부자께서 말씀하셨다.

"나에게 몇 해의 수명을 빌려주어『주역』의 공부를 끝마칠 수 있다면 큰 허물은 없을 것이다."

강설

부자께서 사람들에게『주역』을 배워야 한다는 뜻으로 말씀하셨다.

"만일 하늘이 나에게 몇 년만 더 수명을 빌려주어『주역』의 공부를 끝마칠 수 있다면, 평상시에 고요히 거처할 적에는 괘상(卦象)을 보면서 괘사(卦辭)를 음미할 것이며, 일에 임하여 움직일 적에는 괘의 변화를 보면서 점을 음미하여, 길흉과 소장(消長)의 이치를 밝혀 위로는 천시(天時)를 알고, 진퇴와 존망의 도리를 살펴 아래로는 인사(人事)를 탐구할 것이다. 비록 주선하는 일에 전혀 잘못이 없다고 말할 수는 없겠지만, 큰 근본과 작은 절목에 또한 한계를 벗어나지 않으므로 큰 허물은 없을 것이다."

성인의 몸은 전체가『주역』의 도라고 말하지만, 오히려『주역』을 배워 힘입은바 이와 같다. 이는 참으로『주역』의 도가 정미하기에, 사람들이『주역』을 배우는 데에 힘써주기를 바라는 말이다.

集註

劉聘君이 **見元城劉忠定公**한대 **自言 嘗讀他論**하니 **加作假**오 **五十作卒**이라하니 **蓋加假**는 **聲相近而誤讀**이오 **卒與五十**은 **字相似而誤分也**라

哉? 可見聖人之心, 原有眞樂, 故一切境遇, 不足爲累."

愚按 此章之言은 史記에 作假我數年하야 若是면 我於易則彬彬矣라하야 加正作假하고 而無五十字하니 蓋是時에 孔子年已幾七十矣니 五十字誤는 無疑也라 學易則明乎吉凶消長之理와 進退存亡之道라 故로 可以無大過라 蓋聖人深見易道之無窮하고 而言此以敎人하야 使知其不可不學이오 而又不可以易而學也시니라

[해석] 유빙군(劉聘君: 劉勉之)이 "원성(元城) 유충정공(劉忠定公: 劉安世)을 만났는데, 충정공이 스스로 말하기를, '일찍이 다른 판본의 『논어』를 읽어보니, 가(加)는 가(假)자로, 오십(五十)은 졸(卒)자로 쓰여 있다.'고 하였다. 가(加)와 가(假)는 자음이 서로 비슷하여 잘못 읽은 것이며, 졸(卒)과 오십(五十)은 글자가 서로 비슷하여 잘못 나눠 쓴 것이다."고 하였다.

나는 살펴보니 다음과 같다.

"이 장의 문장은 『사기』에 '나에게 몇 해의 수명을 빌려주어['假'我數年] 이처럼 공부할 수 있다면 나는 『주역』에 있어 빛날 것이다.'(「孔子世家」)라고 쓰여 있다. 가(加)는 바로 가(假)자로 쓰여 있고, 오십(五十)이란 글자는 없다. 당시 공자의 나이 이미 일흔에 가까웠다. 오십(五十)이란 글자가 잘못 쓰였음은 의심할 나위가 없다.

『주역』을 배우면 길흉과 소장(消長)의 이치, 진퇴와 존망의 도에 밝으므로 큰 잘못이 없을 것이다. 이는 성인이 『주역』의 도가 무궁함을 깊이 깨닫고서 이를 말하여 사람을 가르쳐, 『주역』을 배우지 않으면 안 되고, 또한 쉽게 생각하여 배워서도 안 됨을 알도록 하기 위함이다."

[보 補]

역(易)에는 3가지 주역[三易]이 있다. 자연의 섭리로서의 주역, 이를 하늘의 주역이라는 뜻으로 천역(天易)이라 하고, 자연의 섭리를 담은 경서로서의 『주역』, 이를 책으로서의 주역이라는 뜻으로 서역(書易)이라 하고, 자연의 섭리와 같은 성인으로서의 주역, 이를 인간의 몸으로 실현한 주역이라는 뜻으로 인역(人易)이라 말한다.

이는 자연의 진리가 있고 그와 똑같은 성자가 있고 이를 말씀으로 서술한 경서를 말한다. 자연의 진리는 말이 없는 터라, 진리의 화신인 성인을 빌어 몸으로 보여주고 이를 언어와 문자로 전한 것이다. 그러므로 『주역』은 성인의 말씀으로 기록한 성인의 정신과 자연의 진리를 담고 있는 경전이다.

"부자는 사사로운 생각, 기필, 고집, '나'라는 마음이 모두 끊어지고, 벼슬하고 그만두고 오래 머물고 서둘러 떠나가는 데에 무심한 것으로 보면, 부자의 일생은 온통 그 몸 자체가 살아 움직이는 한 권의 『주역』이었다. 이 때문에 부자는 「단사(彖辭)」·「계사(繫辭)」·「상사(象辭)」·「설괘전(說卦傳)」을 서술하였고, 이어서 여러 해를 빌려 『주역』을 배우고자 하였다. 부자는 『주역』의 정신을 전수하였고 『주역』은 부자의 정신을 전수하였다고나 말해야 하지 않을까?"[256]

17. 자소전지 子所全旨

이 장에서는 경학에 대한 부자의 가르침을 적고 있는바, 일상의 실상을 간절히 행하는 데에 중점을 두고 있다.

이른바 일상생활에 간절하다는 것은, 다만 성정을 다스리고, 정사를 말하고, 예절을 삼가는 데에서 보아야 한다. 따라서 『시경』, 『서경』, 그리고 예는 의당 진실하게 강학하여야 한다.

소(所: 子所雅言)와 개(皆: 皆雅言也)자를 음미하여 보면, 이는 기록한 사람이 부자가 예전의 말한 바를 종합하여 정리한 말임을 알 수 있다.

子所雅言은 詩書執禮 皆雅言也러시다

부자께서 항상 말씀하신 것은 『시경』, 『서경』과 지켜야 할 예(禮), 모두 항상 하시던 말씀이었다.

강설

부자의 가르침으로 이른바 평소 말씀하신 바는 옛사람의 『시경』과 『서경』, 마땅히 지켜가야 할 예를 들어 말씀하셨다.

『시경』은 성정을 다스림이며, 『서경』은 정사를 말함이며, 예는 절문(節文)을 삼가는 것이다. 이 3가지는 일상생활에 간절한 것들이다. 이 때문에 부자께서 항상 이를 말한 것이다.

이로 보면 『시경』을 읊조리고, 『서경』을 읽으며, 예를 익히는 것은 배우는 이가 마땅히 힘써야 할 바이다.

集註

雅는 常也오 執은 守也라

詩以理情性하고 書以道政事하고 禮以謹節文하니 皆切於日用之實이라 故로 常言之라 禮獨言執者는 以人所執守而言이오 非徒誦說而已也라

○ 程子曰 孔子雅素之言이 止於如此오 若性與天道는 則有不可得而聞者하니 要在黙而識之也니라

謝氏曰 此因學易之語而類記之니라

[훈고] 아(雅)는 항상이며, 집(執)은 지킴이다.

[해석] 『시경』은 성정을 다스리고, 『서경』은 정사를 말하고, 예(禮)는 절문을 삼가는 것이

256 『四書近指』 권7. "意必固我之盡絶, 仕止久速之無心, 夫子一生, 通身是易, 故序彖繫象說卦文, 仍欲假年學易者, 不知夫子傳易之神, 易傳夫子之神."

다. 이는 모두 일상생활의 실제에 간절한 것이다. 이 때문에 항상 말하였다.

예에 대해서 유독 '지켜야 한다[執]'고 말함은 사람이 붙잡고 지켜야 할 바로써 말한 것이요, 한갓 외고 말하는 데에 그침이 아니기 때문이다.

○ 정자[明道]가 말씀하였다.

"공자의 평소 말씀이 이와 같았을 뿐이며, 성품과 천도는 전해 들을 수 없었다. 이는 요컨대 말없이 마음속으로 자득하여 아는 데에 있다."

사씨[謝良佐]가 말하였다.

"이는 『주역』을 배워야 한다는 말씀으로 인하여, 같은 유로 이를 기록한 것이다."

18. 섭공장지 葉公章旨

이 장에서는 성인의 독실한 학문을 밝히고 있다.
위 절[葉公…不對]에서는 자로가 섭공(葉公)의 물음에 대답하지 못한 점을,
아래 절[女奚…將至云爾]에서는 부자가 자신의 실상에 대해 말하고 있다.

(1) 섭공절지 葉公節旨

섭공의 물음에는 부자를 높이 받드는 뜻도 있지만, 반신반의하는 말이기도 하다. 자로가 그에게 대답하지 못한 것은 쉽사리 뭐라고 말할 수 없어서이다.

葉(섭)公이 問孔子於子路어늘 子路 不對한대

섭공이 자로에게 공자에 관해 물었으나, 자로는 선뜻 대답하지 못하자,

강설

섭공이 부자의 인품에 대하여 자로에게 물었는데, 자로는 대답하지 못하였다.
이는 성인의 덕을 쉽사리 말할 수 없어서이다. 그러나 많은 사람의 의심을 낳는 일이라 하겠다.

集註

葉公은 楚葉縣尹沈諸梁이니 字子高니 僭稱公也라

葉公이 不知孔子하야 必有非所問而問者라 故로 子路不對어니와 抑亦以聖人之德이 實有未易名言者與인저

[훈고] 섭공은 초나라 섭현의 원님, 심제양(沈諸梁)이니, 자는 자고(子高)인데, 분수 넘게 공(公)이라 칭하였다.

[해석] 섭공이 공자를 알지 못하고서 반드시 물을 바 아닌 것을 물은 까닭에 자로가 대답하지 않았거나, 아니면 또한 성인의 덕은 실로 쉽사리 형용하여 말할 수 없어서였을 것이다.

(2) 여해절지 女奚節旨

이는 부자께서 일생 학문을 좋아하셨던 표본이다. 이는 부자다우신 실상이다. 분발함[憤]과 즐거워하심[樂]은 앎과 실행을 겸하여 말하였다. 이는 모두 자로를 대신하여 부자 자신의 정신과 실체를 가리킨 것이다. 이는 평범하고 진실한 가운데 고차원의 오묘한 경지를 표현하고 있다. 이의 전체 문장은 하나의 뜻으로 곧장 줄이어 말하고 있는바, 해불(奚不)로부터 운이(云爾: 奚不曰其爲人也 發憤忘食 樂以忘憂 不知老之將至云爾)까지의 문장은 긴밀하게 서로 응하여 "나의 사람됨이 그저 이와 같아서 애당초 말하기 어렵지 않다."라는 점을 밝히고 있다.

子曰 女奚不曰其爲人也 發憤忘食하며 **樂以忘憂**하야 **不知老之將至云爾**오

부자께서 말씀하셨다.

"너는 어째서 그 사람됨이 〈얻지 못하여서는〉 분발하여 먹는 것마저 잊으며, 〈이미 얻어서는〉 즐거움으로 근심을 잊어 늙음이 장차 이르러 오는 것조차 알지 못한다고 말하지 않았느냐?"

강설

부자께서 이 말을 듣고 자로에게 말하였다.

"너는 섭공의 물음에 어찌하여 이처럼 대답하지 못하였느냐. 그의 사람됨은 추구하는 바를 얻지 못했을 적은 분발하여 이를 구함에 먹는 것마저도 잊기에 이르고, 이를 얻은 뒤에는 즐거운 마음으로 걱정마저 잊으며, 이 2가지의 일을 끊임없이 반복, 순환하면서 늙음이 이르러 오는 것조차 모르는 사람이라고…. 나라는 사람은 그저 이럴 뿐이다. 너는 어찌하여 섭공에게 이처럼 대답하지 못하였느냐?"

集註

未得則發憤而忘食하고 **已得則樂之而忘憂**하야 **以是二者**로 **俛焉日有孶孶**하야 **而不知年數之不足**이니 **但自言其好學之篤爾**라 **然**이나 **深味之**면 **則見其全體至極**하야 **純亦不已之妙 有非聖人不能及者**라 **蓋凡夫子之自言**이 **類如此**하니 **學者宜致思焉**이니라

[해석] 얻지 못해서는 분발하여 먹는 것마저도 잊고, 얻으면 이를 즐거워하여 근심을 잊고서 이런 2가지를 가지고 힘껏 날마다 부지런히 행하여 늙어 햇수가 부족함을 알지 못하였다. 이는 다만 부자 스스로 호학(好學)의 독실함을 말했을 뿐이다.

그러나 이를 깊이 음미해 보면 그 전체가 지극하여 순수하고 또한 그침이 없는 오묘함은

성인이 아니고서는 미칠 수 없는 경지임을 찾아볼 수 있다. 대체로 부자 스스로 말씀하신 유는 모두 이와 같다. 배우는 이는 생각을 다해야 한다.

[보 補]

어찌 보면 부자의 매사에 몰두한 집중력은 가히 상상을 뛰어넘는다. 순임금의 음악을 듣고서 3개월 동안 살코기 맛을 몰랐다는 것이나 발분(發憤)으로 음식을 잊고 즐거움으로 걱정을 잊고 노년이 찾아오는 줄조차 모르는 것, 또는 위편삼절(韋編三絶) 등은 몰두의 극치이다. 수행의 극치는 이처럼 잊고 모르는 데에 있다. 지향하는 그 하나만을 알기에 여타의 다른 것은 아예 망각하거나 느끼지 못함이 바로 주일무적(主一無適)의 극처(極處)이다. 이로 보면 진정한 수행은 잊는다는 망식(忘食) 망우(忘憂), 그리고 부지(不知)의 망(忘)자에 있지 않나 생각한다. 그 어디에서나 무서운 집중력으로 그 속에 빠져드는 그 정신은, 고양이 쥐잡듯이[如猫捕鼠] 암탉이 알 품듯이[如鷄抱卵] 오롯한 성심의 산물이다. 이에 대해 쌍봉 요씨는 다음과 같이 말하였다.

"얻기 이전의 분발 노력과 성취 이후의 안락 자족은 정반대이다. 성인의 발분은 곧 먹는 것마저 잊음에 이르고, 즐거움은 근심을 잊음에 이름은 각기 양 측면의 극처에 나아감이다. 이는 마치 추위는 맹추위의 극에 이르고 더위는 무더위의 극에 이름과 같다. 이 때문에 집주에서 '전체 모든 면에 지극하다[全體至極]'고 말하였다."[257]

19. 아비전지 我非全旨

이 장에서는 사람들이 "부자는 태어나면서부터 아는[生而知之] 성인이기에 우리는 따라갈 수 없다."고 말한 까닭에 부자께서 이를 말씀한 것이다. 이는 배워서 안다는 데 중점을 두고 있다.

생이지지(生而知之)는 타고난 선천적 바탕으로 말하고, 옛것을 좋아하고 빠르게 구함은 후천적 학문의 자세로 말하였다.

옛것이라는 고(古)자는 핵심을 제기한 말로서, 좋아해야 할[好] 것과 민첩하게 구해야 할[敏求] 대상을 모두 고(古)자에 뒤이어 쓰고 있다. 여기에서 말한 옛것이란 예악 문물만을 말한 게 아니다. 옛 성현의 언어와 행적 등 문헌에 기록되어있는 모든 것을 포괄한다. 좋아하고 서둘러 힘을 다해 고찰하고 탐구할 대상은 바로 여기에 있다. 이로 보면, 태어나면서부터 안다는 것과 옛것을 좋아하고 민첩하게 구한다는 것은 부자의 타고난 바탕이요, 학문의 세계로 성인의 전체를 말한다.

그러나 사람들이 "부자께서 생이지지의 성인이기에 그처럼 할 수 있다."고 핑계 대면서, 옛것을 좋아하고 민첩하게 구하지 않을까 두려운 마음에 이처럼 말한 것인바, 이는 성인의 지극한 가르침

---

257 『大全』該註. "雙峯饒氏曰 憤與樂 相反. 聖人發憤, 便至忘食; 樂便至忘憂, 是兩邊各造其極. 如寒到寒之極, 暑到暑之極. 故曰全體至極."

이다.

子曰 我非生而知之者라 好古敏以求之者也로라

부자께서 말씀하셨다.
"나는 태어나면서부터 아는 사람이 아니라, 옛것을 좋아하여 서둘러 구하는 사람이다."

강설

부자께서 겸손한 마음으로 말씀하셨다.
"나는 기질이 맑고 의리에 밝은, 태어나면서부터 아는 사람이 아니다. 오직 옛사람의 이름다운 말과 선한 행동에 모두 의리가 담겨있으니, 나는 옛것을 독실하게 좋아하고 급급하게 힘을 써서 이를 추구하는 사람이지, 어떻게 태어나면서부터 아는 사람이라고 말할 수 있겠는가."

集註

生而知之者는 氣質清明하고 義理昭著하야 不待學而知也라 敏은 速也니 謂汲汲也라

○ 尹氏曰 孔子以生知之聖으로 每云好學者는 非惟勉人也라 蓋生而可知者는 義理爾니 若夫禮樂名物과 古今事變은 亦必待學而後에 有以驗其實也니라

[훈고] 태어나면서부터 아는 사람이란 기질이 맑고 밝으며, 의리가 밝게 드러나 배우지 않고서도 아는 것이다. 민(敏)은 빠름이니, 급급함을 말한다.

○ 윤씨[尹焞]가 말하였다.
"공자는 태어나면서부터 아는 성인으로서 언제나 학문을 좋아한다고 말한 것은 사람을 격려하기 위함일 뿐 아니라, 태어나면서부터 알 수 있는 것은 의리일 뿐이다. 예악의 명제와 고금의 일들의 경우는 또한 반드시 배움이 있는 후에야 그 실상을 증험할 수 있다."

[보 補]

옛것을 좋아하여 서둘러 구하는 사람이란 학문을 좋아하는 학자이다. 그러나 이는 태어나면서부터 아는 성인이 아니면 불가능한 일이다. 이미 태어나면서부터 아는 바탕으로 그 이치를 잘 알고 있기에 자연스럽게 학문에 힘써 그 사실을 증험한 것이다. 그러므로 태어나면서부터 아는 것은 사물의 이치이고, 옛것을 좋아하여 서둘러 추구함은 현상의 사실이다. 사물의 이치와 사실이 일관되고 앎과 행이 서로 힘입음이다.[258]

이처럼 옛것을 좋아하여 서둘러 구함은 앞서 말한 "분발하여 먹는 것마저 잊고 즐거움으로 근심을 잊어 늙음이 장차 이르러 오는 것조차 알지 못하는" 호학(好學)이다. 생이지지에 이처

---

258 위와 같음. "慶源輔氏曰 好古敏求, 非生知者不能. 旣知其義理, 則自然敏於學, 以驗其實也. 故生而知之者, 義理也; 好古敏求者, 事實也. 理與事 一貫, 知與行 相資."

럼 호학을 더하면서 그 신령스러운 지혜는 곱절이나 더하여 끝이 없을 것이다. 이로 보면, 공자와 안자의 즐거워한바, 그 어떤 일이었는가에 관한 물음은 이처럼 타고난 바탕 위에 박문약례와 호고민구(好古敏求)의 발분망식 속에서 얻어짐을 미뤄 알 수 있다.

20. 불어전지 不語全旨

이 장에서는 성인이 세상을 바르게 붙잡고자 하는 뜻을 보여주고 있다.

주자의 집주에서는 이(理)자를 위주로 하여, "괴이함, 용력(勇力), 패란은 모두 바른 도리가 아니므로 의당 말해서는 안 되며, 귀신 또한 지극히 은미한 이치여서 쉽사리 말할 수 없다."고 하였다.

언(言: 自言曰言)이라 말하지 않고, 어(語: 答述曰語)자를 쓴 것은 남들이야 아무리 이에 대해 언급할지라도, 부자 자신은 그에 대해 대답하지 않았기 때문이다.

子 不語怪力亂神이러시다

부자께서는 괴이함, 용맹의 힘, 패란, 귀신을 말씀하시지 않으셨다.

강설

부자께서 말씀하지 않으신 것은 4가지가 있다.

괴이한 일을 말하면 떳떳함을 어지럽히게 되고, 용맹스런 힘을 말하면 덕에 방해가 되고, 어지러운 일을 말하면 이치에 해가 되고, 귀신의 일을 말하면 듣는 이의 의혹을 불러일으키게 된다.

이는 모두 부자께서 말씀하지 않으신 것이다. 부자께서 세도(世道)와 인심을 위해 경계하고 방비함이 깊다고 하겠다.

集註

怪異勇力悖亂之事는 非理之正이니 固聖人所不語오 鬼神은 造化之迹이니 雖非不正이나 然이나 非窮理之至면 有未易明者라 故로 亦不輕以語人也시니라

○ 謝氏曰 聖人은 語常而不語怪하고 語德而不語力하고 語治而不語亂하고 語人而不語神이니라

[해석] 괴이함, 용력, 패란의 일은 바른 도리가 아니니, 참으로 성인이 말하지 않은 바이며, 귀신은 조화의 자취이다. 비록 바르지 못한 것은 아니지만, 그러나 이치를 궁구함이 지극하지 않으면 쉽사리 밝힐 수 없다. 이 때문에 또한 사람들에게 가벼이 말하지 않았다.

○ 사씨[謝良佐]가 말하였다.

"성인은 떳떳함을 말하지, 괴이한 것을 말하지 않으며, 덕을 말하지, 용력(勇力)을 말하지 않으며, 다스림을 말하지, 어지러움을 말하지 않으며, 사람의 일을 말하지, 귀신을 말하지 않는다."

21. 삼인전지 三人全旨

이 장은 스스로 스승을 찾아 얻어야 한다는 것에 중점을 두고 있다.

필유(必有)는 반드시 나에게 있음을 말한다. 반드시 나에게 있다는 것은 잘 선택하여 잘한 일은 따르고 잘못은 고치는 데 있음을 말한다.

이 문장은 모든 글자마다 잘 살려서 보아야 한다. 삼인(三人) 2자를 들어 상호 간의 만남을 개괄하였고, 삼인행(三人行)의 행(行)자를 들어 일상생활에 있음을 개괄하였고, 선과 불선을 들어 선을 따르고 악을 고쳐가는 변모양상의 극치를 개괄하였다. 오직 평상시 주관 있는 마음으로 선택하여 나가고, 일에 임하여 분별하는 마음으로 따르거나 고쳐가기 때문에 어느 곳이든 스승을 얻지 못할 바 없다.

子曰 三人行에 **必有我師焉**이니 **擇其善者而從之**오 **其不善者而改之**니라

부자께서 말씀하셨다.

"세 사람이 가는 길에 반드시 나의 스승이 있다. 그 착한 자를 가려서 따르고, 그 착하지 않은 자를 경계하면서 고쳐야 한다."

강설

부자께서 사람들에게 스스로 스승을 얻어야 한다는 점을 제시하여 주셨다.

"우리가 참으로 나의 선에 보탬이 되는 바를 추구하는 마음이 있으면, 비록 세 사람이 함께 갈 적에도 반드시 그 가운데 나의 스승이 있다. 스승이란 나의 선을 도와주고 잘못을 구제해 주는 데 있다.

동행하는 가운데 선한 사람이 있으면 나는 그의 선을 선택하여 그를 사모하여 따르고, 불선한 이가 있으면 나는 그의 불선을 경계하여 나의 잘못을 고쳐가야 한다. 이에 선을 따르게 하는 자는 참으로 나를 도와주는 스승이며, 불선을 고치도록 해주는 자 또한 나의 잘못을 구제해 주는 스승이다.

이른바 세 사람이 가는 길에 반드시 나의 스승이 있다 함은 이와 같은 일이다."

集註

三人同行에 **其一**은 **我也**니 **彼二人者 一善一惡**이어든 **則我從其善而改其惡焉**이면 **是二人者 皆我師也**라

○ **尹氏曰 見賢思齊**하고 **見不賢而內自省**이면 **則善惡皆我之師**니 **進善**이 **其有窮乎**아

[해석] 세 사람이 동행하는데 그중 하나는 나이며, 저 두 사람 가운데 한 사람은 착하고 한 사람은 악하다면 나는 그 착함을 따르고 그 악함을 경계하여 고쳐가면 이 두 사람은 모두 나의 스승이다.

○ 윤씨[尹焞]가 말하였다.

"어진 이를 보고서 그와 함께하기를 생각하고, 어질지 못한 이를 보고서 마음으로 스스로 성찰하면, 선악이 모두 나의 스승이니, 선으로 나아가는데 그 다함이 있겠는가."

[보 補]

"여기에서 말한 세 사람이란 하나의 선과 악을 상대로 말하여, 선악이 모두 나의 스승임을 보여준 것이다. 혹 두 사람이 모두 선하면 모두 따라야 하고, 두 사람이 모두 악하면 모두 경계하여 고쳐야 한다. 이는 곧 한 사람과 함께하는 길에도 또한 나의 스승이 있다. 이는 말 밖의 또 다른 뜻이다. 여기에서 한 걸음 더 나아가 남헌 장씨는 '한 사람의 몸에 선도 있고 불선도 있으니 이 또한 나의 스승 아닌 게 없다.'고 말하였다."[259]

22. 천생전지 天生全旨

이 장에서는 성인이 하늘을 빌려 스스로 확신하는 의지를 보여주고 있다.

성인이 어려움에 당면하여 천명으로 결정지은 후에 태연함은 결코 아니다. 그러나 부자가 이처럼 말함은 문인을 위로하고자 함이자, 곧 포악한 자를 경계함이다. 그러나 부자께서 미복으로 송나라를 지나갔는바, 환난을 피하는데 아주 조심하지 않은 적이 없다. 다만 환난에 처하여 한가롭게 대처했을 뿐이다.

子曰 天生德於予시니 桓魋 其如予何리오

부자께서 말씀하셨다.

"하늘이 나에게 덕을 내려주셨다. 환퇴가 나에게 어찌할 수 있겠는가."

강설

부자께서 송나라에 머물 적에 환퇴가 제 석곽을 만들면서 어찌나 화려했던지 3년이 지나도록 완성하지 못한 것을 보고서, 일찍이 "석곽이 이처럼 화려함이여, 사람이 죽으면 일찍 썩는 것만 같지 못하다."고 꾸짖은 바 있었다.

그러던 어느 날, 부자께서 제자들과 큰 나무 아래에서 예를 강습하고 있었는데, 환퇴가 그 나무를 잘라 부자를 해치고자 하였다. 제자들이 두려운 마음에 서둘러 송나라를 떠나자고 청하자, 부

---

259 위와 같음. "雙峯饒氏曰 此姑以一善一惡對言, 以見善惡皆吾師. 或兩人皆善則皆當從, 兩人皆惡則皆當改, 便是與一人行, 亦有我師, 此則言外之意. 南軒張氏云 一人之身, 有善有不善, 亦莫非吾師也."

자께서 하늘을 의탁하여 자신의 신념을 말씀하셨다.

"하늘이 나를 낼 적에 이와 같은 덕을 나에게 부여해 준 데에는 반드시 그만한 의미가 있을 것이다. 환퇴가 나를 해치려고 하여도 하늘의 뜻을 어기지 못할 것이다. 저 환퇴 또한 사람이다. 그가 하늘의 뜻을 저버리고 나를 어찌할 수 있겠는가. 그렇지 않다면 그가 하늘마저 이긴 것이다. 하늘이 어찌 환퇴가 이기도록 방관할 수 있겠는가."

集註

桓魋는 **宋司馬向魋也**니 **出於桓公**이라 **故**로 **又稱桓氏**라

魋欲害孔子한대 **孔子言天旣賦我以如是之德**하시니 **則桓魋其奈我何**리오하시니 **言必不能違天害己**라

[훈고] 환퇴는 송나라 사마 상퇴(向魋)이니, 환공의 후예이기에 또한 환씨라 칭하였다.

[해석] 환퇴가 공자를 해치고자 하므로 공자가 "하늘이 이미 나에게 이와 같은 덕을 부여하였으니, 환퇴가 나에게 어찌하겠느냐?"라고 말하니, 반드시 하늘의 뜻을 어기고 자신을 해치지 못할 것을 말한다.

23. 이삼전지 二三全旨

이 장에서는 숨김없이 가르치고 있다는 뜻을 밝혀주고 있다.

첫 구절[二三子 以我爲隱乎]은 하나의 물음을 던짐이며, 무은(無隱) 2구[吾無隱…是丘也]는 한 차례는 증언하고, 한 차례는 해명하고 있다. 아(我: 以我爲隱), 오(吾: 吾無隱 吾無行), 구(丘: 是丘也)는 모두 부자의 현신설법(現身說法)으로, 그 정신은 시구야(是丘也) 3자에 담겨있다.

오무은호이(吾無隱乎爾)의 이(爾)는 어조사이다. 여(與: 不與二三子)는 은(隱: 無隱)자와 대칭으로 보아야 한다. 숨긴다[隱]는 것은 반드시 함께한 바 없음을 말하고, 함께한다[與]는 것은 반드시 숨김이 없음을 말한다.

집주에서 말한 '동정어묵[作止語默]'은 포괄한바 매우 광범하다. 제17 「양화」편 「욕무언(欲無言)」장에서 "하늘이 무슨 말을 하든가. 사계절이 유행하며 만물이 발생한다."는 비유 또한 이와 같은 뜻이다.

子曰 二三子는 **以我爲隱乎**아 **吾無隱乎爾**로라 **吾無行而不與二三子者 是丘也**니라

부자께서 말씀하셨다.

"너희들은 내가 숨긴다고 생각하느냐? 나는 너희들에게 숨김이 없다. 나는 행하는 일마다 너희들과 함께하지 않는 게 없는 사람이 바로 나다."

강설

많은 제자는 부자께서 가르치는데 숨기는 게 있지 않을까에 대해 의심하였다. 이 때문에 부자께서 문인들을 깨우쳐 주셨다.

"너희들은 나에게 배우면서 내가 가르치는 데에 숨기는 것이 있어 모두 다 가르쳐주지 않는다고 생각하느냐? 대도(大道)란 공공연한 것이다. 나만이 혼자 얻은 바 아님을 어찌하여 모르는가. 나는 너희들에게 숨긴 바 없다. 나는 일상생활의 모든 행동거지와 말하고 침묵하는 데 있어서 어느 일이든 너희와 함께하였고 모두 분명하게 보여주지 않는 게 없다. 내가 가르치는 데에 어찌 숨길 게 있겠는가. 너희들은 이점을 알아야 한다."

集註

諸弟子以夫子之道高深하야 不可幾及이라 故로 疑其有隱하니 而不知聖人作止語黙이 無非教也라 故로 夫子以此言曉之라 與는 猶示也라

○ 程子曰 聖人之道 猶天然하야 門弟子親炙而冀及之然後에 知其高且遠也라 使誠以爲不可及이면 則趨向之心이 不幾於怠乎아 故로 聖人之教 常俯而就之如此하시니 非獨使資質庸下者 勉思企及이라 而才氣高邁者 亦不敢躐易而進也니라

呂氏曰 聖人體道無隱하야 與天象昭然하야 莫非至教라 常以示人이로되 而人自不察이니라

[해석] 여러 제자는 부자의 도가 높고 심오하여 따라갈 수 없다고 생각한 까닭에 숨기는 게 있는지 의심하였다. 성인의 동정과 언어, 침묵이 가르침 아닌 게 없음을 알지 못한 것이다. 이 때문에 부자께서 이 말로써 그들을 깨우쳐 준 것이다.

[훈고] 여(與)는 보여줌과 같다.

○ 정자[伊川]가 말씀하였다.

"성인의 도는 하늘과 같아서, 문인 제자가 몸소 가르침을 받아 따라가려고 바라본 뒤에야 부자의 도가 드높고 원대함을 알게 되었다. 만일 참으로 따라갈 수 없다고 생각하면 도를 향하여 나아가려는 마음이 게을러지지 않겠는가. 그러므로 성인의 가르침은 항상 낮추어서 나아가도록 함이 이와 같다. 이는 자질이 용렬한 자에게 힘써 따라갈 수 있음을 생각하도록 할 뿐 아니라, 재기(才氣)가 고매한 자 또한 감히 뛰어넘거나 쉽게 생각하여 나아가지 못하도록 한 것이다."

여씨[呂大臨]가 말하였다.

"성인은 도를 체득하여 숨김이 없어 마치 천체의 현상[天象]처럼 뚜렷하여 지극한 가르침 아닌 게 없다. 항상 이로써 사람들에게 보여주지만, 사람들이 스스로 살피지 못한 것이다."

[보 補]

비지(備旨)에서는 '오무은호이(吾無隱乎爾)'의 이(爾)자를 어조사로 보았다. 그러나 언해본에서는 이를 실자(實字)로 보아 "너희에게"로 해석하였다. 여기에서는 언해본을 따라 번역하였다.

24. 자이전지 子以全旨

이 장에서는 부자가 가르침을 세우는 요체, 4가지를 말하였다. 이는 수평의 관계로 보아야 한다. 대체로 한 사람을 가르칠 적에 반드시 이 4가지를 겸하여야 하며, 또한 일시에 모두 함께하여야 한다.

글을 배우고 행실을 닦도록 가르침은 진행(知行)을 모두 극진히 함이며, 충신(忠信)으로 가르침은 안팎을 모두 진실케 하기 위함이다. 그러나 글을 배운다는 것은 어린아이가 글을 배우는 것과는 다르다. 어려서는 큰 줄거리만을 강학하고 논함이며, 여기에서는 그 정미한 이치를 널리 탐구함이다.

子 以四教하시니 **文行忠信**이러시다

부자께서 4가지로 가르치시니, 글과 행실, 충성과 믿음이었다.

강설

부자께서 사람을 가르치는 데에 4가지의 큰 실마리로 가르치셨다.

사람들에게 시서(詩書), 육예(六藝)의 글을 가르침은 그 앎을 다하려는 것이며,

사람들에게 인륜과 일상의 행실을 가르침은 그 일을 실천하고자 함이다.

이에 또다시 사람들에게 진실한 마음으로 자기의 도리를 다하도록 충성을 가르침은 어느 하나의 생각이라도 극진하지 않음이 없도록 하고자 함이며,

진실한 이치로 사물에 나아가도록 믿음을 가르침은 어느 하나의 일이라도 진실하지 않음이 없도록 하고자 함이다.

이는 앎과 행실을 함께 닦아나가고, 몸과 마음에 서로 도움을 주려는 것이다. 이 4가지는 모두 부자께서 가르치신 바이다.

集註

程子曰 教人以學文修行而存忠信也니 **忠信**이 **本也**니라

[해석] 정자[伊川]가 말씀하였다.

"사람을 가르치되 글을 배우고 행실을 닦아 충성과 믿음을 보존함이니, 충성과 믿음이 근

본이다."

25. 성인전지 聖人全旨

이 장에서는 변함없이 꾸준한 마음[恒心]이 있어야 성인이 될 수 있는 터전이 마련된다는 데에 중점을 두고 있다.

성인을 얻고자 함은 부자의 본심이다. 그러나 성인을 얻을 수 없기에 군자와 선한 사람[善人]을 얻으려는 생각에 이르고, 변함없는 마음[恒心]이 있는 자까지 이르게 된 것이다.

마음을 깨달아 잃지 않으면 성인과 선인이 그래도 존재할 수 있기에 당시에 찾아보았으나, 속임과 거짓이 날로 더하여 성인은커녕 선한 사람마저도 있지 않으므로 변함없는 마음이 있는 자를 기약하지 않을 수 없다는 데 대하여 깊이 탄식하고 있다.

앞의 2절[聖人吾不得…有恒者, 斯可矣]에서 말한 성인과 군자, 그리고 선한 사람과 변함없는 마음이 있는 자는 학문과 바탕을 상대적으로 말하였다. 그러나 이처럼 선한 바탕에 학문을 더하면 4등급(성인 군자 선인 有恒者)은 차츰차츰 번갈아 앞으로 나가게 되어 스스로 하나의 일이 된다. 변함없는 마음이 있다는 것은 순박하고 진실하여 떳떳함이 있는 것이다. 이는 아래의 변함없는 마음이 없는 천박한 자와 상대적으로 보아야 한다.

마지막 절[亡而爲有…難乎有恒矣]에서는 변함없는 마음이 없음을 개탄한 것인바, 부자가 변함없는 마음을 지닌 자를 생각하면서 이 말을 하게 된 뜻이 바로 여기에 있다.

무(亡: 無), 허(虛), 약(約)자에는 천심(淺深)의 차이가 있다. 허(虛: 虛而爲盈)는 실(實)과 대칭이며, 약(約: 約而爲泰)은 비록 실상이 있지만 적은 것이다. '허이위영(虛而爲盈)'의 영(盈)은 마음에 만족함이며, '약이위태(約而爲泰)'의 태(泰)는 밖으로 넘침이다. 이 모든 병의 뿌리는 모두 없는 데에도 있는 것처럼 생각하는, 3곳의 위(爲: 爲有, 爲盈, 爲泰)자에 있다.

子曰 聖人을 吾不得而見之矣어든 得見君子者면 斯可矣니라

부자께서 말씀하셨다.

"성인을 내, 만나볼 수 없을 바엔 군자라도 보았으면 괜찮겠다."

강설

부자께서 마음에 변함없이 꾸준함이 있어야 한다는 뜻으로 말씀하셨다.

"헤아릴 수 없는 신명(神明)을 지닌 자는 성인이다. 그러나 성인이 태어남은 자주 볼 수 없으니, 나는 참으로 그를 만나볼 수 없다. 많은 사람 가운데 재주와 덕이 뛰어난 군자만이라도 만나볼 수 있다면, 그 또한 성인의 무리이니, 나의 마음에 위로가 될 것이다. 하지만 그마저 만나지 못한다면 어떻게 할까?"

集註

聖人은 神明不測之號오 君子는 才德出衆之名이라

[훈고] 성인은 신명하여 헤아릴 수 없는 이의 호칭이며, 군자는 재주와 덕이 뛰어난 자의 이름이다.

子曰 善人을 吾不得而見之矣어든 得見有恒者면 斯可矣니라

"선한 사람을 내, 만나보지 못할 바엔 변함없이 꾸준한 마음을 가진 사람이라도 보았으면 괜찮겠다."

강설

"인(仁)에 뜻을 두어 악한 행실이 없는 자를 선한 사람이라고 한다. 그러나 선한 사람의 아름다운 바탕을 얻기 어려우니, 내 또한 그를 만나볼 수 없다. 마음이 한결같아 두 마음을 가지지 않은, 언제나 변함없이 꾸준한 마음을 지닌 자를 만나본다면, 그 또한 선한 사람의 무리이니, 그런 사람만으로도 또한 나의 마음에 위로가 될 것이니, 어찌 그만둘 수 있겠는가."

集註

子曰字는 疑衍文이라 恒은 常久之意라

張子曰 有恒者는 不二其心이오 善人者는 志於仁而無惡이니라

자왈 2자는 연문(衍文)인 듯싶다.

[훈고] 항(恒)은 떳떳하고 오래라는 뜻이다.

[해석] 장자[橫渠]가 말씀하였다.

"변함없이 꾸준한 마음이 있는 자는 그 마음을 이랬다저랬다 변덕 부리지 않고, 선한 사람은 인에 뜻을 두어 악한 일이 없다."

亡(無)而爲有하며 虛而爲盈하며 約而爲泰면 難乎有恒矣니라

"없으면서도 있는 척하며, 비었으면서도 찬 듯이 하며, 적으면서도 많은 척하면 변함없이 꾸준한 마음을 두기 어렵다."

강설

"어째서 오늘날 사람들은 본디 없는 것을 가지고 거짓으로 있는 척하며, 본디 빈 것을 두고서 거짓으로 가득 찬 것처럼 하며, 본디 적은 것을 가지고서 어찌하여 거짓으로 많은 것처럼 하는지.

헛된 과장으로 실상이 없기에 훗날 이어가질 못하여, 언제나 있고 언제나 가득하고 언제나 많이 지니기 어렵다. 변함없이 꾸준한 마음이 있는 자 또한 어찌 쉽사리 만나볼 수 있겠는가."

集註

三者는 皆虛夸之事니 凡若此者는 必不能守其常也라

○ 張敬夫 曰聖人君子는 以學言이오 善人有恒者는 以質言이라

愚謂有恒者之與聖人은 高下固絶矣라 然이나 未有不自有恒而能至於聖者也라 故로 章末에 申言有恒之義하니 其示人入德之門이 可謂深切而著明矣로다

[해석] 3가지는 모두 허황하고 과장된 일이다. 이와 같은 자는 반드시 그 변함없이 꾸준함을 지킬 수 없다.

○ 장경부(張栻)가 말하였다.

"성인과 군자는 닦아온 학문으로 말하며, 선한 사람과 변함없이 꾸준한 마음이 있는 자는 타고난 바탕으로 말한다."

나의 생각은 다음과 같다.

"변함없이 꾸준한 마음이 있는 자와 성인의 높낮이는 참으로 현격하지만, 변함없이 꾸준한 마음이 있는 데서 비롯하지 않고서 성인의 경지에 이른 자는 없다. 이 때문에 본장의 끝부분에서 거듭 변함없이 꾸준한 마음의 의의를 말하였다. 덕에 들어가는 문을 사람들에게 보여줌이 깊고도 간절하며 또렷하고 분명하다고 말할 만하다."

[보 補]

학문이 성인에 이르면 극처에 이르러 다시는 더할 수 없다. 이를 '대인으로서 무위이화(無爲而化)의 성인'이라 한다.

군자는 성인의 경지에 이르지 못했으나 그 재덕은 출중하고 그의 학문 또한 성취되었다. '대인으로서 무위이화에 이르지 못한 현자'이다.

선한 사람은 꼭 학문할 줄 아는 사람이라 말할 수는 없으나 그의 아름다운 바탕으로 자연스럽게 선에 이르러 악한 일을 범하지 않는다. 성인의 자취를 밟지 않더라도 스스로 악한 일을 하지는 않을 사람이다.

변함없이 꾸준한 마음이 있는 자는 그 바탕이 선한 사람에 미치지 못하지만, 또한 순수하고 고집스러워서 거짓과 과장에 힘쓰지 않고 그 하나를 고수하면 종신토록 변하지 않을 사람이다. 성품이 변함없이 꾸준한 중후하고도 순박한 사람이다.[260]

260 위와 같음. "慶源輔氏曰 學至於聖人, 則造乎極而無以復加矣. 君子 雖未及乎聖人, 然其才德超出於衆, 則其爲學, 亦以成矣. 善人 雖未必知學, 然其資質之美, 自然至於善而不至於惡; 至於有恒者, 則資質又有不及善人, 但亦純固而不務虛誇, 守其一端, 則終身不易者也."

26. 자조전지 子釣全旨

이 장에서는 성인이 일상의 육예(六藝) 속에 노니는 가운데 곡진하게 이뤄지는, 생명 사랑의 마음[仁]이 잘 드러나 있다. 그물질하지 않고, 잠자는 새를 쏘지 않음은 만물과 하나가 된 기상이다. 부자가 만일 벼슬을 얻었더라면 백성을 사랑하고 만물을 아끼는 데 있어서 또한 어떠했을까?

子는 釣而不綱하시며 弋不射(석)宿이러시다

부자께서는 낚시질은 하되 그물질은 하지 않으셨고, 주살질은 하되 잠자는 새는 쏘지 않으셨다.

강설

부자의 마음은 만물과 하나이다. 때로 고기잡이하긴 하였지만, 낚시질할 뿐 흐르는 강물에 그물을 가로질러 모조리 물고기를 잡지는 않으셨다. 때로 새를 사냥하긴 하였지만, 주살질은 하되 잠자는 새를 불의에 쏘지는 않으셨다. 물고기와 새를 잡는 가운데에도 모든 생명을 사랑하는 마음이 곁들어 있다. 여기에서 성인의 사랑을 찾아볼 수 있다.

集註

綱은 以大繩屬網하야 絶流而漁者也오 弋은 以生絲繫矢而射也라 宿은 宿鳥라

○ 洪氏曰 孔子少貧賤하야 爲養與祭하야 或不得已而釣弋하시니 如獵較이 是也라 然이나 盡物取之와 出其不意는 亦不爲也시니 此可見仁人之本心矣라 待物如此하니 待人可知오 小者如此하니 大者可知로다

[훈고] 강(綱)은 굵은 노끈에 그물을 연이어서, 흐르는 물을 가로질러 물고기를 잡는 것이다. 익(弋)은 화살에 생실을 묶어 쏘는 것이며, 숙(宿)은 잠자는 새이다.

○ 홍씨[洪興祖]가 말하였다.

"공자의 젊은 시절, 집안이 빈천하여 부모의 봉양과 선조의 제사를 위해 간혹 마지못해 낚시와 주살을 하였다. 엽각(獵較: 사냥)(『孟子』「萬章 下」)과 같은 일이 이것이다. 그러나 그물로 물고기를 모조리 잡는 것과 불의에 잠자는 새를 쏘는 일은 또한 하지 않았다. 여기에서 어진이의 본심을 볼 수 있다. 만물을 대함이 이와 같으니, 사람을 어떻게 대할까를 알 수 있으며, 작은 일을 이처럼 하니, 큰일을 어떻게 할까를 알 수 있다."

[보 補]

생명의 살생에 관한 문제는 종교의 이념에 따라 그 양상을 달리하는 것이나, 유가에서 인식한 만물의 생명에 관한 본질은, 장횡거의 「서명(西銘)」에서 말한 바와 같이 "만물은 우리와 함께하는 동반자[物吾與也]"이다. 따라서 인간의 욕구에 의해 그들의 생명을 함부로 해쳐서도

안 되지만, 그렇다고 필요에 따른 용도 또한 전혀 무시할 수도 없는 일이다. 이에 대해 남헌 장씨는 다음과 같이 말하고 있다.

"성인의 마음은 하늘과 땅이 만물을 낳아주는 사랑의 마음이다. 친한 이를 친히 하면서도 백성은 인으로 사랑하고, 백성을 사랑하면서도 만물의 생명을 아껴줌은 모두 성인의 마음에 지극한 사랑이다.

그러나 만물에 대해서는 제사에 필요한 부분이 있고 빈객 맞이의 사용에 필요한 부분이 있다. 따라서 만물의 사용은 없을 수 없다. 이에 그 물건을 취하는 데 때가 있고, 사용하는데 절제가 있다. 부자께서 흐르는 강물에 그물을 가로질러 모조리 물고기를 잡지는 않음과 아무런 것도 모른 채, 잠자는 새를 쏘지 않음은 모두 지극한 사랑의 마음이자 사리에 적절한 의리이다. 만일 부자가 나라를 얻어 왕도정치를 펼쳤더라면 날짐승과 길짐승, 물고기와 자라 모두가 제 성품에 따라 잘 살아갔을 것이다.

나의 입과 배를 채우기 위해 하늘이 내린 생명을 해치는 것은 참으로 사사로운 인욕이다. 그러나 이단의 종교에서 끝까지 살생을 금지하여 채소만을 먹는다거나 나의 몸을 바쳐 맹수의 먹이로 내주면서도 천성의 친족과 인륜의 사랑이 담겨있는, 군신과 부자에 있어서는 도리어 냉담하게 무정함으로 대함 또한 어떻게 공정한 천리라 말할 수 있겠는가. 그러므로 양무제가 종묘의 제사에 희생을 올리지 않음과 상나라 주왕(紂王)이 만물의 생명을 포학하게 죽임은 그 사안이야 비록 다르다지만, 천리를 어기고 혼란과 망국을 불러들임은 매 한 가지이다."[261]

27. 개유전지 蓋有全旨

이 장은 총명함을 믿고서 마음대로 행동하는 자를 위하여 말한 것이다.

첫 2구[蓋有不知而作之者, 我無是也]는 사람이란 반드시 참으로 알아야 한다는 것이며, 아래[多聞, … 知之次也]에서는 지식을 추구하는 방법을 말하였다. 작(作)은 술작(述作)의 작(作)자와는 다르다. 술작(述作)의 작(作)은 학문으로 말하고, 여기에서는 작사(作事: 행동)로 말하였다.

"나는 알지 못하고서 허튼일을 한 적이 없다."라고 말함은 자칫 지혜를 자임하는 말처럼 보인다. 이 때문에 또다시 다문(多聞) 이하 3구를 말하여, 비록 모르는 것은 없지만, 실로 으뜸가는 지혜가 아님을 나타내고 있다. 이는 비록 스스로 겸손한 말이지만, 사람을 격려하는 뜻 또한 그

261 위와 같음. "南軒張氏曰 聖人之心, 天地生物之心也. 其親親而仁民, 仁民而愛物, 皆是心之發也. 然於物也, 有祭祀之須, 有奉養賓客之用, 則其取之也, 有不得免焉. 於是 取之有時, 用之有節. 若夫子之不絶流・不射宿, 則皆仁之至・義之盡, 而天理之公也. 使夫子之得邦家, 則王政行焉, 鳥獸魚鼈 咸若矣. 若夫窮口腹以暴天物者, 則固人慾之私也. 而異端之敎, 遂至於禁殺茹蔬・殞身飼獸, 而於其天性之親・人倫之愛, 反恝然其無情也, 則亦豈得爲天理之公哉? 故梁武之不以血食祀宗廟, 與商紂之暴殄天物, 事雖不同, 然其咈天理以致亂亡, 則一而已."

가운데에 담겨있다.

주자는 말하기를 "지(知: 不知而作之)는 마음의 깨달음으로 말하며, 듣고 보고서 얻는 것은 그 버금가는 것이다. 듣고 보는 것은 모두 많은 것[多聞 多見]을 추구해야 한다. 그렇지 않으면 이는 학문이라고 말할 수 없다."

많이 듣고서 그 선한 것을 선택한다[多聞擇其善]는 선택은 따라 행하려는[從之] 데에서 비롯하지만, 많이 보고서 기억한다[多見而識之]는 기억[識]은 앎의 축적이지 행동으로 따르려는 뜻이 없기에 택선(擇善)이라 말하지 않는다.

子曰 蓋有不知而作之者아 **我無是也**로라 **多聞**하야 **擇其善者而從之**하며 **多見而識**(지)**之 知之次也**니라

부자께서 말씀하셨다.

"알지 못하면서 부질없는 행동을 하는 자 있는가? 나에겐 이런 일은 없다. 많이 듣고서 그중에 선한 것을 가려서 따르며, 많이 보고서 기억함이 지혜에 버금가는 것이다."

강설

부자께서 스스로 앎을 추구하는 방법을 서술하였다.

"사람들은 사리를 알지 못하고서 부질없이 행동하는 자가 있다. 그러나 나에겐 그러한 일은 없다.

또한 앎을 추구하는 데에 방법이 있다. 어떤 일을 행하기에 앞서 천하 고금의 이치를 많이 듣고 그중에서 선한 것을 가려서 믿고 따라 이를 표준으로 삼으며, 또한 천하 고금의 일을 많이 보고서 선과 악을 모두 기억하여 참고로 삼는다.

보고 들음이 많으면 이목의 지혜가 이미 드넓은 것임에도 이를 뒤이어서 다시 선택하고 기억하면 나의 마음에 지혜는 더욱 밝아진다. 비록 실로 그 이치를 알지 못하는 경우야 있겠지만, 이 또한 지혜에 버금가는 것이다. 이를 따라 행하면 들었던 것, 보았던 것을 실행하게 될 것이니, 어떻게 부질없이 행하는 일이 있겠는가."

集註

不知而作은 **不知其理而妄作也**라 **孔子自言未嘗妄作**은 **蓋亦謙辭**라 **然**이나 **亦可見其無所不知也**라 **識**는 **記也**라 **所從**을 **不可不擇**이나 **記則善惡**을 **皆當存之**하야 **以備參考**니 **如此者**는 **雖未能實知其理**라도 **亦可以次於知之者也**니라

[훈고와 해석] 부지이작(不知而作)은 그 이치를 알지 못하고서 부질없이 행동하는 것이다. 공자 스스로 일찍이 부질없는 행동이 없다고 말함은 또한 겸손한 말이다. 그러나 여기에서

또한 그 알지 못한 바 없음을 볼 수 있다.

지(識)는 기억함이다. 따라야 할 바를 가리지 않을 수 없으나, 기억은 선악 모두 보존하여 참고로 삼아야 한다. 이와 같은 자는 비록 실제 그 이치를 알지 못한다고 할지라도 또한 지혜에 버금가는 것이다.

[보 補]

여기에서 말한 '불지이작(不知而作)'은 무지(無知)와 망작(妄作) 2가지의 병폐를 말한다. 따라서 이를 벗어나기 위해서는, 1차로 많은 것을 듣고 많은 것을 보는[多聞 多見] 학문이 필요하다. 그런 후엔 2차로 많은 것을 들은 가운데서도 가장 선한 것을 선택하여 행동으로 따르는 것이다. 이는 '망작'의 병을 다스리는 처방이다. 그리고 많은 것을 본대로 이를 모두 기억하는 것은 지식의 축적으로 '무지'의 병을 다스리는 처방이다.

듣고 보는, 귀와 눈에 의한 견문(見聞)은 마음의 깨달음과는 견줄 수 없다. 하지만 이러한 견문각지(見聞覺知)를 통하여 마음의 깨달음을 얻어간다는 점에서 지혜의 버금가는 공부라 말한 것이다. 이로 보면 '많은 것을 듣고 많은 것을 봄'은 진리를 찾아 탐구하는 과정이고, 행동하고 기억함은 진리를 진리로 믿고서 진리의 깨달음을 얻기 위해 나아가는 수행의 일환이다.

28. 호향의지 互鄕章旨

이 장에서는 성인이 남들에게 너무 심하게 대하지 않은 점을 보여주고 있다. 그것은 지난 과거의 일을 문제로 삼지 않고, 현재 오늘의 입장에 근거하여 그를 허락함이니, 후학을 성취하고자 하는 뜻이다.

상절[互鄕…門人惑]에서는 문인들이 부자가 그 어린아이를 봐서는 안 될 일임을 의심한 것이며, 하절[人潔己…唯何甚]에서는 부자가 그 어린아이를 거절할 수 없음에 대해 말하고 있다.

(1) 호향절지 互鄕節旨

문인이 의심에는 2가지 이유가 있다. 하나는 착하지 못한 구습(舊習)을 지니고 있다는 것이며, 또 다른 하나는 결국 훗날 착한 일을 하지 못할 것이라는 점이다. 이 때문에 부자께서 이 2가지의 뜻에 대해 지극히 말하였다.

互鄕은 難與言이러니 童子 見커늘 門人이 惑한대

호향 사람들은 함께 말하기 어려운데, 그 마을 어린아이가 부자를 찾아뵙자, 문인이 의아스럽게 생각하였다.

강설

호향이라는 고을에 사는 사람들은 너무나도 흉악함이 몸에 젖어 그들과 선을 말하기에는 어려운 상대이다. 그곳의 어린아이가 부자 뵙기를 청하여 부자께서 그를 보시자, 문인들이 만나서는 안 될 사람을 만남이 아니냐는 의혹을 품게 되었다.

이는 그에 지난날의 잘못만을 생각한 채, 그 스스로 새로운 삶을 꾸리려는 노력을 인정하지 않은 것이다. 문인의 이런 생각은 너무 지나친 것이다.

集註

互鄕은 鄕名이니 其人이 習於不善하야 難與言善이라 惑者는 疑夫子不當見之也라

[훈고] 호향은 고을[鄕: 12,500호] 이름이다.

[해석] 그 사람들은 선하지 못한 일에 익숙하여 그들과 선을 말하기는 어렵다.
혹(惑)이란 부자가 그 어린아이를 만나서는 안 된다고 의심한 것이다.

(2) 인결절지 人潔節旨

위의 5구[人潔己…不與其退也]는 가르침을 베풂에 있어 용서하여야 한다는 점을 말하였고, 아래 구절[唯何甚]은 너무 심하게 대할 수 없음을 말하고 있다.

"그 사람이 몸을 깨끗이 하여 찾아온다.[人潔己以進]" 구절은 문제를 제기함이며, 여기결(與其潔) 이하 4구는 그가 찾아오기 이전의 생활과 훗날 물러난 뒤의 일을 관계할 게 없다는 뜻을 대등한 관계로 보아야 하며, 유하심(唯何甚) 구절은 위에서 말한 2가지의 뜻을 모두 종합하여 말하고 있다. 인(人)자는 범칭으로 말하였다가 끝부분에서 바야흐로 호향 동자를 들어 지칭한 것이다.

子曰 與其進也오 不與其退也니 唯何甚이리오 人이 潔己以進이어든 與其潔也오 不保其往也며(子曰 人潔己以進이어든 與其潔也오 不保其往也며 與其進也오 不與其退也니 唯何甚이리오)

부자께서 말씀하셨다.

"그 사람이 몸을 깨끗이 하여 찾아오면, 그의 조촐함을 허여할 뿐, 그 지난날의 일을 상관하지 않으며, 그가 찾아옴을 허여할 뿐, 그가 물러간 뒤의 일을 미리 점치지 않는다. 어떻게 너무 심하게 대할 수 있겠는가."

강설

부자께서 그들을 깨우쳐 주었다.

"그 사람이 어느 날 선을 사모하여 몸을 깨끗이 하고서 찾아보기를 구한다면 나는 오직 오늘날 그의 결백만을 인정할 뿐, 그 지난날의 선악을 담보로 하지 않는다. 단 그가 오늘날 찾아온 것만을

허락할 뿐, 또한 그가 훗날 물러가 선하지 못한 짓을 하게 될 것이라고 미리 생각지도 않는다.

만일 지난날의 잘못을 미루어 후일의 일을 앞서 예단한다는 것은 너무 지나친 일이다. 어떻게 그처럼 지나치게 사람을 거절할 수 있겠는가. 이것이 바로 어린아이를 보게 된 나의 마음이다. 너희 또한 의혹이 없기를 바라는 바이다."

集註

疑此章有錯簡하니 人潔至往也十四字는 當在與其進也之前이라

潔은 修治也오 與는 許也오 往은 前日也라

言人潔己而來면 但許其能自潔耳오 固不能保其前日所爲之善惡也며 但許其進而來見耳오

非許其旣退而爲不善也라 蓋不追其旣往하고 不逆其將來니 以是心至면 斯受之耳라

唯字上下에 疑又有闕文하니 大抵亦不爲已甚之意라

○ 程子曰 聖人待物之洪이 如此시니라

의심컨대 이 장에 순서가 잘못된 문장이 있는 것 같다. 인결(人潔)로부터 왕야(往也)까지 14자[人潔己以進 與其潔也 不保其往也]는 여기진야(與其進也) 구절 앞에 있어야 한다.

[훈고] 결(潔)은 닦고 다스림이다. 여(與)는 허락함이며, 왕(往)은 지난날이다.

[해석] 사람이 몸을 깨끗이 하여 찾아오면 다만 그의 깨끗함을 허여할 뿐, 굳이 지난날 행하였던 선악을 상관하지 않으며, 다만 그가 찾아온 것만을 허여할 뿐, 그가 물러간 뒤에 착하지 않는 일을 하리라고까지 예단하지 않는다. 이미 지난 일을 추궁하지 않고, 그 미래의 일을 예측하지 않는다. 이런 마음으로 찾아오면 그를 받아들일 뿐이다.

유(唯)자의 위아래에 빠진 문장이 있을 것으로 의심된다. 이는 대개 또한 너무 심하게 해서는 안 된다는 뜻이다.

○ 정자[伊川]가 말씀하였다.

"성인이 사람을 대하는 넓은 도량이 이와 같다."

29. 인원전지 仁遠全旨

이는 세상 사람들이 인(仁)이 멀리 있는 것처럼 생각한 데 대하여 경계의 말을 하였다.

첫 구절[仁遠乎哉]에서는 이를 크게 환기하는 말이며, 아래에서는 인이란 멀리 있지 않아서 인을 행하려고 생각하면 인이 이에 이르러 옴을 말하고 있다.

사(斯)자는 가장 중요한 글자이다. 이는 곧바로[卽]라는 뜻이 있다. 공부를 논함에 있어 몸이 다하도록 인을 체득해야 한다는 것은 더는 말할 게 없고, 한 생각에 인의 본체를 깨닫기만 해도 넉넉

하다는 뜻이다.

子曰 仁遠乎哉아 我欲仁이면 斯仁이 至矣니라

부자께서 말씀하셨다.
"인이란 멀리 있을까? 내가 인을 하려고 원하면 곧바로 인이 이르러 오는 것이다."

강설

부자께서 사람들에게 마음으로 인을 구해야 한다는 점을 가르치셨다.
"사람들이 기꺼이 인을 행하지 않음은 모두가 인이 저 멀리에 있어 행하기 어렵다고 생각하였기 때문이다. 인이란 나의 마음에 고유한 덕이다. 밖에 멀리 있는 게 아니다. 한 생각을 돌이켜 인을 하려고 추구하면 지난날 잃어버렸던 것을 오늘날 곧바로 얻을 수 있다. 어떻게 나의 몸이 아닌, 밖에서 추구하여 멀리 있다고 말할 수 있겠는가."

集註

仁者는 心之德이니 非在外也로되 放而不求라 故로 有以爲遠者하니 反而求之면 則卽此而在矣니 夫豈遠哉리오

○ 程子曰 爲仁由己라 欲之則至니 何遠之有리오

인이란 마음의 덕이다. 바깥에 있는 게 아니지만, 이를 잃어버리고 구하지 않은 까닭에 멀리 있다고 생각한다. 나의 마음에 돌이켜 구하면 곧바로 여기에 있다. 어찌 멀리 있겠는가.
○ 정자[伊川]가 말씀하였다.
"인을 행하는 것은 자기에게 달려있다. 인을 하려는 마음만 있으면 곧바로 이르러 오는 것이니, 어찌 멀리 있다고 하겠는가."

[보 補]

인을 마음의 덕이라 말함은 나의 고유한 본성임을 말한다. 내 집의 물건을 남의 집에서 찾을 수 없는 것처럼 나의 것을 가지고 남에게 찾을 수 없음은 자명한 사실이다. 나의 것을 남에게 묻거나 찾는다면 그것은 제 살림살이를 남에게서 찾는 격이다.

단 나의 것은 그 어디에 있는가를 생각하지 않을 뿐이지, 멀리 있지 않다. 그 길은 큰길처럼 분명하다. 헤매는 소로길이 아니다. 누구나 갈 수 있는 길이다. 하지만 많은 이들은 그 길을 찾아 나서지 않은 것이다. 나의 물건은 내가 원하면 언제라도 가져다 쓸 수 있는 것처럼 인의 길을 가려고 생각하면 나의 몸은 나의 마음을 따라 절로 움직이기 마련이다. 가고 싶은 관광, 먹고 싶은 음식을 생각하고 찾아가지 않은 사람이 몇이나 될까? 자신이 원하는 바를 몸은 그대로 따라 움직이는 법이다. 이 때문에 자기의 것을 가지고 남에게 자기를 물음[如將自

己求自己]은 마치 불을 들고 있는 아이가 찾아와 불씨를 달라[丙丁童子來求火]는 것과 같은 어리석음이다. 그것은 멀리 있는 게 아니라, 자기에게 있기 때문이다.

30. 사패장지 司敗章旨

이 장에서는 부자가 고국의 임금에게 마음을 다함과 혼례의 바른 법을 온전히 다한 부분을 보여주고 있다.

첫절[陳司敗…曰知禮]에서는 진사패의 물음으로 인하여 소공에게 아름다움을 돌려주었고, 아래[孔子退…孰不知禮]에서는 진사패의 비난으로 인하여 자신의 허물로 돌려 말하고 있다. 이는 천하의 공론을 속이지 않았고, 또한 자신에게 있어 마음 씀의 충후함을 잃지 않았다. 참으로 변화무상한 천지조화와 같은 성인의 말씀이라 하겠다.

(1) 사패절지 司敗節旨

진사패의 마음에는 은연중 노 소공이 같은 성씨인 오나라에서 부인을 맞이하여, 불취동성(不娶同姓)의 예에 어긋났다는 특정 사실을 의중에 두고 물은 것이다. 그러나 부자가 예를 아는 임금이라고 대답한 것은 단 위의(威儀)라는 하나의 항목을 말한 데 지나지 않는다.

陳司敗 問昭公이 **知禮乎**잇가
孔子曰 知禮시니라

진나라 사패가 여쭈었다.
“소공은 예를 압니까?”
공자께서 말씀하셨다.
“예를 아시는 임금이다.”

강설

진나라 사패라는 관리가 부자에게 여쭈었다.

“사람들은 모두 노나라 소공이 예를 아는 임금이라고들 말하는데, 그분이 과연 예를 아는 분입니까?”

공자께서 그에게 대답하셨다.

“예를 아시는 임금이시다.”

시호(諡號)의 법에 위의가 공손하고 밝은 이를 소(昭)라고 말한다. 이로 보면 소공은 명실상부하게 예를 아는 임금임엔 자타가 공인하는 바이다. 그럴 뿐만 아니라, 진사패는 타국의 대부로서 고국의 임금에 관해 물은 것이며, 또한 특정 사실을 뚜렷이 들어 말한 것도 아니기에 그에 대한 대답은 이와 같을 수밖에 없었다.

集註

陳은 **國名**이오 **司敗**는 **官名**이니 **卽司寇也**라 **昭公**은 **魯君**이니 **名稠**니
習於威儀之節하야 **當時以爲知禮**라 **故**로 **司敗以爲問**이오 **而孔子答之如此**시니라

[훈고] 진은 나라 이름이며, 사패(司敗)는 벼슬 이름이니, 곧 사구(司寇)이다. 소공은 노나라의 임금이니 이름은 주(稠)이다.

[해석] 소공은 위의 범절에 익숙하여 당시에 예를 잘 안다는 명성이 있었다. 이 때문에 진사패가 이로써 물은 것이며, 공자께서 그에게 이처럼 대답한 것이다.

(2) 공자절지 孔子節旨

오문 이하[吾聞君子不黨, 君子亦黨乎] 2구는 허설(虛說)이며, 아래 4구[君取…孰不知禮]는 바로 그 편당(偏黨)을 말하고 있다. 이는 부자와 소공이 같은 당임을 말함이다.

위지오맹자(謂之吳孟子)는 위로는 종묘에 고하고 아래로는 신하와 백성들에게 알린 호칭을 말한다. 이에 오(吳)라 말함은 그 나라를 사실대로 기록한 것이지만, 그를 맹'자'(孟'子')로 말한 것은 그의 성씨를 숨기려는 것이다. 사실대로 성씨를 밝힌다면 오나라는 같은 종성(宗姓) 희(姬)씨이기에 맹'희'(孟'姬') 즉 오맹희(吳孟姬)라 말했어야 한다. 소공이 어찌 그 잘못을 스스로 모를 턱이 있겠는가. 이 또한 어쩔 수 없는 형편에 무례를 범하면서 부인을 맞이할 수밖에 없었기에 하는 수 없이 사실을 숨겼을 뿐이었다.

또한 『사서몽인(四書蒙引)』(明 蔡淸 撰)에 의하면, "노나라에서는 이 사실을 숨겨 단 '맹자(孟子)'라고만 일컬었다. 이 때문에 『춘추좌전』에서 '맹자(孟子)가 졸(卒)하다.'라고 썼다. 『논어』에서 그를 '오맹자(吳孟子)'로 말함은 그 당시 풍자한 말이다."(권6)고 하니, 이는 주자의 집주와 다른 부분이다.

孔子 **退**커시늘 **揖巫馬期而進之曰** **吾聞君子**는 **不黨**이라호니 **君子**도 **亦黨乎**아 **君**이 **取**(娶)**於吳**하니 **爲同姓**이라 **謂之吳孟子**라하니 **君而知禮**면 **孰不知禮**리오

공자께서 떠나가자, 무마기에게 읍을 하고 그 앞으로 나아가 말하였다.

"나는 들으니, 군자는 당을 짓지 않는다고 하는데, 군자 또한 당을 지은 것입니까? 소공이 오나라에서 부인을 맞이하니 같은 성씨이다. 그를 오맹자(吳孟子)라고 하였는데, 그런 소공이 예를 안다면, 어느 누가 예를 모르겠는가."

강설

공자가 떠나가자, 사패는 무마기에게 읍을 하고 그의 앞으로 나아가 말하였다.

"나는 듣자니, '군자는 도로써 시비를 가리는 것이지, 서로 잘못된 일을 숨겨주며 당의 무리를 짓지 않는다.'라고 하였다. 오늘의 일을 살펴보면, 부자처럼 공정한 군자 또한 당을 짓는가. 왜냐하면, 노나라와 오나라는 모두 같은 희(姬)씨의 성이다. 오늘날 노나라 임금이 오나라의 여인을 부인으로 맞이했다. 이는 같은 성씨의 여인을 맞이한 것이다.

그러나 사람들이 자신을 비방할까 두려워한 나머지, 그를 사실대로 오맹'희'(吳孟姬)라 말하지 않고, 희(姬)씨와 다른, 자(子)씨의 성을 가진, 마치 송나라에서 맞이한 여인처럼 오맹'자'(吳孟子)로 바꿔 말하였다. 이는 소공이 예를 알지 못한 일치고 이보다 더 심한 일이 없을 것이다. 만일 그러한 임금에게 예를 안다고 한다면 천하에 어느 사람이 예를 모르겠는가. 그런데도 공자께서는 예를 아는 임금이라고 일컬으니, 당이 아니고 무엇이겠는가."

集註

巫馬는 姓이오 期는 字니 孔子弟子니 名施라 司敗 揖而進之也라 相助匿非曰黨이라

禮에 不取同姓이어늘 而魯與吳皆姬姓이라 謂之吳孟子者는 諱之하야 使若宋女子姓者然이라

[훈고] 무마(巫馬)는 성이며, 기(期)는 자이니, 공자 제자이니 이름은 시(施)이다.(魯人) 사패가 읍하고 그의 앞에 나아간 것이다.

서로 돕고 잘못된 일을 숨겨주는 것을 당이라고 말한다.

[해석] 『예기』에 의하면, "같은 성씨를 부인으로 맞이하지 않는다."(「曲禮 上」)고 하였는데, 노나라와 오나라는 모두 똑같은 희씨이다. 〈오맹희(吳孟姬)라 말하지 않고〉 오맹자(吳孟子)라 말함은 이 사실을 숨기고 마치 송나라 여인의 자(子)씨 성처럼 꾸민 것이다.

(3) 무마절지 巫馬節旨

행(幸)자 또한 허설(虛說)이고, 아래 2구[苟有過 人必知之]는 바로 그 다행함의 실상을 보여주고 있다.

"잘못이 있다.[有過]"는 것은 단 실언의 처지에서 말한 범설(汎說)일 뿐, "임금의 악을 감싸고자 당이 되었다."는 것과 아울러 "훗날 이 잘못을 고치겠다."는 말은 한마디도 없다. 그것은, 예를 아는 임금이라고 대답은 본디 바꿀 게 없다는 뜻이며, 또한 이와 같은 자기 잘못은 스스로 책임을 진다는 뜻이다. 이는 군신의 예를 온전히 하고, 혼인의 예 또한 손상한 바 없다.

구유과(苟有過)의 구(苟)는 겨우[纔]의 뜻으로, "잘못이 있자마자…"의 의미로 보아야 한다.

巫馬期 以告한대 **子曰 丘也 幸**이로다 **苟有過**어든 **人必知之**온여

무마기가 이 사실을 고하자, 부자께서 말씀하셨다.
"나는 참으로 행복한 사람이다. 잘못이 있자마자 남들이 반드시 아는구나."

강설

무마기가 진사패의 말을 그대로 부자에게 말씀드리자, 부자께서 자기 잘못이라고 말씀하셨다.

"사람의 불행은 자기 잘못을 듣지 못하는 데에 있다. 나는 참으로 행복한 사람이다. 나에게 잘못이 있으면 남들이 반드시 알고, 남들이 이미 알았으니 나에게 잘못을 알려줄 것이다. 어찌 행복한 일이 아니겠는가."

부자께서 스스로 잘못을 짊어진 것으로 보아 소공이 예를 알지 못했다는 점을 알 수 있다. 신하로서의 지극한 충정을 잃지 않았고, 또한 천하의 공론을 어기지도 않았다. 참으로 만세의 법이 될 만하다고 하겠다.

集註

孔子不可自謂諱君之惡이오 **又不可以取同姓爲知禮**라 **故**로 **受以爲過而不辭**하시니라

○ **吳氏曰 魯**는 **蓋夫子父母之國**이오 **昭公**은 **魯之先君也**라 **司敗又未嘗顯言其事**하고 **而遽以知禮爲問**하니 **其對之宜如此也**라 **及司敗以爲有黨**하야는 **而夫子受以爲過**하시니 **蓋夫子之盛德**이 **無所不可也**라 **然**이나 **其受以爲過也**에 **亦不正言其所以過**하야 **初若不知孟者之事者**하시니 **可以爲萬世之法矣**로다

[해석] 공자는 스스로 임금의 잘못을 숨기기 위함이었다고 말할 수 없고, 또한 같은 성씨를 부인으로 맞이한 사실을 예를 아는 일이라고 말할 수도 없다. 이 때문에 이를 받아들여 자기 잘못으로 삼아 사양치 않은 것이다.

○ 오씨[吳棫]가 말하였다.

"노나라는 부자의 부모 나라이며, 소공은 노나라의 선군(先君)이다. 사패 또한 일찍이 그 일을 들춰내어 뚜렷이 말하지 않고서 느닷없이 예를 아느냐고 물으니, 부자의 대답은 당연히 이와 같을 수밖에 없었다. 그러나 사패가 군자도 당을 짓느냐고 따지자, 부자께서 허심탄회하게 이의 질책을 받아들여 자기 잘못을 인정하였다. 이는 부자의 성대한 덕으로 옳지 않은 바 없다.

그러나 그의 질책을 받아들여 잘못되었다고 인정할 적에 또한 그 잘못이 무엇인지에 대해서는 직접 말하지 않고, 애당초 오맹자에 관한 일을 모른 것처럼 대하니, 만세의 법이 될 만하다."

31. 자여전지 子與全旨

이 장에서는 끝없이 선을 좋아하는 부자의 마음을 잘 나타내고 있다.

자여인가(子與人歌)에서 구두(句讀)를, 이선(而善)에서 구두를, 필사반지이후화지(必使反之而後和之)에서 구두를 끊으면서 필(必)자가 아래의 7자[使反之而後和之]와 일관되어 있다. 이는 선을 취함에 있어 자상하고 그와 함께하기를 지극히 원함이다. 노래라는 작은 일에도 이처럼 하는데, 사람의 선한 말과 선한 행동에 부자가 어떻게 대처하리라는 점을 말하지 않아도 알 수 있다.

子 與人歌而善이어든 必使反之하시고 而後和之러시다

부자께서는 사람들과 노래하다가 잘하면 반드시 다시 한번 불러보도록 하시고, 그 뒤에 화답하였다.

강설

부자께서 사람들과 함께 노래하면서 그의 노래가 반주에 잘 맞춰 부르는 것을 보면 반드시 그에게 다시 한번 불러보도록 하여 그 의미를 모두 이해한 뒤에 스스로 노래를 불러 그에게 화답하면서 그의 아름다움을 칭찬하였다. 이는 부자께서 남들의 선을 가리지 않고 모두 나타내준 것이다.

集註

反은 復也라

必使復歌者는 欲得其詳而取其善也오 而後和之者는 喜得其詳而與其善也라 此見聖人氣象從容하고 誠意懇至하며 而其謙遜審密하야 不掩人善이 又如此하니 蓋一事之微로되 而衆善之集을 有不可勝旣者焉이니 讀者 宜詳味之니라

[훈고] 반(反)은 다시 함이다.

[해석] 반드시 그에게 다시 한번 노래 부르도록 함은 그 자세한 부분을 알고서 그의 잘한 점을 취하려는 것이며, 그 뒤에 화답함은 그의 자세한 부분을 알게 됨을 기뻐하고 '그의 잘한 점을 허여하면서 권면[與其善]'함이다.

여기에서 성인의 기상은 자연스럽고 성의가 간곡하고 지극하면서도 그 겸손해하고 정밀하게 살펴서 남들의 잘한 일을 가리지 아니함 또한 이와 같음을 볼 수 있다. 이는 하찮은 한 가지의 일이지만, 수많은 선이 모여듦을 이루 다 말할 수 없다. 이를 읽는 자는 자세히 음미하여야 할 것이다.

[보 補]

그의 잘한 점을 인정하여 더 잘하도록 권면[與其善]하다의 '여기선(與其善)'이란 『맹자』(「公孫丑 上」)에서 말한 "여인위선(與人爲善: 取諸人以爲善, 是與人爲善者也.)"이라는 뜻과 같다. 이에 대해 주자는 집주에서 "여(與)는 허여함이며 돕는 것과 같다. 그 사람의 잘한 점을 취하여 내가 그렇게 선을 행하면, 그는 더욱더 잘하려고 힘쓰게 될 것이다. 이는 내가 그에게 선을 하도록 도와줌이다.[與, 猶許也, 助也. 取彼之善而爲之於我, 則彼益勸於爲善矣, 是我助其爲善也.]"고 하였다.

32. 문막전지 文莫全旨

이 장에서는 사람들에게 행실을 숭상해야 한다는 뜻으로 격려하였다.

말[文]이란 도를 밝힘이며, 행실이란 도를 체득함이다. 이 모두가 조금이라도 없어서는 안 되는 것들이다. 단 말이란 쉬운 일이기에 뒤로 미룰 수 있지만, 행실은 어려우므로 급히 서둘러야 한다.

문(文)은 궁행(躬行) 구절과 대조를 이루고, 유인(猶人)은 미지유득(未之有得) 구절과 대조를 이루면서 상하 문장이 상호 밀접한 관계를 이루고 있다. 몸으로 말을 실천한 군자[躬行君子]는 군자가 행하여야 할 법칙을 말한 것이기에, 실리(實理)로 보아야 하는 것이지, 칭찬하는 말이 아니다.

따라서 궁행(躬行)과 대칭으로 쓴 문(文)이란 "가벼운 뜻으로, 말에 나타난 부분을 가리키는 데에 지나지 않는다.[雲峯胡氏曰 此'文'字輕, 不過著於言辭者爾.]"

子曰 文莫吾猶人也아 躬行君子는 則吾未之有得호라

부자께서 말씀하셨다.

"문장(말)이야 어쩌면 나도 남들과 같지 않겠는가? 군자의 도를 몸소 행함은 내 얻지 못하였다."

강설

부자께서 사람들에게 실행을 높여야 한다는 뜻으로 말씀하였다.

"말로써 도를 밝혀 빛내는 것은 문장[文]이다. 만일 한낱 말에 나타나는 문장으로 본다면, 내 비록 남들보다 뛰어났다고 말할 수는 없지만, 그래도 어쩌면 남들처럼 따라갈 수야 있지 않겠는가. 몸소 도를 체득하여 빠뜨림 없이 실천한 군자란 내 아직은 힘껏 행하지 못하여 이를 얻은 바 없다. 어떻게 말처럼 쉽게 할 수 있겠는가. 나는 오로지 행하는 데에 급급하여, 감히 스스로 만족해하는 마음을 두지 않는다."

集註

莫은 疑辭라 猶人은 言不能過人而尙可以及人이오 未之有得은 則全未有得이니 皆自謙之辭로되 而足以見言行之難易緩急이니 欲人之勉其實也라

○ 謝氏曰 文은 雖聖人이나 無不與人同이라 故로 不遜이오 能躬行君子는 斯可以入聖이라 故로 不居하시니 猶言君子道者三에 我無能焉이니라

[훈고와 해석] 막(莫)은 의심하는 말이다. 유인(猶人)이란 남보다 뛰어나지는 못하지만 그래도 남들을 따라갈 수 있음을 말하며, 미지유득(未之有得)이란 전혀 얻은 바 없음이니, 이 모두가 스스로 겸손한 말이지만, 말[文]과 행실[躬行]의 어려움과 쉬움, 느슨함과 다급함을 볼 수 있다. 사람들이 그 실천에 힘쓰도록 하려는 것이다.

○ 사씨[謝良佐]가 말하였다.

"문장이야 비록 성인이라도 여느 사람과 다를 바 없다. 그러므로 사양하지 않았지만, 몸소 군자의 도를 행하면 곧 성인의 경지에 들어갈 수 있으므로 자처하지 않았다. 이는 '군자의 도, 3가지에 내 하나도 능한 바 없다.'(「憲問」)고 말한 것과 같다."

33. 약성전지 若聖全旨

이 장에서는 부자가 성인으로 자처하지 않고, 성인이 되기를 희망하고 인을 추구하는 학자로 자처하자, 공서화가 그 말을 깊이 음미한 나머지 우러러 찬탄하여, "이처럼 하는 것이 곧 인이요, 성인이다."고 말하였다.

집주를 살펴보면, "'행하기를 싫어하지 않고 가르침을 게을리하지 않았다.'는 것은 몸소 인과 성인의 도를 지니지 않았다면 이처럼 하지 못했을 것이다.[不厭不倦, 非己有之, 則不能.]"는 구절은 가장 정밀한 뜻을 담고 있다. 그것은 자신이 실제 인과 성인의 도를 지니지 못했다면 자기도 모르는 사이에 싫증을 내거나 게으름을 피우게 된다는 뜻이다.

인은 마음의 덕이라는 성품의 이치로 말하니, 성인의 수행 대상으로서의 진리이고, 성인은 곧 인의 실천에 따른 성숙의 경지, 힘써 행하지 않아도 절로 이뤄지는 무위이화(無爲而化)의 경지에 이른 인격체로 말하니, 인을 벗어나 성인이 존재하는 것은 아니다.

부자의 말씀 가운데 자연스럽게 행하는 안이행지(安而行之: 聖與仁)와 애써서 노력하는 면강이행지(勉强而行之: 不厭不倦)가 뚜렷이 다른 점을 말할 줄 알아야 비로소 '내, 어떻게 감히 말할 수 있겠는가.[豈敢: 若聖與仁, 則〈安而行之〉, 吾豈敢.]'라는 뜻과 '단 그 정도쯤 말할 수 있을 뿐이다.[云爾: 可謂〈勉强而行之〉云爾已矣]'라는 뜻을 알 수 있을 것이다.

공서화가 말한 '바로 오직[正唯]' 2자는 그 정신과 이치가 모두 운이(云爾) 구절과 긴밀하게 연결되어 있다. '저희 제자로서는 도저히 배울 수 없다.[弟子不能學]'는 것은 부자 문하의 모든 제자가 도저히 따라갈 수 없다는 뜻이자, 지극히 부자를 추존하여 "부자께서는 성인과 인의 실상을 갖추고 계시기에 감추려 해도 감출 수 없다."라는 뜻을 에둘러서 표현한 말이다.

子曰 若聖與仁은 **則吾豈敢**이리오 **抑爲之不厭**하며 **誨人不倦**은 **則可謂云爾已矣**니라 **公西華曰 正唯弟子不能學也**로소이다

부자께서 말씀하셨다.

“성인과 인이란 내 어떻게 감히 말할 수 있겠는가. 인과 성인의 도로 행하기를 싫어하지 아니하고 사람 가르치기를 게을리하지 않았다는 것 단 그 정도쯤 말할 수 있을 뿐이다.”

공서화가 말하였다.

“바로 저희 제자로서는 도저히 배울 수 없는 것입니다.”

강설

그 당시에 부자에 대해서 어질고 또한 성자라고 일컫는 자가 있었다. 이 때문에 그에 대해 사양의 말씀을 하셨다.

“대인으로서 자연스럽게 이뤄지는 성인과 마음의 덕이 온전한 인을 내 어떻게 감당할 수 있겠는가. 그렇지만 인과 성인의 도는 나 자신의 고유한 것이기에 부지런히 이를 행하되 싫어하지 않았고, 인과 성인의 도는 또한 모든 사람이 다 함께 지닌 것이기에 사람들에게 거듭거듭 자세히 일러주면서 가르침을 게으르지 않았다. 나는 나 자신을 헤아려보면 이런 정도쯤 된다고 말할 수 있을 뿐이다.”

공서화가 우러러 찬탄하여 말하였다.

“부자께서 말씀하신 행하기를 싫어하지 않았고, 가르침을 게을리하지 않았다는 것은 바로 저희 제자로서는 도저히 배울 수 없는 것입니다.

인과 성인의 도를 행하는 것과 그것을 가르친다는 것은 가능하지만, 행하면서도 싫증을 내지 않고, 가르치면서도 게으름이 없는 데에 이르는 경지는 도의 전체를 체득하여 간단이 없고 모든 일에 빠뜨림이 없는 이가 아니면 도저히 능할 수 없는 것입니다. 어떻게 저희 제자로서 배울 수 있는 일이겠습니까? 저희로선 도저히 따라 배울 수 없는 것이며, 오로지 부자께서만 가능하신 일입니다. 성인과 인이란 부자가 아니고서 그 누가 이를 함께 할 수 있겠습니까?”

集註

此亦夫子之謙辭也라 **聖者**는 **大而化之**오 **仁**은 **則心德之全而人道之備也**라 **爲之**는 **謂爲仁聖之道**오 **誨人**은 **亦謂以此敎人也**라 **然**이나 **不厭不倦**은 **非己有之**면 **則不能**이니 **所以弟子不能學也**라

○ **晁氏曰 當時**에 **有稱夫子聖且仁者**라 **以故**로 **夫子辭之**하시니 **苟辭之而已焉**이면 **則無以進天下之材**하고 **率天下之善**하야 **將使聖與仁爲虛器**하야 **而人終莫能至矣**라 **故**로 **夫子雖不居仁聖**이나 **而必以爲之不厭**과 **誨人不倦**으로 **自處也**라 **可謂云爾已矣者**는 **無他之辭也**라 **公西華**

仰而歎之하니 其亦深知夫子之意矣로다

[훈고와 해석] 이 또한 부자의 겸손한 말이다. 성인이란 대인으로서 저절로 이뤄지는 자이며, 인은 마음의 덕이 온전하고 인도가 두루 갖춰짐이다. 위지(爲之)는 인과 성인의 도로 행함을 말하며, 사람을 가르침 또한 이것[仁聖]으로 사람을 가르침을 말한다. 그러나 "행함을 싫어하지 않고, 가르침을 게을리 하지 않는다."라는 것은 몸소 인과 성인의 도를 지니지 않았다면 이처럼[不厭不倦] 할 수가 없다. 이 때문에 제자로서는 배울 수 없는 것이다.

○ 조씨[晁說之]가 말하였다.

"당시에 부자를 성인이요, 또한 인자라 말하는 이가 있었다. 이 때문에 부자가 이를 사양한 것이다. 그러나 만일 이를 사양하는 데만 그치면 천하의 인재를 앞으로 나아가게 하고 천하의 선한 사람을 끌어갈 수 없어, 장차 성인과 인을 쓸모없는 대상[虛器]으로 생각한 나머지, 사람들은 마침내 인과 성인에 이르지 않을 것이다. 이 때문에 부자는 비록 인자와 성자로 자처하지 않았지만, 반드시 행하기를 싫어하지 않음과 사람 가르침을 게을리하지 않는다는 것으로 자처하였다. '단 그 정도쯤 말할 수 있을 뿐이다.[可謂云爾已矣]'는 것은 이밖에 달리 할 말이 없다는 뜻이다. 공서화가 우러러 찬탄하니, 그 또한 부자의 뜻을 깊이 이해한 것이다."

34. 자질전지 子疾全旨

이 장에서는 부자의 평소 모든 일이 잘못이 없는 선이었음을 보여주고 있다.

자로는 제자의 처지에서 스스로 기도한다는 것은 괜찮지만, 부자에게 기도하자고 청한 일은 잘못이다. 자로 스스로 신명에게 쾌차를 기도하는 것이야 스승을 사랑하는 마음이지만, 부자에게 기도하자고 청한 것은 그 기도가 자로의 마음이 아닌, 부자에 의해 이뤄진 것이며, 부자에게 복을 구하고 화를 면하려는 마음을 가지도록 조장한 것이다. 이 때문에 부자께서 자로의 지극한 마음으로 인하여, 자신에게 바른 이치가 있음을 밝혀, "사람이란 덕을 닦아 하늘을 섬기는 것이지, 굳이 신명에게 빌고 제사를 올리면서 복을 구할 게 없다."라는 점을 보여주었다.

그러나 신명에게 기도한다는 것은 또한 신하와 자식으로서의 지극한 마음이니만큼 자로를 심히 비난할 것은 없다. 하지만 성인의 처지에선 굳이 기도할 필요가 없다. 기도는 비록 신하와 자식의 처지에서 이뤄진 일이라고 하지만, 기도할 적에 쓰는 문장은 반드시 임금과 부모가 그 자신의 잘못을 뉘우치고 선으로 옮겨가겠다는 뜻을 서술한 것이다.

子 疾病이어시늘 子路 請禱한대

子曰 有諸아

子路 對曰 有之하니 誄에 曰 禱爾于上下神祇라하도소이다

子曰 丘之禱 久矣니라

공자의 병환(疾)이 위중(病)하시자, 자로가 기도하기를 청하니, 부자께서 말씀하셨다.
"그런 도리가 있느냐?"
자로가 대답하였다.
"있습니다. 뇌사(誄辭)에 이르기를, '너를 위해 천지신명께 빌었다.'고 하였습니다."
"내가 기도한 지 오래다."

강설

부자께서 병환이 악화하여 위중해 보이자, 자로는 부자의 쾌차를 위해 신명에게 빌어봤으면 싶다고 청하였다.

부자께서 자로에게 "과연 기도하는 그런 도리가 있더냐?"라고 묻자, 자로가 대답하였다.

"예전에도 그처럼 기도한 적이 있습니다. 죽은 이를 애도하여 그의 행적을 서술하는 뇌사에 의하면, '너를 위해 하늘의 신명과 땅의 신명에게 기도하였다.'고 하니, 이로써 증험할 수 있습니다."

부자께서 말씀하셨다.

"과연 그러한 일이 있다면, 나는 기도한 지 이미 오래다. '기도한다'는 것은 지난날의 잘못을 뉘우치고 고치며 앞으로 잘할 터이니, 신명이 도와주기를 바라는 데에 지나지 않는다. 나는 평소에 잘못이 있으면 반드시 고쳤고, 선이 있으면 반드시 실천해왔다. 이는 평소 신명에 기도한 일이다. 어찌 새삼 오늘날의 일이라 하겠는가."

集註

禱는 謂禱於鬼神이라 有諸는 問有此理否라 誄者는 哀死而述其行之辭也라 上下는 謂天地니 天曰神이오 地曰祇라 禱者는 悔過遷善하야 以祈神之佑也라

無其理면 則不必禱오 旣曰有之면 則聖人未嘗有過하야 無善可遷이니 其素行이 固已合於神明이라 故로 曰丘之禱久矣라하니라 又士喪禮에 疾病에 行禱五祀하니 蓋臣子迫切之至情에 有不能自已者로되 初不請於病者而後禱也라 故로 孔子之於子路에 不直拒之하고 而但告以無所事禱之意니라

[훈고] 도(禱)는 귀신에게 비는 것을 말한다. 유지(有之)는 이런 이치가 있는가 없는가를 물음이다. 뇌(誄)[262]는 죽은 이를 애도하여 그의 행적을 서술하는 글이다. 상하는 하늘과 땅이니, 하늘의 신명은 신(神)이라 하고 땅은 기(祇)라고 말한다. 기도한다는 것은 잘못을 뉘우치

---

262 뇌(誄): 이는 애사(哀辭), 제문(祭文)의 일종이다. 이는 모두 살아있는 이가 죽은 이를 애도하는 마음이기에 저술자의 감정에 따라 그 의의를 적고 있을 뿐이다.[誄辭、哀辭、祭文, 亦一類也, 皆生者悼惜死者之情, 隨作者起義而已.](明 郎瑛 撰, 『七修類稿』「詩文一・各文之始」)

고 선으로 옮겨감으로써 신의 도움을 비는 것이다.

[해석] 신명에 비는 그런 도리가 없다면 굳이 기도할 게 없고, 이미 있다고 말하면 성인은 일찍이 허물이 없으므로 선으로 옮겨 갈 게 없다. 그의 평소 행실이 이미 신명과 부합되기에 "내가 기도한 지, 이미 오래다."라고 말하였다.

또 「사상례」(『儀禮』 제13편)에 의하면, "질병에는 오사(五祀: 대문, 방문, 부엌, 길, 용마루[中霤])에 제사를 지낸다."라고 하니, 신하와 자식 된 이의 지극히 절박한 마음에 그대로 있을 수 없어서이지만, 애당초 환자에게 이를 청한 뒤에 기도하는 것은 아니다. 그러므로 공자는 자로에게 직접 거절하지 못하고, 다만 기도할 것이 없다는 뜻으로 말하였다.

35. 사즉전지 奢則全旨

이 장에서는 사치로 치달리는 폐해를 미리 막아 세상의 풍조를 바로잡으려는 면에서 말하고 있다.

이는 사치와 검소함을 수평으로 비교하여 말하려는 것이 아니다. 다만 검소함을 빌려 사치에 의한 불손(不遜)의 폐해를 깊이 밝히고 있다.

앞서 지나치게 사치하지도 않고 검소하지도 않은, 중도에 알맞음이 가장 훌륭한 것임을 말한 바 있다. 그러나 여기에서는 양자의 폐단 가운데 그중 하나를 선택한다면 그나마 허물이 작은 것을 취할 수밖에 없다.

이는 제3 「팔일」편 「임방(林放)」장의 뜻과는 다르다. 앞에서는 검소함의 가치에 대해 평가하였고, 여기에서는 사치의 폐해에 중점을 두었으며, 앞에서는 근본을 찾는 것으로, 여기에서는 해를 막는 것으로 말하였다.

子曰 奢則不孫하고 **儉則固**니 **與其不孫也**론 **寧固**니라

부자께서 말씀하셨다.

"사치하면 손순하지 못하고 검소하면 고루하다. 그 손순하지 못한 것보다는 차라리 고루하여야 한다."

강설

부자께서 당시의 폐단을 구제하기 위해 말씀하셨다.

"사치는 지나친 데에서, 검소함은 미치지 못한 데에서 잘못을 범한 것이다. 그 모두가 중용의 도라고 말할 수 없다. 그러나 중도에 지나쳐 사치하게 되면 반드시 예의와 분수에서 벗어나 손순하지 못한 데 이르게 되고, 중도에 미치지 못하여 검소하게 되면 반드시 소박하고 촌스러우며 아름다운 문장이 없어 고루한 데 이르게 된다.

고루함과 불손함이란 모두 똑같이 중도를 잃은 것이지만, 이 2가지의 잘못을 비교해 보면 지나친 사치로 불손한 잘못을 범하기보다는 차라리 지나치게 검소하여 고루한 잘못을 범하는 것이 낫다."

아, 부자께서 이처럼 말씀하신 것 또한 마지못해 세상의 폐단을 구제하기 위해 말한 것이다.

集註

孫은 **順也**오 **固**는 **陋也**라

奢儉俱失中이나 **而奢之害大**니라

○ **晁氏曰 不得已而救時之弊也**시니라

[훈고] 손(孫)은 순함이며, 고(固)는 고루함이다.

[해석] 사치와 검소함은 모두 중도를 잃은 것이나, 사치의 폐해가 보다 크다.

○ 조씨[晁說之]가 말하였다.

"마지못해 당시의 폐단을 구제한 것이다."

36. 군자전지 君子全旨

이 장에서는 군자와 소인의 마음을 위주로 말하였으나, 그들의 처지와 상황은 그 가운데에 있다.

이천선생의 주에서 말한 "천리를 따르는 것과 외물에 부림을 당한 것"이 곧 "군자의 마음은 평탄하게 드넓으며, 소인은 항상 슬픔에 싸여 있는" 근원이 된다. 탄탕탕(坦蕩蕩)은 곧 마음이 드넓고 몸이 편안하여 어느 곳이든 자득하지 않음이 없다. 이는 원래 경계하고 조심하며 혼자만이 아는 마음을 삼가는 데에서 얻어진 것이다. 소인이란 비록 만족스러운 마음을 얻을지라도 욕심을 따르기에 위태로운 것이다. 이 때문에 근심하고 슬퍼하지 않을 때가 없다.

子曰 君子는 **坦蕩蕩**이오 **小人**은 **長戚戚**이니라

부자께서 말씀하셨다.

"군자의 마음은 평탄하게 드넓으며, 소인은 길이 슬픔에 싸여 있다."

강설

부자께서 군자와 소인의 마음을 구별하여 말씀하셨다.

"군자는 천리를 따르기에 마음이 항상 느긋하고 태연자약하여 천하의 일에 어떤 득실이 닥쳐와도 마음에 동요가 일어나지 않으니, 이것이 평탄하고 드넓은 것이다. 소인은 외물에 부림을 당하므로 마음에 일정한 주재가 없어 어떻게 하면 얻을 수 있을까를 근심하고, 얻은 후엔 혹시 잃을까 두려워하는 데에 마음이 치달리기에 길이 슬픔에 싸여 한 생을 보내는 것이다. 천리를 따르면 즐거움을 얻고, 외물에 부림을 당하면 걱정이 있을 뿐이다. 이것이 군자와 소인의 나뉘는 부분이다."

集註

坦은 平也오 蕩蕩은 寬廣貌라

程子曰 君子循理라 故로 常舒泰하고 小人役於物이라 故로 多憂戚이니라

○ 程子曰 君子坦蕩蕩은 心廣體胖이니라

[훈고] 탄(坦)은 평탄함이며, 탕탕(蕩蕩)은 널찍하고 드넓은 모양이다.

[해석] 정자[伊川]가 말씀하였다.

"군자는 천리를 따르기에 항상 구김살 없이 태연하고, 소인은 외물에 부림을 당한 까닭에 근심과 슬픔이 많다."

○ 정자[明道]가 말씀하였다.

"군자의 마음이 평탄하게 드넓음은 마음이 드넓고 몸에 구김살이 없다."

37. 자온전지 子溫全旨

이 장에서는 중화(中和)를 지닌 부자의 용모를 묘사하고 있다.

온화함[溫], 위엄[威], 공손함[恭] 3자는 곧 주제이고, 엄숙함[厲], 사납지 않음[不猛], 편안함[安]은 온화함, 위엄, 공손함의 내면에 있으니, 바로 이것이 절도에 맞는 부분이다.

그 가운데 3개의 이(而: 溫而厲 威而不猛 恭而安)자는 위아래의 문장을 하나로 연결 지어주는 접속사이지, 반대의 의미로 이어주는 전환의 어조사가 아니다. 주자가 말하기를, "이는 성인의 용모를 전체적으로 말한 것이요, 제10「향당」편은 하나하나의 일에 따라 말한 것이다."고 하였다.

子는 溫而厲하시며 威而不猛하시며 恭而安이러시다

부자께서 온화하면서도 엄숙하고, 위엄이 있으면서도 사납지 않으며, 공손하면서도 편안하시다.

강설

부자의 덕은 전체가 중화이다.

따라서 용모에 나타난바 때로는 온화하여 가까이 다가설 수 있는 가운데 엄숙하여 범접할 수 없는 면이 있다. 이것이 바로 온화하면서도 엄숙함이다.

때로는 위엄이 넘쳐 두려운 가운데도 너그러워서 사납지 않다. 이것이 바로 위엄이 있으면서도 사나움이 없다.

때로는 공순하여 장엄하고 경외한 가운데 힘쓰거나 얽매이거나 절박함이 없는 자연스러움이

있다. 이는 공순하면서도 편안함이다.

부자께서 어디에서나 중화를 얻음이 이와 같다.

集註

厲는 **嚴肅也**라

人之德性이 **本無不備**로되 **而氣質所賦**는 **鮮有不偏**하니 **惟聖人**은 **全體渾然**하야 **陰陽合德**이라 **故**로 **其中和之氣 見於容貌之間者 如此**니라 **門人熟察而詳記之**하니 **亦可見其用心之密矣**라 **抑非知足以知聖人而善言德行者**면 **不能記**라 **故**로 **程子以爲曾子之言**이라하시니 **學者所宜反復而玩心也**니라

[훈고] 여(厲)는 엄숙함이다.

[해석] 사람의 덕성이란 본디 모두 갖추지 않은 바 없지만, 기질에 부여받은 바는 편벽되지 않은 자 드물다. 오직 성인만이 전체가 혼연하여 음양이 덕에 부합한 까닭에 그 중화의 기운이 용모 사이에 나타남이 이와 같다.

문인이 익히 살펴 이를 자세히 기록하였으니, 또한 그 마음 씀씀이 치밀함을 볼 수 있다. 그러나 지혜가 넉넉히 성인을 알아볼 만하고 덕행을 잘 표현할 수 있는 제자가 아니었다면 이처럼 기록하지 못했을 것이다. 이 때문에 정자[伊川]는 "증자의 말이다."라고 하였다. 배우는 이는 의당 반복하여 마음에 음미해 보아야 할 것이다.

[보 補]

집주에서 말한 '음양합덕(陰陽合德)'의 음양이란 강함과 부드러움[剛柔]을 말하고, 합덕이란 강유의 조화이자 균형이다. 이 때문에 신안 진씨는 다음과 같이 말하고 있다.

"온화하면서도 엄숙함은 양 가운데 음이며, 위엄이 있으면서도 사납지 않음은 음 가운데 양이며, 공손하면서도 편안함은 공손이란 엄숙함이니 음이고 편안함은 화순의 자연스러움이니 양이다."[263]

이는 강함 속에 부드러움이 있고 부드러움 속에 강함이 있어 강함과 부드러움이 서로 균형과 조화를 이룬 기상을 말한다. 강함과 부드러움 그 어느 한쪽에 치우침은 나약하거나 포악함이라는 일면을 지향하기 마련이다.

263 위와 같음. "新安陳氏曰 溫而厲, 陽中有陰也; 威而不猛, 陰中有陽也; 恭而安, 恭者, 嚴威儼肅, 陰也; 安者, 和順自然, 陽也."

제8 태백 泰伯 第八

凡二十一章이라

모두 21장이다.

1. 태백전지 泰伯全旨

이 장에서는 옛사람의 나타나지 않은, 지극한 덕을 밝혀주고 있다. 첫 구절을 강령으로 삼아 아래에서는 바로 지극한 덕의 실상을 말하였다.

지극한 덕[至德]이란 단 천하를 취할 수 있음에도 취하지 않았다는 데에서 찾아볼 수 있고, 또한 여기에 그러한 사실조차 묻혔다는 뜻을 부수적으로 말하고 있다.

3차례나 천하를 사양했다는 것은 단연코 상나라에 사양한 것으로 말한다. 이는 집주에서 말한, "태백의 마음은 곧 백이숙제가 주(紂)를 정벌하러 떠나가는 무왕의 말을 두들기면서 간하였던, 군신의 대의를 밝힌 마음이다."라는 2구를 살펴보면 알 수 있다. 여기에서 중옹(仲雍)을 말하지 않음은 태백이 큰아들로서 마땅히 임금의 자리에 올라야 할 사람이기 때문이다.

옛사람은 사양할 적에 반드시 두세 번까지 사양하였다. 3차례 사양한다는 것은 확실한 사양을 고집한 것으로, 이를 고손(固遜)이라 말한다.

무득이칭(無得而稱)이란 태백의 사양은 남들이 모르는, 은미한 일이기에 더더욱 지극한 덕이라고 말한다.

子曰 泰伯은 其可謂至德也已矣로다 三以天下讓호대 民無得而稱焉이온여

부자께서 말씀하셨다.

"태백은 지극한 덕이 있는 사람이라 말할 만하다. 세 차례 천하를 사양하였지만, 〈그 사실이 워낙 보이지 않은 일이어서 알려지지 못함으로써〉 사람들은 그의 덕을 칭송할 수 없었다."

강설

부자께서 태백의 덕을 칭송하면서 신하로서의 지켜야 할 도리를 세워 말씀하셨다.

"주나라 태백의 덕은 지극하여 이보다 더할 수가 없다. 상나라와 주나라가 교체할 즈음에 태백의 덕은 본래 제후들의 조회를 받고 천하를 다스리기에 넉넉하였지만, 이를 버리고 취하지 않고서 상나라에 세 차례나 천하를 굳이 사양하였다.

이처럼 사양한 사실은 아름다운 일이므로 백성들이 오늘날까지 일컬어 왔어야 마땅하다. 그러나 태백은 부친 태왕이 병이 들자, 형산(衡山)에 약초 캐러 간다는 명분을 내세워 형만(荊蠻) 땅으로 도망하여 자취를 감춰버렸다. 사람들은 그가 아우 계력(季歷)에게 주나라를 사양하였다는 사실만을 알 뿐, 어느 누가 상나라에 천하를 사양했다는 사실을 알 수 있었겠는가. 사람들은 그의 덕을 칭송할 수 없었다. 그 덕이 얼마나 지극한가."

集註

泰伯은 周大(太)王之長子라 至德은 謂德之至極하야 無以復加者也라 三讓은 謂固遜也라 無得而稱은 其遜隱微하야 無迹可見也라

蓋大王三子에 長은 泰伯이오 次는 仲雍이오 次는 季歷이라 大王之時에 商道浸衰하고 而周日彊大하며 季歷이 又生子昌하니 有聖德이라 大王이 因有翦商之志나 而泰伯不從한대 大王遂欲傳位季歷하야 以及昌하니 泰伯知之하고 卽與仲雍으로 逃之荊蠻하다 於是에 大王乃立季歷하야 傳國至昌하야 而三分天下에 有其二하시니 是爲文王이라 文王崩하고 子發立하야 遂克商而有天下하시니 是爲武王이라

夫以泰伯之德으로 當商周之際하야 固足以朝諸侯有天下矣어늘 乃棄不取하고 而又泯其迹焉하니 則其德之至極이 爲如何哉아 蓋其心은 卽夷齊扣馬之心이나 而事之難處는 有甚焉者하니 宜夫子之歎息而贊美之也라 泰伯不從은 事見春秋傳하다

[훈고] 태백(泰伯)은 주나라 태왕의 장자이다. 지덕(至德)은 덕이 지극하여 이에 다시 더할 수 없음을 말한다. 세 차례 사양함은 굳이 사양함을 말한다. 칭송할 수 없다[無得而稱]는 것은 그 사양의 사실이 묻혀있어 그 자취를 찾아볼 수 없음이다.

[해석] 태왕의 아들이 셋인데, 맏이는 태백, 다음은 중옹, 셋째는 계력이다. 태왕 당시 상나라의 도는 점점 쇠약하고, 주나라는 날로 강성하였으며, 계력이 아들 창(昌: 文王)을 낳았는데, 성인의 덕이 있었다.

태왕이 이를 계기로 상나라를 정벌할 뜻을 가졌는데, 태백이 따르지 않았다. 태왕은 마침내 계력에게 왕위를 전하여 창에게 물려주고자 하였다. 태백은 이를 알고서 곧 중옹과 형만(荊蠻: 『史記』「吳世家」, 太伯之奔荊蠻, 自號句吳.)으로 도망하였다.

이에 태왕이 계력을 옹립하여 나라를 전하고 창에 이르러서는 천하의 3분에 2를 얻으니, 이 사람이 문왕이다. 문왕이 죽고 아들 발(發)이 왕위를 계승하여 마침내 상나라를 정복하고 천하를 얻으니, 이 사람이 무왕이다.

태백의 덕으로 상나라와 주나라가 교체기에 맞이하여 참으로 제후들의 조회를 받고 천하를 소유하기에 넉넉하였지만, 이를 버린 채, 취하지 않았고, 또한 그 자취조차 사라졌다. 그 덕의 지극함이 어떠한가.

그의 마음은 곧 백이숙제가 무왕의 말을 두들기며 군신의 대의를 간했던 그 마음이었으나, 일에 난처함은 오히려 그들(伯夷叔齊)보다도 더 어려운 처지였다. 부자께서 그에 대해 탄식하고 찬미함은 당연한 일이다. 태백이 태왕의 뜻을 따르지 않았던 일은 『춘추좌전』(僖公 5년, 宮之奇의 말)에 보인다.

[보 補]

여기에서 3차례 천하를 사양했다는 데에는 두 가지 설이 있다.

하나는 태백이 계백 → 문왕 → 무왕으로 이어지는 주나라의 천하를 사양하였다고 보는 설이다.

"태백은 장자로서 당연히 왕위를 물려받을 사람이다. 훗날 주나라 천하는 태백이 당연히 소유할 나라였다. 하지만 태백은 태왕의 의중을 알고서 이에 형만 땅으로 도망하여 다시는 왕위에 오를 수 없는 인물임을 보여주었다. 이 때문에 태왕은 계력에게 왕위를 물려주었고, 무왕에 이르러 마침내 천하를 소유할 수 있었다. 그 당시의 일로 살펴보면 제후의 한 나라를 사양한 데 지나지 않지만, 오늘날의 처지에서 생각하면 실제 사해천하를 아우와 조카에게 사양하여 차지하지 않은 것이다. 단 그의 사양은 은미하여 그 자취를 찾아볼 수 없었기에 백성들은 그를 칭송하지 않은 것이다. 태백의 마음은 털끝만큼도 사욕에 얽매임 없이 부자와 형제 사이를 온전히 하였고, 심지어는 자기의 몸과 명예를 모두 숨긴 채, 세상과 나의 몸마저 모두 잊은 인물이다. 이 때문에 지극한 덕이라고 말한다."[264]

이는 어디까지나 오늘날의 입장에서 훗날 얻은 주나라의 천하를 소급하여 말한 것이지, 그 당시 주나라의 통일 천하를 사양했다는 게 아니다. "주왕조의 창업 시초를 소급하여 논하면 그 유래는 태백의 덕이 실로 문왕과 똑같이 융성한 데서 비롯되었다. 태백의 성대한 덕은 성대해가는 주나라, 몰락의 길을 걷는 상나라의 즈음에 있어 이미 차츰차츰 상나라의 천하를 얻을 수 있는 형세가 이뤄지고 있었다. 그러나 그 자신을 통하여 자기의 자손에게 천하를 전하려 하지 않고 스스로 형만 땅에 몸을 숨김으로써 상나라의 천하를 문왕 무왕에게 사양했음을 말한다."[265]

그러나 이와는 달리 또 다른 설은 태백이 지극한 덕으로 상나라를 취하지 않고 오히려 끝

264 『日講四書解義』 권6, 「論語 上之三」. "泰伯 以長當立, 是後之天下, 乃泰伯所宜有也. 泰伯 知太王之意, 於是逃之荊蠻, 示不可復用, 故太王傳位季歷, 至武王而遂有天下. 自當日觀之, 不過讓國, 而自今思之, 實則以天下之大, 固讓於弟姪而不居也. 但其讓隱微, 無迹可見, 故民莫得而稱頌之也. 蓋泰伯之心, 無一毫私欲之累, 而曲全乎父子兄弟之間, 至使身與名俱隱, 而世與我兩忘, 此所以謂之至德也."

265 『論語學案』 권4. "追論其始, 遡周家世, 及之自則泰伯之德, 實與文王幷隆, 以泰伯之德, 當商周盛衰之際, 固已浸浸有得天下之勢, 不於其身, 必於其子孫, 自荊蠻一逃而商之天下, 直以身讓之矣."

까지 상나라를 섬기려는, 즉 군신대의의 입장에서 상나라에 천하를 그대로 유지케 함이 바로 천하를 상나라에 사양함으로 보는 견해이다. 이는 지덕의 의의와 직접 연결되어 있다.

「태백」편은 태백의 지덕으로 시작하고 문왕의 지덕(제21「舜有」章)으로 끝맺고 있다. 물론 『논어』의 편차는 끝 의미를 두고 편집한 게 아니지만, 부자께서 지덕으로 일컬은 사람은 사서(四書) 전체에 있어 단 태백과 그의 조카 문왕 두 사람이 있을 뿐이다.

그렇다면 부자가 그처럼 추숭한 지극한 덕의 의의는 무엇인가. 태백과 문왕의 공통점은 무엇인가. 그것은 바로 "천하를 취할 수 있었으나 취하지 않고 얼마든지 할 수 있었음에도 하지 않은 것으로 지극한 덕을 삼은 것이다.[可取不取, 可爲不爲, 而爲至德也.]"(『四書蒙引』권9)

태백은 그 당시 주나라는 날로 성대하고 상나라는 날로 쇠락한 즈음에 얼마든지 상나라를 취할 수 있는 덕과 힘을 가졌음에도 태백은 상나라에 그대로 천하를 다스리도록 취하지 않음을 말한다. 문왕 또한 성덕(聖德)을 지녔을 뿐 아니라, 천하 3분의 2를 소유하여 얼마든지 상나라를 취할 수 있음에도 취하지 않고 신하로서의 본분을 넘지 않았다. 이것이 바로 지극한 덕이다. 덕과 힘을 가졌음에도 군신대의를 지켜 상나라에 천하를 양보한 일이 바로 지극한 덕이다. 주자는 집주에서 태백에 대해 그가 부친 태왕의 뜻을 따르지 않은 마음을 "백이숙제의 고마지심(扣馬之心)"이라 말함은, 곧 문왕의 군신대의에 의한 '은나라의 섬김[事殷]'과 궤를 함께함을 말해주는 것이다. 이런 견지에서 천하를 사양함이란 상나라의 왕조를 그대로 유지케 함을 천하의 사양으로 해석한 것이다.

이와는 별도로 "3차례의 사양을 고손(固遜)"이라 말한 의의는 그 무엇인가.

"3차례의 사양을 '고손'이라 말한 뜻은 자세하지 않다. 『논어찬소(論語纂疏)』에서는 혹문(或問)의 설을 인용하여 '옛사람의 사양은 3차례로 한정한다. 첫 사양은 예사(禮辭), 둘째 사양은 고사(固辭), 셋째 사양은 종사(終辭)라 한다.'고 하였다. 옛 주해에서는 3차례의 사양을 말했을 뿐, 그 조목에 대해서는 해석하지 않았다. 그 말을 자세히 참구해 보면 모든 사양에 있어 3차례로 한정을 짓는 것은 벌써 현실에도 맞지 않는다. 이른바 '첫 사양은 예사, 둘째 사양은 고사, 셋째 사양은 종사'라는 것은 "3차례의 사양을 고손"이라 말한다는 설과도 부합하지 않는다. 둘째 사양을 고사(固辭)라 했는데, 집주에서는 3차례의 사양을 고손(固遜)이라 말했다. 이처럼 서로 어긋나고 있다.

옛 주해에서는 정현(鄭玄)의 말을 인용하여 3차례 사양에 관한 실례를 제시하고 있는바, 다음과 같이 말하였다.

'태왕이 몸져눕자 태백이 오나라로 약초를 캐러 떠나가 태왕이 죽은 뒤에 돌아오지 않음으로써 계력이 상주가 된 것이 첫 번째 사양이고, 계력이 태백에게 부음을 알렸지만, 초상에 참여하지 않음이 두 번째 사양이고, 삼년상을 치른 뒤에 머리털을 깎고 몸에 문신한 것 세 번째 사양이다.'

명도는 이에 대해 다음과 같이 말하였다.

'왕위에 오르지 않음이 첫 번째 사양이고, 도망함이 두 번째 사양이고, 문신이 세 번째 사양이다.'

정현과 명도의 설은 모두 집주에서 말한 바와는 같지 않으며, 모두 왜곡된 견강부회설이다. 삼양(三讓)은 또한 그저 3차례의 사양일 뿐이다. 여기에는 반드시 태왕의 차마 못하는 마음, 계력의 불안한 마음이 있었기 때문이다. 이에 태백이 이처럼 3차례나 굳이 사양하면서 끝까지 따르지 않으려는 의지를 보여주었다. 이 때문에 그 지위를 버리고 반드시 조카 문왕에게 나라를 물려주고자 하였다. 그 부자 형제의 어진 마음을 미뤄보면 그 사실은 이와 같은데 지나지 않을 뿐인데, 굳이 3차례 사양한 사실을 조목으로 제시할 게 있겠는가."[266]

이처럼 3차례 사양의 고손(固遜)이란 끝까지 사양함을 말한 것일 뿐, 3차례의 사양에 관한 사실을 들어 증명함은 지나친 견강부회임을 알 수 있다.

2. 공이장지 恭而章旨

(1) 공이절지 恭而節旨

이 장에서는 사람들을 예로써 덕과 문장을 이루게 하고자 하는데 뜻이 있다.

공순함[恭], 삼감[愼], 용맹[勇], 정직[直] 4가지는 모두 아름다운 덕으로서 그 안에 본디 예가 있다. 예는 바로 중도[中]일 뿐이다. 너무 지나침도 없고 또한 미치지 못함도 없는 것이다. 그러나 이 4가지는 모두 너무 지나친 병폐[過]를 말했을 뿐, 미치지 못한 측면[不及]에 중점을 두지 않았다.

다만 수고롭[勞]거나 겁낸다[葸]는 것은 자신에게 있어서의 병폐이며, 난(亂)을 일으키거나 급박함[絞]은 남들에게 범하는 일들이다.

노(勞), 시(葸), 난(亂), 교(絞)는 곧 무례한 부분으로 말한 것이지, 예가 없는 데에서 바야흐로 노(勞), 시(葸), 난(亂), 교(絞)가 생겨난다는 말은 아니다.

子曰 恭而無禮則勞하고 愼而無禮則葸하고 勇而無禮則亂하고 直而無禮則絞니라

부자께서 말씀하셨다.

"공손하되 예가 없으면 수고롭고, 삼가되 예가 없으면 두려워하고, 용맹하되 예가 없으면 난을

---

266 『四書辨疑』 권5. "以三爲固, 未曉其義. 纂疏, 引或問之說, 云古人辭遜, 以三爲節, 一辭爲禮辭, 再辭爲固辭, 三辭爲終辭. 古註但言三遜而不解其目也. 叅詳此說, 凡有辭讓, 須限三次, 已不情實, 所謂再辭爲固辭三辭爲終辭者, 與三遜謂固遜之說, 又不相合. 舊疏, 引鄭玄之說, 云太王疾, 泰伯適吳採藥, 太王歿而不返, 季歷爲喪主, 一讓也. 季歷赴之, 不來奔喪, 二讓也. 免喪之後, 斷髮文身, 三讓也. 明道曰 不立, 一也. 逃之, 二也. 文身, 三也. 二說, 與註文之說, 俱各不同, 皆不免爲牽强曲說. 蓋三讓, 亦只是三次辭讓, 必是太王有不忍之心, 季歷有不安之意, 泰伯旣讓三次, 終見不從, 故棄其位而去, 必欲致國於文王也. 推其父子兄弟, 仁賢之心, 其實不過如此, 何必强立三者之目哉?"

일으키고, 강직하되 예가 없으면 박절하게 된다."

강설

부자께서 사람들에게 예로 덕을 이루어야 함을 가르쳐 주셨다.

"예는 천리의 절문(節文)으로, 덕의 표준이다.

공손함을 다하되 예의 절제가 없으면 지나치게 공손하여 여름날 밭농사의 일보다 피곤하고 힘듦에 이르고,

삼가되 예의 절제가 없으면 나약하여 모든 일에 있어 처음부터 끝까지 두려워하여 겁을 내게 되고,

용기가 있되 예의 절제가 없으면 윗사람에게 대들거나 난을 일으켜 분수에 넘치게 되며,

강직하되 예의 절제가 없으면 제 목을 맨 것처럼 다급하고 절박한 잘못을 범하게 될 것이다.

예의 절제가 없음에 따라 그 폐단은 이와 같다. 덕을 이루려는 자는 예를 떠날 수 있겠는가."

集註

葸는 畏懼貌오 絞는 急切也라

無禮則無節文이라 故로 有四者之弊라

[훈고] 시(葸)는 두려운 모양이며, 교(絞)는 다급하고 절박함이다.

[해석] 예가 없으면 절문이 없기에 4가지의 폐단이 생겨나는 것이다.

(2) 독어절지 篤於節旨

이 장에서는 위정자는 그 근본을 바르게 해야 함을 말하고 있다.

2단락[君子篤於親 · 故舊不遺]은 대등한 관계로 보아야 한다. 백성의 성품이 인후하게 되는 것은 오직 위정자의 기풍(氣風)에 달려있다.

2개의 즉(則)자는 지극히 긴밀한 것으로 관건은 모두 여기에 있다. 이 관건에 따라 백성이 전변(轉變)되는 것이다.

윗장[上章]을 연결 지어 보면 위에서는 예의 절문으로 자신의 규범을 삼는 것임에 반하여, 여기에서는 예로써 세상의 규범을 삼으려는 것이다.

君子 篤於親則民興於仁하고 故舊를 不遺則民不偸니라

〈증자가 말씀하였다.〉

"위정자[君子]가 친척에게 도탑게 하면 백성은 인후한 기풍이 일어나고, 옛사람을 버리지 않으면

백성이 야박하지 않을 것이다."

강설

증자는 위정자에게 근본이 되는 자신이 먼저 바른 몸가짐을 가져야 함을 가르쳐주고 있다.

"윗자리에 있는 위정자들은 참으로 어버이와 구족(九族) 등에게 사랑과 공경의 도를 도탑게 하여 인(仁)을 다하면, 백성 또한 인의 기풍이 진작되어 제각기 제 어버이를 사랑하고 일가친척을 사랑할 것이다.

위정자가 평소 좋아했던 옛사람, 즉 옛 신하나 옛 친구를 잊지 않고서 후하게 다하면 백성 또한 야박하지 않고 제각기 그 옛사람에게 후히 대할 것이다.

어질고 후함이란 모두 백성의 마음에 고유함이기에 이러한 감동이 있으면 반드시 이와 같은 감응이 다가오는 법이다. 위정자는 몸소 행하여 백성을 가르치지 않을 수 있겠는가."

集註

君子는 謂在上之人也라 興은 起也오 偸는 薄也라

○ 張子曰 人道에 知所先後면 則恭不勞하고 愼不葸하고 勇不亂하고 直不絞하야 民化而德厚矣리라

○ 吳氏曰 君子以下는 當自爲一章이니 乃曾子之言也니라

愚按此一節은 與上文不相蒙하고 而與首篇謹終追遠之意로 相類하니 吳說近是니라

[훈고] 군자는 백성의 위에 있는 사람을 말한다. 흥(興)은 일어남이며, 투(偸)는 야박함이다.

○ 장자[橫渠]가 말씀하였다.

"사람의 도리에 먼저 할 바와 뒤에 할 바를 알면 공손하되 수고롭지 않고, 삼가되 두렵지 않고, 용맹스럽되 난을 일으키지 않고, 강직하되 절박하지 않아 백성이 감화되어 덕이 두터워질 것이다."

○ 오씨[吳棫]가 말하였다.

"군자(君子) 이하의 문장은 따로 한 장을 만들어야 한다. 이는 증자의 말이다."

나는 살펴보니 다음과 같다.

"이 1절은 위의 문장과 서로 이어지지 않으며, 「학이」편의 신종추원(愼終追遠)의 뜻과 유사하니, 오씨 설이 옳다."

3. 증자전지 曾子全旨

이 장에서는 일생 조심조심 지켜온 몸을 통해 증자의 독실한 학문을 말하고 있다. 증자의 일생 학문은 모두 몸을 지키는 데에 노력하였다. 이 때문에 임종에 앞서 문인 제자들에게 간절한 마음

으로 이처럼 일러준 것이다.

유질(有疾)은 죽음이 임박함을 말하며, "나의 발에 덮인 이불을 들춰 보고, 나의 손에 덮인 이불을 들춰 보라.[啓予足 啓予手]"는 구절은 자신을 잘 보존하였음을 보여줌이며, 시운(詩云)으로부터 면부(免夫) 구절까지는 몸을 잘 보존한, 그 정신적인 면모를 미루어 말하며, 오지면부(吾知免夫)는 이를 면하기 어렵다는 뜻이지, 이를 면했음을 다행으로 여기는 말은 아니다.

경문에서는 신체를 훼손하지 않은 데 대해 말했을 뿐인데, 범조우(范祖禹)는 주(註)에서 "행실까지 훼손됨이 없다."는 뜻으로 말하였다. 이는 증자의 뜻을 미루어 연역한 말이다.

曾子 有疾하사 **召門弟子曰 啓予足**하며 **啓予手**하라 **詩云 戰戰兢兢**하야 **如臨深淵**하며 **如履薄氷**이라하니 **而今而後**에야 **吾知免夫**와라 **小子**아

증자가 병환이 위중하여지자, 문인 제자를 불러 말하였다.

"나의 발에 덮인 이불을 들춰 보고, 나의 손에 덮인 이불을 들춰 보라. 『시경』에 이르기를, '두려워하고 조심조심하여 깊은 연못에 임하듯이, 살얼음을 밟듯이 하라.'고 하니, 이제야 나는 〈몸을 훼손할까 걱정했던 마음에서〉 벗어난 줄을 알겠노라. 제자들이여!"

강설

증자의 병환이 위중하여 머지않아 임종에 이르려는 즈음에, 스스로 부모에게 받아온 몸을 조금도 훼손하지 않았음을 다행으로 생각하여, 이로 인하여 문하 제자를 불러 말하였다.

"너희들은 이불을 들춰 나의 발을 살펴보고, 이불을 들춰 나의 손을 살펴보아라. 온전하지 못한 데가 있느냐? 그러나 내가 이렇게 보존하기까지 어찌 쉬운 일이었겠는가. 『시경』에 의하면, '조바심으로 두려워하고 조심조심 경계하여 깊은 연못에 임하여 혹시 떨어질까 두려워하듯 하며, 살얼음을 밟다가 행여 깨질 듯이 두려워한다.'라고 하니, 나는 평소 몸을 보존하는 어려움이 이와 같았다. 어느 하루도 항상 이러한 마음을 지녔지만, 그래도 혹시 몸을 다칠까 걱정하지 않은 적이 없었다. 오늘 이후에야 나는 행여 몸을 훼손할까 두려워하며 살아왔던 삶이 끝난 줄을 알겠노라."

이 말을 마치고서 또다시 "제자들이여!"라고 불러, 간곡한 마음으로 거듭 부탁하는 뜻을 다하였다. 그것은 제자들에게 나처럼 조심하고 삼가여 마음에 한순간도 어버이를 잊은 적이 없기를 바라는 마음 때문이다.

集註

啓는 開也라 曾子平日에 以爲身體受於父母니 不敢毁傷이라 故로 於此에 使弟子開其衾而視之라

詩는 小旻之篇이라 戰戰은 恐懼오 兢兢은 戒謹이라 臨淵은 恐墜오 履氷은 恐陷也라

曾子以其所保之全으로 示門人하고 而言其所以保之之難如此하야 至於將死而後에 知其得免

於毁傷也라 小子는 門人也니 語畢而又呼之하야 以致反復丁寧之意하니 其警之也 深矣로다

○ 程子曰 君子曰 終이오 小人曰死니 君子保其身以沒을 爲終其事也라 故로 曾子以全歸爲免矣시니라

尹氏曰 父母全而生之하시니 子全而歸之니 曾子臨終而啓手足은 爲是故也라 非有得於道면 能如是乎아

范氏曰 身體도 猶不可虧也온 況虧其行하야 以辱其親乎아

[훈고] 계(啓)는 열어 들춤이다.

[해석] 증자는 평소에 "나의 몸은 부모에게 받아온 것이니, 감히 훼손해선 안 된다."고 생각해왔다. 이 때문에 이에 제자들에게 덮여있던 이불을 들춰 손발을 살펴보도록 한 것이다.

[훈고] 시는 「소민(小旻)」편이다. 전전(戰戰)은 두려워함이며, 긍긍(兢兢)은 경계하고 삼감이다. 연못에 임하듯 함은 떨어질까 두려워함이며, 살얼음을 밟듯이 함은 빠질까 두려워함이다.

[해석] 증자는 온전히 보존한 몸을 문인들에게 보여주면서, 그 몸을 보존하기 어려움이 『시경』에서 말한 바와 같음을 말하여, 장차 죽음에 이른 뒤에야 몸의 훼상할까 두려워하는 마음에서 벗어남을 안 것이다.

[훈고와 해석] 소자(小子)는 문인이다. 말을 마치고서 또다시 제자를 불러 반복하여 간곡한 부탁의 뜻을 다하니, 그 제자를 경계함이 깊다.

○ 정자[伊川]가 말씀하였다.

"군자의 죽음은 종(終)이요, 소인은 사(死)라고 말한다.(『禮記』「檀弓」) 군자가 몸을 보존하여 죽음을 그 일을 마친 것으로 생각하였기 때문이다. 이 때문에 증자는 온전한 몸을 가지고 죽는 것을 면하였다고 말한 것이다."

윤씨[尹焞]가 말하였다.

"부모가 온전한 몸을 낳아주셨다. 자식은 온전한 몸으로 돌아가야 한다. 증자가 죽음을 맞이하여 손과 발에 덮인 이불을 들춰보라 함은 이 때문이다. 도를 얻지 않았다면 어떻게 이처럼 할 수 있겠는가."

범씨[范祖禹]가 말하였다.

"신체도 오히려 훼손할 수 없는데, 하물며 그 행실을 훼손하여 어버이에게 욕을 끼칠 수 있겠는가."

4. 맹경장지 孟敬章旨

이 장에서는 군자는 그 큰일에 힘써야 함을 말하고 있다.

처음 2절[曾子有疾…其言也善]에서는 맹경자의 문병을 계기로 먼저 나의 말이 선하다는 것으로 그를 격동시켰고, 마지막 절[君子所貴…有司存]에서는 그에게 군자의 도를 말해주고 있다. 이는 그에게 근본을 높이고 지엽적인 것을 억제하여 정사를 닦는 근본을 바르게 하고자 함이다.

(1) 맹경절지 孟敬節旨

맹경자의 문병은 평소 증자에 대한 존경의 마음이 깊은 데에서 이루어진 일이다.

曾子 有疾이어시늘 **孟敬子 問之**러니

증자의 병세가 위중하여지자, 맹경자가 문병차 찾아오니,

강설

증자가 노병이 위중하여 임종하려는 즈음에, 노나라 대부 맹경자가 평소에 그의 어짊을 존경해오다가 그를 찾아 문병하였다.

集註

孟敬子는 **魯大夫仲孫氏**니 **名捷**이라 **問之者**는 **問其疾也**라

[훈고] 맹경자는 노나라 대부 중손씨이니, 이름은 첩(捷)이다. 문지(問之)란 그 병세를 물음이다.

(2) 언왈절지 言曰節旨

"새가 죽으려고 할 적에 그 울음소리가 구슬프다.[鳥之將死 其鳴也哀]"는 구절은 가벼운 비유로, 아래의 2구[人之將死 其言也善]를 일으켜주는 문장에 지나지 않는다.

曾子 言曰 鳥之將死에 **其鳴也 哀**하고 **人之將死**에 **其言也 善**이니라

증자가 말씀하였다.

"새가 죽으려고 할 적에 그 울음소리가 구슬프고, 사람이 죽으려고 할 적에는 그 말이 착하다.

강설

증자는 정사에 대한 큰일을 그에게 말해주고 싶었으나, 그가 하찮게 생각하여 이를 기억하지

않을까 두려웠다. 이 때문에 먼저 스스로 말문을 열었다.

"새가 죽으려 하면 죽음을 두려워하는 마음에 그 울음소리가 구슬프고, 사람이 죽으려 하면 어진 본성이 나타나므로 그 말이 착한 법이다. 오늘날 나는 머지않아 죽음을 맞이할 것이다. 따라서 내가 말한 바는 모두 좋은 말이다. 그대는 이 점을 기억해 주기를 바란다."

集註

言은 自言也라

鳥畏死라 故로 鳴哀하고 人窮反本이라 故로 言善이라 此는 曾子謙辭니 欲敬子知其所言之善而識之也라

[훈고] 언(言)은 스스로 말함이다.

[해석] 새는 죽음을 두려워한 까닭에 울음소리가 슬프고, 사람은 목숨이 다하면 근본으로 돌아가기에 말이 선하다. 이는 증자의 겸손한 말이다. 맹경자에게 그 말한 바 선한 것임을 알아 이를 기억도록 하고자 함이다.

(3) 소귀절지 所貴節旨

군자소귀 이하[君子所貴…斯遠鄙倍矣] 7구의 중점은 대본(大本)에 있으며, 변두(籩豆) 이하 2구는 지엽적인 일에 얽매여서는 안 됨을 말하고 있다.

동용모(動容貌), 정안색(正顔色), 출사기(出辭氣) 3단락은 모두 현재의 일로 말하였다. 증자의 뜻은 반드시 평소에 일찍이 존양의 공부가 있어야 하고, 정작 일에 임해서는 성찰의 공부가 있어야 함을 말하고자 함이다.

동(動), 정(正), 출(出)은 존양에 대한 관건이며, 포만(暴慢), 신(信), 비패(鄙倍)는 성찰(省察)을 해야 할 조건들이며, 멀리할 것[遠: 遠暴慢, 遠鄙倍]과 가까이할 것[近: 近信]은 군자의 도에 귀중한 공부를 말하고 있다.

진용지(陳用之) 또한 말하였다.

"조존(操存) 공부는 위의 3구에, 성찰 공부는 아래 3구에 있다. 조존 공부는 동하기 이전, 안색을 바르게 하기 이전, 말을 하기 이전에 있으며, 성찰 공부는 바야흐로 움직이고, 바르게 하고, 말을 할 즈음에 있다. 그러나 이는 모두 위정자가 자신의 몸을 닦는 도이지, 백성을 다스리는 것으로 말함은 아니다. 그것은 몸을 닦으면 절로 사람을 다스릴 수 있기 때문이다."

도(道: 所貴乎道)자는 사(事: 籩豆之事)자와, 군자는 유사(有司)와, 귀(貴)자는 존(存)자와 상응하고 있다. 포만(暴慢), 비패(鄙倍)는 마음에 본디 없는 것이기에 멀리해야 한다[遠]고 말하고, 믿음[信]이란 마음에 본디 고유한 것이기에 가까이해야 한다[近]고 말한 것이다.

君子 所貴乎道者 三이니 動容貌에 斯遠暴慢矣며 正顔色에 斯近信矣며 出辭氣에 斯遠鄙倍(패)矣니 籩豆之事則有司 存이니라

군자가 귀중히 여기는 도 3가지가 있다. 용모를 움직일 적에는 사납거나 거만함을 멀리하고, 얼굴빛을 바르게 할 적에는 믿음직하게 하고, 말을 할 적에는 비루하거나 어긋나는 말을 멀리해야 한다. 변두(籩豆: 제사)를 차리는 일은 맡아 하는 사람이 있다."

강설

맹경자는 평소 자질구레한 일에 마음을 두어 대체(大體)를 알지 못한 자였다. 그러므로 그에게 다음과 같은 말을 하였다.

"도란 어느 곳에나 있지만, 군자가 귀중히 여기는 도는 3가지가 있다.

용모를 움직이지 않는다면야 그만두려니와 용모를 움직인다면 화기롭고 공경함에 가까워야 이에 사납고 거만함을 멀리하여 용모의 도를 얻을 수 있다.

안색을 바르게 하지 않으면 그만두려니와 안색을 바르게 한다면 마음으로 얼굴빛을 나타내어야 이에 진실과 미더움에 가까워 안색의 도를 얻을 수 있다.

말을 하지 않는다면 그만두려니와 말을 한다면 문장을 이루고 이치를 따라야 이에 저속하거나 어긋남을 멀리하여 말의 도를 얻을 수 있다.

이 3가지는 몸을 닦는 요체이며 정사를 하는 근본이다. 평소 함양하여 어느 때이든 이를 어겨서는 안 된다. 제사상에 변두(籩豆) 올리는 일은 모두 그릇 수효[器數]와 같은 지엽적인 일로, 이 또한 도가 갖춰진 바이긴 하지만, 이는 다만 맡은 이가 있다. 어찌 군자가 귀중히 여기는 바이겠는가."

集註

貴는 猶重也라 容貌는 擧一身而言이라 暴는 粗厲也오 慢은 放肆也라 信은 實也니 正顔色而近信이면 則非色莊也라 辭는 言語오 氣는 聲氣也라 鄙는 凡陋也오 倍는 與背同하니 謂背理也라 籩은 竹豆오 豆는 木豆라

言道雖無所不在나 然이나 君子所重者는 在此三事而已라 是皆修身之要오 爲政之本이니 學者所當操存省察하야 而不可有造次顚沛之違者也라 若夫籩豆之事는 器數之末이니 道之全體 固無不該나 然이나 其分則有司之守오 而非君子之所重矣라

程子曰 動容貌는 擧一身而言也니 周旋中禮면 暴慢斯遠矣오 正顔色이면 則不妄이니 斯近信矣오 出辭氣에 正由中出이면 斯遠鄙倍라 三者는 正身而不外求라 故로 曰籩豆之事則有司存이라하니라

尹氏曰 養於中이면 **則見於外**니 **曾子蓋以修己爲爲政之本**이니 **若乃器用事物之細**는 **則有司存焉**이니라

[훈고] 귀(貴)는 중함과 같다. 용모는 온몸을 들어 말한 것이다. 포(暴)는 거칠고 사나움이며, 만(慢)은 방사(放肆)함이다. 신(信)은 진실함이니, 안색을 바르게 하여 진실함에 가까우면 얼굴빛만 씩씩함이 아니다. 사(辭)는 언어이며, 기(氣)는 성기(聲氣: 語氣)이다. 비(鄙)는 범속하고 비루함이며, 패(倍)는 등지다[背]와 같으니, 이치에 어긋남을 말한다. 변(籩)은 대나무로 만든 제기이며, 두(豆)는 나무로 만든 제기이다.

[해석] 도는 있지 않은 바가 없지만, 군자가 중하게 여기는 것은 이 3가지에 있을 뿐이다. 이는 모두 몸을 닦는 요체이며 정사하는 근본이다. 배우는 이가 마땅히 마음을 붙잡아 간직하고[操存], 몸을 살펴[省察] 위급하고 경황 중에도 어김이 있어서는 안 된다. 제사에 변두를 올리는 일은 그릇 수효를 다루는 하찮은 것이다. 도의 전체에 포함되지 않는 일이 없지만, 그 직분은 맡은 이가 지키는 일이오, 군자가 중히 여길 바 아니다.

정자[明道]가 말씀하였다.

"동용모(動容貌)는 온몸을 들어서 말하니, 예에 맞게 주선하면 사납거나 거만함이 멀어질 것이며, 얼굴빛을 바르게 하면 거짓이 없으니, 이에 진실함에 가까울 것이며, 말할 적에 바로 마음에서 나오면 이에 비루하거나 어긋나는 말이 멀어질 것이다. 이 3가지는 몸을 바르게 할 뿐, 밖에서 구하지 않는다. 그러므로 '변두를 올리는 일이란 맡은 이가 있다.'고 말하였다."

윤씨[尹焞]가 말하였다.

"마음을 함양하면 밖으로 나타나게 된다. 증자는 몸을 닦는 것으로 정사를 하는 근본으로 삼았다. 기물(器物)과 사물의 자질구레한 일은 맡은 이가 따로 있다."

5. 이능전지 以能全旨

이 장에서는 안자의 극기(克己) 학문을 찬탄하고 있다.

이능 이하[以能問…實若虛] 4구는 앎으로 말한 것인데, 유약무(有若無)는 문어불능(問於不能) 구절을, 실약허(實若虛)는 문어과(問於寡) 구절을 이어 쓴 것이다. 능함은 곧 소유한 것이며, 많음[多]은 곧 실상이다.

범이불교(犯而不校) 구절은 위의 4구와 대칭으로, 이는 행실로 말하였다.

증자는 자신을 안자에 비교하면서, 안자가 지닌 조예의 오묘함을 깨닫고서 그를 찬미하고 그처럼 되기를 바라는 뜻이 있다. 나의 벗[吾友]이란 안자를 가리킨 것이지만, 또 다른 나의 벗도 여기에 해당할 수 있다.

호씨[胡寅]가 말하였다.

"성현의 마음은 천하의 이치를 모두 포용하기에 자신에게 넉넉함이 있음을 보지 못하고, 천하의 사람을 모두 포용하기에 저 사람의 부족함을 보지 못하는 것이다."

曾子曰 以能으로 問於不能하며 以多로 問於寡하며 有若無하며 實若虛하며 犯而不校를 昔者吾友 嘗從事於斯矣러니라

증자가 말씀하였다.

"능하면서도 능하지 못한 자에게 물으며, 많이 지녔음에도 적은 이에게 물으며, 있어도 없는 것처럼 여기고, 가득 차 있어도 빈 것처럼 여기며, 남들이 잘못 범하여도 따지지 않음을, 옛적에 나의 벗이 일찍이 이런 일에 힘썼다."

강설

증자는 안자를 추모하여 찬탄하였다.

"이미 능한 이는 굳이 능하지 못한 자에게 물을 게 없음에도 오늘날 도리어 능한 이로써 능하지 못한 자에게 묻고, 많이 지닌 이는 굳이 적게 지닌 자에게 물을 게 없음에도 오늘날 도리어 많은 것으로서 적은 자에게 물었다.

이는 무슨 마음이라고 말할까? 이는 자신에 능함을 지니고서도 마치 없는 것처럼 보았기 때문에 능하지 못한 사람에게 물은 것이며, 자신에게 내실이 있으나 비어있는 것처럼 보았기 때문에 적은 자에게 물은 것이다. 심지에는 나에게 횡포를 부려도 그를 용납하여 그와 시비를 따지지 않았다.

이처럼 실천한 사람은 그 누구였을까? 예전에 나의 벗이 오로지 의리의 무궁함을 알고 물아(物我: 彼我)의 사이를 따지지 않고 일찍이 이처럼 행하여온 바 있었다. 이제 그는 어디에 있는 것일까?"

集註

校는 計校也라 友는 馬氏以爲顔淵이라하니 是也라

顔子之心은 惟知義理之無窮하고 不見物我之有間이라 故로 能如此라

○ 謝氏曰 不知有餘在己하고 不足在人하며 不必得爲在己하고 失爲在人하니 非幾於無我者면 不能也니라

[훈고] 교(校)는 계교함이다. 벗[友]이란 마융(馬融)이 "안연이다."고 말하니, 그의 말이 옳다.

[해석] 안자의 마음은 오직 의리의 무궁함만을 알고 피아의 사이가 있음을 보지 않았기에 이처럼 할 수 있었다.

○ 사씨[謝良佐]가 말하였다.

"넉넉함은 나에게 있고 부족함은 남에게 있음을 알지 못하고, 반드시 잘한 일은 나에게 있고 잘못은 남에게 있다고 기필하지 않으니, 무아의 경지에 가까운 이가 아니라면 이처럼 할 수 없다."

6. 가이전지 可以全旨

이 장에서는 온전한 덕을 지녀야 한다는 바람을 말하고 있다.

처음 3구[可以託…不可奪也]는 모두 하나의 일이다. 능력과 절개를 모두 겸할 때, 비로소 군자라 말할 수 있다. 능력은 있으나 절개가 없다면 이는 큰 것을 찾아볼 수 없고, 절개가 있을지라도 능력이 없으면 이는 헛된 죽음으로 아무런 도움이 없다. 따라서 절개[節]는 능력[才]에 의하여 성립될 수 있고, 능력은 절개에 힘입어 완성될 수 있다.

가(可: 可以託, 可以寄)와 불가(不可: 不可奪)는 호문(互文)으로 보아야 한다.

대절(大節)은 큰 변고(變故: 事變之大)를 말하니, 집주에서 정자[伊川]가 말한 절조(節操)의 절(節)과는 다르다. 이는 군자 2자에 중점을 두고 보아야 한다. 이윤과 주공의 경지에 오른 이를 말한다.

"군자다운 사람이라고 말할 수 있을까? 참으로 군자다운 사람이다.[君子人與? 君子人也.]" 2구는 자문자답으로 반복하여 찬탄한 말이다.

가이탁(可以託), 가이기(可以寄), 불가탈(不可奪)의 참 정신을 깊이 음미해야 하는바, 이는 반신반의의 말이 아니다.

曾子曰 可以託六尺之孤하며 可以寄百里之命이오 臨大節而不可奪也면 君子人與아 君子人也니라

증자가 말씀하였다.

"여섯 자 키의 어린 임금을 맡아 도울만하고, 백 리 작은 나라의 정사를 맡길 만하며, 대절(大節: 生死)에 임하여 뜻을 빼앗을 수 없다면, 군자다운 사람이라고 말할 수 있을까? 참으로 군자다운 사람이다."

강설

증자는 천하 사람들에게 온전한 덕을 바라는 마음에서 말하였다.

"오늘날 여기에 어느 한 사람이 있는데, 다음과 같이 말할 수 있다.

그 능력은 15세 어린 임금을 맡아 좌우에서 보필하여 어린 임금을 편안하게 할 수 있으며, 백 리 땅 제후의 정사를 맡아 국사를 섭정하면서도 나라의 체모를 중히 만들 수 있고, 생사의 기로가 관계되는 대절(大節)에 이르러서도 그 일신의 지조를 빼앗을 수 없다.

그의 능력과 절개가 이와 같다면 그런 그를 군자다운 사람이라고 말할 수 있을까? 나는 그런 능력에다가 절개를 겸한다면 그의 재능은 온전한 재능이 되고, 그런 절개에다가 능력을 겸한다면 그의 절개는 온전한 절개라 할 것인바, 참으로 그는 군자다운 사람이라고 말해야 할 것이다. 이는 일부분의 재능과 작은 절개를 가진 이와는 비교할 수 없다."

集註

其才可以輔幼君하고 攝國政하며 其節이 至於死生之際而不可奪이면 可謂君子矣라 與는 疑辭오 也는 決辭니 設爲問答은 所以深著其必然也니라

○ 程子曰 節操如是면 可謂君子矣니라

[해석] 그의 재주는 어린 임금을 보필하고, 나라의 정사를 대행하고, 그의 절개는 생사의 즈음에 이르러서도 빼앗을 수 없다면 군자라고 말할 만하다.

[훈고와 해석] 〈군자인여(君子人與)의〉 여(與)는 의문사이며, 〈군자인야(君子人也)의〉 야(也)는 결정사이다. 자문자답을 가설하여 그는 반드시 그러한 사람임을 깊이 나타낸 것이다.

○ 정자[伊川]가 말씀하였다.

"절개와 지조가 이와 같으면 군자라고 말할 만하다."

7. 사불장지 士不章旨

이 장에서는 선비란 인(仁)을 체득해야 함을 말하고 있다.

인(仁)자에 중점을 두고 있는바, 홍(弘)과 의(毅)란 인(仁)을 체득할 수 있는 도구이다. 홍(弘)이란 드넓은 마음의 도량이며, 의(毅)란 굽히지 않는 마음의 힘을 말한다. 항상 변함없이 드넓은 도량을 지님이 곧 굳셈[毅]이요, 항상 변함없이 무거운 짐을 짊어지고 가는 것이 곧 먼 길이다. 이는 하나로 일관하여 말한 것이다.

(1) 사불절지 士不節旨

첫 구절[士不可以不弘毅]에서는 선비란 도량이 드넓고 굳세어야 함을 말하는바, 이는 곧 '인(仁)'자를 밝히려는 것이다. 아래에서는 마땅히 도량이 드넓고 굽히지 않는 굳셈이 있어야 하는 이유를 밝히고 있다.

'…하지 않으면 안 된다[不可以不…]'는 것은 아래 절의 불역(不亦: 不亦重乎, 不亦遠乎)의 글자와 호응하고 있으며, 이는 바야흐로 선비로서 공부해야 할 점을 가르쳐 주고 있다. 이 때문에 드넓은 도량과 굳센 힘을 지적하여 말하였다.

曾子曰 士 不可以不弘毅니 任重而道遠이니라

증자가 말씀하였다.

"선비는 마음이 드넓고 뜻이 굳세지 않으면 안 된다. 짐은 무겁고 갈 길이 멀기 때문이다."

강설

증자가 선비란 성대하게 함양해야 한다는 뜻으로 말하였다.

"똑같은 사람이지만 그를 선비라고 부를 적에는 그 선비라는 이름에 걸맞은 실상을 더욱 추구해야 할 것이다. 비좁은 마음이 없음을 '드넓은 마음[弘]'이라고 말한다. 선비라면 마음을 드넓게 가지지 않을 수 없다. 쉼이 없는 마음을 '굳셈[毅]'이라고 말한다. 선비라면 굳세지 않을 수 없다.

이는 무엇 때문일까? 선비가 짊어진 짐이란 지극히 무거워 쉽사리 이길 수 없으며, 가야 할 길은 지극히 멀기에 쉽사리 이를 수 없다. 참으로 드넓은 마음이 없으면 어떻게 이를 이겨 나갈 수 있으며, 굳센 의지가 없으면 어떻게 이에 다다를 수 있겠는가."

集註

弘은 **寬廣也**오 **毅**는 **强忍也**라

非弘이면 **不能勝其重**이오 **非毅**면 **無以致其遠**이니라

[훈고] 홍(弘)은 너그럽고 넓음이며, 의(毅)는 강인함이다.

[해석] 너그럽고 드넓지 않으면 그 무거운 짐을 이기지 못하고, 강인하지 않으면 그 먼 곳에 갈 수 없기 때문이다.

[보 補]

홍(弘)은 너그럽고 드넓은 도량으로 말한다. 이는 마치 짐칸이 드넓어서 많은 짐을 실을 수 있는 큰 수레와 같다. 의(毅)는 강인한 힘으로 말한다. 이는 무거운 수레를 끌고서 멀리까지 달릴 수 있는 힘찬 말을 말한다.[267]

이 때문에 드넓은 도량이라는 홍(弘)자는 비좁다는 뜻으로 쓰인 애(隘)자와 상대로 살펴보면 그 뜻을 알 수 있다. 일례를 들면, 문자를 볼 적엔 하나의 학설에 집착한 나머지 다시는 여타의 학설을 취하지 않은 것이 바로 드넓지 못한 소견머리이다. 도량이 넓은 사람은 곧 여러 학설을 포용하는 것이다. 그렇다고 많은 학설에 대해 가부를 가리지 못하고 모두 포용하는 것이 드넓은 도량의 소유자라는 것도 아니다. 진정한 드넓은 도량이란 많은 학설을 포용한 가운데 또한 가부와 시비의 명확한 판단력을 지닌 자를 말한다.

그러므로 드넓은 도량은 무거운 짐을 짊어 짊이며, 굳센 힘이란 발을 세우고[立脚處] 강인하고 힘차게 달려나감을 말한다. 드넓은 도량을 지니고서도 굳센 힘이 없으면 아무리 좋은, 많은 짐을 실었다 할지라도 바로 앞에서 거꾸러질까 두렵다.[268]

---

267 『大全』 該註. "潛室陳氏曰 弘, 言其量之容, 猶大車之足以載重. 毅, 言其力之勁, 猶健馬之足以致遠."

(2) 인이절지 仁以節旨

인이 이하[仁以爲…亦遠乎] 4구는 책임이 무겁고 길이 멂에 대하여 탄식하고 있지만, 이는 곧 선비란 도량이 드넓고 뜻이 굳세지 않으면 안 된다는 실상을 밝혀주고 있다. 그 공부는 모두 상절(上節)의 첫 구절[士不可以不弘毅]에 있으며, 여기에서는 이를 해석하면서 겸하여 찬탄하고 있다. 단 인(仁)자를 간파하면 짐이 무겁고[重] 갈 길이 멀다[遠]는 뜻이 곧 보이게 된다.

仁以爲己任이니 不亦重乎아 死而後已니 不亦遠乎아

"인을 나의 짐으로 삼으니, 또한 그 짐이 무겁지 않겠는가. 죽은 뒤에야 그만두는 것이니, 또한 그 갈 길이 멀다 하지 않겠는가."

강설

무엇으로서 그 책임이 막중하고 갈 길이 멂을 볼 수 있는가? 인(仁)이란 사단(四端)을 겸하고 모든 선을 통괄하는, 마음의 전덕(全德)이다. 이는 그 누구와 나누어 짊어진다거나 그 누구에게 맡길 수 있는 것도 아니다. 오로지 자신이 스스로 짊어져야 할 나의 짐이다. 따라서 선비라면 이를 자신의 책임으로 삼아야 한다. 그러나 온 천하에 이를 가볍게 들어 짊어진 자 없으니, 또한 이에 더할 수 없는 무거운 짊이라고 말하지 않겠는가.

또한 짊어져야 할 인(仁)의 무거운 짐은 죽은 뒤에야 끝나는, 필생의 일이다. 이는 그 어느 한순간에도 이러한 생각을 항상 가지고서 조금이라도 게으를 수 없다. 이는 온 천하에 쉽사리 다다를 수 있는 자를 기약할 수 없으니, 또한 가야 할 길이 멀다고 말하지 않겠는가. 책임이 막중하고 갈 길의 멂이 이와 같으니, 이는 선비로서 드넓고 굳세지 않을 수 없는 바이다."

集註

仁者는 **人心之全德**이어늘 **而必欲以身體而力行之**니 **可謂重矣**오 **一息尚存**이라도 **此志不容少懈**니 **可謂遠矣**니라

○ **程子曰 弘而不毅**면 **則無規矩而難立**이오 **毅而不弘**이면 **則隘陋而無以居之**니라

又曰 弘大剛毅然後에 **能勝重任而遠到**니라

[훈고와 해석] 인(仁)이란 사람 마음의 온전한 덕인데, 반드시 몸소 체득하여 힘써 행하여야 하니, 무거운 짊이라 말하고, 하나의 호흡이 남아있는 그 순간까지 이런 뜻을 조금이라도 게으를 수 없으니, 머나먼 길이라 말한다.

---

268 위와 같음. "朱子曰 弘字, 只對隘字看, 便見得, 如看文字, 只執一說, 見衆說皆不復取, 便是不弘. 若弘底人, 便包容衆說, 又非是於中無所可否, 包容之中, 又爲判別, 此便是弘. ○ 弘乃能勝得箇重任, 毅是立脚處, 堅忍强厲, 擔負得去底意. 弘而不毅, 雖勝得重任, 恐去前面倒了."

○ 정자[明道]가 말씀하였다.

"드넓은 도량이 있으나 굳센 힘을 가지지 못하면 행하는 데 규모(規模: 規矩)가 없어 발을 세우기[立脚] 어렵고, 굳센 힘이 있으나 도량이 드넓지 못하면 속이 좁아 너그럽게 머물 수 없다."

정자[伊川]가 또 말씀하였다.

"너그럽고 넓고 강하고 굳센 후에야 무거운 짐을 감당하여 먼 곳에 다다를 수 있다."

[보 補]

드넓은 도량과 굳센 힘, 그 어느 한쪽만을 지녔을 때의 폐해와 이를 모두 겸전하였을 적의 원융(圓融)함에 대해 살펴보면 다음과 같다.

"유하혜의 경우 드넓은 도량을 지닌 인물이다. 그러나 그 말류의 폐단은 세상을 우습게 보며 자기 마음대로 하는[玩世肆志] 불공(不恭)을 범하였다. 이 때문에 규범이 없어 발을 세우기[立脚] 어려웠다. 하지만 유하혜는 도리어 삼정승으로도 그 절개를 변치 않았다. 이는 드넓은 도량을 지니면서도 굳센 힘을 지닌 부분이다.

백이의 경우 굳센 힘을 지닌 인물이다. 그러나 그 말류의 폐단은 너무나 속이 좁아 한쪽에 치우침으로써 너그러이 살지 못하는 잘못을 범하였다. 하지만 백이는 지난날의 잘못을 생각하지 않았다. 이는 굳센 힘을 지니면서도 드넓은 도량을 지닌 부분이다.

드넓은 도량을 지니면서도 굳센 힘을 지니면 서로 어울리면서도 휩쓸리지 않기에 규모가 있고, 굳센 힘을 지니면서도 드넓은 도량을 지니면 중도에 서서 한쪽에 의지하지 않기에 너그러이 살아갈 수 있다."[269]

8. 흥어전지 興於全旨

이 장에서는 사람들에게 심학(心學)의 바탕을 말하고 있다. 그러나 이는 이미 이뤄진 성공의 단계에서 말한 것이지, 힘써야 하는 공부 부분을 가리킨 말이 아니다.

흥(興: 마음을 일으키고), 입(立: 몸을 세워주고), 성(成: 학문의 완성) 3자를 주로 하는데, 이는 모두 마음을 닦아가는 심학이다. 따라서 마음을 닦음에 있어 전적으로 시(詩), 예(禮), 음악이 아니면 안 된다는 절대적 의존 관계를 말한 게 아니다. 단 시, 예, 음악에 힘입어 마음을 닦아나가는 도구의 활용일 뿐이다. 따라서 흥어시(興於詩) 등은 시란 마땅히 배워야 하고, 예란 마땅히 배워야 하고, 음악이란 마땅히 배워야 함을 나타낸 것이지, 이는 절대 거꾸로 말해서는 안 된다.

3개의 어(於: 興於詩・立於禮・成於樂)자 또한 깊이 음미해야 한다. 이는 마음이 시, 예, 음악과

269 『論語纂疏』 권4. "陳氏曰 如柳下惠, 是弘底人, 其流 失之不恭, 則無規矩而難立. 然惠却不以三公易其介, 是弘而能毅也. 伯夷, 是毅底人, 其流 失之隘倚而無以居之. 然夷却不念舊惡, 是毅而能弘也. 弘而能毅, 則和而不流而有規矩矣. 毅而能弘, 則中立不倚而有以居之矣."

하나가 되는 곳이다. 다만 시, 예, 음악이란 옛사람이 학문할 적에 본디 모두 배워 나아가되 성취하여 득력(得力)한 데 이르기까지는 선후의 차서 3단계, 즉 초기・중기・마지막 단계로 나뉜다.

성어악(成於樂) 또한 그 힘을 쓸 곳조차 없는, 자연의 경지에 이르렀음을 나타낸 것이다. 성(成: 학문의 완성)자는 마음을 일으키고[興] 몸을 세워주는[立] 의의를 내포하고 있다. 따라서 학문의 완성[成]이란 흥(興)과 입(立)의 단계를 초월하여 모두 자연스럽게 이뤄져 그 자취조차 찾아볼 수 없는 경지에 이른 것이다.

『집어(輯語)』에서 다음과 같이 말하였다.

“3개의 어(於)자는 「학이」편 「지도(志道)」장(子曰 士志於道 而恥惡衣惡食者)의 어(於)자와는 다른 뜻이 있다. 「지도」장에서의 어(於)자는 위의 글자에 붙여서 읽는 것으로서 힘을 써야 한다는 뜻으로 쓰인 글자이지만, 여기에서의 어(於)자는 아래의 글자에 붙여 읽는 것으로 지점을 가리키는 글자이다. 「지도」장에서는 해야 할 공부로 말하였지만, 여기에서는 이미 이뤄진 공효로 말하고 있다.”

子曰 興於詩하며

부자께서 말씀하셨다.

“시(詩)에서 흥기하고,

강설

부자께서 사람들에게 심학(心學)에 도움이 되는 바를 말씀하셨다.

“선을 찬미하고 악을 풍자함이 시의 가르침이다. 시의 내용에는 정숙함과 음란함, 찬미와 풍자가 있어 스스로 인심의 감동을 준 바 있기 때문이다.

따라서 배우는 이가 진실한 마음으로 시를 배우면 선을 아름답게 여기고 악을 풍자하는 은미한 뜻이 나의 마음과 하나가 되어 서로 감동함으로써 선을 좋아하고 악을 싫어하는 마음이 성대하게 일어나게 될 것이다.”

集註

興은 **起也**라

詩本性情하니 **有邪有正**하야 **其爲言**이 **旣易知**오 **而吟詠之間**에 **抑揚反覆**으로 **其感人**이 **又易入**이라 **故**로 **學者之初**에 **所以興起其好善惡惡之心**하야 **而不能自已者**를 **必於此而得之**니라

[훈고] 흥(興)은 일어남이다.

[해석] 시는 성품과 감정에 근본하니 삿된 일과 바른 일이 있어 그 말이 이미 알기 쉽고, 읊조리는 사이에 성음(聲音)의 억양(抑揚: 高下)과 전후 내용이 반복(反覆: 重疊)됨으로써 사람

을 감동하게 함 또한 쉽사리 파고들 수 있다.

이 때문에 배우는 이의 첫 단계로서, 그 선을 좋아하고 악을 미워하는 마음을 일으켜 스스로 그만둘 수 없도록 하는 것을 반드시 이 시에서 얻게 될 것이다.

立於禮하며

예에 서며,

강설

"가다듬고 장중하고 중도와 정도[齊莊中正]가 예의 가르침이다. 예에는 의식과 문장이 자세하고 정밀하여 몸을 흐트러지지 않게 하고 마음을 묶어주는 바 있기 때문이다.

따라서 배우는 이가 진실한 마음으로 예를 배우면 중정의 아름다운 법도가 몸과 마음을 굳건히 묶어 흐트러지지 않음으로써 선을 행하고 악을 버리는 마음이 우뚝하게 확립되어 다시는 흔들리거나 빼앗기지 않을 것이다."

集註

禮는 **以恭敬辭遜爲本**하고 **而有節文度數之詳**하야 **可以固人肌膚之會, 筋骸之束**이라 **故**로 **學者之中**에 **所以能卓然自立**하야 **而不爲事物之所搖奪者**를 **必於此而得之**니라

[해석] 예는 공경과 사양을 근본으로 삼고 절문(節文)과 도수(度數)의 자세함이 있어, 사람의 신체, 즉 살과 피부가 모인 곳, 힘줄과 뼈의 묶인 부분을 굳게 만들어주는 것이다.

이 때문에 배우는 이의 중간 단계로서, 우뚝하게 스스로 서서 사물에 흔들리거나 빼앗긴 바 되지 않는 것을 반드시 이 예에서 얻게 될 것이다.

[보 補]

집주에서 말한 공경사손(恭敬辭遜)과 절문도수(節文度數)의 의의는 다음과 같다.

공(恭)은 몸을 주로 하여 말하고, 경(敬)은 마음을 주로 하여 말하니 나의 몸을 단속하는 도이며, 사(辭)는 나의 것을 내려놓음이며, 양(讓)은 미루어 남에게 건네줌이니 사람들과 만남의 방법이다. 절문(節文)은 품절(品節)과 문장이며, 도수(度數)는 제도와 수목(數目)이다.[270]

成於樂이니라

음악으로 이룬다."

---

270 『大全』該註. "新安胡氏曰 恭主一身而言, 敬主一心而言, 處己之道也. 辭者, 解使去己; 讓者, 推以與人, 接物之方也. 節文, 品節文章也; 度數, 制度數目也."

강설

"유유자적하고 화평함이 음악의 가르침이다. 이는 5성(五聲), 8음(八音), 12율(十二律)의 연주로 인심을 순화시켜 성정(性情)을 함양할 수 있기 때문이다.

따라서 배우는 이가 진실한 마음으로 음악을 배우면 자연스럽게 이뤄짐과 아름다운 조화의 리듬에 의해 나의 몸과 마음은 도덕과 하나가 되어 거슬림이 없을 것이다. 음악으로서의 완성은 순수하고 지극히 선하여, 시에 마음을 일으키고 또한 예에 몸을 세웠던 바가 여기에 이르러서는 혼연히 하나가 될 것이다.

시, 예, 음악의 도움이 이와 같으니, 어느 하루인들 이를 잊을 수 있겠는가."

集註

樂有五聲十二律하야 更唱迭和하야 以爲歌舞八音之節하니 可以養人之性情하야 而蕩滌其邪穢하고 消融其査滓라 故로 學者之終에 所以至於義精仁熟하야 而自和順於道德者를 必於此而得之니 是學之成也니라

○ 按內則컨대 十歲에 學幼儀하고 十三에 學樂誦詩하고 二十而後에 學禮하니 則此三者는 非小學傳授之次오 乃大學終身所得之難易先後淺深也니라

程子曰 天下之英才 不爲少矣로되 特以道學不明이라 故로 不得有所成就니라 夫古人之詩는 如今之歌曲하야 雖閭里童稚라도 皆習聞之而知其說이라 故로 能興起러니 今엔 雖老師宿儒라도 尙不能曉其義온 況學者乎아 是不得興於詩也니라 古人은 自灑掃應對로 以至冠昏喪祭히 莫不有禮러니 今皆廢壞라 是以로 人倫不明하고 治家無法하니 是不得立於禮也니라 古人之樂은 聲音所以養其耳오 采色所以養其目이오 歌詠所以養其性情이오 舞蹈所以養其血脈이러니 今皆無之하니 是不得成於樂也니라 是以로 古之成材也 易하고 今之成材也 難이니라

[해석] 음악에는 5성(五聲: 宮, 商, 角, 徵, 羽)과 12율(十二律: 黃鐘, 太簇, 姑洗, 蕤賓, 夷則, 無射, 大呂, 夾鐘, 仲呂, 林鐘, 南呂, 應鐘)이 있는데, 서로 번갈아 부르고 화답하면서 가무(歌舞)와 8음(八音: 金, 石, 絲, 竹, 匏, 土, 革, 木)의 리듬[節奏]으로 삼는다. 이는 사람의 성정을 함양하여 그 삿되고 더러운 사욕을 말끔히 씻어내고 그 찌꺼기를 녹여 없애주는 것이다.

이 때문에 배우는 이의 마지막 단계로서 의(義)가 정밀하고 인(仁)이 완숙하여 저절로 도덕과 조화를 이루고 거슬림이 없음에 이르는 것을 반드시 이 음악에서 얻게 될 것이니, 이는 학문의 완성이다.

○ 「내칙」(『禮記』)을 살펴보니, "10세에 어린이의 거동을 배우고, 13세에 음악을 배우고 시를 외우며, 20세 이후에 예를 배운다."고 한다. 여기에서 말한 3가지는 『소학』에서 전수하는 차서가 아니라, 『대학』에서 종신토록 얻어나가는 어려움과 쉬움, 먼저 할 일과 뒤에 할 일,

얕고 깊은 경지로 말하였다.

정자[伊川]가 말씀하였다.

"이 세상에는 영재가 적지 않지만, 다만 도학이 밝지 못한 까닭에 성취한 바 없다.

옛사람의 시는 오늘날의 가곡과 같아서 여염마을의 어린아이까지도 모두 익히 듣고 그 말뜻을 알았기에 마음을 흥기할 수 있었지만, 이제는 고령의 스승과 학식과 덕망이 높은 선비로서도 오히려 그 뜻을 알지 못하는데, 하물며 배우는 이들이야 오죽하겠는가. 이 때문에 시로 마음을 흥기하지 못하게 된 것이다.

옛사람은 물 뿌리고, 쓸고, 응하고, 대답하는 것으로부터 관혼상제에 이르기까지 모든 예가 갖추어져 있었으나, 이제는 모두 무너져 버렸다. 이 때문에 인륜이 밝지 못하고, 집을 다스림에 법도가 없으니, 이 때문에 예로 몸을 세우지 못하게 된 것이다.

옛사람의 음악이란 소리는 그 귀를 길러주고, 채색은 그 눈을 길러주고, 노래와 읊조림은 그 성품과 정을 길러주고, 춤추는 것은 그 혈맥을 길러주었는데, 이제는 모두 없어졌다. 이 때문에 음악으로 학문이 성취되지 못한 것이다.

이런 까닭으로 예전에 인재를 성취하기는 쉬웠고, 오늘날 인재를 성취하기란 어렵다."

[보 補]

지금까지도 시는 『시경』으로 전해오고 있으나, 예법과 음악은 전국시대 이후 사라진 지 오래다. 부자 당시야 주나라의 찬란한 예법과 음악이 남아있었기에 예학(禮學)과 음악 교육이 가능했다. 그러나 전국 이후의 예악은 천양지차(天壤之差)이자 격세지감을 느끼지 않을 수 없다. 이에 대해 서산 진씨는 그 참담한 실상과 그 대체방법을 제시해 주고 있는바, 다음과 같다.

"주나라 쇠퇴기로부터 찬란했던 주나라의 예악은 모두 무너져 버렸다. 그러나 예서(禮書)는 남아있어 제도와 형식은 오히려 살펴볼 수 있었지만, 악서(樂書)는 모조리 사라져 남아있는 게 없었다. 후세의 예는 선왕의 제도와 맞지 않았지만, 음악은 더욱 심하였다. 오늘날 시대에 사용되어오는 음악이란 대체로 음탕한 음악에 오랑캐의 노랫가락이 뒤섞여있을 뿐이다. 이는 그저 마음을 방탕하게 만들고 풍속을 무너뜨리는 음악이니 무슨 도움이 되겠는가.

하지만 예악의 제도는 무너졌으나, 예악의 근본원리는 그래도 남아있다. 「악기」에서 말하기를, '예를 다하여 몸을 다스리고 음악을 다하여 마음을 다스려야 한다. 외모는 잠시라도 장중하거나 공경하지 않으면 거만하고 가벼이 여기는 마음이 들어오게 되고, 마음은 잠시라도 화순하고 즐겁지 않으면 비루하고 거짓된 마음이 들어오게 된다.'고 하였다.

장중함과 공경은 예의 근본이며, 화순함과 즐거움은 음악의 근본이다. 배우는 이들이 참으로 장중함과 공경함으로 그 몸을 다스리고 화순함과 즐거움으로 그 마음을 다스리면 예악의 근본을 여기에서 얻을 수 있다. 이것만으로도 넉넉히 몸을 세우고 학문의 덕을 완성할 수 있다."[271]

위의 논지는 남송조의 예악에 대한 현실을 말해주고 있다. 1천년이 지난 오늘날 더했으면 더했지 더 말할 나위가 없다. 하지만 서산 진씨의 말처럼 오늘날의 예악 교육은 그 정신과 그 원리 개념을 받아들여 몸과 마음을 다잡는 데 있을 뿐이다.

9. 민가전지 民可全旨

이는 위정자의 백성 교화를 주로 말한 것인바, 민(民)자에 중점을 두고 보아야 한다.

"따르게 한다."는 것과 "알려줄 수 없다."는 것은 2가지의 이치가 있는 게 아니다. 여기에는 뚜렷이 볼 수 있는 형이하학과 은미하여 볼 수 없는 형이상학의 구분이 있을 뿐이다.

성인은 이런 도리를 백성에게 깨우쳐 줌에 있어, 그들이 그저 따르기만을 바랄 뿐, 애당초 그들이 알아가기를 바라지 않는다는 뜻이 아니다. 그들이 도리를 따라 실천으로 옮겨가는 것은 외적인 행위에 속하고, 그 원리를 안다는 것은 내면의 마음에 근본하기 때문에 "그 도리를 따르게 할 수는 있지만, 그들에게 그 원리를 알려줄 수는 없다."는 구분이 존재하는 것이다.

子曰 民은 可使由之오 不可使知之니라

부자께서 말씀하셨다.

"백성은 도리를 따라 행하게 할 수는 있지만, 그 원리를 알도록 할 수는 없다."

강설

부자께서 백성의 자질에 따라 다스려야 함에 대해 말씀하셨다.

"위정자가 백성을 가르칠 적에는 백성의 재목에 따라 이끌어갈 뿐, 백성이 하지 못할 일을 억지로 이끌어서는 안 된다. 백성의 바탕이란 천륜(天倫)과 인사의 도리에 따라 소당연(所當然)의 행위를 몸으로 따르게 할 수는 있지만, 천륜과 인사의 원리를 궁구하여 그 이치의 소이연(所以然)을 마음으로 깨닫게 해줄 수는 없다. 이는 백성을 잘 가르치는 위정자가 백성의 바탕을 따라 베푸는 가르침을 귀중히 여기기 때문이다."

몸으로 행할 수 있는 소당연은 곧 부모가 자식을 사랑하고 자식이 부모에게 효도하는 유와 같다. 이는 당연히 행하여야 할 '현실의 도리'이다. 그러나 이치의 소이연은 왜 사랑하게 되는지, 왜 효도하게 되는지에 관한 것으로, '천명의 본연'이다. 이는 마음으로 그 본연의 원리를 깨달아야 한다. 중등 이하의 사람은 형이상학을 말해주기 어려워서 백성에게 알려줄 수 없는 것이다.

---

271 위와 같음. "西山眞氏曰 自周衰, 禮樂崩壞, 然禮書 猶有存者, 制度文爲, 尙可考尋; 樂書則盡缺不存. 後之爲禮者, 旣不合先王之制, 而樂尤甚焉. 今世所用, 大抵鄭衛之音, 雜以夷狄之聲而已, 適足以蕩人心・壞風俗, 何能有補乎? 然禮樂之制雖亡, 而禮樂之理則在. 故樂記謂致禮以治身, 致樂以治心. 外貌 斯須不莊不敬, 而慢易之心, 入之矣. 中心 斯須不和不樂, 而鄙詐之心 入之矣. 莊敬者, 禮之本也; 和樂者, 樂之本也. 學者 誠能以莊敬治其身, 和樂養其心, 則於禮樂之本, 得之矣. 亦足以立身而成德也."

集註

民은 可使之由於是理之當然이오 而不能使之知其所以然也라

○ 程子曰 聖人設教에 非不欲人家喩而戶曉也언마는 然이나 不能使之知오 但能使之由之爾라 若曰聖人不使民知라하면 則是後世朝四暮三之術也니 豈聖人之心乎아

[해석] 백성은 도리의 당연함을 따라 행하게 할 뿐, 그 원리의 소이연(所以然)까지 알려줄 수는 없다.

○ 정자[伊川]가 말씀하였다.

"성인이 가르침을 베풂에 백성의 집집마다 찾아가 그들을 깨우쳐 주고자 원하지 않은 것은 아니다. 그러나 그들에게 원리를 알려줄 수는 없고, 단 그 도리를 따르도록 할 뿐이다. 만일 '성인이 백성에게 알지 못하게 하려고 하였다.'고 말한다면, 이는 후세의 조사모삼(朝四暮三: 愚衆術. 莊子 以智籠愚之說)의 권모술수이다. 어찌 성인의 마음이라 하겠는가."

10. 호용전지 好勇全旨

이 장에서는 난(亂)이 발생하게 되는 실마리를 들어 경계하고 있다.

2단락[好勇疾貧 疾之已甚]에서 난이 일어나게 된 이유에 대해 말하고 있지만, 난을 막아낼 방법을 말 밖에서 절로 찾아볼 수 있다. 가난을 싫어함[疾貧]과 너무 심하게 미워하는 데[已甚]에 중점이 있다. 하나는 자신이 싫어하는 것이며, 하나는 타인에 의해 미움을 받는 것이다. 사전에 난을 막고자 한다면 타인에 대해서는 그 용맹을 잘 쓰도록 유도하고, 자신에게 있어서도 또한 그 미워하는 마음을 잘 쓴다면 난이 사라지게 될 것이다.

子曰 好勇疾貧이 亂也오 人而不仁을 疾之已甚이 亂也니라

부자께서 말씀하셨다.

"용맹을 좋아하면서 가난을 싫어하는 것이 난을 일으키게 되고, 사람으로서 어질지 못한 자를 미워하되 너무 심하게 하는 것이 난을 일으키게 된다."

강설

부자께서 난을 일으키는 사람에 대해 경계의 말씀을 하셨다.

"사람이 혈기에 의한 작은 용기를 좋아한 데다가 또 자신의 가난을 싫어하여 분수를 편히 지키지 못하면 반드시 그의 강한 용맹으로 탐하는 바를 추구하고자 난을 일으키게 된다.

사람으로서 어질지 못하면 참으로 미워해야 할 대상이다. 그러나 지나치게 그를 미워하여 그의 몸을 둘 곳이 없으면, 그는 반드시 독기를 품고 분풀이를 하고자 할 것이다. 이는 내가 그에게 난을

일으키도록 격동시킨 셈이다.

자신을 다스리고 남을 꾸짖을 적에는 반드시 난을 막을 수 있는 실마리를 알아야 한다."

集註

好勇而不安分이면 **則必作亂**이오 **惡不仁之人**하야 **而使之無所容**이면 **則必致亂**이니 **二者之心**은 **善惡雖殊**나 **然**이나 **其生亂則一也**니라

[해석] 용맹을 좋아하되 분수를 편안히 여기지 않으면 반드시 난을 일으키게 되고, 어질지 못한 자를 미워하되 용납할 바 없도록 만들면 반드시 난을 불러드리게 된다. 이 두 마음은 선[疾不仁]과 악[疾貧]이 비록 다르나, 난을 일으키는 것은 한 가지이다.

11. 여유전지 如有全旨

이 장에서는 교만하고 인색한 사람의 마음을 경계하고 있다.

세상 사람들의 교만과 인색의 병폐는 대체로 조그마한 재능을 소유한 데에서 생겨나는 것이다. 이 때문에 부자께서 하나의 재(才)자를 들어 말하였다. 재주를 가지고 잘 살아가는 이는 덕을 근본으로 삼는다. 주공은 큰 덕을 지녔으나 일찍이 교만하지 않았고, 부지런히 덕을 베풀었으나 일찍이 인색함이 없었다.

이의 대의는 교만과 인색이란 절대 불가함을 말하고 있다. 남들에게 없는 것을 과장하는 것이 교만인데, 이는 밖으로 나타나는 모습[發於外]이며, 자신이 소유한 바를 내놓지 않음이 인색인데, 이는 안으로 감추는 마음[藏於心]이다. 인색하여 남에게 건네주지 않는 마음이 바로 남들 앞에서 교만을 부리는 일이기에, 집주에서 "인색함은 교만의 뿌리가 되고, 교만은 인색의 지엽이라"고 말하였다.

여(如)와 사(使)자는 모두 가설의 말이며, 특별히 주공을 빌려 교만과 인색의 불가함을 말하고 있다.

子曰 如有周公之才之美오도 **使驕且吝**이면 **其餘**는 **不足觀也已**니라

부자께서 말씀하셨다.

"만일 주공처럼 아름다운 재주를 지녔을지라도, 가령 교만하고 또 인색하다면 그 나머지는 보잘 게 없다."

강설

부자께서 재주만을 자부하는 자를 경계하여 말씀하셨다.

"사람으로서 없어서는 안 될 것이라면 아름다운 재주이다. 하지만 믿을 수 없는 것 또한 재주이

다. 여기에 어느 한 사람이 있다. 그의 지혜와 능력, 기예(技藝)의 아름다움을 주공에 견주어 일컬을 수 있을 정도라면, 으레 볼만한 게 있을 듯하다.

그러나 그가 교만한 마음으로 자신의 재주를 과시하고, 또한 인색한 마음에 자신의 재주를 독차지하여 사사로이 한다면 그에겐 덕이 없고 큰 근본을 잃음이니, 비록 아름다운 재예가 있다 할지라도 그것은 하찮은 것에 지나지 않는다. 어떻게 볼만한 거리가 있다고 말하겠는가. 만일 주공처럼 아름다운 재주를 소유했을지라도, 만일 교만하고 인색하면 오히려 볼 게 없는데, 하물며 주공과 같은 아름다운 재주도 없는 데다가 교만하고 또 인색까지 하다면 오죽하겠는가."

이는 교만과 인색의 불가함을 말하고 있다.

集註

才美는 謂智能技藝之美라 驕는 矜夸오 吝은 鄙嗇也라

○ 程子曰 此는 甚言驕吝之不可也라 蓋有周公之德이면 則自無驕吝이오 若但有周公之才而驕吝焉이면 亦不足觀矣니라

又曰 驕는 氣盈이오 吝은 氣歉이니라

愚謂 驕吝은 雖有盈歉之殊나 然이나 其勢 常相因하니 蓋驕者는 吝之枝葉이오 吝者는 驕之本根이라 故로 嘗驗之天下之人컨대 未有驕而不吝하고 吝而不驕者也니라

[훈고] 재주가 아름다움은 지능과 기예의 아름다움을 말한다. 교(驕)는 자랑하고 과시함이며, 인(吝)은 비루하고 인색함이다.

○ 정자[伊川]가 말씀하였다.

"이는 교만과 인색함이 옳지 않음을 심하게 말한 것이다. 주공의 덕이 있다면 저절로 교만하거나 인색함이 없을 것이다. 만일 단 주공과 같은 재주를 지녔을지라도 교만하고 인색하다면 또한 보잘것없다."

정자[伊川]가 또 말씀하였다.

"교만은 기운이 가득 참이요, 인색은 기운이 허전함이다."

나의 생각은 다음과 같다.

"교만과 인색은 비록 기운의 가득 참과 허전함의 차이가 있으나, 그 형세가 항상 서로 연이어 있다. 교만이란 인색의 지엽이요, 인색은 교만의 근본이다. 그러므로 일찍이 천하 사람들에게 증험해 보니, 교만하면서 인색하지 않은 자가 없고, 인색하면서 교만하지 않은 자가 없다."

[보 補]

"기운이 넘쳐나는 것과 허전함은 각기 다른 하나의 병통이다. 그런데도 주자는 '이 2가지가

서로 연결되어 발생한다.'고 말하였고, 또한 '교만이란 인색한 마음에서 생겨난다.'고 말함은 무엇 때문일까?

인색이란 기운이 부족함이다. 그는 호연지기가 없기에 비루하고 협소[局促]하여 수용하지 못한다. 이런 연유로 내면으로 그의 덕과 선이 조금도 진전이 없음에도 곧 스스로 넉넉하다고 생각하고, 밖으로 세력과 지위가 조금이라도 남보다 높으면 곧 남들을 능멸하고 가볍게 여기는 뜻이 있다. 시쳇말의 '그릇이 작으면 쉽게 넘친다[器小易盈]'는 것은 바로 이를 말한다. 오직 그 그릇이 작기에 인색하다. 이 때문에 쉽게 넘쳐 교만하게 된다. 만약 강하처럼 드넓은 아량으로 받아들이지 않은 바 없으면 아무리 성현의 덕에 이르렀을지라도 넉넉하다고 생각지 않고, 왕공의 지위에 이르렀을지라도 자랑하지 않을 것이다. 앞 장에서 말한 드넓은 도량을 지니면 규모가 광대하여 인색하지 않을 것이며, 인색하지 않으면 교만하지 않을 것이다. 이를 참고하여 음미하여야 한다."[272]

12. 삼년전지 三年全旨

이 장에서는 순수한 마음의 학문을 표현하고 있다.

3년이라는 장구한 세월 속에 천시(天時)와 인사(人事)의 부침(浮沈)를 경험한 바 많으므로, 그 사람의 처신을 증험할 수 있다. "녹에 뜻을 두지 않는다.[不志於穀]"는 것은 흔들리는 마음이 없음을 말하며, "쉽게 얻을 수 없다.[不易得也]"는 것은 순수한 마음으로 학문한다는 점이 어려움을 깊이 언급한 것이다. 이는 감탄사도 아니요, 또한 찬사도 아니다.

子曰 三年學에 不至[志]於穀을 不易得也니라

부자께서 말씀하셨다.

"3년 동안 공부하면서 녹에 뜻을 두지 않은 이를 쉽게 얻지 못하였다."

강설

부자께서 순수한 마음으로 학문을 닦아야 한다는 것을 말씀하셨다.

"여기에 어떤 사람이 있다. 3년이란 오랜 세월을 배우고서도 도를 향한 순수한 마음으로 녹에 뜻을 두지 않는다면, 이는 그의 견해가 밝고 지킴이 견고하여 도만을 생각하고 녹봉을 꾀하지 않은 자[謀道 不謀食]이다. 이와 같은 이를 쉽사리 얻을 수 있겠는가. 학문에 뜻을 둔 이들은 어디에

---

272 위와 같음. "西山眞氏曰 盈與歉, 各是一病. 文公乃以爲二者, 相因而生; 又謂驕生於吝, 何也? 盖吝者, 氣不足也. 惟其無浩然之氣, 所以鄙陋局促, 容受不得, 內而德善未有少進, 便自以爲有餘; 外而勢位稍或高人, 便有陵忽之意, 俗諺所謂器小易盈, 正此謂也. 惟其小而吝, 是以易盈而驕, 使其有江河之量, 無不容受, 則雖德至於聖賢, 而不以爲足, 位至於王公, 不以爲可矜, 前章所謂弘毅. 弘則規模廣大而不吝矣, 不吝則不驕矣, 正當參玩也."

힘써야 할 것인가를 알아야 한다."

集註

穀은 祿也라 至는 疑當作志라

爲學之久而不求祿은 如此之人을 不易得也라

○ 楊氏曰 雖子張之賢으로도 猶以干祿爲問하니 況其下者乎아 然則三年學而不至於穀을 宜不易得也니라

[훈고] 곡(穀)은 녹이다. 지(至)는 지(志)자로 써야 할 것으로 생각된다.

[해석] 학문을 오래 닦으면서도 녹을 구하지 않는, 이와 같은 사람을 쉽게 찾아볼 수 없다.

○ 양씨[楊時]가 말하였다.

"자장처럼 어진 이로서도 오히려 녹을 구하는 것으로 물었는데, 하물며 그 아래의 사람이야. 이로 보면 3년을 배우고서도 녹에 뜻을 두지 않은 자를 쉽사리 찾아볼 수 없음은 마땅하다."

13. 독신장지 篤信章旨

이 장에서는 학문이 있고 절개가 있음을 고귀하게 여겨야 함을 말하고 있다.

첫 절[篤信好學, 守死善道]을 주로 하여 둘째 절[危邦不入… 無道則隱]은 위 문장을 이어서 미루어 감이며, 마지막 절[邦有道…貴焉恥也]은 반증으로 이를 말하고 있다.

(1) 독신절지 篤信節旨

독실한 믿음[篤信]과 죽음으로 지킨다[守死]는 것은 그 옳고 그름이 아직 규명되지 않은 것이다. 따라서 반드시 학문을 좋아한 후에야 그 독실한 믿음이 옳으며, 반드시 도를 바르게 잘 행한[善道] 후에야 죽음으로 지킨 바가 옳은 것이다.

독신호학(篤信好學)은 인식[知]에 속한 것으로 학문을 닦음이며, 수사선도(守死善道)는 실천[行]에 속한 것으로 절개를 지킴이다.

죽음으로 지킨다는 것은 지키는 바가 견고해야 함을 지극히 말한 것일 뿐, 반드시 죽어야 한다는 데에 중점을 두지 않으며, 도를 바르게 잘 행함은 그 죽음으로 지킨 바를 잘 행한다는 도(道)이지, 이를 진선(盡善)의 도를 말함은 아니다.

子曰 篤信好學하며 守死善道니라

부자께서 말씀하셨다.
"독실하게 믿으면서도 학문을 좋아하며, 죽음으로 지키면서도 도를 바르게 행하여야 한다."

강설

부자께서 모든 사람에게 학문과 절개를 모두 갖춰야 함을 바라면서 말씀하셨다.

사람이 올바른 견해에 근거하여 독실하게 믿음을 가져야 한다. 그러나 또한 반드시 학문을 좋아하여 그 이치를 밝혀야 만이 옳은 것처럼 보이지만 그릇된 일에 현혹당하지 않는다.

당연히 해야 할 일이라면 죽음으로 이를 지켜야 한다. 그러나 또한 반드시 도리에 따라 그 타당함을 잘 추구하여야 만이 그 죽음은 한낱 필부의 작은 절개에서 벗어나게 된다.

이는 학문을 지니고 몸을 지켜가는 근본을 세우는 것이다.

集註

篤은 厚而力也라

不篤信이면 則不能好學이라 然이나 篤信而不好學이면 則所信이 或非其正이오 不守死면 則不能以善其道라 然이나 守死而不足以善其道면 則亦徒死而已라 蓋守死者는 篤信之效오 善道者는 好學之功이니라

[훈고] 독(篤)은 두터이 하고 힘씀이다.

[해석] 독실한 믿음이 없으면 학문을 좋아할 수 없다. 그러나 독실한 믿음을 가지고서도 학문을 좋아하지 않으면 믿는 바가 간혹 바르지 못할 수 있다. 죽음으로 지키지 않으면 그 도를 선하게 행하지 못할 것이다. 그러나 죽음으로 지키되 그 도를 선하게 행하지 못하면 이 또한 헛된 죽음일 뿐이다. 죽음으로 지키는 것은 독실한 믿음에 의한 공효이며, 도를 선하게 행하는 것은 학문을 좋아함에 대한 공효이다.

(2) 위방절지 危邦節旨

위의 절에 이어서 학문과 절개를 하나로 종합하여 말하고 있다.

학문이 있어야 만이 스스로 그 거취와 출처의 의의를 알 수 있으며, 절개가 있어야 만이 스스로 그 거취와 출처의 바른 도를 얻을 수 있다.

2개의 불(不: 不入, 不居)자와 2개의 즉(則: 有道則見 無道則隱)자는 모두 학문[學]과 지킴[守]의 작용을 묘사한 것이다.

危邦不入하고 亂邦不居하며 天下 有道則見하고 無道則隱이니라

"위태로운 나라에는 들어가지 않고 어지러운 나라에는 머물지 않으며, 천하에 도가 있으면 벼슬에 나아가고, 도가 없으면 숨어야 한다."

강설

군자 또한 어디를 간다고 한들 잘하지 않으랴마는 멸망하려는 위태로운 나라를 만나면 벼슬하지 않은 자는 일찍이 이를 보고서 미리 그 나라를 피하여 들어가지 않아야 하고, 기강이 무너지고 정치가 어지러운 나라는 이미 벼슬했을지라도 조짐을 보고서 먼저 그 나라를 떠나야지, 오래 머물러서는 안 된다. 이는 거취를 살피는 것이다.

천하가 잘 다스려져 도가 있으면 조정에 나아가 벼슬하여 도와 함께 빛나고, 천하가 위태롭고 어지러워 도가 없으면 도를 안고 멀리 물러나 은둔해야 한다. 이는 출처(出處)를 올바르게 가지는 것이다. 이는 학문이 있고 절개를 지키는 자만이 능할 수 있는 일이 아니겠는가.

集註

君子見危授命이니 則仕危邦者는 無可去之義니 在外則不入이 可也라 亂邦은 未危而刑政紀綱紊矣라 故로 潔其身而去之라 天下는 擧一世而言이라 無道則隱其身而不見也니 此는 惟篤信好學하고 守死善道者라야 能之니라

[해석] 군자는 나라의 위태로움을 보고서 목숨을 바쳐야 한다. 이미 위태로운 나라에 벼슬한 자는 의리로 보아 떠나갈 수 없기에, 그 나라 밖에 있으면 들어가지 않는 것이 옳다.

어지러운 나라는 아직은 위태롭지 않지만, 형정(刑政)과 기강이 문란함을 말한다. 이 때문에 그 몸을 깨끗이 하여 떠나가는 것이다.

〈나라(邦)는 하나의 제후 나라를 말하고〉 천하는 온 세상을 들어 말한다. 도가 없으면 그 몸을 숨기고 나타내지 않으니, 이는 오직 독실하게 믿고 학문을 좋아하며, 죽음으로 지키고 도를 선하게 행하는 자만이 능할 수 있다.

(3) 방유절지 邦有節旨

이 2구는 부끄러운 일을 말하여 학문과 절개가 없어서는 안 됨을 말하고 있다. 출처만을 말하였지만, 거취는 그 가운데 담겨있다. 이 2구는 모두 학문과 절개를 겸하여 말한 것이다.

邦有道에 貧且賤焉이 恥也며 邦無道에 富且貴焉이 恥也니라

"나라에 도가 있을 적에 가난하고 비천함이 부끄러움이며, 나라에 도가 없을 적에 부하고 귀함이 부끄러움이다."

강설

만일 학문과 절개가 없는 용렬한 사람이라면 나라에 도가 있을 적에 조정에 나아가 벼슬해야 할 때임에도 가난과 비천함을 면하지 못함은 행할 수 있는 도가 없어 밝은 시대에 버림을 당한 자이다. 이보다 더 큰 부끄러움이 있겠는가.

나라에 도가 없을 적에는 마땅히 은거해야 함에도 구차스레 부와 귀를 편히 누린다면 이는 몸을 지키는 절개가 없어, 어지러운 세상에 지위를 탐하고 녹을 연연함이다. 이보다 더 큰 부끄러움이 없을 것이다.

도가 있고 없는 시대에 따라 대처함이 이와 같은 것으로 보아 위태로운 나라와 어지러운 나라에 어떻게 거취를 정하고 출처를 해야 할 줄 알아야 한다. 이는 학문이 없고 몸을 지키지 못한 데에서 빚어진 잘못이 아니겠는가. 따라서 학문과 절개는 그 어느 것 하나 없어서는 안 될 것이다."

集註

世治而無可行之道하고 世亂而無能守之節이면 碌碌庸人이라 不足以爲士矣니 可恥之甚也니라

○ 晁氏曰 有學有守而去就之義 潔하고 出處之分 明이라야 然後에 爲君子之全德也니라

[해석] 세상이 다스려졌음에도 행할 만한 도가 없고, 세상이 어지러운데도 몸을 지키는 절개가 없다면 보잘것없는 용렬한 사람이니, 선비라 할 수 없다. 매우 부끄러운 자이다.

○ 조씨[晁說之]가 말하였다.

"학문과 절개가 있으면서 거취의 대의가 바르고 출처의 분수가 분명하여야 만이 군자의 온전한 덕이라 한다."

[보 補]

주자는 출사와 은둔의 정의에 대해 다음과 같이 말씀하였다.

"도가 있는 세상이란 반드시 완전한 태평성대가 되었을 적에 벼슬에 나간다는 것이 아니며, 도가 없는 세상 또한 완전한 대혼란기에 몸을 숨긴다는 것이 아니다.

도가 있는 세상이란 하늘에 먼동이 트려고 하면 당장 밝지는 않지만, 그 후로부터 차츰차츰 밝아지게 된다. 그때 벼슬에 나아가지 않을 수 없다.

무도한 세상은 어둠이 찾아드는 하늘과 같다. 비록 당장 캄캄하지는 않지만, 그 후로부터 차츰차츰 어두워지게 된다. 그 훗날 반드시 버틸 수 없음을 알고서 그 조짐을 보고서 서둘러 떠나가는 것이 옳은 일이다."[273]

273 위와 같음. "朱子曰 有道 不必待十分太平, 然後出; 無道 亦不必待十分大亂, 然後隱. 有道 如天將曉, 雖未甚明, 然自此只向明去, 不可不出爲之用. 無道 如天將夜, 雖未甚暗, 然自此只向暗去, 知其後來, 必不可支持, 須見幾而作可也."

14. 불재전지 不在全旨

이 장에서는 선비와 서민은 공경대부의 정사를 꾀할 수 없다는 점을 말하고 있다. 이를 미루어 부연하여 말하면, 윗사람이 아래 사람을 침범하지 않아야 하고, 좌측의 사람이 우측의 사람을 침범하지 않아야 또한 옳은 일이다.

모(謀: 不謀其政)자에는 참절(僭竊)과 간예(干預)의 뜻이 있다. 모든 직책에 있어서 잘못된 일, 공을 다투는 일, 겸병(兼倂), 전거(專據) 등은 이처럼 참절과 간예에서 틈이 생기지 않은 일이 없다. 이 때문에 부자는 이를 경계한 것이다.

子曰 不在其位하야는 **不謀其政**이니라

부자께서 말씀하셨다.

"그 지위에 있지 않으면 그 정사를 도모해서는 안 된다."

강설

부자께서는 제 지위에서 벗어난 행위에 대해 말씀하셨다.

"천자가 천하의 관리를 임명하면 따라서 그들에게 벼슬자리가 있게 되고, 그 지위에 서게 되면 그에 따른 정사를 수행해야 하고, 나라의 정사를 수행하려면 반드시 모의가 있어야 한다. 정사를 모의한다는 것은 그 지위가 있어야 가능한 일이다. 공경대부의 지위에 있지 않으면 그 일을 맡지 않은 자이다. 자연히 공경대부들의 정사를 모의하여 이해를 말하거나 가부를 헤아릴 수 없다. 구차스럽게 그 정사를 모의한다는 것은 참으로 그 지위에서 벗어난 일이다. 어떻게 분수를 편히 여기는 사람으로서 이처럼 할 수 있는 일이라고 하겠는가."

集註

程子曰 不在其位는 **則不任其事也**라 **若君大夫問而告者**는 **則有矣**니라

정자[伊川]가 말씀하였다.

"그 지위에 있지 않다는 것은 그 일을 맡지 않은 것이다. 만일 임금과 대부가 물으면 그에 따라 말해주는 것은 있을 수 있다."

15. 사지전지 師摯全旨

이 장은 공자가 노나라 음악의 성대함을 회상하며 탄식한 것인데, 태사(太師) 지(摯)가 제나라로 떠나감으로써 다시는 성대함을 회복할 수 없는 것에 대해 슬퍼하는 마음이 담겨있다. 첫 구절의 시(始)자를 살펴보면 이러한 뜻을 볼 수 있다.

『의례(儀禮)』에 의하면, 음악은 모두 4악장으로 구성되어 있다.

맨 처음 악공(樂工)이 「녹명(鹿鳴)」·「사모(四牡)」·「황화(皇華)」를 노래하니, 이는 이른바 '승가삼종(升歌三終)'이라고 한다. 노래에 따라 단 거문고만을 연주하니, 이것이 제1악장이다.

생(笙)을 부는 악공이 당하(堂下)의 경쇠[磬] 남쪽으로 들어와 북쪽을 향하여 서서 「남해(南陔)」·「백화(白華)」·「화서(華黍)」를 연주하니, 이는 이른바 '생입삼종(笙入三終)'이라고 한다. 이것이 제2악장이다.

'생입삼종'이 끝난 뒤에 번갈아 가면서 「어리(魚麗)」를 노래하면 생(笙)으로 「유경(由庚)」을, 「남유가어(南有嘉魚)」를 노래하면 생(笙)으로 「숭구(崇丘)」를, 「남산유대(南山有臺)」를 노래하면 생(笙)으로 「유의(由儀)」를 연주하여, 노래와 생(笙)이 서로 번갈아 이어지니, 이는 이른바 '간가삼종(間歌三終)'이라고 한다. 이것이 제3악장이다.

그 뒤에 모든 악기를 모두 합하여 「주남(周南)」의 「관저(關雎)」·「갈담(葛覃)」·「권이(卷耳)」와 「소남(召南)」의 「작소(鵲巢)」·「채번(采蘩)」·「채빈(采蘋)」을 연주할 적에 당상과 당하에서 노래와 거문고와 생(笙)이 한꺼번에 이뤄지니, 이는 이른바 '합악삼종(合樂三終)'이라고 한다. 이것이 제4악장이다.

여기에서 유독 "관저지난(關雎之亂)"을 말한 것은 반드시 제4악장에 이르러서 모든 악기를 다 함께 연주할 때를 가리켜 말한다. 이는 그 앞의 악장도 성대하지만, 이에 이르러서 더욱 성대하다는 뜻이다.

넘실넘실 귀에 가득하다는 것[洋洋乎盈耳] 또한 문왕이 몸을 닦고 집안을 다스리고 나라를 다스림에 있어 태평하면서도 화기로운 모양을 상상해 볼 수 있다는 뜻이 담겨있다.

子曰 師摯之始에 關雎之亂이 洋洋乎盈耳哉라

부자께서 말씀하셨다.

"태사(太師) 지(摯)가 처음 벼슬할 적에 「관저」의 마지막 악장이 넘실넘실 귀에 가득하였다."

강설

부자께서 노나라 성대한 음악을 추상(追想)하며 한탄하셨다.

"예전에 내가 위나라에서 노나라로 돌아왔을 적에 때마침 태사 지가 처음 벼슬을 하여 음악을 관장했었다. 그 당시 무너진 시악(詩樂)이 보완되었고, 순서가 흐트러진 것은 정돈되었다. 이 때문에 음악을 8성(八聲)과 5음(五音)에 올려 '승가삼종(升歌三終)'으로부터 '간가삼종(間歌三終)'을 거쳐 번갈아 나아가면서 각기 그 아름다움을 가지고 있는데, 마지막 제4악장인 「관저」에 이르러 더욱 아름다움이 성대하여 듣는 사람의 귀에 넘실넘실 가득히 울렸는데, 안타깝게도 이제는 다시 들을 수 없게 되었다."

集註

師摯는 魯樂師니 名摯也라 亂은 樂之卒章也니 史記曰 關雎之亂이 以爲風始라하니라 洋洋은 美

盛矣라

孔子自衛反魯而正樂할새 適師摯在官之初라 故로 樂之美盛이 如此하니라

[훈고] 사지(師摯)는 노나라 악사이니, 이름이 지(摯)이다. 난(亂)은 음악의 마지막 제4악장이다. 『사기』에 이르기를 "「관저」의 마지막 악장으로 국풍의 첫머리로 삼았다."고 하였다. 양양은 아름답고 성대함이다.

[해석] 공자가 위나라에서 노나라로 돌아와 음악을 바로잡을 적에 때마침 태사 지(摯)가 처음 벼슬하였다. 이 때문에 음악의 아름답고 성대함이 이와 같았다.

16. 광이전지 狂而全旨

이 장에서는 사람들에게 거짓을 버리고 진실함으로 되돌아오기를 바라는 뜻에서 말한 것이다. 뜻이 큼[狂], 무지[侗], 무능함[悾悾]은 기질의 편벽됨이며, 곧음[直], 삼가고 후함[愿], 믿음[信]은 편벽한 가운데 아름다운 점이며, 정직하지 못함[不直], 삼가고 후하지 못함[不愿], 믿음이 없음[不信]은 잘못 물들여진 습성이다. 정직하지 않으면 부정한 방법으로 거짓을 이루고, 삼가고 후하지 않으면 어리석음 속에 기교를 감추게 되고, 믿음이 없으면 못난 가운데에 속임수를 감추게 된다.

"나는 모르겠다.[吾不知之]"는 것은 그가 도대체 어떤 사람인 줄 알지 못하겠다는 말과 같다. 이는 그를 거절한 말이며, 또한 깊이 각성케 하는 말이기도 하다.

子曰 狂而不直하며 侗而不愿하며 悾悾而不信을 吾不知之矣로라

부자께서 말씀하셨다.

"뜻이 크면서 곧지 않으며, 무지하면서도 삼가고 후하지 않으며, 무능하면서도 믿음이 없는 자를 나는 모르겠다."

강설

부자께서 사람을 경계하는 뜻으로 말씀하셨다.

"뜻이 큰 사람으로서 고상함을 좋아한 자는 대다수가 진솔했었는데, 도리어 깊은 속셈에 익숙하여 정직하지 못하고, 어리석어 무지한 자는 대다수가 삼가고 후했었는데, 도리어 경솔하고 천박함에 익숙하여 삼가고 후하지 못하고, 어수룩하게 무능한 자는 대다수가 성실했었는데, 도리어 거짓에 익숙하여 믿음이 없다.

그들은 하늘에서 타고난 기질에 이미 올바름을 잃었고, 살아가면서 형성된 습성 또한 그 떳떳한 도리[常道]에 어긋난 것이다. 정직하지 않은데 어떻게 그가 뜻이 큰 사람이 되었는지 알 수 없으며, 진실하지 않는데 어떻게 그가 무능한 사람이 되었는지 알 수 없으며, 믿음이

없는데 어떻게 그가 어수룩한 사람 되었는지 알 길이 없다. 나 또한 그들을 어떻게 할 수 있겠는가."

集註

侗은 無知貌오 愿은 謹厚也오 悾悾은 無能貌라 吾不知之者는 甚絶之之辭니 亦不屑之教誨也라

○ 蘇氏曰 天之生物에 氣質不齊하니 其中材以下는 有是德이면 則有是病이오 有是病이면 必有是德이라 故로 馬之蹄齧者는 必善走하고 其不善者는 必馴하나니 有是病而無是德이면 則天下之棄才也니라

[훈고] 동(侗)은 무지한 모양이며, 원(愿)은 삼가고 후중함이며, 공공(悾悾)은 무능한 모양이다. 오불지지(吾不知之)는 심히 끊은 말이니, 또한 탐탁히 여기지 않은 가르침이다.

○ 소씨[蘇軾]가 말하였다.

"하늘이 만물을 내릴 적에 기질이 각기 다르다. 그 중등 이하의 재목은 그 덕이 있으면 그 결점이 있고, 그 결점이 있으면 반드시 그 덕이 있다. 그러므로 발길질하고 성깔 사나운 말은 반드시 잘 달리고, 잘 달리지 못한 말은 반드시 말을 잘 듣는다. 그 결점이 있는 데다가 그 덕마저 없다면 천하에 쓸모없는 재주이다."

17. 학여전지 學如全旨

이 장에서는 학문에 나아가도록 격려한 말씀이다.

위[學如不及]에서는 공부를, 아래[猶恐失之]에서는 마음가짐을 말하고 있다. 위 구절은 얻지 못했을 때 행여 얻지 못할까 애태움이며, 아래 구절은 이미 얻은 이후에 오히려 잃을까 염려함이다. 그러나 그와 같은 데 미치기를 구할 적에는 반드시 잃을까를 대비하여야 하고, 잃을까를 두려워하면 이에 그 미칠 수 있는 학문을 얻어야 한다는 뜻과 일관되어 있다. 그 정신은 모두 '못할 듯이 한다.'는여(如)자와 '오히려 잃을까 두려워'하는 유(猶)자에 있다.

子曰 學如不及이오 猶恐失之니라

부자께서 말씀하셨다.

"배움을 미치지 못할 듯이 하고, 오히려 잃을까 두려워해야 한다."

강설

부자께서 사람들에게 학문에 힘쓰라는 뜻으로 말씀하셨다.

"학문을 닦는다는 것은 앎을 다하고 행실에 힘씀[致知力行]에 있다. 학문에 힘써 나날이 부지런히 닦아가되 행여 앎을 다하고 행실에 힘써가는 나의 공부에 미치지 못한 바 있는 듯이 몸소 노력해야 한다.

그러면서도 그 마음은 오히려 송구스럽고 두려운 마음을 가져야 한다. 그것은 지행(知行)을 얻고자 두려워함이 아니라, 혹시라도 혼매하고 안일한 데에서 이를 잃게 될까를 걱정한 때문이다.

이처럼 닦아가면 미치지 못한 바는 미쳐 가게 될 것이며, 잃을까 염려한 바는 잃을 일이 없을 것이다. 배우는 이는 이처럼 힘쓰지 않을 수 있겠는가."

集註

言人之爲學이 旣如有所不及矣오 而其心猶悚然하야 惟恐其或失之니 警學者當如是也라

○ 程子曰 學如不及이오 猶恐失之는 不得放過니 才說姑待明日이면 便不可也니라

[해석] 사람이 학문을 닦아감에 이미 미치지 못한 바 있는 듯이 하여야 하고, 그 마음은 오히려 두려운 생각으로 혹시라도 잃을까 두려워해야 한다. 이는 배우는 이들이 마땅히 이처럼 해야 한다는 점을 경계한 말이다.

○ 정자[伊川]가 말씀하였다.

"배움을 미치지 못할 듯이 하고, 오히려 잃을까 두려워함은 대수롭지 않게 지나치지 않음이니, 조금이라도 '내일에 하지'라고 말한다면 이는 옳지 못한 일이다."

18. 외외전지 巍巍全旨

이 장에서는 순임금과 우임금의 마음[心體]을 밝혀준 것으로, 모두가 내면을 중시하고 바깥으로 나타나는 바를 가볍게 여긴 것이다.

외외호(巍巍乎) 3자는 아래까지 하나의 구두(句讀)로 이어지고 있다. 부자께서 먼저 순임금이 천하를 소유하고서도 전혀 관심이 없었다는 생각을 가지고, 외외(巍巍) 2자로 이를 묘사한 것이다.

여기에서 순임금과 우임금만을 열거한 것은 필부로서 하루아침에 천하를 소유하여 오직 천하 백성을 위해 걱정하고 부지런히 정사하면서도 천자의 지위를 낙으로 삼지 않았기 때문이다. 여기에서 더더욱 두 사람의 드높고도 큰 기상을 발견할 수 있다.

子曰 巍巍乎舜禹之有天下也而不與(예)焉이여

부자께서 말씀하셨다.

"드높고도 크다. 순임금과 우임금은 천하의 부귀를 소유하고서도 마음에 두지 않으심이여."

강설

부자께서 순임금과 우임금을 찬탄하는 마음으로 말씀하셨다.

"드높은 그 기상이 고매하여 미칠 수 없는 자는 순임금과 우임금이다. 순임금과 우임금은 필부로서 천하를 소유하여 부귀의 극치를 누렸으나, 애당초 있었던 것처럼 생각하여 전혀 마음에 두지 않았으며, 천하를 소유하고서도 그 마음이 흔들린 바 없었다. 그들의 크나큰 식견과 도량은 참으로 천하의 밖에 초월하니, 그 드높은 기상이 어떠한가."

集註

巍巍는 **高大之貌**라 **不與**는 **猶言不相關**이니 **言其不以位爲樂也**라

[훈고] 외외는 드높고 큰 모양이다. 불예(不與)는 상관하지 않았다는 말과 같으니, 그 지위를 낙으로 삼지 않았음을 말한다.

19. 대재장지 大哉章旨

이 장에서는 요임금의 위대함을 찬양하고 있다.

위 절[大哉…無能名焉]은 덕으로, 아래 절[巍巍乎, 有文章]은 업적으로 말하였다. 이는 모두 그 임금됨됨의 위대함을 밝힌 부분이다.

(1) 대재절지 大哉節旨

대재(大哉) 구절이 하늘의 드높고 큰 점을 들어 문장을 일으키고 있다. '오직 하늘만이 크다[唯天爲大]'는 대(大)자는 형상으로 말하였고, '요임금이 이를 본받았다[堯則之]'는 것은 덕으로 말하였다. 본받았다[則]는 것은 그와 똑같음을 말한다. 하늘이 이처럼 크고, 요임금의 덕 또한 이처럼 큼을 말한다. 2개의 유(唯)자를 잘 살펴보아야 한다. 워낙 그 공덕이 드넓고 드넓어서 무어라 말하기 어렵다는 것은 곧 하늘을 본받았다는 점을 이어 말한 것으로, 여기에는 2단계로 나눠볼 수 없다.

子曰 大哉라 **堯之爲君也**여 **巍巍乎唯天**이 **爲大**어시늘 **唯堯則**(칙)**之**하시니 **蕩蕩乎民無能名焉**이로다

부자께서 말씀하셨다.

"위대하다, 요의 임금 되심이여. 드높고도 크도다. 오직 하늘만이 큰 것인데, 요임금께서 이를 본받으셨다. 그 넓고 넓음을 사람들이 무어라 말로 형용할 수 없다."

강설

부자께서 요임금을 크게 찬탄하셨다.

"위대하도다. 많은 제왕을 초월하여 홀로 드높으신 요임금이시여. 드높고 높아서 그 위대함이 하늘과도 같다. 하늘만이 지극히 크므로 만물을 덮어주지 않는 바 없다. 요임금의 덕은 가없이 널리 운행되는 것이 하늘을 본받은 것이다. 그러므로 그 덕은 드넓고 드넓고 원대하다. 당시의 백성들이 그 크기를 말로써 형언할 수 없었던 것 또한 하늘을 말로 형용할 수 없는 것과 같기 때문이다."

集註

唯는 猶獨也오 則은 猶準也라 蕩蕩은 廣遠之稱也라

言物之高大莫有過於天者어늘 而獨堯之德이 能與之準이라 故로 其德之廣遠이 亦如天之不可以言語形容也라

[훈고] 유(唯)은 유독이라는 말과 같다. 칙(則)은 '본보기로 삼는다.'라는 뜻과 같다. 탕탕(蕩蕩)은 드넓고 원대함을 말한다.

[해석] 만물 가운데 드높고 큰 것으로는 하늘보다 더 큰 것이 없는데, 요임금의 덕만은 하늘과 똑같다. 이 때문에 그 공덕의 드넓고 원대함 또한 하늘과 같아서 말로 형용할 수 없음을 말한다.

(2) 외외절지 巍巍節旨

두 개의 유(有: 其有成功也, 其有文章)자에 중점을 둔 것으로, 성공(成功)과 문장(文章)은 말로 형용할 수 없는 요임금의 덕을 밝혀준 것이다.

성공(成功)의 성(成)자를 음미하여 보면, 이 시기에 이르러 처음으로 완성되었다는 것과 한 번의 완성으로 여기에 다시는 더할 수 없다는, 2가지의 뜻이 있다.

요임금 시대에 큰 문명이 이루어졌다. 그것은 요임금의 제정한 예악, 법도 등을 통하여 천지는 바야흐로 암흑의 세계를 벗어나게 된 것이다. 이러한 문장을 작다고 말할 수 있겠는가.

巍巍乎其有成功也여 煥乎其有文章이여

"드넓고도 크다, 그 공을 이룸이여. 빛나도다, 그 문장이여."

강설

그러나 형용할 수 없는 가운데 찾아볼 수 있는 것이라면 드높고 큰 것으로, 백성을 다스리고

만방을 잘 다스린 그 성공이야 더는 감출 수 없으며, 찬란한 광명으로서 예악과 법도 등의 문장은 가릴 수 없다.

성공과 문장은 모두 그 덕을 정사에 베푼 것이다. 볼 수 있는 것이라면 이것일 뿐, 내면의 덕은 결국 말로 형용할 수 없다. 이 때문에 "위대하다. 요의 임금 되심이여."라고 말씀하신 것이다.

集註

成功은 事業也오 煥은 光明之貌오 文章은 禮樂法度也라

堯之德은 不可名이나 其可見者 此爾니라

○ 尹氏曰 天道之大 無爲而成이어늘 唯堯則之하야 以治天下라 故로 民無得而名焉이오 所可名者는 其功業文章이 巍然煥然而已니라

[훈고] 성공은 사업이며, 환(煥)은 빛나고 밝은 모양이며, 문장은 예악과 법도이다.

[해석] 요임금의 덕은 말할 수 없으나, 볼 수 있는 것이라면 이것뿐이다.

○ 윤씨[尹焞]가 말하였다.

"천도의 큼은 무위(無爲)로 이뤄진 것인데, 오직 요임금이 이를 본받아 천하를 다스렸다. 그래서 백성이 무엇이라 이름할 수 없었다. 이름할 수 있는 것이라곤 그의 공업과 문장의 높고 빛난 것뿐이었다."

20. 순유장지 舜有章旨

이 장에서는 거듭 주나라의 많은 인재에 대해 찬탄하고 있다.

부자께서 본래 주나라의 인재를 논함으로 인하여 덕까지 말하고자 하였고, 무왕이 얻은 인재를 논함으로 인하여, 문왕 당시 주나라의 많은 인재는 당우(唐虞: 요순) 시대를 이을 만하고, 주나라 덕의 지극함 또한 천자의 지위를 선양(禪讓)한 요순의 겸손한 기상에 손색이 없음을 나타내고자 하였다.

(1) 순유절지 舜有節旨

이는 아래의 당우(唐虞: 唐虞之際 於斯爲盛) 구절로 인하여, 이를 기록하여 그 장본(張本)을 삼고 있다.

순임금을 말하면서 요임금을 이어 말하여야 비로소 아래의 제(際: 唐虞之際) 자와 상응하게 된다.

舜이 有臣五人而天下治하니라

순임금이 어진 신하 다섯 사람을 둠으로써 천하가 다스려졌다.

강설

순임금은 요임금의 뒤를 이어 우(虞)나라의 황제가 되었는데, 그 당시 다섯 어진 신하가 서로 그를 보좌함으로써 천하가 태평하게 다스려졌다.

우임금은 홍수와 국토를 평정하였고, 후직은 농사를 가르쳤으며, 설(契)은 오륜을 펼쳤고, 고요는 5가지 형벌을 밝혔으며, 백익(伯益)은 산림과 연못을 맡았다.

위의 다섯 신하를 살펴보면 그들이 모두 순임금을 도움으로써 순임금의 정사가 성공하였음을 볼 수 있다.

集註

五人은 **禹稷契皐陶伯益**이라

[훈고] 다섯 사람은 우, 직, 설, 고요, 백익이다.

(2) 무왕절지 武王節旨

이를 서술하는 것 또한 아래의 장본을 삼기 위함이다.

열 사람이란 내직과 외직을 맡은 인재를 모두 겸하여 말하였다.

武王曰 予有亂臣十人호라

무왕이 말하였다.

"나는 나랏일을 다스리는 신하 열 사람을 두었다."

강설

무왕은 문왕을 뒤이어 주나라를 통일하고서 일찍이 "나에게 나랏일을 다스리는 신하, 열 사람이 있었다."고 말한 바 있다.

주공(周公) 단(旦), 소공(召公) 석(奭), 태공(太公) 망(望), 필공(畢公), 영공(榮公), 태전(太顚), 굉요(閎夭), 산의생(散宜生), 남궁 괄(南宮适)은 바깥을 다스리고, 읍강(邑姜)은 안을 다스렸다.

여기에서 열 명의 신하를 찾아볼 수 있다. 인재는 처음 요순시대에 융성하였고, 다시 주나라 때에 융성하였다.

集註

書泰誓之辭라

馬氏曰 亂은 **治也**라 **十人**은 **謂周公旦, 召公奭, 太公望, 畢公, 榮公, 太顚, 閎夭, 散宜生,**

南宮适이오 其一人은 謂文母라

劉侍讀은 以爲子無臣母之義하니 蓋邑姜也니 九人은 治外하고 邑姜은 治內라

或曰 亂은 本作𠂢이니 古治字也라

[훈고] 이는『서경』「태서」의 말이다.

마씨[馬融]가 말하였다.

"난(亂)은 다스림이다. 십인(十人)은 주공(周公) 단(旦), 소공(召公) 석(奭), 태공(太公) 망(望), 필공(畢公), 영공(榮公), 태전(太顚), 굉요(閎夭), 산의생(散宜生), 남궁 괄(南宮适)이며, 나머지 한 사람은 문모(文母: 문왕의 부인, 무왕의 모친)이다."

유시독[劉敞]이 이에 대해 말하였다.

"자식으로서 어머니를 신하로 삼는 도리가 없다. 이는 읍강(邑姜: 무왕 부인)일 것이다. 아홉 사람은 밖을 다스리고 읍강은 안을 다스렸다."

혹자가 말하였다.

"난(亂) 자는 본래 치(𠂢)자로 쓰는 글자이니, 치(治)의 고자(古字)이다."

(3) 재난절지 才難節旨

이 절은 인재를 얻기 어렵다는 데에 대한 탄식이지만, 실제로는 주나라의 인재가 성대함에 대한 찬양의 말이다.

재난 불기연호(才難, 不其然乎) 구절 또한 허설(虛說)이며, 아래[唐虞之際⋯ 九人而已]에서 그 실상을 밝혀주고 있다. 당우 2구[唐虞之際, 於斯爲盛]에서 다시 사(斯) 자를 제시하고 있으므로, 주나라를 당우 시대와 대등한 입장에서 보아서는 안 된다.

제(際) 자를 깊이 음미하여 보아야 한다. 만일 순임금이 우임금을, 요임금이 순임금을 만나지 못했었더라면 그 성대함 또한 주나라만 같지 못했을 것이다. 순임금의 다섯 신하가 주나라의 열 명의 신하보다도 성대하다는 것은 인품의 지위로 말한 것이지, 숫자로 말함이 아니다.

孔子曰 才難이 不其然乎아 唐虞之際 於斯 爲盛하나 有婦人焉이라 九人而已니라

부자께서 말씀하셨다.

"'인재 얻기가 어렵다.'고 하더니, 그렇지 않은가? 당우 시대의 인재가 이 주나라보다 성하였다. 〈그러나 주나라 인재 열 사람 가운데〉 부인 한 분이 들어있으니 실제로는 아홉 사람일 뿐이다."

강설

부자께서 우나라와 주나라 시대를 오르내리면서 탄식하셨다.

"옛말에 '인재를 얻기 어렵다'고 하더니만, 그 말이 참으로 그렇지 않은가. 주나라에 나랏일을 잘 다스린 열 명의 인재가 있었다는 것은 성대하다고 말할 만하다. 하지만 요순의 즈음에 성인과 같은 신하[聖臣]가 다섯 사람이나 있었다. 그들을 주나라[於斯]의 열 명 신하에 견주어 보면 그들의 인품은 더욱 성대하였다. 그 후 하나라, 상나라 이후로 모두 여기에 미치지 못하였다.

그러나 주나라에 열 명의 신하[十亂]가 있었다고 하지만, 그 가운데 무왕의 부인 읍강(邑姜)이 있는바, 실제론 아홉 사람인 셈이다. 인재가 많았다고 하지만 열이라는 수효조차 채우지 못하였다. 이로 보면, '인재를 얻기 어렵다.'는 말을 더욱 믿을 수밖에 없다."

集註

稱孔子者는 上係武王하니 君臣之際라 記者謹之니라 才難은 蓋古語而孔子然之也라 才者는 德之用也라 唐虞는 堯舜有天下之號라 際는 交會之間이라

言周室人才之多 惟唐虞之際에 乃盛於此오 降自夏商으로는 皆不能及이라 然이나 猶但有此數人爾니 是才之難得也라

[해석] 공자라 일컬음은 위로 무왕에 뒤이어 쓴 때문이다. 임금과 신하 사이이기에 이를 기록한 자가 이를 삼간 것이다.

[훈고] 재난(才難)은 옛말인데, 공자가 그 말을 수긍한 것이다. 재(才)는 덕의 용(用)이다. 당우는 요임금과 순임금이 천하를 소유한 시대의 국호이다. 제(際)는 서로 만나는 기간이다.

[해석] 주나라에 인재가 많았기에, 오직 요순시대의 신하가 이 주나라보다 성하였을 뿐, 후대로 하(夏), 상(商)에 내려와서는 모두 주나라를 따라갈 수 없었다. 그러나 오히려 단 그 몇 사람만 있었을 뿐이니, 이는 인재를 얻기 어려움이다.

(4) 삼분절지 三分節旨

삼분 2구[三分天下…以服事殷]는 문왕의 성대한 덕을 서술함이며, 아래[周之德 其可謂至德也已矣]의 문장에서 이를 깊이 찬탄하고 있다.

위에서 갑자기 인재를 말하였다가 또다시 갑자기 문왕의 지덕(至德)을 말한 것은 무엇 때문일까?

"주나라의 많은 인재는 참으로 얻기 어려운 일이다. 하지만 주나라의 덕 또한 일찍이 요순과 비교하면 조금도 손색이 없다. 이로 보면, 지극한 덕이 아니고 무엇이겠는가."

三分天下에 有其二하사 以服事殷하시니 周之德은 其可謂至德也已矣로다

"〈문왕은〉 천하를 삼 등분한 가운데 그 둘을 소유하고서도 은나라를 섬겼다. 주나라 문왕의 덕

이야말로 지극한 덕이라고 이를 만하다."

강설

주나라의 많은 인재는 참으로 요순시대와 한가지로 융성하였다. 그러나 문왕의 덕 또한 요순의 겸양 덕과 똑같이 드높다고 말할 만하다.

주나라 시대에 천하 9주를 삼 등분 하여 문왕은 이미 그중에 6주를 소유했었다. 얼마든지 상나라를 취할 수 있는 처지임에도 취하지 않았을 뿐 아니라, 도리어 상나라를 배반했던 나라들을 거느리고서 상나라를 섬겼다. 이는 천하를 위하여 인륜 기강을 세움이며 백세 훗날을 위하여 강상을 바로잡은 것이다. 주나라의 문왕은 지극한 덕으로서 여기에 더할 수 없다고 말할 뿐, 더 그 무슨 말을 할 수 있겠는가. 문왕의 덕은 위로는 요순의 성대한 겸양의 덕을 계승하고, 아래로는 무왕의 통일 위업을 이어준 것이라고 말할 수 있다.

集註

春秋傳曰 文王率商之畔國하야 **以事紂**라하니 **蓋天下**에 **歸文王者六州**니 **荊梁雍豫徐揚也**오 **惟靑兗冀 尙屬紂耳**라

范氏曰 文王之德이 **足以代商**하야 **天與之**오 **人歸之**로되 **乃不取而服事焉**하니 **所以爲至德也**라 **孔子因武王之言**하야 **而及文王之德**하고 **且與泰伯**으로 **皆以至德稱之**하시니 **其指微矣**로다

或曰 宜斷三分以下하야 **別以孔子曰起之**하야 **而自爲一章**이니라

[해설] 『춘추좌전』에 이르기를 "문왕이 상나라를 배반한 제후들을 거느리고서 주(紂)를 섬겼다."(襄公 4년)고 한다. 문왕에게 돌아간 나라는 6주로 형(荊), 양(梁), 옹(雍), 예(豫), 서(徐), 양주(揚州)이며, 그 나머지 청(靑), 연(兗), 기주(冀州)만이 주(紂)에 속하였다.

범씨[范祖禹]가 말하였다.

"문왕의 덕이 상나라를 대신하기에 넉넉하여 하늘이 그에게 내려주고 백성들이 그에게 돌아갔으나 상나라를 취하지 않고 굴복하여 섬겼다. 이것이 지극한 덕이 되는 바이다. 공자께서 무왕에 대한 말을 뒤이어서 문왕의 덕을 언급하고, 또한 태백과 함께 모두 지덕으로 일컬으니, 그 뜻이 은미하다."

혹자가 말하였다.

"'삼분천하' 구절 아래를 끊어서 별도로 '공자왈'로써 시작하여 그 나름 1장으로 만들어야 한다."

21. 우오전지 禹吾全旨

이 장에서는 우임금의 덕에 대하여 시비를 논할 수 없음을 찬탄하고 있다.

우임금은 오제(五帝)의 시대가 끝나고, 삼왕의 시대가 시작되는 시기에 해당하는 인물이다. 그에 대한 논란의 여지가 없지 않으나, 부자께서 오제와 삼왕의 차이점 속에서도 일치되는 그 정신의 근원을 상상하여 왕도의 순수함을 보여주고 있다.

첫 구절[禹 吾無間然矣]은 허설(虛說)이며, 아래[菲飮食…力乎溝洫]에서 그 실상을 상세하게 거듭 말하고 있다.

"흠잡을 데가 없다.[無間]"는 것은 우임금의 심리상에서 말한 것이지, 행사(行事)에 관하여 말한 것은 아니다. 단 마음이란 찾아볼 수 없기에 대략 몇 가지의 일을 들어 그 전체를 증명하여 보여준 것이다.

주자의 집주에서 "검박하게 할 때, 풍성하게 할 때 제각기 그 타당함을 얻었다.[或豊或儉 各適其宜]"고 하니, 이는 각기 그 중도에 알맞음을 말한다. 만일 검박하게는 잘하는데 풍성하게 할 데에 잘못하고, 풍성하게는 잘하는데 검박하게 할 데에 잘못한다면 이는 중도가 아니다. 우임금의 풍성함과 검박함이 중도에 맞을 수 있었던 것은 모두 윤집궐중(允執厥中)에 의한 것으로, 이는 요순으로부터 유래한 것이다.

아래 3단락[菲飮食…力乎溝洫]은 곧 우임금의 어떠한 흠도 찾을 수 없다는 부분을 상상할 수 있다. 그러나 이 3단락의 일에서만 그의 흠도 찾을 수 없다는 것은 아니다. 3단락 또한 우연히 연이어 열거한 데에 불과할 뿐이다.

子曰 禹는 吾無間然矣로다 菲飮食而致孝乎鬼神하시며 惡衣服而致美乎黻冕하시며 卑宮室而盡力乎溝洫하시니 禹는 吾無間然矣로다

부자께서 말씀하셨다.

"우임금은 내가 그 어떠한 흠도 찾을 수 없다. 자기의 음식은 단출하면서도 제사의 신명에겐 효성을 다하시고, 평소의 의복은 허술하게 입으면서도 제례의 의관은 아름다움을 다하시고, 자기의 궁실은 검소하게 하시면서도 백성을 위한 전답 사이의 구혁(溝洫: 治水)에는 힘을 다하셨다. 우임금은 내가 그 어떠한 흠도 찾을 수 없다."

강설

부자께서 우임금을 찬탄하는 마음으로 말씀하셨다.

"예전 우임금을 살펴보니, 나는 그를 비난하거나 흠을 찾을 수 없다. 임금이란 모든 신의 주재자로서 억조 백성들을 거느리는 자이다. 풍요와 검박에 있어서 그 하나라도 중도를 잃으면 이는 모두 시빗거리가 된다.

우임금은 아무리 진귀한 음식이 온 누리에 널려있어도 차라리 자기 음식은 단출하게 할지언정, 신에게 제사를 올리는 데에는 지극히 풍성하고 정갈하게 하여 신에게 정성을 다하였다.

아무리 진귀한 비단이 온 누리에 널려있어도 차라리 평소의 의복은 허술하게 할지언정 제사에 받들 적에는 화려하게 꾸미어 보불(黼黻)과 면류관의 아름다움을 다하여 조금이라도 나쁜 것을 쓰지 않았다.

아무리 천하를 자기 집으로 삼았으나 차라리 자신의 궁실을 낮출지언정 백성을 위한 일은 감히 늦추지 않고서 전답 도랑의 치수에 힘을 다하여 감히 대수롭지 않은 마음으로 대처하지 않았다.

의식에 있어 자기 몸을 검소하게 받들되 제왕으로서 독실하고 소박한 마음으로 천하의 일을 우선시하는 도리는 마땅히 이와 같아야 하기에, 나는 그에 누추함을 논할 수 없으며, 신과 백성에게 풍요롭게 함에 있어, 인(仁)과 효(孝)로써 천하를 다스리는 제왕의 도는 마땅히 이와 같아야 하므로, 나는 그의 사치를 말할 수 없다. 우임금과 같은 분에게 참으로 흠잡을 수가 없다."

集註

間은 罅隙也니 謂指其罅隙而非議之也라 菲는 薄也라 致孝鬼神은 謂享祀豊潔이라 衣服은 常服이라 黻은 蔽膝也니 以韋爲之오 冕은 冠也니 皆祭服也라 溝洫은 田間水道니 以正疆界하고 備旱潦者也라

或豊或儉이 各適其宜하니 所以無罅隙之可議也라 故로 再言以深美之하시니라

○ 楊氏曰 薄於自奉하되 而所勤者는 民之事오 所致飾者는 宗廟朝廷之禮니 所謂有天下而不與也라 夫何間然之有리오

[훈고] 간(間)은 틈이니, 그 틈바구니를 가리켜 비방함을 말한다. 비(菲)는 박함이다. 귀신에게 효성을 다하였다는 것은 제사를 풍성하고 정갈하게 받듦을 말한다. 의복은 일상복이며, 불(黻)은 무릎 가리개니 가죽으로 만들고, 면(冕)은 관이니, 모두가 제복이다. 구혁(溝洫)은 밭 사이의 도랑이니, 경계를 바르게 하고 가뭄과 장마를 대비한 물길이다.

[해석] 풍성히 할 때 풍성히 하고 검소할 때 검소하여 각각 그 시의(時宜)에 맞도록 하니, 빈틈을 타고서 비방할 수 없기에 두 차례 말하여 깊이 찬미한 것이다.

○ 양씨[楊時]가 말하였다.

"자기의 몸을 받드는 데에는 박하게 하면서도 부지런히 한 바는 백성의 일이며, 꾸미기를 지극히 함은 종묘와 조정의 예이다. 이른바 '천하의 부귀를 소유하고서도 마음에 두지 않음이니,' 어떻게 흠을 찾을 수 있겠는가."

제9 자한 子罕 第九

凡三十章이라

모두 30장이다.

1. 자한전지 子罕全旨

이 장에서는 성인의 가르침 가운데 삼가는 바를 기록한 것이며, 또한 세상의 도를 붙잡으려는 뜻을 담고 있다.

이(利)에 대하여 드물게 말함은 배우는 이들의 잇속 탐닉을 막고자 함이며, '명(命)'과 '인(仁)'을 드물게 말함은 배우는 이들이 쉽게 미칠 수 없기 때문이다.

'명(命)'자에 대해 집주에서 '이(理: 仁義禮智의 본성)' 부분을 가리켜 말하기도 하고, 또한 '기(氣: 壽夭窮通 등의 氣數)'의 부분을 가리켜 말하기도 하였다.

子는 **罕言利與命與仁**이러시다

부자께서는 이(利)와 명(命)과 인(仁)에 대하여 드물게 말씀하셨다.

강설

부자의 가르침에 있어 자주 말씀하지 않으시고 드물게 말한 것은 잇속과 명(命)과 인(仁)이다.

잇속은 사사로운 인욕이다. 이는 꼭 재리(財利)만을 말한 게 아니다. 사적인 일로 공도(公道)를 저해하여 대의에 어긋나는 것은 모두 잇속[利]이다. 따라서 이를 드물게 말한 것은 사람들이 비근하거나 천박한 데에 빠질까를 두려워했기 때문이다.

명이란 이치[理]로 말하기도 하고 기수(氣數: 氣)로 말하기도 한다. 이치로 말하면 하늘이 만물에게 부여한 천명(天命)으로 소리나 냄새조차 없으며, 기수로 말하면 뒤섞여 분별하기 어려우니, 사람의 경우, 수요(壽夭)와 궁통(窮通) 등이 바로 그것이다. 천명의 이치는 정미하여 말하기 어렵고, 기수의 굴곡은 하늘의 운수에 맡겨 사람으로서 해야 할 일들을 그만둘 수 없기에 드물게 말한 것이다.

인이란 오성(五性: 仁義禮智信)의 으뜸으로, 인의예지(仁義禮智) 4가지의 덕을 포괄하여 어느 사물이든 존재하지 않음이 없기에 그 도는 매우 크다. 그 이치는 은미하기에 사람들이 알기 어려운 것이다. 지혜가 미치지 못하는데 갑자기 성리(性理)에 대해 말하면 도리어 의혹만 커나가고, 또한 이를 탐색하려는 마음을 일으켜 단 입으로 인(仁)을 말할 뿐, 스스로 몸소 실행하려 들지 않을 것이다. 그 도는 크기에 사람들이 다하기 어려운 것이다. 덕이 지극하지 못하는데 억지로 말해주면 도리어 허튼 생각을 지니게 되고 또한 일상의 행실에 힘쓰지 않고 삼감이 없을 것이다. 이 때문에 드물게 말한 것이다.

명(命)과 인(仁)을 드물게 말함은 사람들이 높고 먼 곳으로 치달리게 될까 두려워함이니, 성인의 염려하는 마음이 깊고도 크다.

集註

罕은 少也라

程子曰 計利則害義오 命之理 微하고 仁之道 大하니 皆夫子所罕言也라

[훈고] 한(罕)은 적음이다.

정자[伊川]가 말씀하였다.

"잇속을 헤아리면 의(義)를 해치고, 천명의 이치는 은미하고, 인의 도는 크므로 모두 부자가 드물게 말한 것들이다."

[보 補]

부자가 인에 관해 묻는 제자에 대해 답변한 바 적지 않다. 『논어』에 직접 '인을 묻는다[問仁]'는 부분만 살펴보아도 다음과 같다.

제6「옹야」편의 번지 문인(樊遲問仁), 제12「안연」편의 안연, 중궁, 사마우, 번지의 문인[顔淵問仁, 仲弓問仁, 司馬牛問仁, 樊遲問仁]이 있고. 제13「자로」편의 번지, 자장의 문인[樊遲問仁, 子張問仁]이 있다.

이로 보면「안연」제12편에는 4명의 제자가 인을 물었을 뿐 아니라, 번지는 3차례나 인을 물은 바 있다. 이 밖에도 인에 관련된 부분은 이루 셀 수 없음에도 인을 드물게 말했다는 것은, '본성의 인', 즉 심리의 내면세계에서의 선천적 '인의 본체'를 말씀한 게 아니라, 인의 실행이라는 후천적 수행의 측면에서 인을 실현하는 방법을 말씀하셨을 뿐이다. 이 때문에 인의 본체에 관한 성리학에 대해서는 일찍이 언급한 바 없다.[274]

부자는 일찍이 『주역』의「십익(十翼)」을 찬술하면서 원형이정(元亨利貞)의 이(利)에 대하여 "이(利)란 의의 화합이다.[利者, 義之和也.]"(「乾卦☰ 文言」)고 하였고, 또한 "그 쓰는 것을 이롭게 하여 몸을 편안히 함으로써 덕을 높이 쌓아가는 것이다.[利用安身, 以崇德也]"(「繫辭 下」)고 하였다. 이는 나랏일에 있어서나 개인의 수행 측면에서 모두 이익의 큰 부분들이다. 이로 보면 부자는 일찍이 이익 또는 이익에 대해 언급한 바 적지 않다. 그러나 여기에서 말한 잇속에

274 『大全』 該註. "龜山楊氏曰 夫子對問仁多矣, 曰罕言者, 蓋言求仁之方而已, 仁之本體則未嘗言."

대해 언급한 바 적다는 것은, 맹자가 양혜왕(梁惠王)에게 인의를 말하면서 부국강병의 이(利)를 배제한 것과 같다. 부자와 맹자가 배제한 이유는 의(義)와 이(利)라는 상대적인 관점에서 말한 것이다. “의란 공정한 천리이고, 잇속이란 사사로운 인욕이다. 천리와 인욕은 양립할 수 없는 것으로, 저 잇속을 생각하면 천리에 해가 되기 때문이다.”[275]

이처럼 이(利)자를 긍정적 견해에서 말하느냐, 부정적 견해에서 보느냐는 자사(子思)와 맹자의 문답에서 극명하게 볼 수 있다.

“처음, 맹자가 자사를 사사할 적에 ‘백성을 다스리는 도는 무엇을 먼저 해야 합니까?’라고 묻자, 자사는 ‘먼저 백성을 이롭게 해주어야 한다.’고 대답하였다.

맹자가 ‘군자가 백성을 가르침은 또한 인의일 뿐인데 하필 이익입니까?’라고 되묻자, 자사는 다음과 같이 대답하였다.

‘인의란 참으로 백성에게 이로움을 주는 것이다. 윗사람이 어질지 못하면 아랫사람이 제자리를 얻지 못하고, 윗사람이 의롭지 못하면 아랫사람이 속이기를 좋아하니, 이는 이롭지 못함이 크다.’”[276]

이에 관한 사마온공의 사평(史評)은 다음과 같다.

“자사와 맹자의 말은 똑같다. 오직 어진 자만이 인의의 이로움을 알 수 있다. 어질지 못한 자는 이를 알지 못한다. 그러므로 맹자가 양혜왕에게 대답할 적에 인의만을 말하고 잇속에 관해서는 언급하지 않은 것이다. 이는 더불어 말하는 대상이 달랐기 때문이다.”[277]

집주에서 “명(命)의 이치는 은미하다”고 말한 명이란 이치[理]로 말한 것이다. 이는 수요(壽夭) 궁통(窮通) 빈부(貧富) 등의 기수(氣數) 운명으로 말한 게 아니라, 생명의 원리로 말한다. 부자가 잇속에 대해 언급한 바 적음은 배우는 이들이 그쪽으로 흘러감을 막으려는 것이며, 명과 인을 언급한 바 적음은 배우는 이들이 쉽사리 미칠 수 있는 부분이 아니기 때문이다. 이처럼 배우는 이들이 이욕이라는 비루하고 더러운 데에 매몰될까 염려하였고, 또한 배우는 이들이 명과 인이라는 정미하고도 크나큰 영역으로 엽등할까 염려하였다. 그처럼 염려하심이 원대한 까닭에 이처럼 드물게 말한 것이다.[278]

2. 달항장지 達巷章旨

이 장은 부자가 자신을 칭찬하는 말을 듣고서 겸손한 말씨로 그에게 답하는데 뜻이 있다.

---

275 위와 같음. “慶源輔氏曰 義者, 天理之公也; 利者, 人欲之私也. 天理人欲不兩立, 計於彼則害於此矣.”

276 『通鑑節要』 권1, 「周紀 顯王 乙酉33년」. “初, 孟子 師子思, 嘗問牧民之道, 何先? 子思曰 先利之. 孟子曰 君子所以教民, 亦仁義而已矣, 何必利? 子思曰 仁義, 固所以利之也. 上不仁則下不得其所, 上不義則下樂爲詐也, 此爲不利 大矣. 故易曰 利者, 義之和也. 又曰 利用安身, 以崇德也. 此皆利之大者也.”

277 “溫公曰 子思·孟子之言, 一也. 夫唯仁者爲知仁義之利, 不仁者不知也. 故孟子對梁王直以仁義而不及利者, 所與言之人異故也.”

278 『大全』 該註. “新安陳氏曰 集註言命之理微, 則此命字以理言. 罕言利者, 防學者趨乎此; 罕言命與仁, 以學者未易及此也. 既慮學者沒溺於利欲之卑汙, 又慮學者躐等於命與仁之精微弘大, 其爲慮 遠矣.”

첫 절[達巷黨人…無所成名]은 부자에 대하여 한편으로 위대함을 찬미하면서도 한편으론 하나의 명예를 이루지 못함을 애석히 여긴 것이다. 이는 모두 '대재(大哉)'에 그 뜻이 내재하여 있다. 따라서 아래 절에 대한 집주에서 하나의 '예(譽)'자로 모두 이 글을 받들고 있다.

(1) 달항절지 達巷節旨

'박학(博學)'은 활쏘기와 말 타는 기예 따위에 비추어 말한 것으로, 본디 깊은 뜻을 두고 말한 것은 아니다. 여기에서 말한 '박학'은 '다재다예(多才多藝)'의 의미로 쓰였다.

達巷黨人이 曰 大哉라 孔子여 博學而無所成名이로다

달항이라는 고을에 사는 사람이 말하였다.
"위대하도다. 공자여! 널리 배웠으되 이름을 이룬 바 없다."

강설

달항이라는 고을에 사는 사람이 부자를 사모하면서도 그 실상을 알지 못하고서 이렇게 말하였다. "위대하다, 공자의 사람 됨됨이여. 지혜와 능력으로 많은 재예를 겸비하셨으니, 그 학문은 참으로 넓다고 말할 수 있다. 그러나 안타깝게도 그 학문은 넓으나 범범하여 사람들이 하나의 재예로 일컬을 수 없기에 그 이름을 이루지 못하셨다."

集註

達巷은 黨名이니 其人姓名은 不傳이라 博學而無所成名은 蓋美其學之博而惜其不成一藝之名也라

[훈고] 달항(達巷)은 고을[黨: 5백 호]의 이름이다. 그 사람의 이름은 전해오지 않는다.

[해석] 널리 배웠으되 이름을 이룬 바 없다는 것은, 그의 배움이 넓음을 아름답게 여기면서도 한 가지 기예로 이름을 이루지 못함을 애석하게 여김이다.

(2) 자문절지 子聞節旨

부자께서 '박학(博學)'에 대해 언급하지 않고, 다만 '무소성명(無所成名)'에 대하여 그에게 답하였다.

'집(執)'은 '박(博)'과 반대되는 것으로, '집(執)'자에는 곧 "이름을 이루겠다.[成名]"는 뜻이 포함되어 있다. 성인은 진실로 위대하며 진실로 박학(博學)하여 무어라 이름할 수 없는 존재이다. 달항당인은 성인에 대해 잘 알고 있지는 못하였다. 하지만 그의 말은 도리어 성인의 전체에 관하여 언급하고 있기에 부자께서 스스로 이를 감당하지 않은 것이다. 더욱이 '기예'라는 것은 비천한 일이지만, 성인의 관점에서 보면 기예의 정미한 부분이 곧 도이기에 겸손하게 이를 받아들인 것이다. 그러나 겸손한 데에 지극한 이치가 담겨있다.

子 聞之하시고 **謂門弟子曰 吾何執**고 **執御乎**아 **執射乎**아 **吾 執御矣**로리라

부자께서 이 말을 들으시고 문하 제자들에게 말하였다.
"내 무엇을 잡아볼까? 말고삐를 잡을까? 활쏘기를 잡을까? 내 말고삐를 잡으리라."

강설

부자께서 그가 자신을 칭찬하는 말을 듣고서 문하 제자들에게 말씀하셨다.

"달항당인이 나에게 이름을 이룬 바 없다고 말한 것은, 내 일찍이 하나의 기예를 잡아 전공하지 않았기 때문이다.

내 장차 무엇을 잡아볼까? 이 세상에는 말을 잘 다루는 것으로 이름을 얻은 자가 있으니, 나 역시 앞으론 오로지 말고삐를 잡고서 말만을 몰아 볼까? 아니면 이 세상에는 활쏘기로 이름을 얻은 자가 있으니, 나 역시 앞으론 오로지 활쏘기만을 잡아볼까? 그러나 활쏘기란 덕을 살펴보는 군자의 일이니, 내 이를 능할 수 없겠다.

그러나 말을 부리는 것은 사람을 위한 노역이니, 어쩌면 나 스스로 힘쓸 수 있을 것이다. 내가 말고삐를 잡고서 말을 부리는 것을 배워서 정밀하게 수레를 몰아간다면 혹 이름을 이룰 수도 있겠다."

부자께서 겸손한 마음으로 이처럼 받아들인 것이다. 그러나 활쏘기와 말을 부리는 것은 여러 가지 기예 가운데에서도 비천한 일이다. 그런데도 부자께서 말을 몰아야겠다는 것은 그중에서도 활쏘기는 어려운 일이고 말을 부리는 것은 비교적 쉽게 이름을 얻을 수 있다는 점에서 이처럼 말한 것일 뿐, 참으로 말을 몰겠다는 것은 아니다.

集註

執은 專執也라

射御는 皆一藝나 而御爲人僕하야 所執尤卑라 言欲使我何所執以成名乎아 然則吾將執御矣라하니 聞人譽己하고 承之以謙也라

○ 尹氏曰 聖人은 道全而德備하야 不可以偏長目之也라 達巷黨人이 見孔子之大하고 意其所學者博이나 而惜其不以一善得名於世하니 蓋慕聖人而不知者也라 故로 孔子曰 欲使我何所執而得爲名乎아 然則吾將執御矣라하시니라

[훈고] 집(執)은 전업(專業)이다.

[해석] 활 쏘고 말을 모는 것은 모두 하나의 기예이기는 하나, 말을 몬다는 것은 다른 사람의 하인으로서 일삼은 바가 더욱 비천한 일이다. "내가 무엇을 잡아 이름을 이뤘으면 하느냐? 그렇다면 나는 장차 말 모는 것을 잡으리라."고 말하니, 이는 남들이 자신을 칭찬하는 말을 듣고서 겸손한 말로써 이어받은 것이다.

○ 윤씨[尹焞]가 말하였다.

"성인은 도가 온전하고 덕이 겸비되어 하나의 장점으로 지목하여 말할 수 없다. 달항이라는 고을에 사는 사람이 공자의 위대함을 보고서 그 학문이 해박하다고 생각하면서도 한 가지의 선으로 세상에 이름 얻지 못한 것을 안타깝게 생각하였다. 이는 성인을 흠모하면서도 성인에 대해 알지 못한 자이다. 그러므로 부자께서 '내가 무엇을 잡아 이름을 얻었으면 하는가? 그렇다면 내 장차 말 모는 것을 잡을 것이다.'고 말하였다."

3. 마면장지 麻冕章旨

이 장에서는 군신의 '예'를 유지하고자 하는 부자의 뜻이 담겨있다.

상절[麻冕禮也…吾從衆]의 '따르겠다[可從]'는 말로써 하절[拜下禮也…吾從下]의 '따를 수 없다[不可從]'는 뜻을 일으키고 있다. 정자[伊川]는 이에 대해 주에서 '의(義: 無害於義, 害於義)'자로 말하니. 그것이 바로 이의 핵심이다.

(1) 마면절지 麻冕節旨

'검(儉)'자에 중점을 두고 있는데, 치포관을 생사(生絲: 純)로 제작하는 것이 많은 일이 줄어들어 공정이 생략됨을 나타내고 있다. "당시의 사람들을 따르겠다[從衆]"는 것은 또한 옛것에 얽매이지 않겠다는 뜻을 찾아볼 수 있다.

생사(生絲)를 사용하는 것은 마(麻)로 만드는 것보다 공정이 보다 줄어들면서도, 화려하고 아름다움만큼은 오히려 마에 못지않다. 이 때문에 치포관의 제도가 변했다 할지라도 예의 본의에는 어긋나지 않은 것이다.

子曰 麻冕이 **禮也**어늘 **今也純**하니 **儉**이라 **吾從衆**하리라

부자께서 말씀하셨다.

"삼베로 짠 치포관을 만드는 것이 예이지만, 이제 와선 생사(生絲: 純)로 만드니, 공정이 줄고 쉽게 만들 수 있다. 나는 오늘날의 사람들을 따르리라."

강설

부자께서 당시 신하로서의 예의가 실추된 것을 개탄해 오다가 이에 관례를 들어 이를 표현하

셨다.

"군자가 예를 행함에 오로지 의(義)로 가늠하여 따르기도 하고 어기기도 하는 것이다. 촘촘한 삼베에 검은 물을 들여 치포관을 만드는 것이 고대의 예법이다. 하지만 삼베의 올이 2,400이나 되는, 섬세한 공정을 거쳐야 하기에 여간 만들기 어려운 게 아니었다. 오늘날엔 생사(生絲)로 짠 베로 만들고 있다. 삼베의 공정에 비교하면 그 공정이 아주 생략된 것이다. 이것으로 바꾸어 사용해도 의리에 나쁠 게 없으니, 내 또한 많은 사람을 따라 생사로 만든 치포관을 쓸 것이다. 이는 예에 있어서 바꿔야 할 만한 것이 있으면 바꾸어야 하니, 내 어찌 구차히 시속 사람들과 함께한다는 데에 혐의를 두고서 주저할 수 있겠는가."

集註

麻冕은 **緇布冠也**라 **純**은 **絲也**오 **儉**은 **謂省約**이라 **緇布冠**은 **以三十升布爲之**하니 **升八十縷**니 **則其經二千四百縷矣**라 **細密難成**하니 **不如用絲之省約**이라

[훈고] 마면은 치포관이다. 순(純)은 생사(生絲)이며, 검(儉)은 만드는 공정이 생략됨을 말한다.

[해석] 치포관은 30새[升]의 베로 만드는데, 한 새에 80올이니, 그 날씨[經]는 2천4백 올이다. 섬세하고 정밀하여 만들기 어려우니, 생사를 사용하여 공정을 줄이는 것만 못하다.

(2) 배하절지 拜下節旨

'태(泰)'자에 중점을 두고 보아야 한다. 이는 임금에게 거만하게 대하는 마음을 꾸짖고 있다. 부자께서 "임금을 섬김에 있어 예를 극진히 다하였는데, 사람들은 이를 보고서 아첨한다."(「八佾」)고 말한 바 있다. 이는 부자가 당 아래에서 절하는 예를 두고 말한다.

"비록 많은 사람의 하는 것과 어긋나더라도 나는 당 아래에서 절을 할 것이다.[雖違衆 吾從下]"는 2구는 스스로 신하로서의 예를 지킬 것을 밝혔을 뿐 아니라, 문장 밖에 많은 사람을 경각시키는 뜻을 담고 있다. 당시 임금은 나약하고 신하가 강성하여 임금이 '당으로 올라오라'는 말이 없어도 스스로 당상에서 절을 하였다. 이는 임금에게 참람하고 임금을 핍박하는 교만함의 극치이다.

이 때문에 부자께서 치포관 따위의 지엽적인 제도야 시속에 따라 변할 수 있지만, 강상(綱常)의 대의는 만세에 변할 수 없음을 보여준 것이다.

拜下 禮也어늘 **今拜乎上**하니 **泰也**라 **雖違衆**이나 **吾從下**하리라

"당 아래에서 절하는 것이 예의인데 요즈음은 당 위에서 절을 하니, 이는 교만한 일이다. 비록 많은 사람의 하는 것과 어긋나더라도 나는 당 아래에서 절을 할 것이다."

강설

"신하가 임금에게 절할 때는 반드시 당 아래에서 행하는 것이다. 이는 또한 옛 예법이다. 그러나 오늘날 당 위에 올라가 절을 하니, 이는 신하로서 임금에게 대항한 일이며, 교만의 잘못을 범한 것이다. 이처럼 변한 것은 군신대의에 벗어난 일이다. 내 비록 많은 사람이 행하는 것과 어긋난다고 할지라도 당의 아래에서 절하는, 예전의 예법을 따를 것이다. 이는 결코 바꾸어서는 안 되는 예를 바꾸지 않으려는 것일 뿐, 내 어찌 '남과 달리 행하여 자신을 돋보이려는 처사'라는 비난의 말에 개의할 것이 있겠는가."

부자께서 시속의 예를 따르거나 따르지 않는 데에서 대의를 지키고자 하는 마음을 찾아볼 수 있다.

集註

臣與君行禮에 **當拜於堂下**니 **君辭之**면 **乃升成拜**니라 **泰**는 **驕慢也**라

○ **程子曰 君子處世**에 **事之無害於義者**는 **從俗可也**어니와 **害於義**면 **則不可從也**니라

[해석] 신하가 임금과 예를 행할 적에 의당 당 아래에서 절을 해야 한다. 임금이 이를 사양하면 그때 당에 올라가 절을 올리는 것이다.

[훈고] 태(泰)는 교만함이다.

○ 정자[伊川]가 말씀하였다.

"군자의 처세에 대의에 해롭지 않은 일은 시속을 따르는 것이 옳지만, 대의에 해로우면 따를 수 없다."

[보 補]

부자는 일찍이 "많은 사람이 좋아할지라도 반드시 살펴보아야 하고 많은 사람이 미워할지라도 반드시 살펴보아야 한다.[子曰 衆惡之, 必察焉; 衆好之, 必察焉.]"(「衛靈公」)고 말한 바 있다. 부자는 이의 연장 선상에서 대의를 따르고 있다. 이에 대해 범조우(范祖禹)는 다음과 같이 말하였다.

"많은 사람이 하는 바를 군자는 짐작하는 것이다. 혹 따르거나 어기는 것은 오직 대의의 옳은 일로 판단할 뿐이다. 많은 사람의 하는 일을 무조건 공공의 대의라 생각하여 모두 따르는 것도 잘못된 일이며, 많은 사람의 하는 일을 무조건 시속의 일이라 생각하여 모두 어기는 것도 잘못된 일이다. 성인의 도는 경중을 가늠하여 한 푼 한 냥을 속여서는 안 된다. 이 때문에 생사로 만든 치포관은 비록 예에 미치지 못할지라도 따르지만, 당상에서 절하는 것은 군신의 대의를 무너뜨리는 일이기에, 아무리 온 세상이 행할지라도 또한 따를 수 없는 것이다."[279]

279 『論語精義』 권5상. "范氏曰 衆人之所爲, 君子酌焉, 或從或違, 唯其是而已. 以衆爲公義而擧從之, 非也; 以衆爲流俗而擧違之, 非也. 聖人之道, 若權衡輕重, 不可以銖兩欺, 故純儉雖不及禮而可從, 拜上則虧君臣之義, 雖擧世而行之, 亦不可從也."

4. 자절전지 子絶全旨

이 장에서 성인의 허심(虛心)을 볼 수 있다. 이 4가지[意, 必, 固, 我] 모두 없는 것이 원래 마음의 본체이다. 성인은 마음의 본체를 온전히 하여 그 어떤 티끌만 한 것도 없이 텅 비어있으니, 어찌 이 4가지가 붙어있을 수 있겠는가. 요약하면, 단 마음속에 그런 경계가 없다는 것일 뿐, 현실 생활의 사물까지 붙여봐서는 안 된다. 그리고 공자가 이 4가지 것을 결단코 끊으려고 노력한다는 '절(絶)'자로 보아서도 안 된다. 성인조차도 스스로 이러한 점이 있었는지조차 인식하지 못한 것이다.

주자의 말에 의하면 다음과 같다.

"사사로운 생각[意]은 시작이며, 사사로이 자아를 내세우는 것[我]은 끝이다. 기필함과 고집은 그 중간단계에 있다. 이 4가지는 한 단계 한 단계 내려갈수록 더욱 비중이 커진 것이다. 따라서 사사로운 생각[意]이 털끝[絲毫]처럼 작은 것이라면 자아를 내세우는 것[我]은 하나의 태산이 이뤄진 것이다."

육가서(陸家書)가 말하였다.

"절(絶)자의 내면에는 강한(江漢)과도 같은, 탁탁(濯濯)한 기상과 가을 햇볕처럼 유난히 따가운 기상이 담겨있다."

子 絶四러시니 毋意 毋必 毋固 毋我러시다

부자께서는 4가지가 전혀 없으셨으니, 사사로운 뜻이 없고, 기필함도 없고, 고집함도 없고, 자아를 내세우는 일도 없었다.

강설

부자의 마음에는 4가지의 누가 전혀 없으셨다. 이는 다스려서 그렇게 된 것이 아니다.

4가지가 없다는 것은 무엇인가?

부자께서 사물을 대하기 이전에는 탁 트이게[廓然] 허허로운 마음으로 공평무사하여 사사로운 생각이 없어 혼연한 천리였으며,

일에 따라 순리대로 응하여 기필함도 없으셨으며,

사물을 대할 적에는 사물이 다가오는 데에 따라 순순히 응하고 지나가면 집착하지 않음으로써 고집함이 없으셨고,

피아(彼我)의 구별이 없는 대동(大同)의 사상으로 '나'라는 것을 내세움이 없으셨다.

이는 마음 그 자체가 순수한 천리로서 사사로움에 얽매임이 없었고, 사물에 따라 감응하여 마음이 부림을 당하지 않으셨다. 이것이 바로 성인다운 바이다.

集註

絶은 無之盡者라 毋는 史記에 作無하니 是也라 意는 私意也오 必은 期必也오 固는 執滯也오 我는

私己也라

四者 相爲終始하니 **起於意**하야 **遂於必**하고 **留於固**하야 **而成於我也**라 **蓋意必**은 **常在事前**이오 **固我**는 **常在事後**나 **至於我又生意**면 **則物欲牽引**하야 **循環不窮矣**리라

○ **程子曰 此毋字**는 **非禁止之辭**라 **聖人絶此四者**하시니 **何用禁止**리오

張子曰 四者에 **有一焉**이면 **則與天地不相似**니라

楊氏曰 非知足以知聖人하고 **詳視而默識之**면 **不足以記此**니라

[훈고] 절(絶)은 모조리 없는 것이다. 무(毋)는 『사기』에서는 무(無)로 썼는데 그것이 옳다. 의(意)는 사사로운 뜻이며, 필(必)은 기필함이며, 고(固)는 집착이며, 아(我)는 일신의 사사로움이다.

[의론] 4가지는 서로 끝과 시작이 되니, 사사로운 뜻[意]에서 일어나 기필함을 이루고 고집으로 집착하여 '나'라는 것을 이루게 된다. 사사로운 뜻과 기필함은 항상 사물을 접촉하기 이전에 있고, 집착과 '나'라는 것은 항상 사물을 접촉한 이후에 있으나, '나'라는 것에서 또다시 사사로운 뜻이 일어나면 물욕에 이끌리어 끝없는 순환을 하게 된다.

○ 정자[伊川]가 말씀하였다.

"이 무(毋)자는 금지하는 말로 쓰인 게 아니다. 성인은 이 4가지가 전혀 없는데 어찌 금지하는 말을 쓰겠는가."

장자[橫渠]가 말씀하였다.

"4가지 중 하나라도 있으면 천지와 같지 못하게 된다."

양씨[楊時]가 말하였다.

"성인을 알아보는 지혜로써 자세히 살펴보고 말없이 아는 사람이 아니라면 이를 기록하지 못했을 것이다."

[보 補]

이른바 무아(無我)는 너무나 흔히 들어왔고 말해오고 있다. 유가는 물론 도가며 불가에서도 흔히들 사용하는 술어이다. 그러나 똑같은 술어를 같은 의미로 쓰고 있을까는 의문이다.

먼저 『논어』의 무아(毋我: 無我)를 중심으로 유가에서 말하는 의미를 살펴보고자 한다. 주자는 집주에서 '아(我)는 사사로운 몸[私己]'이라고 정의하였다. 그리고 다음과 같이 구체적으로 말하고 있다.

"의(意)는 이처럼 하려는 생각을 일으킴이며, 필(必)이란 그 일에 앞서 꼭 그렇게 하려고 다짐함이며, 고(固)는 그 일이 이미 끝났음에도 집착하여 내려놓지 않음이며, 아(我)에 이르게 되면 '나'만을 알 뿐, 남이 있는 줄을 알지 못한다.

일에 앞서 꼭 그렇게 하려는, 기필의 시간은 잠깐이지만, 집착의 고집은 오랜 시간 지속하는 것이다. 비유하면, 어느 선비가 과거를 볼 적에 반드시 과거에 급제하려고 다짐하지만, 방이 내걸린 뒤에는 그만두는 것이다. 반드시 기필코 하려는 생각대로 꼭 이뤄지는 것만은 아니다. 다만 급제하면 기뻐한 나머지 끊임없이 그 기쁨을 내려놓지 않고, 뜻을 이루지 못하면 성을 낸 나머지 끊임없이 그 성내는 마음을 내려놓지 않는다. 이로 보면 집착의 고집이란 오랜 시간 지속함을 알 수 있다.

그렇게 하려고 생각하는 마음[意]은 사물을 대처하는[處事接物] 시작에 있고, '나[我]'라고 하는 것은 그 끝이며, 기필과 고집은 그 중간에 있다. 의(意)로부터 아(我)까지 한 단계 나아갈수록 한 단계 더 커져만 간다."[280]

위의 주자 설은 3단락으로 정의하고 있다. 첫째는 '의 · 필 · 고 · 아[意必固我]' 글자의 의의를 거듭 밝혔고, 둘째는 중간단계, 즉 사전(事前)의 기필과 사후(事後)의 고집을 통하여 '아(我)'의 형성으로 이어지는 부분을 보여주었다. 그리고 마지막으로 처사접물(處事接物)의 시종을 통하여 시간이 흐를수록 한 단계씩 눈덩이처럼 커져만 가는 '아'를 말해주고 있다. 사사로운 몸의 '아'란 전 3단계 '의 · 필 · 고'의 결정체임을 밝힌 것이다.

사심의 한 생각에서 비롯되어 이처럼 눈덩이처럼 만들어진 '아'는 집착의 고집에 의한 산물이기에 더 이상의 변화란 있을 수 없다. '나'라는 고정체를 형성하여 좋으면 좋은 대로, 싫으면 싫은 대로 일정한 권역, 즉 그 나름의 영역을 형성하게 된다. 앞서 살펴본 바와 같이 급제하여 좋으면 좋은 대로 교만하게 되고, 낙방하여 화나면 화나는 대로 모든 사물을 부정하게 인식하거나 패배의식 속에서 '자아의 세계'를 형성하는 것이다. 바로 이런 양상을 주자는 "'아'는 방(方)이다. 방(方)이란 곳[所]이니 한계와 막힘[限隔]이 있다는 말과 같다."[281]고 부연, 설명하였다. 한계와 막힘이란 그 사람이 만들어놓은 그 울타리 속에서 벗어나지 못함을 말한다. 기쁘거나 슬프거나 그 감정의 테두리[한계] 속에서, 그리고 '나'라는 생각, '나의 것'이라는 그 테두리, 즉 '자아의 세계' 속에서 벗어나지 못함이 곧 방소(方所) 및 한격(限隔)의 현상이자, 바로 '나'라는 아(我)의 실상이다.

시쳇말로 식자층은 지식의 아만으로, 금전이 많은 이는 재물의 아만으로, 모든 이들은 거의 그 나름의 아만에 사로잡혀 자신의 영역을 둘러치고 그 안에 그 누구도 받아들이려 하지 않음을 말한다.

따라서 '나'라는 것을 내세우지 않은 무아(無我)란 나의 권역 내지 한계의 영역을 벗어난 것이기에 모든 인류와 함께하면서 나의 한 몸만을 사사로이 챙기지 않는다.[282] 이처럼 "이른

---

280 『朱子語類』 권36. "余國秀, 問毋意必固我? 曰 意是發意要如此, 必是先事而期必; 固是事過而執滯, 到我, 但知有我, 不知有人. 必之時 淺, 固之時 長. 譬如士人赴試, 須要必得, 到揭榜後便已, 必不得了. 但得則喜, 喜不能得化; 不得則慍, 慍亦不能得化. 以此知固時久也. 意是始, 我是終, 必固在中間, 亦是一節重似一節也."

281 『近思錄集註』 권2, 『朱子語類』 권36. "我, 有方也. 我者, 成於己私, 故曰有方." "我, 有方也. 方, 所也, 猶言有限隔也."

바 '무아'라 함은 피아(彼我)의 사사로운 장벽이 없음을 위한 것이다."[283]

그렇다면 이와 같은 무아의 경지는 어디까지 가는 것일까? "지극히 공평하여 조금도 사사로움이 없이 모든 사람과 다 함께하여 '나'라는 것이 없으면 비록 작은 몸이 광대한 천지 사이에 있을지라도 천지와 다름이 없다. 그 무슨 걸림이 있겠는가."[284] 광대한 우주와 함께할 수 있는 무아는 이처럼 사사로운 생각이 없는 한 생각에서 비롯하여 천지인 삼재(三才) 일체의 경계까지 이르는 것이다.

위에서 살펴본 바와 같이 유가에서 말한 '무아'의 '아'는 인욕의 사사로움[人欲之私]을 말하며, 이를 벗어난 무아는 천리의 공정함[天理之公]이라는 공사(公私)의 개념에서 이를 말하고 있다.

그렇다면 도가에서 인식한 무아는 무엇일까? 실상 『노자』와 『장자』에 '무아'라는 술어는 보이지 않는다. 물론 『장자』 「제물론」에 '비피무아(非彼無我)'[285]라 하여 '무아'라는 술어는 있으나, 이는 하나의 단어로 구성된 술어는 아니다. 조물주의 그 조화 왕래가 아니었다면 나의 몸은 없었을 것[286]이라는 뜻으로 쓰였다. 나의 몸이라는 존재는 자연 조물주의 산물이라는 뜻을 말하고 있다.

따라서 도가에서는 '무아'라는 술어를 쓰기보다는 「제물론」에서 이를 남곽자기(南郭子綦)의 '상아(喪我: 吾喪我)'로 말하고 있다. '상아'는 "형체는 마치 메마른 나무처럼 생기가 없고, 마음은 마치 꺼져버린 재처럼 불씨를 찾을 수 없음[形固可使如槁木 而心固可使如死灰]"을 말한다. 즉 고목사회(枯木死灰)와 같은 몸과 마음을 '나의 몸을 잃어버린 것[喪我]'이라고 한다. "내가 나를 잃어버림[吾喪我]은 내 스스로 잊음이다. 내가 나를 잊으면 이 세상 어느 것을 알 수 있겠는가. 이 때문에 안팎으로 모두 잊어야 초연하여 모두 얻을 수 있다."[287]고 한다.

이처럼 '나를 잃어버림[喪我]'은 곧 '나를 잊음[忘我]'임을 말하며, '안팎으로 모두 잊음'은 형체는 고목처럼, 마음은 사회(死灰)와 같음을 말한다. 그렇다면 그 누가 그 누구를 잊는다는 것일까? '오상아(吾喪我)' 구절에서 '나'라는 뜻으로 쓴, 오(吾)자와 아(我)자는 똑같지만, 그 가리키는 바는 똑같지 않다. '오(吾)'는 자아의 참 주재자[自我眞宰: 「齊物論」 "若有眞宰而特不得其朕"]를 말하고, 잊어야 할 대상[喪我]으로서의 아(我)는 곧 혈육의 육신[血肉之軀]을 말한다. 장자가 말하는 무아는 이처럼 육체의 몸을 버리고 참 주재자[眞宰]의 마음을 찾는 데 있다. 그렇다면 구체적 고목사회의 심신은 그 무엇을 말하는 것일까? 장자는 이를 좌망(坐忘)으로 해석하였다.

"'무엇을 좌망이라 하는가.' 안회가 대답하였다. '사지와 육체를 버리고 총명한 귀와 눈을 버려서 형체를 벗어나고 알음알이를 버림으로써 천지의 대통(大通) 세계와 하나가 되었습니

282 『四書或問』 권14. "無我者, 大同於物, 不私一身也."
283 같은 책, 권23. "所謂無我者, 但爲無彼我之私耳."
284 『論語精義』 권5 上. "又曰至公無私, 大同無我. 雖渺然一身, 在天地之間, 而與天地無以異也, 夫何礙焉?"
285 "日夜相代乎前, 而莫知其所萌. 已乎已乎! 旦暮得此, 其所由以生乎? 非彼無我, 非我無所取, 言其自生."
286 『莊子口義』 권1. "日夜相代乎前, 造物之往來者也."
287 『莊子注』 권1. "吾喪我, 我自忘矣. 我自忘矣, 天下有何物足識哉? 故都忘外內, 然後超然俱得."

다. 이를 좌망이라 하옵니다.'[「大宗師」 제6. 何謂坐忘? 顔回曰 墮枝體, 黜聰明, 離形去知, 同於大通, 此謂坐忘.]"

여기에서 말한 '사지와 육체를 버림[墮枝體]'은 곧 '형체를 벗어남[離形]'이자, 앞서 말한 "형체는 마치 메마른 나무처럼 생기가 없음[形固可使如槁木]"이며, '총명한 귀와 눈을 버림[黜聰明]'은 곧 '알음알이를 버림[去知]'이자, 앞서 말한 "마음은 마치 꺼져버린 재처럼 불씨를 찾을 수 없음[心固可使如死灰]"이다.

장자가 생각하는 무아, 즉 상아(喪我)는 이처럼 좌망(坐忘)을 뜻한다. 따라서 '좌망'은 의자 깊숙이 파묻혀 앉아있는[隱几而坐] 남곽자기(南郭子綦)의 모습과도 닮은 형상이다. 그렇다면 고목사회의 '상아'는 무엇을 지향하는 것일까? 참 주재[眞我, 眞宰]를 찾아 거짓된 육신[假我]을 버리는 있는 것으로, 생사를 초탈한 진인(眞人)[288]을 추구하는 데에 있다.

이처럼 장자가 생각하는 '무아'는 진(眞)과 가(假)를 상대로 추구 대상과 방기(放棄) 대상을 설정하여, 유가에서 인식한 공사(公私)의 구별과 다를 뿐 아니라, 육신 그 자체를 버려야 할 대상으로 인식하여 사생의 초탈로 이어지고 있는 점이 도가와 유가의 무아에 관한 인식 차이다.

위에서 말한 도가의 '상아'를 정리하여 도표화하면 아래와 같다.

<table>
<tr><td rowspan="2">喪我</td><td>身</td><td>墮肢體
(身無根塵)</td><td>離 形
(形如枯木)</td><td rowspan="2">同於大通</td><td rowspan="2">坐 忘
(捨假求眞)</td><td rowspan="2">眞人眞宰
(不知生死)</td></tr>
<tr><td>心</td><td>黜聰明
(心不起念)</td><td>去 知
(心如死灰)</td></tr>
</table>

다음으로 불가에서 말하는 무아는 무엇을 뜻하는가? 『불광대사전(佛光大辭典)』(p5087-下)에 의하면, "'무아'는 범어로 anātman 또는 nir-ātman이며, 빠리어로는 anattan이라 한다. 이는 또한 비아(非我)라 말하기도 한다." 이처럼 불가에서 사용하는 무아의 아(我)는, 유가에서 말하는 '사사로운 몸[私己]' 도가에서 말하는 가아(假我)의 심신(心身)을 말하는 것과는 달리 '절대자아(絶對自我)'를 뜻한다.

불가의 '절대자아'는 상(常: 영원불변의 진리), 일(一: 獨立自存), 주(主: 마음의 주체), (宰: 지배능력) 4자를 말한 것으로, 영혼 또는 본체의 실존을 말한다. 그렇다면 무아의 또 다른 말로 쓰이는 비아(非我)란 절대자아의 상・일・주・재(常一主宰)라는 본체가 아님을 깨닫는 데 있다.

이로 보면 그 무엇이 절대자아가 아니라는 것일까? 그 무엇이 '절대자아가 아니라[非我]'는 부정어에 가리키고자 하는 그 대상이 생략되어 가늠하기 어렵다. '그 무엇무엇이라는 그것은 절대자아가 아니'라고 구체적으로 말했어야 한다. 그렇다면 절대자아를 상대로 말한 그 부정의 존재는 무엇일까? 그것은 당연히 절대자아가 아닌, 그와 상반된 존재를 말한다. 이를 구체

288 「大宗師」 "古之眞人, 不知悅生, 不知惡死, 其出不訢, 其入不距, 翛然而往, 翛然而來而已矣."

적으로 말하면 인무아(人無我) 법무아(法無我)이다. 인(人)과 법(法)이란 절대자아가 아님을 뜻한다. 인무아(人無我) 법무아(法無我)의 글자를 바꿔 쓴다면, 이는 인비아(人非我) 법비아(法非我)이다. 사람이란 절대자아가 아니요, 법이란 절대자아가 아니다라고….

이는 무엇을 뜻하는 것일까? '인무아(人無我)'의 인(人)은 유정(有情)의 생명체, 즉 오온(五蘊)의 일시 화합으로 이뤄진 생멸(生滅)의 주관적 육신을 말하고, '법무아'의 법이란 일체 만법으로 이 또한 각종 조건의 인연으로 생겨난 객관세계이다. 인간의 육신과 사회의 모든 일은 생겨나고 사라지는 허상과 환화(幻化)의 주관세계 및 객관세계의 존재이다. 생겨나고 사라지는 인간의 육신과 인간사회의 모든 일 및 자연의 현상계란 모두 일시의 허상이기에, 절대자아의 본체가 아니다. 이를 인무아 법무아라 한다. 바꿔말하면, 상・일・주・재의 본체는 불생불멸(不生不滅)의 진공(眞空)이고, 주관 객관의 현상세계에 나타난 생멸은 모두 가합(假合)으로 영원한 자성의 존재가 없기 때문이다.

이처럼 범부 중생의 육신이 오온의 일시 화합으로 생겨나 진실한 생명 주체로 말할 수 없음을 '인무아' 또는 '아공(我空)'이라 한다. 그러나 '아공(我空)'의 아(我)는 절대자아의 '아'를 말한 게 아니다. 사람의 육신을 뜻하는 '인무아'의 인(人)자에 해당하는 것이다. 그리고 객관세계의 일체만법은 모두 인연법에 의해 일시 생겨난 것으로 그 존재 또한 본래 절대적이거나 고유한 본성으로 말할 수 없기에, 이를 '법무아' 또는 '법공(法空)'이라 말한다.

주관 객관의 현상세계의 공허한 환화(幻化)로 말하면, 바로 아공・법공이라는 '공(空)'자를 쓰고, 절대자아가 아니라는 부정어로 말하면, 이를 '인무아・법무아'라 말한다. 이처럼 불가에서 인식한 무아는 생멸의 존재와 불생불멸의 존재로 양분하여 해석하고 있는바, 이는 유가의 공사(公私) 및 도가의 진가(眞假)로 무아를 해석한 것과는 확연한 차이를 두고 있다.

5. 자외장지 子畏章旨

이 장은 부자가 사문(斯文)의 흥상(興喪)으로 자신의 존망을 결정하면서 외환(外患)에 의해 마음이 동요된 바 없으니, 이는 하늘을 섬기고 천명에 흔들림이 없는 학문이다.

첫 절[子 畏於匡]에서는 어려움을 만나 경계하는 마음을,

다음 절[文王旣沒, 文不在玆乎]에서는 사문(斯文)이 자기에게 있음을,

마지막 절[天之將喪…其如予何]에서 사문이 자신에게 있다는 것은 곧 하늘의 뜻이 나에게 있음을 말하고 있다. 이는 광읍(匡邑)의 사람들이 나에게 가해하지 못하리라는 뜻을 보여주고 있다.

이의 사실은 『공자가어』(「困誓 제22」)에 실려 있는바, 다음과 같다.

부자께서 송나라를 가고자 광이라는 고을을 지나가게 되었다. 일찍이 양호(陽虎)가 광에서 횡포를 부릴 일을 있었는데, 부자의 얼굴 모습이 양호와 닮은 까닭에 이를 오해한 나머지, 광 땅의 간자(簡子)라는 사람이 갑사(甲士)를 동원하여 공자를 포위하기에 이르렀다. 이에 자로는 성을 내

어 창을 들고 싸우려고 하자, 부자께서 자로를 만류하여 말하였다.

"어떻게 인의를 닦으면서 시속 사람들의 미움을 면할 수 있겠는가. 저들에게 시서(詩書)를 강론한 바 없고 예악을 강습한 바 없었던 것이 나의 잘못이다. 만일 선왕을 계승하고 옛 법을 좋아하는 것을 못마땅하게 생각하여 나를 탓한 일이라면 그것은 나의 잘못이 아니라, 천명일 뿐이다. 노래나 한 곡조 부르도록 하라. 내가 너에게 화답하리라."

자로가 거문고를 켜면서 노래를 부르자, 부자가 화답으로 세 곡조를 불렀다. 사제간의 화기로운 노랫소리를 듣고서 광의 사람들이 포위를 풀고 떠나갔다.

(1) 자외절지 子畏節旨

'외(畏)'라는 것은 경계하고 방비한다는 뜻이지, 겁내고 두려워하는 마음을 말한 것은 아니다. 이는 실로 도를 아끼려는 마음에서 몸을 조심한 것이다.

子 畏於匡이러시니

부자께서 광을 두려워하셨는데,

강설

예전에 부자께서 송나라를 가고자 광이라는 고을을 지나게 되었다. 부자의 얼굴이 양호와 닮은 까닭에 그로 오해한 나머지, 광의 사람들이 부자를 포위하였다.

이런 일로 인하여 부자께서 광을 경계하는 마음이 있었는데, 그 당시 부자를 뒤따르던 제자들은 두려운 마음이 없을 수 없었다.

集註

畏者는 **有戒心之謂**라 **匡**은 **地名**이라

史記云 陽虎曾暴於匡이러니 **夫子貌似陽虎**라 **故**로 **匡人圍之**라

[훈고] 외(畏)는 경계하는 마음이 있음을 말한다. 광(匡)은 지명(宋邑)이다.

[해석] 『사기』에 이르기를, "양호가 일찍이 광 땅에서 횡포를 부릴 적이 있었는데, 부자의 용모가 양호와 비슷하였다. 이 때문에 광의 사람들이 부자를 에워쌌다."라고 한다.

(2) 문왕절지 文王節旨

이는 공자가 사문(斯文)을 자임한 것으로, 곧 스스로 도를 믿고 있다는 뜻이다. 앞(「述而」)의 "하늘이 나에게 덕을 내려주었으니, 환퇴가 나를 어찌하겠는가."라는 뜻과 한가지이다.

천고의 수많은 성인 가운데 유독 문왕만을 들어 말한 것은, 광의 사람들이 부자를 에워싼 일을 문왕이 유리(羑里)에 갇혔던 일에 대비하여, 문왕이 겪었던 환난을 함께 똑같이 겪는다는 뜻으로 비춰본 것이다.

曰文王이 **旣沒**하시니 **文不在茲乎**아

부자께서 말씀하셨다.
"문왕이 이미 돌아가셨으니, 사문[文: 道]이 나에게 있지 않겠는가."

강설

부자께서 그들의 마음을 풀어주셨다.
"문왕께서 돌아가시지 않았을 때는 수많은 성인의 사문(斯文) 도통(道統)이 문왕에게 있었지만, 오늘날 문왕께서 돌아가셨으니, 예악과 제도에 나타나는 도의 문장이 나에게 있어 떨어지지 않고 있다."

集註

道之顯者를 **謂之文**이니 **蓋禮樂制度之謂**라 **不曰道而曰文**은 **亦謙辭也**라 **茲**는 **此也**니 **孔子自謂**라

[훈고] 밖으로 나타난 도를 문(文)이라고 하니, 예악과 제도를 이른다. 도(道)라 말하지 않고 문(文)이라 함은 또한 겸손한 말이다. 자(茲)는 이것이니, 공자 자신을 말한다.

(3) 천지절지 天之節旨

이 절은 "도가 나에게 있지 않겠는가.[文不在茲]"라는 구절을 이어서 말하였다.
위의 3구[天之將喪…斯文也]는 하나의 반설(反說)과 하나의 정설(正說)로 하늘의 뜻이 자신에게 있음을 말하였고, 마지막 구절[匡人 其如予何]에서는 단정적인 말을 하고 있다.

天之將喪斯文也신댄 **後死者 不得與於斯文也**어니와 **天之未喪斯文也**시니 **匡人**이 **其如予**에 **何**리오

"하늘이 장차 사문을 없애려 한다면 뒤에 죽을 내가 사문에 함께하지 못할 것이지만 하늘이 사문을 없애지 않으시니, 광의 사람들이 나를 어찌하겠는가."

강설

"그러나 사문이 흥하고 잃음은 하늘의 뜻에 달려있다. 하늘의 뜻이 장차 사문을 버리고자 한다

면 문왕보다 뒤에 죽을 나로서는 장차 그 예악을 상고하고 전술하며, 그 제도를 닦고 밝히어 이 사문에 함께하지 못했을 것이다. 오늘날 내 이미 사문을 부여받아 얻었으니, 이는 하늘의 뜻이 사문을 버리지 않으려는 것이다. 하늘이 이미 사문을 버리고자 하지 않은즉슨 나의 한 몸은 예악과 제도가 관계되는 바이니, 광의 사람들이 나에게 어찌할 수 있겠는가."

集註

馬氏曰 文王旣沒이라 故로 孔子自謂後死者라

言天若欲喪此文인댄 則必不使我得與於此文이어니와 今我旣得與於此文하니 則是天未欲喪此文也라 天旣未欲喪此文이면 則匡人其奈我何리오하니 言必不能違天害己也라

[해석] 마씨[馬融]가 말하였다.

"문왕이 이미 돌아가셨기에 공자 스스로 '후사자(後死者)'라고 말한 것이다."

하늘이 만일 사문을 없애고자 한다면 반드시 내가 사문을 함께 하지 못하였을 것이지만, 오늘날 내가 사문에 함께 하였다. 이는 하늘이 사문을 없애지 않고자 함이다. 하늘이 이처럼 사문을 없애지 않고자 한다면 광의 사람들이 나를 어찌하겠느냐고 말하니, 이는 반드시 하늘의 뜻을 어기고 나를 해칠 수 없음을 말한다.

6. 태재장지 大宰章旨

이 장에서는 성인은 "능함이 많음을 귀중하게 여기지 않는다."는 뜻을 보여주고 있다.

태재는 다능한 사람을 성인으로 인식하였다. 이는 참으로 옳지 못한 일이다. 만일 성인의 경지를 표현하고자 한다면 자공처럼 말해야 성인을 극진하게 묘사했다고 할 수 있다.

마지막 절은 부자의 겸손한 말이다.

(1) 태재절지 大宰節旨

'부자(夫子)' 2자에서 잠시 끊었다가 '성인이실까? 어쩜 그렇게도 능한 일이 많으신지![聖者與 何其多能也]' 구절까지 단숨에 읽어야 한다. '성인이신가?[者與]'와 '어쩜 그렇게도[何其]'라는 말을 자세히 음미하여 보면 그가 성인에 대하여 경탄한 부분은 능함이 많음에 대해 깜짝 놀라고 감탄하고 있음을 알 수 있다.

大宰 問於子貢曰 夫子는 聖者與아 何其多能也오

태재가 자공에게 물었다.

"부자는 성인이실까? 어쩜 그렇게도 능한 일이 많으신지!"

강설

태재가 자공에게 물었다.

"내 부자를 살펴보니, 그분은 성인이라 하겠다. 어쩌면 예절이며 음악이며 활쏘기, 말타기, 낚시, 주살질 따위에 통달하여 그처럼 능한 일이 많으신지!"

集註

孔氏曰 大宰는 **官名**이니 **或吳或宋**이라하니 **未可知也**라

與者는 **疑辭**라

大宰蓋以多能爲聖也라

[훈고] 공씨[孔安國]가 말하였다.
"태재는 벼슬 이름인데, 혹자는 오나라, 또는 송나라의 관명이라고 하니, 알 수 없다."
여(與)는 의문사이다.

[해석] 태재는 능함이 많은 것으로 성인이라고 생각하였다.

(2) 자공절지 子貢節旨

'고(固: 固天縱)'자는 '우(又: 又多能)'자와 상응하고 있다. '장(將)'자는 태재에게 대답하면서 겸손한 말씨로 감히 직접 단정하지 않았을 뿐, 부자가 아직은 성인이 아니지만, 머지않아 곧 성인이 될 것이라는 말은 아니다. '지(之: 天縱之)'자는 부자를 가리키는 지시대명사이다. '천종(天縱)'이란 생지(生知)·안행(安行)일 뿐 아니라, 또한 앎과 행실이 극진한[知至行盡] 경지마저 풀어 놓아 그 무엇으로도 헤아릴 수 없음을 말한다.

'성(聖)'이란 덕과 재능을 겸하여 말하였다. 그러나 '다능(多能)'이란 '재능[才]'을 말한 게 아니라, 다만 재능 가운데 보잘것없는 하찮은 재능[餘才]을 말한다. 아래 절의 '다능비사(多能鄙事)'라는 데에서 '하찮은 재능[餘才]'으로 말하였음을 찾아볼 수 있다.

子貢이**曰 固天縱之將聖**이시고 **又多能也**시니라

자공이 대답하였다.

"부자는 참으로 하늘이 내놓아버린, 아마 성인이시고, 또 재능도 많으시다."

강설

자공이 그에게 대답하였다.

"부자의 슬기로움은 오로지 능함이 많은 데에 있는 것이 아니다. 참으로 하늘이 그를 풀어놓아

지혜가 지극하고 행실이 극진하여 그 무엇으로 한량할 수 없는 분이기에 아마 성인이시다. 성인은 스스로 통달하지 않는 게 없다. 그러므로 또한 이처럼 능함이 많은 것이다. 능함이 많다는 것은 '하늘이 풀어 내놓아버린 성인[天縱之聖]'에 있어서는 하찮은 일일 뿐, 어찌 부자의 성스러움을 다할 수 있겠는가."

集註

縱은 猶肆也니 言不爲限量也라 將은 殆也니 謙若不敢知之辭라 聖은 無不通이니 多能은 乃其餘事라 故로 言又以兼之라

[훈고] 종(縱)은 놓아버림[肆]과 같으니, 한정하여 헤아릴 수 없음을 말한다. 장(將)은 거의[殆: 語錄, 殆, 庶幾也, 如而今說將次. ○ 胡氏曰 將, 猶相將(머지않아, 불원간), 不定之辭.](『大全』該註)의 뜻이니, 겸손하여 감히 알지 못한 것처럼 말하였다.

[해석] 성인은 통달하지 않는 바 없으니, 능함이 많은 것은 그 하찮은 일이기에 '또[又]'라고 말하여 이를 겸한 것이다.

[보 補]

천종지성(天縱之聖)이란 결론부터 말하면 하늘의 명으로 태어난 최고 성인의 자품(資稟)을 말한다.[289] 이 때문에 하늘이 내려주신 성인이라 말한다. 그러나 여기에서 말한 '천종(天縱)'이란 주자는 집주에서 "놓아버린, 한량할 수 없는 큰 덕을 말한다."고 하였다. 그렇다면 하늘이 놓아버리지 않은 것은 어떤 뜻일까? 일례를 들면, 전래하는 말에 의하면, 조조의 아들 조식(曹植)의 천재성을 팔두(八斗) 문장이라 한다. 이는 하늘에서 인간세계 모든 사람에게 열 말의 재주를 고루 나눠 내려주었는데, 조식이 그 가운데 8말을 독차지한 천재임을 말한다. 바로 한 사람이 8말의 재주를 독차지했다는 것은 대단한 일이지만, 바로 그것도 한계의 선이자, 하늘의 뜻을 벗어나지 못한 부분이다. 예컨대 부자는 이러한 열 말이라는 한계의 선에서 벗어난 성인 중의 성인임을 말하고자, 하늘이 그가 알아서 가져가도록 손을 놓아버렸다는 뜻으로 '천종지성'이라 말한 것이다. 하늘이 얼마 정도 주어야겠다는 생각 없이 자연스럽게 내려준 성인이라는 뜻이다.[290]

따라서 천종(天縱)의 종(縱)이란 보통 성인이 모두 지닌 그런 생지안행(生知安行)의 정도가 아니라, 더는 이 세상에 존재할 수 없는 최고의 앎과 행을 갖춘[知至行盡] 성인 중의 성인임을 말한다.[291]

---

289 『石鼓論語答問』 권하. "盖天縱, 見聖人資稟." 『癸巳論語解』 권5. "夫子 蓋天命以大聖之質."

290 『石鼓論語答問』 권중. "天縱, 猶言天生自然而無所容心之謂也."

291 『四書講義困勉錄』 권12. "又曰 縱字要認, 蓋不但使之生知安行, 而且縱之以知至行盡也. 若但云生知安行, 凡聖人皆然矣."

위의 논지와 경문의 뜻을 정리하면 다음과 같다.

하늘이 성인을 내신 데는 모두 어느 정도라는 절제와 한계의 선이 있으나, 유독 부자만은 이러한 한계의 선을 벗어난 분이다. 그의 재예와 덕성은 일반 성인의 한계를 초월하여 지극한 성인의 경지에 이르렀다. 덕성은 이미 지극한 성인의 경지에 이르러 재예는 절로 통달하지 않은 바 없었기에 또한 능한 바 많았음을 말한다.[292]

이 때문에 자공이 말한 "부자는 참으로 하늘이 내놓아버린 성인"이란 부자에 대해 성인이 아닌가 의심하는 태재의 마음을 타파한 것이며, "또 재능도 많다."는 것은 재능이 많은 것을 성인으로 생각하는 태재의 견해를 타파한 부분이다. 이는 하늘이 내린 성인 중 성인의 바탕으로 지극한 성인의 경지에 이르렀고 또한 재능도 많다. 따라서 지극한 성인의 경지는 하늘이 내놓아버린 것이고, 재능이 많음 또한 하늘이 내놓아버린 것이다. 자공의 이 말은 그의 지혜가 성인을 알아보기에 넉넉한 식견으로 더는 그의 말을 바꾸거나 논평할 여지가 없다.[293]

(3) 자문절지 子聞節旨

태재지아(大宰知我) 구절에서 이미 '하늘이 풀어 내놓아버린 성인[天縱之聖]'이라는 말을 회피하였고, 또 "나는 젊어서 비천했기 때문에 비루한 일에 능한 것이 많다."는 말로써 태재가 일컬은 '성자(聖者)' 2자까지 아울러 회피한 것이다. 이 구절[大宰知我…多能鄙事]까지는 겸손한 말이다.

아래 2구[君子多乎哉, 不多也]는 "군자는 능함이 많지 않다."는 말로써 사람을 가르쳐주고 있다.

子 聞之하시고 **曰 大宰 知我乎**ㄴ저 **吾 少也**에 **賤故**로 **多能鄙事**호니 **君子**는 **多乎哉**아 **不多也**니라

부자께서 이 말을 들으시고 말씀하셨다.

"태재가 나를 아는구나. 내가 젊었을 적에 미천하였기에 비천한 일에 능함이 많았다. 군자란 재능이 많은 것일까? 많지 않은 것이다."

강설

부자는 태재와 자공의 말을 듣고서 감히 성인으로 자처하지 않으시고, 또한 능함을 많은 것으로 사람들을 따르게 하고 싶지도 않으셨다. 그러므로 이를 계기로 그를 깨우쳐 주었다.

"하늘이 풀어 내놓아버린 성인이라고 일컬은 것은 자공의 지나친 말이다. 태재는 나더러 능함

---

292 『日講四書解義』 권7, 「論語」 上之四. "凡天生聖人, 皆有節制分限, 獨吾夫子不爲限量, 縱其才德, 使造於至聖之域, 德旣造於至聖, 才自無所不通, 故又多能也."

293 『讀論語箚記』 권상. "固天縱之將聖, 是破其疑非聖之心. 又多能也, 是破其以多能爲聖之見. 曰自是天縱之, 使之至於聖, 而又多能也. 聖固是天縱, 多能亦是天縱. 子貢此語, 可謂智足知聖而無改評者."

이 많다고 말하니, 태재가 나를 아는 사람이다. 그러나 그처럼 능함이 많은 데에는 그만한 까닭이 있었다. 자질구레한 재예란 재상자에게 항상 부족한 바이며, 아랫사람에게 항상 넉넉한 것이다. 나는 젊은 시절 세상에 등용되지 못하고 미천하였기에 많은 재예를 익히어 많은 것이 능할 수밖에 없었다. 그러나 내가 능한 바란 비루하고 하찮은 일에 지나지 않는다. 통달하지 못한 바 없는 성인도 결코 아니다.

그러나 군자는 과연 능함이 많은 것을 중하게 생각하는가. 군자가 힘쓰는 바는 나름대로 다르며, 능함이 많은 데 있지 않다. 능함이 많다는 것으로 어떻게 성인이라고 말할 수 있겠는가."

集註

言由少賤이라 故로 多能이나 而所能者 鄙事爾오 非以聖而無不通也라 且多能은 非所以率(律)人이라[294] 故로 又言君子不必多能以曉之시니라

[해석] 젊어서 미천했기 때문에 능함이 많았지만, 능한 바라곤 비천한 일들뿐이다. 성인으로서 통달하지 못한 일이 없다는 게 아니라고 말하였다.

그리고 능함이 많음이란 사람들을 본받게 할 일이 아니기에 또 "군자는 꼭 능함이 많지 않다."라는 말을 하여 그들을 깨우쳐 주었다.

(4) 뇌왈절지 牢曰節旨

이 구절을 인용하여 젊어서 미천하였기에 비천한 일에 능함이 많게 된 증거로 삼고 있다.

牢曰 子云 吾不試故로 藝라하시니라

금뇌(琴牢)가 말하였다.
"부자께서 '내가 세상에 쓰이지 못한 까닭에 기예를 능하다.'고 말씀하신 적이 있다."

강설

그러나 일찍이 부자께서 하신 말씀을 금뇌(琴牢)가 전하였다.
"부자께서 '나는 세상에 쓰이지 않았으므로 많은 재예를 익히어 통달할 수 있었다.'고 말씀하셨다."

세상에 쓰이지 않았다는 것은 젊은 시절 미천한 때가 아닌가. 재예란 능함이 많다는 말이 아니

294 박문호(朴文鎬)의 『호산집(壺山集)』「논어집주상설(論語集註詳說)」에 의하면, "사계(沙溪)는 솔(率)은 율(律)과 통용하여 쓴다. 소주(小註)에서 주자가 불가이율인(不可以律人)이라 말하니, 솔(率)은 마땅히 율(律)로 읽어야 한다.[沙溪曰 率通作律, 小註朱子曰 不可以律人, 當以律讀率.]"고 하며, 경원 보씨(慶源輔氏)는 말하기를, "능함이 많은 것으로 사람을 본받게 하면 사람들은 장차 재예만을 숭상하고 덕에 힘쓰지 않게 된다.[慶源輔氏曰 以多能率人, 則人將尙才而不務德.]"고 하였다.

겠는가. 이제 금뇌가 예전에 들은 말로써 오늘날 부자의 말로 입증하면 성인이란 능함이 많은 것을 귀중히 여기지 않는다는 점을 더욱더 알 수 있다.

集註

牢는 孔子弟子니 姓琴이오 字子開오 一字子張이라

試는 用也라

言由不爲世用이라 故로 得以習於藝而通之라

○ 吳氏曰 弟子記夫子此言之時에 子牢因言昔之所聞有如此者하니 其意相近이라 故로 幷記之니라

[훈고] 뇌(牢)는 공자 제자이니, 성은 금(琴)이요, 자는 자개(子開), 또는 자장(子張)이다.(衛人)
시(試)는 등용이다.

[해석] 세상에 쓰이지 못하였기 때문에 기예를 익혀 통달하였음을 말한다.
○ 오씨[吳棫]가 말하였다.
"제자들이 부자의 이 말씀을 기록할 때, 금뇌가 예전에 들었던 말이 이와 같다고 말하니, 그 뜻이 서로 비슷한 까닭에 여기에 함께 기록한 것이다."

7. 오유전지 吾有全旨

이 장은 성인께서 스스로 지혜롭다고 자부하지 않음을 나타내고 있다. 아래 구절[有鄙夫…而竭焉]에서는 바로 "아는 것이 없음[無知]"에 대한 의의를 거듭 밝히고 있다. 부자께서 평소 사람을 가르침에 있어서 자상하게 다하지 않은 바 없었을 뿐인데, 당시에 부자의 지식이 남들보다 뛰어나다는 말이 정령 있었을 법하다. 이 때문에 이 말을 하게 된 것이다.

첫 구절[吾有知乎哉, 無知也]은 그 아래 구절[有鄙夫…而竭焉]에 비춰보며 말한 것이니만큼, 둘로 나눠봐서는 안 된다. 이는 하나의 비루한 사람[鄙夫]을 들어 그 나머지의 예로 삼은 것이다.

공공(空空)이란 비루한 사람에 속한 것이니, 강학함에 있어 '기(其: 叩其兩端)'자를 깊이 음미해야 한다. 양단(兩端)은 그 질문한 그 가운데에 있다. 나는 그 실마리를 두들겨서 이로 인하여 비루한 사람에게 모두 이해하도록 한 것에 불과하다. 또한 비루한 사람이 일찍이 나의 의견을 더함도 없었으니, 이것이 바로 "아는 것이 없음"을 밝혀주는 것이다.

주자가 말씀하였다.

"양단(兩端)은 하나의 일을 말한 것으로, 이는 비루한 사람이 알 수 있고 행할 수 있는 것으로 말하였다. 요약하면 깊고 원대한 도리 또한 여기에서 벗어나지 않는다. 『중용』에서 말하는 집기양단(執其兩端)의 뜻과는 다르다."

子曰 吾 有知乎哉아 **無知也**로라 **有鄙夫 問於我**하되 **空空如也**라도 **我 叩其兩端 而竭焉**하노라

부자께서 말씀하셨다.

"나에게 아는 것이 있다고 여기는가? 아는 게 없다. 〈그렇지만〉 비루한 사람이 나에게 묻는다면 그가 지극히 어리석어 무지할지라도 나는 그 비루한 이가 물은, 두 끝을 잡아 모두 남김없이 말해 주었다."

강설

부자께서 몸을 낮추어 말씀하셨다.

"사람들은 간혹 내가 아는 것이 많은 것으로 생각하지만, 나에게 과연 아는 게 있을까? 사물의 이치는 무궁하며 한 사람의 총명이란 한계가 있기 마련이다. 나는 참으로 아는 게 없다. 그렇지만 나는 평소 사람들과 말할 적에는 감히 모든 것을 다 말하지 않는 적이 없었다. 어진 이가 물어야만이 말하는 게 아니라, 비루한 이가 나를 찾아와 물을 적에 그 사람이 아무리 텅텅 비어 전혀 아는 게 없다고 하여도 나 또한 감히 그를 어리석다고 하여 가볍게 여기지 않고, 반드시 그가 물은 두 끝을 밝혀 말하여 줌으로써 만에 하나 미진함이 없도록 하는 데 힘썼다. 내가 사람들에게 말하는데 정성을 다함이 이와 같았기에 사람들은 간혹 나에게 특별히 아는 것이 있다고 생각하겠지만 내 어찌 앎이 있겠는가."

이는 참으로 성인의 겸손한 말이다. 그러나 두 끝을 두들겨 다한다는 점에서 또한 부자의 앎을 볼 수 있다.

集註

孔子謙言 己無知識이오 **但其告人**에 **雖於至愚**라도 **不敢不盡耳**라

叩는 **發動也**라 **兩端**은 **猶言兩頭**니 **言終始本末上下精粗**를 **無所不盡**이라

○ **程子曰 聖人之教人**에 **俯就之若此**로되 **猶恐衆人以爲高遠而不親也**라 **聖人之道**는 **必降而自卑**하나니 **不如此則人不親**이오 **賢人之言**은 **則引而自高**하나니 **不如此則道不尊**이니 **觀於孔子孟子**면 **可見矣**리라

尹氏曰 聖人之言은 **上下兼盡**하나니 **則其近**이면 **衆人皆可與知**오 **極其至**면 **則雖聖人**이라도 **亦無以加焉**이니 **是之謂兩端**이라 **如答樊遲之問仁智**에 **兩端竭盡**하야 **無餘蘊矣**라 **若夫語上而遺下**하고 **語理而遺物**이면 **則豈聖人之言哉**아

[훈고와 해석] 공자가 겸손의 말로써 "나는 아는 게 없다. 다만 사람에게 고할 적에 지극히 어리석은 자일지라도 감히 모든 것을 다 말하지 않음이 없다."고 하였다.

고(叩)는 발동(發動)이다. 양단(兩端)은 두 끝이라는 말과 같으니, 마침과 시작(以事言), 근본과 지엽(以物言), 위와 아래(以道器言: 形而上, 形而下), 정밀함과 거침(以事理言: 현상과 진리)을 다하지 않는 바 없음을 말한다.

○ 정자[伊川]가 말씀하였다.

"성인께서 사람을 가르침에 낮춰서 나아감이 이와 같음에도 오히려 사람들이 높고 멀다고 생각하여 가까이하지 않을까 두려워하였다. 성인의 도는 반드시 내려서 스스로 낮추니, 이렇게 하지 않으면 사람들이 가까이하지 않고, 현인의 말은 이끌어 올려서 스스로 높이니, 이렇게 하지 않으면 도가 높지 않다. 공자와 맹자를 살펴보면 이를 알 수 있다."

윤씨[尹焞]가 말하였다.

"성인의 말은 위아래로 모두 극진하니, 가까이 말하면 뭇사람들도 모두 알 수 있지만, 그 지극함을 다하면 성인이라도 또한 이에 더할 수 없다. 이를 양단(兩端: 眼前事[擧直錯諸枉]. 子夏推之, 則舜湯之治)이라고 말한다. 예컨대 번지(樊遲)의 인(仁)과 지(知)의 물음에 대한 대답에 두 끝을 다하여 남겨놓은 바 없었다. 만일 형이상(形而上: 道)만 말하고 형이하(形而下: 氣)를 빠뜨리거나, 내면의 진리만 말하고 사물의 현상을 버린다면 어찌 성인의 말이겠는가."

8. 봉조전지 鳳鳥全旨

이 장은 부자께서 도의 곤궁함에 대하여 비감을 가지고 탄식한 말이다.

봉황이 날아들고 하수(河水)에서 용마가 그림[河圖]을 짊어지고 나오기를 생각한 것이 아니라, 복희씨 · 순임금 · 문왕과 같은 임금이 나오기를 생각하는 데에 중점을 두고 있다.

"내 그만두어야겠다.[吾已]"는 것은 바로 마지 못하는, 간절한 마음을 말할 뿐이다. 봉황과 하도(河圖)는 또한 가차(假借)한 말이지, 봉황이 다시 찾아와 춤을 추고 하수에서 용마(龍馬)가 나오기를 바라는 것은 아니다. 봉황이 나와 춤을 추고 하수에서 용마가 나오는 것 또한 만고에 두 번 다시 있을 수 없는 일이다.

子曰 鳳鳥 不至하며 河不出圖하니 吾已矣夫ㄴ져

부자께서 말씀하셨다.

"봉황이 날아오지 않으며 황하에서 용마가 그림을 짊어지고 나오지 않으니, 내 그만두어야 할까 보다."

강설

부자께서 도의 곤궁해 짐에 슬픔을 느끼고 탄식하여 말씀하셨다.

"지난날 순임금과 문왕이 제위(帝位)에 올랐을 적에 봉황이 찾아왔고, 복희씨가 제위에 올랐을 적에 하도가 나왔다. 예로부터 도를 행하여 어진 정사를 이룬 일들을 모두 살펴볼 수 있다.

오늘날엔 봉황이 날아와 춤을 추지 않으며, 황하에서 용마가 그림을 짊어지고 나타나지 않으니, 이처럼 성왕(聖王)의 상서가 없는바, 성왕이 다시 태어나지 않을 것이다. 그러니 누가 나를 등용하겠는가. 나의 도는 몸이 다하도록 행해지지 못할 것이다."

集註

鳳은 靈鳥니 舜時來儀하고 文王時鳴於岐山이라 河圖는 河中龍馬負圖니 伏羲時出하니 皆聖王之瑞也라 已는 止也라

○ 張子曰 鳳至圖出은 文明之祥이어늘 伏羲舜文之瑞 不至하니 則夫子之文章이 知其已矣라

[훈고] 봉(鳳)은 신령스러운 새이다. 순임금 때 날아와 춤을 추었고, 문왕 때는 기산에서 울었다. 하도는 황하에서 용마가 등에 지고 나온 그림이니, 복희씨 때 나왔다. 이 모두 성왕들의 상서이다. 이(已)는 그만둠이다.

○ 장자[橫渠]가 말씀하였다.

"봉황이 찾아오고 하도가 나옴은 문명의 상서인데, 복희씨와 순임금, 문왕의 상서가 이르지 않으니, 부자의 문장을 그쳐야 할 줄 안 것이다."

9. 자견전지 子見全旨

이 장에서는 성인의 인(仁)·효(孝)·성(誠)·경(敬)의 마음이 안에서 감촉하여 바깥으로 응함을 기록하고 있다. 2개의 '필(必: 必作, 必趨)'자는 지극히 깊은 뜻이 있다. 이는 곧 동용(動容)과 주선(周旋)을 예에 맞게 하는 것이다. '일어섬[作]'과 '종종걸음[趨]'은 모두 공경에 의한 행동이다.

그러나 상복을 입은 자에게는 슬픔의 거동을, 면류관을 쓴 관리에게는 높이 받드는 거동을, 소경에게는 연민의 거동을 표하고 있다. 이는 반드시 구별해서 보아야 한다. 그들의 앞을 지날 적에 반드시 종종걸음으로 달려가는, 그 내면에는 또한 위의 "아무리 젊은 사람일지라도[雖少]'라는 뜻을 수반하고 있다.

子 見齊衰者와 冕衣裳者와 與瞽者하시고 見之에 雖少나 必作하시며 過之에 必趨러시다

부자께서는 상복을 입은 자와 면류관에 의상을 갖춰 입은 자와 소경을 보시고, 이들을 만날 적에는 아무리 젊은 사람일지라도 반드시 일어나며, 그들 앞을 지날 적에는 종종걸음으로 지나가셨다.

강설

문인의 기록은 다음과 같다.

"부자께서 상복을 입은 슬픈 사람, 면류관에 의상을 갖춘 높은 관리, 소경으로 불구가 된 가엾은 사람을 보면 때로 앉아 있다가도 그들이 오는 것을 보고서 아무리 나보다 어릴지라도 반드시 일어나 경의를 표했으며, 혹 때로 길을 가다가 그들의 앞을 지나갈 적에는 반드시 종종걸음으로 빨리 그들의 앞을 지나가셨다."

이는 고의적으로 마음을 다하려는 것이 아니라, 성인의 마음은 어질고 효성스럽고 진실하고 공경하여 마음의 느낌에 따라 대응함이 이와 같았다.

集註

齊衰는 喪服이라 冕은 冠也오 衣는 上服이오 裳은 下服이니 冕而衣裳은 貴者之盛服也라 瞽는 無目者라 作은 起也오 趨는 疾行也라 或曰 少는 當作坐라

○ 范氏曰 聖人之心이 哀有喪하고 尊有爵하고 矜不成人하니 其作與趨는 蓋有不期然而然者니라

尹氏曰 此는 聖人之誠心이 內外一者也니라

[훈고] 재최(齊衰)는 상복이다. 면(冕)은 관이며, 의(衣)는 윗옷이며, 상(裳)은 아래옷이다. 면류관에 의상을 갖춤은 고귀한 자의 성대한 복장이다. 고(瞽)는 눈이 먼 사람이다. 작(作)은 일어남이며, 추(趨)는 빨리 달려감이다. 혹자는 "소(少)자는 마땅히 좌(坐)자로 써야 한다."고 하였다.

○ 범씨[范祖禹]가 말하였다.

"성인의 마음은 초상 당한 이를 슬퍼하고, 벼슬한 이를 높이고, 불구의 사람을 가엾게 여겼다. 일어나고 종종걸음으로 달려감은 일부러 그렇게 하려고 하지 않아도 절로 그처럼 되는 것이다."

윤씨[尹焞]가 말하였다.

"이는 성인의 진실한 마음이 안팎으로 한가지이다."

10. 위연장지 喟然章旨

이 장에서는 안자가 도의 경지에 들어간 시말(始末)을 스스로 서술하여 말하고 있다.

첫 절[仰之彌高…忽焉在後]은 성인의 오묘한 도를 찬탄하였고,

다음 절[夫子…約我以禮]은 성인의 가르침에 차서가 있음을 말하였고,

마지막 절[欲罷不能…末由也已]은 학문이 지극한 바에 따라 더욱 성인의 오묘한 도를 발견한 데 대해 말하고 있다.

(1) 위연절지 喟然節旨

이 절은 안자가 도를 보는 바가 친절하지 못할 적을 회상한 것이다.

'고(高)'는 준절함이며 '견(堅)'은 혼륜(渾淪)함이다. "우러러 볼수록 더욱 높으며, 뚫을수록 더욱 견고하다."는 2구는 특별히 지극히 고매하고 지극히 견고함을 묘사한 것이다.

"바라보면 앞에 있더니 갑자기 뒤에 있다.[瞻前忽後]"는 것은 바로 부자의 도가 수시처중(隨時處中)의 중용이기 때문이다.

이 절은 3부분으로 나눠보아야 한다.

顔淵이 **喟然歎曰 仰之彌高**하며 **鑽之彌堅**하며 **瞻之在前**이러니 **忽焉在後**로다

안연이 가는 한숨을 내쉬며 탄식하였다.

"〈부자의 도는〉 우러러볼수록 더욱 높으며, 뚫을수록 더욱 견고하며, 바라보면 앞에 있다가 갑자기 뒤에 있다."

강설

안연의 학문은 이미 얻은 바 있었다. 이로 인하여 가는 한숨을 내쉬며 탄식하였다.

나는 처음 부자의 도를 그래도 우러러보며 함께 할 수 있으리라고 생각했었는데, 어떻게 더욱 더 높아 따라가지 못할 줄을 일찍이 알았겠는가.

일찍이 부자의 도를 연찬(硏鑽)하여 강구할 수 있으리라고 생각했었는데, 어떻게 더욱더 견고하여 들어갈 수 없을 줄을 일찍이 알았겠는가.

일찍이 부자의 도를 바라보면 나의 앞에 있어 이런 것인가 싶더니만, 어떻게 또한 갑자기 나의 뒤에 있어 저런 것이어서 도무지 형용할 수 없을 줄을 일찍이 알았겠는가. 부자의 도는 높고도 오묘하여 한결같이 이런 경지에 이르렀다.

集註

喟는 **歎聲**이라

仰彌高는 **不可及**이오 **鑽彌堅**은 **不可入**이라 **在前在後**는 **恍惚不可爲象**이니 **此**는 **顔淵深知夫子之道 無窮盡, 無方體**하고 **而歎之也**라

[훈고] 위(喟)는 탄식하는 소리이다.

[해석] 우러러볼수록 더욱 높다는 것은 미칠 수 없음이며, 뚫을수록 더욱 견고하다는 것은 들어갈 수 없음이며, 앞에 있다가 뒤에 있다는 것은 황홀하여 형용할 수 없음이다. 이는 안연이 부자의 도가 무궁무진[彌高彌堅]하며, 일정한 방향[方]과 일정한 형체[體]가 없음[在前在後]을 깊이 알고서 탄식함이다.

[보 補]

안자가 부자의 도를 우러러볼수록 더욱 높으며, 뚫을수록 더욱 견고하며, 바라보면 앞에 있다가 갑자기 뒤에 있다는 것은 부자에게 별도의 어떤 또 다른 것이 있는 게 아니다. 다만 안자가 공부해나가는 과정에서, 단 부자의 경지에 이르지 못한 데서 이러한 현상이 비롯된 것이다. 그렇다고 안자가 만약 공부를 통하여 부자의 경지에 이르고자 하되 절박하게 다그치면 또 너무 지나치고, 방만하게 느슨하면 또 미치지 못하게 된다. 차례에 따라 닦아가면서 무위이화(無爲而化)의 경지를 기다릴 뿐이다. 성인의 행동거지와 주선하는 일들이 모두 이런 도리, 즉 무궁무진한 도와 일정한 방향과 형체가 없는 것이다.[295]

(2) 부자절지 夫子節旨

차례차례 나아가 공부를 하도록 잘 이끌어준 것은 부자가 모든 제자를 가르침에 있어 모두 똑같았다. 그러나 아래의 2구[博我以文, 約我以禮]는 안자가 힘을 얻은 이후에 지난날을 생각하여 보니, 박문약례(博文約禮)는 나만을 위하여 가르쳐준 것임을 깨닫게 되었다. 나에게 먼저 하나의 박학(博學)과 약례(約禮)를 갖추도록 했던 그때가 바로 부자께서 잘 이끌어주신 것임을 알 수 있다.

'순순(循循)'은 특별히 박문과 약례를 선후로 구분하는 데 그치지 않는다. 그것은 박문과 약례의 가운데도 얕은 부분으로부터 심오한 데에 들어가고, 소략함으로부터 정밀한 데에 미쳐 가는 것 또한 각기 차례가 있음을 말한다.

夫子 循循然善誘人하사 **博我以文**하시고 **約我以禮**하시니라

"부자께서 차례대로 사람을 잘 이끌어주어 학문으로써 나의 지식을 넓혀주셨고 예법으로써 나의 행동을 요약하게 하셨다."

강설

가르침을 잘 베풀어주지 않았더라면 아마 나는 곤궁하게 되었을 것이다. 다행히도 부자의 가르침은 순서를 두어 차례대로 잘 이끌어주셨다.

처음엔 앎을 다하여 도를 밝히게 하려고 여러 가지 문장으로 나를 해박하게 하여 고금의 사변을 널리 통달케 해주었다. 뒤이어 힘써 행하여 도를 체득케 하려는 의도에서, 나에게 중정의 예로써 나의 몸을 단속하도록 하여 시청언동(視聽言動)의 표준으로 삼게 하였다. 차례대로 잘 이끌어서 나를 가르치시기를 어쩌면 그처럼 잘도 하셨을까?

295 『大全』該註. "朱子曰 顔子 仰之彌高 鑽之彌堅 瞻之在前 忽焉在後, 不是別有箇物事, 只是做來做去, 只管不到聖人處. 若做得緊, 又大過了; 若放慢做, 又不及. 聖人則動容周旋, 都是這道理."

集註

循循은 有次序貌오 誘는 引進也오 博文約禮는 敎之序也라

言夫子道雖高妙하나 而敎人有序也라

○ 侯氏曰 博我以文은 致知格物也오 約我以禮는 克己復禮也니라

程子曰 此는 顔子稱聖人最切當處니 聖人敎人이 唯此二事而已니라

[훈고] 순순(循循)은 차례가 있는 모양이며, 유(誘)는 이끌어 나감이며, 글로써 넓혀주고 예로써 단속함은 가르침의 차례이다.

[해석] 부자의 도는 비록 높고 오묘하나 사람을 가르치는 데에는 차례가 있음을 말한다.

○ 후씨[侯仲良]가 말하였다.

"박아이문(博我以文)은 치지격물이며, 약아이례(約我以禮)는 극기복례이다."

정자[伊川]가 말씀하였다.

"이는 안자가 성인을 가장 절실하고 타당하게 일컬은 부분이다. 성인이 사람을 가르침은 오직 이 2가지 일일 뿐이다."

(3) 욕파절지 欲罷節旨

탁이(卓爾) 이상의 구절, "그만두려고 해도 그만두지 못하고 이미 나의 재주를 다하였다.[欲罷不能, 旣竭吾才]"는 것은 자신이 도를 보게 된, 그 유래를 서술한 것이며, 그 아래 구절[雖欲從之, 末由也已]에서는 무위이화(無爲而化)의 성인 경지를 도저히 따를 수 없음을 탄식하고 있다. 이는 '잘 이끌어주었다[善誘]'라는 말을 긴밀하게 이어서 말한 것인바, "그만두려고 해도 그만두지 못함[欲罷不能]"은 바로 잘 이끌어줌에 의해 고무된 것이며, "이미 나의 재주를 다하였다.[旣竭吾才]"는 공부는 오로지 "그만두려고 해도 그만두지 못한" 데에 있다.

'입(立)'이란 예전에 더욱 높고 더욱 견고하고 앞에 있다가 뒤에 있는 듯했던 것들이 이제는 확실하게 친절하게 보았음을 말하며, '탁이(卓爾)'란 '입(立)'자를 형용한 것이다. '여(如)'자 또한 의문사가 아니라, 이러한 것을 형용하기 어렵다는 뜻으로 쓴 것이다.

'입(立)'은 나의 앞에 서 있는 것을 말한 것이니만큼, 아직은 나와 하나가 아닌 둘의 상태이며, '종(從)'은 위로 따라가 그와 하나가 되고자 함이며, '말유(末由)'는 그만둔 채, 힘을 쓰지 않는 것이 아니라, 다만 공부가 예전에 비하여 더욱 자세한 것이며, 차례차례 함양해 나갈 뿐이다.

欲罷不能하야 旣竭吾才호니 如有所立이 卓爾라 雖欲從之나 末由也已로다

"그만두려고 해도 그만두지 못하고 이미 나의 재주를 다하니, 마치 부자의 도가 나의 목전에

우뚝 서 있는 듯하였다. 아무리 따르려고 하였으나 따를 길이 없었다."

강설

이로 말미암아 나는 부자의 잘 이끌어주심을 힘입어 다행히 박문약례의 공부를 따를 수 있었고, 이를 매우 기뻐하여 박문약례의 공부를 그만두려고 하였지만 그만둘 수 없었다. 따라서 그 박문약례의 공부에 또한 나의 재주와 힘을 다하였다.

이처럼 오랫동안 힘쓰다 보니 지난날 말했던, 더욱 높고, 더욱 견고하고, 앞에 있다가 뒤에 있는 듯했던 부자의 도가 이제는 확실하고 친절하게 나의 눈앞에 우뚝이 서 있는 것처럼 보이기에 이르렀다.

이때 우뚝 서 있는 바를 따르려고 하였지만, 그의 헤아릴 수 없는 신묘한 조화는 억지로 이를 수 없어서 힘을 쓸 수 있는 길이 없었다. 그렇다면 나는 장차 어떻게 해야 할 것인가. 이 또한 오로지 박문약례의 공부를 순수하게 닦아가면서 기다릴 뿐이다.

集註

卓은 立貌오 末은 無也라

此는 顔子自言其學之所至也니 蓋悅之深而力之盡하야 所見益親이나 而又無所用其力也라

吳氏曰 所謂卓爾는 亦在乎日用行事之間이오 非所謂窈冥昏默者니라

程子曰 到此地位면 工夫尤難하니 直是峻絶일세 又大段著力不得이니라

楊氏曰 自可欲之謂善으로 充而至於大는 力行之積也어니와 大而化之는 則非力行所及矣니 此는 顔子所以未達一間也니라

○ 程子曰 此는 顔子所以爲深知孔子而善學之者也니라

胡氏曰 無上事而喟然歎하니 此顔子學旣有得이라 故로 述其先難之故와 後得之由하고 而歸功於聖人也라 高堅前後는 語道體也오 仰鑽瞻忽은 未領其要也라 惟夫子循循善誘하야 先博我以文하야 使我知古今, 達事變하고 然後約我以禮하야 使我尊所聞, 行所知하야 如行者之赴家와 食者之求飽라 是以로 欲罷而不能하야 盡心盡力하야 不少休廢하니 然後에 見夫子所立之卓然하고 雖欲從之나 末由也已라 是는 蓋不怠所從하야 必求至乎卓立之地也라 抑斯歎也는 其在請事斯語之後, 三月不違之時乎인저

[훈고] 탁(卓)은 우뚝한 모양이다.

[해석] 이는 안자가 스스로 그 학문의 이른 경지를 말한 것이다. 기쁨이 깊어[欲罷不能] 힘을 다함[旣竭吾才]으로써 보이는 바 더욱 가까웠[如有所立卓爾]으나, 또한 그 힘을 쓸 수 있는 바가

없었다.[欲從末由]

오씨[吳棫]가 말하였다.

"이른바 '우뚝[卓]하다'는 것 또한 일용 행사하는 사이에 있는 것이지, 이른바 '그윽하게 보이지 않는, 형언할 수 없는 것[窈冥昏默]'[296]이 아니다."

정자(程子)가 말하였다.

"이 지위에 이르면 공부는 더욱 어렵다. 이는 곧 준절한 터라, 또한 크게 힘을 쓰려고 해도 쓸 수 없다."[297]

양씨[楊時]가 말하였다.

"'누구나 좋아하는 선인(善人: 可欲之謂善)'으로부터 '충실(充實)한 미인(美人: 充實之謂美)'을 거쳐 '충실하여 빛나는 대인(大人: 充實而有光輝之謂大)'에 이르기까지는 힘써 행하여 쌓아갈 수 있는 단계이지만, 대인으로서 무위이화(無爲而化)의 '성인(聖人: 大而化之之謂聖)'(『孟子』「盡心下」)의 경지는 힘써 행하여 미칠 단계가 아니다. 이는 안자가 성인에 한 칸을 미치지 못한 것이다."

○ 정자[伊川]가 말씀하였다.

"이는 안자가 공자를 깊이 알고 잘 배운 것이다."

호씨[胡寅]가 말하였다.

"위에 아무런 일을 제시한 바 없이 가는 한숨을 내쉬며 탄식하니, 이는 안자의 학문이 벌써 얻은 바 있었다. 이 때문에 앞서 어려울 수밖에 없었던 이유와 뒤에 얻게 된 유래를 서술하고 성인에게 공을 돌린 것이다.

높고[高], 굳고[堅], 앞[前]에, 뒤[後]에 등은 도의 본체를 말하며, 우러르고[仰], 뚫고[鑽], 보고[瞻], 갑자기[忽] 등은 그 요체(要諦)를 알지 못함이다.

오직 부자께서 차례차례 잘 인도하시어 나에게 먼저 글을 해박하게 배우도록 하여 나에게

---

296 요명혼묵(窈冥昏默)은 노장에서 일컫는 "언어를 초월한 무(無)의 극치, 또는 지극한 도"를 말한다. 먼저 『도덕경』「허심(虛心) 제21」에서 "그윽하게 보이지 않는, 형언할 수 없는 것이여, 그 가운데 정기가 있고, 그 정기는 매우 진실하다.[窈兮冥兮! 其中有精, 其精甚眞.]"라고 하였다. 이의 해당 주에서 "요명(窈冥)은 심오하고 원대함을 찬탄함이다.[窈冥, 深遠之歎.]"고 하였다. 그 뒤를 이어 『장자』「외편(外篇) 재유(在宥) 제11」에서는 "이리 오너라. 너에게 지극한 도를 일러주리라. 지극한 도의 정기는 그윽하게 보이지 않고, 지극한 도의 극치는 보이지 않아 형언할 수 없다.[來, 吾語女至道. 至道之精, 窈窈冥冥; 至道之極, 昏昏默默.]"고 하여, 해당 주에서는 "요요명명(窈窈冥冥)은 원대하여 끝이 없음이며, 혼혼묵묵(昏昏默默)은 은미하여 볼 수 없는 세계이다.[窈窈冥冥, 遠而不可窮也; 昏昏默默, 微而不可見也.]"라고 하여, 시각과 청각을 초월한 도의 극치로 묘사하였다.

297 대단착력불득(大段著力不得)에 대하여 『주자어류(朱子語類)』 권36의 해당 부분에서는 다음과 같이 부연하여 말하고 있다. "힘을 쓴다는 것은 성인의 '힘쓰지 않고서도 스스로 중도에 맞고 생각지 않아도 스스로 얻어지는' 경지를 따를 수 없기 때문이다. 현인이 만일 힘을 써서 성인의 경지처럼 힘쓰지 않고서도, 생각지 않고서도 스스로 얻어지기를 필요로 하는 것도 그것은 곧 생각하고 힘쓴 것이다. 이 때문에 성인의 경지는 '크게 힘을 쓰려고 해도 쓸 수가 없다.'고 말하였다.[所以著力, 不得緣聖人不勉而中·不思而得了. 賢者若著力, 要不勉不思, 便是思勉了, 此所以說大段著力不得.]"

고금의 일을 알고 사변을 통달하도록 하였고, 그런 뒤에 나를 예로 단속하여 나에게 들은 바를 높이고 아는 바를 행하도록 하였다. 이는 마치 길가는 길손이 제집 찾아가듯이, 음식을 먹는 자가 배부름을 구한 것과 같았다.

이 때문에 그만두려고 하였으나 그만두지 못하고 마음과 힘을 다하여 조금만큼이라도 쉬거나 그만두지 않았다. 그런 후에야 부자께서 서 계신바 우뚝한 곳을 보게 되었고, 비록 따르고자 하였으나 따를 길이 없었다. 이는 따르는 바에 게으름이 없이 반드시 우뚝 선 지위에 이르기를 추구한 것이다. 어쩌면 이러한 탄식은 '청컨대 이 말씀에 따라 노력하겠다.[請事斯語]'(「顔淵」)는 그 이후, '석 달 동안 인을 어기지 않았던[三月不違]'(「雍也」) 때에 있었던 것 같다."

[보 補]

"아무리 따르려고 하였으나 따를 길이 없었다."는 것은 이 지위에 이르면 더는 힘을 쓸 수 없는 것으로, 바로 얼음 녹듯이 눈 녹듯이 한 점의 찌꺼기마저 모두 사라진 경계이기 때문이다. 이는 아무리 성인이라도 안자에게 전해줄 수 없고 안자 또한 성인에게 받을 수 없다. 오늘날 안자를 배우고자 한다면 또한 반문약례를 의거하여 날로 달로 쌓아가면서 남들이 열 번 하면 나는 천 번의 노력을 하노라면 머지않은 날 나도 모르는 사이에 절로 탁 트여 융회관통할 날이 있을 것이다.[298]

11. 자질장지 子疾章旨

이 장에서는 부자께서 현재의 지위에 근본하여 행하였음을 나타내고 있다.

첫 절[子疾病, 子路使門人爲臣]에서는 자로가 성인을 잘못 높인 행위를 나타내었고, 그 아래의 2절[病間…道路乎]에서는 부자가 자로를 꾸짖고 다시 그를 깨우쳐주고 있다.

(1) 자질절지 子疾節旨

옛적에 대부의 초상에는 가신(家臣)을 두어 초상을 치렀지만, 벼슬을 그만두면 그처럼 할 수 없다.

子 疾病이어시늘 **子路 使門人**으로 **爲臣**이러니

부자께서 병환[疾]이 위중[病]하시자, 자로가 문인들을 가신으로 삼았는데,

---

298 『大全』該註. "潛室陳氏曰 雖欲從之 末由也已, 到此際, 力無所施, 乃氷消雪釋 渣滓融化之境. 雖聖人不能授顔子, 顔子亦不能受之於聖人. 今欲學顔子, 且把博文約禮 作依據, 日積月累, 人十己千, 將來不知覺, 自有豁然融會處."

강설

부자께서 병환이 위중하여지자, 자로는 부자께서 돌아가실까 두려워하여 문인들을 가신으로 삼아 초상을 다스리게 하였다.

부자께서 일찍이 노나라의 사구(司寇)로 재상의 일을 대행했을 적에 가신을 둔 바 있었는데, 그 당시 가신은 모두 부자의 문인들이었다. 이 때문에 자로는 다시 부자의 문인을 가신으로 삼아 치상(治喪) 준비를 하기에 이른 것이다.

그러나 부자는 당시 벼슬하지 않았으므로 가신을 둘 수 없다는 점을 알지 못하였다. 이는 스승을 높이고자 한 일이지만, 분수 모르는 우를 범한 것이다.

集註

夫子時已去位하야 **無家臣**이어늘 **子路欲以家臣治其喪**하니 **其意**는 **實尊聖人**이나 **而未知所以尊也**라

[해석] 부자는 당시 이미 벼슬을 그만두었기에 가신이 없었음에도, 자로가 가신으로써 그 초상을 치르고자 하였다. 그에 뜻은 실로 성인을 높이고자 한 일이지만, 어떻게 높여야 할 줄을 모른 것이다.

(2) 병간절지 病間節旨

이 절에서는 가신을 둘 수 없다는 점을 말하고 있다.

'구의재(久矣哉)'는 지금까지 그처럼 오랫동안 잘못해왔음을 가리킨 것이다. 자로가 본심에서 거짓을 자행하려던 것은 아니었다. 다만 이치를 투철하게 보지 못하고서 경솔하게 이와 같은 일을 범한 것이다. 이러한 점은 '행(行)'자에서 찾아볼 수 있다. 마음이야 속이고자 하지 않았겠지만, 그의 행동은 이미 거짓을 자행한 것이다.

'수(誰)'는 사람을 가리킨 것으로, '천(天)'자와 대칭으로 말한 것이다. 하늘은 이치를 말한 것인바, 이치에 어긋난 처사는 곧 하늘을 속인 일이다.

病 間曰久矣哉라 **由之行詐也**여 **無臣而爲有臣**하니 **吾誰欺**오 **欺天乎**ㄴ저

위중했던 병환이 조금 나으시자, 말씀하셨다.

"오래였다. 유(由: 子路)가 거짓을 행함이여. 가신이 없는 사람으로서 가신을 두었으니, 내 누구를 속인 것인가? 하늘을 속인 것이다."

강설

부자께서 위중했던 병세에 약간의 차도가 있어, 그때야 그러한 사실을 알고서 자로를 꾸짖으

셨다.

"오래되었구나. 자로가 거짓된 일을 자행하여 진실하지 못함이여. 나는 이미 벼슬에서 떠난 몸이다. 가신을 둘 수 없다는 사실은 모든 사람이 알고 있는데, 도리어 가신을 두었으니, 나는 누구를 속였는가? 이는 하늘을 속이는 일이 아니겠는가. 사람으로서 하늘을 속였으니, 이보다 더 큰 죄는 없을 것이다."

集註

病間은 **少差也**라

病時不知라가 **旣差**에 **乃知其事**라 **故**로 **言我之不當有家臣**을 **人皆知之**하야 **不可欺也**어늘 **而爲有臣**하니 **則是欺天而已**라 **人而欺天**은 **莫大之罪**어늘 **引以自咎**하니 **其責子路深矣**로다

[훈고] 병간(病間)은 조금 쾌차함이다.

[해석] 병환이 위중했을 적에는 알지 못했다가 차도가 있자, 그 사실을 알게 되었다. 이 때문에 "내가 가신을 둘 수 없다는 것을 모든 사람이 알고 있어 속일 수 없는데, 이처럼 가신을 두었으니, 이는 하늘을 속이는 것일 뿐이다."고 말하였다. 사람으로서 하늘을 속이는 것은 이보다 더 큰 죄가 없는 것인데, 이를 끌어다가 자신을 꾸짖으니, 자로를 꾸짖음이 깊다.

(3) 차여절지 且予節旨

이 절에서는 가신을 굳이 둘 필요가 없음을 말하고 있다.

처음 2구[且予與…之手乎]는 신하를 두었다고 해서 그것은 대단한 영화가 아니다. 사제(師弟)의 다정함이 오히려 군신에 비해 더욱 간절한 것임을 나타내고 있다.

그 아래의 2구[且予縱…道路乎]는 신하가 없을지라도 그것은 욕될 게 없다. 문인들의 단출한 장례가 오히려 본분과 의리에 알맞음을 보여준 것이다.

옛적에 대부가 된 이들은 모두 가신을 두어 집안일을 다스리는데, 대부가 죽으면 가신들이 그의 초상을 치르되 마치 신하가 임금을 섬기는 장례처럼 거행하였다. 이를 '대장(大葬)'이라 말한다.

且予 與其死於臣之手也론 **無寧死於二三子之手乎**아 **且予 縱不得大葬**이나 **予 死於道路乎**아

"또한 내가 가신의 손에 죽는 것보다는 차라리 너희들의 손에 죽는 게 낫지 않겠는가. 또 내 비록 군신의 큰 장례는 못 치르더라도 내가 길거리에서야 죽겠느냐?"

강설

"또 나는 천리를 거스르면서 가신의 손에 죽는 것보다는 차라리 천리를 따라 제자의 손에 죽는 게 낫지 않겠는가. 그러니 신하를 둔다는 것은 나에게 영화가 될 수 없다. 또 내 비록 가신을 두는 군신의 큰 장례를 치르지 못한다고 할지라도 제자들이 있다. 내 어찌 길거리에 주검이 버려져 장례를 치르지 못하는 데까지야 이르겠는가. 이는 신하가 없다는 것 또한 나에게 욕이 되지 않는다. 이로 말하면 가신이란 두지 못할 뿐만 아니라, 또한 굳이 둘 필요도 없다. 어째서 이런 점을 깊이 생각하지 못하였는가."

集註

無寧은 寧也라 大葬은 謂君臣禮葬이오 死於道路는 謂棄而不葬이니 又曉之以不必然之故라

○ 范氏曰 曾子將死에 起而易簀曰 吾得正而斃焉이면 斯已矣라하시니 子路 欲尊夫子로되 而不知無臣之不可爲有臣이라 是以로 陷於行詐하야 罪至欺天하니 君子之於言動에 雖微나 不可不謹이니라 夫子深懲子路는 所以警學者也라

楊氏曰 非知至而意誠이면 則用智自私하야 不知行其所無事하야 往往自陷於行詐欺天而莫之知也하니 其子路之謂乎ㄴ져

[훈고] 무령(無寧)은 …보다는 차라리…하는 것이 낫다는 것이다. 대장(大葬)은 군신의 예장(禮葬)을 말하며, 사어도로(死於道路)는 주검이 버려져 장례를 치르지 못함을 말한다.

[해석] 이 또한 굳이 그럴 게 없다는 이유로 밝혀준 것이다.

○ 범씨[范祖禹]가 말하였다.

"증자가 장차 죽으려 할 적에 몸을 일으켜 화려한 대부의 대자리를 바꾸면서, '내가 바르게 죽으면 이것만으로 된다.'[299]고 하였는데, 자로는 부자를 높이고자 가신이 없는 자는 가신을

---

299 증자가 … 이것만으로 된다.': 이의 출전은 『예기』「단궁(檀弓)」이다. 증자가 병이 위독할 때, 악정자춘(樂正子春)과 증자의 아들 증원(曾元), 증신(曾申)은 증자의 발아래 앉아 있었고, 동자는 방 모퉁이에서 촛불을 들고 있다가 동자가 말하였다. "대자리가 너무 화려하니, 대부의 대자리입니다." 악정자춘이 "쉿! 조용히 하여라."고 하였다. 증자가 이 말을 듣고서 두려운 마음으로 힘겹게 '허…!'하고서 말하기를, "그렇구나. 이것은 계손(季孫)이 보내온 대자리이다. 내가 미처 바꾸지 못했구나. 원아, 나를 일으켜 이 대자리를 바꾸도록 하라."고 하자, 증원이 말하였다. "지금은 병세가 너무 위독하여 자리를 바꿀 수가 없습니다. 날이 밝으면 바꾸겠습니다." "너는 나를 사랑하는 마음이 저 동자만도 못하구나. 군자는 사람 사랑하기를 덕(德)으로써 하고, 소인은 사람 사랑하기를 그저 편안한 것으로 한다. 내가 무엇을 구하겠는가. 내가 바름을 얻고서 죽으면 그것으로 충분할 뿐이다." 그 말에 따라 위독한 증자를 부축해 들고서 깔고 있던 대자리를 바꾸었는데, 바꾼 자리에 미처 바로 눕히기도 전에 증자가 세상을 떠났다.[禮記檀弓篇: 曾子 寢疾 病, 樂正子春 坐於牀下, 曾元曾申 坐於足, 童子隅坐而執燭. 童子曰華而睆, 大夫之簀與! 子春曰止! 曾子聞之, 瞿然曰呼!(虛憊之聲) 曰華而睆, 大夫之簀與! 曾子曰 然! 斯季孫之賜也. 我未之能易也, 元起易簀. 曾元曰夫子之病, 革矣. 不可以變, 幸而至於旦, 請敬易之. 曾子曰 爾之愛我也, 不如彼! 君子之愛人也以德, 細人之愛人也以姑息, 吾何求哉? 吾得正而斃焉, 斯已矣. 擧扶而易之, 反席未安而沒.]

둘 수 없다는 것을 알지 못하고, 이로써 거짓을 행하는 잘못을 범하여 그 죄가 하늘을 속이는 데에 이르렀다. 군자는 말과 행동에 비록 하찮은 일일지라도 삼가지 않을 수 없다. 부자가 깊이 자로를 징계함은 배우는 이들을 경계함이다."

양씨[楊時]가 말하였다.

"앎은 지극하더라도 뜻이 진실하지 않으면 얄팍한 지혜를 쓰고 스스로 사사로이 하여, 그 있을 수 없는 바의 일을 행하는 것조차 알지 못하여, 이따금 스스로 거짓을 자행하여 하늘을 속이는 데에 빠지면서도 이를 알지 못한다. 그것은 자로를 두고 말한 것이다."

12. 유미전지 有美全旨

이 장에서는 부자의 출처, 즉 등용하면 도를 행하고 버리면 은둔함[用舍行藏]에 있어 애당초 관망하는 마음도 없고, 또한 다투어 벼슬에 나갈 뜻도 없음을 나타낸 것이다.

부자와 자공의 문답은 모두 옥을 들어 비유한 것으로 그 이면에 보이지 않게 또 다른 뜻을 함축하고 있다. 자공이 2가지를 가설하여 물은 뜻은 좋은 값을 받고 판다는 데에 중점을 둔 것이니, 이 또한 말을 잘한 것이다. 그러나 다만 하나의 '구(求)'자에 중점을 두고 있다. '구한다'는 것은 남들에게 옥을 자랑하여 좋은 값을 받고자 함이다. 이로 보면, 그것은 팔려고 하는 데에 급급하고, 옥에 대해서는 가볍게 여긴 것처럼 보인다. 이 때문에 부자께서 기다린다는 '대(待)'자로써 그가 말한 '구(求)'자를 바꾸어 쓴 것이다. '기다린다'는 것은 곧 자신의 도를 굽혀 벼슬을 추구하지 않겠다는 비유로, 자공이 말한 '구한다'의 뜻을 타파한 것이다.

부자의 뜻 또한 '구(求)'자에 중점을 두고 있지만, "값을 기다린다.[待賈]"고만 말하니, 어쩌면 이처럼 태연할 수 있으며, 어쩌면 이처럼 자중할 수 있을까? 여기에서 부자께서 마음속에 하루도 천하를 잊은 적이 없으며, 또한 어느 하루도 시속(時俗)을 따라 불의를 범한 일이 없음을 볼 수 있다.

子貢이 **曰 有美玉於斯**하니 **韞匵而藏諸**잇가 **求善賈而沽諸**잇가
子曰 沽之哉沽之哉나 **我**는 **待賈者也**로라

자공이 말하였다.
"아름다운 옥이 여기에 있는데, 궤 속에 넣어 감추어 두겠습니까? 좋은 값을 구하여 팔겠습니까?"
부자께서 말씀하셨다.
"팔아야지. 팔아야 하겠지만, 나는 좋은 값을 기다리노라."

강설

자공은 넌지시 옥을 빌려 부자에게 말하였다.

"여기에 하나의 아름다운 옥이 있는데 천하에서 가장 귀중한 보배입니다. 이를 궤짝에 넣어두고서 나만이 사사로이 할 것입니까? 아니면 좋은 값으로 이를 팔아 사람들과 함께 할 것입니까?"

부자 또한 옥으로써 그에게 대답하셨다.

"천하의 보배란 천하 사람들과 함께해야 한다. 이처럼 아름다운 옥이 있다면 나는 그것을 팔 것이다. 그러나 보배란 반드시 스스로가 귀중히 여긴 뒤에야 남들 또한 귀중히 여기는 것이다. 나는 반드시 좋은 값을 주는 사람이 찾아오기를 기다렸다가 그에게 팔 것이다. 좋은 값을 주는 사람이 오지 않는다면 나는 끝까지 스스로 팔려고 하지 않을 것이다."

이를 살펴보면, 부자께서 벼슬을 바라지 않은 것은 아니지만, 가볍게 벼슬하지 않으리라는 점도 알 수 있다.

集註

韞은 藏也오 匵은 匱也오 沽는 賣也라

子貢이 以孔子有道不仕라 故로 設此二端以問也라 孔子言固當賣之나 但當待賈오 而不當求之耳라

○ 范氏曰 君子未嘗不欲仕也언마는 又惡不由其道하니 士之待禮는 猶玉之待賈也라 若伊尹之耕於野와 伯夷太公之居於海濱에 世無成湯文王이면 則終焉而已오 必不枉道以從人하고 衒玉而求售也리라

[훈고] 온(韞)은 감춤이며, 궤(匵)는 궤짝이며, 고(沽)는 팖이다.

[해석] 자공은 공자가 도를 지니고서도 벼슬하지 않기에 이 2가지를 가설하여 여쭌 것이다. 이에 부자께서 "참으로 팔아야 하겠지만, 단 좋은 값을 기다릴 뿐, 팔고자 스스로 좋은 값을 구할 수는 없는 일이다."고 말하였다.

○ 범씨[范祖禹]가 말하였다.

"군자가 일찍이 벼슬하고 싶지 않은 것은 아니지만, 또한 도로 말미암지 않는 것을 싫어하니, 선비가 예우를 기다림은 옥이 값을 기다리는 것과 같다. 이윤이 신야(莘野)에서 밭을 갈고 백이와 태공이 바닷가에서 살았을 때, 세상에 성탕과 문왕이 없었다면 그곳에서 생을 마쳤을 것이며, 반드시 도를 굽혀 사람을 따르지 않고, 옥을 자랑하여 팔리기를 구하지 않았을 것이다."

13. 자욕전지 子欲全旨

이 장에서는 세상을 걱정하는 부자의 마음을 볼 수 있다. 부자께서 중국에 도를 행할 수 없었기

에 구이(九夷)에 거주하겠다는 말에 가탁하여, 이를 슬퍼한 것이다.

'욕(欲)'자는 융통성 있게 잘 보아야 한다. 부자가 꼭 그렇게 하려고 한 것은 아니다.

'하루지유(何陋之有)'는 중요한 부분으로, 집주에 의하면 "군자가 거처한 곳은 변화한다.[君子 所居則化]"고 하였다. 그것은 성인이 머무는 곳은 곧 도가 있는 곳이다. 구이 또한 부자의 도의 안에 존재하는 사람이 될 것을 말한다.

子 欲居九夷러시니

부자께서 구이 땅에서 살고자 하시니,

강설

부자께서 도가 행하여지지 못하자, 중국을 떠나 오랑캐의 땅, 구이에 거처하고자 하셨다. 이는 천하에 어진 임금이 없음을 슬퍼한 나머지, 이런 가설을 빌어 말씀하신 것이다.

集註

東方之夷에 有九種이라 欲居之者는 亦乘桴浮海之意라

[훈고] 동방의 오랑캐에 아홉 부족(畎夷, 于夷, 方夷, 黃夷, 白夷, 赤夷, 玄夷, 風夷, 陽夷)(『後漢書』「東夷傳」)이 있다. 그곳에 살고자 함은 또한 뗏목을 타고 멀리 바다로 떠나가고파(「公冶長」) 한 뜻이다.

或曰 陋커니 如之何잇고
子曰 君子 居之면 何陋之有리오

어떤 사람이 말하였다.
"누추한 곳인데, 어떻게 그러려고 하십니까?"
부자께서 말씀하셨다.
"군자가 산다면 어찌 누추함이 있겠는가."

강설

어떤 사람이 부자의 속내를 모르고서 말하였다.
"구이의 풍속은 비루하기 그지없는데, 어떻게 그곳에 거주하려고 하십니까?"
부자께서 그에게 답하셨다.
"구이의 풍속은 비록 누추하다고 하지만, 군자가 그곳에 살면 중국의 도리로 이적의 풍속을 변화시켜 오랑캐의 땅이 예의 바른 나라로 탈바꿈할 것이니, 어찌 누추함이 있겠는가."

부자의 이 말씀 또한 이치에 근거하여 혹자에게 답한 것일 뿐, 실제로 그들을 변화시켜 그곳에서 살고 싶다는 말은 아니다.

集註

君子所居則化니 **何陋之有**리오

[해석] 군자가 거처하면 변화하니, 어찌 누추함이 있겠는가.

14. 오자전지 吾自全旨

이 장에서는 부자가 음악을 바로잡았던 일을 스스로 서술하여 말한 것으로, 단 음악을 바로잡은 데에 중점을 두고 있다.

'아송(雅頌)'은 곧 악장(樂章)을 말한다. 노나라로 돌아왔다는[吾自衛反魯] 구절에 음악을 바로잡은 일들이 담겨있고, "… 뒤에 음악이 바르게 되어 아송(雅頌)이 각각 제자리를 얻게 되었다.[然後樂正, 雅頌各得其所]"는 2구는 음악을 바로잡은 일이 이뤄졌음을 말한다.

아송(雅頌)이 제자리를 얻었다는 것은 음악이 바르게 된 이면의 일들을 말한다. 음악은 악장을 요지로 삼고, 아송(雅頌)은 악장 중에서도 큰 비중을 차지하고 있다. 이 때문에 제자리를 얻었다는 것은, 조정에서 연주하는 아(雅)와 종묘에서 연주하는 송(頌)뿐 아니라, 예컨대 천자의 조정과 제후의 조정에서의 연향(宴享)과 증답(贈答), 그리고 천자의 사당과 제후의 사당에서의 모든 제례악에 있어 어떤 시를 노래해야 하는지 잘 선택하여 서로 뒤섞임이 없음을 말한 것이다.

子曰 吾 自衛反魯然後에 **樂正**하야 **雅頌**이 **各得其所**하니라

부자께서 말씀하셨다.

"내가 위나라에서 노나라로 돌아온 뒤에 음악이 바르게 되어 아송(雅頌)이 각각 제자리를 얻게 되었다."

강설

부자께서 음악이 바르게 된 연유를 서술하셨다.

"시와 음악[詩樂]이 노나라에 있은 지 오래다. 내가 위나라에서 노나라로 돌아왔을 때, 또한 뒤이어 시와 음악을 바로잡아, 음악의 성용(聲容)과 절주(節奏)를 이미 자상히 고증하였고 믿음직하게 증험하였다. 그런 후에야 음악의 시조리(始條理)와 종조리(終條理)가 그 적절한 바를 잃지 않아 음악이 바로잡히게 되었다. 그러므로 음악에 올린 시가로서의 아(雅)를 조정에서 연주하면 질서정연하여 차례가 흐트러지지 않았고, 송(頌)을 종묘에서 연주하면 어지럽지 않고 일목요연하게 분명하였다. 이 모두가 제자리를 얻게 됨으로써 선왕의 음악이 거의 온전하게 된 것이다. 이는 참으로 나 스스로 위안으로 삼는 바이다."

集註

魯哀公十一年冬에 **孔子自衛反魯**하니 **是時**에 **周禮在魯**라 **然**이나 **詩樂**이 **亦頗殘缺失次**라 **孔子周流四方**하야 **參互考訂**하야 **以知其說**이러시니 **晩知道終不行**이라 **故**로 **歸而正之**시니라

[해석] 노 애공 11년(B.C. 484) 겨울, 공자가 위나라에서 노나라로 돌아오니, 그 당시 주나라의 예가 노나라에 있었다. 그러나 『시경』과 음악이 또한 매우 이지러져서 완전하지 못하거나 차례를 잃은 상태였다. 공자가 사방을 두루 돌아다니면서 참고하고 고증하여 음악의 내용을 알게 되었고, 늦게야 도를 행하지 못하리라는 점을 알고서 노나라에 돌아와 음악을 바로잡은 것이다.

15. 출즉전지 出則全旨

이 장에서는 떳떳한 덕[庸德]의 행실을 나타낸 것으로, 이 4가지[出則事公卿…不爲酒困]는 수평적 관계로 서술되어 있다. 이는 비록 일상생활에 항상 행하는 일이지만, 그 도리에 따라 마땅히 해야 할 일들을 극진히 다 하고, 쉽사리 욕심에 빠질 수 있는 일들을 제재하기란 쉬운 것처럼 보일지 모른다. 하지만 이를 행하여 유감된 바 없도록 하는 것은 그처럼 쉬운 일이 아니다.

상사(喪事)란 삼년상뿐만 아니라, 기년복(朞年服), 대공(大功), 소공(小功), 시마복(緦麻服) 등 가벼운 초상까지도 모두 힘쓰지 않으면 안 된다.

'곤(困)'자는 자세히 음미해야 한다. '곤'이란 과음으로 술을 이기지 못해 힘들어할 뿐이다. 따라서 정신을 잃는다거나 위의를 잃는 따위의 '난(亂)'자의 뜻으로 보아서는 안 된다.

子曰 出則事公卿하고 **入則事父兄**하며 **喪事**를 **不敢不勉**하며 **不爲酒困**이 **何有於我哉**오

부자께서 말씀하셨다.

"밖에 나가면 공경(公卿)을 섬기고, 집에 들어오면 부형을 섬기며, 초상의 일에 감히 힘쓰지 않은 바 없고, 술에 어려움을 겪지 않는 것 가운데 무엇 하나 내게 있는가."

강설

부자께서 자신을 낮추면서 사람을 가르치는 뜻으로 말씀하셨다.

"집을 나가 바깥에 있을 적에는 정성과 공경을 다 하여 공경(公卿)을 섬기면서 귀한 이를 귀하게 여기는 의[貴貴之義]를 다하여야 한다.

들어와 집에 있을 적에는 효도와 공경을 다 하여 부형을 섬기면서 친한 이를 친히 하는 의[親親之義]를 도탑게 해야 한다.

초상이란 쉽사리 경홀히 하는데 이르게 되니, 슬픔을 다하고 예의를 다하여 힘써야 할 것이다.

술이란 쉽사리 어지러운데 이르게 되니, 착한 거동과 선한 덕으로 술을 이기지 못해서는 안 될 것이다.

이는 모두 마땅히 해야 할 일들의 도리를 다한 것이며, 또한 쉽사리 잘못으로 흐르게 되는 감정을 절제한 것이다. 이를 돌이켜 보면 이 4가지 가운데 그 어느 것 하나 잘한 게 나에게 있겠는가. 나는 이를 매우 급급하게 행하여 스스로 그만두지 않으려고 한다."

集註

說見第七篇이라 然이나 此則其事愈卑而意愈切矣라

[해석] 이에 대한 설명은 제7 「술이」편에 보인다. 그러나 여기에서는 그 일이 더욱 낮으면서도 그 뜻은 더욱 간절하다.

16. 자재전지 子在全旨

이 장에서는 부자가 흐르는 시냇물 위에서 도체(道體)가 쉼이 없음[不息]을 밝히고 있다. 이는 배우는 이들이 성찰 공부를 정밀하게 하여 끊임없기를 바란 것이다. 따라서 '멈추지 않는다.[不舍]'는 글자에 중점을 두고 있다. '떠나가는 것[逝者]'이란 포괄된 뜻이 매우 광범하여 시냇물 또한 '떠나가는 것' 가운데 하나임을 말한 것이지, '떠나가는 것'이란 시냇물을 말하는 것만은 아니다. '사(斯)'자는 바로 물을 가리키고 있다. "서자, 여사부, 불사주야(逝者, 如斯夫, 不舍晝夜)" 9자는 단숨에 읽어 내려가야 한다. 이를 2절로 끊어 읽어서는 안 된다.

본문은 단 천지의 조화로 말한 것이지만, '도(道)'자를 첫머리와 끝에서 찾아볼 수 있다. 오직 눈앞에 보이는 시냇물을 묘사하여, 마음속으로 깨달은 바의 경계를 형용한 것이다.

子 在川上曰 逝者 如斯夫ㄴ저 不舍晝夜로다

부자께서 시내 위에 계시면서 말씀하셨다.

"떠나가는 모든 것들이 이 시냇물과 같다. 밤낮으로 멈추지 않는다."

강설

부자께서 우연히 시냇물 위에 계시다가 마음에 와닿은 바 있어 탄식하여 이를 말씀하셨다.

"하늘과 땅 사이에 지나간 것은 떠나가고 오는 것은 이어오면서 끊임없이 흘러가는 것이 이 시냇물과 같구나. 밤낮으로 그침이 없다. 사람은 그 본연의 체를 살피지 않을 수 있겠는가."

集註

天地之化는 往者 過하고 來者 續하야 無一息之停하니 乃'道體之本然'也라 然이나 其可指而易

見者는 莫如川流라 故로 於此에 發以示人하니 欲學者時時省察하야 而無毫髮之間斷也라

○ 程子曰 此道體也니 天運而不已하야 日往則月來하고 寒往則暑來하며 水流而不息하고 物生而不窮하니 皆與道爲體하야 運乎晝夜하야 未嘗已也라 是以로 君子法之하야 自强不息하나니 及其至也엔 純亦不已焉이니라

又曰 自漢以來로 儒者 皆不識此義하니 此見聖人之心이 純亦不已也니 純亦不已는 乃天德也라 有天德이라야 便可語王道니 其要는 只在謹獨이니라

愚按 自此至終篇은 皆勉人進學不已之辭니라

[해석] 천지의 조화는 가는 것은 지나가고 오는 것은 뒤이어 오면서 한순간의 멈춤도 없으니, 곧 '도체(道體: 道의 現象作用)의 본연'이다. 그러나 이를 가리켜 쉽게 볼 수 있는 것은 흐르는 시냇물보다 더 좋은 것은 없다. 그러므로 이를 밝혀 사람에게 보여주니, 배우는 이로 하여금 때때로 성찰하여 털끝만 한 간단도 없게 하고자 함이다.

○ 정자[伊川]가 말씀하였다.

"이는 '도의 본체'이다. 하늘의 운행은 그치지 아니하여 해가 지면 달이 뜨고, 추위 가면 더위 오며, 물은 흘러가면서 쉬지 않고, 만물은 발생하여 다함이 없으니, 이 모두가 도와 하나가 되어 밤낮으로 운행하여 일찍이 그침이 없는 것이다. 이로써 군자는 이를 본받아 스스로 강하여 쉼이 없도록 하는 것이니, 그 지극함에 미쳐서는 순수하고 또한 그침이 없다."

또 정자[明道]가 말씀하였다.

"한대(漢代) 이후 유학자들은 모두 이 뜻을 알지 못하였다. 여기에서 성인의 마음이 순수하고 또한 그침이 없음을 볼 수 있다. 순수하고 또한 그침이 없는 것은 곧 하늘의 덕이다. 하늘의 덕이 있어야 곧 왕도를 말할 수 있다. 그 요체는 홀로 아는 마음을 삼가는[愼獨] 데 있다."

나는 살펴보니 다음과 같다.

"여기에서부터 끝 편에 이르기까지 모두가 학문을 더욱 닦아나가면서 그만두지 않도록 사람들을 격려한 말들이다."

[보 補]

집주에서 주자가 말한 '도체의 본연[道體之本然]'의 도체와 이천이 말한 도체[此道體也]는 그 뜻이 똑같지 않다.

"먼저 주자가 말한 '도체의 본연'이라는 도체의 체(體)자는 체용(體用)의 '체'자가 아니다. 체단(體段)의 '체'이다. 면재 황씨가 형이상의 도(道)와 형이하의 기(器)를 모두 종합하고 본체와 작용을 모두 겸하여 말한다고 하니, 가장 분명한 말이다."[300]

300 『四書講義困勉錄』 권12. "註道體體字, 不是體用之體, 是體段之體. 勉齋謂合道器 · 兼體用而言, 最明."

여기에서 말한 "천지의 조화는 가는 것은 지나가고 오는 것은 뒤이어 온다"는 것은 해와 달, 추위와 더위가 왕래하는 것을 위주로 말한다. 여기에서 말한 '체'자는 이처럼 발현되어 드러난 현상을 말한다. 이는 도의 본체가 아닌 작용상에 나타난 현상세계로 말하였다. 그러나 이의 이면에 그 소이연(所以然)은 본체이다. 이 때문에 형이상하와 체용을 모두 종합한 체단(體段), 즉 발현 모습으로 말한다.

그러나 이천이 말한 도체(道體)는 도의 본체를 말한다. 이에 관한 미호 김원행(渼湖 金元行)의 논은 다음과 같다. "이천이 말한 '도의 본체[此道體也]'는 체용(體用)의 '체'를 말한다. 이는 도를 위주로 말하니, 여기의 '체'자는 소리도 없고 냄새도 없는[無聲無臭] 천리를 말한다. 또 이천이 말한 '도와 하나[與道爲體]'라는 것은 해와 달, 추위와 더위가 왕래하는 현상을 위주로 말하니, 여기의 '체'자는 발현되어 드러난 작용 부분을 말한다. 그러나 해와 달, 추위와 더위가 왕래하는 작용이 아니면 도의 본체를 볼 수 없고, 단 소리도 없고 냄새도 없을 뿐이다. 반드시 해와 달, 추위와 더위의 왕래 작용이 있어야 도의 본체를 볼 수 있다. 이러한 뒤에야 소리도 없고 냄새도 없는 도의 본체가 비로소 발현되어 마치 형상이 있는 것 같다. 그러나 실은 소리도 없고 냄새도 없는 본체와 발현하여 드러나는 현상으로서의 체단(體段)은 애당초 2가지 존재[物事]가 아니다."[301]고 하였다.

이처럼 도체의 체(體)자를 '종합적인 체단(體段: 현상)'으로 보느냐 아니면 '본체의 측면'에서 보느냐의 미묘한 차이가 없지 않다.

17. 오미전지 吾未全旨

이 장에서는 진실한 마음으로 덕을 좋아하는 사람이 드묾을 탄식하고 있으며, 말 밖의 뜻으로는 사람들에게 스스로 반성케 하려는 뜻을 담고 있다.

호색(好色)에 대해선 굳이 더는 말할 게 없고, 다만 하나의 진실한 마음을 말하고 있을 뿐이다.

'나는 … 보지 못하였다.[吾未見]'는 것은 그런 사람이 있기를 바라는 마음을 반어법[反說]으로 표현한 것이다.

子曰 吾未見好德이 如好色者也케라

부자께서 말씀하셨다.

"나는 덕을 좋아함이 여인을 좋아하는 것처럼 하는 자를 보지 못하였다."

---

301 『渼湖集』 제6권 「答金伯高」. "所謂此道體也者, 是主乎道而言, 這體字, 是說無聲無臭底. 與道爲體者, 是主乎日月寒暑來往之類而言, 這體字, 是說發見呈露底, 其爲言固不同矣. 然非有此日月寒暑之來往, 則道不可得以見, 只無聲無臭而已. 須有此日月寒暑之來往, 然後道可得以見. 於是乎無聲無臭者, 始得以發見呈露, 若有箇形象底. 其實無聲無臭之體與發見呈露之體, 初非爲兩箇物事."

강설

부자께서 덕을 좋아하기 어렵다는 데 대하여 탄식하셨다.

"진실한 마음으로 덕을 좋아해야 함은 아름다운 여인을 사랑하는 것보다 더 고귀한 일이다. 하지만 여느 사람들은 으레 기질에 얽매이고 물욕에 탐닉한 바 많아, 본래 지닌 떳떳하고 선량한 마음을 잃기 마련이다. 이 때문에 덕을 좋아하는 마음을 진정 여인을 사랑하는 것처럼 진실한 마음으로 좋아하는 사람을 보지 못하였다. 참으로 개탄스러운 일이다."

集註

謝氏曰 好好色, 惡惡臭는 誠也니 好德如好色이면 斯誠好德矣라 然이나 民鮮能之니라

○ 史記에 孔子居衛하실새 靈公이 與夫人同車하고 使孔子爲次乘하야 招搖(逍遙)市過之한대 孔子醜之라 故로 有是言이라하다

[해석] 사씨[謝良佐]가 말하였다.

"아름다운 여인을 좋아하고 악취를 싫어함은 진실한 마음이다. 덕을 좋아하기를 여인을 좋아하는 것처럼 한다면 이는 참으로 덕을 좋아함이다. 그러나 그처럼 하는 사람은 드물다."

○ 『사기』에 의하면, "공자가 위나라에 계실 적에 영공이 부인과 함께 수레를 타고, 공자는 그다음 수레에 타워 으스대면서 저잣거리를 거닐었다. 공자가 이를 추하게 생각한 까닭에 이런 말씀을 하였다."라고 한다.

18. 비여전지 譬如全旨

이 장에서는 산을 만들어감에 있어 흙을 쌓아나감과 그만두는 것이 모두 자신에 의해 결정된다는 사실을 빌려, 그만두려는 마음을 경계하고 앞으로 나아가려는 마음을 갖도록 권유한 것이다.

장차 이뤄지려는 산을 끝까지 이루지 못함[未成]과 비록 평지에다가 쏟아붓는 것[雖覆]에 모두 고작 한 삼태기를 들어 말하였다. 이런 처지에서 어떻게 한 삼태기를 멈출 수 있으며, 또한 시작하지 않을 수 있겠는가. 그러나 멈추는 것도 앞으로 쏟아붓는 것도 모두 나에게 달려있다. 이는 스스로 그 책임을 짊어져야 한다는 뜻을 보여준 것이다.

본문에서 2차례 비여(譬如: 爲山, 平地)를 말한 것은 먼저 주된 뜻을 밝힌 뒤에 산을 만들어나가는 것[爲山]과 평지를 말하여도 나쁘지 않으며, 먼저 멈추는 것[止吾止也]을 말하고 뒤이어 쌓아나가는 것[進吾往也]을 말함 또한 절묘한 문장으로 사람을 고무시키고 있다.

子曰 譬如爲山에 未成一簣하야 止도 吾止也며 譬如平地에 雖覆一簣나 進도 吾往也니라

부자께서 말씀하셨다.

"비유하면 흙을 쌓아 산을 만들 적에 〈마지막〉 한 삼태기를 〈쏟아붓지 않음으로써 산이〉 이뤄지지 못한 채, 그만두는 것도 내가 그만둔 것이며, 비유하면 평지에다가 비록 한 삼태기 흙을 붓기 시작하여 앞으로 부어나가는 것도 내가 쌓아가는 것이다."

강설

부자께서 사람들에게 끊임없이 학문을 닦아나가야 한다는 뜻으로 경계하셨다.

"학문을 닦아 장차 이루어지려고 하는데 중도에서 그만두는 것을 비유하면, 흙을 쌓아 산을 만들다가 마지막 한 삼태기의 흙을 더 쏟아붓지 않음으로써 영영 산이 되지 못하는 것과 같다. 그가 마지막 힘을 쓰지 않고 그만두었기 때문이다. 그처럼 그만둔 것은 실로 나 자신이 그만둔 것이지, 남들이 저지한 바 아니다.

학문을 처음 시작하여 닦아나가는 것을 비유하면, 평지에 처음 한 삼태기의 흙을 부어 비롯하는 것과 같다. 비록 한 삼태기의 흙이라 하지만, 그가 그치지 않고 줄곧 흙을 쏟아부어야 한다. 그처럼 앞으로 나아감은 실로 나 자신이 앞으로 나간 것이지, 남들이 그렇게 시킨 일이 아니다.

그만두는 것도 나 자신으로부터 비롯되니 거의 다 이루어졌다고 하여 믿을 수 없고, 앞으로 나가는 것 또한 나 자신으로부터 비롯되니 바야흐로 어디까지 나아갈지 헤아릴 수 없는 것이다. 배우는 이들은 힘써야 할 바 무엇인가를 알아야 할 것이다."

集註

簣는 土籠也라 書曰 爲山九仞에 功虧一簣라하니 夫子之言이 蓋出於此라 言山成而但少一簣하야 其止者도 吾自止耳오 平地而方覆一簣하야 其進者도 吾自往耳라 蓋學者自强不息이면 則積少成多로되 中道而止면 則前功盡棄니 其止其往이 皆在我而不在人也라

[훈고] 궤(簣)는 흙 담는 삼태기이다.

[해석] 『서경』에 이르기를 "산을 아홉 길 높이 쌓았는데, 그 공이 한 삼태기에서 무너진다." (「旅獒」)고 하니, 부자의 말은 여기에서 나온 것으로 생각된다. 산이 완성되었는데 단 마지막 한 삼태기의 흙이 부족하여 그만두는 것도 나 자신이 그만둔 것이며, 평지에다가 처음 한 삼태기의 흙을 부어 쌓아가는 것도 나 자신이 해나간 것이다. 이는 배우는 이가 스스로 강하여 멈추지 않으면 적은 것이 쌓여 많은 것을 이루지만, 중도에서 그만두면 지난날의 공은 모두 버리는 것이다. 그만두거나 나아감이 모두 나에게 있는 것이지, 남에게 있지 않다.

19. 어지전지 語之全旨

이 장은 부자의 가르침을 잘 체득한 안자를 가상히 여겨 칭찬한 말이다. 안자는 부자의 말을

들으면 곧 마음으로 깨달았고, 마음으로 깨달은 까닭에 힘써 행할 수 있었다. 여기에서 유독 안자를 일컬어 말한 것은 여러 제자를 격려하기 위함이다.

단 '불타(不惰)' 2자는 부자의 가르침을 들었을 때를 말한 것이니만큼, 문장의 차례에 따라 보아야지, 글을 전도시켜 안자를 먼저 언급해서는 안 된다.

子曰 語之而不惰者는 其回也與인저

부자께서 말씀하셨다.
"그에게 도를 일러주면 게을리하지 않는 이는 안회일 뿐이다."

강설

부자께서 안자를 칭찬하셨다.
"배우는 이들은 스승의 가르침을 체득하기 어렵다고 생각한다. 그러나 도를 말해주면 곧바로 마음으로 깨닫고 이를 힘써 실행하여 의연히 용감하게 나아가 게으름이 없는 자는 오직 안회뿐이다.

박문약례를 말해주면 곧 '나의 재주를 다하였다.'고 말하고, 극기복례를 말하여주면 '청컨대 힘껏 노력하겠다.'고 말하였다. 게으름이 없는 그의 학문을 여기에서 볼 수 있다.

안회는 나의 가르침을 져버림이 없었다. 안타깝게도 여러 제자는 모두 안회만 같지 못하였다."

集註

惰는 懈怠也라

范氏曰 顏子 聞夫子之言하고 而心解力行하야 造次顚沛에 未嘗違之하니 如萬物得時雨之潤하야 發榮滋長이니 何有於惰리오 此群弟子所不及也니라

[훈고] 타(惰)는 게으름이다.

[해석] 범씨[范祖禹]가 말하였다.
"안자는 부자의 말씀을 듣고 마음으로 이해하고 힘써 행하여 매우 급박한 때에도 일찍이 어긴 적이 없다. 마치 만물이 단비에 젖어 꽃을 피우고 무럭무럭 빛나게 자라는 것과 같으니, 어찌 게으름이 있겠는가. 이는 여러 제자가 미칠 수 없는 바이다."

20. 자위전지 子謂全旨

이 장은 부자가 지난날 도를 닦아나가던 안자의 용맹심을 회상하여 애석하게 여김과 아울러 여러 제자를 독려한 것이다.

'석호(惜乎)' 2자는 허설(虛說)이며, 아래의 2구[吾見其進也, 未見其止也]는 서로 연결되어 있는데, 여기에 애석하게 여기는 뜻이 담겨있다.

子 謂顔淵曰 惜乎라 吾見其進也오 未見其止也호라

부자께서 안연에 대해 말씀하셨다.
"애석하다. 나는 그가 앞으로 나가는 것만을 보았을 뿐, 멈추는 것을 보질 못하였다."

강설

부자께서 이미 세상을 떠난 안연을 회상하면서 말씀하셨다.
"안연의 죽음은 애석한 일이다. 학문이란 앞으로 나아가면 이뤄지고 그만두면 폐지하기 마련이다. 안연과 같은 이는 도를 향하여 앞으로 나아가는 것만을 보았을 뿐, 중도에서 멈추는 것을 보지 못하였다. 하늘이 그에게 몇 해만 더 살 수 있도록 그에게 수(壽)를 빌려줬다면 그의 진취가 어떠했을지 가늠할 수 있었겠는가. 오늘날 이와 같은 사람이 없으니, 나는 애석해하지 않을 수 없다."

集註

進止二字는 **說見上章**이라

顔子旣死에 **而孔子惜之**하사 **言其方進而未已也**라

[훈고] 진(進), 지(止) 2자의 뜻은 위의 문장(「譬如」章)에 보인다.

[해석] 안자가 죽은 후에 공자가 그를 애석하게 여겨, 앞으로 나아갈 뿐 멈추지 않음을 말하였다.

21. 묘이전지 苗而全旨

이 장에서는 학문이란 반드시 성취하여야 함을 나타내고 있다.
2단락[苗而不秀者有矣夫, 秀而不實者有矣夫]은 수평으로 그 뜻이 일관되어 있으나, 실로 2곳의 '유의부(有矣夫)' 구절에 중점을 두고 깊이 음미해 보아야 한다. 싹이 트면 꽃이 피고 꽃피면 열매가 맺히는 것은 상식이다. 그러나 이의 문장은 상식에 벗어난 말이다. 이러한 일이 있어서는 안 됨을 탄식하여, 배우는 이로 하여금 이러한 일이 발생하게 된 연유를 생각하도록 한 것이다.
주된 뜻은 첫부분에 있고 뒷부분에서 이를 보완하고 있다. 꽃이 피지 못하고 열매가 맺지 못함[不秀, 不實]은 모두 사람의 노력이 미치지 못한 점에 중점을 두어 말한 것일 뿐, 자연의 계절[天時]을 겸해서 말한 것은 아니다.

子曰 苗而不秀者 有矣夫며 秀而不實者 有矣夫ㄴ저

부자께서 말씀하셨다.
"싹이 트고서 꽃을 피우지 못한 것도 있고, 꽃은 피었으나 열매를 맺지 못하는 것도 있다."

강설

부자께서 학문에 매진하기를 바라는 뜻으로 격려의 말씀을 하셨다.

"학문이란 성취하여야 만이 고귀한 것이다. 저 식물의 싹을 보지 못하였는가. 싹이 트고 꽃이 피는 것이 정한 이치이다. 그러나 힘에 미진한 바 있으면 싹이 트더라도 꽃을 피우지 못하는 경우가 간혹 있기 마련이다.

꽃이 피고 열매가 맺는 것은 정한 이치이다. 그러나 공력이 이어지지 못하면 꽃이 피어도 열매를 맺지 못하는 경우가 간혹 있기 마련이다.

이로 보면, 배우는 이는 시작부터 성공하는 데까지 이르러야 하며, 꽃을 피우지 못하거나 열매를 맺지 못하는 싹이 되어서는 안 된다."

集註

穀之始生曰苗오 **吐華曰秀**오 **成穀曰實**이라

蓋學而不至於成이 **有如此者**라 **是以**로 **君子貴自勉也**니라

[훈고] 곡식에 처음 돋는 것을 싹이라 하고, 꽃망울이 피어난 것을 꽃[秀]이라 하고, 곡식을 맺는 것을 열매라 한다.

[해석] 배우되 성공에 이르지 못함이 이와 같을 수 있다. 이 때문에 군자는 스스로 힘씀을 귀하게 여긴다.

22. 후생전지 後生全旨

이 장에서는 후생에게 시기를 놓치지 말고 학문에 힘쓰도록 격려하고 있다.

첫 구절[後生可畏]은 기대와 충동의 뜻이 있으며, 마지막 2구[四十五十…畏也已]는 예언으로 후생을 경계한 것이다. 단 그 대상은 한 사람으로 볼 뿐이며, 이 또한 후생을 위해 말한 것이지, 마흔 쉰 나이의 사람을 한정시켜 말한 것은 아니다. 집주에 의하면, "어찌 오늘날의 나만 같지 못하랴?[不如我之今日乎]"라고 말하니, 후생을 두려워하는 자는 누구를 대상으로 말한 것일까? 두려워하는 자는 내 자신이다. 이 구절이 위의 '가외(可畏)'라는 뜻을 뒤이어서 덧붙인 말이다.

'무문(無聞)'이란 단 남들에게 알려진 선(善)이 없다는, 소문(所聞)의 뜻으로 말한 것이지, 깨달음을 뜻하는 '조문도(朝聞道)'의 '문(聞)'자로 쓴 것은 아니다.

'역(亦: 斯亦不足畏)'자는 첫 구절과 상응하면서 후생이 두려운 마음으로 경계할 줄 알아야 한다는 뜻이 담고 있다.

子曰 後生이 **可畏**니 **焉知來者之不如今也**리오 **四十五十而無聞焉**이면 **斯亦不足畏也已**니라

부자께서 말씀하셨다.

"후생이 두렵다. 어찌 후생이 오늘날의 나만 같지 못하리라고 알 수 있겠는가. 마흔, 쉰이 되도록 명성이 들리지 않는다면 이 또한 두려울 게 없다."

강설

부자께서 사람들에게 때에 맞추어 학문에 힘써야 한다는 뜻으로 경계의 말씀을 하셨다.

"후생들은 많은 세월이 남아있고 젊은 힘이 넘쳐나니, 그 기세가 두렵다. 이처럼 앞으로 나아간다면 후생의 성취가 오늘날 나의 기대와 바람처럼 되지 않겠는가. 그러나 만일 젊기에 아직은 많은 세월이 남아있다고 하여 시기를 잃은 채, 스스로 힘쓰지 않다가 마흔, 쉰의 나이에 이르러서 훌륭한 명성을 얻은 바 없다면 세월은 이미 지나버렸고 힘은 이미 쇠퇴하여 결국 선으로 나아갈 수 있는, 기회의 세월은 더 이상 없을 것이다. 그런 그를 두려운 대상으로 여기겠는가. 그러니 후생들은 그 두려워하는 바를 소홀하게 여겨, 천하 사람이 두려울 게 없다는 인물이 되어서는 결코 안 될 것이다."

集註

孔子言 後生은 年富力彊하야 足以積學而有待니 其勢可畏라 安知其將來不如我之今日乎아 然이나 或不能自勉하야 至於老而無聞이면 則不足畏矣니 言此以警人하야 使及時勉學也라 曾子曰 五十而不以善聞이면 則不聞矣라하니 蓋述此意니라

尹氏曰 少而不勉하야 老而無聞이면 則亦已矣어니와 自少而進者는 安知其不至於極乎아 是可畏也니라

[해석] 공자께서 "후생은 세월도 넉넉하고 힘도 굳세어 넉넉히 학문을 쌓아 기대할 수 있으니, 그 기세가 두렵다. 어찌 그가 장래에 오늘의 나만 같지 못하리라고 알 수 있겠는가. 그러나 혹 스스로 힘쓰지 않아 노년이 되어서도 명성이 없으면 두려울 만한 것이 없다."고 말하니, 이를 말하여 사람들을 경계하여 때에 미쳐 학문에 힘쓰도록 한 것이다.

증자가 말하기를, "쉰이 되어서도 선하다는 명성이 없으면 더 이상 알려질 수 없다."(『大戴禮』「修身篇」)고 하니, 이 장의 뜻을 이어 말한 것이다.

윤씨[尹焞]가 말하였다.

"젊어서 힘쓰지 않아 노년에 명성이 없으면 또한 그만두려니와 젊은 시절부터 더욱 닦아나간 자는 어찌 그 극처(極處)에 이르지 못할 줄을 알겠는가. 이것이 두려운 점이다."

23. 법어전지 法語全旨

이 장에서는 남의 말을 듣는 사람은 실로 도움이 되게 받아들여야 한다는 점을 말하고 있다.

남의 말을 듣는 이란 대체로 임금과 벗을 가리킨다. 처음 6구[法語之言…繹之爲貴]는 남의 말을 듣는 이에 대한 바람이며, 그 아래의 3구[說而不繹…何也已矣]는 남의 말을 듣는 이를 위한 경계이다.

중요한 점은 '개(改)'와 '역(繹)' 2가지 측면에 있다. 2개의 '귀(貴: 改之爲貴, 繹之爲貴)'자에서 법언(法言)과 손언(巽言)은 모두 허물을 바로잡는 말임을 알 수 있다. 단 하나는 직접적인 충고이고, 또 다른 하나는 우회적으로 원만한 설득이다.

법(法)이란 사람을 다스리는 율법과 같다. 회피할 수 없는 도리이기에 반드시 따라야 한다. 손(巽)이란 바람이 사물의 빈틈을 비집고 들어가는 것과 같다. 마음에 거슬린 바 없기에 반드시 기뻐하는 것이다. 2곳의 '능무(能無: 能無從乎, 能無說乎)' 글자에서 '따르게 하는 것[從]'과 '기쁘게 하는 것[悅]'이야 진언(進言)한 사람이 그처럼 하도록 할 수 있지만, '잘못을 고치도록 하는 것[改]'과 '실마리를 생각하도록 하는 것[繹]'은 진언한 자가 그처럼 하도록 할 수 없음을 알 수 있다. '어떻게 해줄 수 없다.[末如之何]'는 것 또한 그를 격동시키는 말이지, 절망시키는 말은 아니다.

子曰 法語之言은 **能無從乎**아 **改之爲貴**니라 **巽與之言**은 **能無說乎**아 **繹之爲貴**니라 **說而不繹**하며 **從而不改**면 **吾末如之何也已矣**니라

부자께서 말씀하셨다.

"법으로 타이르는 말은 따르지 않겠는가. 〈잘못을〉 고치는 것이 중요하다. 완순하게 함께하는 말은 기뻐하지 않겠는가. 〈그 속에 담긴 뜻을〉 찾아내는 것이 중요하다.

기뻐하면서도 〈그 속에 담긴 뜻을〉 찾지 않고, 따르면서도 〈잘못을〉 고치지 않으면 나는 그런 이에게 어떻게 해줄 수 없다."

강설

부자께서 사람들에게 충고를 받아들이는 도움으로써 격려의 말씀을 하였다.

"그 잘못을 지적하여 직접 말해주는 것을 법으로 타이르는 말[法語之言]이라고 한다. 법으로 타이르는 말이야 말씨가 준엄하고 대의가 반듯하니, 이런 말을 들은 자들이 이치를 두려워하는 마음에 겉으로야 그 말을 따르지 않을 수 있겠는가. 그러나 그저 입으로만 그렇게 하겠노라고 따르는 것은 중요한 일이 아니다. 몸소 자기 잘못을 고쳐나감이 고귀한 것이다.

우회적으로 그 잘못을 달래는 것을 비위를 거스르지 않고 타이르는 말[巽與之言]이라고 한다. 우회적으로 타이르는 말은 말씨가 화기롭고 어감이 부드러우니, 이런 말을 듣는 이들이 마음에 기뻐하여 희열을 느끼지 않을 수 없다. 그러나 그저 기뻐하기만 하는 것은 중요한 일이 아니다. 그 말에 담겨있는 속뜻을 생각하여 본의가 어디에 있는가를 찾아 나감이 고귀한 것이다.

만일 기뻐만 하고 그 본의가 어디에 있는가를 생각하지 않거나 그의 말을 따를 뿐 잘못을 고쳐 나가지 않는다면, 법으로 타이르는 말일지라도 그의 마음을 되돌릴 수 없게 되고, 완곡하게 함께하는 말일지라도 그 각성을 기대할 수 없다. 나는 그런 사람에게 어떻게 해줄 수 없다."

부자의 이 말을 듣는 사람들은 스스로 성찰하지 않을 수 있겠는가.

集註

法語者는 正言之也오 巽言者는 婉而導之也라 繹은 尋其緒也라

法言은 人所敬憚이라 故로 必從이나 然이나 不改면 則面從而已니라 巽言은 無所乖忤라 故로 必說이나 然이나 不繹이면 則又不足以知其微意之所在也니라

○ 楊氏曰 法言은 若孟子論行王政之類 是也오 巽言은 若其論好貨好色之類 是也라 語之而不達하고 拒之而不受는 猶之可也어니와 其或喻焉이면 則尙庶幾其能改繹矣어늘 從且說矣로되 而不改繹焉이면 則是終不改繹也已니 雖聖人이나 其如之何哉리오

[훈고] 법어란 바르게 말함이며, 손언이란 완곡하게 이끌어주는 것이다. 역(繹)은 그 실마리를 찾는 것이다.

[해석] 법으로 타이르는 말은 사람들이 공경하고 두려워한 까닭에 반드시 따르기 마련이다. 그러나 잘못을 고치지 않으면 겉으로만 따를 뿐이다. 완곡하게 이끌어주는 말은 마음에 거슬리거나 어긋난 바 없으므로 반드시 기뻐하기 마련이다. 그러나 그 속에 담긴 뜻을 찾지 않으면 또한 보이지 않는 말뜻이 그 어디에 있는지를 알 수 없을 것이다.

○ 양씨[楊時]가 말하였다.

"법으로 타이르는 말이란 맹자가 제선왕에게 왕정의 시행을 논한 유(『孟子』「梁惠王 下」 아래도 이와 같음)가 이것이며, 완곡하게 둘러서 하는 말이란 제선왕이 재물을 좋아하고 여색을 좋아하는 것에 관해 논한 유가 이것이다. 말해주어도 알지 못하고 거부하여 받아들이지 않음은 오히려 괜찮지만, 그가 혹 깨달았다면 오히려 잘못을 고치고 말한 의중(意中)을 찾을 수 있다. 따르기만 하고 기뻐하기만 할 뿐, 잘못을 고치려 하거나 의중을 찾으려 하지 않는다면 이는 끝내 잘못을 고치거나 말한 의중을 찾지 못할 것이다. 아무리 성인이라도 그를 어떻게 하겠는가."

[보 補]

주자는 이에 대해 다음과 같은 말을 하였다.

"예컨대 한 무제는 급암의 올곧음을 보고서 매우 존경하고 두려워하여, 장막 속에서 급암이 아뢰는 말이 옳다고 하였다. 그는 바른말을 좇았다고 말할 수 있다. 그러나 무제는 속으로 욕심이 많으면서 겉으로만 인의를 베풀었다. 이 어찌 잘못을 고치지 않고 겉으로만 따른 일이 아니겠는가.

맹자가 여색을 좋아하고 재물을 좋아하는 일에 관하여 논했을 때, 제선왕이 어찌 좋아하지 않았겠는가. 그러나 만약 그런 말을 하게 된 의중을 알아차리지 못한다면 옛사람이 말한 '여색을 좋아했다.'라는 그저 지난 옛날 그런 일이 있었음을 알 뿐, 옛사람이 선정을 베풀어 안으

로는 남편 없는 홀어미가 없게 하였고, 밖으로는 아내 없는 홀아비가 없도록 해주었던 왕도 정치를 알지 못한 것이다. 옛사람들이 말한 '재물을 좋아했다.'라는 그저 지난 옛날 그런 일이 있었음을 알 뿐, 옛사람이 선정을 베풀어 정착하여 사는 사람들은 집안에 곡식을 쌓은 창고가 있도록 하였고, 길 가는 사람들은 지니고 다니는 식량이 있도록 해주었던 왕도정치를 알지 못한 것이다."[302]

24. 주충신장 主忠信章

子曰 主忠信하며 **毋友不如己者**오 **過則勿憚改**니라

부자께서 말씀하셨다.

"충성과 믿음을 주로 하고, 자기만 못한 자를 벗 삼지 말고, 허물이 있으면 고치기를 꺼리지 말라."

集註

重出而逸其半이라

거듭 나온 말(「學而」)이나, 그 절반은 빠졌다.

25. 삼군전지 三軍全旨

이 장에서는 굳은 입지(立志)에 대한 필요성을 가르쳐주고 있다. 삼군의 장수를 붙잡아온다는 것은 결코 쉽지 않은 일이다. 따라서 반드시 첫 구절의 "삼군의 장수를 붙잡아 올 수 있다.[三軍可奪帥也]"는 구절을 쉽게 말하지 않아야 만이 비로소 아래 구절에서 말한 필부의 굳센 의지[匹夫不可奪志也]의 뜻이 드러나게 된다. 이는 어려운 일 가운데 더욱 굳은 입지의 어려움을 말해주는 것이다.

지(志)와 의(意)는 다른 뜻이 있다. 의(意)는 마음에서 이런저런 생각이 일어나는 곳[發動處]이고, 지(志)는 분명하게 일정한 주제가 있는 곳[有主處]으로 말한다. 여기에서 말한 지(志)는 도리를 지키면서 변하지 않음을 말한다. 그렇지 않으면 그것은 임의로 생각하는 사사로움이다.

이처럼 굳은 의지가 정립되면 그 어떠한 이해, 화복, 성패, 사생 따위도 그의 마음을 변하게 할 수 없다. 이 때문에 "빼앗을 수 없다.[不可奪]"고 말한 것이다. 주자는 집주에서 "삼군의 용맹은 사람들에게 있고, 필부의 굳건한 뜻은 자신에게 있다."고 말하니, 참으로 절묘한 말이다.

---

302 『大全』 該註. "朱子曰 如漢武帝, 見汲黯之直, 深所敬憚, 至帳中可其奏, 可謂從矣. 然武帝內多欲而外施仁義, 豈非面從? 如孟子謂好色好貨, 齊王豈不悅? 若不知繹, 則徒知古人所謂好色, 不知其能使內無怨女外無曠; 夫徒知古人所謂好貨, 不知其能使居者有積倉行者有裹糧也."

子曰 三軍은 可奪帥也어니와 匹夫는 不可奪志也니라

부자께서 말씀하셨다.
"삼군의 장수를 붙잡아 올 수 있으나, 필부의 굳건한 뜻은 빼앗을 수 없다."

강설

부자께서 입지(立志)에 대해 말씀하셨다.

"이 세상에 살면서 남에게 힘입으려는 자는 의지하기 어렵고, 자신에게 간직한 것만이 믿을 수 있다. 오늘날 삼군이란 3만7천5백 인으로 지극히 많은 수효이다. 삼군의 병사들이 주장(主將) 한 사람을 에워싸고 있으니, 그 장수를 붙잡아 올 수 없을 것이다. 그러나 삼군은 아무리 많다지만 그 용맹은 타인에게 있다. 삼군의 마음이 똑같지 않고 힘이 한결같지 않기에 그 장수를 붙잡아 올 수 있다.

필부란 단 한 사람으로 지극히 미약한 존재이다. 필부로서 뜻을 세운다면 어느 누가 그 뜻을 빼앗을 수 없다고 말할 수 있겠는가. 그러나 필부가 아무리 미약하다고 하지만 그 뜻은 자신에게 있으므로 세운 뜻이 한번 결정되면 영화와 모욕, 삶과 죽음을 당면하여서도 반드시 그 뜻을 굽히지 않을 것이다. 어느 누가 그의 굳건한 뜻을 빼앗을 수 있겠는가."

集註

侯氏曰 三軍之勇은 在人하고 匹夫之志는 在己라 故로 帥可奪이나 而志不可奪이니 如可奪이면 則亦不足謂之志矣니라

[해석] 후씨[侯仲良]가 말하였다.

"삼군의 용맹은 남들에게 있고, 필부의 뜻은 자신에게 있는 까닭에 삼군의 장수는 붙잡아 올 수 있지만, 필부의 뜻은 빼앗을 수 없다. 만일 빼앗을 수 있다면 또한 그것을 뜻이라고 말할 수 없다."

26. 의폐장지 衣敝章旨

이 장에서는 시종일관 자로를 권면한 뜻으로 말하고 있다.

첫 2절[衣敝縕袍…何用不臧]에서는 자로의 진취(進就)로 인하여 더욱 앞으로 나아가도록 이끌어줌이며, 마지막 절[子路終身…何足以臧]에서는 자로가 앞으로 나아가기를 추구하지 않음으로써 그를 나아가도록 격동시켜주고 있다.

(1) 의폐절지 衣敝節旨

온포(縕袍)와 호락(狐貉)은 의복의 귀천을 빌어서 빈부의 모습을 밝힌 것일 뿐, 사람의 귀천으로 말한 것은 아니다. 불치(不恥)란 부끄러워하지 않는 데에 그친 게 아니다. 마음에 주재가 있어 바깥 사물에 마음이 동요되지 않음을 말한다.

또한 도(道)로 나아가게 하려는 뜻을 드러내지 않고, 먼저 이러한 경계를 마련하여 그런 사람을 상상하도록 함이니만큼, 거꾸로 자로의 이름부터 먼저 언급하여서는 안 된다.

子曰 衣敝縕袍하야 **與衣狐貉**(호락)**者**로 **立而不恥者**는 **其由也與**인저

부자께서 말씀하셨다.

"낡은 솜옷을 입고 여우나 담비 가죽으로 만든 갖옷을 입은 자와 같이 서되, 부끄러워하지 않은 자는 유(由: 子路)이다."

강설

부자께서 자로를 칭찬하셨다.

"낡아 너덜거리는 솜옷을 입고서 여우나 담비 가죽으로 만든 갖옷을 입은 자와 함께 서 있을지라도 부귀한 자와 함께 있다는 것을 잊고서 편안한 마음으로 부끄러움이 없음은 자로만이 가능하다. 자로의 뜻이 이와 같으니, 덕에 나아갈 수 있으며, 어디에서나 선하지 않음이 없을 것이다."

集註

敝는 **壞也**오 **縕**은 **枲著**[303]**也**오 **袍**는 **衣有著者也**니 **蓋衣之賤者**며 **狐貉**은 **以狐貉之皮爲裘**니 **衣之貴者**라

子路之志 如此하니 **則能不以貧富動其心**하야 **而可以進於道矣**라 **故**로 **夫子稱之**니라

[훈고] 폐(敝)는 낡음이며, 온(縕)은 삼으로 만든 솜을 옷 속에 넣은 것이며, 포(袍)는 솜을 넣은 옷[夾衣]이니, 값싼 옷이다. 호락(狐貉)은 여우와 담비 가죽으로 만든 갖옷이니, 값비싼 옷이다.

[해석] 자로의 뜻이 이와 같으니, 가난과 부귀로 마음이 흔들리지 않기에 도에 나아갈 수 있다. 이 때문에 부자께서 그를 칭찬한 것이다.

(2) 불기절지 不忮節旨

『시경』을 인용하여 범칭으로 말하면서 앞서 자로를 찬미했던 뜻을 보완하고 있다. '불기불구

303 枲著也: 시저(枲著)의 시(枲)는 시마(枲麻), 모마(牡麻)를 물에 담가 불렸다가 면으로 만들어 옷에 넣는 것이며,[趙氏曰 枲著, 則雜用枲麻以著袍也. 如今麻苧筋類, 可置之夾襖中者.] 저(著)는 또한 저(貯)자와 통용하여 쓰는바, 저(著)는 옷 속에 솜을 넣는다는 뜻이다.[雲峯胡氏曰 禮韻, 貯字, 亦作著, 通作褚作緒, 以綿裝衣之謂.] 아래의 "포의유저자(袍衣有著者)"의 저(著) 또한 이와 같은 뜻으로 쓰이고 있다.

(不忮不求)'는 위의 '불치(不恥)'에 이어서 말한 것이다.

不忮不求면 何用不臧이리오

"해코지하지 않고 탐내지 않으면 어찌 착하지 아니하랴."

강설

"「위풍 웅치(衛風 雄雉)」의 시에 의하면, '남이 지닌 것을 용심 내어 해코지하지 않고, 나에게 없는 것을 부끄럽게 여기어 탐욕스럽게 구하지 않는다면 어떤 일을 하더라도 선하지 않을 턱이 있겠는가.'라고 하니, 이 시는 자로를 두고 이르는 말이라 하겠다."

集註

忮는 害也오 求는 貪也오 臧은 善也라

言能不忮不求면 則何爲不善乎리오 此는 衛風雄雉之詩니 孔子引之하야 以美子路也시니라

呂氏曰 貧與富交에 彊者必忮하고 弱者必求니라

[훈고] 기(忮)는 해코지함이며, 구(求)는 탐냄이며, 장(臧)은 착함이다.

[해석] "해코지하지 않고 탐내지 않으면 어찌 착하지 아니하랴."라고 말하니, 이는 『시경』「위풍 웅치」의 시인데, 공자가 이를 인용하여 자로를 찬미하였다.

여씨[呂大臨]가 말하였다.

"가난한 이가 부자와 사귈 적에 강한 자는 반드시 해코지하고 나약한 자는 반드시 탐심(貪心)을 낸다."

[보 補]

"강한 자는 해코지하고 나약한 자는 탐심을 낸다."는 것은 항우와 한고조가 진시황제를 보고서 보여준 반응에서 알 수 있다.

진시황제가 회계산을 유람한 뒤 절강을 건너오는 행차를 항양(項梁)과 항우가 함께 구경하다가 항우가 "저걸 내가 빼앗아 대신하겠다."고 하자, 항양이 그의 입을 가리면서 "헛소리하지 말라. 일족이 다 죽는다."고 하였지만, 항양은 이런 일로 항우를 남달리 여겼다[304]고 한다. 이것이 강한 자는 남의 부귀에 대해 해코지함을 알 수 있다.

한고조는 이와는 달리 일찍이 부역하러 함양에 도착하여 실컷 구경하다가 진시황제를 보고서 긴 한숨을 내쉬면서 "아! 대장부는 이처럼 살아야 하는데…."[305]라고 하였다. 이는 부러

304 『史記』 권7, 「項羽本紀」. "秦始皇帝, 游會稽, 渡浙江. 梁與籍 俱觀, 籍曰 彼可取而代也. 梁 掩其口, 曰 毋妄言! 族矣. 梁以此奇籍."

305 같은 책 권8, 「高祖本紀」. "高祖 常(嘗)繇咸陽, 縱觀, 觀秦皇帝, 喟然太息, 曰嗟乎! 大丈夫當如此也."

움으로 그런 호사를 원한 것이다. 한고조와 항우가 진시황제를 보면서 그들이 보인 각기 다른 양상을 통하여 여씨의 말을 알 수 있다.

(3) 자로절지 子路節旨

자로가 끊임없이 이 시구를 외워대는[終身誦之] 것은 오직 "해코지하지 아니하고 탐내지 않으려는" 마음이 쉽사리 게을러질까 두려워한 때문이다.

마지막 구절[何足以臧]은 위의 하용불장(何用不臧)의 뜻을 이어서 반대로 말한 것이다. 도리란 무궁함으로 이것만으로는 선하다고 말할 수 없으므로 더욱 힘껏 진선(盡善)을 추구하여 나가는 것이 옳다고 말한 것이다.

子路 終身誦之한대
子曰 是道也 何足以臧이리오

자로가 이 말을 종신토록 외워대자, 부자께서 말씀하셨다.
"이런 도가 어찌 선하다고 하겠는가."

강설

부자께서 자로를 칭찬한 것은 그의 능한 바를 허여한 것이지, 그가 종신토록 여기에 그쳐야 한다는 점을 말한 게 아니다. 그런데도 자로는 이를 줄곧 외워대어 마치 몸이 마치도록 스스로 그것만을 믿고 다시는 앞으로 나아가기를 구하려고 생각하질 않았다. 부자께서 그를 억제하여 말씀하셨다.

"해코지하지 아니하고 탐내지 않은 데에도 도가 존재하지만, 도란 끝이 없는 것이다. 반드시 해코지하지 않고 탐하지 않는 데에서 한 차원 위로 부귀를 망각한 데에 나아가고, 해코지와 탐욕까지 망각하는 데에 이르는 것이 진선(盡善)이다. 이처럼 해코지하지 아니하고 탐하지 않는 도에 그침을 어떻게 선하다고 말할 수 있겠는가. 자로는 힘써야 할 바를 알아야 할 것이다."

集註

終身誦之는 **則自喜其能**하야 **而不復求進於道矣**라 **故**로 **夫子復言此以警之**시니라

○ **謝氏曰 恥惡衣惡食**은 **學者之大病**이니 **善心不存**이 **蓋由於此**라 **子路之志 如此**하니 **其過人遠矣**라 **然**이나 **以衆人而能此**면 **則可以爲善矣**어니와 **子路之賢**은 **宜不止此**어늘 **而終身誦之**하니 **則非所以進於日新也**라 **故**로 **激而進之**하시니라

[해석] 종신토록 외우는 것은 스스로 그 능함을 기뻐하여 다시는 도에 나아감을 구하지 않는 것이다. 이 때문에 부자는 다시 이를 말하여 그를 경계한 것이다.

○ 사씨[謝良佐]가 말하였다.

"해어진 옷과 거친 음식을 부끄러워하는 것은 학자의 큰 병이다. 착한 마음이 보존되지 못한 것은 여기에서 연유한다. 자로의 뜻이 이와 같으니, 그는 여느 사람들보다 훨씬 훌륭하다 하겠다. 그러나 여느 사람으로서 이처럼 하였다면 잘했다고 말할 수 있지만, 자로처럼 어진 이로서는 여기에 그쳐서는 안 되는 일임에도 종신토록 이를 외워대니, 날로 새로워질 수 있는 바가 아닌 까닭에 그를 격동하여 나아가도록 한 것이다."

27. 세한전지 歲寒全旨

이 장에서는 사람들에게 덕을 두루 갖춰야 한다는 뜻을 보여주고 있다. 여기에서는 단 송백으로 이 뜻을 표현하였고, 주된 뜻은 글 밖에 담겨있다.

세한(歲寒)은 세변(世變)을, 송백은 군자를, 후조(後彫)는 절조를 비유하였다. 송백은 차가운 겨울에 이른 후에야 푸른빛이 수많은 초목보다 뒤에까지 남아있음을 알 수 있다는 것으로, 군자가 이해에 당면하고 사변을 겪은 후에야 만이 비로소 여느 사람들과 달리 그가 지닌 특립(特立)의 절개를 볼 수 있음을 비유한 말이다.

子曰 歲寒然後에 知松柏之後彫也니라

부자께서 말씀하셨다.

"세모의 차가운 추위를 겪은 뒤에야 소나무와 잣나무가 뒤늦게 시듦을 알 수 있다."

강설

부자께서 사람들에게 소나무와 잣나무처럼 굳건한 절조가 있어야 한다는 뜻으로서 격려의 말씀을 하셨다.

"절개는 어려움을 겪을 적에 나타나는 법이다. 봄여름의 송백이란 여느 초목들과 다를 바 없지만, 세모의 엄동설한에 모든 초목의 잎이 떨어질 때 이르러서야 송백만이 홀로 빼어나 여느 초목들과 함께 시들지 않음을 알 수 있다.

어려운 사변을 만남은 군자의 세한(歲寒)이요, 꺾이지 않는 굳은 지조와 절개는 군자의 후조(後彫)이다. 사람들의 지명(知名)을 저버리지 않으려면 그 덕을 두루 갖추지 않을 수 없을 것이다."

集註

范氏曰 小人之在治世엔 或與君子無異로되 惟臨利害, 遇事變然後에 君子之所守를 可見也니라

○ **謝氏曰 士窮에 見節義하고 世亂에 識忠臣이니 欲學者必周于德이니라**

[해석] 범씨[范祖禹]가 말하였다.

"소인은 태평한 세상에 간혹 군자와 다를 바 없으나, 오직 이해에 임하고 사변을 겪은 후에야 군자의 지키는 바를 볼 수 있다."

○ 사씨[謝良佐]가 말하였다.

"선비가 곤궁하면 절의를 볼 수 있고, 세상이 어지러우면 충신을 알 수 있다. 배우는 이는 반드시 덕에 두루 갖추고자 함이다."

28. 지자전지 知者全旨

이 장에서는 지인용(智仁勇)의 심체(心體)에 누가 없음을 말하고 있다. 사람들에게 한 걸음 더 나아가 몸을 닦도록 하려는 뜻은 말 밖에 담겨있다.

이 3구[知者不惑, 仁者不憂, 勇者不懼]는 대등한 관계로 보아야 하며, 모두 성덕(成德)으로 말하였다. 덕을 논할 적엔 인(仁)을 우선으로, 학문을 논할 적엔 지(知)를 우선으로 한다. 여기에서 지를 먼저하고 인을 뒤에 쓴 것은 '학문의 차례'[학문의 3단계]로 말했을 뿐이다. 지자(知者) 등을 모두 '학문을 닦아나가는 사람'[3부류의 인격체]으로 보아서는 안 된다. 근심[憂: 不憂], 의혹[惑: 不惑], 두려움[懼: 不懼]은 모두 심리상으로 말한다.

子曰 知者는 不惑하고 仁者는 不憂하고 勇者는 不懼니라

부자께서 말씀하셨다.

"지혜로운 이는 의심하지 않고, 어진 이는 근심하지 않고, 용맹한 이는 두려워하지 않는다."

강설

부자께서 사람들에게 학문을 닦아나가는 차례를 가르쳐주었다.

"군자의 학문은 첫 단계로써 지혜를 통하여 그 실마리를 열어나가야 한다. 지혜는 나의 성품에 허명(虛明)한 덕이다. 참으로 지혜로우면 이치에 밝고 일에 막힘이 없어 스스로 사리에 의심이 없으므로 의심하는 데에 이르지 않을 것이다.

그 중간단계는 인(仁)으로 그 실상을 실천해나가야 한다. 인은 나의 성품에 사심이 없는[無私心] 덕이다. 참으로 어질다면 말끔히 사욕이 사라지고 천리가 온전하여 스스로 자득하고 자족함으로 걱정하는 데에 이르지 않을 것이다.

그 마지막 단계는 용맹으로 공부를 마무리 지어야 한다. 용맹은 나의 성품에 굳센[剛毅] 덕이다. 참으로 용맹이 있다면 기운이 충만하고 힘이 만족스러워 스스로 마음에 동요가 없으므로 두려움에 이르지 않을 것이다.

배우는 이가 지인용 3가지를 차례에 따라 모두 체득한다면 도는 나의 소유가 될 것이다."

集註

明足以燭理라 故로 不惑이오 理足以勝私라 故로 不憂오 氣足以配道義라 故로 不懼니 此는 學之序也라

[해석] 밝음은 이치를 밝게 살필 수 있으므로 의혹이 없고, 천리는 사욕을 이김으로 근심하지 않고, 기운은 도의와 짝함으로 두려움이 없다. 이는 학문의 차례이다.

29. 가여전지 可與全旨

이 장에서는 배우는 이들을 한 걸음 한 걸음 향상의 길로 인도하는 것이지, 한 단계 한 단계 사람을 억눌려 아래에 있도록 한 것이 아니다. 이는 모두 도리의 무궁함을 보여주고 있다.

배우는 이들은 하나의 선으로 스스로 만족해서는 안 되며, 한 부분에 나아가면 변함없이 또 다른 한 부분으로 나아가야 한다. 이처럼 앞으로 나아가 "권도를 함께할 수 있는 경지[可與權]"에 이르러야 비로소 자연스럽게 함영(涵泳)하여 넉넉히 성인의 지위에 들어갈 수 있다.

'권(權)'은 '경(經)'자의 대칭으로 말한 것은 아니다. 이는 곧 '시의적절(時宜適切: 時措咸宜)'함의 '권(權)'이다. 예컨대, 부자의 '성지시(聖之時)'가 여기에 해당한다.

가여(可與)는 그 사람의 역량과 조예가 이와 같은 데에 함께할 수 있다는 것이며, 미가여(未可與)는 현재로서는 아직 함께할 수 없다는 것으로, 이는 그의 조예가 함께 할 수 있는 경지에 이르기를 바라는 말이다.

입(立)은 다만 상도(常道)에 처한 것이지만, 권(權)은 상변(常變)에 합하여 모두 지선(至善)에 이른 것이다.

子曰 可與共學이오도 未可與適道며 可與適道오도 未可與立이며 可與立이오도 未可與權이니라

부자께서 말씀하셨다.
"함께 배우더라도 함께 도에 나아갈 수는 없고,
함께 도에 나가더라도 함께 서지는 못하며,
함께 서더라도 함께 권도를 행할 수는 없다."

강설

부자께서 완전한 학문으로 격려의 말씀을 하셨다.

"학문에 뜻이 없는 사람이라면 더는 말할 나위 없겠지만, 배우려는 뜻이 바르다면 그와 함께 학문을 닦아나갈 수 있을 것이다. 그러나 그의 뜻이 아무리 바를지라도 그의 견해가 정립되어있지 않으면 반드시 또 다른 갈림길에 현혹되지 않을 수 없다. 따라서 그와 함께 도에 나아갈 수 없을 것이다.

혹 그의 견해가 정립되어있다면 그와 함께 도에 나아갈 수 있겠지만, 견해가 비록 정립되어있을지라도 그 지킴이 견고하지 못하면 반드시 중도에서 그만두게 될 것이다. 그러므로 그와 함께 설 수 없으며, 우뚝하게 지킨 바 있어야 만이 함께 설 수 있는 것이다.

독실하게 믿는 자는 간혹 변통의 방법을 알지 못하고, 오로지 고수만 하는 자는 간혹 시중(時中)의 의를 알지 못하니, 그와 권도를 함께 할 수 없다.

학문에 뜻을 둔 자는 함께 배움으로 말미암아 도에 나가고, 정립으로 말미암아 권도의 경지에까지 이르지 않을 수 있겠는가."

集註

可與者는 言其可與共爲此事也라

程子曰 可與共學은 知所以求之也오 可與適道는 知所往也오 可與立者는 篤志固執而不變也라 權은 稱錘也니 所以稱物而知輕重者也라 可與權은 謂能權輕重하야 使合義也라

○ 楊氏曰 知爲己면 則可與共學矣오 學足以明善然後可與適道오 信道篤然後可與立이오 知時措之宜然後可與權이니라

洪氏曰 易九卦에 終於巽以行權하니 權者는 聖人之大用이니 未能立而言權이면 猶人未能立而欲行하야 鮮不仆矣니라

程子曰 漢儒以反經合道爲權이라 故로 有權變權術之論하니 皆非也라 權은 只是經也니 自漢以下로 無人識權字니라

愚按 先儒誤以此章으로 連下文偏其反而하야 爲一章이라 故로 有反經合道之說하니 程子非之是矣라 然이나 以孟子嫂溺援之以手之義로 推之면 則權與經은 亦當有辨이니라

[해석] 가여(可與)란 더불어 이 일을 함께하는 것을 말한다.

정자[伊川]가 말씀하였다.

"함께 배운다는 것은 구해야 할 바를 앎이며, 함께 도에 나아간다는 것은 가야 할 바를 앎이며, 함께 선다는 것은 의지가 독실하고 고집하여 변하지 않음이다. 권(權)이란 저울추이니, 물건을 저울질하여 무게를 아는 것이다. 함께 권도(權道)를 한다는 것은 경중을 저울질하여 의(義)에 알맞게 함을 말한다."

○ 양씨[楊時]가 말하였다.

"자신의 도리를 위하는 학문을 할 줄 알면 함께 배울 수 있으며, 학문이 넉넉히 선을 밝힐 수 있는 뒤에야 함께 도에 나아가며, 도에 대한 믿음을 독실하게 한 후에야 함께 서며, 때에

맞춰 조치함을 안 후에야 함께 권도를 할 수 있다."

홍씨[洪興祖]가 말하였다.

"『주역』의 9괘(履䷉, 謙䷎, 復䷗, 恒䷟, 損䷨, 益䷩, 困䷮, 井䷯, 巽䷸卦)에서 '손(巽)으로 권도를 행한다.'(「繫辭傳 下」)는 구절로 끝맺으니, 권도는 성인의 큰 작용이다. 하지만 서지도 못하면서 권도를 말하면 이는 마치 일어서지도 못한 사람이 걸으려고 하는 것과 같아서 넘어지지 않을 자가 드물 것이다."

정자[伊川]가 말씀하였다.

"한유(漢儒)들은 '경도(經道)를 뒤집어서 도에 부합되는 것을 권도'라고 생각해 왔다. 이 때문에 권변(權變), 권술(權術)이니 하는 이론들이 나왔는데 모두가 잘못된 것이다. 권(權)이란 경도(經道)일 뿐이다. 한(漢)나라 이후로 권(權)자의 뜻을 아는 사람이 없다."

나는 살펴보니 다음과 같다.

"선유(先儒)들은 이 장을 아래 문장 '편기반이(偏其反而)' 구절까지 잘못 연결 지어 한 장(章)으로 본 까닭에 '경도를 뒤집어서 도에 부합하는 것이다.[反經合道]'는 설이 나오게 된 것이다. 정자[伊川]가 이를 잘못되었다고 지적한 것은 옳은 일이다. 그러나 『맹자』에서 '형수가 물에 빠졌을 때는 손을 잡고 끌어낸다.'(「離婁 上」)는 뜻으로 미뤄보면 권도와 경도(經道)는 또한 구분해야 한다."

[보 補]

부자의 3천 제자가 모두 성인의 문하에서 함께 배웠지만, 그 도에 들어간 사람은 적다. 이것이 함께 배워도 함께 도에 들어갈 수 없음이다. 여기에서 또 함께 도에 들어가 정립한 자는 몇 사람일 뿐이다. 그 몇 사람 가운데 안연과 민자건이 으뜸이다. 그러나 끝내 성인의 일을 행하지 못함은 함께 권도를 행하지 못한 부분이다.[306]

그렇다면 성인의 경지에서 말한 권도는 어떤 것일까?

"이른바 권도란 사물의 수많은 변화 가운데 그 경중을 가늠하여 그 정도를 잃지 않음을 말한다. 저울에는 저울추[權]가 있다. 이를 권(權)이라 이름한 것은 가볍고 무거운 무게가 각기 다르지만, 그 무게에 따라 오가면서 반듯한 저울의 수평을 가지도록 마련해주기 때문이다.

이런 정의를 무시하고 바른 원칙[經]에 반대되면서도 도에 부합한 것이 권도라는 논지가 생겨남으로써 그 폐해는 이루 다 말할 수 없다. 그들의 말대로 이미 바른 원칙에 반한 일이 어떻게 도에 부합될 수 있겠는가. 이러한 논지가 유행하면서 후세에 권도라는 명분을 표절하여 자신의 이익을 챙기고 심지어는 군신 부자의 인륜마저 깡그리 버리면서 돌아보지 않은 채, 나는 권도를 쓴다고 말한다. 이 또한 슬픈 일이 아니겠는가."[307]

306 『論語意原』 권2. "三千之子, 皆學於聖人, 得所入者 蓋寡, 未可與適道也. 至於可與立者, 數人而已. 數人之中, 顏閔爲之首. 然卒不能爲聖人之爲者, 未可與權也."

307 『癸巳孟子說』 권4. "所謂權者, 事有萬變, 稱其輕重而處之不失其正之謂也. 今夫衡之有權, 其得名以權者, 以

위에서 논한 바와 같이 권도는 원칙의 선상에서 해결할 수 없는 변고의 상황에서 시중(時中)을 추구하는 것이 권도이다. 권도는 즉 불변의 원칙을 지키고자 융통성을 발휘하는 것이지, 불의의 합법화를 위한 권변(權變)과 권모술수가 아니다. 이 때문에 맹자는 불변의 경도(經道)와 융통성의 권도(權道)에 대해 다음과 같이 말하였다.

"남녀간에 손수 주고받지 않음은 남녀유별의 예이다. 그러나 형수가 물에 빠졌을 적에 손으로 당겨 꺼내주는 것은 권도이다."[308]

이처럼 정당한 예를 행할 수 없는 비상의 상태에서 권도는 시행되는 것이지, 일상의 조건에서 권모술수를 합리화하는 게 권도가 아니다. 따라서 권도의 작용은 성인의 지극한 변도(變道)이기에, 도에 깊은 조예가 없으면 이에 미칠 수 없다.[權之爲用, 聖人之至變也. 非深於道者, 莫能及焉.]

이러한 권도의 정의는 정자에 이르러 한유(漢儒)의 반경합도(反經合道) 설을 바로잡으면서 "권도는 경도(經道)일 뿐이다."고 하자, 주자는 경도와 권도는 당연히 구분해야 한다고 이를 바로잡았다. 물론 정자의 말이 없었다면 권변, 권술(權術)의 설이 세상에 공공연히 행해졌을 것이며, 주자의 말이 없었다면 경도와 권도의 논변이 세상에 밝혀지지 않았을 것이다. 선유(先儒)는 "주자는 언제나 정자의 설에 대하여 그 미진한 바와 원만하지 못한 바를 보완하여주었는바, 실로 정자에게 공이 있다."고 말했는데, 나는 이에 대해서 또 그처럼 말하는 바이다.[309]

여기에서 부수적으로 '한유(漢儒)의 반경합도(反經合道) 설'에 대해 살펴보면 다음과 같다.

먼저 원칙에 반한다는 반경(反經)이란 일례를 들면, 권모술수든 어떤 방법이든 나라만 얻으면 된다는 마상득천하(馬上得天下), 즉 도리에 어긋난 방법으로 목적을 달성한 역취(逆取)의 창업을 말한다. 그런 후에 도리에 맞는 방법으로 이를 지켜나가면 된다는 것을 '순수(順守)'라 한다. 즉 무력이 아닌 인의의 문덕(文德)으로 나라를 지켜나가야[守成] 함을 말한다. 바로 그것이 도에 부합한다는 '합도(合道)'의 의미이다.

한고조의 고사로 말하면, "말 위에서 천하를 얻었는데, 『시경』『서경』을 그 어디에 쓰겠는가?[馬上得天下, 安事詩書?]"라고 역정을 내자, 육가(陸賈)는 물러서지 않고 "말 위에서 천하를 얻을 수는 있지만, 어찌 말 위에서 천하를 다스릴 수 있겠습니까?[居馬上得之, 寧可以馬上治天下乎?]"라고 하여, 무력에 의한 창업은 문덕으로 지켜야 함을 역취순수(逆取順守)라 인식한 것이다. 이것이 한대 유학자들이 일반적으로 인식한 '반경합도'설이다. 이는 권모술수라는 허접한 무쇠 덩이에다가 인의라는 황금을 덧칠하는 격이다.

夫輕重 雖不同而無不得其平故也. 自陋儒反經合道之論起, 而其害 有不可勝言. 蓋旣曰反夫經矣, 而道惡乎合哉? 此論一行而後世竊權之名以自利, 甚至於君臣父子之大倫, 蕩棄而不顧曰 吾用權也, 不亦悲夫?"

308 『孟子』「離婁 上」. "男女授受不親, 禮也. 嫂溺援之以手者, 權也."

309 『大全』該註. "雲峯胡氏曰 程子矯漢儒之弊, 而謂權只是經. 朱子謂經與權當有辨, 無程子之說, 則權變權術之說, 行於世矣. 無朱子之說, 則經權之辨, 不復明於世矣. 先儒謂朱子每於程子之說, 足其所未盡, 補其所未圓, 實有功於程子. 愚於此亦云."

30. 당체장지 唐棣章旨

이 장은 사람들이 생각하는 것을 그만둘까 두려워하는 마음에 이를 말한 것이다.

사람의 신비하고도 밝은 마음이란 헤아릴 수 없으리만큼 신비한 것이다. 그러나 그 작용은 하나의 생각에 있을 뿐이다. 사념(思念)의 세계가 끝없이 열려가는 것은 곧 진리의 세계가 끝없이 열려있기 때문이다. 부자께서 『시경』의 구절로 인하여 우연히 마음에 와닿고 느낀 바 있었다. 이 때문에 가볍게 이를 빌려 배우는 이들을 위하여 이 점을 지적해 준 것이다.

(1) 당체절지 唐棣節旨

문인들이 부자께서 이 시의 구절을 빌려 이에 반대로 말을 하였기 때문에 먼저 이 시를 기록하여 부자 말씀의 장본으로 삼은 것이다.

唐棣之華여 **偏其反而**로다 **豈不爾思**리오마는 **室是遠而**니라

당체의 꽃잎이여, 나부끼며 펄럭거려라. 어찌 그대를 생각지 않으랴마는 집이 멀리 있어라.

강설

일시(逸詩)에 의하면, "당체의 꽃마저도 오히려 나부끼며 펄럭거리는데, 나와 그대인들 어찌 정을 잊고서 생각하지 않으랴마는 집이 너무 멀리 있어 서로 만날 수 없어라."고 하니, 진정 이 시와 같다면 이미 생각하고서도 오히려 멀리 있음을 병으로 여긴 것이다. 이는 장차 천하 사람에게 생각하는 그 자체를 그만두게 할 것이다.

集註

唐棣는 **郁李也**라 **偏**은 **晉書作翩**하니 **然則反亦當與翻同**이니 **言華之搖動也**라 **而**는 **助語也**라 **此**는 **逸詩也**니 **於六義屬興**이라 **上兩句**는 **無意義**오 **但以起下兩句之辭耳**라 **其所謂爾**는 **亦不知其何所指也**니라

[훈고] 당체(唐棣)는 욱리(郁李)이다. 편(偏)은 『진서』에 번(翻)자로 쓰여 있다. 그렇다면 반(反)자 또한 번(翻)과 같은 뜻이니, 꽃잎이 흔들거리는 것을 말한다. 이(而)는 어조사이다. 이 시는 『시경』에 수록되지 않은 시이다. 이는 육의(六義: 風, 雅, 頌, 賦, 比, 興) 중에 흥(興)에 속한다. 위의 2구는 아무런 뜻이 없고, 다만 아래 2구의 말을 일으킬 뿐이다. 이른바 '그대[爾]'란 또한 그 어떤 사람을 가리키는지 알 수 없다.

(2) 미지절지 未之節旨

2구[未之思也, 夫何遠之有]는 서로 긴밀하게 연결되어 있다. '불사(不思)'라 말하지 않고 '미사(未思)'라 말한 것은 바로 사람들에게 생각해야 할 곳으로 이끌어주는 곳이다. '멀지 있지 않다.[不遠]'고 직접 말하지 않고 '어찌 멀다 하겠는가[何遠]'라고 반문한 것 또한 쉽사리 모두 구할 수 있다고 인정하는 말이 아니다. 이는 사람들이 그 말에 집착하여 멀리 있다는 이유로 생각까지 그만둘까를 두려워하여 이처럼 말한 것이다.

子曰 未之思也언정 夫何遠之有리오

부자께서 말씀하셨다.
"생각하지 않을지언정 생각하면 어찌 멂이 있겠는가."

강설

부자는 그 말을 빌려 그 뜻을 뒤집어 말씀하셨다.
"누락된 시에서 생각하고서 또다시 멀리 있다는 것을 걱정하지만, 나의 관점에서 이를 말한다면 생각하지 아니할 뿐일지언정 천하의 경계 또한 어찌 멀다고 하여 이르지 못할 곳이 있겠는가. 천고 이전의 까마득한 옛날, 만리 밖의 머나먼 공간이라도 하나의 마음으로 통할 수 있다."

集註

夫子借言而反之하시니 蓋前篇仁遠乎哉之意라

○ 程子曰 聖人이 未嘗言易以驕人之志하고 亦未嘗言難以阻人之進하시고 但曰未之思也언정 夫何遠之有리오하시니 此言이 極有涵蓄하야 意思深遠이니라

[해석] 부자는 시를 빌어 반대로 말하였다. 이는 앞 편(「述而」)의 "인(仁)이 멀리 있겠느냐."라는 뜻이다.

○ 정자[伊川]가 말씀하였다.

"성인은 일찍이 쉽게 말하여 사람의 마음을 교만하게 하지도 않고, 또한 어렵게 말하여 사람들의 앞길을 막지도 않는다. 다만 '생각하지 아니할 뿐일지언정 어찌 멂이 있겠는가.'라고 하니, 이 말은 지극히 함축되어 뜻이 깊고 원대하다."

제10 향당 鄕黨 第十

楊氏曰 聖人之所謂道者는 不離乎日用之間也라 故로 夫子之平日에 一動一靜을 門人皆審視而詳記之니라

尹氏曰 甚矣라 孔門諸子之嗜學也여 於聖人之容色言動에 無不謹書而備錄之하야 以貽後世하니 今讀其書하고 卽其事면 宛然如聖人之在目也라 雖然이나 聖人豈拘拘而爲之者哉아 蓋盛德之至에 動容周旋이 自中乎禮耳니라 學者 欲潛心於聖人인댄 宜於此 求焉이니라

舊說에 凡一章이러니 今分爲十七節하노라

양씨[楊時]가 말하였다.

"성인이 말씀하신 도는 일상생활의 사이에서 벗어나지 않는다. 그러므로 부자께서 평소 행하였던 하나하나의 동정들을 문인들이 모두 꼼꼼히 살펴보고 이를 자세히 기록한 것이다."

윤씨[尹焞]가 말하였다.

"심하다. 공자 문하 제자의 학문을 좋아함이여. 성인의 용모와 얼굴, 말과 행동에 대해 삼가 모두 기록하여 후세에 남겨주지 않음이 없다. 이제 그 글을 읽고 그 일에 나아가 살펴보면 마치 성인이 눈앞에 있는 듯하다. 그러나 성인이 어찌 얽매여 억지로 그처럼 행하였겠는가. 성대한 덕이 지극함에 거동하는 용모와 주선하는 일들이 저절로 예절에 맞았을 뿐이다. 배우는 이들이 성인에 대해 전심치지(專心致志: 潛心)를 하고자 한다면 마땅히 여기에서 찾아야 할 것이다."

구설(舊說)에서는 1장이었으나, 여기에서는 17절로 나누었다.

1. 공자장지 孔子章旨

이 장은 향당, 종묘, 조정에서의 일을 종합하여 성인의 시중(時中)을 보여주고 있다.

상절(上節: 孔子於鄕…不能言者)은 향당에서의 예를, 하절(下節: 其在宗廟…唯謹爾)은 조정과 종묘에서의 공손함을 다한 것으로, 장소에 따라 말씀과 용모가 다른 점을 볼 수 있다. 본문의 '어(於: 於鄕黨)'자와 '기재(其在: 其在宗廟朝廷)' 2자를 음미해보면, 성인은 어느 곳에서나 절로 표출되는 오묘함이 있음을 알 수 있다.

(1) 공자절지 孔子節旨

"믿음직하시고 말을 잘못하는 것처럼 하셨다."는 구절은 하나로 연이어 말한 것이다. "말을 잘못하는 것처럼 하셨다."는 것은 단 "믿음직한 모습[恂恂如也]"을 형용한 말이다.

孔子 於鄕黨에 恂恂如也하사 似不能言者러시다

부자께서 고향마을에서는 믿음직하시고 말을 잘못하는 것처럼 하셨다.

강설

기록한 자가 부자께서 고향 마을에 계실 적의 용모와 말씨에 대해 다음과 같이 말하였다.

향당은 부형과 일가친척이 있는 곳이므로 친친(親親)의 도가 있다. 따라서 다만 믿음직하게 신실한 듯이 하시고, 겸손과 손순한 마음으로 남보다 앞서서 어질다고 하거나 아는 척하지 아니하여 말을 잘하지 못한 듯이 하셨다.

부자께서 고향에 계실 적의 용모와 말씨가 이와 같았다.

集註

恂恂은 信實之貌라 似不能言者는 謙卑遜順하야 不以賢知先人也라

鄕黨은 父兄宗族之所在라 故로 孔子居之에 其容貌辭氣如此하시니라

[훈고] 순순(恂恂)은 믿음직하고 진실한 모양이다. 말을 잘못하는 것처럼 한다는 것은 겸손하고 낮추고 손순하여, 어짊과 지혜로써 남보다 앞서려고 하지 않은 것이다.

[해석] 고을이란 부형과 종친이 있는 곳이다. 그러므로 부자께서 그곳에 거처할 적에 그 용모와 말씨가 이와 같았다.

(2) 기재절지 其在節旨

"말씀을 잘하시되 오직 삼가셨다."는 것 또 다른 하나의 뜻이다. "말씀을 잘하셨다.[便便言]"라고만 말하면 말조심을 하지 않은 것일까 의심한 까닭에 "오직 삼가셨다.[唯謹爾]" 구절을 더한 것이다. "말씀을 잘하셨다."는 구절에 중점이 있다.

其在宗廟朝廷하사는 便便言하시되 唯謹爾러시다

그 종묘와 조정에 계실 적에는 말씀을 잘하시되 오직 삼가셨다.

강설

종묘와 조정이란 예법과 정사가 있는 곳이기에 여기에는 존귀(尊貴)의 도가 있다. 부자께서 종묘와 조정에 계실 적에는 능란한 논변으로 말씀을 잘하여 반드시 자상하고 분명하게 하고자 하였지만, 말씀하실 적에 오로지 공경하고 조심하여 함부로 하지 않았다.

종묘와 조정에서의 말하는 모습 또한 이와 같았다. 이를 종합하여 보면 성인의 시중(時中)을 찾아볼 수 있다.

集註

便便은 辨也라

宗廟는 禮法之所在오 朝廷은 政事之所出이니 言不可以不明辯이라 故로 必詳問而極言之로되 但謹而不放爾시니라

○ 此一節은 記孔子在鄕黨宗廟朝廷言貌之不同이니라

[훈고] 변변(便便)은 말을 잘하는 것이다.

[해석] 종묘는 예법이 있는 곳이며, 조정은 정사가 나오는 곳이다. 명백하게 말하지 않을 수 없기에 반드시 자세히 묻고 지극히 말하였지만, 단 조심하여 함부로 말하지 않았다.

○ 이 1절은 공자께서 향당, 종묘와 조정에 있을 때의 말과 용모가 다른 점을 기록한 것이다.

2. 조여장지 朝與章旨

이 장은 임금에게 조회 보던 때의 모습으로서, '조(朝)'자를 주로 하여 서두를 열고 있다.

상절[朝與下大夫…誾誾如也]에서는 아랫사람과 말할 적에 간곡하면서도 타당하게, 하절[君在…與與如也]에서는 윗사람을 섬기는 거동이 공손하면서도 편안함을 말하였다.

(1) 조여절지 朝與節旨

'조(朝)'자에서 한 구절로 끊어야 한다. 집주에서 "임금이 아직 조회 보기 이전[君未視朝]"이라 말한 것은 아래의 "임금이 계시면[君在]"이라는 글자에 비추어 보완해 넣은 것이지, 바로 '조(朝)'자를 해석한 것은 아니다. '간간(侃侃)'은 분명하게 그 정직함을 실행하고, '은은(誾誾)'은 완만하게 그 정직함을 실행한 것으로, 이는 모두 하나의 '직(直)'자에 귀결된다.

朝에 與下大夫言에 侃侃如也하시며 與上大夫言에 誾誾如也러시다

입조(入朝)하여 하대부와 말할 적에는 강직하게 하고, 상대부와 말할 때는 화기롭게 간하였다.

강설

부자께서 조정에 들어가 임금이 아직 조회를 보지 않을 적에 자신과 함께하는 하대부와 정사를 논할 때는 곧고 바르게 말하여 강직한 듯 보이며, 자신보다 지위가 높은 상대부와 정사를 논할 때는 외곬답게 말하지 않고 다만 화기로우면서도 기쁘게 간한 듯하니, 이는 마땅히 곧아야 할 때 곧게 하여 높은 이에게 대항하는 혐의가 없고, 화기로워야 할 때 화기롭게 하여 분별없이 휩쓸리지 않았다.

集註

此는 君未視朝時也라

王制에 諸侯 上大夫는 卿이오 下大夫는 五人이라 許氏 說文에 侃侃은 剛直也오 誾誾은 和悅而諍也라

[해석] 이는 임금이 조회 보기 이전이다.

[훈고] 「왕제」(『예기』)에 "제후의 상대부는 경(卿)이오, 하대부는 다섯 사람이다."고 하였다. 허신(許愼)의 『설문』에서는 "간간(侃侃)은 강직함이며, 은은(誾誾)은 화열하게 간언하는 것이다."고 하였다.

(2) 군재절지 君在節旨

'축적(踧踖)'은 한 몸의 거동을 포괄하여 말함이며, '여여(與與)'는 '축적'의 뜻을 따라 보아야 한다. 이는 모두 하나의 '경(敬)'자에 귀결된다.

君在어시든 踧踖如也하시며 與與如也러시다

임금이 있으면 조심조심하시고, 위의에 맞게 하셨다.

강설

임금이 있어 조회를 볼 적에는 임금의 위엄을 마주하여 두려운 마음으로 자못 발을 서슴듯이 조심조심하여 마음에 편치 못하였다. 그러나 공경하고 두려워하는 가운데에서도 스스로 자신하는 바 있기에 또한 여유만만하여 위의에 알맞은 바 있었다. 이는 높은 이를 공경하여 교만한 잘못을 범하지 않고, 공손하되 편안하여 윗사람을 섬기면서도 고생하는 데까지 이르지 않음이 또한 이와 같았다.

集註

君在는 視朝也라 踧踖은 恭敬不寧之貌오 與與는 威儀中適之貌라 張子曰 與與는 不忘向君

也라하니 亦通이라

○ 此一節은 記孔子在朝廷事上接下之不同也니라

[훈고] 군재(君在)는 조회를 봄이다. 축적(踧踖)은 공경하여 편안치 못한 모양이다.
여여(與與)는 위의가 알맞은 모양이다. 장자(張子)가 말하기를, "여여(與與)는 임금에게 향하는 마음을 잊지 않음이다."고 하니, 또한 통하는 말이다.
○ 이 1절은 공자가 조정에서 윗사람을 섬기고 아랫사람을 대하는 데에 다른 점을 기록한 것이다.

3. 군소장지 君召章旨

이 장은 빈주(賓主) 사이 만남의 모습을 보여주고 있다. 이는 안으로는 나라 체면의 경중이 달려있고, 밖으로는 이웃 임금에 대한 공경과 홀대를 살펴볼 수 있기에, 절차마다 모두 예의에 맞아야 비로소 임금이 나를 불러 사신 맞이[接賓]의 일을 맡긴 뜻을 저버리지 않는 일이다.
이 장은 3단락으로 나누어 볼 수 있다.
첫 절은 처음 왕명을 받드는 때이며,
둘째 절은 사신 맞이의 예를 거행할 때이며,
마지막 절은 접빈의 예를 마친 이후이다.

(1) 군소절지 君召節旨

이는 왕명을 받들 적 공경하는 모습을 보여주고 있다. '색발(色勃)'과 '족확(足躩)'은 모두 일상적인 용모를 변하여 공경한 모습을 나타내고 있다.

君召使擯이어시든 色勃如也하시며 足躩如也러시다

임금이 불러 국빈을 접대하라고 하면 얼굴빛이 변하고 발걸음을 서슴거렸다.

강설

부자께서 신하로 있을 적에 임금이 불러 사신을 대접하는 접빈관을 삼아 사신을 맞이하라고 명하면, 부자께서 이를 어떻게 받아들였을까? 그 공경하는 마음이 얼굴에 나타나 화끈거리듯 얼굴빛을 변하였고, 공경하는 마음이 발에 나타나 서슴은 듯이 원을 그리며 서성거렸다. 아직 빈주의 용모를 보지 못하고 진퇴의 절차를 행하지 않았지만, 그 씩씩하고 공경한 거동이 이미 화기로우며 볼만 하였다. 이는 명을 받드는 처음에 공경함이 이와 같았다.

集註

擯은 **主國之君**이 **所使出接賓者**라 **勃**은 **變色貌**오 **躩**은 **盤辟貌**니 **皆敬君命故也**라

[훈고] 빈(擯)은 주국의 임금이 나아가 사신을 맞이하도록 한 접빈관이다. 발(勃)은 얼굴빛을 변하는 모양이며, 확(躩)은 발걸음을 서슴는 모양이다. 이는 모두 임금의 명을 공경하기 때문이다.

(2) 읍소절지 揖召節旨

이 절은 왕명을 전할 적에 공경하는 모습을 보여주고 있다. '첨여(襜如)'의 측면에 중점을 두고 있다. 부자께서 이때 차빈(次儐)으로 계셨다.

揖所與立하사대 **左右手**러시니 **衣前後 襜如也**러시다

함께 서서 국빈을 맞이하는 신하들과 읍을 하시되 손을 좌우로 향하셨는데, 앞뒤 옷자락은 가지런하였다.

강설

왕명을 받들어 사신 맞이를 나왔으나 아직 주빈과 서로 만나기 전, 접빈관들이 명을 전할 적의 일을 다음과 같이 기록하고 있다.

부자께서 함께 서 있는 접빈관들과 읍을 하면서 임금의 명을 국빈에게 전하여 건넬 적에 왼편 사람에게는 그 손을 왼쪽으로 하여 감히 안으로는 주인을 등지지 않으셨고, 혹 국빈의 명을 전하여 받아들일 때 오른편 사람에게는 그 손을 오른편으로 하여 감히 밖으로는 국빈을 저버리지 않으셨다. 그러나 양손은 비록 좌우로 돌리지만, 몸은 움직이지 않으셨으며, 앞뒤의 옷자락은 가지런히 흐트러짐이 없었다. 왕명을 전하는 즈음에 그 공경함이 이와 같았다.

集註

所與立은 **謂同爲擯者也**라 **擯**은 **用命數之半**하니 **如上公九命**이면 **則用五人**하야 **以次傳命**이라 **揖左人則左其手**하고 **揖右人則右其手**라 **襜**은 **整貌**라

[훈고와 해석] 소여립(所與立)은 함께 손님을 맞이하는 동료 접빈관을 말한다. 접빈관(擯)은 사신의 명수(命數: 品階)의 절반을 쓰니, 예를 들면 상공(上公)이 구명(九命: 九品)이면 다섯 사람의 접빈관을 써서 차례로 명을 전하는데, 왼쪽 사람에게 읍할 때는 그 손을 왼쪽으로 하고, 오른쪽 사람에게 읍할 때는 그 손을 오른쪽으로 하는 것이다. 첨(襜)은 가지런한 모양이다.

(3) 추진절지 趨進節旨

이 절은 예를 행할 적의 공경하는 모습을 보여주고 있다. '익여(翼如)'의 측면에 중점을 두고 있다. 빨리 달리다 보면 손은 쉽게 흐트러지고 팔뚝은 쉽게 흔들거리기 마련이다. 이는 이른바 급박한 경황 중에도 위의에 어긋남이 없음을 말한다.

趨進에 **翼如也**러시다

빨리 나아가심에 날개를 편 듯이 하셨다.

강설

국빈과 주인이 서로 만나 접빈관으로서의 일을 할 적에, 임금의 뒤를 따라 빠르게 달려가면서도 손이 흔들거리지 않고 두 손의 단정함이 마치 새가 나는 듯하니, 볼만한 거동이었다. 이는 예를 행하는 즈음에 공경하는 모습이 또한 이와 같았다.

集註

疾趨而進에 **張拱端好**하야 **如鳥舒翼**이라

[해석] 빨리 달려나갈 적에 팔을 펴고 두 손을 모음이 단정하고 아름다워서 마치 새가 날개를 편 것과 같았다.

(4) 빈퇴절지 賓退節旨

이 절은 예가 끝났을 때의 공경한 모습을 보여주고 있다. 임금의 조심하는 마음을 풀어주는 데 중점이 있다. 반드시 복명(復命)하는 데에 그 주된 뜻이 담겨있다.

賓退어든 **必復命曰 賓不顧矣**라하더시다

국빈이 물러가면 반드시 복명하기를, "손님이 돌아보지 않습니다."라고 하셨다.

강설

접빈의 예가 끝나면 국빈은 반드시 객사로 물러가게 된다. 임금은 국빈이 다시 할 말이 있거나 남은 일로 뒤돌아볼까 생각하여 우두커니 서서 기다리는데, 이때 부자는 반드시 임금에게 "손님이 돌아보지 않고 잘 갔습니다.'라고 말하니, 이는 임금의 조심하는 마음을 풀어주고, 국빈을 바라보는 수고로움을 없애주고자 함이다. 일을 마친 후에도 조심하고 공경하는 마음이 이와 같았다.

일찍이 접빈관이 되었을 적에 임금의 명을 받는 처음으로부터 예를 끝마친 뒤에 이르기까지 어느 일에서나 항상 공경하는 마음으로 대하셨다.

集註

紓君敬也라

○ **此一節**은 **記孔子爲君擯相之容**이니라

[해석] 임금의 공경하는 마음을 풀어주기 위함이다.
○ 이 1절은 공자가 임금을 위하여 접빈관으로서 돕는 모양을 기록한 것이다.

4. 입공장지 入公章旨

이 장에서는 '입(入)'과 '출(出)' 2자가 관건이다.

앞 4절[入公門…似不息者]에서는 공문(公門)에 들어감으로부터 임금의 자리를 지나고 당에 오르기까지 임금과 점점 가까워짐에 따라 공경하는 마음이 더하였다.

마지막 절[出降一等…踧踖如也]에서는 당(堂)에서 나와 계단을 내려옴으로부터 계단을 모두 내려와 자기 자리에 돌아오기까지 임금과 점점 멀어지지만 그런데도 또한 여전히 공경하는 마음을 늦추지 않았다.

(1) 입공절지 入公節旨

'입공문(入公門)' 3자는 장 전체의 강령이다. 대궐의 문을 공문(公門)이라 말한 데서부터 이미 먼저 공경이 마음속에 있게 된다. '국궁(鞠躬)'과 '불용(不容)'은 서로 연결 지어 보아야 한다.

入公門하실새 **鞠躬如也**하사 **如不容**이러시다

공문을 들어갈 적에는 몸을 구부리어 용납지 못할 것처럼 하셨다.

강설

기록한 자가 다음과 같이 썼다.

노나라 대궐의 문 가운데 가장 밖에 있는 것을 고문(庫門)[310]이라고 한다. 부자께서 때로 공문, 즉 고문을 들어가 임금을 뵐 적에는 지극히 공경하고 조심하여 허리를 꼿꼿하게 펴지 않고서 마치 대궐의 문이 적어 몸을 용납하지 못할 것처럼 허리를 굽히시면서 들어가셨다. 대궐 바깥문인

310 庫門은 제후의 세 개의 궁문 가운데 가장 밖에 있는 대문이다. 『禮記』「郊特牲」"獻命庫門之內, 戒百官也." 鄭玄注 "庫門, 在雉門之外, 入庫門則至廟門外矣."

고문은 높고도 큰 대문이지만 한 몸을 용납하지 못할 듯이 몸을 움츠리신 것이다.

集註

鞠躬은 曲身也라 公門高大로되 而若不容은 敬之至也라

[훈고와 해석] 국궁은 몸을 굽힘이다. 공문이 높고 크지만 마치 한 몸을 용납하지 못할 듯이 굽힌 것은 공경의 지극함이다.

(2) 입불절지 立不節旨

2구[立不中門, 行不履閾]는 2가지의 일이지만, 이는 모두 공문에 들어갈 때 걸을 적과 서 있을 적의 용모이다.

立不中門하시며 行不履閾이러시다

문 가운데 서지 않고, 문지방을 밟고 다니지 않으셨다.

강설

문의 중앙은 임금이 출입하는 곳이다. 부자께서 때로 멈추어 서 계실지라도 감히 문 한 가운데에 서지 않은 것은 지존의 자리를 범할까 두려워했기 때문이다.

문지방이란 공문의 안팎이 나뉘는 한계이다. 부자께서 때로 그곳을 지나가기는 하시지만, 감히 문지방을 밟지 않은 것은 불경스러울까 두려워서이다. 이는 임금이 있는 문을 들어가는 처음에 이처럼 공경한 것이다.

集註

中門은 中於門也니 謂當棖闑之間이니 君出入處也라 閾은 門限也라

禮에 士大夫出入公門에 由闑右하고 不踐閾이라

謝氏曰 立中門則當尊이오 行履閾則不恪이니라

[훈고] 중문은 문 가운데이다. 문설주와 말뚝의 사이에 해당하는 곳이니, 임금이 출입하는 곳이다. 역(閾)은 문지방이다.

[해석] 『예기』에 의하면, "사대부가 공문을 출입할 적에 문에 세운 말뚝의 오른편을 따라 출입하고 문지방을 밟지 않는다."(「玉藻」)고 하였다.

사씨[謝良佐]가 말하였다.

"문 가운데 서는 것은 높은 이의 자리에 해당하며, 문지방을 밟는 것은 조심스럽지 못한

일이다."

(3) 과위절지 過位節旨

주나라에 의하면 3곳에서 조회를 보았다. 첫째 외조(外朝)는 고문(庫門)의 안에 있는데, 나라에 큰일이 있을 적에만 조회를 보는 곳이기에 국가 대사가 없는 한, 임금은 평상시에 거처하지 않는다. 나머지 치조(治朝)와 연조(燕朝)는 아래에서 논하기로 한다.

'색(色: 色勃)', '족(足: 足躩)'과 '언(言: 其言)' 3가지는 모두 수평으로 보아야 한다. '언사부족(言似不足)'은 다만 방종하거나 큰 소리를 내지 않음이니, 앞에서 말한 "말을 잘못한 것처럼 한다.[似不能言]"는 것과는 다르다.

過位하실새 **色勃如也**하시며 **足躩如也**하시며 **其言**이 **似不足者**러시다

〈임금이 계시던〉 빈자리를 지날 적에는 얼굴빛이 변하고 발걸음을 서슴거리며, 그 말씀이 부족한 듯이 하셨다.

강설

궁에 들어가 외조(外朝)로 가다 보면 고문(庫門)과 병장(屛牆)[311] 사이에 임금이 잠시 서 있는 자리가 있다. 임금이 있지 않는다고 할지라도 부자께서 그곳을 지날 적에 임금이 있는 것처럼 생각하여 얼굴빛은 변한 듯이 하셨고, 발은 서슴거리면서 편하지 못한 듯이 하셨으며, 심지어 말은 더듬거리는 듯이 하여 방종하거나 큰 소리를 내지 않으셨다. 이는 임금의 자리를 지나갈 때의 공경으로서, 공문을 들어갈 적의 공경하는 모습과 비교해 보면 보다 더 삼간 것이다.

集註

位는 **君之虛位**니 **謂門屛之間 人君宁立之處**니 **所謂宁也**라

君雖不在나 **過之必敬**은 **不敢以虛位而慢之也**라 **言似不足**은 **不敢肆也**라

[훈고] 위(位)는 임금의 빈자리이다. 문과 병장(屛牆) 사이로 임금이 잠시 서 있는 곳이니, 이른바 '저(宁)'이다.

[해석] 임금이 있지 않는다고 할지라도 그곳을 지날 적에 반드시 공경함은 감히 빈자리라고 하여 거만하게 대하지 않음이다. 언사불족(言似不足)이란 감히 방자하지 않음을 말한다.

---

311 병장(屛牆): 궁문 앞에 작은 담장을 세워 내외를 가려주는 것이다. 천자의 외병(外屛)은 노문(路門) 밖에, 제후의 내병(內屛)은 노문 안에 설치하여, 임금이 서 있는 곳이나, 천자는 궁문 밖, 외병 안에, 그리고 제후는 내병 밖, 궁문 안에 있다.

(4) 섭재절지 攝齊節旨

'승당(升堂)'은 제기(提起)하는 말이고, 섭재(攝齊), 국궁(鞠躬), 병기(屛氣)는 세 항목으로 나누어 보아야 한다.

현재 부자가 있는 이곳은 치조(治朝: 路門 밖의 正朝)로 치문(雉門) 안에 있는데 날마다 조회를 보는 곳이다. 이곳을 지나가면 연조(燕朝)로 노문(路門) 안에 있는데, 이곳에서는 동성(同姓) 공족(公族)만이 조회를 볼 수 있고, 여러 신하는 참여하지 못한다. 치조와 연조는 모두 내조(內朝)라 한다.[312]

攝齊(재)**升堂**하실새 **鞠躬如也**하시며 **屛氣**하사 **似不息者**러시다

옷자락을 거머잡고 당의 계단을 오르실 적에 몸을 굽히고 호흡을 멈추어 숨을 쉬지 않는 것처럼 하셨다.

강설

여기에서 앞으로 나가면 임금이 임하시는 당(堂)이다. 제후국의 당 높이는 7척(尺)으로 일곱 계단을 통하여 올라갈 수 있다. 임금은 이곳에 임하여 남쪽을 향하여 조회를 보는 것이다.

부자께서 임금이 있는 당의 계단을 오를 적에는 두 손으로 옷자락을 거머잡되 땅바닥에서 한 자(尺) 정도의 높이로 걷어 올려 행여 옷자락에 밟혀 나자빠지는 실수가 없도록 하였으며, 일찍이 궁문을 들어서는 순간부터 줄곧 몸을 굽히신 채, 허리를 펴지 않으셨는데 더욱이 임금과 가까운 곳인 터라, 옷자락을 거머쥐고서도 몸을 굽혀 오르시며 감히 몸을 곧추세우지 않으셨다. 사람이 호흡하지 않을 수야 없겠지만, 단 조심조심하는 마음이 지극하여 심지어 숨소리 또한 죽인 채, 숨 쉬지 않은 듯이 하였다.

이는 당의 계단을 오를 때에 공경한 모습이다. 임금이 계시던 빈자리를 지날 적의 공경하는 모습과 비교해 보면 이 또한 더욱 삼간 것이다.

集註

攝은 **摳也**오 **齊**는 **衣下縫也**라 **禮**에 **將升堂**할세 **兩手摳衣**하야 **使去地尺**이라하니 **恐躡之而傾跌失容也**라 **屛**은 **藏也**오 **息**은 **鼻息出入者也**니 **近至尊**에 **氣容肅也**니라

[훈고와 해석] 섭(攝)은 걷어잡음이며, 재(齊)는 아래옷기슭의 꿰맨 부분이다. 『예기』에 의하면, "당에 오를 적에 두 손으로 옷자락을 잡고서 땅바닥에서 한 자 정도 떨어지게 한다."(「曲禮上」)고 하니, 옷자락이 밟혀 넘어져 몸가짐을 잃을까 두려워한 것이다.

312 『御選明臣奏議』 권17, 「講學親政疏」. "周之時有三朝. 庫門之外爲外朝, 詢大事在焉. 路門之外爲治朝, 日視朝在焉. 路門之內曰內朝, 亦曰燕朝."

병(屛)은 감춤이며, 식(息)은 코로 숨을 내쉬고 들이쉬는 것이다. 지존(임금)에 가까움으로 숨 쉬는 모양이 엄숙한 것이다.

(5) 출강절지 出降節旨

출(出)자는 문장 첫머리를 일으키는 글자이다. '강일등(降一等)', '몰계(沒階)', '복위(復位)' 3가지 행동으로 수평의 관계이다. 이는 모두 임금에 대한 공경의 마음이 당에서 밖으로 물러 나왔다 하여 잊지 않음이다.

"몰계익여(沒階翼如)"는 걸을 적에 조심하는 모습이며, "제자리로 돌아가 발을 서습다."는 것은 서 있을 적에 조심하는 모습이다. 여기에서 말한 '위(位)'자는 곧 치조(治朝)의 당(堂) 아래에 있는 조반(朝班)에 의한 부자의 자리이다.

出降一等하사는 **逞顔色**하사 **怡怡如也**하시며 **沒階**하사는 **趨翼如也**하시며 **復其位**하사는 **踧踖如也**러시다

나오시어 섬돌 한 계단을 내려서서는 얼굴빛을 풀어 화기롭고 기뻐하셨으며, 계단을 다 내려서서는 빨리 나아가되 날개를 편 듯이 하셨으며, 제 자리에 돌아와서는 조심조심하셨다.

강설

임금을 뵙고 예를 마친 후, 당에서 내려올 적에는 한 계단을 내려올 적마다 점차 임금이 있는 자리에서 멀어지지만, 그저 안색만이 풀리어 화평하고 화열한 듯이 하였고, 당의 계단을 모두 내려와 제 자리로 빠른 걸음으로 나갈 적엔 두 팔을 펴고 단정한 모습으로 날갯짓하듯이 하였다. 여기에서 다시 조반(朝班)의 자리로 되돌아오면 공경한 마음에 편안치 못하여 조심조심 발을 서습듯이 하였다.

궁문을 들어갈 적부터 임금이 계시던 빈자리를 지나서 당의 계단에 오르기까지는 공경의 마음이 더욱 지극하였고, 계단에서 내려오면서부터 계단을 모두 내려와 제자리로 돌아와서도 공경하는 마음을 잃지 않으셨다. 부자께서 임금을 섬김에 극진히 예를 다한 바를 여기에서 찾아볼 수 있다.

集註

陸氏曰 趨下에 **本無進字**어늘 **俗本有之**하니 **誤也**라

○ **等**은 **階之級也**라 **逞**은 **放也**라 **漸遠所尊**하니 **舒氣解顔**이라 **怡怡**는 **和悅也**라 **沒階**는 **下盡階也**라 **趨**는 **走就位也**라 **復位踧踖**은 **敬之餘也**라

○ **此一節**은 **記孔子在朝之容**하니라

육씨[陸元朗]가 말하였다.

"추(趨)자 아래에 본래 진(進)자가 없었던 것이 속본(俗本)에 있으니, 이는 잘못된 것이다."

[훈고와 해석] 등(等)은 계단의 층계이다. 영(逞)은 풀어놓음이다. 점점 임금과의 거리를 멀어지기에 숨을 내쉬고 얼굴을 편 것이다.

이이(怡怡)는 화하고 기쁨이다.

몰계(沒階)는 계단을 모두 내려섬이다. 추(趨)는 빠른 걸음으로 제자리에 달려나감이다. 제자리에 돌아와 조심조심하는 것은 공경의 마음이 남아있기 때문이다.

○ 이 1절은 공자가 조정에 있을 때의 모습을 기록한 것이다.

5. 집규장지 執圭章旨

이 장은 이웃 나라의 방문[聘問]을 주로 말하였다. '향례(享禮)'과 '사적(私覿)'은 모두 방문 중 있었던 일들이며, 반드시 공경에 중점을 두고 말해야 한다. '용색(容色)'과 '유유(愉愉)'는 모두 공경한 가운데 화기로움이다. 공경이 아니면 방문의 예를 다할 수 없고, 화기로움이 아니면 방문의 정(情)을 다할 수 없기 때문이다.

(1) 집규절지 執圭節旨

'집규(執圭)' 2자는 이의 문장을 일으키는 말이며, '국궁(鞠躬)' 이하는 모두 '집규'에 의한 것으로, '신(身)'과 '수(手)', '색(色)', '족(足)' 4가지는 수평으로 보아야 한다. 이는 모두 방문한 나라의 당(堂)의 계단에 오를 때, 그 모습이 이와 같았음을 가리키고 있다. 당에 올라서 이웃 나라의 임금 앞에서 명규(命圭)를 바쳤으면 다시 그 명규를 들고 내려오지 않는다.

執圭하사대 **鞠躬如也**하사 **如不勝**하시며 **上如揖**하시고 **下如授**하시며 **勃如戰色**하시며 **足蹜蹜如有循**이러시다

명규(命圭: 笏)를 잡으실 적에 몸을 굽혀 이를 이기지 못하는 것처럼 하고, 위로는 읍하듯이 하며, 아래로는 물건을 주듯이 하고, 갑자기 얼굴빛이 변하여 전쟁터에 임하듯이 두려워하고, 발걸음을 촘촘하게 자주 떼면서 땅에 끌듯이 하셨다.

강설

기록한 자가 다음과 같이 썼다.

부자는 임금의 명을 받들어 일찍이 명규을 잡고서 신표를 통하였다. 그 몸을 보면 허리를 굽혀 받드는 그 모습이 명규의 무게를 이기지 못하듯이 하셨으며, 명규를 받드는 손은 약간 위아래로

움직이되 위로는 읍하는 높이를 지나지 않았고 아래로는 손으로 물건을 건네줄 적의 위치에서 벗어나지 않으셨다. 얼굴빛은 변하여 전쟁터에 임하듯이 두려워하셨으며, 발은 서슴거려 발걸음을 촘촘하게 걸으면서 마치 땅바닥에 질질 끄는 것처럼 하셨다. 이는 바야흐로 이웃 나라를 방문하여 공경하는 모습이 한결같이 이와 같았다.

集註

圭는 **諸侯命圭**니 **聘問隣國**이면 **則使大夫執以通信**이라 **如不勝**은 **執主器**에 **執輕如不克**이니 **敬謹之至也**라 **上如揖 下如授**는 **謂執圭平衡**하야 **手與心齊**하야 **高不過揖**하고 **卑不過授也**라 **戰色**은 **戰而色懼也**라 **蹜蹜**은 **擧足促狹也**라 **如有循**은 **記所謂擧前曳踵**이니 **言行不離地**하야 **如緣物也**라

[훈고와 해석] 규(圭)는 제후의 명규이다. 이웃 나라를 방문할 적에는 대부로 하여금 이를 가지고 신표를 통하게 하는 것이다. 여불승(如不勝)이란 임금의 기물[主器: 命圭]을 잡을 적에 가벼운 것을 들었음에도 이기지 못하는 것처럼 함이니, 공경과 근신이 지극함이다.

상여읍(上如揖) 하여수(下如授)는 명규를 잡되 평형으로 하여 손은 심장과 가지런하여 높게는 읍하는 위치를, 낮게는 물건을 건네줄 적의 위치를 벗어나지 않는다.

전색(戰色)이란 전쟁으로 갑자기 얼굴빛이 변하면서 두려워하는 것과 같다.

축축(蹜蹜)은 발걸음을 촘촘하게 딛는 것이다.

여유순(如有循)이란 『예기』에서 말하는 "앞 축만을 들고 발뒤꿈치를 끈다."(「玉藻」)는 것이니, 발바닥을 지면에서 떼지 않으면서 걷는 것이 마치 물건을 따르는 것과 같음을 말한다.

[보 補]

이 절은 부자가 주군의 명으로 이웃 나라 사신 갈 적에 임금이 내려준 홀(笏: 命圭)을 받들 적에 지극히 공경하고 근신하신 모습을 기록한 부분이다. 이처럼 공경과 근신의 모습은 4가지로 표출되었다.

첫째[執圭 鞠躬如也 如不勝]는 몸의 거동의 엄숙함[身容肅]이며,

둘째[上如揖 下如授]는 몸의 거동의 엄숙함[身容肅]이며,

셋째[勃如戰色]는 얼굴빛의 장엄함[色容莊]이며,

넷째[足蹜蹜如有循]는 발의 거동의 중후함[足容重]이다.

이렇듯이 부자는 이웃 나라 사신의 중책에 대해 얼마나 엄중하게 인식하였는가를 알 수 있다.

그중 발여전색(勃如戰色)에 대해 살펴보면, 전(戰)은 계구(戒懼), 즉 전전긍긍[戰兢之色]의 뜻으로 말한다. 그러나 이의 본의는 "주군의 명규를 받들 적에 그 얼굴빛이 갑자기 변하면서 마치 전진에 임할 때처럼 두려워함이다."[313]라고 하여, '전쟁에 임하는 근엄, 장중한 얼굴빛[臨戰之色]'으로 해석하였다. 따라서 이에 대한 해석은 다음과 같다.

"일에 임하여 두려움은 전쟁보다 더 두려운 일은 없다. 이 때문에 전쟁에 비유하였다. 임금의 빈자리를 지나갈 적이나 공자를 불러 접빈관을 삼을 적에 공자의 얼굴빛에 대해서는 단색발여야(色勃如也)라고 말했을 뿐인데, 여기에서 전(戰)자를 더한 것은 씩씩하면서도 두려운 모습을 말한다."[314]

(2) 향례절지 享禮節旨

이는 임금을 도와 이웃 나라에 예물을 바치는 예로써, 마음의 정을 통하는 것이다.

享禮에 有容色하시며

예물을 드릴 적에는 화사한 얼굴빛이 있으며,

강설

이미 그 나라를 방문하여 향례를 행할 때는 규벽(圭璧)과 정실(庭實)을 사용하여 임금의 마음을 전하면서 화사한 얼굴빛이 있었다.

集註

享은 **獻也**니 **旣聘而享**에 **用圭璧**하고 **有庭實**이라 **有容色**은 **和也**니 **儀禮曰 發氣滿容**이라

[훈고와 해석] 향(享)은 드리는 것이니, 이미 방문을 마치고서 향례를 행할 적에 옥(圭璧)을 사용하고 정실(庭實: 供物)[315]을 두는 것이다. 유용색(有容色)이란 화사함이니, 『의례』에 "화기가 발산하여 얼굴에 가득하다."(「聘禮」)고 하였다.

(2) 사적절지 私覿節旨

그 임금이 직접 오면 따르는 그 신하는 감히 사적인 만남을 두지 못하고, 임금의 명을 받들어 방문할 적에는 사적인 만남을 둘 수 있다. '용색(容色)'에서는 '유(有)'라 하고, '유유(愉愉)'에서는 '여(如)'라 하니, 이는 모두 공경한 가운데 화사함을 상상할 수 있다.

私覿에 愉愉如也러시다

사사로이 만날 적에는 더욱 화기가 돋으셨다.

---

313 『日講四書解義』 권7, 「論語上之四」. "其色之見於面者, 勃然變動, 如臨戰陣之時, 色容何莊也?"

314 『大全』 該註. "吳氏曰 臨事而懼, 莫過於戰, 故以戰喩. 過位使擯, 但言色勃如也; 此加戰字, 則莊而且懼矣."

315 정실(庭實)은 가죽, 폐백, 수레, 말 따위의 공물을 모두 뜰에 진열하여 가득 채워놓은 까닭에 '정실'이라고 말한다.[皮幣輿馬, 皆陳於庭, 故曰庭實.]

강설

이미 향례를 마치고서 사사로운 예로 볼 적에는 광비(筐篚)와 현훈(玄纁)으로써 자신의 공경을 펴되 용모와 안색은 기쁜 듯하였다. 이 또한 화사함이다. 공경으로 방문의 예를 다하고, 화사함으로 방문의 정을 전하니, 부자는 사신의 방문에 있어서 주선을 잘함이 이와 같았다.

集註

私覿은 以私禮見也라 愉愉則又和矣라

○ 此一節은 記孔子爲君聘於隣國之禮也니라

晁氏曰 孔子定公九年에 仕魯라가 至十三年에 適齊하시니 其間에 絶無朝聘往來之事라 疑使擯執圭兩條는 但孔子嘗言其禮當如此爾시니라

[훈고와 해석] 사적(私覿)이란 사적인 예로 찾아보는 것이다. 유유(愉愉)는 더욱 화사함이다.

○ 이 1절은 공자가 임금을 위하여 이웃 나라를 방문했을 때의 예를 기록한 것이다.

조씨[晁說之]가 말하였다.

"공자는 정공 9년(B.C. 501), 노나라에 벼슬하다가 13년(B.C. 497)에 제나라로 떠나갔는데, 그 사이 이웃 나라에 조회 가거나 방문하고자 왕래하였던 일이 전혀 없었다. 의심컨대, '사빈(使擯)'과 '집규(執圭)' 2절은 공자가 일찍이 그 예는 마땅히 이처럼 해야 함을 말한 것일 뿐이다."

6. 군자장지 君子章旨

이 장은 모두 의복에 관한 제도이다.

첫 2절에서는 의복의 색깔을 주제로 하여, 감색(紺色)과 추색(緅色)은 재계할 적에 입는 옷과 삼년상 중에 입는 연복(練服)과 같다는 혐의가 있고, 홍색 자색은 간색(間色)의 '부정(不正)'일 뿐 아니라, 부인의 의복과 유사하다는 점으로 대비하여 말하였고,

'당서(當暑)' 이하 4절은 시간의 개념을 주제로 하여 여름의 갈포, 겨울의 갖옷을 대비하여 말하였고, 그 아래 '거상(去喪)' 2절에서는 갖추어야 할 것을 갖추는 것과 살펴야 할 것을 살피는 것으로, 그 아래 '고구(羔裘)' 2절에서는 조문에는 그 슬픔을 다하고 조회에는 그 공경을 다하는 것으로 대비하여 말하였다.

(1) 군자절지 君子節旨

신을 섬길 적과 사람이 생활할 적에 입는 의복이 다르고, 길사와 흉사에 따라 의복이 다른 것이다. 일상의 의복을 변고 시 입는 의복 색깔로 꾸미지 않는 것은 길흉의 혐의를 분별하고, 상제(喪祭)를 중시한 때문이다.

君子는 **不以紺緅飾**하시며

군자는 감청빛 검붉은 빛으로 옷깃에 선을 두르지 않았으며,

강설

기록한 자가 다음과 같이 말하였다.

군자가 짙푸른 색에 붉은빛이 도는 감청빛의 감색과 검붉은 빛깔의 추색(緅色)으로 옷깃에 선을 두르지 않는 것은 그 색깔이 일상의 의복과는 다른 색으로 재계할 적에 입는 옷과 삼년상 중에 입는 연복(練服)에 가깝기 때문이다.

集註

君子는 **謂孔子**라 **紺**은 **深青赤色**이니 **齊**(재)**服也**라 **緅**는 **絳色**이니 **三年之喪**에 **以飾練服也**라 **飾**은 **領緣也**라

[훈고와 해석] 군자는 공자를 말한다. 감(紺)은 짙푸른 빛에 붉은색을 띠니, 재계할 적에 입는 의복[齊服]이다. 추(緅)는 검붉은 색이니, 삼년상 중에 연복(練服: 小祥時 상복)의 깃에 선을 두르는 것이다. 식(飾)은 옷깃에 선을 두르는 것이다.

(2) 홍자절지 紅紫節旨

간색으로 사복(私服)을 만들지 않음은 정도로 처하는 것을 크게 여기고 여인의 의복과 유사하다는 혐의를 싫어했기 때문이다.

紅紫로 **不以爲褻服**이러시다

다홍색과 자줏빛으로 평상복을 만들지 않으셨다.

강설

다홍색과 자줏빛 두 가지로 평상시 의복을 만들지 않는 것은 오방(五方)의 정색(正色: 青黃赤白黑)이 아니고 부녀자의 의복에 가깝기 때문이다.

集註

紅紫는 **間色**이니 **不正**이오 **且近於婦人女子之服也**라 **褻服**은 **私居服也**라 **言此則不以爲朝祭之服**을 **可知**라

[훈고] 홍자(紅紫)는 오방의 간색(間色: 綠紅碧紫騮)이기에 바르지 않고, 또한 부인과 여자의 옷에 가깝다. 설복(褻服)은 사처(私處)에서 입는 옷이다.

[해석] 이처럼 말한 것으로 보면, 이런 색깔로 조복이나 제복을 만들지 않음을 알 수 있다.

(3) 당서절지 當暑節旨

이 절은 여름철 복장에 관한 것으로, 위 구절은 가벼운 뜻으로 썼으며, '필표(必表)' 구절에 중점이 있다. 이는 성인이 몸조심하는 부분이다.

當暑하사 袗絺綌을 必表而出之러시다

더위를 당하여서는 가는 갈포와 굵은 갈포로 만든 홑옷을 반드시 밖으로 껴입으셨다.

강설

무더위 날씨에는 갈포 홑옷이 계절에 알맞은 옷이므로, 가는 갈포와 거친 갈포로 만든 홑옷을 입는다. 그러나 반드시 먼저 속옷을 입고서 굵고 가는 갈포 홑옷을 겉에다 입어 바깥으로 내 입으셨다. 이는 알몸을 보이지 않으려고 조심한 것이다.

集註

袗은 單也라 葛之精者曰絺오 麤者曰綌이라 表而出之는 謂先著裏衣하고 表絺綌而出之於外니 欲其不見體也라 詩所謂蒙彼縐絺 是也라

[훈고] 진(袗)은 홑옷이다. 가는 갈포는 치(絺), 굵은 갈포는 격(綌)이라고 한다.

[해석] 표이출지(表而出之)란 속옷을 먼저 입고 갈포 옷을 밖으로 내 입는 것이니, 알몸이 보이지 않게 하고자 함이다. 『시경』에서 말한 "저 고운 갈포 옷을 겉으로 입는다."(「鄘風 君子偕老」)는 함이 이것이다.

(4) 치의절지 緇衣節旨

이는 겨울철 복장에 관한 것으로, 3구는 수평으로 보아야 한다. 여름의 갈포 옷에는 속옷을 갖춰 입고, 겨울철 갖옷에는 겉옷을 걸치는데, 서로 색깔이 어우러져야 함을 중요시한다. 이는 모두 공복(公服)이다.

緇衣엔 羔裘오 素衣엔 麑裘오 黃衣엔 狐裘러시다

검은 덧옷엔 염소 갖옷을, 흰 덧옷엔 사슴 갖옷을, 누런 덧옷엔 여우 갖옷을 입으셨다.

강설

갖옷은 겨울에 알맞은 의복이다. 검은 염소의 갖옷은 조회를 볼 적에 입는 것으로, 이는 신하가 임금을 향하여 북면한다는 의의를 취하여 북방의 색, 즉 검은색을 숭상한 것이다. 여기에 걸맞은 덧옷으로 검은색의 옷을 입으셨다.

어린 사슴의 하얀 갖옷은 빙문(聘問)이나 연향(燕享) 때에 입는 것으로, 이는 깨끗하고 소담한 의의를 취하여 하얀색을 숭상한 것이다. 여기에 걸맞은 덧옷으로 하얀색의 옷을 입으셨다.

누런 여우의 갖옷은 납제(臘祭)를 지낼 적에 입는 것으로, 이는 토지신의 공에 보답한다는 의의를 취하여 중앙 토(土)의 황색을 숭상한 것이다. 여기에 걸맞은 덧옷으로 누런색의 옷을 입으셨다.

이는 갖옷과 덧옷의 색깔을 서로 어울리게 하려는 것이다.

集註

緇는 **黑色**이라 **羔裘**는 **用黑羊皮**라 **麑**는 **鹿子**니 **色白**이오 **狐**는 **色黃**이라 **衣以裼裘**하니 **欲其相稱**이라

[훈고] 치(緇)는 검은빛이다. 고구(羔裘)는 검은 염소의 가죽을 사용하여 만든 갖옷이다. 예(麑)는 사슴 새끼로 털빛이 희고, 여우의 털빛은 누르다.

[해석] 옷을 갖옷 위에 덧입되 앞자락을 열어놓으니,[衣以裼裘][316] 이는 그 덧옷과 갖옷의 색깔이 서로 어울리게 하고자 함이다.

(5) 설구절지 褻裘節旨

이는 평상시 입는 갖옷의 제도로, 여기에는 따뜻함과 편리함 2가지의 뜻을 취하였다.

褻裘長하되 **短右袂**러시다

평소 입은 갖옷은 길게 만들되, 오른 소매를 짧게 하셨다.

강설

사사로이 일상의 거처 시에 입는 갖옷을 길게 만드는 것은 따듯하게 하려는 것이며, 오른쪽 소

316 의이석구(衣以裼裘)는 갖옷 입는 2가지 방법 중 하나이다. 하나는 석구(裼裘)이며, 또 다른 하나는 습구(襲裘)이다. 여기에서 말한 '석구'는 옷을 벗는다는 뜻의 석(裼)이 아니다. '석구'의 구(裼)는 갖옷 위에 홑옷을 껴입되 앞자락을 열쳐 갖옷의 아름다움이 밖으로 보이도록 입는 것을 석구(裼裘)라 한다. '습구'는 온전한 옷[全衣]을 석의(裼衣)의 위에다가 다시 겹으로 껴입어 갖옷의 아름다움이 보이지 않게 감춰지도록 입는 것을 습구(襲裘)라 한다.[『大全』 該註. "新安陳氏曰 裘之上, 加單衣以袒裼, 見裘之美曰裼. 加全衣, 重襲於裼衣上, 以充蔽其美曰襲."]

맷자락을 반드시 짧게 하는 것은 일하는데 편리하게 하기 위함이다.

集註

長은 **欲其溫**이오 **短右袂**는 **所以便作事**라

[해석] 길게 만드는 것은 따뜻하게 하고자 함이요, 오른 소매를 짧게 함은 일하는 데 편하게 하기 위함이다.

(6) 필유절지 必有節旨

잠옷을 입는 것은 불경스런 잘못을 범하지 않으려는 것이요, 자기 몸보다 반쯤 더 길게 만드는 것은 단출하게 하려는 잘못을 범하지 않으려는 것이다. 이는 낮에도 조심하고 밤에도 조심하는 것이다.

必有寢衣하시니 **長一身有半**이러라

반드시 잠옷이 있었는데, 길이가 한 길 반이었다.

강설

잠잘 적에 옷을 벗을 수도 없고, 또한 명의(明衣)를 입고서 잘 수도 없다. 이 때문에 반드시 잠옷을 마련하여 불경스러움을 막으려는 것이다. 잠옷의 제도는, 그 길이가 한 길 반으로 만든다. 그것은 발을 덮는 데 편리하기 위함이다. 이는 재계를 할 적에 청결함을 다하고 극진히 공경함이 이와 같다.

集註

齊(재) **主於敬**하니 **不可解衣而寢**이오 **又不可著明衣而寢**이라 **故**로 **別有寢衣**라 **其半**은 **蓋以覆足**이라

程子曰 此는 **錯簡**이니 **當在齊必有明衣布之下**니라

愚謂 如此면 **則此條與明衣變食**으로 **旣得以類相從**하고 **而褻裘狐貉**도 **亦得以類相從矣**라

[해석] 재계를 할 적에는 공경을 위주로 하기에 옷을 벗고서 잠잘 수 없고, 또한 재계할 적에 입는 명의(明衣)를 입고서 잠을 잘 수도 없다. 이 때문에 별도로 잠옷을 마련한 것이다. 그 반의 길이는 이로써 발을 덮으려는 것으로 보인다.

정자[伊川]가 말씀하였다.

"이는 차례가 잘못된 문장이다. 의당 '필유명의포(齊必有明衣布)' 구절 아래에 있어야

한다."

나의 생각은 다음과 같다.

"정자의 말처럼 보면, 이 조항은 명의(明衣), 변식(變食)과 이미 같은 유이기에 서로 함께하고, 설구(褻裘)와 호락(狐貉) 또한 같은 유이기에 서로 함께해야 한다."

(7) 호락절지 狐貉節旨

이 또한 평상시의 갖옷에 관한 것이다. 의복의 제도를 마련하는 데 그 용도에 알맞게 하는 것 또한 천시(天時)를 따르고 화육(化育)을 돕는, 하나의 실마리에 해당한다.

狐貉(호락)**之厚**로 **以居**러시다

여우와 담비의 두터운 갖옷으로 거처하셨다.

강설

이른바 평소에 입는 갖옷이란 무엇으로 만드는 것일까? 여우와 담비는 털이 길고 따뜻하다. 이를 사용하여 사사로이 거처할 때 입는 갖옷을 만드는 것은 몸에 알맞음을 취한 것이다.

集註

狐貉은 **毛深溫厚**하니 **私居**에 **取其適體**라

[해석] 여우와 담비의 털이 길고 따뜻하고 두터우니, 평소 거처할 때에 그 몸에 알맞음을 취함이다.

(8) 거상절지 去喪節旨

이는 패물에 관한 것이다. 옥을 차는 것은 덕을 상징하고, 도구를 차는 것은 용도에 대비함이다. 반드시 몸에 지녀야 한다는 측면에 중점이 있다.

去喪하사는 **無所不佩**러시다

상복을 벗고서는 패물을 지니지 않은 바 없으셨다.

강설

반드시 의복에 따르는 패물들이 있지만, 상중에 있을 적에는 사용하지 않는다. 탈상한 후에는 옥과 사용할 패물들을 몸에 차는 것이다. 이는 단순히 치장하려는 것이 아니라, 또한 필요할 때 사용을 대비하기 위함이다.

集註

君子無故면 **玉不去身**하니 **觿礪之屬**을 **亦皆佩也**라

[해석] 군자는 변고가 없으면 몸에 옥을 버리지 않는다. 뿔송곳과 숫돌 따위 또한 모두 몸에 차는 것들이다.

(9) 비유절지 非帷節旨

이는 일상에 입는 의복을 말한 것으로, 조복과 제복과는 차이가 있다는 데에 중점을 두고 있다.

아래옷을 만드는 데에는 2가지의 방법이 있다.

하나는 온 폭[正幅]으로 주름 잡아서 허리춤은 좁게, 아랫자락은 넓게 만드는 벽적(襞積)의 방법이 있고, 또 다른 하나는 윗자락은 아랫자락의 2분의 1로 좁게, 아랫자락은 이와 반대로 윗자락보다 곱절의 너비로 넓게 잘라서 폭을 이어서 꿰매는 쇄봉(殺縫)의 방법이 있다.

벽적의 방법은 공복(公服), 즉 조복이나 제복으로 사용됨에 반하여 쇄봉의 하의는 일상복에 사용된다. 이처럼 하의의 제조방법에 따라 공복(公服)과 사복(私服)의 구별이 있다.

非帷裳이어든 **必殺之**러시다

아래옷에 온 폭을 사용하여 주름을 잡아 만드는 〈조복과 제복〉이 아니면 반드시 비스듬히 잘라서 꿰매셨다.

강설

조회와 제사 때 입는 아래옷은 휘장처럼 온 폭을 사용한다. 온 폭으로 주름을 잡아 만드는 유상(帷裳)이 아니면, 허리춤은 아래 기슭의 절반이 되게 하고, 아래 옷 기슭은 허리춤의 갑절이 되게 하여 벽적(襞積: 주름)이 없고 비스듬히 꿰맬 뿐이다. 이는 비용을 생략할 뿐 아니라, 또한 공복(公服)과의 구별을 하기 위함이다.

集註

朝祭之服은 **裳用正幅如帷**하야 **要**(腰)**有襞積而旁無殺**(쇄)**縫**이오 **其餘若深衣**는 **要半下**하고 **齊倍要**하니 **則無襞積而有殺縫矣**라

[해석] 조복과 제복의 하의는 온 폭을 써서 휘장과 같아, 허리에 주름을 잡을 뿐, 곁에 폭으로 잘라서 꿰매지 않으며, 그 나머지 심의(深衣)와 같은 옷은 허리춤의 너비는 아래 기슭의 절반이며 아래 기슭은 허리춤의 곱절이 되니, 주름 없이 폭으로 잘라서 꿰맨다.

(10) 고구절지 羔裘節旨

이는 조문 시 복장으로, 죽은 이를 조문하는 데에 중점이 있다.

羔裘玄冠으로 **不以弔**러시다

검은 염소의 갖옷과 검은 관으로 조문하지 않으셨다.

강설

조문이란 죽은 이를 애도함이다. 검은 염소 갖옷의 조복과 검은 관의 제복으로 조문하지 않으셨다. 이는 길복을 흉례(凶禮: 喪禮)에 사용하지 못하기 때문이다.

集註

喪主素하고 **吉主玄**하니 **弔必變服**은 **所以哀死**라

[해석] 상례에는 흰색을, 길례에는 검은색을 위주로 하니, 조문할 적에 반드시 옷을 바꿔 입는 것은 죽은 이를 애도하는 바이다.

(11) 길월절지 吉月節旨

이는 조회 시의 복장을 삼가는 데에 관한 것이다. '치사(致仕)'의 측면에 중점이 있는데, '필(必: 必朝服)'자 또한 대략 이런 점이 나타나 있다.

吉月에 **必朝服而朝**러시다

초하루마다 반드시 조복을 입고서 임금 계신 곳을 향하여 절을 올리셨다.

강설

조복은 임금을 뵐 적에 입는 옷이다. 부자께서 당시 벼슬을 그만두었지만 매달 초하루가 되면 반드시 조복을 갖춰 입고서 임금이 계신 북쪽을 향하여 절을 올리셨다. 이는 벼슬을 그만두었지만, 감히 임금을 잊지 못했기 때문이다.

이를 종합하여 보면, 부자의 복장 제도는 사정(邪正: 間色과 正色)의 차등이 있고, 추위 더위에 따라 절도가 있으며, 길흉사에 따라 떳떳한 법이 있고, 조회와 제례의 복장에 구분이 있었다. 그 어느 것 하나 적절하지 않은 게 없으셨다.

集註

吉月은 **月朔也**라

孔子在魯致仕時에 **如此**라

○ **此一節**은 **記孔子衣服之制**니라

蘇氏曰 此는 **孔氏遺書**니 **雜記曲禮**오 **非特孔子事也**니라

[훈고] 길월은 초하루이다.

[해석] 공자가 벼슬을 그만두고 노나라에 계실 적에 이처럼 하였다.

○ 이 1절은 공자의 의복 제도를 기록한 것이다.

소씨[蘇軾]가 말하였다.

"이는 공씨 집안에 전해 내려온 글이다. 자질구레한 예의범절을 뒤섞어 기록한 것이지, 특별히 공자의 일만은 아니다."

7. 재필장지 齊必章旨

이 장에서는 마땅히 4개의 '필(必)'자에 중점을 두어야 한다. 재계함에 삼가는 뜻을 찾아볼 수 있다. 위의 2절에서는 조촐함을 다하여 공경한 마음을 다하고 있고, 아래 한 절에서는 일상적인 것을 바꾸어 공경한 마음을 다하고 있다.

(1) 재필절지 齊必節旨

'재(齊)'자는 문장의 첫머리를 일으키는 글자이다. 제복에 아름다움을 다하는 것은 신에 대한 공경이요, 재계하는 의상[齊服]에 무명베를 사용하는 것은 마음을 성실하게 하기 위함이다. 아름다움과 소박함에 있어 각기 그 마땅한 바가 있다.

齊必有明衣러시니 **布**러라

재계할 때에는 반드시 깨끗한 옷을 입으셨는데, 무명으로 만든 것이었다.

강설

기록한 자의 말에 의하면 다음과 같다.

재계하여 신명에게 제사를 올릴 적에는 경(敬)을 위주로 하는 것이다. 부자께서 재계할 적에는 목욕한 후에 반드시 깨끗한 의복[明衣]을 입고서 몸을 깨끗이 하셨는데, 명의(明衣)는 베(무명)로 만드셨다. 이는 순수하고 소박한 마음을 표하기 위함이다.

集註

齊必沐浴하고 **浴竟**에 **則著明衣**하니 **所以明潔其體也**니 **以布爲之**라

此下에 脫前章寢衣一簡이라

[해석] 재계를 할 적에는 반드시 목욕하고, 목욕이 끝나면 깨끗한 옷을 입으셨다. 몸을 청결하게 하려는 것이니, 무명으로 만들었다.

이 아래에 앞 장의 '침의(寢衣)' 1절이 빠졌다.

(2) 변식절지 變食節旨

음식을 바꾸어 입을 청결하게 하고, 자리를 옮겨 마음을 맑게 하셨다. 이는 음식을 먹을 적에도 공경하고, 앉아있을 적에도 공경한 마음을 다한 것이다.

齊必變食하시며 居必遷坐러시다

재계할 적에는 반드시 음식을 바꾸시며,
거처하는데 반드시 자리를 옮기셨다.

강설

재계할 적의 음식은 반드시 평소에 먹던 음식을 바꾸며, 재계할 때 거주하는 곳은 반드시 편히 앉아 지내던 자리에 머물지 않고 바꿔 앉으셨다. 그것은 일상의 생활에서 변화를 주어 공경의 마음을 다하려는 것이다. 이와 같은 것은 부자께서 재계를 삼가는 일로써, 이에 그 대체를 찾아볼 수 있다.

集註

變食은 謂不飮酒 不茹葷이오 遷坐는 易常處也라

○ 此一節은 記孔子謹齊之事니라

楊氏曰 齊는 所以交神이라 故로 致潔變常하야 以盡敬이니라

[훈고와 해석] 음식을 바꾼다는 것은 술을 마시지 않는다거나 냄새나는 마늘을 먹지 않음을 말하며, 자리를 옮긴다는 것은 일상의 거처를 바꾸는 것이다.

○ 이 1절은 공자의 재계를 삼가는 일들을 기록한 것이다.

양씨[楊時]가 말하였다.

"재계는 신명과 사귀는 것이기에 청결을 다하고 평상시의 것을 바꾸어 공경을 다한다."

8. 사불장지 食不章旨

이 장은 성인이 사물에 따라 자연스럽게 절도에 부합하는 시의적절함을 보여주고 있다. "많이 먹지 않는다.[不多食]" 절에서 상하로 나뉘는데, 그 윗부분은 음식에 대한 절제이며, 아랫부분은 음

식으로 인하여 유별로 기록한 것이다.

(1) 사불절지 食不節旨

이는 양생(養生)을 잘한 부분으로, 2구를 수평으로 보아야 한다. 본래부터 밥이 정밀하고, 회(膾)가 가는 것을 추구하려는 마음은 없지만, 우연히 이러한 음식을 만나면 단 싫어하지 않았을 뿐이다.

食(사)不厭精하시며 **膾不厭細**러시다

정밀한 밥을 싫어하지 않으셨고,
가늘게 자른 회를 싫어하지 않으셨다.

강설

기록한 자는 다음과 같이 말하였다.

밥이란 사람의 몸을 길러주는 것이다. 부자께서 반드시 도정(搗精)을 잘한 곡물로 지은 정밀한 밥을 좋다고 생각하셨기에 단 싫어하지 않으셨을 뿐이지, 까다롭게 꼭 정밀한 밥을 고집하여 요구하지는 않으셨고, 또 정한 밥이 아니면 이를 싫어하여 버렸다는 것도 아니다.

거친 회는 사람에게 해가 될 수 있다. 부자께서 반드시 가늘게 저며 썰어놓은 회를 좋다고 생각하셨기에 단 싫어하지 않으셨을 뿐이지, 까다롭게 꼭 가늘게 저민 회만을 고집하여 요구하지는 않으셨고, 또 가늘게 저민 육회가 아니면 이를 싫어하여 드시지 않았다는 것도 아니다.

集註

食(사)는 **飯也**오 **精**은 **鑿也**라 **牛羊與魚之腥**을 **聶而切之爲膾**라

食精則能養人하고 **膾麤則能害人**이라 **不厭**은 **言以是爲善**이오 **非謂必欲如是也**라

[훈고] 사(食)는 밥이며, 정(精)은 깨끗하게 도정한 것이다. 소, 염소와 물고기의 날 것을 저며서 썰어놓은 것을 회라고 한다.

[해석] 밥이 정밀하면 사람을 길러주고, 회가 거칠면 사람에게 해롭다. 싫어하지 않는다는 것은 이런 것을 좋다고 생각한다는 것이지, 반드시 이처럼 하고자 한 것은 아니다.

(2) 사애절지 食饐節旨

이는 건강을 해치는, 상생(傷生)을 경계하고 있다. 5가지의 '불식(不食)'은 수평으로 보아야 한다. 이런 불량 음식물을 먹지 않는다고 하여 배가 고프다거나 갈증의 괴로움이 있다는 것은 아

니다.

"색깔이 좋지 않은 것, 냄새가 나쁜 것"이란 꼭 위에서 말한 생선과 날고기만을 가리키는 것은 아니다. 과일이며 채소 따위의 전반적인 음식물이 이에 해당한다.

食(사)饐而餲와 魚餒而肉敗를 不食하시며 色惡不食하시며 臭惡不食하시며 失飪不食하시며 不時不食이러시다

밥이 상하여 쉰 것과 생선이 상하고 고기가 썩은 것을 먹지 않으셨고, 빛깔이 나쁜 음식을 먹지 않으셨고, 냄새가 고약한 음식을 먹지 않으셨고, 잘못 요리한 음식을 먹지 않으셨고, 제철이 아닌 음식을 먹지 않으셨다.

강설

그렇다고 모두 하나같이 싫어한 바 없다는 것은 아니다. 열기와 습기에 상하여 쉬었거나 맛이 변한 밥과 물고기가 뭉크러져 흐느적거리는 것과 살코기가 썩어 부패한 것은 먹지 않으셨다. 부패하지 않았다고 하여도 색깔이 변하여 나쁘면 먹지 않으시고, 부패하지는 않았지만, 냄새가 고약하면 먹지 않으시고, 혹 요리의 절도를 잃었을 때는 먹지 않으시고, 성숙할 계절에 이르지 않은 음식물은 먹지 않으시니, 이는 먹으면 사람을 손상하는 음식물로서 모두 이처럼 자시지 않았다.

集註

饐는 飯傷熱濕也오 餲는 味變也라 魚爛曰餒오 肉腐曰敗라 色惡臭惡은 未敗而色臭變也라 飪은 烹調生熟之節也라 不時는 五穀不成과 果實未熟之類라

此數者는 皆足以傷人이라 故로 不食이라

[훈고] 애(饐)는 밥이 상하여 쉰 것이며, 애(餲)는 맛이 변한 것이다. 물고기가 뭉크러진 것은 뇌(餒)라 하고, 살코기가 썩은 것을 패(敗)라고 한다. 빛깔이 나쁘고 냄새도 고약한 것은 아직 썩지 않았지만, 빛깔과 냄새가 변한 것이다. 임(飪)은 삶고 조리하고 날 것과 익힘의 절도이며, 불시(不時)란 오곡이 익지 않거나 과일이 익지 않은 유이다.

[해석] 이 몇 가지는 모두 사람의 몸을 상하게 하기에 먹지 않은 것이다.

(3) 할불절지 割不節旨

이는 사람의 몸을 상하게 하지는 않지만, 또한 음식이란 구차스럽게 먹지 않음을 보여주고 있다. 두 곳의 '불식(不食)'은 수평으로 보아야 한다. '기(其: 其醬)'자는 먹어야 할 음식물을 가리킨 것이다.

割不正이어든 不食하시며 不得其醬이어든 不食이러시다

바르게 자르지 않은 음식은 먹지 않으시고,
그 장이 걸맞지 않은 음식은 먹지 않으셨다.

강설

사람의 몸에 손상을 입히는 음식물은 말할 나위 없고, 사람을 손상하지 않는 음식이라 할지라도 또한 구차스럽게 먹을 수 있겠는가.

고기를 자르는 데에는 반듯하게 자르는 것을 법도로 삼는다. 만일 반듯하게 자르지 않은 고기를 먹지 않으신 것은 그 바르지 못한 것을 싫어해서이다.

살코기를 먹을 때에는 육장을 쓰는데 그 살코기에 따라 알맞은 육장이 각기 다르다. 만일 그 살코기를 먹을 적에 육장이 알맞지 않으면 먹지 않으신 것은 제대로 갖추지 못한 것을 싫어해서이다.

集註

割肉不方正者를 不食은 造次不離於正也라 漢陸續之母切肉에 未嘗不方하고 斷葱에 以寸爲度라하니 蓋其質美하야 與此暗合也라 食肉用醬이 各有所宜하니 不得則不食은 惡其不備也라 此二者는 無害於人이나 但不以嗜味而苟食耳니라

[해석] 고기를 자르되 반듯하지 않은 것을 먹지 않음은 잠깐이라도 바른 도에서 떠나지 않으려는 것이다. "한나라 육속(陸續)의 모친이 고기를 자를 적에 일찍이 반듯하지 않은 것이 없었고, 파를 자를 적에는 한 치씩 법도로 삼았다."(『後漢書』「陸續傳」)고 하니, 이는 그 모친의 본바탕이 아름다워서 〈배우지 않고서도〉 은연중 이러한 일에 부합된 것이다.

살코기를 먹을 적에 사용하는 장이 각각 걸맞은 것이 있다. 그에 알맞은 장이 아니면 먹지 않음은 갖추지 못함을 싫어한 것이다.

이 두 가지는 사람에게 해로운 바 없으나, 다만 음식을 욕심내어 구차히 먹지 않으려 한 때문이다.

[보 補]

"살코기를 먹을 적에 사용하는 장이 각각 걸맞은 것이 있다."는 것은 우리나라의 경우, 돼지고기에 새우젓을, 소 생간에 소금 기름장을 먹는 유와 같다. 특히 중국 고대의 경우 "장의 종류는 한둘이 아니다. 음식에 따라 각기 알맞은 장이 있다. 생선회에는 겨자장을, 생선에는 난장(卵醬)을, 고라니 살코기나 닭고기, 자라에는 젓갈장을 사용한다."[317]

---

317 『大全』 該註. "雙峯饒氏曰 醬之爲品, 非一, 飮食各有所宜. 如食魚膾宜入芥醬, 食濡魚用卵醬, 食麋腥濡雞濡鱉用醯醬."

(4) 육수절지 肉雖節旨

이 절은 마땅히 먹고 마시는 것 또한 헤아림이 있어야 함을 보여주고 있다. 2단락은 수평으로 보아야 한다. “밥 기운을 이기지 않게 한다[不使勝食氣]”는 것과 “어지러움에는 미치지 않았다.[不及亂]”는 데에 중점이 있다.

肉雖多나 **不使勝食**(사)**氣**하시며 **唯酒無量**하시되 **不及亂**이러시다

아무리 살코기를 많이 드시더라도 곡기를 이기지 않게 하시며,
술은 일정한 양이 없으셨으나 어지러운 데까지 이르지 않으셨다.

강설

먹어서는 안 될 음식은 물론이려니와 먹을 수 있는 음식이라도 또한 절도가 없을 수 있겠는가. 음식이란 곡물(밥)을 위주로 한다. 그러므로 아무리 살코기를 많이 드시더라도 밥 기운을 이기지 못하도록 하여 소화불량으로 체하거나 뱃속이 편치 못한 데까지 과식하는 일이 없도록 하셨다.

술이란 사람을 즐겁게 해주는 음료이지만, 과음하게 되면 먼저 몸을 가누지 못하고 마음 또한 뒤따라 가누지 못하기 마련이다. 안으로는 마음과 뜻을 잃게 되고, 밖으로는 몸가짐을 잃게 될 뿐 아니라, 음란의 근원이 모두 술에 있다고까지 말한다. 그러나 부자께서는 마음에 하고자 하는 바를 따라 행하되 법도에 벗어나는 않는[從心所欲不踰矩] 성인이시다. 일정한 양을 정해놓고 술을 드시지는 않지만, 과음으로 취하여 정신이 어지러운 데에 이르지 않으셨다. 이는 성품이 혼미하고 덕을 잃을까 두려워했기 때문이다.

集註

食은 **以穀爲主**라 **故**로 **不使肉勝食氣**라 **酒**는 **以爲人合歡**이라 **故**로 **不爲量**이오 **但以醉爲節而不及亂耳**니라

程子曰 不及亂者는 **非唯不使亂志**라 **雖血氣**라도 **亦不可使亂**이니 **但浹洽而已 可也**니라

[해석] 음식은 곡물을 주식으로 삼기에 고기의 양을 밥보다 많이 먹어서는 안 된다. 술이란 사람을 기쁘게 해주는 것이므로 양을 한정하지는 않고, 다만 취하는 것으로 절도로 삼아 어지러운 데까지는 미치지 않는다.

정자[伊川]가 말씀하였다.

“어지러움에 미치지 않음은 뜻을 어지럽게 하지 않을 뿐 아니라, 비록 혈기라 할지라도 또한 어지럽혀서는 안 된다. 다만 젖어 들 정도에 그치는 것이 옳다.”

(5) 고주절지 沽酒節旨

이는 위생에 대해 엄격하였음을 보여주는 것으로, 위의 술과 고기에 뒤이어서 말하고 있다. 술이란 의당 마신다고 말해야 함에도 "먹지 않았다.[不食]"고 말한 것은 건포와 함께 말하였기 때문이다.

沽酒市脯를 **不食**하시며

저자에서 파는 술과 건포를 드시지 않으셨다.

강설

저자에서 파는 술과 마른고기는 반드시 정결한 것이 아니므로 이를 먹지 않으셨다. 위생이란 또한 엄격히 조심하지 않을 수 있겠는가.

集註

沽市는 **皆買也**니 **恐不精潔**하야 **或傷人也**니 **與不嘗康子之藥同意**라

[훈고와 해석] 고(沽)와 시(市)는 모두 산 것이니, 정결하지 않아서 혹 몸을 상할까 두렵기 때문이니, 계강자가 보낸 약을 맛보지 않는 것과 같은 뜻이다.

(6) 불철절지 不撤節旨

이는 양생에 주도면밀함을 보여주고 있다. 생강의 맛이 매우니 천지의 정도를 얻은 것이요, 생강의 성질은 따뜻하니 천지의 화기(和氣)를 얻은 것이다.

不撤薑食하시며

생강 드시는 것을 끊지 않았으며,

강설

정신을 맑게 하고 더러운 냄새를 제거하는 데에는 생강이 유익하다. 음식을 드실 적마다 항상 생강을 드시어 끊지 않으셨다. 부자의 양생 또한 주도면밀하다 말하지 않을 수 있겠는가.

集註

薑은 **通神明**하고 **去穢惡**이라 **故**로 **不撤**이라

[해석] 생강은 정신을 맑게 하고, 더러운 냄새를 없애주므로 거두지 않았다.

(7) 불다절지 不多節旨

이는 모든 음식물에 대해 많이 먹지 않았음을 총괄하여 말하고 있다. 이는 위에서 하나하나 말한 것들을 모두 한꺼번에 수습하여 말한 것이다.

不多食이러시다

〈모든 것을〉 많이 드시지 않으셨다.

강설

먹어야 할 음식이란 알맞게 먹는 데 그쳐야 하며, 과식해서는 안 된다. 음식 또한 절도가 있지 않겠는가.

集註

適可而止오 **無貪心也**라

[해석] 적당한데 그칠 뿐, 식탐의 마음이 없었다.

(8) 제어절지 祭於節旨

이 이하는 음식에 관한 일을 들어 임금이 하사하는 물품을 미루어 말하고 있다. 근본에 보답하고 귀신과 통하는데 이르기까지 성인의 공경한 마음이 나타나지 않는 바 없다. '출삼일' 2구[出三日, 不食之矣]는 『논어』를 기록한 자가 부자의 생각을 유추한 것이다.

祭於公에 **不宿肉**하시며 **祭肉**은 **不出三日**하시더니 **出三日**이면 **不食之矣**니라

태묘에서 제사를 돕고서 받은 고기는 밤을 재우지 않으며, 집에서 제사 지낸 고기는 사흘을 넘기지 않으시니, 사흘이 지나면 먹을 수 없기 때문이다.

강설

신을 공경하는 마음 또한 음식의 미세한 부분에서도 구차히 해서는 안 된다. 태묘의 제사를 도우면 반드시 제사 고기[胙肉]를 나누어주는데, 하룻밤을 넘기지 않는 것은 신의 은혜를 중히 여기고 임금의 하사품을 높이는 것이다.

집안의 제사 고기는 비록 그날 나누어주지 못한다고 하더라도 또한 사흘을 넘겨서는 안 된다. 사흘이 지나면 살코기는 부패하여 사람이 먹을 수 없기 때문이다. 이는 신명이 흠향하고 남은 음식을 더럽히는 것이다. 제사 고기를 나눠주는 올바른 절차가 이와 같다.

集註

助祭於公에 所得胙肉을 歸卽頒賜하고 不俟經宿者는 不留神惠也라 家之祭肉은 則不過三日하고 皆以分賜하니 蓋過三日이면 則肉必敗而人不食之니 是는 褻鬼神之餘也라 但比君所賜胙에 可少緩耳니라

[해석] 공묘(公廟)에서 제사를 돕고서 얻어온 제사 고기를 돌아와 곧바로 나눠주고 밤을 재우지 않는다는 것은 신의 은혜를 지체하지 않음이다.

집안의 제사 고기는 3일을 넘기지 않고 모두 나눠주니, 3일이 지나면 반드시 고기가 부패하여 사람이 먹을 수 없기 때문이다. 이는 신명이 흠향하고 남은 음식을 더럽히는 것이다. 단 임금이 하사한 제사 고기에 비해서는 다소 느슨한 감이 있다.

(9) 식불절지 食不節旨

"음식을 먹으면서 대답하지 않는다."는 조목에 주된 뜻이 있고, 잠에 대한 부분은 곁들여서 말한 것이다. '언(言)' 또한 다른 사람과 말하는 것이다.

食不語하시며 寢不言이러시다

음식을 먹으면서 대답하지 않으시며,
잠잘 적에 말씀하지 않으셨다.

강설

또한 공경하는 마음가짐은 잠자리와 음식을 삼간 데에서도 증험해 볼 수 있다.

음식을 먹어야 할 때 음식을 먹어야 하지, 대답한다는 것은 때가 아니다. 그러므로 음식을 먹으면서 대답하지 않으셨다.

잠을 자야 할 적에 잠을 자야 하지, 말을 한다는 것은 때가 아니다. 그러므로 또한 말씀하지 않으셨다. 음식과 잠을 잘 적에 오롯한 마음이 이와 같았다.

集註

答述曰語오 自言曰言이라

范氏曰 聖人은 存心不他하야 當食而食하고 當寢而寢하니 言語는 非其時也니라

楊氏曰 肺爲氣主而聲出焉하나니 寢食則氣窒而不通이니 語言은 恐傷之也라하니 亦通이니라

[훈고] 대답하는 것을 어(語)라 하고, 스스로 말하는 것을 언(言)이라고 한다.

[해석] 범씨[范祖禹]가 말하였다.

“성인은 마음을 다른 곳에 두지 않아서 먹을 때를 당해서는 먹고 잠잘 때를 당해서는 잠자는 것이니, 대답하거나 말을 하는 것은 때에 맞지 않은 것이다.”

양씨[楊時]가 말하기를, “폐는 호흡을 주로하고 소리를 내는 기관이다. 잠자고 먹을 적에는 호흡기가 막혀 통하지 않으니, 이때 말을 하면 폐를 상할까 두려워하기 때문이다.”라고 하니, 이 또한 통하는 말이다.

(10) 수소절지 雖疏節旨

이 절에서는 언제나 식사할 적마다 반드시 제사를 드렸고, 제사를 드릴 적마다 공경하는 마음을 다하였음을 보여주고 있다. 두 곳의 ‘필(必: 瓜祭, 必齊)’자에 중점을 두고 보아야 한다. ‘수(雖: 雖疏食)’자는 소홀하기 쉬운 부분에 대해 소홀하지 않았음을 보여주고 있다. 반드시 제사를 드렸다고 말한 것으로 보아 제사 음식을 놓아두지 않고서 식사한 적이 없었다. 집주에서 말한 ‘성(誠: 聖人之誠)’자를 깊이 음미하여야 한다.

옛날에는 땅바닥에 돗자리를 깔고 앉았고, 땅바닥에 음식 그릇을 두었기에 제물을 그릇 사이의 땅에 놓아둔 것[置之豆間之地]이다.

雖疏食(사)菜羹이라도 瓜(必)祭하시되 必齊如也러시다

비록 거친 밥과 나물국이라도 반드시 제사를 드렸는데, 반드시 공경히 하셨다.

강설

또한 보본(報本)에 있어서도 음식에 대한 공경을 증험할 수 있다. 항상 음식을 먹을 적에는 거친 나물국일지라도 또한 반드시 선대에 음식을 처음 만든 사람에게 제사를 올린 것이다. 제사 또한 반드시 엄숙한 모습으로 정성과 공경을 다 하셨다. 근본에 보답하는 정성 또한 이와 같았다. 하나의 음식에도 절도에 맞게 함이 이와 같으니, 어느 것 하나 당연한 도 아닌 게 있겠는가.

集註

陸氏曰 魯論에 瓜作必이라

○ 古人飮食에 每種을 各出少許하야 置之豆間之地하야 以祭先代始爲飮食之人하니 不忘本也라 齊는 嚴敬貌라 孔子는 雖薄物이나 必祭하고 其祭 必敬하니 聖人之誠也니라

○ 此一節은 記孔子飮食之節이니라

謝氏曰 聖人이 飮食如此는 非極口腹之欲이라 蓋養氣體하야 不以傷生에 當如此라 然이나 聖人之所不食을 窮口腹者는 或反食之하니 欲心勝而不暇擇也니라

육씨[陸元朗]가 말하였다.
"『노논(魯論)』에서는 과(瓜)를 필(必)자로 썼다."

[훈고와 해석] 옛사람이 음식을 먹을 적에는 모든 음식을 각각 조금씩 떼어내어 그릇 사이에 놓아, 선대에 처음 음식을 만든 사람에게 제사를 지냈다. 이는 근본을 잊지 않음이다. 재(齊)는 엄숙하고 공경한 모양이다. 부자께서 비록 하찮은 음식이라도 반드시 제사를 지냈고, 그 제사는 반드시 공경하였다. 이는 성인의 정성이다.

○ 이 1절은 공자의 음식에 대한 범절을 기록한 것이다.

사씨[謝良佐]가 말하였다.
"성인이 이처럼 삼가면서 먹고 마시는 것은 입과 배의 욕구를 다 채우려는 것이 아니다. 기운과 몸을 길러서 생을 손상하지 않으려면 의당 이처럼 해야 한다. 그러나 성인이 먹지 않았던 음식을 그저 제 입과 배만을 생각하는 사람들은 간혹 도리어 먹으니, 이는 식탐의 욕심이 앞서 옳고 그름을 가릴 겨를이 없기 때문이다."

9. 석불전지 席不全旨

이는 바르게 거처한 바를 기록하고 있다. 마음이 정도에 편안하여 만에 하나라도 바르지 않은 일이 있으면 부자의 마음과 하나가 되지 않았다. 조금만 행동에도 반드시 조심하고 정도로 행하고자 한 뜻을 보아야 한다.

席不正이어든 不坐러시다

자리가 반듯하지 않으면 앉지 않으셨다.

강설

기록한 자가 다음과 같이 썼다.
앉을 적에 반드시 돗자리에 앉음은 옛 제도이다. 부자의 마음은 바른 곳에서 편안함을 얻으므로, 한낱 돗자리일망정 조금이라도 바르지 못하면 구차스레 앉으려 하지 않으셨다. 돗자리와 같은 하찮은 것일지라도 구차히 거처하지 않으셨다. 하물며 그 큰 것이야 어떠하였겠는가.

集註

謝氏曰 聖人은 心安於正이라 故로 於位之不正者에 雖小나 不處니라

[해석] 사씨[謝良佐]가 말하였다.
"성인의 마음은 정도에 편안해하므로 자리가 바르지 못한 것은 비록 하찮은 것이라도 거처하지 않았다."

10. 향인장지 鄕人章旨

이 장은 예교(禮敎)를 도탑게 한 데 관한 부분으로, 상절[鄕人飮酒… 斯出矣]은 나이가 높은 이를, 하절[鄕人儺…於阼階]은 고례(古禮)를 존중한 것이다.

(1) 향인절지 鄕人節旨

이 절은 노인을 공경하는 예에 관한 것으로, '사(斯)'자에 중점을 두고 보아야 한다. 고을 사람들과 술을 마시는 것은 세시(歲時)와 복납(伏臘) 등 일상의 일에 지나지 않는다. 이는 향음주례와는 관련이 없다.

鄕人飮酒에 **杖者出**이어든 **斯出矣**러시다

고을 사람들과 술을 마실 적에 지팡이를 짚는 노인이 일어서면 따라 일어나셨다.

강설

기록한 자가 다음과 같은 말을 했다.

부자께서 고향에 거처하면서 고을 사람들과 술을 마실 적이면 젊은이와 어른이 모두 모이기에 그 가운데 노인이 있기 마련이다. 이에 부자께서 "고을에서 지팡이를 짚는 예순 나이"의 노인이 나가면 곧 뒤따라 나가셨다. 감히 앞서 나가지도 않고, 또한 감히 뒤처져 나가지도 않음은 노인을 받들기 위함이다.

集註

杖者는 **老人也**니 **六十**에 **杖於鄕**이라 **未出**에 **不敢先**이오 **旣出**에 **不敢後**라

[해석] 지팡이를 짚는 자는 노인이니, 예순이면 고을에서 지팡이를 짚는다.[318] 그 노인이 나가지 않으면 감히 앞서 나가지 않고, 그가 나가면 감히 뒤처지지 않는다.

(2) 향나절지 鄕儺節旨

이 절은 선왕의 유풍(遺風)을 높이 받드는 예에 중점을 두고 있다. 조복을 입고서 동쪽 섬돌에 서는 것은 전래해오는 옛적의 예를 존중한 것일 뿐 아니라, 주인의 도리를 행하는 것이다. 조복이란 당시 벼슬한 자의 일상복이다.

---

318 예순이면 … 짚는다.: 이의 출전은 『예기』 「왕제(王制)」로 "쉰에는 집안에서, 예순에는 고을에서, 일흔에는 나라에서, 여든에는 조정에서 지팡이를 짚는다.[五十杖於家, 六十杖於鄕, 七十杖於國, 八十杖於朝.]"고 하였다.

鄕人儺(나)에 朝服而立於阼(조)階러시다

고을 사람이 푸닥거리할 적에는 조복을 입으시고 동쪽 섬돌에 서셨다.

강설

섣달에 고을 사람들이 액막이로써 역귀 쫓는 굿은 유희에 가까운 일이다. 그러나 예로부터 전래해온 예이다. 부자께서 반드시 조복을 입고서 동쪽 섬돌에 서신 것은 정성과 공경하는 마음 때문이다. 부자께서 고을에 거처하실 적의 일이 이와 같으니, 겸양과 공경을 가르치는 성인의 도를 찾아볼 수 있다.

集註

儺는 所以逐疫이니 周禮에 方相氏掌之라 阼階는 東階也라

儺雖古禮而近於戲어늘 亦朝服而臨之者는 無所不用其誠敬也니라 或曰 恐其驚先祖五祀之神하야 欲其依己而安也라

○ 此一節은 記孔子居鄕之事니라

[훈고] 나(儺)는 역귀 쫓는 굿이니, 『주례』에 의하면, 이를 방상씨(方相氏)가 맡았다. 조계(阼階)는 동쪽 섬돌이다.

[해석] 푸닥거리는 비록 예로부터 전래한 예이기는 하나, 유희에 가까운 데에도 또한 조복으로 임한 것은 어디에서나 정성과 공경의 마음으로 대하지 않은 바 없기 때문이다.

혹자가 말하였다.

"그 선조와 오사(五祀)의 신명이 놀랄까 두려워서 자신의 몸에 의지하여 편안케 하고자 함이다."

○ 이 1절은 공자가 고향에 계실 적의 일을 기록한 것이다.

11. 문인장지 問人章旨

이 장은 교제의 도를 위주로 말하고 있다.
상절[問人於他邦, 再拜而送之]은 개인적인 사신을 보낼 적의 정성을,
하절[康子饋藥…不敢嘗]은 선물을 받을 적의 진실한 마음을 말하고 있다.

(1) 문인절지 問人節旨

이 절은 멀리 있는 사람이라고 하여 그에 대한 공경의 마음을 버리지 않음에 대해 말한 것이다. 절을 하고 사신을 보내는 데에서 그 진실한 마음을 볼 수 있다. 사신이 떠나기 전에 정신이 이미

통하고 있다는 뜻이 담겨있다.

問人於他邦하실새 再拜而送之러시다

다른 나라에 사람을 보내어 안부를 물을 적에 두 번 절하고서 그를 보내셨다.

강설

기록한 자가 다음과 같이 말하였다.

부자께서 다른 나라에 심부름할 사람을 보내어, 교유하는 사람을 방문하게 할 적에는 그 사람이 떠나갈 때 반드시 두 번 절한 후에 보내셨다. 이는 심부름하는 사람에게 절을 하는 것이 아니라, 방문하고자 하는 그 사람을 친히 보는 듯이 공경한 때문이다. 심부름하는 사람을 보낼 적에도 이처럼 정성스러운 마음이 지극함을 볼 수 있다.

集註

拜送使者하야 如親見之는 敬也니라

[해석] 심부름하는 사람에게 절을 하고 보내어 친히 보는 것처럼 하는 것은 공경의 마음이다.

(2) 강자절지 康子節旨

이 절은 약을 보내준 경우, 그 약을 마시지 않았다고 해서 그가 선물한 약을 헛되게 한 것이 아님을 보여주고 있다. 사실대로 정직하게 말한 데에서 그의 정성을 엿볼 수 있다. 옛적의 예는 수레를 주면 반드시 수레를 타고서, 옷을 주면 그 옷을 입고서, 음식을 주면 반드시 그 맛을 보고서 보내준 데 대한 감사의 절을 하였다.

康子饋藥이어늘 拜而受之曰 丘未達이라 不敢嘗이라 하시다

계강자가 약을 보내오자, 〈부자께서〉 절하고 받으면서 말씀하셨다.

"내, 이 약을 알 수 없으므로 감히 먹을 수 없다."

강설

계강자가 일찍이 사람을 통하여 약을 보내오자, 절을 하고서 약을 받음으로써 물건을 받아드는 예의를 다하였고, 이어 그에게 말씀하셨다.

"나는 이 약이 어느 병에 좋은 줄 알 수 없으니, 어떻게 맛을 볼 수 있겠는가."

이는 질병을 삼가는 뜻이요, 또한 진실한 마음을 내보인 것이다. 물건을 받을 적의 성의가 이와 같음을 볼 수 있다.

集註

范氏曰 凡賜食에 必嘗以拜로되 藥未達이면 則不敢嘗이오 受而不食이면 則虛人之賜라 故로 告之如此시니라 然則可飮而飮하고 不可飮而不飮이 皆在其中矣니라

楊氏曰 大夫有賜어든 拜而受之는 禮也오 未達不敢嘗은 謹疾也오 必告之는 直也니라

○ 此一節은 記孔子與人交之誠意니라

범씨[范祖禹]가 말하였다.

"음식을 보내올 적엔 반드시 맛을 보고서 절을 하지만, 어떤 약인지 알 수 없으면 감히 맛볼 수 없고, 받고서도 먹지 않으면 이는 보내온 사람의 마음을 헛되게 하는 것이다. 이 때문에 이처럼 말한 것이다. 이로 보면, 마실 수 있는 것은 마시고, 마시지 못할 것은 마시지 않는다고 함이 모두 그 가운데에 있다."

양씨[楊時]가 말하였다.

"대부가 물건을 보내오면 절하고 받는 것이 예의이며, 알지 못하기에 감히 맛보지 않음은 병을 삼감이며, 반드시 사실대로 말함은 정직함이다."

○ 이 1절은 부자께서 남들과 교제할 적의 성의를 기록한 것이다.

12. 구분전지 廐焚全旨

이는 부자께서 사람을 사랑하는 마음이 동물을 아끼는 마음보다 우선함을 기록하고 있다. 퇴조하자마자 갑자기 일어난 일이지만, 그 찰나에도 인간과 동물에 대한 귀천의 차별이 있음에 알 수 있다. 사람과 말의 생명에 대한 경중은 사람이면 누구나 다 알고 있지만, 차이점은 마구간에 불이 났음에도 말에 대해 먼저 묻지 않았다는 점이다. 아마 나중에 말에 대해서도 물었을 것이다. 집주에서 말한 "말에 대해 물을 여가가 없었다.[未暇問]"는 구절은 이런 점을 오묘하게 잘 보여주고 있다.

廐焚이어늘 子退朝曰 傷人乎아하시고 不問馬하시다

마구간에 불이 났는데, 부자께서 조정에서 물러 나오시어, "사람이 다쳤느냐?"[319]라고 물으시고, 말에 관해서 묻지 않으셨다.

319 "傷人乎아하시고 不問馬하시다"에 대해 白湖 尹鑴는 "傷人乎不아하시고 問馬하시다"라고 하여, "사람이 다치지나 않았느냐?라고 물으시고, 말에 대해 물으셨다."라고 해석하였다. 이와 같이 본다면 말의 생명까지 중시하였다는 점을 일목요연하게 알 수 있다. 그러나 이에 대해 農巖 金昌協은 "그(백호)가 傷人乎不로 1구를 삼았는데, 『논어』에는 이처럼 쓸데없이 긴[冗長] 구법은 없고, 問馬 구절은 2자로 위의 4자에 비해 어쩌면 그렇게 짧은 것일까?[彼以傷人乎不爲一句, 論語中無此冗長; 問馬何其短也!]"(『壺山集』)라고 하여 백호의 말을 반박하였다. 이를 참고로 갖춰놓은 바, 독자의 선택을 기다릴 뿐이다.

강설

기록한 자의 말에 의하면 다음과 같다.

부자께서 조정에 계실 적에 때마침 집안의 마구간에 불이 났다. 부자께서 조정에서 물러 나온 후에야 비로소 그 사실을 알고서, "마구간이 불탔을 때, 그 화재로 인하여 사람이 다치지나 않았느냐?"라고만 말씀하셨을 뿐, 애당초 말에 관해 물을 겨를이 없으셨다.

이는 백성을 사랑하고 만물을 아끼는 것이 성인의 본심이라 하지만, 사람의 생명을 귀중히 여기고 가축을 천시하는 것 또한 마땅한 도리이다.

集註

非不愛馬나 **然**이나 **恐傷人之意多**라 **故**로 **未暇問**하시니 **蓋貴人賤畜**이 **理當如此**니라

[해석] 말을 사랑하지 않는 것은 아니지만, 사람이 다쳤는지 염려하는 마음이 컸던 까닭에 말에 대해 물을 겨를이 없었다. 사람을 귀중히 여기고 동물을 천히 여김은 도리에 당연히 그럴 수밖에 없는 것이다.

[보 補]

"사람이 다쳤느냐? 물으시고, 말에 관해서 묻지 않으셨다."는 데에 대해 백호 윤휴(白湖 尹鑴)는 "상인호부(傷人乎不)아하시고 문마(問馬)하시다"라고 구두를 끊어, "사람이 다치지나 않았느냐라고 물으시고, 말에 관해 물으셨다."라고 해석하였다.[320]

이처럼 본다면 말의 생명까지 중시하였다는 점을 일목요연하게 알 수 있다. 그러나 이에 대해 삼연 김창흡(三淵 金昌翕)은 "그(백호)가 상인호부(傷人乎不)로 1구를 삼았는데, 『논어』에는 이처럼 쓸데없이 긴[冗長] 구법은 없고, 문마(問馬) 구절은 2자로 위의 4자에 비해 어쩌면 그렇게 짧은 것일까?[彼以傷人乎不爲一句, 論語中無此冗長; 問馬何其短也!]"[321]라고 하여, 상인호부(傷人乎不)는 4자이고 문마(問馬)는 2자로 문장의 구성에 알맞지 않다는 점을 들어 백호의 말을 반박하였다. 이를 참고로 갖춰놓을 뿐이다.

13. 군사장지 君賜章旨

이 장은 전체적으로 임금을 섬기는데 예를 극진히 다하고 있음을 기록한 것이다.

첫 절[君賜食…必畜之]은 임금께서 하사한 것을 받는 예이며,

둘째 절[侍食於君, 君祭, 先飯]은 임금을 모시고 식사하는 예이며,

320 『思辨錄』(三) 「論語」. "廏焚, 子退朝, 曰傷人乎不, 問馬. 先儒皆以爲恐傷人之意多故未暇問馬, 是得貴人賤畜之理, 或人又謂傷人乎, 不當爲一句, 蓋先問人而後問馬也, 今以理求之, 恐或說爲得, 蓋廏焚而問馬, 人情之常而理亦當然, 聖人先問人而後問馬, 此可見恐傷人之意多而人畜貴賤各當其理矣, 若曰遂不問馬則殆非人之常情, 其於理亦未爲盡, 馬雖賤畜, 君子固不忘弊帷之施, 況於廏焚而不問其死生, 可乎?"

321 『可庵遺稿』 권22, 「襍著」. "上番曰 金昌翕 嘗斥此言曰 傷人乎否, 何其長也? 問馬, 何其短也? 此語 誠好矣."

셋째 절[疾君視…朝服拖紳]은 임금이 문병차 왔을 때 받드는 예이며,
넷째 절[君命召, 不俟駕行矣]은 임금이 불렀을 때 서둘러 가는 예이다.

(1) 군사절지 君賜節旨

3단락은 수평으로 보아, 3곳의 '필(必: 必嘗, 必薦, 必畜)'자에 중점을 두어야 한다. 무릇 임금이 하사한 물건은 모두 임금의 은혜가 나타난 것으로, 신하의 깊은 감동의 마음을 무궁하게 만드는 것들이다.

"반드시 맛을 본다[必嘗]", "반드시 사당에 올린다[必薦]", "반드시 기른다[必畜]"는 것은 모두 의(義)에 따라 일어나는 예로서, 여기에서 성인 시중(時中)의 오묘한 도를 볼 수 있다.

君賜食이어시든 **必正席先嘗之**하시고
君賜腥이어시든 **必熟而薦之**하시고
君賜生이어시든 **必畜**(휵)**之**러시다

임금이 음식을 하사하면 반드시 자리를 바르게 앉아서 먼저 맛보고,
임금이 날고기를 하사하면 반드시 익혀서 사당에 올렸으며,
임금이 살아있는 짐승을 하사하면 반드시 기르셨다.

강설

기록한 자의 말에 의하면 다음과 같다.

부자께서 노나라에 벼슬할 적에 임금이 음식을 하사하면 자리를 반듯하게 앉아서 먼저 맛을 보되 마치 임금을 대하듯이 하시고선 그 나머지 음식을 나누어 주셨다. 이는 임금의 주심을 공경히 대하는 것이 이와 같았다.

임금이 날고기를 하사하였을 때는 반드시 이를 익혀 선조에게 올리셨다. 이는 임금의 주심을 영화롭게 여김이 이와 같다.

임금이 만일 죽지 않은, 살아있는 짐승을 하사하면 반드시 집안에서 이를 기르고 연고가 없을 때는 감히 죽이지 않으셨다. 이는 임금의 주심을 사랑함이 이와 같았다.

集註

食은 **恐或餕餘**라 **故**로 **不以薦**이라 **正席先嘗**은 **如對君也**라 **言先嘗**이면 **則餘當以頒賜矣**라 **腥**은 **生肉**이니 **熟而薦之祖考**는 **榮君賜也**라 **畜之者**는 **仁君之惠**하야 **無故**면 **不敢殺也**니라

[훈고와 해석] 음식물은 혹 제사 지내고 남은 음식물인가 생각되기에 선조에게 이 음식물을 올리지 않은 것이다. 자리를 바르게 하고 먼저 맛보는 것은 임금을 마주하는 것처럼 함이니,

먼저 맛본다고 말하였을 즉, 나머지 음식은 의당 나눠준 것이다.

성(腥)은 날고기이다. 이를 익혀서 선조에게 올리는 것은 임금이 주심을 영광으로 여김이다.

산 짐승을 기른다는 것은 임금이 내려준 은혜를 사랑하여 연고 없이는 감히 죽이지 않음이다.

(2) 시식절지 侍食節旨

'선반(先飯)'의 측면에 중점이 있다. 먼저 밥술을 뜬 것은 신하로서 임금에 앞서 맛보는, 선상(先嘗)의 예이다. 이는 임금이 손님의 예우로써 부자를 대하였지만, 부자께서 손님의 예우로 자처하지 않음이다. 여기에서 임금의 존대를 사양하고서 몸을 낮춰 거처함이 지극한 공경의 마음임을 볼 수 있다.

侍食於君에 **君祭**어시든 **先飯**이러시다

임금을 모시고 음식 먹을 적에 임금이 제사를 지내면 먼저 맛보셨다.

강설

때로 임금을 모시고 음식 먹을 적에 임금이 그릇 사이에 음식물을 떼어 놓고서 제사를 지내면 부자는 제사 올리지 않고 임금보다 앞서 먹음은 "음식을 맛보는 신하"인 선부(膳夫)로 자처한 까닭이다.

集註

周禮에 **王日一擧**하니 **膳夫授祭品嘗食**이어든 **王乃食**이라 **故**로 **侍食者君祭**면 **則己不祭而先飯**하야 **若爲君嘗食然**하니 **不敢當客禮也**라

[해석] 『주례』에 의하면, "왕은 매일 한 차례씩 성대한 수라를 드는데, 선부(膳夫)가 제사할 음식물을 드리고 음식을 맛본 후에야 왕이 먹는다."고 한다. 그러므로 임금을 모시고 음식을 먹는 자는 임금이 제사를 지내면 자기는 제사를 지내지 않고 먼저 밥술을 떠서, 마치 임금을 위해 음식을 맛보는 것처럼 하니, 이는 손님으로서의 예우를 감히 받을 수 없어서이다.

(3) 질군절지 疾君節旨

'조복(朝服)' 구절에 중점이 있다. 여기에서 병을 핑계로 예의를 폐할 수 없음을 보여주고 있다.

疾에 **君視之**어시든 **東首**하시고 **加朝服拖紳**이러시다

병환이 있을 적에 임금이 문병을 오거든 머리를 동쪽으로 하고 조복을 덮고, 큰 띠를 위에 걸쳐 놓으셨다.

강설

부자께서 때로 병환이 있을 적에 임금이 찾아오면 남쪽 창문 아래로 옮겨 눕고 머리는 반드시 동쪽으로 하여 생기를 받고, 또한 몸 위에 조복을 덮은 후, 그 위에다가 큰 허리띠를 끌어다 올려 놓았다. 이는 감히 병환 중이라 하여 임금을 높이는 예의를 갖추지 않을 수 없기 때문이다.

集註

東首는 以受生氣也라 病臥에 不能著衣束帶하고 又不可以褻服見君이라 故로 加朝服於身하고 又引大帶於上也라

[해석] 머리를 동쪽으로 눕는 것은 생기를 받으려는 것이다. 병환으로 몸져누워 옷을 입거나 띠를 묶을 수 없고, 또 일상복으로 임금을 뵐 수 없으므로 조복을 몸에 걸치고, 다시 큰 띠를 위에 올려놓는 것이다.

(4) 명소절지 命召節旨

이는 "명에 매는 것을 기다리지 않는다.[不俟駕]"는 구절에 중점이 있다. 여기에서 몸이 피곤하다는 것으로 예의를 폐할 수 없음을 찾아볼 수 있다.

君命召어시든 不俟駕行矣러시다

임금이 명하여 부르면 멍에 매는 것을 기다리지 않고 먼저 가셨다.

강설

당시 부자께서 벼슬할 적에 임금이 명하여 부를 때에는 임금의 명을 받들어 서둘러 달려가고자 수레에 멍에를 얹기도 전에 먼저 길을 나가셨다. 감히 몸이 수고롭다는 이유로 급한 일을 저버리지 않음이 곧 임금의 일에 서둘러 행하는, 신하의 예이다. 부자께서 임금을 섬김에 예를 다함이 이와 같다. 이는 참으로 만세에 신하로서의 법을 세운 것이다.

集註

急趨君命하야 行出而駕車隨之라

○ 此一節은 記孔子事君之禮니라

[해석] 임금의 명에 받들어 급히 달려가야 하므로 걸어서 먼저 나가고 수레에 멍에를 채워

뒤따라오는 것이다.

○ 이 1절은 공자께서 임금을 섬기는 예를 기록한 것이다.

入太廟하사 每事를 問이러시다

태묘에 들어가서 모든 일을 물으셨다.

集註

重出이라

거듭나온 문장이다.(「八佾」 제15장)

14. 붕우장지 朋友章旨

이 장은 의(義)를 위주로 말하였다.

첫 절은 붕우의 의리상 염을 해주어야 하기에 이를 사양하지 않음이며, 아래 절은 의리상 받아도 되는 것이기에 굳이 절하지 않는다.

(1) 붕우절지 朋友節旨

이는 "돌아갈 곳이 없는 사람[無所歸]"이라는 측면에 중점을 두고 있다. 이 절에서 유독 '왈(曰)'자를 쓴 것은 반드시 일찍이 이런 경우가 있었는데, 사람들이 이에 대처해야 할 바를 알지 못하기에, 부자가 이런 말을 한 적이 있기 때문이다.

朋友死하야 無所歸어든 曰 於我殯이라하시다

벗이 죽어 돌아갈 곳이 없으면, "내 집에 빈소를 마련하도록 하라."고 하셨다.

강설

기록한 자의 말에 의하면 다음과 같다.

부자께서 벗이 죽은 후에 돌아갈 만한 친속이 없으면 "내 집에 빈소를 마련하도록 하라."고 하시고, 장례의 모든 일을 스스로 모두 책임지셨다. 이는 벗과의 의리를 다하려는 것이다.

集註

朋友는 以義合하니 死無所歸면 不得不殯이니라

[해석] 벗은 의리로 만난 사람이다. 죽어서 돌아갈 곳이 없으면 빈소를 차려주지 않을 수

없다.

(2) 거마절지 車馬節旨

단 "수레와 말을 보내줄지라도 절하지 않는다.[車馬不拜]"는 구절에 중점이 있고, 제사에 쓸 고기에 관한 부분은 윗글에 따라 쓴 글이다.

朋友之饋는 **雖車馬**라도 **非祭肉**이어든 **不拜**러시다

벗이 보낸 선물은 비록 수레와 말일지라도 제사에 쓸 고기가 아니면 절하지 않으셨다.

강설

부자께서는 벗이 주는 물건은 아무리 수레와 말처럼 큰 것이라도 받을 적에 절을 하지 않았고, 선조에게 제사 지낸 고기를 보내오면 절하고 받으셨다. 이는 벗 사이에 재물을 통용하는 의리가 있다. 수레와 말 또한 재물이다. 그러므로 제육(祭肉)을 받을 적에 그 선조를 존경하는 마음에 절을 하는 예를 여기에 쓰지 않은 것이다. 이는 벗과의 의리는 마땅히 해야 할 일이라면 아무리 생사에 관련되는 변고일지라도 사양할 수 없고, 의리상 받을 수 있는 것이라면 아무리 귀중한 물건이라도 절하지 않는 법이다. 이는 의리로 벗과 사귐이 이와 같다.

集註

朋友는 **有通財之義**라 **故**로 **雖車馬之重**이라도 **不拜**하고 **祭肉則拜者**는 **敬其祖考**를 **同於己親也**라

○ **此一節**은 **記孔子交朋友之義**니라

[해석] 벗이란 재물을 통용하는 의리가 있다. 그러므로 비록 수레와 말처럼 큰 것일지라도 절하지 않고, 제사에 쓸 고기에 절을 하는 것은 그의 조고(祖考) 공경하기를 나의 조고처럼 받든 때문이다.

○ 이 1절은 공자가 붕우와 교제하는 의리를 기록한 것이다.

15. 침불장지 寢不章旨

이 장에서는 성인의 용모는 변함이 있되 그 떳떳함을 잃지 않음에 대해 기록하고 있다.

첫 절[寢不尸, 居不容]은 경(敬)으로써 자신에게, 가운데 3절[見齊衰者…變色而作]은 경으로써 남들에게 대한 것이며, 마지막 절[迅雷風烈, 必變]은 경으로써 하늘을 섬긴 것이다. 이는 모두 용모가 바뀌는 위의를 나타내고 있다.

(1) 침불절지 寢不節旨

잠잘 적에 시체처럼 엎드려 눕지 않고, 평소 거처할 적에 성대한 위의를 꾸미지 않으므로 일찍이 변함이 없는 것처럼 보이지만, 여기에는 일반 사람들과 똑같지 않은 점이 있다. 이것이 바로 변화이다.

풍씨(馮氏)가 말하였다.

"시체처럼 잠자는 것은 지나치게 방자함이며, 성대한 위의를 꾸미고서 집안에 거처하는 것은 구차스럽게 구속받음이 너무 심하다. 이는 모두 심성을 함양하는 도가 아니다."

寢不尸하시며 **居不容**이러시다

잠잘 적에는 시체처럼 엎드려 자지 않고,
집에 계실 적에는 예모를 꾸미지 않으셨다.

강설

기록한 자의 말에 의하면 다음과 같다.

부자께서 잠잘 적에 사체(四體: 四肢)를 편히 펴고 눕지만, 또한 아무렇게나 주검처럼 엎드려 눕지 않으셨다. 집에 거처할 적에 비록 위의를 늦추지는 않지만, 또한 지나치게 용모와 거동을 갖추려는 데에 구속받지도 않으셨다. 잠자리와 거처에 용모의 변화가 이처럼 나타난 것이다.

集註

尸는 **謂偃臥似死人也**라 **居**는 **居家**오 **容**은 **容儀**라

范氏曰 寢不尸는 **非惡其類於死也**오 **惰慢之氣**를 **不設於身體**하야 **雖舒布其四體**라도 **而亦未嘗肆耳**라 **居不容**은 **非惰也**오 **但不若奉祭祀見賓客而已**니 **申申夭夭 是也**라

[훈고] 시(尸)는 죽은 사람처럼 엎드려 자는 것을 말한다. 거(居)는 집에 거처함이며, 용(容)은 용모와 거동이다.

[해석] 범씨[范祖禹]가 말하였다.

"시체처럼 잠자지 않음은 죽은 사람처럼 보이는 것을 싫어함이 아니라, 게으른 기운을 몸에 베풀지 않음이다. 비록 사지를 펴고 잠잘지라도 또한 일찍이 방자하지 않으려는 것이다. 거처함에 예모를 꾸미지 않음은 게으름이 아니라, 다만 제사를 받들고 손님을 맞이하는 것처럼 하지 않을 뿐이다. 신신(申申)과 요요(夭夭)가 바로 이런 것이다."

(2) 견재절지 見齊節旨

"반드시 얼굴빛을 바꾼다.[必變]"는 것과 "반드시 예모를 갖춘다.[必以貌]"는 것은 수평으로 보아야

하며, 2곳의 '수(雖)'자에 중점을 두고 있다.

앞(「子罕」)에서 말한, 상복을 입은 자, 면류관 갖춘 자, 소경을 보고서 "반드시 일어난다.[必作]"는 것과 "반드시 빠른 걸음으로 달려나간다.[必趨]"는 것은 서로 모르는 사람을 상대로 말했지만, 여기에서 말한 "반드시 얼굴빛을 바꾼다."는 것과 "반드시 예모를 갖춘다."는 것은 평소 친근하게 가까이 지내는 사람을 상대로 말했다.

見齊衰(재최)**者**하시고 **雖狎**이나 **必變**하시며
見冕者與瞽者하시고 **雖褻**이나 **必以貌**러시다

상복 입은 자를 보면 비록 평소 가까운 사람일지라도 반드시 얼굴빛을 변하시고,
면류관을 쓴 이와 소경을 보면 비록 평상시일지라도 반드시 예모를 갖추셨다.

강설

이뿐만 아니라, 초상을 당하여 상복을 입은 사람을 보고는 평소 친근한 사람일지라도 반드시 얼굴빛을 변한 것은 초상을 입은 자에 대한 슬픔이다.

면류관을 쓴 관리와 눈이 없는 소경을 볼 적에는 비록 평소 거처하는 사석에서도 반드시 예모를 갖추셨다. 이는 벼슬하는 이를 높이고 불구의 몸을 불쌍히 여긴 것이다.

集註

狎은 **謂素親狎**이오 **褻**은 **謂燕見**이오 **貌**는 **謂禮貌**라 **餘見前篇**이라

[훈고] 압(狎)은 평소에 친한 이를 말하고, 설(褻)은 평상시 보는 것을 말하고, 모(貌)는 예모를 말한다. 나머지는 전편(「子罕」)에 보인다.

(3) 흉복절지 凶服節旨

앞 구절[凶服者, 式之]은 상주에 대한 애도이니, 여기에는 처연(悽然)하게 수레에서 내려와 곡을 한다는 뜻이 담겨있고,

뒤 구절[式負版者]은 백성에 대한 공경이니, 여기에는 엄숙하게 절을 올리고 받는다는 뜻이 담겨 있다.

凶服者를 **式之**하시며 **式負版者**러시다

상복을 입은 이를 만날 적에는 수레 위에서 허리를 구부리고,
나라의 지도와 호적을 짊어진 자에게도 허리를 굽혔다.

강설

이뿐만 아니라, 수레 위에 계시다가 재최(齊衰)의 상복을 입은 이를 보았을 적에는 수레 앞에 가로놓인 막대를 잡고서 허리를 굽혀 공경을 표하니, 이 또한 상복 입은 이를 애도함이다.

나라의 호적과 지도를 짊어진 자를 보고서 반드시 허리를 굽힌 것은 백성의 수효를 중히 여기는 것이다. 사람을 접촉하는 데에서 용모의 변화가 이처럼 나타나 보였다.

集註

式은 **車前橫木**이니 **有所敬**이면 **則俯而憑之**라 **負版**은 **持邦國圖籍者**라 **式此二者**는 **哀有喪**하고 **重民數也**라 **人惟萬物之靈**이오 **而王者之所天也**라 **故**로 **周禮**에 **獻民數於王**이어든 **王拜受之**하니 **況其下者敢不敬乎**아

[훈고와 해석] 식(式)은 수레 앞에 가로지른 나무이다. 공경할 대상이 있으면 허리를 굽혀 여기에 기대는 것이다. 부판(負版)은 나라의 지도와 호적을 짊어진 자이다.

이 두 사람에게 허리를 굽히는 것은 상주에게 애도하고 백성의 수효를 중히 여기기 때문이다. 사람은 만물의 영장이요, 제왕이 하늘처럼 받드는 대상이다. 그러므로 『주례』에서는 "왕에게 백성의 수효를 드리면 왕은 절하고 받는다."고 하였는데, 하물며 그 아랫사람이야 감히 공경하지 않을 수 있겠는가.

(4) 유성절지 有盛節旨

주인의 예우에 대한 공경에 중점이 있다. '성찬(盛饌)'은 주인이 손님을 공경함이며, "얼굴색을 변한 것"은 손님으로서 주인을 공경하는 마음이다.

有盛饌이어든 **必變色而作**이러시다

성찬을 받으시면 반드시 얼굴빛을 변하시고, 일어나셨다.

강설

이뿐만 아니다. 만일 주인이 성찬을 드리면 부자께서 반드시 안색을 변하고 일어나셨다. 이는 성찬 때문이 아니라, 주인의 극진한 예우에 대한 공경의 표시이다.

集註

敬主人之禮오 **非以其饌也**라

[해석] 주인의 예우에 대한 공경이지, 그 음식 때문이 아니다.

(5) 신뢰절지 迅雷節旨

하늘의 노여움을 공경히 받드는데 중점이 있다. 성인은 하늘과 더불어 덕이 하나이기에 하늘이 변하면 성인 또한 변하는 것이다. 두려운 마음으로 닦아가고 성찰하는 것은 오히려 여의(餘意)일 뿐이다.

迅雷風烈에 必變이러시다

맹렬한 우레와 매서운 바람에 반드시 얼굴빛을 변하셨다.

강설

이뿐만 아니다. 맹렬한 우레와 매서운 바람이 몰아치는 것은 하늘의 노여움이다. 부자께서 반드시 평상시의 모습을 변하여 감히 편안하게 거처하지 않으셨다. 이는 우레와 바람의 위세를 두려워함이 아니라, 하늘의 노여움을 경외한 것이다. 부자께서 이처럼 용모를 변하심은 모두 도리상 마땅히 변해야 할 일이기 때문이다. 이는 변함에 있어서도 그 떳떳함을 잃지 않았다.

集註

迅은 疾也오 烈은 猛也라 必變者는 所以敬天之怒라 記曰 若有疾風迅雷甚雨어든 則必變하야 雖夜必興하야 衣服冠而坐라하니라

○ 此一節은 記孔子容貌之變이니라

[훈고] 신(迅)은 빠름이며, 열(烈)은 매서움이다. 반드시 변한다는 것은 하늘의 노여움을 공경한 때문이다.

[해석] 『예기』에 "만일 세찬 바람, 맹렬한 우레, 줄기찬 비가 내리면 반드시 용모를 변하여, 비록 밤일지라도 반드시 일어나서 의관을 반듯하게 갖추고서 앉는다."(「玉藻」)고 하였다.

○ 이 1절은 공자의 용모에 대한 변화를 기록한 것이다.

16. 승거장지 升車章旨

상절[升車 必正立執綏]에서는 공경한 거동을 말하고,
하절[車中…不親指]에서는 방자한 거동이 없음을 말하고 있다.

(1) 승거절지 升車節旨

이는 수레에 처음 오를 때의 일이다. 수레의 고삐를 잡는 것은 사람이라면 누구나 똑같이 하는

것이지만, 부자께서 똑바로 서서 끈을 잡으셨다. 바로 여기에 중점이 있다. 여기에서 말한, "반듯하게 서 있다."는 것은 수레 아래에 서 있을 때를 말한다.

升車하사 必正立執綏(유)러시다

수레에 오를 때에는 반드시 바르게 서서 수레 고삐를 잡으셨다.

강설

기록한 자의 말에 의하면 다음과 같다.

부자께서 처음 수레에 오를 적에는 반드시 반듯하게 서서 고삐를 잡고서 치우치거나 기댄 바 없으셨다.

集註

綏는 挽以上車之索(삭)也라

范氏曰 正立執綏면 則心體無不正而誠意肅恭矣라 蓋君子莊敬이 無所不在하니 升車則見於此也라

[훈고] 유(綏)는 수레 탈 적에 잡고 오르는 새끼줄이다.

[해석] 범씨[范祖禹]가 말하였다.

"바르게 서서 고삐를 잡으면 마음과 몸이 바르지 않음이 없어 뜻이 성실하고 용모가 엄숙하고 공손하게 된다. 군자의 씩씩함과 공경스러움은 어느 곳에나 있지 않음이 없으므로 수레에 오를 적에는 여기에 나타나게 된다."

(2) 거중절지 車中節旨

'거중(車中)' 구절은 이 문장을 일으키는 글자이다. 몸의 용모, 입의 용모, 손의 용모 3가지는 수평으로 보아야 한다. 이는 모두 용모를 잃지 않는데 중점이 있으며, 집주에서 말한 "남들의 의혹을 산다."는 그 뜻은 경미하다.

車中에 不內顧하시며 不疾言하시며 不親指러시다

수레 안에서 안을 돌아보지 않고, 빠르게 말하지 않으며, 몸소 손가락질하지 않으셨다.

강설

부자께서 수레에 있을 적에 뒤돌아보지 않은 것은 아니지만 수레바퀴의 범주를 지나 두리번거

리며 돌아보지 않으셨다.

말씀하시지 않은 것은 아니지만 급하게 말씀을 빨리하지 않으셨다.

손가락질하지 않은 것은 아니지만 이리저리 움직이며 몸소 가리키지는 않으셨다.

수레를 타는 즈음에 거동과 용모가 예의에 맞음이 이와 같으니, 지극히 성대한 덕이 아니고서는 이처럼 할 수 있겠는가.

集註

內顧는 **回視也**니 **禮曰 顧不過轂**이라하니라 **三者**는 **皆失容**이오 **且惑人**이니라

○ **此一節**은 **記孔子升車之容**이니라

[훈고와 해석] 내고(內顧)는 돌아봄이니, 『예기』에 의하면, "돌아보되 바퀴를 벗어나지 않는다."(「曲禮」)고 하였다.

이 3가지는 모두 잘못된 거동이며, 또한 남들의 의혹을 사는 것이다.

○ 이 1절은 수레를 타는 공자의 모습을 기록한 것이다.

17. 색사장지 色斯章旨

이 장에서는 사람들에게 조짐을 알아야 하는 점을 보여주고 있는바, 하나의 '시(時)'자에 중점을 두고 있다. "얼굴빛을 보고서 날아올랐다가 날개를 접고 내려앉는다[色擧翔集]"는 것은 곧 때에 맞추어 내려앉음이며, "세 차례 울고서 날아갔다.[三嗅而作]"는 것은 움직여야 할 때, 맞추어 움직임이다.

생각해보면, 「향당」편의 끝부분에 이를 기록한 것은 무엇 때문일까? 부자는 "시중(時中)의 성인[聖之時]"이다. 마음으로 깨달은 바가 때에 맞지 않은 바 없기 때문이다.

(1) 색사절지 色斯節旨

새를 살펴보면 새들도 때를 알아볼 줄 아는 지혜가 있다는 것으로 사람을 경계하고 있다. '사(斯: 斯擧)'와 '이후(而後)'의 글자를 깊이 음미해야 한다.

이 2구[色斯擧矣, 翔而後集]는 하찮은 미물인 까투리마저 기미(조짐)를 아는 데 대한 부자의 탄식을 기록한 것이다.

色斯擧矣하야 **翔而後集**이니라

〈새들도〉 사람의 좋지 않은 얼굴빛을 보고서 날아올라 빙빙 돌면서 살펴본 뒤에 내려앉는다.

강설

기록한 자의 말에 의하면 다음과 같다.

미물인 새마저도 사람의 얼굴빛이 좋지 않으면 곧바로 이 사실을 알고서 피하여 멀리 날아올라 빙빙 돌면서 자세히 살펴본 뒤에 다시 내려앉는다. 새들 또한 이처럼 기미를 살피는데, 하물며 만물의 영장인 사람으로서 기미를 알아보는 지혜와 거처할 곳을 살펴보는 안목이 없어서야….

集註

言鳥見人之顔色不善이면 **則飛去**하야 **回翔審視而後下止**하니 **人之見幾而作**하야 **審擇所處 亦當如此**라 **然**이나 **此上下**에 **必有闕文矣**라

[해석] 새가 사람의 얼굴빛이 좋지 않은 것을 보면 곧 날아올라 빙빙 돌며 살펴본 뒤에 내려앉는다. 사람이 기미를 보고 일어나 거처해야 할 곳을 살펴서 가리는 것 또한 이처럼 해야 함을 말한다. 그러나 이 구절의 위아래에 반드시 빠진 글이 있을 것이다.

(2) 산량절지 山梁節旨

산기슭 돌다리[山梁]를 그윽하고 고요한 장소로 본다면 이는 암꿩에게 있어서 은밀하게 숨어 지낼 수 있는 장소이다.

'시재시재(時哉時哉)'에 대해 집주에서는 "까투리가 물 마시고 먹이를 쪼아 먹는 데에 제때를 얻었다.[言雉之飮啄得其時]"는 뜻으로 보았다. 이는 제철을 만난 까투리가 잘 살 수 있도록 잡으려 하지 말고 놓아주어야 한다는 말이다. 이 문장은 처음과 끝부분에서 "사람이라면 의당 기미를 볼 줄 알아야 한다."는 뜻을 보완하고 있다.

曰 山梁雌雉 時哉時哉ㄴ저 **子路共之**한대 **三嗅而作**하시다

〈부자께서〉 말씀하시기를, "산기슭 돌다리에 까투리가 때를 얻었다. 때를 얻었다."고 하니, 자로가 까투리를 잡아드리자, 〈부자께서〉 세 차례 냄새를 맡고서 일어나셨다.(『論語備旨』에 의하면, "자로가 까투리를 잡으려고 하자, 세 차례 울고서 날아가 버렸다."고 한다. 아래의 강설 또한 이에 준한다.)

강설

부자께서 일찍이 느낀 바 있어 탄식하셨다.

"산기슭 돌다리에 까투리가 때를 얻었구나. 때를 얻었구나."

이는 물 마시고 먹이를 쪼아 먹는 것이 자유자재하고 날아가야 할 때 날아가고 내려앉아야 할 때 내려앉은 까닭에 이처럼 말한 것인데, 자로는 부자의 말뜻을 알지 못하고 도리어 제철에 알맞은 음식물[時物]을 말한 것으로 잘못 생각한 나머지, 까투리를 잡아 부자에게 드리려고 하자, 자로의 얼굴빛이 좋지 않게 보였다. 까투리는 마침내 세 차례 울고서 날아가 버렸다. 이는 앞서 말한 "사람의 좋지 않은 얼굴빛을 보고서 피해 날아간다."는 것을 여기에서 증험할 수 있다. 까투리는

진정 기미를 느낄 줄 알았다. 그렇다면 사람으로서 거취에 시의(時宜)를 살피지 않을 수 있겠는가.

集註

邢氏曰 梁은 橋也라 時哉는 言雉之飮啄得其時어늘 子路不達하고 以爲時物而共具之한대 孔子不食하시고 三嗅其氣而起라

晁氏曰 石經에 嗅作戞하니 謂雉鳴也라

劉聘君曰 嗅當作狊이니 古闃反이니 張兩翅也니 見爾雅라

愚按 如後兩說이면 則共字當爲拱執之義라 然이나 此必有闕文이니 不可强爲之說이오 姑記所聞하야 以俟知者하노라

형씨[邢昺]가 말하였다.

"양(梁)은 돌다리이다. 시재(時哉)란 꿩이 물을 마시고 먹이 쪼아 먹기 좋은 제철을 만났다는 말인데, 자로는 이 뜻을 알지 못하고 제철에 알맞은 음식물을 말한 것으로 착각하여 까투리를 잡아 음식을 마련해 올리자, 부자께서 드시지 않고 세 번 냄새를 맡고서 일어나셨다."

조씨[晁說之]가 말하였다.

"『석경』에서는 후(嗅)를 알(戞)자로 쓰고 있다. 꿩의 울음소리를 말한다."

유빙군(劉聘君: 劉勉之)이 말하였다.

"후(嗅)는 격(狊)으로 써야 한다. 고(古)의 초성 'ㄱ'과 격(闃)의 중성과 종성인 'ㅕㄱ'(격)의 반절음(反切音)이니, 새가 두 나래를 펴는 것이다. 이는 『이아』에 보인다."

나는 살펴보니 다음과 같다.

"뒤의 두 사람(조열지, 유빙군)의 말과 같이 보면, 공(共)자를 공집(拱執: 꿩을 잡으려 하다)의 뜻으로 보았다. 그러나 여기에는 반드시 빠진 글이 있으니, 억지로 해석할 수 없다. 잠시 들었던 말들을 기록하여 아는 자가 있기를 기다리는 바이다."

[보 補]

'삼후이작(三嗅而作)'은 주자의 말처럼 크게 두 가지로 나뉜다.

첫째는 자로가 꿩을 잡아 올린 음식을 부자께서 드시지 않고 세 차례 냄새만 맡고 일어섰다[三嗅而作]는 것,

둘째는 자로가 꿩을 잡으려 하자, 꿩이 세 차례 울고 날아갔다[三戞而作]는 조씨 설과 꿩이 세 차례 날개를 치면서 날아갔다[三狊而作]는 유빙군 설이다.

그러나 이는 본질적으로 궐문(闕文)이 있기에 더 이상의 구명이란 무의미하다고 생각한다.

역자 박완식 朴浣植

- 전 전주대학교 한문교육과 교수, 한국고전번역원 부설 고전번역교육원 전주분원장
- 번역서로 대학, 중용, 性理字義, 宋明理學史, 禪과 詩, 茶山四書, 莊子 등이 있다.

성문제일서(聖門第一書) **논어를 만나다** [상편]

초판인쇄 2024년 07월 08일
초판발행 2024년 07월 20일

역　　자 박완식
발 행 인 윤석현
발 행 처 박문사
책임편집 최인노
등록번호 제2009-11호

우편주소 서울시 도봉구 우이천로 353
대표전화 02) 992 / 3253
전　　송 02) 991 / 1285
전자우편 bakmunsa@hanmail.net

ISBN 979-11-92365-62-6 04140
979-11-92365-61-9 (SET)

정가 49,500원